# 2009
# 中国能源统计年鉴

国家统计局能源统计司　编

中国统计出版社
China Statistics Press

（京）新登字 041 号

中国能源统计年鉴. 2009：汉英对照/国家统计局能源统计司编. -北京 ：中国统计出版社，2010. 6
ISBN 978-7-5037-5959-8

Ⅰ. ①中… Ⅱ. ①国… Ⅲ. ①能源经济－经济统计－中国－2009－年鉴－汉、英 Ⅳ. ①F426. 2-54

中国版本图书馆 CIP 数据核字(2010)第 107551 号

中国能源统计年鉴—2009

作　　者／国家统计局能源统计司
责任编辑／佘竞雄
装帧设计／李雪燕
出版发行／中国统计出版社
网　　址／www.stats.gov.cn/tjshujia
通信地址／北京市西城区月坛南街 57 号　邮政编码／100826
办公地址／北京市丰台区西三环南路甲 6 号
电　　话／邮购(010)63376907　书店（010）68783172
印　　刷／河北天普润印刷厂
经　　销／新华书店
开　　本／880 × 1230mm　1/16
字　　数／990 千字
印　　张／32.75
版　　别／2010 年 7 月第 1 版
版　　次／2010 年 7 月第 1 次印刷
书　　号／ISBN 978-7-5037-5959-8/F · 2921
定　　价／298.00 元

# 《中国能源统计年鉴2009》

## 编委会和编辑人员

# Chinese Energy Statistical Yearbook-2009

## EDITORIAL BOARD AND STAFF

# 编辑说明

一、《中国能源统计年鉴》是一部全面反映中国能源建设、生产、消费、供需平衡的权威性资料书，从1986年开始，由国家统计局工业交通统计司主编。2008年版起，由国家统计局能源统计司主编，中国统计出版社出版，向国内外公开发行。

二、为满足广大读者对中国能源统计数据的需求，提高数据应用的时效性，从2004年起，《中国能源统计年鉴》由每两年出版一册改为每年出版一册，封面的年份由数据年改为出版年份。根据第二次经济普查结果，《中国能源统计年鉴2009》对1996年以来有关数据进行了修订。

三、《中国能源统计年鉴》信息量大，特别突出数据的权威性、完整性。全书共分为8个部分：1.综合；2.能源建设；3.能源生产；4.能源消费；5.全国能源平衡表；6.地区能源平衡表；7.香港、澳门特别行政区能源数据。附录为台湾省能源数据、有关国家和地区能源数据、主要统计指标解释以及各种能源折标准煤参考系数。

四、本书大部分资料来源于国家统计局年度统计报表及《中国统计年鉴》。全国统计数字均未包括香港、澳门特别行政区和台湾省。能源平衡表核算范围不包括非商品能源。

五、本书中，中国能源数据截止到2008年，世界和各国及地区能源数据截止到2007年。

六、符号使用说明：年鉴各表中“空格”表示该项统计指标数据不足本表最小位数、数据不详或无该项数据；“#”表示其中的主要项。

# PREFACE

*Chinese energy statistical yearbook* is an annual statistical publication, which covers very comprehensive data in energy construction, production, consumption, equilibrium of supply and demand in an all-round way, established in 1986, edited by the department of Industry and Transport Statistics of State Statistics Bureau. 2008 annual is edited by the Department of Energy Statistics of State Statistics Bureau, published by China Statistics Press, to the domestic and international public publication.

In order to satisfy the masses of readers' demands for Chinese energy statistics, improve the efficiency and timeliness of the data use, from each of 2004, *Chinese energy statistical yearbook* is published one volume every year instead of one volume every 2 years, the year of front cover also switched over to publishing year. In *Chinese energy statistical yearbook 2009*, some data is revised from 1996 according to The Second National Economic Census.

The amount of information in *Chinese energy statistical yearbook* is large, especially stress the authoritativeness, integrality of the data. The book consists of eight chapters: 1. General Survey; 2. Construction of Energy Industry; 3. Energy Production; 4. Energy Consumption; 5. Energy Balance Table of China; 6. Energy Balance Table by Region; 7. Energy data for the Hong Kong and Macao Special Administrative Region. Additional information provided in the appendices include major energy data for Taiwan province, energy data for related countries or areas and explanatory notes of main statistical indicators and conversion factors from physical units to coal equivalent.

Annual statistical reports from the National Bureau of Statistics and the *China Statistical Yearbook* are the main data sources of this document. However, the national data in this book does not include that of the Hong Kong and Macao Special Administrative Region, the Taiwan province. Also, the data in the energy balance tables does not cover non-commercial energy.

The Chinese energy data were by the year of 2008, energy data for the world and other countries or area were by the year of 2007.

Notations used in the yearbook： blank space indicates that the figure is not large enough to be measured with the smallest unit in the table,or data are unknown or are not available;" # "indicates a major breakdown of the total.

# 目　录

# CONTENTS

## 一、综合

## Chapter 1 General Survey



## 二、能源建设

## Chapter 2 Construction of Energy Industry

**三、能源生产**

**Chapter 3 Energy Production**

## 四、能源消费
## Chapter 4 Energy Consumption

**五、全国能源平衡表**

**Chapter 5 Energy Balance Table of China**

## 六、地区能源平衡表
## Chapter 6 Energy Balance Table by Region

## 七、香港、澳门特别行政区能源数据

## Chapter 7 Energy Data for Hong Kong and Macao Special Administrative Region



## 附录 1、台湾省能源数据

## Appendix Ⅰ Energy Data for Taiwan Province



## 附录 2、有关国家和地区能源数据

## Appendix Ⅱ Energy Data for Related Countries or Areas

# 一、综　　合

# Chapter 1　General Survey

# 1-1 能源生产、消费与国民经济增长速度

# GROWTH RATE OF ENERGY PRODUCTION AND CONSUMPTION COMPARED WITH GROWTH RATE OF GDP

| 年 份<br>Year | 国内生产总值增长速度(%)<br>Growth Rate of GDP (%) | 能源生产增长速度(%)<br>Growth Rate of Energy Production | 电力生产增长速度(%)<br>Growth Rate of Electricity Production | 能源消费增长速度(%)<br>Growth Rate of Energy Consumption | 电力消费增长速度(%)<br>Growth Rate of Electricity Consumption | 能源生产弹性系数<br>Elasticity of Energy Production | 电力生产弹性系数<br>Elasticity of Electricity Production | 能源消费弹性系数<br>Elasticity of Energy Consumption | 电力消费弹性系数<br>Elasticity of Electricity Consumption |
|---|---|---|---|---|---|---|---|---|---|
| 1980 | 7.8 | -1.3 | 6.6 | 2.9 | 6.6 | | 0.85 | 0.37 | 0.85 |
| 1981 | 5.2 | -0.8 | 2.9 | -1.4 | 3.0 | | 0.56 | | 0.58 |
| 1982 | 9.1 | 5.6 | 6.0 | 4.4 | 5.9 | 0.62 | 0.66 | 0.48 | 0.65 |
| 1983 | 10.9 | 6.7 | 7.2 | 6.4 | 7.3 | 0.61 | 0.66 | 0.59 | 0.67 |
| 1984 | 15.2 | 9.2 | 7.3 | 7.4 | 7.4 | 0.61 | 0.48 | 0.49 | 0.49 |
| 1985 | 13.5 | 9.9 | 8.9 | 8.1 | 9.0 | 0.73 | 0.66 | 0.60 | 0.67 |
| 1986 | 8.8 | 3.0 | 9.5 | 5.4 | 9.5 | 0.34 | 1.08 | 0.61 | 1.08 |
| 1987 | 11.6 | 3.6 | 10.6 | 7.2 | 10.6 | 0.31 | 0.91 | 0.62 | 0.91 |
| 1988 | 11.3 | 5.0 | 9.6 | 7.4 | 9.7 | 0.44 | 0.85 | 0.65 | 0.86 |
| 1989 | 4.1 | 6.1 | 7.3 | 4.2 | 7.3 | 1.49 | 1.77 | 1.03 | 1.78 |
| 1990 | 3.8 | 2.2 | 6.2 | 1.8 | 6.2 | 0.58 | 1.63 | 0.47 | 1.63 |
| 1991 | 9.2 | 0.9 | 9.1 | 5.1 | 9.2 | 0.10 | 0.99 | 0.55 | 1.00 |
| 1992 | 14.2 | 2.3 | 11.3 | 5.2 | 11.5 | 0.16 | 0.80 | 0.37 | 0.81 |
| 1993 | 14.0 | 3.6 | 15.3 | 6.3 | 11.0 | 0.26 | 1.09 | 0.45 | 0.79 |
| 1994 | 13.1 | 6.9 | 10.7 | 5.8 | 9.9 | 0.53 | 0.82 | 0.44 | 0.76 |
| 1995 | 10.9 | 8.7 | 8.6 | 6.9 | 8.2 | 0.80 | 0.79 | 0.63 | 0.75 |
| 1996 | 10.0 | 3.1 | 7.2 | 3.1 | 7.4 | 0.31 | 0.72 | 0.31 | 0.74 |
| 1997 | 9.3 | 0.3 | 5.1 | 0.5 | 4.8 | 0.03 | 0.55 | 0.06 | 0.52 |
| 1998 | 7.8 | -2.7 | 2.7 | 0.2 | 2.8 | | 0.35 | 0.03 | 0.36 |
| 1999 | 7.6 | 1.6 | 6.3 | 3.2 | 6.1 | 0.21 | 0.83 | 0.42 | 0.80 |
| 2000 | 8.4 | 2.4 | 9.4 | 3.5 | 9.5 | 0.28 | 1.12 | 0.42 | 1.13 |
| 2001 | 8.3 | 6.5 | 9.2 | 3.3 | 9.3 | 0.79 | 1.11 | 0.40 | 1.12 |
| 2002 | 9.1 | 4.7 | 11.7 | 6.0 | 11.8 | 0.52 | 1.29 | 0.66 | 1.30 |
| 2003 | 10.0 | 14.1 | 15.5 | 15.3 | 15.6 | 1.41 | 1.55 | 1.53 | 1.56 |
| 2004 | 10.1 | 14.4 | 15.3 | 16.1 | 15.4 | 1.43 | 1.51 | 1.60 | 1.52 |
| 2005 | 11.3 | 10.0 | 13.5 | 10.6 | 13.5 | 0.88 | 1.19 | 0.93 | 1.19 |
| 2006 | 12.7 | 7.4 | 14.6 | 9.6 | 14.6 | 0.58 | 1.15 | 0.76 | 1.15 |
| 2007 | 14.2 | 6.5 | 14.5 | 8.4 | 14.4 | 0.46 | 1.02 | 0.59 | 1.01 |
| 2008 | 9.6 | 5.6 | 5.6 | 3.9 | 5.6 | 0.59 | 0.58 | 0.41 | 0.58 |

注:国内生产总值增长速度按可比价格计算.能源生产增长速度和能源消费增长速度采用等价值总量计算。

a) GDP growth rate is calculated at comparable prices.

# 1-2 国民经济和能源经济主要指标

| 指　　标 | Item | 单 位 unit | 2000 |
| --- | --- | --- | --- |
| 1.年底人口总数 | 1.Year-end Population | 万人 $10^4$person | 126743 |
| 城镇 | Urban | 万人 $10^4$person | 45906 |
| 乡村 | Rural | 万人 $10^4$person | 80837 |
| 2.国内生产总值 | 2.Gross Domestic Products | 亿元 $10^8$yuan | 99215 |
| 第一产业 | Primary Industry | 亿元 $10^8$yuan | 14945 |
| 第二产业 | Secondary Industry | 亿元 $10^8$yuan | 45556 |
| 工业 | Industry | 亿元 $10^8$yuan | 40034 |
| 建筑业 | Construction | 亿元 $10^8$yuan | 5522 |
| 第三产业 | Tertiary Industry | 亿元 $10^8$yuan | 38714 |
| 3.全社会固定资产投资总额 | 3.Investment in Fixed Assets | 亿元 $10^8$yuan | 32918 |
| 能源工业(国有) | Energy Industry (State-owned) | 亿元 $10^8$yuan | 2840 |
| 煤炭采选业 | Coal Mining and Processing | 亿元 $10^8$yuan | 199 |
| 石油和天然气开采业 | Petroleum and Natural Gas Extraction | 亿元 $10^8$yuan | 365 |
| 电力、蒸汽、热水生产和供应业 | Electricity, Steam Production and Supply | 亿元 $10^8$yuan | 2130 |
| 石油加工及炼焦业 | Petroleum Processing and Coking | 亿元 $10^8$yuan | 95 |
| 煤气生产和供应业 | Gas Production and Supply | 亿元 $10^8$yuan | 60 |
| 4.进出口总额 | 4.Total Value of Exports and Imports | 亿元 $10^8$yuan | 39273 |
| 出口总额 | Exports | 亿元 $10^8$yuan | 20634 |
| 进口总额 | Imports | 亿元 $10^8$yuan | 18639 |
| 5.煤炭保有储量 | 5. Coal Ensured Reserves | 亿吨 $10^8$tn | 10084 |
| 6.水利资源蕴藏量 | 6. Hydropower Resource | 亿千瓦$10^8$kW | 6.76 |
| 可开发量 | Developable Resources | 亿千瓦$10^8$kW | 3.79 |
| 7.海洋能源理论蕴藏量 | 7. Theoretical Sea-energy Reserves | 亿千瓦$10^8$kW | 6.30 |
| 8.一次能源生产总量(发电煤耗计算法)(*) | 8.Primary Energy Production (coal equivalent calculation)(*) | 万吨标准煤$10^4$tce | 135048 |
| 一次能源生产总量(电热当量计算法)(**) | Primary Energy Production (calorific value calculation)(**) | 万吨标准煤$10^4$tce | 122673 |
| 9.能源消费总量(发电煤耗计算法) | 9.Total Energy Consumption (*) (coal equivalent calculation)(*) | 万吨标准煤$10^4$tce | 145531 |
| 能源消费总量(电热当量计算法) | Total Energy Consumption (**) (calorific value calculation)(**) | 万吨标准煤$10^4$tce | 132469 |

注：(*)　发电煤耗计算法是指电力按当年平均火力发电煤耗换算成标准煤(下表同)。
(**) 电热当量计算法是指电力按自身的热功当量换算成标准煤。采用的折标系数为1万千瓦时=1.229吨标准煤(下表同)。
(*)　Electricity is converted to TCE by average quantity of fuel used for power generation. (the same as in the following tables)
(**) Electricity is converted to TCE by 104kwh=1.229TCE. (The same as in the following tables)

# MAIN INDICATORS OF NATIONAL ECONOMY AND ENERGY ECONOMY

| 2001 | 2002 | 2003 | 2004 | 2005 | 2006 | 2007 | 2008 |
|---|---|---|---|---|---|---|---|
| 127627 | 128453 | 129227 | 129988 | 130756 | 131448 | 132129 | 132802 |
| 48064 | 50212 | 52376 | 54283 | 56212 | 57706 | 59379 | 60667 |
| 79563 | 78241 | 76851 | 75705 | 74544 | 73742 | 72750 | 72135 |
| 109655 | 120333 | 135823 | 159878 | 183217 | 211924 | 257306 | 300670 |
| 15781 | 16537 | 17382 | 21413 | 22420 | 24040 | 28627 | 34000 |
| 49512 | 53897 | 62436 | 73904 | 87365 | 103162 | 124799 | 146183 |
| 43581 | 47431 | 54946 | 65210 | 77231 | 91311 | 110535 | 129112 |
| 5932 | 6465 | 7491 | 8694 | 10134 | 11851 | 14264 | 17071 |
| 44362 | 49899 | 56005 | 64561 | 73433 | 84721 | 103880 | 120487 |
| 37214 | 43500 | 55567 | 70477 | 88774 | 109998 | 137324 | 172828 |
| 2622 | 2626 | 2876 | 3643 | 4766 | 5687 | 6715 | 7940 |
| 199 | 233 | 310 | 420 | 624 | 759 | 836 | 1014 |
| 375 | 158 | 236 | 301 | 279 | 387 | 586 | 740 |
| 1861 | 2082 | 2158 | 2640 | 3451 | 4042 | 4611 | 5336 |
| 127 | 93 | 90 | 188 | 299 | 369 | 549 | 698 |
| 58 | 60 | 82 | 95 | 113 | 129 | 133 | 153 |
| 42184 | 51378 | 70484 | 95539 | 116922 | 140971 | 166740 | 179921 |
| 22024 | 26948 | 36288 | 49103 | 62648 | 77595 | 93456 | 100395 |
| 20159 | 24430 | 34196 | 46436 | 54274 | 63377 | 73285 | 79527 |
| 10202 | | | | | | | |
| 6.76 | 6.76 | 6.76 | | | 6.76 | | |
| 3.79 | 3.79 | 3.79 | | | 3.79 | | |
| 6.30 | 6.30 | 6.30 | | | 6.30 | | |
| 143875 | 150656 | 171906 | 196648 | 216219 | 232167 | 247279 | 261210 |
| 129794 | 135983 | 155947 | 177962 | 195518 | 220895 | 234856 | 247010 |
| 150406 | 159431 | 183792 | 213456 | 235997 | 258676 | 280508 | 291448 |
| 135765 | 144155 | 167273 | 193990 | 214466 | 247562 | 268413 | 277515 |

# 1-3 平均每万元国内生产总值能源消费量

## ENERGY INTENSITY BY GDP

| 年 份 Year | 能源消费总量 (吨标准煤/万元) Total Energy Consumption (tce/10^4yuan) | 煤炭 (吨/万元) Coal (tn/10^4yuan) | 焦炭 (吨/万元) Coke (tn/10^4yuan) | 石油 (吨/万元) Petroleum (tn/10^4yuan) | 原油 (吨/万元) Crude Oil (tn/10^4yuan) | 燃料油 (吨/万元) Fuel Oil (tn/10^4yuan) | 电力 (万千瓦小时/万元) Electricity (10^4kW·h /10^4yuan) |
|---|---|---|---|---|---|---|---|
| | **国内生产总值按1980年可比价格计算 GDP is calculated at 1980 constant prices.** | | | | | | |
| 1980 | 13.20 | 13.36 | 0.94 | 1.92 | 2.02 | 0.67 | 0.66 |
| 1981 | 12.37 | 12.60 | 0.82 | 1.94 | 1.82 | 0.59 | 0.64 |
| 1982 | 11.84 | 12.23 | 0.76 | 1.57 | 1.66 | 0.54 | 0.63 |
| 1983 | 11.36 | 11.82 | 0.71 | 1.44 | 1.56 | 0.49 | 0.61 |
| 1984 | 10.59 | 11.20 | 0.66 | 1.29 | 1.38 | 0.43 | 0.56 |
| 1985 | 10.10 | 10.74 | 0.62 | 1.21 | 1.25 | 0.37 | 0.54 |
| 1986 | 9.78 | 10.40 | 0.63 | 1.18 | 1.24 | 0.36 | 0.55 |
| 1987 | 9.39 | 10.06 | 0.62 | 1.12 | 1.16 | 0.34 | 0.54 |
| 1988 | 9.06 | 9.68 | 0.59 | 1.08 | 1.09 | 0.32 | 0.53 |
| 1989 | 9.07 | 9.68 | 0.60 | 1.08 | 1.09 | 0.32 | 0.55 |
| 1990 | 8.90 | 9.51 | 0.62 | 1.04 | 1.06 | 0.30 | 0.56 |
| | **国内生产总值按1990年可比价格计算 GDP is calculated at 1990 constant prices.** | | | | | | |
| 1990 | 5.32 | 5.69 | 0.37 | 0.62 | 0.63 | 0.18 | 0.34 |
| 1991 | 5.12 | 5.45 | 0.35 | 0.61 | 0.61 | 0.17 | 0.34 |
| 1992 | 4.72 | 4.93 | 0.34 | 0.58 | 0.57 | 0.15 | 0.33 |
| 1993 | 4.40 | 4.59 | 0.33 | 0.56 | 0.52 | 0.14 | 0.32 |
| 1994 | 4.12 | 4.31 | 0.31 | 0.50 | 0.47 | 0.12 | 0.31 |
| 1995 | 3.97 | 4.16 | 0.32 | 0.49 | 0.45 | 0.11 | 0.30 |
| 1996 | 3.69 | 3.83 | 0.32 | 0.48 | 0.43 | 0.10 | 0.29 |
| 1997 | 3.40 | 3.44 | 0.27 | 0.48 | 0.43 | 0.09 | 0.28 |
| 1998 | 3.16 | 3.13 | 0.27 | 0.46 | 0.40 | 0.09 | 0.27 |
| 1999 | 3.03 | 3.00 | 0.23 | 0.45 | 0.41 | 0.08 | 0.26 |
| 2000 | 2.89 | 2.80 | 0.22 | 0.45 | 0.42 | 0.08 | 0.27 |
| | **国内生产总值按2000年可比价格计算 GDP is calculated at 2000 constant prices.** | | | | | | |
| 2000 | 1.47 | 1.42 | 0.11 | 0.23 | 0.21 | 0.04 | 0.14 |
| 2001 | 1.40 | 1.35 | 0.11 | 0.21 | 0.20 | 0.04 | 0.14 |
| 2002 | 1.36 | 1.30 | 0.11 | 0.21 | 0.19 | 0.03 | 0.14 |
| 2003 | 1.43 | 1.40 | 0.12 | 0.21 | 0.19 | 0.03 | 0.15 |
| 2004 | 1.50 | 1.46 | 0.13 | 0.22 | 0.20 | 0.03 | 0.15 |
| 2005 | 1.49 | 1.47 | 0.16 | 0.21 | 0.19 | 0.03 | 0.16 |
| | **国内生产总值按2005年价格计算 GDP is calculated at 2005 constant prices.** | | | | | | |
| 2005 | 1.28 | 1.25 | 0.14 | 0.18 | 0.16 | 0.02 | 0.13 |
| 2006 | 1.24 | 1.22 | 0.13 | 0.17 | 0.15 | 0.02 | 0.14 |
| 2007 | 1.18 | 1.15 | 0.12 | 0.15 | 0.14 | 0.02 | 0.14 |
| 2008 | 1.12 | 1.08 | 0.11 | 0.14 | 0.14 | 0.01 | 0.13 |

# 1-4 能源加工转换效率

# EFFICIENCY OF ENERGY TRANSFORMATION

单位：%　　　　(%)

| 年 份<br>Year | 总效率<br>Total Efficiency | 发电及电站供热<br>Power Generation and Heating by Power Station | 炼 焦<br>Coking | 炼 油<br>Petroleum Refinery |
|---|---|---|---|---|
| 1980 | 69.54 | 36.02 | 88.68 | 99.00 |
| 1981 | 69.28 | 36.68 | 90.89 | 99.06 |
| 1982 | 69.20 | 36.78 | 90.51 | 99.13 |
| 1983 | 69.93 | 36.94 | 91.18 | 99.16 |
| 1984 | 69.16 | 36.95 | 90.08 | 99.17 |
| 1985 | 68.29 | 36.85 | 90.79 | 99.10 |
| 1986 | 68.32 | 36.69 | 90.63 | 99.04 |
| 1987 | 67.48 | 36.75 | 90.46 | 98.81 |
| 1988 | 66.54 | 36.34 | 90.77 | 98.76 |
| 1989 | 66.51 | 36.74 | 90.30 | 98.57 |
| 1990 | 66.48 | 37.34 | 91.28 | 90.19 |
| 1991 | 65.90 | 37.60 | 89.90 | 98.10 |
| 1992 | 66.00 | 37.80 | 92.70 | 96.80 |
| 1993 | 67.32 | 39.90 | 98.05 | 98.49 |
| 1994 | 65.20 | 39.35 | 89.62 | 97.48 |
| 1995 | 71.05 | 37.31 | 91.99 | 97.67 |
| 1996 | 70.19 | 36.63 | 94.07 | 97.46 |
| 1997 | 69.76 | 35.89 | 94.01 | 97.37 |
| 1998 | 69.28 | 37.09 | 94.97 | 96.41 |
| 1999 | 69.25 | 37.04 | 96.13 | 97.51 |
| 2000 | 69.04 | 37.36 | 96.21 | 97.32 |
| 2001 | 69.34 | 37.63 | 96.48 | 97.92 |
| 2002 | 69.04 | 38.73 | 96.63 | 96.71 |
| 2003 | 69.40 | 38.83 | 96.13 | 96.80 |
| 2004 | 70.91 | 39.46 | 97.55 | 96.43 |
| 2005 | 71.55 | 39.87 | 97.57 | 96.86 |
| 2006 | 71.24 | 39.87 | 97.77 | 96.86 |
| 2007 | 70.77 | 40.24 | 97.56 | 97.17 |
| 2008 | 71.55 | 41.04 | 97.75 | 97.17 |

# 1-5 人均能源生产量和消费量

# ENERGY PRODUCTION AND CONSUMPTION PER CAPITA

| 年 份 Year | 人均能源生产量 Per-Capita Energy Production | | | | 人均能源消费量 Per-Capita Energy Consumption | | | |
|---|---|---|---|---|---|---|---|---|
| | 能源总量（千克标准煤） Total Energy (kgce) | 原煤（千克） Raw Coal (kg) | 原油（千克） Crude Oil (kg) | 电力（千瓦小时） Electricity (kW•h) | 能源总量（千克标准煤） Total Energy (kgtce) | 煤炭（千克） Coal (kg) | 石油（千克） Oil (kg) | 电力（千瓦小时） Electricity (kW•h) |
| 1980 | 650 | 632 | 108 | 306 | 614 | 622 | 89 | 306 |
| 1981 | 636 | 625 | 102 | 311 | 598 | 610 | 94 | 311 |
| 1982 | 662 | 661 | 101 | 325 | 615 | 636 | 81 | 325 |
| 1983 | 696 | 698 | 104 | 343 | 645 | 671 | 82 | 344 |
| 1984 | 751 | 761 | 111 | 364 | 684 | 723 | 83 | 364 |
| 1985 | 814 | 830 | 119 | 391 | 730 | 776 | 87 | 392 |
| 1986 | 826 | 838 | 123 | 421 | 758 | 806 | 91 | 422 |
| 1987 | 842 | 856 | 124 | 459 | 799 | 856 | 95 | 460 |
| 1988 | 870 | 889 | 124 | 495 | 844 | 902 | 101 | 496 |
| 1989 | 909 | 942 | 123 | 523 | 867 | 925 | 104 | 524 |
| 1990 | 915 | 951 | 122 | 547 | 869 | 930 | 101 | 549 |
| 1991 | 911 | 945 | 123 | 589 | 902 | 960 | 108 | 591 |
| 1992 | 921 | 958 | 122 | 647 | 937 | 979 | 115 | 651 |
| 1993 | 942 | 976 | 123 | 711 | 984 | 1026 | 125 | 715 |
| 1994 | 996 | 1040 | 123 | 779 | 1030 | 1078 | 125 | 777 |
| 1995 | 1071 | 1129 | 125 | 836 | 1089 | 1143 | 133 | 832 |
| 1996 | 1093 | 1147 | 129 | 887 | 1110 | 1150 | 145 | 884 |
| 1997 | 1085 | 1128 | 131 | 923 | 1105 | 1120 | 157 | 917 |
| 1998 | 1045 | 1073 | 130 | 939 | 1097 | 1087 | 160 | 934 |
| 1999 | 1053 | 1089 | 128 | 989 | 1122 | 1112 | 168 | 982 |
| 2000 | 1070 | 1096 | 129 | 1074 | 1153 | 1117 | 178 | 1067 |
| 2001 | 1131 | 1157 | 129 | 1164 | 1183 | 1136 | 180 | 1158 |
| 2002 | 1177 | 1211 | 130 | 1292 | 1245 | 1189 | 194 | 1286 |
| 2003 | 1334 | 1424 | 132 | 1483 | 1427 | 1402 | 211 | 1477 |
| 2004 | 1517 | 1638 | 136 | 1700 | 1647 | 1601 | 245 | 1695 |
| 2005 | 1658 | 1802 | 139 | 1918 | 1810 | 1778 | 250 | 1913 |
| 2006 | 1771 | 1929 | 141 | 2186 | 1973 | 1946 | 266 | 2181 |
| 2007 | 1876 | 2043 | 141 | 2490 | 2128 | 2070 | 278 | 2482 |
| 2008 | 1972 | 2115 | 147 | 2617 | 2200 | 2122 | 282 | 2608 |

注：本表按年平均人口数计算。

a) This table is calculated by annual average population.

# 1-6 人均生活用能量

# RESIDENTIAL ENERGY CONSUMPTION PER CAPITA

| 年 份<br>Year | 全国人均生活用能量(千克标准煤)<br>Annual Average Residential Energy Consumption Per Capita (kgce) | | | | | | 城镇人均生活用能量(千克标准煤)<br>Urban (kgce) | 农村人均生活用能量(千克标准煤)<br>Rural (kgce) |
|---|---|---|---|---|---|---|---|---|
| | | 煤炭(千克)<br>Coal (kg) | 电力(千瓦小时)<br>Electricity (kW•h) | 液化石油气(千克)<br>LPG (kg) | 天然气(立方米)<br>Natural Gas (cu.m) | 煤气(立方米)<br>Gas (cu.m) | | |
| 1980 | 112 | 118 | 11 | 0.4 | 0.2 | 1.4 | 332 | 60 |
| 1981 | 101 | 122 | 12 | 0.5 | 0.2 | 1.4 | 290 | 55 |
| 1982 | 102 | 124 | 12 | 0.5 | 0.2 | 1.5 | 281 | 56 |
| 1983 | 107 | 128 | 13 | 0.6 | 0.1 | 1.5 | 283 | 59 |
| 1984 | 113 | 135 | 15 | 0.6 | 0.4 | 1.6 | 288 | 63 |
| 1985 | 127 | 149 | 21 | 0.9 | 0.4 | 1.3 | 307 | 72 |
| 1986 | 127 | 148 | 23 | 1.1 | 0.6 | 1.3 | 306 | 71 |
| 1987 | 132 | 152 | 26 | 1.1 | 0.7 | 1.6 | 300 | 76 |
| 1988 | 141 | 159 | 31 | 1.2 | 1.4 | 1.6 | 307 | 84 |
| 1989 | 139 | 152 | 35 | 1.4 | 1.5 | 2.4 | 297 | 84 |
| 1990 | 139 | 147 | 42 | 1.4 | 1.6 | 2.5 | 298 | 83 |
| 1991 | 139 | 143 | 47 | 1.8 | 1.6 | 3.2 | 292 | 83 |
| 1992 | 134 | 127 | 55 | 2.1 | 1.8 | 4.4 | 267 | 85 |
| 1993 | 133 | 123 | 63 | 2.5 | 1.5 | 4.6 | 258 | 86 |
| 1994 | 129 | 109 | 73 | 3.2 | 1.7 | 6.3 | 238 | 86 |
| 1995 | 131 | 112 | 83 | 4.4 | 1.6 | 4.7 | 242 | 86 |
| 1996 | 121 | 83 | 88 | 5.9 | 1.7 | 6.4 | 238 | 71 |
| 1997 | 119 | 77 | 99 | 6.2 | 1.7 | 8.9 | 226 | 71 |
| 1998 | 119 | 73 | 104 | 6.9 | 1.9 | 9.7 | 218 | 71 |
| 1999 | 122 | 70 | 109 | 6.8 | 2.1 | 9.3 | 213 | 75 |
| 2000 | 124 | 67 | 115 | 6.8 | 2.6 | 10.0 | 210 | 76 |
| 2001 | 127 | 66 | 127 | 6.7 | 3.3 | 9.4 | 207 | 80 |
| 2002 | 134 | 66 | 138 | 7.6 | 3.6 | 9.8 | 210 | 87 |
| 2003 | 153 | 70 | 160 | 8.6 | 4.0 | 10.2 | 232 | 102 |
| 2004 | 176 | 75 | 184 | 10.4 | 5.2 | 10.7 | 256 | 119 |
| 2005 | 194 | 77 | 221 | 10.2 | 6.1 | 11.1 | 279 | 132 |
| 2006 | 212 | 77 | 256 | 11.1 | 7.8 | 12.7 | 299 | 145 |
| 2007 | 234 | 74 | 308 | 12.4 | 10.9 | 14.1 | 325 | 161 |
| 2008 | 241 | 69 | 332 | 11.0 | 12.8 | 13.9 | 327 | 170 |

# 1-7 年末交通运输设备拥有量

# NUMBER OF TRANSPORTATION EQUIPMENT (YEAR-END)

| 指 标 Item | 2000 | 2001 | 2002 | 2003 | 2004 | 2005 | 2006 | 2007 | 2008 |
|---|---|---|---|---|---|---|---|---|---|
| 铁路机车合计(辆) Total Railway Locomotives(unit) | 15253 | 15756 | 16026 | 16320 | 17022 | 17473 | 17799 | 18306 | 18437 |
| 蒸汽机车 Steam Locomotives | 911 | 699 | 374 | 343 | 263 | 193 | 133 | 124 | 118 |
| 内燃机车 Diesel Locomotives | 10826 | 11081 | 11312 | 11355 | 11872 | 12114 | 12148 | 12111 | 12021 |
| 电力机车 Electric Locomotives | 3516 | 3976 | 3918 | 4622 | 4887 | 5166 | 5518 | 6071 | 6298 |
| 铁路客车(辆) Railway Passenger Coaches(unit) | 35989 | 37214 | 37942 | 38972 | 39766 | 40328 | 40945 | 42471 | 43215 |
| 铁路货车(辆) Railway Freight Cars(unit) | 439943 | 449921 | 446707 | 503868 | 520101 | 541824 | 558483 | 571078 | 584961 |
| 民用汽车合计(万辆) Total Civil Motor Vehicles($10^4$unit) | 1609 | 1802 | 2053 | 2383 | 2694 | 3160 | 3697 | 4358 | 5100 |
| 载客汽车 Passenger Vehicles | 854 | 994 | 1202 | 1479 | 1739 | 2132 | 2620 | 3196 | 3839 |
| 载货汽车 Trucks | 716 | 765 | 812 | 854 | 893 | 956 | 986 | 1054 | 1126 |
| 其它机动车(万辆) Others($10^4$unit) | 4168 | 4724 | 6174 | 7109 | 7786 | 8595 | 8798 | 9434 | 9757 |
| 公路部门营运车辆(万辆) Motor Vehicles Owned by Highway Department($10^4$unit) | 703 | 764 | 826 | 925 | 1067 | 733 | 803 | 849 | 931 |
| 私人汽车(万辆) Private Vehicles($10^4$unit) | 625 | 771 | 969 | 1219 | 1482 | 1848 | 2333 | 2876 | 3501 |
| 民航飞机合计(架) Total Civil Aircraft(unit) | 982 | 1031 | 1112 | 1160 | 1245 | 1386 | 1614 | 1813 | 1961 |
| 民用运输船舶合计(艘) Total Civil Transport Vessels(unit) | 229676 | 210786 | 202977 | 204270 | 210700 | 207294 | 194360 | 191771 | 184190 |
| 机动船 Motor Vessels | 185018 | 169329 | 165936 | 163813 | 166854 | 165900 | 157805 | 157544 | 152247 |
| 驳船 Barges | 44658 | 41457 | 37041 | 40457 | 43846 | 41394 | 36555 | 34227 | 31943 |
| 私人运输船舶(艘) Private Transport Vessels(unit) | 142117 | 121721 | 115108 | 114297 | 115503 | 95838 | 70292 | 70017 | 64552 |

# 1-8 主要能源品种进、出口量

# IMPORTS AND EXPORTS OF MAJOR ENERGY PRODUCTS

| 指　标 Item | 2000 | 2001 | 2002 | 2003 | 2004 | 2005 | 2006 | 2007 | 2008 |
|---|---|---|---|---|---|---|---|---|---|
| **进口量 Import** | | | | | | | | | |
| 煤(万吨) Coal($10^4$tn) | 212.0 | 249.0 | 1081.0 | 1109.8 | 1861.4 | 2617.1 | 3810.5 | 5101.6 | 4034.0 |
| 焦炭(万吨) Coal($10^4$tn) | | | | 0.2 | 0.5 | 0.5 | | | |
| 原油(万吨) Crude Oil($10^4$tn) | 7027.0 | 6026.0 | 6941.0 | 9102.0 | 12272.0 | 12681.7 | 14517.0 | 16317.0 | 17888.5 |
| 汽油(万吨) Gasoline($10^4$tn) | | | | | | | 6.1 | 22.7 | 198.7 |
| 柴油(万吨) Diesel Oil($10^4$tn) | 25.9 | 27.5 | 47.7 | 84.9 | 274.9 | 53.2 | 70.5 | 162.1 | 624.5 |
| 煤油(万吨) Kerosene($10^4$tn) | 255.5 | 201.9 | 214.5 | 210.3 | 282.0 | 328.3 | 560.9 | 524.3 | 647.8 |
| 燃料油(万吨) Fuel Oil($10^4$tn) | 1480.0 | 1823.6 | 1659.7 | 2395.5 | 3059.2 | 2608.6 | 2799.3 | 2417.1 | 2186.1 |
| 液化石油气(万吨) LPG($10^4$tn) | 481.7 | 488.9 | 626.2 | 636.7 | 641.0 | 617.0 | 535.6 | 405.4 | 259.2 |
| 其它石油制品(万吨) Other Petroleum Products($10^4$tn) | 161.5 | 201.3 | 384.3 | 432.1 | 384.2 | 443.4 | 443.4 | 688.9 | 666.0 |
| 天然气(亿立方米) Natural Gas($10^8$cu.m) | | | | | | | 9.5 | 40.2 | 46.0 |
| 电力(亿千瓦小时) Electricity($10^8$kW•h) | 15.5 | 18.0 | 23.0 | 29.8 | 34.0 | 50.1 | 53.9 | 42.5 | 38.4 |
| **出口量 Export** | | | | | | | | | |
| 煤(万吨) Coal($10^4$tn) | 5505.0 | 9012.0 | 8384.0 | 9402.9 | 8666.4 | 7172.4 | 6327.3 | 5317.0 | 4543.0 |
| 焦炭(万吨) Coke($10^4$tn) | 1520.0 | 1385.0 | 1357.0 | 1472.1 | 1501.2 | 1276.4 | 1446.8 | 1529.9 | 1221.3 |
| 原油(万吨) Crude Oil($10^4$tn) | 1031.0 | 755.0 | 766.0 | 813.3 | 549.2 | 806.7 | 633.7 | 389.0 | 423.8 |
| 汽油(万吨) Gasoline($10^4$tn) | 455.2 | 572.5 | 612.0 | 754.2 | 540.7 | 560.0 | 351.0 | 464.3 | 203.4 |
| 柴油(万吨) Diesel Oil($10^4$tn) | 55.5 | 25.6 | 124.0 | 224.0 | 63.7 | 147.6 | 77.6 | 66.1 | 63.1 |
| 煤油(万吨) Kerosene($10^4$tn) | 198.9 | 182.2 | 170.0 | 201.7 | 205.0 | 268.7 | 371.1 | 448.1 | 536.4 |
| 燃料油(万吨) Fuel Oil($10^4$tn) | 33.4 | 44.1 | 64.0 | 76.1 | 181.7 | 230.0 | 258.1 | 379.7 | 731.7 |
| 液化石油气(万吨) LPG($10^4$tn) | 1.6 | 2.1 | 5.6 | 2.4 | 3.2 | 2.7 | 15.1 | 33.8 | 67.9 |
| 其它石油制品(万吨) Other Petroleum Products($10^4$tn) | 280.5 | 325.5 | 246.0 | 261.8 | 360.7 | 473.0 | 473.0 | 416.2 | 418.6 |
| 天然气(亿立方米) Natural Gas($10^8$cu.m) | | | | | 24.4 | 29.7 | 29.0 | 26.0 | 32.5 |
| 电力(亿千瓦小时) Electricity($10^8$kW•h) | 98.8 | 101.9 | 97.0 | 103.4 | 94.8 | 111.9 | 122.7 | 145.7 | 166.4 |

# 1-9 主要高耗能产品的进、出口量

# IMPORTS AND EXPORTS OF ENERGY INTENSIVE PRODUCTS

| 指　标 Item | 2000 | 2001 | 2002 | 2003 | 2004 | 2005 | 2006 | 2007 | 2008 |
|---|---|---|---|---|---|---|---|---|---|
| **进口量 Import** | | | | | | | | | |
| 钢材（万吨）<br>Steel Products($10^4$tn) | 1596 | 1722 | 2449 | 3717 | 2930 | 2582 | 1851 | 1687 | 1543 |
| 钢铁丝(吨)<br>Iron and Steel Wire(tn) | 336300 | 353771 | 427554 | 465540 | | | | | |
| 铜及铜合金(万吨)<br>Copper and Copper Alloys($10^4$tn) | 81 | 95 | 133 | 156 | 138 | 142 | 97 | 173 | 170 |
| 铝及铝合金(万吨)<br>Aluminum and Aluminum Alloys($10^4$tn) | 91 | 53 | 58 | 88 | 103 | 64 | 51 | 28 | 26 |
| 锌及锌合金(吨)<br>Zinc and Zinc Alloys(tn) | 129974 | 141159 | 211722 | 310221 | | | | | |
| 烧碱(吨)<br>Caustic Soda(tn) | 46458 | 27357 | 114834 | 104686 | | | | | |
| 纯碱(万吨)<br>Soda Ash($10^4$tn) | 13 | 7 | 29 | 30 | 20 | 7 | 14 | 4 | |
| 肥料(万吨)<br>Chemical Fertilizers, Manufactured($10^4$tn) | 1189 | 1092 | 1682 | 1213 | 1240 | 1397 | 1129 | 1169 | 622 |
| 纸浆(万吨)<br>Paper Pulp($10^4$tn) | 335 | 490 | 526 | 603 | 732 | 759 | 796 | 847 | 952 |
| 纺织用合成纤维(万吨)<br>Synthetic Fiber Suitable for Spinning($10^4$tn) | 100 | 92 | 104 | 106 | 99 | 84 | 62 | 51 | 32 |
| **出口量 Export** | | | | | | | | | |
| 水泥(万吨)<br>Cement($10^4$tn) | 605 | 621 | 518 | 533 | 704 | 2216 | 3613 | 3301 | 2604 |
| 平板玻璃(万平方米)<br>Plate Glass($10^4$sq.m) | 5592 | 6123 | 11359 | 12427 | 14464 | 19925 | 26433 | 30917 | 27762 |
| 钢材（万吨）<br>Steel Products($10^4$tn) | 621 | 474 | 545 | 696 | 1423 | 2052 | 4301 | 6265 | 5923 |
| 钢铁丝(吨)<br>Iron and Steel Wire(tn) | 190122 | 224484 | 310992 | 401235 | | | | | |
| 铜材(吨)<br>Copper Products (tn) | 144484 | 123790 | 171710 | 232879 | 390023 | 463560 | 559122 | 499678 | 517522 |
| 铝材(吨)<br>Aluminum Products(tn) | 130052 | 135630 | 188744 | 273874 | 430988 | 711484 | 1240157 | 1853413 | 1900000 |
| 锌及锌合金(吨)<br>Zinc and Zinc Alloys(tn) | 593336 | 562021 | 495987 | 484231 | 263149 | 146845 | 341465 | 276714 | 71320 |
| 纸及 纸板(万吨)<br>Paper and Paperboard($10^4$tn) | 65 | 68 | 74 | 114 | 101 | 167 | 305 | 422 | 361 |

# 1-10 分地区工业废气排放量

# EMISSION OF INDUSTRIAL WASTE GAS BY REGION

| 地 区 Region | 工业废气排放总量（亿标准立方米） Total Volume of Industrial Waste Gas Emissions ($10^8$cu.m) | | | | | | 燃料燃烧工业废气排放量（亿标准立方米） Waste Gas from Fuel ($10^8$cu.m) | | | | | |
|---|---|---|---|---|---|---|---|---|---|---|---|---|
| | 2000 | 2004 | 2005 | 2006 | 2007 | 2008 | 2000 | 2004 | 2005 | 2006 | 2007 | 2008 |
| **全 国 National** | **138145** | **237696** | **268988** | **330992** | **388169** | **403866** | **81970** | **139726** | **155238** | **181636** | **209922** | **229535** |
| 北 京 Beijing | 3227 | 3198 | 3532 | 4641 | 5146 | 4316 | 1864 | 1927 | 2015 | 2772 | 2205 | |
| 天 津 Tianjin | 1749 | 3058 | 4602 | 6512 | 5506 | 6005 | 1341 | 2223 | 3380 | 4568 | 3507 | |
| 河 北 Hebei | 9858 | 21696 | 26518 | 39254 | 48036 | 37558 | 4847 | 11556 | 13142 | 19251 | 25643 | |
| 山 西 Shanxi | 6635 | 13351 | 15142 | 18128 | 21429 | 23180 | 4203 | 7976 | 8565 | 10424 | 12865 | |
| 内 蒙 Inner Mongolia | 4768 | 13518 | 12071 | 18415 | 18200 | 20190 | 3252 | 8579 | 8802 | 12559 | 12657 | |
| 辽 宁 Liaoning | 9432 | 13015 | 20903 | 27195 | 23946 | 40219 | 5925 | 6798 | 10640 | 10034 | 10363 | |
| 吉 林 Jilin | 3082 | 4316 | 4939 | 5352 | 5730 | 6155 | 2172 | 2761 | 3405 | 3380 | 3886 | |
| 黑龙江 Heilongjiang | 4326 | 4968 | 5261 | 5991 | 7283 | 7796 | 3517 | 4110 | 4276 | 4748 | 5981 | |
| 上 海 Shanghai | 5755 | 8834 | 8482 | 9428 | 9591 | 10436 | 3282 | 3603 | 3564 | 3326 | 3514 | |
| 江 苏 Jiangsu | 9078 | 17818 | 20197 | 24881 | 23585 | 25245 | 6522 | 11029 | 12748 | 15319 | 15408 | |
| 浙 江 Zhejiang | 6509 | 11749 | 13025 | 14702 | 17467 | 17633 | 4262 | 8223 | 8148 | 9216 | 11542 | |
| 安 徽 Anhui | 3945 | 5934 | 6960 | 8677 | 13254 | 15749 | 2282 | 3670 | 4478 | 4622 | 6575 | |
| 福 建 Fujian | 2828 | 5020 | 6265 | 6884 | 9153 | 9150 | 1297 | 2819 | 3284 | 3676 | 5626 | |
| 江 西 Jiangxi | 2220 | 3972 | 4379 | 5096 | 6103 | 7456 | 1218 | 2100 | 2138 | 2552 | 2919 | |
| 山 东 Shandong | 12179 | 20357 | 24129 | 25751 | 31341 | 33505 | 7438 | 12355 | 14333 | 15417 | 16642 | |
| 河 南 Henan | 7436 | 13103 | 15498 | 16770 | 18890 | 20264 | 4408 | 7728 | 9180 | 9584 | 10609 | |
| 湖 北 Hubei | 5674 | 8838 | 9404 | 11015 | 10373 | 11558 | 2468 | 3626 | 3958 | 4040 | 4314 | |
| 湖 南 Hunan | 3569 | 5527 | 6014 | 5986 | 8762 | 9249 | 1718 | 2750 | 2826 | 2916 | 4046 | |
| 广 东 Guangdong | 8326 | 12543 | 13447 | 13584 | 16939 | 20510 | 5169 | 7805 | 9213 | 9725 | 11682 | |
| 广 西 Guangxi | 4607 | 10656 | 8339 | 8969 | 12724 | 11643 | 1787 | 7223 | 4370 | 4087 | 6755 | |
| 海 南 Hainan | 434 | 634 | 910 | 860 | 1115 | 1345 | 226 | 342 | 552 | 565 | 846 | |
| 重 庆 Chongqing | 1908 | 3541 | 3655 | 6757 | 7617 | 7351 | 1130 | 2490 | 2178 | 3699 | 4275 | |
| 四 川 Sichuan | 4779 | 7466 | 8140 | 10553 | 22970 | 12997 | 2332 | 3840 | 4395 | 5804 | 7495 | |
| 贵 州 Guizhou | 3882 | 4182 | 3852 | 8344 | 10356 | 6842 | 2326 | 2112 | 1933 | 4328 | 3812 | |
| 云 南 Yunnan | 2749 | 4940 | 5444 | 6646 | 8082 | 8316 | 1402 | 2723 | 2939 | 3510 | 3986 | |
| 西 藏 Tibet | 15 | 16 | 13 | 13 | 13 | 13 | 8 | 10 | 13 | 12 | 13 | |
| 陕 西 Shaanxi | 2379 | 4374 | 4916 | 5535 | 6469 | 9706 | 1503 | 2804 | 3140 | 3102 | 3683 | |
| 甘 肃 Gansu | 2800 | 3690 | 4250 | 4761 | 5818 | 5685 | 1523 | 2191 | 2648 | 2850 | 2589 | |
| 青 海 Qinghai | 607 | 1238 | 1370 | 2099 | 2492 | 3237 | 163 | 324 | 345 | 452 | 610 | |
| 宁 夏 Ningxia | 1445 | 2338 | 2844 | 3140 | 3981 | 4403 | 995 | 1273 | 1625 | 1628 | 2123 | |
| 新 疆 Xinjiang | 1944 | 3806 | 4485 | 5053 | 5797 | 6154 | 1389 | 2755 | 3005 | 3470 | 3752 | |

资料来源：《中国统计年鉴》

Source: STATISTICAL YEARBOOK OF CHINA.

# 1-11 分地区工业废水排放及处理情况

# DISCHARGE AND TREATMENT OF INDUSTRIAL WASTE WATER BY REGION

单位：万吨 (10$^4$tn)

| 地 区 Region | 工业废水排放总量 Total Volume of Industrial Waste Water Discharged | | | | | | 工业废水排放达标量 Volume of Industrial Waste Water up to the Discharge Standards | | | | | |
|---|---|---|---|---|---|---|---|---|---|---|---|---|
| | 2000 | 2004 | 2005 | 2006 | 2007 | 2008 | 2000 | 2004 | 2005 | 2006 | 2007 | 2008 |
| **全 国 National** | **1942405** | **2211425** | **2431121** | **2401946** | **2466493** | **2416511** | **1493277** | **2005680** | **2217093** | **2178461** | **2260719** | **2233986** |
| 北 京 Beijing | 23164 | 12617 | 12813 | 10170 | 9134 | 8367 | 21456 | 12442 | 12740 | 10098 | 8898 | 8221 |
| 天 津 Tianjin | 17604 | 22628 | 30081 | 22978 | 21444 | 20433 | 17186 | 22482 | 29962 | 22925 | 21382 | 20413 |
| 河 北 Hebei | 89600 | 127386 | 124533 | 130340 | 123537 | 121172 | 63649 | 122817 | 119920 | 121750 | 113999 | 115699 |
| 山 西 Shanxi | 32406 | 31393 | 32099 | 44091 | 41140 | 41150 | 20056 | 28135 | 28526 | 30377 | 36297 | 35229 |
| 内 蒙 Inner Mongolia | 21844 | 22848 | 24967 | 27823 | 25021 | 29167 | 14116 | 13968 | 16634 | 21416 | 18437 | 24092 |
| 辽 宁 Liaoning | 109044 | 91810 | 105072 | 94724 | 95197 | 83073 | 87196 | 86234 | 99917 | 88007 | 87969 | 73544 |
| 吉 林 Jilin | 37386 | 33568 | 41189 | 39321 | 39666 | 38353 | 24626 | 26668 | 33458 | 32010 | 34740 | 33443 |
| 黑龙江 Heilongjiang | 52644 | 45190 | 45158 | 44801 | 38388 | 38910 | 44152 | 42339 | 41759 | 39344 | 32780 | 33768 |
| 上 海 Shanghai | 72446 | 56359 | 51097 | 48336 | 47570 | 41871 | 67553 | 54255 | 49590 | 47146 | 46492 | 41364 |
| 江 苏 Jiangsu | 201923 | 263538 | 296318 | 287181 | 268762 | 259999 | 185653 | 256210 | 288936 | 280457 | 261745 | 253940 |
| 浙 江 Zhejiang | 136433 | 165274 | 192426 | 199593 | 201211 | 200488 | 115680 | 158556 | 185978 | 172414 | 173220 | 182094 |
| 安 徽 Anhui | 63106 | 64054 | 63487 | 70119 | 73556 | 67007 | 53355 | 62076 | 61816 | 68097 | 69711 | 64438 |
| 福 建 Fujian | 57617 | 115228 | 130939 | 127583 | 136408 | 139997 | 46574 | 111989 | 127874 | 124960 | 134052 | 137825 |
| 江 西 Jiangxi | 41956 | 54949 | 53972 | 64074 | 71410 | 68681 | 28796 | 48720 | 49726 | 59739 | 67044 | 63863 |
| 山 东 Shandong | 110324 | 128706 | 139071 | 144365 | 166574 | 176977 | 102743 | 124839 | 136606 | 141540 | 163365 | 174953 |
| 河 南 Henan | 109210 | 117328 | 123476 | 130158 | 134344 | 133144 | 88297 | 109909 | 113518 | 121024 | 126324 | 126308 |
| 湖 北 Hubei | 106733 | 97451 | 92432 | 91146 | 91001 | 93687 | 80591 | 83591 | 80926 | 82930 | 85215 | 87753 |
| 湖 南 Hunan | 112563 | 123126 | 122440 | 100024 | 100113 | 92340 | 74396 | 102990 | 109879 | 91618 | 89934 | 85057 |
| 广 东 Guangdong | 114055 | 164728 | 231568 | 234713 | 246331 | 213314 | 88271 | 138162 | 194284 | 199215 | 211959 | 191413 |
| 广 西 Guangxi | 81571 | 122731 | 145609 | 128932 | 183981 | 205745 | 51287 | 106282 | 121873 | 119795 | 170757 | 176290 |
| 海 南 Hainan | 7064 | 6894 | 7428 | 7351 | 5960 | 5991 | 6134 | 6464 | 6954 | 6956 | 5640 | 5674 |
| 重 庆 Chongqing | 84344 | 83031 | 84885 | 86496 | 69003 | 67027 | 63612 | 77560 | 79507 | 81146 | 63533 | 62648 |
| 四 川 Sichuan | 116979 | 119223 | 122590 | 115348 | 114687 | 108700 | 69596 | 103048 | 108195 | 97456 | 104780 | 103191 |
| 贵 州 Guizhou | 20598 | 16119 | 14850 | 13928 | 12101 | 11695 | 9766 | 9374 | 10054 | 10006 | 8703 | 8386 |
| 云 南 Yunnan | 35117 | 38402 | 32928 | 34286 | 35352 | 32996 | 16245 | 28697 | 26659 | 30568 | 31997 | 30574 |
| 西 藏 Tibet | 1006 | 993 | 991 | 790 | 856 | 924 | | | | | 250 | 274 |
| 陕 西 Shanxi | 30903 | 36833 | 42819 | 40479 | 48523 | 48477 | 19749 | 33737 | 39704 | 36118 | 46652 | 47132 |
| 甘 肃 Gansu | 23795 | 18293 | 16798 | 16570 | 15856 | 16405 | 16973 | 13390 | 12301 | 13103 | 12838 | 9670 |
| 青 海 Qinghai | 4661 | 3544 | 7619 | 7168 | 7318 | 7098 | 3777 | 2223 | 3396 | 3487 | 3677 | 3767 |
| 宁 夏 Ningxia | 10942 | 9510 | 21411 | 18500 | 21089 | 20448 | 3867 | 7676 | 14508 | 11980 | 14698 | 17884 |
| 新 疆 Xinjiang | 15365 | 17671 | 20052 | 20558 | 20960 | 22875 | 7923 | 10847 | 11893 | 12556 | 13629 | 15078 |

资料来源：《中国统计年鉴》
Source: STATISTICAL YEARBOOK OF CHINA.

# 二、能源建设

# Chapter 2　Construction of Energy Industry

## 2-1 国有经济能源工业分行业固定资产投资
## INVESTMENT IN FIXED ASSETS OF STATE-OWNED UNITS IN ENERGY INDUSTRY

单位：亿元 (100 million yuan)

| 项 目 Item | 1995 | 2000 | 2005 | 2006 | 2007 | 2008 |
|---|---|---|---|---|---|---|
| 能源工业<br>Energy Industry | 2025.28 | 2839.59 | 4766.08 | 5686.60 | 6715.04 | 7940.40 |
| 煤炭采选业<br>Coal Mining and Processing | 282.26 | 198.90 | 623.62 | 759.44 | 836.11 | 1014.37 |
| 石油和天然气开采业<br>Petroleum and Natural Gas Extraction | 499.68 | 355.55 | 278.78 | 386.51 | 585.85 | 739.50 |
| 电力、蒸汽、热水生产和供应业<br>Electricity, Steam, Hot Water Producing and Supply | 1042.71 | 2130.30 | 3451.47 | 4042.40 | 4611.17 | 5336.21 |
| 石油加工及炼焦业<br>Petroleum Processing and Coking | 161.64 | 94.81 | 299.33 | 369.30 | 549.36 | 697.64 |
| 煤气生产和供应业<br>Coal Gas and Coal Products | 38.99 | 60.03 | 112.89 | 128.94 | 132.55 | 152.67 |

## 2-2 国有经济能源工业分行业固定资产投资构成
## PROPORTIONS OF INVESTMENT IN FIXED ASSETS OF STATE-OWNED UNITS IN ENERGY INDUSTRY

单位：% (%)

| 项 目 Item | 1995 | 2000 | 2005 | 2006 | 2007 | 2008 |
|---|---|---|---|---|---|---|
| 能源工业<br>Energy Industry | 100.00 | 100.00 | 100.00 | 100.00 | 100.00 | 100.00 |
| 煤炭采选业<br>Coal Mining and Processing | 13.94 | 7.00 | 13.08 | 13.35 | 12.45 | 12.77 |
| 石油和天然气开采业<br>Petroleum and Natural Gas Extraction | 24.67 | 12.52 | 5.85 | 6.80 | 8.72 | 9.31 |
| 电力、蒸汽、热水生产和供应业<br>Electricity, Steam, Hot Water Producing and Supply | 51.48 | 75.02 | 72.42 | 71.09 | 68.67 | 67.20 |
| 石油加工及炼焦业<br>Petroleum Processing and Coking | 7.98 | 3.34 | 6.28 | 6.49 | 8.18 | 8.79 |
| 煤气生产和供应业<br>Coal Gas and Coal Products | 1.93 | 2.11 | 2.37 | 2.27 | 1.97 | 1.92 |

# 2–3 分地区国有经济能源工业固定资产投资
# INVESTMENT IN FIXED ASSETS OF STATE-OWNED UNITS IN ENERGY INDUSTRY BY REGION

单位：亿元　　　　(100 million yuan)

| 地 区 | Region | 1995 | 2000 | 2005 | 2006 | 2007 | 2008 |
|---|---|---|---|---|---|---|---|
| 北 京 | Beijing | 48.33 | 54.14 | 99.83 | 90.66 | 133.31 | 124.15 |
| 天 津 | Tianjin | 120.62 | 30.67 | 46.76 | 103.85 | 175.19 | 273.06 |
| 河 北 | Hebei | 108.93 | 166.82 | 190.31 | 268.08 | 257.26 | 275.80 |
| 山 西 | Shanxi | 70.05 | 106.57 | 263.36 | 332.18 | 441.29 | 538.09 |
| 内 蒙 | Inner Mongolia | 73.62 | 33.36 | 382.06 | 445.28 | 599.91 | 695.25 |
| 辽 宁 | Liaoning | 133.08 | 179.51 | 126.88 | 166.56 | 241.22 | 247.76 |
| 吉 林 | Jilin | 44.26 | 66.45 | 46.85 | 79.88 | 103.84 | 216.97 |
| 黑龙江 | Heilongjiang | 163.08 | 72.04 | 114.20 | 148.74 | 180.36 | 283.06 |
| 上 海 | Shanghai | 75.72 | 76.10 | 108.43 | 122.32 | 137.71 | 157.70 |
| 江 苏 | Jiangsu | 49.28 | 202.11 | 311.16 | 284.86 | 174.68 | 247.86 |
| 浙 江 | Zhejiang | 56.44 | 91.08 | 291.11 | 271.56 | 338.97 | 258.46 |
| 安 徽 | Anhui | 76.87 | 54.25 | 170.18 | 238.39 | 379.85 | 387.70 |
| 福 建 | Fujian | 38.19 | 70.64 | 114.93 | 168.56 | 271.84 | 311.21 |
| 江 西 | Jiangxi | 18.65 | 50.71 | 81.04 | 96.66 | 92.75 | 83.30 |
| 山 东 | Shandong | 180.99 | 330.44 | 216.26 | 232.09 | 216.46 | 263.43 |
| 河 南 | Henan | 99.65 | 180.77 | 210.03 | 214.91 | 267.40 | 404.77 |
| 湖 北 | Hubei | 138.42 | 221.63 | 187.89 | 234.07 | 243.60 | 280.12 |
| 湖 南 | Hunan | 57.75 | 88.95 | 116.78 | 131.20 | 175.84 | 219.69 |
| 广 东 | Guangdong | 84.91 | 90.46 | 375.78 | 400.59 | 341.76 | 348.91 |
| 广 西 | Guangxi | 21.36 | 71.02 | 67.36 | 103.47 | 104.74 | 94.67 |
| 海 南 | Hainan | 1.53 | 13.01 | 70.77 | 46.62 | 19.82 | 30.24 |
| 重 庆 | Chongqing |  | 42.89 | 73.95 | 139.92 | 136.21 | 126.36 |
| 四 川 | Sichuan | 110.55 | 94.62 | 182.91 | 273.11 | 328.06 | 317.28 |
| 贵 州 | Guizhou | 26.83 | 67.38 | 179.64 | 186.94 | 201.57 | 242.10 |
| 云 南 | Yunnan | 22.63 | 49.37 | 140.51 | 206.87 | 214.86 | 266.68 |
| 西 藏 | Tibet | 9.01 | 9.73 | 15.05 | 12.72 | 17.84 | 30.15 |
| 陕 西 | Shaanxi | 40.35 | 94.33 | 237.74 | 276.08 | 425.45 | 470.53 |
| 甘 肃 | Gansu | 33.99 | 53.01 | 97.14 | 97.15 | 146.91 | 195.41 |
| 青 海 | Qinghai | 22.24 | 10.59 | 21.38 | 41.90 | 31.70 | 34.30 |
| 宁 夏 | Ningxia | 11.57 | 16.32 | 60.79 | 75.93 | 104.68 | 141.17 |
| 新 疆 | Xinjiang | 106.91 | 49.90 | 74.03 | 89.48 | 106.24 | 173.26 |

# 2-4 分地区国有经济煤炭采选业固定资产投资

# INVESTMENT IN FIXED ASSETS OF STATE-OWNED UNITS IN COAL MINING AND PROCESSING BY REGION

单位：亿元 (100 million yuan)

| 地 区 | Region | 1995 | 2000 | 2005 | 2006 | 2007 | 2008 |
|---|---|---|---|---|---|---|---|
| 北 京 | Beijing | 0.62 | 0.21 | 0.01 | 0.21 | 0.66 | 0.71 |
| 天 津 | Tianjin | 60.30 | | | | | |
| 河 北 | Hebei | 62.86 | 19.54 | 30.68 | 42.42 | 28.63 | 18.44 |
| 山 西 | Shanxi | 46.59 | 34.25 | 180.97 | 198.03 | 193.31 | 259.36 |
| 内 蒙 | Inner Mongolia | 35.26 | 2.49 | 31.74 | 70.73 | 103.60 | 135.68 |
| 辽 宁 | Liaoning | 6.09 | 7.95 | 15.34 | 7.94 | 14.16 | 17.53 |
| 吉 林 | Jilin | 2.86 | 0.84 | 5.07 | 14.43 | 8.49 | 16.04 |
| 黑龙江 | Heilongjiang | 14.12 | 7.46 | 22.48 | 33.68 | 34.66 | 39.46 |
| 上 海 | Shanghai | | | | | | |
| 江 苏 | Jiangsu | 6.16 | 5.48 | 12.31 | 7.85 | 1.00 | 12.52 |
| 浙 江 | Zhejiang | 0.12 | | | | | |
| 安 徽 | Anhui | 34.64 | 13.16 | 91.42 | 131.17 | 166.54 | 160.06 |
| 福 建 | Fujian | 1.48 | 1.27 | 1.73 | 1.60 | 0.81 | 2.65 |
| 江 西 | Jiangxi | 1.72 | 0.89 | 4.40 | 4.18 | 6.47 | 4.43 |
| 山 东 | Shandong | 24.62 | 39.50 | 55.61 | 41.61 | 36.43 | 31.21 |
| 河 南 | Henan | 22.83 | 18.47 | 23.80 | 22.97 | 33.85 | 50.40 |
| 湖 北 | Hubei | 0.56 | 0.43 | | | | 0.64 |
| 湖 南 | Hunan | 3.38 | 1.04 | 4.16 | 2.59 | 5.21 | 4.76 |
| 广 东 | Guangdong | 0.99 | 0.17 | | | | |
| 广 西 | Guangxi | 0.93 | 0.52 | 1.58 | 1.83 | 1.56 | 2.36 |
| 海 南 | Hainan | 0.01 | | | | | |
| 重 庆 | Chongqing | | 1.08 | 5.06 | 15.69 | 10.09 | 9.46 |
| 四 川 | Sichuan | 6.61 | 2.21 | 6.90 | 7.65 | 6.58 | 7.05 |
| 贵 州 | Guizhou | 6.65 | 4.46 | 21.56 | 30.11 | 32.17 | 49.92 |
| 云 南 | Yunnan | 3.59 | 1.90 | 6.30 | 8.69 | 10.57 | 17.95 |
| 西 藏 | Tibet | 0.09 | | | | | |
| 陕 西 | Shaanxi | 8.38 | 3.20 | 12.93 | 20.28 | 24.69 | 36.53 |
| 甘 肃 | Gansu | 4.07 | 4.97 | 10.21 | 8.96 | 11.56 | 10.32 |
| 青 海 | Qinghai | 0.24 | 0.01 | 0.42 | 0.48 | 1.43 | 1.28 |
| 宁 夏 | Ningxia | 5.21 | 2.79 | 32.88 | 32.42 | 58.67 | 69.76 |
| 新 疆 | Xinjiang | 3.34 | 2.15 | 6.92 | 15.90 | 15.28 | 18.70 |

# 2-5 分地区国有经济石油和天然气开采业固定资产投资

## INVESTMENT IN FIXED ASSETS OF STATE-OWNED UNITS IN PETROLEUM AND NATURAL GAS EXTRACTION BY REGION

单位：亿元 (100 million yuan)

| 地 区 | Region | 1995 | 2000 | 2005 | 2006 | 2007 | 2008 |
|---|---|---|---|---|---|---|---|
| 北 京 | Beijing | | | 0.03 | 0.03 | | 18.16 |
| 天 津 | Tianjin | 30.77 | 4.11 | 9.03 | 30.60 | 28.26 | 29.22 |
| 河 北 | Hebei | 3.06 | 3.35 | 2.09 | 0.96 | 1.78 | 1.51 |
| 山 西 | Shanxi | | | | | | |
| 内 蒙 | Inner Mongolia | | 0.70 | 18.05 | 28.28 | 105.87 | 175.69 |
| 辽 宁 | Liaoning | 54.91 | 67.50 | 21.58 | 34.63 | 49.47 | 19.72 |
| 吉 林 | Jilin | 17.39 | 20.85 | 0.14 | 6.22 | 20.14 | 33.47 |
| 黑龙江 | Heilongjiang | 103.85 | 0.40 | 7.52 | 5.00 | 19.36 | 61.43 |
| 上 海 | Shanghai | 0.07 | 2.17 | | | 12.72 | 28.41 |
| 江 苏 | Jiangsu | 6.28 | 10.74 | 11.62 | 14.97 | 11.25 | 19.20 |
| 浙 江 | Zhejiang | | | | | | |
| 安 徽 | Anhui | | | | | | 0.25 |
| 福 建 | Fujian | | | | | | |
| 江 西 | Jiangxi | | | | | | 0.22 |
| 山 东 | Shandong | 79.97 | 132.95 | | 0.82 | 3.47 | 3.55 |
| 河 南 | Henan | 26.10 | 43.95 | 55.37 | 55.33 | 67.44 | 71.43 |
| 湖 北 | Hubei | 3.77 | 13.20 | 12.19 | 16.94 | 28.12 | 27.46 |
| 湖 南 | Hunan | | | | | | |
| 广 东 | Guangdong | 6.28 | 0.72 | 0.47 | 0.56 | 0.60 | 0.44 |
| 广 西 | Guangxi | 0.04 | | | 0.14 | 1.17 | 0.78 |
| 海 南 | Hainan | | 5.00 | | | | |
| 重 庆 | Chongqing | | 0.09 | 0.28 | 0.24 | 3.14 | 7.13 |
| 四 川 | Sichuan | 24.11 | 6.87 | 13.65 | 15.19 | 19.50 | 19.37 |
| 贵 州 | Guizhou | | | 0.52 | 0.54 | | |
| 云 南 | Yunnan | | 0.03 | | | | 0.29 |
| 西 藏 | Tibet | | | | 0.03 | | |
| 陕 西 | Shaanxi | 2.76 | 23.98 | 94.69 | 126.50 | 172.30 | 161.49 |
| 甘 肃 | Gansu | 4.29 | 6.57 | 5.76 | 8.05 | 14.23 | 22.35 |
| 青 海 | Qinghai | 6.00 | 1.76 | 4.54 | 1.07 | 0.92 | 0.59 |
| 宁 夏 | Ningxia | | | | | | |
| 新 疆 | Xinjiang | 85.85 | 10.61 | 21.23 | 40.43 | 26.13 | 37.35 |

# 2-6 分地区国有经济电力、蒸汽、热水生产和供应业固定资产投资

# INVESTMENT IN FIXED ASSETS OF STATE-OWNED UNITS IN ELECTRICITY，STEAM，HOT WATER PRODUCTION AND SUPPLY BY REGION

单位：亿元 (100 million yuan)

| 地 区 | Region | 1995 | 2000 | 2005 | 2006 | 2007 | 2008 |
|---|---|---|---|---|---|---|---|
| 北 京 | Beijing | 36.72 | 35.85 | 76.39 | 64.77 | 125.87 | 100.83 |
| 天 津 | Tianjin | 23.28 | 21.18 | 28.15 | 59.75 | 105.85 | 124.68 |
| 河 北 | Hebei | 37.82 | 134.25 | 142.31 | 208.95 | 193.46 | 226.25 |
| 山 西 | Shanxi | 21.33 | 66.63 | 76.51 | 123.08 | 222.82 | 232.23 |
| 内 蒙 | Inner Mongolia | 32.63 | 29.17 | 307.59 | 291.78 | 339.77 | 337.57 |
| 辽 宁 | Liaoning | 41.63 | 85.64 | 77.01 | 108.16 | 160.38 | 186.91 |
| 吉 林 | Jilin | 19.95 | 43.46 | 40.89 | 57.73 | 72.55 | 160.23 |
| 黑龙江 | Heilongjiang | 25.76 | 58.69 | 76.40 | 88.19 | 110.02 | 150.59 |
| 上 海 | Shanghai | 57.17 | 61.71 | 103.29 | 114.22 | 100.39 | 121.71 |
| 江 苏 | Jiangsu | 29.18 | 172.25 | 284.34 | 256.94 | 160.55 | 202.14 |
| 浙 江 | Zhejiang | 53.58 | 89.68 | 261.32 | 258.98 | 333.24 | 253.24 |
| 安 徽 | Anhui | 26.96 | 39.05 | 65.70 | 89.88 | 194.25 | 209.26 |
| 福 建 | Fujian | 32.89 | 67.33 | 94.76 | 118.04 | 122.99 | 154.27 |
| 江 西 | Jiangxi | 14.28 | 47.42 | 66.36 | 86.31 | 78.63 | 68.20 |
| 山 东 | Shandong | 60.82 | 148.94 | 139.58 | 171.02 | 126.96 | 165.76 |
| 河 南 | Henan | 46.00 | 113.29 | 123.06 | 116.46 | 147.04 | 272.51 |
| 湖 北 | Hubei | 126.00 | 204.23 | 169.36 | 207.85 | 198.17 | 236.70 |
| 湖 南 | Hunan | 51.30 | 75.46 | 101.41 | 126.78 | 168.22 | 209.13 |
| 广 东 | Guangdong | 64.11 | 81.64 | 329.79 | 328.89 | 243.83 | 234.48 |
| 广 西 | Guangxi | 20.19 | 68.96 | 65.28 | 99.57 | 98.43 | 88.71 |
| 海 南 | Hainan | 1.51 | 6.43 | 8.10 | 8.12 | 15.21 | 30.24 |
| 重 庆 | Chongqing |  | 40.85 | 67.12 | 121.37 | 116.28 | 103.15 |
| 四 川 | Sichuan | 77.03 | 82.51 | 157.52 | 240.13 | 294.72 | 275.10 |
| 贵 州 | Guizhou | 19.98 | 62.37 | 157.07 | 156.08 | 167.64 | 191.86 |
| 云 南 | Yunnan | 18.58 | 47.18 | 130.40 | 197.18 | 198.25 | 242.29 |
| 西 藏 | Tibet | 8.92 | 9.73 | 15.05 | 12.69 | 17.74 | 29.91 |
| 陕 西 | Shaanxi | 25.12 | 63.09 | 110.00 | 107.45 | 196.73 | 216.83 |
| 甘 肃 | Gansu | 18.47 | 38.85 | 44.06 | 41.92 | 92.41 | 136.41 |
| 青 海 | Qinghai | 16.00 | 8.82 | 16.33 | 40.25 | 29.24 | 32.44 |
| 宁 夏 | Ningxia | 6.02 | 13.01 | 27.22 | 43.04 | 45.68 | 70.84 |
| 新 疆 | Xinjiang | 12.11 | 34.39 | 37.27 | 28.86 | 59.83 | 107.91 |

# 2-7 分地区国有经济石油加工及炼焦业固定资产投资
# INVESTMENT IN FIXED ASSETS OF STATE-OWNED UNITS IN PETROLEUM PROCESSING AND COKING BY REGION

单位：亿元 (100 million yuan)

| 地 区 | Region | 1995 | 2000 | 2005 | 2006 | 2007 | 2008 |
|---|---|---|---|---|---|---|---|
| 北 京 | Beijing | 6.95 | 5.59 | 12.37 | 15.08 | 6.79 | 4.45 |
| 天 津 | Tianjin | 5.17 | 1.48 | 6.94 | 11.00 | 35.37 | 112.59 |
| 河 北 | Hebei | 4.66 | 7.14 | 11.03 | 6.20 | 21.35 | 22.48 |
| 山 西 | Shanxi | 1.06 | 2.90 | 5.08 | 8.99 | 21.61 | 40.12 |
| 内 蒙 | Inner Mongolia | 5.59 | 0.26 | 23.24 | 51.85 | 48.22 | 40.44 |
| 辽 宁 | Liaoning | 28.90 | 16.59 | 8.81 | 13.64 | 13.33 | 17.44 |
| 吉 林 | Jilin | 3.15 | 0.55 | 0.25 | | 0.08 | |
| 黑龙江 | Heilongjiang | 16.74 | 4.26 | 7.09 | 19.44 | 14.31 | 27.39 |
| 上 海 | Shanghai | 10.05 | 5.33 | 0.97 | 2.67 | 19.94 | 5.53 |
| 江 苏 | Jiangsu | 6.80 | 12.24 | 1.55 | 3.16 | 0.80 | 1.27 |
| 浙 江 | Zhejiang | 1.36 | 0.24 | 0.44 | 0.37 | 1.01 | 0.13 |
| 安 徽 | Anhui | 14.39 | 1.42 | 9.79 | 14.32 | 15.52 | 11.24 |
| 福 建 | Fujian | 3.56 | | 11.07 | 26.35 | 121.10 | 143.20 |
| 江 西 | Jiangxi | 1.87 | 1.76 | 9.13 | 4.27 | 5.74 | 8.60 |
| 山 东 | Shandong | 13.21 | 5.68 | 16.68 | 14.14 | 45.55 | 48.47 |
| 河 南 | Henan | 1.48 | 1.42 | 0.19 | 7.54 | 14.48 | 8.23 |
| 湖 北 | Hubei | 6.80 | 3.33 | 3.24 | 7.86 | 11.78 | 7.45 |
| 湖 南 | Hunan | 2.02 | 11.62 | 10.15 | 0.71 | | 0.44 |
| 广 东 | Guangdong | 11.70 | 6.48 | 36.52 | 65.65 | 92.63 | 107.04 |
| 广 西 | Guangxi | 0.09 | 0.10 | 0.22 | 1.21 | 2.14 | 1.85 |
| 海 南 | Hainan | | | 62.53 | 38.30 | 2.81 | |
| 重 庆 | Chongqing | | 0.15 | 0.09 | 0.14 | 0.22 | 0.24 |
| 四 川 | Sichuan | 0.53 | 0.03 | 0.33 | 0.03 | 3.07 | 10.22 |
| 贵 州 | Guizhou | | 0.07 | 0.13 | | 1.36 | |
| 云 南 | Yunnan | 0.05 | 0.06 | 0.66 | | | 3.03 |
| 西 藏 | Tibet | | | | | | |
| 陕 西 | Shaanxi | 3.31 | 1.70 | 16.92 | 18.18 | 25.71 | 50.18 |
| 甘 肃 | Gansu | 6.64 | 2.26 | 36.31 | 36.51 | 21.91 | 20.90 |
| 青 海 | Qinghai | | | | | | |
| 宁 夏 | Ningxia | 0.25 | 0.05 | 0.49 | | | |
| 新 疆 | Xinjiang | 5.32 | 2.07 | 7.11 | 1.69 | 2.53 | 4.72 |

# 2-8 分地区国有经济煤气生产和供应业固定资产投资

## INVESTMENT IN FIXED ASSETS OF STATE-OWNED UNITS IN GAS PRODUCTION AND SUPPLY BY REGION

单位：亿元 (100 million yuan)

| 地 区 | Region | 1995 | 2000 | 2005 | 2006 | 2007 | 2008 |
|---|---|---|---|---|---|---|---|
| 北 京 | Beijing | 4.04 | 12.50 | 11.03 | 10.57 | | |
| 天 津 | Tianjin | 1.10 | 3.90 | 2.63 | 2.50 | 5.72 | 6.58 |
| 河 北 | Hebei | 0.53 | 2.53 | 4.20 | 9.55 | 12.04 | 7.12 |
| 山 西 | Shanxi | 1.07 | 2.80 | 0.79 | 2.09 | 3.55 | 6.38 |
| 内 蒙 | Inner Mongolia | 0.14 | 0.74 | 1.44 | 2.64 | 2.46 | 5.87 |
| 辽 宁 | Liaoning | 1.55 | 1.83 | 4.15 | 2.18 | 3.87 | 6.16 |
| 吉 林 | Jilin | 0.91 | 0.76 | 0.50 | 1.49 | 2.59 | 7.22 |
| 黑龙江 | Heilongjiang | 2.61 | 1.22 | 0.71 | 2.43 | 2.01 | 4.18 |
| 上 海 | Shanghai | 8.43 | 6.88 | 4.18 | 5.43 | 4.65 | 2.05 |
| 江 苏 | Jiangsu | 0.86 | 1.41 | 1.32 | 1.94 | 1.07 | 12.73 |
| 浙 江 | Zhejiang | 1.38 | 1.16 | 29.35 | 12.21 | 4.72 | 5.10 |
| 安 徽 | Anhui | 0.88 | 0.61 | 3.27 | 3.00 | 3.55 | 6.90 |
| 福 建 | Fujian | 0.26 | 2.03 | 7.36 | 22.57 | 26.95 | 11.08 |
| 江 西 | Jiangxi | 0.78 | 0.64 | 1.14 | 1.89 | 1.91 | 1.85 |
| 山 东 | Shandong | 2.37 | 3.38 | 4.40 | 4.50 | 4.05 | 14.45 |
| 河 南 | Henan | 3.24 | 3.64 | 7.62 | 12.62 | 4.59 | 2.19 |
| 湖 北 | Hubei | 1.29 | 0.44 | 3.10 | 1.43 | 5.53 | 7.86 |
| 湖 南 | Hunan | 1.05 | 0.83 | 1.07 | 1.13 | 2.41 | 5.35 |
| 广 东 | Guangdong | 1.83 | 1.45 | 8.99 | 5.50 | 4.70 | 6.96 |
| 广 西 | Guangxi | 0.11 | 1.44 | 0.27 | 0.72 | 1.44 | 0.97 |
| 海 南 | Hainan | 0.01 | 1.58 | 0.14 | 0.20 | 1.80 | |
| 重 庆 | Chongqing | | 0.72 | 1.40 | 2.48 | 6.48 | 6.38 |
| 四 川 | Sichuan | 2.27 | 3.00 | 4.51 | 10.10 | 4.19 | 5.54 |
| 贵 州 | Guizhou | 0.20 | 0.49 | 0.36 | 0.20 | 0.40 | 0.32 |
| 云 南 | Yunnan | 0.41 | 0.19 | 3.16 | 1.00 | 6.05 | 3.12 |
| 西 藏 | Tibet | | | | | 0.10 | 0.24 |
| 陕 西 | Shaanxi | 0.78 | 2.37 | 3.21 | 3.68 | 6.02 | 5.50 |
| 甘 肃 | Gansu | 0.52 | 0.36 | 0.80 | 1.71 | 6.79 | 5.43 |
| 青 海 | Qinghai | | | 0.09 | 0.10 | 0.11 | |
| 宁 夏 | Ningxia | 0.09 | 0.47 | 0.21 | 0.47 | 0.32 | 0.57 |
| 新 疆 | Xinjiang | 0.29 | 0.68 | 1.50 | 2.60 | 2.47 | 4.57 |

## 2-9　城镇能源工业分行业投资
## INVESTMENT OF URBAN IN ENERGY INDUSTRY

单位：亿元　　(100 million yuan)

| 项　目　Item | 1995 | 2000 | 2005 | 2006 | 2007 | 2008 |
|---|---|---|---|---|---|---|
| 能源工业<br>Energy Industry | 2369.16 | 3991.48 | 10205.63 | 11826.30 | 13698.62 | 16345.54 |
| 煤炭采选业<br>Coal Mining and Processing | 285.60 | 211.39 | 1162.95 | 1459.02 | 1804.58 | 2399.25 |
| 石油和天然气开采业<br>Petroleum and Natural Gas Extraction | 503.82 | 789.41 | 1463.56 | 1822.23 | 2225.50 | 2675.11 |
| 电力、蒸汽、热水生产和供应业<br>Electricity Steam, Hot Water Producing and and Supply | 1336.86 | 2744.47 | 6503.20 | 7274.27 | 7906.52 | 9023.66 |
| 石油加工及炼焦业<br>Petroleum Processing and Coking | 194.38 | 172.55 | 801.29 | 939.29 | 1415.38 | 1827.51 |
| 煤气生产和供应业<br>Gas Production and Supply | 48.51 | 73.66 | 274.63 | 331.49 | 346.64 | 420.02 |

## 2-10　城镇能源工业分行业投资构成
## INVESTMENT OF URBAN IN ENERGY INDUSTRY BY PROPORTIONS

单位：%　　(%)

| 项　目　Item | 1995 | 2000 | 2005 | 2006 | 2007 | 2008 |
|---|---|---|---|---|---|---|
| 能源工业<br>Energy Industry | 100.00 | 100.00 | 100.00 | 100.00 | 100.00 | 100.00 |
| 煤炭采选业<br>Coal Mining and Processing | 12.05 | 5.30 | 11.40 | 12.34 | 13.17 | 14.68 |
| 石油和天然气开采业<br>Petroleum and Natural Gas Extraction | 21.27 | 19.78 | 14.34 | 15.41 | 16.25 | 16.37 |
| 电力、蒸汽、热水生产和供应业<br>Electricity Steam, Hot Water Producing and and Supply | 56.43 | 68.76 | 63.72 | 61.51 | 57.72 | 55.21 |
| 石油加工及炼焦业<br>Petroleum Processing and Coking | 8.20 | 4.32 | 7.85 | 7.94 | 10.33 | 11.18 |
| 煤气生产和供应业<br>Gas Production and Supply | 2.05 | 1.85 | 2.69 | 2.80 | 2.53 | 2.57 |

# 2-11 各地区城镇能源工业投资

## INVESTMENT OF URBAN IN ENERGY INDUSTRY BY REGION

单位：亿元 (100 million yuan)

| 地 区 | Region | 1995 | 2000 | 2005 | 2006 | 2007 | 2008 |
|---|---|---|---|---|---|---|---|
| 北 京 | Beijing | 58.01 | 57.79 | 116.86 | 103.64 | 171.97 | 137.56 |
| 天 津 | Tianjin | 59.26 | 99.74 | 178.42 | 269.65 | 375.23 | 585.68 |
| 河 北 | Hebei | 80.03 | 200.32 | 417.28 | 512.54 | 602.10 | 703.58 |
| 山 西 | Shanxi | 72.75 | 157.28 | 602.73 | 682.06 | 862.76 | 1023.14 |
| 内 蒙 | Inner Mongolia | 73.72 | 40.23 | 789.72 | 941.05 | 1196.67 | 1549.65 |
| 辽 宁 | Liaoning | 153.95 | 190.47 | 320.65 | 416.98 | 599.28 | 675.13 |
| 吉 林 | Jilin | 44.41 | 79.87 | 159.86 | 260.21 | 352.48 | 583.95 |
| 黑龙江 | Heilongjiang | 163.46 | 225.38 | 335.34 | 431.22 | 555.03 | 738.25 |
| 上 海 | Shanghai | 81.38 | 114.83 | 139.02 | 136.63 | 218.73 | 197.78 |
| 江 苏 | Jiangsu | 90.22 | 223.22 | 559.91 | 442.74 | 315.89 | 405.61 |
| 浙 江 | Zhejiang | 69.78 | 215.10 | 478.06 | 443.13 | 458.20 | 365.93 |
| 安 徽 | Anhui | 77.63 | 81.31 | 294.47 | 369.92 | 515.75 | 528.13 |
| 福 建 | Fujian | 63.62 | 125.46 | 246.76 | 299.42 | 378.79 | 534.51 |
| 江 西 | Jiangxi | 25.31 | 59.90 | 133.28 | 155.28 | 154.69 | 179.12 |
| 山 东 | Shandong | 195.53 | 393.18 | 764.41 | 765.09 | 673.52 | 757.90 |
| 河 南 | Henan | 132.96 | 187.98 | 497.84 | 573.97 | 656.31 | 832.73 |
| 湖 北 | Hubei | 145.83 | 238.94 | 286.65 | 364.92 | 364.30 | 403.31 |
| 湖 南 | Hunan | 59.08 | 96.20 | 248.70 | 270.97 | 329.29 | 420.75 |
| 广 东 | Guangdong | 174.43 | 181.99 | 673.92 | 684.93 | 594.19 | 710.43 |
| 广 西 | Guangxi | 26.76 | 87.32 | 187.09 | 284.33 | 304.63 | 288.82 |
| 海 南 | Hainan | 23.88 | 14.60 | 82.51 | 58.18 | 27.35 | 35.54 |
| 重 庆 | Chongqing |  | 49.83 | 163.55 | 243.66 | 223.57 | 225.20 |
| 四 川 | Sichuan | 122.80 | 136.55 | 430.73 | 573.06 | 654.52 | 677.33 |
| 贵 州 | Guizhou | 27.17 | 71.74 | 269.22 | 292.65 | 318.66 | 379.79 |
| 云 南 | Yunnan | 35.19 | 57.22 | 371.29 | 490.66 | 574.09 | 673.83 |
| 西 藏 | Tibet | 9.01 | 9.73 | 15.12 | 12.74 | 17.85 | 30.28 |
| 陕 西 | Shaanxi | 41.80 | 105.84 | 300.75 | 383.63 | 576.85 | 705.19 |
| 甘 肃 | Gansu | 34.09 | 64.86 | 142.01 | 173.17 | 242.54 | 328.01 |
| 青 海 | Qinghai | 22.27 | 30.31 | 85.96 | 117.56 | 111.86 | 125.09 |
| 宁 夏 | Ningxia | 11.74 | 19.18 | 104.45 | 118.96 | 159.28 | 195.39 |
| 新 疆 | Xinjiang | 107.13 | 179.79 | 375.08 | 490.04 | 649.11 | 703.97 |

# 2-12 分地区煤炭采选业城镇投资

# INVESTMENT OF URBAN IN COAL MINING AND PROCESSING BY REGION

单位：亿元 (100 million yuan)

| 地 区 | Region | 1995 | 2000 | 2005 | 2006 | 2007 | 2008 |
|---|---|---|---|---|---|---|---|
| 北 京 | Beijing | 0.62 | 0.21 | 0.43 | 0.43 | 0.66 | 0.71 |
| 天 津 | Tianjin | | 0.08 | | 0.21 | | |
| 河 北 | Hebei | 17.10 | 19.96 | 43.36 | 57.21 | 52.20 | 55.63 |
| 山 西 | Shanxi | 47.33 | 36.53 | 258.75 | 305.61 | 363.92 | 464.08 |
| 内 蒙 | Inner Mongolia | 35.28 | 2.82 | 109.54 | 227.59 | 328.42 | 452.96 |
| 辽 宁 | Liaoning | 6.09 | 7.96 | 25.05 | 22.01 | 23.83 | 32.80 |
| 吉 林 | Jilin | 3.00 | 0.89 | 9.02 | 34.61 | 28.93 | 52.29 |
| 黑龙江 | Heilongjiang | 14.29 | 11.46 | 40.71 | 47.50 | 55.46 | 95.43 |
| 上 海 | Shanghai | | | | | | |
| 江 苏 | Jiangsu | 6.16 | 5.52 | 13.36 | 11.11 | 3.67 | 15.92 |
| 浙 江 | Zhejiang | 0.12 | | 0.34 | 0.18 | | |
| 安 徽 | Anhui | 34.70 | 14.19 | 106.81 | 153.52 | 185.09 | 186.06 |
| 福 建 | Fujian | 1.48 | 1.35 | 4.54 | 5.28 | 5.65 | 12.94 |
| 江 西 | Jiangxi | 1.86 | 0.99 | 9.37 | 10.66 | 15.23 | 24.06 |
| 山 东 | Shandong | 25.26 | 40.35 | 148.63 | 88.29 | 70.70 | 77.38 |
| 河 南 | Henan | 23.18 | 18.71 | 102.88 | 136.92 | 203.25 | 275.85 |
| 湖 北 | Hubei | 0.58 | 0.78 | 3.93 | 3.70 | 3.84 | 8.20 |
| 湖 南 | Hunan | 3.38 | 1.22 | 18.42 | 22.86 | 40.87 | 63.57 |
| 广 东 | Guangdong | 0.99 | 0.17 | 0.02 | | | |
| 广 西 | Guangxi | 1.04 | 0.52 | 5.18 | 4.41 | 4.51 | 4.77 |
| 海 南 | Hainan | 0.01 | | | | | |
| 重 庆 | Chongqing | | 1.11 | 23.70 | 33.68 | 34.78 | 49.40 |
| 四 川 | Sichuan | 6.64 | 2.84 | 28.74 | 46.93 | 58.20 | 64.40 |
| 贵 州 | Guizhou | 6.65 | 5.31 | 32.69 | 44.50 | 51.35 | 95.87 |
| 云 南 | Yunnan | 3.68 | 2.07 | 37.07 | 25.01 | 36.23 | 51.31 |
| 西 藏 | Tibet | 0.09 | | | | | |
| 陕 西 | Shaanxi | 8.73 | 3.75 | 36.66 | 48.17 | 68.32 | 107.10 |
| 甘 肃 | Gansu | 4.07 | 4.98 | 13.01 | 15.41 | 22.90 | 30.62 |
| 青 海 | Qinghai | 0.24 | 0.01 | 2.56 | 4.93 | 6.51 | 11.83 |
| 宁 夏 | Ningxia | 5.37 | 2.82 | 33.03 | 38.69 | 69.32 | 79.73 |
| 新 疆 | Xinjiang | 3.36 | 2.35 | 16.02 | 31.60 | 41.05 | 49.18 |

# 2-13 分地区石油和天然气开采业城镇投资

## INVESTMENT OF URBAN IN PETROLEUM AND NATURAL GAS EXTRACTION BY REGION

单位：亿元 (100 million yuan)

| 地 区 | Region | 1995 | 2000 | 2005 | 2006 | 2007 | 2008 |
|---|---|---|---|---|---|---|---|
| 北 京 | Beijing | | | 0.03 | 0.03 | 4.62 | 18.16 |
| 天 津 | Tianjin | 30.77 | 60.14 | 123.41 | 182.19 | 179.06 | 268.25 |
| 河 北 | Hebei | 3.06 | 3.35 | 24.89 | 37.97 | 74.19 | 69.60 |
| 山 西 | Shanxi | | | | | 0.44 | 1.90 |
| 内 蒙 | Inner Mongolia | | 0.70 | 22.15 | 35.94 | 110.18 | 225.70 |
| 辽 宁 | Liaoning | 54.91 | 67.50 | 94.90 | 124.21 | 144.93 | 102.75 |
| 吉 林 | Jilin | 17.40 | 22.20 | 66.39 | 111.18 | 153.82 | 175.52 |
| 黑龙江 | Heilongjiang | 103.85 | 139.44 | 166.44 | 212.50 | 287.45 | 341.90 |
| 上 海 | Shanghai | 0.07 | 2.17 | 1.68 | 2.14 | 14.80 | 29.03 |
| 江 苏 | Jiangsu | 6.28 | 10.74 | 12.57 | 14.97 | 11.85 | 19.20 |
| 浙 江 | Zhejiang | | | | | | |
| 安 徽 | Anhui | | | 0.02 | 0.01 | 0.20 | 0.67 |
| 福 建 | Fujian | | 0.10 | | | 0.11 | |
| 江 西 | Jiangxi | | | | | | 2.42 |
| 山 东 | Shandong | 79.97 | 132.95 | 117.68 | 139.88 | 120.81 | 185.66 |
| 河 南 | Henan | 26.10 | 43.95 | 55.37 | 55.33 | 68.40 | 72.75 |
| 湖 北 | Hubei | 3.77 | 13.20 | 12.85 | 17.87 | 29.94 | 30.76 |
| 湖 南 | Hunan | | | | 0.04 | | |
| 广 东 | Guangdong | 6.28 | 4.41 | 10.24 | 26.51 | 39.43 | 44.47 |
| 广 西 | Guangxi | 0.04 | | 0.16 | 0.14 | 1.38 | 0.85 |
| 海 南 | Hainan | 3.62 | 5.00 | | 0.75 | 0.73 | 0.27 |
| 重 庆 | Chongqing | | 0.34 | 0.68 | 0.65 | 3.44 | 7.61 |
| 四 川 | Sichuan | 24.23 | 11.63 | 15.90 | 17.53 | 22.84 | 26.22 |
| 贵 州 | Guizhou | | 0.10 | 0.52 | 0.54 | | 0.04 |
| 云 南 | Yunnan | | 0.03 | 0.02 | | | 0.37 |
| 西 藏 | Tibet | | | 0.02 | 0.03 | | |
| 陕 西 | Shaanxi | 3.16 | 23.98 | 95.71 | 133.92 | 190.73 | 177.58 |
| 甘 肃 | Gansu | 4.29 | 6.57 | 6.11 | 8.86 | 15.19 | 22.40 |
| 青 海 | Qinghai | 6.00 | 16.92 | 30.73 | 31.74 | 29.38 | 37.68 |
| 宁 夏 | Ningxia | | | | 1.47 | 1.64 | 4.00 |
| 新 疆 | Xinjiang | 85.85 | 129.38 | 262.06 | 308.45 | 360.56 | 366.39 |

# 2-14 分地区电力、蒸汽、热水生产和供应业城镇投资

# INVESTMENT OF URBAN IN ELECTRICITY, STEAM,HOT WATER PRODUCTION AND SUPPLY BY REGION

单位：亿元 (100 million yuan)

| 地 区 | Region | 1995 | 2000 | 2005 | 2006 | 2007 | 2008 |
|---|---|---|---|---|---|---|---|
| 北 京 | Beijing | 46.40 | 38.42 | 92.92 | 77.21 | 149.21 | 106.36 |
| 天 津 | Tianjin | 22.22 | 34.10 | 40.50 | 70.21 | 144.77 | 180.26 |
| 河 北 | Hebei | 54.19 | 166.20 | 282.87 | 342.51 | 378.77 | 436.53 |
| 山 西 | Shanxi | 22.23 | 105.42 | 246.28 | 293.56 | 385.07 | 420.93 |
| 内 蒙 | Inner Mongolia | 32.66 | 35.44 | 602.76 | 557.15 | 634.24 | 686.58 |
| 辽 宁 | Liaoning | 49.51 | 89.06 | 115.75 | 173.04 | 287.74 | 375.77 |
| 吉 林 | Jilin | 19.95 | 54.63 | 76.51 | 104.15 | 154.59 | 325.86 |
| 黑龙江 | Heilongjiang | 25.78 | 66.85 | 102.51 | 142.45 | 174.63 | 231.79 |
| 上 海 | Shanghai | 58.29 | 88.72 | 120.19 | 116.23 | 163.30 | 132.53 |
| 江 苏 | Jiangsu | 68.78 | 187.31 | 510.41 | 383.36 | 256.60 | 316.66 |
| 浙 江 | Zhejiang | 59.65 | 203.65 | 435.52 | 410.07 | 435.27 | 344.23 |
| 安 徽 | Anhui | 26.94 | 64.83 | 165.72 | 187.59 | 298.51 | 286.52 |
| 福 建 | Fujian | 58.30 | 120.84 | 221.81 | 243.00 | 220.06 | 354.32 |
| 江 西 | Jiangxi | 20.79 | 56.47 | 106.46 | 130.77 | 116.59 | 117.81 |
| 山 东 | Shandong | 73.88 | 189.90 | 372.92 | 413.48 | 245.37 | 272.05 |
| 河 南 | Henan | 78.91 | 119.64 | 303.39 | 326.47 | 329.24 | 423.78 |
| 湖 北 | Hubei | 130.33 | 217.63 | 243.81 | 306.70 | 296.65 | 331.06 |
| 湖 南 | Hunan | 52.51 | 81.40 | 205.87 | 237.67 | 268.42 | 323.51 |
| 广 东 | Guangdong | 151.19 | 166.78 | 546.80 | 520.41 | 421.80 | 512.74 |
| 广 西 | Guangxi | 25.48 | 84.89 | 175.07 | 265.87 | 268.76 | 200.33 |
| 海 南 | Hainan | 13.89 | 7.14 | 17.16 | 18.55 | 21.08 | 34.77 |
| 重 庆 | Chongqing | | 46.71 | 130.17 | 201.95 | 173.79 | 152.98 |
| 四 川 | Sichuan | 88.83 | 118.02 | 369.89 | 482.08 | 549.08 | 547.00 |
| 贵 州 | Guizhou | 20.31 | 64.87 | 231.63 | 243.31 | 251.56 | 258.12 |
| 云 南 | Yunnan | 31.05 | 54.70 | 321.25 | 451.27 | 508.85 | 595.97 |
| 西 藏 | Tibet | 8.92 | 9.73 | 15.09 | 12.71 | 17.74 | 29.94 |
| 陕 西 | Shaanxi | 25.65 | 73.20 | 138.14 | 172.97 | 264.52 | 291.38 |
| 甘 肃 | Gansu | 18.47 | 50.17 | 84.78 | 109.55 | 172.80 | 245.75 |
| 青 海 | Qinghai | 16.03 | 13.37 | 51.80 | 73.34 | 71.27 | 74.28 |
| 宁 夏 | Ningxia | 6.03 | 14.52 | 68.66 | 75.98 | 71.88 | 80.29 |
| 新 疆 | Xinjiang | 12.21 | 41.60 | 54.66 | 62.68 | 100.35 | 169.73 |

# 2-15 分地区石油加工及炼焦业城镇投资

# INVESTMENT OF URBAN IN PETROLEUM PROCESSING AND COKING BY REGION

单位：亿元 (100 million yuan)

| 地 区 | Region | 1995 | 2000 | 2005 | 2006 | 2007 | 2008 |
|---|---|---|---|---|---|---|---|
| 北 京 | Beijing | 6.95 | 6.67 | 12.37 | 15.08 | 6.85 | 4.45 |
| 天 津 | Tianjin | 5.17 | 1.52 | 8.31 | 14.35 | 45.47 | 129.94 |
| 河 北 | Hebei | 5.09 | 7.65 | 55.33 | 45.01 | 74.12 | 123.72 |
| 山 西 | Shanxi | 2.12 | 11.89 | 94.03 | 74.49 | 92.32 | 101.48 |
| 内 蒙 | Inner Mongolia | 5.64 | 0.49 | 51.09 | 114.45 | 115.68 | 165.30 |
| 辽 宁 | Liaoning | 41.89 | 23.70 | 78.31 | 91.95 | 132.27 | 149.81 |
| 吉 林 | Jilin | 3.15 | 1.09 | 3.25 | 6.37 | 5.20 | 12.25 |
| 黑龙江 | Heilongjiang | 16.93 | 6.27 | 24.55 | 25.81 | 31.61 | 59.88 |
| 上 海 | Shanghai | 10.05 | 17.06 | 5.54 | 6.41 | 29.85 | 16.65 |
| 江 苏 | Jiangsu | 7.12 | 17.46 | 11.11 | 18.22 | 22.50 | 27.68 |
| 浙 江 | Zhejiang | 8.24 | 9.86 | 8.88 | 10.53 | 13.92 | 10.99 |
| 安 徽 | Anhui | 15.05 | 1.46 | 13.74 | 20.27 | 20.39 | 34.33 |
| 福 建 | Fujian | 3.59 | 1.05 | 11.82 | 26.71 | 124.04 | 152.84 |
| 江 西 | Jiangxi | 1.87 | 1.76 | 11.93 | 6.42 | 9.35 | 20.36 |
| 山 东 | Shandong | 14.04 | 26.00 | 104.50 | 93.86 | 213.16 | 185.24 |
| 河 南 | Henan | 1.53 | 1.76 | 18.84 | 25.28 | 37.56 | 44.65 |
| 湖 北 | Hubei | 9.86 | 4.97 | 9.70 | 21.68 | 21.40 | 16.32 |
| 湖 南 | Hunan | 2.02 | 12.47 | 15.01 | 3.85 | 9.21 | 16.00 |
| 广 东 | Guangdong | 11.85 | 6.96 | 71.62 | 96.31 | 108.51 | 131.84 |
| 广 西 | Guangxi | 0.09 | 0.14 | 2.59 | 9.72 | 25.41 | 77.28 |
| 海 南 | Hainan | 5.60 | 0.38 | 62.65 | 38.33 | 3.29 | 0.35 |
| 重 庆 | Chongqing |  | 0.15 | 3.09 | 1.19 | 1.64 | 2.32 |
| 四 川 | Sichuan | 0.67 | 0.14 | 7.15 | 7.96 | 10.50 | 21.10 |
| 贵 州 | Guizhou |  | 0.48 | 3.18 | 3.13 | 13.06 | 20.28 |
| 云 南 | Yunnan | 0.05 | 0.22 | 9.62 | 12.51 | 22.39 | 21.99 |
| 西 藏 | Tibet |  |  |  |  |  |  |
| 陕 西 | Shaanxi | 3.48 | 2.09 | 26.33 | 22.31 | 42.81 | 119.21 |
| 甘 肃 | Gansu | 6.65 | 2.78 | 36.65 | 37.14 | 23.50 | 22.59 |
| 青 海 | Qinghai |  |  |  | 7.20 | 4.16 | 0.44 |
| 宁 夏 | Ningxia | 0.25 | 0.84 | 2.37 | 2.21 | 15.46 | 27.66 |
| 新 疆 | Xinjiang | 5.43 | 5.25 | 37.73 | 80.53 | 139.74 | 110.56 |

# 2-16 分地区煤气生产和供应业城镇投资

# INVESTMENT OF URBAN IN GAS PRODUCTION AND SUPPLY BY REGION

单位：亿元 (100 million yuan)

| 地 区 | Region | 1995 | 2000 | 2005 | 2006 | 2007 | 2008 |
|---|---|---|---|---|---|---|---|
| 北 京 | Beijing | 4.04 | 12.50 | 11.12 | 10.89 | 10.64 | 7.88 |
| 天 津 | Tianjin | 1.10 | 3.90 | 6.21 | 2.70 | 5.92 | 7.23 |
| 河 北 | Hebei | 0.59 | 3.15 | 10.83 | 29.83 | 22.81 | 18.10 |
| 山 西 | Shanxi | 1.07 | 3.45 | 3.66 | 8.41 | 21.01 | 34.75 |
| 内 蒙 | Inner Mongolia | 0.14 | 0.78 | 4.17 | 5.92 | 8.15 | 19.12 |
| 辽 宁 | Liaoning | 1.55 | 2.25 | 6.64 | 5.76 | 10.51 | 14.00 |
| 吉 林 | Jilin | 0.91 | 1.07 | 4.69 | 3.90 | 9.95 | 18.03 |
| 黑龙江 | Heilongjiang | 2.61 | 1.36 | 1.13 | 2.96 | 5.89 | 9.25 |
| 上 海 | Shanghai | 12.98 | 6.88 | 11.60 | 11.84 | 10.78 | 19.57 |
| 江 苏 | Jiangsu | 1.88 | 2.19 | 12.46 | 15.07 | 21.27 | 26.15 |
| 浙 江 | Zhejiang | 1.77 | 1.59 | 33.32 | 22.34 | 9.01 | 10.71 |
| 安 徽 | Anhui | 0.94 | 0.82 | 8.18 | 8.54 | 11.56 | 20.55 |
| 福 建 | Fujian | 0.26 | 2.12 | 8.59 | 24.43 | 28.94 | 14.41 |
| 江 西 | Jiangxi | 0.79 | 0.69 | 5.53 | 7.43 | 13.51 | 14.48 |
| 山 东 | Shandong | 2.37 | 3.99 | 20.68 | 29.58 | 23.49 | 37.57 |
| 河 南 | Henan | 3.24 | 3.92 | 17.36 | 29.97 | 17.87 | 15.70 |
| 湖 北 | Hubei | 1.30 | 2.35 | 16.36 | 14.96 | 12.47 | 16.96 |
| 湖 南 | Hunan | 1.17 | 1.11 | 9.39 | 6.55 | 10.79 | 17.66 |
| 广 东 | Guangdong | 4.11 | 3.67 | 45.24 | 41.70 | 24.45 | 21.39 |
| 广 西 | Guangxi | 0.11 | 1.77 | 4.08 | 4.20 | 4.57 | 5.59 |
| 海 南 | Hainan | 0.76 | 2.08 | 2.70 | 0.54 | 2.25 | 0.15 |
| 重 庆 | Chongqing | | 1.53 | 5.90 | 6.18 | 9.92 | 12.89 |
| 四 川 | Sichuan | 2.44 | 3.92 | 9.05 | 18.55 | 13.90 | 18.62 |
| 贵 州 | Guizhou | 0.20 | 0.98 | 1.20 | 1.16 | 2.70 | 5.49 |
| 云 南 | Yunnan | 0.41 | 0.20 | 3.33 | 1.87 | 6.62 | 4.19 |
| 西 藏 | Tibet | | | 0.01 | | 0.11 | 0.34 |
| 陕 西 | Shaanxi | 0.78 | 2.83 | 3.90 | 6.27 | 10.47 | 9.92 |
| 甘 肃 | Gansu | 0.61 | 0.36 | 1.46 | 2.22 | 8.15 | 6.64 |
| 青 海 | Qinghai | | 0.01 | 0.86 | 0.34 | 0.54 | 0.86 |
| 宁 夏 | Ningxia | 0.09 | 1.01 | 0.39 | 0.62 | 0.98 | 3.70 |
| 新 疆 | Xinjiang | 0.29 | 1.21 | 4.61 | 6.78 | 7.41 | 8.12 |

# 三、能源生产

# Chapter 3　Energy Production

# 3-1 一次能源生产量和构成

# PRIMARY ENERGY PRODUCTION AND COMPOSITION

| 年 份 Year | 电热当量计算法 calorific value calculation | | | | | | |
|---|---|---|---|---|---|---|---|
| | 一次能源生产量 (万吨标准煤) Primary Energy Production ($10^4$ tce) | 占能源生产总量的比重（%） As percentage of primary energy production (%) | | | | | |
| | | 原 煤 Raw Coal | 原 油 Crude Oil | 天然气 Natural Gas | 水电、核电、其他能发电 Hydro Power Nuclear Power Other Power | #水电 Hydro Power | 核电 Nuclear Power |
| 1980 | 62046 | 71.4 | 24.4 | 3.0 | 1.2 | 1.2 | - |
| 1981 | 61364 | 72.4 | 23.6 | 2.7 | 1.3 | 1.3 | - |
| 1982 | 64686 | 73.5 | 22.6 | 2.5 | 1.4 | 1.4 | - |
| 1983 | 68877 | 74.1 | 22.0 | 2.4 | 1.5 | 1.5 | - |
| 1984 | 75493 | 74.7 | 21.7 | 2.2 | 1.4 | 1.4 | - |
| 1985 | 83005 | 75.1 | 21.5 | 2.1 | 1.3 | 1.3 | - |
| 1986 | 85523 | 74.7 | 21.8 | 2.1 | 1.4 | 1.4 | - |
| 1987 | 88524 | 74.9 | 21.6 | 2.1 | 1.4 | 1.4 | - |
| 1988 | 92809 | 75.5 | 21.1 | 2.0 | 1.4 | 1.4 | - |
| 1989 | 98418 | 76.5 | 20.0 | 2.0 | 1.5 | 1.5 | - |
| 1990 | 100487 | 76.8 | 19.7 | 2.0 | 1.5 | 1.5 | - |
| 1991 | 101490 | 76.5 | 19.9 | 2.1 | 1.5 | 1.5 | - |
| 1992 | 103771 | 76.9 | 19.6 | 2.0 | 1.5 | 1.5 | - |
| 1993 | 107059 | 76.8 | 19.4 | 2.2 | 1.8 | 1.8 | 0.0 |
| 1994 | 114009 | 77.7 | 18.3 | 2.3 | 2.2 | 2.1 | 0.1 |
| 1995 | 123519 | 78.7 | 17.4 | 1.9 | 2.0 | 1.9 | 0.1 |
| 1996 | 127404 | 78.3 | 17.6 | 2.1 | 2.0 | 1.8 | 0.1 |
| 1997 | 127431 | 77.8 | 18.0 | 2.2 | 2.0 | 1.9 | 0.1 |
| 1998 | 123713 | 76.9 | 18.6 | 2.3 | 2.2 | 2.1 | 0.1 |
| 1999 | 126264 | 77.2 | 18.1 | 2.7 | 2.1 | 1.9 | 0.2 |
| 2000 | 128743 | 76.8 | 18.1 | 2.8 | 2.3 | 2.1 | 0.2 |
| 2001 | 136223 | 77.2 | 17.2 | 3.0 | 2.7 | 2.5 | 0.2 |
| 2002 | 142829 | 77.5 | 16.7 | 3.0 | 2.7 | 2.5 | 0.2 |
| 2003 | 164011 | 79.9 | 14.8 | 2.8 | 2.5 | 2.2 | 0.3 |
| 2004 | 187268 | 81.0 | 13.4 | 2.9 | 2.7 | 2.3 | 0.3 |
| 2005 | 205860 | 81.5 | 12.6 | 3.2 | 2.7 | 2.4 | 0.3 |
| 2006 | 220895 | 81.8 | 12.0 | 3.5 | 2.8 | 2.4 | 0.3 |
| 2007 | 234956 | 81.8 | 11.3 | 3.9 | 2.9 | 2.5 | 0.3 |
| 2008 | 247010 | 81.0 | 11.3 | 4.3 | 3.4 | 2.9 | 0.3 |

续表

Continued

| 年 份 Year | 发电煤耗计算法 coal equivalent calculation | | | | | | |
|---|---|---|---|---|---|---|---|
| | 一次能源生产量(万吨标准煤) Primary Energy Production ($10^4$ tce) | 占能源生产总量的比重 (%) As percentage of primary energy production (%) | | | | | |
| | | 原 煤 Raw Coal | 原 油 Crude Oil | 天然气 Natural Gas | 水电、核电、其他能发电 Hydro Power Nuclear Power Other Power | #水电 Hydro Power | 核电 Nuclear Power |
| 1980 | 63735 | 69.4 | 23.8 | 3.0 | 3.8 | 3.8 | - |
| 1981 | 63227 | 70.2 | 22.9 | 2.7 | 4.2 | 4.2 | - |
| 1982 | 66778 | 71.3 | 21.8 | 2.4 | 4.5 | 4.5 | - |
| 1983 | 71270 | 71.6 | 21.3 | 2.3 | 4.8 | 4.8 | - |
| 1984 | 77855 | 72.4 | 21.0 | 2.1 | 4.5 | 4.5 | - |
| 1985 | 85546 | 72.8 | 20.9 | 2.0 | 4.3 | 4.3 | - |
| 1986 | 88124 | 72.4 | 21.2 | 2.1 | 4.3 | 4.3 | - |
| 1987 | 91266 | 72.6 | 21.0 | 2.0 | 4.4 | 4.4 | - |
| 1988 | 95801 | 73.1 | 20.4 | 2.0 | 4.5 | 4.5 | - |
| 1989 | 101639 | 74.1 | 19.3 | 2.0 | 4.6 | 4.6 | - |
| 1990 | 103922 | 74.2 | 19.0 | 2.0 | 4.8 | 4.8 | - |
| 1991 | 104844 | 74.1 | 19.2 | 2.0 | 4.7 | 4.7 | - |
| 1992 | 107256 | 74.3 | 18.9 | 2.0 | 4.8 | 4.8 | - |
| 1993 | 111059 | 74.0 | 18.7 | 2.0 | 5.3 | 5.2 | 0.1 |
| 1994 | 118729 | 74.6 | 17.6 | 1.9 | 5.9 | 5.4 | 0.5 |
| 1995 | 129034 | 75.3 | 16.6 | 1.9 | 6.2 | 5.8 | 0.4 |
| 1996 | 133032 | 75.0 | 16.9 | 2.0 | 6.1 | 5.7 | 0.4 |
| 1997 | 133460 | 74.3 | 17.2 | 2.1 | 6.5 | 6.0 | 0.4 |
| 1998 | 129834 | 73.3 | 17.7 | 2.2 | 6.8 | 6.4 | 0.4 |
| 1999 | 131935 | 73.9 | 17.3 | 2.5 | 6.3 | 5.9 | 0.4 |
| 2000 | 135048 | 73.2 | 17.2 | 2.7 | 6.9 | 6.4 | 0.5 |
| 2001 | 143875 | 73.1 | 16.3 | 2.8 | 7.9 | 7.4 | 0.5 |
| 2002 | 150656 | 73.5 | 15.8 | 2.9 | 7.8 | 7.2 | 0.6 |
| 2003 | 171906 | 76.2 | 14.1 | 2.7 | 7.0 | 6.0 | 0.9 |
| 2004 | 196648 | 77.1 | 12.8 | 2.8 | 7.3 | 6.4 | 0.9 |
| 2005 | 216219 | 77.6 | 12.0 | 3.0 | 7.4 | 6.5 | 0.9 |
| 2006 | 232167 | 77.8 | 11.4 | 3.4 | 7.5 | 6.6 | 0.8 |
| 2007 | 247279 | 77.8 | 10.8 | 3.7 | 7.8 | 6.7 | 0.9 |
| 2008 | 261210 | 76.6 | 10.7 | 4.1 | 8.6 | 7.5 | 0.9 |

# 3-2 分地区原煤生产量

# COAL PRODUCTION BY REGION

单位：万吨 (10 000 ton)

| 地 区 | Region | 1995 | 2000 | 2004 | 2005 | 2006 | 2007 | 2008 |
|---|---|---|---|---|---|---|---|---|
| 北 京 | Beijing | 995 | 553.00 | 1067.96 | 897.92 | 651.07 | 648.80 | 578.62 |
| 天 津 | Tianjin | | | | | | | |
| 河 北 | Hebei | 8101 | 5781.21 | 8651.97 | 8639.49 | 8364.71 | 8662.98 | 8145.43 |
| 山 西 | Shanxi | 34731 | 19602.70 | 48392.72 | 55426.05 | 58141.91 | 63020.93 | 64501.30 |
| 内 蒙 | Inner Mongolia | 7055 | 7247.29 | 21235.21 | 25607.69 | 29759.63 | 35437.94 | 50222.82 |
| 辽 宁 | Liaoning | 5626 | 4454.89 | 6641.94 | 6395.03 | 7367.27 | 6349.09 | 6495.12 |
| 吉 林 | Jilin | 2644 | 1636.71 | 2589.96 | 2715.11 | 3004.05 | 3354.18 | 3980.09 |
| 黑龙江 | Heilongjiang | 7938 | 4974.36 | 8476.49 | 9503.20 | 10282.44 | 10065.11 | 9760.12 |
| 上 海 | Shanghai | | | | | | | |
| 江 苏 | Jiangsu | 2651 | 2479.02 | 2763.13 | 2817.56 | 3047.53 | 2480.20 | 2430.11 |
| 浙 江 | Zhejiang | 125 | 72.96 | 65.32 | 43.67 | 18.33 | 12.33 | 13.12 |
| 安 徽 | Anhui | 4444 | 4678.31 | 8147.86 | 8487.96 | 8331.90 | 9265.65 | 11649.49 |
| 福 建 | Fujian | 1134 | 375.03 | 1492.61 | 1823.66 | 1932.77 | 2050.00 | 2350.19 |
| 江 西 | Jiangxi | 2878 | 1813.76 | 2871.75 | 2565.05 | 2783.42 | 2997.24 | 3302.98 |
| 山 东 | Shandong | 8827 | 8038.59 | 14764.28 | 14030.00 | 14069.45 | 14518.34 | 13742.50 |
| 河 南 | Henan | 10334 | 7577.90 | 16829.42 | 18761.42 | 19532.19 | 19287.15 | 21305.66 |
| 湖 北 | Hubei | 1533 | 389.32 | 1016.62 | 1010.39 | 1116.29 | 1084.26 | 1073.19 |
| 湖 南 | Hunan | 5565 | 1490.81 | 6016.57 | 5735.00 | 5948.84 | 6217.16 | 6153.86 |
| 广 东 | Guangdong | 1069 | 161.71 | 557.35 | 383.38 | | | 10.50 |
| 广 西 | Guangxi | 1391 | 706.67 | 589.19 | 700.34 | 680.53 | 721.48 | 451.17 |
| 海 南 | Hainan | 1 | 2.00 | | | | | |
| 重 庆 | Chongqing | | 1149.90 | 3654.61 | 3618.90 | 3990.00 | 4293.63 | 4666.52 |
| 四 川 | Sichuan | 9561 | 2061.95 | 7651.35 | 8125.05 | 8600.00 | 9557.74 | 9495.46 |
| 贵 州 | Guizhou | 5472 | 3676.75 | 7953.02 | 10795.50 | 11816.59 | 10864.18 | 11319.53 |
| 云 南 | Yunnan | 2803 | 994.13 | 5045.03 | 6462.14 | 7339.09 | 7755.19 | 8029.72 |
| 西 藏 | Tibet | | 2.13 | 1.64 | 3.35 | | | |
| 陕 西 | Shaanxi | 4248 | 1983.89 | 13068.42 | 15246.00 | 18261.99 | 20353.51 | 24162.79 |
| 甘 肃 | Gansu | 2466 | 1632.71 | 3539.98 | 3619.84 | 3950.62 | 3949.34 | 4022.24 |
| 青 海 | Qinghai | 278 | 145.44 | 452.26 | 595.66 | 694.80 | 963.64 | 1293.64 |
| 宁 夏 | Ningxia | 1480 | 1581.00 | 2432.7 | 2607.86 | 3273.02 | 3771.84 | 4325.35 |
| 新 疆 | Xinjiang | 2721 | 2745.82 | 3263 | 3855.66 | 4316.75 | 4915.52 | 6735.88 |

# 3-3 分地区焦炭生产量

# COKE PRODUCTION BY REGION

单位：万吨 (10 000 ton)

| 地 区 | Region | 1995 | 2000 | 2004 | 2005 | 2006 | 2007 | 2008 |
|---|---|---|---|---|---|---|---|---|
| 北 京 | Beijing | 400.87 | 402.07 | 362.04 | 344.36 | 253.57 | 176.99 | 170.33 |
| 天 津 | Tianjin | 174.78 | 170.92 | 376.68 | 360.55 | 376.22 | 339.09 | 267.14 |
| 河 北 | Hebei | 937.54 | 792.47 | 1941 | 2613.43 | 3312.20 | 3820.89 | 3878.94 |
| 山 西 | Shanxi | 5297.62 | 4967.22 | 6582.31 | 7981.05 | 9202.00 | 9897.29 | 8295.87 |
| 内 蒙 | Inner Mongolia | 394.50 | 393.65 | 877.85 | 1034.19 | 1060.15 | 1440.25 | 1412.77 |
| 辽 宁 | Liaoning | 820.15 | 788.90 | 1013.77 | 1237.89 | 1503.40 | 1625.31 | 1736.36 |
| 吉 林 | Jilin | 135.79 | 153.88 | 224.64 | 269.91 | 285.52 | 364.73 | 318.25 |
| 黑龙江 | Heilongjiang | 189.55 | 128.64 | 414.84 | 474.40 | 562.63 | 683.10 | 784.27 |
| 上 海 | Shanghai | 651.20 | 776.39 | 746.58 | 762.16 | 735.57 | 749.89 | 705.80 |
| 江 苏 | Jiangsu | 191.25 | 237.15 | 490.54 | 575.63 | 954.30 | 1073.05 | 1085.51 |
| 浙 江 | Zhejiang | 57.34 | 60.13 | 57.79 | 55.20 | 52.29 | 52.53 | 166.21 |
| 安 徽 | Anhui | 293.45 | 330.16 | 438.15 | 488.37 | 509.42 | 684.15 | 765.11 |
| 福 建 | Fujian | 38.89 | 44.89 | 68.69 | 90.94 | 91.12 | 90.89 | 99.88 |
| 江 西 | Jiangxi | 166.53 | 186.71 | 340.54 | 400.98 | 492.61 | 557.11 | 526.08 |
| 山 东 | Shandong | 464.75 | 361.99 | 1124.76 | 1709.34 | 2154.03 | 2737.19 | 2942.30 |
| 河 南 | Henan | 488.74 | 355.22 | 833.63 | 1380.54 | 1557.74 | 1938.00 | 1984.41 |
| 湖 北 | Hubei | 398.44 | 410.52 | 469.36 | 678.41 | 688.20 | 696.18 | 918.26 |
| 湖 南 | Hunan | 214.66 | 207.17 | 410.12 | 445.88 | 473.77 | 522.77 | 451.10 |
| 广 东 | Guangdong | 54.47 | 53.96 | 90.62 | 124.58 | 124.56 | 94.39 | 136.14 |
| 广 西 | Guangxi | 63.69 | 60.68 | 152.17 | 223.46 | 249.70 | 256.32 | 310.11 |
| 海 南 | Hainan | | | | | | | |
| 重 庆 | Chongqing | | 136.41 | 196.62 | 222.74 | 271.12 | 284.34 | 281.55 |
| 四 川 | Sichuan | 707.76 | 382.22 | 819.09 | 827.94 | 945.81 | 1048.93 | 1100.09 |
| 贵 州 | Guizhou | 426.18 | 133.69 | 695.26 | 716.15 | 901.36 | 825.04 | 752.20 |
| 云 南 | Yunnan | 370.27 | 221.25 | 917.59 | 1213.72 | 1233.66 | 1184.40 | 1375.88 |
| 西 藏 | Tibet | | | | | | | |
| 陕 西 | Shaanxi | 340.78 | 175.38 | 573.39 | 590.62 | 1111.29 | 1518.77 | 451.21 |
| 甘 肃 | Gansu | 94.62 | 126.22 | 149.64 | 221.85 | 275.38 | 249.39 | 241.49 |
| 青 海 | Qinghai | 1.47 | 1.50 | | 1.59 | 34.44 | 83.82 | 144.18 |
| 宁 夏 | Ningxia | 42.96 | 29.58 | 98.93 | 117.08 | 82.87 | 128.04 | 119.35 |
| 新 疆 | Xinjiang | 91.78 | 95.06 | 152.03 | 248.74 | 273.38 | 430.58 | 610.72 |

# 3-4 分地区原油生产量

# CRUDE OIL PRODUCTION BY REGION

单位：万吨　　　　(10 000 ton)

| 地　区 | Region | 1995 | 2000 | 2004 | 2005 | 2006 | 2007 | 2008 |
|---|---|---|---|---|---|---|---|---|
| 北　京 | Beijing | | | | | | | |
| 天　津 | Tianjin | 620.82 | 763.99 | 1446.21 | 1792.99 | 1943.09 | 1924.28 | 1993.86 |
| 河　北 | Hebei | 517.02 | 518.26 | 537.78 | 562.45 | 610.81 | 660.01 | 643.10 |
| 山　西 | Shanxi | | | | | | | |
| 内　蒙 | Inner Mongolia | | | 113.22 | | | | |
| 辽　宁 | Liaoning | 1552.68 | 1401.12 | 1283.19 | 1260.96 | 1226.46 | 1207.17 | 1199.33 |
| 吉　林 | Jilin | 342.73 | 348.46 | 481.11 | 550.57 | 680.35 | 623.93 | 698.46 |
| 黑龙江 | Heilongjiang | 5601.49 | 5306.73 | 4666.49 | 4516.01 | 4340.51 | 4169.83 | 4020.47 |
| 上　海 | Shanghai | | 52.73 | 31.86 | 25.27 | 21.48 | 20.69 | 14.60 |
| 江　苏 | Jiangsu | 101.41 | 155.02 | 168.94 | 164.7 | 188.49 | 195.72 | 184.01 |
| 浙　江 | Zhejiang | | | | | | | |
| 安　徽 | Anhui | | | | | | | |
| 福　建 | Fujian | | | | | | | |
| 江　西 | Jiangxi | | | | | | | |
| 山　东 | Shandong | 3006.27 | 2675.69 | 2590.19 | 2694.54 | 2755.07 | 2793.05 | 2829.62 |
| 河　南 | Henan | 601.96 | 562.18 | 523.41 | 507.16 | 492.06 | 485.08 | 476.30 |
| 湖　北 | Hubei | 85.03 | 75.11 | 165.02 | 78.11 | 79.73 | 85.54 | 83.92 |
| 湖　南 | Hunan | | | | | | | |
| 广　东 | Guangdong | 650.97 | 1393.17 | 1481.90 | 1470.03 | 1337.78 | 1261.13 | 1387.72 |
| 广　西 | Guangxi | 3.65 | 3.29 | 3.59 | 3.43 | 3.39 | 2.88 | 2.86 |
| 海　南 | Hainan | 0.11 | | 8.04 | 10.07 | 11.09 | 10.66 | 12.05 |
| 重　庆 | Chongqing | | | | | | | |
| 四　川 | Sichuan | 17.23 | 17.32 | 14.62 | 13.92 | 17.98 | 18.14 | 22.75 |
| 贵　州 | Guizhou | | | | | | | |
| 云　南 | Yunnan | 10.21 | | 0.09 | 0.09 | | | |
| 西　藏 | Tibet | | | | | | | |
| 陕　西 | Shaanxi | 166.95 | 746.44 | 1531.51 | 1778.16 | 1988.89 | 2265.87 | 2463.60 |
| 甘　肃 | Gansu | 267.83 | 55.25 | 77.04 | 78.91 | 81.65 | 82.88 | 74.94 |
| 青　海 | Qinghai | 121.72 | 200.01 | 222.02 | 221.49 | 223.00 | 220.66 | 220.35 |
| 宁　夏 | Ningxia | 39.04 | 139.01 | 4.10 | | | | |
| 新　疆 | Xinjiang | 1297.83 | 1848.24 | 2237.00 | 2406.43 | 2474.74 | 2604.31 | 2715.13 |

# 3-5 分地区燃料油生产量

# FUEL OIL PRODUCTION BY REGION

单位：万吨 (10 000 ton)

| 地　区 | Region | 1995 | 2000 | 2004 | 2005 | 2006 | 2007 | 2008 |
|---|---|---|---|---|---|---|---|---|
| 北　京 | Beijing | 220.31 | 78.95 | 73.36 | 75.29 | 70.02 | 50.57 | 42.33 |
| 天　津 | Tianjin | 142.38 | 40.60 | 102.02 | 29.38 | 25.92 | 32.76 | 54.56 |
| 河　北 | Hebei | 44.26 | 30.17 | 41.53 | 25.37 | 28.56 | 64.85 | 166.51 |
| 山　西 | Shanxi | | | | | | | 0.18 |
| 内　蒙 | Inner Mongolia | 18.85 | | 16.07 | 13.56 | 2.97 | 26.40 | 64.57 |
| 辽　宁 | Liaoning | 610.43 | 413.40 | 420.47 | 466.15 | 497.38 | 526.10 | 580.50 |
| 吉　林 | Jilin | 85.11 | 95.59 | 27.26 | 34.76 | 43.43 | 33.92 | 41.52 |
| 黑龙江 | Heilongjiang | 181.28 | 120.56 | 76.88 | 44.69 | 44.12 | 48.44 | 51.28 |
| 上　海 | Shanghai | 290.40 | 139.03 | 118.63 | 119.67 | 112.99 | 109.65 | 51.50 |
| 江　苏 | Jiangsu | 162.04 | 136.29 | 217.44 | 159.43 | 181.38 | 290.59 | 283.71 |
| 浙　江 | Zhejiang | 78.33 | 123.40 | 160.89 | 109.76 | 192.42 | 208.57 | 174.37 |
| 安　徽 | Anhui | 48.48 | 10.68 | 10.69 | 8.30 | 8.07 | 13.41 | 13.64 |
| 福　建 | Fujian | 10.44 | 10.01 | 105.1 | 8.86 | 20.73 | 22.75 | 18.85 |
| 江　西 | Jiangxi | 43.27 | 54.27 | 58.95 | 39.53 | 20 | 15.76 | 18.55 |
| 山　东 | Shandong | 334.33 | 274.66 | 429.98 | 602.62 | 434.14 | 347.49 | 597.56 |
| 河　南 | Henan | 19.56 | 30.42 | 47.54 | 40.02 | 43.38 | 48.32 | 29.46 |
| 湖　北 | Hubei | 95.49 | 40.24 | 35.7 | 28.38 | 23.67 | 22.58 | 13.52 |
| 湖　南 | Hunan | 55.29 | 33.95 | 32.8 | 31.55 | 27.91 | 28.61 | 24.66 |
| 广　东 | Guangdong | 214.73 | 186.13 | 279.49 | 248.08 | 305.83 | 266.85 | 380.68 |
| 广　西 | Guangxi | 3.60 | 4.37 | 17.47 | 9.16 | 9.48 | 37.82 | 32.81 |
| 海　南 | Hainan | | 9.45 | | 4.36 | 9.09 | 23.04 | 26.31 |
| 重　庆 | Chongqing | | | 0.06 | 0.06 | | | 0.18 |
| 四　川 | Sichuan | 3.58 | 4.10 | 0.23 | | | | 4.56 |
| 贵　州 | Guizhou | | | | | | | |
| 云　南 | Yunnan | 0.58 | | 0.04 | | | 0.11 | 1.34 |
| 西　藏 | Tibet | | | | | | | |
| 陕　西 | Shaanxi | 55.64 | 41.54 | 98.19 | 83.69 | 90.22 | 39.34 | 58.85 |
| 甘　肃 | Gansu | 101.21 | 91.65 | 73.38 | 39.57 | 21.51 | 26.42 | 21.19 |
| 青　海 | Qinghai | 19.72 | 6.39 | 2.75 | 2.11 | 2.33 | 4.19 | 3.43 |
| 宁　夏 | Ningxia | 10.24 | 10.54 | 3.59 | 3.23 | 3.05 | 2.85 | 2.97 |
| 新　疆 | Xinjiang | 111.22 | 67.26 | 28.58 | 33.61 | 49.42 | 54.65 | 34.76 |

# 3-6 分地区汽油生产量

## GASOLINE PRODUCTION BY REGION

单位：万吨 (10 000 ton)

| 地 区 | Region | 1995 | 2000 | 2004 | 2005 | 2006 | 2007 | 2008 |
|---|---|---|---|---|---|---|---|---|
| 北 京 | Beijing | 101.95 | 146.20 | 169.77 | 170.90 | 172.93 | 181.72 | 215.53 |
| 天 津 | Tianjin | 94.02 | 122.02 | 130.89 | 145.42 | 129.83 | 150.10 | 117.17 |
| 河 北 | Hebei | 135.11 | 159.04 | 210.79 | 223.60 | 212.85 | 230.15 | 272.49 |
| 山 西 | Shanxi | | | 0.03 | | | | |
| 内 蒙 | Inner Mongolia | 23.43 | | 40.20 | 44.99 | 60.57 | 45.93 | 41.97 |
| 辽 宁 | Liaoning | 398.22 | 683.88 | 925.79 | 965.60 | 1032.33 | 1005.40 | 1017.33 |
| 吉 林 | Jilin | 147.88 | 159.45 | 155.48 | 164.72 | 159.74 | 153.95 | 166.80 |
| 黑龙江 | Heilongjiang | 261.72 | 347.46 | 405.27 | 384.85 | 387.44 | 402.71 | 390.84 |
| 上 海 | Shanghai | 111.00 | 263.69 | 290.56 | 263.45 | 248.16 | 211.10 | 244.88 |
| 江 苏 | Jiangsu | 108.07 | 171.53 | 219.00 | 233.25 | 200.58 | 223.65 | 232.18 |
| 浙 江 | Zhejiang | 124.15 | 178.98 | 292.47 | 288.69 | 254.94 | 259.64 | 288.75 |
| 安 徽 | Anhui | 74.11 | 79.38 | 86.99 | 86.00 | 86.91 | 89.38 | 87.87 |
| 福 建 | Fujian | 81.49 | 102.22 | 108.72 | 95.19 | 102.63 | 98.55 | 83.36 |
| 江 西 | Jiangxi | 64.56 | 82.51 | 83.19 | 86.10 | 86.85 | 81.33 | 86.56 |
| 山 东 | Shandong | 214.88 | 280.15 | 438.54 | 474.54 | 500.33 | 558.22 | 799.70 |
| 河 南 | Henan | 138.68 | 136.86 | 136.20 | 127.65 | 140.86 | 157.83 | 159.43 |
| 湖 北 | Hubei | 126.32 | 154.97 | 170.96 | 178.87 | 178.09 | 175.74 | 173.21 |
| 湖 南 | Hunan | 90.38 | 120.19 | 129.67 | 122.83 | 124.20 | 129.86 | 137.83 |
| 广 东 | Guangdong | 286.47 | 331.50 | 400.73 | 367.23 | 401.37 | 417.43 | 459.84 |
| 广 西 | Guangxi | 15.09 | 15.64 | 16.24 | 19.38 | 24.84 | 29.58 | 31.48 |
| 海 南 | Hainan | | | | | 65.68 | 238.66 | 244.05 |
| 重 庆 | Chongqing | | | 0.01 | | | | 0.83 |
| 四 川 | Sichuan | 5.92 | 8.42 | 18.33 | 23.20 | 32.47 | 45.53 | 51.61 |
| 贵 州 | Guizhou | | | | | | | |
| 云 南 | Yunnan | | | | | | | 0.02 |
| 西 藏 | Tibet | | | | | | | |
| 陕 西 | Shaanxi | 49.68 | 180.13 | 310.54 | 387.83 | 410.32 | 465.86 | 465.09 |
| 甘 肃 | Gansu | 166.84 | 150.92 | 226.94 | 229.30 | 239.14 | 276.04 | 289.31 |
| 青 海 | Qinghai | 29.48 | 20.78 | 26.32 | 29.40 | 31.52 | 32.60 | 30.89 |
| 宁 夏 | Ningxia | 23.57 | 26.91 | 48.51 | 58.17 | 58.15 | 51.72 | 65.56 |
| 新 疆 | Xinjiang | 178.53 | 211.86 | 235.85 | 238.06 | 252.03 | 276.76 | 280.18 |

# 3-7 分地区煤油生产量

# KEROSENE PRODUCTION BY REGION

单位：万吨 (10 000 ton)

| 地 区 | Region | 1995 | 2000 | 2004 | 2005 | 2006 | 2007 | 2008 |
|---|---|---|---|---|---|---|---|---|
| 北 京 | Beijing | 0.26 | | 8.11 | 12.36 | 11.60 | 36.39 | 85.23 |
| 天 津 | Tianjin | 8.85 | 32.57 | 29.19 | 25.83 | 27.42 | 35.12 | 21.80 |
| 河 北 | Hebei | 4.83 | 12.69 | 12.08 | 11.94 | 13.15 | 11.14 | 12.21 |
| 山 西 | Shanxi | | | | | | | |
| 内 蒙 | Inner Mongolia | 0.02 | | | | | | |
| 辽 宁 | Liaoning | 84.34 | 231.53 | 213.46 | 220.00 | 218.74 | 206.19 | 230.06 |
| 吉 林 | Jilin | 1.96 | 1.28 | 0.05 | | | | 0.05 |
| 黑龙江 | Heilongjiang | 22.27 | 23.27 | 20.53 | 19.28 | 20.57 | 23.54 | 24.96 |
| 上 海 | Shanghai | 35.84 | 48.38 | 137.05 | 144.25 | 112.27 | 121.19 | 136.98 |
| 江 苏 | Jiangsu | 50.64 | 67.21 | 69.18 | 99.41 | 99.45 | 141.03 | 108.93 |
| 浙 江 | Zhejiang | 32.31 | 107.28 | 130.69 | 130.97 | 127.29 | 153.78 | 129.41 |
| 安 徽 | Anhui | | | | | | | |
| 福 建 | Fujian | 3.49 | 8.64 | 5.64 | 5.81 | 6.31 | 5.55 | 6.41 |
| 江 西 | Jiangxi | 2.14 | 4.44 | 5.34 | 4.67 | 1.57 | 1.29 | 0.07 |
| 山 东 | Shandong | 24.89 | 44.96 | 59.44 | 34.65 | 31.71 | 35.07 | 37.88 |
| 河 南 | Henan | 21.10 | 17.04 | 28.2 | 20.07 | 21.18 | 32.45 | 31.19 |
| 湖 北 | Hubei | 13.64 | 16.38 | 8.59 | 8.85 | 7.84 | 12.62 | 15.72 |
| 湖 南 | Hunan | 7.49 | 8.57 | 10.45 | 10.99 | 7.97 | 8.44 | 4.05 |
| 广 东 | Guangdong | 72.28 | 147.68 | 165.25 | 156.29 | 164.21 | 204.81 | 188.59 |
| 广 西 | Guangxi | 0.55 | 0.05 | | 0.01 | | | |
| 海 南 | Hainan | | | | | 3.43 | 32.78 | 31.06 |
| 重 庆 | Chongqing | | | 0.04 | 0.02 | | | |
| 四 川 | Sichuan | 2.76 | 4.23 | 1.42 | 1.44 | 1.88 | 1.43 | 1.11 |
| 贵 州 | Guizhou | | | | | | | |
| 云 南 | Yunnan | | | | | | | |
| 西 藏 | Tibet | | | | | | | |
| 陕 西 | Shaanxi | 1.65 | 8.46 | 8.21 | | 8.92 | 11.32 | 15.73 |
| 甘 肃 | Gansu | 38.64 | 55.88 | 42.76 | 49.61 | 48.57 | 48.53 | 49.58 |
| 青 海 | Qinghai | | | | | | | |
| 宁 夏 | Ningxia | | | | | | | |
| 新 疆 | Xinjiang | 15.80 | 31.75 | 24.45 | 32.14 | 34.79 | 30.60 | 38.65 |

# 3-8 分地区柴油生产量

# DIESEL OIL PRODUCTION BY REGION

单位：万吨 (10 000 ton)

| 地 区 | Region | 1995 | 2000 | 2004 | 2005 | 2006 | 2007 | 2008 |
|---|---|---|---|---|---|---|---|---|
| 北 京 | Beijing | 79.20 | 183.92 | 180.74 | 199.41 | 204.78 | 270.89 | 373.28 |
| 天 津 | Tianjin | 119.44 | 246.82 | 310.24 | 364.54 | 386.99 | 383.48 | 340.19 |
| 河 北 | Hebei | 165.81 | 271.19 | 374.98 | 403.42 | 412.08 | 425.82 | 513.58 |
| 山 西 | Shanxi | 0.16 | | 0.01 | | | | |
| 内 蒙 | Inner Mongolia | 20.46 | | 48.66 | 41.01 | 53.96 | 53.73 | 42.80 |
| 辽 宁 | Liaoning | 677.68 | 1202.07 | 1831.60 | 1899.60 | 1911.19 | 2048.93 | 2048.35 |
| 吉 林 | Jilin | 99.83 | 178.81 | 332.73 | 367.43 | 344.02 | 320.73 | 321.68 |
| 黑龙江 | Heilongjiang | 379.68 | 532.61 | 616.80 | 627.52 | 577.03 | 583.59 | 547.30 |
| 上 海 | Shanghai | 129.13 | 401.30 | 637.89 | 717.86 | 639.32 | 603.47 | 747.98 |
| 江 苏 | Jiangsu | 207.31 | 408.69 | 544.96 | 725.87 | 702.33 | 696.30 | 738.33 |
| 浙 江 | Zhejiang | 201.52 | 387.40 | 688.46 | 728.09 | 749.50 | 758.73 | 862.33 |
| 安 徽 | Anhui | 98.87 | 151.85 | 181.39 | 177.36 | 193.75 | 188.20 | 177.95 |
| 福 建 | Fujian | 85.15 | 161.49 | 174.44 | 150.34 | 155.89 | 135.51 | 112.86 |
| 江 西 | Jiangxi | 83.17 | 127.09 | 137.25 | 132.53 | 179.04 | 166.86 | 182.86 |
| 山 东 | Shandong | 328.63 | 540.04 | 875.31 | 939.01 | 1040.80 | 1107.53 | 1645.17 |
| 河 南 | Henan | 121.69 | 213.42 | 250.51 | 219.02 | 265.47 | 243.96 | 253.61 |
| 湖 北 | Hubei | 153.05 | 247.01 | 298.38 | 329.83 | 352.35 | 378.28 | 341.08 |
| 湖 南 | Hunan | 104.36 | 215.53 | 240.60 | 229.25 | 219.06 | 228.74 | 231.16 |
| 广 东 | Guangdong | 377.36 | 654.02 | 867.05 | 875.28 | 994.26 | 1033.53 | 1187.35 |
| 广 西 | Guangxi | 14.98 | 24.92 | 27.93 | 36.33 | 42.37 | 47.46 | 38.90 |
| 海 南 | Hainan | | | | | 94.70 | 359.06 | 344.87 |
| 重 庆 | Chongqing | | | 0.38 | | | | |
| 四 川 | Sichuan | 5.78 | 11.14 | 39.72 | 48.52 | 61.22 | 80.56 | 83.43 |
| 贵 州 | Guizhou | | | | | | | |
| 云 南 | Yunnan | | | | | | | 0.02 |
| 西 藏 | Tibet | | | | | | | |
| 陕 西 | Shaanxi | 52.93 | 223.19 | 453.62 | 513.38 | 605.17 | 707.69 | 769.50 |
| 甘 肃 | Gansu | 188.59 | 276.23 | 442.53 | 535.67 | 585.65 | 597.39 | 594.76 |
| 青 海 | Qinghai | 20.99 | 22.63 | 36.14 | 44.31 | 47.51 | 49.58 | 46.59 |
| 宁 夏 | Ningxia | 24.92 | 33.44 | 63.24 | 76.57 | 77.64 | 69.15 | 85.60 |
| 新 疆 | Xinjiang | 231.88 | 364.79 | 523.10 | 697.27 | 759.46 | 819.96 | 826.75 |

# 3-9 分地区天然气生产量
# NATURAL GAS PRODUCTION BY REGION

单位：亿立方米 (100 million cu.m)

| 地 区 | Region | 1995 | 2000 | 2004 | 2005 | 2006 | 2007 | 2008 |
|---|---|---|---|---|---|---|---|---|
| 北 京 | Beijing | | | | | | | |
| 天 津 | Tianjin | 7.57 | 9.10 | 8.72 | 8.79 | 10.50 | 13.34 | 14.01 |
| 河 北 | Hebei | 3.49 | 5.14 | 6.63 | 6.92 | 6.55 | 7.14 | 8.74 |
| 山 西 | Shanxi | 0.47 | 1.14 | | 3.24 | 6.02 | | 5.21 |
| 内 蒙 | Inner Mongolia | | 4.55 | 17.19 | | | | |
| 辽 宁 | Liaoning | 21.12 | 14.70 | 10.3 | 11.72 | 11.94 | 8.72 | 8.71 |
| 吉 林 | Jilin | 1.83 | 2.05 | 3.44 | 5.40 | 2.41 | 5.22 | 8.74 |
| 黑龙江 | Heilongjiang | 25.91 | 23.04 | 20.34 | 24.43 | 24.65 | 25.50 | 27.10 |
| 上 海 | Shanghai | | 2.60 | 5.73 | 6.04 | 5.64 | 5.07 | 4.29 |
| 江 苏 | Jiangsu | 0.19 | 0.24 | 0.53 | 0.64 | 0.61 | 0.58 | 0.58 |
| 浙 江 | Zhejiang | | 0.04 | | 0.03 | | | 0.31 |
| 安 徽 | Anhui | | | | | | | |
| 福 建 | Fujian | | | | | | | |
| 江 西 | Jiangxi | | | | | | | |
| 山 东 | Shandong | 12.85 | 6.88 | 9.25 | 9.25 | 8.55 | 7.84 | 8.85 |
| 河 南 | Henan | 11.38 | 14.95 | 18.55 | 17.62 | 18.68 | 15.76 | 11.22 |
| 湖 北 | Hubei | 0.76 | 0.91 | 1.08 | 1.12 | 1.16 | 1.17 | 1.40 |
| 湖 南 | Hunan | | | | | | | 3.19 |
| 广 东 | Guangdong | 1.03 | 34.60 | 42.82 | 44.75 | 48.95 | 52.48 | 60.78 |
| 广 西 | Guangxi | | | | | | | 8.54 |
| 海 南 | Hainan | | | 1.29 | 1.66 | 2.05 | 2.03 | 2.32 |
| 重 庆 | Chongqing | | 1.94 | 4.69 | 3.27 | 6.47 | 5.00 | 9.54 |
| 四 川 | Sichuan | 76.64 | 88.60 | 114.03 | 142.30 | 159.95 | 187.46 | 194.23 |
| 贵 州 | Guizhou | | 0.70 | | 0.53 | | | |
| 云 南 | Yunnan | 1.81 | 0.05 | 0.18 | 0.22 | 0.17 | 0.14 | 0.06 |
| 西 藏 | Tibet | | | | | | | |
| 陕 西 | Shaanxi | 0.22 | 21.10 | 74.46 | 75.46 | 80.47 | 110.10 | 144.20 |
| 甘 肃 | Gansu | 1.13 | 0.20 | 0.20 | 0.84 | 1.53 | 0.63 | 1.43 |
| 青 海 | Qinghai | 0.64 | 3.91 | 17.94 | 22.26 | 25.03 | 34.02 | 43.65 |
| 宁 夏 | Ningxia | 0.62 | 0.15 | | | | | |
| 新 疆 | Xinjiang | 11.81 | 35.38 | 57.23 | 106.71 | 164.20 | 210.20 | 235.89 |

# 3-10 分地区发电量

## POWER GENERATION BY REGION

单位：亿千瓦小时 (100 million kW•h)

| 地区 | Region | 1995 | 2000 | 2004 | 2005 | 2006 | 2007 | 2008 |
|---|---|---|---|---|---|---|---|---|
| 北京 | Beijing | 132.21 | 145.26 | 203.89 | 213.35 | 214.85 | 228.08 | 243.35 |
| 天津 | Tianjin | 133.65 | 211.49 | 339.76 | 369.06 | 359.24 | 393.27 | 382.26 |
| 河北 | Hebei | 607.17 | 844.42 | 1255.56 | 1338.63 | 1461.00 | 1646.24 | 1527.75 |
| 山西 | Shanxi | 505.97 | 620.31 | 1078.99 | 1311.97 | 1526.37 | 1760.50 | 1793.78 |
| 内蒙 | Inner Mongolia | 278.54 | 439.22 | 816.44 | 1056.59 | 1412.54 | 1931.95 | 2183.85 |
| 辽宁 | Liaoning | 540.08 | 645.58 | 874.85 | 904.21 | 1014.54 | 1115.03 | 1137.84 |
| 吉林 | Jilin | 284.60 | 313.50 | 386.19 | 433.43 | 443.20 | 494.76 | 577.67 |
| 黑龙江 | Heilongjiang | 388.01 | 426.73 | 501.83 | 596.02 | 646.59 | 685.21 | 732.96 |
| 上海 | Shanghai | 403.42 | 553.09 | 705.02 | 733.97 | 720.74 | 739.14 | 773.62 |
| 江苏 | Jiangsu | 700.41 | 909.70 | 1554.89 | 2120.00 | 2535.52 | 2674.60 | 2815.03 |
| 浙江 | Zhejiang | 401.48 | 624.83 | 1231.9 | 1456.42 | 1766.36 | 1915.15 | 1905.09 |
| 安徽 | Anhui | 310.32 | 355.44 | 607.1 | 648.41 | 734.39 | 873.43 | 1124.83 |
| 福建 | Fujian | 261.55 | 403.73 | 674.64 | 778.25 | 904.25 | 1038.28 | 1127.27 |
| 江西 | Jiangxi | 176.48 | 203.35 | 378.98 | 373.49 | 439.90 | 502.01 | 576.14 |
| 山东 | Shandong | 739.24 | 1005.26 | 1688.19 | 1911.39 | 2314.53 | 2698.03 | 2647.50 |
| 河南 | Henan | 547.71 | 694.93 | 1280.75 | 1414.68 | 1600.50 | 1918.26 | 1977.78 |
| 湖北 | Hubei | 452.74 | 559.12 | 1096.77 | 1289.80 | 1306.67 | 1588.39 | 1828.44 |
| 湖南 | Hunan | 332.94 | 354.42 | 651.11 | 644.41 | 754.90 | 860.15 | 927.25 |
| 广东 | Guangdong | 821.06 | 1292.69 | 2141.23 | 2278.59 | 2465.82 | 2731.97 | 2716.25 |
| 广西 | Guangxi | 217.29 | 289.09 | 378.49 | 446.04 | 523.34 | 682.81 | 868.53 |
| 海南 | Hainan | 31.53 | 39.05 | 65.7 | 82.19 | 96.98 | 114.82 | 120.77 |
| 重庆 | Chongqing |  | 167.90 | 262.66 | 253.90 | 291.30 | 374.55 | 457.25 |
| 四川 | Sichuan | 575.97 | 500.24 | 934.49 | 1018.77 | 1226.58 | 1262.92 | 1382.97 |
| 贵州 | Guizhou | 231.55 | 404.70 | 720.46 | 797.65 | 986.36 | 1166.32 | 1211.03 |
| 云南 | Yunnan | 228.42 | 297.84 | 548.05 | 624.20 | 753.63 | 904.50 | 1078.52 |
| 西藏 | Tibet | 4.83 | 6.61 | 11.51 | 13.34 | 15.15 | 15.17 | 18.46 |
| 陕西 | Shaanxi | 236.77 | 272.28 | 498.29 | 548.80 | 584.70 | 706.87 | 853.00 |
| 甘肃 | Gansu | 237.75 | 253.52 | 455.34 | 506.17 | 530.13 | 618.85 | 697.71 |
| 青海 | Qinghai | 60.42 | 133.79 | 172.51 | 215.89 | 281.62 | 307.66 | 310.46 |
| 宁夏 | Ningxia | 107.77 | 136.61 | 253.66 | 312.87 | 388.42 | 452.96 | 471.17 |
| 新疆 | Xinjiang | 120.43 | 182.12 | 263.84 | 310.11 | 357.14 | 413.62 | 489.07 |

# 3-11 分地区水力发电量

# HYDRO POWER GENERATION BY REGION

单位：亿千瓦小时 (100 million kW•h)

| 地 区 | Region | 1995 | 2000 | 2004 | 2005 | 2006 | 2007 | 2008 |
|---|---|---|---|---|---|---|---|---|
| 北 京 | Beijing | 3.18 | 8.64 | 3.96 | 4.71 | 4.94 | 4.93 | 0.36 |
| 天 津 | Tianjin | 0.21 | 0.14 | | | | 0.14 | 0.14 |
| 河 北 | Hebei | 12.63 | 4.70 | 4.02 | 5.61 | 14.42 | 5.68 | 10.95 |
| 山 西 | Shanxi | 7.11 | 13.04 | 21 | 20.32 | 23.87 | 47.32 | 23.36 |
| 内 蒙 | Inner Mongolia | 1.43 | 5.59 | 8.49 | 11.55 | 12.80 | 11.86 | 11.18 |
| 辽 宁 | Liaoning | 41.71 | 14.89 | 38.59 | 56.73 | 47.03 | 43.81 | 38.58 |
| 吉 林 | Jilin | 83.16 | 47.84 | 56.35 | 78.30 | 54.60 | 61.83 | 58.91 |
| 黑龙江 | Heilongjiang | 6.69 | 13.19 | 13.96 | 14.70 | 14.74 | 10.41 | 17.56 |
| 上 海 | Shanghai | | | | | | | |
| 江 苏 | Jiangsu | 0.35 | 0.13 | 3 | 2.66 | 3.05 | 2.95 | 6.65 |
| 浙 江 | Zhejiang | 78.25 | 65.23 | 95.38 | 135.11 | 139.76 | 118.15 | 143.49 |
| 安 徽 | Anhui | 11.39 | 4.58 | 18.11 | 12.52 | 15.72 | 19.67 | 28.14 |
| 福 建 | Fujian | 154.91 | 195.22 | 184.84 | 291.00 | 346.82 | 311.59 | 399.61 |
| 江 西 | Jiangxi | 55.13 | 53.50 | 75.55 | 67.88 | 95.40 | 85.06 | 167.26 |
| 山 东 | Shandong | 0.40 | 0.03 | 0.98 | 1.30 | 0.17 | 0.77 | 2.80 |
| 河 南 | Henan | 15.64 | 15.52 | 78.36 | 67.91 | 88.26 | 88.53 | 98.77 |
| 湖 北 | Hubei | 258.82 | 281.40 | 697.24 | 813.65 | 756.06 | 937.70 | 1272.47 |
| 湖 南 | Hunan | 157.97 | 191.15 | 280.93 | 241.28 | 290.69 | 312.56 | 407.00 |
| 广 东 | Guangdong | 131.10 | 106.11 | 192.13 | 207.74 | 267.99 | 241.03 | 388.31 |
| 广 西 | Guangxi | 138.30 | 168.87 | 185.41 | 195.82 | 243.69 | 323.52 | 522.97 |
| 海 南 | Hainan | 11.32 | 11.54 | 9.23 | 10.64 | 11.59 | 13.09 | 12.72 |
| 重 庆 | Chongqing | | 38.22 | 93.5 | 67.32 | 56.43 | 83.75 | 171.61 |
| 四 川 | Sichuan | 259.79 | 315.11 | 620.57 | 653.35 | 784.65 | 814.13 | 980.86 |
| 贵 州 | Guizhou | 114.90 | 183.44 | 226.05 | 213.35 | 225.96 | 340.62 | 394.04 |
| 云 南 | Yunnan | 162.05 | 196.53 | 299.83 | 349.19 | 355.72 | 430.95 | 647.28 |
| 西 藏 | Tibet | 3.04 | 5.54 | 10.32 | 12.10 | 13.79 | 13.99 | 14.53 |
| 陕 西 | Shaanxi | 25.43 | 34.80 | 42.49 | 50.54 | 39.88 | 55.45 | 64.23 |
| 甘 肃 | Gansu | 96.18 | 102.54 | 119.42 | 165.57 | 170.45 | 189.08 | 188.72 |
| 青 海 | Qinghai | 42.57 | 107.69 | 111.3 | 160.58 | 209.58 | 207.76 | 207.10 |
| 宁 夏 | Ningxia | 9.30 | 8.18 | 9.4 | 16.41 | 16.38 | 17.47 | 16.08 |
| 新 疆 | Xinjiang | 22.82 | 30.83 | 35.03 | 42.33 | 53.42 | 58.84 | 73.93 |

# 3-12 分地区火力发电量

# THERMAL POWER GENERATION BY REGION

单位：亿千瓦小时 (100 million kW•h)

| 地 区 | Region | 1995 | 2000 | 2004 | 2005 | 2006 | 2007 | 2008 |
|---|---|---|---|---|---|---|---|---|
| 北 京 | Beijing | 128.18 | 136.62 | 198.07 | 209.80 | 207.05 | 223.15 | 242.99 |
| 天 津 | Tianjin | 131.58 | 211.35 | 339.76 | 365.69 | 359.24 | 393.13 | 377.93 |
| 河 北 | Hebei | 593.72 | 839.53 | 1251.11 | 1332.17 | 1438.88 | 1633.04 | 1407.60 |
| 山 西 | Shanxi | 498.85 | 607.27 | 1058.00 | 1291.65 | 1502.50 | 1713.18 | 1764.93 |
| 内 蒙 | Inner Mongolia | 277.11 | 432.09 | 805.84 | 1042.28 | 1395.93 | 1876.83 | 2071.98 |
| 辽 宁 | Liaoning | 496.63 | 628.00 | 834.48 | 845.00 | 962.82 | 1065.26 | 1085.26 |
| 吉 林 | Jilin | 201.45 | 265.48 | 329.15 | 354.16 | 385.76 | 422.74 | 398.63 |
| 黑龙江 | Heilongjiang | 381.30 | 413.54 | 484.98 | 581.13 | 629.64 | 670.32 | 696.62 |
| 上 海 | Shanghai | 401.93 | 553.09 | 703.77 | 728.74 | 720.33 | 736.25 | 765.25 |
| 江 苏 | Jiangsu | 698.42 | 909.57 | 1550.78 | 2114.03 | 2512.58 | 2577.39 | 2631.34 |
| 浙 江 | Zhejiang | 300.67 | 539.18 | 915.34 | 1094.64 | 1403.49 | 1570.01 | 1519.53 |
| 安 徽 | Anhui | 297.94 | 350.87 | 587.58 | 636.37 | 718.67 | 853.76 | 1096.32 |
| 福 建 | Fujian | 106.60 | 208.45 | 489.52 | 486.88 | 555.80 | 723.63 | 715.97 |
| 江 西 | Jiangxi | 121.35 | 149.85 | 303.43 | 305.61 | 344.49 | 416.95 | 407.54 |
| 山 东 | Shandong | 738.83 | 1005.14 | 1681.78 | 1909.59 | 2309.22 | 2691.43 | 2598.25 |
| 河 南 | Henan | 532.01 | 677.76 | 1200.87 | 1346.77 | 1512.35 | 1829.73 | 1754.92 |
| 湖 北 | Hubei | 193.71 | 277.73 | 396.80 | 476.15 | 548.41 | 644.40 | 525.63 |
| 湖 南 | Hunan | 174.86 | 163.27 | 371.31 | 403.13 | 464.08 | 547.59 | 520.06 |
| 广 东 | Guangdong | 583.62 | 1038.61 | 1661.26 | 1764.53 | 1884.29 | 2187.24 | 1968.54 |
| 广 西 | Guangxi | 78.99 | 120.21 | 192.02 | 250.23 | 279.67 | 355.89 | 301.26 |
| 海 南 | Hainan | 20.21 | 27.51 | 56.40 | 72.46 | 85.08 | 101.61 | 107.90 |
| 重 庆 | Chongqing |  | 129.68 | 168.99 | 185.81 | 234.87 | 290.69 | 284.88 |
| 四 川 | Sichuan | 316.18 | 185.13 | 313.79 | 365.42 | 441.93 | 448.60 | 400.85 |
| 贵 州 | Guizhou | 116.64 | 221.27 | 490.40 | 584.30 | 760.39 | 825.71 | 816.97 |
| 云 南 | Yunnan | 66.37 | 101.32 | 248.22 | 274.89 | 397.91 | 473.55 | 388.44 |
| 西 藏 | Tibet | 0.25 | 0.05 | 0.08 | 0.08 | 0.09 | 0.01 | 0.14 |
| 陕 西 | Shaanxi | 211.34 | 237.48 | 455.90 | 495.85 | 544.82 | 651.28 | 786.58 |
| 甘 肃 | Gansu | 141.56 | 150.98 | 334.71 | 339.70 | 357.38 | 424.37 | 479.27 |
| 青 海 | Qinghai | 17.85 | 26.10 | 61.21 | 55.63 | 72.04 | 99.90 | 103.23 |
| 宁 夏 | Ningxia | 98.48 | 128.43 | 243.99 | 295.19 | 367.31 | 432.45 | 449.28 |
| 新 疆 | Xinjiang | 97.27 | 149.29 | 226.34 | 265.48 | 299.01 | 349.20 | 404.25 |

# 3-13 分地区城市天然气供应情况
# BASIC STATISTICS ON SUPPLY OF NATURAL GAS IN CITIES BY REGION

| 地区 | Region | 供气总量(万立方米) Total Gas Supply ($10^4$cu.m) | | | | | 用气人口(万人) Population with Access($10^4$person) | | | | |
|---|---|---|---|---|---|---|---|---|---|---|---|
| | | 2000 | 2005 | 2006 | 2007 | 2008 | 2000 | 2005 | 2006 | 2007 | 2008 |
| **全国** | **National Total** | **821476** | **2104951** | **2447742** | **3086363** | **3680393** | **2581.0** | **7104.4** | **8319.4** | **10189.8** | **12167.1** |
| 北京 | Beijing | 95740 | 317397 | 383803 | 433823 | 601381 | 295.3 | 880.0 | 956.8 | 1000.9 | 1068.1 |
| 天津 | Tianjin | 23474 | 68966 | 92561 | 120100 | 138630 | 304.1 | 411.5 | 478.2 | 595.6 | 588.5 |
| 河北 | Hebei | 4647 | 25374 | 37997 | 48408 | 59887 | 31.1 | 142.0 | 193.4 | 318.8 | 568.8 |
| 山西 | Shanxi | 5611 | 10802 | 50652 | 65266 | 89590 | 35.7 | 50.2 | 69.1 | 165.4 | 286.2 |
| 内蒙古 | Inner Mongolia | | 9444 | 18370 | 30528 | 38134 | | 49.6 | 109.0 | 149.1 | 165.9 |
| 辽宁 | Liaoning | 24923 | 36817 | 53495 | 54085 | 57736 | 409.9 | 566.6 | 629.5 | 657.3 | 710.5 |
| 吉林 | Jilin | 13162 | 17333 | 29933 | 26861 | 30249 | 76.5 | 166.9 | 197.9 | 181.7 | 188.8 |
| 黑龙江 | Heilongjiang | 4185 | 19555 | 22993 | 23607 | 27608 | 55.7 | 103.7 | 114.3 | 136.3 | 289.0 |
| 上海 | Shanghai | 25974 | 174962 | 236548 | 277458 | 298601 | 67.0 | 521.9 | 585.7 | 696.5 | 740.6 |
| 江苏 | Jiangsu | | 87634 | 155940 | 260919 | 299726 | | 380.4 | 574.9 | 699.9 | 841.7 |
| 浙江 | Zhejiang | | 10428 | 22984 | 50645 | 65640 | | 118.9 | 187.9 | 300.0 | 352.7 |
| 安徽 | Anhui | 600 | 11564 | 30814 | 47920 | 68481 | 5.3 | 207.8 | 241.4 | 328.5 | 435.9 |
| 福建 | Fujian | | | 55 | 848 | 2274 | | | 3.7 | 20.0 | 34.2 |
| 江西 | Jiangxi | | 1051 | 2258 | 3508 | 4103 | | 38.4 | 45.9 | 59.8 | 89.5 |
| 山东 | Shandong | 84065 | 116691 | 129369 | 142638 | 257433 | 61.9 | 381.3 | 598.7 | 760.4 | 986.7 |
| 河南 | Henan | 55018 | 53337 | 76488 | 85165 | 101008 | 185.9 | 398.7 | 444.4 | 469.1 | 586.5 |
| 湖北 | Hubei | 1 | 17422 | 34971 | 76214 | 94429 | 0.2 | 263.9 | 294.3 | 381.1 | 497.0 |
| 湖南 | Hunan | | 5632 | 24435 | 53238 | 77079 | | 61.6 | 150.8 | 206.8 | 236.2 |
| 广东 | Guangdong | 339 | 71597 | 28678 | 41418 | 82976 | 4.0 | 78.5 | 83.7 | 398.6 | 582.0 |
| 广西 | Guangxi | | 84 | 1174 | 2273 | 4693 | 0.1 | 0.5 | 8.1 | 39.7 | 58.6 |
| 海南 | Hainan | | 6360 | 10899 | 13926 | 14947 | | 21.1 | 25.9 | 32.8 | 55.5 |
| 重庆 | Chongqing | 68049 | 164614 | 173926 | 175128 | 187936 | 328.6 | 509.0 | 545.1 | 640.2 | 696.2 |
| 四川 | Sichuan | 388394 | 598531 | 478063 | 629864 | 594963 | 556.0 | 966.5 | 903.9 | 960.1 | 1019.2 |
| 贵州 | Guizhou | 450 | 6199 | 705 | 1449 | 1378 | 1.9 | 1.7 | 4.1 | 8.7 | 8.8 |
| 云南 | Yunnan | 1533 | 14500 | 733 | 835 | 743 | 2.0 | 4.9 | 5.0 | 5.7 | 6.3 |
| 西藏 | Tibet | | 808 | | | | | 15.4 | | | |
| 陕西 | Shaanxi | 17770 | 76285 | 99064 | 108022 | 123518 | 126.0 | 358.8 | 357.8 | 400.6 | 418.6 |
| 甘肃 | Gansu | 78 | 4100 | 40918 | 47043 | 53394 | 1.6 | 117.6 | 132.8 | 144.9 | 156.5 |
| 青海 | Qinghai | 2022 | 63606 | 75920 | 103810 | 118383 | 3.9 | 32.6 | 61.1 | 69.7 | 80.0 |
| 宁夏 | Ningxia | 56 | 68193 | 78034 | 90762 | 98881 | 1.4 | 34.1 | 42.7 | 54.7 | 68.7 |
| 新疆 | Xinjiang | 5385 | 45665 | 55963 | 70603 | 86592 | 27.0 | 220.4 | 273.1 | 307.2 | 350.1 |

# 3-14 分地区城市人工煤气供应情况

# BASIC STATISTICS ON SUPPLY OF COAL GAS IN CITIES BY REGION

| 地 区 | Region | 供气总量(万立方米) Total Gas Supply ($10^4$cu.m) | | | | | 用气人口(万人) Population with Access ($10^4$person) | | | | |
|---|---|---|---|---|---|---|---|---|---|---|---|
| | | 2000 | 2005 | 2006 | 2007 | 2008 | 2000 | 2005 | 2006 | 2007 | 2008 |
| **全 国** | **National Total** | **1523615** | **2558343** | **2964500** | **3223512** | **3558287** | **3944.5** | **4368.6** | **4066.6** | **4021.7** | **3369.6** |
| 北 京 | Beijing | 47310 | 20211 | 9763 | | | 82.9 | 21.9 | | | |
| 天 津 | Tianjin | 9882 | 28803 | 16876 | | | 72.6 | 96.5 | | | |
| 河 北 | Hebei | 45918 | 78435 | 70221 | 89864 | 85954 | 278.7 | 400.9 | 415.9 | 399.0 | 200.9 |
| 山 西 | Shanxi | 241869 | 82291 | 94728 | 95750 | 88168 | 295.1 | 394.7 | 412.3 | 398.8 | 309.3 |
| 内蒙古 | Inner Mongolia | 7485 | 6887 | 6113 | 7000 | 3602 | 77.9 | 92.9 | 79.0 | 81.2 | 65.7 |
| 辽 宁 | Liaoning | 81957 | 63614 | 54347 | 55785 | 61958 | 422.1 | 531.5 | 474.1 | 486.6 | 503.3 |
| 吉 林 | Jilin | 15508 | 13755 | 16326 | 17196 | 17348 | 149.9 | 169.2 | 159.4 | 150.9 | 161.9 |
| 黑龙江 | Heilongjiang | 30347 | 40199 | 39465 | 38691 | 42367 | 211.0 | 289.4 | 301.3 | 338.1 | 238.4 |
| 上 海 | Shanghai | 213147 | 199744 | 217567 | 208319 | 199141 | 450.0 | 662.3 | 621.6 | 576.1 | 446.4 |
| 江 苏 | Jiangsu | 362606 | 1290834 | 1420015 | 1633281 | 1554953 | 324.7 | 234.1 | 177.1 | 146.1 | 123.2 |
| 浙 江 | Zhejiang | 27796 | 27686 | 1647 | 1847 | 2186 | 47.8 | 83.3 | 28.9 | 33.5 | 39.1 |
| 安 徽 | Anhui | 22996 | 8723 | 5910 | 5827 | 2268 | 168.8 | 67.0 | 68.8 | 45.2 | 17.1 |
| 福 建 | Fujian | 12727 | 1810 | 2336 | 2489 | 2474 | 21.2 | 11.2 | 12.7 | 18.4 | 13.7 |
| 江 西 | Jiangxi | 39463 | 31707 | 39467 | 40595 | 39968 | 125.4 | 130.6 | 115.1 | 127.1 | 133.5 |
| 山 东 | Shandong | 43041 | 47743 | 34663 | 49030 | 48322 | 335.4 | 356.5 | 337.1 | 282.0 | 209.9 |
| 河 南 | Henan | 81775 | 117592 | 54946 | 48669 | 112111 | 136.3 | 142.4 | 149.5 | 152.6 | 174.0 |
| 湖 北 | Hubei | 14588 | 9184 | 1118 | 13155 | 12281 | 180.1 | 22.3 | 30.9 | 58.2 | 50.4 |
| 湖 南 | Hunan | 60375 | 44064 | 45635 | 89086 | 103516 | 81.3 | 74.6 | 29.5 | 42.3 | 35.3 |
| 广 东 | Guangdong | 12097 | 29310 | 41703 | 35831 | 26068 | 150.1 | 162.9 | 202.2 | 214.5 | 139.2 |
| 广 西 | Guangxi | 2817 | 4483 | 4774 | 4861 | 4965 | 14.5 | 24.9 | 25.8 | 25.1 | 45.7 |
| 海 南 | Hainan | | | | | | | | | | |
| 重 庆 | Chongqing | 100 | | | | | 0.5 | | | | |
| 四 川 | Sichuan | 111677 | 128252 | 145864 | 158597 | 158993 | 30.1 | 32.5 | 33.0 | 34.4 | 37.6 |
| 贵 州 | Guizhou | 8727 | 19209 | 21650 | 23491 | 26613 | 73.4 | 124.8 | 133.8 | 145.1 | 156.2 |
| 云 南 | Yunnan | 15407 | 20287 | 18668 | 20365 | 21737 | 99.6 | 177.3 | 223.2 | 219.7 | 227.1 |
| 西 藏 | Tibet | | | | | | | | | | |
| 陕 西 | Shaanxi | 4447 | 4365 | | | | 32.7 | 27.4 | | | |
| 甘 肃 | Gansu | 6691 | 3802 | 3017 | 3955 | 9429 | 70.2 | 24.0 | 21.6 | 28.7 | 23.3 |
| 青 海 | Qinghai | 24 | | | | | 2.5 | | | | |
| 宁 夏 | Ningxia | 2838 | 3013 | 412 | 794 | 924 | 9.8 | 8.8 | 8.1 | 11.8 | 12.6 |
| 新 疆 | Xinjiang | | 232340 | 597267 | 579036 | 932940 | | 5.0 | 6.0 | 6.2 | 6.0 |

# 3-15 分地区城市液化石油气供应情况

# BASIC STATISTICS ON SUPPLY OF LPG IN CITIES BY REGION

| 地 区 | Region | 供气总量(吨) Total Gas Supply (ton) | | | | | 用气人口(万人) Population with Access ($10^4$person) | | | | |
|---|---|---|---|---|---|---|---|---|---|---|---|
| | | 2000 | 2005 | 2006 | 2007 | 2008 | 2000 | 2005 | 2006 | 2007 | 2008 |
| **全 国** | **National Total** | **10537147** | **12220141** | **12636613** | **14667692** | **13291072** | **11106.6** | **18012.8** | **17100.3** | **18172.3** | **17632.1** |
| 北 京 | Beijing | 176460 | 374358 | 418256 | 320434 | 324549 | 252.7 | 340.8 | 560.6 | 501.4 | 371.0 |
| 天 津 | Tianjin | 44203 | 61503 | 21463 | 20502 | 87404 | 89.4 | 122.9 | 84.8 | 55.5 | 50.5 |
| 河 北 | Hebei | 189612 | 327294 | 279802 | 264559 | 254206 | 475.7 | 705.0 | 650.1 | 677.5 | 667.3 |
| 山 西 | Shanxi | 34152 | 42004 | 65838 | 61678 | 53822 | 102.3 | 169.7 | 197.6 | 186.9 | 188.1 |
| 内蒙古 | Inner Mongolia | 59425 | 138348 | 99616 | 73842 | 72279 | 191.9 | 294.5 | 315.5 | 326.9 | 337.4 |
| 辽 宁 | Liaoning | 379194 | 402659 | 487296 | 456504 | 396282 | 568.8 | 713.1 | 718.5 | 718.7 | 693.7 |
| 吉 林 | Jilin | 169062 | 184659 | 182529 | 179839 | 208064 | 350.3 | 493.0 | 421.6 | 478.4 | 488.9 |
| 黑龙江 | Heilongjiang | 601427 | 228630 | 291962 | 244172 | 198672 | 546.4 | 612.3 | 560.2 | 553.1 | 538.3 |
| 上 海 | Shanghai | 490561 | 452613 | 458558 | 506502 | 489201 | 421.2 | 710.9 | 703.0 | 749.0 | 701.4 |
| 江 苏 | Jiangsu | 705010 | 1129147 | 1042278 | 999243 | 931734 | 882.9 | 1764.6 | 1408.8 | 1407.3 | 1328.2 |
| 浙 江 | Zhejiang | 630895 | 1060572 | 1057580 | 938273 | 937042 | 555.1 | 1135.2 | 1163.4 | 1376.5 | 1327.5 |
| 安 徽 | Anhui | 458621 | 613614 | 605279 | 602727 | 680514 | 378.8 | 540.9 | 526.9 | 551.5 | 554.7 |
| 福 建 | Fujian | 737609 | 378053 | 387506 | 407443 | 385945 | 340.7 | 603.5 | 657.1 | 843.7 | 832.9 |
| 江 西 | Jiangxi | 164698 | 174521 | 165138 | 181379 | 185460 | 220.1 | 411.6 | 423.2 | 442.8 | 453.5 |
| 山 东 | Shandong | 276543 | 572194 | 564472 | 703495 | 758261 | 886.8 | 1835.6 | 1471.4 | 1541.3 | 1404.4 |
| 河 南 | Henan | 162199 | 225864 | 234453 | 247689 | 250556 | 429.9 | 573.8 | 527.4 | 574.6 | 570.0 |
| 湖 北 | Hubei | 296179 | 311171 | 294314 | 393772 | 356448 | 908.3 | 1142.0 | 989.0 | 958.9 | 945.5 |
| 湖 南 | Hunan | 199873 | 294718 | 287407 | 275365 | 279320 | 460.7 | 647.6 | 658.9 | 680.6 | 688.2 |
| 广 东 | Guangdong | 3108612 | 4101990 | 3758956 | 5673421 | 4478851 | 1485.3 | 3222.5 | 3213.9 | 3462.3 | 3394.3 |
| 广 西 | Guangxi | 204904 | 315998 | 324298 | 462835 | 306091 | 373.6 | 550.9 | 548.5 | 596.3 | 598.1 |
| 海 南 | Hainan | 77856 | 66866 | 66610 | 71384 | 67883 | 116.5 | 113.4 | 101.4 | 103.5 | 108.8 |
| 重 庆 | Chongqing | 38769 | 95577 | 73506 | 81624 | 69252 | 35.1 | 71.7 | 86.3 | 112.5 | 103.5 |
| 四 川 | Sichuan | 66154 | 164266 | 197021 | 183257 | 184229 | 80.5 | 152.2 | 137.1 | 141.0 | 133.1 |
| 贵 州 | Guizhou | 28973 | 53779 | 50108 | 55563 | 58121 | 89.7 | 189.3 | 187.5 | 170.0 | 191.3 |
| 云 南 | Yunnan | 82954 | 70436 | 131838 | 139759 | 130602 | 137.5 | 141.0 | 120.0 | 235.5 | 235.5 |
| 西 藏 | Tibet | 16680 | 1500 | 813000 | 814450 | 813348 | 13.8 | 2.8 | 16.0 | 23.5 | 34.4 |
| 陕 西 | Shaanxi | 79038 | 121943 | 45473 | 80501 | 113582 | 206.0 | 242.9 | 228.3 | 266.7 | 259.3 |
| 甘 肃 | Gansu | 783739 | 71904 | 72543 | 85483 | 97642 | 101.7 | 141.9 | 146.3 | 160.3 | 165.9 |
| 青 海 | Qinghai | 11496 | 14339 | 12642 | 11064 | 8743 | 29.5 | 36.9 | 26.7 | 20.2 | 19.6 |
| 宁 夏 | Ningxia | 18231 | 22697 | 20478 | 16671 | 15868 | 69.9 | 90.4 | 82.4 | 84.9 | 80.4 |
| 新 疆 | Xinjiang | 244018 | 147314 | 126396 | 114262 | 97102 | 305.7 | 240.2 | 167.9 | 171.1 | 166.8 |

# 3-16 分地区城市集中供热情况

# BASIC STATISTICS ON HEATING SUPPLY IN CITIES BY REGION

| 地 区 | Region | 蒸汽供应能力(吨/小时) Capacity of Steam Supply (tn/hr ) | | | | | 热水供应能力(兆瓦) Capacity of Hot Water Supply($10^6$ W) | | | | |
|---|---|---|---|---|---|---|---|---|---|---|---|
| | | 2000 | 2005 | 2006 | 2007 | 2008 | 2000 | 2005 | 2006 | 2007 | 2008 |
| **全 国** | **National Total** | **74148** | **106723** | **95204** | **94009** | **94454** | **97417** | **197976** | **217699** | **224660** | **305695** |
| 北 京 | Beijing | 3408 | 2297 | 620 | 620 | 200 | 4755 | 30115 | 30546 | 28989 | 31772 |
| 天 津 | Tianjin | 9106 | 3294 | 3325 | 3620 | 3469 | 5608 | 10563 | 11753 | 13866 | 16011 |
| 河 北 | Hebei | 6427 | 9290 | 9132 | 10117 | 10594 | 8388 | 13917 | 15219 | 16536 | 17787 |
| 山 西 | Shanxi | 3316 | 3133 | 3570 | 1452 | 2190 | 5347 | 8578 | 9421 | 8265 | 12677 |
| 内蒙古 | Inner Mongolia | 1200 | 844 | 277 | 1024 | 998 | 5687 | 10887 | 13328 | 16042 | 19210 |
| 辽 宁 | Liaoning | 11569 | 12583 | 10967 | 11718 | 11612 | 19154 | 36051 | 43765 | 39717 | 46395 |
| 吉 林 | Jilin | 3425 | 4749 | 4515 | 3587 | 3288 | 10564 | 18925 | 20143 | 20985 | 23238 |
| 黑龙江 | Heilongjiang | 4513 | 5937 | 4365 | 4323 | 4248 | 13750 | 23952 | 23805 | 26143 | 27499 |
| 上 海 | Shanghai | | | | | | | | | | |
| 江 苏 | Jiangsu | 2554 | 19744 | 9597 | 5934 | 6823 | 8 | 200 | 33 | 33 | 45033 |
| 浙 江 | Zhejiang | 1516 | 4569 | 5056 | 5236 | 4801 | | 233 | 233 | 233 | 233 |
| 安 徽 | Anhui | 1915 | 2006 | 2613 | 3154 | 3346 | 214 | 135 | 165 | 165 | 165 |
| 福 建 | Fujian | | | | | | 43 | 286 | 286 | 286 | |
| 江 西 | Jiangxi | | | | | | | | | | |
| 山 东 | Shandong | 12498 | 22770 | 24896 | 26394 | 28106 | 9206 | 16744 | 17881 | 19637 | 21088 |
| 河 南 | Henan | 3261 | 4698 | 4713 | 4926 | 4982 | 1334 | 2118 | 3078 | 3224 | 3664 |
| 湖 北 | Hubei | 775 | 1404 | 1404 | 1404 | 1404 | | 78 | 78 | 78 | 78 |
| 湖 南 | Hunan | 493 | 105 | | | | | | | | |
| 广 东 | Guangdong | | | | | | | | | | |
| 广 西 | Guangxi | | | | | | | | | | |
| 海 南 | Hainan | | | | | | | | | | |
| 重 庆 | Chongqing | | | | | | | | | | |
| 四 川 | Sichuan | | 160 | 60 | 60 | 60 | | | | | |
| 贵 州 | Guizhou | | | | | | | | | | |
| 云 南 | Yunnan | | | | | | | | | | |
| 西 藏 | Tibet | | | | | | | | | | |
| 陕 西 | Shaanxi | 1923 | 2240 | 2947 | 4079 | 2196 | 551 | 1806 | 2672 | 2992 | 11971 |
| 甘 肃 | Gansu | 3949 | 4813 | 5159 | 4229 | 4504 | 3611 | 5791 | 7276 | 7749 | 8969 |
| 青 海 | Qinghai | | | | | | 89 | 173 | 173 | 121 | 193 |
| 宁 夏 | Ningxia | 662 | 646 | 869 | 432 | 425 | 2963 | 5115 | 4482 | 5127 | 5160 |
| 新 疆 | Xinjiang | 1638 | 1441 | 1119 | 1700 | 1208 | 6145 | 12309 | 13362 | 14472 | 14552 |

# 四、能源消费

# Chapter 4　Energy Consumption

# 4-1 能源消费总量和构成

# TOTAL ENERGY CONSUMPTION AND COMPOSITION

| 年 份 Year | 电热当量计算法 calorific value calculation | | | | | | |
|---|---|---|---|---|---|---|---|
| | 能源消费总量（万吨标准煤） Total Energy Consumption ($10^4$ tce) | 占能源消费总量的比重（%） As percentage of primary energy consumption (%) | | | | | |
| | | 煤 炭 Coal | 石 油 Petroleum | 天然气 Natural Gas | 水电、核电、其他能发电 Hydro Power Nuclear Power Other Power | #水电 Hydro Power | 核电 Nuclear Power |
| 1980 | 58587 | 74.2 | 21.4 | 3.2 | 1.2 | 1.2 | - |
| 1981 | 57577 | 75.1 | 20.6 | 2.9 | 1.4 | 1.4 | - |
| 1982 | 59966 | 76.3 | 19.6 | 2.6 | 1.5 | 1.5 | - |
| 1983 | 63635 | 77.0 | 18.8 | 2.5 | 1.7 | 1.7 | - |
| 1984 | 68495 | 77.8 | 18.1 | 2.5 | 1.6 | 1.6 | - |
| 1985 | 74112 | 78.5 | 17.7 | 2.3 | 1.5 | 1.5 | - |
| 1986 | 77776 | 78.2 | 17.9 | 2.4 | 1.5 | 1.5 | - |
| 1987 | 83850 | 78.7 | 17.6 | 2.2 | 1.5 | 1.5 | - |
| 1988 | 89963 | 78.8 | 17.6 | 2.1 | 1.5 | 1.5 | - |
| 1989 | 93666 | 79.3 | 17.1 | 2.0 | 1.6 | 1.6 | - |
| 1990 | 95384 | 79.0 | 17.2 | 2.1 | 1.7 | 1.7 | - |
| 1991 | 100413 | 78.7 | 17.7 | 2.1 | 1.5 | 1.5 | - |
| 1992 | 105602 | 78.3 | 18.1 | 2.0 | 1.6 | 1.6 | - |
| 1993 | 111490 | 79.0 | 17.1 | 2.1 | 1.8 | 1.8 | 0.0 |
| 1994 | 118071 | 79.5 | 16.2 | 2.2 | 2.1 | 2.0 | 0.1 |
| 1995 | 123471 | 77.0 | 18.6 | 1.9 | 2.5 | 2.4 | 0.1 |
| 1996 | 129665 | 76.7 | 19.5 | 1.9 | 1.9 | 1.8 | 0.1 |
| 1997 | 130082 | 74.9 | 21.3 | 1.8 | 2.0 | 1.9 | 0.1 |
| 1998 | 130260 | 74.2 | 21.8 | 1.9 | 2.1 | 2.0 | 0.1 |
| 1999 | 135132 | 73.6 | 22.3 | 2.1 | 1.9 | 1.8 | 0.1 |
| 2000 | 139445 | 72.4 | 23.1 | 2.3 | 2.1 | 2.0 | 0.1 |
| 2001 | 142972 | 71.9 | 23.0 | 2.6 | 2.6 | 2.4 | 0.2 |
| 2002 | 151789 | 71.5 | 23.4 | 2.6 | 2.6 | 2.4 | 0.2 |
| 2003 | 176074 | 73.1 | 22.1 | 2.6 | 2.3 | 2.0 | 0.3 |
| 2004 | 204219 | 72.8 | 22.2 | 2.6 | 2.5 | 2.2 | 0.3 |
| 2005 | 225781 | 74.1 | 20.7 | 2.8 | 2.5 | 2.2 | 0.3 |
| 2006 | 247562 | 74.3 | 20.2 | 3.0 | 2.5 | 2.2 | 0.3 |
| 2007 | 268413 | 74.3 | 19.7 | 3.5 | 2.6 | 2.2 | 0.3 |
| 2008 | 277515 | 74.9 | 19.2 | 2.9 | 3.0 | 2.6 | 0.3 |

续表

Continued

| 年 份 Year | 发电煤耗计算法 coal equivalent calculation | | | | | | |
|---|---|---|---|---|---|---|---|
| | 能源消费总量 (万吨标准煤) Total Energy Consumption ($10^4$ tce) | 占能源消费总量的比重 (%) As percentage of primary energy consumption (%) | | | | | |
| | | 煤 炭 Coal | 石 油 Petroleum | 天然气 Natural Gas | 水电、核电、其他能发电 Hydro Power Nuclear Power Other Power | #水电 Hydro Power | 核电 Nuclear Power |
| 1980 | 60275 | 72.2 | 20.7 | 3.1 | 4.0 | 4.0 | - |
| 1981 | 59447 | 72.7 | 20.0 | 2.8 | 4.5 | 4.5 | - |
| 1982 | 62067 | 73.7 | 18.9 | 2.5 | 4.9 | 4.9 | - |
| 1983 | 66040 | 74.2 | 18.1 | 2.4 | 5.3 | 5.3 | - |
| 1984 | 70904 | 75.3 | 17.4 | 2.4 | 4.9 | 4.9 | - |
| 1985 | 76682 | 75.8 | 17.1 | 2.2 | 4.9 | 4.9 | - |
| 1986 | 80850 | 75.8 | 17.2 | 2.3 | 4.7 | 4.7 | - |
| 1987 | 86632 | 76.2 | 17.0 | 2.1 | 4.7 | 4.7 | - |
| 1988 | 92997 | 76.1 | 17.1 | 2.1 | 4.7 | 4.7 | - |
| 1989 | 96934 | 76.1 | 17.1 | 2.1 | 4.7 | 4.7 | - |
| 1990 | 98703 | 76.2 | 16.6 | 2.1 | 5.1 | 5.1 | - |
| 1991 | 103783 | 76.1 | 17.1 | 2.0 | 4.8 | 4.8 | - |
| 1992 | 109170 | 75.7 | 17.5 | 1.9 | 4.9 | 4.9 | - |
| 1993 | 115993 | 74.7 | 18.2 | 1.9 | 5.2 | 5.1 | 0.1 |
| 1994 | 122737 | 75.0 | 17.4 | 1.9 | 5.7 | 5.2 | 0.5 |
| 1995 | 131176 | 74.6 | 17.5 | 1.8 | 6.1 | 5.7 | 0.4 |
| 1996 | 135192 | 73.5 | 18.7 | 1.8 | 6.0 | 5.6 | 0.4 |
| 1997 | 135909 | 71.4 | 20.4 | 1.8 | 6.4 | 5.9 | 0.4 |
| 1998 | 136184 | 70.9 | 20.8 | 1.8 | 6.5 | 6.1 | 0.4 |
| 1999 | 140569 | 70.6 | 21.5 | 2.0 | 5.9 | 5.5 | 0.4 |
| 2000 | 145531 | 69.2 | 22.2 | 2.2 | 6.4 | 5.9 | 0.4 |
| 2001 | 150406 | 68.3 | 21.8 | 2.4 | 7.5 | 7.1 | 0.4 |
| 2002 | 159431 | 68.0 | 22.3 | 2.4 | 7.3 | 6.8 | 0.5 |
| 2003 | 183792 | 69.8 | 21.2 | 2.5 | 6.5 | 5.7 | 0.8 |
| 2004 | 213456 | 69.5 | 21.3 | 2.5 | 6.7 | 5.9 | 0.8 |
| 2005 | 235997 | 70.8 | 19.8 | 2.6 | 6.8 | 5.9 | 0.8 |
| 2006 | 258676 | 71.1 | 19.3 | 2.9 | 6.7 | 5.9 | 0.7 |
| 2007 | 280508 | 71.1 | 18.8 | 3.3 | 6.8 | 5.9 | 0.8 |
| 2008 | 291448 | 70.3 | 18.3 | 3.7 | 7.7 | 6.7 | 0.8 |

# 4-2 工业分行业终端能源消费量(实物量)-1996

| 行业 | Item | 煤合计 (万吨) Coal Total (10[4] tn) |
|---|---|---|
| **工业** | **Industry** | **44774.95** |
| **(一)采掘业** | **Mining and Quarrying** | **3653.02** |
| 煤炭开采和洗选业 | Mining and Washing of Coal | 2688.64 |
| 石油和天然气开采业 | Extraction of Petroleum and Natural Gas | 227.68 |
| 黑色金属矿采选业 | Mining and Processing of Ferrous Metal Ores | 92.45 |
| 有色金属矿采选业 | Mining and Processing of Non-Ferrous Metal Ores | 131.95 |
| 非金属矿采选业 | Mining and Processing of Nonmetal Ores | 320.19 |
| 其他采矿业 | Mining of Other Ores | 192.12 |
| **(二)制造业** | **Manufacturing** | **38729.80** |
| 农副食品加工业 | Processing of Food from Agricultural Products | 1198.54 |
| 食品制造业 | Manufacture of Foods | 1000.22 |
| 饮料制造业 | Manufacture of Beverages | 812.93 |
| 烟草制品业 | Manufacture of Tobacco | 179.92 |
| 纺织业 | Manufacture of Textile | 1865.13 |
| 纺织服装、鞋、帽制造业 | Manufacture of Textile Wearing Apparel,Footware, and Caps | 143.40 |
| 皮革、毛皮、羽毛(绒)及其制品业 | Manufacture of Leather, Fur, Feather and Related Products | 99.64 |
| 木材加工及木、竹、藤、棕、草制品业 | Processing of Timber,Manufacture of Wood,Bamboo,Rattan,Palm, and Straw Products | 283.05 |
| 家具制造业 | Manufacture of Furniture | 59.17 |
| 造纸及纸制品业 | Manufacture of Paper and Paper Products | 1579.37 |
| 印刷业和记录媒介的复制 | Printing,Reproduction of Recording Media | 63.44 |
| 文教体育用品制造业 | Manufacture of Articles For Culture, Education and Sport Activity | 38.82 |
| 石油加工、炼焦及核燃料加工业 | Processing of Petroleum, Coking, Processing of Nuclear Fuel | 675.62 |
| 化学原料及化学制品制造业 | Manufacture of Raw Chemical Materials and Chemical Products | 7946.14 |
| 医药制造业 | Manufacture of Medicines | 562.81 |
| 化学纤维制造业 | Manufacture of Chemical Fibers | 308.26 |
| 橡胶制品业 | Manufacture of Rubber | 434.83 |
| 塑料制品业 | Manufacture of Plastics | 247.97 |
| 非金属矿物制品业 | Manufacture of Non-metallic Mineral Products | 12847.80 |
| 黑色金属冶炼及压延加工业 | Smelting and Pressing of Ferrous Metals | 4002.14 |
| 有色金属冶炼及压延加工业 | Smelting and Pressing of Non-ferrous Metals | 903.70 |
| 金属制品业 | Manufacture of Metal Products | 374.15 |
| 通用设备制造业 | Manufacture of General Purpose Machinery | 878.94 |
| 专用设备制造业 | Manufacture of Special Purpose Machinery | 494.97 |
| 交通运输设备制造业 | Manufacture of Transport Equipment | 655.90 |
| 电气机械及器材制造业 | Manufacture of Electrical Machinery and Equipment | 314.02 |
| 通信设备、计算机及其他电子设备制造业 | Manufacture of Communication Equipment,Computers and Other Electronic Equipment | 122.57 |
| 仪器仪表及文化、办公用机械制造业 | Manufacture of Measuring Instruments and Machinery for Cultural Activity and Office Work | 67.12 |
| 工艺品及其他制造业 | Manufacture of Artwork and Other Manufacturing | 569.23 |
| 废弃资源和废旧材料回收加工业 | Recycling and Disposal of Waste | |
| **(三)电力、煤气及水生产和供应业** | **Electric Power, Gas and Water Production and Supply** | **2392.13** |
| 电力、热力的生产和供应业 | Production and Distribution of Electric Power and Heat Power | 2258.61 |
| 燃气生产和供应业 | Production and Distribution of Gas | 107.10 |
| 水的生产和供应业 | Production and Distribution of Water | 26.42 |

# FINAL ENERGY CONSUMPTION BY INDUSTRIAL SECTOR-1996 (PHYSICAL QUANTITY)

| 原煤 (万吨) Raw Coal ($10^4$ tn) | 洗精煤 (万吨) Cleaned Coal ($10^4$ tn) | 其他洗煤 (万吨) Other Washed Coal ($10^4$ tn) | 焦炭 (万吨) Coke ($10^4$ tn) | 焦炉煤气 (亿立方米) Coke Oven Gas ($10^8$ cu.m) | 其他煤气 (亿立方米) Other Gas ($10^8$ cu.m) | 其他焦化产品 (万吨) Other Coking Products ($10^4$ tn) | 油品合计 (万吨) Petroleum Products Total ($10^4$ tn) | 原油 (万吨) Crude Oil ($10^4$ tn) |
|---|---|---|---|---|---|---|---|---|
| **41502.85** | **931.03** | **2341.07** | **11543.54** | **171.34** | **285.00** | **335.81** | **6471.52** | **452.85** |
| **3156.63** | **82.10** | **414.29** | **246.76** | **0.13** | | | **561.73** | **170.72** |
| 2226.16 | 80.16 | 382.32 | 46.72 | 0.13 | | | 55.99 | 1.35 |
| 226.71 | | 0.97 | 1.82 | | | | 438.08 | 169.13 |
| 61.43 | 0.13 | 30.90 | 93.85 | | | | 7.72 | |
| 131.53 | 0.41 | 0.02 | 56.07 | | | | 17.61 | 0.24 |
| 318.78 | 1.35 | 0.06 | 45.18 | | | | 23.92 | |
| 192.02 | 0.06 | 0.03 | 3.12 | | | | 18.41 | |
| **36340.74** | **756.67** | **1632.38** | **11196.83** | **165.41** | **284.42** | **335.81** | **5728.45** | **268.39** |
| 1192.76 | 3.25 | 2.54 | 19.60 | 0.01 | 0.00 | | 53.56 | 0.47 |
| 811.27 | 64.15 | 124.80 | 14.65 | 0.04 | 0.05 | | 26.11 | 0.02 |
| 810.51 | 0.67 | 1.75 | 9.46 | | | | 20.21 | 0.02 |
| 176.91 | 2.86 | 0.15 | 1.78 | 0.02 | | | 20.83 | |
| 1850.28 | 8.96 | 5.89 | 7.30 | 0.12 | 0.13 | | 92.55 | 0.07 |
| 140.96 | 2.44 | | 2.01 | 0.01 | 0.00 | | 14.35 | 0.25 |
| 99.59 | 0.05 | | 0.69 | | | | 9.00 | |
| 282.74 | 0.15 | 0.17 | 0.78 | | | | 10.14 | |
| 59.17 | | | 1.44 | | | | 3.50 | |
| 1567.63 | 0.88 | 10.86 | 1.86 | | | | 27.29 | 0.05 |
| 63.29 | 0.16 | | 0.90 | | 0.01 | | 16.12 | |
| 36.91 | 0.04 | 1.87 | 1.84 | | 0.00 | | 8.51 | |
| 487.78 | 87.46 | 100.38 | 26.15 | 10.97 | 2.54 | 37.38 | 725.95 | 108.96 |
| 7862.72 | 56.81 | 26.61 | 1583.13 | 10.32 | 1.18 | 90.43 | 3434.42 | 138.26 |
| 558.69 | 3.50 | 0.62 | 3.58 | 0.07 | 0.29 | 35.87 | 20.47 | 1.53 |
| 303.85 | 4.33 | 0.08 | 28.70 | | | | 85.03 | 6.02 |
| 433.63 | 0.98 | 0.21 | 1.23 | | 0.02 | | 16.67 | 0.20 |
| 247.55 | 0.31 | 0.11 | 4.95 | | 0.03 | | 28.15 | 0.05 |
| 11811.55 | 89.89 | 946.35 | 309.82 | 3.56 | 4.27 | 14.81 | 404.33 | 6.00 |
| 3501.92 | 250.66 | 249.56 | 8244.50 | 137.72 | 261.53 | 157.32 | 323.69 | 4.94 |
| 753.34 | 51.29 | 99.07 | 269.20 | 0.07 | 4.94 | | 73.26 | 0.50 |
| 370.51 | 3.34 | 0.30 | 174.31 | 0.27 | 0.23 | | 43.08 | 0.03 |
| 793.78 | 83.59 | 1.58 | 290.86 | 0.56 | 1.27 | | 71.40 | 0.07 |
| 427.59 | 28.61 | 38.76 | 105.27 | 0.13 | 6.39 | | 37.80 | 0.04 |
| 633.23 | 5.53 | 17.13 | 41.16 | 0.15 | 1.08 | | 68.12 | 0.08 |
| 310.56 | 2.84 | 0.62 | 14.58 | 0.58 | 0.36 | | 43.88 | 0.67 |
| 119.23 | 1.51 | 1.82 | 1.72 | 0.79 | 0.04 | | 23.84 | |
| 65.09 | 0.98 | 1.05 | 1.86 | 0.01 | 0.03 | | 4.44 | |
| 567.73 | 1.41 | 0.09 | 33.53 | 0.01 | 0.00 | | 21.75 | 0.16 |
| **2005.48** | **92.25** | **294.40** | **99.95** | **5.80** | **0.58** | | **181.34** | **13.74** |
| 1892.63 | 71.59 | 294.40 | 3.04 | 1.39 | 0.24 | | 164.07 | 13.74 |
| 86.47 | 20.64 | | 96.83 | 4.41 | 0.34 | | 13.99 | |
| 26.39 | 0.03 | | 0.08 | | | | 3.27 | |

续表

| 行　业 | Item | 汽油<br>(万吨)<br>Gasoline<br>($10^4$tn) |
|---|---|---|
| **工业** | **Industry** | **494.93** |
| **(一)采掘业** | **Mining and Quarrying** | **80.15** |
| 煤炭开采和洗选业 | Mining and Washing of Coal | 25.97 |
| 石油和天然气开采业 | Extraction of Petroleum and Natural Gas | 29.28 |
| 黑色金属矿采选业 | Mining and Processing of Ferrous Metal Ores | 2.83 |
| 有色金属矿采选业 | Mining and Processing of Non-Ferrous Metal Ores | 4.56 |
| 非金属矿采选业 | Mining and Processing of Nonmetal Ores | 7.77 |
| 其他采矿业 | Mining of Other Ores | 9.74 |
| **(二)制造业** | **Manufacturing** | **399.80** |
| 农副食品加工业 | Processing of Food from Agricultural Products | 21.24 |
| 食品制造业 | Manufacture of Foods | 10.52 |
| 饮料制造业 | Manufacture of Beverages | 10.68 |
| 烟草制品业 | Manufacture of Tobacco | 17.12 |
| 纺织业 | Manufacture of Textile | 43.70 |
| 纺织服装、鞋、帽制造业 | Manufacture of Textile Wearing Apparel,Footware, and Caps | 5.02 |
| 皮革、毛皮、羽毛(绒)及其制品业 | Manufacture of Leather, Fur, Feather and Related Products | 3.37 |
| 木材加工及木、竹、藤、棕、草制品业 | Processing of Timber,Manufacture of Wood,Bamboo,Rattan,Palm, and Straw Products | 4.07 |
| 家具制造业 | Manufacture of Furniture | 1.90 |
| 造纸及纸制品业 | Manufacture of Paper and Paper Products | 6.27 |
| 印刷业和记录媒介的复制 | Printing,Reproduction of Recording Media | 3.22 |
| 文教体育用品制造业 | Manufacture of Articles For Culture, Education and Sport Activity | 2.39 |
| 石油加工、炼焦及核燃料加工业 | Processing of Petroleum, Coking, Processing of Nuclear Fuel | 11.11 |
| 化学原料及化学制品制造业 | Manufacture of Raw Chemical Materials and Chemical Products | 42.67 |
| 医药制造业 | Manufacture of Medicines | 6.63 |
| 化学纤维制造业 | Manufacture of Chemical Fibers | 2.59 |
| 橡胶制品业 | Manufacture of Rubber | 4.98 |
| 塑料制品业 | Manufacture of Plastics | 9.08 |
| 非金属矿物制品业 | Manufacture of Non-metallic Mineral Products | 45.69 |
| 黑色金属冶炼及压延加工业 | Smelting and Pressing of Ferrous Metals | 19.92 |
| 有色金属冶炼及压延加工业 | Smelting and Pressing of Non-ferrous Metals | 7.57 |
| 金属制品业 | Manufacture of Metal Products | 12.15 |
| 通用设备制造业 | Manufacture of General Purpose Machinery | 35.15 |
| 专用设备制造业 | Manufacture of Special Purpose Machinery | 13.62 |
| 交通运输设备制造业 | Manufacture of Transport Equipment | 28.83 |
| 电气机械及器材制造业 | Manufacture of Electrical Machinery and Equipment | 15.89 |
| 通信设备、计算机及其他电子设备制造业 | Manufacture of Communication Equipment,Computers and Other Electronic Equipment | 4.75 |
| 仪器仪表及文化、办公用机械制造业 | Manufacture of Measuring Instruments and Machinery for Cultural Activity and Office Work | 2.14 |
| 工艺品及其他制造业 | Manufacture of Artwork and Other Manufacturing | 7.54 |
| 废弃资源和废旧材料回收加工业 | Recycling and Disposal of Waste | |
| **(三)电力、煤气及水生产和供应业** | **Electric Power, Gas and Water Production and Supply** | **14.98** |
| 电力、热力的生产和供应业 | Production and Distribution of Electric Power and Heat Power | 11.81 |
| 燃气生产和供应业 | Production and Distribution of Gas | 1.65 |
| 水的生产和供应业 | Production and Distribution of Water | 1.53 |

Continued

| 煤油<br>(万吨)<br>Kerosene<br>($10^4$tn) | 柴油<br>(万吨)<br>Diesel Oil<br>($10^4$tn) | 燃料油<br>(万吨)<br>Fuel Oil<br>($10^4$tn) | 液化石油气<br>(万吨)<br>LPG<br>($10^4$tn) | 炼厂干气<br>(万吨)<br>Refinery Gas<br>($10^4$tn) | 其他石油制品<br>(万吨)<br>Other Petroleum Products<br>($10^4$tn) | 天然气<br>(亿立方米)<br>Natural Gas<br>($10^8$ cu.m) | 热力<br>(万百万千焦)<br>Heat<br>($10^{10}$ kJ) | 电力<br>(亿千瓦小时)<br>Electricity<br>($10^8$kW•h) |
|---|---|---|---|---|---|---|---|---|
| **43.07** | **834.12** | **1410.87** | **164.52** | **361.56** | **2709.60** | **146.58** | **92523.53** | **7265.22** |
| **4.78** | **212.51** | **81.67** | **5.43** | **6.48** | | **30.61** | **1909.25** | **860.97** |
| 3.40 | 24.10 | 1.17 | | | | | 158.86 | 376.91 |
| 0.66 | 148.59 | 78.52 | 5.41 | 6.48 | | 29.98 | 1117.48 | 259.57 |
| 0.05 | 4.84 | | | | | 0.62 | | 41.77 |
| 0.43 | 12.13 | 0.23 | 0.02 | | | | | 111.21 |
| 0.18 | 14.34 | 1.63 | | | | | 587.72 | 51.50 |
| 0.05 | 8.50 | 0.12 | | | | | 45.19 | 20.02 |
| **36.91** | **562.46** | **1240.36** | **156.02** | **354.91** | **2709.60** | **115.67** | **86113.08** | **5439.79** |
| 0.69 | 19.98 | 10.61 | 0.57 | | | 1.17 | 1429.24 | 175.98 |
| 0.15 | 8.60 | 5.84 | 0.97 | | | 0.07 | 2050.70 | 62.55 |
| 0.14 | 5.95 | 3.31 | 0.11 | | | 0.02 | 1452.06 | 50.19 |
| 2.13 | 0.93 | 0.63 | 0.02 | | | | 242.35 | 16.62 |
| 1.91 | 20.77 | 25.19 | 0.91 | | | 6.13 | 5949.87 | 324.35 |
| 0.12 | 6.44 | 2.49 | 0.02 | | | | 143.43 | 39.63 |
| 0.17 | 5.16 | 0.30 | | | | | 137.39 | 20.67 |
| 1.24 | 3.42 | 1.40 | | | | | 208.59 | 26.01 |
| | | | | | | | | |
| 0.02 | 1.39 | 0.17 | 0.02 | | | | 157.89 | 27.31 |
| 1.77 | 12.48 | 6.63 | 0.08 | | | 0.12 | 4482.73 | 168.21 |
| 2.57 | 2.29 | 0.22 | 0.02 | 7.80 | | | 57.58 | 29.90 |
| 0.07 | 5.77 | 0.20 | 0.08 | | | | 53.03 | 9.42 |
| 1.95 | 25.46 | 218.70 | 93.71 | 266.05 | | 8.07 | 18168.39 | 166.14 |
| 6.86 | 112.27 | 345.24 | 35.11 | 44.42 | 2709.60 | 79.75 | 19861.71 | 1253.43 |
| 0.13 | 4.48 | 7.05 | 0.65 | | | 0.51 | 2457.68 | 85.79 |
| 0.23 | 3.83 | 28.48 | 8.86 | 35.02 | | 3.90 | 4704.48 | 99.93 |
| 0.08 | 4.27 | 7.08 | 0.06 | | | | 1229.35 | 68.24 |
| 0.29 | 14.69 | 3.92 | 0.12 | | | 2.14 | 843.24 | 81.91 |
| 2.51 | 124.09 | 217.01 | 8.32 | 0.71 | | 3.05 | 1524.42 | 593.88 |
| 0.52 | 46.08 | 251.44 | 0.66 | 0.13 | | 4.17 | 11518.00 | 921.33 |
| 0.73 | 18.99 | 45.12 | 0.36 | | | 0.40 | 4099.11 | 455.25 |
| 2.32 | 18.04 | 9.63 | 0.90 | | | 0.35 | 194.65 | 136.26 |
| 2.79 | 21.52 | 11.44 | 0.40 | 0.03 | | 0.22 | 723.74 | 146.10 |
| 1.53 | 11.81 | 10.09 | 0.23 | 0.49 | | 2.37 | 793.40 | 85.92 |
| 4.03 | 23.92 | 10.30 | 0.69 | 0.26 | | 0.36 | 2470.28 | 161.58 |
| 0.55 | 18.32 | 7.22 | 1.23 | | | 1.22 | 596.64 | 61.75 |
| 0.57 | 9.54 | 7.22 | 1.76 | | | 1.60 | 305.12 | 42.58 |
| | | | | | | | | |
| 0.17 | 2.05 | 0.05 | 0.04 | | | 0.01 | 109.07 | 21.80 |
| | | | | | | | | |
| 0.64 | 9.91 | 3.38 | 0.12 | | | 0.03 | 148.93 | 107.05 |
| | | | | | | | | |
| **1.38** | **59.15** | **88.85** | **3.07** | **0.17** | | **0.30** | **4501.20** | **964.46** |
| 1.24 | 55.94 | 80.83 | 0.35 | 0.17 | | 0.04 | 4242.07 | 836.50 |
| 0.06 | 1.91 | 7.69 | 2.69 | | | 0.26 | 241.60 | 10.97 |
| 0.08 | 1.30 | 0.33 | 0.04 | | | | 17.52 | 117.00 |

# 4-3 工业分行业终端能源消费量(实物量)-1997

| 行 业 | Item | 煤合计 (万吨) Coal Total ($10^4$ tn) |
|---|---|---|
| **工业** | **Industry** | **45699.47** |
| **(一)采掘业** | **Mining and Quarrying** | **3623.84** |
| 煤炭开采和洗选业 | Mining and Washing of Coal | 2615.50 |
| 石油和天然气开采业 | Extraction of Petroleum and Natural Gas | 322.13 |
| 黑色金属矿采选业 | Mining and Processing of Ferrous Metal Ores | 89.23 |
| 有色金属矿采选业 | Mining and Processing of Non-Ferrous Metal Ores | 117.78 |
| 非金属矿采选业 | Mining and Processing of Nonmetal Ores | 312.77 |
| 其他采矿业 | Mining of Other Ores | 166.43 |
| **(二)制造业** | **Manufacturing** | **38353.87** |
| 农副食品加工业 | Processing of Food from Agricultural Products | 1464.94 |
| 食品制造业 | Manufacture of Foods | 794.57 |
| 饮料制造业 | Manufacture of Beverages | 678.55 |
| 烟草制品业 | Manufacture of Tobacco | 179.98 |
| 纺织业 | Manufacture of Textile | 1825.31 |
| 纺织服装、鞋、帽制造业 | Manufacture of Textile Wearing Apparel,Footware, and Caps | 134.57 |
| 皮革、毛皮、羽毛(绒)及其制品业 | Manufacture of Leather, Fur, Feather and Related Products | 86.14 |
| 木材加工及木、竹、藤、棕、草制品业 | Processing of Timber,Manufacture of Wood,Bamboo,Rattan,Palm, and Straw Products | 278.54 |
| 家具制造业 | Manufacture of Furniture | 60.74 |
| 造纸及纸制品业 | Manufacture of Paper and Paper Products | 1497.12 |
| 印刷业和记录媒介的复制 | Printing,Reproduction of Recording Media | 65.33 |
| 文教体育用品制造业 | Manufacture of Articles For Culture, Education and Sport Activity | 22.16 |
| 石油加工、炼焦及核燃料加工业 | Processing of Petroleum, Coking, Processing of Nuclear Fuel | 710.39 |
| 化学原料及化学制品制造业 | Manufacture of Raw Chemical Materials and Chemical Products | 7138.02 |
| 医药制造业 | Manufacture of Medicines | 546.12 |
| 化学纤维制造业 | Manufacture of Chemical Fibers | 348.17 |
| 橡胶制品业 | Manufacture of Rubber | 374.95 |
| 塑料制品业 | Manufacture of Plastics | 249.27 |
| 非金属矿物制品业 | Manufacture of Non-metallic Mineral Products | 13431.42 |
| 黑色金属冶炼及压延加工业 | Smelting and Pressing of Ferrous Metals | 4226.05 |
| 有色金属冶炼及压延加工业 | Smelting and Pressing of Non-ferrous Metals | 974.34 |
| 金属制品业 | Manufacture of Metal Products | 378.59 |
| 通用设备制造业 | Manufacture of General Purpose Machinery | 772.28 |
| 专用设备制造业 | Manufacture of Special Purpose Machinery | 497.42 |
| 交通运输设备制造业 | Manufacture of Transport Equipment | 649.72 |
| 电气机械及器材制造业 | Manufacture of Electrical Machinery and Equipment | 288.65 |
| 通信设备、计算机及其他电子设备制造业 | Manufacture of Communication Equipment,Computers and Other Electronic Equipment | 102.97 |
| 仪器仪表及文化、办公用机械制造业 | Manufacture of Measuring Instruments and Machinery for Cultural Activity and Office Work | 53.09 |
| 工艺品及其他制造业 | Manufacture of Artwork and Other Manufacturing | 524.46 |
| 废弃资源和废旧材料回收加工业 | Recycling and Disposal of Waste | |
| **(三)电力、煤气及水生产和供应业** | **Electric Power, Gas and Water Production and Supply** | **3721.76** |
| 电力、热力的生产和供应业 | Production and Distribution of Electric Power and Heat Power | 3572.34 |
| 燃气生产和供应业 | Production and Distribution of Gas | 128.72 |
| 水的生产和供应业 | Production and Distribution of Water | 20.70 |

# FINAL ENERGY CONSUMPTION BY INDUSTRIAL SECTOR-1997 (PHYSICAL QUANTITY)

| 原煤<br>(万吨)<br>Raw Coal<br>($10^4$ tn) | 洗精煤<br>(万吨)<br>Cleaned Coal<br>($10^4$ tn) | 其他洗煤<br>(万吨)<br>Other Washed Coal<br>($10^4$ tn) | 焦炭<br>(万吨)<br>Coke<br>($10^4$ tn) | 焦炉煤气<br>(亿立方米)<br>Coke Oven Gas<br>($10^8$ cu.m) | 其他煤气<br>(亿立方米)<br>Other Gas<br>($10^8$ cu.m) | 其他焦化产品<br>(万吨)<br>Other Coking Products<br>($10^4$ tn) | 油品合计<br>(万吨)<br>Petroleum Products Total<br>($10^4$ tn) | 原油<br>(万吨)<br>Crude Oil<br>($10^4$ tn) |
|---|---|---|---|---|---|---|---|---|
| **41412.69** | **1037.01** | **3245.63** | **10506.20** | **176.80** | **394.27** | **291.49** | **7312.03** | **471.00** |
| **2973.64** | **221.35** | **428.82** | **183.42** | **0.14** | | | **883.00** | **330.28** |
| 2012.16 | 213.37 | 389.97 | 52.49 | 0.14 | | | 65.31 | 1.31 |
| 322.03 | 0.03 | 0.08 | 2.59 | | | | 718.16 | 316.51 |
| 51.00 | 0.12 | 38.08 | 69.54 | | | | 22.42 | 12.39 |
| 114.22 | 2.94 | 0.62 | 21.36 | | | | 23.92 | |
| 307.86 | 4.89 | 0.02 | 33.30 | | | | 26.18 | |
| 166.37 | 0.02 | 0.04 | 4.13 | | | | 27.01 | 0.07 |
| **35267.84** | **721.93** | **2359.98** | **10256.30** | **173.06** | **388.16** | **288.37** | **6235.35** | **140.61** |
| 1288.96 | 3.75 | 171.62 | 15.73 | 0.01 | 0.01 | | 63.65 | 0.48 |
| 736.27 | 53.97 | 3.60 | 12.30 | 0.04 | 0.04 | | 28.52 | 0.91 |
| 663.65 | 2.16 | 12.73 | 4.01 | | | | 21.78 | 0.02 |
| 179.20 | 0.51 | 0.27 | 1.60 | 0.02 | 0.01 | 12.99 | 15.13 | |
| 1809.13 | 4.29 | 11.69 | 8.13 | 0.13 | 0.11 | | 76.30 | 0.06 |
| 130.82 | 0.07 | 3.66 | 1.70 | 0.01 | 0.01 | | 18.47 | 0.39 |
| 86.08 | 0.01 | 0.04 | 1.66 | | | | 11.16 | |
| 277.90 | 0.10 | 0.48 | 1.20 | | | 0.60 | 10.71 | |
| 40.15 | | 20.59 | 2.55 | | | | 4.75 | |
| 1475.75 | 0.35 | 20.78 | 3.96 | | | | 34.73 | 0.05 |
| 64.79 | 0.08 | 0.44 | 0.98 | 0.01 | | | 9.14 | |
| 19.36 | 0.10 | 2.64 | 1.69 | | 0.64 | | 7.27 | |
| 534.09 | 76.34 | 99.95 | 33.44 | 14.22 | 5.13 | 50.63 | 2638.72 | 63.60 |
| 6996.97 | 74.61 | 66.43 | 1319.81 | 8.38 | 3.10 | 50.96 | 1652.84 | 53.32 |
| 534.57 | 1.68 | 9.88 | 1.38 | 0.01 | 0.01 | | 20.31 | 0.01 |
| 326.99 | 21.18 | | 27.45 | | | | 284.43 | 6.74 |
| 374.75 | 0.03 | 0.17 | 0.62 | | 0.01 | | 15.15 | 0.09 |
| 248.75 | 0.09 | 0.23 | 6.99 | | 0.01 | | 42.21 | |
| 12050.33 | 80.56 | 1300.51 | 269.15 | 2.14 | 5.49 | 8.06 | 427.80 | 10.52 |
| 3558.11 | 266.41 | 401.53 | 7839.28 | 146.28 | 356.02 | 164.42 | 332.96 | 2.37 |
| 769.61 | 46.59 | 158.12 | 212.67 | 0.16 | 5.64 | 0.47 | 95.47 | 1.12 |
| 369.86 | 2.74 | 5.95 | 113.48 | 0.19 | 0.47 | | 49.16 | 0.01 |
| 708.92 | 57.69 | 4.53 | 207.01 | 0.19 | 1.12 | | 85.95 | 0.01 |
| 454.07 | 21.51 | 21.82 | 84.92 | 0.16 | 7.41 | 0.22 | 38.56 | 0.08 |
| 622.06 | 2.77 | 24.75 | 36.74 | 0.09 | 2.02 | | 72.55 | 0.09 |
| 273.55 | 2.06 | 13.02 | 17.04 | 0.42 | 0.17 | 0.02 | 50.75 | 0.73 |
| 100.41 | 0.35 | 2.20 | 1.72 | 0.59 | 0.71 | | 61.68 | 0.01 |
| 52.47 | 0.47 | 0.15 | 1.78 | 0.01 | 0.04 | | 6.40 | |
| 520.26 | 1.45 | 2.23 | 27.29 | | 0.01 | | 58.83 | |
| **3171.21** | **93.73** | **456.83** | **66.48** | **3.60** | **6.11** | **3.12** | **193.67** | **0.11** |
| 3068.62 | 46.98 | 456.75 | 7.25 | 0.04 | 5.44 | 0.01 | 166.48 | 0.11 |
| 81.97 | 46.75 | | 59.14 | 3.56 | 0.67 | 3.11 | 22.18 | |
| 20.62 | | 0.08 | 0.09 | | | | 5.01 | |

续表

| 行　业 | Item | 汽油 (万吨) Gasoline (10⁴tn) |
|---|---|---|
| **工业** | **Industry** | **522.22** |
| **(一)采掘业** | **Mining and Quarrying** | **90.23** |
| 煤炭开采和洗选业 | Mining and Washing of Coal | 24.05 |
| 石油和天然气开采业 | Extraction of Petroleum and Natural Gas | 35.78 |
| 黑色金属矿采选业 | Mining and Processing of Ferrous Metal Ores | 3.99 |
| 有色金属矿采选业 | Mining and Processing of Non-Ferrous Metal Ores | 4.82 |
| 非金属矿采选业 | Mining and Processing of Nonmetal Ores | 7.81 |
| 其他采矿业 | Mining of Other Ores | 13.77 |
| **(二)制造业** | **Manufacturing** | **410.86** |
| 农副食品加工业 | Processing of Food from Agricultural Products | 20.06 |
| 食品制造业 | Manufacture of Foods | 9.97 |
| 饮料制造业 | Manufacture of Beverages | 10.35 |
| 烟草制品业 | Manufacture of Tobacco | 12.86 |
| 纺织业 | Manufacture of Textile | 22.86 |
| 纺织服装、鞋、帽制造业 | Manufacture of Textile Wearing Apparel,Footware, and Caps | 6.75 |
| 皮革、毛皮、羽毛(绒)及其制品业 | Manufacture of Leather, Fur, Feather and Related Products | 3.91 |
| 木材加工及木、竹、藤、棕、草制品业 | Processing of Timber,Manufacture of Wood,Bamboo,Rattan,Palm, and Straw Products | 3.83 |
| 家具制造业 | Manufacture of Furniture | 2.61 |
| 造纸及纸制品业 | Manufacture of Paper and Paper Products | 8.08 |
| 印刷业和记录媒介的复制 | Printing,Reproduction of Recording Media | 3.28 |
| 文教体育用品制造业 | Manufacture of Articles For Culture, Education and Sport Activity | 1.99 |
| 石油加工、炼焦及核燃料加工业 | Processing of Petroleum, Coking, Processing of Nuclear Fuel | 13.78 |
| 化学原料及化学制品制造业 | Manufacture of Raw Chemical Materials and Chemical Products | 45.69 |
| 医药制造业 | Manufacture of Medicines | 8.02 |
| 化学纤维制造业 | Manufacture of Chemical Fibers | 2.49 |
| 橡胶制品业 | Manufacture of Rubber | 6.46 |
| 塑料制品业 | Manufacture of Plastics | 11.07 |
| 非金属矿物制品业 | Manufacture of Non-metallic Mineral Products | 45.78 |
| 黑色金属冶炼及压延加工业 | Smelting and Pressing of Ferrous Metals | 25.43 |
| 有色金属冶炼及压延加工业 | Smelting and Pressing of Non-ferrous Metals | 10.10 |
| 金属制品业 | Manufacture of Metal Products | 12.80 |
| 通用设备制造业 | Manufacture of General Purpose Machinery | 45.41 |
| 专用设备制造业 | Manufacture of Special Purpose Machinery | 12.69 |
| 交通运输设备制造业 | Manufacture of Transport Equipment | 26.49 |
| 电气机械及器材制造业 | Manufacture of Electrical Machinery and Equipment | 19.17 |
| 通信设备、计算机及其他电子设备制造业 | Manufacture of Communication Equipment,Computers and Other Electronic Equipment | 6.37 |
| 仪器仪表及文化、办公用机械制造业 | Manufacture of Measuring Instruments and Machinery for Cultural Activity and Office Work | 2.84 |
| 工艺品及其他制造业 | Manufacture of Artwork and Other Manufacturing | 9.69 |
| 废弃资源和废旧材料回收加工业 | Recycling and Disposal of Waste | |
| **(三)电力、煤气及水生产和供应业** | **Electric Power, Gas and Water Production and Supply** | **21.13** |
| 电力、热力的生产和供应业 | Production and Distribution of Electric Power and Heat Power | 16.17 |
| 燃气生产和供应业 | Production and Distribution of Gas | 2.17 |
| 水的生产和供应业 | Production and Distribution of Water | 2.79 |

Continued

| 煤油<br>(万吨)<br>Kerosene<br>(10⁴tn) | 柴油<br>(万吨)<br>Diesel Oil<br>(10⁴tn) | 燃料油<br>(万吨)<br>Fuel Oil<br>(10⁴tn) | 液化石油气<br>(万吨)<br>LPG<br>(10⁴tn) | 炼厂干气<br>(万吨)<br>Refinery Gas<br>(10⁴tn) | 其他石油制品<br>(万吨)<br>Other Petroleum Products<br>(10⁴tn) | 天然气<br>(亿立方米)<br>Natural Gas<br>(10⁸ cu.m) | 热力<br>(万百万千焦)<br>Heat<br>(10¹⁰ kJ) | 电力<br>(亿千瓦小时)<br>Electricity<br>(10⁸kW•h) |
|---|---|---|---|---|---|---|---|---|
| **46.65** | **938.38** | **1395.84** | **180.52** | **464.21** | **3293.21** | **144.96** | **94756.13** | **7567.28** |
| **4.74** | **240.37** | **115.58** | **12.76** | **35.18** | **53.86** | **42.19** | **1883.79** | **901.49** |
| 3.43 | 33.06 | 3.40 | 0.05 | | 0.02 | | 153.85 | 381.25 |
| 0.66 | 156.62 | 110.94 | 12.66 | 35.18 | 49.81 | 42.01 | 1061.16 | 314.91 |
| 0.04 | 5.98 | | 0.01 | | 0.01 | 0.10 | | 49.35 |
| 0.43 | 14.17 | 0.46 | 0.04 | | 4.00 | | 11.52 | 79.94 |
| 0.15 | 17.41 | 0.78 | | | 0.02 | 0.08 | 464.75 | 56.04 |
| 0.03 | 13.13 | | | | 0.01 | | 192.49 | 20.00 |
| **41.04** | **632.53** | **1184.57** | **157.62** | **429.03** | **3239.10** | **101.38** | **88089.01** | **5559.28** |
| 0.62 | 31.68 | 9.18 | 0.50 | | 1.14 | 0.45 | 1266.39 | 162.75 |
| 0.19 | 12.29 | 4.28 | 0.88 | | | 0.06 | 1731.73 | 68.64 |
| 0.16 | 7.49 | 3.65 | 0.07 | | 0.04 | 0.01 | 1654.93 | 48.57 |
| 0.09 | 1.63 | 0.51 | 0.02 | | 0.03 | 0.07 | 218.88 | 19.10 |
| 2.01 | 25.15 | 23.44 | 0.50 | | 2.27 | 0.90 | 6101.71 | 344.30 |
| 0.19 | 7.38 | 3.70 | 0.05 | | | | 115.59 | 35.96 |
| 0.15 | 6.51 | 0.58 | | | 0.01 | | 138.50 | 18.10 |
| 0.61 | 3.65 | 1.09 | | | 1.52 | | 295.18 | 28.42 |
| 0.05 | 2.06 | 0.01 | 0.02 | | 0.01 | | 167.39 | 27.24 |
| 1.61 | 17.10 | 5.35 | 0.05 | | 2.48 | 0.09 | 4150.56 | 167.82 |
| 3.07 | 1.96 | 0.73 | 0.07 | | 0.03 | | 38.61 | 27.78 |
| 0.08 | 5.11 | 0.04 | 0.05 | | | | 55.69 | 11.39 |
| 10.58 | 34.71 | 258.96 | 101.38 | 361.04 | 1794.67 | 10.01 | 18079.60 | 182.54 |
| 6.60 | 85.32 | 282.40 | 33.86 | 29.34 | 1116.31 | 75.35 | 21861.38 | 1148.59 |
| 0.15 | 6.21 | 5.63 | 0.17 | | 0.12 | 0.17 | 2300.51 | 79.89 |
| 0.21 | 5.05 | 27.30 | 4.58 | 38.01 | 200.05 | 3.77 | 4659.51 | 111.46 |
| 0.09 | 4.52 | 3.88 | | | 0.11 | 0.01 | 1183.80 | 70.59 |
| 0.36 | 19.99 | 2.53 | 0.24 | | 8.01 | 0.01 | 907.38 | 97.39 |
| 2.01 | 129.14 | 206.78 | 9.01 | 0.62 | 23.93 | 3.09 | 1541.37 | 608.52 |
| 0.75 | 57.22 | 246.23 | 0.25 | | 0.70 | 2.45 | 12033.94 | 934.84 |
| 0.76 | 23.34 | 40.29 | 0.49 | | 19.36 | 0.62 | 4238.67 | 513.89 |
| 2.48 | 20.26 | 9.47 | 1.10 | | 3.03 | 0.31 | 219.80 | 141.08 |
| 2.77 | 25.80 | 10.05 | 0.42 | | 1.48 | 0.21 | 742.43 | 149.85 |
| 0.98 | 15.69 | 8.70 | 0.21 | | 0.20 | 0.89 | 1372.92 | 73.98 |
| 3.50 | 33.52 | 7.83 | 0.42 | 0.02 | 0.67 | 0.45 | 1919.12 | 201.38 |
| 0.46 | 19.71 | 8.96 | 1.33 | | 0.39 | 1.08 | 583.69 | 74.60 |
| 0.14 | 11.71 | 8.78 | 1.76 | | 32.91 | 1.36 | 273.00 | 69.77 |
| 0.13 | 2.97 | 0.04 | | | 0.43 | | 143.51 | 16.75 |
| 0.22 | 15.35 | 4.18 | 0.17 | | 29.22 | | 93.23 | 124.07 |
| **0.87** | **65.48** | **95.69** | **10.15** | | **0.25** | **1.39** | **4783.34** | **1106.51** |
| 0.65 | 62.44 | 86.36 | 0.52 | | 0.22 | 1.28 | 4349.81 | 962.52 |
| 0.06 | 1.42 | 8.98 | 9.54 | | 0.01 | 0.10 | 415.76 | 13.23 |
| 0.16 | 1.62 | 0.35 | 0.08 | | 0.02 | 0.01 | 17.77 | 130.77 |

# 4-4 工业分行业终端能源消费量(实物量)-1998

| 行 业 | Item | 煤合计 (万吨) Coal Total ($10^4$ tn) |
|---|---|---|
| **工业** | **Industry** | **46992.31** |
| **(一)采掘业** | **Mining and Quarrying** | **4014.77** |
| 煤炭开采和洗选业 | Mining and Washing of Coal | 3094.16 |
| 石油和天然气开采业 | Extraction of Petroleum and Natural Gas | 222.66 |
| 黑色金属矿采选业 | Mining and Processing of Ferrous Metal Ores | 91.30 |
| 有色金属矿采选业 | Mining and Processing of Non-Ferrous Metal Ores | 116.27 |
| 非金属矿采选业 | Mining and Processing of Nonmetal Ores | 315.16 |
| 其他采矿业 | Mining of Other Ores | 175.21 |
| **(二)制造业** | **Manufacturing** | **38906.07** |
| 农副食品加工业 | Processing of Food from Agricultural Products | 1442.92 |
| 食品制造业 | Manufacture of Foods | 801.48 |
| 饮料制造业 | Manufacture of Beverages | 824.36 |
| 烟草制品业 | Manufacture of Tobacco | 173.98 |
| 纺织业 | Manufacture of Textile | 1721.96 |
| 纺织服装、鞋、帽制造业 | Manufacture of Textile Wearing Apparel,Footware, and Caps | 161.10 |
| 皮革、毛皮、羽毛(绒)及其制品业 | Manufacture of Leather, Fur, Feather and Related Products | 106.08 |
| 木材加工及木、竹、藤、棕、草制品业 | Processing of Timber,Manufacture of Wood,Bamboo,Rattan,Palm, and Straw Products | 304.31 |
| 家具制造业 | Manufacture of Furniture | 52.98 |
| 造纸及纸制品业 | Manufacture of Paper and Paper Products | 1517.75 |
| 印刷业和记录媒介的复制 | Printing,Reproduction of Recording Media | 70.38 |
| 文教体育用品制造业 | Manufacture of Articles For Culture, Education and Sport Activity | 23.38 |
| 石油加工、炼焦及核燃料加工业 | Processing of Petroleum, Coking, Processing of Nuclear Fuel | 931.23 |
| 化学原料及化学制品制造业 | Manufacture of Raw Chemical Materials and Chemical Products | 7214.71 |
| 医药制造业 | Manufacture of Medicines | 583.88 |
| 化学纤维制造业 | Manufacture of Chemical Fibers | 480.13 |
| 橡胶制品业 | Manufacture of Rubber | 416.79 |
| 塑料制品业 | Manufacture of Plastics | 209.92 |
| 非金属矿物制品业 | Manufacture of Non-metallic Mineral Products | 13024.47 |
| 黑色金属冶炼及压延加工业 | Smelting and Pressing of Ferrous Metals | 4709.51 |
| 有色金属冶炼及压延加工业 | Smelting and Pressing of Non-ferrous Metals | 1037.08 |
| 金属制品业 | Manufacture of Metal Products | 380.23 |
| 通用设备制造业 | Manufacture of General Purpose Machinery | 667.01 |
| 专用设备制造业 | Manufacture of Special Purpose Machinery | 436.09 |
| 交通运输设备制造业 | Manufacture of Transport Equipment | 633.96 |
| 电气机械及器材制造业 | Manufacture of Electrical Machinery and Equipment | 282.59 |
| 通信设备、计算机及其他电子设备制造业 | Manufacture of Communication Equipment,Computers and Other Electronic Equipment | 107.80 |
| 仪器仪表及文化、办公用机械制造业 | Manufacture of Measuring Instruments and Machinery for Cultural Activity and Office Work | 49.03 |
| 工艺品及其他制造业 | Manufacture of Artwork and Other Manufacturing | 540.99 |
| 废弃资源和废旧材料回收加工业 | Recycling and Disposal of Waste | |
| **(三)电力、煤气及水生产和供应业** | **Electric Power, Gas and Water Production and Supply** | **4071.47** |
| 电力、热力的生产和供应业 | Production and Distribution of Electric Power and Heat Power | 3888.99 |
| 燃气生产和供应业 | Production and Distribution of Gas | 149.86 |
| 水的生产和供应业 | Production and Distribution of Water | 32.63 |

# FINAL ENERGY CONSUMPTION BY INDUSTRIAL SECTOR-1998
# (PHYSICAL QUANTITY)

| 原煤<br>(万吨)<br>Raw Coal<br>($10^4$ tn) | 洗精煤<br>(万吨)<br>Cleaned Coal<br>($10^4$ tn) | 其他洗煤<br>(万吨)<br>Other Washed Coal<br>($10^4$ tn) | 焦炭<br>(万吨)<br>Coke<br>($10^4$ tn) | 焦炉煤气<br>(亿立方米)<br>Coke Oven Gas<br>($10^8$ cu.m) | 其他煤气<br>(亿立方米)<br>Other Gas<br>($10^8$ cu.m) | 其他焦化产品<br>(万吨)<br>Other Coking Products<br>($10^4$ tn) | 油品合计<br>(万吨)<br>Petroleum Products Total<br>($10^4$ tn) | 原油<br>(万吨)<br>Crude Oil<br>($10^4$ tn) |
|---|---|---|---|---|---|---|---|---|
| **43289.51** | **1248.92** | **2449.81** | **11070.64** | **174.46** | **428.60** | **176.30** | **7737.30** | **455.40** |
| **3481.79** | **118.13** | **414.85** | **184.40** | **0.39** | | **3.39** | **822.02** | **313.68** |
| 2604.53 | 123.21 | 366.42 | 46.84 | 0.39 | | 3.39 | 71.51 | 1.16 |
| 216.42 | 0.05 | 6.18 | 4.98 | | | | 669.65 | 312.52 |
| 59.76 | 0.37 | 31.18 | 79.91 | | | | 12.61 | |
| 114.76 | 1.22 | 0.29 | 20.16 | | | | 14.11 | |
| 311.13 | -6.73 | 10.76 | 29.57 | | | | 28.59 | |
| 175.19 | 0.01 | 0.02 | 2.93 | | | | 25.55 | |
| **36395.31** | **1072.79** | **1433.90** | **10856.95** | **170.43** | **421.14** | **171.25** | **6732.86** | **140.54** |
| 1317.53 | 5.15 | 119.90 | 15.20 | 0.08 | 0.01 | | 65.16 | 0.56 |
| 736.42 | 62.61 | 2.35 | 13.50 | 0.05 | 0.13 | | 32.85 | 0.24 |
| 814.84 | 2.60 | 6.91 | 3.00 | | 0.01 | | 26.32 | 0.06 |
| 173.41 | 0.55 | 0.02 | 1.53 | | 0.01 | | 23.12 | |
| 1709.22 | 3.24 | 8.97 | 12.65 | 0.10 | 0.12 | | 110.79 | 1.49 |
| 157.47 | 0.55 | 2.96 | 2.11 | | | | 27.04 | 0.29 |
| 105.50 | 0.01 | 0.57 | 4.18 | | | | 19.19 | |
| 301.19 | 0.13 | 2.99 | 1.87 | | | 0.23 | 11.65 | |
| 52.96 | | 0.02 | 1.22 | | 0.07 | 0.01 | 5.51 | 0.02 |
| 1489.60 | 2.22 | 25.92 | 3.53 | | 0.01 | | 45.70 | 0.22 |
| 70.05 | 0.21 | 0.12 | 0.27 | 0.01 | 0.01 | | 15.79 | |
| 23.29 | 0.07 | | 1.97 | | | | 34.10 | |
| 728.39 | 159.25 | 43.60 | 54.24 | 9.07 | 4.43 | 10.58 | 2919.40 | 78.56 |
| 7039.65 | 74.12 | 100.69 | 1264.05 | 9.78 | 3.62 | 36.08 | 1471.34 | 31.59 |
| 578.36 | 1.86 | 2.80 | 1.10 | 1.57 | 0.05 | 3.25 | 20.67 | |
| 435.68 | 43.72 | 0.73 | 32.59 | | | | 282.56 | 5.85 |
| 415.65 | 0.80 | 0.34 | 2.30 | 0.01 | 0.01 | | 26.06 | 1.54 |
| 209.35 | 0.49 | 0.07 | 7.26 | 0.52 | 0.02 | | 58.23 | 0.58 |
| 12173.41 | 111.96 | 737.93 | 314.50 | 2.17 | 7.14 | 13.69 | 626.90 | 10.95 |
| 3955.07 | 475.29 | 279.15 | 8354.93 | 145.66 | 383.39 | 95.76 | 372.21 | 6.28 |
| 935.76 | 44.30 | 56.62 | 216.77 | 0.03 | 7.18 | 10.63 | 113.59 | 0.83 |
| 374.17 | 5.32 | 0.68 | 147.86 | 0.07 | 0.35 | 0.01 | 58.38 | 0.01 |
| 618.34 | 45.22 | 3.33 | 227.45 | 0.26 | 1.78 | 0.76 | 64.38 | 0.03 |
| 400.71 | 25.73 | 9.56 | 81.12 | 0.15 | 8.18 | 0.16 | 59.80 | 0.05 |
| 627.32 | 2.24 | 4.39 | 40.94 | 0.07 | 2.47 | 0.10 | 73.95 | 0.12 |
| 264.28 | 2.06 | 16.24 | 14.66 | 0.48 | 0.60 | | 49.89 | 1.25 |
| 105.94 | 0.91 | 0.95 | 2.67 | 0.35 | 0.49 | | 43.52 | |
| 48.06 | 0.82 | 0.15 | 2.04 | | 0.04 | | 13.18 | |
| 533.67 | 1.36 | 5.95 | 31.44 | | 1.04 | | 61.56 | 0.03 |
| **3412.41** | **58.00** | **601.06** | **29.29** | **3.64** | **7.46** | **1.66** | **182.41** | **1.19** |
| 3258.32 | 29.68 | 600.99 | 9.25 | 0.01 | 6.17 | 0.09 | 162.97 | 1.07 |
| 122.05 | 27.74 | 0.07 | 19.97 | 3.63 | 1.29 | 1.57 | 15.36 | |
| 32.05 | 0.58 | | 0.08 | | | | 4.08 | 0.12 |

续表

| 行　业 | Item | 汽油 (万吨) Gasoline (10⁴tn) |
|---|---|---|
| **工业** | **Industry** | **576.76** |
| **(一)采掘业** | **Mining and Quarrying** | **95.38** |
| 煤炭开采和洗选业 | Mining and Washing of Coal | 28.64 |
| 石油和天然气开采业 | Extraction of Petroleum and Natural Gas | 32.89 |
| 黑色金属矿采选业 | Mining and Processing of Ferrous Metal Ores | 5.52 |
| 有色金属矿采选业 | Mining and Processing of Non-Ferrous Metal Ores | 5.26 |
| 非金属矿采选业 | Mining and Processing of Nonmetal Ores | 7.90 |
| 其他采矿业 | Mining of Other Ores | 15.18 |
| **(二)制造业** | **Manufacturing** | **459.60** |
| 农副食品加工业 | Processing of Food from Agricultural Products | 27.14 |
| 食品制造业 | Manufacture of Foods | 11.93 |
| 饮料制造业 | Manufacture of Beverages | 10.44 |
| 烟草制品业 | Manufacture of Tobacco | 18.34 |
| 纺织业 | Manufacture of Textile | 32.10 |
| 纺织服装、鞋、帽制造业 | Manufacture of Textile Wearing Apparel,Footware, and Caps | 7.16 |
| 皮革、毛皮、羽毛(绒)及其制品业 | Manufacture of Leather, Fur, Feather and Related Products | 5.24 |
| 木材加工及木、竹、藤、棕、草制品业 | Processing of Timber,Manufacture of Wood,Bamboo,Rattan,Palm, and Straw Products | 3.49 |
| 家具制造业 | Manufacture of Furniture | 2.64 |
| 造纸及纸制品业 | Manufacture of Paper and Paper Products | 11.96 |
| 印刷业和记录媒介的复制 | Printing,Reproduction of Recording Media | 5.35 |
| 文教体育用品制造业 | Manufacture of Articles For Culture, Education and Sport Activity | 2.32 |
| 石油加工、炼焦及核燃料加工业 | Processing of Petroleum, Coking, Processing of Nuclear Fuel | 12.63 |
| 化学原料及化学制品制造业 | Manufacture of Raw Chemical Materials and Chemical Products | 40.05 |
| 医药制造业 | Manufacture of Medicines | 9.59 |
| 化学纤维制造业 | Manufacture of Chemical Fibers | 4.78 |
| 橡胶制品业 | Manufacture of Rubber | 8.10 |
| 塑料制品业 | Manufacture of Plastics | 11.69 |
| 非金属矿物制品业 | Manufacture of Non-metallic Mineral Products | 42.82 |
| 黑色金属冶炼及压延加工业 | Smelting and Pressing of Ferrous Metals | 47.69 |
| 有色金属冶炼及压延加工业 | Smelting and Pressing of Non-ferrous Metals | 9.53 |
| 金属制品业 | Manufacture of Metal Products | 16.18 |
| 通用设备制造业 | Manufacture of General Purpose Machinery | 24.15 |
| 专用设备制造业 | Manufacture of Special Purpose Machinery | 29.66 |
| 交通运输设备制造业 | Manufacture of Transport Equipment | 21.61 |
| 电气机械及器材制造业 | Manufacture of Electrical Machinery and Equipment | 17.18 |
| 通信设备、计算机及其他电子设备制造业 | Manufacture of Communication Equipment,Computers and Other Electronic Equipment | 7.85 |
| 仪器仪表及文化、办公用机械制造业 | Manufacture of Measuring Instruments and Machinery for Cultural Activity and Office Work | 2.52 |
| 工艺品及其他制造业 | Manufacture of Artwork and Other Manufacturing | 15.46 |
| 废弃资源和废旧材料回收加工业 | Recycling and Disposal of Waste | |
| **(三)电力、煤气及水生产和供应业** | **Electric Power, Gas and Water Production and Supply** | **21.77** |
| 电力、热力的生产和供应业 | Production and Distribution of Electric Power and Heat Power | 17.33 |
| 燃气生产和供应业 | Production and Distribution of Gas | 1.90 |
| 水的生产和供应业 | Production and Distribution of Water | 2.55 |

Continued

| 煤油<br>(万吨)<br>Kerosene<br>(10⁴tn) | 柴油<br>(万吨)<br>Diesel Oil<br>(10⁴tn) | 燃料油<br>(万吨)<br>Fuel Oil<br>(10⁴tn) | 液化石油气<br>(万吨)<br>LPG<br>(10⁴tn) | 炼厂干气<br>(万吨)<br>Refinery Gas<br>(10⁴tn) | 其他石油制品<br>(万吨)<br>Other Petroleum Products<br>(10⁴tn) | 天然气<br>(亿立方米)<br>Natural Gas<br>($10^8$ cu.m) | 热力<br>(万百万千焦)<br>Heat<br>($10^{10}$ kJ) | 电力<br>(亿千瓦小时)<br>Electricity<br>($10^8$kW•h) |
|---|---|---|---|---|---|---|---|---|
| **52.19** | **1022.17** | **1565.13** | **236.14** | **427.71** | **3401.80** | **146.15** | **102936.73** | **7705.02** |
| **3.53** | **185.68** | **134.98** | **16.10** | **43.75** | **28.92** | **38.97** | **5102.60** | **930.96** |
| 2.54 | 34.89 | 4.18 | 0.02 | | 0.08 | 0.01 | 898.53 | 428.59 |
| 0.54 | 104.73 | 130.36 | 16.07 | 43.75 | 28.79 | 38.84 | 3280.63 | 298.47 |
| 0.04 | 6.99 | 0.05 | | | | 0.12 | 0.99 | 57.93 |
| 0.18 | 8.37 | 0.30 | 0.01 | | | | 11.45 | 66.54 |
| 0.23 | 20.33 | 0.09 | | | 0.04 | | 742.37 | 60.72 |
| 0.01 | 10.36 | | | | | | 168.63 | 18.73 |
| **48.35** | **776.80** | **1337.88** | **215.80** | **383.96** | **3369.94** | **105.82** | **91910.87** | **5751.49** |
| 0.22 | 31.04 | 4.35 | 1.37 | | 0.49 | 0.28 | 2623.65 | 193.21 |
| 0.04 | 10.05 | 8.76 | 1.40 | | 0.42 | 0.11 | 1774.17 | 87.40 |
| 0.03 | 7.79 | 6.08 | 0.05 | | 1.85 | 0.04 | 1366.34 | 59.05 |
| 0.03 | 2.17 | 2.44 | 0.03 | | 0.10 | 0.06 | 241.32 | 22.23 |
| 2.48 | 25.68 | 41.25 | 5.86 | 0.10 | 1.84 | 0.74 | 6489.99 | 334.60 |
| 0.08 | 10.70 | 8.04 | 0.16 | | 0.60 | | 741.98 | 40.56 |
| 0.09 | 9.33 | 2.10 | 0.01 | | 2.42 | | 143.19 | 24.60 |
| 0.49 | 5.59 | 1.77 | 0.01 | | 0.30 | | 192.64 | 24.68 |
| 0.04 | 2.08 | 0.48 | 0.23 | | 0.02 | | 12.00 | 9.40 |
| 2.39 | 17.56 | 11.02 | 0.42 | 0.32 | 1.81 | 0.08 | 4480.43 | 185.90 |
| 3.32 | 5.20 | 1.05 | 0.15 | | 0.71 | 0.04 | 123.30 | 24.60 |
| 1.27 | 8.44 | 21.83 | 0.21 | | 0.04 | | 26.22 | 16.62 |
| 8.86 | 31.45 | 288.72 | 86.48 | 305.50 | 2107.19 | 11.18 | 21044.44 | 194.59 |
| 6.08 | 100.73 | 257.86 | 48.55 | 33.54 | 952.94 | 76.60 | 20559.27 | 1065.74 |
| 0.08 | 4.45 | 4.95 | 0.62 | | 0.97 | 0.12 | 2748.38 | 77.66 |
| 0.27 | 6.14 | 35.31 | 4.97 | 40.01 | 185.23 | 3.11 | 4784.47 | 151.88 |
| 0.13 | 6.48 | 8.74 | 0.02 | | 1.05 | | 816.35 | 82.38 |
| 0.34 | 30.96 | 6.13 | 2.14 | | 6.39 | | 158.14 | 99.00 |
| 1.60 | 203.72 | 264.48 | 46.28 | 3.84 | 53.21 | 3.47 | 809.35 | 656.77 |
| 2.75 | 52.75 | 260.69 | 0.43 | | 1.62 | 2.78 | 11740.08 | 947.70 |
| 0.42 | 43.85 | 48.00 | 0.44 | | 10.53 | 0.70 | 5260.68 | 544.97 |
| 1.89 | 27.52 | 7.52 | 4.60 | | 0.67 | 0.24 | 255.64 | 144.58 |
| 2.30 | 23.93 | 8.21 | 0.86 | | 4.90 | 0.22 | 758.59 | 158.10 |
| 1.26 | 14.65 | 7.22 | 1.32 | | 5.65 | 0.83 | 1135.09 | 79.64 |
| 3.57 | 34.50 | 7.31 | 0.84 | | 6.00 | 1.40 | 1645.09 | 203.93 |
| 0.25 | 18.30 | 8.92 | 3.38 | | 0.61 | 0.83 | 583.26 | 80.00 |
| 0.28 | 21.94 | 9.63 | 3.18 | 0.65 | | 1.51 | 262.64 | 86.25 |
| 0.62 | 6.21 | 0.25 | 0.27 | | 3.30 | 0.02 | 150.86 | 18.62 |
| 7.16 | 13.59 | 4.73 | 1.51 | | 19.09 | 1.48 | 983.30 | 136.84 |
| **0.31** | **59.69** | **92.27** | **4.24** | | **2.94** | **1.36** | **5923.26** | **1022.56** |
| 0.29 | 51.24 | 90.14 | | | 2.91 | 0.75 | 5564.72 | 865.64 |
| 0.01 | 7.09 | 2.11 | 4.23 | | 0.02 | 0.61 | 352.02 | 26.62 |
| 0.01 | 1.36 | 0.02 | 0.01 | | 0.02 | | 6.53 | 130.30 |

# 4-5 工业分行业终端能源消费量(实物量)-1999

| 行 业 | Item | 煤合计 (万吨) Coal Total (10[4] tn) |
|---|---|---|
| **工业** | **Industry** | **44899.19** |
| **(一)采掘业** | **Mining and Quarrying** | **3460.10** |
| 煤炭开采和洗选业 | Mining and Washing of Coal | 2702.27 |
| 石油和天然气开采业 | Extraction of Petroleum and Natural Gas | 183.89 |
| 黑色金属矿采选业 | Mining and Processing of Ferrous Metal Ores | 85.12 |
| 有色金属矿采选业 | Mining and Processing of Non-Ferrous Metal Ores | 79.81 |
| 非金属矿采选业 | Mining and Processing of Nonmetal Ores | 303.48 |
| 其他采矿业 | Mining of Other Ores | 105.54 |
| **(二)制造业** | **Manufacturing** | **37743.19** |
| 农副食品加工业 | Processing of Food from Agricultural Products | 1203.47 |
| 食品制造业 | Manufacture of Foods | 804.72 |
| 饮料制造业 | Manufacture of Beverages | 777.52 |
| 烟草制品业 | Manufacture of Tobacco | 221.02 |
| 纺织业 | Manufacture of Textile | 1637.37 |
| 纺织服装、鞋、帽制造业 | Manufacture of Textile Wearing Apparel,Footware, and Caps | 163.44 |
| 皮革、毛皮、羽毛(绒)及其制品业 | Manufacture of Leather, Fur, Feather and Related Products | 107.45 |
| 木材加工及木、竹、藤、棕、草制品业 | Processing of Timber,Manufacture of Wood,Bamboo,Rattan,Palm, and Straw Products | 291.91 |
| 家具制造业 | Manufacture of Furniture | 65.17 |
| 造纸及纸制品业 | Manufacture of Paper and Paper Products | 1462.92 |
| 印刷业和记录媒介的复制 | Printing,Reproduction of Recording Media | 66.99 |
| 文教体育用品制造业 | Manufacture of Articles For Culture, Education and Sport Activity | 25.52 |
| 石油加工、炼焦及核燃料加工业 | Processing of Petroleum, Coking, Processing of Nuclear Fuel | 867.26 |
| 化学原料及化学制品制造业 | Manufacture of Raw Chemical Materials and Chemical Products | 5875.82 |
| 医药制造业 | Manufacture of Medicines | 651.73 |
| 化学纤维制造业 | Manufacture of Chemical Fibers | 396.94 |
| 橡胶制品业 | Manufacture of Rubber | 430.83 |
| 塑料制品业 | Manufacture of Plastics | 208.06 |
| 非金属矿物制品业 | Manufacture of Non-metallic Mineral Products | 13820.36 |
| 黑色金属冶炼及压延加工业 | Smelting and Pressing of Ferrous Metals | 4650.44 |
| 有色金属冶炼及压延加工业 | Smelting and Pressing of Non-ferrous Metals | 1043.38 |
| 金属制品业 | Manufacture of Metal Products | 362.17 |
| 通用设备制造业 | Manufacture of General Purpose Machinery | 564.93 |
| 专用设备制造业 | Manufacture of Special Purpose Machinery | 447.59 |
| 交通运输设备制造业 | Manufacture of Transport Equipment | 723.02 |
| 电气机械及器材制造业 | Manufacture of Electrical Machinery and Equipment | 272.05 |
| 通信设备、计算机及其他电子设备制造业 | Manufacture of Communication Equipment,Computers and Other Electronic Equipment | 98.43 |
| 仪器仪表及文化、办公用机械制造业 | Manufacture of Measuring Instruments and Machinery for Cultural Activity and Office Work | 53.72 |
| 工艺品及其他制造业 | Manufacture of Artwork and Other Manufacturing | 448.96 |
| 废弃资源和废旧材料回收加工业 | Recycling and Disposal of Waste | |
| **(三)电力、煤气及水生产和供应业** | **Electric Power, Gas and Water Production and Supply** | **3695.89** |
| 电力、热力的生产和供应业 | Production and Distribution of Electric Power and Heat Power | 3343.86 |
| 燃气生产和供应业 | Production and Distribution of Gas | 306.20 |
| 水的生产和供应业 | Production and Distribution of Water | 45.83 |

# FINAL ENERGY CONSUMPTION BY INDUSTRIAL SECTOR-1999
## (PHYSICAL QUANTITY)

| 原煤<br>(万吨)<br>Raw Coal<br>($10^4$ tn) | 洗精煤<br>(万吨)<br>Cleaned Coal<br>($10^4$ tn) | 其他洗煤<br>(万吨)<br>Other Washed Coal<br>($10^4$ tn) | 焦炭<br>(万吨)<br>Coke<br>($10^4$ tn) | 焦炉煤气<br>(亿立方米)<br>Coke Oven Gas<br>($10^8$ cu.m) | 其他煤气<br>(亿立方米)<br>Other Gas<br>($10^8$ cu.m) | 其他焦化产品<br>(万吨)<br>Other Coking Products<br>($10^4$ tn) | 油品合计<br>(万吨)<br>Petroleum Products Total<br>($10^4$ tn) | 原油<br>(万吨)<br>Crude Oil<br>($10^4$ tn) |
|---:|---:|---:|---:|---:|---:|---:|---:|---:|
| **40923.24** | **1034.43** | **2884.01** | **10337.06** | **171.66** | **360.54** | **186.41** | **8142.11** | **495.40** |
| **3091.77** | **129.24** | **238.70** | **136.39** | **0.70** | **0.70** | **5.72** | **964.13** | **332.40** |
| 2364.50 | 127.11 | 210.65 | 47.48 | 0.70 | 0.70 | 4.39 | 97.29 | 1.88 |
| 179.35 | 0.11 | 4.43 | 5.45 | | | | 768.16 | 330.52 |
| 63.26 | 0.29 | 21.26 | 39.63 | | | | 17.82 | |
| 79.01 | 0.07 | 0.66 | 19.88 | | | | 17.98 | |
| 300.14 | 1.65 | 1.70 | 23.63 | | | 1.33 | 35.39 | |
| 105.52 | 0.01 | 0.01 | 0.31 | | | | 27.48 | |
| **34413.81** | **859.53** | **2412.74** | **10179.09** | **165.17** | **358.82** | **178.96** | **6948.30** | **161.71** |
| 1101.40 | 4.58 | 97.48 | 14.99 | | 0.01 | | 81.69 | 0.38 |
| 736.77 | 62.90 | 5.02 | 16.59 | 0.23 | 0.06 | | 39.81 | 0.44 |
| 773.63 | 2.06 | 1.83 | 3.37 | | | 0.09 | 29.75 | 0.48 |
| 219.17 | 0.07 | 1.78 | 1.20 | | 0.01 | | 40.37 | |
| 1625.68 | 2.72 | 8.92 | 3.98 | 0.23 | 0.14 | | 168.36 | 0.04 |
| 162.89 | 0.48 | 0.02 | 1.62 | | 0.01 | | 36.46 | 0.12 |
| 107.37 | 0.06 | 0.02 | 1.64 | | | | 25.48 | |
| 291.60 | 0.25 | 0.06 | 1.43 | | | 0.25 | 11.74 | |
| | | | | | | | | |
| 65.14 | | 0.03 | 1.09 | | | | 6.90 | |
| 1408.66 | 13.71 | 40.53 | 1.54 | | | | 54.59 | 0.53 |
| 66.29 | 0.47 | 0.23 | 0.28 | 0.03 | 0.01 | | 22.58 | |
| 25.45 | 0.07 | | 1.63 | | 0.01 | | 15.71 | 0.09 |
| 737.10 | 103.63 | 26.53 | 39.90 | 10.31 | 2.56 | 15.99 | 2819.90 | 79.22 |
| 5605.32 | 89.69 | 161.30 | 1040.96 | 8.45 | 1.98 | 41.52 | 1353.43 | 53.84 |
| 636.20 | 1.34 | 14.13 | 0.70 | 0.18 | 0.01 | 4.39 | 23.77 | |
| 394.23 | 0.09 | 2.63 | 26.15 | 0.01 | | | 361.38 | 6.73 |
| 429.24 | 0.83 | 0.76 | 2.58 | 0.02 | 0.01 | | 30.16 | 0.04 |
| 205.68 | 0.71 | 1.67 | 6.51 | | 0.01 | | 62.30 | 0.33 |
| 12056.88 | 94.27 | 1642.05 | 298.47 | 2.66 | 5.52 | 12.34 | 704.44 | 8.25 |
| 3983.80 | 342.20 | 314.35 | 7999.95 | 141.38 | 332.23 | 94.18 | 395.17 | 9.10 |
| 921.92 | 55.50 | 65.93 | 209.59 | 0.18 | 7.64 | 9.56 | 128.63 | 0.67 |
| 354.67 | 6.24 | 1.25 | 135.56 | 0.10 | 0.26 | 0.09 | 70.98 | 0.03 |
| 520.36 | 39.95 | 4.58 | 213.68 | 0.33 | 1.15 | 0.27 | 71.78 | 0.10 |
| 408.06 | 30.64 | 8.88 | 71.32 | 0.09 | 5.13 | 0.08 | 64.53 | 0.25 |
| 717.24 | 3.51 | 2.25 | 39.33 | 0.12 | 1.13 | 0.20 | 93.80 | 0.05 |
| 267.97 | 1.92 | 2.14 | 11.88 | 0.37 | 0.41 | | 60.76 | 0.45 |
| 97.11 | 1.19 | 0.13 | 0.34 | 0.48 | 0.07 | | 60.40 | |
| | | | | | | | | |
| 53.61 | 0.09 | 0.02 | 5.02 | | 0.03 | | 14.71 | |
| | | | | | | | | |
| 440.35 | 0.36 | 8.22 | 27.76 | | 0.43 | | 98.72 | 0.57 |
| | | | | | | | | |
| **3417.66** | **45.66** | **232.57** | **21.58** | **5.79** | **1.02** | **1.73** | **229.68** | **1.29** |
| 3091.41 | 20.05 | 232.40 | 9.52 | | | 0.13 | 206.15 | 1.29 |
| 281.52 | 24.51 | 0.17 | 12.00 | 5.79 | 1.02 | 1.60 | 17.39 | |
| 44.73 | 1.10 | | 0.06 | | | | 6.14 | |

续表

| 行业 | Item | 汽油 (万吨) Gasoline (10⁴tn) |
|---|---|---|
| **工业** | **Industry** | **625.40** |
| **(一)采掘业** | **Mining and Quarrying** | **113.98** |
| 煤炭开采和洗选业 | Mining and Washing of Coal | 35.74 |
| 石油和天然气开采业 | Extraction of Petroleum and Natural Gas | 41.80 |
| 黑色金属矿采选业 | Mining and Processing of Ferrous Metal Ores | 6.69 |
| 有色金属矿采选业 | Mining and Processing of Non-Ferrous Metal Ores | 4.92 |
| 非金属矿采选业 | Mining and Processing of Nonmetal Ores | 8.20 |
| 其他采矿业 | Mining of Other Ores | 16.64 |
| **(二)制造业** | **Manufacturing** | **483.30** |
| 农副食品加工业 | Processing of Food from Agricultural Products | 32.55 |
| 食品制造业 | Manufacture of Foods | 12.66 |
| 饮料制造业 | Manufacture of Beverages | 11.45 |
| 烟草制品业 | Manufacture of Tobacco | 33.28 |
| 纺织业 | Manufacture of Textile | 39.50 |
| 纺织服装、鞋、帽制造业 | Manufacture of Textile Wearing Apparel,Footware, and Caps | 8.48 |
| 皮革、毛皮、羽毛(绒)及其制品业 | Manufacture of Leather, Fur, Feather and Related Products | 4.49 |
| 木材加工及木、竹、藤、棕、草制品业 | Processing of Timber,Manufacture of Wood,Bamboo,Rattan,Palm, and Straw Products | 2.86 |
| 家具制造业 | Manufacture of Furniture | 3.19 |
| 造纸及纸制品业 | Manufacture of Paper and Paper Products | 10.74 |
| 印刷业和记录媒介的复制 | Printing,Reproduction of Recording Media | 6.23 |
| 文教体育用品制造业 | Manufacture of Articles For Culture, Education and Sport Activity | 2.47 |
| 石油加工、炼焦及核燃料加工业 | Processing of Petroleum, Coking, Processing of Nuclear Fuel | 13.67 |
| 化学原料及化学制品制造业 | Manufacture of Raw Chemical Materials and Chemical Products | 43.50 |
| 医药制造业 | Manufacture of Medicines | 10.02 |
| 化学纤维制造业 | Manufacture of Chemical Fibers | 3.61 |
| 橡胶制品业 | Manufacture of Rubber | 8.86 |
| 塑料制品业 | Manufacture of Plastics | 12.38 |
| 非金属矿物制品业 | Manufacture of Non-metallic Mineral Products | 47.14 |
| 黑色金属冶炼及压延加工业 | Smelting and Pressing of Ferrous Metals | 28.30 |
| 有色金属冶炼及压延加工业 | Smelting and Pressing of Non-ferrous Metals | 11.15 |
| 金属制品业 | Manufacture of Metal Products | 17.13 |
| 通用设备制造业 | Manufacture of General Purpose Machinery | 21.91 |
| 专用设备制造业 | Manufacture of Special Purpose Machinery | 31.11 |
| 交通运输设备制造业 | Manufacture of Transport Equipment | 22.75 |
| 电气机械及器材制造业 | Manufacture of Electrical Machinery and Equipment | 17.01 |
| 通信设备、计算机及其他电子设备制造业 | Manufacture of Communication Equipment,Computers and Other Electronic Equipment | 9.59 |
| 仪器仪表及文化、办公用机械制造业 | Manufacture of Measuring Instruments and Machinery for Cultural Activity and Office Work | 3.04 |
| 工艺品及其他制造业 | Manufacture of Artwork and Other Manufacturing | 14.23 |
| 废弃资源和废旧材料回收加工业 | Recycling and Disposal of Waste | |
| **(三)电力、煤气及水生产和供应业** | **Electric Power, Gas and Water Production and Supply** | **28.11** |
| 电力、热力的生产和供应业 | Production and Distribution of Electric Power and Heat Power | 23.39 |
| 燃气生产和供应业 | Production and Distribution of Gas | 1.76 |
| 水的生产和供应业 | Production and Distribution of Water | 2.96 |

Continued

| 煤油<br>(万吨)<br>Kerosene<br>($10^4$tn) | 柴油<br>(万吨)<br>Diesel Oil<br>($10^4$tn) | 燃料油<br>(万吨)<br>Fuel Oil<br>($10^4$tn) | 液化石油气<br>(万吨)<br>LPG<br>($10^4$tn) | 炼厂干气<br>(万吨)<br>Refinery Gas<br>($10^4$tn) | 其他石油制品<br>(万吨)<br>Other Petroleum Products<br>($10^4$tn) | 天然气<br>(亿立方米)<br>Natural Gas<br>($10^8$ cu.m) | 热力<br>(万百万千焦)<br>Heat<br>($10^{10}$ kJ) | 电力<br>(亿千瓦小时)<br>Electricity<br>($10^8$kW•h) |
|---|---|---|---|---|---|---|---|---|
| **78.35** | **1331.37** | **1807.57** | **251.97** | **504.78** | **3047.27** | **153.26** | **107884.44** | **8185.29** |
| **6.97** | **251.31** | **155.72** | **16.70** | **56.22** | **30.82** | **45.73** | **7045.01** | **937.23** |
| 5.01 | 46.75 | 5.51 | 0.08 |  | 2.32 | 0.11 | 841.53 | 405.88 |
| 0.41 | 145.31 | 148.81 | 16.59 | 56.22 | 28.50 | 45.59 | 4776.76 | 307.93 |
| 0.04 | 11.09 |  |  |  |  |  | 2.52 | 60.44 |
| 1.19 | 11.65 | 0.21 | 0.01 |  |  |  | 11.08 | 70.80 |
| 0.31 | 25.69 | 1.19 |  |  |  | 0.04 | 1232.87 | 71.33 |
| 0.01 | 10.81 |  | 0.02 |  |  |  | 180.25 | 20.86 |
| **70.98** | **1000.10** | **1543.37** | **227.39** | **448.37** | **3013.08** | **105.90** | **94666.69** | **6033.22** |
| 0.26 | 31.78 | 7.36 | 1.63 | 0.11 | 7.62 | 0.14 | 1620.67 | 154.96 |
| 0.08 | 16.54 | 8.58 | 1.36 |  | 0.16 | 0.06 | 1733.70 | 98.90 |
| 0.09 | 9.92 | 7.55 | 0.06 |  | 0.20 | 0.02 | 970.09 | 56.91 |
| 0.09 | 4.03 | 2.78 | 0.02 |  | 0.18 | 0.07 | 217.08 | 30.52 |
| 3.52 | 35.74 | 77.59 | 4.17 | 0.23 | 7.57 | 0.91 | 5928.32 | 314.17 |
| 0.38 | 13.88 | 11.93 | 0.87 |  | 0.81 |  | 199.43 | 44.86 |
| 0.17 | 16.11 | 3.59 | 0.15 |  | 0.97 |  | 93.66 | 24.72 |
| 0.10 | 6.15 | 2.60 | 0.01 |  | 0.02 |  | 777.76 | 28.74 |
| 0.04 | 2.77 | 0.67 | 0.21 |  | 0.02 |  | 145.22 | 11.15 |
| 3.39 | 19.42 | 16.13 | 0.56 | 0.38 | 3.44 | 0.26 | 4211.56 | 198.07 |
| 5.34 | 6.37 | 2.60 | 0.28 |  | 1.76 | 0.07 | 124.37 | 27.61 |
| 1.21 | 10.69 | 1.03 | 0.18 |  | 0.04 |  | 27.90 | 17.75 |
| 16.79 | 62.91 | 282.00 | 95.01 | 345.20 | 1925.09 | 9.22 | 24172.91 | 213.04 |
| 8.12 | 102.87 | 321.24 | 57.33 | 38.35 | 728.18 | 82.30 | 20667.84 | 1086.63 |
| 0.13 | 6.38 | 5.78 | 0.22 |  | 1.24 | 0.56 | 2983.71 | 78.95 |
| 0.41 | 8.57 | 50.15 | 4.32 | 59.50 | 228.09 | 0.04 | 5338.51 | 163.02 |
| 0.06 | 6.74 | 11.15 | 0.01 |  | 3.30 |  | 705.05 | 78.82 |
| 0.43 | 34.47 | 9.52 | 2.20 |  | 2.97 | 0.09 | 139.14 | 96.43 |
| 2.24 | 277.30 | 308.15 | 38.81 | 4.15 | 18.40 | 2.17 | 970.83 | 678.49 |
| 5.03 | 64.22 | 287.24 | 0.50 |  | 0.78 | 1.12 | 11346.09 | 1031.76 |
| 0.57 | 39.26 | 51.74 | 1.00 |  | 24.23 | 0.44 | 5727.28 | 624.43 |
| 1.54 | 34.70 | 10.04 | 6.54 |  | 0.99 | 0.56 | 227.89 | 164.93 |
| 3.04 | 33.70 | 8.05 | 0.60 |  | 4.38 | 0.19 | 771.03 | 140.96 |
| 1.24 | 15.64 | 11.90 | 1.72 |  | 2.67 | 1.20 | 1148.17 | 82.84 |
| 5.84 | 48.67 | 11.98 | 0.88 |  | 3.62 | 1.18 | 2035.54 | 175.33 |
| 0.25 | 25.59 | 12.14 | 4.23 | 0.10 | 0.99 | 0.77 | 563.37 | 80.20 |
| 0.17 | 36.03 | 10.74 | 3.28 | 0.19 | 0.39 | 2.85 | 249.48 | 108.50 |
| 0.13 | 10.70 | 0.14 | 0.07 |  | 0.63 | 0.02 | 149.49 | 21.87 |
| 10.32 | 18.92 | 9.00 | 1.17 | 0.16 | 44.35 | 1.69 | 1420.59 | 198.65 |
| **0.40** | **79.96** | **108.48** | **7.88** | **0.19** | **3.36** | **1.63** | **6172.74** | **1214.84** |
| 0.36 | 71.25 | 107.42 | 0.86 | 0.12 | 1.46 | 0.18 | 5774.68 | 1039.90 |
| 0.01 | 6.12 | 1.05 | 7.02 | 0.07 | 1.35 | 1.43 | 372.11 | 28.78 |
| 0.03 | 2.59 | 0.01 |  |  | 0.56 | 0.02 | 25.96 | 146.15 |

# 4-6 工业分行业终端能源消费量(实物量)-2000

| 行 业 | Item | 煤合计 (万吨) Coal Total ($10^4$ tn) |
|---|---|---|
| **工业** | **Industry** | **42628.04** |
| **(一)采掘业** | **Mining and Quarrying** | **3369.63** |
| 煤炭开采和洗选业 | Mining and Washing of Coal | 2581.54 |
| 石油和天然气开采业 | Extraction of Petroleum and Natural Gas | 195.69 |
| 黑色金属矿采选业 | Mining and Processing of Ferrous Metal Ores | 77.10 |
| 有色金属矿采选业 | Mining and Processing of Non-Ferrous Metal Ores | 89.64 |
| 非金属矿采选业 | Mining and Processing of Nonmetal Ores | 316.95 |
| 其他采矿业 | Mining of Other Ores | 108.71 |
| **(二)制造业** | **Manufacturing** | **35866.47** |
| 农副食品加工业 | Processing of Food from Agricultural Products | 1146.43 |
| 食品制造业 | Manufacture of Foods | 705.22 |
| 饮料制造业 | Manufacture of Beverages | 679.78 |
| 烟草制品业 | Manufacture of Tobacco | 149.12 |
| 纺织业 | Manufacture of Textile | 1480.83 |
| 纺织服装、鞋、帽制造业 | Manufacture of Textile Wearing Apparel,Footware, and Caps | 133.94 |
| 皮革、毛皮、羽毛(绒)及其制品业 | Manufacture of Leather, Fur, Feather and Related Products | 80.95 |
| 木材加工及木、竹、藤、棕、草制品业 | Processing of Timber,Manufacture of Wood,Bamboo,Rattan,Palm, and Straw Products | 248.36 |
| 家具制造业 | Manufacture of Furniture | 49.07 |
| 造纸及纸制品业 | Manufacture of Paper and Paper Products | 1489.72 |
| 印刷业和记录媒介的复制 | Printing,Reproduction of Recording Media | 57.15 |
| 文教体育用品制造业 | Manufacture of Articles For Culture, Education and Sport Activity | 20.25 |
| 石油加工、炼焦及核燃料加工业 | Processing of Petroleum, Coking, Processing of Nuclear Fuel | 909.83 |
| 化学原料及化学制品制造业 | Manufacture of Raw Chemical Materials and Chemical Products | 5914.84 |
| 医药制造业 | Manufacture of Medicines | 548.19 |
| 化学纤维制造业 | Manufacture of Chemical Fibers | 369.89 |
| 橡胶制品业 | Manufacture of Rubber | 312.89 |
| 塑料制品业 | Manufacture of Plastics | 157.63 |
| 非金属矿物制品业 | Manufacture of Non-metallic Mineral Products | 13673.95 |
| 黑色金属冶炼及压延加工业 | Smelting and Pressing of Ferrous Metals | 4554.51 |
| 有色金属冶炼及压延加工业 | Smelting and Pressing of Non-ferrous Metals | 908.12 |
| 金属制品业 | Manufacture of Metal Products | 267.68 |
| 通用设备制造业 | Manufacture of General Purpose Machinery | 388.42 |
| 专用设备制造业 | Manufacture of Special Purpose Machinery | 340.40 |
| 交通运输设备制造业 | Manufacture of Transport Equipment | 577.61 |
| 电气机械及器材制造业 | Manufacture of Electrical Machinery and Equipment | 210.96 |
| 通信设备、计算机及其他电子设备制造业 | Manufacture of Communication Equipment,Computers and Other Electronic Equipment | 78.27 |
| 仪器仪表及文化、办公用机械制造业 | Manufacture of Measuring Instruments and Machinery for Cultural Activity and Office Work | 37.13 |
| 工艺品及其他制造业 | Manufacture of Artwork and Other Manufacturing | 375.32 |
| 废弃资源和废旧材料回收加工业 | Recycling and Disposal of Waste | |
| **(三)电力、煤气及水生产和供应业** | **Electric Power, Gas and Water Production and Supply** | **3391.94** |
| 电力、热力的生产和供应业 | Production and Distribution of Electric Power and Heat Power | 3083.90 |
| 燃气生产和供应业 | Production and Distribution of Gas | 273.02 |
| 水的生产和供应业 | Production and Distribution of Water | 35.03 |

# FINAL ENERGY CONSUMPTION BY INDUSTRIAL SECTOR-2000 (PHYSICAL QUANTITY)

| 原煤 (万吨) Raw Coal ($10^4$ tn) | 洗精煤 (万吨) Cleaned Coal ($10^4$ tn) | 其他洗煤 (万吨) Other Washed Coal ($10^4$ tn) | 焦炭 (万吨) Coke ($10^4$ tn) | 焦炉煤气 (亿立方米) Coke Oven Gas ($10^8$ cu.m) | 其他煤气 (亿立方米) Other Gas ($10^8$ cu.m) | 其他焦化产品 (万吨) Other Coking Products ($10^4$ tn) | 油品合计 (万吨) Petroleum Products Total ($10^4$ tn) | 原油 (万吨) Crude Oil ($10^4$ tn) |
|---|---|---|---|---|---|---|---|---|
| **38568.56** | **1150.58** | **2836.23** | **10411.68** | **181.71** | **375.00** | **216.20** | **8859.99** | **612.34** |
| **2967.57** | **178.13** | **223.53** | **160.58** | **0.71** | **0.73** | **6.13** | **1103.99** | **410.86** |
| 2203.32 | 176.06 | 202.15 | 53.06 | 0.71 | 0.73 | 4.69 | 106.45 | 2.32 |
| 191.58 | 0.10 | 4.01 | 5.76 | | | | 887.02 | 408.54 |
| 60.94 | 0.30 | 15.55 | 52.38 | | | | 19.39 | |
| 88.90 | 0.06 | 0.60 | 22.12 | | | | 20.98 | |
| 314.15 | 1.60 | 1.20 | 26.95 | | | 1.44 | 39.99 | |
| 108.69 | 0.01 | 0.01 | 0.31 | | | | 30.15 | |
| **32485.49** | **929.43** | **2379.28** | **10251.10** | **175.00** | **373.17** | **208.23** | **7509.43** | **199.87** |
| 1049.13 | 4.00 | 93.29 | 16.15 | | 0.01 | | 84.13 | 0.42 |
| 638.15 | 63.03 | 4.01 | 14.67 | 0.24 | 0.06 | | 43.34 | 0.48 |
| 676.57 | 2.00 | 1.20 | 3.14 | | | 0.10 | 30.98 | 0.52 |
| 149.06 | 0.06 | | 1.26 | | 0.01 | | 41.59 | |
| 1470.05 | 2.50 | 8.22 | 4.19 | 0.23 | 0.15 | | 156.66 | 0.05 |
| 133.49 | 0.37 | 0.02 | 1.68 | | 0.01 | | 37.85 | 0.16 |
| 80.88 | 0.05 | 0.02 | 1.76 | | | | 25.28 | |
| 248.11 | 0.20 | 0.05 | 1.47 | | | 0.24 | 13.47 | |
| | | | | | | | | |
| 49.05 | | 0.02 | 1.05 | | | | 7.58 | |
| 1432.47 | 10.57 | 46.65 | 1.57 | | | | 63.84 | 0.48 |
| 56.55 | 0.40 | 0.20 | 0.29 | 0.03 | 0.01 | | 24.79 | |
| 20.19 | 0.06 | | 1.68 | | 0.01 | | 17.48 | 0.10 |
| 720.21 | 158.53 | 31.10 | 44.00 | 10.90 | 2.79 | 19.55 | 3020.95 | 102.47 |
| 5634.78 | 94.54 | 158.99 | 1097.58 | 9.08 | 2.46 | 48.16 | 1510.35 | 65.55 |
| 531.57 | 1.00 | 15.55 | 0.68 | 0.19 | | 5.09 | 24.67 | |
| 367.50 | 0.08 | 2.31 | 27.49 | 0.01 | | | 409.04 | 7.32 |
| 311.49 | 0.70 | 0.70 | 2.62 | 0.02 | | | 33.92 | 0.05 |
| 155.53 | 0.60 | 1.50 | 6.29 | | | | 73.63 | 0.40 |
| 11925.11 | 97.53 | 1616.14 | 312.35 | 3.13 | 6.72 | 15.31 | 775.23 | 9.25 |
| 3876.63 | 356.67 | 311.00 | 8016.99 | 149.44 | 344.11 | 106.95 | 415.63 | 10.25 |
| 793.37 | 52.53 | 62.20 | 208.23 | 0.19 | 8.72 | 12.10 | 140.89 | 0.80 |
| 259.97 | 6.50 | 1.20 | 126.05 | 0.11 | 0.27 | 0.10 | 84.57 | 0.03 |
| 344.35 | 40.02 | 4.01 | 208.23 | 0.33 | 1.16 | 0.31 | 69.79 | 0.11 |
| 299.85 | 31.52 | 9.03 | 73.93 | 0.09 | 4.69 | 0.09 | 66.18 | 0.27 |
| 572.59 | 3.00 | 2.01 | 32.28 | 0.13 | 1.03 | 0.23 | 97.83 | 0.06 |
| 207.24 | 1.70 | 2.01 | 10.92 | 0.38 | 0.42 | | 64.30 | 0.50 |
| 77.17 | 1.00 | 0.10 | 0.31 | 0.50 | 0.07 | | 63.13 | |
| | | | | | | | | |
| 37.04 | 0.07 | 0.02 | 4.19 | | 0.03 | | 14.86 | |
| | | | | | | | | |
| 367.38 | 0.20 | 7.73 | 30.07 | | 0.44 | | 97.50 | 0.60 |
| | | | | | | | | |
| **3115.50** | **43.02** | **233.42** | | **6.00** | **1.10** | **1.84** | **246.57** | **1.61** |
| 2829.64 | 21.01 | 233.25 | | | | 0.14 | 216.33 | 1.61 |
| 251.84 | 21.01 | 0.17 | | 6.00 | 1.10 | 1.70 | 24.48 | |
| 34.03 | 1.00 | | | | | | 5.76 | |

续表

| 行　　业 | Item | 汽油 (万吨) Gasoline (10⁴tn) |
|---|---|---|
| **工业** | **Industry** | **680.78** |
| **(一)采掘业** | **Mining and Quarrying** | **120.78** |
| 煤炭开采和洗选业 | Mining and Washing of Coal | 36.32 |
| 石油和天然气开采业 | Extraction of Petroleum and Natural Gas | 45.38 |
| 黑色金属矿采选业 | Mining and Processing of Ferrous Metal Ores | 6.81 |
| 有色金属矿采选业 | Mining and Processing of Non-Ferrous Metal Ores | 5.87 |
| 非金属矿采选业 | Mining and Processing of Nonmetal Ores | 9.07 |
| 其他采矿业 | Mining of Other Ores | 17.34 |
| **(二)制造业** | **Manufacturing** | **528.49** |
| 农副食品加工业 | Processing of Food from Agricultural Products | 34.04 |
| 食品制造业 | Manufacture of Foods | 13.62 |
| 饮料制造业 | Manufacture of Beverages | 11.35 |
| 烟草制品业 | Manufacture of Tobacco | 34.04 |
| 纺织业 | Manufacture of Textile | 39.63 |
| 纺织服装、鞋、帽制造业 | Manufacture of Textile Wearing Apparel,Footware, and Caps | 7.94 |
| 皮革、毛皮、羽毛(绒)及其制品业 | Manufacture of Leather, Fur, Feather and Related Products | 5.68 |
| 木材加工及木、竹、藤、棕、草制品业 | Processing of Timber,Manufacture of Wood,Bamboo,Rattan,Palm, and Straw Products | 3.68 |
| 家具制造业 | Manufacture of Furniture | 3.97 |
| 造纸及纸制品业 | Manufacture of Paper and Paper Products | 13.62 |
| 印刷业和记录媒介的复制 | Printing,Reproduction of Recording Media | 6.81 |
| 文教体育用品制造业 | Manufacture of Articles For Culture, Education and Sport Activity | 2.55 |
| 石油加工、炼焦及核燃料加工业 | Processing of Petroleum, Coking, Processing of Nuclear Fuel | 16.43 |
| 化学原料及化学制品制造业 | Manufacture of Raw Chemical Materials and Chemical Products | 51.05 |
| 医药制造业 | Manufacture of Medicines | 10.22 |
| 化学纤维制造业 | Manufacture of Chemical Fibers | 4.31 |
| 橡胶制品业 | Manufacture of Rubber | 9.69 |
| 塑料制品业 | Manufacture of Plastics | 13.73 |
| 非金属矿物制品业 | Manufacture of Non-metallic Mineral Products | 51.73 |
| 黑色金属冶炼及压延加工业 | Smelting and Pressing of Ferrous Metals | 34.04 |
| 有色金属冶炼及压延加工业 | Smelting and Pressing of Non-ferrous Metals | 12.49 |
| 金属制品业 | Manufacture of Metal Products | 20.42 |
| 通用设备制造业 | Manufacture of General Purpose Machinery | 23.82 |
| 专用设备制造业 | Manufacture of Special Purpose Machinery | 34.12 |
| 交通运输设备制造业 | Manufacture of Transport Equipment | 22.70 |
| 电气机械及器材制造业 | Manufacture of Electrical Machinery and Equipment | 18.15 |
| 通信设备、计算机及其他电子设备制造业 | Manufacture of Communication Equipment,Computers and Other Electronic Equipment | 9.07 |
| 仪器仪表及文化、办公用机械制造业 | Manufacture of Measuring Instruments and Machinery for Cultural Activity and Office Work | 3.40 |
| 工艺品及其他制造业 | Manufacture of Artwork and Other Manufacturing | 16.20 |
| 废弃资源和废旧材料回收加工业 | Recycling and Disposal of Waste | |
| **(三)电力、煤气及水生产和供应业** | **Electric Power, Gas and Water Production and Supply** | **31.50** |
| 电力、热力的生产和供应业 | Production and Distribution of Electric Power and Heat Power | 27.23 |
| 燃气生产和供应业 | Production and Distribution of Gas | 1.95 |
| 水的生产和供应业 | Production and Distribution of Water | 2.32 |

Continued

| 煤油 (万吨) Kerosene ($10^4$tn) | 柴油 (万吨) Diesel Oil ($10^4$tn) | 燃料油 (万吨) Fuel Oil ($10^4$tn) | 液化石油气 (万吨) LPG ($10^4$tn) | 炼厂干气 (万吨) Refinery Gas ($10^4$tn) | 其他石油制品 (万吨) Other Petroleum Products ($10^4$tn) | 天然气 (亿立方米) Natural Gas ($10^8$ cu.m) | 热力 (万百万千焦) Heat ($10^{10}$ kJ) | 电力 (亿千瓦小时) Electricity ($10^8$kW•h) |
|---|---|---|---|---|---|---|---|---|
| **83.95** | **1468.80** | **1843.72** | **424.07** | **561.51** | **3184.82** | **167.69** | **116587.55** | **9067.91** |
| **7.44** | **284.34** | **157.53** | **28.25** | **61.77** | **33.01** | **50.45** | **7085.30** | **993.71** |
| 5.37 | 54.46 | 5.61 | 0.08 | | 2.30 | 0.10 | 1065.86 | 417.16 |
| 0.42 | 161.57 | 150.50 | 28.13 | 61.77 | 30.71 | 50.31 | 4663.50 | 321.64 |
| 0.04 | 12.54 | | | | | | 2.60 | 63.46 |
| 1.26 | 13.62 | 0.22 | 0.02 | | | | 12.00 | 80.79 |
| 0.34 | 29.38 | 1.20 | | | | 0.04 | 1165.88 | 84.83 |
| 0.01 | 12.77 | | 0.03 | | | | 175.45 | 25.84 |
| **76.05** | **1101.04** | **1574.41** | **381.70** | **499.55** | **3148.31** | **115.35** | **103243.02** | **6731.44** |
| 0.25 | 31.53 | 7.46 | 2.63 | 0.1 | 7.70 | 0.15 | 1831.96 | 161.24 |
| 0.08 | 17.71 | 9.04 | 2.26 | | 0.15 | 0.07 | 1831.66 | 98.83 |
| 0.08 | 10.73 | 8.00 | 0.09 | | 0.20 | 0.03 | 1065.86 | 58.98 |
| 0.08 | 4.29 | 3.00 | 0.03 | | 0.15 | 0.08 | 220.32 | 32.85 |
| 3.78 | 37.62 | 60.75 | 6.93 | 0.20 | 7.70 | 1.09 | 6382.80 | 370.42 |
| 0.42 | 14.69 | 12.44 | 1.39 | | 0.80 | | 200.03 | 49.07 |
| 0.17 | 14.69 | 3.50 | 0.25 | | 1.00 | | 100.02 | 27.12 |
| 0.08 | 6.97 | 2.70 | 0.02 | | 0.02 | | 865.83 | 32.24 |
| 0.04 | 2.58 | 0.67 | 0.31 | | 0.02 | | 140.37 | 12.48 |
| 3.61 | 24.02 | 17.44 | 0.77 | 0.30 | 3.60 | 0.29 | 4663.50 | 237.41 |
| 5.71 | 7.70 | 2.30 | 0.46 | | 1.80 | 0.08 | 144.51 | 31.21 |
| 1.26 | 12.20 | 1.04 | 0.29 | | 0.04 | | 30.01 | 20.81 |
| 18.06 | 73.44 | 295.00 | 163.89 | 381.83 | 1969.83 | 10.06 | 25649.26 | 245.60 |
| 8.73 | 120.36 | 331.87 | 97.54 | 43.71 | 791.53 | 88.73 | 22151.63 | 1153.74 |
| 0.15 | 7.18 | 5.50 | 0.32 | | 1.30 | 0.59 | 3497.63 | 88.36 |
| 0.42 | 10.40 | 55.31 | 6.93 | 67.38 | 256.97 | 0.05 | 5829.38 | 194.79 |
| 0.07 | 8.25 | 12.44 | 0.02 | | 3.40 | | 805.82 | 98.74 |
| 0.42 | 41.91 | 10.44 | 3.62 | | 3.10 | 0.10 | 159.30 | 120.82 |
| 2.43 | 308.45 | 313.43 | 63.61 | 5.62 | 20.71 | 2.46 | 1165.88 | 763.74 |
| 5.37 | 73.44 | 290.97 | 0.76 | | 0.80 | 1.68 | 12824.63 | 1121.08 |
| 0.59 | 44.06 | 55.31 | 0.93 | | 26.71 | 0.49 | 6329.47 | 697.58 |
| 1.68 | 39.77 | 11.44 | 10.13 | | 1.10 | 0.59 | 238.14 | 196.30 |
| 3.27 | 30.11 | 7.05 | 0.93 | | 4.50 | 0.20 | 865.83 | 160.77 |
| 1.34 | 13.62 | 11.44 | 2.69 | | 2.70 | 1.29 | 1165.88 | 94.49 |
| 6.30 | 51.24 | 12.44 | 1.39 | | 3.70 | 1.48 | 2331.75 | 203.42 |
| 0.25 | 25.09 | 12.44 | 6.78 | 0.09 | 1.00 | 0.79 | 665.79 | 90.68 |
| 0.18 | 37.62 | 11.44 | 4.24 | 0.18 | 0.40 | 3.35 | 269.76 | 125.88 |
| 0.15 | 10.40 | 0.15 | 0.11 | | 0.65 | 0.02 | 150.03 | 25.37 |
| 11.08 | 20.98 | 9.40 | 2.37 | 0.14 | 36.73 | 1.69 | 1665.97 | 217.42 |
| **0.46** | **83.42** | **111.78** | **14.11** | **0.19** | **3.50** | **1.90** | **6259.23** | **1342.76** |
| 0.42 | 73.44 | 110.62 | 1.39 | 0.12 | 1.50 | 0.20 | 5829.36 | 1157.40 |
| 0.01 | 7.18 | 1.15 | 12.72 | 0.07 | 1.40 | 1.68 | 400.07 | 34.41 |
| 0.03 | 2.80 | 0.01 | | | 0.60 | 0.02 | 29.81 | 150.94 |

# 4-7 工业分行业终端能源消费量(实物量)-2001

| 行　业 | Item | 煤合计 (万吨) Coal Total (10⁴ tn) |
|---|---|---|
| **工业** | **Industry** | **41157.92** |
| **(一)采掘业** | **Mining and Quarrying** | **3344.56** |
| 煤炭开采和洗选业 | Mining and Washing of Coal | 2584.28 |
| 石油和天然气开采业 | Extraction of Petroleum and Natural Gas | 173.17 |
| 黑色金属矿采选业 | Mining and Processing of Ferrous Metal Ores | 75.99 |
| 有色金属矿采选业 | Mining and Processing of Non-Ferrous Metal Ores | 91.11 |
| 非金属矿采选业 | Mining and Processing of Nonmetal Ores | 318.95 |
| 其他采矿业 | Mining of Other Ores | 101.06 |
| **(二)制造业** | **Manufacturing** | **34710.31** |
| 农副食品加工业 | Processing of Food from Agricultural Products | 1139.87 |
| 食品制造业 | Manufacture of Foods | 710.79 |
| 饮料制造业 | Manufacture of Beverages | 658.92 |
| 烟草制品业 | Manufacture of Tobacco | 162.95 |
| 纺织业 | Manufacture of Textile | 1479.99 |
| 纺织服装、鞋、帽制造业 | Manufacture of Textile Wearing Apparel,Footware, and Caps | 134.26 |
| 皮革、毛皮、羽毛(绒)及其制品业 | Manufacture of Leather, Fur, Feather and Related Products | 82.89 |
| 木材加工及木、竹、藤、棕、草制品业 | Processing of Timber,Manufacture of Wood,Bamboo,Rattan,Palm, and Straw Products | 258.60 |
| 家具制造业 | Manufacture of Furniture | 53.61 |
| 造纸及纸制品业 | Manufacture of Paper and Paper Products | 1482.85 |
| 印刷业和记录媒介的复制 | Printing,Reproduction of Recording Media | 60.34 |
| 文教体育用品制造业 | Manufacture of Articles For Culture, Education and Sport Activity | 22.10 |
| 石油加工、炼焦及核燃料加工业 | Processing of Petroleum, Coking, Processing of Nuclear Fuel | 910.40 |
| 化学原料及化学制品制造业 | Manufacture of Raw Chemical Materials and Chemical Products | 5887.36 |
| 医药制造业 | Manufacture of Medicines | 552.37 |
| 化学纤维制造业 | Manufacture of Chemical Fibers | 336.63 |
| 橡胶制品业 | Manufacture of Rubber | 330.26 |
| 塑料制品业 | Manufacture of Plastics | 155.38 |
| 非金属矿物制品业 | Manufacture of Non-metallic Mineral Products | 12921.11 |
| 黑色金属冶炼及压延加工业 | Smelting and Pressing of Ferrous Metals | 4355.14 |
| 有色金属冶炼及压延加工业 | Smelting and Pressing of Non-ferrous Metals | 836.09 |
| 金属制品业 | Manufacture of Metal Products | 262.50 |
| 通用设备制造业 | Manufacture of General Purpose Machinery | 399.58 |
| 专用设备制造业 | Manufacture of Special Purpose Machinery | 324.93 |
| 交通运输设备制造业 | Manufacture of Transport Equipment | 578.18 |
| 电气机械及器材制造业 | Manufacture of Electrical Machinery and Equipment | 180.52 |
| 通信设备、计算机及其他电子设备制造业 | Manufacture of Communication Equipment,Computers and Other Electronic Equipment | 70.35 |
| 仪器仪表及文化、办公用机械制造业 | Manufacture of Measuring Instruments and Machinery for Cultural Activity and Office Work | 32.60 |
| 工艺品及其他制造业 | Manufacture of Artwork and Other Manufacturing | 329.76 |
| 废弃资源和废旧材料回收加工业 | Recycling and Disposal of Waste | |
| **(三)电力、煤气及水生产和供应业** | **Electric Power, Gas and Water Production and Supply** | **3103.05** |
| 电力、热力的生产和供应业 | Production and Distribution of Electric Power and Heat Power | 2784.17 |
| 燃气生产和供应业 | Production and Distribution of Gas | 287.32 |
| 水的生产和供应业 | Production and Distribution of Water | 31.56 |

# FINAL ENERGY CONSUMPTION BY INDUSTRIAL SECTOR-2001
# (PHYSICAL QUANTITY)

| 原煤<br>(万吨)<br>Raw Coal<br>($10^4$ tn) | 洗精煤<br>(万吨)<br>Cleaned Coal<br>($10^4$ tn) | 其他洗煤<br>(万吨)<br>Other Washed Coal<br>($10^4$ tn) | 焦炭<br>(万吨)<br>Coke<br>($10^4$ tn) | 焦炉煤气<br>(亿立方米)<br>Coke Oven Gas<br>($10^8$ cu.m) | 其他煤气<br>(亿立方米)<br>Other Gas<br>($10^8$ cu.m) | 其他焦化产品<br>(万吨)<br>Other Coking Products<br>($10^4$ tn) | 油品合计<br>(万吨)<br>Petroleum Products Total<br>($10^4$ tn) | 原油<br>(万吨)<br>Crude Oil<br>($10^4$ tn) |
|---|---|---|---|---|---|---|---|---|
| **36724.00** | **1180.07** | **3156.85** | **11488.75** | **196.11** | **390.75** | **230.82** | **8898.39** | **630.82** |
| **2942.18** | **189.32** | **212.61** | **164.25** | **0.77** | **0.72** | **7.09** | **1132.02** | **424.98** |
| 2203.45 | 187.41 | 193.41 | 52.27 | 0.77 | 0.72 | 5.44 | 102.43 | 2.33 |
| 170.06 | | 3.11 | 5.84 | | | | 914.69 | 422.65 |
| 60.40 | 0.35 | 14.88 | 55.88 | | | | 19.49 | |
| 90.55 | 0.06 | 0.41 | 21.44 | | | | 20.44 | |
| 316.65 | 1.50 | 0.81 | 28.49 | | | 1.65 | 45.54 | |
| 101.06 | | | 0.33 | | | | 29.45 | |
| **30915.44** | **948.36** | **2749.96** | **11324.50** | **189.78** | **388.83** | **221.59** | **7523.80** | **204.21** |
| 1045.60 | 5.00 | 89.26 | 17.53 | | 0.01 | | 89.32 | 0.40 |
| 646.45 | 61.20 | 3.11 | 16.98 | 0.23 | 0.07 | | 44.70 | 0.45 |
| 655.54 | 2.50 | 0.88 | 3.18 | | | 0.09 | 32.75 | 0.50 |
| 162.88 | 0.07 | | 1.33 | | 0.01 | | 41.16 | |
| 1468.96 | 2.70 | 8.28 | 4.60 | 0.25 | 0.14 | | 163.03 | 0.06 |
| 133.88 | 0.30 | 0.02 | 1.79 | | 0.01 | | 42.01 | 0.17 |
| 82.82 | 0.06 | 0.01 | 1.81 | | | | 24.03 | |
| 258.36 | 0.21 | 0.03 | 1.51 | | | 0.31 | 15.30 | |
| | | | | | | | | |
| 53.59 | | 0.02 | 1.19 | | | | 8.13 | |
| 1425.93 | 10.20 | 46.71 | 1.71 | | | | 64.71 | 0.51 |
| 59.89 | 0.45 | | 0.32 | 0.02 | 0.01 | | 25.51 | |
| 22.05 | 0.05 | | 1.82 | | 0.01 | | 18.15 | 0.11 |
| 728.11 | 152.01 | 30.28 | 45.25 | 11.80 | 3.20 | 22.86 | 3017.78 | 104.19 |
| 5572.30 | 101.81 | 173.71 | 1151.65 | 9.80 | 2.50 | 48.41 | 1456.08 | 70.39 |
| 536.56 | 0.86 | 14.88 | 0.71 | 0.21 | | 5.44 | 26.86 | |
| 334.22 | | 2.41 | 26.88 | | | | 398.96 | 6.31 |
| 329.02 | 0.50 | 0.75 | 2.87 | 0.01 | | | 33.75 | 0.06 |
| 153.22 | 0.54 | 1.62 | 7.24 | | | | 73.44 | 0.35 |
| 10777.37 | 99.44 | 2003.82 | 345.33 | 3.92 | 7.82 | 15.28 | 808.71 | 8.62 |
| 3672.40 | 386.62 | 279.95 | 8916.33 | 161.76 | 357.96 | 116.60 | 404.76 | 9.85 |
| 734.48 | 36.00 | 65.58 | 232.19 | 0.18 | 9.00 | 11.84 | 147.58 | 0.77 |
| 251.25 | 10.20 | 1.04 | 143.64 | 0.12 | 0.26 | 0.11 | 96.67 | 0.03 |
| 354.50 | 40.80 | 4.25 | 225.43 | 0.35 | 1.03 | 0.30 | 70.70 | 0.12 |
| 284.48 | 30.60 | 9.84 | 77.08 | 0.10 | 4.70 | 0.10 | 61.71 | 0.26 |
| 572.94 | 3.05 | 2.17 | 42.61 | 0.12 | 1.10 | 0.25 | 101.42 | 0.07 |
| 176.84 | 1.80 | 1.86 | 13.20 | 0.40 | 0.40 | | 68.52 | 0.45 |
| 69.18 | 1.10 | 0.07 | 0.38 | 0.50 | 0.08 | | 73.09 | |
| | | | | | | | | |
| 32.53 | 0.06 | 0.01 | 5.59 | | 0.02 | | 16.01 | |
| | | | | | | | | |
| 320.10 | 0.23 | 9.40 | 34.33 | | 0.50 | | 98.97 | 0.54 |
| | | | | | | | | |
| **2866.38** | **42.39** | **194.28** | | **5.56** | **1.20** | **2.14** | **242.58** | **1.63** |
| 2570.68 | 19.36 | 194.13 | | | | 0.16 | 210.50 | 1.63 |
| 265.17 | 22.00 | 0.14 | | 5.56 | 1.20 | 1.98 | 25.99 | |
| 30.53 | 1.03 | | | | | | 6.09 | |

续表

| 行　业 | Item | 汽油 (万吨) Gasoline (10⁴tn) |
|---|---|---|
| **工业** | **Industry** | **704.42** |
| **(一)采掘业** | **Mining and Quarrying** | **116.66** |
| 煤炭开采和洗选业 | Mining and Washing of Coal | 35.29 |
| 石油和天然气开采业 | Extraction of Petroleum and Natural Gas | 43.62 |
| 黑色金属矿采选业 | Mining and Processing of Ferrous Metal Ores | 5.90 |
| 有色金属矿采选业 | Mining and Processing of Non-Ferrous Metal Ores | 5.59 |
| 非金属矿采选业 | Mining and Processing of Nonmetal Ores | 9.36 |
| 其他采矿业 | Mining of Other Ores | 16.91 |
| **(二)制造业** | **Manufacturing** | **556.04** |
| 农副食品加工业 | Processing of Food from Agricultural Products | 36.36 |
| 食品制造业 | Manufacture of Foods | 14.60 |
| 饮料制造业 | Manufacture of Beverages | 10.67 |
| 烟草制品业 | Manufacture of Tobacco | 34.23 |
| 纺织业 | Manufacture of Textile | 42.27 |
| 纺织服装、鞋、帽制造业 | Manufacture of Textile Wearing Apparel,Footware, and Caps | 9.32 |
| 皮革、毛皮、羽毛(绒)及其制品业 | Manufacture of Leather, Fur, Feather and Related Products | 5.64 |
| 木材加工及木、竹、藤、棕、草制品业 | Processing of Timber,Manufacture of Wood,Bamboo,Rattan,Palm, and Straw Products | 4.56 |
| 家具制造业 | Manufacture of Furniture | 4.07 |
| 造纸及纸制品业 | Manufacture of Paper and Paper Products | 13.92 |
| 印刷业和记录媒介的复制 | Printing,Reproduction of Recording Media | 7.04 |
| 文教体育用品制造业 | Manufacture of Articles For Culture, Education and Sport Activity | 3.11 |
| 石油加工、炼焦及核燃料加工业 | Processing of Petroleum, Coking, Processing of Nuclear Fuel | 17.51 |
| 化学原料及化学制品制造业 | Manufacture of Raw Chemical Materials and Chemical Products | 57.06 |
| 医药制造业 | Manufacture of Medicines | 11.81 |
| 化学纤维制造业 | Manufacture of Chemical Fibers | 4.05 |
| 橡胶制品业 | Manufacture of Rubber | 9.17 |
| 塑料制品业 | Manufacture of Plastics | 12.95 |
| 非金属矿物制品业 | Manufacture of Non-metallic Mineral Products | 54.07 |
| 黑色金属冶炼及压延加工业 | Smelting and Pressing of Ferrous Metals | 35.22 |
| 有色金属冶炼及压延加工业 | Smelting and Pressing of Non-ferrous Metals | 12.78 |
| 金属制品业 | Manufacture of Metal Products | 24.55 |
| 通用设备制造业 | Manufacture of General Purpose Machinery | 24.76 |
| 专用设备制造业 | Manufacture of Special Purpose Machinery | 32.94 |
| 交通运输设备制造业 | Manufacture of Transport Equipment | 21.33 |
| 电气机械及器材制造业 | Manufacture of Electrical Machinery and Equipment | 19.99 |
| 通信设备、计算机及其他电子设备制造业 | Manufacture of Communication Equipment,Computers and Other Electronic Equipment | 10.67 |
| 仪器仪表及文化、办公用机械制造业 | Manufacture of Measuring Instruments and Machinery for Cultural Activity and Office Work | 3.76 |
| 工艺品及其他制造业 | Manufacture of Artwork and Other Manufacturing | 17.63 |
| 废弃资源和废旧材料回收加工业 | Recycling and Disposal of Waste | |
| **(三)电力、煤气及水生产和供应业** | **Electric Power, Gas and Water Production and Supply** | **31.72** |
| 电力、热力的生产和供应业 | Production and Distribution of Electric Power and Heat Power | 27.04 |
| 燃气生产和供应业 | Production and Distribution of Gas | 1.83 |
| 水的生产和供应业 | Production and Distribution of Water | 2.85 |

Continued

| 煤油 (万吨) Kerosene (10⁴tn) | 柴油 (万吨) Diesel Oil (10⁴tn) | 燃料油 (万吨) Fuel Oil (10⁴tn) | 液化石油气 (万吨) LPG (10⁴tn) | 炼厂干气 (万吨) Refinery Gas (10⁴tn) | 其他石油制品 (万吨) Other Petroleum Products (10⁴tn) | 天然气 (亿立方米) Natural Gas ($10^8$ cu.m) | 热力 (万百万千焦) Heat ($10^{10}$ kJ) | 电力 (亿千瓦小时) Electricity ($10^8$kW•h) |
|---|---|---|---|---|---|---|---|---|
| **86.00** | **1559.42** | **1788.40** | **440.51** | **559.00** | **3129.82** | **183.94** | **123385.60** | **9911.19** |
| **7.59** | **307.80** | **155.67** | **27.42** | **60.49** | **31.41** | **58.46** | **7600.37** | **1096.96** |
| 5.50 | 56.72 | | 0.09 | | 2.50 | | 1233.86 | 467.35 |
| 0.43 | 177.12 | 154.17 | 27.29 | 60.49 | 28.91 | 58.43 | 4935.42 | 355.54 |
| 0.03 | 13.56 | | | | | | 2.70 | 67.75 |
| 1.29 | 13.36 | 0.20 | | | | | 11.00 | 89.48 |
| 0.34 | 34.54 | 1.30 | | | | 0.03 | 1233.86 | 93.16 |
| | 12.51 | | 0.03 | | | | 183.53 | 23.67 |
| **77.92** | **1169.18** | **1524.33** | **398.58** | **498.32** | **3095.21** | **123.32** | **109165.88** | **7334.47** |
| 0.26 | 33.56 | 7.50 | 2.90 | | 8.35 | 0.16 | 1867.61 | 177.35 |
| 0.09 | 18.31 | 8.45 | 2.65 | | 0.14 | 0.08 | 2067.65 | 98.17 |
| 0.09 | 12.24 | 9.00 | 0.11 | | 0.15 | 0.02 | 1133.84 | 62.70 |
| 0.09 | 3.96 | 2.70 | 0.03 | | 0.15 | 0.09 | 240.64 | 33.90 |
| 3.87 | 39.53 | 62.90 | 7.29 | 0.20 | 6.90 | 1.05 | 7203.11 | 402.52 |
| 0.43 | 16.19 | 13.88 | 1.52 | | 0.50 | | 220.04 | 56.44 |
| 0.17 | 13.96 | 3.10 | 0.23 | | 0.94 | | 110.02 | 31.29 |
| 0.09 | 7.59 | 3.00 | 0.03 | | 0.02 | | 907.15 | 38.60 |
| 0.05 | 3.02 | 0.60 | 0.38 | | 0.01 | | 150.02 | 14.60 |
| 3.70 | 23.37 | 19.00 | 0.91 | 0.30 | 3.00 | 0.26 | 4735.67 | 262.20 |
| 5.85 | 7.94 | 2.15 | 0.53 | | 2.00 | 0.09 | 152.52 | 36.51 |
| 1.29 | 12.24 | 1.07 | 0.27 | | 0.05 | | 35.01 | 26.08 |
| 18.47 | 77.97 | 286.14 | 174.11 | 384.00 | 1955.39 | 11.49 | 26344.67 | 277.83 |
| 8.94 | 129.46 | 300.91 | 95.26 | 44.72 | 749.34 | 93.97 | 23742.85 | 1235.96 |
| 0.14 | 7.82 | 5.35 | 0.35 | | 1.40 | 0.66 | 3801.41 | 103.50 |
| 0.43 | 10.27 | 50.65 | 5.78 | 63.08 | 258.39 | | 5969.25 | 204.69 |
| 0.08 | 7.82 | 13.10 | 0.02 | | 3.50 | | 1033.17 | 111.26 |
| 0.43 | 42.31 | 10.80 | 3.40 | | 3.20 | 0.09 | 170.03 | 132.63 |
| 2.49 | 327.48 | 320.00 | 68.25 | 5.59 | 22.21 | 2.76 | 1433.89 | 827.27 |
| 5.50 | 81.32 | 271.14 | 0.73 | | 1.00 | 1.64 | 13372.39 | 1214.30 |
| 0.60 | 46.46 | 59.00 | 1.06 | | 26.91 | 0.52 | 6772.76 | 747.87 |
| 1.72 | 45.66 | 11.80 | 11.71 | | 1.20 | 0.74 | 270.04 | 233.20 |
| 3.35 | 28.91 | 8.00 | 0.76 | | 4.80 | 0.17 | 933.81 | 175.48 |
| 1.38 | 12.24 | 9.00 | 2.90 | | 3.00 | 1.57 | 1200.85 | 98.17 |
| 6.45 | 56.80 | 11.65 | 1.52 | | 3.60 | 1.87 | 2567.73 | 238.07 |
| 0.26 | 25.13 | 12.82 | 8.81 | 0.08 | 0.99 | 0.69 | 660.77 | 102.34 |
| 0.17 | 43.55 | 13.50 | 4.41 | 0.19 | 0.60 | 3.92 | 298.05 | 135.72 |
| 0.17 | 11.28 | 0.12 | 0.12 | | 0.55 | 0.03 | 187.03 | 27.12 |
| 11.36 | 22.78 | 7.00 | 2.58 | 0.16 | 36.92 | 1.47 | 1583.92 | 228.68 |
| **0.49** | **82.44** | **108.40** | **14.51** | **0.19** | **3.20** | **2.16** | **6619.35** | **1479.76** |
| 0.44 | 71.27 | 107.30 | 1.29 | 0.13 | 1.40 | 0.25 | 6169.28 | 1288.28 |
| 0.01 | 8.49 | 1.08 | 13.22 | 0.06 | 1.30 | 1.89 | 415.07 | 38.66 |
| 0.04 | 2.68 | 0.02 | | | 0.50 | 0.03 | 35.01 | 152.82 |

# 4-8 工业分行业终端能源消费量(实物量)-2002

| 行业 | Item | 煤合计 (万吨) Coal Total ($10^4$ tn) |
|---|---|---|
| **工业** | **Industry** | **40014.23** |
| **(一)采掘业** | **Mining and Quarrying** | **3360.28** |
| 煤炭开采和洗选业 | Mining and Washing of Coal | 2589.40 |
| 石油和天然气开采业 | Extraction of Petroleum and Natural Gas | 165.31 |
| 黑色金属矿采选业 | Mining and Processing of Ferrous Metal Ores | 103.69 |
| 有色金属矿采选业 | Mining and Processing of Non-Ferrous Metal Ores | 93.35 |
| 非金属矿采选业 | Mining and Processing of Nonmetal Ores | 316.95 |
| 其他采矿业 | Mining of Other Ores | 91.58 |
| **(二)制造业** | **Manufacturing** | **33578.30** |
| 农副食品加工业 | Processing of Food from Agricultural Products | 1170.99 |
| 食品制造业 | Manufacture of Foods | 698.60 |
| 饮料制造业 | Manufacture of Beverages | 675.45 |
| 烟草制品业 | Manufacture of Tobacco | 169.04 |
| 纺织业 | Manufacture of Textile | 1534.33 |
| 纺织服装、鞋、帽制造业 | Manufacture of Textile Wearing Apparel,Footware, and Caps | 139.34 |
| 皮革、毛皮、羽毛(绒)及其制品业 | Manufacture of Leather, Fur, Feather and Related Products | 85.98 |
| 木材加工及木、竹、藤、棕、草制品业 | Processing of Timber,Manufacture of Wood,Bamboo,Rattan,Palm, and Straw Products | 267.63 |
| 家具制造业 | Manufacture of Furniture | 52.56 |
| 造纸及纸制品业 | Manufacture of Paper and Paper Products | 1594.63 |
| 印刷业和记录媒介的复制 | Printing,Reproduction of Recording Media | 62.26 |
| 文教体育用品制造业 | Manufacture of Articles For Culture, Education and Sport Activity | 20.99 |
| 石油加工、炼焦及核燃料加工业 | Processing of Petroleum, Coking, Processing of Nuclear Fuel | 869.39 |
| 化学原料及化学制品制造业 | Manufacture of Raw Chemical Materials and Chemical Products | 6278.72 |
| 医药制造业 | Manufacture of Medicines | 573.38 |
| 化学纤维制造业 | Manufacture of Chemical Fibers | 349.43 |
| 橡胶制品业 | Manufacture of Rubber | 338.92 |
| 塑料制品业 | Manufacture of Plastics | 138.56 |
| 非金属矿物制品业 | Manufacture of Non-metallic Mineral Products | 11237.01 |
| 黑色金属冶炼及压延加工业 | Smelting and Pressing of Ferrous Metals | 4047.02 |
| 有色金属冶炼及压延加工业 | Smelting and Pressing of Non-ferrous Metals | 1019.17 |
| 金属制品业 | Manufacture of Metal Products | 272.39 |
| 通用设备制造业 | Manufacture of General Purpose Machinery | 410.89 |
| 专用设备制造业 | Manufacture of Special Purpose Machinery | 302.86 |
| 交通运输设备制造业 | Manufacture of Transport Equipment | 667.53 |
| 电气机械及器材制造业 | Manufacture of Electrical Machinery and Equipment | 186.51 |
| 通信设备、计算机及其他电子设备制造业 | Manufacture of Communication Equipment,Computers and Other Electronic Equipment | 72.69 |
| 仪器仪表及文化、办公用机械制造业 | Manufacture of Measuring Instruments and Machinery for Cultural Activity and Office Work | 33.79 |
| 工艺品及其他制造业 | Manufacture of Artwork and Other Manufacturing | 308.23 |
| 废弃资源和废旧材料回收加工业 | Recycling and Disposal of Waste | |
| **(三)电力、煤气及水生产和供应业** | **Electric Power, Gas and Water Production and Supply** | **3075.65** |
| 电力、热力的生产和供应业 | Production and Distribution of Electric Power and Heat Power | 2818.77 |
| 燃气生产和供应业 | Production and Distribution of Gas | 227.30 |
| 水的生产和供应业 | Production and Distribution of Water | 29.58 |

# FINAL ENERGY CONSUMPTION BY INDUSTRIAL SECTOR-2002 (PHYSICAL QUANTITY)

| 原煤<br>(万吨)<br>Raw Coal<br>(10⁴ tn) | 洗精煤<br>(万吨)<br>Cleaned Coal<br>(10⁴ tn) | 其他洗煤<br>(万吨)<br>Other Washed Coal<br>(10⁴ tn) | 焦炭<br>(万吨)<br>Coke<br>(10⁴ tn) | 焦炉煤气<br>(亿立方米)<br>Coke Oven Gas<br>(10⁸ cu.m) | 其他煤气<br>(亿立方米)<br>Other Gas<br>(10⁸ cu.m) | 其他焦化产品<br>(万吨)<br>Other Coking Products<br>(10⁴ tn) | 油品合计<br>(万吨)<br>Petroleum Products Total<br>(10⁴ tn) | 原油<br>(万吨)<br>Crude Oil<br>(10⁴ tn) |
|---|---|---|---|---|---|---|---|---|
| **35705.88** | **925.00** | **3277.00** | **11927.70** | **204.79** | **389.57** | **250.00** | **9674.28** | **663.00** |
| **3038.23** | **120.33** | **201.32** | **167.21** | **0.64** | **0.70** | **6.50** | **1198.07** | **449.36** |
| 2286.26 | 118.16 | 184.98 | 48.08 | 0.64 | 0.70 | 5.00 | 105.57 | 1.19 |
| 162.75 | | 2.56 | 5.04 | | | | 967.75 | 448.17 |
| 90.30 | 0.40 | 12.65 | 52.53 | | | | 24.07 | |
| 92.83 | 0.03 | 0.43 | 28.33 | | | | 22.30 | |
| 314.50 | 1.74 | 0.71 | 32.86 | | | 1.50 | 48.36 | |
| 91.58 | | | 0.37 | | | | 30.01 | |
| **29827.20** | **771.32** | **2873.83** | **11760.49** | **197.73** | **387.67** | **240.94** | **8225.01** | **212.34** |
| 1076.68 | 5.05 | 89.24 | 14.33 | | | | 92.74 | 0.30 |
| 656.39 | 38.00 | 4.17 | 14.10 | 0.26 | 0.09 | | 49.40 | 0.43 |
| 671.96 | 2.47 | 1.02 | 3.32 | | | | 31.68 | 0.59 |
| 169.00 | 0.04 | | 1.27 | | 0.02 | | 41.46 | |
| 1524.19 | 2.38 | 7.73 | 4.57 | 0.31 | 0.18 | | 164.05 | 0.05 |
| 138.91 | 0.33 | 0.02 | 2.19 | | 0.01 | | 44.25 | 0.12 |
| 85.92 | 0.06 | | 1.54 | | | | 23.61 | |
| 267.45 | 0.15 | 0.03 | 1.56 | | | 0.21 | 13.13 | |
| | | | | | | | | |
| 52.55 | | 0.01 | 1.15 | | | | 9.33 | |
| 1535.33 | 10.25 | 49.05 | 1.74 | | | | 78.95 | 0.50 |
| 61.76 | 0.50 | | 0.26 | 0.03 | 0.02 | | 26.82 | |
| 20.98 | 0.01 | | 1.71 | | | | 19.99 | 0.09 |
| 725.31 | 112.08 | 32.00 | 46.24 | 13.50 | 3.80 | 21.09 | 3288.92 | 111.19 |
| 5962.31 | 77.53 | 200.08 | 1170.54 | 12.26 | 3.00 | 45.41 | 1732.86 | 65.39 |
| 556.73 | 1.23 | 15.37 | 0.73 | 0.17 | | 5.00 | 26.51 | |
| 346.78 | | 2.65 | 25.75 | | | | 448.64 | 7.46 |
| 337.83 | 0.54 | 0.55 | 2.39 | 0.01 | | | 34.12 | 0.06 |
| 136.57 | 0.67 | 1.32 | 5.17 | | | | 69.86 | 0.50 |
| 8991.27 | 110.04 | 2098.50 | 374.44 | 3.36 | 7.64 | 22.11 | 852.09 | 9.68 |
| 3467.79 | 288.43 | 273.54 | 9321.29 | 165.94 | 356.67 | 136.16 | 385.00 | 13.57 |
| 899.15 | 37.10 | 70.56 | 224.77 | 0.19 | 8.05 | 9.96 | 158.89 | 1.01 |
| 260.69 | 10.36 | 1.32 | 153.69 | 0.15 | 0.29 | 0.10 | 101.33 | 0.04 |
| 367.82 | 39.18 | 3.84 | 229.16 | 0.51 | 1.08 | 0.53 | 79.20 | 0.09 |
| 263.27 | 30.54 | 9.04 | 69.85 | 0.11 | 4.61 | 0.06 | 61.50 | 0.25 |
| 663.01 | 2.10 | 2.41 | 43.69 | 0.12 | 1.22 | 0.31 | 93.66 | 0.05 |
| 183.33 | 1.14 | 2.03 | 10.54 | 0.33 | 0.45 | | 75.45 | 0.50 |
| 71.78 | 0.83 | 0.08 | 0.49 | 0.48 | 0.09 | | 95.37 | |
| | | | | | | | | |
| 33.74 | 0.04 | 0.01 | 5.72 | | 0.02 | | 17.18 | |
| | | | | | | | | |
| 298.69 | 0.27 | 9.25 | 28.29 | | 0.43 | | 109.03 | 0.44 |
| | | | | | | | | |
| **2840.45** | **33.35** | **201.85** | | **6.42** | **1.20** | **2.56** | **251.20** | **1.30** |
| 2604.26 | 12.80 | 201.71 | | | | 0.19 | 211.96 | 1.30 |
| 206.61 | 20.55 | 0.14 | | 6.42 | 1.20 | 2.37 | 33.20 | |
| 29.58 | | | | | | | 6.03 | |

续表

| 行　业 | Item | 汽油 (万吨) Gasoline ($10^4$tn) |
|---|---|---|
| **工业** | **Industry** | **716.90** |
| **(一)采掘业** | **Mining and Quarrying** | **118.29** |
| 煤炭开采和洗选业 | Mining and Washing of Coal | 34.20 |
| 石油和天然气开采业 | Extraction of Petroleum and Natural Gas | 44.43 |
| 黑色金属矿采选业 | Mining and Processing of Ferrous Metal Ores | 7.02 |
| 有色金属矿采选业 | Mining and Processing of Non-Ferrous Metal Ores | 5.53 |
| 非金属矿采选业 | Mining and Processing of Nonmetal Ores | 9.74 |
| 其他采矿业 | Mining of Other Ores | 17.36 |
| **(二)制造业** | **Manufacturing** | **567.22** |
| 农副食品加工业 | Processing of Food from Agricultural Products | 34.84 |
| 食品制造业 | Manufacture of Foods | 14.98 |
| 饮料制造业 | Manufacture of Beverages | 9.61 |
| 烟草制品业 | Manufacture of Tobacco | 34.70 |
| 纺织业 | Manufacture of Textile | 40.27 |
| 纺织服装、鞋、帽制造业 | Manufacture of Textile Wearing Apparel,Footware, and Caps | 9.16 |
| 皮革、毛皮、羽毛(绒)及其制品业 | Manufacture of Leather, Fur, Feather and Related Products | 5.47 |
| 木材加工及木、竹、藤、棕、草制品业 | Processing of Timber,Manufacture of Wood,Bamboo,Rattan,Palm, and Straw Products | 3.41 |
| 家具制造业 | Manufacture of Furniture | 4.40 |
| 造纸及纸制品业 | Manufacture of Paper and Paper Products | 17.78 |
| 印刷业和记录媒介的复制 | Printing,Reproduction of Recording Media | 7.40 |
| 文教体育用品制造业 | Manufacture of Articles For Culture, Education and Sport Activity | 3.25 |
| 石油加工、炼焦及核燃料加工业 | Processing of Petroleum, Coking, Processing of Nuclear Fuel | 18.03 |
| 化学原料及化学制品制造业 | Manufacture of Raw Chemical Materials and Chemical Products | 62.53 |
| 医药制造业 | Manufacture of Medicines | 12.10 |
| 化学纤维制造业 | Manufacture of Chemical Fibers | 4.14 |
| 橡胶制品业 | Manufacture of Rubber | 9.42 |
| 塑料制品业 | Manufacture of Plastics | 13.27 |
| 非金属矿物制品业 | Manufacture of Non-metallic Mineral Products | 63.29 |
| 黑色金属冶炼及压延加工业 | Smelting and Pressing of Ferrous Metals | 35.48 |
| 有色金属冶炼及压延加工业 | Smelting and Pressing of Non-ferrous Metals | 12.52 |
| 金属制品业 | Manufacture of Metal Products | 22.48 |
| 通用设备制造业 | Manufacture of General Purpose Machinery | 25.16 |
| 专用设备制造业 | Manufacture of Special Purpose Machinery | 31.23 |
| 交通运输设备制造业 | Manufacture of Transport Equipment | 22.49 |
| 电气机械及器材制造业 | Manufacture of Electrical Machinery and Equipment | 20.67 |
| 通信设备、计算机及其他电子设备制造业 | Manufacture of Communication Equipment,Computers and Other Electronic Equipment | 11.02 |
| 仪器仪表及文化、办公用机械制造业 | Manufacture of Measuring Instruments and Machinery for Cultural Activity and Office Work | 3.44 |
| 工艺品及其他制造业 | Manufacture of Artwork and Other Manufacturing | 14.69 |
| 废弃资源和废旧材料回收加工业 | Recycling and Disposal of Waste | |
| **(三)电力、煤气及水生产和供应业** | **Electric Power, Gas and Water Production and Supply** | **31.38** |
| 电力、热力的生产和供应业 | Production and Distribution of Electric Power and Heat Power | 26.94 |
| 燃气生产和供应业 | Production and Distribution of Gas | 1.67 |
| 水的生产和供应业 | Production and Distribution of Water | 2.77 |

Continued

| 煤油<br>(万吨)<br>Kerosene<br>($10^4$tn) | 柴油<br>(万吨)<br>Diesel Oil<br>($10^4$tn) | 燃料油<br>(万吨)<br>Fuel Oil<br>($10^4$tn) | 液化石油气<br>(万吨)<br>LPG<br>($10^4$tn) | 炼厂干气<br>(万吨)<br>Refinery Gas<br>($10^4$tn) | 其他石油制品<br>(万吨)<br>Other Petroleum Products<br>($10^4$tn) | 天然气<br>(亿立方米)<br>Natural Gas<br>($10^8$ cu.m) | 热力<br>(万百万千焦)<br>Heat<br>($10^{10}$ kJ) | 电力<br>(亿千瓦小时)<br>Electricity<br>($10^8$kW•h) |
|---|---|---|---|---|---|---|---|---|
| **107.35** | **1650.34** | **1772.63** | **518.77** | **570.00** | **3675.29** | **192.94** | **130302.41** | **11233.50** |
| **10.02** | **339.33** | **146.90** | **32.19** | **63.54** | **38.44** | **59.32** | **6824.05** | **1177.66** |
| 7.36 | 60.00 | | 0.08 | | 2.73 | | 660.88 | 520.84 |
| 0.49 | 197.59 | 145.74 | 32.08 | 63.54 | 35.71 | 59.31 | 4713.58 | 364.94 |
| 0.04 | 17.01 | | | | | | 3.26 | 78.89 |
| 1.61 | 15.04 | 0.11 | | | | | 11.62 | 91.89 |
| 0.52 | 37.07 | 1.04 | | | | 0.01 | 1303.00 | 99.77 |
| | 12.62 | | 0.03 | | | | 131.70 | 21.33 |
| **96.67** | **1225.49** | **1515.55** | **468.86** | **506.24** | **3632.63** | **131.50** | **116343.15** | **8365.29** |
| 0.36 | 35.93 | 7.57 | 2.93 | | 10.82 | 0.15 | 1972.30 | 203.81 |
| 0.09 | 21.41 | 9.21 | 3.14 | | 0.14 | 0.10 | 2290.03 | 118.71 |
| 0.10 | 12.95 | 8.11 | 0.18 | | 0.13 | 0.02 | 1072.05 | 70.85 |
| 0.12 | 4.99 | 1.49 | 0.03 | | 0.13 | 0.12 | 153.73 | 32.61 |
| 5.33 | 40.38 | 64.45 | 7.31 | 0.21 | 6.05 | 0.79 | 8427.63 | 474.16 |
| 0.63 | 16.83 | 14.84 | 1.87 | | 0.81 | | 221.59 | 61.57 |
| 0.18 | 13.76 | 2.88 | 0.31 | | 1.01 | | 90.82 | 37.28 |
| 0.12 | 6.68 | 2.87 | 0.02 | | 0.03 | | 958.00 | 39.25 |
| 0.06 | 3.61 | 0.75 | 0.49 | | 0.03 | | 204.64 | 11.70 |
| 3.60 | 31.43 | 20.05 | 1.63 | 0.33 | 3.63 | 0.26 | 6317.11 | 297.55 |
| 7.32 | 8.09 | 1.67 | 0.57 | | 1.76 | 0.10 | 155.28 | 35.29 |
| 1.47 | 13.59 | 1.15 | 0.39 | | 0.04 | | 27.00 | 33.47 |
| 20.89 | 82.51 | 263.67 | 205.02 | 391.43 | 2196.17 | 11.25 | 24542.43 | 345.22 |
| 12.60 | 134.66 | 319.09 | 114.67 | 47.15 | 976.77 | 99.44 | 28019.27 | 1415.41 |
| 0.12 | 7.47 | 4.68 | 0.42 | | 1.71 | 0.96 | 3871.41 | 102.25 |
| 0.45 | 10.74 | 52.31 | 7.01 | 60.83 | 305.70 | | 5898.27 | 215.58 |
| 0.06 | 7.83 | 12.54 | | | 4.20 | | 763.88 | 113.68 |
| 0.60 | 40.08 | 9.27 | 2.60 | | 3.52 | 0.10 | 159.55 | 149.87 |
| 2.11 | 325.83 | 337.99 | 80.36 | 6.00 | 26.82 | 3.41 | 1586.22 | 918.48 |
| 7.94 | 88.01 | 238.14 | 1.14 | | 0.73 | 2.24 | 13251.74 | 1381.53 |
| 0.77 | 46.71 | 67.13 | 1.38 | | 29.36 | 0.64 | 7961.61 | 860.18 |
| 2.67 | 47.83 | 12.91 | 12.21 | | 3.21 | 0.80 | 300.26 | 294.56 |
| 4.34 | 34.90 | 8.51 | 0.98 | | 5.23 | 0.21 | 852.99 | 210.42 |
| 1.45 | 12.26 | 9.80 | 2.99 | | 3.52 | 2.16 | 1327.45 | 107.40 |
| 8.16 | 46.10 | 10.85 | 1.95 | | 4.05 | 1.74 | 2802.04 | 269.94 |
| 0.39 | 27.56 | 12.33 | 12.42 | 0.09 | 1.48 | 0.99 | 747.32 | 135.72 |
| 0.31 | 64.69 | 14.45 | 3.89 | 0.20 | 0.81 | 4.71 | 319.73 | 156.78 |
| 0.41 | 12.56 | 0.14 | 0.11 | | 0.51 | 0.03 | 152.34 | 33.45 |
| 14.00 | 26.10 | 6.70 | 2.83 | | 44.26 | 1.28 | 1896.41 | 238.59 |
| **0.66** | **85.51** | **110.18** | **17.72** | **0.22** | **4.21** | **2.12** | **7135.22** | **1690.55** |
| 0.61 | 70.87 | 109.23 | 0.52 | 0.15 | 2.34 | 0.21 | 6715.15 | 1505.92 |
| | 12.06 | 0.93 | 17.20 | 0.07 | 1.27 | 1.88 | 380.06 | 38.58 |
| 0.05 | 2.59 | 0.02 | | | 0.60 | 0.02 | 40.01 | 146.06 |

# 4-9 工业分行业终端能源消费量(实物量)-2003

| 行 业 | Item | 煤合计 (万吨) Coal Total (10^4 tn) |
|---|---|---|
| **工业** | **Industry** | **46020.21** |
| **(一)采掘业** | **Mining and Quarrying** | **4025.02** |
| 煤炭开采和洗选业 | Mining and Washing of Coal | 3138.64 |
| 石油和天然气开采业 | Extraction of Petroleum and Natural Gas | 174.34 |
| 黑色金属矿采选业 | Mining and Processing of Ferrous Metal Ores | 124.23 |
| 有色金属矿采选业 | Mining and Processing of Non-Ferrous Metal Ores | 92.61 |
| 非金属矿采选业 | Mining and Processing of Nonmetal Ores | 399.06 |
| 其他采矿业 | Mining of Other Ores | 96.13 |
| **(二)制造业** | **Manufacturing** | **38645.40** |
| 农副食品加工业 | Processing of Food from Agricultural Products | 1119.12 |
| 食品制造业 | Manufacture of Foods | 629.65 |
| 饮料制造业 | Manufacture of Beverages | 680.12 |
| 烟草制品业 | Manufacture of Tobacco | 173.35 |
| 纺织业 | Manufacture of Textile | 1680.52 |
| 纺织服装、鞋、帽制造业 | Manufacture of Textile Wearing Apparel,Footware, and Caps | 154.32 |
| 皮革、毛皮、羽毛(绒)及其制品业 | Manufacture of Leather, Fur, Feather and Related Products | 85.81 |
| 木材加工及木、竹、藤、棕、草制品业 | Processing of Timber,Manufacture of Wood,Bamboo,Rattan,Palm, and Straw Products | 319.81 |
| 家具制造业 | Manufacture of Furniture | 60.43 |
| 造纸及纸制品业 | Manufacture of Paper and Paper Products | 1541.20 |
| 印刷业和记录媒介的复制 | Printing,Reproduction of Recording Media | 77.15 |
| 文教体育用品制造业 | Manufacture of Articles For Culture, Education and Sport Activity | 22.49 |
| 石油加工、炼焦及核燃料加工业 | Processing of Petroleum, Coking, Processing of Nuclear Fuel | 1028.98 |
| 化学原料及化学制品制造业 | Manufacture of Raw Chemical Materials and Chemical Products | 7094.52 |
| 医药制造业 | Manufacture of Medicines | 584.43 |
| 化学纤维制造业 | Manufacture of Chemical Fibers | 362.10 |
| 橡胶制品业 | Manufacture of Rubber | 348.57 |
| 塑料制品业 | Manufacture of Plastics | 173.78 |
| 非金属矿物制品业 | Manufacture of Non-metallic Mineral Products | 13742.20 |
| 黑色金属冶炼及压延加工业 | Smelting and Pressing of Ferrous Metals | 5441.09 |
| 有色金属冶炼及压延加工业 | Smelting and Pressing of Non-ferrous Metals | 1199.91 |
| 金属制品业 | Manufacture of Metal Products | 244.68 |
| 通用设备制造业 | Manufacture of General Purpose Machinery | 376.14 |
| 专用设备制造业 | Manufacture of Special Purpose Machinery | 418.82 |
| 交通运输设备制造业 | Manufacture of Transport Equipment | 515.45 |
| 电气机械及器材制造业 | Manufacture of Electrical Machinery and Equipment | 162.74 |
| 通信设备、计算机及其他电子设备制造业 | Manufacture of Communication Equipment,Computers and Other Electronic Equipment | 78.75 |
| 仪器仪表及文化、办公用机械制造业 | Manufacture of Measuring Instruments and Machinery for Cultural Activity and Office Work | 39.70 |
| 工艺品及其他制造业 | Manufacture of Artwork and Other Manufacturing | 285.58 |
| 废弃资源和废旧材料回收加工业 | Recycling and Disposal of Waste | 3.97 |
| **(三)电力、煤气及水生产和供应业** | **Electric Power, Gas and Water Production and Supply** | **3349.79** |
| 电力、热力的生产和供应业 | Production and Distribution of Electric Power and Heat Power | 3090.75 |
| 燃气生产和供应业 | Production and Distribution of Gas | 229.59 |
| 水的生产和供应业 | Production and Distribution of Water | 29.46 |

# FINAL ENERGY CONSUMPTION BY INDUSTRIAL SECTOR-2003
# (PHYSICAL QUANTITY)

| 原煤 (万吨) Raw Coal ($10^4$ tn) | 洗精煤 (万吨) Cleaned Coal ($10^4$ tn) | 其他洗煤 (万吨) Other Washed Coal ($10^4$ tn) | 焦炭 (万吨) Coke ($10^4$ tn) | 焦炉煤气 (亿立方米) Coke Oven Gas ($10^8$ cu.m) | 其他煤气 (亿立方米) Other Gas ($10^8$ cu.m) | 其他焦化产品 (万吨) Other Coking Products ($10^4$ tn) | 油品合计 (万吨) Petroleum Products Total ($10^4$ tn) | 原油 (万吨) Crude Oil ($10^4$ tn) |
|---|---|---|---|---|---|---|---|---|
| **40406.00** | **1117.25** | **4300.86** | **14844.00** | **234.02** | **436.32** | **304.00** | **10268.71** | **793.00** |
| **3571.55** | **149.44** | **304.03** | **166.79** | **1.06** | | **8.50** | **1223.64** | **553.17** |
| 2703.11 | 147.00 | 288.53 | 45.70 | 1.06 | | 6.00 | 95.49 | 1.34 |
| 171.79 | | 2.55 | 7.47 | | | | 996.42 | 551.83 |
| 111.48 | 0.50 | 12.25 | 60.29 | | | | 26.41 | |
| 92.57 | 0.04 | | 30.14 | | | | 23.11 | |
| 396.46 | 1.90 | 0.70 | 23.01 | | | 2.50 | 55.63 | |
| 96.13 | | | 0.18 | | | | 26.58 | |
| **33658.51** | **934.81** | **3855.98** | **14677.21** | **224.93** | **434.32** | **293.01** | **8764.69** | **238.46** |
| 1013.03 | 7.33 | 98.77 | 15.46 | | | | 75.54 | 0.34 |
| 579.55 | 45.00 | 5.10 | 12.75 | 0.25 | | | 43.43 | 0.40 |
| 675.79 | 3.72 | 0.61 | 3.90 | | | | 25.11 | 0.61 |
| 173.29 | 0.05 | | 0.85 | | | | 34.41 | |
| 1662.63 | 3.00 | 14.89 | 3.24 | 0.96 | | | 132.98 | 0.03 |
| 153.95 | 0.35 | 0.02 | 1.45 | | | | 42.36 | 0.40 |
| 85.77 | 0.04 | | 2.72 | | | | 26.01 | |
| 319.67 | 0.14 | | 2.50 | | | | 13.66 | |
| | | | | | | | | |
| 60.43 | | | 0.91 | | | | 9.62 | |
| 1478.52 | 11.56 | 51.12 | 2.12 | | | | 84.60 | 0.63 |
| 76.55 | 0.60 | | | | | | 21.99 | |
| 22.48 | 0.01 | | 1.49 | | | | 20.29 | 0.10 |
| 831.85 | 151.20 | 45.93 | 59.71 | 17.72 | 3.57 | 22.33 | 3805.87 | 134.33 |
| 6714.11 | 93.65 | 227.61 | 1186.12 | 12.49 | 3.35 | 58.00 | 2087.85 | 73.45 |
| 563.38 | 2.01 | 19.05 | 1.06 | | | 6.00 | 25.97 | |
| 359.04 | | 3.06 | 31.87 | | | | 134.86 | 6.74 |
| 346.56 | 0.60 | 1.41 | 2.12 | | | | 34.75 | 0.10 |
| 170.60 | 0.78 | 2.40 | 1.52 | | | | 69.43 | 0.55 |
| 11137.73 | 135.00 | 2414.01 | 302.72 | 2.70 | 8.65 | 25.00 | 856.55 | 9.93 |
| 4162.72 | 350.93 | 882.90 | 12240.03 | 190.26 | 397.44 | 172.73 | 405.83 | 8.39 |
| 1067.79 | 40.04 | 55.12 | 239.26 | | 12.00 | 8.12 | 181.78 | 1.00 |
| 234.66 | 9.00 | 1.02 | 134.93 | | | | 94.19 | |
| 330.62 | 40.00 | 5.51 | 261.41 | 0.56 | 1.25 | 0.82 | 88.06 | |
| 372.68 | 34.00 | 12.14 | 56.66 | | 6.63 | | 59.73 | 0.27 |
| 509.63 | 2.76 | 3.06 | 55.75 | | 1.43 | | 97.55 | 0.27 |
| 158.70 | 2.00 | 2.04 | 16.80 | | | | 84.62 | 0.53 |
| 78.05 | 0.70 | | | | | | 87.83 | |
| | | | | | | | | |
| 39.67 | 0.03 | | 7.95 | | | | 25.95 | |
| | | | | | | | | |
| 275.08 | 0.30 | 10.21 | 31.87 | | | | 93.87 | 0.40 |
| 3.97 | | | | | | | | |
| **3175.94** | **33.00** | **140.86** | | **8.03** | **2.00** | **2.49** | **280.37** | **1.37** |
| 2934.89 | 15.00 | 140.86 | | | | | 237.78 | 1.37 |
| 211.59 | 18.00 | | | 8.03 | 2.00 | 2.49 | 36.38 | |
| 29.46 | | | | | | | 6.21 | |

## 续表

| 行　业 | Item | 汽油<br>(万吨)<br>Gasoline<br>($10^4$tn) |
|---|---|---|
| **工业** | **Industry** | **632.40** |
| **(一)采掘业** | **Mining and Quarrying** | **106.12** |
| 煤炭开采和洗选业 | Mining and Washing of Coal | 33.04 |
| 石油和天然气开采业 | Extraction of Petroleum and Natural Gas | 39.07 |
| 黑色金属矿采选业 | Mining and Processing of Ferrous Metal Ores | 5.98 |
| 有色金属矿采选业 | Mining and Processing of Non-Ferrous Metal Ores | 4.99 |
| 非金属矿采选业 | Mining and Processing of Nonmetal Ores | 8.39 |
| 其他采矿业 | Mining of Other Ores | 14.65 |
| **(二)制造业** | **Manufacturing** | **496.29** |
| 农副食品加工业 | Processing of Food from Agricultural Products | 21.74 |
| 食品制造业 | Manufacture of Foods | 8.35 |
| 饮料制造业 | Manufacture of Beverages | 8.19 |
| 烟草制品业 | Manufacture of Tobacco | 27.97 |
| 纺织业 | Manufacture of Textile | 26.24 |
| 纺织服装、鞋、帽制造业 | Manufacture of Textile Wearing Apparel,Footware, and Caps | 9.31 |
| 皮革、毛皮、羽毛(绒)及其制品业 | Manufacture of Leather, Fur, Feather and Related Products | 4.05 |
| 木材加工及木、竹、藤、棕、草制品业 | Processing of Timber,Manufacture of Wood,Bamboo,Rattan,Palm, and Straw Products | 3.07 |
| 家具制造业 | Manufacture of Furniture | 4.56 |
| 造纸及纸制品业 | Manufacture of Paper and Paper Products | 19.10 |
| 印刷业和记录媒介的复制 | Printing,Reproduction of Recording Media | 6.27 |
| 文教体育用品制造业 | Manufacture of Articles For Culture, Education and Sport Activity | 2.79 |
| 石油加工、炼焦及核燃料加工业 | Processing of Petroleum, Coking, Processing of Nuclear Fuel | 22.60 |
| 化学原料及化学制品制造业 | Manufacture of Raw Chemical Materials and Chemical Products | 45.18 |
| 医药制造业 | Manufacture of Medicines | 13.56 |
| 化学纤维制造业 | Manufacture of Chemical Fibers | 3.02 |
| 橡胶制品业 | Manufacture of Rubber | 8.94 |
| 塑料制品业 | Manufacture of Plastics | 9.96 |
| 非金属矿物制品业 | Manufacture of Non-metallic Mineral Products | 59.14 |
| 黑色金属冶炼及压延加工业 | Smelting and Pressing of Ferrous Metals | 36.85 |
| 有色金属冶炼及压延加工业 | Smelting and Pressing of Non-ferrous Metals | 11.94 |
| 金属制品业 | Manufacture of Metal Products | 21.99 |
| 通用设备制造业 | Manufacture of General Purpose Machinery | 28.65 |
| 专用设备制造业 | Manufacture of Special Purpose Machinery | 24.24 |
| 交通运输设备制造业 | Manufacture of Transport Equipment | 21.51 |
| 电气机械及器材制造业 | Manufacture of Electrical Machinery and Equipment | 23.14 |
| 通信设备、计算机及其他电子设备制造业 | Manufacture of Communication Equipment,Computers and Other Electronic Equipment | 11.76 |
| 仪器仪表及文化、办公用机械制造业 | Manufacture of Measuring Instruments and Machinery for Cultural Activity and Office Work | 6.39 |
| 工艺品及其他制造业 | Manufacture of Artwork and Other Manufacturing | 5.76 |
| 废弃资源和废旧材料回收加工业 | Recycling and Disposal of Waste | |
| **(三)电力、煤气及水生产和供应业** | **Electric Power, Gas and Water Production and Supply** | **29.98** |
| 电力、热力的生产和供应业 | Production and Distribution of Electric Power and Heat Power | 25.41 |
| 燃气生产和供应业 | Production and Distribution of Gas | 1.10 |
| 水的生产和供应业 | Production and Distribution of Water | 3.47 |

Continued

| 煤油 (万吨) Kerosene ($10^4$tn) | 柴油 (万吨) Diesel Oil ($10^4$tn) | 燃料油 (万吨) Fuel Oil ($10^4$tn) | 液化石油气 (万吨) LPG ($10^4$tn) | 炼厂干气 (万吨) Refinery Gas ($10^4$tn) | 其他石油制品 (万吨) Other Petroleum Products ($10^4$tn) | 天然气 (亿立方米) Natural Gas ($10^8$ cu.m) | 热力 (万百万千焦) Heat ($10^{10}$ kJ) | 电力 (亿千瓦小时) Electricity ($10^8$kW•h) |
|---|---|---|---|---|---|---|---|---|
| **87.77** | **1644.23** | **1898.31** | **540.00** | **586.00** | **4087.00** | **232.00** | **135915.00** | **12909.00** |
| **8.10** | **316.29** | **125.91** | **31.50** | **60.00** | **22.55** | **61.82** | **7010.95** | **1276.57** |
| 6.37 | 52.73 | | | | 2.01 | | 600.13 | 533.99 |
| 0.28 | 168.32 | 124.89 | 31.50 | 60.00 | 20.54 | 61.82 | 5003.51 | 356.80 |
| | 20.43 | | | | | | | 111.33 |
| 1.32 | 16.79 | | | | | | 10.00 | 129.71 |
| 0.13 | 46.10 | 1.02 | | | | | 1159.26 | 114.91 |
| | 11.93 | | | | | | 238.05 | 29.82 |
| **79.14** | **1238.52** | **1637.87** | **488.40** | **524.99** | **4061.02** | **166.06** | **120005.49** | **9720.35** |
| 0.40 | 34.00 | 7.00 | 1.98 | | 10.07 | | 1659.79 | 174.20 |
| 0.10 | 22.03 | 9.56 | 3.00 | | | | 2061.48 | 95.03 |
| 0.14 | 9.49 | 6.58 | 0.09 | | | | 1285.47 | 66.39 |
| | 5.42 | 1.00 | 0.01 | | | | 157.91 | 32.04 |
| 3.71 | 36.99 | 51.97 | 9.00 | 0.00 | 5.04 | 0.90 | 8539.45 | 556.44 |
| 0.50 | 19.34 | 11.77 | 1.04 | | | | 365.45 | 67.27 |
| 0.18 | 17.93 | 3.65 | 0.19 | | | | 87.00 | 43.37 |
| 0.21 | 7.38 | 3.00 | | | | | 721.08 | 54.44 |
| | 4.22 | 0.54 | 0.30 | | | | 150.03 | 15.36 |
| 1.90 | 36.91 | 21.05 | 1.99 | | 3.02 | | 6419.10 | 318.28 |
| 6.00 | 6.33 | 1.61 | 0.27 | | 1.51 | | 213.19 | 79.67 |
| 1.63 | 14.30 | 1.00 | 0.48 | | | | 12.60 | 29.62 |
| 16.79 | 91.95 | 322.95 | 224.13 | 408.14 | 2584.97 | 15.53 | 20751.58 | 342.78 |
| 9.68 | 134.75 | 334.00 | 112.50 | 50.00 | 1328.29 | 128.13 | 33212.96 | 1665.17 |
| 0.08 | 5.27 | 4.87 | 0.38 | | 1.80 | 0.96 | 4608.02 | 126.65 |
| 0.42 | 9.70 | 49.34 | 4.89 | 59.74 | 1.01 | | 6800.38 | 211.97 |
| 0.08 | 8.88 | 13.72 | | | 3.02 | | 802.18 | 130.42 |
| 0.67 | 41.85 | 11.17 | 3.21 | | 2.01 | | 160.62 | 174.65 |
| 1.52 | 302.68 | 373.63 | 82.50 | 7.00 | 20.15 | 3.74 | 1347.42 | 1052.95 |
| 3.00 | 99.62 | 255.10 | 1.36 | | 1.51 | 3.16 | 13589.88 | 1683.21 |
| 1.14 | 54.81 | 71.54 | 2.35 | | 39.00 | 0.80 | 8787.25 | 1094.55 |
| 2.40 | 46.65 | 9.64 | 11.50 | | 2.01 | 0.97 | 197.65 | 363.45 |
| 5.72 | 36.91 | 12.00 | 0.75 | | 4.03 | | 750.35 | 253.30 |
| 1.64 | 18.54 | 10.00 | 2.52 | | 2.52 | 2.36 | 1354.30 | 122.56 |
| 7.18 | 50.62 | 12.17 | 2.79 | | 3.02 | 1.84 | 2784.67 | 288.54 |
| 0.49 | 30.66 | 14.36 | 13.50 | 0.10 | 1.84 | 1.23 | 863.56 | 172.61 |
| 0.30 | 51.98 | 19.00 | 4.74 | | 0.04 | 5.46 | 421.69 | 221.64 |
| 0.42 | 18.12 | 0.10 | 0.12 | | 0.81 | | 100.02 | 36.61 |
| 12.85 | 21.19 | 5.56 | 2.78 | | 45.33 | 0.97 | 1800.40 | 236.96 |
| | | | | | | | | 10.21 |
| **0.53** | **89.42** | **134.53** | **20.10** | **1.01** | **3.43** | **4.12** | **8898.56** | **1912.09** |
| 0.53 | 74.04 | 133.43 | 0.60 | 0.17 | 2.22 | 0.27 | 8451.46 | 1734.76 |
| | 12.65 | 1.07 | 19.50 | 0.84 | 1.21 | 3.85 | 403.79 | 29.81 |
| | 2.73 | 0.02 | | | | | 43.31 | 147.51 |

# 4-10 工业分行业终端能源消费量(实物量)-2004

| 行 业 | Item | 煤合计 (万吨) Coal Total (10[4] tn) |
|---|---|---|
| **工业** | **Industry** | **56762.73** |
| **(一)采掘业** | **Mining and Quarrying** | **6049.84** |
| 煤炭开采和洗选业 | Mining and Washing of Coal | 5268.43 |
| 石油和天然气开采业 | Extraction of Petroleum and Natural Gas | 170.34 |
| 黑色金属矿采选业 | Mining and Processing of Ferrous Metal Ores | 116.38 |
| 有色金属矿采选业 | Mining and Processing of Non-Ferrous Metal Ores | 108.38 |
| 非金属矿采选业 | Mining and Processing of Nonmetal Ores | 384.20 |
| 其他采矿业 | Mining of Other Ores | 2.10 |
| **(二)制造业** | **Manufacturing** | **47577.16** |
| 农副食品加工业 | Processing of Food from Agricultural Products | 1244.95 |
| 食品制造业 | Manufacture of Foods | 689.32 |
| 饮料制造业 | Manufacture of Beverages | 769.42 |
| 烟草制品业 | Manufacture of Tobacco | 156.99 |
| 纺织业 | Manufacture of Textile | 1997.99 |
| 纺织服装、鞋、帽制造业 | Manufacture of Textile Wearing Apparel,Footware, and Caps | 196.04 |
| 皮革、毛皮、羽毛(绒)及其制品业 | Manufacture of Leather, Fur, Feather and Related Products | 102.14 |
| 木材加工及木、竹、藤、棕、草制品业 | Processing of Timber,Manufacture of Wood,Bamboo,Rattan,Palm, and Straw Products | 427.69 |
| 家具制造业 | Manufacture of Furniture | 32.57 |
| 造纸及纸制品业 | Manufacture of Paper and Paper Products | 2072.76 |
| 印刷业和记录媒介的复制 | Printing,Reproduction of Recording Media | 45.16 |
| 文教体育用品制造业 | Manufacture of Articles For Culture, Education and Sport Activity | 21.00 |
| 石油加工、炼焦及核燃料加工业 | Processing of Petroleum, Coking, Processing of Nuclear Fuel | 1212.24 |
| 化学原料及化学制品制造业 | Manufacture of Raw Chemical Materials and Chemical Products | 8131.69 |
| 医药制造业 | Manufacture of Medicines | 556.72 |
| 化学纤维制造业 | Manufacture of Chemical Fibers | 254.89 |
| 橡胶制品业 | Manufacture of Rubber | 392.43 |
| 塑料制品业 | Manufacture of Plastics | 275.88 |
| 非金属矿物制品业 | Manufacture of Non-metallic Mineral Products | 19262.48 |
| 黑色金属冶炼及压延加工业 | Smelting and Pressing of Ferrous Metals | 5946.54 |
| 有色金属冶炼及压延加工业 | Smelting and Pressing of Non-ferrous Metals | 1291.45 |
| 金属制品业 | Manufacture of Metal Products | 317.84 |
| 通用设备制造业 | Manufacture of General Purpose Machinery | 355.53 |
| 专用设备制造业 | Manufacture of Special Purpose Machinery | 493.39 |
| 交通运输设备制造业 | Manufacture of Transport Equipment | 661.42 |
| 电气机械及器材制造业 | Manufacture of Electrical Machinery and Equipment | 171.39 |
| 通信设备、计算机及其他电子设备制造业 | Manufacture of Communication Equipment,Computers and Other Electronic Equipment | 111.39 |
| 仪器仪表及文化、办公用机械制造业 | Manufacture of Measuring Instruments and Machinery for Cultural Activity and Office Work | 25.49 |
| 工艺品及其他制造业 | Manufacture of Artwork and Other Manufacturing | 352.89 |
| 废弃资源和废旧材料回收加工业 | Recycling and Disposal of Waste | 7.46 |
| **(三)电力、煤气及水生产和供应业** | **Electric Power, Gas and Water Production and Supply** | **3135.73** |
| 电力、热力的生产和供应业 | Production and Distribution of Electric Power and Heat Power | 3000.87 |
| 燃气生产和供应业 | Production and Distribution of Gas | 97.40 |
| 水的生产和供应业 | Production and Distribution of Water | 37.46 |

# FINAL ENERGY CONSUMPTION BY INDUSTRIAL SECTOR-2004
# (PHYSICAL QUANTITY)

| 原煤<br>(万吨)<br>Raw Coal<br>($10^4$ tn) | 洗精煤<br>(万吨)<br>Cleaned Coal<br>($10^4$ tn) | 其他洗煤<br>(万吨)<br>Other Washed Coal<br>($10^4$ tn) | 焦炭<br>(万吨)<br>Coke<br>($10^4$ tn) | 焦炉煤气<br>(亿立方米)<br>Coke Oven Gas<br>($10^8$ cu.m) | 其他煤气<br>(亿立方米)<br>Other Gas<br>($10^8$ cu.m) | 其他焦化产品<br>(万吨)<br>Other Coking Products<br>($10^4$ tn) | 油品合计<br>(万吨)<br>Petroleum Products Total<br>($10^4$ tn) | 原油<br>(万吨)<br>Crude Oil<br>($10^4$ tn) |
|---:|---:|---:|---:|---:|---:|---:|---:|---:|
| **49921.24** | **2164.00** | **4535.78** | **17616.83** | **267.32** | **472.49** | **394.47** | **11455.60** | **844.94** |
| **5569.99** | **197.82** | **282.03** | **112.88** | **1.19** | **2.66** | **2.07** | **1042.98** | **498.96** |
| 4817.95 | 175.21 | 275.27 | 25.55 | 0.79 | 2.60 | 2.07 | 95.72 | |
| 170.29 | 0.06 | | 0.22 | | | | 814.92 | 498.96 |
| 111.28 | 4.83 | 0.27 | 64.67 | 0.40 | 0.06 | | 42.74 | |
| 99.22 | 7.06 | 2.10 | 12.69 | 0.01 | | | 21.90 | |
| 369.15 | 10.67 | 4.39 | 9.75 | | | | 66.40 | |
| 2.10 | | | | | | | 1.30 | |
| **41287.69** | **1961.79** | **4187.04** | **17496.17** | **257.22** | **465.98** | **387.12** | **10171.66** | **345.11** |
| 1176.41 | 7.37 | 61.17 | 6.08 | 0.01 | | | 92.85 | 0.14 |
| 676.90 | 7.36 | 5.07 | 4.07 | | 0.14 | | 49.20 | 0.20 |
| 753.17 | 10.83 | 5.42 | 1.45 | | | | 33.29 | 0.43 |
| 152.96 | 1.49 | 2.54 | | 0.02 | 0.18 | | 8.74 | |
| 1975.14 | 10.67 | 12.17 | 2.27 | 0.55 | 0.09 | | 143.08 | 0.20 |
| 190.17 | 3.70 | 2.17 | 1.01 | 0.03 | 0.04 | | 43.91 | 0.47 |
| 100.96 | 0.21 | 0.97 | 0.30 | 0.02 | 0.02 | | 34.07 | 0.07 |
| 422.00 | 3.62 | 2.07 | 1.49 | | | | 17.34 | 0.10 |
| | | | | | | | | |
| 32.13 | 0.08 | 0.36 | 1.22 | | | | 9.82 | 0.04 |
| 1957.94 | 31.94 | 82.88 | 7.15 | 0.13 | 0.01 | | 70.87 | 0.38 |
| 44.91 | 0.12 | 0.13 | 0.11 | | 0.07 | | 17.16 | |
| 20.75 | 0.04 | 0.21 | 3.36 | | | | 21.99 | 0.07 |
| 931.81 | 197.09 | 83.34 | 55.95 | 20.28 | 4.99 | 50.90 | 4836.03 | 181.72 |
| 7579.45 | 344.32 | 164.63 | 1176.27 | 6.81 | 5.63 | 125.41 | 2486.77 | 138.60 |
| 534.70 | 17.59 | 4.44 | 0.86 | 0.12 | 0.04 | | 24.69 | |
| 252.54 | 1.90 | 0.44 | 36.69 | | | | 46.80 | 8.48 |
| 380.76 | 4.53 | 7.14 | 2.91 | | 0.09 | | 41.97 | 0.72 |
| 270.90 | 3.16 | 1.82 | 1.98 | 0.01 | | | 85.48 | 0.10 |
| 15320.77 | 341.13 | 3558.35 | 213.81 | 3.63 | 11.78 | 38.79 | 894.54 | 11.62 |
| 4979.01 | 834.28 | 108.75 | 15218.35 | 218.37 | 406.72 | 152.79 | 323.65 | 0.11 |
| 1157.81 | 61.86 | 48.09 | 268.42 | 4.77 | 20.14 | 19.24 | 216.95 | 0.44 |
| 305.05 | 8.04 | 4.76 | 76.64 | 0.23 | 0.18 | | 99.58 | 0.10 |
| 337.41 | 9.64 | 5.61 | 268.58 | 0.63 | 2.08 | | 121.99 | 0.25 |
| 457.43 | 34.25 | 1.70 | 60.42 | 0.47 | 10.14 | | 72.13 | 0.08 |
| 644.12 | 8.36 | 8.94 | 61.95 | 0.54 | 1.49 | | 134.04 | 0.10 |
| 165.91 | 4.00 | 1.48 | 15.60 | 0.51 | 1.81 | | 99.57 | 0.16 |
| 109.19 | 1.84 | 0.37 | 0.81 | 0.06 | 0.12 | | 90.88 | 0.45 |
| | | | | | | | | |
| 23.49 | 0.03 | 1.96 | 2.20 | 0.01 | 0.04 | | 16.24 | 0.06 |
| | | | | | | | | |
| 328.85 | 12.30 | 7.69 | 3.97 | | 0.02 | | 34.47 | 0.02 |
| 5.07 | 0.02 | 2.37 | 2.25 | | 0.15 | | 3.55 | |
| **3063.56** | **4.39** | **66.71** | **7.78** | **8.91** | **3.86** | **5.28** | **240.96** | **0.86** |
| 2929.09 | 4.20 | 66.52 | 6.04 | 1.08 | 1.08 | 2.31 | 132.27 | 0.34 |
| 97.05 | 0.19 | 0.16 | 1.68 | 7.83 | 2.78 | 2.97 | 102.73 | 0.52 |
| 37.42 | 0.01 | 0.03 | 0.07 | | | | 5.96 | |

续表

| 行　业 | Item | 汽油<br>(万吨)<br>Gasoline<br>($10^4$tn) |
|---|---|---|
| **工业** | **Industry** | **506.95** |
| **(一)采掘业** | **Mining and Quarrying** | **70.71** |
| 煤炭开采和洗选业 | Mining and Washing of Coal | 17.69 |
| 石油和天然气开采业 | Extraction of Petroleum and Natural Gas | 36.56 |
| 黑色金属矿采选业 | Mining and Processing of Ferrous Metal Ores | 6.77 |
| 有色金属矿采选业 | Mining and Processing of Non-Ferrous Metal Ores | 3.07 |
| 非金属矿采选业 | Mining and Processing of Nonmetal Ores | 6.58 |
| 其他采矿业 | Mining of Other Ores | 0.03 |
| **(二)制造业** | **Manufacturing** | **403.78** |
| 农副食品加工业 | Processing of Food from Agricultural Products | 16.07 |
| 食品制造业 | Manufacture of Foods | 7.80 |
| 饮料制造业 | Manufacture of Beverages | 8.05 |
| 烟草制品业 | Manufacture of Tobacco | 0.93 |
| 纺织业 | Manufacture of Textile | 21.26 |
| 纺织服装、鞋、帽制造业 | Manufacture of Textile Wearing Apparel,Footware, and Caps | 7.95 |
| 皮革、毛皮、羽毛(绒)及其制品业 | Manufacture of Leather, Fur, Feather and Related Products | 4.05 |
| 木材加工及木、竹、藤、棕、草制品业 | Processing of Timber,Manufacture of Wood,Bamboo,Rattan,Palm, and Straw Products | 3.43 |
| 家具制造业 | Manufacture of Furniture | 2.28 |
| 造纸及纸制品业 | Manufacture of Paper and Paper Products | 8.88 |
| 印刷业和记录媒介的复制 | Printing,Reproduction of Recording Media | 5.89 |
| 文教体育用品制造业 | Manufacture of Articles For Culture, Education and Sport Activity | 3.33 |
| 石油加工、炼焦及核燃料加工业 | Processing of Petroleum, Coking, Processing of Nuclear Fuel | 25.08 |
| 化学原料及化学制品制造业 | Manufacture of Raw Chemical Materials and Chemical Products | 45.72 |
| 医药制造业 | Manufacture of Medicines | 7.67 |
| 化学纤维制造业 | Manufacture of Chemical Fibers | 0.74 |
| 橡胶制品业 | Manufacture of Rubber | 9.66 |
| 塑料制品业 | Manufacture of Plastics | 14.80 |
| 非金属矿物制品业 | Manufacture of Non-metallic Mineral Products | 34.41 |
| 黑色金属冶炼及压延加工业 | Smelting and Pressing of Ferrous Metals | 22.13 |
| 有色金属冶炼及压延加工业 | Smelting and Pressing of Non-ferrous Metals | 7.06 |
| 金属制品业 | Manufacture of Metal Products | 19.92 |
| 通用设备制造业 | Manufacture of General Purpose Machinery | 30.37 |
| 专用设备制造业 | Manufacture of Special Purpose Machinery | 23.66 |
| 交通运输设备制造业 | Manufacture of Transport Equipment | 28.46 |
| 电气机械及器材制造业 | Manufacture of Electrical Machinery and Equipment | 20.69 |
| 通信设备、计算机及其他电子设备制造业 | Manufacture of Communication Equipment,Computers and Other Electronic Equipment | 10.41 |
| 仪器仪表及文化、办公用机械制造业 | Manufacture of Measuring Instruments and Machinery for Cultural Activity and Office Work | 5.35 |
| 工艺品及其他制造业 | Manufacture of Artwork and Other Manufacturing | 7.33 |
| 废弃资源和废旧材料回收加工业 | Recycling and Disposal of Waste | 0.41 |
| **(三)电力、煤气及水生产和供应业** | **Electric Power, Gas and Water Production and Supply** | **32.46** |
| 电力、热力的生产和供应业 | Production and Distribution of Electric Power and Heat Power | 26.99 |
| 燃气生产和供应业 | Production and Distribution of Gas | 1.63 |
| 水的生产和供应业 | Production and Distribution of Water | 3.84 |

Continued

| 煤油 (万吨) Kerosene (10⁴tn) | 柴油 (万吨) Diesel Oil (10⁴tn) | 燃料油 (万吨) Fuel Oil (10⁴tn) | 液化石油气 (万吨) LPG (10⁴tn) | 炼厂干气 (万吨) Refinery Gas (10⁴tn) | 其他石油制品 (万吨) Other Petroleum Products (10⁴tn) | 天然气 (亿立方米) Natural Gas ($10^8$ cu.m) | 热力 (万百万千焦) Heat ($10^{10}$ kJ) | 电力 (亿千瓦小时) Electricity ($10^8$kW•h) |
|---|---|---|---|---|---|---|---|---|
| **60.89** | **1749.90** | **1917.37** | **483.71** | **668.65** | **5223.19** | **237.60** | **141539.66** | **15003.69** |
| **6.80** | **360.83** | **42.32** | **2.29** | **37.19** | **23.89** | **49.69** | **6742.60** | **1387.08** |
| 4.37 | 65.46 | 6.15 | 0.21 | | 1.84 | 1.07 | 473.46 | 582.75 |
| 0.17 | 184.60 | 33.83 | 1.88 | 37.19 | 21.72 | 48.52 | 5342.95 | 363.06 |
| 0.71 | 34.24 | 0.95 | 0.01 | | 0.07 | 0.04 | 1.03 | 141.64 |
| 0.84 | 17.48 | 0.33 | 0.13 | | 0.05 | 0.02 | 0.04 | 146.18 |
| 0.70 | 57.80 | 1.05 | 0.06 | | 0.20 | 0.03 | 925.11 | 133.11 |
| 0.01 | 1.25 | 0.01 | | | | | | 20.34 |
| **53.83** | **1303.36** | **1840.68** | **400.49** | **630.09** | **5194.31** | **182.76** | **124415.52** | **11432.55** |
| 0.33 | 44.70 | 11.82 | 3.54 | 12.00 | 4.23 | 0.19 | 1808.07 | 204.35 |
| 0.33 | 21.42 | 14.56 | 3.91 | | 0.98 | 1.40 | 2914.57 | 101.20 |
| 0.54 | 14.03 | 10.03 | 0.22 | | | 0.53 | 1386.13 | 67.48 |
| 0.03 | 6.68 | 1.07 | 0.02 | | | 0.27 | 238.38 | 31.61 |
| 2.05 | 56.25 | 57.85 | 2.64 | 0.13 | 2.71 | 0.47 | 10990.82 | 727.56 |
| 0.70 | 27.71 | 5.26 | 0.62 | | 1.21 | 0.09 | 564.57 | 73.40 |
| 0.37 | 18.18 | 10.83 | 0.30 | | 0.27 | 0.02 | 107.54 | 45.96 |
| 1.36 | 9.67 | 2.30 | 0.29 | | 0.20 | 0.08 | 748.21 | 62.27 |
| | | | | | | | | |
| 0.24 | 5.99 | 0.21 | 1.06 | | | 0.03 | 39.80 | 20.83 |
| 0.91 | 26.28 | 26.12 | 8.01 | | 0.29 | 0.35 | 8027.05 | 363.45 |
| 0.74 | 7.87 | 1.45 | 0.90 | | 0.31 | 0.19 | 111.61 | 79.27 |
| 0.35 | 14.21 | 2.42 | 1.43 | | 0.18 | | 20.98 | 38.76 |
| 2.06 | 93.62 | 429.33 | 160.23 | 555.73 | 3388.26 | 14.32 | 22315.62 | 417.58 |
| 8.70 | 140.04 | 357.05 | 82.97 | 58.16 | 1655.54 | 122.52 | 39029.32 | 1870.39 |
| 0.52 | 10.22 | 5.65 | 0.43 | | 0.20 | 0.66 | 3673.74 | 132.42 |
| 0.50 | 8.25 | 25.21 | 1.15 | 1.56 | 0.92 | 0.20 | 5003.08 | 227.91 |
| 0.27 | 10.70 | 17.27 | 1.78 | | 1.57 | 0.36 | 808.92 | 151.12 |
| 0.74 | 44.35 | 16.02 | 2.02 | | 7.46 | 0.38 | 278.48 | 232.80 |
| 3.06 | 242.53 | 478.40 | 68.35 | 1.94 | 54.23 | 18.40 | 634.58 | 1223.11 |
| 1.92 | 87.66 | 199.46 | 6.91 | | 5.46 | 7.19 | 11836.71 | 2087.28 |
| 2.32 | 63.85 | 83.92 | 4.41 | | 54.95 | 2.65 | 7249.61 | 1272.35 |
| 2.61 | 54.89 | 11.47 | 9.81 | | 0.78 | 0.75 | 184.95 | 437.75 |
| 7.03 | 64.25 | 13.27 | 3.71 | | 3.11 | 1.24 | 709.05 | 282.99 |
| 1.69 | 36.55 | 7.01 | 1.92 | | 1.22 | 1.85 | 1489.38 | 154.06 |
| 10.16 | 73.73 | 10.52 | 8.69 | | 2.38 | 3.31 | 1902.07 | 361.77 |
| 1.60 | 49.18 | 11.03 | 14.13 | 0.56 | 2.21 | 0.85 | 735.21 | 225.47 |
| 0.82 | 45.50 | 25.44 | 8.21 | | 0.05 | 4.40 | 586.32 | 280.39 |
| | | | | | | | | |
| 1.13 | 8.43 | 0.18 | 0.18 | | 0.91 | 0.06 | 98.62 | 35.76 |
| | | | | | | | | |
| 0.70 | 15.26 | 4.01 | 2.66 | | 4.49 | 0.03 | 915.55 | 218.13 |
| 0.04 | 1.36 | 1.53 | 0.01 | | 0.20 | | 6.59 | 5.17 |
| **0.26** | **85.71** | **34.36** | **80.93** | **1.37** | **4.99** | **5.15** | **10381.54** | **2184.06** |
| 0.21 | 65.73 | 33.93 | 0.08 | 0.20 | 4.79 | 0.41 | 10029.73 | 1972.20 |
| 0.01 | 17.92 | 0.43 | 80.85 | 1.17 | 0.20 | 4.70 | 303.80 | 34.72 |
| 0.04 | 2.06 | 0.01 | 0.01 | | | 0.04 | 48.01 | 177.14 |

# 4-11 工业分行业终端能源消费量(实物量)-2005

| 行业 | Item | 煤合计 (万吨) Coal Total ($10^4$ tn) |
|---|---|---|
| **工业** | **Industry** | **59024.91** |
| **(一)采掘业** | **Mining and Quarrying** | **6270.85** |
| 煤炭开采和洗选业 | Mining and Washing of Coal | 5385.47 |
| 石油和天然气开采业 | Extraction of Petroleum and Natural Gas | 170.19 |
| 黑色金属矿采选业 | Mining and Processing of Ferrous Metal Ores | 140.06 |
| 有色金属矿采选业 | Mining and Processing of Non-Ferrous Metal Ores | 109.24 |
| 非金属矿采选业 | Mining and Processing of Nonmetal Ores | 463.79 |
| 其他采矿业 | Mining of Other Ores | 2.10 |
| **(二)制造业** | **Manufacturing** | **49281.91** |
| 农副食品加工业 | Processing of Food from Agricultural Products | 1213.53 |
| 食品制造业 | Manufacture of Foods | 772.22 |
| 饮料制造业 | Manufacture of Beverages | 769.15 |
| 烟草制品业 | Manufacture of Tobacco | 134.01 |
| 纺织业 | Manufacture of Textile | 1993.31 |
| 纺织服装、鞋、帽制造业 | Manufacture of Textile Wearing Apparel,Footware, and Caps | 221.81 |
| 皮革、毛皮、羽毛(绒)及其制品业 | Manufacture of Leather, Fur, Feather and Related Products | 101.68 |
| 木材加工及木、竹、藤、棕、草制品业 | Processing of Timber,Manufacture of Wood,Bamboo,Rattan,Palm, and Straw Products | 426.95 |
| 家具制造业 | Manufacture of Furniture | 32.46 |
| 造纸及纸制品业 | Manufacture of Paper and Paper Products | 2046.10 |
| 印刷业和记录媒介的复制 | Printing,Reproduction of Recording Media | 45.16 |
| 文教体育用品制造业 | Manufacture of Articles For Culture, Education and Sport Activity | 20.92 |
| 石油加工、炼焦及核燃料加工业 | Processing of Petroleum, Coking, Processing of Nuclear Fuel | 1363.34 |
| 化学原料及化学制品制造业 | Manufacture of Raw Chemical Materials and Chemical Products | 8655.63 |
| 医药制造业 | Manufacture of Medicines | 554.56 |
| 化学纤维制造业 | Manufacture of Chemical Fibers | 254.62 |
| 橡胶制品业 | Manufacture of Rubber | 388.97 |
| 塑料制品业 | Manufacture of Plastics | 274.71 |
| 非金属矿物制品业 | Manufacture of Non-metallic Mineral Products | 19683.43 |
| 黑色金属冶炼及压延加工业 | Smelting and Pressing of Ferrous Metals | 6545.97 |
| 有色金属冶炼及压延加工业 | Smelting and Pressing of Non-ferrous Metals | 1318.96 |
| 金属制品业 | Manufacture of Metal Products | 318.60 |
| 通用设备制造业 | Manufacture of General Purpose Machinery | 355.15 |
| 专用设备制造业 | Manufacture of Special Purpose Machinery | 493.28 |
| 交通运输设备制造业 | Manufacture of Transport Equipment | 655.10 |
| 电气机械及器材制造业 | Manufacture of Electrical Machinery and Equipment | 170.95 |
| 通信设备、计算机及其他电子设备制造业 | Manufacture of Communication Equipment,Computers and Other Electronic Equipment | 111.15 |
| 仪器仪表及文化、办公用机械制造业 | Manufacture of Measuring Instruments and Machinery for Cultural Activity and Office Work | 24.68 |
| 工艺品及其他制造业 | Manufacture of Artwork and Other Manufacturing | 328.45 |
| 废弃资源和废旧材料回收加工业 | Recycling and Disposal of Waste | 7.08 |
| **(三)电力、煤气及水生产和供应业** | **Electric Power, Gas and Water Production and Supply** | **3472.14** |
| 电力、热力的生产和供应业 | Production and Distribution of Electric Power and Heat Power | 3337.35 |
| 燃气生产和供应业 | Production and Distribution of Gas | 97.37 |
| 水的生产和供应业 | Production and Distribution of Water | 37.42 |

# FINAL ENERGY CONSUMPTION BY INDUSTRIAL SECTOR-2005 (PHYSICAL QUANTITY)

| 原煤 (万吨) Raw Coal ($10^4$ tn) | 洗精煤 (万吨) Cleaned Coal ($10^4$ tn) | 其他洗煤 (万吨) Other Washed Coal ($10^4$ tn) | 焦炭 (万吨) Coke ($10^4$ tn) | 焦炉煤气 (亿立方米) Coke Oven Gas ($10^8$ cu.m) | 其他煤气 (亿立方米) Other Gas ($10^8$ cu.m) | 其他焦化产品 (万吨) Other Coking Products ($10^4$ tn) | 油品合计 (万吨) Petroleum Products Total ($10^4$ tn) | 原油 (万吨) Crude Oil ($10^4$ tn) |
|---|---|---|---|---|---|---|---|---|
| **51898.77** | **2164.00** | **4817.59** | **24633.01** | **403.75** | **624.70** | **389.76** | **11027.53** | **870.36** |
| **5771.23** | **198.77** | **300.87** | **149.96** | **1.67** | **2.83** | **2.94** | **1014.75** | **503.65** |
| 4917.87 | 175.21 | 292.39 | 36.79 | 1.12 | 2.75 | 2.94 | 85.99 | |
| 170.14 | 0.06 | | 0.29 | | 0.01 | | 803.67 | 503.65 |
| 132.24 | 4.83 | 3.00 | 83.71 | 0.54 | 0.07 | | 39.95 | |
| 99.13 | 8.01 | 2.10 | 16.32 | | | | 17.88 | |
| 449.75 | 10.67 | 3.38 | 12.86 | | | | 66.25 | |
| 2.10 | | | | | | | 1.01 | |
| **42747.38** | **1960.84** | **4430.14** | **24475.15** | **393.84** | **616.97** | **383.65** | **9797.22** | **366.28** |
| 1141.29 | 7.37 | 64.87 | 8.52 | 0.02 | | | 96.59 | 0.07 |
| 759.97 | 7.36 | 4.90 | 5.36 | 0.01 | 0.15 | | 49.69 | 0.10 |
| 752.51 | 10.83 | 5.80 | 1.03 | | | | 34.80 | 0.50 |
| 129.90 | 1.99 | 2.12 | 0.01 | 0.01 | 0.15 | | 7.80 | |
| 1973.41 | 11.39 | 8.51 | 2.99 | 0.34 | 0.05 | | 103.98 | 0.20 |
| 216.70 | 3.70 | 1.41 | 1.33 | 0.02 | 0.05 | | 45.61 | 0.24 |
| 100.87 | 0.22 | 0.58 | 0.31 | 0.01 | 0.01 | | 30.38 | 0.04 |
| 421.63 | 3.32 | 2.00 | 1.81 | | 0.01 | | 19.79 | 0.12 |
| 32.10 | 0.09 | 0.26 | 1.03 | | | | 12.67 | 0.03 |
| 1956.22 | 31.94 | 57.93 | 4.35 | 0.18 | 0.01 | | 68.32 | 0.51 |
| 44.87 | 0.10 | 0.18 | 0.15 | | 0.06 | | 16.95 | |
| 20.73 | 0.06 | 0.13 | 3.57 | | | | 18.98 | 0.09 |
| 1061.99 | 247.27 | 54.09 | 65.71 | 47.43 | 5.30 | 42.00 | 4720.19 | 154.67 |
| 8062.77 | 344.31 | 172.74 | 1713.30 | 8.91 | 5.96 | 146.96 | 2309.52 | 182.38 |
| 534.23 | 17.59 | 2.75 | 1.13 | 0.07 | 0.06 | | 22.43 | |
| 252.32 | 1.90 | 0.40 | 51.22 | | | | 53.79 | 10.62 |
| 380.42 | 4.55 | 3.99 | 1.77 | | 0.06 | | 38.74 | 0.82 |
| 270.66 | 2.02 | 2.02 | 2.62 | 0.01 | | | 79.73 | 0.08 |
| 15512.47 | 341.13 | 3797.83 | 208.27 | 3.84 | 17.11 | 39.73 | 905.00 | 14.17 |
| 5588.02 | 785.70 | 157.55 | 21310.19 | 323.55 | 550.30 | 128.04 | 309.40 | 0.13 |
| 1179.93 | 61.86 | 62.95 | 367.53 | 6.81 | 20.67 | 26.92 | 224.08 | 0.31 |
| 304.78 | 8.33 | 5.49 | 78.33 | 0.31 | 0.29 | | 99.36 | 0.06 |
| 337.11 | 8.26 | 5.99 | 455.52 | 0.85 | 3.59 | | 105.10 | 0.15 |
| 457.03 | 34.25 | 2.00 | 68.89 | 0.72 | 11.05 | | 53.58 | 0.11 |
| 643.55 | 7.08 | 4.47 | 93.91 | 0.33 | 0.79 | | 135.98 | 0.15 |
| 165.76 | 4.00 | 1.18 | 16.75 | 0.31 | 0.79 | | 97.48 | 0.26 |
| 109.09 | 1.84 | 0.22 | 0.69 | 0.08 | 0.12 | | 94.11 | 0.40 |
| 23.47 | 0.03 | 1.18 | 2.75 | 0.01 | | | 13.83 | 0.05 |
| 308.50 | 12.30 | 4.61 | 3.79 | 0.01 | 0.16 | | 26.82 | 0.01 |
| 5.06 | 0.02 | 2.00 | 2.33 | | 0.22 | | 2.51 | |
| **3380.16** | **4.39** | **86.59** | **7.89** | **8.25** | **4.90** | **3.17** | **215.56** | **0.43** |
| 3245.81 | 4.20 | 86.35 | 6.13 | 0.66 | 0.71 | 1.38 | 109.68 | 0.17 |
| 96.97 | 0.19 | 0.22 | 1.70 | 7.58 | 4.19 | 1.78 | 100.49 | 0.26 |
| 37.39 | 0.01 | 0.02 | 0.07 | | | | 5.39 | |

续表

| 行　业 | Item | 汽油 (万吨) Gasoline (10⁴tn) |
|---|---|---|
| **工业** | **Industry** | **440.91** |
| **(一)采掘业** | **Mining and Quarrying** | **51.84** |
| 煤炭开采和洗选业 | Mining and Washing of Coal | 14.56 |
| 石油和天然气开采业 | Extraction of Petroleum and Natural Gas | 25.71 |
| 黑色金属矿采选业 | Mining and Processing of Ferrous Metal Ores | 4.60 |
| 有色金属矿采选业 | Mining and Processing of Non-Ferrous Metal Ores | 3.30 |
| 非金属矿采选业 | Mining and Processing of Nonmetal Ores | 3.65 |
| 其他采矿业 | Mining of Other Ores | 0.02 |
| **(二)制造业** | **Manufacturing** | **364.19** |
| 农副食品加工业 | Processing of Food from Agricultural Products | 13.24 |
| 食品制造业 | Manufacture of Foods | 7.36 |
| 饮料制造业 | Manufacture of Beverages | 6.93 |
| 烟草制品业 | Manufacture of Tobacco | 0.75 |
| 纺织业 | Manufacture of Textile | 16.74 |
| 纺织服装、鞋、帽制造业 | Manufacture of Textile Wearing Apparel,Footware, and Caps | 9.28 |
| 皮革、毛皮、羽毛(绒)及其制品业 | Manufacture of Leather, Fur, Feather and Related Products | 4.30 |
| 木材加工及木、竹、藤、棕、草制品业 | Processing of Timber,Manufacture of Wood,Bamboo,Rattan,Palm, and Straw Products | 4.72 |
| 家具制造业 | Manufacture of Furniture | 2.74 |
| 造纸及纸制品业 | Manufacture of Paper and Paper Products | 8.05 |
| 印刷业和记录媒介的复制 | Printing,Reproduction of Recording Media | 6.64 |
| 文教体育用品制造业 | Manufacture of Articles For Culture, Education and Sport Activity | 3.70 |
| 石油加工、炼焦及核燃料加工业 | Processing of Petroleum, Coking, Processing of Nuclear Fuel | 20.85 |
| 化学原料及化学制品制造业 | Manufacture of Raw Chemical Materials and Chemical Products | 42.14 |
| 医药制造业 | Manufacture of Medicines | 7.34 |
| 化学纤维制造业 | Manufacture of Chemical Fibers | 1.10 |
| 橡胶制品业 | Manufacture of Rubber | 9.09 |
| 塑料制品业 | Manufacture of Plastics | 11.97 |
| 非金属矿物制品业 | Manufacture of Non-metallic Mineral Products | 24.03 |
| 黑色金属冶炼及压延加工业 | Smelting and Pressing of Ferrous Metals | 21.17 |
| 有色金属冶炼及压延加工业 | Smelting and Pressing of Non-ferrous Metals | 6.14 |
| 金属制品业 | Manufacture of Metal Products | 17.14 |
| 通用设备制造业 | Manufacture of General Purpose Machinery | 26.21 |
| 专用设备制造业 | Manufacture of Special Purpose Machinery | 15.84 |
| 交通运输设备制造业 | Manufacture of Transport Equipment | 34.92 |
| 电气机械及器材制造业 | Manufacture of Electrical Machinery and Equipment | 20.62 |
| 通信设备、计算机及其他电子设备制造业 | Manufacture of Communication Equipment,Computers and Other Electronic Equipment | 10.55 |
| 仪器仪表及文化、办公用机械制造业 | Manufacture of Measuring Instruments and Machinery for Cultural Activity and Office Work | 3.45 |
| 工艺品及其他制造业 | Manufacture of Artwork and Other Manufacturing | 6.87 |
| 废弃资源和废旧材料回收加工业 | Recycling and Disposal of Waste | 0.31 |
| **(三)电力、煤气及水生产和供应业** | **Electric Power, Gas and Water Production and Supply** | **24.87** |
| 电力、热力的生产和供应业 | Production and Distribution of Electric Power and Heat Power | 19.56 |
| 燃气生产和供应业 | Production and Distribution of Gas | 2.36 |
| 水的生产和供应业 | Production and Distribution of Water | 2.95 |

Continued

| 煤油<br>(万吨)<br>Kerosene<br>(10⁴tn) | 柴油<br>(万吨)<br>Diesel Oil<br>(10⁴tn) | 燃料油<br>(万吨)<br>Fuel Oil<br>(10⁴tn) | 液化石油气<br>(万吨)<br>LPG<br>(10⁴tn) | 炼厂干气<br>(万吨)<br>Refinery Gas<br>(10⁴tn) | 其他石油制品<br>(万吨)<br>Other Petroleum Products<br>(10⁴tn) | 天然气<br>(亿立方米)<br>Natural Gas<br>(10⁸ cu.m) | 热力<br>(万百万千焦)<br>Heat<br>(10¹⁰ kJ) | 电力<br>(亿千瓦小时)<br>Electricity<br>(10⁸kW•h) |
|---|---|---|---|---|---|---|---|---|
| **57.50** | **1624.53** | **1632.59** | **531.10** | **791.35** | **5079.19** | **266.76** | **166290.92** | **16815.22** |
| **6.40** | **356.49** | **33.56** | **3.22** | **39.06** | **20.52** | **50.42** | **6746.49** | **1480.34** |
| 3.26 | 61.90 | 4.95 | 0.25 | | 1.07 | 1.57 | 294.53 | 589.53 |
| 0.17 | 185.86 | 27.18 | 2.82 | 39.06 | 19.22 | 48.79 | 5182.53 | 385.35 |
| 1.42 | 33.29 | 0.61 | | | 0.03 | 0.02 | 0.76 | 205.63 |
| 0.74 | 13.45 | 0.24 | 0.10 | | 0.05 | 0.02 | 0.06 | 157.66 |
| 0.80 | 61.00 | 0.59 | 0.05 | | 0.15 | 0.02 | 1268.61 | 114.14 |
| 0.01 | 0.99 | | | | | | | 28.04 |
| **50.74** | **1203.13** | **1567.94** | **441.65** | **750.71** | **5052.58** | **211.68** | **148807.04** | **13126.01** |
| 0.40 | 54.64 | 11.68 | 3.02 | 11.44 | 2.11 | 0.27 | 2478.48 | 253.35 |
| 0.33 | 20.87 | 17.06 | 3.48 | | 0.49 | 1.28 | 4004.02 | 114.81 |
| 0.54 | 14.24 | 12.29 | 0.30 | | | 0.50 | 1528.11 | 76.55 |
| 0.03 | 5.61 | 1.38 | 0.03 | | | 0.26 | 269.37 | 35.86 |
| 2.05 | 39.95 | 39.96 | 2.76 | 0.17 | 2.14 | 0.56 | 14646.86 | 823.57 |
| 0.70 | 27.87 | 6.29 | 0.62 | | 0.60 | 0.09 | 619.85 | 87.60 |
| 0.37 | 14.06 | 11.21 | 0.26 | | 0.14 | 0.03 | 165.14 | 54.85 |
| 1.09 | 11.11 | 2.47 | 0.19 | | 0.10 | 0.11 | 476.34 | 105.57 |
| | | | | | | | | |
| 0.24 | 8.30 | 0.27 | 1.10 | | | 0.04 | 54.01 | 24.28 |
| 0.91 | 23.90 | 26.46 | 8.37 | | 0.12 | 0.50 | 9840.60 | 407.73 |
| 0.74 | 6.83 | 1.69 | 0.93 | | 0.12 | 0.19 | 97.18 | 60.71 |
| 0.35 | 11.36 | 2.41 | 0.97 | | 0.09 | | 31.47 | 42.54 |
| 2.06 | 50.50 | 240.73 | 170.42 | 677.02 | 3403.94 | 13.50 | 28439.99 | 313.49 |
| 6.09 | 137.17 | 285.98 | 99.72 | 58.15 | 1497.89 | 138.60 | 44986.38 | 2129.77 |
| 0.52 | 8.60 | 5.17 | 0.50 | | 0.30 | 0.97 | 4024.01 | 153.21 |
| 0.50 | 7.41 | 30.88 | 0.98 | 1.27 | 1.03 | 0.29 | 5012.24 | 233.20 |
| 0.27 | 9.78 | 16.67 | 1.10 | | 1.01 | 0.35 | 831.88 | 209.30 |
| 0.74 | 36.92 | 16.99 | 1.91 | | 11.13 | 0.55 | 353.59 | 322.42 |
| 3.06 | 252.89 | 495.30 | 73.46 | 2.09 | 40.01 | 23.81 | 625.05 | 1419.51 |
| 1.92 | 91.68 | 175.73 | 11.28 | | 7.49 | 9.76 | 15356.95 | 2550.47 |
| 2.32 | 52.72 | 84.46 | 5.74 | | 72.39 | 3.87 | 7586.55 | 1473.10 |
| 2.64 | 52.16 | 14.73 | 12.09 | | 0.53 | 0.69 | 203.44 | 507.25 |
| 5.80 | 56.60 | 8.75 | 5.02 | | 2.56 | 1.81 | 758.59 | 344.77 |
| 1.69 | 26.28 | 6.21 | 2.43 | | 1.00 | 2.70 | 1530.15 | 182.90 |
| 11.08 | 68.20 | 10.98 | 8.13 | | 2.53 | 4.83 | 2616.58 | 300.72 |
| 1.60 | 46.03 | 12.68 | 13.70 | 0.58 | 2.01 | 1.23 | 754.47 | 245.80 |
| 0.82 | 46.44 | 25.80 | 10.03 | | 0.08 | 4.77 | 850.64 | 327.89 |
| | | | | | | | | |
| 1.13 | 8.33 | 0.19 | 0.23 | | 0.45 | 0.08 | 112.08 | 42.52 |
| | | | | | | | | |
| 0.70 | 11.52 | 2.64 | 2.83 | | 2.23 | 0.04 | 549.32 | 275.62 |
| 0.04 | 1.15 | 0.86 | 0.04 | | 0.10 | | 3.69 | 6.66 |
| **0.36** | **64.91** | **31.09** | **86.23** | **1.58** | **6.09** | **4.66** | **10737.40** | **2208.87** |
| 0.32 | 52.85 | 30.55 | 0.06 | 0.19 | 5.99 | 0.41 | 10456.07 | 1991.81 |
| 0.02 | 9.67 | 0.53 | 86.16 | 1.39 | 0.10 | 4.20 | 217.51 | 29.86 |
| 0.03 | 2.39 | 0.01 | 0.01 | | | 0.06 | 63.82 | 187.20 |

# 4-12 工业分行业终端能源消费量(实物量)-2006

| 行 业 | Item | 煤合计 (万吨) Coal Total (10⁴ tn) |
|---|---|---|
| **工业** | **Industry** | **60977.40** |
| **(一)采掘业** | **Mining and Quarrying** | **6495.12** |
| 煤炭开采和洗选业 | Mining and Washing of Coal | 5576.90 |
| 石油和天然气开采业 | Extraction of Petroleum and Natural Gas | 177.18 |
| 黑色金属矿采选业 | Mining and Processing of Ferrous Metal Ores | 144.85 |
| 有色金属矿采选业 | Mining and Processing of Non-Ferrous Metal Ores | 112.30 |
| 非金属矿采选业 | Mining and Processing of Nonmetal Ores | 481.68 |
| 其他采矿业 | Mining of Other Ores | 2.20 |
| **(二)制造业** | **Manufacturing** | **50869.63** |
| 农副食品加工业 | Processing of Food from Agricultural Products | 1258.75 |
| 食品制造业 | Manufacture of Foods | 802.63 |
| 饮料制造业 | Manufacture of Beverages | 798.75 |
| 烟草制品业 | Manufacture of Tobacco | 138.56 |
| 纺织业 | Manufacture of Textile | 2073.93 |
| 纺织服装、鞋、帽制造业 | Manufacture of Textile Wearing Apparel,Footware, and Caps | 230.54 |
| 皮革、毛皮、羽毛(绒)及其制品业 | Manufacture of Leather, Fur, Feather and Related Products | 105.80 |
| 木材加工及木、竹、藤、棕、草制品业 | Processing of Timber,Manufacture of Wood,Bamboo,Rattan,Palm, and Straw Products | 444.07 |
| 家具制造业 | Manufacture of Furniture | 33.76 |
| 造纸及纸制品业 | Manufacture of Paper and Paper Products | 2122.85 |
| 印刷业和记录媒介的复制 | Printing,Reproduction of Recording Media | 47.00 |
| 文教体育用品制造业 | Manufacture of Articles For Culture, Education and Sport Activity | 21.75 |
| 石油加工、炼焦及核燃料加工业 | Processing of Petroleum, Coking, Processing of Nuclear Fuel | 1355.35 |
| 化学原料及化学制品制造业 | Manufacture of Raw Chemical Materials and Chemical Products | 8947.67 |
| 医药制造业 | Manufacture of Medicines | 574.51 |
| 化学纤维制造业 | Manufacture of Chemical Fibers | 264.78 |
| 橡胶制品业 | Manufacture of Rubber | 404.10 |
| 塑料制品业 | Manufacture of Plastics | 285.74 |
| 非金属矿物制品业 | Manufacture of Non-metallic Mineral Products | 20372.88 |
| 黑色金属冶炼及压延加工业 | Smelting and Pressing of Ferrous Metals | 6672.55 |
| 有色金属冶炼及压延加工业 | Smelting and Pressing of Non-ferrous Metals | 1360.43 |
| 金属制品业 | Manufacture of Metal Products | 330.18 |
| 通用设备制造业 | Manufacture of General Purpose Machinery | 368.76 |
| 专用设备制造业 | Manufacture of Special Purpose Machinery | 508.15 |
| 交通运输设备制造业 | Manufacture of Transport Equipment | 680.75 |
| 电气机械及器材制造业 | Manufacture of Electrical Machinery and Equipment | 177.30 |
| 通信设备、计算机及其他电子设备制造业 | Manufacture of Communication Equipment,Computers and Other Electronic Equipment | 115.42 |
| 仪器仪表及文化、办公用机械制造业 | Manufacture of Measuring Instruments and Machinery for Cultural Activity and Office Work | 25.65 |
| 工艺品及其他制造业 | Manufacture of Artwork and Other Manufacturing | 339.73 |
| 废弃资源和废旧材料回收加工业 | Recycling and Disposal of Waste | 7.30 |
| **(三)电力、煤气及水生产和供应业** | **Electric Power, Gas and Water Production and Supply** | **3612.65** |
| 电力、热力的生产和供应业 | Production and Distribution of Electric Power and Heat Power | 3472.36 |
| 燃气生产和供应业 | Production and Distribution of Gas | 101.34 |
| 水的生产和供应业 | Production and Distribution of Water | 38.95 |

# FINAL ENERGY CONSUMPTION BY INDUSTRIAL SECTOR-2006 (PHYSICAL QUANTITY)

| 原煤 (万吨) Raw Coal ($10^4$ tn) | 洗精煤 (万吨) Cleaned Coal ($10^4$ tn) | 其他洗煤 (万吨) Other Washed Coal ($10^4$ tn) | 焦炭 (万吨) Coke ($10^4$ tn) | 焦炉煤气 (亿立方米) Coke Oven Gas ($10^8$ cu.m) | 其他煤气 (亿立方米) Other Gas ($10^8$ cu.m) | 其他焦化产品 (万吨) Other Coking Products ($10^4$ tn) | 油品合计 (万吨) Petroleum Products Total ($10^4$ tn) | 原油 (万吨) Crude Oil ($10^4$ tn) |
|---|---|---|---|---|---|---|---|---|
| **54035.64** | **1880.09** | **4917.10** | **27425.65** | **389.07** | **893.08** | **488.53** | **11707.49** | **977.10** |
| **6011.05** | **175.93** | **308.12** | **171.54** | **1.52** | **3.87** | **3.23** | **1096.32** | **565.40** |
| 5122.60 | 155.08 | 299.22 | 41.08 | 1.03 | 3.76 | 3.23 | 88.86 | |
| 177.13 | 0.05 | | 0.31 | | 0.01 | | 880.35 | 565.40 |
| 137.68 | 4.27 | 2.90 | 97.89 | 0.49 | 0.10 | | 40.64 | |
| 103.21 | 7.09 | 2.00 | 17.83 | | | | 18.34 | |
| 468.24 | 9.44 | 4.00 | 14.42 | | | | 67.10 | |
| 2.19 | | | | | | | 1.03 | |
| **44505.41** | **1700.27** | **4520.39** | **27245.44** | **379.95** | **882.73** | **481.53** | **10387.13** | **410.29** |
| 1188.22 | 6.53 | 64.00 | 8.10 | 0.02 | | | 95.15 | 0.06 |
| 791.22 | 6.51 | 4.90 | 5.60 | 0.01 | 0.20 | | 49.29 | 0.09 |
| 783.46 | 9.59 | 5.70 | 1.08 | | | | 36.93 | 0.49 |
| 135.25 | 1.11 | 2.20 | 0.01 | 0.01 | 0.19 | | 7.99 | |
| 2054.57 | 10.86 | 8.50 | 3.27 | 0.31 | 0.07 | | 107.02 | 0.19 |
| 225.61 | 3.53 | 1.40 | 1.49 | 0.02 | 0.08 | | 47.77 | 0.23 |
| 105.02 | 0.20 | 0.58 | 0.34 | 0.01 | 0.01 | | 32.07 | 0.04 |
| 438.97 | 3.10 | 2.00 | 1.98 | | 0.01 | | 20.56 | 0.11 |
| | | | | | | | | |
| 33.42 | 0.07 | 0.26 | 1.08 | | | | 13.08 | 0.03 |
| 2036.67 | 28.27 | 57.90 | 4.34 | 0.17 | 0.01 | | 69.50 | 0.50 |
| 46.72 | 0.10 | 0.18 | 0.17 | | 0.07 | | 17.89 | |
| 21.58 | 0.05 | 0.13 | 3.73 | | | | 19.66 | 0.08 |
| 1105.66 | 195.59 | 54.09 | 74.93 | 45.00 | 7.26 | 54.49 | 4793.17 | 173.63 |
| 8394.36 | 304.76 | 172.74 | 2015.32 | 8.24 | 8.18 | 187.74 | 2696.81 | 205.86 |
| 556.20 | 15.57 | 2.75 | 1.27 | 0.07 | 0.10 | | 23.44 | |
| 262.70 | 1.68 | 0.40 | 57.20 | | | | 57.93 | 11.89 |
| 396.07 | 4.03 | 4.00 | 1.77 | | 0.08 | | 41.05 | 0.81 |
| 281.79 | 1.93 | 2.02 | 2.98 | 0.01 | | | 80.31 | 0.08 |
| 16150.44 | 301.94 | 3888.51 | 237.52 | 3.55 | 23.37 | 54.36 | 983.20 | 14.57 |
| 5817.84 | 682.01 | 158.00 | 23586.07 | 313.80 | 791.38 | 148.04 | 292.09 | 0.13 |
| 1228.45 | 54.75 | 63.00 | 419.15 | 6.30 | 28.36 | 36.90 | 251.84 | 0.31 |
| 317.32 | 7.37 | 5.49 | 87.47 | 0.29 | 0.38 | | 102.68 | 0.06 |
| 350.98 | 8.00 | 5.99 | 519.49 | 0.79 | 4.92 | | 108.41 | 0.15 |
| 475.83 | 30.32 | 2.00 | 76.59 | 0.67 | 15.20 | | 55.19 | 0.11 |
| 670.02 | 6.26 | 4.47 | 107.10 | 0.31 | 1.11 | | 140.50 | 0.15 |
| 172.58 | 3.54 | 1.18 | 17.51 | 0.29 | 1.09 | | 103.63 | 0.26 |
| 113.58 | 1.63 | 0.22 | 0.73 | 0.07 | 0.16 | | 96.28 | 0.40 |
| | | | | | | | | |
| 24.44 | 0.04 | 1.18 | 3.07 | 0.01 | | | 14.13 | 0.05 |
| | | | | | | | | |
| 321.19 | 10.89 | 4.61 | 3.78 | 0.01 | 0.22 | | 27.09 | 0.01 |
| 5.27 | 0.03 | 2.00 | 2.33 | | 0.29 | | 2.45 | |
| **3519.18** | **3.89** | **88.59** | **8.67** | **7.60** | **6.47** | **3.76** | **224.04** | **1.41** |
| 3379.29 | 3.72 | 88.35 | 6.70 | 0.60 | 0.97 | 1.80 | 117.05 | 1.16 |
| 100.96 | 0.16 | 0.22 | 1.90 | 7.00 | 5.50 | 1.96 | 101.16 | 0.25 |
| 38.93 | 0.01 | 0.02 | 0.07 | | | | 5.83 | |

续表

| 行　业 | Item | 汽油 (万吨) Gasoline (10⁴tn) |
|---|---|---|
| **工业** | **Industry** | **498.40** |
| **(一)采掘业** | **Mining and Quarrying** | **59.39** |
| 煤炭开采和洗选业 | Mining and Washing of Coal | 17.00 |
| 石油和天然气开采业 | Extraction of Petroleum and Natural Gas | 29.46 |
| 黑色金属矿采选业 | Mining and Processing of Ferrous Metal Ores | 5.11 |
| 有色金属矿采选业 | Mining and Processing of Non-Ferrous Metal Ores | 3.73 |
| 非金属矿采选业 | Mining and Processing of Nonmetal Ores | 4.06 |
| 其他采矿业 | Mining of Other Ores | 0.02 |
| **(二)制造业** | **Manufacturing** | **411.39** |
| 农副食品加工业 | Processing of Food from Agricultural Products | 14.96 |
| 食品制造业 | Manufacture of Foods | 8.32 |
| 饮料制造业 | Manufacture of Beverages | 7.71 |
| 烟草制品业 | Manufacture of Tobacco | 0.83 |
| 纺织业 | Manufacture of Textile | 18.99 |
| 纺织服装、鞋、帽制造业 | Manufacture of Textile Wearing Apparel,Footware, and Caps | 10.32 |
| 皮革、毛皮、羽毛(绒)及其制品业 | Manufacture of Leather, Fur, Feather and Related Products | 4.78 |
| 木材加工及木、竹、藤、棕、草制品业 | Processing of Timber,Manufacture of Wood,Bamboo,Rattan,Palm, and Straw Products | 5.26 |
| 家具制造业 | Manufacture of Furniture | 3.04 |
| 造纸及纸制品业 | Manufacture of Paper and Paper Products | 9.11 |
| 印刷业和记录媒介的复制 | Printing,Reproduction of Recording Media | 7.39 |
| 文教体育用品制造业 | Manufacture of Articles For Culture, Education and Sport Activity | 4.12 |
| 石油加工、炼焦及核燃料加工业 | Processing of Petroleum, Coking, Processing of Nuclear Fuel | 23.20 |
| 化学原料及化学制品制造业 | Manufacture of Raw Chemical Materials and Chemical Products | 48.28 |
| 医药制造业 | Manufacture of Medicines | 8.16 |
| 化学纤维制造业 | Manufacture of Chemical Fibers | 1.34 |
| 橡胶制品业 | Manufacture of Rubber | 10.27 |
| 塑料制品业 | Manufacture of Plastics | 13.53 |
| 非金属矿物制品业 | Manufacture of Non-metallic Mineral Products | 26.72 |
| 黑色金属冶炼及压延加工业 | Smelting and Pressing of Ferrous Metals | 25.23 |
| 有色金属冶炼及压延加工业 | Smelting and Pressing of Non-ferrous Metals | 6.90 |
| 金属制品业 | Manufacture of Metal Products | 19.38 |
| 通用设备制造业 | Manufacture of General Purpose Machinery | 29.63 |
| 专用设备制造业 | Manufacture of Special Purpose Machinery | 17.73 |
| 交通运输设备制造业 | Manufacture of Transport Equipment | 39.61 |
| 电气机械及器材制造业 | Manufacture of Electrical Machinery and Equipment | 23.25 |
| 通信设备、计算机及其他电子设备制造业 | Manufacture of Communication Equipment,Computers and Other Electronic Equipment | 11.90 |
| 仪器仪表及文化、办公用机械制造业 | Manufacture of Measuring Instruments and Machinery for Cultural Activity and Office Work | 3.83 |
| 工艺品及其他制造业 | Manufacture of Artwork and Other Manufacturing | 7.26 |
| 废弃资源和废旧材料回收加工业 | Recycling and Disposal of Waste | 0.35 |
| **(三)电力、煤气及水生产和供应业** | **Electric Power, Gas and Water Production and Supply** | **27.61** |
| 电力、热力的生产和供应业 | Production and Distribution of Electric Power and Heat Power | 21.71 |
| 燃气生产和供应业 | Production and Distribution of Gas | 2.66 |
| 水的生产和供应业 | Production and Distribution of Water | 3.25 |

Continued

| 煤油<br>(万吨)<br>Kerosene<br>$(10^4tn)$ | 柴油<br>(万吨)<br>Diesel Oil<br>$(10^4tn)$ | 燃料油<br>(万吨)<br>Fuel Oil<br>$(10^4tn)$ | 液化石油气<br>(万吨)<br>LPG<br>$(10^4tn)$ | 炼厂干气<br>(万吨)<br>Refinery Gas<br>$(10^4tn)$ | 其他石油制品<br>(万吨)<br>Other Petroleum Products<br>$(10^4tn)$ | 天然气<br>(亿立方米)<br>Natural Gas<br>$(10^8$ cu.m) | 热力<br>(万百万千焦)<br>Heat<br>$(10^{10}$ kJ) | 电力<br>(亿千瓦小时)<br>Electricity<br>$(10^8$kW•h) |
|---|---|---|---|---|---|---|---|---|
| **48.19** | **1648.86** | **1735.48** | **535.89** | **818.29** | **5445.28** | **315.80** | **176779.27** | **19408.91** |
| **5.72** | **359.52** | **35.66** | **4.38** | **42.97** | **23.29** | **56.36** | **5582.84** | **1479.27** |
| 2.93 | 62.42 | 5.26 | 0.28 | | 0.97 | 1.72 | 368.17 | 580.45 |
| 0.16 | 187.43 | 28.89 | 3.94 | 42.97 | 22.10 | 54.58 | 3627.83 | 316.32 |
| 1.27 | 33.57 | 0.65 | | | 0.04 | 0.02 | 0.99 | 248.85 |
| 0.66 | 13.57 | 0.25 | 0.10 | | 0.04 | 0.02 | 0.08 | 173.77 |
| 0.70 | 61.52 | 0.62 | 0.05 | | 0.14 | 0.02 | 1585.78 | 122.76 |
| 0.01 | 1.00 | | | | | | | 37.14 |
| **42.18** | **1221.44** | **1666.70** | **445.67** | **773.54** | **5415.90** | **254.04** | **159468.65** | **15387.40** |
| 0.35 | 54.52 | 10.56 | 3.01 | 10 | 1.68 | 0.27 | 2974.22 | 296.02 |
| 0.29 | 20.60 | 15.43 | 4.18 | | 0.39 | 1.28 | 4804.90 | 134.15 |
| 0.48 | 14.51 | 13.45 | 0.30 | | | 0.58 | 2258.56 | 89.45 |
| 0.03 | 5.66 | 1.44 | 0.03 | | | 0.26 | 327.99 | 34.41 |
| 1.84 | 40.71 | 39.93 | 3.04 | 0.20 | 2.12 | 0.56 | 16732.87 | 1032.21 |
| 0.61 | 28.70 | 6.89 | 0.60 | | 0.42 | 0.09 | 743.83 | 108.80 |
| 0.32 | 14.18 | 12.27 | 0.30 | | 0.18 | 0.03 | 254.48 | 64.39 |
| 0.97 | 11.60 | 2.23 | 0.27 | | 0.12 | 0.13 | 619.25 | 127.34 |
| | | | | | | | | |
| 0.21 | 8.37 | 0.28 | 1.15 | | | 0.04 | 68.18 | 28.49 |
| 0.81 | 24.10 | 28.20 | 6.69 | | 0.09 | 0.59 | 11316.85 | 447.76 |
| 0.66 | 6.89 | 1.80 | 1.00 | | 0.16 | 0.23 | 119.30 | 66.54 |
| 0.31 | 11.46 | 2.64 | 0.97 | | 0.09 | | 40.92 | 43.44 |
| 1.85 | 50.39 | 263.44 | 152.51 | 693.51 | 3434.65 | 15.98 | 26037.19 | 357.36 |
| 4.58 | 140.81 | 329.42 | 104.69 | 65.71 | 1797.46 | 173.49 | 47490.10 | 2439.33 |
| 0.46 | 8.67 | 5.17 | 0.70 | | 0.27 | 1.14 | 4627.67 | 159.60 |
| 0.44 | 7.67 | 32.91 | 1.10 | 1.44 | 1.13 | 0.35 | 5764.16 | 244.80 |
| 0.23 | 9.86 | 17.77 | 1.00 | | 1.12 | 0.34 | 998.26 | 237.25 |
| 0.66 | 37.23 | 18.11 | 1.81 | | 8.90 | 0.65 | 406.63 | 355.15 |
| 2.75 | 258.71 | 542.02 | 85.64 | 2.07 | 50.72 | 23.78 | 702.72 | 1675.48 |
| 1.71 | 92.45 | 150.50 | 13.08 | | 8.99 | 11.22 | 16220.91 | 3039.00 |
| 2.07 | 53.17 | 88.40 | 6.88 | | 94.11 | 4.56 | 8724.66 | 1829.51 |
| 2.35 | 52.61 | 15.42 | 12.24 | | 0.64 | 0.81 | 258.40 | 605.77 |
| 5.18 | 57.08 | 7.50 | 6.02 | | 2.85 | 2.35 | 818.73 | 389.30 |
| 1.49 | 26.51 | 5.62 | 2.43 | | 1.31 | 2.97 | 1648.32 | 207.23 |
| 7.76 | 68.78 | 10.97 | 9.94 | | 3.29 | 5.55 | 2969.87 | 345.42 |
| 1.40 | 46.90 | 13.52 | 15.06 | 0.62 | 2.61 | 1.42 | 775.26 | 282.33 |
| 0.80 | 47.82 | 27.50 | 7.77 | | 0.10 | 5.24 | 1020.78 | 401.97 |
| | | | | | | | | |
| 0.99 | 8.40 | 0.20 | 0.30 | | 0.36 | 0.10 | 161.55 | 51.81 |
| | | | | | | | | |
| 0.59 | 11.87 | 2.39 | 2.91 | | 2.06 | 0.05 | 576.79 | 281.77 |
| 0.03 | 1.20 | 0.74 | 0.05 | | 0.08 | | 5.29 | 11.30 |
| **0.29** | **67.91** | **33.11** | **85.84** | **1.78** | **6.09** | **5.40** | **11727.78** | **2542.24** |
| 0.24 | 55.10 | 32.54 | 0.10 | 0.21 | 5.99 | 0.39 | 11445.64 | 2306.58 |
| 0.02 | 10.27 | 0.56 | 85.74 | 1.57 | 0.10 | 4.95 | 228.02 | 31.40 |
| 0.03 | 2.54 | 0.01 | | | | 0.06 | 54.12 | 204.26 |

# 4-13 工业分行业终端能源消费量(实物量)-2007

| 行　业 | Item | 煤合计<br>(万吨)<br>Coal Total<br>($10^4$ tn) |
|---|---|---|
| **工业** | **Industry** | **63133.51** |
| **(一)采掘业** | **Mining and Quarrying** | **7359.38** |
| 煤炭开采和洗选业 | Mining and Washing of Coal | 6406.30 |
| 石油和天然气开采业 | Extraction of Petroleum and Natural Gas | 174.60 |
| 黑色金属矿采选业 | Mining and Processing of Ferrous Metal Ores | 153.42 |
| 有色金属矿采选业 | Mining and Processing of Non-Ferrous Metal Ores | 110.51 |
| 非金属矿采选业 | Mining and Processing of Nonmetal Ores | 512.11 |
| 其他采矿业 | Mining of Other Ores | 2.44 |
| **(二)制造业** | **Manufacturing** | **52239.81** |
| 农副食品加工业 | Processing of Food from Agricultural Products | 1362.49 |
| 食品制造业 | Manufacture of Foods | 837.46 |
| 饮料制造业 | Manufacture of Beverages | 780.20 |
| 烟草制品业 | Manufacture of Tobacco | 123.04 |
| 纺织业 | Manufacture of Textile | 2193.70 |
| 纺织服装、鞋、帽制造业 | Manufacture of Textile Wearing Apparel,Footware, and Caps | 238.53 |
| 皮革、毛皮、羽毛(绒)及其制品业 | Manufacture of Leather, Fur, Feather and Related Products | 103.19 |
| 木材加工及木、竹、藤、棕、草制品业 | Processing of Timber,Manufacture of Wood,Bamboo,Rattan,Palm, and Straw Products | 435.59 |
| 家具制造业 | Manufacture of Furniture | 32.93 |
| 造纸及纸制品业 | Manufacture of Paper and Paper Products | 2079.81 |
| 印刷业和记录媒介的复制 | Printing,Reproduction of Recording Media | 45.83 |
| 文教体育用品制造业 | Manufacture of Articles For Culture, Education and Sport Activity | 21.23 |
| 石油加工、炼焦及核燃料加工业 | Processing of Petroleum, Coking, Processing of Nuclear Fuel | 1323.17 |
| 化学原料及化学制品制造业 | Manufacture of Raw Chemical Materials and Chemical Products | 9594.71 |
| 医药制造业 | Manufacture of Medicines | 563.87 |
| 化学纤维制造业 | Manufacture of Chemical Fibers | 258.32 |
| 橡胶制品业 | Manufacture of Rubber | 394.51 |
| 塑料制品业 | Manufacture of Plastics | 278.64 |
| 非金属矿物制品业 | Manufacture of Non-metallic Mineral Products | 20595.01 |
| 黑色金属冶炼及压延加工业 | Smelting and Pressing of Ferrous Metals | 7097.07 |
| 有色金属冶炼及压延加工业 | Smelting and Pressing of Non-ferrous Metals | 1367.92 |
| 金属制品业 | Manufacture of Metal Products | 323.20 |
| 通用设备制造业 | Manufacture of General Purpose Machinery | 364.06 |
| 专用设备制造业 | Manufacture of Special Purpose Machinery | 502.70 |
| 交通运输设备制造业 | Manufacture of Transport Equipment | 671.17 |
| 电气机械及器材制造业 | Manufacture of Electrical Machinery and Equipment | 173.40 |
| 通信设备、计算机及其他电子设备制造业 | Manufacture of Communication Equipment,Computers and Other Electronic Equipment | 112.73 |
| 仪器仪表及文化、办公用机械制造业 | Manufacture of Measuring Instruments and Machinery for Cultural Activity and Office Work | 25.07 |
| 工艺品及其他制造业 | Manufacture of Artwork and Other Manufacturing | 333.00 |
| 废弃资源和废旧材料回收加工业 | Recycling and Disposal of Waste | 7.26 |
| **(三)电力、煤气及水生产和供应业** | **Electric Power, Gas and Water Production and Supply** | **3534.32** |
| 电力、热力的生产和供应业 | Production and Distribution of Electric Power and Heat Power | 3396.27 |
| 燃气生产和供应业 | Production and Distribution of Gas | 100.08 |
| 水的生产和供应业 | Production and Distribution of Water | 37.97 |

# FINAL ENERGY CONSUMPTION BY INDUSTRIAL SECTOR-2007 (PHYSICAL QUANTITY)

| 原煤<br>(万吨)<br>Raw Coal<br>($10^4$ tn) | 洗精煤<br>(万吨)<br>Cleaned Coal<br>($10^4$ tn) | 其他洗煤<br>(万吨)<br>Other Washed Coal<br>($10^4$ tn) | 焦炭<br>(万吨)<br>Coke<br>($10^4$ tn) | 焦炉煤气<br>(亿立方米)<br>Coke Oven Gas<br>($10^8$ cu.m) | 其他煤气<br>(亿立方米)<br>Other Gas<br>($10^8$ cu.m) | 其他焦化产品<br>(万吨)<br>Other Coking Products<br>($10^4$ tn) | 油品合计<br>(万吨)<br>Petroleum Products Total<br>($10^4$ tn) | 原油<br>(万吨)<br>Crude Oil<br>($10^4$ tn) |
|---|---|---|---|---|---|---|---|---|
| **55695.78** | **2141.02** | **5102.97** | **28664.21** | **434.18** | **1738.27** | **600.89** | **12269.25** | **984.12** |
| **6843.63** | **196.60** | **319.14** | **187.91** | **1.77** | **5.07** | **4.20** | **1117.52** | **569.47** |
| 5922.90 | 173.42 | 309.97 | 44.10 | 1.15 | 4.87 | 4.20 | 93.86 | |
| 174.54 | 0.06 | | 0.35 | | 0.01 | | 887.75 | 569.47 |
| 145.72 | 4.71 | 2.99 | 107.91 | 0.62 | 0.19 | | 42.70 | |
| 100.59 | 7.92 | 1.99 | 19.66 | | | | 19.42 | |
| 497.44 | 10.49 | 4.18 | 15.90 | | | | 72.71 | |
| 2.44 | | | | | | | 1.08 | |
| **45415.83** | **1940.07** | **4691.36** | **28466.71** | **424.95** | **1717.28** | **592.18** | **10941.99** | **413.22** |
| 1285.47 | 7.29 | 69.73 | 8.92 | 0.02 | | | 95.88 | 0.06 |
| 825.13 | 7.26 | 5.07 | 6.18 | 0.01 | 0.42 | | 48.74 | 0.09 |
| 763.59 | 10.71 | 5.90 | 1.18 | | | | 36.77 | 0.49 |
| 119.46 | 1.28 | 2.29 | 0.01 | 0.01 | 0.32 | | 8.25 | |
| 2172.60 | 12.14 | 8.96 | 3.57 | 0.35 | 0.08 | | 107.22 | 0.19 |
| 233.08 | 3.92 | 1.52 | 1.64 | 0.02 | 0.13 | | 49.20 | 0.25 |
| 102.36 | 0.23 | 0.60 | 0.38 | 0.01 | | | 32.46 | 0.04 |
| 430.40 | 3.20 | 1.99 | 2.19 | | | | 22.06 | 0.14 |
| | | | | | | | | |
| 32.57 | 0.09 | 0.26 | 1.19 | | 0.03 | | 13.57 | 0.03 |
| 1991.43 | 31.60 | 56.78 | 4.79 | 0.19 | 0.02 | | 68.52 | 0.52 |
| 45.53 | 0.10 | 0.20 | 0.19 | | 0.13 | | 17.70 | |
| 21.03 | 0.06 | 0.13 | 5.78 | | | | 19.75 | 0.08 |
| 1039.16 | 229.23 | 54.79 | 81.85 | 51.00 | 15.53 | 72.12 | 5156.26 | 174.85 |
| 8972.29 | 341.16 | 178.95 | 2241.79 | 9.48 | 16.59 | 244.22 | 2838.33 | 207.33 |
| 543.63 | 17.40 | 2.85 | 1.43 | 0.07 | 0.16 | | 26.03 | 0.10 |
| 256.04 | 1.88 | 0.40 | 62.48 | | | | 73.53 | 11.97 |
| 386.02 | 4.50 | 3.98 | 1.95 | | 0.11 | | 41.64 | 0.78 |
| 274.65 | 1.95 | 2.04 | 3.29 | 0.01 | | | 77.26 | 0.05 |
| 16188.11 | 326.73 | 4037.41 | 261.84 | 3.96 | 62.47 | 70.72 | 975.77 | 14.66 |
| 6109.43 | 802.91 | 164.36 | 24399.97 | 349.55 | 1507.13 | 177.76 | 288.48 | 0.10 |
| 1222.97 | 61.20 | 64.75 | 474.65 | 7.57 | 56.23 | 27.36 | 268.20 | 0.31 |
| 309.27 | 8.24 | 5.69 | 96.43 | 0.29 | 0.69 | | 109.88 | 0.06 |
| 344.64 | 8.05 | 6.27 | 572.67 | 0.76 | 10.64 | | 114.33 | 0.19 |
| 466.62 | 33.89 | 2.19 | 84.44 | 0.80 | 41.68 | | 60.20 | 0.13 |
| 659.46 | 7.00 | 4.71 | 118.06 | 0.40 | 1.86 | | 143.81 | 0.11 |
| 168.20 | 3.96 | 1.24 | 18.95 | 0.35 | 1.86 | | 106.84 | 0.24 |
| 110.70 | 1.82 | 0.22 | 0.80 | 0.09 | 0.29 | | 96.64 | 0.40 |
| | | | | | | | | |
| 23.82 | 0.04 | 1.22 | 3.38 | 0.01 | 0.03 | | 15.44 | 0.04 |
| | | | | | | | | |
| 313.04 | 12.17 | 4.77 | 4.16 | 0.01 | 0.40 | | 26.75 | 0.01 |
| 5.14 | 0.03 | 2.09 | 2.57 | | 0.48 | | 2.50 | |
| **3436.32** | **4.35** | **92.47** | **9.59** | **7.46** | **15.92** | **4.51** | **209.74** | **1.42** |
| 3298.70 | 4.15 | 92.23 | 7.45 | 0.56 | 2.04 | 2.16 | 116.02 | 1.17 |
| 99.68 | 0.18 | 0.22 | 2.06 | 6.90 | 13.88 | 2.35 | 87.70 | 0.25 |
| 37.94 | 0.01 | 0.02 | 0.08 | | | | 6.02 | |

续表

| 行　　业 | Item | 汽油<br>(万吨)<br>Gasoline<br>($10^4$tn) |
|---|---|---|
| **工业** | **Industry** | **524.37** |
| **(一)采掘业** | **Mining and Quarrying** | **62.88** |
| 煤炭开采和洗选业 | Mining and Washing of Coal | 18.29 |
| 石油和天然气开采业 | Extraction of Petroleum and Natural Gas | 30.99 |
| 黑色金属矿采选业 | Mining and Processing of Ferrous Metal Ores | 5.38 |
| 有色金属矿采选业 | Mining and Processing of Non-Ferrous Metal Ores | 3.93 |
| 非金属矿采选业 | Mining and Processing of Nonmetal Ores | 4.27 |
| 其他采矿业 | Mining of Other Ores | 0.02 |
| **(二)制造业** | **Manufacturing** | **436.66** |
| 农副食品加工业 | Processing of Food from Agricultural Products | 15.74 |
| 食品制造业 | Manufacture of Foods | 8.75 |
| 饮料制造业 | Manufacture of Beverages | 7.39 |
| 烟草制品业 | Manufacture of Tobacco | 0.87 |
| 纺织业 | Manufacture of Textile | 19.98 |
| 纺织服装、鞋、帽制造业 | Manufacture of Textile Wearing Apparel,Footware, and Caps | 10.86 |
| 皮革、毛皮、羽毛(绒)及其制品业 | Manufacture of Leather, Fur, Feather and Related Products | 5.03 |
| 木材加工及木、竹、藤、棕、草制品业 | Processing of Timber,Manufacture of Wood,Bamboo,Rattan,Palm, and Straw Products | 5.53 |
| 家具制造业 | Manufacture of Furniture | 3.20 |
| 造纸及纸制品业 | Manufacture of Paper and Paper Products | 9.58 |
| 印刷业和记录媒介的复制 | Printing,Reproduction of Recording Media | 7.11 |
| 文教体育用品制造业 | Manufacture of Articles For Culture, Education and Sport Activity | 3.70 |
| 石油加工、炼焦及核燃料加工业 | Processing of Petroleum, Coking, Processing of Nuclear Fuel | 24.40 |
| 化学原料及化学制品制造业 | Manufacture of Raw Chemical Materials and Chemical Products | 45.00 |
| 医药制造业 | Manufacture of Medicines | 10.26 |
| 化学纤维制造业 | Manufacture of Chemical Fibers | 1.88 |
| 橡胶制品业 | Manufacture of Rubber | 10.91 |
| 塑料制品业 | Manufacture of Plastics | 14.23 |
| 非金属矿物制品业 | Manufacture of Non-metallic Mineral Products | 31.56 |
| 黑色金属冶炼及压延加工业 | Smelting and Pressing of Ferrous Metals | 26.55 |
| 有色金属冶炼及压延加工业 | Smelting and Pressing of Non-ferrous Metals | 7.25 |
| 金属制品业 | Manufacture of Metal Products | 23.75 |
| 通用设备制造业 | Manufacture of General Purpose Machinery | 33.88 |
| 专用设备制造业 | Manufacture of Special Purpose Machinery | 20.76 |
| 交通运输设备制造业 | Manufacture of Transport Equipment | 41.27 |
| 电气机械及器材制造业 | Manufacture of Electrical Machinery and Equipment | 23.20 |
| 通信设备、计算机及其他电子设备制造业 | Manufacture of Communication Equipment,Computers and Other Electronic Equipment | 13.39 |
| 仪器仪表及文化、办公用机械制造业 | Manufacture of Measuring Instruments and Machinery for Cultural Activity and Office Work | 4.66 |
| 工艺品及其他制造业 | Manufacture of Artwork and Other Manufacturing | 5.62 |
| 废弃资源和废旧材料回收加工业 | Recycling and Disposal of Waste | 0.34 |
| **(三)电力、煤气及水生产和供应业** | **Electric Power, Gas and Water Production and Supply** | **24.83** |
| 电力、热力的生产和供应业 | Production and Distribution of Electric Power and Heat Power | 18.96 |
| 燃气生产和供应业 | Production and Distribution of Gas | 2.62 |
| 水的生产和供应业 | Production and Distribution of Water | 3.25 |

Continued

| 煤油<br>(万吨)<br>Kerosene<br>(10⁴tn) | 柴油<br>(万吨)<br>Diesel Oil<br>(10⁴tn) | 燃料油<br>(万吨)<br>Fuel Oil<br>(10⁴tn) | 液化石油气<br>(万吨)<br>LPG<br>(10⁴tn) | 炼厂干气<br>(万吨)<br>Refinery Gas<br>(10⁴tn) | 其他石油制品<br>(万吨)<br>Other Petroleum Products<br>(10⁴tn) | 天然气<br>(亿立方米)<br>Natural Gas<br>($10^8$ cu.m) | 热力<br>(万百万千焦)<br>Heat<br>($10^{10}$ kJ) | 电力<br>(亿千瓦小时)<br>Electricity<br>($10^8$kW•h) |
|---|---|---|---|---|---|---|---|---|
| **45.24** | **1741.37** | **1627.16** | **450.50** | **865.30** | **6031.19** | **370.28** | **185028.20** | **22229.10** |
| **5.30** | **379.58** | **33.44** | **4.06** | **33.25** | **29.54** | **66.09** | **4739.98** | **1589.79** |
| 2.71 | 65.92 | 4.93 | 0.24 |  | 1.78 | 2.01 | 377.12 | 600.28 |
| 0.15 | 197.84 | 27.09 | 3.32 | 33.25 | 25.64 | 63.99 | 2705.83 | 310.70 |
| 1.16 | 35.45 | 0.61 |  |  | 0.10 | 0.03 | 1.08 | 304.56 |
| 0.62 | 14.33 | 0.24 | 0.08 |  | 0.23 | 0.02 | 0.08 | 203.62 |
| 0.66 | 64.97 | 0.58 | 0.42 |  | 1.80 | 0.04 | 1655.87 | 135.13 |
|  | 1.06 |  |  |  |  |  |  | 35.49 |
| **39.64** | **1289.88** | **1562.67** | **374.80** | **830.17** | **5994.95** | **297.89** | **173064.81** | **17832.78** |
| 0.33 | 57.61 | 9.62 | 2.53 | 8.95 | 1.03 | 0.33 | 3016.94 | 334.95 |
| 0.27 | 21.76 | 14.05 | 3.71 |  | 0.11 | 1.39 | 4873.91 | 151.79 |
| 0.45 | 15.32 | 12.75 | 0.30 |  | 0.07 | 0.68 | 2617.67 | 101.20 |
| 0.03 | 5.98 | 1.35 | 0.02 |  | 0.00 | 0.30 | 377.03 | 36.57 |
| 1.72 | 43.02 | 37.43 | 2.56 | 0.21 | 2.11 | 0.69 | 19967.10 | 1124.38 |
| 0.57 | 30.29 | 6.53 | 0.51 |  | 0.18 | 0.09 | 761.91 | 124.50 |
| 0.30 | 14.97 | 11.64 | 0.13 |  | 0.34 | 0.04 | 253.07 | 73.68 |
| 0.91 | 13.08 | 2.09 | 0.23 |  | 0.08 | 0.15 | 621.98 | 148.80 |
|  |  |  |  |  |  |  |  |  |
| 0.20 | 8.84 | 0.27 | 1.02 |  | 0.01 | 0.05 | 112.78 | 29.63 |
| 0.76 | 25.45 | 26.46 | 5.62 |  | 0.13 | 0.69 | 11591.93 | 435.69 |
| 0.62 | 7.28 | 1.68 | 0.89 |  | 0.12 | 0.27 | 193.13 | 74.18 |
| 0.29 | 12.10 | 2.50 | 0.82 |  | 0.26 |  | 44.76 | 46.01 |
| 1.73 | 52.95 | 248.34 | 126.27 | 747.21 | 3780.51 | 18.74 | 28671.40 | 409.63 |
| 4.20 | 148.71 | 309.62 | 63.12 | 69.48 | 1990.87 | 202.24 | 52047.90 | 2779.33 |
| 0.43 | 9.15 | 4.80 | 0.59 |  | 0.69 | 1.34 | 4533.81 | 170.71 |
| 0.41 | 8.89 | 30.87 | 0.93 | 1.52 | 17.06 | 0.41 | 5846.95 | 276.92 |
| 0.22 | 10.41 | 16.65 | 0.84 |  | 1.83 | 0.41 | 1012.60 | 263.09 |
| 0.52 | 39.38 | 16.98 | 1.52 |  | 4.58 | 0.76 | 323.51 | 381.05 |
| 2.58 | 272.23 | 510.09 | 86.16 | 2.19 | 56.30 | 28.91 | 959.54 | 1855.92 |
| 1.61 | 97.58 | 137.53 | 15.15 |  | 9.96 | 13.15 | 18252.22 | 3661.70 |
| 1.94 | 56.15 | 82.86 | 6.75 |  | 112.93 | 5.35 | 8849.96 | 2398.44 |
| 2.21 | 55.56 | 14.45 | 13.16 |  | 0.69 | 0.95 | 379.06 | 677.09 |
| 4.82 | 60.25 | 6.98 | 5.06 |  | 3.15 | 3.00 | 742.69 | 447.78 |
| 1.38 | 28.00 | 5.26 | 3.10 |  | 1.57 | 3.48 | 1614.73 | 229.16 |
| 7.57 | 72.28 | 10.28 | 8.35 |  | 3.95 | 6.50 | 2722.49 | 417.69 |
| 1.31 | 49.50 | 12.67 | 15.92 | 0.59 | 3.39 | 1.66 | 1101.62 | 341.54 |
| 0.75 | 50.36 | 25.78 | 5.80 |  | 0.14 | 6.16 | 862.87 | 479.75 |
|  |  |  |  |  |  |  |  |  |
| 0.93 | 8.87 | 0.18 | 0.36 |  | 0.40 | 0.12 | 114.08 | 61.16 |
|  |  |  |  |  |  |  |  |  |
| 0.55 | 12.61 | 2.24 | 3.32 |  | 2.39 | 0.05 | 591.82 | 289.36 |
| 0.03 | 1.28 | 0.70 | 0.06 |  | 0.09 |  | 5.35 | 11.07 |
| **0.31** | **71.91** | **31.05** | **71.64** | **1.88** | **6.70** | **6.30** | **7223.41** | **2806.53** |
| 0.25 | 58.29 | 30.51 | 0.03 | 0.22 | 6.59 | 0.42 | 6965.87 | 2541.23 |
| 0.03 | 10.89 | 0.53 | 71.61 | 1.66 | 0.11 | 5.80 | 220.47 | 44.87 |
| 0.03 | 2.73 | 0.01 |  |  |  | 0.08 | 37.07 | 220.43 |

# 4-14 工业分行业终端能源消费量(实物量)-2008

| 行　业 | Item | 煤合计 (万吨) Coal Total (10[4] tn) |
|---|---|---|
| **工业** | **Industry** | **65567.47** |
| **(一)采掘业** | **Mining and Quarrying** | **7402.23** |
| 煤炭开采和洗选业 | Mining and Washing of Coal | 6559.79 |
| 石油和天然气开采业 | Extraction of Petroleum and Natural Gas | 142.94 |
| 黑色金属矿采选业 | Mining and Processing of Ferrous Metal Ores | 179.29 |
| 有色金属矿采选业 | Mining and Processing of Non-Ferrous Metal Ores | 95.75 |
| 非金属矿采选业 | Mining and Processing of Nonmetal Ores | 423.06 |
| 其他采矿业 | Mining of Other Ores | 1.39 |
| **(二)制造业** | **Manufacturing** | **55337.89** |
| 农副食品加工业 | Processing of Food from Agricultural Products | 1420.40 |
| 食品制造业 | Manufacture of Foods | 823.70 |
| 饮料制造业 | Manufacture of Beverages | 762.23 |
| 烟草制品业 | Manufacture of Tobacco | 92.40 |
| 纺织业 | Manufacture of Textile | 1933.77 |
| 纺织服装、鞋、帽制造业 | Manufacture of Textile Wearing Apparel,Footware, and Caps | 214.58 |
| 皮革、毛皮、羽毛(绒)及其制品业 | Manufacture of Leather, Fur, Feather and Related Products | 85.60 |
| 木材加工及木、竹、藤、棕、草制品业 | Processing of Timber,Manufacture of Wood,Bamboo,Rattan,Palm, and Straw Products | 422.91 |
| 家具制造业 | Manufacture of Furniture | 33.46 |
| 造纸及纸制品业 | Manufacture of Paper and Paper Products | 2285.72 |
| 印刷业和记录媒介的复制 | Printing,Reproduction of Recording Media | 41.13 |
| 文教体育用品制造业 | Manufacture of Articles For Culture, Education and Sport Activity | 18.25 |
| 石油加工、炼焦及核燃料加工业 | Processing of Petroleum, Coking, Processing of Nuclear Fuel | 1166.80 |
| 化学原料及化学制品制造业 | Manufacture of Raw Chemical Materials and Chemical Products | 10223.44 |
| 医药制造业 | Manufacture of Medicines | 592.55 |
| 化学纤维制造业 | Manufacture of Chemical Fibers | 251.83 |
| 橡胶制品业 | Manufacture of Rubber | 412.81 |
| 塑料制品业 | Manufacture of Plastics | 304.08 |
| 非金属矿物制品业 | Manufacture of Non-metallic Mineral Products | 22717.84 |
| 黑色金属冶炼及压延加工业 | Smelting and Pressing of Ferrous Metals | 7562.14 |
| 有色金属冶炼及压延加工业 | Smelting and Pressing of Non-ferrous Metals | 1447.63 |
| 金属制品业 | Manufacture of Metal Products | 333.81 |
| 通用设备制造业 | Manufacture of General Purpose Machinery | 400.80 |
| 专用设备制造业 | Manufacture of Special Purpose Machinery | 472.46 |
| 交通运输设备制造业 | Manufacture of Transport Equipment | 604.25 |
| 电气机械及器材制造业 | Manufacture of Electrical Machinery and Equipment | 176.13 |
| 通信设备、计算机及其他电子设备制造业 | Manufacture of Communication Equipment,Computers and Other Electronic Equipment | 141.84 |
| 仪器仪表及文化、办公用机械制造业 | Manufacture of Measuring Instruments and Machinery for Cultural Activity and Office Work | 26.55 |
| 工艺品及其他制造业 | Manufacture of Artwork and Other Manufacturing | 359.25 |
| 废弃资源和废旧材料回收加工业 | Recycling and Disposal of Waste | 9.54 |
| **(三)电力、煤气及水生产和供应业** | **Electric Power, Gas and Water Production and Supply** | **2827.35** |
| 电力、热力的生产和供应业 | Production and Distribution of Electric Power and Heat Power | 2719.12 |
| 燃气生产和供应业 | Production and Distribution of Gas | 74.22 |
| 水的生产和供应业 | Production and Distribution of Water | 34.01 |

# FINAL ENERGY CONSUMPTION BY INDUSTRIAL SECTOR-2008 (PHYSICAL QUANTITY)

| 原煤<br>(万吨)<br>Raw Coal<br>($10^4$ tn) | 洗精煤<br>(万吨)<br>Cleaned Coal<br>($10^4$ tn) | 其他洗煤<br>(万吨)<br>Other Washed Coal<br>($10^4$ tn) | 焦炭<br>(万吨)<br>Coke<br>($10^4$ tn) | 焦炉煤气<br>(亿立方米)<br>Coke Oven Gas<br>($10^8$ cu.m) | 其他煤气<br>(亿立方米)<br>Other Gas<br>($10^8$ cu.m) | 其他焦化产品<br>(万吨)<br>Other Coking Products<br>($10^4$ tn) | 油品合计<br>(万吨)<br>Petroleum Products Total<br>($10^4$ tn) | 原油<br>(万吨)<br>Crude Oil<br>($10^4$ tn) |
|---:|---:|---:|---:|---:|---:|---:|---:|---:|
| **56557.94** | **2333.50** | **6367.52** | **29569.08** | **478.66** | **1790.10** | **695.95** | **13170.79** | **1192.75** |
| **6803.32** | **214.28** | **384.63** | **160.86** | **2.15** | **9.00** | **4.32** | **1405.52** | **696.25** |
| 5997.35 | 189.01 | 373.43 | 34.79 | 0.61 | 7.20 | 4.32 | 124.02 | |
| 142.88 | 0.06 | | 0.01 | | | | 1101.22 | 696.25 |
| 170.26 | 5.13 | 3.90 | 102.92 | 1.54 | 1.80 | | 62.34 | |
| 84.62 | 8.63 | 2.50 | 12.17 | | | | 25.19 | |
| 406.83 | 11.43 | 4.80 | 10.97 | | | | 90.82 | |
| 1.39 | | | | | | | 1.94 | |
| **47051.82** | **2114.49** | **5864.61** | **29398.17** | **468.58** | **1773.54** | **687.94** | **11505.09** | **494.76** |
| 1321.65 | 7.95 | 86.80 | 13.20 | 0.02 | | | 102.97 | 0.08 |
| 809.79 | 7.91 | 6.00 | 7.92 | 0.02 | 0.40 | | 60.24 | 0.11 |
| 743.45 | 11.67 | 7.11 | 1.05 | | | | 42.80 | 0.60 |
| 88.40 | 1.40 | 2.60 | 0.83 | 0.07 | 0.16 | | 8.61 | |
| 1903.69 | 12.28 | 11.80 | 5.28 | 0.37 | 0.10 | | 116.97 | 0.23 |
| 208.78 | 3.97 | 1.84 | 3.23 | 0.01 | 0.07 | | 59.82 | 0.31 |
| 84.51 | 0.40 | 0.69 | 0.22 | | | | 37.60 | 0.05 |
| 416.55 | 3.76 | 2.60 | 2.59 | | | | 27.62 | 0.17 |
| | | | | | | | | |
| 32.98 | 0.10 | 0.38 | 1.06 | | 0.02 | | 19.90 | 0.05 |
| 2180.03 | 34.44 | 71.25 | 5.66 | 0.11 | 0.01 | 1.10 | 75.66 | 0.60 |
| 40.78 | 0.10 | 0.25 | 0.32 | | 0.02 | | 29.56 | |
| 18.02 | 0.07 | 0.16 | 5.30 | | | | 27.13 | 0.10 |
| 849.87 | 247.92 | 69.00 | 96.84 | 53.45 | 32.40 | 82.86 | 5226.05 | 205.86 |
| 9471.69 | 375.65 | 220.97 | 2244.71 | 14.22 | 20.00 | 285.99 | 2878.69 | 251.30 |
| 570.01 | 18.96 | 3.57 | 1.55 | 0.10 | 0.08 | | 34.65 | 0.10 |
| 249.28 | 2.05 | 0.50 | 18.48 | | | 3.57 | 77.19 | 14.51 |
| 402.90 | 4.91 | 5.00 | 2.50 | | 0.03 | | 41.77 | 0.85 |
| 299.49 | 1.99 | 2.60 | 4.38 | 0.01 | | | 92.13 | 0.07 |
| 17233.82 | 379.01 | 5048.86 | 305.49 | 8.32 | 18.00 | 72.27 | 1059.53 | 17.78 |
| 6462.07 | 850.91 | 208.00 | 25355.82 | 378.54 | 1585.56 | 227.11 | 281.94 | 0.15 |
| 1268.29 | 66.70 | 80.00 | 490.47 | 10.44 | 77.00 | 13.31 | 320.95 | 0.38 |
| 317.97 | 8.98 | 6.85 | 90.83 | 0.09 | 0.26 | | 140.46 | 0.11 |
| 375.82 | 9.12 | 7.61 | 473.50 | 0.85 | 12.60 | | 140.06 | 0.23 |
| 433.02 | 36.94 | 2.50 | 91.58 | 1.00 | 21.80 | 1.73 | 76.51 | 0.16 |
| 590.70 | 7.63 | 5.92 | 139.70 | 0.51 | 0.77 | | 201.67 | 0.14 |
| 170.32 | 4.32 | 1.49 | 25.78 | 0.15 | 0.98 | | 134.35 | 0.29 |
| 139.61 | 1.98 | 0.24 | 0.87 | 0.13 | 0.12 | | 132.08 | 0.49 |
| | | | | | | | | |
| 25.04 | 0.04 | 1.47 | 3.77 | | 0.01 | | 20.93 | 0.04 |
| | | | | | | | | |
| 336.48 | 13.27 | 5.85 | 2.18 | 0.02 | 2.94 | | 32.21 | 0.01 |
| 6.80 | 0.04 | 2.70 | 3.04 | 0.14 | 0.20 | | 5.06 | |
| **2702.79** | **4.74** | **118.28** | **10.04** | **7.93** | **7.56** | **3.68** | **260.19** | **1.73** |
| 2595.05 | 4.53 | 118.00 | 7.13 | 0.34 | 3.36 | 1.51 | 164.74 | 1.43 |
| 73.76 | 0.20 | 0.26 | 2.84 | 7.59 | 4.20 | 2.17 | 87.68 | 0.31 |
| 33.98 | 0.01 | 0.02 | 0.07 | | | | 7.76 | |

续表

| 行　业 | Item | 汽油 (万吨) Gasoline ($10^4$tn) |
|---|---|---|
| **工业** | **Industry** | **585.98** |
| **(一)采掘业** | **Mining and Quarrying** | **65.70** |
| 煤炭开采和洗选业 | Mining and Washing of Coal | 22.33 |
| 石油和天然气开采业 | Extraction of Petroleum and Natural Gas | 27.84 |
| 黑色金属矿采选业 | Mining and Processing of Ferrous Metal Ores | 5.96 |
| 有色金属矿采选业 | Mining and Processing of Non-Ferrous Metal Ores | 4.39 |
| 非金属矿采选业 | Mining and Processing of Nonmetal Ores | 5.14 |
| 其他采矿业 | Mining of Other Ores | 0.04 |
| **(二)制造业** | **Manufacturing** | **492.78** |
| 农副食品加工业 | Processing of Food from Agricultural Products | 17.58 |
| 食品制造业 | Manufacture of Foods | 9.87 |
| 饮料制造业 | Manufacture of Beverages | 9.14 |
| 烟草制品业 | Manufacture of Tobacco | 0.88 |
| 纺织业 | Manufacture of Textile | 22.48 |
| 纺织服装、鞋、帽制造业 | Manufacture of Textile Wearing Apparel,Footware, and Caps | 12.58 |
| 皮革、毛皮、羽毛(绒)及其制品业 | Manufacture of Leather, Fur, Feather and Related Products | 6.05 |
| 木材加工及木、竹、藤、棕、草制品业 | Processing of Timber,Manufacture of Wood,Bamboo,Rattan,Palm, and Straw Products | 7.89 |
| 家具制造业 | Manufacture of Furniture | 4.03 |
| 造纸及纸制品业 | Manufacture of Paper and Paper Products | 11.96 |
| 印刷业和记录媒介的复制 | Printing,Reproduction of Recording Media | 8.18 |
| 文教体育用品制造业 | Manufacture of Articles For Culture, Education and Sport Activity | 4.23 |
| 石油加工、炼焦及核燃料加工业 | Processing of Petroleum, Coking, Processing of Nuclear Fuel | 20.05 |
| 化学原料及化学制品制造业 | Manufacture of Raw Chemical Materials and Chemical Products | 51.75 |
| 医药制造业 | Manufacture of Medicines | 11.33 |
| 化学纤维制造业 | Manufacture of Chemical Fibers | 2.04 |
| 橡胶制品业 | Manufacture of Rubber | 13.73 |
| 塑料制品业 | Manufacture of Plastics | 17.14 |
| 非金属矿物制品业 | Manufacture of Non-metallic Mineral Products | 38.03 |
| 黑色金属冶炼及压延加工业 | Smelting and Pressing of Ferrous Metals | 24.72 |
| 有色金属冶炼及压延加工业 | Smelting and Pressing of Non-ferrous Metals | 7.00 |
| 金属制品业 | Manufacture of Metal Products | 29.38 |
| 通用设备制造业 | Manufacture of General Purpose Machinery | 40.51 |
| 专用设备制造业 | Manufacture of Special Purpose Machinery | 21.60 |
| 交通运输设备制造业 | Manufacture of Transport Equipment | 46.46 |
| 电气机械及器材制造业 | Manufacture of Electrical Machinery and Equipment | 26.68 |
| 通信设备、计算机及其他电子设备制造业 | Manufacture of Communication Equipment,Computers and Other Electronic Equipment | 16.13 |
| 仪器仪表及文化、办公用机械制造业 | Manufacture of Measuring Instruments and Machinery for Cultural Activity and Office Work | 5.15 |
| 工艺品及其他制造业 | Manufacture of Artwork and Other Manufacturing | 5.84 |
| 废弃资源和废旧材料回收加工业 | Recycling and Disposal of Waste | 0.38 |
| **(三)电力、煤气及水生产和供应业** | **Electric Power, Gas and Water Production and Supply** | **27.50** |
| 电力、热力的生产和供应业 | Production and Distribution of Electric Power and Heat Power | 21.89 |
| 燃气生产和供应业 | Production and Distribution of Gas | 2.10 |
| 水的生产和供应业 | Production and Distribution of Water | 3.51 |

Continued

| 煤油<br>(万吨)<br>Kerosene<br>($10^4$tn) | 柴油<br>(万吨)<br>Diesel Oil<br>($10^4$tn) | 燃料油<br>(万吨)<br>Fuel Oil<br>($10^4$tn) | 液化石油气<br>(万吨)<br>LPG<br>($10^4$tn) | 炼厂干气<br>(万吨)<br>Refinery Gas<br>($10^4$tn) | 其他石油制品<br>(万吨)<br>Other Petroleum Products<br>($10^4$tn) | 天然气<br>(亿立方米)<br>Natural Gas<br>($10^8$ cu.m) | 热力<br>(万百万千焦)<br>Heat<br>($10^{10}$ kJ) | 电力<br>(亿千瓦小时)<br>Electricity<br>($10^8$kW•h) |
|---|---|---|---|---|---|---|---|---|
| **49.08** | **2331.89** | **1560.11** | **493.18** | **884.96** | **6072.84** | **416.75** | **179371.51** | **23250.75** |
| **5.38** | **522.31** | **46.29** | **2.01** | **36.55** | **31.02** | **88.55** | **4395.12** | **1701.27** |
| 2.87 | 90.33 | 6.44 | 0.25 | | 1.80 | 1.96 | 363.99 | 639.93 |
| 0.13 | 272.32 | 38.60 | 1.41 | 36.55 | 28.11 | 86.47 | 2448.41 | 318.43 |
| 1.03 | 54.66 | 0.65 | | | 0.05 | 0.04 | 1.07 | 320.08 |
| 0.77 | 19.64 | 0.20 | 0.03 | | 0.16 | 0.04 | 0.08 | 222.46 |
| 0.58 | 83.47 | 0.41 | 0.32 | | 0.90 | 0.05 | 1581.57 | 146.00 |
| | 1.90 | | | | | | | 54.37 |
| **43.46** | **1683.35** | **1484.27** | **421.93** | **846.79** | **6037.75** | **322.01** | **169119.15** | **18588.88** |
| 0.42 | 59.21 | 10.86 | 4.01 | 8.75 | 2.06 | 0.54 | 3136.57 | 362.28 |
| 0.26 | 30.17 | 15.43 | 4.20 | | 0.20 | 2.10 | 4990.27 | 166.44 |
| 0.49 | 20.57 | 11.35 | 0.59 | | 0.06 | 0.95 | 2826.59 | 110.97 |
| | 6.66 | 1.06 | 0.01 | | | 0.38 | 307.65 | 38.62 |
| 1.38 | 50.87 | 35.66 | 3.39 | 0.32 | 2.63 | 1.49 | 20627.56 | 1126.38 |
| 0.49 | 37.97 | 6.98 | 1.37 | | 0.13 | 0.20 | 735.38 | 130.07 |
| 0.24 | 19.69 | 11.12 | 0.14 | | 0.31 | 0.06 | 246.81 | 76.99 |
| 0.46 | 16.80 | 1.99 | 0.27 | | 0.05 | 0.22 | 612.84 | 175.40 |
| | | | | | | | | |
| 0.18 | 13.81 | 0.29 | 1.53 | | 0.02 | 0.39 | 94.35 | 34.90 |
| 0.91 | 36.00 | 22.40 | 3.60 | | 0.19 | 1.11 | 11437.31 | 471.79 |
| 0.53 | 17.19 | 1.80 | 1.68 | | 0.18 | 0.46 | 239.02 | 77.26 |
| 0.17 | 18.37 | 2.67 | 1.38 | | 0.21 | | 43.65 | 47.72 |
| 2.08 | 58.96 | 235.51 | 140.26 | 767.97 | 3795.36 | 16.51 | 25741.48 | 423.80 |
| 3.87 | 192.84 | 256.66 | 64.34 | 66.25 | 1991.69 | 194.36 | 52757.29 | 2761.34 |
| 0.43 | 15.03 | 5.99 | 1.18 | | 0.60 | 1.81 | 4655.48 | 182.90 |
| 0.29 | 13.57 | 31.81 | 0.53 | 0.79 | 13.65 | 0.48 | 4996.77 | 264.28 |
| 0.15 | 9.09 | 15.85 | 0.42 | | 1.68 | 0.53 | 1028.25 | 271.06 |
| 1.04 | 51.00 | 16.13 | 2.33 | | 4.42 | 1.09 | 357.78 | 435.88 |
| 2.32 | 329.56 | 515.13 | 86.81 | 2.34 | 67.56 | 43.75 | 1060.64 | 1959.68 |
| 2.25 | 124.40 | 97.69 | 24.24 | | 8.50 | 17.06 | 16488.08 | 3693.10 |
| 2.18 | 75.16 | 97.73 | 8.63 | | 129.87 | 6.08 | 8630.86 | 2511.23 |
| 2.65 | 74.89 | 15.44 | 17.16 | | 0.83 | 2.06 | 400.17 | 728.52 |
| 6.32 | 71.25 | 9.33 | 6.48 | | 5.94 | 5.50 | 769.10 | 490.99 |
| 0.98 | 41.04 | 6.25 | 4.60 | | 1.89 | 5.08 | 1718.92 | 251.28 |
| 9.05 | 118.79 | 13.43 | 10.25 | | 3.55 | 10.90 | 2498.20 | 471.93 |
| 1.58 | 69.28 | 12.04 | 20.06 | 0.35 | 4.07 | 2.33 | 1218.33 | 402.25 |
| 0.86 | 75.83 | 30.31 | 8.33 | | 0.13 | 6.26 | 910.91 | 530.93 |
| | | | | | | | | |
| 1.39 | 13.49 | 0.20 | 0.26 | | 0.40 | 0.25 | 140.45 | 66.35 |
| | | | | | | | | |
| 0.44 | 18.13 | 2.53 | 3.76 | | 1.49 | 0.05 | 442.53 | 313.06 |
| 0.05 | 3.74 | 0.65 | 0.13 | | 0.11 | | 5.92 | 11.47 |
| **0.25** | **126.23** | **29.55** | **69.23** | **1.62** | **4.07** | **6.19** | **5857.24** | **2960.60** |
| 0.23 | 108.00 | 28.98 | 0.04 | 0.22 | 3.95 | 0.36 | 5541.63 | 2667.00 |
| 0.01 | 14.55 | 0.01 | 69.19 | 1.40 | 0.12 | 5.73 | 278.97 | 55.08 |
| 0.01 | 3.68 | 0.56 | | | | 0.10 | 36.64 | 238.52 |

# 4-15 工业分行业终端能源消费量(标准量)-1996

单位:万吨标准煤

| 行业 | Sector | 终端消费合计 Final Consumption Total | |
|---|---|---|---|
| | | (发电煤耗计算法) (coal equivalent calculation) | (电热当量计算法) (calorific value calculation) |
| **工业** | **Industry** | **90565.69** | **69490.78** |
| **(一)采掘业** | **Mining and Quarrying** | **7660.22** | **5247.53** |
| 煤炭开采和洗选业 | Mining and Washing of Coal | 3592.46 | 2542.59 |
| 石油和天然气开采业 | Extraction of Petroleum and Natural Gas | 2298.94 | 1566.47 |
| 黑色金属矿采选业 | Mining and Processing of Ferrous Metal Ores | 339.57 | 223.40 |
| 有色金属矿采选业 | Mining and Processing of Non-Ferrous Metal Ores | 624.10 | 314.77 |
| 非金属矿采选业 | Mining and Processing of Nonmetal Ores | 549.61 | 400.86 |
| 其他采矿业 | Mining of Other Ores | 255.53 | 199.43 |
| **(二)制造业** | **Manufacturing** | **76696.39** | **60758.98** |
| 农副食品加工业 | Processing of Food from Agricultural Products | 1825.10 | 1322.23 |
| 食品制造业 | Manufacture of Foods | 1131.18 | 937.98 |
| 饮料制造业 | Manufacture of Beverages | 909.63 | 756.44 |
| 烟草制品业 | Manufacture of Tobacco | 244.62 | 196.12 |
| 纺织业 | Manufacture of Textile | 3176.86 | 2218.95 |
| 纺织服装、鞋、帽制造业 | Manufacture of Textile Wearing Apparel,Footware, and Caps | 295.74 | 184.16 |
| 皮革、毛皮、羽毛(绒)及其制品业 | Manufacture of Leather, Fur, Feather and Related Products | 177.02 | 118.25 |
| 木材加工及木、竹、藤、棕、草制品业 | Processing of Timber,Manufacture of Wood,Bamboo,Rattan,Palm, and Straw Products | 340.11 | 265.81 |
| 家具制造业 | Manufacture of Furniture | 167.06 | 89.61 |
| 造纸及纸制品业 | Manufacture of Paper and Paper Products | 2088.84 | 1578.98 |
| 印刷业和记录媒介的复制 | Printing,Reproduction of Recording Media | 194.92 | 111.22 |
| 文教体育用品制造业 | Manufacture of Articles For Culture, Education and Sport Activity | 82.87 | 56.17 |
| 石油加工、炼焦及核燃料加工业 | Processing of Petroleum, Coking, Processing of Nuclear Fuel | 3361.04 | 2728.73 |
| 化学原料及化学制品制造业 | Manufacture of Raw Chemical Materials and Chemical Products | 18968.08 | 15295.62 |
| 医药制造业 | Manufacture of Medicines | 952.79 | 691.15 |
| 化学纤维制造业 | Manufacture of Chemical Fibers | 1044.18 | 722.15 |
| 橡胶制品业 | Manufacture of Rubber | 677.11 | 475.79 |
| 塑料制品业 | Manufacture of Plastics | 624.64 | 388.91 |
| 非金属矿物制品业 | Manufacture of Non-metallic Mineral Products | 12827.54 | 11161.37 |
| 黑色金属冶炼及压延加工业 | Smelting and Pressing of Ferrous Metals | 17420.86 | 14750.29 |
| 有色金属冶炼及压延加工业 | Smelting and Pressing of Non-ferrous Metals | 3055.70 | 1751.01 |
| 金属制品业 | Manufacture of Metal Products | 1072.12 | 691.30 |
| 通用设备制造业 | Manufacture of General Purpose Machinery | 1690.15 | 1277.00 |
| 专用设备制造业 | Manufacture of Special Purpose Machinery | 955.75 | 709.33 |
| 交通运输设备制造业 | Manufacture of Transport Equipment | 1390.58 | 918.00 |
| 电气机械及器材制造业 | Manufacture of Electrical Machinery and Equipment | 607.47 | 430.12 |
| 通信设备、计算机及其他电子设备制造业 | Manufacture of Communication Equipment,Computers and Other Electronic Equipment | 338.27 | 216.98 |
| 仪器仪表及文化、办公用机械制造业 | Manufacture of Measuring Instruments and Machinery for Cultural Activity and Office Work | 150.89 | 89.23 |
| 工艺品及其他制造业 | Manufacture of Artwork and Other Manufacturing | 925.27 | 626.12 |
| 废弃资源和废旧材料回收加工业 | Recycling and Disposal of Waste | | |
| **(三)电力、煤气及水生产和供应业** | **Electric Power, Gas and Water Production and Supply** | **6209.08** | **3484.26** |
| 电力、热力的生产和供应业 | Production and Distribution of Electric Power and Heat Power | 5429.65 | 3063.20 |
| 燃气生产和供应业 | Production and Distribution of Gas | 284.86 | 252.10 |
| 水的生产和供应业 | Production and Distribution of Water | 494.57 | 168.97 |

# FINAL ENERGY CONSUMPTION BY INDUSTRIAL SECTOR-1996
# (STANDARD QUANTITY)

(10 000 tce)

| 煤合计 Coal Total | 原煤 Raw Coal | 洗精煤 Cleaned Coal | 其他洗煤 Other Washed Coal | 焦炭 Coke | 焦炉煤气 Coke Oven Gas | 其他煤气 Other Gas | 其他焦化产品 Other Coking Products | 油品合计 Petroleum Products Total |
|---|---|---|---|---|---|---|---|---|
| **33169.53** | **30969.43** | **958.40** | **1241.70** | **11086.28** | **1024.07** | **860.30** | **371.82** | **8838.32** |
| **2659.73** | **2355.47** | **84.52** | **219.74** | **236.99** | **0.78** | | | **818.92** |
| 1946.46 | 1661.16 | 82.52 | 202.78 | 44.87 | 0.78 | | | 81.84 |
| 169.69 | 169.17 | | 0.52 | 1.75 | | | | 638.36 |
| 62.35 | 45.84 | 0.13 | 16.39 | 90.13 | | | | 11.27 |
| 98.57 | 98.15 | 0.42 | 0.01 | 53.85 | | | | 25.68 |
| 239.29 | 237.87 | 1.39 | 0.03 | 43.39 | | | | 34.85 |
| 143.37 | 143.29 | 0.06 | 0.02 | 2.99 | | | | 26.93 |
| **28762.20** | **27117.46** | **778.92** | **865.81** | **10753.30** | **988.63** | **858.56** | **371.82** | **7757.98** |
| 894.72 | 890.03 | 3.34 | 1.35 | 18.82 | 0.06 | 0.01 | | 77.98 |
| 737.60 | 605.37 | 66.04 | 66.19 | 14.07 | 0.24 | 0.16 | | 38.16 |
| 606.42 | 604.80 | 0.69 | 0.93 | 9.09 | | | | 29.47 |
| 135.04 | 132.01 | 2.95 | 0.08 | 1.71 | 0.12 | | | 30.57 |
| 1393.03 | 1380.68 | 9.22 | 3.13 | 7.01 | 0.72 | 0.40 | | 134.57 |
| 107.70 | 105.18 | 2.52 | | 1.93 | 0.06 | 0.01 | | 20.85 |
| 74.37 | 74.31 | 0.05 | | 0.66 | | | | 13.14 |
| 211.22 | 210.98 | 0.15 | 0.09 | 0.75 | | | | 14.76 |
| 44.15 | 44.15 | | | 1.38 | | | | 5.12 |
| 1176.43 | 1169.77 | 0.90 | 5.76 | 1.78 | | | | 39.56 |
| 47.39 | 47.22 | 0.16 | | 0.86 | | 0.03 | | 24.24 |
| 28.58 | 27.54 | 0.04 | 0.99 | 1.76 | | 0.01 | | 12.42 |
| 507.25 | 363.98 | 90.03 | 53.24 | 25.11 | 65.57 | 7.66 | 41.39 | 1097.41 |
| 5939.75 | 5867.16 | 58.48 | 14.12 | 1520.42 | 61.68 | 3.55 | 100.13 | 4389.56 |
| 420.83 | 416.89 | 3.60 | 0.33 | 3.44 | 0.42 | 0.88 | 39.72 | 29.78 |
| 231.23 | 226.73 | 4.46 | 0.04 | 27.56 | | | | 128.20 |
| 324.70 | 323.58 | 1.01 | 0.11 | 1.18 | | 0.06 | | 24.06 |
| 185.10 | 184.73 | 0.32 | 0.06 | 4.76 | | 0.09 | | 40.96 |
| 9408.26 | 8813.78 | 92.54 | 501.95 | 297.55 | 21.28 | 12.89 | 16.40 | 582.47 |
| 3003.53 | 2613.13 | 258.03 | 132.36 | 7917.92 | 823.12 | 789.45 | 174.19 | 461.46 |
| 667.48 | 562.14 | 52.79 | 52.55 | 258.54 | 0.42 | 14.92 | | 105.00 |
| 280.07 | 276.47 | 3.44 | 0.16 | 167.40 | 1.61 | 0.71 | | 62.71 |
| 679.20 | 592.32 | 86.04 | 0.84 | 279.34 | 3.35 | 3.84 | | 104.08 |
| 369.08 | 319.07 | 29.46 | 20.56 | 101.10 | 0.78 | 19.28 | | 54.92 |
| 487.30 | 472.51 | 5.70 | 9.09 | 39.53 | 0.90 | 3.27 | | 99.35 |
| 234.99 | 231.74 | 2.92 | 0.33 | 14.00 | 3.47 | 1.08 | | 64.11 |
| 91.50 | 88.97 | 1.56 | 0.97 | 1.66 | 4.72 | 0.13 | | 34.90 |
| 50.13 | 48.57 | 1.01 | 0.56 | 1.78 | 0.06 | 0.10 | | 6.50 |
| 425.14 | 423.64 | 1.45 | 0.05 | 32.20 | 0.06 | 0.01 | | 31.66 |
| **1747.60** | **1496.49** | **94.97** | **156.15** | **95.99** | **34.67** | **1.74** | | **261.42** |
| 1642.12 | 1412.28 | 73.69 | 156.15 | 2.92 | 8.31 | 0.72 | | 235.88 |
| 85.76 | 64.52 | 21.24 | | 93.00 | 26.36 | 1.02 | | 20.76 |
| 19.72 | 19.69 | 0.03 | | 0.07 | | | | 4.78 |

## 续表

单位:万吨标准煤

| 行业 | Sector | 原油 Crude Oil | 汽油 Gasoline |
|---|---|---|---|
| **工业** | **Industry** | **663.83** | **728.14** |
| **(一)采掘业** | **Mining and Quarrying** | **250.26** | **117.91** |
| 煤炭开采和洗选业 | Mining and Washing of Coal | 1.98 | 38.20 |
| 石油和天然气开采业 | Extraction of Petroleum and Natural Gas | 247.93 | 43.08 |
| 黑色金属矿采选业 | Mining and Processing of Ferrous Metal Ores | | 4.16 |
| 有色金属矿采选业 | Mining and Processing of Non-Ferrous Metal Ores | 0.35 | 6.70 |
| 非金属矿采选业 | Mining and Processing of Nonmetal Ores | | 11.43 |
| 其他采矿业 | Mining of Other Ores | | 14.33 |
| **(二)制造业** | **Manufacturing** | **393.43** | **588.19** |
| 农副食品加工业 | Processing of Food from Agricultural Products | 0.69 | 31.25 |
| 食品制造业 | Manufacture of Foods | 0.03 | 15.48 |
| 饮料制造业 | Manufacture of Beverages | 0.03 | 15.71 |
| 烟草制品业 | Manufacture of Tobacco | | 25.19 |
| 纺织业 | Manufacture of Textile | 0.10 | 64.29 |
| 纺织服装、鞋、帽制造业 | Manufacture of Textile Wearing Apparel,Footware, and Caps | 0.37 | 7.39 |
| 皮革、毛皮、羽毛(绒)及其制品业 | Manufacture of Leather, Fur, Feather and Related Products | | 4.96 |
| 木材加工及木、竹、藤、棕、草制品业 | Processing of Timber,Manufacture of Wood,Bamboo,Rattan,Palm, and Straw Products | | 5.99 |
| 家具制造业 | Manufacture of Furniture | | 2.80 |
| 造纸及纸制品业 | Manufacture of Paper and Paper Products | 0.07 | 9.22 |
| 印刷业和记录媒介的复制 | Printing,Reproduction of Recording Media | | 4.73 |
| 文教体育用品制造业 | Manufacture of Articles For Culture, Education and Sport Activity | | 3.52 |
| 石油加工、炼焦及核燃料加工业 | Processing of Petroleum, Coking, Processing of Nuclear Fuel | 159.72 | 16.34 |
| 化学原料及化学制品制造业 | Manufacture of Raw Chemical Materials and Chemical Products | 202.68 | 62.78 |
| 医药制造业 | Manufacture of Medicines | 2.24 | 9.75 |
| 化学纤维制造业 | Manufacture of Chemical Fibers | 8.82 | 3.80 |
| 橡胶制品业 | Manufacture of Rubber | 0.29 | 7.33 |
| 塑料制品业 | Manufacture of Plastics | 0.07 | 13.36 |
| 非金属矿物制品业 | Manufacture of Non-metallic Mineral Products | 8.80 | 67.22 |
| 黑色金属冶炼及压延加工业 | Smelting and Pressing of Ferrous Metals | 7.24 | 29.31 |
| 有色金属冶炼及压延加工业 | Smelting and Pressing of Non-ferrous Metals | 0.73 | 11.14 |
| 金属制品业 | Manufacture of Metal Products | 0.04 | 17.87 |
| 通用设备制造业 | Manufacture of General Purpose Machinery | 0.10 | 51.71 |
| 专用设备制造业 | Manufacture of Special Purpose Machinery | 0.06 | 20.03 |
| 交通运输设备制造业 | Manufacture of Transport Equipment | 0.12 | 42.41 |
| 电气机械及器材制造业 | Manufacture of Electrical Machinery and Equipment | 0.98 | 23.38 |
| 通信设备、计算机及其他电子设备制造业 | Manufacture of Communication Equipment,Computers and Other Electronic Equipment | | 6.99 |
| 仪器仪表及文化、办公用机械制造业 | Manufacture of Measuring Instruments and Machinery for Cultural Activity and Office Work | | 3.14 |
| 工艺品及其他制造业 | Manufacture of Artwork and Other Manufacturing | 0.23 | 11.09 |
| 废弃资源和废旧材料回收加工业 | Recycling and Disposal of Waste | | |
| **(三)电力、煤气及水生产和供应业** | **Electric Power, Gas and Water Production and Supply** | **20.14** | **22.04** |
| 电力、热力的生产和供应业 | Production and Distribution of Electric Power and Heat Power | 20.14 | 17.37 |
| 燃气生产和供应业 | Production and Distribution of Gas | | 2.42 |
| 水的生产和供应业 | Production and Distribution of Water | | 2.24 |

Continued

(10 000 tce)

| 煤油 Kerosene | 柴油 Diesel Oil | 燃料油 Fuel Oil | 液化石油气 LPG | 炼厂干气 Refinery Gas | 其他石油制品 Other Petroleum Products | 天然气 Natural Gas | 热力 Heat | 电力 Electricity |
|---|---|---|---|---|---|---|---|---|
| **62.86** | **1212.46** | **1996.69** | **280.77** | **559.95** | **3333.62** | **1953.40** | **3155.05** | **8928.96** |
| **6.97** | **308.90** | **115.57** | **9.27** | **10.04** | | **407.88** | **65.11** | **1058.13** |
| 4.97 | 35.04 | 1.65 | | | | | 5.42 | 463.22 |
| 0.96 | 215.98 | 111.13 | 9.23 | 10.04 | | 399.56 | 38.11 | 319.01 |
| 0.07 | 7.03 | | | | | 8.32 | | 51.33 |
| 0.63 | 17.64 | 0.33 | 0.03 | | | | | 136.67 |
| 0.26 | 20.85 | 2.31 | | | | | 20.04 | 63.29 |
| 0.07 | 12.36 | 0.16 | | | | | 1.54 | 24.60 |
| **53.87** | **817.59** | **1755.38** | **266.26** | **549.65** | **3333.62** | **1541.49** | **2936.46** | **6685.50** |
| 1.01 | 29.04 | 15.02 | 0.97 | | | 15.56 | 48.74 | 216.28 |
| 0.22 | 12.50 | 8.27 | 1.66 | | | 0.94 | 69.93 | 76.88 |
| 0.20 | 8.65 | 4.68 | 0.19 | | | 0.27 | 49.52 | 61.68 |
| 3.11 | 1.35 | 0.89 | 0.03 | | | | 8.26 | 20.42 |
| 2.79 | 30.19 | 35.64 | 1.56 | | | 81.71 | 202.89 | 398.63 |
| 0.18 | 9.36 | 3.53 | 0.03 | | | | 4.89 | 48.71 |
| 0.25 | 7.51 | 0.42 | | | | | 4.69 | 25.40 |
| 1.81 | 4.97 | 1.98 | | | | | 7.11 | 31.97 |
| | | | | | | | | |
| 0.03 | 2.02 | 0.23 | 0.03 | | | | 5.38 | 33.57 |
| 2.59 | 18.15 | 9.39 | 0.14 | | | 1.61 | 152.86 | 206.73 |
| 3.76 | 3.34 | 0.31 | 0.03 | 12.07 | | | 1.96 | 36.75 |
| 0.10 | 8.39 | 0.29 | 0.13 | | | | 1.81 | 11.58 |
| 2.85 | 37.01 | 309.51 | 159.93 | 412.04 | | 107.61 | 619.54 | 204.19 |
| 10.01 | 163.19 | 488.60 | 59.91 | 68.79 | 3333.62 | 1062.77 | 677.28 | 1540.47 |
| 0.19 | 6.51 | 9.98 | 1.11 | | | 6.84 | 83.81 | 105.43 |
| 0.34 | 5.56 | 40.31 | 15.12 | 54.24 | | 51.92 | 160.42 | 122.82 |
| 0.12 | 6.21 | 10.02 | 0.10 | | | | 41.92 | 83.86 |
| 0.42 | 21.36 | 5.54 | 0.21 | | | 28.58 | 28.75 | 100.67 |
| 3.67 | 180.37 | 307.11 | 14.21 | 1.11 | | 40.65 | 51.98 | 729.88 |
| 0.76 | 66.99 | 355.84 | 1.13 | 0.20 | | 55.55 | 392.76 | 1132.32 |
| 1.07 | 27.60 | 63.85 | 0.61 | | | 5.37 | 139.78 | 559.51 |
| 3.39 | 26.23 | 13.63 | 1.54 | | | 4.70 | 6.64 | 167.46 |
| 4.08 | 31.28 | 16.19 | 0.68 | 0.05 | | 2.95 | 24.68 | 179.55 |
| 2.24 | 17.17 | 14.28 | 0.39 | 0.75 | | 31.53 | 27.06 | 105.59 |
| 5.89 | 34.78 | 14.58 | 1.17 | 0.40 | | 4.83 | 84.24 | 198.59 |
| 0.80 | 26.63 | 10.22 | 2.09 | | | 16.23 | 20.35 | 75.89 |
| 0.83 | 13.86 | 10.21 | 3.01 | | | 21.33 | 10.40 | 52.33 |
| | | | | | | | | |
| 0.25 | 2.97 | 0.07 | 0.06 | | | 0.13 | 3.72 | 26.79 |
| | | | | | | | | |
| 0.94 | 14.40 | 4.79 | 0.21 | | | 0.40 | 5.08 | 131.56 |
| | | | | | | | | |
| **2.02** | **85.98** | **125.74** | **5.24** | **0.26** | | **4.03** | **153.49** | **1185.32** |
| 1.81 | 81.31 | 114.39 | 0.60 | 0.26 | | 0.54 | 144.65 | 1028.05 |
| 0.09 | 2.78 | 10.88 | 4.59 | | | 3.49 | 8.24 | 13.48 |
| 0.12 | 1.89 | 0.47 | 0.06 | | | | 0.60 | 143.79 |

# 4-16 工业分行业终端能源消费量(标准量)-1997

单位:万吨标准煤

| 行 业 | Sector | 终端消费合计 Final Consumption Total (发电煤耗计算法) (coal equivalent calculation) | (电热当量计算法) (calorific value calculation) |
|---|---|---|---|
| **工业** | **Industry** | **90921.78** | **68457.25** |
| **(一)采掘业** | **Mining and Quarrying** | **8234.79** | **5646.93** |
| 煤炭开采和洗选业 | Mining and Washing of Coal | 3501.09 | 2412.70 |
| 石油和天然气开采业 | Extraction of Petroleum and Natural Gas | 3128.46 | 2220.68 |
| 黑色金属矿采选业 | Mining and Processing of Ferrous Metal Ores | 357.67 | 216.98 |
| 有色金属矿采选业 | Mining and Processing of Non-Ferrous Metal Ores | 463.08 | 235.06 |
| 非金属矿采选业 | Mining and Processing of Nonmetal Ores | 536.50 | 372.36 |
| 其他采矿业 | Mining of Other Ores | 247.98 | 189.14 |
| **(二)制造业** | **Manufacturing** | **75053.16** | **58376.12** |
| 农副食品加工业 | Processing of Food from Agricultural Products | 1870.13 | 1394.23 |
| 食品制造业 | Manufacture of Foods | 967.30 | 755.34 |
| 饮料制造业 | Manufacture of Beverages | 770.84 | 616.84 |
| 烟草制品业 | Manufacture of Tobacco | 251.02 | 194.50 |
| 纺织业 | Manufacture of Textile | 3063.65 | 2024.73 |
| 纺织服装、鞋、帽制造业 | Manufacture of Textile Wearing Apparel,Footware, and Caps | 272.31 | 168.71 |
| 皮革、毛皮、羽毛(绒)及其制品业 | Manufacture of Leather, Fur, Feather and Related Products | 157.01 | 104.10 |
| 木材加工及木、竹、藤、棕、草制品业 | Processing of Timber,Manufacture of Wood,Bamboo,Rattan,Palm, and Straw Products | 337.44 | 253.64 |
| 家具制造业 | Manufacture of Furniture | 166.28 | 87.05 |
| 造纸及纸制品业 | Manufacture of Paper and Paper Products | 1946.32 | 1428.87 |
| 印刷业和记录媒介的复制 | Printing,Reproduction of Recording Media | 174.30 | 94.73 |
| 文教体育用品制造业 | Manufacture of Articles For Culture, Education and Sport Activity | 77.84 | 44.85 |
| 石油加工、炼焦及核燃料加工业 | Processing of Petroleum, Coking, Processing of Nuclear Fuel | 5941.59 | 5251.35 |
| 化学原料及化学制品制造业 | Manufacture of Raw Chemical Materials and Chemical Products | 15067.41 | 11587.40 |
| 医药制造业 | Manufacture of Medicines | 833.30 | 583.93 |
| 化学纤维制造业 | Manufacture of Chemical Fibers | 1355.38 | 993.84 |
| 橡胶制品业 | Manufacture of Rubber | 620.06 | 407.68 |
| 塑料制品业 | Manufacture of Plastics | 675.26 | 389.07 |
| 非金属矿物制品业 | Manufacture of Non-metallic Mineral Products | 12542.88 | 10793.48 |
| 黑色金属冶炼及压延加工业 | Smelting and Pressing of Ferrous Metals | 17521.91 | 14743.63 |
| 有色金属冶炼及压延加工业 | Smelting and Pressing of Non-ferrous Metals | 3301.65 | 1796.71 |
| 金属制品业 | Manufacture of Metal Products | 1032.91 | 628.61 |
| 通用设备制造业 | Manufacture of General Purpose Machinery | 1519.59 | 1085.40 |
| 专用设备制造业 | Manufacture of Special Purpose Machinery | 876.69 | 652.86 |
| 交通运输设备制造业 | Manufacture of Transport Equipment | 1501.83 | 909.67 |
| 电气机械及器材制造业 | Manufacture of Electrical Machinery and Equipment | 633.46 | 415.27 |
| 通信设备、计算机及其他电子设备制造业 | Manufacture of Communication Equipment,Computers and Other Electronic Equipment | 474.86 | 273.37 |
| 仪器仪表及文化、办公用机械制造业 | Manufacture of Measuring Instruments and Machinery for Cultural Activity and Office Work | 122.35 | 73.24 |
| 工艺品及其他制造业 | Manufacture of Artwork and Other Manufacturing | 977.60 | 623.00 |
| 废弃资源和废旧材料回收加工业 | Recycling and Disposal of Waste | | |
| **(三)电力、煤气及水生产和供应业** | **Electric Power, Gas and Water Production and Supply** | **7633.84** | **4434.20** |
| 电力、热力的生产和供应业 | Production and Distribution of Electric Power and Heat Power | 6787.26 | 4002.22 |
| 燃气生产和供应业 | Production and Distribution of Gas | 290.50 | 248.87 |
| 水的生产和供应业 | Production and Distribution of Water | 556.08 | 183.10 |

# FINAL ENERGY CONSUMPTION BY INDUSTRIAL SECTOR-1997
# (STANDARD QUANTITY)

(10 000 tce)

| 煤合计<br>Coal Total | 原煤<br>Raw Coal | 洗精煤<br>Cleaned Coal | 其他洗煤<br>Other Washed Coal | 焦炭<br>Coke | 焦炉煤气<br>Coke Oven Gas | 其他煤气<br>Other Gas | 其他焦化产品<br>Other Coking Products | 油品合计<br>Petroleum Products Total |
|---|---|---|---|---|---|---|---|---|
| **31112.43** | **28472.00** | **933.31** | **1704.60** | **10205.72** | **1054.95** | **1142.98** | **336.38** | **10092.29** |
| **2468.89** | **2044.43** | **199.22** | **225.21** | **178.18** | **0.84** | | | **1272.49** |
| 1780.24 | 1383.40 | 192.03 | 204.81 | 50.99 | 0.84 | | | 95.43 |
| 221.46 | 221.40 | 0.02 | 0.04 | 2.52 | | | | 1032.72 |
| 55.19 | 35.07 | 0.11 | 20.00 | 67.55 | | | | 32.37 |
| 81.50 | 78.53 | 2.64 | 0.33 | 20.75 | | | | 34.18 |
| 216.07 | 211.66 | 4.40 | 0.01 | 32.35 | | | | 38.24 |
| 114.42 | 114.39 | 0.02 | 0.02 | 4.01 | | | | 39.55 |
| **26139.00** | **24247.31** | **649.74** | **1239.46** | **9962.97** | **1032.63** | **1125.26** | **332.78** | **8537.45** |
| 980.07 | 886.19 | 3.37 | 90.13 | 15.28 | 0.06 | 0.02 | | 92.67 |
| 557.11 | 506.20 | 48.57 | 1.89 | 11.94 | 0.24 | 0.13 | | 41.77 |
| 464.91 | 456.27 | 1.95 | 6.68 | 3.90 | | | | 31.79 |
| 123.80 | 123.20 | 0.46 | 0.14 | 1.55 | 0.12 | 0.02 | 14.99 | 22.21 |
| 1253.93 | 1243.81 | 3.86 | 6.14 | 7.90 | 0.78 | 0.32 | | 110.57 |
| 91.94 | 89.94 | 0.06 | 1.92 | 1.65 | 0.06 | 0.02 | | 26.91 |
| 59.21 | 59.18 | 0.01 | 0.02 | 1.61 | | | | 16.30 |
| 191.44 | 191.06 | 0.09 | 0.25 | 1.17 | | | 0.69 | 15.35 |
| 38.42 | 27.60 | | 10.81 | 2.48 | | | | 6.97 |
| 1025.98 | 1014.61 | 0.32 | 10.91 | 3.85 | | | | 50.15 |
| 44.86 | 44.54 | 0.08 | 0.23 | 0.95 | 0.06 | | | 13.40 |
| 14.83 | 13.31 | 0.09 | 1.39 | 1.64 | | 1.85 | | 10.64 |
| 488.40 | 367.19 | 68.70 | 52.49 | 32.49 | 84.85 | 14.87 | 58.43 | 3567.41 |
| 4912.59 | 4810.55 | 67.15 | 34.89 | 1282.07 | 50.01 | 8.98 | 58.81 | 2202.63 |
| 374.22 | 367.53 | 1.51 | 5.19 | 1.34 | 0.06 | 0.02 | | 29.58 |
| 243.87 | 224.81 | 19.06 | | 26.67 | | | | 381.59 |
| 257.76 | 257.65 | 0.02 | 0.09 | 0.60 | | 0.04 | | 22.03 |
| 171.34 | 171.02 | 0.08 | 0.12 | 6.79 | | 0.02 | | 60.15 |
| 9040.37 | 8284.83 | 72.51 | 683.03 | 261.45 | 12.77 | 15.91 | 9.30 | 615.75 |
| 2896.92 | 2446.27 | 239.77 | 210.88 | 7615.08 | 872.83 | 1032.08 | 189.74 | 478.38 |
| 654.11 | 529.12 | 41.93 | 83.05 | 206.59 | 0.95 | 16.35 | 0.54 | 134.58 |
| 259.90 | 254.29 | 2.47 | 3.12 | 110.23 | 1.13 | 1.37 | | 71.29 |
| 542.39 | 487.40 | 51.92 | 2.38 | 201.09 | 1.13 | 3.26 | | 125.47 |
| 343.01 | 312.18 | 19.36 | 11.46 | 82.49 | 0.95 | 21.48 | 0.25 | 56.14 |
| 443.25 | 427.68 | 2.49 | 13.00 | 35.69 | 0.54 | 5.85 | | 105.90 |
| 196.78 | 188.07 | 1.86 | 6.84 | 16.55 | 2.51 | 0.48 | 0.02 | 74.23 |
| 70.51 | 69.04 | 0.32 | 1.16 | 1.67 | 3.52 | 2.06 | | 84.01 |
| 36.58 | 36.07 | 0.42 | 0.08 | 1.73 | 0.06 | 0.11 | | 9.29 |
| 360.48 | 357.69 | 1.31 | 1.17 | 26.51 | | 0.02 | | 80.32 |
| **2504.54** | **2180.26** | **84.35** | **239.93** | **64.58** | **21.48** | **17.71** | **3.60** | **282.35** |
| 2391.90 | 2109.73 | 42.28 | 239.88 | 7.05 | 0.24 | 15.76 | 0.01 | 240.44 |
| 98.43 | 56.36 | 42.07 | | 57.44 | 21.24 | 1.96 | 3.59 | 34.55 |
| 14.22 | 14.17 | | 0.04 | 0.09 | | | | 7.36 |

## 续表

单位:万吨标准煤

| 行业 | Sector | 原油 Crude Oil | 汽油 Gasoline |
|---|---|---|---|
| **工业** | **Industry** | **672.87** | **768.39** |
| **(一)采掘业** | **Mining and Quarrying** | **471.84** | **132.77** |
| 煤炭开采和洗选业 | Mining and Washing of Coal | 1.87 | 35.38 |
| 石油和天然气开采业 | Extraction of Petroleum and Natural Gas | 452.17 | 52.65 |
| 黑色金属矿采选业 | Mining and Processing of Ferrous Metal Ores | 17.70 | 5.88 |
| 有色金属矿采选业 | Mining and Processing of Non-Ferrous Metal Ores | | 7.10 |
| 非金属矿采选业 | Mining and Processing of Nonmetal Ores | | 11.50 |
| 其他采矿业 | Mining of Other Ores | 0.10 | 20.26 |
| **(二)制造业** | **Manufacturing** | **200.88** | **604.54** |
| 农副食品加工业 | Processing of Food from Agricultural Products | 0.69 | 29.52 |
| 食品制造业 | Manufacture of Foods | 1.30 | 14.67 |
| 饮料制造业 | Manufacture of Beverages | 0.03 | 15.23 |
| 烟草制品业 | Manufacture of Tobacco | | 18.91 |
| 纺织业 | Manufacture of Textile | 0.09 | 33.64 |
| 纺织服装、鞋、帽制造业 | Manufacture of Textile Wearing Apparel,Footware, and Caps | 0.56 | 9.93 |
| 皮革、毛皮、羽毛(绒)及其制品业 | Manufacture of Leather, Fur, Feather and Related Products | | 5.75 |
| 木材加工及木、竹、藤、棕、草制品业 | Processing of Timber,Manufacture of Wood,Bamboo,Rattan,Palm, and Straw Products | | 5.64 |
| 家具制造业 | Manufacture of Furniture | | 3.85 |
| 造纸及纸制品业 | Manufacture of Paper and Paper Products | 0.07 | 11.89 |
| 印刷业和记录媒介的复制 | Printing,Reproduction of Recording Media | | 4.83 |
| 文教体育用品制造业 | Manufacture of Articles For Culture, Education and Sport Activity | | 2.93 |
| 石油加工、炼焦及核燃料加工业 | Processing of Petroleum, Coking, Processing of Nuclear Fuel | 90.86 | 20.27 |
| 化学原料及化学制品制造业 | Manufacture of Raw Chemical Materials and Chemical Products | 76.17 | 67.23 |
| 医药制造业 | Manufacture of Medicines | 0.01 | 11.80 |
| 化学纤维制造业 | Manufacture of Chemical Fibers | 9.63 | 3.67 |
| 橡胶制品业 | Manufacture of Rubber | 0.13 | 9.51 |
| 塑料制品业 | Manufacture of Plastics | | 16.29 |
| 非金属矿物制品业 | Manufacture of Non-metallic Mineral Products | 15.03 | 67.37 |
| 黑色金属冶炼及压延加工业 | Smelting and Pressing of Ferrous Metals | 3.39 | 37.42 |
| 有色金属冶炼及压延加工业 | Smelting and Pressing of Non-ferrous Metals | 1.60 | 14.86 |
| 金属制品业 | Manufacture of Metal Products | 0.01 | 18.84 |
| 通用设备制造业 | Manufacture of General Purpose Machinery | 0.01 | 66.82 |
| 专用设备制造业 | Manufacture of Special Purpose Machinery | 0.11 | 18.67 |
| 交通运输设备制造业 | Manufacture of Transport Equipment | 0.13 | 38.98 |
| 电气机械及器材制造业 | Manufacture of Electrical Machinery and Equipment | 1.04 | 28.21 |
| 通信设备、计算机及其他电子设备制造业 | Manufacture of Communication Equipment,Computers and Other Electronic Equipment | 0.01 | 9.37 |
| 仪器仪表及文化、办公用机械制造业 | Manufacture of Measuring Instruments and Machinery for Cultural Activity and Office Work | | 4.18 |
| 工艺品及其他制造业 | Manufacture of Artwork and Other Manufacturing | | 14.26 |
| 废弃资源和废旧材料回收加工业 | Recycling and Disposal of Waste | | |
| **(三)电力、煤气及水生产和供应业** | **Electric Power, Gas and Water Production and Supply** | **0.16** | **31.09** |
| 电力、热力的生产和供应业 | Production and Distribution of Electric Power and Heat Power | 0.16 | 23.79 |
| 燃气生产和供应业 | Production and Distribution of Gas | | 3.20 |
| 水的生产和供应业 | Production and Distribution of Water | | 4.10 |

Continued

(10 000 tce)

| 煤油<br>Kerosene | 柴油<br>Diesel Oil | 燃料油<br>Fuel Oil | 液化石油气<br>LPG | 炼厂干气<br>Refinery Gas | 其他石油制品<br>Other Petroleum Products | 天然气<br>Natural Gas | 热力<br>Heat | 电力<br>Electricity |
|---|---|---|---|---|---|---|---|---|
| **68.64** | **1367.31** | **1994.10** | **309.47** | **729.46** | **4182.05** | **1760.25** | **3231.18** | **9300.19** |
| **6.97** | **350.24** | **165.12** | **21.87** | **55.28** | **68.40** | **512.31** | **64.24** | **1107.93** |
| 5.04 | 48.17 | 4.85 | 0.09 | | 0.02 | | 5.25 | 468.55 |
| 0.97 | 228.21 | 158.48 | 21.70 | 55.28 | 63.25 | 510.11 | 36.19 | 387.02 |
| 0.06 | 8.71 | | 0.02 | | 0.01 | 1.23 | | 60.65 |
| 0.63 | 20.65 | 0.66 | 0.06 | | 5.08 | | 0.39 | 98.24 |
| 0.22 | 25.37 | 1.12 | | | 0.02 | 0.98 | 15.85 | 68.87 |
| 0.04 | 19.13 | | | | 0.01 | | 6.56 | 24.59 |
| **60.39** | **921.66** | **1692.27** | **270.20** | **674.18** | **4113.33** | **1231.02** | **3003.84** | **6832.36** |
| 0.91 | 46.16 | 13.11 | 0.85 | | 1.44 | 5.52 | 43.18 | 200.02 |
| 0.28 | 17.90 | 6.11 | 1.51 | | | 0.74 | 59.05 | 84.36 |
| 0.24 | 10.91 | 5.22 | 0.12 | | 0.05 | 0.12 | 56.43 | 59.69 |
| 0.13 | 2.37 | 0.73 | 0.03 | | 0.03 | 0.86 | 7.46 | 23.48 |
| 2.96 | 36.65 | 33.49 | 0.86 | | 2.88 | 10.91 | 208.07 | 423.14 |
| 0.28 | 10.76 | 5.29 | 0.09 | | | | 3.94 | 44.19 |
| 0.22 | 9.48 | 0.83 | | | 0.01 | | 4.72 | 22.25 |
| 0.90 | 5.32 | 1.56 | | | 1.93 | | 10.07 | 34.93 |
| | | | | | | | | |
| 0.07 | 2.99 | 0.01 | 0.03 | | 0.01 | | 5.71 | 33.48 |
| 2.37 | 24.92 | 7.64 | 0.09 | | 3.15 | 1.10 | 141.53 | 206.25 |
| 4.51 | 2.86 | 1.05 | 0.12 | | 0.03 | | 1.32 | 34.14 |
| 0.12 | 7.45 | 0.05 | 0.09 | | | | 1.90 | 14.00 |
| 15.57 | 50.58 | 369.95 | 173.79 | 567.34 | 2279.05 | 121.58 | 616.51 | 224.34 |
| 9.72 | 124.32 | 403.43 | 58.04 | 46.10 | 1417.61 | 914.93 | 745.47 | 1411.62 |
| 0.22 | 9.05 | 8.05 | 0.29 | | 0.15 | 2.08 | 78.45 | 98.18 |
| 0.31 | 7.36 | 39.00 | 7.86 | 59.73 | 254.04 | 45.84 | 158.89 | 136.99 |
| 0.13 | 6.59 | 5.54 | | | 0.14 | 0.12 | 40.37 | 86.76 |
| 0.53 | 29.13 | 3.62 | 0.42 | | 10.17 | 0.12 | 30.94 | 119.69 |
| 2.96 | 188.17 | 295.41 | 15.45 | 0.97 | 30.39 | 37.50 | 52.56 | 747.87 |
| 1.11 | 83.37 | 351.76 | 0.43 | | 0.89 | 29.78 | 410.36 | 1148.92 |
| 1.12 | 34.01 | 57.56 | 0.83 | | 24.59 | 7.48 | 144.54 | 631.58 |
| 3.66 | 29.52 | 13.52 | 1.88 | | 3.85 | 3.80 | 7.50 | 173.39 |
| 4.07 | 37.59 | 14.36 | 0.73 | | 1.88 | 2.57 | 25.32 | 184.16 |
| 1.44 | 22.86 | 12.44 | 0.35 | | 0.26 | 10.79 | 46.82 | 90.93 |
| 5.15 | 48.85 | 11.19 | 0.73 | 0.03 | 0.84 | 5.52 | 65.44 | 247.49 |
| 0.68 | 28.72 | 12.80 | 2.28 | | 0.50 | 13.11 | 19.90 | 91.69 |
| 0.21 | 17.07 | 12.54 | 3.01 | | 41.80 | 16.55 | 9.31 | 85.75 |
| | | | | | | | | |
| 0.19 | 4.33 | 0.05 | | | 0.54 | | 4.89 | 20.59 |
| | | | | | | | | |
| 0.32 | 22.37 | 5.97 | 0.29 | | 37.11 | | 3.18 | 152.48 |
| | | | | | | | | |
| **1.28** | **95.41** | **136.70** | **17.39** | | **0.32** | **16.91** | **163.11** | **1359.91** |
| 0.96 | 90.99 | 123.38 | 0.90 | | 0.28 | 15.57 | 148.33 | 1182.94 |
| 0.09 | 2.07 | 12.83 | 16.36 | | 0.01 | 1.23 | 14.18 | 16.26 |
| 0.24 | 2.36 | 0.50 | 0.14 | | 0.02 | 0.12 | 0.61 | 160.71 |

# 4-17 工业分行业终端能源消费量(标准量)-1998

单位:万吨标准煤

| 行业 | Sector | 终端消费合计 Final Consumption Total (发电煤耗计算法) (coal equivalent calculation) | (电热当量计算法) (calorific value calculation) |
|---|---|---|---|
| **工业** | **Industry** | **91252.17** | **69197.91** |
| **(一)采掘业** | **Mining and Quarrying** | **8397.61** | **5796.90** |
| 煤炭开采和洗选业 | Mining and Washing of Coal | 3930.51 | 2745.89 |
| 石油和天然气开采业 | Extraction of Petroleum and Natural Gas | 2914.86 | 2066.72 |
| 黑色金属矿采选业 | Mining and Processing of Ferrous Metal Ores | 377.65 | 218.59 |
| 有色金属矿采选业 | Mining and Processing of Non-Ferrous Metal Ores | 381.86 | 199.07 |
| 非金属矿采选业 | Mining and Processing of Nonmetal Ores | 552.57 | 379.37 |
| 其他采矿业 | Mining of Other Ores | 240.15 | 187.25 |
| **(二)制造业** | **Manufacturing** | **75514.01** | **58919.84** |
| 农副食品加工业 | Processing of Food from Agricultural Products | 1995.67 | 1442.28 |
| 食品制造业 | Manufacture of Foods | 1025.91 | 770.45 |
| 饮料制造业 | Manufacture of Beverages | 891.72 | 717.66 |
| 烟草制品业 | Manufacture of Tobacco | 252.49 | 189.35 |
| 纺织业 | Manufacture of Textile | 2954.82 | 1979.47 |
| 纺织服装、鞋、帽制造业 | Manufacture of Textile Wearing Apparel,Footware, and Caps | 342.44 | 224.59 |
| 皮革、毛皮、羽毛(绒)及其制品业 | Manufacture of Leather, Fur, Feather and Related Products | 206.67 | 137.88 |
| 木材加工及木、竹、藤、棕、草制品业 | Processing of Timber,Manufacture of Wood,Bamboo,Rattan,Palm, and Straw Products | 330.82 | 261.38 |
| 家具制造业 | Manufacture of Furniture | 83.07 | 57.16 |
| 造纸及纸制品业 | Manufacture of Paper and Paper Products | 2025.54 | 1476.00 |
| 印刷业和记录媒介的复制 | Printing,Reproduction of Recording Media | 174.37 | 105.75 |
| 文教体育用品制造业 | Manufacture of Articles For Culture, Education and Sport Activity | 133.68 | 87.80 |
| 石油加工、炼焦及核燃料加工业 | Processing of Petroleum, Coking, Processing of Nuclear Fuel | 6486.06 | 5768.10 |
| 化学原料及化学制品制造业 | Manufacture of Raw Chemical Materials and Chemical Products | 14111.94 | 11006.28 |
| 医药制造业 | Manufacture of Medicines | 866.83 | 629.62 |
| 化学纤维制造业 | Manufacture of Chemical Fibers | 1580.07 | 1121.28 |
| 橡胶制品业 | Manufacture of Rubber | 684.42 | 451.10 |
| 塑料制品业 | Manufacture of Plastics | 635.04 | 361.84 |
| 非金属矿物制品业 | Manufacture of Non-metallic Mineral Products | 12623.16 | 10812.78 |
| 黑色金属冶炼及压延加工业 | Smelting and Pressing of Ferrous Metals | 17457.35 | 14752.76 |
| 有色金属冶炼及压延加工业 | Smelting and Pressing of Non-ferrous Metals | 3480.32 | 1938.08 |
| 金属制品业 | Manufacture of Metal Products | 1062.55 | 663.35 |
| 通用设备制造业 | Manufacture of General Purpose Machinery | 1414.55 | 973.84 |
| 专用设备制造业 | Manufacture of Special Purpose Machinery | 850.99 | 622.42 |
| 交通运输设备制造业 | Manufacture of Transport Equipment | 1476.60 | 902.30 |
| 电气机械及器材制造业 | Manufacture of Electrical Machinery and Equipment | 631.92 | 407.16 |
| 通信设备、计算机及其他电子设备制造业 | Manufacture of Communication Equipment,Computers and Other Electronic Equipment | 514.16 | 275.06 |
| 仪器仪表及文化、办公用机械制造业 | Manufacture of Measuring Instruments and Machinery for Cultural Activity and Office Work | 134.27 | 81.84 |
| 工艺品及其他制造业 | Manufacture of Artwork and Other Manufacturing | 1086.58 | 702.27 |
| 废弃资源和废旧材料回收加工业 | Recycling and Disposal of Waste | | |
| **(三)电力、煤气及水生产和供应业** | **Electric Power, Gas and Water Production and Supply** | **7340.55** | **4481.18** |
| 电力、热力的生产和供应业 | Production and Distribution of Electric Power and Heat Power | 6498.11 | 4072.73 |
| 燃气生产和供应业 | Production and Distribution of Gas | 296.12 | 219.95 |
| 水的生产和供应业 | Production and Distribution of Water | 546.33 | 188.50 |

# FINAL ENERGY CONSUMPTION BY INDUSTRIAL SECTOR-1998
# (STANDARD QUANTITY)

(10 000 tce)

| 煤合计<br>Coal Total | 原煤<br>Raw Coal | 洗精煤<br>Cleaned Coal | 其他洗煤<br>Other Washed Coal | 焦炭<br>Coke | 焦炉煤气<br>Coke Oven Gas | 其他煤气<br>Other Gas | 其他焦化产品<br>Other Coking Products | 油品合计<br>Petroleum Products Total |
|---|---|---|---|---|---|---|---|---|
| **31437.26** | **29338.99** | **809.61** | **1286.18** | **9767.07** | **1027.92** | **1230.36** | **195.23** | **10635.70** |
| **2654.12** | **2359.75** | **76.58** | **217.80** | **162.69** | **2.30** | | **3.75** | **1182.54** |
| 2037.44 | 1765.19 | 79.87 | 192.38 | 41.32 | 2.30 | | 3.75 | 103.49 |
| 149.96 | 146.68 | 0.03 | 3.25 | 4.40 | | | | 962.07 |
| 57.11 | 40.50 | 0.24 | 16.37 | 70.50 | | | | 18.25 |
| 78.72 | 77.78 | 0.79 | 0.15 | 17.79 | | | | 20.40 |
| 212.15 | 210.86 | -4.36 | 5.65 | 26.09 | | | | 41.18 |
| 118.75 | 118.73 | 0.01 | 0.01 | 2.59 | | | | 37.15 |
| **26117.25** | **24666.52** | **695.44** | **752.82** | **9578.54** | **1004.17** | **1208.96** | **189.64** | **9191.48** |
| 959.43 | 892.94 | 3.34 | 62.95 | 13.41 | 0.47 | 0.03 | | 94.38 |
| 540.98 | 499.10 | 40.59 | 1.23 | 11.91 | 0.29 | 0.36 | | 47.57 |
| 557.57 | 552.25 | 1.69 | 3.63 | 2.64 | | 0.03 | | 37.76 |
| 117.90 | 117.53 | 0.36 | 0.01 | 1.35 | | 0.03 | | 33.80 |
| 1165.54 | 1158.40 | 2.10 | 4.71 | 11.16 | 0.59 | 0.34 | | 160.32 |
| 108.71 | 106.73 | 0.36 | 1.55 | 1.86 | | | | 38.86 |
| 71.81 | 71.50 | 0.01 | 0.30 | 3.69 | | | | 27.27 |
| 205.78 | 204.13 | 0.08 | 1.57 | 1.65 | | | 0.25 | 16.77 |
| | | | | | | | | |
| 35.90 | 35.89 | | 0.01 | 1.07 | | 0.20 | 0.01 | 8.01 |
| 1024.61 | 1009.56 | 1.44 | 13.61 | 3.11 | | 0.03 | | 65.71 |
| 47.68 | 47.48 | 0.14 | 0.06 | 0.24 | 0.06 | 0.03 | | 22.84 |
| 15.84 | 15.79 | 0.05 | | 1.73 | | | | 48.90 |
| 619.78 | 493.66 | 103.23 | 22.89 | 47.85 | 53.44 | 12.71 | 11.71 | 3893.34 |
| 4872.11 | 4771.05 | 48.05 | 52.86 | 1115.20 | 57.62 | 10.38 | 39.95 | 1964.52 |
| 395.17 | 391.98 | 1.21 | 1.47 | 0.97 | 9.25 | 0.14 | 3.60 | 29.88 |
| 324.00 | 295.28 | 28.34 | 0.38 | 28.75 | | | | 380.93 |
| 282.40 | 281.70 | 0.52 | 0.18 | 2.03 | 0.06 | 0.03 | | 37.42 |
| 142.24 | 141.88 | 0.32 | 0.04 | 6.41 | 3.06 | 0.06 | | 83.00 |
| 8711.10 | 8250.39 | 72.58 | 387.42 | 277.46 | 12.79 | 20.51 | 15.16 | 896.21 |
| 3135.17 | 2680.51 | 308.11 | 146.56 | 7371.13 | 858.23 | 1100.60 | 106.04 | 533.70 |
| 692.89 | 634.20 | 28.72 | 29.73 | 191.24 | 0.18 | 20.62 | 11.77 | 161.10 |
| 257.43 | 253.59 | 3.45 | 0.35 | 130.45 | 0.41 | 1.01 | 0.01 | 84.73 |
| 450.21 | 419.07 | 29.31 | 1.75 | 200.67 | 1.53 | 5.11 | 0.84 | 92.46 |
| 293.33 | 271.58 | 16.68 | 5.02 | 71.57 | 0.88 | 23.48 | 0.18 | 86.05 |
| 428.92 | 425.16 | 1.45 | 2.31 | 36.12 | 0.41 | 7.10 | 0.11 | 105.89 |
| 188.98 | 179.11 | 1.34 | 8.53 | 12.93 | 2.83 | 1.71 | | 72.40 |
| 72.89 | 71.80 | 0.59 | 0.50 | 2.36 | 2.06 | 1.40 | | 63.07 |
| | | | | | | | | |
| 33.18 | 32.57 | 0.53 | 0.08 | 1.80 | | 0.11 | | 18.48 |
| | | | | | | | | |
| 365.70 | 361.69 | 0.88 | 3.12 | 27.74 | | 2.97 | | 86.11 |
| | | | | | | | | |
| **2665.89** | **2312.73** | **37.60** | **315.56** | **25.84** | **21.45** | **21.40** | **1.84** | **261.68** |
| 2543.06 | 2208.29 | 19.24 | 315.53 | 8.16 | 0.06 | 17.70 | 0.10 | 233.12 |
| 100.74 | 82.72 | 17.98 | 0.04 | 17.61 | 21.39 | 3.70 | 1.74 | 22.62 |
| 22.10 | 21.72 | 0.38 | | 0.07 | | | | 5.94 |

## 续表

单位:万吨标准煤

| 行　业 | Sector | 原油 Crude Oil | 汽油 Gasoline |
|---|---|---|---|
| **工业** | **Industry** | **650.58** | **848.64** |
| **(一)采掘业** | **Mining and Quarrying** | **448.12** | **140.35** |
| 煤炭开采和洗选业 | Mining and Washing of Coal | 1.65 | 42.13 |
| 石油和天然气开采业 | Extraction of Petroleum and Natural Gas | 446.47 | 48.39 |
| 黑色金属矿采选业 | Mining and Processing of Ferrous Metal Ores | | 8.13 |
| 有色金属矿采选业 | Mining and Processing of Non-Ferrous Metal Ores | | 7.74 |
| 非金属矿采选业 | Mining and Processing of Nonmetal Ores | | 11.62 |
| 其他采矿业 | Mining of Other Ores | | 22.33 |
| **(二)制造业** | **Manufacturing** | **200.77** | **676.26** |
| 农副食品加工业 | Processing of Food from Agricultural Products | 0.80 | 39.94 |
| 食品制造业 | Manufacture of Foods | 0.34 | 17.56 |
| 饮料制造业 | Manufacture of Beverages | 0.09 | 15.36 |
| 烟草制品业 | Manufacture of Tobacco | | 26.99 |
| 纺织业 | Manufacture of Textile | 2.13 | 47.24 |
| 纺织服装、鞋、帽制造业 | Manufacture of Textile Wearing Apparel,Footware, and Caps | 0.42 | 10.53 |
| 皮革、毛皮、羽毛(绒)及其制品业 | Manufacture of Leather, Fur, Feather and Related Products | | 7.71 |
| 木材加工及木、竹、藤、棕、草制品业 | Processing of Timber,Manufacture of Wood,Bamboo,Rattan,Palm, and Straw Products | | 5.14 |
| 家具制造业 | Manufacture of Furniture | 0.03 | 3.89 |
| 造纸及纸制品业 | Manufacture of Paper and Paper Products | 0.32 | 17.59 |
| 印刷业和记录媒介的复制 | Printing,Reproduction of Recording Media | | 7.88 |
| 文教体育用品制造业 | Manufacture of Articles For Culture, Education and Sport Activity | | 3.41 |
| 石油加工、炼焦及核燃料加工业 | Processing of Petroleum, Coking, Processing of Nuclear Fuel | 112.23 | 18.58 |
| 化学原料及化学制品制造业 | Manufacture of Raw Chemical Materials and Chemical Products | 45.14 | 58.92 |
| 医药制造业 | Manufacture of Medicines | | 14.11 |
| 化学纤维制造业 | Manufacture of Chemical Fibers | 8.35 | 7.03 |
| 橡胶制品业 | Manufacture of Rubber | 2.19 | 11.91 |
| 塑料制品业 | Manufacture of Plastics | 0.83 | 17.20 |
| 非金属矿物制品业 | Manufacture of Non-metallic Mineral Products | 15.64 | 63.00 |
| 黑色金属冶炼及压延加工业 | Smelting and Pressing of Ferrous Metals | 8.97 | 70.17 |
| 有色金属冶炼及压延加工业 | Smelting and Pressing of Non-ferrous Metals | 1.18 | 14.02 |
| 金属制品业 | Manufacture of Metal Products | 0.01 | 23.80 |
| 通用设备制造业 | Manufacture of General Purpose Machinery | 0.04 | 35.54 |
| 专用设备制造业 | Manufacture of Special Purpose Machinery | 0.07 | 43.64 |
| 交通运输设备制造业 | Manufacture of Transport Equipment | 0.17 | 31.80 |
| 电气机械及器材制造业 | Manufacture of Electrical Machinery and Equipment | 1.79 | 25.28 |
| 通信设备、计算机及其他电子设备制造业 | Manufacture of Communication Equipment,Computers and Other Electronic Equipment | | 11.55 |
| 仪器仪表及文化、办公用机械制造业 | Manufacture of Measuring Instruments and Machinery for Cultural Activity and Office Work | | 3.71 |
| 工艺品及其他制造业 | Manufacture of Artwork and Other Manufacturing | 0.04 | 22.75 |
| 废弃资源和废旧材料回收加工业 | Recycling and Disposal of Waste | | |
| **(三)电力、煤气及水生产和供应业** | **Electric Power, Gas and Water Production and Supply** | **1.69** | **32.04** |
| 电力、热力的生产和供应业 | Production and Distribution of Electric Power and Heat Power | 1.52 | 25.49 |
| 燃气生产和供应业 | Production and Distribution of Gas | | 2.80 |
| 水的生产和供应业 | Production and Distribution of Water | 0.17 | 3.75 |

Continued

(10 000 tce)

| 煤油 Kerosene | 柴油 Diesel Oil | 燃料油 Fuel Oil | 液化石油气 LPG | 炼厂干气 Refinery Gas | 其他石油制品 Other Petroleum Products | 天然气 Natural Gas | 热力 Heat | 电力 Electricity |
|---|---|---|---|---|---|---|---|---|
| **76.79** | **1460.27** | **2235.94** | **371.07** | **672.10** | **4320.29** | **1774.70** | **3510.14** | **9469.47** |
| **5.20** | **265.26** | **192.84** | **25.31** | **68.75** | **36.72** | **473.17** | **174.00** | **1144.16** |
| 3.74 | 49.85 | 5.97 | 0.03 | | 0.10 | 0.12 | 30.64 | 526.73 |
| 0.79 | 149.62 | 186.23 | 25.25 | 68.75 | 36.57 | 471.62 | 111.87 | 366.82 |
| 0.06 | 9.99 | 0.07 | | | | 1.44 | 0.03 | 71.19 |
| 0.26 | 11.96 | 0.42 | 0.02 | | | | 0.39 | 81.77 |
| 0.33 | 29.04 | 0.13 | | | 0.06 | | 25.31 | 74.62 |
| 0.01 | 14.81 | | | | | | 5.75 | 23.02 |
| **71.14** | **1109.74** | **1911.29** | **339.10** | **603.35** | **4279.83** | **1285.00** | **3134.16** | **7068.58** |
| 0.32 | 44.34 | 6.22 | 2.15 | | 0.62 | 3.35 | 89.47 | 237.45 |
| 0.06 | 14.36 | 12.52 | 2.20 | | 0.54 | 1.32 | 60.50 | 107.42 |
| 0.05 | 11.13 | 8.69 | 0.09 | | 2.36 | 0.48 | 46.59 | 72.57 |
| 0.05 | 3.10 | 3.49 | 0.05 | | 0.12 | 0.72 | 8.23 | 27.32 |
| 3.64 | 36.69 | 58.93 | 9.20 | 0.16 | 2.33 | 8.98 | 221.31 | 411.22 |
| 0.12 | 15.28 | 11.49 | 0.26 | | 0.76 | | 25.30 | 49.85 |
| 0.14 | 13.32 | 3.01 | 0.02 | | 3.07 | | 4.88 | 30.23 |
| 0.72 | 7.98 | 2.53 | 0.02 | | 0.38 | | 6.57 | 30.33 |
| | | | | | | | | |
| 0.06 | 2.98 | 0.68 | 0.36 | | 0.02 | | 0.41 | 11.55 |
| 3.52 | 25.09 | 15.74 | 0.65 | 0.50 | 2.30 | 0.96 | 152.78 | 228.47 |
| 4.89 | 7.44 | 1.50 | 0.24 | | 0.90 | 0.48 | 4.20 | 30.23 |
| 1.86 | 12.06 | 31.19 | 0.33 | | 0.04 | | 0.89 | 20.43 |
| 13.04 | 44.93 | 412.46 | 135.90 | 480.06 | 2676.13 | 135.72 | 717.62 | 239.15 |
| 8.94 | 143.90 | 368.38 | 76.29 | 52.70 | 1210.24 | 930.17 | 701.07 | 1309.79 |
| 0.12 | 6.36 | 7.08 | 0.98 | | 1.23 | 1.44 | 93.72 | 95.44 |
| 0.40 | 8.78 | 50.45 | 7.81 | 62.87 | 235.24 | 37.73 | 163.15 | 186.67 |
| 0.20 | 9.26 | 12.48 | 0.03 | | 1.33 | | 27.84 | 101.25 |
| 0.49 | 44.23 | 8.76 | 3.36 | | 8.12 | | 5.39 | 121.67 |
| 2.36 | 291.04 | 377.83 | 72.72 | 6.03 | 67.58 | 42.17 | 27.60 | 807.17 |
| 4.05 | 75.36 | 372.43 | 0.67 | | 2.05 | 33.78 | 400.34 | 1164.72 |
| 0.62 | 62.65 | 68.58 | 0.69 | | 13.37 | 8.51 | 179.39 | 669.76 |
| 2.78 | 39.31 | 10.75 | 7.23 | | 0.85 | 2.87 | 8.72 | 177.69 |
| 3.38 | 34.19 | 11.73 | 1.36 | | 6.23 | 2.64 | 25.87 | 194.30 |
| 1.85 | 20.93 | 10.31 | 2.08 | | 7.18 | 10.06 | 38.71 | 97.88 |
| 5.25 | 49.29 | 10.45 | 1.32 | | 7.62 | 17.01 | 56.10 | 250.63 |
| 0.37 | 26.14 | 12.75 | 5.30 | | 0.77 | 10.06 | 19.89 | 98.33 |
| 0.41 | 31.34 | 13.75 | 5.00 | 1.02 | | 18.33 | 8.96 | 106.00 |
| | | | | | | | | |
| 0.91 | 8.87 | 0.36 | 0.43 | | 4.19 | 0.24 | 5.14 | 22.88 |
| | | | | | | | | |
| 10.53 | 19.42 | 6.76 | 2.37 | | 24.24 | 17.97 | 33.53 | 168.17 |
| | | | | | | | | |
| **0.46** | **85.27** | **131.82** | **6.66** | | **3.74** | **16.53** | **201.98** | **1256.73** |
| 0.43 | 73.20 | 128.78 | | | 3.69 | 9.10 | 189.76 | 1063.87 |
| 0.01 | 10.13 | 3.02 | 6.64 | | 0.02 | 7.43 | 12.00 | 32.72 |
| 0.01 | 1.94 | 0.02 | 0.02 | | 0.02 | | 0.22 | 160.14 |

# 4-18 工业分行业终端能源消费量(标准量)-1999

单位:万吨标准煤

| 行 业 | Sector | 终端消费合计 Final Consumption Total (发电煤耗计算法) (coal equivalent calculation) | (电热当量计算法) (calorific value calculation) |
|---|---|---|---|
| **工业** | **Industry** | **94458.92** | **71129.87** |
| **(一)采掘业** | **Mining and Quarrying** | **8563.97** | **5971.45** |
| 煤炭开采和洗选业 | Mining and Washing of Coal | 3716.77 | 2626.81 |
| 石油和天然气开采业 | Extraction of Petroleum and Natural Gas | 3282.35 | 2394.07 |
| 黑色金属矿采选业 | Mining and Processing of Ferrous Metal Ores | 356.06 | 195.56 |
| 有色金属矿采选业 | Mining and Processing of Non-Ferrous Metal Ores | 377.04 | 188.93 |
| 非金属矿采选业 | Mining and Processing of Nonmetal Ores | 627.16 | 419.53 |
| 其他采矿业 | Mining of Other Ores | 204.59 | 146.54 |
| **(二)制造业** | **Manufacturing** | **77876.29** | **60456.31** |
| 农副食品加工业 | Processing of Food from Agricultural Products | 1735.54 | 1300.13 |
| 食品制造业 | Manufacture of Foods | 1123.07 | 834.81 |
| 饮料制造业 | Manufacture of Beverages | 861.43 | 695.96 |
| 烟草制品业 | Manufacture of Tobacco | 345.33 | 261.09 |
| 纺织业 | Manufacture of Textile | 2920.93 | 1998.99 |
| 纺织服装、鞋、帽制造业 | Manufacture of Textile Wearing Apparel,Footware, and Caps | 353.57 | 231.53 |
| 皮革、毛皮、羽毛(绒)及其制品业 | Manufacture of Leather, Fur, Feather and Related Products | 214.65 | 147.65 |
| 木材加工及木、竹、藤、棕、草制品业 | Processing of Timber,Manufacture of Wood,Bamboo,Rattan,Palm, and Straw Products | 373.64 | 285.80 |
| 家具制造业 | Manufacture of Furniture | 107.36 | 75.60 |
| 造纸及纸制品业 | Manufacture of Paper and Paper Products | 2081.95 | 1493.69 |
| 印刷业和记录媒介的复制 | Printing,Reproduction of Recording Media | 194.72 | 119.57 |
| 文教体育用品制造业 | Manufacture of Articles For Culture, Education and Sport Activity | 112.85 | 65.32 |
| 石油加工、炼焦及核燃料加工业 | Processing of Petroleum, Coking, Processing of Nuclear Fuel | 6788.49 | 5864.53 |
| 化学原料及化学制品制造业 | Manufacture of Raw Chemical Materials and Chemical Products | 13491.54 | 10300.44 |
| 医药制造业 | Manufacture of Medicines | 956.74 | 702.92 |
| 化学纤维制造业 | Manufacture of Chemical Fibers | 1700.40 | 1188.47 |
| 橡胶制品业 | Manufacture of Rubber | 689.19 | 469.50 |
| 塑料制品业 | Manufacture of Plastics | 625.60 | 367.55 |
| 非金属矿物制品业 | Manufacture of Non-metallic Mineral Products | 13509.53 | 11693.94 |
| 黑色金属冶炼及压延加工业 | Smelting and Pressing of Ferrous Metals | 18198.66 | 15291.43 |
| 有色金属冶炼及压延加工业 | Smelting and Pressing of Non-ferrous Metals | 3873.54 | 2130.94 |
| 金属制品业 | Manufacture of Metal Products | 1152.58 | 711.36 |
| 通用设备制造业 | Manufacture of General Purpose Machinery | 1309.43 | 923.78 |
| 专用设备制造业 | Manufacture of Special Purpose Machinery | 892.14 | 655.20 |
| 交通运输设备制造业 | Manufacture of Transport Equipment | 1485.04 | 989.40 |
| 电气机械及器材制造业 | Manufacture of Electrical Machinery and Equipment | 644.60 | 423.33 |
| 通信设备、计算机及其他电子设备制造业 | Manufacture of Communication Equipment,Computers and Other Electronic Equipment | 633.29 | 341.55 |
| 仪器仪表及文化、办公用机械制造业 | Manufacture of Measuring Instruments and Machinery for Cultural Activity and Office Work | 156.63 | 96.34 |
| 工艺品及其他制造业 | Manufacture of Artwork and Other Manufacturing | 1343.87 | 795.47 |
| 废弃资源和废旧材料回收加工业 | Recycling and Disposal of Waste | | |
| **(三)电力、煤气及水生产和供应业** | **Electric Power, Gas and Water Production and Supply** | **8018.66** | **4702.11** |
| 电力、热力的生产和供应业 | Production and Distribution of Electric Power and Heat Power | 6956.29 | 4110.04 |
| 燃气生产和供应业 | Production and Distribution of Gas | 451.84 | 369.91 |
| 水的生产和供应业 | Production and Distribution of Water | 610.52 | 222.15 |

# FINAL ENERGY CONSUMPTION BY INDUSTRIAL SECTOR-1999 (STANDARD QUANTITY)

(10 000 tce)

| 煤合计<br>Coal Total | 原煤<br>Raw Coal | 洗精煤<br>Cleaned Coal | 其他洗煤<br>Other Washed Coal | 焦炭<br>Coke | 焦炉煤气<br>Coke Oven Gas | 其他煤气<br>Other Gas | 其他焦化产品<br>Other Coking Products | 油品合计<br>Petroleum Products Total |
|---|---|---|---|---|---|---|---|---|
| **31224.48** | **28730.85** | **944.02** | **1514.68** | **10041.42** | **1046.61** | **1036.73** | **215.12** | **11484.98** |
| **2414.18** | **2170.63** | **117.94** | **125.37** | **132.49** | **4.27** | **2.01** | **6.60** | **1398.86** |
| 1886.67 | 1660.03 | 116.00 | 110.63 | 46.12 | 4.27 | 2.01 | 5.07 | 141.82 |
| 128.34 | 125.92 | 0.10 | 2.32 | 5.30 | | | | 1112.75 |
| 56.03 | 44.41 | 0.26 | 11.17 | 38.50 | | | | 26.06 |
| 55.92 | 55.47 | 0.06 | 0.34 | 19.31 | | | | 26.29 |
| 213.11 | 210.72 | 1.51 | 0.89 | 22.96 | | | 1.53 | 51.65 |
| 74.09 | 74.08 | 0.01 | 0.01 | 0.30 | | | | 40.29 |
| **26247.06** | **24160.79** | **784.41** | **1267.17** | **9887.97** | **1007.04** | **1031.79** | **206.52** | **9752.62** |
| 828.64 | 773.26 | 4.18 | 51.20 | 14.56 | | 0.03 | | 118.60 |
| 577.32 | 517.26 | 57.40 | 2.64 | 16.12 | 1.40 | 0.17 | | 58.26 |
| 545.98 | 543.14 | 1.88 | 0.96 | 3.27 | | | 0.10 | 43.27 |
| 154.87 | 153.87 | 0.06 | 0.93 | 1.16 | | 0.03 | | 59.21 |
| 1148.54 | 1141.34 | 2.48 | 4.69 | 3.87 | 1.40 | 0.40 | | 243.71 |
| 114.84 | 114.36 | 0.44 | 0.01 | 1.58 | | 0.03 | | 53.02 |
| 75.44 | 75.38 | 0.05 | 0.01 | 1.60 | | | | 36.99 |
| 204.98 | 204.72 | 0.23 | 0.03 | 1.38 | | | 0.29 | 17.08 |
| | | | | | | | | |
| 45.75 | 45.73 | | 0.02 | 1.06 | | | | 10.13 |
| 1022.79 | 988.98 | 12.51 | 21.29 | 1.50 | | | | 78.96 |
| 47.09 | 46.54 | 0.43 | 0.12 | 0.27 | 0.18 | 0.03 | | 32.81 |
| 17.93 | 17.87 | 0.06 | | 1.59 | | 0.03 | | 22.95 |
| 626.00 | 517.50 | 94.57 | 13.93 | 38.76 | 62.86 | 7.36 | 18.45 | 3881.26 |
| 4113.72 | 3935.31 | 81.85 | 84.71 | 1011.19 | 51.52 | 5.69 | 47.91 | 1874.73 |
| 455.34 | 446.66 | 1.22 | 7.42 | 0.68 | 1.10 | 0.03 | 5.07 | 34.49 |
| 278.24 | 276.77 | 0.08 | 1.38 | 25.40 | 0.06 | | | 499.55 |
| 302.51 | 301.36 | 0.76 | 0.40 | 2.51 | 0.12 | 0.03 | | 43.27 |
| 145.92 | 144.40 | 0.65 | 0.88 | 6.33 | | 0.03 | | 90.81 |
| 9429.67 | 8464.74 | 86.03 | 862.41 | 289.93 | 16.22 | 15.87 | 14.24 | 1025.90 |
| 3280.41 | 2796.89 | 312.29 | 165.10 | 7771.16 | 861.99 | 955.33 | 108.68 | 567.85 |
| 732.54 | 647.25 | 50.65 | 34.62 | 203.60 | 1.10 | 21.97 | 11.03 | 182.81 |
| 255.36 | 249.00 | 5.69 | 0.66 | 131.68 | 0.61 | 0.75 | 0.10 | 104.94 |
| 404.22 | 365.33 | 36.46 | 2.40 | 207.57 | 2.01 | 3.31 | 0.31 | 104.23 |
| 319.12 | 286.49 | 27.96 | 4.67 | 69.28 | 0.55 | 14.75 | 0.09 | 94.20 |
| 507.94 | 503.55 | 3.20 | 1.18 | 38.21 | 0.73 | 3.25 | 0.23 | 136.43 |
| 191.02 | 188.14 | 1.75 | 1.13 | 11.54 | 2.26 | 1.18 | | 89.37 |
| 69.33 | 68.18 | 1.09 | 0.07 | 0.33 | 2.93 | 0.20 | | 88.65 |
| | | | | | | | | |
| 37.73 | 37.64 | 0.08 | 0.01 | 4.88 | | 0.09 | | 21.41 |
| | | | | | | | | |
| 313.82 | 309.16 | 0.33 | 4.31 | 26.97 | | 1.24 | | 137.75 |
| **2563.24** | **2399.43** | **41.67** | **122.15** | **20.97** | **35.30** | **2.93** | **2.00** | **333.50** |
| 2310.73 | 2170.38 | 18.30 | 122.06 | 9.25 | | | 0.15 | 297.64 |
| 220.10 | 197.65 | 22.37 | 0.09 | 11.66 | 35.30 | 2.93 | 1.85 | 26.94 |
| 32.41 | 31.40 | 1.00 | | 0.06 | | | | 8.91 |

## 续表

单位:万吨标准煤

| 行业 | Sector | 原油 Crude Oil | 汽油 Gasoline |
|---|---|---|---|
| **工业** | **Industry** | **707.73** | **920.21** |
| **(一)采掘业** | **Mining and Quarrying** | **474.87** | **167.72** |
| 煤炭开采和洗选业 | Mining and Washing of Coal | 2.69 | 52.58 |
| 石油和天然气开采业 | Extraction of Petroleum and Natural Gas | 472.18 | 61.51 |
| 黑色金属矿采选业 | Mining and Processing of Ferrous Metal Ores | | 9.84 |
| 有色金属矿采选业 | Mining and Processing of Non-Ferrous Metal Ores | | 7.24 |
| 非金属矿采选业 | Mining and Processing of Nonmetal Ores | | 12.06 |
| 其他采矿业 | Mining of Other Ores | | 24.48 |
| **(二)制造业** | **Manufacturing** | **231.02** | **711.13** |
| 农副食品加工业 | Processing of Food from Agricultural Products | 0.54 | 47.89 |
| 食品制造业 | Manufacture of Foods | 0.63 | 18.62 |
| 饮料制造业 | Manufacture of Beverages | 0.69 | 16.85 |
| 烟草制品业 | Manufacture of Tobacco | | 48.96 |
| 纺织业 | Manufacture of Textile | 0.06 | 58.12 |
| 纺织服装、鞋、帽制造业 | Manufacture of Textile Wearing Apparel,Footware, and Caps | 0.17 | 12.48 |
| 皮革、毛皮、羽毛(绒)及其制品业 | Manufacture of Leather, Fur, Feather and Related Products | | 6.60 |
| 木材加工及木、竹、藤、棕、草制品业 | Processing of Timber,Manufacture of Wood,Bamboo,Rattan,Palm, and Straw Products | | 4.21 |
| 家具制造业 | Manufacture of Furniture | | 4.69 |
| 造纸及纸制品业 | Manufacture of Paper and Paper Products | 0.76 | 15.80 |
| 印刷业和记录媒介的复制 | Printing,Reproduction of Recording Media | | 9.17 |
| 文教体育用品制造业 | Manufacture of Articles For Culture, Education and Sport Activity | 0.13 | 3.64 |
| 石油加工、炼焦及核燃料加工业 | Processing of Petroleum, Coking, Processing of Nuclear Fuel | 113.17 | 20.12 |
| 化学原料及化学制品制造业 | Manufacture of Raw Chemical Materials and Chemical Products | 76.92 | 64.00 |
| 医药制造业 | Manufacture of Medicines | | 14.74 |
| 化学纤维制造业 | Manufacture of Chemical Fibers | 9.61 | 5.32 |
| 橡胶制品业 | Manufacture of Rubber | 0.06 | 13.03 |
| 塑料制品业 | Manufacture of Plastics | 0.47 | 18.22 |
| 非金属矿物制品业 | Manufacture of Non-metallic Mineral Products | 11.79 | 69.37 |
| 黑色金属冶炼及压延加工业 | Smelting and Pressing of Ferrous Metals | 13.00 | 41.65 |
| 有色金属冶炼及压延加工业 | Smelting and Pressing of Non-ferrous Metals | 0.96 | 16.41 |
| 金属制品业 | Manufacture of Metal Products | 0.04 | 25.21 |
| 通用设备制造业 | Manufacture of General Purpose Machinery | 0.14 | 32.24 |
| 专用设备制造业 | Manufacture of Special Purpose Machinery | 0.36 | 45.78 |
| 交通运输设备制造业 | Manufacture of Transport Equipment | 0.07 | 33.48 |
| 电气机械及器材制造业 | Manufacture of Electrical Machinery and Equipment | 0.64 | 25.02 |
| 通信设备、计算机及其他电子设备制造业 | Manufacture of Communication Equipment,Computers and Other Electronic Equipment | | 14.12 |
| 仪器仪表及文化、办公用机械制造业 | Manufacture of Measuring Instruments and Machinery for Cultural Activity and Office Work | | 4.48 |
| 工艺品及其他制造业 | Manufacture of Artwork and Other Manufacturing | 0.81 | 20.93 |
| 废弃资源和废旧材料回收加工业 | Recycling and Disposal of Waste | | |
| **(三)电力、煤气及水生产和供应业** | **Electric Power, Gas and Water Production and Supply** | **1.84** | **41.36** |
| 电力、热力的生产和供应业 | Production and Distribution of Electric Power and Heat Power | 1.84 | 34.42 |
| 燃气生产和供应业 | Production and Distribution of Gas | | 2.59 |
| 水的生产和供应业 | Production and Distribution of Water | | 4.35 |

Continued

(10 000 tce)

| 煤油 Kerosene | 柴油 Diesel Oil | 燃料油 Fuel Oil | 液化石油气 LPG | 炼厂干气 Refinery Gas | 其他石油制品 Other Petroleum Products | 天然气 Natural Gas | 热力 Heat | 电力 Electricity |
|---|---|---|---|---|---|---|---|---|
| **115.28** | **1939.94** | **2582.29** | **431.95** | **793.21** | **3994.36** | **2038.36** | **3678.86** | **10059.72** |
| **10.26** | **366.18** | **222.46** | **28.63** | **88.34** | **40.40** | **608.27** | **240.23** | **1151.86** |
| 7.37 | 68.13 | 7.87 | 0.14 | | 3.04 | 1.43 | 28.70 | 498.82 |
| 0.60 | 211.72 | 212.59 | 28.44 | 88.34 | 37.36 | 606.32 | 162.89 | 378.45 |
| 0.06 | 16.16 | | | | | | 0.09 | 74.29 |
| 1.75 | 16.98 | 0.30 | 0.02 | | | | 0.38 | 87.01 |
| 0.46 | 37.44 | 1.70 | | | | 0.52 | 42.04 | 87.66 |
| 0.01 | 15.76 | | 0.03 | | | | 6.15 | 25.63 |
| **104.44** | **1457.24** | **2204.86** | **389.81** | **704.57** | **3949.55** | **1408.43** | **3228.13** | **7414.83** |
| 0.38 | 46.31 | 10.51 | 2.79 | 0.17 | 9.98 | 1.83 | 55.26 | 190.45 |
| 0.12 | 24.10 | 12.26 | 2.33 | | 0.21 | 0.78 | 59.12 | 121.55 |
| 0.13 | 14.45 | 10.79 | 0.10 | | 0.26 | 0.26 | 33.08 | 69.94 |
| 0.13 | 5.87 | 3.97 | 0.03 | | 0.23 | 0.91 | 7.40 | 37.51 |
| 5.18 | 52.08 | 110.85 | 7.15 | 0.36 | 9.92 | 12.13 | 202.16 | 386.12 |
| 0.56 | 20.22 | 17.04 | 1.49 | | 1.06 | | 6.80 | 55.13 |
| 0.25 | 23.48 | 5.13 | 0.26 | | 1.28 | | 3.19 | 30.38 |
| 0.15 | 8.97 | 3.71 | 0.02 | | 0.03 | | 26.52 | 35.33 |
| 0.06 | 4.04 | 0.96 | 0.36 | | 0.03 | | 4.95 | 13.71 |
| 4.99 | 28.30 | 23.04 | 0.96 | 0.60 | 4.51 | 3.39 | 143.61 | 243.43 |
| 7.86 | 9.28 | 3.71 | 0.48 | | 2.31 | 0.91 | 4.24 | 33.94 |
| 1.78 | 15.58 | 1.47 | 0.31 | | 0.05 | | 0.95 | 21.81 |
| 24.70 | 91.67 | 402.87 | 162.88 | 542.45 | 2523.41 | 122.62 | 824.30 | 261.83 |
| 11.95 | 149.89 | 458.92 | 98.28 | 60.26 | 954.50 | 1094.58 | 704.77 | 1335.46 |
| 0.19 | 9.30 | 8.26 | 0.38 | | 1.62 | 7.44 | 101.74 | 97.03 |
| 0.60 | 12.48 | 71.64 | 7.41 | 93.50 | 298.98 | 0.52 | 182.04 | 200.35 |
| 0.09 | 9.82 | 15.93 | 0.02 | | 4.32 | | 24.04 | 96.86 |
| 0.63 | 50.22 | 13.60 | 3.77 | | 3.89 | 1.17 | 4.74 | 118.51 |
| 3.30 | 404.06 | 440.22 | 66.53 | 6.52 | 24.12 | 28.83 | 33.11 | 833.86 |
| 7.40 | 93.57 | 410.35 | 0.86 | | 1.02 | 14.87 | 386.90 | 1268.03 |
| 0.84 | 57.21 | 73.92 | 1.71 | | 31.76 | 5.87 | 195.30 | 767.43 |
| 2.27 | 50.57 | 14.34 | 11.21 | | 1.30 | 7.44 | 7.77 | 202.70 |
| 4.47 | 49.11 | 11.50 | 1.03 | | 5.74 | 2.48 | 26.29 | 173.24 |
| 1.82 | 22.79 | 17.00 | 2.95 | | 3.49 | 15.91 | 39.15 | 101.81 |
| 8.59 | 70.92 | 17.11 | 1.51 | | 4.75 | 15.65 | 69.41 | 215.49 |
| 0.37 | 37.29 | 17.34 | 7.25 | 0.16 | 1.30 | 10.17 | 19.21 | 98.57 |
| 0.25 | 52.50 | 15.34 | 5.62 | 0.30 | 0.52 | 37.96 | 8.51 | 133.35 |
| 0.19 | 15.59 | 0.20 | 0.12 | | 0.83 | 0.26 | 5.10 | 26.88 |
| 15.18 | 27.57 | 12.86 | 2.01 | 0.25 | 58.14 | 22.44 | 48.44 | 244.14 |
| **0.59** | **116.51** | **154.97** | **13.51** | **0.30** | **4.41** | **21.65** | **210.49** | **1493.03** |
| 0.53 | 103.82 | 153.46 | 1.47 | 0.19 | 1.91 | 2.35 | 196.92 | 1278.04 |
| 0.01 | 8.92 | 1.50 | 12.03 | 0.11 | 1.77 | 19.05 | 12.69 | 35.38 |
| 0.04 | 3.77 | 0.01 | | | 0.74 | 0.26 | 0.89 | 179.62 |

# 4-19 工业分行业终端能源消费量(标准量)-2000

单位:万吨标准煤

| 行业 | Sector | 终端消费合计 Final Consumption Total (发电煤耗计算法) (coal equivalent calculation) | 终端消费合计 Final Consumption Total (电热当量计算法) (calorific value calculation) |
|---|---|---|---|
| **工业** | **Industry** | **97596.73** | **72149.78** |
| **(一)采掘业** | **Mining and Quarrying** | **8964.01** | **6261.59** |
| 煤炭开采和洗选业 | Mining and Washing of Coal | 3683.56 | 2578.01 |
| 石油和天然气开采业 | Extraction of Petroleum and Natural Gas | 3562.06 | 2651.45 |
| 黑色金属矿采选业 | Mining and Processing of Ferrous Metal Ores | 374.66 | 208.90 |
| 有色金属矿采选业 | Mining and Processing of Non-Ferrous Metal Ores | 425.26 | 214.10 |
| 非金属矿采选业 | Mining and Processing of Nonmetal Ores | 690.46 | 451.25 |
| 其他采矿业 | Mining of Other Ores | 228.02 | 157.88 |
| **(二)制造业** | **Manufacturing** | **80393.59** | **61250.49** |
| 农副食品加工业 | Processing of Food from Agricultural Products | 1717.36 | 1268.53 |
| 食品制造业 | Manufacture of Foods | 1053.51 | 767.68 |
| 饮料制造业 | Manufacture of Beverages | 800.45 | 630.27 |
| 烟草制品业 | Manufacture of Tobacco | 303.98 | 214.85 |
| 纺织业 | Manufacture of Textile | 3014.37 | 1950.34 |
| 纺织服装、鞋、帽制造业 | Manufacture of Textile Wearing Apparel,Footware, and Caps | 348.43 | 217.25 |
| 皮革、毛皮、羽毛(绒)及其制品业 | Manufacture of Leather, Fur, Feather and Related Products | 203.85 | 131.51 |
| 木材加工及木、竹、藤、棕、草制品业 | Processing of Timber,Manufacture of Wood,Bamboo,Rattan,Palm, and Straw Products | 360.66 | 263.36 |
| 家具制造业 | Manufacture of Furniture | 101.14 | 66.41 |
| 造纸及纸制品业 | Manufacture of Paper and Paper Products | 2269.30 | 1578.66 |
| 印刷业和记录媒介的复制 | Printing,Reproduction of Recording Media | 204.47 | 120.78 |
| 文教体育用品制造业 | Manufacture of Articles For Culture, Education and Sport Activity | 122.75 | 67.97 |
| 石油加工、炼焦及核燃料加工业 | Processing of Petroleum, Coking, Processing of Nuclear Fuel | 7350.87 | 6320.97 |
| 化学原料及化学制品制造业 | Manufacture of Raw Chemical Materials and Chemical Products | 14152.09 | 10803.55 |
| 医药制造业 | Manufacture of Medicines | 941.62 | 657.89 |
| 化学纤维制造业 | Manufacture of Chemical Fibers | 1887.79 | 1290.79 |
| 橡胶制品业 | Manufacture of Rubber | 687.98 | 417.91 |
| 塑料制品业 | Manufacture of Plastics | 696.39 | 378.47 |
| 非金属矿物制品业 | Manufacture of Non-metallic Mineral Products | 13772.87 | 11760.69 |
| 黑色金属冶炼及压延加工业 | Smelting and Pressing of Ferrous Metals | 18636.29 | 15514.31 |
| 有色金属冶炼及压延加工业 | Smelting and Pressing of Non-ferrous Metals | 4082.22 | 2164.60 |
| 金属制品业 | Manufacture of Metal Products | 1210.42 | 694.18 |
| 通用设备制造业 | Manufacture of General Purpose Machinery | 1250.28 | 817.31 |
| 专用设备制造业 | Manufacture of Special Purpose Machinery | 862.53 | 598.12 |
| 交通运输设备制造业 | Manufacture of Transport Equipment | 1497.45 | 930.89 |
| 电气机械及器材制造业 | Manufacture of Electrical Machinery and Equipment | 647.50 | 400.61 |
| 通信设备、计算机及其他电子设备制造业 | Manufacture of Communication Equipment,Computers and Other Electronic Equipment | 692.58 | 359.75 |
| 仪器仪表及文化、办公用机械制造业 | Manufacture of Measuring Instruments and Machinery for Cultural Activity and Office Work | 156.70 | 88.17 |
| 工艺品及其他制造业 | Manufacture of Artwork and Other Manufacturing | 1367.70 | 774.68 |
| 废弃资源和废旧材料回收加工业 | Recycling and Disposal of Waste | | |
| **(三)电力、煤气及水生产和供应业** | **Electric Power, Gas and Water Production and Supply** | **8239.13** | **4637.70** |
| 电力、热力的生产和供应业 | Production and Distribution of Electric Power and Heat Power | 7171.78 | 4060.92 |
| 燃气生产和供应业 | Production and Distribution of Gas | 453.00 | 357.08 |
| 水的生产和供应业 | Production and Distribution of Water | 614.35 | 219.71 |

# FINAL ENERGY CONSUMPTION BY INDUSTRIAL SECTOR-2000 (STANDARD QUANTITY)

(10 000 tce)

| 煤合计<br>Coal Total | 原煤<br>Raw Coal | 洗精煤<br>Cleaned Coal | 其他洗煤<br>Other Washed Coal | 焦炭<br>Coke | 焦炉煤气<br>Coke Oven Gas | 其他煤气<br>Other Gas | 其他焦化产品<br>Other Coking Products | 油品合计<br>Petroleum Products Total |
|---|---|---|---|---|---|---|---|---|
| **29394.52** | **26810.79** | **1050.02** | **1489.59** | **10113.91** | **1107.81** | **1078.32** | **249.49** | **12558.14** |
| **2343.10** | **2062.89** | **162.56** | **117.40** | **155.99** | **4.33** | **2.10** | **7.07** | **1603.75** |
| 1798.48 | 1531.63 | 160.67 | 106.17 | 51.54 | 4.33 | 2.10 | 5.41 | 155.17 |
| 135.38 | 133.18 | 0.09 | 2.11 | 5.60 | | | | 1287.01 |
| 50.99 | 42.36 | 0.27 | 8.17 | 50.89 | | | | 28.36 |
| 62.22 | 61.80 | 0.05 | 0.32 | 21.48 | | | | 30.67 |
| 220.47 | 218.38 | 1.46 | 0.63 | 26.18 | | | 1.66 | 58.36 |
| 75.57 | 75.55 | 0.01 | 0.01 | 0.31 | | | | 44.18 |
| **24723.84** | **22582.16** | **848.20** | **1249.60** | **9957.92** | **1066.90** | **1073.06** | **240.30** | **10594.75** |
| 781.95 | 729.30 | 3.65 | 49.00 | 15.68 | | 0.03 | | 122.41 |
| 503.25 | 443.60 | 57.52 | 2.11 | 14.25 | 1.46 | 0.17 | | 63.63 |
| 472.77 | 470.32 | 1.83 | 0.63 | 3.05 | | | 0.12 | 45.05 |
| 103.68 | 103.62 | 0.05 | | 1.22 | | 0.03 | | 60.99 |
| 1028.53 | 1021.90 | 2.28 | 4.32 | 4.07 | 1.40 | 0.43 | | 227.84 |
| 93.18 | 92.80 | 0.34 | 0.01 | 1.63 | | 0.03 | | 55.15 |
| 56.28 | 56.22 | 0.05 | 0.01 | 1.71 | | | | 36.74 |
| 172.68 | 172.47 | 0.18 | 0.03 | 1.42 | | | 0.28 | 19.61 |
| 34.11 | 34.09 | | 0.01 | 1.02 | | | | 11.16 |
| 1029.94 | 995.78 | 9.65 | 24.50 | 1.53 | | | | 92.46 |
| 39.78 | 39.31 | 0.37 | 0.11 | 0.28 | 0.18 | 0.03 | | 36.09 |
| 14.09 | 14.03 | 0.05 | | 1.63 | | 0.03 | | 25.57 |
| 661.66 | 500.65 | 144.67 | 16.33 | 42.74 | 66.45 | 8.02 | 22.56 | 4188.60 |
| 4102.88 | 3916.99 | 86.28 | 83.50 | 1066.19 | 55.36 | 7.07 | 55.58 | 2104.54 |
| 378.64 | 369.52 | 0.91 | 8.17 | 0.66 | 1.16 | | 5.87 | 35.84 |
| 256.75 | 255.47 | 0.07 | 1.21 | 26.71 | 0.06 | | | 566.18 |
| 217.54 | 216.53 | 0.64 | 0.37 | 2.54 | 0.12 | | | 48.71 |
| 109.45 | 108.11 | 0.55 | 0.79 | 6.11 | | | | 107.65 |
| 9248.85 | 8289.69 | 89.01 | 848.80 | 303.42 | 19.08 | 19.32 | 17.67 | 1135.14 |
| 3189.86 | 2694.82 | 325.50 | 163.34 | 7787.70 | 911.07 | 989.49 | 123.42 | 597.67 |
| 632.13 | 551.51 | 47.94 | 32.67 | 202.27 | 1.16 | 25.07 | 13.96 | 200.20 |
| 187.29 | 180.72 | 5.93 | 0.63 | 122.44 | 0.67 | 0.78 | 0.12 | 125.66 |
| 278.03 | 239.38 | 36.52 | 2.11 | 202.27 | 2.01 | 3.34 | 0.36 | 101.45 |
| 241.95 | 208.44 | 28.77 | 4.74 | 71.81 | 0.55 | 13.49 | 0.10 | 96.90 |
| 401.83 | 398.04 | 2.74 | 1.05 | 31.36 | 0.79 | 2.96 | 0.27 | 142.42 |
| 146.67 | 144.06 | 1.55 | 1.05 | 10.60 | 2.32 | 1.21 | | 95.19 |
| 54.61 | 53.65 | 0.91 | 0.05 | 0.31 | 3.05 | 0.20 | | 92.84 |
| 25.82 | 25.75 | 0.06 | 0.01 | 4.07 | | 0.09 | | 21.63 |
| 259.63 | 255.38 | 0.18 | 4.06 | 29.21 | | 1.27 | | 137.42 |
| **2327.58** | **2165.73** | **39.26** | **122.59** | | **36.58** | **3.16** | **2.12** | **359.65** |
| 2108.69 | 1967.01 | 19.17 | 122.50 | | | | 0.16 | 312.57 |
| 194.33 | 175.06 | 19.17 | 0.09 | | 36.58 | 3.16 | 1.96 | 38.73 |
| 24.57 | 23.65 | 0.91 | | | | | | 8.34 |

续表

单位:万吨标准煤

| 行业 | Sector | 原油 Crude Oil | 汽油 Gasoline |
|---|---|---|---|
| **工业** | **Industry** | **874.79** | **1001.70** |
| **(一)采掘业** | **Mining and Quarrying** | **586.95** | **177.72** |
| 煤炭开采和洗选业 | Mining and Washing of Coal | 3.31 | 53.44 |
| 石油和天然气开采业 | Extraction of Petroleum and Natural Gas | 583.64 | 66.78 |
| 黑色金属矿采选业 | Mining and Processing of Ferrous Metal Ores | | 10.02 |
| 有色金属矿采选业 | Mining and Processing of Non-Ferrous Metal Ores | | 8.64 |
| 非金属矿采选业 | Mining and Processing of Nonmetal Ores | | 13.34 |
| 其他采矿业 | Mining of Other Ores | | 25.51 |
| **(二)制造业** | **Manufacturing** | **285.53** | **777.63** |
| 农副食品加工业 | Processing of Food from Agricultural Products | 0.60 | 50.09 |
| 食品制造业 | Manufacture of Foods | 0.69 | 20.04 |
| 饮料制造业 | Manufacture of Beverages | 0.74 | 16.71 |
| 烟草制品业 | Manufacture of Tobacco | | 50.09 |
| 纺织业 | Manufacture of Textile | 0.07 | 58.31 |
| 纺织服装、鞋、帽制造业 | Manufacture of Textile Wearing Apparel,Footware, and Caps | 0.23 | 11.69 |
| 皮革、毛皮、羽毛(绒)及其制品业 | Manufacture of Leather, Fur, Feather and Related Products | | 8.35 |
| 木材加工及木、竹、藤、棕、草制品业 | Processing of Timber,Manufacture of Wood,Bamboo,Rattan,Palm, and Straw Products | | 5.42 |
| 家具制造业 | Manufacture of Furniture | | 5.84 |
| 造纸及纸制品业 | Manufacture of Paper and Paper Products | 0.69 | 20.04 |
| 印刷业和记录媒介的复制 | Printing,Reproduction of Recording Media | | 10.02 |
| 文教体育用品制造业 | Manufacture of Articles For Culture, Education and Sport Activity | 0.14 | 3.75 |
| 石油加工、炼焦及核燃料加工业 | Processing of Petroleum, Coking, Processing of Nuclear Fuel | 146.39 | 24.18 |
| 化学原料及化学制品制造业 | Manufacture of Raw Chemical Materials and Chemical Products | 93.64 | 75.11 |
| 医药制造业 | Manufacture of Medicines | | 15.04 |
| 化学纤维制造业 | Manufacture of Chemical Fibers | 10.46 | 6.34 |
| 橡胶制品业 | Manufacture of Rubber | 0.07 | 14.26 |
| 塑料制品业 | Manufacture of Plastics | 0.57 | 20.21 |
| 非金属矿物制品业 | Manufacture of Non-metallic Mineral Products | 13.21 | 76.11 |
| 黑色金属冶炼及压延加工业 | Smelting and Pressing of Ferrous Metals | 14.64 | 50.09 |
| 有色金属冶炼及压延加工业 | Smelting and Pressing of Non-ferrous Metals | 1.14 | 18.37 |
| 金属制品业 | Manufacture of Metal Products | 0.04 | 30.05 |
| 通用设备制造业 | Manufacture of General Purpose Machinery | 0.16 | 35.05 |
| 专用设备制造业 | Manufacture of Special Purpose Machinery | 0.39 | 50.20 |
| 交通运输设备制造业 | Manufacture of Transport Equipment | 0.09 | 33.40 |
| 电气机械及器材制造业 | Manufacture of Electrical Machinery and Equipment | 0.71 | 26.71 |
| 通信设备、计算机及其他电子设备制造业 | Manufacture of Communication Equipment,Computers and Other Electronic Equipment | | 13.34 |
| 仪器仪表及文化、办公用机械制造业 | Manufacture of Measuring Instruments and Machinery for Cultural Activity and Office Work | | 5.00 |
| 工艺品及其他制造业 | Manufacture of Artwork and Other Manufacturing | 0.86 | 23.84 |
| 废弃资源和废旧材料回收加工业 | Recycling and Disposal of Waste | | |
| **(三)电力、煤气及水生产和供应业** | **Electric Power, Gas and Water Production and Supply** | **2.30** | **46.35** |
| 电力、热力的生产和供应业 | Production and Distribution of Electric Power and Heat Power | 2.30 | 40.07 |
| 燃气生产和供应业 | Production and Distribution of Gas | | 2.87 |
| 水的生产和供应业 | Production and Distribution of Water | | 3.42 |

Continued

(10 000 tce)

| 煤油 Kerosene | 柴油 Diesel Oil | 燃料油 Fuel Oil | 液化石油气 LPG | 炼厂干气 Refinery Gas | 其他石油制品 Other Petroleum Products | 天然气 Natural Gas | 热力 Heat | 电力 Electricity |
|---|---|---|---|---|---|---|---|---|
| **123.52** | **2140.19** | **2633.94** | **726.98** | **882.36** | **4174.66** | **2230.28** | **3975.64** | **11144.46** |
| **10.95** | **414.31** | **225.05** | **48.44** | **97.07** | **43.27** | **670.95** | **241.61** | **1221.28** |
| 7.90 | 79.35 | 8.01 | 0.13 | | 3.01 | 1.31 | 36.35 | 512.69 |
| 0.62 | 235.42 | 215.00 | 48.22 | 97.07 | 40.25 | 669.12 | 159.03 | 395.30 |
| 0.06 | 18.28 | | | | | | 0.09 | 77.99 |
| 1.85 | 19.84 | 0.31 | 0.03 | | | | 0.41 | 99.29 |
| 0.50 | 42.81 | 1.71 | | | | 0.52 | 39.76 | 104.26 |
| 0.01 | 18.61 | | 0.05 | | | | 5.98 | 31.76 |
| **111.90** | **1604.33** | **2249.20** | **654.36** | **784.99** | **4126.80** | **1534.11** | **3520.59** | **8272.94** |
| 0.37 | 45.94 | 10.66 | 4.51 | 0.16 | 10.09 | 1.96 | 62.47 | 198.17 |
| 0.12 | 25.80 | 12.91 | 3.87 | | 0.20 | 0.91 | 62.46 | 121.46 |
| 0.12 | 15.64 | 11.43 | 0.16 | | 0.26 | 0.39 | 36.35 | 72.49 |
| 0.12 | 6.25 | 4.29 | 0.05 | | 0.20 | 1.05 | 7.51 | 40.37 |
| 5.56 | 54.82 | 86.79 | 11.88 | 0.31 | 10.09 | 14.50 | 217.65 | 455.24 |
| 0.62 | 21.41 | 17.77 | 2.39 | | 1.05 | | 6.82 | 60.31 |
| 0.25 | 21.41 | 5.00 | 0.42 | | 1.31 | | 3.41 | 33.33 |
| 0.12 | 10.16 | 3.86 | 0.03 | | 0.03 | | 29.52 | 39.62 |
| 0.06 | 3.75 | 0.96 | 0.53 | | 0.03 | | 4.79 | 15.34 |
| 5.31 | 34.99 | 24.91 | 1.33 | 0.47 | 4.72 | 3.92 | 159.03 | 291.78 |
| 8.40 | 11.23 | 3.29 | 0.80 | | 2.36 | 1.05 | 4.93 | 38.35 |
| 1.85 | 17.78 | 1.49 | 0.50 | | 0.05 | | 1.02 | 25.57 |
| 26.57 | 107.01 | 421.44 | 280.96 | 600.01 | 2582.05 | 133.80 | 874.64 | 301.84 |
| 12.85 | 175.38 | 474.11 | 167.22 | 68.69 | 1037.54 | 1180.14 | 755.37 | 1417.95 |
| 0.22 | 10.46 | 7.86 | 0.56 | | 1.70 | 7.84 | 119.27 | 108.59 |
| 0.62 | 15.15 | 79.02 | 11.88 | 105.88 | 336.84 | 0.65 | 198.78 | 239.40 |
| 0.10 | 12.02 | 17.77 | 0.03 | | 4.46 | | 27.48 | 121.35 |
| 0.62 | 61.07 | 14.91 | 6.21 | | 4.06 | 1.31 | 5.43 | 148.48 |
| 3.58 | 449.44 | 447.77 | 109.05 | 8.83 | 27.15 | 32.67 | 39.76 | 938.64 |
| 7.90 | 107.01 | 415.68 | 1.30 | | 1.05 | 22.34 | 437.32 | 1377.81 |
| 0.87 | 64.20 | 79.02 | 1.59 | | 35.01 | 6.53 | 215.83 | 857.33 |
| 2.47 | 57.95 | 16.34 | 17.37 | | 1.44 | 7.84 | 8.12 | 241.25 |
| 4.81 | 43.87 | 10.07 | 1.59 | | 5.90 | 2.61 | 29.52 | 197.59 |
| 1.97 | 19.84 | 16.34 | 4.62 | | 3.54 | 17.12 | 39.76 | 116.13 |
| 9.27 | 74.66 | 17.77 | 2.39 | | 4.85 | 19.73 | 79.51 | 250.01 |
| 0.37 | 36.56 | 17.77 | 11.62 | 0.14 | 1.31 | 10.45 | 22.70 | 111.45 |
| 0.26 | 54.82 | 16.34 | 7.27 | 0.28 | 0.52 | 44.56 | 9.20 | 154.71 |
| 0.22 | 15.15 | 0.21 | 0.19 | | 0.85 | 0.26 | 5.12 | 31.18 |
| 16.30 | 30.57 | 13.43 | 4.06 | 0.22 | 48.15 | 22.47 | 56.81 | 267.20 |
| **0.68** | **121.55** | **159.69** | **24.19** | **0.30** | **4.59** | **25.22** | **213.44** | **1650.25** |
| 0.62 | 107.01 | 158.03 | 2.39 | 0.19 | 1.97 | 2.61 | 198.78 | 1422.45 |
| 0.01 | 10.46 | 1.64 | 21.80 | 0.11 | 1.84 | 22.34 | 13.64 | 42.29 |
| 0.04 | 4.08 | 0.01 | | | 0.79 | 0.26 | 1.02 | 185.51 |

# 4-20 工业分行业终端能源消费量(标准量)-2001

单位:万吨标准煤

| 行业 | Sector | 终端消费合计 Final Consumption Total (发电煤耗计算法) (coal equivalent calculation) | (电热当量计算法) (calorific value calculation) |
|---|---|---|---|
| **工业** | **Industry** | **100690.36** | **73324.56** |
| **(一)采掘业** | **Mining and Quarrying** | **9442.48** | **6505.12** |
| 煤炭开采和洗选业 | Mining and Washing of Coal | 3836.49 | 2615.32 |
| 石油和天然气开采业 | Extraction of Petroleum and Natural Gas | 3821.57 | 2832.20 |
| 黑色金属矿采选业 | Mining and Processing of Ferrous Metal Ores | 390.60 | 216.23 |
| 有色金属矿采选业 | Mining and Processing of Non-Ferrous Metal Ores | 453.50 | 223.09 |
| 非金属矿采选业 | Mining and Processing of Nonmetal Ores | 728.88 | 470.53 |
| 其他采矿业 | Mining of Other Ores | 211.43 | 147.76 |
| **(二)制造业** | **Manufacturing** | **82758.84** | **62237.95** |
| 农副食品加工业 | Processing of Food from Agricultural Products | 1763.61 | 1279.08 |
| 食品制造业 | Manufacture of Foods | 1057.82 | 773.99 |
| 饮料制造业 | Manufacture of Beverages | 794.63 | 616.16 |
| 烟草制品业 | Manufacture of Tobacco | 314.63 | 223.76 |
| 纺织业 | Manufacture of Textile | 3150.72 | 2006.22 |
| 纺织服装、鞋、帽制造业 | Manufacture of Textile Wearing Apparel,Footware, and Caps | 380.12 | 231.56 |
| 皮革、毛皮、羽毛(绒)及其制品业 | Manufacture of Leather, Fur, Feather and Related Products | 217.59 | 135.41 |
| 木材加工及木、竹、藤、棕、草制品业 | Processing of Timber,Manufacture of Wood,Bamboo,Rattan,Palm, and Straw Products | 391.92 | 278.91 |
| 家具制造业 | Manufacture of Furniture | 112.56 | 72.72 |
| 造纸及纸制品业 | Manufacture of Paper and Paper Products | 2334.02 | 1587.84 |
| 印刷业和记录媒介的复制 | Printing,Reproduction of Recording Media | 226.39 | 130.14 |
| 文教体育用品制造业 | Manufacture of Articles For Culture, Education and Sport Activity | 144.33 | 76.69 |
| 石油加工、炼焦及核燃料加工业 | Processing of Petroleum, Coking, Processing of Nuclear Fuel | 7518.94 | 6406.20 |
| 化学原料及化学制品制造业 | Manufacture of Raw Chemical Materials and Chemical Products | 14458.06 | 10919.26 |
| 医药制造业 | Manufacture of Medicines | 1010.75 | 687.03 |
| 化学纤维制造业 | Manufacture of Chemical Fibers | 1879.67 | 1262.85 |
| 橡胶制品业 | Manufacture of Rubber | 750.26 | 448.37 |
| 塑料制品业 | Manufacture of Plastics | 733.86 | 390.03 |
| 非金属矿物制品业 | Manufacture of Non-metallic Mineral Products | 13353.67 | 11203.37 |
| 黑色金属冶炼及压延加工业 | Smelting and Pressing of Ferrous Metals | 19778.69 | 16452.23 |
| 有色金属冶炼及压延加工业 | Smelting and Pressing of Non-ferrous Metals | 4237.73 | 2211.11 |
| 金属制品业 | Manufacture of Metal Products | 1375.66 | 771.54 |
| 通用设备制造业 | Manufacture of General Purpose Machinery | 1323.56 | 857.94 |
| 专用设备制造业 | Manufacture of Special Purpose Machinery | 860.08 | 589.34 |
| 交通运输设备制造业 | Manufacture of Transport Equipment | 1646.07 | 994.72 |
| 电气机械及器材制造业 | Manufacture of Electrical Machinery and Equipment | 672.21 | 398.89 |
| 通信设备、计算机及其他电子设备制造业 | Manufacture of Communication Equipment,Computers and Other Electronic Equipment | 742.24 | 388.50 |
| 仪器仪表及文化、办公用机械制造业 | Manufacture of Measuring Instruments and Machinery for Cultural Activity and Office Work | 163.74 | 91.13 |
| 工艺品及其他制造业 | Manufacture of Artwork and Other Manufacturing | 1365.28 | 752.95 |
| 废弃资源和废旧材料回收加工业 | Recycling and Disposal of Waste | | |
| **(三)电力、煤气及水生产和供应业** | **Electric Power, Gas and Water Production and Supply** | **8489.04** | **4581.49** |
| 电力、热力的生产和供应业 | Production and Distribution of Electric Power and Heat Power | 7397.21 | 3989.17 |
| 燃气生产和供应业 | Production and Distribution of Gas | 478.07 | 372.33 |
| 水的生产和供应业 | Production and Distribution of Water | 613.75 | 219.99 |

# FINAL ENERGY CONSUMPTION BY INDUSTRIAL SECTOR-2001 (STANDARD QUANTITY)

(10 000 tce)

| 煤合计<br>Coal Total | 原煤<br>Raw Coal | 洗精煤<br>Cleaned Coal | 其他洗煤<br>Other Washed Coal | 焦炭<br>Coke | 焦炉煤气<br>Coke Oven Gas | 其他煤气<br>Other Gas | 其他焦化产品<br>Other Coking Products | 油品合计<br>Petroleum Products Total |
|---|---|---|---|---|---|---|---|---|
| **27811.04** | **25017.23** | **1076.93** | **1657.98** | **11160.17** | **1195.75** | **1123.61** | **266.37** | **12627.50** |
| **2288.99** | **2004.28** | **172.77** | **111.66** | **159.56** | **4.69** | **2.07** | **8.18** | **1644.06** |
| 1773.66 | 1501.04 | 171.03 | 101.58 | 50.77 | 4.69 | 2.07 | 6.28 | 149.42 |
| 117.48 | 115.85 | | 1.63 | 5.67 | | | | 1326.68 |
| 49.50 | 41.15 | 0.32 | 7.81 | 54.29 | | | | 28.48 |
| 62.01 | 61.68 | 0.05 | 0.22 | 20.83 | | | | 29.87 |
| 217.50 | 215.71 | 1.37 | 0.42 | 27.67 | | | 1.90 | 66.45 |
| 68.84 | 68.84 | | | 0.32 | | | | 43.16 |
| **23428.69** | **21060.31** | **865.47** | **1444.28** | **11000.62** | **1157.14** | **1118.09** | **255.71** | **10629.37** |
| 763.74 | 712.28 | 4.56 | 46.88 | 17.03 | | 0.03 | | 129.98 |
| 497.88 | 440.38 | 55.85 | 1.63 | 16.50 | 1.38 | 0.20 | | 65.75 |
| 449.31 | 446.57 | 2.28 | 0.46 | 3.09 | | | 0.10 | 47.61 |
| 111.02 | 110.96 | 0.06 | | 1.29 | | 0.03 | | 60.38 |
| 1007.53 | 1000.69 | 2.46 | 4.35 | 4.47 | 1.50 | 0.40 | | 237.30 |
| 91.53 | 91.20 | 0.27 | 0.01 | 1.74 | | 0.03 | | 61.27 |
| 56.48 | 56.42 | 0.05 | 0.01 | 1.76 | | | | 34.93 |
| 176.21 | 176.00 | 0.19 | 0.02 | 1.47 | | | 0.36 | 22.28 |
| 36.52 | 36.51 | | 0.01 | 1.16 | | | | 11.98 |
| 1005.23 | 971.38 | 9.31 | 24.53 | 1.66 | | | | 93.82 |
| 41.21 | 40.80 | 0.41 | | 0.31 | 0.13 | 0.03 | | 37.14 |
| 15.07 | 15.02 | 0.05 | | 1.77 | | 0.03 | | 26.53 |
| 650.63 | 496.00 | 138.72 | 15.90 | 43.96 | 71.95 | 9.20 | 26.38 | 4189.19 |
| 4004.13 | 3795.98 | 92.91 | 91.23 | 1118.72 | 59.75 | 7.19 | 55.87 | 2031.99 |
| 374.16 | 365.52 | 0.78 | 7.81 | 0.69 | 1.25 | | 6.28 | 39.05 |
| 228.94 | 227.68 | | 1.27 | 26.11 | | | | 550.66 |
| 224.98 | 224.13 | 0.46 | 0.39 | 2.79 | 0.06 | | | 48.42 |
| 105.72 | 104.38 | 0.49 | 0.85 | 7.04 | | | | 107.29 |
| 8509.52 | 7341.79 | 90.75 | 1052.41 | 335.45 | 23.90 | 22.49 | 17.63 | 1184.76 |
| 3011.40 | 2501.72 | 352.83 | 147.03 | 8661.32 | 986.33 | 1029.32 | 134.56 | 582.39 |
| 567.66 | 500.34 | 32.85 | 34.44 | 225.55 | 1.13 | 25.88 | 13.66 | 209.86 |
| 181.02 | 171.16 | 9.31 | 0.54 | 139.53 | 0.75 | 0.75 | 0.13 | 143.73 |
| 280.98 | 241.49 | 37.23 | 2.23 | 218.98 | 2.13 | 2.96 | 0.35 | 102.68 |
| 226.89 | 193.79 | 27.93 | 5.17 | 74.87 | 0.63 | 13.51 | 0.12 | 90.46 |
| 394.23 | 390.30 | 2.78 | 1.14 | 41.40 | 0.75 | 3.16 | 0.29 | 147.70 |
| 123.10 | 120.47 | 1.64 | 0.98 | 12.83 | 2.44 | 1.15 | | 101.89 |
| 48.17 | 47.13 | 1.00 | 0.04 | 0.37 | 3.07 | 0.23 | | 107.34 |
| 22.22 | 22.16 | 0.05 | 0.01 | 5.43 | | 0.06 | | 23.32 |
| 223.22 | 218.06 | 0.21 | 4.94 | 33.35 | | 1.44 | | 139.68 |
| **2093.36** | **1952.64** | **38.69** | **102.03** | | **33.91** | **3.45** | **2.47** | **354.07** |
| 1870.83 | 1751.21 | 17.67 | 101.96 | | | | 0.18 | 304.15 |
| 200.80 | 180.64 | 20.08 | 0.08 | | 33.91 | 3.45 | 2.28 | 41.08 |
| 21.74 | 20.80 | 0.94 | | | | | | 8.84 |

## 续表

单位:万吨标准煤

| 行　业 | Sector | 原油<br>Crude Oil | 汽油<br>Gasoline |
|---|---|---|---|
| **工业** | **Industry** | **901.19** | **1036.48** |
| **(一)采掘业** | **Mining and Quarrying** | **607.13** | **171.65** |
| 煤炭开采和洗选业 | Mining and Washing of Coal | 3.33 | 51.92 |
| 石油和天然气开采业 | Extraction of Petroleum and Natural Gas | 603.80 | 64.18 |
| 黑色金属矿采选业 | Mining and Processing of Ferrous Metal Ores | | 8.68 |
| 有色金属矿采选业 | Mining and Processing of Non-Ferrous Metal Ores | | 8.23 |
| 非金属矿采选业 | Mining and Processing of Nonmetal Ores | | 13.77 |
| 其他采矿业 | Mining of Other Ores | | 24.88 |
| **(二)制造业** | **Manufacturing** | **291.73** | **818.16** |
| 农副食品加工业 | Processing of Food from Agricultural Products | 0.57 | 53.50 |
| 食品制造业 | Manufacture of Foods | 0.64 | 21.49 |
| 饮料制造业 | Manufacture of Beverages | 0.71 | 15.70 |
| 烟草制品业 | Manufacture of Tobacco | | 50.36 |
| 纺织业 | Manufacture of Textile | 0.09 | 62.20 |
| 纺织服装、鞋、帽制造业 | Manufacture of Textile Wearing Apparel,Footware, and Caps | 0.24 | 13.72 |
| 皮革、毛皮、羽毛(绒)及其制品业 | Manufacture of Leather, Fur, Feather and Related Products | | 8.29 |
| 木材加工及木、竹、藤、棕、草制品业 | Processing of Timber,Manufacture of Wood,Bamboo,Rattan,Palm, and Straw Products | | 6.71 |
| 家具制造业 | Manufacture of Furniture | | 5.99 |
| 造纸及纸制品业 | Manufacture of Paper and Paper Products | 0.73 | 20.48 |
| 印刷业和记录媒介的复制 | Printing,Reproduction of Recording Media | | 10.36 |
| 文教体育用品制造业 | Manufacture of Articles For Culture, Education and Sport Activity | 0.16 | 4.58 |
| 石油加工、炼焦及核燃料加工业 | Processing of Petroleum, Coking, Processing of Nuclear Fuel | 148.85 | 25.77 |
| 化学原料及化学制品制造业 | Manufacture of Raw Chemical Materials and Chemical Products | 100.56 | 83.95 |
| 医药制造业 | Manufacture of Medicines | | 17.37 |
| 化学纤维制造业 | Manufacture of Chemical Fibers | 9.01 | 5.96 |
| 橡胶制品业 | Manufacture of Rubber | 0.09 | 13.50 |
| 塑料制品业 | Manufacture of Plastics | 0.50 | 19.05 |
| 非金属矿物制品业 | Manufacture of Non-metallic Mineral Products | 12.31 | 79.56 |
| 黑色金属冶炼及压延加工业 | Smelting and Pressing of Ferrous Metals | 14.07 | 51.82 |
| 有色金属冶炼及压延加工业 | Smelting and Pressing of Non-ferrous Metals | 1.10 | 18.80 |
| 金属制品业 | Manufacture of Metal Products | 0.04 | 36.13 |
| 通用设备制造业 | Manufacture of General Purpose Machinery | 0.17 | 36.43 |
| 专用设备制造业 | Manufacture of Special Purpose Machinery | 0.37 | 48.47 |
| 交通运输设备制造业 | Manufacture of Transport Equipment | 0.10 | 31.39 |
| 电气机械及器材制造业 | Manufacture of Electrical Machinery and Equipment | 0.64 | 29.41 |
| 通信设备、计算机及其他电子设备制造业 | Manufacture of Communication Equipment,Computers and Other Electronic Equipment | | 15.70 |
| 仪器仪表及文化、办公用机械制造业 | Manufacture of Measuring Instruments and Machinery for Cultural Activity and Office Work | | 5.54 |
| 工艺品及其他制造业 | Manufacture of Artwork and Other Manufacturing | 0.77 | 25.94 |
| 废弃资源和废旧材料回收加工业 | Recycling and Disposal of Waste | | |
| **(三)电力、煤气及水生产和供应业** | **Electric Power, Gas and Water Production and Supply** | **2.33** | **46.67** |
| 电力、热力的生产和供应业 | Production and Distribution of Electric Power and Heat Power | 2.33 | 39.79 |
| 燃气生产和供应业 | Production and Distribution of Gas | | 2.69 |
| 水的生产和供应业 | Production and Distribution of Water | | 4.20 |

Continued

(10 000 tce)

| 煤油 Kerosene | 柴油 Diesel Oil | 燃料油 Fuel Oil | 液化石油气 LPG | 炼厂干气 Refinery Gas | 其他石油制品 Other Petroleum Products | 天然气 Natural Gas | 热力 Heat | 电力 Electricity |
|---|---|---|---|---|---|---|---|---|
| **126.54** | **2272.23** | **2554.91** | **755.17** | **878.41** | **4102.57** | **2446.40** | **4207.45** | **12180.85** |
| **11.17** | **448.50** | **222.39** | **47.00** | **95.05** | **41.17** | **777.47** | **259.17** | **1348.16** |
| 8.09 | 82.64 | | 0.16 | | 3.28 | | 42.07 | 574.38 |
| 0.63 | 258.09 | 220.25 | 46.79 | 95.05 | 37.90 | 777.08 | 168.30 | 436.96 |
| 0.04 | 19.75 | | | | | | 0.09 | 83.27 |
| 1.90 | 19.46 | 0.29 | | | | | 0.38 | 109.97 |
| 0.50 | 50.33 | 1.86 | | | | 0.39 | 42.07 | 114.50 |
| | 18.22 | | 0.05 | | | | 6.26 | 29.09 |
| **114.65** | **1703.61** | **2177.66** | **683.29** | **783.06** | **4057.20** | **1640.14** | **3722.56** | **9014.06** |
| 0.38 | 48.90 | 10.71 | 4.96 | | 10.95 | 2.09 | 63.69 | 217.96 |
| 0.13 | 26.69 | 12.07 | 4.55 | | 0.18 | 1.05 | 70.51 | 120.65 |
| 0.13 | 17.83 | 12.86 | 0.18 | | 0.20 | 0.26 | 38.66 | 77.06 |
| 0.13 | 5.78 | 3.86 | 0.05 | | 0.20 | 1.18 | 8.21 | 41.67 |
| 5.69 | 57.60 | 89.86 | 12.50 | 0.31 | 9.04 | 14.00 | 245.63 | 494.70 |
| 0.63 | 23.59 | 19.83 | 2.60 | | 0.66 | | 7.50 | 69.37 |
| 0.25 | 20.34 | 4.43 | 0.39 | | 1.23 | | 3.75 | 38.46 |
| 0.13 | 11.06 | 4.29 | 0.05 | | 0.03 | | 30.93 | 47.44 |
| 0.07 | 4.39 | 0.86 | 0.65 | | 0.01 | | 5.12 | 17.95 |
| 5.44 | 34.06 | 27.14 | 1.56 | 0.47 | 3.93 | 3.40 | 161.49 | 322.24 |
| 8.61 | 11.57 | 3.07 | 0.91 | | 2.62 | 1.18 | 5.20 | 44.87 |
| 1.90 | 17.83 | 1.53 | 0.47 | | 0.07 | | 1.19 | 32.05 |
| 27.18 | 113.61 | 408.78 | 298.47 | 603.42 | 2563.13 | 152.85 | 898.35 | 341.46 |
| 13.15 | 188.64 | 429.88 | 163.30 | 70.27 | 982.23 | 1249.77 | 809.63 | 1518.99 |
| 0.21 | 11.39 | 7.64 | 0.60 | | 1.84 | 8.77 | 129.63 | 127.20 |
| 0.63 | 14.97 | 72.36 | 9.90 | 99.12 | 338.70 | | 203.55 | 251.56 |
| 0.12 | 11.39 | 18.71 | 0.03 | | 4.59 | | 35.23 | 136.74 |
| 0.63 | 61.65 | 15.43 | 5.82 | | 4.19 | 1.18 | 5.80 | 163.00 |
| 3.66 | 477.17 | 457.15 | 117.00 | 8.78 | 29.11 | 36.64 | 48.90 | 1016.72 |
| 8.09 | 118.49 | 387.35 | 1.25 | | 1.31 | 21.85 | 456.00 | 1492.38 |
| 0.88 | 67.69 | 84.29 | 1.82 | | 35.27 | 6.94 | 230.95 | 919.13 |
| 2.53 | 66.54 | 16.86 | 20.07 | | 1.57 | 9.81 | 9.21 | 286.60 |
| 4.93 | 42.13 | 11.43 | 1.30 | | 6.29 | 2.22 | 31.84 | 215.66 |
| 2.03 | 17.83 | 12.86 | 4.96 | | 3.93 | 20.94 | 40.95 | 120.65 |
| 9.49 | 82.76 | 16.64 | 2.60 | | 4.72 | 24.86 | 87.56 | 292.59 |
| 0.38 | 36.61 | 18.31 | 15.10 | 0.13 | 1.30 | 9.16 | 22.53 | 125.78 |
| 0.25 | 63.46 | 19.29 | 7.56 | 0.30 | 0.79 | 52.08 | 10.16 | 166.81 |
| 0.25 | 16.43 | 0.17 | 0.21 | | 0.72 | 0.39 | 6.38 | 33.33 |
| 16.72 | 33.19 | 10.00 | 4.42 | 0.25 | 48.39 | 19.50 | 54.01 | 281.05 |
| **0.72** | **120.12** | **154.86** | **24.88** | **0.30** | **4.19** | **28.79** | **225.72** | **1818.63** |
| 0.65 | 103.85 | 153.29 | 2.21 | 0.20 | 1.84 | 3.27 | 210.37 | 1583.30 |
| 0.01 | 12.37 | 1.54 | 22.67 | 0.09 | 1.70 | 25.13 | 14.15 | 47.51 |
| 0.06 | 3.91 | 0.03 | | | 0.66 | 0.39 | 1.19 | 187.82 |

# 4-21 工业分行业终端能源消费量(标准量)-2002

单位:万吨标准煤

| 行 业 | Sector | 终端消费合计 Final Consumption Total (发电煤耗计算法) (coal equivalent calculation) | (电热当量计算法) (calorific value calculation) |
|---|---|---|---|
| **工业** | **Industry** | **106376.57** | **77174.27** |
| **(一)采掘业** | **Mining and Quarrying** | **9771.34** | **6781.59** |
| 煤炭开采和洗选业 | Mining and Washing of Coal | 4020.92 | 2723.34 |
| 石油和天然气开采业 | Extraction of Petroleum and Natural Gas | 3878.33 | 2924.61 |
| 黑色金属矿采选业 | Mining and Processing of Ferrous Metal Ores | 450.92 | 255.41 |
| 有色金属矿采选业 | Mining and Processing of Non-Ferrous Metal Ores | 467.77 | 239.96 |
| 非金属矿采选业 | Mining and Processing of Nonmetal Ores | 758.67 | 497.79 |
| 其他采矿业 | Mining of Other Ores | 194.72 | 140.48 |
| **(二)制造业** | **Manufacturing** | **87390.55** | **65441.99** |
| 农副食品加工业 | Processing of Food from Agricultural Products | 1916.75 | 1391.04 |
| 食品制造业 | Manufacture of Foods | 1136.97 | 818.81 |
| 饮料制造业 | Manufacture of Beverages | 842.28 | 655.48 |
| 烟草制品业 | Manufacture of Tobacco | 312.05 | 229.64 |
| 纺织业 | Manufacture of Textile | 3484.02 | 2220.73 |
| 纺织服装、鞋、帽制造业 | Manufacture of Textile Wearing Apparel,Footware, and Caps | 404.53 | 249.63 |
| 皮革、毛皮、羽毛(绒)及其制品业 | Manufacture of Leather, Fur, Feather and Related Products | 239.43 | 146.11 |
| 木材加工及木、竹、藤、棕、草制品业 | Processing of Timber,Manufacture of Wood,Bamboo,Rattan,Palm, and Straw Products | 400.25 | 292.95 |
| 家具制造业 | Manufacture of Furniture | 104.89 | 73.74 |
| 造纸及纸制品业 | Manufacture of Paper and Paper Products | 2635.05 | 1831.51 |
| 印刷业和记录媒介的复制 | Printing,Reproduction of Recording Media | 223.28 | 134.19 |
| 文教体育用品制造业 | Manufacture of Articles For Culture, Education and Sport Activity | 171.27 | 88.06 |
| 石油加工、炼焦及核燃料加工业 | Processing of Petroleum, Coking, Processing of Nuclear Fuel | 7906.45 | 6793.78 |
| 化学原料及化学制品制造业 | Manufacture of Raw Chemical Materials and Chemical Products | 15987.42 | 12186.37 |
| 医药制造业 | Manufacture of Medicines | 1016.82 | 722.86 |
| 化学纤维制造业 | Manufacture of Chemical Fibers | 1953.26 | 1357.24 |
| 橡胶制品业 | Manufacture of Rubber | 748.65 | 458.95 |
| 塑料制品业 | Manufacture of Plastics | 769.67 | 396.63 |
| 非金属矿物制品业 | Manufacture of Non-metallic Mineral Products | 12849.31 | 10556.70 |
| 黑色金属冶炼及压延加工业 | Smelting and Pressing of Ferrous Metals | 20524.06 | 16961.74 |
| 有色金属冶炼及压延加工业 | Smelting and Pressing of Non-ferrous Metals | 4760.04 | 2545.06 |
| 金属制品业 | Manufacture of Metal Products | 1613.56 | 880.51 |
| 通用设备制造业 | Manufacture of General Purpose Machinery | 1465.79 | 935.43 |
| 专用设备制造业 | Manufacture of Special Purpose Machinery | 878.63 | 598.57 |
| 交通运输设备制造业 | Manufacture of Transport Equipment | 1810.52 | 1112.23 |
| 电气机械及器材制造业 | Manufacture of Electrical Machinery and Equipment | 809.18 | 465.04 |
| 通信设备、计算机及其他电子设备制造业 | Manufacture of Communication Equipment,Computers and Other Electronic Equipment | 853.66 | 461.81 |
| 仪器仪表及文化、办公用机械制造业 | Manufacture of Measuring Instruments and Machinery for Cultural Activity and Office Work | 185.97 | 101.47 |
| 工艺品及其他制造业 | Manufacture of Artwork and Other Manufacturing | 1386.80 | 775.70 |
| 废弃资源和废旧材料回收加工业 | Recycling and Disposal of Waste | | |
| **(三)电力、煤气及水生产和供应业** | **Electric Power, Gas and Water Production and Supply** | **9214.67** | **4950.70** |
| 电力、热力的生产和供应业 | Production and Distribution of Electric Power and Heat Power | 8186.63 | 4384.59 |
| 燃气生产和供应业 | Production and Distribution of Gas | 454.70 | 355.12 |
| 水的生产和供应业 | Production and Distribution of Water | 573.34 | 210.99 |

# FINAL ENERGY CONSUMPTION BY INDUSTRIAL SECTOR-2002 (STANDARD QUANTITY)

(10 000 tce)

| 煤合计 Coal Total | 原煤 Raw Coal | 洗精煤 Cleaned Coal | 其他洗煤 Other Washed Coal | 焦炭 Coke | 焦炉煤气 Coke Oven Gas | 其他煤气 Other Gas | 其他焦化产品 Other Coking Products | 油品合计 Petroleum Products Total |
|---|---|---|---|---|---|---|---|---|
| **28104.50** | **25474.69** | **844.15** | **1721.08** | **11586.57** | **1248.65** | **1120.22** | **288.50** | **13699.65** |
| **2383.44** | **2167.65** | **109.81** | **105.73** | **162.43** | **3.90** | **2.01** | **7.50** | **1740.47** |
| 1836.14 | 1631.16 | 107.83 | 97.15 | 46.71 | 3.90 | 2.01 | 5.77 | 154.01 |
| 117.46 | 116.11 | | 1.34 | 4.89 | | | | 1404.12 |
| 71.64 | 64.42 | 0.37 | 6.64 | 51.03 | | | | 35.18 |
| 66.52 | 66.23 | 0.03 | 0.23 | 27.52 | | | | 32.59 |
| 226.34 | 224.38 | 1.59 | 0.37 | 31.92 | | | 1.73 | 70.59 |
| 65.34 | 65.34 | | | 0.36 | | | | 43.99 |
| **23558.07** | **21280.50** | **703.91** | **1509.33** | **11424.14** | **1205.60** | **1114.75** | **278.04** | **11591.91** |
| 819.66 | 768.17 | 4.61 | 46.87 | 13.92 | | | | 134.58 |
| 505.20 | 468.31 | 34.68 | 2.19 | 13.70 | 1.59 | 0.26 | | 72.71 |
| 482.21 | 479.42 | 2.25 | 0.54 | 3.23 | | | | 46.07 |
| 120.61 | 120.57 | 0.04 | | 1.23 | | 0.06 | | 60.86 |
| 1093.70 | 1087.44 | 2.17 | 4.06 | 4.44 | 1.89 | 0.52 | | 238.86 |
| 99.47 | 99.11 | 0.30 | 0.01 | 2.12 | | 0.03 | | 64.55 |
| 61.36 | 61.30 | 0.05 | | 1.50 | | | | 34.33 |
| 190.97 | 190.81 | 0.14 | 0.02 | 1.52 | | | 0.24 | 19.10 |
| | | | | | | | | |
| 37.50 | 37.49 | | 0.01 | 1.12 | | | | 13.76 |
| 1130.51 | 1095.39 | 9.35 | 25.76 | 1.69 | | | | 114.69 |
| 44.52 | 44.06 | 0.46 | | 0.25 | 0.18 | 0.06 | | 39.12 |
| 14.98 | 14.97 | 0.01 | | 1.66 | | | | 29.26 |
| 636.57 | 517.48 | 102.28 | 16.81 | 44.91 | 82.31 | 10.93 | 24.34 | 4558.33 |
| 4453.26 | 4253.87 | 70.75 | 105.08 | 1137.06 | 74.75 | 8.63 | 52.40 | 2407.05 |
| 406.43 | 397.21 | 1.12 | 8.07 | 0.70 | 1.04 | | 5.77 | 38.53 |
| 248.81 | 247.41 | | 1.39 | 25.01 | | | | 616.11 |
| 241.81 | 241.03 | 0.49 | 0.29 | 2.32 | 0.06 | | | 48.87 |
| 98.74 | 97.44 | 0.61 | 0.69 | 5.02 | | | | 101.86 |
| 7640.05 | 6414.91 | 100.42 | 1102.13 | 363.73 | 20.49 | 21.97 | 25.51 | 1250.04 |
| 2891.49 | 2474.13 | 263.22 | 143.66 | 9054.70 | 1011.77 | 1025.61 | 157.13 | 554.62 |
| 719.93 | 641.51 | 33.86 | 37.06 | 218.34 | 1.16 | 23.15 | 11.49 | 225.83 |
| 196.15 | 185.99 | 9.45 | 0.69 | 149.30 | 0.91 | 0.83 | 0.12 | 150.31 |
| 300.23 | 262.42 | 35.76 | 2.02 | 222.61 | 3.11 | 3.11 | 0.61 | 115.06 |
| 220.46 | 187.83 | 27.87 | 4.75 | 67.85 | 0.67 | 13.26 | 0.07 | 90.05 |
| 476.22 | 473.03 | 1.92 | 1.26 | 42.44 | 0.73 | 3.51 | 0.36 | 136.50 |
| 132.91 | 130.80 | 1.04 | 1.06 | 10.24 | 2.01 | 1.29 | | 112.86 |
| 52.01 | 51.21 | 0.76 | 0.04 | 0.48 | 2.93 | 0.26 | | 139.62 |
| | | | | | | | | |
| 24.12 | 24.08 | 0.04 | 0.01 | 5.56 | | 0.06 | | 25.04 |
| | | | | | | | | |
| 218.22 | 213.10 | 0.25 | 4.86 | 27.48 | | 1.24 | | 153.32 |
| | | | | | | | | |
| **2162.99** | **2026.54** | **30.44** | **106.01** | | **39.14** | **3.45** | **2.95** | **367.27** |
| 1975.65 | 1858.03 | 11.68 | 105.94 | | | | 0.22 | 305.91 |
| 166.24 | 147.41 | 18.75 | 0.08 | | 39.14 | 3.45 | 2.73 | 52.62 |
| 21.10 | 21.10 | | | | | | | 8.74 |

续表

单位:万吨标准煤

| 行业 | Sector | 原油 Crude Oil | 汽油 Gasoline |
|---|---|---|---|
| **工业** | **Industry** | **947.16** | **1054.85** |
| **(一)采掘业** | **Mining and Quarrying** | **641.95** | **174.05** |
| 煤炭开采和洗选业 | Mining and Washing of Coal | 1.70 | 50.33 |
| 石油和天然气开采业 | Extraction of Petroleum and Natural Gas | 640.26 | 65.37 |
| 黑色金属矿采选业 | Mining and Processing of Ferrous Metal Ores | | 10.33 |
| 有色金属矿采选业 | Mining and Processing of Non-Ferrous Metal Ores | | 8.14 |
| 非金属矿采选业 | Mining and Processing of Nonmetal Ores | | 14.33 |
| 其他采矿业 | Mining of Other Ores | | 25.55 |
| **(二)制造业** | **Manufacturing** | **303.35** | **834.61** |
| 农副食品加工业 | Processing of Food from Agricultural Products | 0.43 | 51.26 |
| 食品制造业 | Manufacture of Foods | 0.62 | 22.04 |
| 饮料制造业 | Manufacture of Beverages | 0.85 | 14.14 |
| 烟草制品业 | Manufacture of Tobacco | | 51.06 |
| 纺织业 | Manufacture of Textile | 0.07 | 59.25 |
| 纺织服装、鞋、帽制造业 | Manufacture of Textile Wearing Apparel,Footware, and Caps | 0.17 | 13.48 |
| 皮革、毛皮、羽毛(绒)及其制品业 | Manufacture of Leather, Fur, Feather and Related Products | | 8.04 |
| 木材加工及木、竹、藤、棕、草制品业 | Processing of Timber,Manufacture of Wood,Bamboo,Rattan,Palm, and Straw Products | | 5.02 |
| 家具制造业 | Manufacture of Furniture | | 6.47 |
| 造纸及纸制品业 | Manufacture of Paper and Paper Products | 0.72 | 26.17 |
| 印刷业和记录媒介的复制 | Printing,Reproduction of Recording Media | | 10.88 |
| 文教体育用品制造业 | Manufacture of Articles For Culture, Education and Sport Activity | 0.13 | 4.78 |
| 石油加工、炼焦及核燃料加工业 | Processing of Petroleum, Coking, Processing of Nuclear Fuel | 158.84 | 26.53 |
| 化学原料及化学制品制造业 | Manufacture of Raw Chemical Materials and Chemical Products | 93.42 | 92.01 |
| 医药制造业 | Manufacture of Medicines | | 17.81 |
| 化学纤维制造业 | Manufacture of Chemical Fibers | 10.65 | 6.09 |
| 橡胶制品业 | Manufacture of Rubber | 0.09 | 13.86 |
| 塑料制品业 | Manufacture of Plastics | 0.72 | 19.53 |
| 非金属矿物制品业 | Manufacture of Non-metallic Mineral Products | 13.83 | 93.13 |
| 黑色金属冶炼及压延加工业 | Smelting and Pressing of Ferrous Metals | 19.39 | 52.20 |
| 有色金属冶炼及压延加工业 | Smelting and Pressing of Non-ferrous Metals | 1.44 | 18.43 |
| 金属制品业 | Manufacture of Metal Products | 0.06 | 33.07 |
| 通用设备制造业 | Manufacture of General Purpose Machinery | 0.13 | 37.02 |
| 专用设备制造业 | Manufacture of Special Purpose Machinery | 0.36 | 45.95 |
| 交通运输设备制造业 | Manufacture of Transport Equipment | 0.07 | 33.09 |
| 电气机械及器材制造业 | Manufacture of Electrical Machinery and Equipment | 0.72 | 30.41 |
| 通信设备、计算机及其他电子设备制造业 | Manufacture of Communication Equipment,Computers and Other Electronic Equipment | | 16.22 |
| 仪器仪表及文化、办公用机械制造业 | Manufacture of Measuring Instruments and Machinery for Cultural Activity and Office Work | | 5.07 |
| 工艺品及其他制造业 | Manufacture of Artwork and Other Manufacturing | 0.63 | 21.62 |
| 废弃资源和废旧材料回收加工业 | Recycling and Disposal of Waste | | |
| **(三)电力、煤气及水生产和供应业** | **Electric Power, Gas and Water Production and Supply** | **1.86** | **46.18** |
| 电力、热力的生产和供应业 | Production and Distribution of Electric Power and Heat Power | 1.86 | 39.64 |
| 燃气生产和供应业 | Production and Distribution of Gas | | 2.46 |
| 水的生产和供应业 | Production and Distribution of Water | | 4.08 |

Continued

(10 000 tce)

| 煤油<br>Kerosene | 柴油<br>Diesel Oil | 燃料油<br>Fuel Oil | 液化石油气<br>LPG | 炼厂干气<br>Refinery Gas | 其他石油制品<br>Other Petroleum Products | 天然气<br>Natural Gas | 热力<br>Heat | 电力<br>Electricity |
|---|---|---|---|---|---|---|---|---|
| **157.95** | **2404.71** | **2532.38** | **889.33** | **895.70** | **4817.57** | **2566.10** | **4443.31** | **13805.97** |
| **14.74** | **494.44** | **209.86** | **55.18** | **99.85** | **50.39** | **788.99** | **232.70** | **1447.34** |
| 10.83 | 87.43 | | 0.14 | | 3.58 | | 22.54 | 640.12 |
| 0.72 | 287.91 | 208.21 | 54.99 | 99.85 | 46.81 | 788.86 | 160.73 | 448.51 |
| 0.05 | 24.79 | | | | | | 0.11 | 96.95 |
| 2.37 | 21.92 | 0.16 | | | | | 0.40 | 112.93 |
| 0.76 | 54.01 | 1.49 | | | | 0.13 | 44.43 | 122.62 |
| | 18.39 | | 0.06 | | | | 4.49 | 26.22 |
| **142.24** | **1785.67** | **2165.11** | **803.76** | **795.51** | **4761.65** | **1748.98** | **3967.30** | **10280.94** |
| 0.52 | 52.35 | 10.81 | 5.02 | | 14.18 | 1.94 | 67.26 | 250.48 |
| 0.13 | 31.20 | 13.16 | 5.38 | | 0.19 | 1.30 | 78.09 | 145.89 |
| 0.14 | 18.87 | 11.59 | 0.31 | | 0.17 | 0.26 | 36.56 | 87.07 |
| 0.18 | 7.27 | 2.12 | 0.06 | | 0.17 | 1.56 | 5.24 | 40.08 |
| 7.85 | 58.83 | 92.07 | 12.53 | 0.33 | 7.93 | 10.50 | 287.38 | 582.74 |
| 0.92 | 24.52 | 21.20 | 3.21 | | 1.06 | | 7.56 | 75.67 |
| 0.27 | 20.05 | 4.12 | 0.53 | | 1.32 | | 3.10 | 45.81 |
| 0.18 | 9.73 | 4.10 | 0.03 | | 0.04 | | 32.67 | 48.24 |
| 0.09 | 5.26 | 1.07 | 0.84 | | 0.04 | | 6.98 | 14.39 |
| 5.30 | 45.80 | 28.64 | 2.79 | 0.52 | 4.76 | 3.50 | 215.41 | 365.69 |
| 10.78 | 11.79 | 2.38 | 0.98 | | 2.31 | 1.30 | 5.30 | 43.37 |
| 2.17 | 19.81 | 1.65 | 0.67 | | 0.05 | | 0.92 | 41.13 |
| 30.74 | 120.22 | 376.69 | 351.47 | 615.09 | 2878.74 | 149.61 | 836.90 | 424.27 |
| 18.54 | 196.22 | 455.85 | 196.57 | 74.09 | 1280.35 | 1322.59 | 955.46 | 1739.54 |
| 0.18 | 10.88 | 6.69 | 0.73 | | 2.25 | 12.70 | 132.02 | 125.67 |
| 0.67 | 15.66 | 74.73 | 12.02 | 95.59 | 400.71 | | 201.13 | 264.94 |
| 0.09 | 11.41 | 17.92 | | | 5.51 | | 26.05 | 139.71 |
| 0.89 | 58.40 | 13.25 | 4.46 | | 4.61 | 1.30 | 5.44 | 184.19 |
| 3.11 | 474.76 | 482.86 | 137.76 | 9.43 | 35.15 | 45.37 | 54.09 | 1128.81 |
| 11.68 | 128.24 | 340.20 | 1.95 | | 0.95 | 29.82 | 451.88 | 1697.90 |
| 1.14 | 68.07 | 95.90 | 2.37 | | 38.48 | 8.56 | 271.49 | 1057.16 |
| 3.92 | 69.70 | 18.44 | 20.92 | | 4.20 | 10.63 | 10.24 | 362.01 |
| 6.38 | 50.85 | 12.15 | 1.67 | | 6.86 | 2.85 | 29.09 | 258.60 |
| 2.13 | 17.86 | 14.00 | 5.13 | | 4.61 | 28.78 | 45.27 | 132.00 |
| 12.01 | 67.17 | 15.50 | 3.35 | | 5.31 | 23.21 | 95.55 | 331.76 |
| 0.58 | 40.16 | 17.61 | 21.29 | 0.14 | 1.94 | 13.22 | 25.48 | 166.80 |
| 0.45 | 94.27 | 20.65 | 6.67 | 0.31 | 1.06 | 62.62 | 10.90 | 192.68 |
| 0.60 | 18.31 | 0.20 | 0.20 | | 0.67 | 0.39 | 5.19 | 41.12 |
| 20.60 | 38.04 | 9.57 | 4.85 | | 58.02 | 16.98 | 64.67 | 293.23 |
| **0.98** | **124.60** | **157.41** | **30.38** | **0.35** | **5.52** | **28.13** | **243.31** | **2077.69** |
| 0.90 | 103.26 | 156.05 | 0.89 | 0.24 | 3.07 | 2.85 | 228.99 | 1850.77 |
| | 17.57 | 1.33 | 29.49 | 0.11 | 1.67 | 25.02 | 12.96 | 47.42 |
| 0.07 | 3.77 | 0.03 | | | 0.79 | 0.26 | 1.36 | 179.50 |

# 4-22 工业分行业终端能源消费量(标准量)-2003

单位:万吨标准煤

| 行业 | Sector | 终端消费合计 Final Consumption Total (发电煤耗计算法) (coal equivalent calculation) | 终端消费合计 Final Consumption Total (电热当量计算法) (calorific value calculation) |
|---|---|---|---|
| **工业** | **Industry** | **123122.24** | **90462.15** |
| **(一)采掘业** | **Mining and Quarrying** | **10794.21** | **7649.49** |
| 煤炭开采和洗选业 | Mining and Washing of Coal | 4541.25 | 3256.66 |
| 石油和天然气开采业 | Extraction of Petroleum and Natural Gas | 3937.01 | 3017.81 |
| 黑色金属矿采选业 | Mining and Processing of Ferrous Metal Ores | 593.14 | 326.98 |
| 有色金属矿采选业 | Mining and Processing of Non-Ferrous Metal Ores | 604.60 | 294.35 |
| 非金属矿采选业 | Mining and Processing of Nonmetal Ores | 885.60 | 595.54 |
| 其他采矿业 | Mining of Other Ores | 232.59 | 158.14 |
| **(二)制造业** | **Manufacturing** | **101885.72** | **77059.43** |
| 农副食品加工业 | Processing of Food from Agricultural Products | 1803.62 | 1365.20 |
| 食品制造业 | Manufacture of Foods | 1010.84 | 756.38 |
| 饮料制造业 | Manufacture of Beverages | 867.26 | 691.54 |
| 烟草制品业 | Manufacture of Tobacco | 308.70 | 230.02 |
| 纺织业 | Manufacture of Textile | 3929.82 | 2486.57 |
| 纺织服装、鞋、帽制造业 | Manufacture of Textile Wearing Apparel,Footware, and Caps | 443.28 | 277.61 |
| 皮革、毛皮、羽毛(绒)及其制品业 | Manufacture of Leather, Fur, Feather and Related Products | 267.95 | 163.11 |
| 木材加工及木、竹、藤、棕、草制品业 | Processing of Timber,Manufacture of Wood,Bamboo,Rattan,Palm, and Straw Products | 500.59 | 360.89 |
| 家具制造业 | Manufacture of Furniture | 124.42 | 85.71 |
| 造纸及纸制品业 | Manufacture of Paper and Paper Products | 2760.60 | 1914.78 |
| 印刷业和记录媒介的复制 | Printing,Reproduction of Recording Media | 390.17 | 196.88 |
| 文教体育用品制造业 | Manufacture of Articles For Culture, Education and Sport Activity | 156.36 | 85.38 |
| 石油加工、炼焦及核燃料加工业 | Processing of Petroleum, Coking, Processing of Nuclear Fuel | 8713.16 | 7619.22 |
| 化学原料及化学制品制造业 | Manufacture of Raw Chemical Materials and Chemical Products | 18938.76 | 14518.47 |
| 医药制造业 | Manufacture of Medicines | 1181.98 | 818.25 |
| 化学纤维制造业 | Manufacture of Chemical Fibers | 1604.11 | 1007.40 |
| 橡胶制品业 | Manufacture of Rubber | 831.08 | 508.65 |
| 塑料制品业 | Manufacture of Plastics | 876.57 | 456.89 |
| 非金属矿物制品业 | Manufacture of Non-metallic Mineral Products | 15584.25 | 13049.04 |
| 黑色金属冶炼及压延加工业 | Smelting and Pressing of Ferrous Metals | 25861.58 | 21657.68 |
| 有色金属冶炼及压延加工业 | Smelting and Pressing of Non-ferrous Metals | 5841.75 | 3108.70 |
| 金属制品业 | Manufacture of Metal Products | 1798.96 | 927.41 |
| 通用设备制造业 | Manufacture of General Purpose Machinery | 1637.16 | 1021.65 |
| 专用设备制造业 | Manufacture of Special Purpose Machinery | 1025.93 | 715.00 |
| 交通运输设备制造业 | Manufacture of Transport Equipment | 1800.50 | 1073.83 |
| 电气机械及器材制造业 | Manufacture of Electrical Machinery and Equipment | 950.31 | 526.21 |
| 通信设备、计算机及其他电子设备制造业 | Manufacture of Communication Equipment,Computers and Other Electronic Equipment | 1084.58 | 549.12 |
| 仪器仪表及文化、办公用机械制造业 | Manufacture of Measuring Instruments and Machinery for Cultural Activity and Office Work | 213.48 | 124.63 |
| 工艺品及其他制造业 | Manufacture of Artwork and Other Manufacturing | 1337.91 | 747.59 |
| 废弃资源和废旧材料回收加工业 | Recycling and Disposal of Waste | 40.04 | 15.62 |
| **(三)电力、煤气及水生产和供应业** | **Electric Power, Gas and Water Production and Supply** | **10442.31** | **5753.24** |
| 电力、热力的生产和供应业 | Production and Distribution of Electric Power and Heat Power | 9400.79 | 5141.58 |
| 燃气生产和供应业 | Production and Distribution of Gas | 473.63 | 397.02 |
| 水的生产和供应业 | Production and Distribution of Water | 567.88 | 214.64 |

# FINAL ENERGY CONSUMPTION BY INDUSTRIAL SECTOR-2003 (STANDARD QUANTITY)

(10 000 tce)

| 煤合计<br>Coal Total | 原煤<br>Raw Coal | 洗精煤<br>Cleaned Coal | 其他洗煤<br>Other Washed Coal | 焦炭<br>Coke | 焦炉煤气<br>Coke Oven Gas | 其他煤气<br>Other Gas | 其他焦化产品<br>Other Coking Products | 油品合计<br>Petroleum Products Total |
|---|---|---|---|---|---|---|---|---|
| **34612.30** | **31215.70** | **1019.60** | **2258.81** | **14419.46** | **1427.02** | **1254.65** | **350.82** | **14504.07** |
| **3055.26** | **2759.20** | **136.38** | **159.68** | **162.02** | **6.45** | | **9.81** | **1776.91** |
| 2373.98 | 2088.29 | 134.15 | 151.54 | 44.39 | 6.45 | | 6.92 | 139.37 |
| 134.06 | 132.72 | | 1.34 | 7.26 | | | | 1445.11 |
| 93.01 | 86.13 | 0.46 | 6.43 | 58.57 | | | | 38.57 |
| 71.55 | 71.52 | 0.04 | | 29.28 | | | | 33.76 |
| 308.39 | 306.28 | 1.74 | 0.37 | 22.35 | | | 2.88 | 81.16 |
| 74.26 | 74.26 | | | 0.17 | | | | 38.94 |
| **28999.38** | **26002.92** | **853.11** | **2025.16** | **14257.44** | **1371.60** | **1248.89** | **338.13** | **12317.28** |
| 841.18 | 782.61 | 6.69 | 51.87 | 15.02 | | | | 109.22 |
| 491.48 | 447.73 | 41.07 | 2.68 | 12.38 | 1.52 | | | 63.90 |
| 525.80 | 522.08 | 3.39 | 0.32 | 3.79 | | | | 36.52 |
| 133.93 | 133.88 | 0.05 | | 0.83 | | | | 50.51 |
| 1295.02 | 1284.46 | 2.74 | 7.82 | 3.15 | 5.85 | | | 194.29 |
| 119.27 | 118.94 | 0.32 | 0.01 | 1.41 | | | | 61.79 |
| 66.30 | 66.26 | 0.04 | | 2.64 | | | | 37.90 |
| 247.09 | 246.96 | 0.13 | | 2.43 | | | | 19.87 |
| | | | | | | | | |
| 46.69 | 46.69 | | | 0.89 | | | | 14.14 |
| 1179.63 | 1142.23 | 10.55 | 26.85 | 2.06 | | | | 123.03 |
| 59.69 | 59.14 | 0.55 | | | | | | 32.02 |
| 17.38 | 17.37 | 0.01 | | 1.44 | | | | 29.72 |
| 804.75 | 642.64 | 137.98 | 24.12 | 58.00 | 108.05 | 10.27 | 25.77 | 5259.19 |
| 5427.65 | 5187.00 | 85.46 | 119.54 | 1152.19 | 76.15 | 9.63 | 66.93 | 2871.70 |
| 447.08 | 435.24 | 1.83 | 10.00 | 1.03 | | | 6.92 | 37.73 |
| 278.98 | 277.38 | | 1.61 | 30.96 | | | | 202.90 |
| 269.02 | 267.73 | 0.55 | 0.74 | 2.06 | | | | 49.92 |
| 133.77 | 131.80 | 0.71 | 1.26 | 1.48 | | | | 101.51 |
| 10028.93 | 8604.47 | 123.20 | 1267.84 | 294.07 | 16.45 | 24.86 | 28.85 | 1257.08 |
| 4026.72 | 3215.92 | 320.26 | 463.70 | 11889.97 | 1160.19 | 1142.85 | 199.33 | 584.53 |
| 912.69 | 824.92 | 36.54 | 28.95 | 232.42 | | 34.51 | 9.37 | 257.89 |
| 190.03 | 181.28 | 8.21 | 0.54 | 131.07 | | | | 139.98 |
| 294.82 | 255.42 | 36.50 | 2.90 | 253.94 | 3.39 | 3.60 | 0.95 | 128.06 |
| 325.32 | 287.91 | 31.03 | 6.37 | 55.04 | | 19.06 | | 87.39 |
| 397.84 | 393.71 | 2.52 | 1.61 | 54.16 | | 4.12 | | 142.47 |
| 125.50 | 122.60 | 1.83 | 1.07 | 16.32 | | | | 126.42 |
| 60.94 | 60.30 | 0.64 | | | | | | 128.83 |
| | | | | | | | | |
| 30.68 | 30.65 | 0.03 | | 7.72 | | | | 37.82 |
| | | | | | | | | |
| 218.15 | 212.51 | 0.27 | 5.36 | 30.96 | | | | 130.96 |
| 3.07 | 3.07 | | | | | | | |
| **2557.67** | **2453.57** | **30.12** | **73.98** | | **48.97** | **5.75** | **2.88** | **409.88** |
| 2355.02 | 2267.35 | 13.69 | 73.98 | | | | | 342.84 |
| 179.89 | 163.46 | 16.43 | | | 48.97 | 5.75 | 2.88 | 57.94 |
| 22.76 | 22.76 | | | | | | | 9.10 |

## 续表

单位:万吨标准煤

| 行　　业 | Sector | 原油 Crude Oil | 汽油 Gasoline |
|---|---|---|---|
| **工业** | **Industry** | **1132.88** | **930.51** |
| **(一)采掘业** | **Mining and Quarrying** | **790.25** | **156.15** |
| 煤炭开采和洗选业 | Mining and Washing of Coal | 1.91 | 48.62 |
| 石油和天然气开采业 | Extraction of Petroleum and Natural Gas | 788.34 | 57.49 |
| 黑色金属矿采选业 | Mining and Processing of Ferrous Metal Ores | | 8.80 |
| 有色金属矿采选业 | Mining and Processing of Non-Ferrous Metal Ores | | 7.35 |
| 非金属矿采选业 | Mining and Processing of Nonmetal Ores | | 12.34 |
| 其他采矿业 | Mining of Other Ores | | 21.55 |
| **(二)制造业** | **Manufacturing** | **340.66** | **730.25** |
| 农副食品加工业 | Processing of Food from Agricultural Products | 0.49 | 31.99 |
| 食品制造业 | Manufacture of Foods | 0.57 | 12.28 |
| 饮料制造业 | Manufacture of Beverages | 0.87 | 12.06 |
| 烟草制品业 | Manufacture of Tobacco | | 41.16 |
| 纺织业 | Manufacture of Textile | 0.04 | 38.61 |
| 纺织服装、鞋、帽制造业 | Manufacture of Textile Wearing Apparel,Footware, and Caps | 0.58 | 13.69 |
| 皮革、毛皮、羽毛(绒)及其制品业 | Manufacture of Leather, Fur, Feather and Related Products | | 5.97 |
| 木材加工及木、竹、藤、棕、草制品业 | Processing of Timber,Manufacture of Wood,Bamboo,Rattan,Palm, and Straw Products | | 4.52 |
| 家具制造业 | Manufacture of Furniture | | 6.71 |
| 造纸及纸制品业 | Manufacture of Paper and Paper Products | 0.89 | 28.11 |
| 印刷业和记录媒介的复制 | Printing,Reproduction of Recording Media | | 9.22 |
| 文教体育用品制造业 | Manufacture of Articles For Culture, Education and Sport Activity | 0.14 | 4.10 |
| 石油加工、炼焦及核燃料加工业 | Processing of Petroleum, Coking, Processing of Nuclear Fuel | 191.90 | 33.26 |
| 化学原料及化学制品制造业 | Manufacture of Raw Chemical Materials and Chemical Products | 104.93 | 66.48 |
| 医药制造业 | Manufacture of Medicines | | 19.95 |
| 化学纤维制造业 | Manufacture of Chemical Fibers | 9.64 | 4.45 |
| 橡胶制品业 | Manufacture of Rubber | 0.14 | 13.15 |
| 塑料制品业 | Manufacture of Plastics | 0.79 | 14.66 |
| 非金属矿物制品业 | Manufacture of Non-metallic Mineral Products | 14.18 | 87.02 |
| 黑色金属冶炼及压延加工业 | Smelting and Pressing of Ferrous Metals | 11.98 | 54.22 |
| 有色金属冶炼及压延加工业 | Smelting and Pressing of Non-ferrous Metals | 1.43 | 17.56 |
| 金属制品业 | Manufacture of Metal Products | | 32.35 |
| 通用设备制造业 | Manufacture of General Purpose Machinery | | 42.16 |
| 专用设备制造业 | Manufacture of Special Purpose Machinery | 0.39 | 35.66 |
| 交通运输设备制造业 | Manufacture of Transport Equipment | 0.39 | 31.65 |
| 电气机械及器材制造业 | Manufacture of Electrical Machinery and Equipment | 0.76 | 34.04 |
| 通信设备、计算机及其他电子设备制造业 | Manufacture of Communication Equipment,Computers and Other Electronic Equipment | | 17.30 |
| 仪器仪表及文化、办公用机械制造业 | Manufacture of Measuring Instruments and Machinery for Cultural Activity and Office Work | | 9.40 |
| 工艺品及其他制造业 | Manufacture of Artwork and Other Manufacturing | 0.57 | 8.48 |
| 废弃资源和废旧材料回收加工业 | Recycling and Disposal of Waste | | |
| **(三)电力、煤气及水生产和供应业** | **Electric Power, Gas and Water Production and Supply** | **1.96** | **44.12** |
| 电力、热力的生产和供应业 | Production and Distribution of Electric Power and Heat Power | 1.96 | 37.39 |
| 燃气生产和供应业 | Production and Distribution of Gas | | 1.63 |
| 水的生产和供应业 | Production and Distribution of Water | | 5.10 |

Continued

(10 000 tce)

| 煤油<br>Kerosene | 柴油<br>Diesel Oil | 燃料油<br>Fuel Oil | 液化石油气<br>LPG | 炼厂干气<br>Refinery Gas | 其他石油制品<br>Other Petroleum Products | 天然气<br>Natural Gas | 热力<br>Heat | 电力<br>Electricity |
|---|---|---|---|---|---|---|---|---|
| **129.14** | **2395.81** | **2711.93** | **925.72** | **920.84** | **5357.24** | **3085.60** | **4634.70** | **15865.16** |
| **11.91** | **460.87** | **179.88** | **54.00** | **94.28** | **29.56** | **822.26** | **239.07** | **1568.90** |
| 9.37 | 76.83 | | | | 2.64 | | 20.46 | 656.27 |
| 0.41 | 245.25 | 178.42 | 54.00 | 94.28 | 26.92 | 822.26 | 170.62 | 438.51 |
| | 29.77 | | | | | | | 136.82 |
| 1.94 | 24.47 | | | | | | 0.34 | 159.42 |
| 0.19 | 67.17 | 1.46 | | | | | 39.53 | 141.23 |
| | 17.38 | | | | | | 8.12 | 36.65 |
| **116.45** | **1804.65** | **2339.86** | **837.26** | **824.96** | **5323.19** | **2208.56** | **4092.19** | **11946.30** |
| 0.59 | 49.55 | 10.00 | 3.39 | | 13.20 | | 56.60 | 214.09 |
| 0.15 | 32.10 | 13.65 | 5.14 | | | | 70.30 | 116.79 |
| 0.21 | 13.83 | 9.40 | 0.16 | | | | 43.83 | 81.59 |
| | 7.90 | 1.43 | 0.03 | | | | 5.38 | 39.37 |
| 5.46 | 53.90 | 74.24 | 15.43 | | 6.60 | 12.00 | 291.20 | 683.86 |
| 0.74 | 28.18 | 16.82 | 1.79 | | | | 12.46 | 82.68 |
| 0.27 | 26.12 | 5.22 | 0.32 | | | | 2.97 | 53.30 |
| 0.30 | 10.76 | 4.29 | | | | | 24.59 | 66.91 |
| | | | | | | | | |
| 0.00 | 6.15 | 0.77 | 0.51 | | | | 5.12 | 18.88 |
| 2.80 | 53.79 | 30.07 | 3.41 | | 3.96 | | 218.89 | 391.16 |
| 8.83 | 9.22 | 2.30 | 0.46 | | 1.98 | | 7.27 | 97.91 |
| 2.40 | 20.83 | 1.43 | 0.83 | | | | 0.43 | 36.40 |
| 24.71 | 133.99 | 461.37 | 384.22 | 641.36 | 3388.38 | 206.57 | 707.63 | 421.27 |
| 14.24 | 196.35 | 477.15 | 192.86 | 78.57 | 1741.12 | 1704.16 | 1132.56 | 2046.49 |
| 0.12 | 7.68 | 6.95 | 0.66 | | 2.36 | 12.70 | 157.13 | 155.65 |
| 0.61 | 14.13 | 70.48 | 8.39 | 93.88 | 1.32 | | 231.89 | 260.52 |
| 0.12 | 12.95 | 19.60 | | | 3.96 | | 27.35 | 160.29 |
| 0.98 | 60.98 | 15.96 | 5.51 | | 2.64 | | 5.48 | 214.65 |
| 2.23 | 441.03 | 533.77 | 141.43 | 11.00 | 26.41 | 49.80 | 45.95 | 1294.08 |
| 4.41 | 145.16 | 364.44 | 2.34 | | 1.98 | 42.06 | 463.41 | 2068.66 |
| 1.68 | 79.86 | 102.20 | 4.03 | | 51.12 | 10.64 | 299.65 | 1345.21 |
| 3.53 | 67.97 | 13.77 | 19.71 | | 2.64 | 12.91 | 6.74 | 446.68 |
| 8.41 | 53.78 | 17.14 | 1.29 | | 5.28 | | 25.59 | 311.30 |
| 2.41 | 27.01 | 14.29 | 4.33 | | 3.30 | 31.38 | 46.18 | 150.63 |
| 10.56 | 73.75 | 17.38 | 4.78 | | 3.96 | 24.46 | 94.96 | 354.62 |
| 0.72 | 44.67 | 20.51 | 23.14 | 0.16 | 2.41 | 16.38 | 29.45 | 212.14 |
| 0.44 | 75.75 | 27.14 | 8.13 | | 0.06 | 72.58 | 14.38 | 272.39 |
| | | | | | | | | |
| 0.61 | 26.40 | 0.14 | 0.21 | | 1.06 | | 3.41 | 45.00 |
| | | | | | | | | |
| 18.91 | 30.87 | 7.94 | 4.77 | | 59.42 | 12.91 | 61.39 | 291.22 |
| | | | | | | | | 12.55 |
| **0.78** | **130.29** | **192.19** | **34.46** | **1.59** | **4.49** | **54.78** | **303.44** | **2349.95** |
| 0.78 | 107.88 | 190.62 | 1.03 | 0.27 | 2.91 | 3.58 | 288.19 | 2132.02 |
| | 18.44 | 1.53 | 33.43 | 1.33 | 1.58 | 51.20 | 13.77 | 36.64 |
| | 3.97 | 0.03 | | | | | 1.48 | 181.29 |

# 4-23 工业分行业终端能源消费量(标准量)-2004

单位:万吨标准煤

| 行业 | Sector | 终端消费合计 Final Consumption Total (发电煤耗计算法) (coal equivalent calculation) | (电热当量计算法) (calorific value calculation) |
|---|---|---|---|
| **工业** | **Industry** | **143607.37** | **107158.02** |
| **(一)采掘业** | **Mining and Quarrying** | **12236.95** | **8953.96** |
| 煤炭开采和洗选业 | Mining and Washing of Coal | 6381.85 | 5034.84 |
| 石油和天然气开采业 | Extraction of Petroleum and Natural Gas | 3490.38 | 2582.15 |
| 黑色金属矿采选业 | Mining and Processing of Ferrous Metal Ores | 720.26 | 394.41 |
| 有色金属矿采选业 | Mining and Processing of Non-Ferrous Metal Ores | 646.12 | 309.85 |
| 非金属矿采选业 | Mining and Processing of Nonmetal Ores | 923.01 | 604.16 |
| 其他采矿业 | Mining of Other Ores | 75.34 | 28.54 |
| **(二)制造业** | **Manufacturing** | **120159.61** | **92159.35** |
| 农副食品加工业 | Processing of Food from Agricultural Products | 2074.14 | 1579.35 |
| 食品制造业 | Manufacture of Foods | 1133.53 | 860.89 |
| 饮料制造业 | Manufacture of Beverages | 966.47 | 792.29 |
| 烟草制品业 | Manufacture of Tobacco | 262.89 | 186.92 |
| 纺织业 | Manufacture of Textile | 4882.54 | 3058.60 |
| 纺织服装、鞋、帽制造业 | Manufacture of Textile Wearing Apparel,Footware, and Caps | 506.62 | 330.05 |
| 皮革、毛皮、羽毛(绒)及其制品业 | Manufacture of Leather, Fur, Feather and Related Products | 297.62 | 190.42 |
| 木材加工及木、竹、藤、棕、草制品业 | Processing of Timber,Manufacture of Wood,Bamboo,Rattan,Palm, and Straw Products | 619.70 | 466.23 |
| 家具制造业 | Manufacture of Furniture | 117.08 | 68.62 |
| 造纸及纸制品业 | Manufacture of Paper and Paper Products | 3396.20 | 2450.38 |
| 印刷业和记录媒介的复制 | Printing,Reproduction of Recording Media | 348.67 | 164.80 |
| 文教体育用品制造业 | Manufacture of Articles For Culture, Education and Sport Activity | 189.89 | 100.44 |
| 石油加工、炼焦及核燃料加工业 | Processing of Petroleum, Coking, Processing of Nuclear Fuel | 10573.13 | 9307.41 |
| 化学原料及化学制品制造业 | Manufacture of Raw Chemical Materials and Chemical Products | 21246.25 | 16410.00 |
| 医药制造业 | Manufacture of Medicines | 1128.23 | 773.38 |
| 化学纤维制造业 | Manufacture of Chemical Fibers | 1352.58 | 759.89 |
| 橡胶制品业 | Manufacture of Rubber | 948.24 | 589.54 |
| 塑料制品业 | Manufacture of Plastics | 1182.59 | 643.26 |
| 非金属矿物制品业 | Manufacture of Non-metallic Mineral Products | 20472.56 | 17650.28 |
| 黑色金属冶炼及压延加工业 | Smelting and Pressing of Ferrous Metals | 30859.71 | 25896.35 |
| 有色金属冶炼及压延加工业 | Smelting and Pressing of Non-ferrous Metals | 6559.74 | 3533.75 |
| 金属制品业 | Manufacture of Metal Products | 2037.49 | 1027.97 |
| 通用设备制造业 | Manufacture of General Purpose Machinery | 1777.11 | 1116.44 |
| 专用设备制造业 | Manufacture of Special Purpose Machinery | 1227.50 | 852.75 |
| 交通运输设备制造业 | Manufacture of Transport Equipment | 2196.00 | 1337.79 |
| 电气机械及器材制造业 | Manufacture of Electrical Machinery and Equipment | 1149.05 | 620.32 |
| 通信设备、计算机及其他电子设备制造业 | Manufacture of Communication Equipment,Computers and Other Electronic Equipment | 1299.32 | 646.31 |
| 仪器仪表及文化、办公用机械制造业 | Manufacture of Measuring Instruments and Machinery for Cultural Activity and Office Work | 177.16 | 93.56 |
| 工艺品及其他制造业 | Manufacture of Artwork and Other Manufacturing | 1146.09 | 631.79 |
| 废弃资源和废旧材料回收加工业 | Recycling and Disposal of Waste | 31.52 | 19.55 |
| **(三)电力、煤气及水生产和供应业** | **Electric Power, Gas and Water Production and Supply** | **11210.80** | **6044.71** |
| 电力、热力的生产和供应业 | Production and Distribution of Electric Power and Heat Power | 10036.61 | 5362.67 |
| 燃气生产和供应业 | Production and Distribution of Gas | 507.93 | 423.91 |
| 水的生产和供应业 | Production and Distribution of Water | 666.26 | 258.13 |

# FINAL ENERGY CONSUMPTION BY INDUSTRIAL SECTOR-2004 (STANDARD QUANTITY)

(10 000 tce)

| 煤合计<br>Coal Total | 原煤<br>Raw Coal | 洗精煤<br>Cleaned Coal | 其他洗煤<br>Other Washed Coal | 焦炭<br>Coke | 焦炉煤气<br>Coke Oven Gas | 其他煤气<br>Other Gas | 其他焦化产品<br>Other Coking Products | 油品合计<br>Petroleum Products Total |
|---|---|---|---|---|---|---|---|---|
| **43696.93** | **39281.09** | **1947.60** | **2382.19** | **17112.99** | **1642.15** | **1358.80** | **455.22** | **16013.78** |
| **4708.97** | **4382.81** | **178.04** | **148.12** | **109.65** | **7.32** | **7.65** | **2.39** | **1506.55** |
| 4093.32 | 3791.06 | 157.69 | 144.57 | 24.82 | 4.83 | 7.48 | 2.39 | 139.38 |
| 134.04 | 133.99 | 0.05 | | 0.22 | | 0.01 | | 1174.13 |
| 92.05 | 87.56 | 4.34 | 0.14 | 62.82 | 2.44 | 0.16 | | 62.35 |
| 85.53 | 78.07 | 6.36 | 1.10 | 12.33 | 0.04 | | | 31.99 |
| 302.37 | 290.47 | 9.60 | 2.30 | 9.47 | | | | 96.81 |
| 1.65 | 1.65 | | | | | | | 1.89 |
| **36537.73** | **32487.69** | **1765.61** | **2199.04** | **16995.78** | **1580.09** | **1340.05** | **446.74** | **14136.46** |
| 964.43 | 925.67 | 6.64 | 32.13 | 5.90 | 0.07 | | | 136.82 |
| 541.91 | 532.63 | 6.62 | 2.66 | 3.96 | 0.02 | 0.40 | | 72.23 |
| 605.24 | 592.64 | 9.75 | 2.85 | 1.41 | 0.02 | | | 48.39 |
| 123.03 | 120.36 | 1.34 | 1.34 | 0.00 | 0.13 | 0.52 | | 12.73 |
| 1570.16 | 1554.16 | 9.61 | 6.39 | 2.20 | 3.37 | 0.26 | | 207.44 |
| 154.11 | 149.64 | 3.33 | 1.14 | 0.98 | 0.21 | 0.12 | | 63.92 |
| 80.14 | 79.44 | 0.19 | 0.51 | 0.29 | 0.09 | 0.06 | | 49.43 |
| 336.40 | 332.05 | 3.26 | 1.09 | 1.45 | | | | 25.31 |
| | | | | | | | | |
| 25.54 | 25.28 | 0.07 | 0.19 | 1.18 | | | | 14.61 |
| 1612.90 | 1540.63 | 28.75 | 43.53 | 6.94 | 0.78 | 0.03 | | 104.67 |
| 35.51 | 35.34 | 0.11 | 0.07 | 0.11 | | 0.20 | | 25.24 |
| 16.47 | 16.32 | 0.04 | 0.11 | 3.26 | | | | 32.36 |
| 954.35 | 733.21 | 177.38 | 43.77 | 54.35 | 124.57 | 14.35 | 58.73 | 6609.87 |
| 6386.61 | 5963.97 | 309.88 | 86.46 | 1142.63 | 41.86 | 16.19 | 144.72 | 3381.88 |
| 438.89 | 420.73 | 15.83 | 2.33 | 0.83 | 0.71 | 0.12 | | 36.01 |
| 200.66 | 198.72 | 1.71 | 0.23 | 35.64 | | | | 67.59 |
| 307.43 | 299.60 | 4.08 | 3.75 | 2.82 | | 0.26 | | 60.99 |
| 216.96 | 213.16 | 2.84 | 0.96 | 1.93 | 0.07 | | | 123.69 |
| 14256.82 | 12055.32 | 307.02 | 1868.85 | 207.70 | 22.32 | 33.88 | 44.76 | 1299.42 |
| 4740.64 | 3917.79 | 750.86 | 57.11 | 14783.11 | 1341.43 | 1169.66 | 176.32 | 467.18 |
| 1006.35 | 911.03 | 55.67 | 25.26 | 260.74 | 29.31 | 57.92 | 22.20 | 306.47 |
| 249.76 | 240.03 | 7.23 | 2.50 | 74.45 | 1.44 | 0.52 | | 147.49 |
| 278.86 | 265.49 | 8.68 | 2.95 | 260.90 | 3.84 | 5.98 | | 178.37 |
| 391.66 | 359.94 | 30.83 | 0.89 | 58.69 | 2.91 | 29.16 | | 105.57 |
| 519.06 | 506.83 | 7.53 | 4.70 | 60.18 | 3.31 | 4.28 | | 197.43 |
| 134.93 | 130.55 | 3.60 | 0.78 | 15.15 | 3.16 | 5.21 | | 148.44 |
| 87.76 | 85.91 | 1.65 | 0.19 | 0.79 | 0.39 | 0.35 | | 133.94 |
| | | | | | | | | |
| 19.54 | 18.48 | 0.03 | 1.03 | 2.13 | 0.06 | 0.12 | | 23.65 |
| | | | | | | | | |
| 276.33 | 258.76 | 11.07 | 4.04 | 3.86 | 0.03 | 0.06 | | 50.22 |
| 5.25 | 3.99 | 0.02 | 1.25 | 2.19 | | 0.43 | | 5.10 |
| **2450.24** | **2410.60** | **3.95** | **35.03** | **7.56** | **54.73** | **11.10** | **6.09** | **370.77** |
| 2344.15 | 2304.79 | 3.78 | 34.93 | 5.87 | 6.64 | 3.11 | 2.66 | 191.44 |
| 76.62 | 76.37 | 0.17 | 0.08 | 1.63 | 48.10 | 7.99 | 3.43 | 170.58 |
| 29.47 | 29.44 | 0.01 | 0.02 | 0.06 | | | | 8.74 |

续表

单位:万吨标准煤

| 行业 | Sector | 原油 Crude Oil | 汽油 Gasoline |
|---|---|---|---|
| **工业** | **Industry** | **1207.08** | **745.93** |
| **(一)采掘业** | **Mining and Quarrying** | **712.82** | **104.04** |
| 煤炭开采和洗选业 | Mining and Washing of Coal | | 26.02 |
| 石油和天然气开采业 | Extraction of Petroleum and Natural Gas | 712.82 | 53.80 |
| 黑色金属矿采选业 | Mining and Processing of Ferrous Metal Ores | | 9.96 |
| 有色金属矿采选业 | Mining and Processing of Non-Ferrous Metal Ores | 0.00 | 4.52 |
| 非金属矿采选业 | Mining and Processing of Nonmetal Ores | | 9.69 |
| 其他采矿业 | Mining of Other Ores | | 0.05 |
| **(二)制造业** | **Manufacturing** | **493.03** | **594.13** |
| 农副食品加工业 | Processing of Food from Agricultural Products | 0.21 | 23.65 |
| 食品制造业 | Manufacture of Foods | 0.29 | 11.48 |
| 饮料制造业 | Manufacture of Beverages | 0.61 | 11.84 |
| 烟草制品业 | Manufacture of Tobacco | | 1.37 |
| 纺织业 | Manufacture of Textile | 0.29 | 31.28 |
| 纺织服装、鞋、帽制造业 | Manufacture of Textile Wearing Apparel,Footware, and Caps | 0.67 | 11.70 |
| 皮革、毛皮、羽毛(绒)及其制品业 | Manufacture of Leather, Fur, Feather and Related Products | 0.10 | 5.96 |
| 木材加工及木、竹、藤、棕、草制品业 | Processing of Timber,Manufacture of Wood,Bamboo,Rattan,Palm, and Straw Products | 0.14 | 5.05 |
| 家具制造业 | Manufacture of Furniture | 0.06 | 3.35 |
| 造纸及纸制品业 | Manufacture of Paper and Paper Products | 0.54 | 13.07 |
| 印刷业和记录媒介的复制 | Printing,Reproduction of Recording Media | | 8.67 |
| 文教体育用品制造业 | Manufacture of Articles For Culture, Education and Sport Activity | 0.10 | 4.90 |
| 石油加工、炼焦及核燃料加工业 | Processing of Petroleum, Coking, Processing of Nuclear Fuel | 259.61 | 36.90 |
| 化学原料及化学制品制造业 | Manufacture of Raw Chemical Materials and Chemical Products | 198.00 | 67.27 |
| 医药制造业 | Manufacture of Medicines | | 11.29 |
| 化学纤维制造业 | Manufacture of Chemical Fibers | 12.11 | 1.09 |
| 橡胶制品业 | Manufacture of Rubber | 1.03 | 14.21 |
| 塑料制品业 | Manufacture of Plastics | 0.14 | 21.78 |
| 非金属矿物制品业 | Manufacture of Non-metallic Mineral Products | 16.60 | 50.63 |
| 黑色金属冶炼及压延加工业 | Smelting and Pressing of Ferrous Metals | 0.16 | 32.57 |
| 有色金属冶炼及压延加工业 | Smelting and Pressing of Non-ferrous Metals | 0.62 | 10.39 |
| 金属制品业 | Manufacture of Metal Products | 0.14 | 29.31 |
| 通用设备制造业 | Manufacture of General Purpose Machinery | 0.36 | 44.68 |
| 专用设备制造业 | Manufacture of Special Purpose Machinery | 0.11 | 34.81 |
| 交通运输设备制造业 | Manufacture of Transport Equipment | 0.15 | 41.88 |
| 电气机械及器材制造业 | Manufacture of Electrical Machinery and Equipment | 0.23 | 30.44 |
| 通信设备、计算机及其他电子设备制造业 | Manufacture of Communication Equipment,Computers and Other Electronic Equipment | 0.64 | 15.32 |
| 仪器仪表及文化、办公用机械制造业 | Manufacture of Measuring Instruments and Machinery for Cultural Activity and Office Work | 0.08 | 7.87 |
| 工艺品及其他制造业 | Manufacture of Artwork and Other Manufacturing | 0.03 | 10.79 |
| 废弃资源和废旧材料回收加工业 | Recycling and Disposal of Waste | | 0.60 |
| **(三)电力、煤气及水生产和供应业** | **Electric Power, Gas and Water Production and Supply** | **1.23** | **47.76** |
| 电力、热力的生产和供应业 | Production and Distribution of Electric Power and Heat Power | 0.49 | 39.71 |
| 燃气生产和供应业 | Production and Distribution of Gas | 0.74 | 2.40 |
| 水的生产和供应业 | Production and Distribution of Water | 0.01 | 5.65 |

Continued

(10 000 tce)

| 煤油 Kerosene | 柴油 Diesel Oil | 燃料油 Fuel Oil | 液化石油气 LPG | 炼厂干气 Refinery Gas | 其他石油制品 Other Petroleum Products | 天然气 Natural Gas | 热力 Heat | 电力 Electricity |
|---|---|---|---|---|---|---|---|---|
| **89.59** | **2549.78** | **2739.15** | **829.22** | **1050.72** | **6802.31** | **3160.08** | **4826.50** | **18439.54** |
| **10.00** | **525.76** | **60.46** | **3.92** | **58.44** | **31.11** | **660.82** | **229.92** | **1704.72** |
| 6.43 | 95.39 | 8.78 | 0.36 |  | 2.40 | 14.30 | 16.14 | 716.20 |
| 0.25 | 268.98 | 48.33 | 3.22 | 58.44 | 28.29 | 645.35 | 182.19 | 446.20 |
| 1.04 | 49.88 | 1.36 | 0.01 |  | 0.09 | 0.48 | 0.04 | 174.08 |
| 1.24 | 25.47 | 0.47 | 0.23 |  | 0.07 | 0.31 |  | 179.65 |
| 1.03 | 84.22 | 1.50 | 0.11 |  | 0.26 | 0.37 | 31.55 | 163.59 |
| 0.01 | 1.82 | 0.02 | 0.00 |  |  |  |  | 25.00 |
| **79.21** | **1899.12** | **2629.60** | **686.56** | **990.12** | **6764.70** | **2430.72** | **4242.57** | **14050.61** |
| 0.49 | 65.14 | 16.89 | 6.07 | 18.86 | 5.51 | 2.50 | 61.66 | 251.14 |
| 0.49 | 31.22 | 20.80 | 6.70 |  | 1.27 | 18.61 | 99.39 | 124.37 |
| 0.79 | 20.45 | 14.33 | 0.37 |  |  | 7.04 | 47.27 | 82.93 |
| 0.05 | 9.74 | 1.53 | 0.04 |  |  | 3.53 | 8.13 | 38.85 |
| 3.02 | 81.96 | 82.64 | 4.52 | 0.20 | 3.52 | 6.21 | 374.79 | 894.18 |
| 1.03 | 40.37 | 7.51 | 1.06 |  | 1.57 | 1.25 | 19.25 | 90.21 |
| 0.54 | 26.48 | 15.47 | 0.52 |  | 0.35 | 0.25 | 3.67 | 56.49 |
| 2.00 | 14.08 | 3.29 | 0.49 |  | 0.26 | 1.03 | 25.51 | 76.52 |
|  |  |  |  |  |  |  |  |  |
| 0.35 | 8.73 | 0.30 | 1.82 |  |  | 0.34 | 1.36 | 25.60 |
| 1.34 | 38.29 | 37.32 | 13.73 |  | 0.38 | 4.67 | 273.72 | 446.68 |
| 1.09 | 11.47 | 2.07 | 1.55 |  | 0.41 | 2.50 | 3.81 | 97.42 |
| 0.51 | 20.70 | 3.45 | 2.45 |  | 0.24 |  | 0.72 | 47.63 |
| 3.03 | 136.41 | 613.34 | 274.68 | 873.27 | 4412.63 | 190.40 | 760.96 | 513.21 |
| 12.80 | 204.05 | 510.08 | 142.23 | 91.39 | 2156.05 | 1629.50 | 1330.90 | 2298.71 |
| 0.77 | 14.89 | 8.07 | 0.74 |  | 0.26 | 8.80 | 125.27 | 162.74 |
| 0.74 | 12.02 | 36.01 | 1.97 | 2.46 | 1.19 | 2.68 | 170.61 | 280.10 |
| 0.40 | 15.59 | 24.67 | 3.04 |  | 2.04 | 4.72 | 27.58 | 185.73 |
| 1.09 | 64.62 | 22.88 | 3.46 |  | 9.72 | 5.00 | 9.50 | 286.11 |
| 4.50 | 353.39 | 683.44 | 117.18 | 3.05 | 70.63 | 244.70 | 21.64 | 1503.20 |
| 2.83 | 127.74 | 284.95 | 11.84 |  | 7.11 | 95.58 | 403.63 | 2565.27 |
| 3.41 | 93.04 | 119.89 | 7.56 |  | 71.56 | 35.31 | 247.21 | 1563.71 |
| 3.84 | 79.98 | 16.38 | 16.82 |  | 1.02 | 10.01 | 6.31 | 537.99 |
| 10.34 | 93.62 | 18.96 | 6.36 |  | 4.05 | 16.51 | 24.18 | 347.79 |
| 2.49 | 53.26 | 10.02 | 3.28 |  | 1.58 | 24.64 | 50.79 | 189.33 |
| 14.94 | 107.43 | 15.03 | 14.89 |  | 3.10 | 44.05 | 64.86 | 444.61 |
| 2.35 | 71.66 | 15.76 | 24.23 | 0.88 | 2.88 | 11.26 | 25.07 | 277.11 |
| 1.21 | 66.30 | 36.35 | 14.07 |  | 0.07 | 58.49 | 19.99 | 344.60 |
|  |  |  |  |  |  |  |  |  |
| 1.66 | 12.29 | 0.26 | 0.31 |  | 1.18 | 0.75 | 3.36 | 43.94 |
|  |  |  |  |  |  |  |  |  |
| 1.04 | 22.24 | 5.73 | 4.56 |  | 5.84 | 0.37 | 31.22 | 268.08 |
| 0.07 | 1.98 | 2.18 | 0.02 |  | 0.26 |  | 0.22 | 6.35 |
| **0.38** | **124.89** | **49.09** | **138.75** | **2.16** | **6.50** | **68.54** | **354.01** | **2684.21** |
| 0.31 | 95.77 | 48.47 | 0.13 | 0.31 | 6.23 | 5.50 | 342.01 | 2423.83 |
| 0.01 | 26.12 | 0.61 | 138.60 | 1.84 | 0.26 | 62.53 | 10.36 | 42.67 |
| 0.06 | 3.00 | 0.01 | 0.02 |  |  | 0.51 | 1.64 | 217.70 |

# 4-24 工业分行业终端能源消费量(标准量)-2005

单位:万吨标准煤

| 行业 | Sector | 终端消费合计 Final Consumption Total (发电煤耗计算法) (coal equivalent calculation) | (电热当量计算法) (calorific value calculation) |
|---|---|---|---|
| **工业** | **Industry** | **158767.11** | **118198.82** |
| **(一)采掘业** | **Mining and Quarrying** | **12631.12** | **9159.90** |
| 煤炭开采和洗选业 | Mining and Washing of Coal | 6413.31 | 5061.30 |
| 石油和天然气开采业 | Extraction of Petroleum and Natural Gas | 3536.51 | 2589.40 |
| 黑色金属矿采选业 | Mining and Processing of Ferrous Metal Ores | 971.13 | 500.84 |
| 有色金属矿采选业 | Mining and Processing of Non-Ferrous Metal Ores | 680.67 | 320.11 |
| 非金属矿采选业 | Mining and Processing of Nonmetal Ores | 927.84 | 650.69 |
| 其他采矿业 | Mining of Other Ores | 101.68 | 37.56 |
| **(二)制造业** | **Manufacturing** | **134688.19** | **102779.19** |
| 农副食品加工业 | Processing of Food from Agricultural Products | 2207.28 | 1596.38 |
| 食品制造业 | Manufacture of Foods | 1281.74 | 968.32 |
| 饮料制造业 | Manufacture of Beverages | 992.06 | 797.58 |
| 烟草制品业 | Manufacture of Tobacco | 257.08 | 171.65 |
| 纺织业 | Manufacture of Textile | 5281.32 | 3211.82 |
| 纺织服装、鞋、帽制造业 | Manufacture of Textile Wearing Apparel,Footware, and Caps | 577.42 | 369.20 |
| 皮革、毛皮、羽毛(绒)及其制品业 | Manufacture of Leather, Fur, Feather and Related Products | 323.71 | 196.16 |
| 木材加工及木、竹、藤、棕、草制品业 | Processing of Timber,Manufacture of Wood,Bamboo,Rattan,Palm, and Straw Products | 754.77 | 507.28 |
| 家具制造业 | Manufacture of Furniture | 133.12 | 76.90 |
| 造纸及纸制品业 | Manufacture of Paper and Paper Products | 3574.91 | 2517.47 |
| 印刷业和记录媒介的复制 | Printing,Reproduction of Recording Media | 280.70 | 140.61 |
| 文教体育用品制造业 | Manufacture of Articles For Culture, Education and Sport Activity | 198.37 | 100.67 |
| 石油加工、炼焦及核燃料加工业 | Processing of Petroleum, Coking, Processing of Nuclear Fuel | 10629.15 | 9551.04 |
| 化学原料及化学制品制造业 | Manufacture of Raw Chemical Materials and Chemical Products | 23150.73 | 17708.65 |
| 医药制造业 | Manufacture of Medicines | 1203.58 | 802.08 |
| 化学纤维制造业 | Manufacture of Chemical Fibers | 1382.82 | 785.83 |
| 橡胶制品业 | Manufacture of Rubber | 1137.05 | 647.83 |
| 塑料制品业 | Manufacture of Plastics | 1486.34 | 744.49 |
| 非金属矿物制品业 | Manufacture of Non-metallic Mineral Products | 21281.49 | 18027.13 |
| 黑色金属冶炼及压延加工业 | Smelting and Pressing of Ferrous Metals | 39180.48 | 33152.52 |
| 有色金属冶炼及压延加工业 | Smelting and Pressing of Non-ferrous Metals | 7386.80 | 3921.45 |
| 金属制品业 | Manufacture of Metal Products | 2271.08 | 1108.42 |
| 通用设备制造业 | Manufacture of General Purpose Machinery | 2139.51 | 1341.39 |
| 专用设备制造业 | Manufacture of Special Purpose Machinery | 1314.12 | 876.39 |
| 交通运输设备制造业 | Manufacture of Transport Equipment | 2041.18 | 1320.22 |
| 电气机械及器材制造业 | Manufacture of Electrical Machinery and Equipment | 1213.15 | 641.43 |
| 通信设备、计算机及其他电子设备制造业 | Manufacture of Communication Equipment,Computers and Other Electronic Equipment | 1482.64 | 721.95 |
| 仪器仪表及文化、办公用机械制造业 | Manufacture of Measuring Instruments and Machinery for Cultural Activity and Office Work | 197.45 | 98.78 |
| 工艺品及其他制造业 | Manufacture of Artwork and Other Manufacturing | 1293.16 | 655.85 |
| 废弃资源和废旧材料回收加工业 | Recycling and Disposal of Waste | 34.98 | 19.71 |
| **(三)电力、煤气及水生产和供应业** | **Electric Power, Gas and Water Production and Supply** | **11447.79** | **6259.73** |
| 电力、热力的生产和供应业 | Production and Distribution of Electric Power and Heat Power | 10271.95 | 5583.89 |
| 燃气生产和供应业 | Production and Distribution of Gas | 477.08 | 406.02 |
| 水的生产和供应业 | Production and Distribution of Water | 698.76 | 269.81 |

# FINAL ENERGY CONSUMPTION BY INDUSTRIAL SECTOR-2005 (STANDARD QUANTITY)

(10 000 tce)

| 煤合计 Coal Total | 原煤 Raw Coal | 洗精煤 Cleaned Coal | 其他洗煤 Other Washed Coal | 焦炭 Coke | 焦炉煤气 Coke Oven Gas | 其他煤气 Other Gas | 其他焦化产品 Other Coking Products | 油品合计 Petroleum Products Total |
|---|---|---|---|---|---|---|---|---|
| **44593.90** | **40028.32** | **1947.60** | **2530.20** | **22983.57** | **2480.24** | **1796.52** | **449.78** | **15487.97** |
| **4788.12** | **4451.22** | **178.89** | **158.01** | **139.92** | **10.23** | **8.14** | **3.39** | **1466.41** |
| 4104.29 | 3793.04 | 157.69 | 153.56 | 34.32 | 6.90 | 7.91 | 3.39 | 125.32 |
| 131.27 | 131.22 | 0.05 | | 0.27 | | 0.02 | | 1158.64 |
| 107.91 | 101.99 | 4.34 | 1.58 | 78.10 | 3.33 | 0.21 | | 58.28 |
| 84.77 | 76.46 | 7.21 | 1.10 | 15.23 | | | | 26.12 |
| 358.25 | 346.88 | 9.60 | 1.78 | 12.00 | | | | 96.57 |
| 1.62 | 1.62 | | | | | | | 1.48 |
| **37148.70** | **32970.06** | **1764.75** | **2326.71** | **22836.29** | **2419.35** | **1774.29** | **442.74** | **13686.54** |
| 920.95 | 880.25 | 6.64 | 34.07 | 7.95 | 0.10 | | | 142.38 |
| 595.34 | 586.14 | 6.62 | 2.57 | 5.00 | 0.03 | 0.44 | | 72.85 |
| 593.19 | 580.40 | 9.75 | 3.05 | 0.96 | 0.02 | | | 50.52 |
| 103.10 | 100.19 | 1.79 | 1.11 | 0.01 | 0.08 | 0.43 | | 11.34 |
| 1536.76 | 1522.05 | 10.25 | 4.47 | 2.79 | 2.06 | 0.14 | | 151.05 |
| 171.21 | 167.14 | 3.33 | 0.74 | 1.24 | 0.13 | 0.15 | | 66.48 |
| 78.31 | 77.80 | 0.20 | 0.31 | 0.28 | 0.07 | 0.03 | | 44.06 |
| 329.23 | 325.19 | 2.99 | 1.05 | 1.69 | | 0.03 | | 28.88 |
| 24.98 | 24.76 | 0.09 | 0.14 | 0.97 | | | | 18.78 |
| 1567.96 | 1508.79 | 28.75 | 30.43 | 4.06 | 1.11 | 0.02 | | 101.04 |
| 34.80 | 34.61 | 0.09 | 0.09 | 0.14 | | 0.18 | | 24.98 |
| 16.11 | 15.99 | 0.06 | 0.07 | 3.33 | | | | 27.88 |
| 1070.03 | 819.09 | 222.54 | 28.41 | 61.31 | 291.39 | 15.25 | 48.47 | 6490.07 |
| 6665.27 | 6218.63 | 309.88 | 90.72 | 1598.58 | 54.71 | 17.13 | 169.59 | 3165.69 |
| 429.31 | 412.04 | 15.83 | 1.44 | 1.06 | 0.43 | 0.18 | | 32.74 |
| 196.53 | 194.61 | 1.71 | 0.21 | 47.79 | | | | 77.46 |
| 299.61 | 293.41 | 4.10 | 2.10 | 1.65 | | 0.16 | | 56.22 |
| 211.64 | 208.76 | 1.82 | 1.06 | 2.44 | 0.07 | | | 114.74 |
| 14285.48 | 11964.41 | 307.02 | 1994.62 | 194.32 | 23.56 | 49.21 | 45.85 | 1317.83 |
| 5108.71 | 4309.91 | 707.13 | 82.75 | 19883.25 | 1987.59 | 1582.57 | 147.76 | 447.96 |
| 1007.42 | 910.05 | 55.67 | 33.06 | 342.92 | 41.84 | 59.45 | 31.07 | 315.10 |
| 245.45 | 235.07 | 7.50 | 2.88 | 73.09 | 1.91 | 0.82 | | 147.67 |
| 272.89 | 260.01 | 7.44 | 3.15 | 425.01 | 5.24 | 10.32 | | 154.26 |
| 384.38 | 352.50 | 30.83 | 1.05 | 64.28 | 4.45 | 31.77 | | 78.63 |
| 505.07 | 496.36 | 6.37 | 2.35 | 87.62 | 2.03 | 2.27 | | 200.19 |
| 132.07 | 127.85 | 3.60 | 0.62 | 15.63 | 1.93 | 2.28 | | 145.29 |
| 85.91 | 84.14 | 1.65 | 0.12 | 0.64 | 0.48 | 0.36 | | 139.12 |
| 18.75 | 18.10 | 0.03 | 0.62 | 2.56 | 0.08 | 0.01 | | 20.20 |
| 253.28 | 237.94 | 11.07 | 2.42 | 3.53 | 0.04 | 0.47 | | 39.51 |
| 4.97 | 3.90 | 0.02 | 1.05 | 2.18 | | 0.63 | | 3.63 |
| **2657.08** | **2607.04** | **3.95** | **45.47** | **7.37** | **50.65** | **14.09** | **3.66** | **335.02** |
| 2553.15 | 2503.42 | 3.78 | 45.35 | 5.72 | 4.06 | 2.04 | 1.60 | 158.39 |
| 75.07 | 74.79 | 0.17 | 0.12 | 1.59 | 46.59 | 12.05 | 2.06 | 168.73 |
| 28.85 | 28.84 | 0.01 | 0.01 | 0.06 | | | | 7.90 |

## 续表

单位:万吨标准煤

| 行　业 | Sector | 原油 Crude Oil | 汽油 Gasoline |
|---|---|---|---|
| **工业** | **Industry** | **1243.40** | **648.75** |
| **(一)采掘业** | **Mining and Quarrying** | **719.52** | **76.28** |
| 煤炭开采和洗选业 | Mining and Washing of Coal | | 21.42 |
| 石油和天然气开采业 | Extraction of Petroleum and Natural Gas | 719.51 | 37.84 |
| 黑色金属矿采选业 | Mining and Processing of Ferrous Metal Ores | | 6.77 |
| 有色金属矿采选业 | Mining and Processing of Non-Ferrous Metal Ores | 0.00 | 4.86 |
| 非金属矿采选业 | Mining and Processing of Nonmetal Ores | | 5.37 |
| 其他采矿业 | Mining of Other Ores | | 0.03 |
| **(二)制造业** | **Manufacturing** | **523.26** | **535.88** |
| 农副食品加工业 | Processing of Food from Agricultural Products | 0.10 | 19.48 |
| 食品制造业 | Manufacture of Foods | 0.14 | 10.82 |
| 饮料制造业 | Manufacture of Beverages | 0.71 | 10.19 |
| 烟草制品业 | Manufacture of Tobacco | | 1.10 |
| 纺织业 | Manufacture of Textile | 0.29 | 24.63 |
| 纺织服装、鞋、帽制造业 | Manufacture of Textile Wearing Apparel,Footware, and Caps | 0.34 | 13.65 |
| 皮革、毛皮、羽毛(绒)及其制品业 | Manufacture of Leather, Fur, Feather and Related Products | 0.05 | 6.33 |
| 木材加工及木、竹、藤、棕、草制品业 | Processing of Timber,Manufacture of Wood,Bamboo,Rattan,Palm, and Straw Products | 0.17 | 6.95 |
| 家具制造业 | Manufacture of Furniture | 0.04 | 4.03 |
| 造纸及纸制品业 | Manufacture of Paper and Paper Products | 0.73 | 11.85 |
| 印刷业和记录媒介的复制 | Printing,Reproduction of Recording Media | | 9.77 |
| 文教体育用品制造业 | Manufacture of Articles For Culture, Education and Sport Activity | 0.13 | 5.45 |
| 石油加工、炼焦及核燃料加工业 | Processing of Petroleum, Coking, Processing of Nuclear Fuel | 220.97 | 30.68 |
| 化学原料及化学制品制造业 | Manufacture of Raw Chemical Materials and Chemical Products | 260.55 | 62.00 |
| 医药制造业 | Manufacture of Medicines | | 10.80 |
| 化学纤维制造业 | Manufacture of Chemical Fibers | 15.17 | 1.61 |
| 橡胶制品业 | Manufacture of Rubber | 1.17 | 13.37 |
| 塑料制品业 | Manufacture of Plastics | 0.11 | 17.61 |
| 非金属矿物制品业 | Manufacture of Non-metallic Mineral Products | 20.24 | 35.35 |
| 黑色金属冶炼及压延加工业 | Smelting and Pressing of Ferrous Metals | 0.19 | 31.15 |
| 有色金属冶炼及压延加工业 | Smelting and Pressing of Non-ferrous Metals | 0.44 | 9.04 |
| 金属制品业 | Manufacture of Metal Products | 0.09 | 25.22 |
| 通用设备制造业 | Manufacture of General Purpose Machinery | 0.21 | 38.57 |
| 专用设备制造业 | Manufacture of Special Purpose Machinery | 0.16 | 23.31 |
| 交通运输设备制造业 | Manufacture of Transport Equipment | 0.21 | 51.38 |
| 电气机械及器材制造业 | Manufacture of Electrical Machinery and Equipment | 0.37 | 30.35 |
| 通信设备、计算机及其他电子设备制造业 | Manufacture of Communication Equipment,Computers and Other Electronic Equipment | 0.57 | 15.52 |
| 仪器仪表及文化、办公用机械制造业 | Manufacture of Measuring Instruments and Machinery for Cultural Activity and Office Work | 0.07 | 5.08 |
| 工艺品及其他制造业 | Manufacture of Artwork and Other Manufacturing | 0.01 | 10.11 |
| 废弃资源和废旧材料回收加工业 | Recycling and Disposal of Waste | | 0.46 |
| **(三)电力、煤气及水生产和供应业** | **Electric Power, Gas and Water Production and Supply** | **0.62** | **36.60** |
| 电力、热力的生产和供应业 | Production and Distribution of Electric Power and Heat Power | 0.25 | 28.78 |
| 燃气生产和供应业 | Production and Distribution of Gas | 0.37 | 3.48 |
| 水的生产和供应业 | Production and Distribution of Water | 0.01 | 4.34 |

Continued

(10 000 tce)

| 煤油 Kerosene | 柴油 Diesel Oil | 燃料油 Fuel Oil | 液化石油气 LPG | 炼厂干气 Refinery Gas | 其他石油制品 Other Petroleum Products | 天然气 Natural Gas | 热力 Heat | 电力 Electricity |
|---|---|---|---|---|---|---|---|---|
| **84.61** | **2367.10** | **2332.32** | **910.46** | **1243.53** | **6657.81** | **3547.91** | **5670.52** | **20665.91** |
| **9.41** | **519.45** | **47.95** | **5.52** | **61.38** | **26.90** | **670.54** | **230.06** | **1819.34** |
| 4.80 | 90.19 | 7.07 | 0.43 | | 1.41 | 20.84 | 10.04 | 724.53 |
| 0.25 | 270.81 | 38.82 | 4.83 | 61.38 | 25.19 | 648.88 | 176.72 | 473.59 |
| 2.09 | 48.51 | 0.87 | | | 0.04 | 0.26 | 0.03 | 252.72 |
| 1.09 | 19.60 | 0.34 | 0.17 | | 0.07 | 0.23 | 0.00 | 193.76 |
| 1.18 | 88.89 | 0.85 | 0.09 | | 0.20 | 0.33 | 43.26 | 140.28 |
| 0.01 | 1.44 | | | | | | | 34.46 |
| **74.66** | **1753.08** | **2239.95** | **757.12** | **1179.67** | **6622.92** | **2815.33** | **5074.32** | **16131.87** |
| 0.59 | 79.61 | 16.69 | 5.17 | 17.98 | 2.76 | 3.65 | 84.52 | 311.37 |
| 0.49 | 30.41 | 24.38 | 5.97 | | 0.64 | 17.02 | 136.54 | 141.10 |
| 0.79 | 20.75 | 17.55 | 0.52 | | | 6.69 | 52.11 | 94.08 |
| 0.05 | 8.18 | 1.97 | 0.04 | | | 3.44 | 9.19 | 44.07 |
| 3.02 | 58.21 | 57.09 | 4.74 | 0.27 | 2.81 | 7.40 | 499.46 | 1012.16 |
| 1.03 | 40.61 | 8.99 | 1.07 | | 0.79 | 1.19 | 21.14 | 107.67 |
| 0.54 | 20.49 | 16.02 | 0.45 | | 0.18 | 0.36 | 5.63 | 67.42 |
| 1.60 | 16.18 | 3.53 | 0.32 | | 0.13 | 1.45 | 16.24 | 129.75 |
| 0.35 | 12.09 | 0.38 | 1.88 | | | 0.49 | 1.84 | 29.84 |
| 1.34 | 34.82 | 37.80 | 14.34 | | 0.15 | 6.61 | 335.56 | 501.10 |
| 1.09 | 9.95 | 2.41 | 1.60 | | 0.16 | 2.58 | 3.31 | 74.62 |
| 0.51 | 16.55 | 3.45 | 1.67 | | 0.12 | | 1.07 | 52.28 |
| 3.03 | 73.58 | 343.91 | 292.15 | 1063.86 | 4461.88 | 179.53 | 969.80 | 385.27 |
| 8.96 | 199.87 | 408.55 | 170.95 | 91.38 | 1963.43 | 1843.38 | 1534.04 | 2617.48 |
| 0.77 | 12.53 | 7.39 | 0.86 | | 0.39 | 12.84 | 137.22 | 188.30 |
| 0.74 | 10.80 | 44.12 | 1.68 | 2.00 | 1.35 | 3.90 | 170.92 | 286.61 |
| 0.40 | 14.25 | 23.81 | 1.89 | | 1.33 | 4.59 | 28.37 | 257.23 |
| 1.09 | 53.79 | 24.27 | 3.27 | | 14.59 | 7.30 | 12.06 | 396.25 |
| 4.50 | 368.48 | 707.59 | 125.93 | 3.28 | 52.45 | 316.66 | 21.31 | 1744.57 |
| 2.83 | 133.58 | 251.05 | 19.34 | | 9.82 | 129.87 | 523.67 | 3134.52 |
| 3.41 | 76.82 | 120.65 | 9.84 | | 94.89 | 51.48 | 258.70 | 1810.45 |
| 3.89 | 76.01 | 21.04 | 20.73 | | 0.70 | 9.13 | 6.94 | 623.41 |
| 8.53 | 82.48 | 12.51 | 8.60 | | 3.36 | 24.08 | 25.87 | 423.72 |
| 2.49 | 38.30 | 8.88 | 4.17 | | 1.32 | 35.93 | 52.18 | 224.79 |
| 16.30 | 99.38 | 15.68 | 13.93 | | 3.32 | 64.23 | 89.23 | 369.58 |
| 2.35 | 67.06 | 18.12 | 23.49 | 0.90 | 2.63 | 16.42 | 25.73 | 302.08 |
| 1.21 | 67.67 | 36.86 | 17.19 | | 0.10 | 63.47 | 29.01 | 402.97 |
| 1.66 | 12.13 | 0.27 | 0.40 | | 0.59 | 1.09 | 3.82 | 52.26 |
| 1.04 | 16.79 | 3.78 | 4.86 | | 2.92 | 0.54 | 18.73 | 338.73 |
| 0.07 | 1.67 | 1.23 | 0.06 | | 0.13 | | 0.13 | 8.18 |
| **0.53** | **94.58** | **44.41** | **147.82** | **2.48** | **7.98** | **62.04** | **366.15** | **2714.70** |
| 0.46 | 77.00 | 43.64 | 0.10 | 0.30 | 7.85 | 5.47 | 356.55 | 2447.93 |
| 0.02 | 14.09 | 0.75 | 147.71 | 2.18 | 0.13 | 55.82 | 7.42 | 36.70 |
| 0.04 | 3.49 | 0.02 | 0.01 | | | 0.75 | 2.18 | 230.07 |

# 4-25 工业分行业终端能源消费量(标准量)-2006

单位:万吨标准煤

| 行 业 | Sector | 终端消费合计 Final Consumption Total (发电煤耗计算法) (coal equivalent calculation) | (电热当量计算法) (calorific value calculation) |
|---|---|---|---|
| **工业** | **Industry** | **174224.82** | **128124.48** |
| **(一)采掘业** | **Mining and Quarrying** | **12840.82** | **9416.68** |
| 煤炭开采和洗选业 | Mining and Washing of Coal | 6452.11 | 5129.20 |
| 石油和天然气开采业 | Extraction of Petroleum and Natural Gas | 3401.26 | 2641.49 |
| 黑色金属矿采选业 | Mining and Processing of Ferrous Metal Ores | 1138.05 | 572.68 |
| 有色金属矿采选业 | Mining and Processing of Non-Ferrous Metal Ores | 738.02 | 343.22 |
| 非金属矿采选业 | Mining and Processing of Nonmetal Ores | 978.20 | 681.30 |
| 其他采矿业 | Mining of Other Ores | 133.17 | 48.79 |
| **(二)制造业** | **Manufacturing** | **148695.71** | **111928.30** |
| 农副食品加工业 | Processing of Food from Agricultural Products | 2360.76 | 1654.50 |
| 食品制造业 | Manufacture of Foods | 1389.66 | 1030.40 |
| 饮料制造业 | Manufacture of Beverages | 1081.60 | 852.77 |
| 烟草制品业 | Manufacture of Tobacco | 255.38 | 173.48 |
| 纺织业 | Manufacture of Textile | 6108.59 | 3573.74 |
| 纺织服装、鞋、帽制造业 | Manufacture of Textile Wearing Apparel,Footware, and Caps | 661.68 | 406.05 |
| 皮革、毛皮、羽毛(绒)及其制品业 | Manufacture of Leather, Fur, Feather and Related Products | 364.15 | 214.97 |
| 木材加工及木、竹、藤、棕、草制品业 | Processing of Timber,Manufacture of Wood,Bamboo,Rattan,Palm, and Straw Products | 843.10 | 546.77 |
| 家具制造业 | Manufacture of Furniture | 149.32 | 83.82 |
| 造纸及纸制品业 | Manufacture of Paper and Paper Products | 3791.56 | 2645.96 |
| 印刷业和记录媒介的复制 | Printing,Reproduction of Recording Media | 303.62 | 151.10 |
| 文教体育用品制造业 | Manufacture of Articles For Culture, Education and Sport Activity | 202.85 | 103.68 |
| 石油加工、炼焦及核燃料加工业 | Processing of Petroleum, Coking, Processing of Nuclear Fuel | 10738.98 | 9631.86 |
| 化学原料及化学制品制造业 | Manufacture of Raw Chemical Materials and Chemical Products | 25716.19 | 19635.70 |
| 医药制造业 | Manufacture of Medicines | 1255.98 | 840.90 |
| 化学纤维制造业 | Manufacture of Chemical Fibers | 1465.05 | 843.51 |
| 橡胶制品业 | Manufacture of Rubber | 1246.95 | 696.61 |
| 塑料制品业 | Manufacture of Plastics | 1604.91 | 793.43 |
| 非金属矿物制品业 | Manufacture of Non-metallic Mineral Products | 22589.52 | 18774.97 |
| 黑色金属冶炼及压延加工业 | Smelting and Pressing of Ferrous Metals | 44354.50 | 37266.15 |
| 有色金属冶炼及压延加工业 | Smelting and Pressing of Non-ferrous Metals | 8804.53 | 4549.07 |
| 金属制品业 | Manufacture of Metal Products | 2632.41 | 1253.20 |
| 通用设备制造业 | Manufacture of General Purpose Machinery | 2389.42 | 1495.67 |
| 专用设备制造业 | Manufacture of Special Purpose Machinery | 1430.46 | 940.95 |
| 交通运输设备制造业 | Manufacture of Transport Equipment | 2247.85 | 1429.41 |
| 电气机械及器材制造业 | Manufacture of Electrical Machinery and Equipment | 1353.04 | 702.81 |
| 通信设备、计算机及其他电子设备制造业 | Manufacture of Communication Equipment,Computers and Other Electronic Equipment | 1754.05 | 829.22 |
| 仪器仪表及文化、办公用机械制造业 | Manufacture of Measuring Instruments and Machinery for Cultural Activity and Office Work | 232.82 | 113.29 |
| 工艺品及其他制造业 | Manufacture of Artwork and Other Manufacturing | 1315.28 | 668.58 |
| 废弃资源和废旧材料回收加工业 | Recycling and Disposal of Waste | 51.49 | 25.76 |
| **(三)电力、煤气及水生产和供应业** | **Electric Power, Gas and Water Production and Supply** | **12688.30** | **6779.50** |
| 电力、热力的生产和供应业 | Production and Distribution of Electric Power and Heat Power | 11436.71 | 6066.53 |
| 燃气生产和供应业 | Production and Distribution of Gas | 495.17 | 421.24 |
| 水的生产和供应业 | Production and Distribution of Water | 756.42 | 291.73 |

# FINAL ENERGY CONSUMPTION BY INDUSTRIAL SECTOR-2006 (STANDARD QUANTITY)

(10 000 tce)

| 煤合计 Coal Total | 原煤 Raw Coal | 洗精煤 Cleaned Coal | 其他洗煤 Other Washed Coal | 焦炭 Coke | 焦炉煤气 Coke Oven Gas | 其他煤气 Other Gas | 其他焦化产品 Other Coking Products | 油品合计 Petroleum Products Total |
|---|---|---|---|---|---|---|---|---|
| **45182.53** | **40820.21** | **1692.08** | **2582.46** | **26495.75** | **2390.08** | **2568.32** | **563.76** | **16424.21** |
| **4861.10** | **4540.94** | **158.34** | **161.82** | **165.72** | **9.34** | **11.14** | **3.73** | **1583.88** |
| 4166.50 | 3869.77 | 139.57 | 157.15 | 39.68 | 6.33 | 10.82 | 3.73 | 129.54 |
| 133.86 | 133.81 | 0.04 | | 0.30 | | 0.02 | | 1268.94 |
| 109.37 | 104.00 | 3.85 | 1.52 | 94.57 | 3.01 | 0.30 | | 59.29 |
| 85.40 | 77.97 | 6.38 | 1.05 | 17.23 | | | | 26.80 |
| 364.32 | 353.73 | 8.50 | 2.10 | 13.93 | | | | 97.81 |
| 1.65 | 1.65 | | | | | | | 1.49 |
| **37612.30** | **33620.78** | **1530.24** | **2374.11** | **26321.65** | **2334.05** | **2538.57** | **555.69** | **14493.08** |
| 937.11 | 897.62 | 5.87 | 33.61 | 7.82 | 0.09 | | | 140.24 |
| 606.14 | 597.71 | 5.86 | 2.57 | 5.41 | 0.03 | 0.58 | | 72.51 |
| 603.47 | 591.85 | 8.63 | 2.99 | 1.04 | 0.02 | | | 53.61 |
| 104.33 | 102.17 | 1.00 | 1.16 | 0.01 | 0.08 | 0.54 | | 11.62 |
| 1566.33 | 1552.09 | 9.78 | 4.46 | 3.16 | 1.91 | 0.19 | | 155.58 |
| 174.35 | 170.43 | 3.18 | 0.74 | 1.44 | 0.12 | 0.23 | | 69.66 |
| 79.82 | 79.34 | 0.18 | 0.31 | 0.33 | 0.06 | 0.04 | | 46.51 |
| 335.45 | 331.61 | 2.79 | 1.05 | 1.91 | | 0.04 | | 30.03 |
| 25.45 | 25.25 | 0.07 | 0.14 | 1.05 | | | | 19.40 |
| 1594.42 | 1538.57 | 25.44 | 30.41 | 4.19 | 1.03 | 0.02 | | 102.29 |
| 35.48 | 35.29 | 0.09 | 0.09 | 0.16 | | 0.21 | | 26.37 |
| 16.41 | 16.30 | 0.04 | 0.07 | 3.60 | | | | 28.88 |
| 1039.69 | 835.25 | 176.03 | 28.41 | 72.39 | 276.44 | 20.89 | 62.88 | 6588.04 |
| 6752.40 | 6341.36 | 274.28 | 90.72 | 1946.99 | 50.64 | 23.51 | 216.65 | 3686.50 |
| 435.62 | 420.17 | 14.01 | 1.44 | 1.23 | 0.40 | 0.29 | | 34.26 |
| 200.18 | 198.45 | 1.51 | 0.21 | 55.26 | | | | 83.44 |
| 304.93 | 299.20 | 3.63 | 2.10 | 1.71 | | 0.22 | | 59.54 |
| 215.67 | 212.88 | 1.74 | 1.06 | 2.88 | 0.06 | | | 115.87 |
| 14533.96 | 12200.54 | 271.75 | 2042.24 | 229.47 | 21.81 | 67.21 | 62.73 | 1432.03 |
| 5100.69 | 4394.98 | 613.81 | 82.98 | 22786.35 | 1927.67 | 2275.84 | 170.84 | 423.75 |
| 1019.01 | 928.01 | 49.28 | 33.09 | 404.94 | 38.73 | 81.57 | 42.58 | 352.56 |
| 249.23 | 239.71 | 6.64 | 2.88 | 84.51 | 1.77 | 1.08 | | 152.54 |
| 277.79 | 265.14 | 7.20 | 3.15 | 501.88 | 4.85 | 14.15 | | 159.37 |
| 387.79 | 359.45 | 27.29 | 1.05 | 74.00 | 4.11 | 43.70 | | 80.97 |
| 514.14 | 506.15 | 5.64 | 2.35 | 103.47 | 1.88 | 3.20 | | 207.16 |
| 134.18 | 130.37 | 3.19 | 0.62 | 16.91 | 1.79 | 3.12 | | 154.52 |
| 87.38 | 85.80 | 1.46 | 0.12 | 0.70 | 0.45 | 0.46 | | 141.66 |
| 19.11 | 18.46 | 0.03 | 0.62 | 2.96 | 0.08 | | | 20.67 |
| 256.70 | 242.64 | 9.80 | 2.42 | 3.65 | 0.04 | 0.62 | | 39.96 |
| 5.06 | 3.98 | 0.03 | 1.05 | 2.25 | | 0.83 | | 3.55 |
| **2709.13** | **2658.50** | **3.50** | **46.53** | **8.38** | **46.69** | **18.60** | **4.34** | **347.25** |
| 2603.18 | 2552.82 | 3.34 | 46.40 | 6.47 | 3.69 | 2.79 | 2.08 | 169.08 |
| 76.53 | 76.27 | 0.15 | 0.12 | 1.83 | 43.00 | 15.81 | 2.26 | 169.64 |
| 29.42 | 29.41 | 0.01 | 0.01 | 0.07 | | | | 8.54 |

续表

单位:万吨标准煤

| 行业 | Sector | 原油 Crude Oil | 汽油 Gasoline |
|---|---|---|---|
| **工业** | **Industry** | **1395.88** | **733.35** |
| **(一)采掘业** | **Mining and Quarrying** | **807.73** | **87.39** |
| 煤炭开采和洗选业 | Mining and Washing of Coal | | 25.02 |
| 石油和天然气开采业 | Extraction of Petroleum and Natural Gas | 807.73 | 43.35 |
| 黑色金属矿采选业 | Mining and Processing of Ferrous Metal Ores | | 7.53 |
| 有色金属矿采选业 | Mining and Processing of Non-Ferrous Metal Ores | | 5.49 |
| 非金属矿采选业 | Mining and Processing of Nonmetal Ores | | 5.98 |
| 其他采矿业 | Mining of Other Ores | | 0.03 |
| **(二)制造业** | **Manufacturing** | **586.14** | **605.33** |
| 农副食品加工业 | Processing of Food from Agricultural Products | 0.09 | 22.01 |
| 食品制造业 | Manufacture of Foods | 0.13 | 12.24 |
| 饮料制造业 | Manufacture of Beverages | 0.70 | 11.34 |
| 烟草制品业 | Manufacture of Tobacco | | 1.22 |
| 纺织业 | Manufacture of Textile | 0.27 | 27.95 |
| 纺织服装、鞋、帽制造业 | Manufacture of Textile Wearing Apparel,Footware, and Caps | 0.33 | 15.19 |
| 皮革、毛皮、羽毛(绒)及其制品业 | Manufacture of Leather, Fur, Feather and Related Products | 0.05 | 7.04 |
| 木材加工及木、竹、藤、棕、草制品业 | Processing of Timber,Manufacture of Wood,Bamboo,Rattan,Palm, and Straw Products | 0.16 | 7.73 |
| 家具制造业 | Manufacture of Furniture | 0.04 | 4.48 |
| 造纸及纸制品业 | Manufacture of Paper and Paper Products | 0.71 | 13.40 |
| 印刷业和记录媒介的复制 | Printing,Reproduction of Recording Media | | 10.87 |
| 文教体育用品制造业 | Manufacture of Articles For Culture, Education and Sport Activity | 0.11 | 6.06 |
| 石油加工、炼焦及核燃料加工业 | Processing of Petroleum, Coking, Processing of Nuclear Fuel | 248.05 | 34.13 |
| 化学原料及化学制品制造业 | Manufacture of Raw Chemical Materials and Chemical Products | 294.10 | 71.03 |
| 医药制造业 | Manufacture of Medicines | | 12.01 |
| 化学纤维制造业 | Manufacture of Chemical Fibers | 16.99 | 1.98 |
| 橡胶制品业 | Manufacture of Rubber | 1.16 | 15.12 |
| 塑料制品业 | Manufacture of Plastics | 0.11 | 19.91 |
| 非金属矿物制品业 | Manufacture of Non-metallic Mineral Products | 20.81 | 39.32 |
| 黑色金属冶炼及压延加工业 | Smelting and Pressing of Ferrous Metals | 0.19 | 37.12 |
| 有色金属冶炼及压延加工业 | Smelting and Pressing of Non-ferrous Metals | 0.44 | 10.15 |
| 金属制品业 | Manufacture of Metal Products | 0.09 | 28.51 |
| 通用设备制造业 | Manufacture of General Purpose Machinery | 0.21 | 43.60 |
| 专用设备制造业 | Manufacture of Special Purpose Machinery | 0.16 | 26.09 |
| 交通运输设备制造业 | Manufacture of Transport Equipment | 0.21 | 58.29 |
| 电气机械及器材制造业 | Manufacture of Electrical Machinery and Equipment | 0.37 | 34.21 |
| 通信设备、计算机及其他电子设备制造业 | Manufacture of Communication Equipment,Computers and Other Electronic Equipment | 0.57 | 17.50 |
| 仪器仪表及文化、办公用机械制造业 | Manufacture of Measuring Instruments and Machinery for Cultural Activity and Office Work | 0.07 | 5.64 |
| 工艺品及其他制造业 | Manufacture of Artwork and Other Manufacturing | 0.01 | 10.69 |
| 废弃资源和废旧材料回收加工业 | Recycling and Disposal of Waste | | 0.51 |
| **(三)电力、煤气及水生产和供应业** | **Electric Power, Gas and Water Production and Supply** | **2.01** | **40.63** |
| 电力、热力的生产和供应业 | Production and Distribution of Electric Power and Heat Power | 1.66 | 31.94 |
| 燃气生产和供应业 | Production and Distribution of Gas | 0.36 | 3.91 |
| 水的生产和供应业 | Production and Distribution of Water | | 4.78 |

Continued

(10 000 tce)

| 煤油 Kerosene | 柴油 Diesel Oil | 燃料油 Fuel Oil | 液化石油气 LPG | 炼厂干气 Refinery Gas | 其他石油制品 Other Petroleum Products | 天然气 Natural Gas | 热力 Heat | 电力 Electricity |
|---|---|---|---|---|---|---|---|---|
| **70.91** | **2402.56** | **2479.30** | **918.67** | **1285.87** | **7137.67** | **4200.14** | **6028.17** | **23853.55** |
| **8.42** | **523.85** | **50.95** | **7.50** | **67.52** | **30.53** | **749.63** | **190.37** | **1818.03** |
| 4.30 | 90.96 | 7.51 | 0.48 |  | 1.27 | 22.90 | 12.55 | 713.37 |
| 0.24 | 273.11 | 41.27 | 6.76 | 67.52 | 28.97 | 725.90 | 123.71 | 388.75 |
| 1.87 | 48.92 | 0.92 |  |  | 0.05 | 0.26 | 0.03 | 305.83 |
| 0.97 | 19.77 | 0.35 | 0.17 |  | 0.05 | 0.23 |  | 213.56 |
| 1.03 | 89.64 | 0.89 | 0.09 |  | 0.18 | 0.33 | 54.08 | 150.87 |
| 0.01 | 1.45 |  |  |  |  |  |  | 45.64 |
| **62.07** | **1779.77** | **2381.05** | **764.01** | **1215.55** | **7099.16** | **3378.71** | **5437.88** | **18911.11** |
| 0.52 | 79.44 | 15.09 | 5.17 | 15.71 | 2.21 | 3.64 | 101.42 | 363.81 |
| 0.42 | 30.02 | 22.04 | 7.16 |  | 0.51 | 17.00 | 163.85 | 164.87 |
| 0.70 | 21.15 | 19.21 | 0.52 |  |  | 7.68 | 77.02 | 109.93 |
| 0.05 | 8.25 | 2.06 | 0.04 |  |  | 3.43 | 11.18 | 42.29 |
| 2.70 | 59.32 | 57.04 | 5.21 | 0.31 | 2.78 | 7.39 | 570.59 | 1268.59 |
| 0.90 | 41.82 | 9.84 | 1.03 |  | 0.55 | 1.19 | 25.36 | 133.72 |
| 0.48 | 20.67 | 17.53 | 0.52 |  | 0.23 | 0.40 | 8.68 | 79.13 |
| 1.43 | 16.90 | 3.19 | 0.46 |  | 0.16 | 1.71 | 21.12 | 156.50 |
| 0.30 | 12.20 | 0.40 | 1.98 |  |  | 0.58 | 2.32 | 35.02 |
| 1.19 | 35.12 | 40.29 | 11.46 |  | 0.12 | 7.80 | 385.90 | 550.30 |
| 0.97 | 10.04 | 2.57 | 1.72 |  | 0.21 | 3.04 | 4.07 | 81.78 |
| 0.45 | 16.69 | 3.77 | 1.67 |  | 0.12 |  | 1.40 | 53.39 |
| 2.71 | 73.42 | 376.35 | 261.45 | 1089.78 | 4502.14 | 212.53 | 887.87 | 439.20 |
| 6.74 | 205.17 | 470.61 | 179.47 | 103.26 | 2356.12 | 2307.43 | 1619.41 | 2997.94 |
| 0.68 | 12.64 | 7.38 | 1.20 |  | 0.35 | 15.13 | 157.80 | 196.15 |
| 0.65 | 11.18 | 47.02 | 1.89 | 2.26 | 1.48 | 4.60 | 196.56 | 300.86 |
| 0.33 | 14.37 | 25.38 | 1.72 |  | 1.46 | 4.59 | 34.04 | 291.58 |
| 0.97 | 54.25 | 25.87 | 3.10 |  | 11.67 | 8.60 | 13.87 | 436.47 |
| 4.04 | 376.97 | 774.33 | 146.81 | 3.25 | 66.48 | 316.29 | 23.96 | 2059.16 |
| 2.52 | 134.71 | 215.01 | 22.42 |  | 11.78 | 149.18 | 553.13 | 3734.93 |
| 3.05 | 77.48 | 126.29 | 11.79 |  | 123.36 | 60.68 | 297.51 | 2248.46 |
| 3.46 | 76.65 | 22.02 | 20.98 |  | 0.83 | 10.77 | 8.81 | 744.50 |
| 7.61 | 83.17 | 10.71 | 10.32 |  | 3.74 | 31.26 | 27.92 | 478.45 |
| 2.19 | 38.62 | 8.02 | 4.17 |  | 1.71 | 39.48 | 56.21 | 254.69 |
| 11.42 | 100.22 | 15.67 | 17.04 |  | 4.31 | 73.78 | 101.27 | 424.52 |
| 2.07 | 68.34 | 19.31 | 25.81 | 0.98 | 3.43 | 18.86 | 26.44 | 346.99 |
| 1.18 | 69.68 | 39.28 | 13.32 |  | 0.13 | 69.73 | 34.81 | 494.02 |
| 1.46 | 12.24 | 0.28 | 0.52 |  | 0.47 | 1.29 | 5.51 | 63.67 |
| 0.86 | 17.29 | 3.41 | 4.99 |  | 2.70 | 0.64 | 19.67 | 346.30 |
| 0.04 | 1.75 | 1.06 | 0.09 |  | 0.10 |  | 0.18 | 13.89 |
| **0.42** | **98.95** | **47.30** | **147.16** | **2.80** | **7.98** | **71.80** | **399.92** | **3124.41** |
| 0.35 | 80.29 | 46.48 | 0.17 | 0.33 | 7.85 | 5.19 | 390.30 | 2834.78 |
| 0.02 | 14.96 | 0.80 | 146.98 | 2.47 | 0.13 | 65.79 | 7.78 | 38.59 |
| 0.04 | 3.70 | 0.02 |  |  |  | 0.82 | 1.85 | 251.04 |

# 4–26 工业分行业终端能源消费量(标准量)–2007

单位:万吨标准煤

| 行业 | Sector | 终端消费合计 Final Consumption Total (发电煤耗计算法) (coal equivalent calculation) | 终端消费合计 Final Consumption Total (电热当量计算法) (calorific value calculation) |
|---|---|---|---|
| **工业** | **Industry** | **189032.27** | **138038.12** |
| **(一)采掘业** | **Mining and Quarrying** | **13744.22** | **10187.00** |
| 煤炭开采和洗选业 | Mining and Washing of Coal | 6978.26 | 5650.04 |
| 石油和天然气开采业 | Extraction of Petroleum and Natural Gas | 3446.37 | 2732.34 |
| 黑色金属矿采选业 | Mining and Processing of Ferrous Metal Ores | 1330.32 | 658.44 |
| 有色金属矿采选业 | Mining and Processing of Non-Ferrous Metal Ores | 828.89 | 379.70 |
| 非金属矿采选业 | Mining and Processing of Nonmetal Ores | 1035.11 | 719.51 |
| 其他采矿业 | Mining of Other Ores | 125.27 | 46.97 |
| **(二)制造业** | **Manufacturing** | **162198.92** | **121029.68** |
| 农副食品加工业 | Processing of Food from Agricultural Products | 2537.65 | 1766.84 |
| 食品制造业 | Manufacture of Foods | 1448.62 | 1062.23 |
| 饮料制造业 | Manufacture of Beverages | 1098.77 | 847.84 |
| 烟草制品业 | Manufacture of Tobacco | 249.03 | 164.37 |
| 纺织业 | Manufacture of Textile | 6528.30 | 3836.80 |
| 纺织服装、鞋、帽制造业 | Manufacture of Textile Wearing Apparel,Footware, and Caps | 711.44 | 428.73 |
| 皮革、毛皮、羽毛(绒)及其制品业 | Manufacture of Leather, Fur, Feather and Related Products | 387.67 | 222.46 |
| 木材加工及木、竹、藤、棕、草制品业 | Processing of Timber,Manufacture of Wood,Bamboo,Rattan,Palm, and Straw Products | 893.67 | 558.83 |
| 家具制造业 | Manufacture of Furniture | 152.86 | 86.31 |
| 造纸及纸制品业 | Manufacture of Paper and Paper Products | 3643.36 | 2559.68 |
| 印刷业和记录媒介的复制 | Printing,Reproduction of Recording Media | 327.08 | 161.41 |
| 文教体育用品制造业 | Manufacture of Articles For Culture, Education and Sport Activity | 210.09 | 108.12 |
| 石油加工、炼焦及核燃料加工业 | Processing of Petroleum, Coking, Processing of Nuclear Fuel | 11730.00 | 10523.26 |
| 化学原料及化学制品制造业 | Manufacture of Raw Chemical Materials and Chemical Products | 28133.61 | 21452.12 |
| 医药制造业 | Manufacture of Medicines | 1261.41 | 836.89 |
| 化学纤维制造业 | Manufacture of Chemical Fibers | 1575.02 | 902.31 |
| 橡胶制品业 | Manufacture of Rubber | 1305.16 | 714.07 |
| 塑料制品业 | Manufacture of Plastics | 1652.49 | 808.47 |
| 非金属矿物制品业 | Manufacture of Non-metallic Mineral Products | 23064.15 | 18959.77 |
| 黑色金属冶炼及压延加工业 | Smelting and Pressing of Ferrous Metals | 49801.07 | 41530.29 |
| 有色金属冶炼及压延加工业 | Smelting and Pressing of Non-ferrous Metals | 10782.92 | 5398.32 |
| 金属制品业 | Manufacture of Metal Products | 2852.64 | 1354.93 |
| 通用设备制造业 | Manufacture of General Purpose Machinery | 2636.17 | 1640.51 |
| 专用设备制造业 | Manufacture of Special Purpose Machinery | 1573.56 | 1050.94 |
| 交通运输设备制造业 | Manufacture of Transport Equipment | 2467.64 | 1517.42 |
| 电气机械及器材制造业 | Manufacture of Electrical Machinery and Equipment | 1557.01 | 791.90 |
| 通信设备、计算机及其他电子设备制造业 | Manufacture of Communication Equipment,Computers and Other Electronic Equipment | 1994.99 | 927.51 |
| 仪器仪表及文化、办公用机械制造业 | Manufacture of Measuring Instruments and Machinery for Cultural Activity and Office Work | 260.90 | 124.77 |
| 工艺品及其他制造业 | Manufacture of Artwork and Other Manufacturing | 1311.02 | 666.42 |
| 废弃资源和废旧材料回收加工业 | Recycling and Disposal of Waste | 50.64 | 26.16 |
| **(三)电力、煤气及水生产和供应业** | **Electric Power, Gas and Water Production and Supply** | **13089.12** | **6821.44** |
| 电力、热力的生产和供应业 | Production and Distribution of Electric Power and Heat Power | 11744.92 | 6065.22 |
| 燃气生产和供应业 | Production and Distribution of Gas | 547.73 | 446.40 |
| 水的生产和供应业 | Production and Distribution of Water | 796.48 | 309.81 |

# FINAL ENERGY CONSUMPTION BY INDUSTRIAL SECTOR-2007 (STANDARD QUANTITY)

(10 000 tce)

| 煤合计 Coal Total | 原煤 Raw Coal | 洗精煤 Cleaned Coal | 其他洗煤 Other Washed Coal | 焦炭 Coke | 焦炉煤气 Coke Oven Gas | 其他煤气 Other Gas | 其他焦化产品 Other Coking Products | 油品合计 Petroleum Products Total |
|---|---|---|---|---|---|---|---|---|
| **45422.05** | **40694.93** | **1926.91** | **2680.08** | **27844.41** | **2667.17** | **4998.92** | **693.43** | **17440.39** |
| **5344.95** | **5000.40** | **176.94** | **167.61** | **182.54** | **10.84** | **14.58** | **4.85** | **1614.10** |
| 4646.53 | 4327.65 | 156.08 | 162.80 | 42.84 | 7.06 | 13.99 | 4.85 | 136.82 |
| 127.58 | 127.53 | 0.05 | | 0.34 | | 0.04 | | 1279.14 |
| 112.28 | 106.47 | 4.24 | 1.57 | 104.82 | 3.78 | 0.55 | | 62.28 |
| 81.67 | 73.50 | 7.13 | 1.05 | 19.09 | | | | 28.36 |
| 375.10 | 363.46 | 9.44 | 2.20 | 15.44 | | | | 105.93 |
| 1.78 | 1.78 | | | | | | | 1.57 |
| **37513.08** | **33183.74** | **1746.06** | **2463.90** | **27652.56** | **2610.50** | **4938.55** | **683.38** | **15503.25** |
| 982.43 | 939.25 | 6.57 | 36.62 | 8.67 | 0.11 | | | 141.23 |
| 612.09 | 602.89 | 6.53 | 2.66 | 6.00 | 0.04 | 1.22 | | 71.68 |
| 570.66 | 557.92 | 9.63 | 3.10 | 1.15 | 0.02 | | | 53.38 |
| 89.65 | 87.29 | 1.16 | 1.20 | 0.01 | 0.06 | 0.91 | | 12.00 |
| 1603.08 | 1587.44 | 10.93 | 4.71 | 3.47 | 2.14 | 0.24 | | 155.94 |
| 174.63 | 170.30 | 3.53 | 0.80 | 1.59 | 0.13 | 0.38 | | 71.77 |
| 75.31 | 74.79 | 0.21 | 0.31 | 0.37 | 0.06 | | | 47.04 |
| 318.40 | 314.48 | 2.88 | 1.05 | 2.12 | | | | 32.22 |
| 24.02 | 23.80 | 0.08 | 0.14 | 1.16 | | 0.08 | | 20.08 |
| 1513.33 | 1455.07 | 28.44 | 29.82 | 4.65 | 1.15 | 0.04 | | 100.66 |
| 33.46 | 33.27 | 0.09 | 0.10 | 0.18 | | 0.38 | | 26.07 |
| 15.49 | 15.37 | 0.06 | 0.07 | 5.61 | | | | 28.95 |
| 994.36 | 759.28 | 206.30 | 28.77 | 79.51 | 313.29 | 44.67 | 83.23 | 7252.29 |
| 7020.20 | 6555.74 | 307.04 | 93.98 | 2177.67 | 58.24 | 47.70 | 281.83 | 3952.56 |
| 414.36 | 397.21 | 15.66 | 1.49 | 1.39 | 0.45 | 0.46 | | 38.02 |
| 188.98 | 187.08 | 1.69 | 0.21 | 60.69 | | | | 104.71 |
| 288.20 | 282.05 | 4.05 | 2.09 | 1.90 | | 0.33 | | 60.38 |
| 203.50 | 200.67 | 1.76 | 1.07 | 3.20 | 0.07 | | | 112.25 |
| 14269.10 | 11828.08 | 294.06 | 2120.45 | 254.35 | 24.34 | 179.65 | 81.61 | 1424.28 |
| 5285.52 | 4463.95 | 722.62 | 86.32 | 23702.13 | 2147.29 | 4334.20 | 205.14 | 419.75 |
| 994.45 | 893.58 | 55.08 | 34.00 | 461.07 | 46.48 | 161.72 | 31.57 | 379.33 |
| 236.38 | 225.97 | 7.42 | 2.99 | 93.67 | 1.77 | 1.98 | | 163.39 |
| 265.52 | 251.82 | 7.25 | 3.29 | 556.29 | 4.67 | 30.61 | | 167.94 |
| 372.59 | 340.94 | 30.50 | 1.15 | 82.02 | 4.94 | 119.87 | | 88.52 |
| 490.62 | 481.84 | 6.30 | 2.48 | 114.68 | 2.44 | 5.34 | | 211.71 |
| 127.12 | 122.90 | 3.56 | 0.65 | 18.41 | 2.15 | 5.35 | | 159.49 |
| 82.63 | 80.88 | 1.64 | 0.12 | 0.78 | 0.55 | 0.84 | | 141.75 |
| 18.08 | 17.40 | 0.04 | 0.64 | 3.28 | 0.08 | 0.08 | | 22.62 |
| 244.06 | 228.73 | 10.96 | 2.51 | 4.04 | 0.04 | 1.14 | | 39.62 |
| 4.88 | 3.75 | 0.03 | 1.10 | 2.49 | | 1.37 | | 3.63 |
| **2564.01** | **2510.80** | **3.91** | **48.56** | **9.32** | **45.83** | **45.78** | **5.21** | **323.04** |
| 2463.16 | 2410.25 | 3.74 | 48.44 | 7.24 | 3.44 | 5.86 | 2.49 | 167.81 |
| 73.11 | 72.83 | 0.17 | 0.12 | 2.00 | 42.39 | 39.93 | 2.71 | 146.40 |
| 27.74 | 27.72 | 0.01 | 0.01 | 0.08 | | | | 8.83 |

## 续表

单位:万吨标准煤

| 行业 | Sector | 原油 Crude Oil | 汽油 Gasoline |
|---|---|---|---|
| **工业** | **Industry** | **1405.91** | **771.56** |
| **(一)采掘业** | **Mining and Quarrying** | **813.55** | **92.53** |
| 煤炭开采和洗选业 | Mining and Washing of Coal | | 26.91 |
| 石油和天然气开采业 | Extraction of Petroleum and Natural Gas | 813.55 | 45.61 |
| 黑色金属矿采选业 | Mining and Processing of Ferrous Metal Ores | | 7.92 |
| 有色金属矿采选业 | Mining and Processing of Non-Ferrous Metal Ores | | 5.78 |
| 非金属矿采选业 | Mining and Processing of Nonmetal Ores | | 6.29 |
| 其他采矿业 | Mining of Other Ores | | 0.03 |
| **(二)制造业** | **Manufacturing** | **590.33** | **642.49** |
| 农副食品加工业 | Processing of Food from Agricultural Products | 0.09 | 23.16 |
| 食品制造业 | Manufacture of Foods | 0.13 | 12.87 |
| 饮料制造业 | Manufacture of Beverages | 0.71 | 10.87 |
| 烟草制品业 | Manufacture of Tobacco | | 1.28 |
| 纺织业 | Manufacture of Textile | 0.27 | 29.40 |
| 纺织服装、鞋、帽制造业 | Manufacture of Textile Wearing Apparel,Footware, and Caps | 0.36 | 15.98 |
| 皮革、毛皮、羽毛(绒)及其制品业 | Manufacture of Leather, Fur, Feather and Related Products | 0.06 | 7.40 |
| 木材加工及木、竹、藤、棕、草制品业 | Processing of Timber,Manufacture of Wood,Bamboo,Rattan,Palm, and Straw Products | 0.20 | 8.14 |
| 家具制造业 | Manufacture of Furniture | 0.04 | 4.71 |
| 造纸及纸制品业 | Manufacture of Paper and Paper Products | 0.74 | 14.10 |
| 印刷业和记录媒介的复制 | Printing,Reproduction of Recording Media | 0.00 | 10.46 |
| 文教体育用品制造业 | Manufacture of Articles For Culture, Education and Sport Activity | 0.12 | 5.44 |
| 石油加工、炼焦及核燃料加工业 | Processing of Petroleum, Coking, Processing of Nuclear Fuel | 249.78 | 35.91 |
| 化学原料及化学制品制造业 | Manufacture of Raw Chemical Materials and Chemical Products | 296.19 | 66.21 |
| 医药制造业 | Manufacture of Medicines | 0.14 | 15.10 |
| 化学纤维制造业 | Manufacture of Chemical Fibers | 17.10 | 2.77 |
| 橡胶制品业 | Manufacture of Rubber | 1.11 | 16.05 |
| 塑料制品业 | Manufacture of Plastics | 0.07 | 20.94 |
| 非金属矿物制品业 | Manufacture of Non-metallic Mineral Products | 20.95 | 46.44 |
| 黑色金属冶炼及压延加工业 | Smelting and Pressing of Ferrous Metals | 0.14 | 39.06 |
| 有色金属冶炼及压延加工业 | Smelting and Pressing of Non-ferrous Metals | 0.45 | 10.67 |
| 金属制品业 | Manufacture of Metal Products | 0.08 | 34.95 |
| 通用设备制造业 | Manufacture of General Purpose Machinery | 0.27 | 49.84 |
| 专用设备制造业 | Manufacture of Special Purpose Machinery | 0.19 | 30.55 |
| 交通运输设备制造业 | Manufacture of Transport Equipment | 0.16 | 60.73 |
| 电气机械及器材制造业 | Manufacture of Electrical Machinery and Equipment | 0.34 | 34.14 |
| 通信设备、计算机及其他电子设备制造业 | Manufacture of Communication Equipment,Computers and Other Electronic Equipment | 0.58 | 19.70 |
| 仪器仪表及文化、办公用机械制造业 | Manufacture of Measuring Instruments and Machinery for Cultural Activity and Office Work | 0.05 | 6.85 |
| 工艺品及其他制造业 | Manufacture of Artwork and Other Manufacturing | 0.01 | 8.27 |
| 废弃资源和废旧材料回收加工业 | Recycling and Disposal of Waste | | 0.50 |
| **(三)电力、煤气及水生产和供应业** | **Electric Power, Gas and Water Production and Supply** | **2.03** | **36.53** |
| 电力、热力的生产和供应业 | Production and Distribution of Electric Power and Heat Power | 1.67 | 27.90 |
| 燃气生产和供应业 | Production and Distribution of Gas | 0.36 | 3.86 |
| 水的生产和供应业 | Production and Distribution of Water | 0.00 | 4.78 |

Continued

(10 000 tce)

| 煤油 Kerosene | 柴油 Diesel Oil | 燃料油 Fuel Oil | 液化石油气 LPG | 炼厂干气 Refinery Gas | 其他石油制品 Other Petroleum Products | 天然气 Natural Gas | 热力 Heat | 电力 Electricity |
|---|---|---|---|---|---|---|---|---|
| **66.57** | **2537.35** | **2324.56** | **772.29** | **1359.73** | **8202.42** | **4924.72** | **6309.46** | **27319.56** |
| **7.80** | **553.08** | **47.77** | **6.96** | **52.25** | **40.18** | **879.05** | **161.63** | **1953.85** |
| 3.99 | 96.06 | 7.04 | 0.41 | | 2.42 | 26.74 | 12.86 | 737.74 |
| 0.22 | 288.27 | 38.70 | 5.68 | 52.25 | 34.86 | 851.12 | 92.27 | 381.86 |
| 1.71 | 51.66 | 0.86 | | | 0.13 | 0.37 | 0.04 | 374.31 |
| 0.91 | 20.88 | 0.34 | 0.14 | | 0.31 | 0.33 | | 250.24 |
| 0.97 | 94.67 | 0.83 | 0.72 | | 2.45 | 0.49 | 56.47 | 166.08 |
| | 1.54 | | | | | | | 43.62 |
| **58.32** | **1879.49** | **2232.44** | **642.52** | **1304.52** | **8153.14** | **3961.94** | **5901.51** | **21916.49** |
| 0.48 | 83.95 | 13.75 | 4.34 | 14.06 | 1.40 | 4.43 | 102.88 | 411.66 |
| 0.40 | 31.70 | 20.07 | 6.35 | | 0.15 | 18.45 | 166.20 | 186.55 |
| 0.66 | 22.32 | 18.21 | 0.51 | | 0.10 | 8.99 | 89.26 | 124.38 |
| 0.04 | 8.71 | 1.93 | 0.03 | | 0.00 | 3.94 | 12.86 | 44.95 |
| 2.53 | 62.68 | 53.47 | 4.38 | 0.33 | 2.87 | 9.19 | 680.88 | 1381.87 |
| 0.84 | 44.14 | 9.33 | 0.87 | | 0.25 | 1.23 | 25.98 | 153.01 |
| 0.44 | 21.81 | 16.64 | 0.23 | | 0.46 | 0.50 | 8.63 | 90.55 |
| 1.34 | 19.06 | 2.99 | 0.39 | | 0.11 | 1.99 | 21.21 | 182.88 |
| 0.29 | 12.88 | 0.38 | 1.76 | | 0.01 | 0.71 | 3.85 | 36.41 |
| 1.12 | 37.09 | 37.80 | 9.63 | | 0.18 | 9.12 | 395.28 | 535.46 |
| 0.91 | 10.60 | 2.40 | 1.53 | | 0.16 | 3.56 | 6.59 | 91.16 |
| 0.43 | 17.64 | 3.57 | 1.40 | | 0.35 | | 1.53 | 56.54 |
| 2.54 | 77.16 | 354.78 | 216.47 | 1174.17 | 5141.49 | 249.24 | 977.69 | 503.43 |
| 6.18 | 216.69 | 442.32 | 108.20 | 109.18 | 2707.58 | 2689.75 | 1774.83 | 3415.79 |
| 0.64 | 13.33 | 6.86 | 1.01 | | 0.94 | 17.80 | 154.60 | 209.80 |
| 0.61 | 12.95 | 44.10 | 1.59 | 2.39 | 23.20 | 5.41 | 199.38 | 340.34 |
| 0.32 | 15.17 | 23.79 | 1.45 | | 2.48 | 5.41 | 34.53 | 323.33 |
| 0.76 | 57.39 | 24.25 | 2.60 | | 6.23 | 10.11 | 11.03 | 468.31 |
| 3.80 | 396.66 | 728.71 | 147.71 | 3.44 | 76.57 | 384.45 | 32.72 | 2280.93 |
| 2.36 | 142.19 | 196.48 | 25.97 | | 13.54 | 174.90 | 622.40 | 4500.22 |
| 2.86 | 81.82 | 118.38 | 11.56 | | 153.59 | 71.21 | 301.78 | 2947.68 |
| 3.25 | 80.96 | 20.64 | 22.57 | 0.01 | 0.94 | 12.68 | 12.93 | 832.15 |
| 7.10 | 87.79 | 9.97 | 8.68 | | 4.28 | 39.84 | 25.33 | 550.32 |
| 2.03 | 40.80 | 7.52 | 5.31 | | 2.14 | 46.29 | 55.06 | 281.64 |
| 11.13 | 105.32 | 14.68 | 14.32 | | 5.37 | 86.45 | 92.84 | 513.34 |
| 1.93 | 72.13 | 18.10 | 27.29 | 0.93 | 4.61 | 22.08 | 37.57 | 419.76 |
| 1.11 | 73.39 | 36.84 | 9.95 | | 0.19 | 81.92 | 29.42 | 589.62 |
| 1.37 | 12.93 | 0.26 | 0.63 | | 0.54 | 1.57 | 3.89 | 75.17 |
| 0.81 | 18.38 | 3.21 | 5.69 | | 3.25 | 0.71 | 20.18 | 355.63 |
| 0.04 | 1.87 | 1.00 | 0.10 | 0.01 | 0.12 | | 0.18 | 13.61 |
| **0.45** | **104.78** | **44.36** | **122.82** | **2.96** | **9.11** | **83.73** | **246.32** | **3449.23** |
| 0.37 | 84.93 | 43.59 | 0.05 | 0.35 | 8.96 | 5.54 | 237.54 | 3123.17 |
| 0.04 | 15.87 | 0.76 | 122.76 | 2.61 | 0.15 | 77.19 | 7.52 | 55.15 |
| 0.04 | 3.98 | 0.02 | 0.01 | | | 1.00 | 1.26 | 270.91 |

# 4-27 工业分行业终端能源消费量(标准量)-2008

单位:万吨标准煤

| 行业 | Sector | 终端消费合计 Final Consumption Total (发电煤耗计算法) (coal equivalent calculation) | (电热当量计算法) (calorific value calculation) |
|---|---|---|---|
| **工业** | **Industry** | **196832.49** | **145707.08** |
| **(一)采掘业** | **Mining and Quarrying** | **14902.56** | **11275.59** |
| 煤炭开采和洗选业 | Mining and Washing of Coal | 7399.43 | 6051.97 |
| 石油和天然气开采业 | Extraction of Petroleum and Natural Gas | 4018.90 | 3318.85 |
| 黑色金属矿采选业 | Mining and Processing of Ferrous Metal Ores | 1408.03 | 736.40 |
| 有色金属矿采选业 | Mining and Processing of Non-Ferrous Metal Ores | 863.14 | 396.37 |
| 非金属矿采选业 | Mining and Processing of Nonmetal Ores | 1028.27 | 701.29 |
| 其他采矿业 | Mining of Other Ores | 184.79 | 70.71 |
| **(二)制造业** | **Manufacturing** | **169064.87** | **127854.76** |
| 农副食品加工业 | Processing of Food from Agricultural Products | 2731.34 | 1930.27 |
| 食品制造业 | Manufacture of Foods | 1544.66 | 1130.32 |
| 饮料制造业 | Manufacture of Beverages | 1161.85 | 892.12 |
| 烟草制品业 | Manufacture of Tobacco | 232.60 | 147.56 |
| 纺织业 | Manufacture of Textile | 6396.38 | 3763.82 |
| 纺织服装、鞋、帽制造业 | Manufacture of Textile Wearing Apparel,Footware, and Caps | 725.34 | 442.82 |
| 皮革、毛皮、羽毛(绒)及其制品业 | Manufacture of Leather, Fur, Feather and Related Products | 388.73 | 223.98 |
| 木材加工及木、竹、藤、棕、草制品业 | Processing of Timber,Manufacture of Wood,Bamboo,Rattan,Palm, and Straw Products | 981.91 | 605.89 |
| 家具制造业 | Manufacture of Furniture | 181.80 | 107.35 |
| 造纸及纸制品业 | Manufacture of Paper and Paper Products | 3998.65 | 2859.49 |
| 印刷业和记录媒介的复制 | Printing,Reproduction of Recording Media | 349.81 | 184.58 |
| 文教体育用品制造业 | Manufacture of Articles For Culture, Education and Sport Activity | 219.76 | 119.07 |
| 石油加工、炼焦及核燃料加工业 | Processing of Petroleum, Coking, Processing of Nuclear Fuel | 11556.20 | 10331.06 |
| 化学原料及化学制品制造业 | Manufacture of Raw Chemical Materials and Chemical Products | 28678.69 | 22196.37 |
| 医药制造业 | Manufacture of Medicines | 1360.49 | 915.98 |
| 化学纤维制造业 | Manufacture of Chemical Fibers | 1448.58 | 828.86 |
| 橡胶制品业 | Manufacture of Rubber | 1335.83 | 753.67 |
| 塑料制品业 | Manufacture of Plastics | 1852.37 | 933.14 |
| 非金属矿物制品业 | Manufacture of Non-metallic Mineral Products | 25422.70 | 21297.07 |
| 黑色金属冶炼及压延加工业 | Smelting and Pressing of Ferrous Metals | 51468.35 | 43504.33 |
| 有色金属冶炼及压延加工业 | Smelting and Pressing of Non-ferrous Metals | 11166.06 | 5784.38 |
| 金属制品业 | Manufacture of Metal Products | 3023.79 | 1489.99 |
| 通用设备制造业 | Manufacture of General Purpose Machinery | 2754.72 | 1714.49 |
| 专用设备制造业 | Manufacture of Special Purpose Machinery | 1623.10 | 1073.42 |
| 交通运输设备制造业 | Manufacture of Transport Equipment | 2732.58 | 1709.77 |
| 电气机械及器材制造业 | Manufacture of Electrical Machinery and Equipment | 1791.10 | 931.20 |
| 通信设备、计算机及其他电子设备制造业 | Manufacture of Communication Equipment,Computers and Other Electronic Equipment | 2197.44 | 1071.55 |
| 仪器仪表及文化、办公用机械制造业 | Manufacture of Measuring Instruments and Machinery for Cultural Activity and Office Work | 284.98 | 143.93 |
| 工艺品及其他制造业 | Manufacture of Artwork and Other Manufacturing | 1398.21 | 735.57 |
| 废弃资源和废旧材料回收加工业 | Recycling and Disposal of Waste | 56.84 | 32.71 |
| **(三)电力、煤气及水生产和供应业** | **Electric Power, Gas and Water Production and Supply** | **12865.07** | **6576.73** |
| 电力、热力的生产和供应业 | Production and Distribution of Electric Power and Heat Power | 11491.87 | 5823.67 |
| 燃气生产和供应业 | Production and Distribution of Gas | 539.10 | 419.89 |
| 水的生产和供应业 | Production and Distribution of Water | 834.10 | 333.17 |

# FINAL ENERGY CONSUMPTION BY INDUSTRIAL SECTOR-2008 (STANDARD QUANTITY)

(10 000 tce)

| 煤合计 Coal Total | 原煤 Raw Coal | 洗精煤 Cleaned Coal | 其他洗煤 Other Washed Coal | 焦炭 Coke | 焦炉煤气 Coke Oven Gas | 其他煤气 Other Gas | 其他焦化产品 Other Coking Products | 油品合计 Petroleum Products Total |
|---|---|---|---|---|---|---|---|---|
| **48929.32** | **43297.62** | **2100.15** | **3344.22** | **28723.40** | **2940.40** | **5147.96** | **803.12** | **18461.32** |
| **5603.10** | **5208.25** | **192.85** | **202.01** | **156.26** | **13.21** | **25.88** | **4.99** | **2027.99** |
| 4957.47 | 4591.24 | 170.11 | 196.12 | 33.80 | 3.75 | 20.71 | 4.99 | 180.69 |
| 109.44 | 109.38 | 0.05 | | 0.01 | | | | 1584.47 |
| 137.01 | 130.34 | 4.62 | 2.05 | 99.98 | 9.46 | 5.18 | | 90.91 |
| 73.86 | 64.78 | 7.77 | 1.31 | 11.82 | | | | 36.75 |
| 324.26 | 311.44 | 10.29 | 2.52 | 10.66 | | | | 132.35 |
| 1.06 | 1.06 | | | | | | | 2.83 |
| **41189.79** | **36020.27** | **1903.04** | **3080.09** | **28557.38** | **2878.48** | **5100.33** | **793.89** | **16037.31** |
| 1066.95 | 1011.78 | 7.16 | 45.59 | 12.82 | 0.14 | | | 151.71 |
| 630.20 | 619.93 | 7.12 | 3.15 | 7.70 | 0.09 | 1.15 | | 88.52 |
| 583.38 | 569.14 | 10.50 | 3.74 | 1.02 | 0.02 | | | 62.30 |
| 70.30 | 67.67 | 1.26 | 1.37 | 0.81 | 0.43 | 0.45 | | 12.52 |
| 1478.25 | 1457.36 | 11.05 | 6.20 | 5.13 | 2.27 | 0.29 | | 170.28 |
| 164.36 | 159.83 | 3.57 | 0.96 | 3.14 | 0.06 | 0.19 | | 87.47 |
| 65.42 | 64.70 | 0.36 | 0.36 | 0.22 | | | | 54.54 |
| 323.63 | 318.88 | 3.38 | 1.37 | 2.51 | | | | 40.37 |
| 25.54 | 25.25 | 0.09 | 0.20 | 1.03 | | 0.06 | | 29.43 |
| 1737.33 | 1668.91 | 31.00 | 37.42 | 5.50 | 0.68 | 0.03 | 1.27 | 110.67 |
| 31.44 | 31.22 | 0.09 | 0.13 | 0.31 | | 0.06 | | 43.54 |
| 13.94 | 13.80 | 0.06 | 0.08 | 5.15 | | | | 39.84 |
| 909.99 | 650.62 | 223.13 | 36.24 | 94.07 | 328.34 | 93.18 | 95.62 | 7171.21 |
| 7799.33 | 7251.00 | 338.09 | 116.05 | 2180.51 | 87.36 | 57.52 | 330.03 | 3913.60 |
| 455.31 | 436.37 | 17.07 | 1.88 | 1.51 | 0.63 | 0.23 | | 50.71 |
| 192.95 | 190.84 | 1.85 | 0.26 | 17.95 | | | 4.12 | 109.41 |
| 315.48 | 308.44 | 4.42 | 2.63 | 2.43 | | 0.09 | | 60.45 |
| 232.43 | 229.27 | 1.79 | 1.37 | 4.26 | 0.07 | | | 133.99 |
| 16220.12 | 13193.25 | 341.11 | 2651.66 | 296.75 | 51.12 | 51.77 | 83.40 | 1541.95 |
| 5847.05 | 4947.00 | 765.82 | 109.24 | 24630.65 | 2325.37 | 4559.75 | 262.08 | 413.40 |
| 1092.80 | 970.94 | 60.03 | 42.02 | 476.44 | 64.13 | 221.45 | 15.36 | 448.21 |
| 255.10 | 243.42 | 8.09 | 3.60 | 88.23 | 0.53 | 0.75 | | 208.97 |
| 304.92 | 287.70 | 8.21 | 4.00 | 459.96 | 5.22 | 36.24 | | 205.27 |
| 366.05 | 331.50 | 33.24 | 1.31 | 88.97 | 6.17 | 62.70 | 2.00 | 112.53 |
| 462.18 | 452.21 | 6.87 | 3.11 | 135.70 | 3.13 | 2.22 | | 296.37 |
| 135.06 | 130.39 | 3.89 | 0.78 | 25.04 | 0.92 | 2.83 | | 200.42 |
| 108.79 | 106.88 | 1.78 | 0.13 | 0.85 | 0.80 | 0.35 | | 193.94 |
| 19.98 | 19.17 | 0.04 | 0.77 | 3.66 | | 0.03 | | 30.60 |
| 274.82 | 257.59 | 11.94 | 3.07 | 2.12 | 0.12 | 8.45 | | 47.69 |
| 6.66 | 5.21 | 0.04 | 1.42 | 2.95 | 0.86 | 0.58 | | 7.37 |
| **2136.43** | **2069.11** | **4.26** | **62.12** | **9.75** | **48.71** | **21.74** | **4.25** | **396.02** |
| 2053.61 | 1986.63 | 4.07 | 61.97 | 6.93 | 2.09 | 9.66 | 1.74 | 238.95 |
| 56.78 | 56.47 | 0.18 | 0.14 | 2.76 | 46.63 | 12.08 | 2.50 | 145.72 |
| 26.03 | 26.02 | 0.01 | 0.01 | 0.07 | | | | 11.35 |

## 续表

单位:万吨标准煤

| 行　业 | Sector | 原油 Crude Oil | 汽油 Gasoline |
|---|---|---|---|
| **工业** | **Industry** | **1703.96** | **862.21** |
| **(一)采掘业** | **Mining and Quarrying** | **994.67** | **96.67** |
| 煤炭开采和洗选业 | Mining and Washing of Coal | | 32.86 |
| 石油和天然气开采业 | Extraction of Petroleum and Natural Gas | 994.67 | 40.96 |
| 黑色金属矿采选业 | Mining and Processing of Ferrous Metal Ores | | 8.77 |
| 有色金属矿采选业 | Mining and Processing of Non-Ferrous Metal Ores | | 6.45 |
| 非金属矿采选业 | Mining and Processing of Nonmetal Ores | | 7.56 |
| 其他采矿业 | Mining of Other Ores | | 0.06 |
| **(二)制造业** | **Manufacturing** | **706.82** | **725.08** |
| 农副食品加工业 | Processing of Food from Agricultural Products | 0.11 | 25.87 |
| 食品制造业 | Manufacture of Foods | 0.16 | 14.52 |
| 饮料制造业 | Manufacture of Beverages | 0.86 | 13.45 |
| 烟草制品业 | Manufacture of Tobacco | | 1.29 |
| 纺织业 | Manufacture of Textile | 0.33 | 33.08 |
| 纺织服装、鞋、帽制造业 | Manufacture of Textile Wearing Apparel,Footware, and Caps | 0.44 | 18.51 |
| 皮革、毛皮、羽毛(绒)及其制品业 | Manufacture of Leather, Fur, Feather and Related Products | 0.07 | 8.90 |
| 木材加工及木、竹、藤、棕、草制品业 | Processing of Timber,Manufacture of Wood,Bamboo,Rattan,Palm, and Straw Products | 0.24 | 11.61 |
| 家具制造业 | Manufacture of Furniture | 0.07 | 5.92 |
| 造纸及纸制品业 | Manufacture of Paper and Paper Products | 0.86 | 17.60 |
| 印刷业和记录媒介的复制 | Printing,Reproduction of Recording Media | 0.00 | 12.04 |
| 文教体育用品制造业 | Manufacture of Articles For Culture, Education and Sport Activity | 0.14 | 6.22 |
| 石油加工、炼焦及核燃料加工业 | Processing of Petroleum, Coking, Processing of Nuclear Fuel | 294.09 | 29.50 |
| 化学原料及化学制品制造业 | Manufacture of Raw Chemical Materials and Chemical Products | 359.01 | 76.15 |
| 医药制造业 | Manufacture of Medicines | 0.14 | 16.67 |
| 化学纤维制造业 | Manufacture of Chemical Fibers | 20.73 | 3.00 |
| 橡胶制品业 | Manufacture of Rubber | 1.21 | 20.20 |
| 塑料制品业 | Manufacture of Plastics | 0.10 | 25.22 |
| 非金属矿物制品业 | Manufacture of Non-metallic Mineral Products | 25.40 | 55.95 |
| 黑色金属冶炼及压延加工业 | Smelting and Pressing of Ferrous Metals | 0.21 | 36.37 |
| 有色金属冶炼及压延加工业 | Smelting and Pressing of Non-ferrous Metals | 0.54 | 10.29 |
| 金属制品业 | Manufacture of Metal Products | 0.16 | 43.23 |
| 通用设备制造业 | Manufacture of General Purpose Machinery | 0.33 | 59.61 |
| 专用设备制造业 | Manufacture of Special Purpose Machinery | 0.22 | 31.79 |
| 交通运输设备制造业 | Manufacture of Transport Equipment | 0.20 | 68.36 |
| 电气机械及器材制造业 | Manufacture of Electrical Machinery and Equipment | 0.42 | 39.26 |
| 通信设备、计算机及其他电子设备制造业 | Manufacture of Communication Equipment,Computers and Other Electronic Equipment | 0.70 | 23.73 |
| 仪器仪表及文化、办公用机械制造业 | Manufacture of Measuring Instruments and Machinery for Cultural Activity and Office Work | 0.06 | 7.58 |
| 工艺品及其他制造业 | Manufacture of Artwork and Other Manufacturing | 0.01 | 8.60 |
| 废弃资源和废旧材料回收加工业 | Recycling and Disposal of Waste | | 0.56 |
| **(三)电力、煤气及水生产和供应业** | **Electric Power, Gas and Water Production and Supply** | **2.47** | **40.46** |
| 电力、热力的生产和供应业 | Production and Distribution of Electric Power and Heat Power | 2.04 | 32.21 |
| 燃气生产和供应业 | Production and Distribution of Gas | 0.44 | 3.09 |
| 水的生产和供应业 | Production and Distribution of Water | | 5.16 |

Continued

(10 000 tce)

| 煤油 Kerosene | 柴油 Diesel Oil | 燃料油 Fuel Oil | 液化石油气 LPG | 炼厂干气 Refinery Gas | 其他石油制品 Other Petroleum Products | 天然气 Natural Gas | 热力 Heat | 电力 Electricity |
|---|---|---|---|---|---|---|---|---|
| **72.22** | **3397.79** | **2228.78** | **845.45** | **1390.63** | **7960.28** | **5542.83** | **6116.57** | **28575.17** |
| **7.92** | **761.06** | **66.13** | **3.45** | **57.43** | **40.66** | **1177.78** | **149.87** | **2090.86** |
| 4.22 | 131.63 | 9.19 | 0.43 | | 2.36 | 26.02 | 12.41 | 786.48 |
| 0.19 | 396.80 | 55.14 | 2.43 | 57.43 | 36.85 | 1150.09 | 83.49 | 391.35 |
| 1.52 | 79.64 | 0.92 | | | 0.07 | 0.48 | 0.04 | 393.38 |
| 1.13 | 28.62 | 0.29 | 0.05 | | 0.21 | 0.53 | | 273.40 |
| 0.85 | 121.62 | 0.59 | 0.54 | | 1.18 | 0.67 | 53.93 | 179.43 |
| | 2.77 | | | | | | | 66.82 |
| **63.95** | **2452.80** | **2120.42** | **723.31** | **1330.64** | **7914.28** | **4282.73** | **5766.96** | **22845.73** |
| 0.62 | 86.27 | 15.51 | 6.87 | 13.75 | 2.70 | 7.18 | 106.96 | 445.25 |
| 0.38 | 43.96 | 22.04 | 7.20 | | 0.26 | 27.93 | 170.17 | 204.56 |
| 0.72 | 29.97 | 16.22 | 1.01 | | 0.07 | 12.64 | 96.39 | 136.39 |
| | 9.70 | 1.51 | 0.02 | | 0.00 | 5.11 | 10.49 | 47.46 |
| 2.03 | 74.12 | 50.94 | 5.81 | 0.50 | 3.45 | 19.88 | 703.40 | 1384.32 |
| 0.72 | 55.33 | 9.97 | 2.35 | | 0.17 | 2.66 | 25.08 | 159.86 |
| 0.35 | 28.69 | 15.89 | 0.24 | | 0.40 | 0.76 | 8.42 | 94.62 |
| 0.67 | 24.48 | 2.84 | 0.46 | | 0.07 | 2.91 | 20.90 | 215.57 |
| | | | | | | | | |
| 0.26 | 20.12 | 0.41 | 2.62 | | 0.02 | 5.19 | 3.22 | 42.89 |
| 1.34 | 52.46 | 32.00 | 6.17 | | 0.25 | 14.78 | 390.01 | 579.83 |
| 0.77 | 25.05 | 2.57 | 2.88 | | 0.24 | 6.12 | 8.15 | 94.95 |
| 0.25 | 26.77 | 3.82 | 2.37 | | 0.28 | | 1.49 | 58.65 |
| 3.07 | 85.91 | 336.45 | 240.45 | 1206.79 | 4974.96 | 219.58 | 877.78 | 520.84 |
| 5.69 | 280.98 | 366.66 | 110.30 | 104.11 | 2610.70 | 2584.99 | 1799.02 | 3393.69 |
| 0.63 | 21.90 | 8.55 | 2.02 | | 0.79 | 24.06 | 158.75 | 224.78 |
| 0.43 | 19.77 | 45.44 | 0.91 | 1.24 | 17.89 | 6.44 | 170.39 | 324.80 |
| 0.22 | 13.25 | 22.64 | 0.72 | | 2.20 | 7.02 | 35.06 | 333.14 |
| 1.53 | 74.31 | 23.04 | 3.99 | | 5.79 | 14.50 | 12.20 | 535.70 |
| 3.42 | 480.20 | 735.91 | 148.82 | 3.68 | 88.56 | 581.84 | 36.17 | 2408.45 |
| 3.31 | 181.26 | 139.56 | 41.55 | | 11.14 | 226.88 | 562.24 | 4538.82 |
| 3.21 | 109.52 | 139.62 | 14.80 | | 170.24 | 80.83 | 294.31 | 3086.30 |
| 3.90 | 109.12 | 22.06 | 29.42 | 0.01 | 1.09 | 27.41 | 13.65 | 895.35 |
| 9.30 | 103.82 | 13.32 | 11.11 | | 7.79 | 73.22 | 26.23 | 603.43 |
| 1.44 | 59.80 | 8.93 | 7.89 | | 2.47 | 67.56 | 58.62 | 308.83 |
| 13.32 | 173.09 | 19.18 | 17.57 | | 4.66 | 144.97 | 85.19 | 580.00 |
| 2.32 | 100.95 | 17.19 | 34.39 | 0.56 | 5.34 | 31.02 | 41.54 | 494.37 |
| 1.27 | 110.49 | 43.30 | 14.28 | | 0.17 | 83.26 | 31.06 | 652.51 |
| | | | | | | | | |
| 2.05 | 19.66 | 0.28 | 0.45 | | 0.52 | 3.33 | 4.79 | 81.54 |
| | | | | | | | | |
| 0.65 | 26.42 | 3.62 | 6.45 | | 1.95 | 0.69 | 15.09 | 384.75 |
| 0.07 | 5.45 | 0.93 | 0.22 | 0.01 | 0.14 | | 0.20 | 14.09 |
| **0.36** | **183.93** | **42.22** | **118.69** | **2.55** | **5.34** | **82.33** | **199.73** | **3638.58** |
| 0.33 | 157.37 | 41.40 | 0.07 | 0.35 | 5.18 | 4.79 | 188.97 | 3277.74 |
| 0.01 | 21.20 | 0.01 | 118.61 | 2.20 | 0.16 | 76.21 | 9.51 | 67.69 |
| 0.01 | 5.36 | 0.80 | 0.01 | | | 1.33 | 1.25 | 293.14 |

# 4-28 分行业能源消费总量

单位：万吨标准煤

| 行　业 | Sector | 1995 |
|---|---|---|
| **消 费 总 量** | **Total Consumption** | **131175.50** |
| **农、林、牧、渔、水利业** | **Farming,Forestry,Animal Husbandry,Fishery and Water Conservancy** | **5505.20** |
| **工业** | **Industry** | **96191.30** |
| **采掘业** | **Mining and Quarrying** | **9941.00** |
| 煤炭开采和洗选业 | Mining and Washing of Coal | 5499.80 |
| 石油和天然气开采业 | Extraction of Petroleum and Natural Gas | 2812.60 |
| 黑色金属矿采选业 | Mining and Processing of Ferrous Metal Ores | 268.20 |
| 有色金属矿采选业 | Mining and Processing of Non-Ferrous Metal Ores | 557.20 |
| 非金属矿采选业 | Mining and Processing of Nonmetal Ores | 553.40 |
| 其他采矿业 | Mining of Other Ores | 249.80 |
| **制造业** | **Manufacturing** | **78368.20** |
| 农副食品加工业 | Processing of Food from Agricultural Products | 1972.50 |
| 食品制造业 | Manufacture of Foods | 1208.00 |
| 饮料制造业 | Manufacture of Beverages | 1000.30 |
| 烟草制品业 | Manufacture of Tobacco | 223.80 |
| 纺织业 | Manufacture of Textile | 3531.30 |
| 纺织服装、鞋、帽制造业 | Manufacture of Textile Wearing Apparel,Footware, and Caps | 329.20 |
| 皮革、毛皮、羽毛(绒)及其制品业 | Manufacture of Leather, Fur, Feather and Related Products | 289.90 |
| 木材加工及木、竹、藤、棕、草制品业 | Processing of Timber,Manufacture of Wood,Bamboo,Rattan,Palm, and Straw Products | 380.00 |
| 家具制造业 | Manufacture of Furniture | 105.80 |
| 造纸及纸制品业 | Manufacture of Paper and Paper Products | 2138.40 |
| 印刷业和记录媒介的复制 | Printing,Reproduction of Recording Media | 203.40 |
| 文教体育用品制造业 | Manufacture of Articles For Culture, Education and Sport Activity | 62.00 |
| 石油加工、炼焦及核燃料加工业 | Processing of Petroleum, Coking, Processing of Nuclear Fuel | 5567.30 |
| 化学原料及化学制品制造业 | Manufacture of Raw Chemical Materials and Chemical Products | 15821.60 |
| 医药制造业 | Manufacture of Medicines | 1201.30 |
| 化学纤维制造业 | Manufacture of Chemical Fibers | 1278.00 |
| 橡胶制品业 | Manufacture of Rubber | 644.10 |
| 塑料制品业 | Manufacture of Plastics | 541.90 |
| 非金属矿物制品业 | Manufacture of Non-metallic Mineral Products | 13058.00 |
| 黑色金属冶炼及压延加工业 | Smelting and Pressing of Ferrous Metals | 18532.80 |
| 有色金属冶炼及压延加工业 | Smelting and Pressing of Non-ferrous Metals | 2841.70 |
| 金属制品业 | Manufacture of Metal Products | 993.90 |
| 通用设备制造业 | Manufacture of General Purpose Machinery | 1650.50 |
| 专用设备制造业 | Manufacture of Special Purpose Machinery | 1089.30 |
| 交通运输设备制造业 | Manufacture of Transport Equipment | 1376.30 |
| 电气机械及器材制造业 | Manufacture of Electrical Machinery and Equipment | 629.20 |
| 通信设备、计算机及其他电子设备制造业 | Manufacture of Communication Equipment,Computers and Other Electronic Equipment | 321.40 |
| 仪器仪表及文化、办公用机械制造业 | Manufacture of Measuring Instruments and Machinery for Cultural Activity and Office Work | 142.60 |
| 工艺品及其他制造业 | Manufacture of Artwork and Other Manufacturing | 1233.70 |
| 废弃资源和废旧材料回收加工业 | Recycling and Disposal of Waste | |
| **电力、煤气及水生产和供应业** | **Electric Power, Gas and Water Production and Supply** | **7882.70** |
| 电力、热力的生产和供应业 | Production and Distribution of Electric Power and Heat Power | 7052.70 |
| 燃气生产和供应业 | Production and Distribution of Gas | 341.30 |
| 水的生产和供应业 | Production and Distribution of Water | 488.70 |
| **建筑业** | **Construction** | **1334.50** |
| **交通运输、仓储和邮政业** | **Transport, Storage and Post** | **5862.90** |
| **批发、零售业和住宿、餐饮业** | **Wholesale, Retail Trade and Hotel ,Restaurants** | **2017.80** |
| **其他行业** | **Others** | **4519.00** |
| **生活消费** | **Residential Consumption** | **15744.80** |

# CONSUMPTION OF TOTAL ENERGY AND ITS MAIN VARIETIES BY SECTOR

(10 000 tce)

| 1996 | 1997 | 1998 | 1999 | 2000 | 2001 |
|---|---|---|---|---|---|
| **135191.86** | **135909.00** | **136183.93** | **140568.82** | **145530.86** | **150405.80** |
| **3688.79** | **3692.86** | **3685.75** | **3779.82** | **3913.77** | **4115.20** |
| **96849.97** | **97390.97** | **97381.55** | **100248.46** | **103773.85** | **107137.60** |
| **9891.81** | **10410.75** | **10623.08** | **10609.33** | **10968.06** | **11440.02** |
| 5504.81 | 5305.28 | 5816.10 | 5415.28 | 5286.08 | 5440.30 |
| 2617.13 | 3494.65 | 3252.32 | 3629.20 | 3963.58 | 4215.30 |
| 339.57 | 357.67 | 377.65 | 356.06 | 374.66 | 390.60 |
| 624.10 | 463.52 | 384.13 | 377.04 | 425.26 | 453.50 |
| 550.67 | 541.65 | 552.73 | 627.16 | 690.46 | 728.88 |
| 255.53 | 247.98 | 240.15 | 204.59 | 228.02 | 211.43 |
| **77556.35** | **75912.43** | **75989.30** | **78027.23** | **80771.97** | **83158.36** |
| 1825.13 | 1870.13 | 2002.83 | 1735.54 | 1717.36 | 1763.61 |
| 1131.18 | 967.30 | 1025.91 | 1125.31 | 1055.55 | 1060.03 |
| 910.30 | 770.84 | 891.72 | 861.43 | 800.45 | 794.63 |
| 244.62 | 251.02 | 252.49 | 345.33 | 303.98 | 314.63 |
| 3177.46 | 3064.10 | 2954.82 | 2920.93 | 3014.37 | 3150.72 |
| 295.74 | 272.66 | 342.44 | 353.57 | 348.43 | 380.12 |
| 177.01 | 157.01 | 206.67 | 214.66 | 203.86 | 217.60 |
| 340.11 | 337.44 | 330.82 | 373.64 | 360.66 | 391.92 |
| 167.06 | 166.28 | 83.07 | 107.36 | 101.14 | 112.56 |
| 2088.86 | 1946.32 | 2025.54 | 2081.95 | 2269.30 | 2334.02 |
| 194.95 | 174.31 | 174.42 | 194.80 | 204.55 | 226.46 |
| 82.87 | 77.84 | 133.68 | 112.85 | 122.75 | 144.33 |
| 3663.23 | 6385.71 | 6665.94 | 6587.03 | 7220.12 | 7694.15 |
| 19141.55 | 15292.48 | 14318.92 | 13627.71 | 14326.13 | 14626.27 |
| 952.79 | 833.30 | 866.83 | 956.74 | 941.62 | 1010.75 |
| 1060.06 | 1356.14 | 1595.72 | 1686.06 | 1883.87 | 1882.10 |
| 677.11 | 620.06 | 684.42 | 689.19 | 687.98 | 750.26 |
| 624.64 | 675.26 | 635.04 | 625.60 | 696.39 | 733.86 |
| 12826.39 | 12539.24 | 12571.75 | 13523.37 | 13768.08 | 13370.51 |
| 17790.18 | 17714.69 | 17570.39 | 18415.93 | 18962.27 | 19727.29 |
| 3044.62 | 3290.47 | 3468.80 | 3870.30 | 4079.30 | 4309.48 |
| 1071.80 | 1032.91 | 1062.55 | 1152.58 | 1210.42 | 1375.66 |
| 1692.50 | 1519.00 | 1414.59 | 1310.25 | 1251.01 | 1324.64 |
| 946.55 | 872.26 | 848.16 | 897.12 | 866.58 | 866.35 |
| 1391.40 | 1504.82 | 1480.02 | 1490.53 | 1502.38 | 1652.51 |
| 606.87 | 633.52 | 632.14 | 645.76 | 648.35 | 673.41 |
| 338.27 | 475.21 | 514.65 | 633.65 | 692.89 | 742.55 |
| 150.89 | 116.67 | 134.27 | 156.63 | 156.70 | 163.74 |
| 942.24 | 995.44 | 1100.70 | 1331.46 | 1375.45 | 1364.20 |
| **9401.81** | **11067.80** | **10769.17** | **11611.89** | **12033.83** | **12539.22** |
| 8511.82 | 10066.41 | 9704.41 | 10346.24 | 10812.32 | 11372.50 |
| 395.42 | 445.30 | 518.44 | 652.94 | 605.09 | 551.37 |
| 494.57 | 556.08 | 546.33 | 612.71 | 616.42 | 615.34 |
| **1982.30** | **2032.71** | **2106.79** | **2132.94** | **2178.53** | **2255.02** |
| **10011.12** | **10085.68** | **10138.31** | **10731.13** | **11241.59** | **11613.11** |
| **2726.06** | **2746.87** | **2778.78** | **2878.53** | **3047.63** | **3170.23** |
| **5261.39** | **5282.75** | **5312.94** | **5539.84** | **5761.58** | **5931.57** |
| **14672.23** | **14677.15** | **14779.82** | **15258.10** | **15613.91** | **16183.07** |

续表

单位：万吨标准煤

| 行业 | Sector | 2002 |
|---|---|---|
| **消费总量** | **Total Consumption** | **159430.99** |
| **农、林、牧、渔、水利业** | **Farming,Forestry,Animal Husbandry,Fishery and Water Conservancy** | **4331.18** |
| **工业** | **Industry** | **113600.44** |
| **采掘业** | **Mining and Quarrying** | **11685.52** |
| 煤炭开采和洗选业 | Mining and Washing of Coal | 5132.80 |
| 石油和天然气开采业 | Extraction of Petroleum and Natural Gas | 4680.63 |
| 黑色金属矿采选业 | Mining and Processing of Ferrous Metal Ores | 450.92 |
| 有色金属矿采选业 | Mining and Processing of Non-Ferrous Metal Ores | 467.77 |
| 非金属矿采选业 | Mining and Processing of Nonmetal Ores | 758.67 |
| 其他采矿业 | Mining of Other Ores | 194.72 |
| **制造业** | **Manufacturing** | **88181.30** |
| 农副食品加工业 | Processing of Food from Agricultural Products | 1916.75 |
| 食品制造业 | Manufacture of Foods | 1138.47 |
| 饮料制造业 | Manufacture of Beverages | 842.28 |
| 烟草制品业 | Manufacture of Tobacco | 312.05 |
| 纺织业 | Manufacture of Textile | 3484.02 |
| 纺织服装、鞋、帽制造业 | Manufacture of Textile Wearing Apparel,Footware, and Caps | 404.53 |
| 皮革、毛皮、羽毛(绒)及其制品业 | Manufacture of Leather, Fur, Feather and Related Products | 239.54 |
| 木材加工及木、竹、藤、棕、草制品业 | Processing of Timber,Manufacture of Wood,Bamboo,Rattan,Palm, and Straw Products | 400.25 |
| 家具制造业 | Manufacture of Furniture | 104.89 |
| 造纸及纸制品业 | Manufacture of Paper and Paper Products | 2635.05 |
| 印刷业和记录媒介的复制 | Printing,Reproduction of Recording Media | 223.33 |
| 文教体育用品制造业 | Manufacture of Articles For Culture, Education and Sport Activity | 171.27 |
| 石油加工、炼焦及核燃料加工业 | Processing of Petroleum, Coking, Processing of Nuclear Fuel | 8019.15 |
| 化学原料及化学制品制造业 | Manufacture of Raw Chemical Materials and Chemical Products | 16264.72 |
| 医药制造业 | Manufacture of Medicines | 1016.82 |
| 化学纤维制造业 | Manufacture of Chemical Fibers | 2100.89 |
| 橡胶制品业 | Manufacture of Rubber | 748.65 |
| 塑料制品业 | Manufacture of Plastics | 769.67 |
| 非金属矿物制品业 | Manufacture of Non-metallic Mineral Products | 12888.53 |
| 黑色金属冶炼及压延加工业 | Smelting and Pressing of Ferrous Metals | 20639.79 |
| 有色金属冶炼及压延加工业 | Smelting and Pressing of Non-ferrous Metals | 4818.74 |
| 金属制品业 | Manufacture of Metal Products | 1613.56 |
| 通用设备制造业 | Manufacture of General Purpose Machinery | 1468.12 |
| 专用设备制造业 | Manufacture of Special Purpose Machinery | 882.68 |
| 交通运输设备制造业 | Manufacture of Transport Equipment | 1816.29 |
| 电气机械及器材制造业 | Manufacture of Electrical Machinery and Equipment | 810.01 |
| 通信设备、计算机及其他电子设备制造业 | Manufacture of Communication Equipment,Computers and Other Electronic Equipment | 854.34 |
| 仪器仪表及文化、办公用机械制造业 | Manufacture of Measuring Instruments and Machinery for Cultural Activity and Office Work | 185.97 |
| 工艺品及其他制造业 | Manufacture of Artwork and Other Manufacturing | 1410.95 |
| 废弃资源和废旧材料回收加工业 | Recycling and Disposal of Waste | |
| **电力、煤气及水生产和供应业** | **Electric Power, Gas and Water Production and Supply** | **13733.63** |
| 电力、热力的生产和供应业 | Production and Distribution of Electric Power and Heat Power | 12564.54 |
| 燃气生产和供应业 | Production and Distribution of Gas | 593.60 |
| 水的生产和供应业 | Production and Distribution of Water | 575.49 |
| **建筑业** | **Construction** | **2409.57** |
| **交通运输、仓储和邮政业** | **Transport, Storage and Post** | **12313.22** |
| **批发、零售业和住宿、餐饮业** | **Wholesale, Retail Trade and Hotel ,Restaurants** | **3373.17** |
| **其他行业** | **Others** | **6240.93** |
| **生活消费** | **Residential Consumption** | **17162.46** |

Continued

(10 000 tce)

| 2003 | 2004 | 2005 | 2006 | 2007 | 2008 |
|---|---|---|---|---|---|
| **183791.82** | **213455.99** | **235996.65** | **258676.30** | **280507.94** | **291448.29** |
| **4954.60** | **5697.35** | **6071.06** | **6330.71** | **6228.40** | **6013.13** |
| **131167.92** | **152506.51** | **168723.53** | **184945.45** | **200531.38** | **209302.15** |
| **13187.60** | **13182.63** | **13914.67** | **14247.13** | **15240.74** | **17050.44** |
| 6193.70 | 7180.22 | 7522.45 | 7672.90 | 8269.88 | 9356.17 |
| 4677.96 | 3637.69 | 3710.92 | 3586.79 | 3651.26 | 4210.04 |
| 593.14 | 720.26 | 971.13 | 1138.05 | 1330.32 | 1408.03 |
| 604.60 | 646.12 | 680.67 | 738.02 | 828.89 | 863.14 |
| 885.60 | 923.01 | 927.84 | 978.21 | 1035.12 | 1028.27 |
| 232.59 | 75.34 | 101.68 | 133.17 | 125.27 | 184.79 |
| **102841.73** | **122998.63** | **137140.40** | **151274.67** | **164951.10** | **172106.52** |
| 1803.62 | 2074.14 | 2207.28 | 2360.77 | 2537.65 | 2731.34 |
| 1012.57 | 1133.53 | 1281.74 | 1389.67 | 1448.62 | 1544.66 |
| 867.26 | 966.47 | 992.06 | 1081.60 | 1098.77 | 1161.85 |
| 308.70 | 262.89 | 257.08 | 255.38 | 249.03 | 232.60 |
| 3929.82 | 4882.54 | 5281.32 | 6108.59 | 6528.30 | 6396.38 |
| 443.28 | 506.62 | 577.42 | 661.68 | 711.44 | 725.34 |
| 267.95 | 297.62 | 323.71 | 364.15 | 387.67 | 388.73 |
| 500.59 | 619.70 | 754.77 | 843.10 | 893.67 | 981.91 |
| 124.42 | 117.08 | 133.12 | 149.32 | 152.86 | 181.80 |
| 2760.60 | 3396.20 | 3574.91 | 3791.56 | 3643.36 | 3998.65 |
| 390.17 | 348.67 | 280.70 | 303.62 | 327.08 | 349.81 |
| 156.36 | 189.89 | 198.37 | 202.85 | 210.09 | 219.76 |
| 9124.40 | 12372.89 | 11923.57 | 12498.72 | 13445.30 | 13747.01 |
| 19046.68 | 21568.04 | 23848.69 | 25995.36 | 28621.16 | 28961.13 |
| 1181.98 | 1128.23 | 1203.58 | 1255.98 | 1261.41 | 1360.49 |
| 1826.18 | 1352.58 | 1382.82 | 1465.05 | 1575.02 | 1448.58 |
| 831.08 | 948.24 | 1137.05 | 1246.95 | 1305.16 | 1335.83 |
| 876.57 | 1182.59 | 1486.34 | 1604.91 | 1652.49 | 1852.37 |
| 15628.52 | 20495.90 | 21310.46 | 22637.64 | 23111.66 | 25460.52 |
| 25942.10 | 31398.96 | 39544.25 | 44729.92 | 50186.53 | 51862.92 |
| 5883.29 | 6651.16 | 7403.80 | 8861.83 | 10867.61 | 11287.99 |
| 1798.96 | 2037.49 | 2271.08 | 2632.41 | 2852.64 | 3023.79 |
| 1639.45 | 1784.38 | 2149.71 | 2406.23 | 2649.23 | 2758.11 |
| 1029.15 | 1228.10 | 1314.71 | 1438.19 | 1579.44 | 1630.28 |
| 1810.43 | 2197.33 | 2043.13 | 2247.85 | 2467.64 | 2732.58 |
| 953.39 | 1157.45 | 1213.20 | 1353.04 | 1557.01 | 1791.10 |
| 1085.37 | 1299.32 | 1482.64 | 1754.05 | 1994.99 | 2197.44 |
| 213.48 | 177.16 | 197.45 | 232.82 | 260.90 | 284.98 |
| 1365.28 | 1191.95 | 1330.45 | 1349.93 | 1323.74 | 1401.72 |
| 40.04 | 31.52 | 34.98 | 51.49 | 50.64 | 56.84 |
| **15138.59** | **16325.25** | **17668.45** | **19423.65** | **20339.53** | **20145.19** |
| 14013.27 | 15105.62 | 16326.50 | 18004.12 | 18892.27 | 18676.48 |
| 557.23 | 553.36 | 643.19 | 663.11 | 650.79 | 634.60 |
| 568.09 | 666.26 | 698.76 | 756.42 | 796.48 | 834.11 |
| **2720.66** | **3114.60** | **3403.31** | **3760.73** | **4127.52** | **3812.53** |
| **14116.19** | **16642.21** | **18391.01** | **20284.23** | **21959.18** | **22917.25** |
| **3914.93** | **4484.09** | **4847.75** | **5314.05** | **5689.38** | **5733.58** |
| **7152.84** | **8242.82** | **9254.56** | **10275.98** | **11158.19** | **11771.34** |
| **19764.66** | **22768.41** | **25305.43** | **27765.16** | **30813.90** | **31898.32** |

# 4-29 分行业煤炭消费总量

单位：万吨

| 行　业 | Sector | 1995 |
|---|---|---|
| **消 费 总 量** | **Total Consumption** | **137676.50** |
| **农、林、牧、渔、水利业** | **Farming,Forestry,Animal Husbandry,Fishery and Water Conservancy** | **1856.70** |
| **工业** | **Industry** | **117570.70** |
| **采掘业** | **Mining and Quarrying** | **9861.00** |
| 煤炭开采和洗选业 | Mining and Washing of Coal | 8290.70 |
| 石油和天然气开采业 | Extraction of Petroleum and Natural Gas | 637.20 |
| 黑色金属矿采选业 | Mining and Processing of Ferrous Metal Ores | 94.90 |
| 有色金属矿采选业 | Mining and Processing of Non-Ferrous Metal Ores | 174.70 |
| 非金属矿采选业 | Mining and Processing of Nonmetal Ores | 434.40 |
| 其他采矿业 | Mining of Other Ores | 229.10 |
| **制造业** | **Manufacturing** | **63109.40** |
| 农副食品加工业 | Processing of Food from Agricultural Products | 1753.90 |
| 食品制造业 | Manufacture of Foods | 1214.50 |
| 饮料制造业 | Manufacture of Beverages | 983.30 |
| 烟草制品业 | Manufacture of Tobacco | 190.70 |
| 纺织业 | Manufacture of Textile | 2536.90 |
| 纺织服装、鞋、帽制造业 | Manufacture of Textile Wearing Apparel,Footware, and Caps | 117.30 |
| 皮革、毛皮、羽毛(绒)及其制品业 | Manufacture of Leather, Fur, Feather and Related Products | 239.00 |
| 木材加工及木、竹、藤、棕、草制品业 | Processing of Timber,Manufacture of Wood,Bamboo,Rattan,Palm, and Straw Products | 363.00 |
| 家具制造业 | Manufacture of Furniture | 62.70 |
| 造纸及纸制品业 | Manufacture of Paper and Paper Products | 2132.20 |
| 印刷业和记录媒介的复制 | Printing,Reproduction of Recording Media | 86.80 |
| 文教体育用品制造业 | Manufacture of Articles For Culture, Education and Sport Activity | 33.20 |
| 石油加工、炼焦及核燃料加工业 | Processing of Petroleum, Coking, Processing of Nuclear Fuel | 8025.10 |
| 化学原料及化学制品制造业 | Manufacture of Raw Chemical Materials and Chemical Products | 10803.50 |
| 医药制造业 | Manufacture of Medicines | 915.10 |
| 化学纤维制造业 | Manufacture of Chemical Fibers | 823.10 |
| 橡胶制品业 | Manufacture of Rubber | 566.40 |
| 塑料制品业 | Manufacture of Plastics | 311.50 |
| 非金属矿物制品业 | Manufacture of Non-metallic Mineral Products | 13424.20 |
| 黑色金属冶炼及压延加工业 | Smelting and Pressing of Ferrous Metals | 12920.70 |
| 有色金属冶炼及压延加工业 | Smelting and Pressing of Non-ferrous Metals | 1348.60 |
| 金属制品业 | Manufacture of Metal Products | 462.10 |
| 通用设备制造业 | Manufacture of General Purpose Machinery | 821.10 |
| 专用设备制造业 | Manufacture of Special Purpose Machinery | 652.50 |
| 交通运输设备制造业 | Manufacture of Transport Equipment | 860.20 |
| 电气机械及器材制造业 | Manufacture of Electrical Machinery and Equipment | 343.60 |
| 通信设备、计算机及其他电子设备制造业 | Manufacture of Communication Equipment,Computers and Other Electronic Equipment | 141.50 |
| 仪器仪表及文化、办公用机械制造业 | Manufacture of Measuring Instruments and Machinery for Cultural Activity and Office Work | 70.90 |
| 工艺品及其他制造业 | Manufacture of Artwork and Other Manufacturing | 905.90 |
| 废弃资源和废旧材料回收加工业 | Recycling and Disposal of Waste | |
| **电力、煤气及水生产和供应业** | **Electric Power, Gas and Water Production and Supply** | **44600.30** |
| 电力、热力的生产和供应业 | Production and Distribution of Electric Power and Heat Power | 43799.60 |
| 燃气生产和供应业 | Production and Distribution of Gas | 763.10 |
| 水的生产和供应业 | Production and Distribution of Water | 37.60 |
| **建筑业** | **Construction** | **439.80** |
| **交通运输、仓储和邮政业** | **Transport, Storage and Post** | **1315.10** |
| **批发、零售业和住宿、餐饮业** | **Wholesale, Retail Trade and Hotel ,Restaurants** | **977.40** |
| **其他行业** | **Others** | **1986.70** |
| **生活消费** | **Residential Consumption** | **13530.10** |

# CONSUMPTION OF COAL AND ITS MAIN VARIETIES BY SECTOR

(10 000 ton )

| 1996 | 1997 | 1998 | 1999 | 2000 | 2001 |
|---|---|---|---|---|---|
| **140065.26** | **137748.41** | **135013.31** | **139336.46** | **141091.70** | **144528.11** |
| **1237.13** | **1251.84** | **1196.45** | **975.06** | **933.38** | **899.75** |
| **123555.89** | **122105.79** | **120137.37** | **125584.97** | **127806.65** | **131446.25** |
| **10809.87** | **11175.31** | **10102.52** | **11820.13** | **11512.86** | **11328.89** |
| 9178.38 | 9444.09 | 8455.69 | 10159.78 | 9874.51 | 9561.47 |
| 748.34 | 838.29 | 770.31 | 821.76 | 846.81 | 884.31 |
| 92.45 | 89.56 | 92.67 | 86.60 | 78.61 | 77.67 |
| 147.58 | 143.40 | 137.61 | 94.85 | 103.00 | 108.03 |
| 425.88 | 460.99 | 452.02 | 510.94 | 472.06 | 550.81 |
| 217.24 | 198.97 | 194.21 | 146.20 | 137.87 | 146.60 |
| **59725.79** | **59109.42** | **57648.92** | **58715.34** | **57742.34** | **58290.57** |
| 1672.16 | 1906.58 | 1840.80 | 1643.10 | 1581.25 | 1634.88 |
| 1065.57 | 907.71 | 844.37 | 839.03 | 747.35 | 748.28 |
| 856.69 | 753.03 | 883.46 | 863.12 | 725.48 | 755.02 |
| 179.92 | 179.98 | 174.76 | 222.27 | 150.41 | 164.31 |
| 2027.12 | 2021.43 | 1893.33 | 1790.05 | 1638.22 | 1650.44 |
| 143.58 | 136.50 | 161.17 | 177.12 | 139.67 | 149.79 |
| 99.61 | 86.14 | 106.59 | 108.47 | 81.46 | 84.07 |
| 304.48 | 299.07 | 320.42 | 297.68 | 264.74 | 264.99 |
| 59.66 | 61.50 | 53.57 | 65.60 | 49.51 | 54.08 |
| 1990.53 | 1950.17 | 2004.03 | 1976.82 | 2081.70 | 2049.56 |
| 64.08 | 65.65 | 70.71 | 68.12 | 58.32 | 61.56 |
| 38.82 | 53.38 | 23.38 | 25.52 | 20.25 | 22.10 |
| 7792.87 | 7910.95 | 7651.66 | 8754.78 | 9078.34 | 10187.35 |
| 10431.91 | 9507.27 | 9750.47 | 8594.51 | 8838.69 | 8848.70 |
| 629.56 | 621.47 | 649.02 | 707.54 | 614.98 | 614.51 |
| 759.08 | 834.42 | 959.63 | 927.70 | 953.48 | 912.49 |
| 459.63 | 390.13 | 416.80 | 433.27 | 315.16 | 332.91 |
| 269.39 | 269.82 | 224.92 | 220.57 | 168.52 | 169.46 |
| 12910.95 | 13488.62 | 13141.16 | 13950.39 | 13804.64 | 13077.91 |
| 12757.17 | 12727.39 | 11757.75 | 12133.86 | 12342.14 | 12427.97 |
| 1471.40 | 1452.73 | 1422.99 | 1653.23 | 1512.84 | 1562.55 |
| 382.68 | 396.30 | 384.47 | 375.50 | 271.78 | 277.44 |
| 930.74 | 786.72 | 686.78 | 587.79 | 411.51 | 424.36 |
| 584.72 | 555.29 | 477.50 | 483.67 | 375.74 | 363.37 |
| 849.84 | 832.97 | 806.48 | 972.44 | 825.31 | 847.97 |
| 318.59 | 292.32 | 284.96 | 298.17 | 220.40 | 209.47 |
| 122.57 | 116.16 | 114.34 | 102.92 | 82.82 | 75.09 |
| 67.12 | 53.09 | 49.03 | 53.72 | 37.13 | 32.60 |
| 485.34 | 452.63 | 494.40 | 388.37 | 350.49 | 287.36 |
| **53020.23** | **51821.05** | **52385.93** | **55049.50** | **58551.45** | **61826.79** |
| 52161.79 | 50951.35 | 51516.20 | 53845.80 | 57380.72 | 60721.87 |
| 830.83 | 849.01 | 837.11 | 1142.39 | 1120.30 | 1056.95 |
| 27.62 | 20.70 | 32.63 | 61.32 | 50.44 | 47.97 |
| **646.40** | **602.79** | **611.63** | **542.46** | **536.82** | **504.98** |
| **1585.94** | **1481.19** | **1196.60** | **928.26** | **882.24** | **841.28** |
| **1551.33** | **1513.34** | **1497.59** | **1396.20** | **1314.64** | **1260.87** |
| **1387.29** | **1295.15** | **1292.67** | **1151.08** | **1161.01** | **1164.73** |
| **10101.28** | **9498.30** | **9081.00** | **8758.42** | **8456.96** | **8410.25** |

续表

单位：万吨

| 行　业 | Sector | 2002 |
|---|---|---|
| **消费总量** | **Total Consumption** | **152282.66** |
| **农、林、牧、渔、水利业** | **Farming,Forestry,Animal Husbandry,Fishery and Water Conservancy** | **936.02** |
| **工业** | **Industry** | **139042.35** |
| **采掘业** | **Mining and Quarrying** | **10287.49** |
| 煤炭开采和洗选业 | Mining and Washing of Coal | 8416.38 |
| 石油和天然气开采业 | Extraction of Petroleum and Natural Gas | 942.41 |
| 黑色金属矿采选业 | Mining and Processing of Ferrous Metal Ores | 105.49 |
| 有色金属矿采选业 | Mining and Processing of Non-Ferrous Metal Ores | 107.69 |
| 非金属矿采选业 | Mining and Processing of Nonmetal Ores | 590.29 |
| 其他采矿业 | Mining of Other Ores | 125.23 |
| **制造业** | **Manufacturing** | **57839.19** |
| 农副食品加工业 | Processing of Food from Agricultural Products | 1630.29 |
| 食品制造业 | Manufacture of Foods | 740.11 |
| 饮料制造业 | Manufacture of Beverages | 752.75 |
| 烟草制品业 | Manufacture of Tobacco | 170.44 |
| 纺织业 | Manufacture of Textile | 1679.22 |
| 纺织服装、鞋、帽制造业 | Manufacture of Textile Wearing Apparel,Footware, and Caps | 145.46 |
| 皮革、毛皮、羽毛(绒)及其制品业 | Manufacture of Leather, Fur, Feather and Related Products | 86.08 |
| 木材加工及木、竹、藤、棕、草制品业 | Processing of Timber,Manufacture of Wood,Bamboo,Rattan,Palm, and Straw Products | 276.63 |
| 家具制造业 | Manufacture of Furniture | 53.03 |
| 造纸及纸制品业 | Manufacture of Paper and Paper Products | 2163.61 |
| 印刷业和记录媒介的复制 | Printing,Reproduction of Recording Media | 63.42 |
| 文教体育用品制造业 | Manufacture of Articles For Culture, Education and Sport Activity | 20.99 |
| 石油加工、炼焦及核燃料加工业 | Processing of Petroleum, Coking, Processing of Nuclear Fuel | 10259.17 |
| 化学原料及化学制品制造业 | Manufacture of Raw Chemical Materials and Chemical Products | 9498.16 |
| 医药制造业 | Manufacture of Medicines | 634.11 |
| 化学纤维制造业 | Manufacture of Chemical Fibers | 814.06 |
| 橡胶制品业 | Manufacture of Rubber | 343.08 |
| 塑料制品业 | Manufacture of Plastics | 141.12 |
| 非金属矿物制品业 | Manufacture of Non-metallic Mineral Products | 11414.45 |
| 黑色金属冶炼及压延加工业 | Smelting and Pressing of Ferrous Metals | 12752.80 |
| 有色金属冶炼及压延加工业 | Smelting and Pressing of Non-ferrous Metals | 1619.17 |
| 金属制品业 | Manufacture of Metal Products | 287.80 |
| 通用设备制造业 | Manufacture of General Purpose Machinery | 429.90 |
| 专用设备制造业 | Manufacture of Special Purpose Machinery | 338.23 |
| 交通运输设备制造业 | Manufacture of Transport Equipment | 908.94 |
| 电气机械及器材制造业 | Manufacture of Electrical Machinery and Equipment | 209.01 |
| 通信设备、计算机及其他电子设备制造业 | Manufacture of Communication Equipment,Computers and Other Electronic Equipment | 77.14 |
| 仪器仪表及文化、办公用机械制造业 | Manufacture of Measuring Instruments and Machinery for Cultural Activity and Office Work | 33.89 |
| 工艺品及其他制造业 | Manufacture of Artwork and Other Manufacturing | 296.12 |
| 废弃资源和废旧材料回收加工业 | Recycling and Disposal of Waste | |
| **电力、煤气及水生产和供应业** | **Electric Power, Gas and Water Production and Supply** | **70915.67** |
| 电力、热力的生产和供应业 | Production and Distribution of Electric Power and Heat Power | 69797.53 |
| 燃气生产和供应业 | Production and Distribution of Gas | 1074.56 |
| 水的生产和供应业 | Production and Distribution of Water | 43.58 |
| **建筑业** | **Construction** | **513.55** |
| **交通运输、仓储和邮政业** | **Transport, Storage and Post** | **851.96** |
| **批发、零售业和住宿、餐饮业** | **Wholesale, Retail Trade and Hotel ,Restaurants** | **1259.08** |
| **其他行业** | **Others** | **1267.06** |
| **生活消费** | **Residential Consumption** | **8412.64** |

Continued

(10 000 ton )

| 2003 | 2004 | 2005 | 2006 | 2007 | 2008 |
|---|---|---|---|---|---|
| **180587.04** | **207561.29** | **231851.07** | **255065.45** | **272745.88** | **281095.92** |
| **1078.33** | **1425.83** | **1513.80** | **1502.60** | **1519.57** | **1522.57** |
| **166207.48** | **191864.98** | **215493.30** | **238510.23** | **256202.76** | **265574.20** |
| **13601.15** | **12853.85** | **15833.26** | **16884.65** | **18971.74** | **19501.07** |
| 11125.40 | 11686.70 | 14535.96 | 15599.75 | 17626.33 | 18317.30 |
| 1180.97 | 391.63 | 373.74 | 376.51 | 381.19 | 299.41 |
| 126.23 | 116.38 | 140.06 | 144.85 | 153.42 | 182.05 |
| 107.61 | 111.53 | 112.39 | 115.80 | 113.51 | 95.75 |
| 826.82 | 545.50 | 668.99 | 645.54 | 694.84 | 605.16 |
| 234.12 | 2.10 | 2.10 | 2.19 | 2.44 | 1.39 |
| **68225.58** | **82679.66** | **92018.39** | **99084.39** | **102002.35** | **108176.80** |
| 1712.49 | 1391.21 | 1392.33 | 1450.96 | 1557.11 | 1641.55 |
| 678.05 | 913.93 | 974.49 | 1022.42 | 1054.17 | 1071.85 |
| 785.90 | 857.40 | 840.34 | 860.56 | 864.04 | 856.53 |
| 174.83 | 158.30 | 135.30 | 139.56 | 124.04 | 94.94 |
| 1828.52 | 2407.65 | 2555.37 | 2796.32 | 2862.05 | 2529.12 |
| 159.32 | 211.49 | 237.14 | 258.88 | 265.91 | 229.35 |
| 85.81 | 105.66 | 105.20 | 110.56 | 107.29 | 85.60 |
| 328.81 | 441.73 | 437.06 | 459.40 | 455.35 | 440.00 |
| | | | | | |
| 60.99 | 33.02 | 32.75 | 34.06 | 33.20 | 33.46 |
| 2197.48 | 3128.36 | 3439.45 | 3823.24 | 3819.31 | 3858.05 |
| 78.78 | 45.67 | 45.64 | 47.42 | 46.25 | 41.52 |
| 22.49 | 21.00 | 20.92 | 21.75 | 21.23 | 18.25 |
| 13130.77 | 16387.87 | 19753.15 | 22944.00 | 25000.49 | 26437.72 |
| 10609.10 | 11595.30 | 12915.21 | 13654.69 | 14187.95 | 15067.46 |
| 683.69 | 653.14 | 686.31 | 730.76 | 701.89 | 717.67 |
| 841.05 | 832.15 | 813.13 | 830.10 | 886.90 | 751.47 |
| 352.82 | 434.78 | 443.14 | 456.73 | 456.80 | 458.39 |
| 176.59 | 282.75 | 280.45 | 293.78 | 285.87 | 312.40 |
| 14058.14 | 19564.07 | 20036.23 | 20708.53 | 20416.79 | 23049.05 |
| 15784.16 | 17656.90 | 21294.47 | 22551.56 | 22846.70 | 24126.17 |
| 1875.12 | 2343.00 | 2488.32 | 2711.14 | 2918.68 | 3301.39 |
| 259.68 | 334.24 | 337.56 | 340.66 | 333.35 | 342.56 |
| 398.18 | 412.35 | 411.63 | 438.93 | 419.01 | 436.37 |
| 459.98 | 549.49 | 553.91 | 580.71 | 571.95 | 548.01 |
| 792.82 | 939.27 | 865.59 | 891.77 | 887.33 | 835.57 |
| 194.31 | 185.13 | 172.76 | 179.74 | 176.08 | 179.34 |
| 85.67 | 160.73 | 155.25 | 153.47 | 150.02 | 185.11 |
| | | | | | |
| 41.16 | 25.49 | 24.68 | 25.65 | 25.07 | 26.55 |
| | | | | | |
| 267.88 | 600.12 | 563.56 | 559.76 | 520.27 | 491.79 |
| 100.97 | 7.46 | 7.08 | 7.30 | 7.26 | 9.54 |
| **84380.75** | **96331.47** | **107641.65** | **122541.19** | **135228.67** | **137896.33** |
| 83221.54 | 95069.84 | 106286.71 | 121059.67 | 133651.89 | 136725.09 |
| 1114.70 | 1223.47 | 1316.52 | 1441.37 | 1537.85 | 1136.08 |
| 44.51 | 38.16 | 38.42 | 40.15 | 38.93 | 35.16 |
| **527.15** | **571.53** | **603.56** | **651.99** | **615.33** | **603.18** |
| **958.34** | **827.99** | **811.17** | **769.94** | **735.89** | **665.41** |
| **1360.42** | **1471.79** | **1674.39** | **1791.46** | **1868.27** | **1791.39** |
| **1450.62** | **1630.97** | **1715.88** | **1802.90** | **2043.43** | **1791.56** |
| **9004.71** | **9768.20** | **10038.97** | **10036.34** | **9760.61** | **9147.61** |

# 4-30 分行业焦炭消费总量

单位：万吨

| 行　　业 | Sector | 1995 |
|---|---|---|
| **消 费 总 量** | **Total Consumption** | **10725.28** |
| **农、林、牧、渔、水利业** | **Farming,Forestry,Animal Husbandry,Fishery and Water Conservancy** | **128.62** |
| **工业** | **Industry** | **10412.04** |
| **采掘业** | **Mining and Quarrying** | **151.42** |
| 煤炭开采和洗选业 | Mining and Washing of Coal | 41.97 |
| 石油和天然气开采业 | Extraction of Petroleum and Natural Gas | 1.21 |
| 黑色金属矿采选业 | Mining and Processing of Ferrous Metal Ores | 56.76 |
| 有色金属矿采选业 | Mining and Processing of Non-Ferrous Metal Ores | 24.53 |
| 非金属矿采选业 | Mining and Processing of Nonmetal Ores | 26.14 |
| 其他采矿业 | Mining of Other Ores | 0.81 |
| **制造业** | **Manufacturing** | **10243.83** |
| 农副食品加工业 | Processing of Food from Agricultural Products | 15.37 |
| 食品制造业 | Manufacture of Foods | 10.43 |
| 饮料制造业 | Manufacture of Beverages | 4.98 |
| 烟草制品业 | Manufacture of Tobacco | 1.59 |
| 纺织业 | Manufacture of Textile | 5.78 |
| 纺织服装、鞋、帽制造业 | Manufacture of Textile Wearing Apparel,Footware, and Caps | 1.12 |
| 皮革、毛皮、羽毛(绒)及其制品业 | Manufacture of Leather, Fur, Feather and Related Products | 0.80 |
| 木材加工及木、竹、藤、棕、草制品业 | Processing of Timber,Manufacture of Wood,Bamboo,Rattan,Palm, and Straw Products | 1.13 |
| 家具制造业 | Manufacture of Furniture | 1.29 |
| 造纸及纸制品业 | Manufacture of Paper and Paper Products | 3.84 |
| 印刷业和记录媒介的复制 | Printing,Reproduction of Recording Media | 0.53 |
| 文教体育用品制造业 | Manufacture of Articles For Culture, Education and Sport Activity | 1.52 |
| 石油加工、炼焦及核燃料加工业 | Processing of Petroleum, Coking, Processing of Nuclear Fuel | 31.56 |
| 化学原料及化学制品制造业 | Manufacture of Raw Chemical Materials and Chemical Products | 1298.71 |
| 医药制造业 | Manufacture of Medicines | 2.64 |
| 化学纤维制造业 | Manufacture of Chemical Fibers | 23.53 |
| 橡胶制品业 | Manufacture of Rubber | 1.56 |
| 塑料制品业 | Manufacture of Plastics | 1.52 |
| 非金属矿物制品业 | Manufacture of Non-metallic Mineral Products | 276.66 |
| 黑色金属冶炼及压延加工业 | Smelting and Pressing of Ferrous Metals | 7810.76 |
| 有色金属冶炼及压延加工业 | Smelting and Pressing of Non-ferrous Metals | 195.09 |
| 金属制品业 | Manufacture of Metal Products | 123.24 |
| 通用设备制造业 | Manufacture of General Purpose Machinery | 237.13 |
| 专用设备制造业 | Manufacture of Special Purpose Machinery | 101.25 |
| 交通运输设备制造业 | Manufacture of Transport Equipment | 41.42 |
| 电气机械及器材制造业 | Manufacture of Electrical Machinery and Equipment | 15.59 |
| 通信设备、计算机及其他电子设备制造业 | Manufacture of Communication Equipment,Computers and Other Electronic Equipment | 1.05 |
| 仪器仪表及文化、办公用机械制造业 | Manufacture of Measuring Instruments and Machinery for Cultural Activity and Office Work | 3.42 |
| 工艺品及其他制造业 | Manufacture of Artwork and Other Manufacturing | 30.32 |
| 废弃资源和废旧材料回收加工业 | Recycling and Disposal of Waste | |
| **电力、煤气及水生产和供应业** | **Electric Power, Gas and Water Production and Supply** | **16.79** |
| 电力、热力的生产和供应业 | Production and Distribution of Electric Power and Heat Power | 3.80 |
| 燃气生产和供应业 | Production and Distribution of Gas | 12.88 |
| 水的生产和供应业 | Production and Distribution of Water | 0.11 |
| **建筑业** | **Construction** | **10.76** |
| **交通运输、仓储和邮政业** | **Transport, Storage and Post** | **10.10** |
| **批发、零售业和住宿、餐饮业** | **Wholesale, Retail Trade and Hotel ,Restaurants** | **25.71** |
| **其他行业** | **Others** | **6.44** |
| **生活消费** | **Residential Consumption** | **131.61** |

# CONSUMPTION OF COKE AND ITS MAIN VARIETIES BY SECTOR

(10 000 ton )

| 1996 | 1997 | 1998 | 1999 | 2000 | 2001 |
|---|---|---|---|---|---|
| **11864.98** | **10870.60** | **11447.82** | **10786.78** | **10840.76** | **11931.46** |
| **73.89** | **71.26** | **75.97** | **72.07** | **70.93** | **67.46** |
| **11591.09** | **10584.30** | **11140.33** | **10494.89** | **10554.55** | **11642.40** |
| **246.76** | **183.42** | **187.79** | **136.39** | **160.58** | **164.25** |
| 46.72 | 52.49 | 46.84 | 47.48 | 53.06 | 52.27 |
| 1.82 | 2.59 | 4.98 | 5.45 | 5.76 | 5.84 |
| 93.85 | 69.54 | 79.91 | 39.63 | 52.38 | 55.88 |
| 56.07 | 21.36 | 23.55 | 19.88 | 22.12 | 21.44 |
| 45.18 | 33.30 | 29.57 | 23.63 | 26.95 | 28.49 |
| 3.12 | 4.13 | 2.93 | 0.31 | 0.31 | 0.33 |
| **11225.13** | **10266.30** | **10903.00** | **10297.21** | **10357.19** | **11438.44** |
| 19.60 | 15.73 | 15.20 | 14.99 | 16.15 | 17.53 |
| 14.65 | 12.30 | 13.50 | 16.59 | 14.67 | 16.98 |
| 9.46 | 4.01 | 3.00 | 3.37 | 3.14 | 3.18 |
| 1.78 | 1.60 | 1.53 | 1.20 | 1.26 | 1.33 |
| 7.30 | 8.13 | 12.65 | 3.98 | 4.19 | 4.60 |
| 2.01 | 1.70 | 2.11 | 1.62 | 1.68 | 1.79 |
| 0.69 | 1.66 | 4.18 | 1.64 | 1.76 | 1.81 |
| 0.78 | 1.20 | 1.87 | 1.43 | 1.47 | 1.51 |
| 1.44 | 2.55 | 1.22 | 1.09 | 1.05 | 1.19 |
| 1.86 | 3.96 | 3.53 | 1.54 | 1.57 | 1.71 |
| 0.90 | 0.98 | 0.27 | 0.28 | 0.29 | 0.32 |
| 1.84 | 1.69 | 1.97 | 1.63 | 1.68 | 1.82 |
| 29.51 | 43.44 | 72.81 | 62.53 | 64.96 | 67.28 |
| 1597.50 | 1319.81 | 1272.03 | 1048.82 | 1104.86 | 1159.51 |
| 3.58 | 1.38 | 1.10 | 0.70 | 0.68 | 0.71 |
| 28.70 | 27.45 | 32.59 | 26.15 | 27.49 | 26.88 |
| 1.23 | 0.62 | 2.30 | 2.58 | 2.62 | 2.87 |
| 4.95 | 6.99 | 7.26 | 6.51 | 6.29 | 7.24 |
| 309.82 | 269.15 | 314.50 | 298.47 | 312.35 | 345.33 |
| 8249.68 | 7839.28 | 8365.69 | 8076.94 | 8084.98 | 8989.74 |
| 269.20 | 212.67 | 224.11 | 220.23 | 218.09 | 242.83 |
| 174.31 | 113.48 | 147.86 | 135.56 | 126.05 | 143.64 |
| 296.25 | 207.01 | 227.45 | 213.68 | 208.23 | 225.43 |
| 105.27 | 84.92 | 81.12 | 71.32 | 73.93 | 77.08 |
| 41.16 | 36.74 | 40.94 | 39.33 | 32.28 | 42.61 |
| 14.58 | 17.04 | 14.66 | 11.88 | 10.92 | 13.20 |
| 1.72 | 1.72 | 2.67 | 0.34 | 0.31 | 0.38 |
| 1.86 | 1.78 | 2.04 | 5.02 | 4.19 | 5.59 |
| 33.53 | 27.29 | 32.84 | 27.76 | 30.07 | 34.33 |
| **119.20** | **134.58** | **49.54** | **61.29** | **36.78** | **39.71** |
| 3.04 | 7.25 | 9.25 | 9.52 | | |
| 116.08 | 127.24 | 40.22 | 51.71 | 36.78 | 39.71 |
| 0.08 | 0.09 | 0.08 | 0.06 | | |
| **15.88** | **17.49** | **19.60** | **17.10** | **18.98** | **23.91** |
| **6.64** | **6.47** | **10.30** | **10.14** | **11.24** | **11.68** |
| **31.30** | **35.20** | **38.79** | **36.52** | **35.71** | **39.73** |
| **16.99** | **19.15** | **12.80** | **12.98** | **12.15** | **12.08** |
| **129.19** | **136.73** | **150.03** | **143.08** | **137.20** | **134.20** |

续表

单位：万吨

| 行　业 | Sector | 2002 |
|---|---|---|
| **消 费 总 量** | **Total Consumption** | **12343.62** |
| **农、林、牧、渔、水利业** | **Farming,Forestry,Animal Husbandry,Fishery and Water Conservancy** | **73.69** |
| **工业** | **Industry** | **12065.05** |
| **采掘业** | **Mining and Quarrying** | **167.21** |
| 煤炭开采和洗选业 | Mining and Washing of Coal | 48.08 |
| 石油和天然气开采业 | Extraction of Petroleum and Natural Gas | 5.04 |
| 黑色金属矿采选业 | Mining and Processing of Ferrous Metal Ores | 52.53 |
| 有色金属矿采选业 | Mining and Processing of Non-Ferrous Metal Ores | 28.33 |
| 非金属矿采选业 | Mining and Processing of Nonmetal Ores | 32.86 |
| 其他采矿业 | Mining of Other Ores | 0.37 |
| **制造业** | **Manufacturing** | **11865.78** |
| 农副食品加工业 | Processing of Food from Agricultural Products | 14.33 |
| 食品制造业 | Manufacture of Foods | 14.10 |
| 饮料制造业 | Manufacture of Beverages | 3.32 |
| 烟草制品业 | Manufacture of Tobacco | 1.27 |
| 纺织业 | Manufacture of Textile | 4.57 |
| 纺织服装、鞋、帽制造业 | Manufacture of Textile Wearing Apparel,Footware, and Caps | 2.19 |
| 皮革、毛皮、羽毛(绒)及其制品业 | Manufacture of Leather, Fur, Feather and Related Products | 1.54 |
| 木材加工及木、竹、藤、棕、草制品业 | Processing of Timber,Manufacture of Wood,Bamboo,Rattan,Palm, and Straw Products | 1.56 |
| 家具制造业 | Manufacture of Furniture | 1.15 |
| 造纸及纸制品业 | Manufacture of Paper and Paper Products | 1.74 |
| 印刷业和记录媒介的复制 | Printing,Reproduction of Recording Media | 0.26 |
| 文教体育用品制造业 | Manufacture of Articles For Culture, Education and Sport Activity | 1.71 |
| 石油加工、炼焦及核燃料加工业 | Processing of Petroleum, Coking, Processing of Nuclear Fuel | 68.03 |
| 化学原料及化学制品制造业 | Manufacture of Raw Chemical Materials and Chemical Products | 1177.57 |
| 医药制造业 | Manufacture of Medicines | 0.73 |
| 化学纤维制造业 | Manufacture of Chemical Fibers | 25.75 |
| 橡胶制品业 | Manufacture of Rubber | 2.39 |
| 塑料制品业 | Manufacture of Plastics | 5.17 |
| 非金属矿物制品业 | Manufacture of Non-metallic Mineral Products | 374.44 |
| 黑色金属冶炼及压延加工业 | Smelting and Pressing of Ferrous Metals | 9387.67 |
| 有色金属冶炼及压延加工业 | Smelting and Pressing of Non-ferrous Metals | 234.86 |
| 金属制品业 | Manufacture of Metal Products | 153.69 |
| 通用设备制造业 | Manufacture of General Purpose Machinery | 229.16 |
| 专用设备制造业 | Manufacture of Special Purpose Machinery | 69.85 |
| 交通运输设备制造业 | Manufacture of Transport Equipment | 43.69 |
| 电气机械及器材制造业 | Manufacture of Electrical Machinery and Equipment | 10.54 |
| 通信设备、计算机及其他电子设备制造业 | Manufacture of Communication Equipment,Computers and Other Electronic Equipment | 0.49 |
| 仪器仪表及文化、办公用机械制造业 | Manufacture of Measuring Instruments and Machinery for Cultural Activity and Office Work | 5.72 |
| 工艺品及其他制造业 | Manufacture of Artwork and Other Manufacturing | 28.29 |
| 废弃资源和废旧材料回收加工业 | Recycling and Disposal of Waste | |
| **电力、煤气及水生产和供应业** | **Electric Power, Gas and Water Production and Supply** | **32.06** |
| 电力、热力的生产和供应业 | Production and Distribution of Electric Power and Heat Power | |
| 燃气生产和供应业 | Production and Distribution of Gas | 32.06 |
| 水的生产和供应业 | Production and Distribution of Water | |
| **建筑业** | **Construction** | **23.38** |
| **交通运输、仓储和邮政业** | **Transport, Storage and Post** | **11.44** |
| **批发、零售业和住宿、餐饮业** | **Wholesale, Retail Trade and Hotel ,Restaurants** | **42.60** |
| **其他行业** | **Others** | **12.34** |
| **生活消费** | **Residential Consumption** | **115.12** |

Continued

(10 000 ton )

| 2003 | 2004 | 2005 | 2006 | 2007 | 2008 |
|---|---|---|---|---|---|
| **15298.47** | **18067.01** | **25105.84** | **27892.77** | **29168.12** | **29900.23** |
| **73.69** | **68.69** | **63.47** | **55.73** | **57.23** | **53.14** |
| **15021.85** | **17811.13** | **24860.92** | **27653.55** | **28932.22** | **29756.70** |
| **166.79** | **135.20** | **174.51** | **196.09** | **219.64** | **181.87** |
| 45.70 | 47.87 | 61.34 | 65.63 | 75.84 | 55.80 |
| 7.47 | 0.22 | 0.29 | 0.31 | 0.35 | 0.01 |
| 60.29 | 64.67 | 83.71 | 97.89 | 107.91 | 102.92 |
| 30.14 | 12.69 | 16.32 | 17.83 | 19.66 | 12.17 |
| 23.01 | 9.75 | 12.86 | 14.42 | 15.90 | 10.97 |
| 0.18 | | | | | |
| **14813.54** | **17619.43** | **24621.38** | **27421.25** | **28673.29** | **29538.48** |
| 15.46 | 6.08 | 8.52 | 8.10 | 8.92 | 13.20 |
| 12.75 | 4.07 | 5.36 | 5.60 | 6.18 | 7.92 |
| 3.90 | 1.45 | 1.03 | 1.08 | 1.18 | 1.05 |
| 0.85 | 0.00 | 0.01 | 0.01 | 0.01 | 0.83 |
| 3.24 | 2.27 | 2.99 | 3.27 | 3.57 | 5.28 |
| 1.45 | 1.01 | 1.33 | 1.49 | 1.64 | 3.23 |
| 2.72 | 0.30 | 0.31 | 0.34 | 0.38 | 0.22 |
| 2.50 | 1.49 | 1.81 | 1.98 | 2.19 | 2.59 |
| | | | | | |
| 0.91 | 1.22 | 1.03 | 1.08 | 1.19 | 1.06 |
| 2.12 | 7.15 | 4.35 | 4.34 | 4.79 | 5.66 |
| | 0.11 | 0.15 | 0.17 | 0.19 | 0.32 |
| 1.49 | 3.36 | 3.57 | 3.73 | 5.78 | 5.30 |
| 87.92 | 68.69 | 76.76 | 92.34 | 98.97 | 103.48 |
| 1195.22 | 1187.23 | 1724.26 | 2024.28 | 2250.47 | 2248.82 |
| 1.06 | 0.86 | 1.13 | 1.27 | 1.43 | 1.55 |
| 31.87 | 36.69 | 51.22 | 57.20 | 62.48 | 18.48 |
| 2.12 | 2.91 | 1.77 | 1.77 | 1.95 | 2.50 |
| 1.52 | 1.98 | 2.62 | 2.98 | 3.29 | 4.38 |
| 302.72 | 213.81 | 208.27 | 237.52 | 261.84 | 305.49 |
| 12325.99 | 15313.00 | 21429.43 | 23731.54 | 24577.44 | 25477.78 |
| 252.33 | 273.33 | 372.51 | 423.12 | 477.96 | 498.07 |
| 134.93 | 76.64 | 78.33 | 87.47 | 96.43 | 90.83 |
| 261.41 | 268.58 | 455.52 | 519.49 | 572.67 | 473.50 |
| 56.66 | 60.42 | 68.89 | 76.59 | 84.44 | 91.58 |
| 55.75 | 61.95 | 93.91 | 107.10 | 118.06 | 139.70 |
| 16.80 | 15.60 | 16.75 | 17.51 | 18.95 | 25.78 |
| | 0.81 | 0.69 | 0.73 | 0.80 | 0.87 |
| | | | | | |
| 7.95 | 2.20 | 2.75 | 3.07 | 3.38 | 3.77 |
| | | | | | |
| 31.87 | 3.97 | 3.79 | 3.78 | 4.16 | 2.18 |
| | 2.25 | 2.33 | 2.33 | 2.57 | 3.04 |
| **41.51** | **56.50** | **65.03** | **36.21** | **39.29** | **36.35** |
| | 6.04 | 6.13 | 6.70 | 7.45 | 7.13 |
| 41.51 | 50.40 | 58.84 | 29.44 | 31.76 | 29.15 |
| | 0.07 | 0.07 | 0.07 | 0.08 | 0.07 |
| **20.79** | **16.79** | **18.38** | **18.50** | **17.48** | **10.70** |
| **10.79** | **1.79** | **1.07** | **0.85** | **0.55** | **0.29** |
| **47.46** | **53.36** | **64.08** | **65.39** | **71.00** | **7.54** |
| **11.39** | **10.09** | **7.59** | **8.30** | **8.23** | **6.93** |
| **112.50** | **105.16** | **90.33** | **90.45** | **81.40** | **64.93** |

# 4-31 分行业原油消费总量

单位：万吨

| 行　　业 | Sector | 1995 |
|---|---|---|
| **消 费 总 量** | **Total Consumption** | **14886.39** |
| **农、林、牧、渔、水利业** | **Farming,Forestry,Animal Husbandry,Fishery and Water Conservancy** | **10.11** |
| **工业** | **Industry** | **14716.30** |
| **采掘业** | **Mining and Quarrying** | **1686.21** |
| 煤炭开采和洗选业 | Mining and Washing of Coal | |
| 石油和天然气开采业 | Extraction of Petroleum and Natural Gas | 1686.16 |
| 黑色金属矿采选业 | Mining and Processing of Ferrous Metal Ores | |
| 有色金属矿采选业 | Mining and Processing of Non-Ferrous Metal Ores | 0.05 |
| 非金属矿采选业 | Mining and Processing of Nonmetal Ores | |
| 其他采矿业 | Mining of Other Ores | |
| **制造业** | **Manufacturing** | **12963.62** |
| 农副食品加工业 | Processing of Food from Agricultural Products | 0.53 |
| 食品制造业 | Manufacture of Foods | 0.72 |
| 饮料制造业 | Manufacture of Beverages | 0.72 |
| 烟草制品业 | Manufacture of Tobacco | |
| 纺织业 | Manufacture of Textile | 1.29 |
| 纺织服装、鞋、帽制造业 | Manufacture of Textile Wearing Apparel,Footware, and Caps | 0.04 |
| 皮革、毛皮、羽毛(绒)及其制品业 | Manufacture of Leather, Fur, Feather and Related Products | 0.04 |
| 木材加工及木、竹、藤、棕、草制品业 | Processing of Timber,Manufacture of Wood,Bamboo,Rattan,Palm, and Straw Products | |
| 家具制造业 | Manufacture of Furniture | |
| 造纸及纸制品业 | Manufacture of Paper and Paper Products | 0.26 |
| 印刷业和记录媒介的复制 | Printing,Reproduction of Recording Media | 0.10 |
| 文教体育用品制造业 | Manufacture of Articles For Culture, Education and Sport Activity | |
| 石油加工、炼焦及核燃料加工业 | Processing of Petroleum, Coking, Processing of Nuclear Fuel | 11338.36 |
| 化学原料及化学制品制造业 | Manufacture of Raw Chemical Materials and Chemical Products | 1078.84 |
| 医药制造业 | Manufacture of Medicines | 0.12 |
| 化学纤维制造业 | Manufacture of Chemical Fibers | 478.22 |
| 橡胶制品业 | Manufacture of Rubber | 1.22 |
| 塑料制品业 | Manufacture of Plastics | 0.02 |
| 非金属矿物制品业 | Manufacture of Non-metallic Mineral Products | 56.32 |
| 黑色金属冶炼及压延加工业 | Smelting and Pressing of Ferrous Metals | 3.17 |
| 有色金属冶炼及压延加工业 | Smelting and Pressing of Non-ferrous Metals | 0.35 |
| 金属制品业 | Manufacture of Metal Products | 0.17 |
| 通用设备制造业 | Manufacture of General Purpose Machinery | 0.28 |
| 专用设备制造业 | Manufacture of Special Purpose Machinery | 0.20 |
| 交通运输设备制造业 | Manufacture of Transport Equipment | 0.57 |
| 电气机械及器材制造业 | Manufacture of Electrical Machinery and Equipment | 0.85 |
| 通信设备、计算机及其他电子设备制造业 | Manufacture of Communication Equipment,Computers and Other Electronic Equipment | |
| 仪器仪表及文化、办公用机械制造业 | Manufacture of Measuring Instruments and Machinery for Cultural Activity and Office Work | |
| 工艺品及其他制造业 | Manufacture of Artwork and Other Manufacturing | 1.23 |
| 废弃资源和废旧材料回收加工业 | Recycling and Disposal of Waste | |
| **电力、煤气及水生产和供应业** | **Electric Power, Gas and Water Production and Supply** | **66.47** |
| 电力、热力的生产和供应业 | Production and Distribution of Electric Power and Heat Power | 66.47 |
| 燃气生产和供应业 | Production and Distribution of Gas | |
| 水的生产和供应业 | Production and Distribution of Water | |
| **建筑业** | **Construction** | **2.71** |
| **交通运输、仓储和邮政业** | **Transport, Storage and Post** | **156.77** |
| **批发、零售业和住宿、餐饮业** | **Wholesale, Retail Trade and Hotel ,Restaurants** | **0.50** |
| **其他行业** | **Others** | |
| **生活消费** | **Residential Consumption** | |

# CONSUMPTION OF CRUDE OIL AND ITS MAIN VARIETIES BY SECTOR

(10 000 ton)

| 1996 | 1997 | 1998 | 1999 | 2000 | 2001 |
|---|---|---|---|---|---|
| **15865.01** | **17367.19** | **17357.31** | **18949.45** | **21232.01** | **21342.74** |
| **10.98** | | | | | |
| **15690.85** | **17197.77** | **17182.54** | **18775.23** | **21052.08** | **21168.21** |
| **1814.41** | **2465.14** | **2539.69** | **2823.05** | **3196.35** | **3205.98** |
| 1.35 | 1.31 | 1.16 | 1.88 | 2.32 | 2.33 |
| 1812.82 | 2451.37 | 2538.53 | 2821.17 | 3194.03 | 3203.65 |
| | 12.39 | | | | |
| 0.24 | | | | | |
| | | | | | |
| | 0.07 | | | | |
| **13791.20** | **14673.98** | **14567.38** | **15877.31** | **17779.14** | **17885.96** |
| 0.47 | 0.48 | 0.56 | 0.38 | 0.42 | 0.40 |
| 0.02 | 0.91 | 0.24 | 0.44 | 0.48 | 0.45 |
| 0.02 | 0.02 | 0.06 | 0.48 | 0.52 | 0.50 |
| | | | | | |
| 0.07 | 0.06 | 1.49 | 0.04 | 0.05 | 0.06 |
| 0.25 | 0.39 | 0.29 | 0.12 | 0.16 | 0.17 |
| | | | | | |
| | | | | | |
| | | | | | |
| | | 0.02 | | | |
| 0.60 | 0.08 | 0.22 | 0.53 | 0.48 | 0.51 |
| | | | | | |
| | | | 0.09 | 0.10 | 0.11 |
| 11903.89 | 11229.46 | 12445.47 | 13670.78 | 15305.82 | 15383.52 |
| 1333.98 | 1525.42 | 1570.38 | 1613.17 | 1809.79 | 1823.31 |
| 1.53 | 0.01 | | | | |
| 490.46 | 489.77 | 484.96 | 531.85 | 594.71 | 611.31 |
| 0.20 | 0.09 | 1.54 | 0.04 | 0.05 | 0.06 |
| 0.05 | | 0.58 | 0.33 | 0.40 | 0.35 |
| 50.80 | 55.36 | 52.98 | 47.84 | 53.54 | 53.12 |
| 7.32 | 2.37 | 6.28 | 9.10 | 10.25 | 9.85 |
| 0.50 | 1.12 | 0.83 | 0.67 | 0.80 | 0.77 |
| 0.03 | 0.01 | 0.01 | 0.03 | 0.03 | 0.03 |
| 0.07 | 0.01 | 0.03 | 0.10 | 0.11 | 0.12 |
| 0.04 | 0.08 | 0.05 | 0.25 | 0.27 | 0.26 |
| 0.08 | 0.09 | 0.12 | 0.05 | 0.06 | 0.07 |
| 0.67 | 0.73 | 1.25 | 0.45 | 0.50 | 0.45 |
| | 0.01 | | | | |
| | | | | | |
| | 1367.51 | | | | |
| | | | | | |
| 0.16 | | 0.03 | 0.57 | 0.60 | 0.54 |
| | | | | | |
| **85.24** | **58.65** | **75.48** | **74.87** | **76.59** | **76.27** |
| 85.24 | 58.65 | 75.36 | 74.87 | 76.59 | 76.27 |
| | | | | | |
| | | 0.12 | | | |
| **2.56** | **2.98** | **2.21** | **3.19** | **3.30** | **3.37** |
| **159.00** | **164.69** | **170.85** | **169.49** | **175.05** | **169.81** |
| **0.42** | **0.34** | **0.24** | **0.17** | **0.18** | **0.15** |
| **1.20** | **1.41** | **1.47** | **1.37** | **1.40** | **1.20** |

续表

单位：万吨

| 行　业 | Sector | 2002 |
|---|---|---|
| **消 费 总 量** | **Total Consumption** | **22544.05** |
| **农、林、牧、渔、水利业** | **Farming,Forestry,Animal Husbandry,Fishery and Water Conservancy** | |
| **工业** | **Industry** | **22362.50** |
| **采掘业** | **Mining and Quarrying** | **3382.26** |
| 煤炭开采和洗选业 | Mining and Washing of Coal | 1.19 |
| 石油和天然气开采业 | Extraction of Petroleum and Natural Gas | 3381.07 |
| 黑色金属矿采选业 | Mining and Processing of Ferrous Metal Ores | |
| 有色金属矿采选业 | Mining and Processing of Non-Ferrous Metal Ores | |
| 非金属矿采选业 | Mining and Processing of Nonmetal Ores | |
| 其他采矿业 | Mining of Other Ores | |
| **制造业** | **Manufacturing** | **18910.96** |
| 农副食品加工业 | Processing of Food from Agricultural Products | 0.30 |
| 食品制造业 | Manufacture of Foods | 0.43 |
| 饮料制造业 | Manufacture of Beverages | 0.59 |
| 烟草制品业 | Manufacture of Tobacco | |
| 纺织业 | Manufacture of Textile | 0.05 |
| 纺织服装、鞋、帽制造业 | Manufacture of Textile Wearing Apparel,Footware, and Caps | 0.12 |
| 皮革、毛皮、羽毛(绒)及其制品业 | Manufacture of Leather, Fur, Feather and Related Products | |
| 木材加工及木、竹、藤、棕、草制品业 | Processing of Timber,Manufacture of Wood,Bamboo,Rattan,Palm, and Straw Products | |
| 家具制造业 | Manufacture of Furniture | |
| 造纸及纸制品业 | Manufacture of Paper and Paper Products | 0.50 |
| 印刷业和记录媒介的复制 | Printing,Reproduction of Recording Media | |
| 文教体育用品制造业 | Manufacture of Articles For Culture, Education and Sport Activity | 0.09 |
| 石油加工、炼焦及核燃料加工业 | Processing of Petroleum, Coking, Processing of Nuclear Fuel | 16318.76 |
| 化学原料及化学制品制造业 | Manufacture of Raw Chemical Materials and Chemical Products | 1877.44 |
| 医药制造业 | Manufacture of Medicines | |
| 化学纤维制造业 | Manufacture of Chemical Fibers | 646.46 |
| 橡胶制品业 | Manufacture of Rubber | 0.06 |
| 塑料制品业 | Manufacture of Plastics | 0.50 |
| 非金属矿物制品业 | Manufacture of Non-metallic Mineral Products | 49.68 |
| 黑色金属冶炼及压延加工业 | Smelting and Pressing of Ferrous Metals | 13.57 |
| 有色金属冶炼及压延加工业 | Smelting and Pressing of Non-ferrous Metals | 1.01 |
| 金属制品业 | Manufacture of Metal Products | 0.04 |
| 通用设备制造业 | Manufacture of General Purpose Machinery | 0.09 |
| 专用设备制造业 | Manufacture of Special Purpose Machinery | 0.25 |
| 交通运输设备制造业 | Manufacture of Transport Equipment | 0.05 |
| 电气机械及器材制造业 | Manufacture of Electrical Machinery and Equipment | 0.50 |
| 通信设备、计算机及其他电子设备制造业 | Manufacture of Communication Equipment,Computers and Other Electronic Equipment | |
| 仪器仪表及文化、办公用机械制造业 | Manufacture of Measuring Instruments and Machinery for Cultural Activity and Office Work | |
| 工艺品及其他制造业 | Manufacture of Artwork and Other Manufacturing | 0.44 |
| 废弃资源和废旧材料回收加工业 | Recycling and Disposal of Waste | |
| **电力、煤气及水生产和供应业** | **Electric Power, Gas and Water Production and Supply** | **69.28** |
| 电力、热力的生产和供应业 | Production and Distribution of Electric Power and Heat Power | 69.28 |
| 燃气生产和供应业 | Production and Distribution of Gas | |
| 水的生产和供应业 | Production and Distribution of Water | |
| **建筑业** | **Construction** | **4.20** |
| **交通运输、仓储和邮政业** | **Transport, Storage and Post** | **175.94** |
| **批发、零售业和住宿、餐饮业** | **Wholesale, Retail Trade and Hotel ,Restaurants** | **0.12** |
| **其他行业** | **Others** | **1.29** |
| **生活消费** | **Residential Consumption** | |

Continued

(10 000 ton)

| 2003 | 2004 | 2005 | 2006 | 2007 | 2008 |
|---|---|---|---|---|---|
| **24922.00** | **28749.31** | **30086.24** | **32245.20** | **34031.60** | **35496.24** |
| | | | | | |
| **24768.40** | **28625.49** | **29959.37** | **32081.54** | **33867.94** | **35332.58** |
| **3909.70** | **1313.74** | **1386.75** | **1171.41** | **1203.93** | **1294.56** |
| 1.34 | | | | | |
| 3908.36 | 1313.74 | 1386.75 | 1171.41 | 1203.93 | 1294.56 |
| | | | | | |
| | | | | | |
| | | | | | |
| | | | | | |
| **20793.79** | **27302.48** | **28563.58** | **30898.48** | **32655.33** | **34027.78** |
| 0.34 | 0.14 | 0.07 | 0.06 | 0.06 | 0.08 |
| 0.40 | 0.20 | 0.10 | 0.09 | 0.09 | 0.11 |
| 0.61 | 0.43 | 0.50 | 0.49 | 0.49 | 0.60 |
| | | | | | |
| 0.03 | 0.20 | 0.20 | 0.19 | 0.19 | 0.23 |
| 0.40 | 0.47 | 0.24 | 0.23 | 0.25 | 0.31 |
| | 0.07 | 0.04 | 0.04 | 0.04 | 0.05 |
| | 0.10 | 0.12 | 0.11 | 0.14 | 0.17 |
| | | | | | |
| | 0.04 | 0.03 | 0.03 | 0.03 | 0.05 |
| 0.63 | 0.38 | 0.51 | 0.50 | 0.52 | 0.60 |
| | | | | | |
| 0.10 | 0.07 | 0.09 | 0.08 | 0.08 | 0.10 |
| 18008.32 | 25480.02 | 26021.27 | 28726.34 | 30309.24 | 31204.73 |
| 2002.53 | 1797.67 | 2513.08 | 2141.34 | 2315.05 | 2785.45 |
| | | | | 0.10 | 0.10 |
| 712.78 | 8.48 | 10.62 | 11.89 | 11.97 | 14.51 |
| 0.10 | 0.72 | 0.82 | 0.81 | 0.78 | 0.85 |
| 0.90 | 0.10 | 0.08 | 0.08 | 0.05 | 0.07 |
| 55.80 | 11.62 | 14.17 | 14.57 | 14.66 | 17.78 |
| 8.39 | 0.11 | 0.13 | 0.13 | 0.10 | 0.15 |
| 1.00 | 0.44 | 0.31 | 0.31 | 0.31 | 0.38 |
| | 0.10 | 0.06 | 0.06 | 0.06 | 0.11 |
| | 0.25 | 0.15 | 0.15 | 0.19 | 0.23 |
| 0.27 | 0.08 | 0.11 | 0.11 | 0.13 | 0.16 |
| 0.27 | 0.10 | 0.15 | 0.15 | 0.11 | 0.14 |
| 0.53 | 0.16 | 0.26 | 0.26 | 0.24 | 0.29 |
| | 0.45 | 0.40 | 0.40 | 0.40 | 0.49 |
| | | | | | |
| | 0.06 | 0.05 | 0.05 | 0.04 | 0.04 |
| | | | | | |
| 0.40 | 0.02 | 0.01 | 0.01 | 0.01 | 0.01 |
| | | | | | |
| **64.92** | **9.26** | **9.04** | **11.65** | **8.67** | **10.23** |
| 64.92 | 8.74 | 8.78 | 11.40 | 8.42 | 9.93 |
| | 0.52 | 0.26 | 0.25 | 0.25 | 0.31 |
| | | | | | |
| **4.00** | | | | | |
| **148.31** | **123.82** | **126.87** | **163.66** | **163.66** | **165.66** |
| **0.09** | | | | | |
| **1.20** | | | | | |

# 4-32 分行业汽油消费总量

单位：万吨

| 行业 | Sector | 1995 |
|---|---|---|
| **消费总量** | **Total Consumption** | **2909.59** |
| **农、林、牧、渔、水利业** | **Farming,Forestry,Animal Husbandry,Fishery and Water Conservancy** | **179.66** |
| **工业** | **Industry** | **812.43** |
| **采掘业** | **Mining and Quarrying** | **135.90** |
| 煤炭开采和洗选业 | Mining and Washing of Coal | 37.87 |
| 石油和天然气开采业 | Extraction of Petroleum and Natural Gas | 58.99 |
| 黑色金属矿采选业 | Mining and Processing of Ferrous Metal Ores | 4.74 |
| 有色金属矿采选业 | Mining and Processing of Non-Ferrous Metal Ores | 8.18 |
| 非金属矿采选业 | Mining and Processing of Nonmetal Ores | 8.74 |
| 其他采矿业 | Mining of Other Ores | 17.38 |
| **制造业** | **Manufacturing** | **637.21** |
| 农副食品加工业 | Processing of Food from Agricultural Products | 37.56 |
| 食品制造业 | Manufacture of Foods | 16.33 |
| 饮料制造业 | Manufacture of Beverages | 14.91 |
| 烟草制品业 | Manufacture of Tobacco | 3.17 |
| 纺织业 | Manufacture of Textile | 42.72 |
| 纺织服装、鞋、帽制造业 | Manufacture of Textile Wearing Apparel,Footware, and Caps | 11.39 |
| 皮革、毛皮、羽毛(绒)及其制品业 | Manufacture of Leather, Fur, Feather and Related Products | 5.38 |
| 木材加工及木、竹、藤、棕、草制品业 | Processing of Timber,Manufacture of Wood,Bamboo,Rattan,Palm, and Straw Products | 4.68 |
| 家具制造业 | Manufacture of Furniture | 3.71 |
| 造纸及纸制品业 | Manufacture of Paper and Paper Products | 14.59 |
| 印刷业和记录媒介的复制 | Printing,Reproduction of Recording Media | 6.17 |
| 文教体育用品制造业 | Manufacture of Articles For Culture, Education and Sport Activity | 2.66 |
| 石油加工、炼焦及核燃料加工业 | Processing of Petroleum, Coking, Processing of Nuclear Fuel | 29.23 |
| 化学原料及化学制品制造业 | Manufacture of Raw Chemical Materials and Chemical Products | 62.64 |
| 医药制造业 | Manufacture of Medicines | 8.98 |
| 化学纤维制造业 | Manufacture of Chemical Fibers | 4.56 |
| 橡胶制品业 | Manufacture of Rubber | 14.41 |
| 塑料制品业 | Manufacture of Plastics | 17.47 |
| 非金属矿物制品业 | Manufacture of Non-metallic Mineral Products | 82.14 |
| 黑色金属冶炼及压延加工业 | Smelting and Pressing of Ferrous Metals | 42.55 |
| 有色金属冶炼及压延加工业 | Smelting and Pressing of Non-ferrous Metals | 12.71 |
| 金属制品业 | Manufacture of Metal Products | 18.19 |
| 通用设备制造业 | Manufacture of General Purpose Machinery | 58.65 |
| 专用设备制造业 | Manufacture of Special Purpose Machinery | 26.69 |
| 交通运输设备制造业 | Manufacture of Transport Equipment | 37.48 |
| 电气机械及器材制造业 | Manufacture of Electrical Machinery and Equipment | 24.07 |
| 通信设备、计算机及其他电子设备制造业 | Manufacture of Communication Equipment,Computers and Other Electronic Equipment | 9.15 |
| 仪器仪表及文化、办公用机械制造业 | Manufacture of Measuring Instruments and Machinery for Cultural Activity and Office Work | 4.69 |
| 工艺品及其他制造业 | Manufacture of Artwork and Other Manufacturing | 20.33 |
| 废弃资源和废旧材料回收加工业 | Recycling and Disposal of Waste | |
| **电力、煤气及水生产和供应业** | **Electric Power, Gas and Water Production and Supply** | **39.32** |
| 电力、热力的生产和供应业 | Production and Distribution of Electric Power and Heat Power | 33.85 |
| 燃气生产和供应业 | Production and Distribution of Gas | 3.21 |
| 水的生产和供应业 | Production and Distribution of Water | 2.26 |
| **建筑业** | **Construction** | **103.62** |
| **交通运输、仓储和邮政业** | **Transport, Storage and Post** | **982.30** |
| **批发、零售业和住宿、餐饮业** | **Wholesale, Retail Trade and Hotel ,Restaurants** | **197.23** |
| **其他行业** | **Others** | **570.65** |
| **生活消费** | **Residential Consumption** | **63.70** |

## CONSUMPTION OF GASOLINE AND ITS MAIN VARIETIES BY SECTOR

(10 000 ton)

| 1996 | 1997 | 1998 | 1999 | 2000 | 2001 |
|---|---|---|---|---|---|
| **3166.32** | **3244.06** | **3306.84** | **3389.29** | **3504.56** | **3597.57** |
| **66.14** | **73.45** | **80.79** | **84.70** | **89.16** | **93.42** |
| **495.69** | **523.05** | **577.51** | **626.50** | **681.98** | **705.14** |
| **80.15** | **90.25** | **95.38** | **113.98** | **120.78** | **116.66** |
| 25.97 | 24.07 | 28.64 | 35.74 | 36.32 | 35.29 |
| 29.28 | 35.78 | 32.89 | 41.80 | 45.38 | 43.62 |
| 2.83 | 3.99 | 5.52 | 6.69 | 6.81 | 5.90 |
| 4.56 | 4.82 | 5.26 | 4.92 | 5.87 | 5.59 |
| 7.77 | 7.81 | 7.90 | 8.20 | 9.07 | 9.36 |
| 9.74 | 13.77 | 15.18 | 16.64 | 17.34 | 16.91 |
| **400.28** | **411.47** | **459.66** | **483.48** | **528.75** | **556.15** |
| 21.24 | 20.06 | 27.14 | 32.55 | 34.04 | 36.36 |
| 10.52 | 9.97 | 11.93 | 12.66 | 13.62 | 14.60 |
| 10.68 | 10.35 | 10.44 | 11.45 | 11.35 | 10.67 |
| 17.12 | 12.86 | 18.34 | 33.28 | 34.04 | 34.23 |
| 43.70 | 22.86 | 32.14 | 39.50 | 39.68 | 42.27 |
| 5.02 | 6.75 | 7.16 | 8.48 | 7.94 | 9.32 |
| 3.37 | 3.91 | 5.24 | 4.49 | 5.68 | 5.64 |
| 4.07 | 3.83 | 3.49 | 2.86 | 3.68 | 4.56 |
| 1.90 | 2.61 | 2.64 | 3.19 | 3.97 | 4.07 |
| 6.27 | 8.08 | 11.96 | 10.74 | 13.62 | 13.92 |
| 3.22 | 3.28 | 5.35 | 6.23 | 6.81 | 7.04 |
| 2.39 | 1.99 | 2.32 | 2.47 | 2.55 | 3.11 |
| 11.58 | 14.38 | 12.64 | 13.85 | 16.63 | 17.62 |
| 42.68 | 45.69 | 40.05 | 43.50 | 51.05 | 57.06 |
| 6.63 | 8.02 | 9.59 | 10.02 | 10.22 | 11.81 |
| 2.59 | 2.49 | 4.78 | 3.61 | 4.31 | 4.05 |
| 4.98 | 6.46 | 8.10 | 8.86 | 9.69 | 9.17 |
| 9.08 | 11.07 | 11.69 | 12.38 | 13.73 | 12.95 |
| 45.69 | 45.79 | 42.83 | 47.14 | 51.74 | 54.07 |
| 19.92 | 25.43 | 47.69 | 28.30 | 34.04 | 35.22 |
| 7.57 | 10.10 | 9.53 | 11.15 | 12.49 | 12.78 |
| 12.15 | 12.80 | 16.18 | 17.13 | 20.42 | 24.55 |
| 35.15 | 45.41 | 24.15 | 21.91 | 23.82 | 24.76 |
| 13.62 | 12.69 | 29.66 | 31.11 | 34.12 | 32.94 |
| 28.83 | 26.49 | 21.61 | 22.75 | 22.70 | 21.33 |
| 15.89 | 19.17 | 17.18 | 17.01 | 18.15 | 19.99 |
| 4.75 | 6.37 | 7.85 | 9.59 | 9.07 | 10.67 |
| 2.14 | 2.84 | 2.52 | 3.04 | 3.40 | 3.76 |
| 7.54 | 9.69 | 15.46 | 14.23 | 16.20 | 17.63 |
| **15.26** | **21.33** | **22.46** | **29.03** | **32.44** | **32.33** |
| 12.09 | 16.37 | 18.02 | 24.31 | 28.17 | 27.65 |
| 1.65 | 2.17 | 1.90 | 1.76 | 1.95 | 1.83 |
| 1.53 | 2.79 | 2.55 | 2.96 | 2.32 | 2.85 |
| **106.18** | **107.68** | **112.59** | **113.77** | **115.55** | **116.70** |
| **1591.32** | **1583.16** | **1551.61** | **1507.52** | **1527.78** | **1564.37** |
| **60.77** | **66.69** | **71.53** | **66.32** | **69.84** | **69.04** |
| **666.80** | **695.80** | **705.73** | **769.35** | **792.67** | **804.30** |
| **179.42** | **194.22** | **207.07** | **221.13** | **227.58** | **244.60** |

续表

单位：万吨

| 行　业 | Sector | 2002 |
|---|---|---|
| **消 费 总 量** | **Total Consumption** | **3749.32** |
| **农、林、牧、渔、水利业** | **Farming,Forestry,Animal Husbandry,Fishery and Water Conservancy** | **101.55** |
| **工业** | **Industry** | **717.64** |
| **采掘业** | **Mining and Quarrying** | **118.29** |
| 煤炭开采和洗选业 | Mining and Washing of Coal | 34.20 |
| 石油和天然气开采业 | Extraction of Petroleum and Natural Gas | 44.43 |
| 黑色金属矿采选业 | Mining and Processing of Ferrous Metal Ores | 7.02 |
| 有色金属矿采选业 | Mining and Processing of Non-Ferrous Metal Ores | 5.53 |
| 非金属矿采选业 | Mining and Processing of Nonmetal Ores | 9.74 |
| 其他采矿业 | Mining of Other Ores | 17.36 |
| **制造业** | **Manufacturing** | **567.33** |
| 农副食品加工业 | Processing of Food from Agricultural Products | 34.84 |
| 食品制造业 | Manufacture of Foods | 14.98 |
| 饮料制造业 | Manufacture of Beverages | 9.61 |
| 烟草制品业 | Manufacture of Tobacco | 34.70 |
| 纺织业 | Manufacture of Textile | 40.27 |
| 纺织服装、鞋、帽制造业 | Manufacture of Textile Wearing Apparel,Footware, and Caps | 9.16 |
| 皮革、毛皮、羽毛(绒)及其制品业 | Manufacture of Leather, Fur, Feather and Related Products | 5.47 |
| 木材加工及木、竹、藤、棕、草制品业 | Processing of Timber,Manufacture of Wood,Bamboo,Rattan,Palm, and Straw Products | 3.41 |
| 家具制造业 | Manufacture of Furniture | 4.40 |
| 造纸及纸制品业 | Manufacture of Paper and Paper Products | 17.78 |
| 印刷业和记录媒介的复制 | Printing,Reproduction of Recording Media | 7.40 |
| 文教体育用品制造业 | Manufacture of Articles For Culture, Education and Sport Activity | 3.25 |
| 石油加工、炼焦及核燃料加工业 | Processing of Petroleum, Coking, Processing of Nuclear Fuel | 18.14 |
| 化学原料及化学制品制造业 | Manufacture of Raw Chemical Materials and Chemical Products | 62.53 |
| 医药制造业 | Manufacture of Medicines | 12.10 |
| 化学纤维制造业 | Manufacture of Chemical Fibers | 4.14 |
| 橡胶制品业 | Manufacture of Rubber | 9.42 |
| 塑料制品业 | Manufacture of Plastics | 13.27 |
| 非金属矿物制品业 | Manufacture of Non-metallic Mineral Products | 63.29 |
| 黑色金属冶炼及压延加工业 | Smelting and Pressing of Ferrous Metals | 35.48 |
| 有色金属冶炼及压延加工业 | Smelting and Pressing of Non-ferrous Metals | 12.52 |
| 金属制品业 | Manufacture of Metal Products | 22.48 |
| 通用设备制造业 | Manufacture of General Purpose Machinery | 25.16 |
| 专用设备制造业 | Manufacture of Special Purpose Machinery | 31.23 |
| 交通运输设备制造业 | Manufacture of Transport Equipment | 22.49 |
| 电气机械及器材制造业 | Manufacture of Electrical Machinery and Equipment | 20.67 |
| 通信设备、计算机及其他电子设备制造业 | Manufacture of Communication Equipment,Computers and Other Electronic Equipment | 11.02 |
| 仪器仪表及文化、办公用机械制造业 | Manufacture of Measuring Instruments and Machinery for Cultural Activity and Office Work | 3.44 |
| 工艺品及其他制造业 | Manufacture of Artwork and Other Manufacturing | 14.69 |
| 废弃资源和废旧材料回收加工业 | Recycling and Disposal of Waste | |
| **电力、煤气及水生产和供应业** | **Electric Power, Gas and Water Production and Supply** | **32.01** |
| 电力、热力的生产和供应业 | Production and Distribution of Electric Power and Heat Power | 27.57 |
| 燃气生产和供应业 | Production and Distribution of Gas | 1.67 |
| 水的生产和供应业 | Production and Distribution of Water | 2.77 |
| **建筑业** | **Construction** | **112.32** |
| **交通运输、仓储和邮政业** | **Transport, Storage and Post** | **1603.50** |
| **批发、零售业和住宿、餐饮业** | **Wholesale, Retail Trade and Hotel ,Restaurants** | **74.22** |
| **其他行业** | **Others** | **866.29** |
| **生活消费** | **Residential Consumption** | **273.80** |

Continued

(10 000 ton )

| 2003 | 2004 | 2005 | 2006 | 2007 | 2008 |
|---|---|---|---|---|---|
| **4072.02** | **4695.72** | **4854.91** | **5242.55** | **5519.09** | **6145.52** |
| **116.50** | **134.09** | **159.59** | **167.75** | **172.78** | **160.44** |
| **632.88** | **507.40** | **441.71** | **498.50** | **524.50** | **586.11** |
| **106.12** | **70.81** | **51.89** | **59.43** | **62.91** | **65.73** |
| 33.04 | 17.79 | 14.61 | 17.04 | 18.32 | 22.36 |
| 39.07 | 36.56 | 25.71 | 29.46 | 30.99 | 27.84 |
| 5.98 | 6.77 | 4.60 | 5.11 | 5.38 | 5.96 |
| 4.99 | 3.07 | 3.30 | 3.73 | 3.93 | 4.39 |
| 8.39 | 6.58 | 3.65 | 4.06 | 4.27 | 5.14 |
| 14.65 | 0.03 | 0.02 | 0.02 | 0.02 | 0.04 |
| **496.37** | **403.89** | **364.25** | **411.39** | **436.66** | **492.78** |
| 21.74 | 16.07 | 13.24 | 14.96 | 15.74 | 17.58 |
| 8.35 | 7.80 | 7.36 | 8.32 | 8.75 | 9.87 |
| 8.19 | 8.05 | 6.93 | 7.71 | 7.39 | 9.14 |
| 27.97 | 0.93 | 0.75 | 0.83 | 0.87 | 0.88 |
| 26.24 | 21.26 | 16.74 | 18.99 | 19.98 | 22.48 |
| 9.31 | 7.95 | 9.28 | 10.32 | 10.86 | 12.58 |
| 4.05 | 4.05 | 4.30 | 4.78 | 5.03 | 6.05 |
| 3.07 | 3.43 | 4.72 | 5.26 | 5.53 | 7.89 |
| 4.56 | 2.28 | 2.74 | 3.04 | 3.20 | 4.03 |
| 19.10 | 8.88 | 8.05 | 9.11 | 9.58 | 11.96 |
| 6.27 | 5.89 | 6.64 | 7.39 | 7.11 | 8.18 |
| 2.79 | 3.33 | 3.70 | 4.12 | 3.70 | 4.23 |
| 22.68 | 25.10 | 20.87 | 23.20 | 24.40 | 20.05 |
| 45.18 | 45.72 | 42.14 | 48.28 | 45.00 | 51.75 |
| 13.56 | 7.67 | 7.34 | 8.16 | 10.26 | 11.33 |
| 3.02 | 0.74 | 1.10 | 1.34 | 1.88 | 2.04 |
| 8.94 | 9.75 | 9.13 | 10.27 | 10.91 | 13.73 |
| 9.96 | 14.80 | 11.97 | 13.53 | 14.23 | 17.14 |
| 59.14 | 34.41 | 24.03 | 26.72 | 31.56 | 38.03 |
| 36.85 | 22.13 | 21.17 | 25.23 | 26.55 | 24.72 |
| 11.94 | 7.06 | 6.14 | 6.90 | 7.25 | 7.00 |
| 21.99 | 19.92 | 17.14 | 19.38 | 23.75 | 29.38 |
| 28.65 | 30.37 | 26.21 | 29.63 | 33.88 | 40.51 |
| 24.24 | 23.66 | 15.84 | 17.73 | 20.76 | 21.60 |
| 21.51 | 28.46 | 34.92 | 39.61 | 41.27 | 46.46 |
| 23.14 | 20.69 | 20.62 | 23.25 | 23.20 | 26.68 |
| 11.76 | 10.41 | 10.55 | 11.90 | 13.39 | 16.13 |
| 6.39 | 5.35 | 3.45 | 3.83 | 4.66 | 5.15 |
| 5.76 | 7.33 | 6.87 | 7.26 | 5.62 | 5.84 |
| | 0.41 | 0.31 | 0.35 | 0.34 | 0.38 |
| **30.38** | **32.70** | **25.56** | **27.67** | **24.93** | **27.60** |
| 25.81 | 27.23 | 20.25 | 21.77 | 19.06 | 21.99 |
| 1.10 | 1.63 | 2.36 | 2.66 | 2.62 | 2.10 |
| 3.47 | 3.84 | 2.95 | 3.25 | 3.25 | 3.51 |
| **113.66** | **156.49** | **172.14** | **180.75** | **178.83** | **196.19** |
| **1915.14** | **2334.46** | **2430.05** | **2592.36** | **2613.19** | **3090.43** |
| **78.09** | **119.80** | **129.39** | **123.34** | **131.73** | **135.28** |
| **877.00** | **986.94** | **998.20** | **1064.11** | **1119.67** | **1121.93** |
| **338.75** | **456.54** | **523.83** | **615.74** | **778.40** | **855.14** |

# 4-33 分行业煤油消费总量

单位：万吨

| 行　业 | Sector | 1995 |
| --- | --- | --- |
| **消 费 总 量** | **Total Consumption** | **512.11** |
| **农、林、牧、渔、水利业** | **Farming,Forestry,Animal Husbandry,Fishery and Water Conservancy** | **3.57** |
| **工业** | **Industry** | **44.94** |
| **采掘业** | **Mining and Quarrying** | **2.92** |
| 煤炭开采和洗选业 | Mining and Washing of Coal | 1.59 |
| 石油和天然气开采业 | Extraction of Petroleum and Natural Gas | 0.59 |
| 黑色金属矿采选业 | Mining and Processing of Ferrous Metal Ores | 0.08 |
| 有色金属矿采选业 | Mining and Processing of Non-Ferrous Metal Ores | 0.40 |
| 非金属矿采选业 | Mining and Processing of Nonmetal Ores | 0.20 |
| 其他采矿业 | Mining of Other Ores | 0.06 |
| **制造业** | **Manufacturing** | **40.41** |
| 农副食品加工业 | Processing of Food from Agricultural Products | 0.26 |
| 食品制造业 | Manufacture of Foods | 0.33 |
| 饮料制造业 | Manufacture of Beverages | 0.23 |
| 烟草制品业 | Manufacture of Tobacco | 2.07 |
| 纺织业 | Manufacture of Textile | 2.91 |
| 纺织服装、鞋、帽制造业 | Manufacture of Textile Wearing Apparel,Footware, and Caps | 0.11 |
| 皮革、毛皮、羽毛(绒)及其制品业 | Manufacture of Leather, Fur, Feather and Related Products | 0.42 |
| 木材加工及木、竹、藤、棕、草制品业 | Processing of Timber,Manufacture of Wood,Bamboo,Rattan,Palm, and Straw Products | 1.17 |
| 家具制造业 | Manufacture of Furniture | 0.01 |
| 造纸及纸制品业 | Manufacture of Paper and Paper Products | 1.78 |
| 印刷业和记录媒介的复制 | Printing,Reproduction of Recording Media | 3.41 |
| 文教体育用品制造业 | Manufacture of Articles For Culture, Education and Sport Activity | 0.10 |
| 石油加工、炼焦及核燃料加工业 | Processing of Petroleum, Coking, Processing of Nuclear Fuel | 1.02 |
| 化学原料及化学制品制造业 | Manufacture of Raw Chemical Materials and Chemical Products | 8.10 |
| 医药制造业 | Manufacture of Medicines | 0.15 |
| 化学纤维制造业 | Manufacture of Chemical Fibers | 0.18 |
| 橡胶制品业 | Manufacture of Rubber | 0.16 |
| 塑料制品业 | Manufacture of Plastics | 0.39 |
| 非金属矿物制品业 | Manufacture of Non-metallic Mineral Products | 2.59 |
| 黑色金属冶炼及压延加工业 | Smelting and Pressing of Ferrous Metals | 0.41 |
| 有色金属冶炼及压延加工业 | Smelting and Pressing of Non-ferrous Metals | 0.57 |
| 金属制品业 | Manufacture of Metal Products | 3.37 |
| 通用设备制造业 | Manufacture of General Purpose Machinery | 3.05 |
| 专用设备制造业 | Manufacture of Special Purpose Machinery | 0.91 |
| 交通运输设备制造业 | Manufacture of Transport Equipment | 4.87 |
| 电气机械及器材制造业 | Manufacture of Electrical Machinery and Equipment | 0.50 |
| 通信设备、计算机及其他电子设备制造业 | Manufacture of Communication Equipment,Computers and Other Electronic Equipment | 0.23 |
| 仪器仪表及文化、办公用机械制造业 | Manufacture of Measuring Instruments and Machinery for Cultural Activity and Office Work | 0.12 |
| 工艺品及其他制造业 | Manufacture of Artwork and Other Manufacturing | 0.99 |
| 废弃资源和废旧材料回收加工业 | Recycling and Disposal of Waste | |
| **电力、煤气及水生产和供应业** | **Electric Power, Gas and Water Production and Supply** | **1.61** |
| 电力、热力的生产和供应业 | Production and Distribution of Electric Power and Heat Power | 1.30 |
| 燃气生产和供应业 | Production and Distribution of Gas | 0.11 |
| 水的生产和供应业 | Production and Distribution of Water | 0.20 |
| **建筑业** | **Construction** | **3.51** |
| **交通运输、仓储和邮政业** | **Transport, Storage and Post** | **250.01** |
| **批发、零售业和住宿、餐饮业** | **Wholesale, Retail Trade and Hotel ,Restaurants** | **8.51** |
| **其他行业** | **Others** | **137.32** |
| **生活消费** | **Residential Consumption** | **64.25** |

# CONSUMPTION OF KEROSENE AND ITS MAIN VARIETIES BY SECTOR

(10 000 ton)

| 1996 | 1997 | 1998 | 1999 | 2000 | 2001 |
|---|---|---|---|---|---|
| **555.50** | **681.71** | **706.41** | **844.21** | **871.61** | **890.27** |
| **1.68** | **1.38** | **1.61** | **1.43** | **1.50** | **1.52** |
| **43.07** | **46.65** | **52.19** | **78.35** | **83.95** | **86.00** |
| **4.78** | **4.74** | **3.53** | **6.97** | **7.44** | **7.59** |
| 3.40 | 3.43 | 2.54 | 5.01 | 5.37 | 5.50 |
| 0.66 | 0.66 | 0.54 | 0.41 | 0.42 | 0.43 |
| 0.05 | 0.04 | 0.04 | 0.04 | 0.04 | 0.03 |
| 0.43 | 0.43 | 0.18 | 1.19 | 1.26 | 1.29 |
| 0.18 | 0.15 | 0.23 | 0.31 | 0.34 | 0.34 |
| 0.05 | 0.03 | 0.01 | 0.01 | 0.01 | |
| **36.91** | **41.04** | **48.35** | **70.98** | **76.05** | **77.92** |
| 0.69 | 0.62 | 0.22 | 0.26 | 0.25 | 0.26 |
| 0.15 | 0.19 | 0.04 | 0.08 | 0.08 | 0.09 |
| 0.14 | 0.16 | 0.03 | 0.09 | 0.08 | 0.09 |
| 2.13 | 0.09 | 0.03 | 0.09 | 0.08 | 0.09 |
| 1.91 | 2.01 | 2.48 | 3.52 | 3.78 | 3.87 |
| 0.12 | 0.19 | 0.08 | 0.38 | 0.42 | 0.43 |
| 0.17 | 0.15 | 0.09 | 0.17 | 0.17 | 0.17 |
| 1.24 | 0.61 | 0.49 | 0.10 | 0.08 | 0.09 |
| 0.02 | 0.05 | 0.04 | 0.04 | 0.04 | 0.05 |
| 1.77 | 1.61 | 2.39 | 3.39 | 3.61 | 3.70 |
| 2.57 | 3.07 | 3.32 | 5.34 | 5.71 | 5.85 |
| 0.07 | 0.08 | 1.27 | 1.21 | 1.26 | 1.29 |
| 1.95 | 10.58 | 8.86 | 16.79 | 18.06 | 18.47 |
| 6.86 | 6.60 | 6.08 | 8.12 | 8.73 | 8.94 |
| 0.13 | 0.15 | 0.08 | 0.13 | 0.15 | 0.14 |
| 0.23 | 0.21 | 0.27 | 0.41 | 0.42 | 0.43 |
| 0.08 | 0.09 | 0.13 | 0.06 | 0.07 | 0.08 |
| 0.29 | 0.36 | 0.34 | 0.43 | 0.42 | 0.43 |
| 2.51 | 2.01 | 1.60 | 2.24 | 2.43 | 2.49 |
| 0.52 | 0.75 | 2.75 | 5.03 | 5.37 | 5.50 |
| 0.73 | 0.76 | 0.42 | 0.57 | 0.59 | 0.60 |
| 2.32 | 2.48 | 1.89 | 1.54 | 1.68 | 1.72 |
| 2.79 | 2.77 | 2.30 | 3.04 | 3.27 | 3.35 |
| 1.53 | 0.98 | 1.26 | 1.24 | 1.34 | 1.38 |
| | 3.50 | 3.57 | 5.84 | 6.30 | 6.45 |
| 0.55 | 0.46 | 0.25 | 0.25 | 0.25 | 0.26 |
| 0.57 | 0.14 | 0.28 | 0.17 | 0.18 | 0.17 |
| 0.17 | 0.13 | 0.62 | 0.13 | 0.15 | 0.17 |
| 0.64 | 0.22 | 7.16 | 10.32 | 11.08 | 11.36 |
| **1.38** | **0.87** | **0.31** | **0.40** | **0.46** | **0.49** |
| 1.24 | 0.65 | 0.29 | 0.36 | 0.42 | 0.44 |
| 0.06 | 0.06 | 0.01 | 0.01 | 0.01 | 0.01 |
| 0.08 | 0.16 | 0.01 | 0.03 | 0.03 | 0.04 |
| **5.01** | **4.23** | **3.45** | **3.87** | **4.00** | **3.50** |
| **298.86** | **420.10** | **425.49** | **525.62** | **535.90** | **560.69** |
| **8.28** | **8.98** | **8.99** | **11.45** | **14.00** | **12.47** |
| **133.92** | **137.71** | **141.61** | **152.68** | **160.09** | **151.09** |
| **64.68** | **62.66** | **73.07** | **70.81** | **72.17** | **75.00** |

续表

单位：万吨

| 行　业 | Sector | 2002 |
|---|---|---|
| **消 费 总 量** | **Total Consumption** | **919.20** |
| **农、林、牧、渔、水利业** | **Farming,Forestry,Animal Husbandry,Fishery and Water Conservancy** | **1.40** |
| **工业** | **Industry** | **107.35** |
| **采掘业** | **Mining and Quarrying** | **10.02** |
| 煤炭开采和洗选业 | Mining and Washing of Coal | 7.36 |
| 石油和天然气开采业 | Extraction of Petroleum and Natural Gas | 0.49 |
| 黑色金属矿采选业 | Mining and Processing of Ferrous Metal Ores | 0.04 |
| 有色金属矿采选业 | Mining and Processing of Non-Ferrous Metal Ores | 1.61 |
| 非金属矿采选业 | Mining and Processing of Nonmetal Ores | 0.52 |
| 其他采矿业 | Mining of Other Ores | |
| **制造业** | **Manufacturing** | **96.67** |
| 农副食品加工业 | Processing of Food from Agricultural Products | 0.36 |
| 食品制造业 | Manufacture of Foods | 0.09 |
| 饮料制造业 | Manufacture of Beverages | 0.10 |
| 烟草制品业 | Manufacture of Tobacco | 0.12 |
| 纺织业 | Manufacture of Textile | 5.33 |
| 纺织服装、鞋、帽制造业 | Manufacture of Textile Wearing Apparel,Footware, and Caps | 0.63 |
| 皮革、毛皮、羽毛(绒)及其制品业 | Manufacture of Leather, Fur, Feather and Related Products | 0.18 |
| 木材加工及木、竹、藤、棕、草制品业 | Processing of Timber,Manufacture of Wood,Bamboo,Rattan,Palm, and Straw Products | 0.12 |
| 家具制造业 | Manufacture of Furniture | 0.06 |
| 造纸及纸制品业 | Manufacture of Paper and Paper Products | 3.60 |
| 印刷业和记录媒介的复制 | Printing,Reproduction of Recording Media | 7.32 |
| 文教体育用品制造业 | Manufacture of Articles For Culture, Education and Sport Activity | 1.47 |
| 石油加工、炼焦及核燃料加工业 | Processing of Petroleum, Coking, Processing of Nuclear Fuel | 20.89 |
| 化学原料及化学制品制造业 | Manufacture of Raw Chemical Materials and Chemical Products | 12.60 |
| 医药制造业 | Manufacture of Medicines | 0.12 |
| 化学纤维制造业 | Manufacture of Chemical Fibers | 0.45 |
| 橡胶制品业 | Manufacture of Rubber | 0.06 |
| 塑料制品业 | Manufacture of Plastics | 0.60 |
| 非金属矿物制品业 | Manufacture of Non-metallic Mineral Products | 2.11 |
| 黑色金属冶炼及压延加工业 | Smelting and Pressing of Ferrous Metals | 7.94 |
| 有色金属冶炼及压延加工业 | Smelting and Pressing of Non-ferrous Metals | 0.77 |
| 金属制品业 | Manufacture of Metal Products | 2.67 |
| 通用设备制造业 | Manufacture of General Purpose Machinery | 4.34 |
| 专用设备制造业 | Manufacture of Special Purpose Machinery | 1.45 |
| 交通运输设备制造业 | Manufacture of Transport Equipment | 8.16 |
| 电气机械及器材制造业 | Manufacture of Electrical Machinery and Equipment | 0.39 |
| 通信设备、计算机及其他电子设备制造业 | Manufacture of Communication Equipment,Computers and Other Electronic Equipment | 0.31 |
| 仪器仪表及文化、办公用机械制造业 | Manufacture of Measuring Instruments and Machinery for Cultural Activity and Office Work | 0.41 |
| 工艺品及其他制造业 | Manufacture of Artwork and Other Manufacturing | 14.00 |
| 废弃资源和废旧材料回收加工业 | Recycling and Disposal of Waste | |
| **电力、煤气及水生产和供应业** | **Electric Power, Gas and Water Production and Supply** | **0.66** |
| 电力、热力的生产和供应业 | Production and Distribution of Electric Power and Heat Power | 0.61 |
| 燃气生产和供应业 | Production and Distribution of Gas | |
| 水的生产和供应业 | Production and Distribution of Water | 0.05 |
| **建筑业** | **Construction** | |
| **交通运输、仓储和邮政业** | **Transport, Storage and Post** | **716.75** |
| **批发、零售业和住宿、餐饮业** | **Wholesale, Retail Trade and Hotel ,Restaurants** | **13.00** |
| **其他行业** | **Others** | **40.00** |
| **生活消费** | **Residential Consumption** | **40.70** |

Continued

(10 000 ton)

| 2003 | 2004 | 2005 | 2006 | 2007 | 2008 |
|---|---|---|---|---|---|
| **921.61** | **1060.86** | **1076.84** | **1124.74** | **1243.72** | **1294.01** |
| **1.35** | **1.08** | **1.60** | **1.54** | **0.94** | **1.26** |
| **87.77** | **60.89** | **57.50** | **48.19** | **45.24** | **49.08** |
| **8.10** | **6.80** | **6.40** | **5.72** | **5.30** | **5.38** |
| 6.37 | 4.37 | 3.26 | 2.93 | 2.71 | 2.87 |
| 0.28 | 0.17 | 0.17 | 0.16 | 0.15 | 0.13 |
|  | 0.71 | 1.42 | 1.27 | 1.16 | 1.03 |
| 1.32 | 0.84 | 0.74 | 0.66 | 0.62 | 0.77 |
| 0.13 | 0.70 | 0.80 | 0.70 | 0.66 | 0.58 |
|  | 0.01 | 0.01 | 0.01 |  |  |
| **79.14** | **53.83** | **50.74** | **42.18** | **39.64** | **43.46** |
| 0.40 | 0.33 | 0.40 | 0.35 | 0.33 | 0.42 |
| 0.10 | 0.33 | 0.33 | 0.29 | 0.27 | 0.26 |
| 0.14 | 0.54 | 0.54 | 0.48 | 0.45 | 0.49 |
|  | 0.03 | 0.03 | 0.03 | 0.03 |  |
| 3.71 | 2.05 | 2.05 | 1.84 | 1.72 | 1.38 |
| 0.50 | 0.70 | 0.70 | 0.61 | 0.57 | 0.49 |
| 0.18 | 0.37 | 0.37 | 0.32 | 0.30 | 0.24 |
| 0.21 | 1.36 | 1.09 | 0.97 | 0.91 | 0.46 |
|  |  |  |  |  |  |
|  | 0.24 | 0.24 | 0.21 | 0.20 | 0.18 |
| 1.90 | 0.91 | 0.91 | 0.81 | 0.76 | 0.91 |
| 6.00 | 0.74 | 0.74 | 0.66 | 0.62 | 0.53 |
| 1.63 | 0.35 | 0.35 | 0.31 | 0.29 | 0.17 |
| 16.79 | 2.06 | 2.06 | 1.85 | 1.73 | 2.08 |
| 9.68 | 8.70 | 6.09 | 4.58 | 4.20 | 3.87 |
| 0.08 | 0.52 | 0.52 | 0.46 | 0.43 | 0.43 |
| 0.42 | 0.50 | 0.50 | 0.44 | 0.41 | 0.29 |
| 0.08 | 0.27 | 0.27 | 0.23 | 0.22 | 0.15 |
| 0.67 | 0.74 | 0.74 | 0.66 | 0.52 | 1.04 |
| 1.52 | 3.06 | 3.06 | 2.75 | 2.58 | 2.32 |
| 3.00 | 1.92 | 1.92 | 1.71 | 1.61 | 2.25 |
| 1.14 | 2.32 | 2.32 | 2.07 | 1.94 | 2.18 |
| 2.40 | 2.61 | 2.64 | 2.35 | 2.21 | 2.65 |
| 5.72 | 7.03 | 5.80 | 5.18 | 4.82 | 6.32 |
| 1.64 | 1.69 | 1.69 | 1.49 | 1.38 | 0.98 |
| 7.18 | 10.16 | 11.08 | 7.76 | 7.57 | 9.05 |
| 0.49 | 1.60 | 1.60 | 1.40 | 1.31 | 1.58 |
| 0.30 | 0.82 | 0.82 | 0.80 | 0.75 | 0.86 |
| 0.42 | 1.13 | 1.13 | 0.99 | 0.93 | 1.39 |
| 12.85 | 0.70 | 0.70 | 0.59 | 0.55 | 0.44 |
|  | 0.04 | 0.04 | 0.03 | 0.03 | 0.05 |
| **0.53** | **0.26** | **0.36** | **0.29** | **0.31** | **0.25** |
| 0.53 | 0.21 | 0.32 | 0.24 | 0.25 | 0.23 |
|  | 0.01 | 0.02 | 0.02 | 0.03 | 0.01 |
|  | 0.04 | 0.03 | 0.03 | 0.03 | 0.01 |
|  |  |  |  |  | **9.67** |
| **741.68** | **919.71** | **952.42** | **1010.54** | **1129.98** | **1174.59** |
| **11.24** | **3.63** | **3.67** | **3.77** | **4.90** | **20.82** |
| **43.19** | **48.19** | **36.19** | **37.97** | **43.17** | **25.90** |
| **36.38** | **27.36** | **25.46** | **22.73** | **19.48** | **12.68** |

# 4-34 分行业柴油消费总量

单位：万吨

| 行　业 | Sector | 1995 |
| --- | --- | --- |
| **消 费 总 量** | **Total Consumption** | **4321.44** |
| **农、林、牧、渔、水利业** | **Farming,Forestry,Animal Husbandry,Fishery and Water Conservancy** | **1001.39** |
| **工业** | **Industry** | **1189.87** |
| **采掘业** | **Mining and Quarrying** | **229.63** |
| 煤炭开采和洗选业 | Mining and Washing of Coal | 31.68 |
| 石油和天然气开采业 | Extraction of Petroleum and Naturai Gas | 147.95 |
| 黑色金属矿采选业 | Mining and Processing of Ferrous Metal Ores | 5.41 |
| 有色金属矿采选业 | Mining and Processing of Non-Ferrous Metal Ores | 12.62 |
| 非金属矿采选业 | Mining and Processing of Nonmetal Ores | 20.96 |
| 其他采矿业 | Mining of Other Ores | 11.01 |
| **制造业** | **Manufacturing** | **722.25** |
| 农副食品加工业 | Processing of Food from Agricultural Products | 33.65 |
| 食品制造业 | Manufacture of Foods | 18.15 |
| 饮料制造业 | Manufacture of Beverages | 8.04 |
| 烟草制品业 | Manufacture of Tobacco | 1.16 |
| 纺织业 | Manufacture of Textile | 36.39 |
| 纺织服装、鞋、帽制造业 | Manufacture of Textile Wearing Apparel,Footware, and Caps | 8.64 |
| 皮革、毛皮、羽毛(绒)及其制品业 | Manufacture of Leather, Fur, Feather and Related Products | 5.76 |
| 木材加工及木、竹、藤、棕、草制品业 | Processing of Timber,Manufacture of Wood,Bamboo,Rattan,Palm, and Straw Products | 6.10 |
| 家具制造业 | Manufacture of Furniture | 1.42 |
| 造纸及纸制品业 | Manufacture of Paper and Paper Products | 27.59 |
| 印刷业和记录媒介的复制 | Printing,Reproduction of Recording Media | 2.66 |
| 文教体育用品制造业 | Manufacture of Articles For Culture, Education and Sport Activity | 2.73 |
| 石油加工、炼焦及核燃料加工业 | Processing of Petroleum, Coking, Processing of Nuclear Fuel | 48.89 |
| 化学原料及化学制品制造业 | Manufacture of Raw Chemical Materials and Chemical Products | 94.41 |
| 医药制造业 | Manufacture of Medicines | 3.86 |
| 化学纤维制造业 | Manufacture of Chemical Fibers | 5.45 |
| 橡胶制品业 | Manufacture of Rubber | 4.04 |
| 塑料制品业 | Manufacture of Plastics | 21.02 |
| 非金属矿物制品业 | Manufacture of Non-metallic Mineral Products | 149.29 |
| 黑色金属冶炼及压延加工业 | Smelting and Pressing of Ferrous Metals | 73.20 |
| 有色金属冶炼及压延加工业 | Smelting and Pressing of Non-ferrous Metals | 21.66 |
| 金属制品业 | Manufacture of Metal Products | 23.40 |
| 通用设备制造业 | Manufacture of General Purpose Machinery | 31.18 |
| 专用设备制造业 | Manufacture of Special Purpose Machinery | 14.53 |
| 交通运输设备制造业 | Manufacture of Transport Equipment | 31.60 |
| 电气机械及器材制造业 | Manufacture of Electrical Machinery and Equipment | 17.14 |
| 通信设备、计算机及其他电子设备制造业 | Manufacture of Communication Equipment,Computers and Other Electronic Equipment | 10.73 |
| 仪器仪表及文化、办公用机械制造业 | Manufacture of Measuring Instruments and Machinery for Cultural Activity and Office Work | 3.94 |
| 工艺品及其他制造业 | Manufacture of Artwork and Other Manufacturing | 15.62 |
| 废弃资源和废旧材料回收加工业 | Recycling and Disposal of Waste | |
| **电力、煤气及水生产和供应业** | **Electric Power, Gas and Water Production and Supply** | **237.99** |
| 电力、热力的生产和供应业 | Production and Distribution of Electric Power and Heat Power | 234.44 |
| 燃气生产和供应业 | Production and Distribution of Gas | 2.12 |
| 水的生产和供应业 | Production and Distribution of Water | 1.43 |
| **建筑业** | **Construction** | **118.19** |
| **交通运输、仓储和邮政业** | **Transport, Storage and Post** | **1246.56** |
| **批发、零售业和住宿、餐饮业** | **Wholesale, Retail Trade and Hotel ,Restaurants** | **103.59** |
| **其他行业** | **Others** | **645.70** |
| **生活消费** | **Residential Consumption** | **16.14** |

# CONSUMPTION OF DIESEL OIL AND ITS MAIN VARIETIES BY SECTOR

(10 000 ton )

| 1996 | 1997 | 1998 | 1999 | 2000 | 2001 |
|---|---|---|---|---|---|
| **4825.14** | **5278.50** | **5309.69** | **6204.08** | **6806.23** | **7157.97** |
| **509.85** | **532.98** | **564.13** | **629.29** | **697.10** | **742.95** |
| **1117.24** | **1680.38** | **1226.05** | **1546.85** | **1696.46** | **1799.81** |
| **215.79** | **260.01** | **190.29** | **254.78** | **289.49** | **311.66** |
| 24.39 | 33.21 | 34.89 | 46.81 | 54.46 | 56.79 |
| 151.29 | 175.84 | 109.25 | 148.17 | 166.62 | 180.30 |
| 4.84 | 5.98 | 6.99 | 11.09 | 12.54 | 13.56 |
| 12.42 | 14.26 | 8.45 | 11.69 | 13.71 | 13.40 |
| 14.34 | 17.56 | 20.34 | 26.20 | 29.39 | 35.11 |
| 8.50 | 13.16 | 10.36 | 10.81 | 12.77 | 12.51 |
| **615.42** | **694.77** | **810.76** | **1034.05** | **1138.97** | **1207.06** |
| 29.55 | 34.01 | 38.37 | 32.28 | 39.71 | 34.12 |
| 13.69 | 13.40 | 10.20 | 16.83 | 17.88 | 18.63 |
| 6.12 | 7.68 | 7.81 | 9.96 | 10.75 | 12.28 |
| 0.93 | 1.63 | 2.17 | 4.03 | 4.29 | 3.96 |
| 24.15 | 34.69 | 33.46 | 44.00 | 46.31 | 48.77 |
| 6.44 | 7.38 | 10.70 | 13.88 | 14.69 | 16.19 |
| 5.39 | 6.51 | 10.10 | 20.24 | 15.55 | 18.57 |
| 3.42 | 3.65 | 5.59 | 6.15 | 6.97 | 7.59 |
| 1.39 | 2.06 | 2.08 | 2.77 | 2.58 | 3.02 |
| 15.64 | 17.68 | 17.70 | 20.56 | 24.18 | 24.64 |
| 2.30 | 1.96 | 5.20 | 6.88 | 7.70 | 8.51 |
| 5.77 | 5.11 | 8.44 | 13.64 | 12.20 | 15.53 |
| 39.90 | 34.98 | 32.11 | 63.41 | 74.18 | 78.53 |
| 115.84 | 92.89 | 103.45 | 104.82 | 123.40 | 131.64 |
| 4.61 | 6.24 | 4.45 | 6.38 | 7.18 | 7.82 |
| 4.09 | 5.10 | 6.15 | 9.36 | 10.41 | 11.15 |
| 4.27 | 4.52 | 6.48 | 6.83 | 8.25 | 7.92 |
| 14.86 | 21.02 | 31.30 | 39.42 | 42.29 | 47.83 |
| 132.11 | 157.13 | 213.46 | 279.93 | 319.33 | 330.41 |
| 47.31 | 59.71 | 53.21 | 64.86 | 73.95 | 82.03 |
| 19.02 | 23.34 | 43.88 | 39.47 | 44.09 | 46.69 |
| 18.04 | 20.38 | 27.60 | 34.70 | 39.86 | 45.66 |
| 24.49 | 33.61 | 26.77 | 33.81 | 33.28 | 29.03 |
| 11.84 | 15.72 | 14.65 | 15.64 | 13.62 | 12.24 |
| 24.11 | 33.64 | 34.55 | 48.88 | 51.30 | 57.03 |
| 18.46 | 20.49 | 18.96 | 27.11 | 25.83 | 26.83 |
| 9.71 | 11.90 | 22.12 | 38.56 | 37.82 | 46.37 |
| 2.05 | 2.97 | 6.21 | 10.70 | 10.40 | 11.28 |
| 9.91 | 15.35 | 13.59 | 18.92 | 20.98 | 22.78 |
| **286.03** | **725.59** | **225.00** | **258.02** | **268.00** | **281.09** |
| 282.81 | 722.56 | 216.55 | 249.31 | 258.02 | 269.92 |
| 1.92 | 1.42 | 7.09 | 6.12 | 7.18 | 8.49 |
| 1.30 | 1.62 | 1.36 | 2.59 | 2.80 | 2.68 |
| **159.62** | **146.01** | **153.36** | **188.06** | **205.86** | **223.08** |
| **2261.06** | **2119.53** | **2612.93** | **2971.64** | **3293.81** | **3421.00** |
| **90.27** | **86.42** | **83.31** | **90.91** | **95.94** | **98.07** |
| **578.05** | **594.00** | **524.01** | **609.67** | **638.70** | **673.89** |
| **109.05** | **119.18** | **145.90** | **167.66** | **178.36** | **199.17** |

续表

单位: 万吨

| 行　业 | Sector | 2002 |
| --- | --- | --- |
| **消 费 总 量** | **Total Consumption** | **7666.86** |
| **农、林、牧、渔、水利业** | **Farming,Forestry,Animal Husbandry,Fishery and Water Conservancy** | **819.02** |
| **工业** | **Industry** | **1876.33** |
| **采掘业** | **Mining and Quarrying** | **346.83** |
| 煤炭开采和洗选业 | Mining and Washing of Coal | 60.07 |
| 石油和天然气开采业 | Extraction of Petroleum and Natural Gas | 204.72 |
| 黑色金属矿采选业 | Mining and Processing of Ferrous Metal Ores | 17.01 |
| 有色金属矿采选业 | Mining and Processing of Non-Ferrous Metal Ores | 15.04 |
| 非金属矿采选业 | Mining and Processing of Nonmetal Ores | 37.37 |
| 其他采矿业 | Mining of Other Ores | 12.62 |
| **制造业** | **Manufacturing** | **1257.38** |
| 农副食品加工业 | Processing of Food from Agricultural Products | 36.23 |
| 食品制造业 | Manufacture of Foods | 21.74 |
| 饮料制造业 | Manufacture of Beverages | 12.98 |
| 烟草制品业 | Manufacture of Tobacco | 4.99 |
| 纺织业 | Manufacture of Textile | 47.49 |
| 纺织服装、鞋、帽制造业 | Manufacture of Textile Wearing Apparel,Footware, and Caps | 16.83 |
| 皮革、毛皮、羽毛(绒)及其制品业 | Manufacture of Leather, Fur, Feather and Related Products | 15.26 |
| 木材加工及木、竹、藤、棕、草制品业 | Processing of Timber,Manufacture of Wood,Bamboo,Rattan,Palm, and Straw Products | 6.68 |
| 家具制造业 | Manufacture of Furniture | 3.61 |
| 造纸及纸制品业 | Manufacture of Paper and Paper Products | 32.49 |
| 印刷业和记录媒介的复制 | Printing,Reproduction of Recording Media | 8.58 |
| 文教体育用品制造业 | Manufacture of Articles For Culture, Education and Sport Activity | 16.87 |
| 石油加工、炼焦及核燃料加工业 | Processing of Petroleum, Coking, Processing of Nuclear Fuel | 83.01 |
| 化学原料及化学制品制造业 | Manufacture of Raw Chemical Materials and Chemical Products | 137.17 |
| 医药制造业 | Manufacture of Medicines | 7.47 |
| 化学纤维制造业 | Manufacture of Chemical Fibers | 11.49 |
| 橡胶制品业 | Manufacture of Rubber | 8.03 |
| 塑料制品业 | Manufacture of Plastics | 44.07 |
| 非金属矿物制品业 | Manufacture of Non-metallic Mineral Products | 330.27 |
| 黑色金属冶炼及压延加工业 | Smelting and Pressing of Ferrous Metals | 88.83 |
| 有色金属冶炼及压延加工业 | Smelting and Pressing of Non-ferrous Metals | 46.91 |
| 金属制品业 | Manufacture of Metal Products | 47.83 |
| 通用设备制造业 | Manufacture of General Purpose Machinery | 34.90 |
| 专用设备制造业 | Manufacture of Special Purpose Machinery | 12.26 |
| 交通运输设备制造业 | Manufacture of Transport Equipment | 46.25 |
| 电气机械及器材制造业 | Manufacture of Electrical Machinery and Equipment | 29.86 |
| 通信设备、计算机及其他电子设备制造业 | Manufacture of Communication Equipment,Computers and Other Electronic Equipment | 66.62 |
| 仪器仪表及文化、办公用机械制造业 | Manufacture of Measuring Instruments and Machinery for Cultural Activity and Office Work | 12.56 |
| 工艺品及其他制造业 | Manufacture of Artwork and Other Manufacturing | 26.10 |
| 废弃资源和废旧材料回收加工业 | Recycling and Disposal of Waste | |
| **电力、煤气及水生产和供应业** | **Electric Power, Gas and Water Production and Supply** | **272.11** |
| 电力、热力的生产和供应业 | Production and Distribution of Electric Power and Heat Power | 257.47 |
| 燃气生产和供应业 | Production and Distribution of Gas | 12.06 |
| 水的生产和供应业 | Production and Distribution of Water | 2.59 |
| **建筑业** | **Construction** | **241.99** |
| **交通运输、仓储和邮政业** | **Transport, Storage and Post** | **3664.81** |
| **批发、零售业和住宿、餐饮业** | **Wholesale, Retail Trade and Hotel ,Restaurants** | **110.79** |
| **其他行业** | **Others** | **740.00** |
| **生活消费** | **Residential Consumption** | **213.92** |

Continued

(10 000 ton )

| 2003 | 2004 | 2005 | 2006 | 2007 | 2008 |
|---|---|---|---|---|---|
| **8409.43** | **9895.86** | **10972.16** | **11835.43** | **12496.67** | **13532.58** |
| **939.08** | **1092.01** | **1286.35** | **1365.53** | **1218.97** | **1098.87** |
| **1915.51** | **2084.82** | **1991.27** | **1961.58** | **1972.78** | **2517.02** |
| **326.17** | **363.72** | **360.52** | **363.07** | **380.58** | **525.91** |
| 52.79 | 68.06 | 64.50 | 62.82 | 66.32 | 93.48 |
| 177.83 | 184.89 | 187.29 | 190.59 | 198.44 | 272.77 |
| 20.43 | 34.24 | 33.29 | 33.57 | 35.45 | 54.66 |
| 16.79 | 17.48 | 13.45 | 13.57 | 14.33 | 19.64 |
| 46.40 | 57.80 | 61.00 | 61.52 | 64.97 | 83.47 |
| 11.93 | 1.25 | 0.99 | 1.00 | 1.06 | 1.90 |
| **1272.64** | **1327.90** | **1222.51** | **1240.33** | **1302.84** | **1688.64** |
| 34.11 | 45.00 | 54.93 | 54.77 | 57.81 | 59.28 |
| 22.33 | 21.92 | 21.37 | 20.61 | 21.77 | 30.17 |
| 9.51 | 14.04 | 14.26 | 14.52 | 15.33 | 20.57 |
| 5.42 | 6.68 | 5.61 | 5.66 | 5.98 | 6.66 |
| 43.99 | 60.12 | 42.93 | 42.69 | 44.82 | 51.24 |
| 19.34 | 29.69 | 29.37 | 30.82 | 31.46 | 38.06 |
| 19.43 | 18.93 | 14.70 | 15.18 | 15.57 | 20.49 |
| 7.38 | 9.67 | 11.11 | 11.60 | 13.08 | 16.80 |
| | | | | | |
| 4.22 | 5.99 | 8.30 | 8.37 | 8.84 | 13.81 |
| 37.72 | 26.91 | 25.13 | 25.76 | 26.10 | 36.32 |
| 7.17 | 8.15 | 6.93 | 6.97 | 7.33 | 17.19 |
| 17.82 | 15.89 | 12.36 | 12.26 | 12.65 | 18.49 |
| 93.21 | 95.20 | 51.50 | 50.89 | 53.35 | 59.26 |
| 139.59 | 140.56 | 137.37 | 141.31 | 149.46 | 194.22 |
| 5.27 | 10.22 | 8.60 | 8.67 | 9.15 | 15.03 |
| 10.40 | 8.45 | 7.44 | 7.75 | 8.96 | 13.62 |
| 9.08 | 10.89 | 9.93 | 9.86 | 10.41 | 9.09 |
| 44.91 | 47.13 | 38.92 | 38.73 | 40.18 | 51.43 |
| 307.68 | 242.93 | 253.14 | 258.91 | 272.31 | 329.57 |
| 100.42 | 88.10 | 92.01 | 92.78 | 97.96 | 124.97 |
| 55.01 | 64.07 | 52.98 | 53.90 | 56.46 | 75.37 |
| 46.65 | 55.23 | 52.36 | 53.25 | 55.91 | 74.89 |
| 36.91 | 64.39 | 56.70 | 57.33 | 60.25 | 71.25 |
| 19.14 | 37.65 | 27.06 | 26.66 | 28.08 | 41.04 |
| 50.82 | 74.05 | 68.40 | 68.88 | 72.37 | 118.85 |
| 32.66 | 53.46 | 49.03 | 48.90 | 51.00 | 69.40 |
| 52.83 | 46.63 | 48.57 | 50.82 | 52.76 | 76.22 |
| | | | | | |
| 18.12 | 9.35 | 8.83 | 9.40 | 9.58 | 13.49 |
| | | | | | |
| 21.19 | 15.26 | 11.52 | 11.87 | 12.61 | 18.13 |
| 0.33 | 1.36 | 1.15 | 1.20 | 1.28 | 3.74 |
| **316.70** | **393.20** | **408.23** | **358.18** | **289.36** | **302.46** |
| 301.32 | 373.22 | 396.17 | 345.37 | 275.74 | 284.23 |
| 12.65 | 17.92 | 9.67 | 10.27 | 10.89 | 14.55 |
| 2.73 | 2.06 | 2.39 | 2.54 | 2.73 | 3.68 |
| **276.23** | **333.13** | **386.64** | **428.66** | **433.82** | **370.79** |
| **4135.20** | **4985.24** | **5890.41** | **6547.32** | **7184.37** | **7649.31** |
| **105.53** | **108.99** | **116.03** | **129.77** | **133.94** | **152.72** |
| **790.00** | **918.00** | **895.06** | **932.96** | **1007.48** | **1151.80** |
| **247.89** | **373.67** | **406.40** | **469.59** | **545.32** | **592.08** |

# 4-35 分行业燃料油消费总量

单位：万吨

| 行业 | Sector | 1995 |
| --- | --- | --- |
| **消费总量** | **Total Consumption** | **3693.67** |
| **农、林、牧、渔、水利业** | **Farming,Forestry,Animal Husbandry,Fishery and Water Conservancy** | **8.37** |
| **工业** | **Industry** | **3406.16** |
| **采掘业** | **Mining and Quarrying** | **246.45** |
| 煤炭开采和洗选业 | Mining and Washing of Coal | 1.16 |
| 石油和天然气开采业 | Extraction of Petroleum and Natural Gas | 226.71 |
| 黑色金属矿采选业 | Mining and Processing of Ferrous Metal Ores | 2.33 |
| 有色金属矿采选业 | Mining and Processing of Non-Ferrous Metal Ores | 9.46 |
| 非金属矿采选业 | Mining and Processing of Nonmetal Ores | 6.79 |
| 其他采矿业 | Mining of Other Ores | |
| **制造业** | **Manufacturing** | **2186.73** |
| 农副食品加工业 | Processing of Food from Agricultural Products | 20.68 |
| 食品制造业 | Manufacture of Foods | 5.40 |
| 饮料制造业 | Manufacture of Beverages | 7.13 |
| 烟草制品业 | Manufacture of Tobacco | 1.34 |
| 纺织业 | Manufacture of Textile | 34.95 |
| 纺织服装、鞋、帽制造业 | Manufacture of Textile Wearing Apparel,Footware, and Caps | 2.07 |
| 皮革、毛皮、羽毛(绒)及其制品业 | Manufacture of Leather, Fur, Feather and Related Products | 1.49 |
| 木材加工及木、竹、藤、棕、草制品业 | Processing of Timber,Manufacture of Wood,Bamboo,Rattan,Palm, and Straw Products | 1.59 |
| 家具制造业 | Manufacture of Furniture | 0.83 |
| 造纸及纸制品业 | Manufacture of Paper and Paper Products | 16.62 |
| 印刷业和记录媒介的复制 | Printing,Reproduction of Recording Media | 0.23 |
| 文教体育用品制造业 | Manufacture of Articles For Culture, Education and Sport Activity | 0.06 |
| 石油加工、炼焦及核燃料加工业 | Processing of Petroleum, Coking, Processing of Nuclear Fuel | 611.91 |
| 化学原料及化学制品制造业 | Manufacture of Raw Chemical Materials and Chemical Products | 388.63 |
| 医药制造业 | Manufacture of Medicines | 38.86 |
| 化学纤维制造业 | Manufacture of Chemical Fibers | 90.23 |
| 橡胶制品业 | Manufacture of Rubber | 11.23 |
| 塑料制品业 | Manufacture of Plastics | 3.19 |
| 非金属矿物制品业 | Manufacture of Non-metallic Mineral Products | 324.83 |
| 黑色金属冶炼及压延加工业 | Smelting and Pressing of Ferrous Metals | 464.93 |
| 有色金属冶炼及压延加工业 | Smelting and Pressing of Non-ferrous Metals | 62.13 |
| 金属制品业 | Manufacture of Metal Products | 13.24 |
| 通用设备制造业 | Manufacture of General Purpose Machinery | 9.99 |
| 专用设备制造业 | Manufacture of Special Purpose Machinery | 22.57 |
| 交通运输设备制造业 | Manufacture of Transport Equipment | 15.93 |
| 电气机械及器材制造业 | Manufacture of Electrical Machinery and Equipment | 10.20 |
| 通信设备、计算机及其他电子设备制造业 | Manufacture of Communication Equipment,Computers and Other Electronic Equipment | 7.96 |
| 仪器仪表及文化、办公用机械制造业 | Manufacture of Measuring Instruments and Machinery for Cultural Activity and Office Work | 1.24 |
| 工艺品及其他制造业 | Manufacture of Artwork and Other Manufacturing | 17.27 |
| 废弃资源和废旧材料回收加工业 | Recycling and Disposal of Waste | |
| **电力、煤气及水生产和供应业** | **Electric Power, Gas and Water Production and Supply** | **972.98** |
| 电力、热力的生产和供应业 | Production and Distribution of Electric Power and Heat Power | 927.73 |
| 燃气生产和供应业 | Production and Distribution of Gas | 45.25 |
| 水的生产和供应业 | Production and Distribution of Water | |
| **建筑业** | **Construction** | **14.24** |
| **交通运输、仓储和邮政业** | **Transport, Storage and Post** | **227.45** |
| **批发、零售业和住宿、餐饮业** | **Wholesale, Retail Trade and Hotel ,Restaurants** | **6.62** |
| **其他行业** | **Others** | **30.83** |
| **生活消费** | **Residential Consumption** | |

# CONSUMPTION OF FUEL OIL AND ITS MAIN VARIETIES BY SECTOR

(10 000 ton)

| 1996 | 1997 | 1998 | 1999 | 2000 | 2001 |
|---|---|---|---|---|---|
| **3632.31** | **3692.80** | **3828.59** | **3934.11** | **3872.75** | **3850.22** |
| **0.28** | **0.38** | **0.32** | **0.35** | **0.40** | **0.42** |
| **2654.79** | **2566.09** | **2937.34** | **3047.68** | **2975.05** | **2949.32** |
| **136.58** | **173.48** | **206.39** | **213.68** | **209.96** | **212.02** |
| 1.17 | 3.40 | 4.38 | 5.51 | 5.77 | |
| 132.04 | 168.84 | 201.57 | 206.77 | 202.77 | 210.52 |
| | | 0.05 | | | |
| 0.23 | 0.46 | 0.30 | 0.21 | 0.22 | 0.20 |
| 3.03 | 0.78 | 0.09 | 1.19 | 1.20 | 1.30 |
| 0.12 | | | | | |
| **1667.32** | **1578.19** | **1752.83** | **1926.89** | **1928.46** | **1895.59** |
| 23.84 | 15.45 | 10.32 | 8.36 | 13.32 | 8.49 |
| 5.89 | 4.28 | 8.79 | 8.58 | 9.04 | 8.45 |
| 3.34 | 3.65 | 6.08 | 7.63 | 8.08 | 9.08 |
| 0.73 | 0.51 | 2.44 | 2.78 | 3.00 | 2.70 |
| 26.04 | 24.48 | 48.40 | 79.47 | 66.61 | 64.64 |
| 2.49 | 3.70 | 8.04 | 11.93 | 12.44 | 13.88 |
| 0.30 | 0.58 | 2.10 | 4.18 | 3.50 | 3.65 |
| 1.40 | 1.09 | 1.77 | 2.72 | 2.82 | 3.12 |
| 0.17 | 0.01 | 0.48 | 0.67 | 0.67 | 0.60 |
| 12.00 | 10.44 | 15.04 | 18.90 | 19.72 | 21.67 |
| 0.30 | 0.73 | 1.05 | 2.86 | 2.30 | 2.39 |
| 0.20 | 1.81 | 21.83 | 1.03 | 1.04 | 1.07 |
| 461.78 | 473.90 | 535.43 | 509.57 | 510.63 | 508.74 |
| 380.71 | 326.40 | 307.65 | 380.62 | 372.50 | 358.35 |
| 7.13 | 5.73 | 4.97 | 5.81 | 5.53 | 5.38 |
| 80.15 | 73.86 | 76.49 | 89.91 | 89.86 | 88.29 |
| 7.35 | 4.00 | 8.74 | 11.15 | 12.44 | 13.10 |
| 3.92 | 2.53 | 6.13 | 9.86 | 10.77 | 11.14 |
| 217.05 | 207.06 | 265.62 | 312.28 | 314.36 | 323.82 |
| 320.00 | 311.27 | 311.28 | 326.05 | 332.01 | 307.78 |
| 45.35 | 40.42 | 48.24 | 54.72 | 55.43 | 61.77 |
| 11.91 | 11.46 | 9.34 | 10.04 | 12.93 | 11.80 |
| 11.47 | 10.05 | 8.21 | 8.05 | 7.05 | 8.00 |
| 10.58 | 9.34 | 7.68 | 12.02 | 11.56 | 9.12 |
| 12.73 | 10.06 | 9.12 | 14.00 | 14.22 | 13.54 |
| 7.22 | 8.96 | 8.92 | 12.38 | 12.67 | 13.06 |
| 8.91 | 10.48 | 11.03 | 12.13 | 12.57 | 14.79 |
| 0.05 | 0.04 | 0.25 | 0.14 | 0.15 | 0.12 |
| 4.32 | 5.90 | 7.35 | 9.05 | 11.24 | 7.05 |
| **850.89** | **814.42** | **978.12** | **907.11** | **836.63** | **841.71** |
| 798.18 | 766.65 | 966.32 | 877.11 | 812.31 | 820.09 |
| 51.95 | 46.96 | 11.78 | 29.99 | 24.31 | 21.60 |
| 0.76 | 0.81 | 0.02 | 0.01 | 0.01 | 0.02 |
| **13.96** | **19.21** | **16.57** | **16.18** | **16.71** | **16.18** |
| **944.46** | **1082.23** | **845.56** | **840.00** | **850.00** | **855.00** |
| **4.29** | **6.24** | **7.43** | **10.54** | **11.59** | **12.28** |
| **14.53** | **18.65** | **21.37** | **19.36** | **19.00** | **17.02** |

续表

单位：万吨

| 行　业 | Sector | 2002 |
|---|---|---|
| **消 费 总 量** | **Total Consumption** | **3873.87** |
| **农、林、牧、渔、水利业** | **Farming,Forestry,Animal Husbandry,Fishery and Water Conservancy** | **0.41** |
| **工业** | **Industry** | **2970.86** |
| **采掘业** | **Mining and Quarrying** | **199.10** |
| 煤炭开采和洗选业 | Mining and Washing of Coal | |
| 石油和天然气开采业 | Extraction of Petroleum and Natural Gas | 197.94 |
| 黑色金属矿采选业 | Mining and Processing of Ferrous Metal Ores | |
| 有色金属矿采选业 | Mining and Processing of Non-Ferrous Metal Ores | 0.11 |
| 非金属矿采选业 | Mining and Processing of Nonmetal Ores | 1.04 |
| 其他采矿业 | Mining of Other Ores | |
| **制造业** | **Manufacturing** | **1868.56** |
| 农副食品加工业 | Processing of Food from Agricultural Products | 8.47 |
| 食品制造业 | Manufacture of Foods | 9.21 |
| 饮料制造业 | Manufacture of Beverages | 8.17 |
| 烟草制品业 | Manufacture of Tobacco | 1.49 |
| 纺织业 | Manufacture of Textile | 65.89 |
| 纺织服装、鞋、帽制造业 | Manufacture of Textile Wearing Apparel,Footware, and Caps | 14.84 |
| 皮革、毛皮、羽毛(绒)及其制品业 | Manufacture of Leather, Fur, Feather and Related Products | 3.38 |
| 木材加工及木、竹、藤、棕、草制品业 | Processing of Timber,Manufacture of Wood,Bamboo,Rattan,Palm, and Straw Products | 3.07 |
| 家具制造业 | Manufacture of Furniture | 0.75 |
| 造纸及纸制品业 | Manufacture of Paper and Paper Products | 22.08 |
| 印刷业和记录媒介的复制 | Printing,Reproduction of Recording Media | 1.67 |
| 文教体育用品制造业 | Manufacture of Articles For Culture, Education and Sport Activity | 1.15 |
| 石油加工、炼焦及核燃料加工业 | Processing of Petroleum, Coking, Processing of Nuclear Fuel | 482.56 |
| 化学原料及化学制品制造业 | Manufacture of Raw Chemical Materials and Chemical Products | 373.99 |
| 医药制造业 | Manufacture of Medicines | 4.68 |
| 化学纤维制造业 | Manufacture of Chemical Fibers | 88.31 |
| 橡胶制品业 | Manufacture of Rubber | 12.54 |
| 塑料制品业 | Manufacture of Plastics | 9.27 |
| 非金属矿物制品业 | Manufacture of Non-metallic Mineral Products | 342.99 |
| 黑色金属冶炼及压延加工业 | Smelting and Pressing of Ferrous Metals | 265.80 |
| 有色金属冶炼及压延加工业 | Smelting and Pressing of Non-ferrous Metals | 70.06 |
| 金属制品业 | Manufacture of Metal Products | 12.91 |
| 通用设备制造业 | Manufacture of General Purpose Machinery | 8.51 |
| 专用设备制造业 | Manufacture of Special Purpose Machinery | 9.90 |
| 交通运输设备制造业 | Manufacture of Transport Equipment | 12.05 |
| 电气机械及器材制造业 | Manufacture of Electrical Machinery and Equipment | 12.33 |
| 通信设备、计算机及其他电子设备制造业 | Manufacture of Communication Equipment,Computers and Other Electronic Equipment | 15.65 |
| 仪器仪表及文化、办公用机械制造业 | Manufacture of Measuring Instruments and Machinery for Cultural Activity and Office Work | 0.14 |
| 工艺品及其他制造业 | Manufacture of Artwork and Other Manufacturing | 6.70 |
| 废弃资源和废旧材料回收加工业 | Recycling and Disposal of Waste | |
| **电力、煤气及水生产和供应业** | **Electric Power, Gas and Water Production and Supply** | **903.20** |
| 电力、热力的生产和供应业 | Production and Distribution of Electric Power and Heat Power | 884.61 |
| 燃气生产和供应业 | Production and Distribution of Gas | 18.57 |
| 水的生产和供应业 | Production and Distribution of Water | 0.02 |
| **建筑业** | **Construction** | **19.10** |
| **交通运输、仓储和邮政业** | **Transport, Storage and Post** | **852.10** |
| **批发、零售业和住宿、餐饮业** | **Wholesale, Retail Trade and Hotel ,Restaurants** | **12.30** |
| **其他行业** | **Others** | **19.10** |
| **生活消费** | **Residential Consumption** | |

Continued

(10 000 ton)

| 2003 | 2004 | 2005 | 2006 | 2007 | 2008 |
|---|---|---|---|---|---|
| **4220.53** | **4783.47** | **4242.06** | **4368.33** | **4157.49** | **3237.15** |
| **0.60** | **0.66** | **0.66** | **0.69** | **1.00** | **1.50** |
| **3236.76** | **3570.40** | **2924.77** | **2836.11** | **2329.19** | **2039.47** |
| **201.41** | **44.65** | **37.07** | **39.04** | **35.84** | **49.12** |
|  | 6.15 | 4.95 | 5.26 | 4.93 | 6.44 |
| 176.32 | 36.16 | 30.68 | 32.27 | 29.49 | 41.43 |
|  | 0.95 | 0.61 | 0.65 | 0.61 | 0.65 |
|  | 0.33 | 0.24 | 0.25 | 0.24 | 0.20 |
| 14.88 | 1.05 | 0.59 | 0.62 | 0.58 | 0.41 |
| 10.21 | 0.01 |  |  |  |  |
| **1986.79** | **2049.85** | **1732.73** | **1821.68** | **1689.89** | **1604.91** |
| 7.88 | 11.82 | 11.68 | 10.56 | 9.62 | 10.86 |
| 9.56 | 14.56 | 17.06 | 15.43 | 14.05 | 15.43 |
| 9.09 | 10.03 | 12.29 | 13.45 | 12.75 | 11.35 |
| 2.87 | 1.07 | 1.38 | 1.44 | 1.35 | 1.06 |
| 52.97 | 72.72 | 41.96 | 42.43 | 39.65 | 36.01 |
| 11.77 | 5.49 | 6.52 | 6.89 | 6.53 | 6.98 |
| 3.65 | 10.83 | 11.21 | 12.27 | 11.64 | 11.12 |
| 3.20 | 2.30 | 2.47 | 2.23 | 2.09 | 1.99 |
| 0.54 | 0.21 | 0.27 | 0.28 | 0.27 | 0.29 |
| 22.56 | 26.85 | 26.98 | 28.77 | 27.29 | 23.91 |
| 1.61 | 1.45 | 1.69 | 1.80 | 1.68 | 1.80 |
| 1.00 | 2.42 | 2.41 | 2.64 | 2.50 | 2.67 |
| 535.81 | 561.53 | 377.03 | 384.84 | 348.99 | 320.27 |
| 385.22 | 406.14 | 303.28 | 352.37 | 328.72 | 286.71 |
| 4.87 | 5.69 | 5.65 | 5.57 | 5.00 | 6.00 |
| 84.12 | 26.19 | 31.65 | 33.46 | 31.37 | 32.43 |
| 13.72 | 17.27 | 16.67 | 17.77 | 16.65 | 15.85 |
| 11.17 | 16.51 | 17.27 | 18.39 | 16.98 | 16.13 |
| 383.63 | 481.04 | 497.27 | 543.05 | 510.09 | 515.13 |
| 282.89 | 201.27 | 176.66 | 151.36 | 138.48 | 98.40 |
| 74.16 | 84.11 | 84.51 | 88.89 | 83.48 | 98.41 |
| 9.64 | 13.75 | 16.74 | 16.59 | 14.45 | 15.44 |
| 12.00 | 13.27 | 8.75 | 7.50 | 6.98 | 9.33 |
| 10.10 | 7.67 | 6.72 | 6.24 | 5.86 | 7.27 |
| 12.86 | 10.52 | 10.98 | 10.97 | 10.28 | 14.23 |
| 14.36 | 12.57 | 13.13 | 13.72 | 12.67 | 12.04 |
| 19.90 | 26.85 | 26.79 | 29.45 | 27.33 | 30.44 |
| 0.10 | 0.18 | 0.19 | 0.20 | 0.18 | 0.20 |
| 5.56 | 4.01 | 2.64 | 2.39 | 2.24 | 2.53 |
|  | 1.53 | 0.86 | 0.74 | 0.70 | 0.65 |
| **1048.56** | **1475.90** | **1154.97** | **975.39** | **603.47** | **385.44** |
| 1028.04 | 1464.95 | 1140.04 | 961.43 | 597.96 | 382.83 |
| 20.49 | 10.94 | 14.92 | 13.95 | 5.49 | 2.05 |
| 0.02 | 0.01 | 0.01 | 0.01 | 0.01 | 0.56 |
| **17.80** | **21.36** | **14.18** | **16.34** | **30.74** | **37.70** |
| **940.29** | **1150.45** | **1261.02** | **1480.61** | **1759.95** | **1142.77** |
| **13.00** | **24.98** | **27.52** | **21.44** | **24.78** | **6.25** |
| **12.08** | **15.63** | **13.91** | **13.14** | **11.83** | **9.46** |

# 4-36 分行业天然气消费总量

单位：亿立方米

| 行　业 | Sector | 1995 |
|---|---|---|
| **消 费 总 量** | **Total Consumption** | **177.41** |
| **农、林、牧、渔、水利业** | **Farming,Forestry,Animal Husbandry,Fishery and Water Conservancy** | **0.02** |
| **工业** | **Industry** | **154.39** |
| **采掘业** | **Mining and Quarrying** | **51.87** |
| 煤炭开采和洗选业 | Mining and Washing of Coal | |
| 石油和天然气开采业 | Extraction of Petroleum and Natural Gas | 50.58 |
| 黑色金属矿采选业 | Mining and Processing of Ferrous Metal Ores | |
| 有色金属矿采选业 | Mining and Processing of Non-Ferrous Metal Ores | 0.59 |
| 非金属矿采选业 | Mining and Processing of Nonmetal Ores | 0.70 |
| 其他采矿业 | Mining of Other Ores | |
| **制造业** | **Manufacturing** | **100.80** |
| 农副食品加工业 | Processing of Food from Agricultural Products | 1.00 |
| 食品制造业 | Manufacture of Foods | 0.03 |
| 饮料制造业 | Manufacture of Beverages | 0.02 |
| 烟草制品业 | Manufacture of Tobacco | |
| 纺织业 | Manufacture of Textile | 3.97 |
| 纺织服装、鞋、帽制造业 | Manufacture of Textile Wearing Apparel,Footware, and Caps | |
| 皮革、毛皮、羽毛(绒)及其制品业 | Manufacture of Leather, Fur, Feather and Related Products | |
| 木材加工及木、竹、藤、棕、草制品业 | Processing of Timber,Manufacture of Wood,Bamboo,Rattan,Palm, and Straw Products | |
| 家具制造业 | Manufacture of Furniture | |
| 造纸及纸制品业 | Manufacture of Paper and Paper Products | 0.06 |
| 印刷业和记录媒介的复制 | Printing,Reproduction of Recording Media | |
| 文教体育用品制造业 | Manufacture of Articles For Culture, Education and Sport Activity | |
| 石油加工、炼焦及核燃料加工业 | Processing of Petroleum, Coking, Processing of Nuclear Fuel | 15.14 |
| 化学原料及化学制品制造业 | Manufacture of Raw Chemical Materials and Chemical Products | 63.36 |
| 医药制造业 | Manufacture of Medicines | 0.30 |
| 化学纤维制造业 | Manufacture of Chemical Fibers | 4.32 |
| 橡胶制品业 | Manufacture of Rubber | |
| 塑料制品业 | Manufacture of Plastics | |
| 非金属矿物制品业 | Manufacture of Non-metallic Mineral Products | 2.27 |
| 黑色金属冶炼及压延加工业 | Smelting and Pressing of Ferrous Metals | 3.69 |
| 有色金属冶炼及压延加工业 | Smelting and Pressing of Non-ferrous Metals | 0.50 |
| 金属制品业 | Manufacture of Metal Products | 0.45 |
| 通用设备制造业 | Manufacture of General Purpose Machinery | 0.14 |
| 专用设备制造业 | Manufacture of Special Purpose Machinery | 2.25 |
| 交通运输设备制造业 | Manufacture of Transport Equipment | 0.66 |
| 电气机械及器材制造业 | Manufacture of Electrical Machinery and Equipment | 0.74 |
| 通信设备、计算机及其他电子设备制造业 | Manufacture of Communication Equipment,Computers and Other Electronic Equipment | 1.01 |
| 仪器仪表及文化、办公用机械制造业 | Manufacture of Measuring Instruments and Machinery for Cultural Activity and Office Work | 0.01 |
| 工艺品及其他制造业 | Manufacture of Artwork and Other Manufacturing | 0.88 |
| 废弃资源和废旧材料回收加工业 | Recycling and Disposal of Waste | |
| **电力、煤气及水生产和供应业** | **Electric Power, Gas and Water Production and Supply** | **1.72** |
| 电力、热力的生产和供应业 | Production and Distribution of Electric Power and Heat Power | 1.14 |
| 燃气生产和供应业 | Production and Distribution of Gas | 0.58 |
| 水的生产和供应业 | Production and Distribution of Water | |
| **建筑业** | **Construction** | **0.28** |
| **交通运输、仓储和邮政业** | **Transport, Storage and Post** | **1.57** |
| **批发、零售业和住宿、餐饮业** | **Wholesale, Retail Trade and Hotel ,Restaurants** | **0.55** |
| **其他行业** | **Others** | **1.19** |
| **生活消费** | **Residential Consumption** | **19.41** |

# CONSUMPTION OF NATURAL GAS AND ITS MAIN VARIETIES BY SECTOR

(100 million cu.m)

| 1996 | 1997 | 1998 | 1999 | 2000 | 2001 |
|---|---|---|---|---|---|
| **185.90** | **196.44** | **202.57** | **214.94** | **245.03** | **274.30** |
| **0.23** | | | | | |
| **157.20** | **168.93** | **169.49** | **177.17** | **199.00** | **214.81** |
| **39.12** | **60.27** | **56.28** | **61.39** | **72.12** | **78.53** |
| | 0.42 | 0.01 | 0.11 | 0.10 | |
| 38.49 | 59.67 | 56.15 | 61.25 | 71.98 | 78.50 |
| 0.62 | 0.10 | 0.12 | | | |
| | | | | | |
| | 0.08 | | 0.04 | 0.04 | 0.03 |
| | | | | | |
| **115.98** | **104.02** | **106.72** | **108.21** | **118.75** | **127.08** |
| 1.17 | 0.45 | 0.28 | 0.14 | 0.15 | 0.16 |
| 0.07 | 0.06 | 0.11 | 0.06 | 0.07 | 0.08 |
| 0.02 | 0.01 | 0.04 | 0.02 | 0.03 | 0.02 |
| | 0.07 | 0.06 | 0.07 | 0.08 | 0.09 |
| 6.13 | 0.90 | 0.74 | 0.91 | 1.09 | 1.05 |
| | | | | | |
| | | | | | |
| | | | | | |
| | | | | | |
| | | | | | |
| 0.12 | 0.09 | 0.08 | 0.26 | 0.29 | 0.26 |
| | | 0.04 | 0.07 | 0.08 | 0.09 |
| | | | | | |
| 8.12 | 10.01 | 11.84 | 11.38 | 13.24 | 15.10 |
| 79.75 | 77.39 | 76.60 | 82.30 | 88.73 | 93.97 |
| 0.51 | 0.17 | 0.12 | 0.56 | 0.59 | 0.66 |
| 3.90 | 4.11 | 3.13 | 0.04 | 0.07 | |
| | 0.01 | | | | |
| 2.14 | 0.01 | | 0.09 | 0.10 | 0.09 |
| 3.07 | 3.09 | 3.47 | 2.17 | 2.46 | 2.76 |
| 4.17 | 2.46 | 2.79 | 1.12 | 1.68 | 1.64 |
| 0.40 | 0.62 | 0.70 | 0.44 | 0.49 | 0.52 |
| 0.35 | 0.31 | 0.24 | 0.56 | 0.59 | 0.74 |
| 0.22 | 0.21 | 0.22 | 0.19 | 0.20 | 0.17 |
| 2.37 | 0.89 | 0.83 | 1.20 | 1.29 | 1.57 |
| 0.60 | 0.70 | 1.61 | 1.33 | 1.68 | 2.02 |
| 1.22 | 1.08 | 0.83 | 0.77 | 0.79 | 0.69 |
| 1.60 | 1.36 | 1.51 | 2.85 | 3.35 | 3.92 |
| | | | | | |
| 0.01 | | 0.02 | 0.02 | 0.02 | 0.03 |
| | | | | | |
| 0.03 | | 1.48 | 1.69 | 1.69 | 1.47 |
| | | | | | |
| **2.10** | **4.64** | **6.49** | **7.57** | **8.14** | **9.20** |
| 1.84 | 4.53 | 5.88 | 6.12 | 6.44 | 7.29 |
| 0.26 | 0.10 | 0.61 | 1.43 | 1.68 | 1.89 |
| | 0.01 | | 0.02 | 0.02 | 0.03 |
| **1.51** | **0.01** | **0.12** | **0.68** | **0.82** | **0.72** |
| **4.01** | **4.70** | **5.68** | **7.80** | **8.81** | **10.96** |
| **0.95** | **0.99** | **2.53** | **2.94** | **3.44** | **5.00** |
| **1.28** | **0.59** | **0.63** | **0.63** | **0.64** | **0.70** |
| **20.72** | **21.22** | **24.12** | **25.72** | **32.32** | **42.11** |

续表

单位: 亿立方米

| 行　业 | Sector | 2002 |
|---|---|---|
| **消 费 总 量** | **Total Consumption** | **291.84** |
| **农、林、牧、渔、水利业** | **Farming,Forestry,Animal Husbandry,Fishery and Water Conservancy** | |
| **工业** | **Industry** | **222.53** |
| **采掘业** | **Mining and Quarrying** | **78.44** |
| 煤炭开采和洗选业 | Mining and Washing of Coal | |
| 石油和天然气开采业 | Extraction of Petroleum and Natural Gas | 78.43 |
| 黑色金属矿采选业 | Mining and Processing of Ferrous Metal Ores | |
| 有色金属矿采选业 | Mining and Processing of Non-Ferrous Metal Ores | |
| 非金属矿采选业 | Mining and Processing of Nonmetal Ores | 0.01 |
| 其他采矿业 | Mining of Other Ores | |
| **制造业** | **Manufacturing** | **135.26** |
| 农副食品加工业 | Processing of Food from Agricultural Products | 0.15 |
| 食品制造业 | Manufacture of Foods | 0.10 |
| 饮料制造业 | Manufacture of Beverages | 0.02 |
| 烟草制品业 | Manufacture of Tobacco | 0.12 |
| 纺织业 | Manufacture of Textile | 0.79 |
| 纺织服装、鞋、帽制造业 | Manufacture of Textile Wearing Apparel,Footware, and Caps | |
| 皮革、毛皮、羽毛(绒)及其制品业 | Manufacture of Leather, Fur, Feather and Related Products | |
| 木材加工及木、竹、藤、棕、草制品业 | Processing of Timber,Manufacture of Wood,Bamboo,Rattan,Palm, and Straw Products | |
| 家具制造业 | Manufacture of Furniture | |
| 造纸及纸制品业 | Manufacture of Paper and Paper Products | 0.26 |
| 印刷业和记录媒介的复制 | Printing,Reproduction of Recording Media | 0.10 |
| 文教体育用品制造业 | Manufacture of Articles For Culture, Education and Sport Activity | |
| 石油加工、炼焦及核燃料加工业 | Processing of Petroleum, Coking, Processing of Nuclear Fuel | 15.01 |
| 化学原料及化学制品制造业 | Manufacture of Raw Chemical Materials and Chemical Products | 99.44 |
| 医药制造业 | Manufacture of Medicines | 0.96 |
| 化学纤维制造业 | Manufacture of Chemical Fibers | |
| 橡胶制品业 | Manufacture of Rubber | |
| 塑料制品业 | Manufacture of Plastics | 0.10 |
| 非金属矿物制品业 | Manufacture of Non-metallic Mineral Products | 3.41 |
| 黑色金属冶炼及压延加工业 | Smelting and Pressing of Ferrous Metals | 2.24 |
| 有色金属冶炼及压延加工业 | Smelting and Pressing of Non-ferrous Metals | 0.64 |
| 金属制品业 | Manufacture of Metal Products | 0.80 |
| 通用设备制造业 | Manufacture of General Purpose Machinery | 0.21 |
| 专用设备制造业 | Manufacture of Special Purpose Machinery | 2.16 |
| 交通运输设备制造业 | Manufacture of Transport Equipment | 1.74 |
| 电气机械及器材制造业 | Manufacture of Electrical Machinery and Equipment | 0.99 |
| 通信设备、计算机及其他电子设备制造业 | Manufacture of Communication Equipment,Computers and Other Electronic Equipment | 4.71 |
| 仪器仪表及文化、办公用机械制造业 | Manufacture of Measuring Instruments and Machinery for Cultural Activity and Office Work | 0.03 |
| 工艺品及其他制造业 | Manufacture of Artwork and Other Manufacturing | 1.28 |
| 废弃资源和废旧材料回收加工业 | Recycling and Disposal of Waste | |
| **电力、煤气及水生产和供应业** | **Electric Power, Gas and Water Production and Supply** | **8.83** |
| 电力、热力的生产和供应业 | Production and Distribution of Electric Power and Heat Power | 6.92 |
| 燃气生产和供应业 | Production and Distribution of Gas | 1.88 |
| 水的生产和供应业 | Production and Distribution of Water | 0.02 |
| **建筑业** | **Construction** | **0.68** |
| **交通运输、仓储和邮政业** | **Transport, Storage and Post** | **16.37** |
| **批发、零售业和住宿、餐饮业** | **Wholesale, Retail Trade and Hotel ,Restaurants** | **6.10** |
| **其他行业** | **Others** | |
| **生活消费** | **Residential Consumption** | **46.16** |

Continued

(100 million cu.m)

| 2003 | 2004 | 2005 | 2006 | 2007 | 2008 |
|---|---|---|---|---|---|
| **339.08** | **396.72** | **467.63** | **561.41** | **705.23** | **812.94** |
| | | | | | |
| **260.82** | **278.63** | **328.79** | **383.97** | **479.67** | **531.60** |
| **79.44** | **73.94** | **83.26** | **81.72** | **90.97** | **109.67** |
| | 1.07 | 4.32 | 4.22 | 4.98 | 5.14 |
| 79.44 | 72.77 | 78.88 | 77.44 | 85.89 | 104.41 |
| | 0.04 | 0.02 | 0.02 | 0.03 | 0.04 |
| | 0.02 | 0.02 | 0.02 | 0.02 | 0.04 |
| | 0.03 | 0.02 | 0.02 | 0.04 | 0.05 |
| | | | | | |
| **169.99** | **187.21** | **219.37** | **263.12** | **309.08** | **337.92** |
| | 0.19 | 0.27 | 0.27 | 0.33 | 0.54 |
| | 1.40 | 1.28 | 1.28 | 1.39 | 2.10 |
| | 0.53 | 0.50 | 0.58 | 0.68 | 0.95 |
| | 0.27 | 0.26 | 0.26 | 0.30 | 0.38 |
| 0.90 | 0.47 | 0.56 | 0.56 | 0.69 | 1.49 |
| | 0.09 | 0.09 | 0.09 | 0.09 | 0.20 |
| | 0.02 | 0.03 | 0.03 | 0.04 | 0.06 |
| | 0.08 | 0.11 | 0.13 | 0.15 | 0.22 |
| | | | | | |
| | 0.03 | 0.04 | 0.04 | 0.05 | 0.39 |
| | 0.35 | 0.50 | 0.59 | 0.69 | 1.11 |
| | 0.19 | 0.19 | 0.23 | 0.27 | 0.46 |
| | | | | | |
| 19.46 | 18.26 | 18.26 | 21.03 | 25.00 | 26.03 |
| 128.13 | 122.90 | 141.44 | 177.42 | 207.05 | 200.03 |
| 0.96 | 0.66 | 0.97 | 1.14 | 1.34 | 1.81 |
| | 0.20 | 0.29 | 0.35 | 0.41 | 0.48 |
| | 0.36 | 0.35 | 0.34 | 0.41 | 0.53 |
| | 0.38 | 0.55 | 0.65 | 0.76 | 1.09 |
| 3.74 | 18.40 | 23.81 | 23.78 | 28.91 | 43.75 |
| 3.16 | 7.19 | 9.76 | 11.22 | 13.15 | 17.06 |
| 0.80 | 2.65 | 3.87 | 4.56 | 5.35 | 6.08 |
| 0.97 | 0.75 | 0.69 | 0.81 | 0.95 | 2.06 |
| | 1.24 | 1.81 | 2.35 | 3.00 | 5.50 |
| 2.36 | 1.85 | 2.70 | 2.97 | 3.48 | 5.08 |
| 1.84 | 3.44 | 4.92 | 5.65 | 6.62 | 11.62 |
| 1.23 | 0.85 | 1.23 | 1.42 | 1.66 | 2.33 |
| 5.46 | 4.40 | 4.77 | 5.24 | 6.16 | 6.26 |
| | | | | | |
| | 0.06 | 0.08 | 0.10 | 0.12 | 0.25 |
| | | | | | |
| 0.97 | 0.03 | 0.04 | 0.05 | 0.05 | 0.05 |
| | | | | | |
| **11.39** | **17.48** | **26.16** | **39.13** | **79.62** | **84.01** |
| 7.54 | 12.74 | 18.78 | 29.49 | 70.74 | 73.92 |
| 3.85 | 4.70 | 7.33 | 9.58 | 8.80 | 9.99 |
| | 0.04 | 0.06 | 0.06 | 0.08 | 0.10 |
| **0.70** | **1.39** | **1.49** | **1.66** | **2.09** | **0.99** |
| **18.82** | **26.16** | **38.01** | **47.24** | **46.88** | **71.55** |
| **6.85** | **9.18** | **10.79** | **13.16** | **17.11** | **17.75** |
| | **14.14** | **9.12** | **12.77** | **16.09** | **20.92** |
| **51.89** | **67.22** | **79.43** | **102.62** | **143.39** | **170.12** |

# 4-37 分行业电力消费总量

单位：亿千瓦小时

| 行　业 | Sector | 1995 |
| --- | --- | --- |
| **消 费 总 量** | **Total Consumption** | **10023.40** |
| **农、林、牧、渔、水利业** | **Farming,Forestry,Animal Husbandry,Fishery and Water Conservancy** | **582.42** |
| **工业** | **Industry** | **7659.81** |
| **采掘业** | **Mining and Quarrying** | **837.66** |
| 煤炭开采和洗选业 | Mining and Washing of Coal | 392.38 |
| 石油和天然气开采业 | Extraction of Petroleum and Natural Gas | 258.85 |
| 黑色金属矿采选业 | Mining and Processing of Ferrous Metal Ores | 34.28 |
| 有色金属矿采选业 | Mining and Processing of Non-Ferrous Metal Ores | 83.00 |
| 非金属矿采选业 | Mining and Processing of Nonmetal Ores | 52.76 |
| 其他采矿业 | Mining of Other Ores | 16.39 |
| **制造业** | **Manufacturing** | **5156.10** |
| 农副食品加工业 | Processing of Food from Agricultural Products | 181.00 |
| 食品制造业 | Manufacture of Foods | 72.15 |
| 饮料制造业 | Manufacture of Beverages | 52.62 |
| 烟草制品业 | Manufacture of Tobacco | 17.16 |
| 纺织业 | Manufacture of Textile | 335.22 |
| 纺织服装、鞋、帽制造业 | Manufacture of Textile Wearing Apparel,Footware, and Caps | 41.22 |
| 皮革、毛皮、羽毛(绒)及其制品业 | Manufacture of Leather, Fur, Feather and Related Products | 42.88 |
| 木材加工及木、竹、藤、棕、草制品业 | Processing of Timber,Manufacture of Wood,Bamboo,Rattan,Palm, and Straw Products | 25.88 |
| 家具制造业 | Manufacture of Furniture | 13.16 |
| 造纸及纸制品业 | Manufacture of Paper and Paper Products | 169.06 |
| 印刷业和记录媒介的复制 | Printing,Reproduction of Recording Media | 31.19 |
| 文教体育用品制造业 | Manufacture of Articles For Culture, Education and Sport Activity | 7.09 |
| 石油加工、炼焦及核燃料加工业 | Processing of Petroleum, Coking, Processing of Nuclear Fuel | 156.06 |
| 化学原料及化学制品制造业 | Manufacture of Raw Chemical Materials and Chemical Products | 1028.05 |
| 医药制造业 | Manufacture of Medicines | 107.46 |
| 化学纤维制造业 | Manufacture of Chemical Fibers | 92.78 |
| 橡胶制品业 | Manufacture of Rubber | 53.80 |
| 塑料制品业 | Manufacture of Plastics | 71.36 |
| 非金属矿物制品业 | Manufacture of Non-metallic Mineral Products | 599.61 |
| 黑色金属冶炼及压延加工业 | Smelting and Pressing of Ferrous Metals | 905.36 |
| 有色金属冶炼及压延加工业 | Smelting and Pressing of Non-ferrous Metals | 425.61 |
| 金属制品业 | Manufacture of Metal Products | 113.51 |
| 通用设备制造业 | Manufacture of General Purpose Machinery | 136.30 |
| 专用设备制造业 | Manufacture of Special Purpose Machinery | 97.67 |
| 交通运输设备制造业 | Manufacture of Transport Equipment | 154.63 |
| 电气机械及器材制造业 | Manufacture of Electrical Machinery and Equipment | 64.96 |
| 通信设备、计算机及其他电子设备制造业 | Manufacture of Communication Equipment,Computers and Other Electronic Equipment | 38.64 |
| 仪器仪表及文化、办公用机械制造业 | Manufacture of Measuring Instruments and Machinery for Cultural Activity and Office Work | 17.12 |
| 工艺品及其他制造业 | Manufacture of Artwork and Other Manufacturing | 104.55 |
| 废弃资源和废旧材料回收加工业 | Recycling and Disposal of Waste | |
| **电力、煤气及水生产和供应业** | **Electric Power, Gas and Water Production and Supply** | **1666.05** |
| 电力、热力的生产和供应业 | Production and Distribution of Electric Power and Heat Power | 1539.76 |
| 燃气生产和供应业 | Production and Distribution of Gas | 10.83 |
| 水的生产和供应业 | Production and Distribution of Water | 115.46 |
| **建筑业** | **Construction** | **159.62** |
| **交通运输、仓储和邮政业** | **Transport, Storage and Post** | **182.30** |
| **批发、零售业和住宿、餐饮业** | **Wholesale, Retail Trade and Hotel ,Restaurants** | **199.47** |
| **其他行业** | **Others** | **234.20** |
| **生活消费** | **Residential Consumption** | **1005.58** |

# CONSUMPTION OF ELECTRICITY AND ITS MAIN VARIETIES BY SECTOR

(100 million kW • h )

| 1996 | 1997 | 1998 | 1999 | 2000 | 2001 |
|---|---|---|---|---|---|
| **10764.29** | **11284.40** | **11598.43** | **12304.71** | **13472.38** | **14723.46** |
| **458.29** | **459.77** | **473.49** | **510.35** | **532.96** | **582.39** |
| **8034.67** | **8365.66** | **8495.95** | **9047.22** | **10004.62** | **10944.66** |
| **860.97** | **901.49** | **930.96** | **937.23** | **993.71** | **1096.96** |
| 376.91 | 381.25 | 428.59 | 405.88 | 417.16 | 467.35 |
| 259.57 | 314.91 | 298.47 | 307.93 | 321.64 | 355.54 |
| 41.77 | 49.35 | 57.93 | 60.44 | 63.46 | 67.75 |
| 111.21 | 79.94 | 66.54 | 70.80 | 80.79 | 89.48 |
| 51.50 | 56.04 | 60.72 | 71.33 | 84.83 | 93.16 |
| 20.02 | 20.00 | 18.73 | 20.86 | 25.84 | 23.67 |
| **5439.79** | **5559.28** | **5751.49** | **6033.22** | **6731.44** | **7334.47** |
| 175.98 | 162.75 | 193.21 | 154.96 | 161.24 | 177.35 |
| 62.55 | 68.64 | 87.40 | 98.90 | 98.83 | 98.17 |
| 50.19 | 48.57 | 59.05 | 56.91 | 58.98 | 62.70 |
| 16.62 | 19.10 | 22.23 | 30.52 | 32.85 | 33.90 |
| 324.35 | 344.30 | 334.60 | 314.17 | 370.42 | 402.52 |
| 39.63 | 35.96 | 40.56 | 44.86 | 49.07 | 56.44 |
| 20.67 | 18.10 | 24.60 | 24.72 | 27.12 | 31.29 |
| 26.01 | 28.42 | 24.68 | 28.74 | 32.24 | 38.60 |
| 27.31 | 27.24 | 9.40 | 11.15 | 12.48 | 14.60 |
| 168.21 | 167.82 | 185.90 | 198.07 | 237.41 | 262.20 |
| 29.90 | 27.78 | 24.60 | 27.61 | 31.21 | 36.51 |
| 9.42 | 11.39 | 16.62 | 17.75 | 20.81 | 26.08 |
| 166.14 | 182.54 | 194.59 | 213.04 | 245.60 | 277.83 |
| 1253.43 | 1148.59 | 1065.74 | 1086.63 | 1153.74 | 1235.96 |
| 85.79 | 79.89 | 77.66 | 78.95 | 88.36 | 103.50 |
| 99.93 | 111.46 | 151.88 | 163.02 | 194.79 | 204.69 |
| 68.24 | 70.59 | 82.38 | 78.82 | 98.74 | 111.26 |
| 81.91 | 97.39 | 99.00 | 96.43 | 120.82 | 132.63 |
| 593.88 | 608.52 | 656.77 | 678.49 | 763.74 | 827.27 |
| 921.33 | 934.84 | 947.70 | 1031.76 | 1121.08 | 1214.30 |
| 455.25 | 513.89 | 544.97 | 624.43 | 697.58 | 747.87 |
| 136.26 | 141.08 | 144.58 | 164.93 | 196.30 | 233.20 |
| 146.10 | 149.85 | 158.10 | 140.96 | 160.77 | 175.48 |
| 85.92 | 73.98 | 79.64 | 82.84 | 94.49 | 98.17 |
| 161.58 | 201.38 | 203.93 | 175.33 | 203.42 | 238.07 |
| 61.75 | 74.60 | 80.00 | 80.20 | 90.68 | 102.34 |
| 42.58 | 69.77 | 86.25 | 108.50 | 125.88 | 135.72 |
| 21.80 | 16.75 | 18.62 | 21.87 | 25.37 | 27.12 |
| 107.05 | 124.07 | 136.84 | 198.65 | 217.42 | 228.68 |
| **1733.91** | **1904.89** | **1813.49** | **2076.77** | **2279.47** | **2513.23** |
| 1605.95 | 1760.90 | 1656.57 | 1901.83 | 2094.11 | 2321.75 |
| 10.97 | 13.23 | 26.62 | 28.78 | 34.41 | 38.66 |
| 117.00 | 130.77 | 130.30 | 146.15 | 150.94 | 152.82 |
| **151.84** | **157.41** | **168.84** | **157.34** | **159.77** | **154.91** |
| **257.88** | **265.88** | **275.63** | **284.78** | **281.20** | **309.32** |
| **298.14** | **315.13** | **333.35** | **362.82** | **418.68** | **459.89** |
| **495.43** | **507.40** | **556.67** | **581.42** | **623.20** | **663.06** |
| **1068.04** | **1213.15** | **1294.50** | **1360.78** | **1451.95** | **1609.23** |

续表

单位：亿千瓦小时

| 行　　业 | Sector | 2002 |
|---|---|---|
| **消费总量** | **Total Consumption** | **16465.45** |
| **农、林、牧、渔、水利业** | **Farming,Forestry,Animal Husbandry,Fishery and Water Conservancy** | **606.23** |
| **工业** | **Industry** | **12402.16** |
| **采掘业** | **Mining and Quarrying** | **1177.66** |
| 煤炭开采和洗选业 | Mining and Washing of Coal | 520.84 |
| 石油和天然气开采业 | Extraction of Petroleum and Natural Gas | 364.94 |
| 黑色金属矿采选业 | Mining and Processing of Ferrous Metal Ores | 78.89 |
| 有色金属矿采选业 | Mining and Processing of Non-Ferrous Metal Ores | 91.89 |
| 非金属矿采选业 | Mining and Processing of Nonmetal Ores | 99.77 |
| 其他采矿业 | Mining of Other Ores | 21.33 |
| **制造业** | **Manufacturing** | **8365.29** |
| 农副食品加工业 | Processing of Food from Agricultural Products | 203.81 |
| 食品制造业 | Manufacture of Foods | 118.71 |
| 饮料制造业 | Manufacture of Beverages | 70.85 |
| 烟草制品业 | Manufacture of Tobacco | 32.61 |
| 纺织业 | Manufacture of Textile | 474.16 |
| 纺织服装、鞋、帽制造业 | Manufacture of Textile Wearing Apparel,Footware, and Caps | 61.57 |
| 皮革、毛皮、羽毛(绒)及其制品业 | Manufacture of Leather, Fur, Feather and Related Products | 37.28 |
| 木材加工及木、竹、藤、棕、草制品业 | Processing of Timber,Manufacture of Wood,Bamboo,Rattan,Palm, and Straw Products | 39.25 |
| 家具制造业 | Manufacture of Furniture | 11.70 |
| 造纸及纸制品业 | Manufacture of Paper and Paper Products | 297.55 |
| 印刷业和记录媒介的复制 | Printing,Reproduction of Recording Media | 35.29 |
| 文教体育用品制造业 | Manufacture of Articles For Culture, Education and Sport Activity | 33.47 |
| 石油加工、炼焦及核燃料加工业 | Processing of Petroleum, Coking, Processing of Nuclear Fuel | 345.22 |
| 化学原料及化学制品制造业 | Manufacture of Raw Chemical Materials and Chemical Products | 1415.41 |
| 医药制造业 | Manufacture of Medicines | 102.25 |
| 化学纤维制造业 | Manufacture of Chemical Fibers | 215.58 |
| 橡胶制品业 | Manufacture of Rubber | 113.68 |
| 塑料制品业 | Manufacture of Plastics | 149.87 |
| 非金属矿物制品业 | Manufacture of Non-metallic Mineral Products | 918.48 |
| 黑色金属冶炼及压延加工业 | Smelting and Pressing of Ferrous Metals | 1381.53 |
| 有色金属冶炼及压延加工业 | Smelting and Pressing of Non-ferrous Metals | 860.18 |
| 金属制品业 | Manufacture of Metal Products | 294.56 |
| 通用设备制造业 | Manufacture of General Purpose Machinery | 210.42 |
| 专用设备制造业 | Manufacture of Special Purpose Machinery | 107.40 |
| 交通运输设备制造业 | Manufacture of Transport Equipment | 269.94 |
| 电气机械及器材制造业 | Manufacture of Electrical Machinery and Equipment | 135.72 |
| 通信设备、计算机及其他电子设备制造业 | Manufacture of Communication Equipment,Computers and Other Electronic Equipment | 156.78 |
| 仪器仪表及文化、办公用机械制造业 | Manufacture of Measuring Instruments and Machinery for Cultural Activity and Office Work | 33.45 |
| 工艺品及其他制造业 | Manufacture of Artwork and Other Manufacturing | 238.59 |
| 废弃资源和废旧材料回收加工业 | Recycling and Disposal of Waste | |
| **电力、煤气及水生产和供应业** | **Electric Power, Gas and Water Production and Supply** | **2859.21** |
| 电力、热力的生产和供应业 | Production and Distribution of Electric Power and Heat Power | 2674.58 |
| 燃气生产和供应业 | Production and Distribution of Gas | 38.58 |
| 水的生产和供应业 | Production and Distribution of Water | 146.06 |
| **建筑业** | **Construction** | **154.14** |
| **交通运输、仓储和邮政业** | **Transport, Storage and Post** | **303.00** |
| **批发、零售业和住宿、餐饮业** | **Wholesale, Retail Trade and Hotel ,Restaurants** | **500.00** |
| **其他行业** | **Others** | **728.50** |
| **生活消费** | **Residential Consumption** | **1771.42** |

Continued

(100 million kW • h )

| 2003 | 2004 | 2005 | 2006 | 2007 | 2008 |
|---|---|---|---|---|---|
| **19031.60** | **21971.37** | **24940.32** | **28587.97** | **32711.81** | **34541.35** |
| **693.15** | **768.87** | **776.33** | **827.04** | **878.96** | **887.05** |
| **14169.68** | **16424.29** | **18521.69** | **21267.74** | **24290.81** | **25388.63** |
| **1276.57** | **1387.08** | **1480.34** | **1479.27** | **1589.79** | **1701.27** |
| 533.99 | 582.75 | 589.53 | 580.45 | 600.28 | 639.93 |
| 356.80 | 363.06 | 385.35 | 316.32 | 310.70 | 318.43 |
| 111.33 | 141.64 | 205.63 | 248.85 | 304.56 | 320.08 |
| 129.71 | 146.18 | 157.66 | 173.77 | 203.62 | 222.46 |
| 114.91 | 133.11 | 114.14 | 122.76 | 135.13 | 146.00 |
| 29.82 | 20.34 | 28.04 | 37.14 | 35.49 | 54.37 |
| **9720.35** | **11432.55** | **13126.01** | **15387.40** | **17832.78** | **18588.88** |
| 174.20 | 204.35 | 253.35 | 296.02 | 334.95 | 362.28 |
| 95.03 | 101.20 | 114.81 | 134.15 | 151.79 | 166.44 |
| 66.39 | 67.48 | 76.55 | 89.45 | 101.20 | 110.97 |
| 32.04 | 31.61 | 35.86 | 34.41 | 36.57 | 38.62 |
| 556.44 | 727.56 | 823.57 | 1032.21 | 1124.38 | 1126.38 |
| 67.27 | 73.40 | 87.60 | 108.80 | 124.50 | 130.07 |
| 43.37 | 45.96 | 54.85 | 64.39 | 73.68 | 76.99 |
| 54.44 | 62.27 | 105.57 | 127.34 | 148.80 | 175.40 |
| 15.36 | 20.83 | 24.28 | 28.49 | 29.63 | 34.90 |
| 318.28 | 363.45 | 407.73 | 447.76 | 435.69 | 471.79 |
| 79.67 | 79.27 | 60.71 | 66.54 | 74.18 | 77.26 |
| 29.62 | 38.76 | 42.54 | 43.44 | 46.01 | 47.72 |
| 342.78 | 417.58 | 313.49 | 357.36 | 409.63 | 423.80 |
| 1665.17 | 1870.39 | 2129.77 | 2439.33 | 2779.33 | 2761.34 |
| 126.65 | 132.42 | 153.21 | 159.60 | 170.71 | 182.90 |
| 211.97 | 227.91 | 233.20 | 244.80 | 276.92 | 264.28 |
| 130.42 | 151.12 | 209.30 | 237.25 | 263.09 | 271.06 |
| 174.65 | 232.80 | 322.42 | 355.15 | 381.05 | 435.88 |
| 1052.95 | 1223.11 | 1419.51 | 1675.48 | 1855.92 | 1959.68 |
| 1683.21 | 2087.28 | 2550.47 | 3039.00 | 3661.70 | 3693.10 |
| 1094.55 | 1272.35 | 1473.10 | 1829.51 | 2398.44 | 2511.23 |
| 363.45 | 437.75 | 507.25 | 605.77 | 677.09 | 728.52 |
| 253.30 | 282.99 | 344.77 | 389.30 | 447.78 | 490.99 |
| 122.56 | 154.06 | 182.90 | 207.23 | 229.16 | 251.28 |
| 288.54 | 361.77 | 300.72 | 345.42 | 417.69 | 471.93 |
| 172.61 | 225.47 | 245.80 | 282.33 | 341.54 | 402.25 |
| 221.64 | 280.39 | 327.89 | 401.97 | 479.75 | 530.93 |
| 36.61 | 35.76 | 42.52 | 51.81 | 61.16 | 66.35 |
| 236.96 | 218.13 | 275.62 | 281.77 | 289.36 | 313.06 |
| 10.21 | 5.17 | 6.66 | 11.30 | 11.07 | 11.47 |
| **3172.77** | **3604.66** | **3915.34** | **4401.07** | **4868.24** | **5098.48** |
| 2995.44 | 3392.80 | 3698.28 | 4165.41 | 4602.94 | 4804.88 |
| 29.81 | 34.72 | 29.86 | 31.40 | 44.87 | 55.08 |
| 147.51 | 177.14 | 187.20 | 204.26 | 220.43 | 238.52 |
| **179.78** | **202.14** | **233.93** | **271.05** | **309.00** | **367.34** |
| **406.94** | **449.65** | **430.34** | **467.37** | **531.91** | **571.82** |
| **612.97** | **705.35** | **752.31** | **847.25** | **929.82** | **1017.44** |
| **911.04** | **1036.58** | **1340.91** | **1555.94** | **1708.60** | **1912.97** |
| **2058.04** | **2384.49** | **2884.81** | **3351.58** | **4062.71** | **4396.10** |

# 4-38 分地区能源消费总量

# TOTAL ENERGY CONSUMPTION BY REGION

单位：万吨标准煤 (10 000 tce)

| 地区 | Region | 1990 | 1995 | 2000 | 2005 | 2006 | 2007 | 2008 |
|---|---|---|---|---|---|---|---|---|
| 北京 | Beijing | 2709 | 3518 | 4144 | 5522 | 5904 | 6285 | 6327 |
| 天津 | Tianjin | 2071 | 2569 | 2794 | 4085 | 4500 | 4943 | 5364 |
| 河北 | Hebei | 6124 | 8990 | 11196 | 19836 | 21794 | 23585 | 24322 |
| 山西 | Shanxi | 4710 | 8413 | 6728 | 12750 | 14098 | 15601 | 15675 |
| 内蒙古 | Inner Mongolia | 2424 | 2632 | 3549 | 9666 | 11221 | 12777 | 14100 |
| 辽宁 | Liaoning | 7856 | 9671 | 10656 | 13611 | 14987 | 16544 | 17801 |
| 吉林 | Jilin | 3523 | 4109 | 3766 | 5315 | 5908 | 6557 | 7221 |
| 黑龙江 | Heilongjiang | 5285 | 5935 | 6166 | 8050 | 8731 | 9377 | 9979 |
| 上海 | Shanghai | 3175 | 4466 | 5499 | 8225 | 8876 | 9670 | 10207 |
| 江苏 | Jiangsu | 5509 | 8047 | 8612 | 17167 | 19041 | 20948 | 22232 |
| 浙江 | Zhejiang | 2580 | 4580 | 6560 | 12032 | 13219 | 14524 | 15107 |
| 安徽 | Anhui | 2761 | 4194 | 4879 | 6506 | 7069 | 7739 | 8325 |
| 福建 | Fujian | 1451 | 2280 | 3463 | 6142 | 6828 | 7587 | 8254 |
| 江西 | Jiangxi | 1732 | 2392 | 2505 | 4286 | 4660 | 5053 | 5383 |
| 山东 | Shandong | 6830 | 8780 | 11362 | 24162 | 26759 | 29177 | 30570 |
| 河南 | Henan | 5206 | 6473 | 7919 | 14625 | 16232 | 17838 | 18976 |
| 湖北 | Hubei | 3997 | 5655 | 6269 | 10082 | 11049 | 12143 | 12845 |
| 湖南 | Hunan | 3821 | 5426 | 4071 | 9709 | 10581 | 11629 | 12355 |
| 广东 | Guangdong | 4065 | 7345 | 9448 | 17921 | 19971 | 22217 | 23476 |
| 广西 | Guangxi | 1309 | 2384 | 2669 | 4869 | 5390 | 5997 | 6497 |
| 海南 | Hainan | 121 | 303 | 480 | 822 | 920 | 1057 | 1135 |
| 重庆 | Chongqing |  |  | 2428 | 4943 | 5368 | 5947 | 6472 |
| 四川 | Sichuan | 6353 | 9525 | 6518 | 11816 | 12986 | 14214 | 15145 |
| 贵州 | Guizhou | 2133 | 3183 | 4279 | 5641 | 6172 | 6800 | 7084 |
| 云南 | Yunnan | 1954 | 2641 | 3468 | 6024 | 6621 | 7133 | 7511 |
| 陕西 | Shaanxi | 2239 | 3134 | 2731 | 5571 | 6129 | 6775 | 7417 |
| 甘肃 | Gansu | 2172 | 2738 | 3012 | 4368 | 4743 | 5109 | 5346 |
| 青海 | Qinghai | 507 | 688 | 897 | 1670 | 1903 | 2095 | 2279 |
| 宁夏 | Ningxia | 707 | 759 | 1179 | 2536 | 2830 | 3077 | 3229 |
| 新疆 | Xinjiang | 2063 | 2830 | 3328 | 5506 | 6047 | 6576 | 7069 |

注：1.1996年以前重庆包括在四川省内。
2.由于折算系数的不同，故各地区相加数与全国数不等，以下同。

a) Prior to 1996, the consumption for Chongqing was included in Sichuan.

b) As the conversion factors, the sum of the data by region is not equal to the total . The same as in the following tables.

# 4-39 分地区煤炭消费量
# COAL CONSUMPTION BY REGION

单位：万吨 (10 000 ton)

| 地 区 | Region | 1990 | 1995 | 2000 | 2005 | 2006 | 2007 | 2008 |
|---|---|---|---|---|---|---|---|---|
| 北 京 | Beijing | 2413 | 2692 | 2720 | 3069 | 3056 | 2985 | 2748 |
| 天 津 | Tianjin | 1788 | 2428 | 2473 | 3801 | 3809 | 3927 | 3973 |
| 河 北 | Hebei | 7875 | 10983 | 12115 | 20542 | 21360 | 24681 | 24419 |
| 山 西 | Shanxi | 7659 | 15015 | 14262 | 25872 | 28605 | 29645 | 28373 |
| 内蒙古 | Inner Mongolia | 3953 | 4420 | 5908 | 13954 | 22242 | 18607 | 22242 |
| 辽 宁 | Liaoning | 8252 | 9363 | 9582 | 12710 | 13837 | 14712 | 15347 |
| 吉 林 | Jilin | 4015 | 4816 | 4213 | 6447 | 6937 | 7312 | 8367 |
| 黑龙江 | Heilongjiang | 6517 | 6188 | 5815 | 8524 | 9030 | 9857 | 11204 |
| 上 海 | Shanghai | 2742 | 3944 | 4496 | 5306 | 5142 | 5223 | 5464 |
| 江 苏 | Jiangsu | 6223 | 8936 | 8770 | 17159 | 18692 | 20237 | 20737 |
| 浙 江 | Zhejiang | 2486 | 4231 | 5385 | 9681 | 11334 | 13024 | 13041 |
| 安 徽 | Anhui | 3428 | 4965 | 5909 | 8323 | 8793 | 9766 | 11377 |
| 福 建 | Fujian | 1307 | 1677 | 2160 | 4717 | 5342 | 6117 | 6596 |
| 江 西 | Jiangxi | 2266 | 3039 | 2469 | 4243 | 4592 | 5171 | 5267 |
| 山 东 | Shandong | 7256 | 9759 | 8698 | 26056 | 29838 | 32719 | 34390 |
| 河 南 | Henan | 6099 | 7960 | 8725 | 18468 | 20999 | 23180 | 23868 |
| 湖 北 | Hubei | 3343 | 5404 | 6051 | 8873 | 9910 | 10792 | 10196 |
| 湖 南 | Hunan | 3956 | 5591 | 3335 | 8739 | 9401 | 10277 | 10169 |
| 广 东 | Guangdong | 2991 | 4941 | 5890 | 9853 | 10948 | 12430 | 13298 |
| 广 西 | Guangxi | 1562 | 2330 | 2228 | 3619 | 3980 | 4671 | 4676 |
| 海 南 | Hainan | 68 | 168 | 192 | 326 | 332 | 426 | 472 |
| 重 庆 | Chongqing | | | 2942 | 4196 | 4690 | 5110 | 5273 |
| 四 川 | Sichuan | 6646 | 8909 | 4862 | 8513 | 9160 | 10191 | 10727 |
| 贵 州 | Guizhou | 2709 | 3946 | 5146 | 7921 | 8995 | 9573 | 9732 |
| 云 南 | Yunnan | 2194 | 2765 | 3062 | 6682 | 7482 | 7620 | 7916 |
| 陕 西 | Shaanxi | 2728 | 3779 | 2766 | 6049 | 7598 | 8082 | 8941 |
| 甘 肃 | Gansu | 1858 | 2547 | 2480 | 3751 | 3959 | 4469 | 4683 |
| 青 海 | Qinghai | 471 | 462 | 522 | 949 | 1082 | 1291 | 1316 |
| 宁 夏 | Ningxia | 885 | 1079 | 1042 | 3277 | 3519 | 4089 | 4287 |
| 新 疆 | Xinjiang | 1835 | 2448 | 2702 | 3854 | 4436 | 4944 | 5709 |

# 4-40 分地区焦炭消费量

# COKE CONSUMPTION BY REGION

单位：万吨 (10 000 ton)

| 地 区 | Region | 1990 | 1995 | 2000 | 2005 | 2006 | 2007 | 2008 |
|---|---|---|---|---|---|---|---|---|
| 北 京 | Beijing | 231.43 | 500.71 | 449.08 | 397.40 | 348.62 | 358.19 | 232.87 |
| 天 津 | Tianjin | 137.06 | 149.45 | 143.68 | 329.75 | 541.10 | 667.75 | 719.23 |
| 河 北 | Hebei | 559.47 | 1135.79 | 1227.85 | 4583.15 | 5460.55 | 5127.33 | 6007.69 |
| 山 西 | Shanxi | 835.68 | 1287.03 | 1283.72 | 2139.90 | 2432.14 | 2556.37 | 2358.76 |
| 内蒙古 | Inner Mongolia | 234.93 | 339.33 | 286.47 | 814.03 | 1380.64 | 1213.12 | 1380.64 |
| 辽 宁 | Liaoning | 889.23 | 987.59 | 878.12 | 1706.90 | 1959.93 | 2298.83 | 2440.82 |
| 吉 林 | Jilin | 144.01 | 176.22 | 170.55 | 306.92 | 369.92 | 407.64 | 541.82 |
| 黑龙江 | Heilongjiang | 102.34 | 107.24 | 72.83 | 101.16 | 210.70 | 226.92 | 227.30 |
| 上 海 | Shanghai | 452.82 | 716.47 | 719.99 | 630.51 | 655.46 | 729.70 | 714.44 |
| 江 苏 | Jiangsu | 228.42 | 362.02 | 383.69 | 1593.12 | 1944.49 | 2018.89 | 1888.95 |
| 浙 江 | Zhejiang | 85.46 | 127.76 | 117.46 | 163.59 | 317.76 | 326.40 | 485.98 |
| 安 徽 | Anhui | 260.36 | 440.72 | 533.27 | 538.39 | 652.22 | 809.70 | 851.22 |
| 福 建 | Fujian | 53.84 | 78.54 | 100.16 | 280.93 | 299.59 | 356.02 | 368.04 |
| 江 西 | Jiangxi | 157.25 | 187.87 | 205.94 | 452.86 | 527.26 | 597.65 | 581.40 |
| 山 东 | Shandong | 317.53 | 356.92 | 424.83 | 1992.57 | 2413.63 | 2593.44 | 2611.90 |
| 河 南 | Henan | 231.86 | 393.19 | 426.75 | 994.37 | 1192.23 | 1437.05 | 1488.98 |
| 湖 北 | Hubei | 381.79 | 491.15 | 556.83 | 685.47 | 752.13 | 820.00 | 952.27 |
| 湖 南 | Hunan | 248.75 | 293.03 | 299.74 | 356.58 | 423.12 | 915.89 | 998.90 |
| 广 东 | Guangdong | 104.80 | 131.88 | 146.57 | 300.16 | 410.78 | 460.97 | 449.60 |
| 广 西 | Guangxi | 111.38 | 184.16 | 158.61 | 433.04 | 451.26 | 520.42 | 580.03 |
| 海 南 | Hainan | 3.21 | 1.61 | 3.47 | 19.11 | 18.65 | 22.99 | 14.88 |
| 重 庆 | Chongqing | | | 180.74 | 388.00 | 329.15 | 323.38 | 342.44 |
| 四 川 | Sichuan | 506.54 | 754.07 | 447.25 | 894.54 | 1003.67 | 1144.05 | 1119.10 |
| 贵 州 | Guizhou | 133.01 | 201.71 | 238.86 | 254.26 | 338.14 | 445.97 | 450.97 |
| 云 南 | Yunnan | 253.19 | 370.85 | 360.00 | 1223.36 | 1252.01 | 1377.39 | 1331.43 |
| 陕 西 | Shaanxi | 98.43 | 304.04 | 134.27 | 251.10 | 288.23 | 407.00 | 387.95 |
| 甘 肃 | Gansu | 88.75 | 133.65 | 179.28 | 424.41 | 469.36 | 561.56 | 544.17 |
| 青 海 | Qinghai | 2.57 | 22.73 | 15.59 | 47.02 | 93.23 | 116.24 | 150.16 |
| 宁 夏 | Ningxia | 20.88 | 20.92 | 28.91 | 69.72 | 126.16 | 65.08 | 237.98 |
| 新 疆 | Xinjiang | 58.90 | 73.81 | 74.06 | 179.18 | 230.60 | 284.75 | 456.12 |

# 4-41 分地区原油消费量

# CRUDE OIL CONSUMPTION BY REGION

单位：万吨 (10 000 ton)

| 地 区 | Region | 1990 | 1995 | 2000 | 2005 | 2006 | 2007 | 2008 |
|---|---|---|---|---|---|---|---|---|
| 北 京 | Beijing | 680.98 | 654.66 | 754.71 | 799.60 | 796.12 | 950.91 | 1116.76 |
| 天 津 | Tianjin | 404.92 | 488.38 | 709.76 | 863.14 | 900.49 | 950.14 | 790.33 |
| 河 北 | Hebei | 312.97 | 498.50 | 747.37 | 1003.29 | 1046.69 | 1124.77 | 1357.63 |
| 山 西 | Shanxi | | | | | | | |
| 内蒙古 | Inner Mongolia | 0.61 | 87.30 | 126.26 | 131.83 | 189.25 | 142.82 | 189.25 |
| 辽 宁 | Liaoning | 2387.08 | 2516.42 | 3938.74 | 5410.89 | 5555.04 | 5893.46 | 5945.19 |
| 吉 林 | Jilin | 470.15 | 493.30 | 702.63 | 967.67 | 913.44 | 934.17 | 915.24 |
| 黑龙江 | Heilongjiang | 997.15 | 1204.34 | 1601.27 | 1785.01 | 1850.06 | 1886.02 | 1735.97 |
| 上 海 | Shanghai | 828.27 | 976.04 | 1309.70 | 1967.00 | 1832.84 | 1719.57 | 1951.55 |
| 江 苏 | Jiangsu | 823.47 | 1010.80 | 1376.65 | 2264.76 | 2302.70 | 2454.00 | 2313.13 |
| 浙 江 | Zhejiang | 243.68 | 575.02 | 1112.48 | 2113.04 | 2114.73 | 2248.73 | 2287.35 |
| 安 徽 | Anhui | 257.34 | 277.04 | 345.06 | 414.49 | 445.40 | 451.08 | 426.34 |
| 福 建 | Fujian | | 225.02 | 358.43 | 348.40 | 375.03 | 352.33 | 310.96 |
| 江 西 | Jiangxi | 155.1 | 230.56 | 331.18 | 368.02 | 417.99 | 396.47 | 411.00 |
| 山 东 | Shandong | 1170.34 | 1347.92 | 1771.22 | 3300.36 | 3878.27 | 4075.67 | 4626.97 |
| 河 南 | Henan | 222.79 | 401.96 | 610.58 | 668.82 | 696.57 | 713.83 | 704.22 |
| 湖 北 | Hubei | 508.55 | 511.36 | 669.77 | 822.13 | 851.10 | 913.00 | 884.26 |
| 湖 南 | Hunan | 322.11 | 348.87 | 541.05 | 660.86 | 574.49 | 671.67 | 614.11 |
| 广 东 | Guangdong | 912.94 | 1226.95 | 1956.41 | 2388.37 | 2805.71 | 2940.10 | 3046.21 |
| 广 西 | Guangxi | 5.88 | 42.44 | 61.41 | 97.71 | 118.21 | 152.98 | 133.30 |
| 海 南 | Hainan | | 0.01 | 14.69 | 11.46 | 230.10 | 816.28 | 796.83 |
| 重 庆 | Chongqing | | | | 2.86 | 3.17 | 0.13 | 0.02 |
| 四 川 | Sichuan | 16.68 | 30.60 | 38.89 | 140.81 | 174.94 | 239.95 | 285.49 |
| 贵 州 | Guizhou | | | | | | | |
| 云 南 | Yunnan | | 32.16 | | 0.07 | 0.07 | 0.11 | 0.06 |
| 陕 西 | Shaanxi | 60.99 | 153.94 | 521.61 | 1242.42 | 1488.94 | 1608.85 | 1764.73 |
| 甘 肃 | Gansu | 473.83 | 673.37 | 880.88 | 1229.26 | 1323.38 | 1432.87 | 1394.36 |
| 青 海 | Qinghai | 31.64 | 83.96 | 62.17 | 95.05 | 104.29 | 110.15 | 109.20 |
| 宁 夏 | Ningxia | 11.62 | 67.86 | 92.62 | 167.05 | 174.42 | 156.78 | 183.75 |
| 新 疆 | Xinjiang | 483.73 | 727.61 | 1071.29 | 1628.77 | 1813.64 | 1873.37 | 1940.53 |

# 4-42 分地区燃料油消费量

# FUEL OIL CONSUMPTION BY REGION

单位：万吨 (10 000 ton)

| 地 区 | Region | 1990 | 1995 | 2000 | 2005 | 2006 | 2007 | 2008 |
|---|---|---|---|---|---|---|---|---|
| 北 京 | Beijing | 228.49 | 196.20 | 89.62 | 65.88 | 48.05 | 42.85 | 25.62 |
| 天 津 | Tianjin | 227.88 | 155.73 | 79.51 | 112.69 | 107.12 | 89.63 | 92.49 |
| 河 北 | Hebei | 46.18 | 54.66 | 49.39 | 60.78 | 59.33 | 48.31 | 65.82 |
| 山 西 | Shanxi | 12.61 | 13.15 | 12.42 | 8.95 | 10.10 | 14.39 | 12.09 |
| 内蒙古 | Inner Mongolia | 25.54 | 15.91 | 30.99 | 25.34 | 13.75 | 7.20 | 13.75 |
| 辽 宁 | Liaoning | 642.38 | 499.65 | 296.73 | 189.88 | 230.73 | 224.22 | 379.66 |
| 吉 林 | Jilin | 101.07 | 75.76 | 50.96 | 42.43 | 34.28 | 30.62 | 39.84 |
| 黑龙江 | Heilongjiang | 235.48 | 187.51 | 135.38 | 39.89 | 44.34 | 47.19 | 69.86 |
| 上 海 | Shanghai | 434.28 | 364.71 | 494.20 | 767.95 | 805.29 | 848.61 | 788.73 |
| 江 苏 | Jiangsu | 189.98 | 161.95 | 202.44 | 257.72 | 201.06 | 236.59 | 218.00 |
| 浙 江 | Zhejiang | 102.20 | 106.47 | 182.52 | 303.66 | 240.95 | 227.29 | 219.86 |
| 安 徽 | Anhui | 42.37 | 47.02 | 46.91 | 23.88 | 21.62 | 13.24 | 15.60 |
| 福 建 | Fujian | 15.53 | 31.80 | 53.23 | 161.62 | 173.48 | 124.94 | 142.32 |
| 江 西 | Jiangxi | 23.38 | 26.70 | 34.20 | 31.08 | 26.50 | 20.95 | 26.98 |
| 山 东 | Shandong | 248.43 | 309.90 | 344.25 | 354.43 | 346.31 | 386.24 | 355.43 |
| 河 南 | Henan | 38.95 | 52.89 | 57.55 | 78.46 | 70.37 | 62.78 | 46.08 |
| 湖 北 | Hubei | 132.31 | 125.26 | 106.69 | 88.87 | 125.99 | 123.54 | 106.97 |
| 湖 南 | Hunan | 53.08 | 56.39 | 46.38 | 48.09 | 42.04 | 40.20 | 41.41 |
| 广 东 | Guangdong | 365.54 | 647.19 | 941.95 | 1600.05 | 1573.72 | 1316.44 | 1077.76 |
| 广 西 | Guangxi | 8.08 | 13.57 | 7.67 | 32.96 | 24.07 | 20.85 | 9.92 |
| 海 南 | Hainan | 0.51 | 4.19 | 9.39 | 5.24 | 11.28 | 20.18 | 29.55 |
| 重 庆 | Chongqing |  |  | 2.68 | 3.61 | 2.66 | 7.84 | 8.14 |
| 四 川 | Sichuan | 6.92 | 11.41 | 13.32 | 8.08 | 9.50 | 7.17 | 12.60 |
| 贵 州 | Guizhou | 4.77 | 5.34 | 7.51 | 10.39 | 12.01 | 21.19 | 23.16 |
| 云 南 | Yunnan | 1.80 | 2.80 | 11.17 | 3.91 | 4.72 | 5.04 | 5.20 |
| 陕 西 | Shaanxi | 22.40 | 28.19 | 80.05 | 4.43 | 0.99 | 1.13 | 5.93 |
| 甘 肃 | Gansu | 62.59 | 76.48 | 58.00 | 16.03 | 14.05 | 14.33 | 12.73 |
| 青 海 | Qinghai | 10.72 | 14.96 | 6.93 | 0.02 | 0.06 | 0.22 | 0.13 |
| 宁 夏 | Ningxia | 23.70 | 27.67 | 33.13 | 1.80 | 0.98 | 0.53 | 1.98 |
| 新 疆 | Xinjiang | 89.95 | 117.03 | 56.59 | 17.32 | 19.31 | 22.26 | 27.34 |

# 4-43 分地区汽油消费量

# GASOLINE CONSUMPTION BY REGION

单位：万吨 (10 000 ton)

| 地 区 | Region | 1990 | 1995 | 2000 | 2005 | 2006 | 2007 | 2008 |
|---|---|---|---|---|---|---|---|---|
| 北 京 | Beijing | 56.56 | 75.41 | 106.60 | 235.23 | 278.16 | 324.72 | 340.92 |
| 天 津 | Tianjin | 37.12 | 74.85 | 112.43 | 122.95 | 128.09 | 139.55 | 148.76 |
| 河 北 | Hebei | 96.55 | 132.24 | 136.44 | 221.91 | 263.78 | 249.04 | 211.11 |
| 山 西 | Shanxi | 70.95 | 97.51 | 88.84 | 145.89 | 169.69 | 194.92 | 236.63 |
| 内蒙古 | Inner Mongolia | 33.50 | 49.62 | 64.81 | 192.41 | 260.88 | 236.12 | 260.88 |
| 辽 宁 | Liaoning | 103.06 | 119.75 | 149.47 | 357.17 | 393.53 | 439.12 | 410.49 |
| 吉 林 | Jilin | 55.58 | 82.71 | 90.67 | 110.60 | 110.82 | 112.46 | 130.30 |
| 黑龙江 | Heilongjiang | 93.33 | 184.44 | 244.04 | 312.19 | 345.32 | 376.01 | 278.97 |
| 上 海 | Shanghai | 49.96 | 78.84 | 133.25 | 224.04 | 261.73 | 303.66 | 340.50 |
| 江 苏 | Jiangsu | 90.94 | 164.07 | 187.30 | 420.13 | 449.51 | 488.27 | 561.80 |
| 浙 江 | Zhejiang | 58.33 | 123.96 | 196.19 | 368.53 | 402.30 | 444.09 | 475.36 |
| 安 徽 | Anhui | 44.10 | 58.38 | 68.54 | 86.41 | 97.80 | 114.91 | 127.37 |
| 福 建 | Fujian | 39.50 | 69.47 | 105.11 | 199.81 | 208.05 | 264.17 | 250.48 |
| 江 西 | Jiangxi | 42.31 | 42.06 | 58.46 | 64.49 | 65.99 | 70.61 | 75.68 |
| 山 东 | Shandong | 123.82 | 192.85 | 188.52 | 443.68 | 477.72 | 529.49 | 588.59 |
| 河 南 | Henan | 86.93 | 142.55 | 120.86 | 234.54 | 249.69 | 210.90 | 191.75 |
| 湖 北 | Hubei | 110.45 | 152.36 | 169.17 | 344.01 | 421.49 | 554.91 | 624.23 |
| 湖 南 | Hunan | 55.24 | 104.37 | 115.40 | 205.38 | 236.24 | 271.66 | 231.80 |
| 广 东 | Guangdong | 141.59 | 281.73 | 301.16 | 706.22 | 771.39 | 837.73 | 886.90 |
| 广 西 | Guangxi | 33.19 | 41.32 | 65.87 | 139.59 | 173.91 | 190.70 | 202.00 |
| 海 南 | Hainan | 11.98 | 20.88 | 30.93 | 21.27 | 27.12 | 32.06 | 38.85 |
| 重 庆 | Chongqing | | | 65.66 | 77.53 | 86.22 | 86.46 | 96.59 |
| 四 川 | Sichuan | 78.24 | 124.38 | 143.65 | 224.44 | 269.32 | 330.44 | 375.92 |
| 贵 州 | Guizhou | 46.07 | 52.00 | 46.46 | 71.91 | 81.00 | 105.81 | 123.42 |
| 云 南 | Yunnan | 53.71 | 64.92 | 90.79 | 122.95 | 128.12 | 158.11 | 178.86 |
| 陕 西 | Shaanxi | 46.49 | 82.39 | 103.51 | 196.70 | 178.16 | 286.77 | 219.13 |
| 甘 肃 | Gansu | 36.98 | 55.57 | 98.41 | 86.90 | 88.03 | 87.66 | 50.18 |
| 青 海 | Qinghai | 12.49 | 17.98 | 16.31 | 12.92 | 15.26 | 18.36 | 21.38 |
| 宁 夏 | Ningxia | 9.88 | 10.71 | 10.50 | 24.49 | 19.07 | 19.06 | 20.66 |
| 新 疆 | Xinjiang | 69.32 | 101.89 | 101.93 | 106.73 | 117.82 | 124.51 | 123.66 |

# 4-44 分地区煤油消费量

# KEROSENE CONSUMPTION BY REGION

单位：万吨　　(10 000 ton)

| 地　区 | Region | 1990 | 1995 | 2000 | 2005 | 2006 | 2007 | 2008 |
|---|---|---|---|---|---|---|---|---|
| 北　京 | Beijing | 43.17 | 65.84 | 117.60 | 189.36 | 233.86 | 277.10 | 318.39 |
| 天　津 | Tianjin | 1.96 | 3.79 | 18.82 | 15.12 | 16.36 | 19.38 | 18.13 |
| 河　北 | Hebei | 3.69 | 3.50 | 3.23 | 3.21 | 5.88 | 6.22 | 7.37 |
| 山　西 | Shanxi | 2.33 | 2.65 | 6.36 | 8.45 | 10.43 | 11.90 | 14.67 |
| 内蒙古 | Inner Mongolia | 1.48 | 0.40 | 1.55 | 0.40 | 7.24 | 6.44 | 7.24 |
| 辽　宁 | Liaoning | 6.13 | 11.56 | 18.55 | 26.40 | 34.89 | 38.15 | 24.99 |
| 吉　林 | Jilin | 1.28 | 2.55 | 3.28 | 1.04 | 1.09 | 0.89 | 1.18 |
| 黑龙江 | Heilongjiang | 2.46 | 5.17 | 8.74 | 7.28 | 10.25 | 3.85 | 0.51 |
| 上　海 | Shanghai | 20.53 | 37.56 | 55.71 | 223.00 | 262.01 | 295.48 | 321.47 |
| 江　苏 | Jiangsu | 12.65 | 8.61 | 38.94 | 21.55 | 18.41 | 20.79 | 21.45 |
| 浙　江 | Zhejiang | 6.59 | 7.29 | 11.25 | 40.98 | 46.47 | 49.48 | 54.91 |
| 安　徽 | Anhui | 8.55 | 5.36 | 2.56 | 10.52 | 10.60 | 11.34 | 11.02 |
| 福　建 | Fujian | 3.23 | 4.63 | 7.60 | 32.77 | 36.99 | 49.09 | 51.95 |
| 江　西 | Jiangxi | 5.31 | 3.19 | 2.81 | 7.14 | 7.95 | 7.80 | 8.01 |
| 山　东 | Shandong | 11.38 | 23.51 | 48.25 | 21.99 | 23.88 | 32.02 | 30.73 |
| 河　南 | Henan | 7.77 | 16.42 | 14.34 | 13.91 | 16.03 | 17.03 | 16.50 |
| 湖　北 | Hubei | 12.15 | 14.93 | 18.29 | 16.08 | 34.61 | 35.98 | 49.70 |
| 湖　南 | Hunan | 7.54 | 9.77 | 8.08 | 20.48 | 22.83 | 24.50 | 25.41 |
| 广　东 | Guangdong | 31.62 | 56.04 | 89.51 | 153.72 | 157.40 | 171.14 | 183.07 |
| 广　西 | Guangxi | 6.14 | 5.60 | 3.79 | 6.80 |  | 0.27 | 16.05 |
| 海　南 | Hainan | 1.27 | 11.01 | 28.13 | 62.83 | 66.27 | 75.24 | 80.16 |
| 重　庆 | Chongqing |  |  | 8.34 | 12.30 | 23.01 | 27.01 | 30.44 |
| 四　川 | Sichuan | 20.55 | 24.17 | 36.04 | 93.56 | 105.83 | 128.62 | 126.61 |
| 贵　州 | Guizhou | 4.90 | 7.49 | 9.37 | 2.64 | 9.63 | 3.57 | 2.95 |
| 云　南 | Yunnan | 5.84 | 9.15 | 19.24 | 28.71 | 35.06 | 36.18 | 38.19 |
| 陕　西 | Shaanxi | 8.11 | 17.26 | 19.49 | 34.81 | 34.80 | 1.78 | 15.65 |
| 甘　肃 | Gansu | 3.10 | 3.17 | 3.73 | 4.61 | 4.68 | 5.48 | 5.51 |
| 青　海 | Qinghai | 1.00 | 0.07 | 0.06 | 0.01 | 0.00 | 2.06 | 0.40 |
| 宁　夏 | Ningxia | 0.33 | 0.42 | 0.04 | 2.01 | 2.25 | 2.81 | 3.72 |
| 新　疆 | Xinjiang | 4.62 | 16.10 | 21.31 | 26.12 | 30.88 | 33.28 | 38.15 |

# 4-45 分地区柴油消费量

# DIESEL OIL CONSUMPTION BY REGION

单位：万吨　　(10 000 ton)

| 地区 | Region | 1990 | 1995 | 2000 | 2005 | 2006 | 2007 | 2008 |
|---|---|---|---|---|---|---|---|---|
| 北京 | Beijing | 47.99 | 51.29 | 81.17 | 140.86 | 177.49 | 192.02 | 227.22 |
| 天津 | Tianjin | 73.78 | 65.59 | 197.60 | 220.78 | 235.38 | 255.83 | 289.76 |
| 河北 | Hebei | 136.67 | 189.91 | 181.28 | 444.44 | 484.39 | 532.74 | 531.73 |
| 山西 | Shanxi | 50.31 | 63.22 | 80.67 | 266.42 | 316.79 | 375.21 | 472.75 |
| 内蒙古 | Inner Mongolia | 34.55 | 44.05 | 68.73 | 379.96 | 686.16 | 579.46 | 686.16 |
| 辽宁 | Liaoning | 138.48 | 143.49 | 197.22 | 464.40 | 587.76 | 660.52 | 778.42 |
| 吉林 | Jilin | 51.39 | 67.14 | 73.74 | 249.42 | 269.24 | 300.83 | 312.57 |
| 黑龙江 | Heilongjiang | 147.00 | 225.79 | 409.71 | 473.05 | 477.83 | 497.81 | 440.54 |
| 上海 | Shanghai | 99.59 | 122.67 | 176.44 | 312.73 | 344.56 | 379.83 | 427.05 |
| 江苏 | Jiangsu | 179.46 | 223.50 | 345.02 | 515.12 | 587.17 | 607.99 | 646.21 |
| 浙江 | Zhejiang | 130.78 | 283.72 | 434.22 | 803.11 | 842.43 | 871.40 | 898.63 |
| 安徽 | Anhui | 78.27 | 108.06 | 142.12 | 210.07 | 239.90 | 259.16 | 309.63 |
| 福建 | Fujian | 62.27 | 156.91 | 213.50 | 368.96 | 391.12 | 476.03 | 433.08 |
| 江西 | Jiangxi | 45.43 | 57.83 | 104.78 | 302.07 | 313.59 | 295.27 | 288.47 |
| 山东 | Shandong | 226.65 | 309.78 | 343.87 | 1056.86 | 1101.08 | 1187.79 | 1257.74 |
| 河南 | Henan | 137.34 | 134.81 | 155.02 | 329.47 | 346.01 | 460.51 | 543.45 |
| 湖北 | Hubei | 165.66 | 209.11 | 261.30 | 420.49 | 514.62 | 625.42 | 613.49 |
| 湖南 | Hunan | 88.57 | 104.92 | 140.18 | 335.55 | 364.08 | 395.04 | 375.51 |
| 广东 | Guangdong | 276.71 | 597.66 | 766.23 | 1306.66 | 1367.60 | 1438.21 | 1518.92 |
| 广西 | Guangxi | 55.45 | 72.43 | 147.44 | 295.46 | 308.91 | 337.25 | 355.54 |
| 海南 | Hainan | 9.92 | 38.99 | 46.20 | 63.12 | 75.40 | 85.19 | 93.80 |
| 重庆 | Chongqing | | | 61.44 | 180.18 | 186.55 | 234.11 | 257.65 |
| 四川 | Sichuan | 72.52 | 101.97 | 161.61 | 287.43 | 354.61 | 394.23 | 473.94 |
| 贵州 | Guizhou | 27.46 | 29.82 | 57.81 | 132.17 | 171.88 | 184.04 | 226.46 |
| 云南 | Yunnan | 34.61 | 46.89 | 55.46 | 283.90 | 331.66 | 382.15 | 411.95 |
| 陕西 | Shaanxi | 46.29 | 72.52 | 94.76 | 283.62 | 311.69 | 279.89 | 443.55 |
| 甘肃 | Gansu | 38.56 | 73.04 | 91.82 | 114.98 | 117.61 | 113.94 | 168.61 |
| 青海 | Qinghai | 9.40 | 12.83 | 19.29 | 62.22 | 61.66 | 73.07 | 78.38 |
| 宁夏 | Ningxia | 9.03 | 9.75 | 11.22 | 68.02 | 82.11 | 88.28 | 96.51 |
| 新疆 | Xinjiang | 88.75 | 119.35 | 155.28 | 302.76 | 341.01 | 378.39 | 335.44 |

# 4-46 分地区天然气消费量

## NATURAL GAS CONSUMPTION BY REGION

单位：亿立方米 (100 million cu.m)

| 地 区 | Region | 1990 | 1995 | 2000 | 2005 | 2006 | 2007 | 2008 |
|---|---|---|---|---|---|---|---|---|
| 北 京 | Beijing | 0.83 | 1.16 | 10.90 | 32.04 | 40.65 | 46.64 | 60.65 |
| 天 津 | Tianjin | 2.45 | 3.93 | 5.40 | 9.04 | 11.22 | 14.27 | 16.84 |
| 河 北 | Hebei | 6.07 | 6.89 | 7.72 | 9.14 | 11.01 | 12.05 | 17.17 |
| 山 西 | Shanxi | 0.60 | 0.47 | 1.14 | 3.24 | 6.02 | 6.91 | 6.60 |
| 内蒙古 | Inner Mongolia | | | 0.01 | 6.35 | 30.53 | 26.51 | 30.53 |
| 辽 宁 | Liaoning | 20.42 | 21.12 | 20.15 | 14.81 | 13.10 | 14.24 | 16.21 |
| 吉 林 | Jilin | 0.98 | 1.83 | 2.98 | 7.65 | 7.48 | 9.63 | 13.83 |
| 黑龙江 | Heilongjiang | 22.47 | 25.91 | 23.04 | 24.43 | 24.53 | 30.70 | 31.47 |
| 上 海 | Shanghai | | | 2.54 | 18.72 | 22.60 | 27.96 | 30.00 |
| 江 苏 | Jiangsu | 0.38 | 0.19 | 0.24 | 13.62 | 31.30 | 44.58 | 63.13 |
| 浙 江 | Zhejiang | | | | 2.25 | 11.89 | 18.09 | 17.70 |
| 安 徽 | Anhui | | | | 0.85 | 1.95 | 4.03 | 7.17 |
| 福 建 | Fujian | | | | 0.51 | 0.57 | 0.48 | 1.53 |
| 江 西 | Jiangxi | | | | 0.11 | 0.68 | 1.04 | 2.50 |
| 山 东 | Shandong | 14.44 | 12.85 | 4.53 | 17.14 | 22.60 | 22.36 | 34.50 |
| 河 南 | Henan | 10.73 | 9.37 | 11.23 | 23.71 | 30.53 | 33.14 | 38.23 |
| 湖 北 | Hubei | 0.58 | 0.76 | 0.91 | 11.11 | 9.64 | 9.91 | 15.60 |
| 湖 南 | Hunan | | | | 4.85 | 5.05 | 7.64 | 8.23 |
| 广 东 | Guangdong | | 1.02 | 1.43 | 2.49 | 14.46 | 45.69 | 53.58 |
| 广 西 | Guangxi | | | | 1.12 | 1.22 | 1.34 | 1.01 |
| 海 南 | Hainan | | | 5.28 | 20.97 | 23.97 | 23.49 | 26.78 |
| 重 庆 | Chongqing | | | 33.26 | 35.50 | 40.05 | 43.53 | 48.75 |
| 四 川 | Sichuan | 57.51 | 68.92 | 58.67 | 89.52 | 106.08 | 112.15 | 108.94 |
| 贵 州 | Guizhou | 4.74 | 5.08 | 5.72 | 5.05 | 4.98 | 5.14 | 4.74 |
| 云 南 | Yunnan | 4.53 | 4.71 | 5.17 | 6.12 | 5.45 | 5.49 | 5.28 |
| 陕 西 | Shaanxi | 0.07 | 0.38 | 6.67 | 18.76 | 28.43 | 41.34 | 51.60 |
| 甘 肃 | Gansu | 0.26 | 0.62 | 0.85 | 9.62 | 11.97 | 12.97 | 12.01 |
| 青 海 | Qinghai | 0.39 | 0.64 | 3.91 | 11.02 | 13.27 | 14.30 | 22.90 |
| 宁 夏 | Ningxia | 0.07 | 0.15 | 0.12 | 6.63 | 7.94 | 8.99 | 11.00 |
| 新 疆 | Xinjiang | 5.02 | 11.48 | 23.44 | 56.04 | 65.04 | 69.81 | 69.84 |

# 4-47 分地区电力消费量

# ELECTRICITY CONSUMPTION BY REGION

单位：亿千瓦小时　　　　(100 million kW • h)

| 地　区 | Region | 1990 | 1995 | 2000 | 2005 | 2006 | 2007 | 2008 |
|---|---|---|---|---|---|---|---|---|
| 北　京 | Beijing | 174.13 | 261.74 | 384.48 | 567.04 | 618.99 | 675.09 | 708.15 |
| 天　津 | Tianjin | 124.15 | 178.99 | 236.55 | 396.33 | 445.73 | 510.68 | 535.26 |
| 河　北 | Hebei | 354.16 | 602.68 | 809.33 | 1501.93 | 1734.83 | 2013.68 | 2095.02 |
| 山　西 | Shanxi | 255.47 | 399.16 | 506.09 | 946.32 | 1097.67 | 1348.81 | 1313.49 |
| 内蒙古 | Inner Mongolia | 121.82 | 186.83 | 256.07 | 667.93 | 1220.57 | 1160.21 | 1220.57 |
| 辽　宁 | Liaoning | 462.19 | 622.81 | 796.53 | 1110.54 | 1228.28 | 1359.51 | 1411.99 |
| 吉　林 | Jilin | 190.77 | 267.60 | 300.57 | 378.23 | 412.45 | 462.64 | 496.49 |
| 黑龙江 | Heilongjiang | 296.38 | 409.38 | 397.24 | 569.25 | 596.86 | 642.94 | 697.10 |
| 上　海 | Shanghai | 264.74 | 403.27 | 559.42 | 921.97 | 990.15 | 1072.38 | 1138.22 |
| 江　苏 | Jiangsu | 411.81 | 684.80 | 971.82 | 2193.45 | 2569.75 | 2952.02 | 3118.33 |
| 浙　江 | Zhejiang | 230.29 | 439.59 | 742.89 | 1642.32 | 1909.23 | 2189.33 | 2322.87 |
| 安　徽 | Anhui | 185.67 | 288.97 | 338.92 | 581.65 | 662.40 | 768.70 | 858.87 |
| 福　建 | Fujian | 136.66 | 261.28 | 403.02 | 756.59 | 866.84 | 1000.33 | 1149.77 |
| 江　西 | Jiangxi | 127.65 | 181.21 | 209.39 | 413.98 | 453.28 | 516.09 | 546.77 |
| 山　东 | Shandong | 448.69 | 741.07 | 1000.49 | 1976.89 | 2272.04 | 2596.05 | 2726.98 |
| 河　南 | Henan | 338.17 | 571.48 | 717.62 | 1387.49 | 1534.21 | 1864.14 | 2092.63 |
| 湖　北 | Hubei | 281.33 | 414.99 | 503.02 | 867.28 | 894.76 | 1009.23 | 1076.24 |
| 湖　南 | Hunan | 226.73 | 374.76 | 406.20 | 787.19 | 912.79 | 1019.63 | 1128.54 |
| 广　东 | Guangdong | 359.00 | 787.66 | 1334.58 | 2794.61 | 3004.03 | 3394.05 | 3506.78 |
| 广　西 | Guangxi | 125.58 | 220.77 | 322.02 | 510.15 | 579.46 | 681.15 | 760.79 |
| 海　南 | Hainan | 13.96 | 32.00 | 42.23 | 81.59 | 97.66 | 113.25 | 122.97 |
| 重　庆 | Chongqing | | | 307.61 | 348.95 | 405.19 | 449.21 | 485.92 |
| 四　川 | Sichuan | 350.23 | 582.85 | 462.26 | 942.59 | 1059.44 | 1177.50 | 1213.29 |
| 贵　州 | Guizhou | 103.21 | 203.70 | 334.76 | 486.97 | 581.98 | 669.09 | 679.18 |
| 云　南 | Yunnan | 124.55 | 223.71 | 317.25 | 557.25 | 645.62 | 745.52 | 829.44 |
| 陕　西 | Shaanxi | 170.29 | 239.68 | 314.39 | 516.00 | 580.73 | 653.69 | 708.02 |
| 甘　肃 | Gansu | 177.84 | 241.06 | 295.34 | 489.48 | 536.33 | 614.74 | 677.76 |
| 青　海 | Qinghai | 42.21 | 69.02 | 115.96 | 207.80 | 246.04 | 287.11 | 313.23 |
| 宁　夏 | Ningxia | 55.02 | 92.38 | 115.32 | 307.01 | 377.85 | 439.78 | 439.62 |
| 新　疆 | Xinjiang | 69.99 | 119.67 | 182.98 | 310.14 | 356.15 | 416.87 | 479.37 |

# 五、全国能源平衡表

# Chapter 5 Energy Balance Table of China

# 5-1 中国能源平衡表(实物量) -1996

| 项目 | Item | 煤合计 (万吨) Coal Total (10[4] tn) | 原煤 (万吨) Raw Coal (10[4] tn) |
|---|---|---|---|
| **一.可供本地区消费的能源量** | **Total Primary Energy Supply** | **136057.32** | **136959.54** |
| 1.一次能源生产量 | Indigenous Production | 139669.94 | 139669.94 |
| 水电 | Hydro Power | | |
| 核电 | Nuclear Power | | |
| 2.回收能 | Recovery of Energy | | |
| 3.进 口 量 | Import | 321.66 | 321.66 |
| 4.我轮、机在外国加油量 | China Airplanes&Ships Refueling in Abroad | | |
| 5.出 口 量(-) | Export (-) | -3648.41 | -2899.76 |
| 6.外轮、机在我国加油量(-) | Foreign Airplanes&Ships Refueling in China | | |
| 7.库存增(-)、减(+)量 | Stock Change | -285.87 | -132.30 |
| **二.加工转换投入(-)产出(+)量** | **Input(-) & Output(+) of Transformation** | **-78780.94** | **-85625.47** |
| 1.火力发电 | Thermal Power | -51708.59 | -50233.83 |
| 2.供 热 | Heating Supply | -6365.74 | -6053.56 |
| 3.洗 选 煤 | Coal Washing | -1797.57 | -21576.67 |
| 4.炼 焦 | Coking | -18455.82 | -6604.43 |
| 5.炼 油 | Petroleum Refineries | | |
| 6.制 气 | Gas Works | -582.02 | -277.89 |
| #焦炭再投入量(-) | Coke Input (-) | | |
| 7.煤制品加工 | Briquettes | 128.80 | -879.09 |
| **三.损 失 量** | **Loss** | | |
| **四.终端消费量** | **Total Final Consumption** | **61284.32** | **56042.17** |
| 1.农、林、牧、渔、水利业 | Farming, Forestry, Animal Husbandry, Fishery & Water Conservancy | 1237.13 | 1193.90 |
| 2.工 业 | Industry | 44774.95 | 41502.85 |
| #用作原料.材料 | Non-Energy Use | 1608.69 | 1586.09 |
| 3.建 筑 业 | Construction | 646.40 | 635.61 |
| 4.交通运输、仓储及邮电通迅业 | Transport, Storage, Postal & Telecommunications Services | 1585.94 | 1561.46 |
| 5.批发和零售贸易业.餐饮业 | Wholesale, Retail Trade and Catering Service | 1551.33 | 1524.92 |
| 6.生活消费 | Residential Consumption | 10101.28 | 8281.89 |
| 城 镇 | Urban | 3971.86 | 2933.98 |
| 乡 村 | Rural | 6129.42 | 5347.91 |
| 7.其他 | Other | 1387.29 | 1341.54 |
| **五.平衡差额** | **Statistical Difference** | **-4007.94** | **-4708.10** |
| **六.消费量合计** | **Total Final Consumption** | **140065.26** | **141667.64** |

# ENERGY BANLANCE OF CHINA -1996(PHYSICAL QUANTITY)

| 洗精煤 (万吨) Cleaned Coal ($10^4$ tn) | 其他洗煤 (万吨) Other Washed Coal ($10^4$ tn) | 型煤 (万吨) Briquettes ($10^4$ tn) | 焦炭 (万吨) Coke ($10^4$ tn) | 焦炉煤气 (亿立方米) Coke Oven Gas ($10^8$ cu.m) | 其他煤气 (亿立方米) Other Gas ($10^8$ cu.m) | 其他焦化产品 (万吨) Other Coking Products ($10^4$ tn) | 油品合计 (万吨) Petroleum Products Total ($10^4$ tn) | 原油 (万吨) Crude Oil ($10^4$ tn) |
|---|---|---|---|---|---|---|---|---|
| **-900.64** | **-1.58** | | **-862.21** | | **301.01** | **-5.74** | **17643.36** | **15928.48** |
| | | | | | | | 15733.39 | 15733.39 |
| | | | | | | | | |
| | | | | | | | | |
| | | | | | 301.01 | | | |
| | | | 0.14 | | | 25.08 | 4204.79 | 2261.69 |
| | | | | | | | 332.14 | |
| -748.65 | | | -768.55 | | | -30.82 | -2590.73 | -2040.25 |
| | | | | | | | -105.26 | |
| -151.99 | -1.58 | | -93.80 | | | | 69.03 | -26.35 |
| **1674.79** | **4143.79** | **1025.95** | **13548.00** | **204.75** | **41.54** | **341.55** | **-1972.51** | **-15212.89** |
| -105.41 | -1369.35 | | | -10.70 | -74.10 | | -1238.58 | -68.16 |
| -144.21 | -167.97 | | | -7.07 | -17.65 | | -404.80 | -10.80 |
| 14059.11 | 5719.99 | | | | | | | |
| -11843.98 | -7.41 | | 13432.19 | 212.92 | 11.00 | 334.91 | | |
| | | | | | | | -271.08 | -15133.93 |
| -290.72 | -13.41 | | 163.36 | 9.60 | 122.29 | 6.64 | -58.05 | |
| | | | -47.55 | | | | | |
| | -18.06 | 1025.95 | | | | | | |
| | | | | | | | **161.38** | **159.94** |
| **949.58** | **3273.11** | **1019.46** | **11817.43** | **204.33** | **341.53** | **335.81** | **15487.53** | **492.18** |
| 9.36 | 33.87 | | 73.89 | | | | 588.93 | **10.98** |
| 931.03 | 2341.07 | | 11543.54 | 171.34 | 285.00 | 335.81 | 6471.52 | 452.85 |
| 17.95 | 4.65 | | 966.45 | 3.30 | | | 2882.52 | 27.37 |
| 0.70 | 10.09 | | 15.88 | 0.06 | | | 637.76 | 2.56 |
| 5.82 | 18.66 | | 6.64 | | 0.01 | | 5121.43 | 24.17 |
| 1.82 | 17.59 | 7.00 | 31.30 | 0.92 | 0.09 | | 197.92 | 0.42 |
| | 808.93 | 1010.46 | 129.19 | 24.18 | 53.45 | | 1066.63 | |
| | 400.18 | 637.70 | 65.01 | 24.18 | 51.58 | | 882.99 | |
| | 408.75 | 372.76 | 64.18 | | 1.87 | | 183.64 | |
| 0.85 | 42.90 | 2.00 | 16.99 | 7.83 | 2.98 | | 1403.34 | 1.20 |
| **-175.43** | **869.10** | **6.49** | **868.36** | **0.42** | **1.02** | | **21.94** | **63.47** |
| **13333.90** | **4849.31** | **1019.46** | **11864.98** | **222.10** | **433.28** | **335.81** | **17621.42** | **15865.01** |

## 续表

| 项目 | Item | 汽油（万吨）Gasoline ($10^4$ tn) | 煤油（万吨）Kerosene ($10^4$ tn) |
|---|---|---|---|
| **一.可供本地区消费的能源量** | **Total Primary Energy Supply** | **-100.31** | **-0.51** |
| 1.一次能源生产量 | Indigenous Production | | |
| 水电 | Hydro Power | | |
| 核电 | Nuclear Power | | |
| 2.回收能 | Recovery of Energy | | |
| 3.进 口 量 | Import | 7.92 | 65.92 |
| 4.我轮、机在外国加油量 | China Airplanes&Ships Refueling in Abroad | | 35.14 |
| 5.出 口 量(-) | Export (-) | -131.40 | -74.36 |
| 6.外轮、机在我国加油量(-) | Foreign Airplanes&ships Refueling in China | -8.12 | -28.00 |
| 7.库存增(-)、减(+)量 | Stock Change | 31.29 | 0.79 |
| **二.加工转换投入(-)产出(+)量** | **Input(-) & Output(+) of Transformation** | **3273.81** | **538.37** |
| 1.火力发电 | Thermal Power | -0.76 | |
| 2.供 热 | Heating Supply | | |
| 3.洗 选 煤 | Coal Washing | | |
| 4.炼 焦 | Coking | | |
| 5.炼 油 | Petroleum Refineries | 3274.57 | 538.37 |
| 6.制 气 | Gas Works | | |
| #焦炭再投入量(-) | Coke Input (-) | | |
| 7.煤制品加工 | Briquettes | | |
| **三.损 失 量** | **Loss** | | |
| **四.终端消费量** | **Total Final Consumption** | **3165.56** | **555.50** |
| 1.农、林、牧、渔、水利业 | Farming, Forestry, Animal Husbandry, Fishery & Water Conservancy | 66.14 | 1.68 |
| 2.工 业 | Industry | 494.93 | 43.07 |
| #用作原料、材料 | Non-Energy Use | 14.11 | 1.19 |
| 3.建 筑 业 | Construction | 106.18 | 5.01 |
| 4.交通运输、仓储及邮电通迅业 | Transport, Storage, Postal & Telecommunications Services | 1591.32 | 298.86 |
| 5.批发和零售贸易业、餐饮业 | Wholesale, Retail Trade and Catering Service | 60.77 | 8.28 |
| 6.生活消费 | Residential Consumption | 179.42 | 64.68 |
| 城 镇 | Urban | 152.15 | 6.49 |
| 乡 村 | Rural | 27.27 | 58.19 |
| 7.其他 | Other | 666.80 | 133.92 |
| **五.平衡差额** | **Statistical Difference** | **7.94** | **-17.64** |
| **六.消费量合计** | **Total Final Consumption** | **3166.32** | **555.50** |

Continued

| 柴油 (万吨) Diesel Oil ($10^4$ tn) | 燃料油 (万吨) Fuel Oil ($10^4$ tn) | 液化石油气 (万吨) LPG ($10^4$ tn) | 炼厂干气 (万吨) Refinery Gas ($10^4$ tn) | 其他石油制品 (万吨) Other Petroleum Products ($10^4$ tn) | 天然气 (亿立方米) Natural Gas ($10^8$ cu.m) | 热力 (万百万千焦) Heat ($10^{10}$ kJ) | 电力 (亿千瓦小时) Electricity ($10^8$kW•h) | 其他能源 (万吨标煤) Other Energy ($10^4$tce) |
|---|---|---|---|---|---|---|---|---|
| **378.69** | **1132.55** | **315.29** | | **-10.83** | **201.14** | | **1987.16** | **249.18** |
| | | | | | 201.14 | | 2023.04 | |
| | | | | | | | 1879.66 | |
| | | | | | | | 143.38 | |
| | | | | | | | | 249.18 |
| 465.14 | 942.59 | 355.03 | | 106.50 | | | 1.24 | |
| 47.00 | 250.00 | | | | | | | |
| -157.44 | -36.62 | -33.33 | | -117.33 | | | -37.12 | |
| -34.96 | -34.18 | | | | | | | |
| 58.95 | 10.76 | -6.41 | | | | | | |
| **4135.88** | **1260.58** | **598.77** | **362.54** | **3070.43** | **-7.74** | **114830.13** | **8777.13** | **-146.13** |
| -253.26 | -888.80 | -4.00 | -23.60 | | -7.45 | | 8777.13 | -69.62 |
| -29.86 | -297.07 | -3.10 | -63.97 | | -0.29 | 114830.13 | | -32.12 |
| | | | | | | | | |
| | | | | | | | | |
| 4419.00 | 2504.50 | 605.87 | 450.11 | 3070.43 | | | | -44.39 |
| | -58.05 | | | | | | | |
| | | | | | | | | |
| | | | | | | | | |
| | | **1.44** | | | **5.67** | **1705.08** | **769.45** | |
| **4542.02** | **2388.39** | **922.72** | **361.56** | **3059.60** | **172.49** | **113125.05** | **9994.84** | **103.05** |
| 509.85 | 0.28 | | | | 0.23 | 21.65 | 458.29 | |
| 834.12 | 1410.87 | 164.52 | 361.56 | 2709.60 | 146.58 | 92523.53 | 7265.22 | 103.05 |
| 2.60 | 96.07 | 7.33 | 24.25 | 2709.60 | 48.06 | 2.51 | | |
| 159.62 | 13.96 | 0.43 | | 350.00 | 1.51 | 157.62 | 151.84 | |
| 2261.06 | 944.46 | 1.56 | | | 1.22 | 610.91 | 257.88 | |
| 90.27 | 4.29 | 33.89 | | | 0.95 | 719.96 | 298.14 | |
| 109.05 | | 713.48 | | | 20.72 | 16668.66 | 1068.04 | |
| 82.35 | | 642.00 | | | 20.72 | 16668.66 | 756.61 | |
| 26.70 | | 71.48 | | | | | 311.43 | |
| 578.05 | 14.53 | 8.84 | | | 1.28 | 2422.72 | 495.43 | |
| **-27.45** | **4.74** | **-10.10** | **0.98** | | **15.24** | | | |
| **4825.14** | **3632.31** | **931.26** | **449.13** | **3059.60** | **185.90** | **114830.13** | **10764.29** | **249.18** |

# 5-2 中国能源平衡表(实物量) -1997

| 项　目 | Item | 煤合计 (万吨) Coal Total ($10^4$ tn) | 原煤 (万吨) Raw Coal ($10^4$ tn) |
|---|---|---|---|
| **一.可供本地区消费的能源量** | **Total Primary Energy Supply** | **135257.30** | **136024.27** |
| 1.一次能源生产量 | Indigenous Production | 138753.13 | 138753.13 |
| 水电 | Hydro Power | | |
| 核电 | Nuclear Power | | |
| 2.回收能 | Recovery of Energy | | |
| 3.进 口 量 | Import | 201.29 | 161.49 |
| 4.我轮、机在外国加油量 | China Airplanes&Ships Refueling in Abroad | | |
| 5.出 口 量(-) | Export (-) | -3073.02 | -2612.94 |
| 6.外轮、机在我国加油量(-) | Foreign Airplanes&Ships Refueling in China | | |
| 7.库存增(-)、减(+)量 | Stock Change | -624.10 | -277.41 |
| **二.加工转换投入(-)产出(+)量** | **Input(-) & Output(+) of Transformation** | **-76400.95** | **-83985.92** |
| 1.火力发电 | Thermal Power | -48979.20 | -47538.92 |
| 2.供　热 | Heating Supply | -6244.68 | -5954.62 |
| 3.洗 选 煤 | Coal Washing | -2360.86 | -23108.60 |
| 4.炼　焦 | Coking | -18196.93 | -6238.23 |
| 5.炼　油 | Petroleum Refineries | | |
| 6.制　气 | Gas Works | -732.62 | -287.18 |
| #焦炭再投入量(-) | Coke Input (-) | | |
| 7.煤制品加工 | Briquettes | 113.34 | -858.37 |
| **三.损 失 量** | **Loss** | **5.37** | |
| **四.终端消费量** | **Total Final Consumption** | **61342.08** | **55150.82** |
| 1.农、林、牧、渔、水利业 | Farming, Forestry, Animal Husbandry, Fishery & Water Conservancy | 1251.84 | 1215.59 |
| 2.工　业 | Industry | 45699.47 | 41412.69 |
| #用作原料.材料 | Non-Energy Use | 1292.38 | 1277.44 |
| 3.建 筑 业 | Construction | 602.79 | 592.05 |
| 4.交通运输、仓储及邮电通迅业 | Transport, Storage, Postal & Telecommunications Services | 1481.19 | 1472.00 |
| 5.批发和零售贸易业.餐饮业 | Wholesale, Retail Trade and Catering Service | 1513.34 | 1496.45 |
| 6.生活消费 | Residential Consumption | 9498.30 | 7717.27 |
| 城 镇 | Urban | 3555.95 | 2558.46 |
| 乡 村 | Rural | 5942.35 | 5158.81 |
| 7.其他 | Other | 1295.15 | 1244.77 |
| **五.平衡差额** | **Statistical Difference** | **-2491.10** | **-3112.47** |
| **六.消费量合计** | **Total Final Consumption** | **137748.40** | **139136.74** |

# ENERGY BANLANCE OF CHINA -1997(PHYSICAL QUANTITY)

| 洗精煤<br>(万吨)<br>Cleaned Coal<br>($10^4$ tn) | 其他洗煤<br>(万吨)<br>Other Washed Coal<br>($10^4$ tn) | 型煤<br>(万吨)<br>Briquettes<br>($10^4$ tn) | 焦炭<br>(万吨)<br>Coke<br>($10^4$ tn) | 焦炉煤气<br>(亿立方米)<br>Coke Oven Gas<br>($10^8$ cu.m) | 其他煤气<br>(亿立方米)<br>Other Gas<br>($10^8$ cu.m) | 其他焦化产品<br>(万吨)<br>Other Coking Products<br>($10^4$ tn) | 油品合计<br>(万吨)<br>Petroleum Products Total<br>($10^4$ tn) | 原油<br>(万吨)<br>Crude Oil<br>($10^4$ tn) |
|---|---|---|---|---|---|---|---|---|
| **-548.74** | **-223.81** | **5.58** | **-1020.15** | | **320.00** | **5.17** | **19413.11** | **17498.54** |
| | | | | | | | 16074.14 | 16074.14 |
| | | | | | | | | |
| | | | | | | | | |
| | | | | | 320.00 | | | |
| 39.80 | | | 0.13 | | | 30.30 | 6341.70 | 3546.97 |
| | | | | | | | 263.19 | |
| -460.08 | | | -1058.07 | | | -25.13 | -2712.17 | -1982.89 |
| | | | | | | | -103.04 | |
| -128.46 | -223.81 | 5.58 | 37.79 | | | | -450.71 | -139.68 |
| **1685.47** | **4897.84** | **1001.66** | **13074.97** | **221.90** | **148.83** | **286.32** | **-2449.73** | **-16686.43** |
| -108.31 | -1331.97 | | | -12.57 | -30.85 | | -1662.11 | -64.30 |
| -118.43 | -171.63 | | | -10.20 | -12.98 | | -356.47 | -14.86 |
| 14269.77 | 6477.97 | | | | | | | |
| -11923.82 | -34.88 | | 12978.15 | 239.42 | 84.91 | 264.45 | | |
| | | | | | | | -382.00 | -16607.27 |
| -433.74 | -11.70 | | 174.92 | 5.25 | 107.75 | 21.87 | -49.15 | |
| | | | -78.10 | | | | | |
| | -29.95 | 1001.66 | | | | | | |
| | **5.37** | | | | | | **190.08** | **188.36** |
| **1048.06** | **4136.45** | **1006.75** | **10792.50** | **222.90** | **468.46** | **291.49** | **16660.65** | **492.40** |
| 9.07 | 27.18 | | 71.26 | | | | 608.20 | |
| 1037.01 | 3245.63 | 4.14 | 10506.20 | 176.80 | 394.27 | 291.49 | 7312.03 | 471.00 |
| 11.32 | 3.62 | | 883.41 | | | | 3511.00 | 48.18 |
| 0.70 | 10.04 | | 17.49 | | | | 705.32 | 2.98 |
| 0.83 | 8.36 | | 6.47 | 0.08 | 0.02 | | 5223.26 | 16.67 |
| 0.24 | 8.80 | 7.85 | 35.20 | 2.54 | 1.17 | | 211.55 | 0.34 |
| | 788.68 | 992.35 | 136.73 | 40.09 | 69.78 | | 1138.25 | |
| | 380.52 | 616.97 | 67.09 | 40.09 | 68.91 | | 937.02 | |
| | 408.16 | 375.38 | 69.64 | | 0.87 | | 201.23 | |
| 0.21 | 47.76 | 2.41 | 19.15 | 3.39 | 3.22 | | 1462.04 | 1.41 |
| **88.67** | **532.21** | **0.49** | **1262.32** | **-1.00** | **0.37** | | **112.66** | **131.35** |
| **13632.36** | **5721.95** | **1006.75** | **10870.60** | **245.67** | **512.29** | **291.49** | **19300.46** | **17367.19** |

## 续表

| 项　目 | Item | 汽油 (万吨) Gasoline ($10^4$ tn) | 煤油 (万吨) Kerosene ($10^4$ tn) |
|---|---|---|---|
| **一.可供本地区消费的能源量** | **Total Primary Energy Supply** | **-233.78** | **106.64** |
| 1.一次能源生产量 | Indigenous Production | | |
| 水电 | Hydro Power | | |
| 核电 | Nuclear Power | | |
| 2.回收能 | Recovery of Energy | | |
| 3.进 口 量 | Import | 8.43 | 138.07 |
| 4.我轮、机在外国加油量 | China Airplanes&Ships Refueling in Abroad | | 80.01 |
| 5.出 口 量(-) | Export (-) | -178.24 | -72.30 |
| 6.外轮、机在我国加油量(-) | Foreign Airplanes&ships Refueling in China | -7.66 | -26.49 |
| 7.库存增(-)、减(+)量 | Stock Change | -56.31 | -12.65 |
| **二.加工转换投入(-)产出(+)量** | **Input(-) & Output(+) of Transformation** | **3516.99** | **577.01** |
| 1.火力发电 | Thermal Power | -0.83 | |
| 2.供　热 | Heating Supply | | |
| 3.洗 选 煤 | Coal Washing | | |
| 4.炼　焦 | Coking | | |
| 5.炼　油 | Petroleum Refineries | 3517.82 | 577.01 |
| 6.制　气 | Gas Works | | |
| #焦炭再投入量(-) | Coke Input (-) | | |
| 7.煤制品加工 | Briquettes | | |
| **三.损 失 量** | **Loss** | | |
| **四.终端消费量** | **Total Final Consumption** | **3243.22** | **681.71** |
| 1.农、林、牧、渔、水利业 | Farming, Forestry, Animal Husbandry, Fishery & Water Conservancy | 73.45 | 1.38 |
| 2.工　业 | Industry | 522.22 | 46.65 |
| #用作原料、材料 | Non-Energy Use | 7.01 | 1.05 |
| 3.建 筑 业 | Construction | 107.68 | 4.23 |
| 4.交通运输、仓储及邮电通迅业 | Transport, Storage, Postal & Telecommunications Services | 1583.16 | 420.10 |
| 5.批发和零售贸易业、餐饮业 | Wholesale, Retail Trade and Catering Service | 66.69 | 8.98 |
| 6.生活消费 | Residential Consumption | 194.22 | 62.66 |
| 城 镇 | Urban | 162.07 | 4.99 |
| 乡 村 | Rural | 32.15 | 57.67 |
| 7.其他 | Other | 695.80 | 137.71 |
| **五.平衡差额** | **Statistical Difference** | **39.99** | **1.94** |
| **六.消费量合计** | **Total Final Consumption** | **3244.05** | **681.71** |

Continued

| 柴油 (万吨) Diesel Oil ($10^4$ tn) | 燃料油 (万吨) Fuel Oil ($10^4$ tn) | 液化石油气 (万吨) LPG ($10^4$ tn) | 炼厂干气 (万吨) Refinery Gas ($10^4$ tn) | 其他石油制品 (万吨) Other Petroleum Products ($10^4$ tn) | 天然气 (亿立方米) Natural Gas ($10^8$ cu.m) | 热力 (万百万千焦) Heat ($10^{10}$ kJ) | 电力 (亿千瓦小时) Electricity ($10^8$kW•h) | 其他能源 (万吨标煤) Other Energy ($10^4$tce) |
|---|---|---|---|---|---|---|---|---|
| **326.98** | **1372.28** | **321.97** | | **20.48** | **226.72** | | **2043.70** | **466.80** |
| | | | | | 227.03 | | 2114.85 | |
| | | | | | | | 1959.83 | |
| | | | | | | | 144.18 | |
| | | | | | | | | 466.80 |
| 742.79 | 1371.06 | 358.24 | | 176.14 | | | 0.89 | |
| 47.44 | 135.74 | | | | | | | |
| -232.13 | -51.73 | -39.22 | | -155.66 | -0.31 | | -72.04 | |
| -29.38 | -39.51 | | | | | | | |
| -201.74 | -43.28 | 2.95 | | | | | | |
| **4182.45** | **1140.99** | **666.77** | **459.76** | **3692.73** | **-21.91** | **117569.51** | **9240.70** | **-245.92** |
| -739.06 | -839.15 | -1.16 | -17.61 | | -21.28 | | 9240.70 | -128.02 |
| -2.94 | -281.95 | | -56.72 | | -0.63 | 117569.51 | | -40.17 |
| | | | | | | | | |
| | | | | | | | | |
| 4924.45 | 2311.24 | 667.93 | 534.09 | 3692.73 | | | | -77.73 |
| | -49.15 | | | | | | | |
| | | | | | | | | |
| | | | | | | | | |
| | | **1.72** | | | **5.55** | **1664.70** | **798.38** | |
| **4536.50** | **2522.55** | **1006.84** | **464.21** | **3713.21** | **168.98** | **115904.81** | **10486.02** | **220.88** |
| 532.98 | 0.38 | | | | | 53.26 | 459.77 | |
| 938.38 | 1395.84 | 180.52 | 464.21 | 3293.21 | 144.96 | 94756.13 | 7567.28 | 220.88 |
| 6.64 | 105.94 | 9.63 | 39.34 | 3293.21 | 38.25 | | 28.33 | 220.88 |
| 146.01 | 19.21 | 5.21 | | 420.00 | 0.01 | 207.13 | 157.41 | |
| 2119.53 | 1082.23 | 1.57 | | | 1.21 | 615.83 | 265.88 | |
| 86.42 | 6.24 | 42.88 | | | 0.99 | 868.06 | 315.13 | |
| 119.18 | | 762.19 | | | 21.22 | 16432.15 | 1213.15 | |
| 86.41 | | 683.55 | | | 21.22 | 16431.58 | 814.35 | |
| 32.77 | | 78.64 | | | | 0.57 | 398.80 | |
| 594.00 | 18.65 | 14.47 | | | 0.59 | 2972.25 | 507.40 | |
| **-27.07** | **-9.28** | **-19.82** | **-4.45** | | **30.28** | | | |
| **5278.50** | **3692.80** | **1009.72** | **538.54** | **3713.21** | **196.44** | **117569.51** | **11284.40** | **466.80** |

# 5-3 中国能源平衡表(实物量) -1998

| 项 目 | Item | 煤合计 (万吨) Coal Total ($10^4$ tn) | 原煤 (万吨) Raw Coal ($10^4$ tn) |
|---|---|---|---|
| **一.可供本地区消费的能源量** | **Total Primary Energy Supply** | **131085.30** | **131610.57** |
| 1.一次能源生产量 | Indigenous Production | 133202.86 | 133202.86 |
| 水电 | Hydro Power | | |
| 核电 | Nuclear Power | | |
| 2.回收能 | Recovery of Energy | | |
| 3.进 口 量 | Import | 158.62 | 148.30 |
| 4.我轮、机在外国加油量 | China Airplanes&Ships Refueling in Abroad | | |
| 5.出 口 量(-) | Export (-) | -3229.71 | -2744.17 |
| 6.外轮、机在我国加油量(-) | Foreign Airplanes&Ships Refueling in China | | |
| 7.库存增(-)、减(+)量 | Stock Change | 953.53 | 1003.58 |
| **二.加工转换投入(-)产出(+)量** | **Input(-) & Output(+) of Transformation** | **-73145.06** | **-79196.69** |
| 1.火力发电 | Thermal Power | -49489.26 | -47937.62 |
| 2.供 热 | Heating Supply | -6319.91 | -6069.99 |
| 3.洗 选 煤 | Coal Washing | -1159.32 | -19306.37 |
| 4.炼 焦 | Coking | -15628.11 | -4858.00 |
| 5.炼 油 | Petroleum Refineries | | |
| 6.制 气 | Gas Works | -685.09 | -257.98 |
| #焦炭再投入量(-) | Coke Input (-) | | |
| 7.煤制品加工 | Briquettes | 136.63 | -766.73 |
| **三.损 失 量** | **Loss** | | |
| **四.终端消费量** | **Total Final Consumption** | **61868.25** | **56395.32** |
| 1.农、林、牧、渔、水利业 | Farming, Forestry, Animal Husbandry, Fishery & Water Conservancy | 1196.45 | 1165.59 |
| 2.工 业 | Industry | 46992.31 | 43289.51 |
| #用作原料.材料 | Non-Energy Use | 3041.68 | 2874.42 |
| 3.建 筑 业 | Construction | 611.63 | 600.96 |
| 4.交通运输、仓储及邮电通迅业 | Transport, Storage, Postal & Telecommunications Services | 1196.60 | 1175.38 |
| 5.批发和零售贸易业.餐饮业 | Wholesale, Retail Trade and Catering Service | 1497.59 | 1478.34 |
| 6.生活消费 | Residential Consumption | 9081.00 | 7452.02 |
| 城 镇 | Urban | 3262.39 | 2363.15 |
| 乡 村 | Rural | 5818.61 | 5088.87 |
| 7.其他 | Other | 1292.67 | 1233.52 |
| **五.平衡差额** | **Statistical Difference** | **-3928.01** | **-3981.44** |
| **六.消费量合计** | **Total Final Consumption** | **135013.31** | **135592.01** |

# ENERGY BANLANCE OF CHINA -1998(PHYSICAL QUANTITY)

| 洗精煤 (万吨) Cleaned Coal ($10^4$ tn) | 其他洗煤 (万吨) Other Washed Coal ($10^4$ tn) | 型煤 (万吨) Briquettes ($10^4$ tn) | 焦炭 (万吨) Coke ($10^4$ tn) | 焦炉煤气 (亿立方米) Coke Oven Gas ($10^8$ cu.m) | 其他煤气 (亿立方米) Other Gas ($10^8$ cu.m) | 其他焦化产品 (万吨) Other Coking Products ($10^4$ tn) | 油品合计 (万吨) Petroleum Products Total ($10^4$ tn) | 原油 (万吨) Crude Oil ($10^4$ tn) |
|---|---|---|---|---|---|---|---|---|
| **-438.71** | **-86.86** | **0.30** | **-1136.71** | | **488.51** | **1.85** | **19743.53** | **17314.89** |
| | | | | | | | 16100.00 | 16100.00 |
| | | | | | | | | |
| | | | | | | | | |
| | | | | | 488.51 | | 8.00 | |
| 10.32 | | | | | | 31.61 | 5467.71 | 2732.00 |
| | | | | | | | 270.96 | |
| -485.54 | | | -1146.40 | | | -29.76 | -2242.33 | -1560.00 |
| | | | | | | | -84.13 | |
| 36.51 | -86.86 | 0.30 | 9.69 | | | | 223.32 | 42.89 |
| **1760.42** | **3367.75** | **923.46** | **12829.40** | **216.83** | **21.92** | **174.45** | **-2106.13** | **-16680.68** |
| -181.07 | -1370.57 | | | -12.42 | -50.38 | | -1304.76 | -74.37 |
| -36.79 | -213.13 | | | -7.05 | -42.55 | | -455.53 | -24.49 |
| 13149.28 | 4997.77 | | | | | | | |
| -10761.94 | -8.17 | | 12805.99 | 223.97 | 11.52 | 152.15 | | |
| | | | | | | | -310.43 | -16581.82 |
| -409.06 | -18.05 | | 93.10 | 12.33 | 103.33 | 22.30 | -35.41 | |
| | | | -69.69 | | | | | |
| | -20.10 | 923.46 | | | | | | |
| | | | | | | | **197.30** | **195.98** |
| **1264.92** | **3298.59** | **909.42** | **11378.13** | **216.83** | **516.41** | **176.30** | **17516.51** | **480.65** |
| 10.57 | 19.84 | 0.45 | 75.97 | | | | 646.86 | |
| 1248.92 | 2449.81 | 4.07 | 11070.64 | 174.46 | 428.60 | 176.30 | 7737.30 | 455.40 |
| 64.19 | 102.89 | 0.17 | 681.84 | 1.99 | | 44.87 | 2090.28 | 60.57 |
| 0.09 | 10.58 | | 19.60 | 0.01 | | | 743.86 | 2.21 |
| 4.78 | 16.44 | | 10.30 | | | | 5457.45 | 21.33 |
| 0.15 | 12.23 | 6.87 | 38.79 | 1.78 | 1.96 | | 221.00 | 0.24 |
| 0.40 | 732.98 | 895.60 | 150.03 | 36.73 | 84.08 | | 1285.27 | |
| 0.40 | 354.26 | 544.58 | 73.59 | 36.73 | 83.21 | | 1063.60 | |
| | 378.72 | 351.02 | 76.44 | | 0.87 | | 221.67 | |
| 0.01 | 56.71 | 2.43 | 12.80 | 3.85 | 1.77 | | 1424.77 | 1.47 |
| **56.79** | **-17.70** | **14.34** | **314.56** | | **-5.98** | | **-76.40** | **-42.42** |
| **12653.78** | **4928.61** | **909.42** | **11447.82** | **236.30** | **609.34** | **176.30** | **19819.94** | **17357.31** |

续表

| 项　目 | Item | 汽油<br>(万吨)<br>Gasoline<br>($10^4$ tn) | 煤油<br>(万吨)<br>Kerosene<br>($10^4$ tn) |
|---|---|---|---|
| **一.可供本地区消费的能源量** | **Total Primary Energy Supply** | **-185.06** | **84.85** |
| 1.一次能源生产量 | Indigenous Production | | |
| 水电 | Hydro Power | | |
| 核电 | Nuclear Power | | |
| 2.回收能 | Recovery of Energy | | |
| 3.进 口 量 | Import | 1.49 | 129.08 |
| 4.我轮、机在外国加油量 | China Airplanes&Ships Refueling in Abroad | | 58.96 |
| 5.出 口 量(-) | Export (-) | -181.96 | -91.64 |
| 6.外轮、机在我国加油量(-) | Foreign Airplanes&ships Refueling in China | -12.55 | -35.92 |
| 7.库存增(-)、减(+)量 | Stock Change | 7.96 | 24.37 |
| **二.加工转换投入(-)产出(+)量** | **Input(-) & Output(+) of Transformation** | **3500.28** | **616.14** |
| 1.火力发电 | Thermal Power | -0.75 | |
| 2.供　热 | Heating Supply | | |
| 3.洗 选 煤 | Coal Washing | | |
| 4.炼　焦 | Coking | | |
| 5.炼　油 | Petroleum Refineries | 3501.03 | 616.14 |
| 6.制　气 | Gas Works | | |
| #焦炭再投入量(-) | Coke Input (-) | | |
| 7.煤制品加工 | Briquettes | | |
| **三.损 失 量** | **Loss** | | |
| **四.终端消费量** | **Total Final Consumption** | **3306.08** | **706.41** |
| 1.农、林、牧、渔、水利业 | Farming, Forestry, Animal Husbandry, Fishery & Water Conservancy | 80.79 | 1.61 |
| 2.工　业 | Industry | 576.76 | 52.19 |
| #用作原料、材料 | Non-Energy Use | 18.51 | 6.09 |
| 3.建 筑 业 | Construction | 112.59 | 3.45 |
| 4.交通运输、仓储及邮电通迅业 | Transport, Storage, Postal & Telecommunications Services | 1551.61 | 425.49 |
| 5.批发和零售贸易业、餐饮业 | Wholesale, Retail Trade and Catering Service | 71.53 | 8.99 |
| 6.生活消费 | Residential Consumption | 207.07 | 73.07 |
| 城 镇 | Urban | 172.05 | 10.73 |
| 乡 村 | Rural | 35.02 | 62.34 |
| 7.其他 | Other | 705.73 | 141.61 |
| **五.平衡差额** | **Statistical Difference** | **9.14** | **-5.42** |
| **六.消费量合计** | **Total Final Consumption** | **3306.83** | **706.41** |

Continued

| 柴油<br>(万吨)<br>Diesel Oil<br>($10^4$ tn) | 燃料油<br>(万吨)<br>Fuel Oil<br>($10^4$ tn) | 液化石油气<br>(万吨)<br>LPG<br>($10^4$ tn) | 炼厂干气<br>(万吨)<br>Refinery Gas<br>($10^4$ tn) | 其他石油制品<br>(万吨)<br>Other Petroleum Products<br>($10^4$ tn) | 天然气<br>(亿立方米)<br>Natural Gas<br>($10^8$ cu.m) | 热力<br>(万百万千焦)<br>Heat<br>($10^{10}$ kJ) | 电力<br>(亿千瓦小时)<br>Electricity<br>($10^8$kW•h) | 其他能源<br>(万吨标煤)<br>Other Energy<br>($10^4$tce) |
|---|---|---|---|---|---|---|---|---|
| **373.91** | **1728.33** | **438.57** | | **-11.96** | **232.79** | | **2157.43** | **501.15** |
| | | | | | 232.79 | | 2229.00 | |
| | | | | | | | 2080.00 | |
| | | | | | | | 141.00 | |
| | | 8.00 | | | | | | 501.15 |
| 310.81 | 1627.16 | 476.59 | | 190.58 | | | 0.17 | |
| 20.89 | 191.11 | | | | | | | |
| -98.48 | -57.48 | -50.23 | | -202.54 | | | -71.74 | |
| -20.28 | -15.38 | | | | | | | |
| 160.97 | -17.08 | 4.21 | | | | | | |
| **4693.78** | **728.22** | **744.41** | **427.96** | **3863.76** | **-21.34** | **127067.73** | **9441.00** | **-351.09** |
| -203.88 | -993.79 | -3.00 | -28.97 | | -16.05 | | 9441.00 | -116.14 |
| | -343.01 | | -88.03 | | -5.29 | 127067.73 | | -67.88 |
| | | | | | | | | |
| | | | | | | | | |
| 4897.66 | 2100.43 | 747.41 | 544.96 | 3863.76 | | | | -167.07 |
| | -35.41 | | | | | | | |
| | | | | | | | | |
| | | | | | | | | |
| | | **1.32** | | | **5.42** | **1072.33** | **790.93** | |
| **5105.81** | **2456.38** | **1181.66** | **427.71** | **3851.80** | **175.81** | **125979.42** | **10807.50** | **150.06** |
| 564.13 | 0.32 | | | | | 37.30 | 473.49 | |
| 1022.17 | 1565.13 | 236.14 | 427.71 | 3401.80 | 146.15 | 102936.73 | 7705.02 | 150.06 |
| 19.32 | 93.91 | 25.76 | 34.25 | 1831.87 | 48.89 | | | 150.05 |
| 153.36 | 16.57 | 5.68 | | 450.00 | 0.12 | 160.90 | 168.84 | |
| 2612.93 | 845.56 | 0.53 | | | 2.26 | 766.77 | 275.63 | |
| 83.31 | 7.43 | 49.50 | | | 2.53 | 791.28 | 333.35 | |
| 145.90 | | 859.23 | | | 24.12 | 18711.10 | 1294.50 | |
| 104.44 | | 776.38 | | | 24.12 | 18711.10 | 866.50 | |
| 41.46 | | 82.85 | | | | | 428.00 | |
| 524.01 | 21.37 | 30.58 | | | 0.63 | 2575.34 | 556.67 | |
| **-38.12** | **0.17** | | **0.25** | | **30.22** | **15.98** | | |
| **5309.69** | **3828.59** | **1185.98** | **544.71** | **3851.80** | **202.57** | **127051.75** | **11598.43** | **501.15** |

# 5-4 中国能源平衡表(实物量) -1999

| 项 目 | Item | 煤合计 (万吨) Coal Total ($10^4$ tn) | 原煤 (万吨) Raw Coal ($10^4$ tn) |
|---|---|---|---|
| **一.可供本地区消费的能源量** | **Total Primary Energy Supply** | **135475.85** | **135810.68** |
| 1.一次能源生产量 | Indigenous Production | 136399.73 | 136399.73 |
| 水电 | Hydro Power | | |
| 核电 | Nuclear Power | | |
| 2.回收能 | Recovery of Energy | | |
| 3.进 口 量 | Import | 167.28 | 141.01 |
| 4.我轮、机在外国加油量 | China Airplanes&Ships Refueling in Abroad | | |
| 5.出 口 量(-) | Export (-) | -3743.86 | -3219.07 |
| 6.外轮、机在我国加油量(-) | Foreign Airplanes&Ships Refueling in China | | |
| 7.库存增(-)、减(+)量 | Stock Change | 2652.70 | 2489.01 |
| **二.加工转换投入(-)产出(+)量** | **Input(-) & Output(+) of Transformation** | **-80685.78** | **-86500.94** |
| 1.火力发电 | Thermal Power | -52458.21 | -51198.18 |
| 2.供 热 | Heating Supply | -7960.98 | -7802.83 |
| 3.洗 选 煤 | Coal Washing | -3291.53 | -20744.10 |
| 4.炼 焦 | Coking | -16131.74 | -5413.24 |
| 5.炼 油 | Petroleum Refineries | | |
| 6.制 气 | Gas Works | -917.55 | -544.75 |
| #焦炭再投入量(-) | Coke Input (-) | | |
| 7.煤制品加工 | Briquettes | 74.23 | -797.84 |
| **三.损 失 量** | **Loss** | | |
| **四.终端消费量** | **Total Final Consumption** | **58650.67** | **52900.04** |
| 1.农、林、牧、渔、水利业 | Farming, Forestry, Animal Husbandry, Fishery & Water Conservancy | 975.06 | 955.78 |
| 2.工 业 | Industry | 44899.19 | 40923.24 |
| #用作原料.材料 | Non-Energy Use | 2894.02 | 2717.30 |
| 3.建 筑 业 | Construction | 542.46 | 526.54 |
| 4.交通运输、仓储及邮电通迅业 | Transport, Storage, Postal & Telecommunications Services | 928.26 | 905.65 |
| 5.批发和零售贸易业.餐饮业 | Wholesale, Retail Trade and Catering Service | 1396.20 | 1376.03 |
| 6.生活消费 | Residential Consumption | 8758.42 | 7121.24 |
| 城 镇 | Urban | 3128.81 | 2219.30 |
| 乡 村 | Rural | 5629.61 | 4901.94 |
| 7.其他 | Other | 1151.08 | 1091.56 |
| **五.平衡差额** | **Statistical Difference** | **-3860.60** | **-3590.30** |
| **六.消费量合计** | **Total Final Consumption** | **139336.45** | **139400.98** |

# ENERGY BANLANCE OF CHINA -1999(PHYSICAL QUANTITY)

| 洗精煤 (万吨) Cleaned Coal ($10^4$ tn) | 其他洗煤 (万吨) Other Washed Coal ($10^4$ tn) | 型煤 (万吨) Briquettes ($10^4$ tn) | 焦炭 (万吨) Coke ($10^4$ tn) | 焦炉煤气 (亿立方米) Coke Oven Gas ($10^8$ cu.m) | 其他煤气 (亿立方米) Other Gas ($10^8$ cu.m) | 其他焦化产品 (万吨) Other Coking Products ($10^4$ tn) | 油品合计 (万吨) Petroleum Products Total ($10^4$ tn) | 原油 (万吨) Crude Oil ($10^4$ tn) |
|---|---|---|---|---|---|---|---|---|
| **-415.64** | **90.45** | **-9.64** | **-1103.10** | | **375.80** | **-0.93** | **20981.29** | **18947.24** |
| | | | | | | | 16000.00 | 16000.00 |
| | | | | | | | | |
| | | | | | | | | |
| | | | | | 375.78 | | 16.89 | |
| 26.27 | | | | | | 27.60 | 6190.88 | 3661.37 |
| | | | | | | | 292.46 | |
| -524.64 | | -0.15 | -997.42 | | | -28.53 | -1569.94 | -716.73 |
| | | | | | | | -73.58 | |
| 82.73 | 90.45 | -9.49 | -105.68 | | | | 124.58 | 2.60 |
| **1251.94** | **3675.15** | **888.07** | **12085.91** | **207.59** | **70.87** | **181.25** | **-2222.18** | **-18245.66** |
| -89.93 | -1170.10 | | | -9.28 | -65.63 | | -1228.56 | -80.16 |
| -5.74 | -152.41 | | | -7.71 | -33.72 | | -394.57 | -12.88 |
| 12389.29 | 5063.28 | | | | | | | |
| -10681.18 | -37.32 | | 12029.23 | 222.07 | 14.66 | 168.86 | | |
| | | | | | | | -566.55 | -18152.62 |
| -360.50 | -12.30 | | 214.51 | 2.51 | 155.56 | 12.39 | -32.50 | |
| | | | -157.83 | | | | | |
| | -16.00 | 888.07 | | | | | | |
| | | | | **2.55** | | | **186.01** | **184.38** |
| **1042.77** | **3762.50** | **945.36** | **10628.95** | **211.66** | **446.19** | **186.41** | **18635.69** | **519.41** |
| | 18.83 | 0.45 | 72.07 | | | | 716.08 | |
| 1034.43 | 2884.01 | 57.51 | 10337.06 | 171.66 | 360.54 | 186.41 | 8142.11 | 495.40 |
| 53.17 | 121.13 | 2.42 | 654.09 | 1.96 | | 47.44 | 1932.86 | 65.89 |
| 4.33 | 11.59 | | 17.10 | | | | 807.25 | 3.19 |
| 3.80 | 18.56 | 0.25 | 10.14 | | 0.20 | | 5864.67 | 19.28 |
| 0.10 | 10.25 | 9.82 | 36.52 | 1.81 | 2.92 | | 227.24 | 0.17 |
| | 763.41 | 873.77 | 143.08 | 35.07 | 81.44 | | 1308.05 | |
| | 358.33 | 551.18 | 70.00 | 35.07 | 80.61 | | 1068.32 | |
| | 405.08 | 322.59 | 73.08 | | 0.83 | | 239.73 | |
| 0.11 | 55.85 | 3.56 | 12.98 | 3.12 | 1.09 | | 1570.29 | 1.37 |
| **-206.47** | **3.10** | **-66.93** | **353.86** | **-6.62** | **0.48** | **-6.09** | **-62.59** | **-2.21** |
| **12180.12** | **5150.63** | **945.36** | **10786.78** | **231.20** | **545.54** | **186.41** | **21043.88** | **18949.45** |

续表

| 项　目 | Item | 汽油(万吨) Gasoline ($10^4$ tn) | 煤油(万吨) Kerosene ($10^4$ tn) |
|---|---|---|---|
| **一.可供本地区消费的能源量** | **Total Primary Energy Supply** | **-361.48** | **104.80** |
| 1.一次能源生产量 | Indigenous Production | | |
| 水电 | Hydro Power | | |
| 核电 | Nuclear Power | | |
| 2.回收能 | Recovery of Energy | | |
| 3.进 口 量 | Import | 0.04 | 211.19 |
| 4.我轮、机在外国加油量 | China Airplanes&Ships Refueling in Abroad | | 61.04 |
| 5.出 口 量(-) | Export (-) | -413.83 | -124.97 |
| 6.外轮、机在我国加油量(-) | Foreign Airplanes&ships Refueling in China | -12.00 | -37.83 |
| 7.库存增(-)、减(+)量 | Stock Change | 64.31 | -4.63 |
| **二.加工转换投入(-)产出(+)量** | **Input(-) & Output(+) of Transformation** | **3740.17** | **743.75** |
| 1.火力发电 | Thermal Power | -0.91 | |
| 2.供　热 | Heating Supply | -0.19 | |
| 3.洗 选 煤 | Coal Washing | | |
| 4.炼　焦 | Coking | | |
| 5.炼　油 | Petroleum Refineries | 3741.27 | 743.75 |
| 6.制　气 | Gas Works | | |
| #焦炭再投入量(-) | Coke Input (-) | | |
| 7.煤制品加工 | Briquettes | | |
| **三.损 失 量** | **Loss** | | |
| **四.终端消费量** | **Total Final Consumption** | **3388.19** | **844.21** |
| 1.农、林、牧、渔、水利业 | Farming, Forestry, Animal Husbandry, Fishery & Water Conservancy | 84.70 | 1.43 |
| 2.工　业 | Industry | 625.40 | 78.35 |
| #用作原料、材料 | Non-Energy Use | 20.08 | 9.14 |
| 3.建 筑 业 | Construction | 113.77 | 3.87 |
| 4.交通运输、仓储及邮电通迅业 | Transport, Storage, Postal & Telecommunications Services | 1507.52 | 525.62 |
| 5.批发和零售贸易业、餐饮业 | Wholesale, Retail Trade and Catering Service | 66.32 | 11.45 |
| 6.生活消费 | Residential Consumption | 221.13 | 70.81 |
| 城 镇 | Urban | 180.77 | 6.28 |
| 乡 村 | Rural | 40.36 | 64.53 |
| 7.其他 | Other | 769.35 | 152.68 |
| **五.平衡差额** | **Statistical Difference** | **-9.50** | **4.34** |
| **六.消费量合计** | **Total Final Consumption** | **3389.29** | **844.21** |

Continued

| 柴油 (万吨) Diesel Oil ($10^4$ tn) | 燃料油 (万吨) Fuel Oil ($10^4$ tn) | 液化石油气 (万吨) LPG ($10^4$ tn) | 炼厂干气 (万吨) Refinery Gas ($10^4$ tn) | 其他石油制品 (万吨) Other Petroleum Products ($10^4$ tn) | 天然气 (亿立方米) Natural Gas ($10^8$ cu.m) | 热力 (万百万千焦) Heat ($10^{10}$ kJ) | 电力 (亿千瓦小时) Electricity ($10^8$kW•h) | 其他能源 (万吨标煤) Other Energy ($10^4$tce) |
|---|---|---|---|---|---|---|---|---|
| **31.66** | **1941.68** | **330.25** | | **-12.86** | **218.21** | | **2048.16** | **583.90** |
| | | | | | 251.98 | | 2135.96 | |
| | | | | | | | 1965.80 | |
| | | | | | | | 149.49 | |
| | | 16.89 | | | | | | 583.90 |
| 30.86 | 1756.99 | 322.31 | | 208.12 | | | 3.66 | |
| 25.16 | 206.26 | | | | | | | |
| -60.47 | -25.46 | -7.50 | | -220.98 | -33.77 | | -91.46 | |
| -10.42 | -13.33 | | | | | | | |
| 46.53 | 17.22 | -1.45 | | | | | | |
| **5957.12** | **719.28** | **814.77** | **514.03** | **3534.36** | **-22.05** | **134446.33** | **10257.04** | **-280.33** |
| -215.48 | -906.34 | -1.86 | -23.81 | | -12.68 | | 10257.04 | -96.42 |
| | -301.27 | | -80.23 | | -9.37 | 134446.33 | | -74.99 |
| | | | | | | | | 1.39 |
| | | | | | | | | 1.10 |
| 6172.60 | 1959.39 | 816.63 | 618.07 | 3534.36 | | | | -111.41 |
| | -32.50 | | | | | | | |
| | | | | | | | | |
| | | | | | | | | |
| | | **1.63** | | | **5.87** | **1678.81** | **861.93** | |
| **5988.60** | **2694.00** | **1174.98** | **504.78** | **3521.52** | **187.02** | **132791.57** | **11442.78** | **303.59** |
| 629.29 | 0.35 | 0.31 | | | | 38.43 | 510.35 | |
| 1331.37 | 1807.57 | 251.97 | 504.78 | 3047.27 | 153.26 | 107884.44 | 8185.29 | 303.59 |
| 25.16 | 108.45 | 27.49 | 35.70 | 1640.95 | 47.98 | | | 303.59 |
| 188.06 | 16.18 | 7.93 | | 474.25 | 0.68 | 132.65 | 157.34 | |
| 2971.64 | 840.00 | 0.61 | | | 3.79 | 743.39 | 284.78 | |
| 90.91 | 10.54 | 47.85 | | | 2.94 | 1097.74 | 362.82 | |
| 167.66 | | 848.45 | | | 25.72 | 20126.84 | 1360.78 | |
| 120.27 | | 761.00 | | | 25.72 | 20126.84 | 881.65 | |
| 47.39 | | 87.45 | | | | | 479.13 | |
| 609.67 | 19.36 | 17.86 | | | 0.63 | 2768.08 | 581.42 | |
| **0.18** | **-33.04** | **-31.59** | **9.25** | **-0.02** | **3.27** | **-24.05** | **0.49** | **-0.02** |
| **6204.08** | **3934.11** | **1178.47** | **608.82** | **3521.52** | **214.94** | **134470.38** | **12304.71** | **586.41** |

# 5-5 中国能源平衡表(实物量) -2000

| 项目 | Item | 煤合计(万吨) Coal Total ($10^4$ tn) | 原煤(万吨) Raw Coal ($10^4$ tn) |
|---|---|---|---|
| **一.可供本地区消费的能源量** | **Total Primary Energy Supply** | **136794.54** | **137238.57** |
| 1.一次能源生产量 | Indigenous Production | 138418.45 | 138418.45 |
| 水电 | Hydro Power | | |
| 核电 | Nuclear Power | | |
| 2.回收能 | Recovery of Energy | | |
| 3.进口量 | Import | 217.88 | 177.74 |
| 4.我轮、机在外国加油量 | China Airplanes&Ships Refueling in Abroad | | |
| 5.出口量(-) | Export (-) | -5506.47 | -4857.62 |
| 6.外轮、机在我国加油量(-) | Foreign Airplanes&Ships Refueling in China | | |
| 7.库存增(-)、减(+)量 | Stock Change | 3664.68 | 3500.00 |
| **二.加工转换投入(-)产出(+)量** | **Input(-) & Output(+) of Transformation** | **-85178.61** | **-90878.52** |
| 1.火力发电 | Thermal Power | -55811.20 | -54500.10 |
| 2.供热 | Heating Supply | -8794.07 | -8621.17 |
| 3.洗选煤 | Coal Washing | -3191.20 | -20583.70 |
| 4.炼焦 | Coking | -16496.40 | -5870.41 |
| 5.炼油 | Petroleum Refineries | | |
| 6.制气 | Gas Works | -959.99 | -575.01 |
| #焦炭再投入量(-) | Coke Input (-) | | |
| 7.煤制品加工 | Briquettes | 74.25 | -728.13 |
| **三.损失量** | **Loss** | | |
| **四.终端消费量** | **Total Final Consumption** | **55913.09** | **50167.13** |
| 1.农、林、牧、渔、水利业 | Farming, Forestry, Animal Husbandry, Fishery & Water Conservancy | 933.38 | 915.67 |
| 2.工业 | Industry | 42628.04 | 38568.56 |
| #用作原料.材料 | Non-Energy Use | 2742.27 | 2560.95 |
| 3.建筑业 | Construction | 536.82 | 518.94 |
| 4.交通运输、仓储及邮电通迅业 | Transport, Storage, Postal & Telecommunications Services | 882.24 | 860.48 |
| 5.批发和零售贸易业.餐饮业 | Wholesale, Retail Trade and Catering Service | 1314.64 | 1298.06 |
| 6.生活消费 | Residential Consumption | 8456.96 | 6904.86 |
| 城镇 | Urban | 2925.56 | 2067.73 |
| 乡村 | Rural | 5531.40 | 4837.13 |
| 7.其他 | Other | 1161.01 | 1100.56 |
| **五.平衡差额** | **Statistical Difference** | **-4297.16** | **-3807.08** |
| **六.消费量合计** | **Total Final Consumption** | **141091.70** | **141045.65** |

# ENERGY BANLANCE OF CHINA -2000(PHYSICAL QUANTITY)

| 洗精煤 (万吨) Cleaned Coal ($10^4$ tn) | 其他洗煤 (万吨) Other Washed Coal ($10^4$ tn) | 型煤 (万吨) Briquettes ($10^4$ tn) | 焦炭 (万吨) Coke ($10^4$ tn) | 焦炉煤气 (亿立方米) Coke Oven Gas ($10^8$ cu.m) | 其他煤气 (亿立方米) Other Gas ($10^8$ cu.m) | 其他焦化产品 (万吨) Other Coking Products ($10^4$ tn) | 油品合计 (万吨) Petroleum Products Total ($10^4$ tn) | 原油 (万吨) Crude Oil ($10^4$ tn) |
|---|---|---|---|---|---|---|---|---|
| **-398.93** | **-48.70** | **3.60** | **-1291.70** | | **408.78** | **27.01** | **22631.77** | **21382.99** |
| | | | | | | | 16300.00 | 16300.00 |
| | | | | | | | | |
| | | | | | | | | |
| | | | | | 408.78 | | | |
| 33.94 | 6.20 | | | | | 45.52 | 9431.28 | 7026.53 |
| | | | | | | | 317.21 | |
| -647.00 | -1.05 | -0.80 | -1519.70 | | | -18.51 | -2055.61 | -1030.60 |
| | | | | | | | -116.53 | |
| 214.13 | -53.85 | 4.40 | 228.00 | | | | -1244.58 | -912.94 |
| **1074.10** | **3808.43** | **817.38** | **12041.15** | **221.45** | **59.87** | **190.83** | **-2352.92** | **-20404.30** |
| -105.70 | -1205.40 | | | -10.69 | -70.02 | | -1178.15 | -85.00 |
| -6.25 | -166.65 | | | -9.62 | -34.93 | | -426.97 | -14.00 |
| 12150.00 | 5242.50 | | | | | | | |
| -10589.99 | -36.00 | | 11960.54 | 239.04 | 15.28 | 178.00 | | |
| | | | | | | | -721.92 | -20305.30 |
| -373.96 | -11.02 | | 223.48 | 2.72 | 149.54 | 12.83 | -25.88 | |
| | | | -142.87 | | | | | |
| | -15.00 | 817.38 | | | | | | |
| | | | | **2.18** | | | **192.89** | **190.91** |
| **1159.06** | **3768.69** | **818.20** | **10697.89** | **223.71** | **468.42** | **216.20** | **19950.12** | **636.80** |
| | 17.70 | | 70.93 | | | | 788.51 | |
| 1150.58 | 2836.23 | 72.67 | 10411.68 | 181.71 | 375.00 | 216.20 | 8859.99 | 612.34 |
| 59.14 | 119.12 | 3.06 | 624.74 | 2.07 | | 55.02 | 2053.08 | 81.44 |
| 4.37 | 13.51 | | 18.98 | | | | 840.57 | 3.30 |
| 4.00 | 17.42 | 0.34 | 11.24 | | 0.21 | | 6241.71 | 19.58 |
| 0.10 | 10.24 | 6.24 | 35.71 | 1.90 | 2.64 | | 247.03 | 0.18 |
| | 816.58 | 735.52 | 137.20 | 36.96 | 89.46 | | 1336.45 | |
| | 381.12 | 476.71 | 67.56 | 36.96 | 88.67 | | 1089.17 | |
| | 435.46 | 258.81 | 69.64 | | 0.79 | | 247.28 | |
| 0.01 | 57.01 | 3.43 | 12.15 | 3.14 | 1.11 | | 1635.86 | 1.40 |
| **-483.89** | **-8.96** | **2.78** | **51.56** | **-4.44** | **0.23** | **1.64** | **135.85** | **150.98** |
| **12234.96** | **5202.76** | **818.20** | **10840.76** | **246.20** | **573.37** | **216.20** | **22495.93** | **21232.01** |

续表

| 项　　目 | Item | 汽油(万吨) Gasoline ($10^4$ tn) | 煤油(万吨) Kerosene ($10^4$ tn) |
|---|---|---|---|
| **一.可供本地区消费的能源量** | **Total Primary Energy Supply** | **-630.18** | **8.60** |
| 1.一次能源生产量 | Indigenous Production | | |
| 水电 | Hydro Power | | |
| 核电 | Nuclear Power | | |
| 2.回收能 | Recovery of Energy | | |
| 3.进 口 量 | Import | 0.03 | 255.47 |
| 4.我轮、机在外国加油量 | China Airplanes&Ships Refueling in Abroad | | 67.02 |
| 5.出 口 量(−) | Export (-) | -455.20 | -198.88 |
| 6.外轮、机在我国加油量(−) | Foreign Airplanes&ships Refueling in China | -12.50 | -57.46 |
| 7.库存增(−)、减(+)量 | Stock Change | -162.51 | -57.55 |
| **二.加工转换投入(−)产出(+)量** | **Input(-) & Output(+) of Transformation** | **4133.47** | **872.29** |
| 1.火力发电 | Thermal Power | -1.00 | |
| 2.供　　热 | Heating Supply | -0.20 | |
| 3.洗 选 煤 | Coal Washing | | |
| 4.炼　　焦 | Coking | | |
| 5.炼　　油 | Petroleum Refineries | 4134.67 | 872.29 |
| 6.制　　气 | Gas Works | | |
| #焦炭再投入量(−) | Coke Input (-) | | |
| 7.煤制品加工 | Briquettes | | |
| **三.损 失 量** | **Loss** | | |
| **四.终端消费量** | **Total Final Consumption** | **3503.36** | **871.61** |
| 1.农、林、牧、渔、水利业 | Farming, Forestry, Animal Husbandry, Fishery & Water Conservancy | 89.16 | 1.50 |
| 2.工　　业 | Industry | 680.78 | 83.95 |
| #用作原料、材料 | Non-Energy Use | 21.85 | 9.79 |
| 3.建 筑 业 | Construction | 115.55 | 4.00 |
| 4.交通运输、仓储及邮电通迅业 | Transport, Storage, Postal & Telecommunications Services | 1527.78 | 535.90 |
| 5.批发和零售贸易业、餐饮业 | Wholesale, Retail Trade and Catering Service | 69.84 | 14.00 |
| 6.生活消费 | Residential Consumption | 227.58 | 72.17 |
| 城 镇 | Urban | 185.17 | 6.50 |
| 乡 村 | Rural | 42.41 | 65.67 |
| 7.其他 | Other | 792.67 | 160.09 |
| **五.平衡差额** | **Statistical Difference** | **-0.07** | **9.28** |
| **六.消费量合计** | **Total Final Consumption** | **3504.56** | **871.61** |

Continued

| 柴油 (万吨) Diesel Oil ($10^4$ tn) | 燃料油 (万吨) Fuel Oil ($10^4$ tn) | 液化石油气 (万吨) LPG ($10^4$ tn) | 炼厂干气 (万吨) Refinery Gas ($10^4$ tn) | 其他石油制品 (万吨) Other Petroleum Products ($10^4$ tn) | 天然气 (亿立方米) Natural Gas ($10^8$ cu.m) | 热力 (万百万千焦) Heat ($10^{10}$ kJ) | 电力 (亿千瓦小时) Electricity ($10^8$kW•h) | 其他能源 (万吨标煤) Other Energy ($10^4$tce) |
|---|---|---|---|---|---|---|---|---|
| **-273.14** | **1782.98** | **479.54** | | **-119.02** | **240.61** | | **2330.82** | **584.17** |
| | | | | | 272.00 | | 2414.14 | |
| | | | | | | | 2224.14 | |
| | | | | | | | 167.37 | |
| | | | | | | | | 584.17 |
| 25.93 | 1480.12 | 481.74 | | 161.46 | | | 15.46 | |
| 26.00 | 224.19 | | | | | | | |
| -55.48 | -33.37 | -1.60 | | -280.48 | -31.39 | | -98.78 | |
| -22.04 | -24.53 | | | | | | | |
| -247.55 | 136.57 | -0.60 | | | | | | |
| **6851.96** | **922.34** | **914.72** | **566.52** | **3790.08** | **-29.46** | **146136.16** | **11141.86** | **-286.94** |
| -227.66 | -814.22 | -1.90 | -25.00 | -23.37 | -15.21 | | 11141.86 | -115.51 |
| | -291.23 | | -101.94 | -19.60 | -14.25 | 146136.16 | | -97.49 |
| | | | | | | | | |
| | | | | | | | | 0.70 |
| 7079.62 | 2053.67 | 916.62 | 693.46 | 3833.05 | | | | -74.64 |
| | -25.88 | | | | | | | |
| | | | | | | | | |
| | | | | | | | | |
| | | **1.98** | | | **6.66** | **1760.58** | **936.71** | |
| **6578.57** | **2741.42** | **1385.79** | **561.51** | **3671.06** | **208.91** | **144374.18** | **12535.67** | **297.21** |
| 697.10 | 0.40 | 0.35 | | | | 38.56 | 532.96 | |
| 1468.80 | 1843.72 | 424.07 | 561.51 | 3184.82 | 167.69 | 116587.55 | 9067.91 | 297.21 |
| 27.76 | 110.62 | 46.27 | 40.32 | 1715.03 | 49.16 | | | 297.21 |
| 205.86 | 16.71 | 8.91 | | 486.24 | 0.82 | 135.64 | 159.77 | |
| 3293.81 | 850.00 | 14.64 | | | 4.00 | 743.71 | 281.20 | |
| 95.94 | 11.59 | 55.48 | | | 3.44 | 1084.12 | 418.68 | |
| 178.36 | | 858.34 | | | 32.32 | 23234.03 | 1451.95 | |
| 128.83 | | 768.67 | | | 32.32 | 23234.03 | 926.97 | |
| 49.53 | | 89.67 | | | | | 524.98 | |
| 638.70 | 19.00 | 24.00 | | | 0.64 | 2550.57 | 623.20 | |
| **0.25** | **-36.10** | **6.49** | **5.01** | | **-4.42** | **1.40** | **0.30** | **0.02** |
| **6806.23** | **3872.75** | **1389.67** | **688.45** | **3714.03** | **245.03** | **146134.76** | **13472.38** | **584.85** |

# 5-6 中国能源平衡表(实物量) -2001

| 项目 | Item | 煤合计(万吨) Coal Total ($10^4$ tn) | 原煤(万吨) Raw Coal ($10^4$ tn) |
|---|---|---|---|
| **一.可供本地区消费的能源量** | **Total Primary Energy Supply** | **139554.67** | **140722.65** |
| 1.一次能源生产量 | Indigenous Production | 147152.65 | 147152.65 |
| 水电 | Hydro Power | | |
| 核电 | Nuclear Power | | |
| 2.回收能 | Recovery of Energy | | |
| 3.进 口 量 | Import | 266.02 | 222.00 |
| 4.我轮、机在外国加油量 | China Airplanes&Ships Refueling in Abroad | | |
| 5.出 口 量(-) | Export (-) | -9012.87 | -7867.00 |
| 6.外轮、机在我国加油量(-) | Foreign Airplanes&Ships Refueling in China | | |
| 7.库存增(-)、减(+)量 | Stock Change | 1148.87 | 1215.00 |
| **二.加工转换投入(-)产出(+)量** | **Input(-) & Output(+) of Transformation** | **-90288.33** | **-96573.26** |
| 1.火力发电 | Thermal Power | -59797.86 | -58470.00 |
| 2.供 热 | Heating Supply | -8951.49 | -8774.00 |
| 3.洗 选 煤 | Coal Washing | -2650.54 | -21449.00 |
| 4.炼 焦 | Coking | -17936.37 | -6497.00 |
| 5.炼 油 | Petroleum Refineries | | |
| 6.制 气 | Gas Works | -1002.07 | -586.26 |
| #焦炭再投入量(-) | Coke Input (-) | | |
| 7.煤制品加工 | Briquettes | 50.00 | -797.00 |
| **三.损 失 量** | **Loss** | | |
| **四.终端消费量** | **Total Final Consumption** | **54239.78** | **48078.80** |
| 1.农、林、牧、渔、水利业 | Farming, Forestry, Animal Husbandry, Fishery & Water Conservancy | 899.75 | 881.80 |
| 2.工 业 | Industry | 41157.92 | 36724.00 |
| #用作原料.材料 | Non-Energy Use | 2635.80 | 2438.47 |
| 3.建 筑 业 | Construction | 504.98 | 491.00 |
| 4.交通运输、仓储及邮电通迅业 | Transport, Storage, Postal & Telecommunications Services | 841.28 | 823.00 |
| 5.批发和零售贸易业.餐饮业 | Wholesale, Retail Trade and Catering Service | 1260.87 | 1243.00 |
| 6.生活消费 | Residential Consumption | 8410.25 | 6805.00 |
| 城 镇 | Urban | 2928.36 | 2051.00 |
| 乡 村 | Rural | 5481.89 | 4754.00 |
| 7.其他 | Other | 1164.73 | 1111.00 |
| **五.平衡差额** | **Statistical Difference** | **-4973.44** | **-3929.41** |
| **六.消费量合计** | **Total Final Consumption** | **144528.11** | **144652.06** |

# ENERGY BANLANCE OF CHINA -2001(PHYSICAL QUANTITY)

| 洗精煤 (万吨) Cleaned Coal ($10^4$ tn) | 其他洗煤 (万吨) Other Washed Coal ($10^4$ tn) | 型煤 (万吨) Briquettes ($10^4$ tn) | 焦炭 (万吨) Coke ($10^4$ tn) | 焦炉煤气 (亿立方米) Coke Oven Gas ($10^8$ cu.m) | 其他煤气 (亿立方米) Other Gas ($10^8$ cu.m) | 其他焦化产品 (万吨) Other Coking Products ($10^4$ tn) | 油品合计 (万吨) Petroleum Products Total ($10^4$ tn) | 原油 (万吨) Crude Oil ($10^4$ tn) |
|---|---|---|---|---|---|---|---|---|
| **-993.88** | **-173.39** | **-0.71** | **-1667.83** | | **432.00** | **35.11** | **23204.67** | **21537.16** |
| | | | | | | | 16395.87 | 16395.87 |
| | | | | | | | | |
| | | | | | | | | |
| | | | | | 432.00 | | | |
| 27.67 | 16.35 | | | | | 47.50 | 8769.15 | 6026.00 |
| | | | | | | | 349.00 | |
| -1144.53 | -1.04 | -0.30 | -1384.60 | | | -12.39 | -1906.96 | -755.00 |
| | | | | | | | -139.72 | |
| 122.98 | -188.70 | -0.41 | -283.23 | | | | -262.67 | -129.71 |
| **1337.50** | **4090.43** | **857.00** | **13577.12** | **235.35** | **47.00** | **203.94** | **-2291.99** | **-20500.72** |
| -113.36 | -1214.50 | | | -10.62 | -84.02 | -0.66 | -1213.55 | -81.60 |
| -6.43 | -171.06 | | | -7.03 | -40.12 | -0.89 | -438.66 | -12.32 |
| 13260.46 | 5538.00 | | | | | | | |
| -11400.44 | -38.93 | | 13491.26 | 250.00 | 11.40 | 191.00 | | |
| | | | | | | | -617.02 | -20406.80 |
| -402.73 | -13.08 | | 239.51 | 3.00 | 159.74 | 14.49 | -22.76 | |
| | | | -153.65 | | | | | |
| | -10.00 | 857.00 | | | | | | |
| | | | | **2.71** | | | **189.34** | **187.90** |
| **1188.06** | **4113.83** | **859.09** | **11777.81** | **236.55** | **478.83** | **230.82** | **20407.10** | **654.12** |
| | 17.95 | | 67.46 | | | | 838.61 | |
| 1180.07 | 3156.85 | 97.00 | 11488.75 | 196.11 | 390.75 | 230.82 | 8898.39 | 630.82 |
| 60.66 | 132.59 | 4.08 | 775.07 | 2.24 | | 58.74 | 2030.78 | 83.90 |
| 3.98 | 10.00 | | 23.91 | | | | 933.83 | 3.37 |
| 3.90 | 13.93 | 0.45 | 11.68 | | 0.25 | | 6435.34 | 18.58 |
| 0.10 | 9.87 | 7.90 | 39.73 | 2.00 | 3.00 | | 252.41 | 0.15 |
| | 855.03 | 750.22 | 134.20 | 35.37 | 83.61 | | 1374.81 | |
| | 400.03 | 477.33 | 68.25 | 35.37 | 82.80 | | 1115.73 | |
| | 455.00 | 272.89 | 65.95 | | 0.81 | | 259.08 | |
| 0.01 | 50.20 | 3.52 | 12.08 | 3.07 | 1.22 | | 1673.71 | 1.20 |
| **-844.44** | **-196.79** | **-2.80** | **131.48** | **-3.91** | **0.17** | **8.23** | **316.24** | **194.42** |
| **13111.02** | **5561.40** | **859.09** | **11931.46** | **256.91** | **602.97** | **232.37** | **22888.43** | **21342.74** |

## 续表

| 项　目 | Item | 汽油(万吨) Gasoline (10^4 tn) | 煤油(万吨) Kerosene (10^4 tn) |
|---|---|---|---|
| **一.可供本地区消费的能源量** | **Total Primary Energy Supply** | **-547.80** | **104.88** |
| 1.一次能源生产量 | Indigenous Production | | |
| 水电 | Hydro Power | | |
| 核电 | Nuclear Power | | |
| 2.回收能 | Recovery of Energy | | |
| 3.进 口 量 | Import | 0.02 | 201.89 |
| 4.我轮、机在外国加油量 | China Airplanes&Ships Refueling in Abroad | | 96.70 |
| 5.出 口 量(-) | Export (-) | -572.46 | -182.22 |
| 6.外轮、机在我国加油量(-) | Foreign Airplanes&ships Refueling in China | -13.50 | -64.20 |
| 7.库存增(-)、减(+)量 | Stock Change | 38.14 | 52.71 |
| **二.加工转换投入(-)产出(+)量** | **Input(-) & Output(+) of Transformation** | **4153.94** | **789.35** |
| 1.火力发电 | Thermal Power | -0.60 | |
| 2.供　热 | Heating Supply | -0.12 | |
| 3.洗 选 煤 | Coal Washing | | |
| 4.炼　焦 | Coking | | |
| 5.炼　油 | Petroleum Refineries | 4154.66 | 789.35 |
| 6.制　气 | Gas Works | | |
| #焦炭再投入量(-) | Coke Input (-) | | |
| 7.煤制品加工 | Briquettes | | |
| **三.损 失 量** | **Loss** | | |
| **四.终端消费量** | **Total Final Consumption** | **3596.85** | **890.27** |
| 1.农、林、牧、渔、水利业 | Farming, Forestry, Animal Husbandry, Fishery & Water Conservancy | 93.42 | 1.52 |
| 2.工　业 | Industry | 704.42 | 86.00 |
| #用作原料、材料 | Non-Energy Use | 22.61 | 10.03 |
| 3.建 筑 业 | Construction | 116.70 | 3.50 |
| 4.交通运输、仓储及邮电通迅业 | Transport, Storage, Postal & Telecommunications Services | 1564.37 | 560.69 |
| 5.批发和零售贸易业、餐饮业 | Wholesale, Retail Trade and Catering Service | 69.04 | 12.47 |
| 6.生活消费 | Residential Consumption | 244.60 | 75.00 |
| 城 镇 | Urban | 199.92 | 7.02 |
| 乡 村 | Rural | 44.68 | 67.98 |
| 7.其他 | Other | 804.30 | 151.09 |
| **五.平衡差额** | **Statistical Difference** | **9.29** | **3.96** |
| **六.消费量合计** | **Total Final Consumption** | **3597.57** | **890.27** |

Continued

| 柴油 (万吨) Diesel Oil ($10^4$ tn) | 燃料油 (万吨) Fuel Oil ($10^4$ tn) | 液化石油气 (万吨) LPG ($10^4$ tn) | 炼厂干气 (万吨) Refinery Gas ($10^4$ tn) | 其他石油制品 (万吨) Other Petroleum Products ($10^4$ tn) | 天然气 (亿立方米) Natural Gas ($10^8$ cu.m) | 热力 (万百万千焦) Heat ($10^{10}$ kJ) | 电力 (亿千瓦小时) Electricity ($10^8$kW•h) | 其他能源 (万吨标煤) Other Energy ($10^4$tce) |
|---|---|---|---|---|---|---|---|---|
| **-213.57** | **1972.47** | **475.70** | | **-124.17** | **272.90** | | **2889.84** | **616.19** |
| | | | | | 303.29 | | 2973.77 | |
| | | | | | | | 2774.32 | |
| | | | | | | | 174.72 | |
| | | | | | | | | 616.19 |
| 27.47 | 1823.60 | 488.86 | | 201.31 | | | 17.98 | |
| 27.22 | 225.08 | | | | | | | |
| -25.62 | -44.09 | -2.09 | | -325.48 | -30.39 | | -101.91 | |
| -21.24 | -40.78 | | | | | | | |
| -221.40 | 8.66 | -11.07 | | | | | | |
| **7245.21** | **703.47** | **951.28** | **550.00** | **3815.48** | **-29.41** | **153203.45** | **11834.25** | **-310.44** |
| -240.39 | -838.54 | -1.05 | -23.00 | -28.37 | -13.00 | | 11834.25 | -138.61 |
| | -299.62 | | -100.00 | -26.60 | -16.41 | 153203.45 | | -109.20 |
| | | | | | | | | |
| | | | | | | | | 0.20 |
| 7485.60 | 1864.39 | 952.33 | 673.00 | 3870.45 | | | | -62.83 |
| | -22.76 | | | | | | | |
| | | | | | | | | |
| | | | | | | | | |
| | | **1.44** | | | **6.22** | **1795.58** | **1033.47** | |
| **6917.58** | **2689.30** | **1408.67** | **559.00** | **3691.31** | **238.67** | **151406.65** | **13689.99** | **305.43** |
| 742.95 | 0.42 | 0.30 | | | | 38.09 | 582.39 | |
| 1559.42 | 1788.40 | 440.51 | 559.00 | 3129.82 | 183.94 | 123385.60 | 9911.19 | 305.43 |
| 29.47 | 107.30 | 48.06 | 44.00 | 1685.41 | 58.48 | | | 305.43 |
| 223.08 | 16.18 | 9.51 | | 561.49 | 0.72 | 156.94 | 154.91 | |
| 3421.00 | 855.00 | 15.70 | | | 6.20 | 837.06 | 309.32 | |
| 98.07 | 12.28 | 60.40 | | | 5.00 | 1113.83 | 459.89 | |
| 199.17 | | 856.04 | | | 42.11 | 23369.40 | 1609.23 | |
| 141.12 | | 767.67 | | | 42.11 | 23369.40 | 996.16 | |
| 58.05 | | 88.37 | | | | | 613.07 | |
| 673.89 | 17.02 | 26.21 | | | 0.70 | 2505.73 | 663.06 | |
| **114.06** | **-13.36** | **16.87** | **-9.00** | | **-1.40** | **1.22** | **0.63** | **0.32** |
| **7157.97** | **3850.22** | **1411.16** | **682.00** | **3746.28** | **274.30** | **153202.23** | **14723.46** | **616.07** |

# 5-7 中国能源平衡表(实物量) -2002

| 项目 | Item | 煤合计(万吨) Coal Total ($10^4$ tn) | 原煤(万吨) Raw Coal ($10^4$ tn) |
|---|---|---|---|
| **一.可供本地区消费的能源量** | **Total Primary Energy Supply** | **146644.78** | **147886.44** |
| 1.一次能源生产量 | Indigenous Production | 155040.03 | 155040.03 |
| 水电 | Hydro Power | | |
| 核电 | Nuclear Power | | |
| 2.回收能 | Recovery of Energy | | |
| 3.进 口 量 | Import | 1125.74 | 1084.50 |
| 4.我轮、机在外国加油量 | China Airplanes&Ships Refueling in Abroad | | |
| 5.出 口 量(-) | Export (-) | -8389.56 | -7053.99 |
| 6.外轮、机在我国加油量(-) | Foreign Airplanes&Ships Refueling in China | | |
| 7.库存增(-)、减(+)量 | Stock Change | -1131.43 | -1184.10 |
| **二.加工转换投入(-)产出(+)量** | **Input(-) & Output(+) of Transformation** | **-99028.12** | **-105236.68** |
| 1.火力发电 | Thermal Power | -68600.03 | -67240.00 |
| 2.供 热 | Heating Supply | -8973.73 | -8783.90 |
| 3.洗 选 煤 | Coal Washing | -1917.46 | -21100.35 |
| 4.炼 焦 | Coking | -18624.72 | -6672.80 |
| 5.炼 油 | Petroleum Refineries | | |
| 6.制 气 | Gas Works | -973.20 | -600.65 |
| #焦炭再投入量(-) | Coke Input (-) | | |
| 7.煤制品加工 | Briquettes | 61.02 | -838.98 |
| **三.损 失 量** | **Loss** | | |
| **四.终端消费量** | **Total Final Consumption** | **53254.54** | **47240.78** |
| 1.农、林、牧、渔、水利业 | Farming, Forestry, Animal Husbandry, Fishery & Water Conservancy | 936.02 | 920.00 |
| 2.工 业 | Industry | 40014.23 | 35705.88 |
| #用作原料.材料 | Non-Energy Use | 2560.53 | 2370.87 |
| 3.建 筑 业 | Construction | 513.55 | 500.00 |
| 4.交通运输、仓储及邮电通迅业 | Transport, Storage, Postal & Telecommunications Services | 851.96 | 834.95 |
| 5.批发和零售贸易业.餐饮业 | Wholesale, Retail Trade and Catering Service | 1259.08 | 1240.00 |
| 6.生活消费 | Residential Consumption | 8412.64 | 6830.45 |
| 城 镇 | Urban | 2789.89 | 1970.07 |
| 乡 村 | Rural | 5622.75 | 4860.38 |
| 7.其他 | Other | 1267.06 | 1209.50 |
| **五.平衡差额** | **Statistical Difference** | **-5637.88** | **-4591.02** |
| **六.消费量合计** | **Total Final Consumption** | **152282.66** | **152477.46** |

# ENERGY BANLANCE OF CHINA -2002(PHYSICAL QUANTITY)

| 洗精煤 (万吨) Cleaned Coal ($10^4$ tn) | 其他洗煤 (万吨) Other Washed Coal ($10^4$ tn) | 型煤 (万吨) Briquettes ($10^4$ tn) | 焦炭 (万吨) Coke ($10^4$ tn) | 焦炉煤气 (亿立方米) Coke Oven Gas ($10^8$ cu.m) | 其他煤气 (亿立方米) Other Gas ($10^8$ cu.m) | 其他焦化产品 (万吨) Other Coking Products ($10^4$ tn) | 油品合计 (万吨) Petroleum Products Total ($10^4$ tn) | 原油 (万吨) Crude Oil ($10^4$ tn) |
|---:|---:|---:|---:|---:|---:|---:|---:|---:|
| **-1228.79** | **-12.73** | **-0.14** | **-1422.81** | | **439.40** | **37.40** | **24925.09** | **22768.99** |
| | | | | | | | 16700.00 | 16700.00 |
| | | | | | | | | |
| | | | | | | | | |
| | | | | | 439.40 | | | |
| 25.58 | 15.65 | 0.01 | | | | 49.68 | 9873.03 | 6940.64 |
| | | | | | | | 396.31 | |
| -1329.53 | -5.22 | -0.82 | -1357.02 | | | -12.28 | -1987.68 | -766.46 |
| | | | | | | | -151.51 | |
| 75.16 | -23.16 | 0.67 | -65.79 | | | | 94.94 | -105.19 |
| **1161.96** | **4136.60** | **910.00** | **14115.99** | **243.83** | **43.97** | **213.72** | **-2606.76** | **-21671.31** |
| -117.30 | -1242.73 | | | -13.68 | -89.37 | | -1275.57 | -78.33 |
| -6.90 | -182.93 | | | -4.83 | -34.55 | | -420.70 | -12.76 |
| 13551.09 | 5631.80 | | | | | | | |
| -11906.90 | -45.02 | | 14032.81 | 259.59 | 15.00 | 198.72 | | |
| | | | | | | | -891.58 | -21580.22 |
| -358.03 | -14.52 | | 220.53 | 2.75 | 152.89 | 15.00 | -18.91 | |
| | | | -137.35 | | | | | |
| | -10.00 | 910.00 | | | | | | |
| | | | | | | | **190.24** | **188.48** |
| **932.35** | **4165.71** | **915.70** | **12206.27** | **245.38** | **483.23** | **250.00** | **21992.16** | **684.26** |
| | 16.02 | | 73.69 | | | | 922.38 | |
| 925.00 | 3277.00 | 106.35 | 11927.70 | 204.79 | 389.57 | 250.00 | 9674.28 | 663.00 |
| 47.55 | 137.63 | 4.48 | 801.42 | 2.33 | | 63.63 | 2341.75 | 88.18 |
| 3.25 | 10.30 | | 23.38 | | | | 1046.60 | 4.20 |
| 4.00 | 12.51 | 0.50 | 11.44 | | 0.21 | | 6879.81 | 15.65 |
| 0.10 | 10.01 | 8.97 | 42.60 | 1.70 | 3.87 | | 273.02 | 0.12 |
| | 786.17 | 796.02 | 115.12 | 36.22 | 89.58 | | 1497.47 | |
| | 325.80 | 494.02 | 59.25 | 36.22 | 88.51 | | 1242.20 | |
| | 460.37 | 302.00 | 55.87 | | 1.07 | | 255.27 | |
| | 53.70 | 3.86 | 12.34 | 2.67 | | | 1698.60 | 1.29 |
| **-999.18** | **-41.84** | **-5.84** | **486.91** | **-1.55** | **0.14** | **1.12** | **135.93** | **224.94** |
| **13321.48** | **5660.91** | **915.70** | **12343.62** | **263.89** | **607.15** | **250.00** | **24789.16** | **22544.05** |

续表

| 项　目 | Item | 汽油 (万吨) Gasoline ($10^4$ tn) | 煤油 (万吨) Kerosene ($10^4$ tn) |
|---|---|---|---|
| **一.可供本地区消费的能源量** | **Total Primary Energy Supply** | **-571.08** | **88.67** |
| 1.一次能源生产量 | Indigenous Production | | |
| 水电 | Hydro Power | | |
| 核电 | Nuclear Power | | |
| 2.回收能 | Recovery of Energy | | |
| 3.进 口 量 | Import | | 214.53 |
| 4.我轮、机在外国加油量 | China Airplanes&Ships Refueling in Abroad | | 109.80 |
| 5.出 口 量(-) | Export (-) | -612.20 | -169.64 |
| 6.外轮、机在我国加油量(-) | Foreign Airplanes&ships Refueling in China | -18.21 | -71.30 |
| 7.库存增(-)、减(+)量 | Stock Change | 59.33 | 5.28 |
| **二.加工转换投入(-)产出(+)量** | **Input(-) & Output(+) of Transformation** | **4320.02** | **826.11** |
| 1.火力发电 | Thermal Power | -0.62 | |
| 2.供　热 | Heating Supply | -0.12 | |
| 3.洗 选 煤 | Coal Washing | | |
| 4.炼　焦 | Coking | | |
| 5.炼　油 | Petroleum Refineries | 4320.76 | 826.11 |
| 6.制　气 | Gas Works | | |
| #焦炭再投入量(-) | Coke Input (-) | | |
| 7.煤制品加工 | Briquettes | | |
| **三.损 失 量** | **Loss** | | |
| **四.终端消费量** | **Total Final Consumption** | **3748.58** | **919.20** |
| 1.农、林、牧、渔、水利业 | Farming, Forestry, Animal Husbandry, Fishery & Water Conservancy | 101.55 | 1.40 |
| 2.工　业 | Industry | 716.90 | 107.35 |
| #用作原料、材料 | Non-Energy Use | 23.01 | 12.52 |
| 3.建 筑 业 | Construction | 112.32 | |
| 4.交通运输、仓储及邮电通迅业 | Transport, Storage, Postal & Telecommunications Services | 1603.50 | 716.75 |
| 5.批发和零售贸易业、餐饮业 | Wholesale, Retail Trade and Catering Service | 74.22 | 13.00 |
| 6.生活消费 | Residential Consumption | 273.80 | 40.70 |
| 城 镇 | Urban | 219.90 | 6.32 |
| 乡 村 | Rural | 53.90 | 34.38 |
| 7.其他 | Other | 866.29 | 40.00 |
| **五.平衡差额** | **Statistical Difference** | **0.36** | **-4.42** |
| **六.消费量合计** | **Total Final Consumption** | **3749.32** | **919.20** |

Continued

| 柴油 (万吨) Diesel Oil ($10^4$ tn) | 燃料油 (万吨) Fuel Oil ($10^4$ tn) | 液化石油气 (万吨) LPG ($10^4$ tn) | 炼厂干气 (万吨) Refinery Gas ($10^4$ tn) | 其他石油制品 (万吨) Other Petroleum Products ($10^4$ tn) | 天然气 (亿立方米) Natural Gas ($10^8$ cu.m) | 热力 (万百万千焦) Heat ($10^{10}$ kJ) | 电力 (亿千瓦小时) Electricity ($10^8$kW•h) | 其他能源 (万吨标煤) Other Energy ($10^4$tce) |
|---|---|---|---|---|---|---|---|---|
| **16.23** | **1857.30** | **626.82** | | **138.16** | **294.58** | | **3084.60** | **644.35** |
| | | | | | 326.61 | | 3158.64 | |
| | | | | | | | 2879.74 | |
| | | | | | | | 251.27 | |
| | | | | | | | | 644.35 |
| 47.72 | 1659.66 | 626.16 | | 384.32 | | | 23.00 | |
| 31.00 | 255.51 | | | | | | | |
| -123.69 | -63.91 | -5.62 | | -246.16 | -32.03 | | -97.04 | |
| -21.00 | -41.00 | | | | | | | |
| 82.20 | 47.04 | 6.28 | | | | | | |
| **7480.11** | **647.27** | **1035.25** | **562.43** | **4193.36** | **-28.07** | **164190.77** | **13381.36** | **-333.45** |
| -225.99 | -912.66 | -1.54 | -20.30 | -36.13 | -11.05 | | 13381.36 | -167.16 |
| | -266.66 | | -113.16 | -28.00 | -17.02 | 164190.77 | | -90.60 |
| | | | | | | | | |
| | | | | | | | | |
| 7706.10 | 1845.50 | 1036.79 | 695.89 | 4257.49 | | | | -75.69 |
| | -18.91 | | | | | | | |
| | | | | | | | | |
| | | | | | | | | |
| | | **1.76** | | | **6.33** | **2005.84** | **1168.66** | |
| **7440.87** | **2675.64** | **1622.09** | **570.00** | **4331.52** | **257.44** | **162179.84** | **15296.79** | **310.80** |
| 819.02 | 0.41 | | | | | 46.08 | 606.23 | |
| 1650.34 | 1772.63 | 518.77 | 570.00 | 3675.29 | 192.94 | 130302.41 | 11233.50 | 310.80 |
| 31.19 | 106.36 | 56.60 | 44.75 | 1979.14 | 60.00 | | | 43.20 |
| 241.99 | 19.10 | 12.76 | | 656.23 | 0.68 | 181.67 | 154.14 | |
| 3664.81 | 852.10 | 27.00 | | | 11.56 | 810.73 | 303.00 | |
| 110.79 | 12.30 | 62.59 | | | 6.10 | 1466.42 | 500.00 | |
| 213.92 | | 969.05 | | | 46.16 | 26613.07 | 1771.42 | |
| 159.49 | | 856.49 | | | 46.16 | 26613.07 | 1098.94 | |
| 54.43 | | 112.56 | | | | | 672.48 | |
| 740.00 | 19.10 | 31.92 | | | | 2759.46 | 728.50 | |
| **55.47** | **-171.07** | **38.22** | **-7.57** | | **2.74** | **5.09** | **0.51** | **0.10** |
| **7666.86** | **3873.87** | **1625.39** | **703.46** | **4395.65** | **291.84** | **164185.68** | **16465.45** | **644.25** |

# 5-8 中国能源平衡表(实物量) -2003

| 项 目 | Item | 煤合计 (万吨) Coal Total ($10^4$ tn) | 原煤 (万吨) Raw Coal ($10^4$ tn) |
|---|---|---|---|
| **一.可供本地区消费的能源量** | **Total Primary Energy Supply** | **174691.82** | **175954.59** |
| 1.一次能源生产量 | Indigenous Production | 183489.87 | 183489.87 |
| 水电 | Hydro Power | | |
| 核电 | Nuclear Power | | |
| 2.回收能 | Recovery of Energy | | |
| 3.进 口 量 | Import | 1109.77 | 822.83 |
| 4.我轮、机在外国加油量 | China Airplanes&Ships Refueling in Abroad | | |
| 5.出 口 量(-) | Export (-) | -9402.89 | -8079.20 |
| 6.外轮、机在我国加油量(-) | Foreign Airplanes&Ships Refueling in China | | |
| 7.库存增(-)、减(+)量 | Stock Change | -504.93 | -278.91 |
| **二.加工转换投入(-)产出(+)量** | **Input(-) & Output(+) of Transformation** | **-120187.27** | **-127855.92** |
| 1.火力发电 | Thermal Power | -81976.47 | -80302.12 |
| 2.供 热 | Heating Supply | -10895.45 | -10649.12 |
| 3.洗 选 煤 | Coal Washing | -2699.30 | -27263.30 |
| 4.炼 焦 | Coking | -23639.86 | -7953.00 |
| 5.炼 油 | Petroleum Refineries | | |
| 6.制 气 | Gas Works | -1054.81 | -680.00 |
| #焦炭再投入量(-) | Coke Input (-) | | |
| 7.煤制品加工 | Briquettes | 78.62 | -1008.38 |
| **三.损 失 量** | **Loss** | | |
| **四.终端消费量** | **Total Final Consumption** | **60399.77** | **52925.90** |
| 1.农、林、牧、渔、水利业 | Farming, Forestry, Animal Husbandry, Fishery & Water Conservancy | 1078.33 | 1062.00 |
| 2.工 业 | Industry | 46020.21 | 40406.00 |
| #用作原料.材料 | Non-Energy Use | 2929.28 | 2682.96 |
| 3.建 筑 业 | Construction | 527.15 | 512.40 |
| 4.交通运输、仓储及邮电通迅业 | Transport, Storage, Postal & Telecommunications Services | 958.33 | 948.48 |
| 5.批发和零售贸易业.餐饮业 | Wholesale, Retail Trade and Catering Service | 1360.42 | 1339.45 |
| 6.生活消费 | Residential Consumption | 9004.71 | 7276.86 |
| 城 镇 | Urban | 2938.13 | 2085.35 |
| 乡 村 | Rural | 6066.58 | 5191.51 |
| 7.其他 | Other | 1450.62 | 1380.71 |
| **五.平衡差额** | **Statistical Difference** | **-5895.22** | **-4827.23** |
| **六.消费量合计** | **Total Final Consumption** | **180587.04** | **180781.82** |

# ENERGY BANLANCE OF CHINA -2003(PHYSICAL QUANTITY)

| 洗精煤 (万吨) Cleaned Coal ($10^4$ tn) | 其他洗煤 (万吨) Other Washed Coal ($10^4$ tn) | 型煤 (万吨) Briquettes ($10^4$ tn) | 焦炭 (万吨) Coke ($10^4$ tn) | 焦炉煤气 (亿立方米) Coke Oven Gas ($10^8$ cu.m) | 其他煤气 (亿立方米) Other Gas ($10^8$ cu.m) | 其他焦化产品 (万吨) Other Coking Products ($10^4$ tn) | 油品合计 (万吨) Petroleum Products Total ($10^4$ tn) | 原油 (万吨) Crude Oil ($10^4$ tn) |
|---|---|---|---|---|---|---|---|---|
| **-1151.98** | **-106.50** | **-4.29** | **-1844.83** | **0.00** | **480.40** | **76.91** | **27540.51** | **25187.09** |
| | | | | | | | 16959.98 | 16959.98 |
| | | | | | | | | |
| | | | | | | | | |
| | | | | | 480.40 | | | |
| 260.45 | 26.49 | | 0.17 | 0.00 | | 95.58 | 12861.46 | 9102.01 |
| | | | | | | | 328.15 | |
| -1313.53 | -5.89 | -4.27 | -1472.11 | | | -18.67 | -2333.64 | -813.33 |
| | | | | | | | -207.20 | |
| -98.90 | -127.10 | -0.02 | -372.89 | | | | -68.24 | -61.57 |
| **1197.06** | **5374.59** | **1097.00** | **17597.86** | **275.62** | **52.37** | **228.41** | **-2901.36** | **-23949.00** |
| -123.80 | -1550.55 | | | -11.35 | -100.27 | | -1491.57 | -93.99 |
| -8.00 | -238.33 | | | -4.73 | -36.62 | | -417.97 | -11.01 |
| 17319.00 | 7245.00 | | | | | | | |
| -15631.14 | -55.72 | | 17540.81 | 288.50 | 16.91 | 212.41 | | |
| | | | | | | | -970.89 | -23844.00 |
| -359.00 | -15.81 | | 234.90 | 3.20 | 172.35 | 16.00 | -20.93 | |
| | | | -177.85 | | | | | |
| | -10.00 | 1097.00 | | | | | | |
| | | | | | | | **161.90** | **160.78** |
| **1124.24** | **5245.54** | **1104.09** | **15120.62** | **277.81** | **533.06** | **304.00** | **24062.51** | **812.22** |
| | 16.33 | | 73.69 | | | | 1057.53 | |
| 1117.25 | 4300.86 | 196.10 | 14844.00 | 234.02 | 436.32 | 304.00 | 10268.71 | 793.00 |
| 57.43 | 180.64 | 8.26 | 862.19 | 2.67 | | 77.37 | 5280.77 | 105.47 |
| 3.02 | 11.73 | | 20.79 | | | | 1190.56 | 4.00 |
| 3.84 | 5.50 | 0.51 | 10.79 | | 0.31 | | 7781.24 | 13.93 |
| 0.13 | 11.12 | 9.72 | 47.46 | 2.00 | 4.44 | | 272.33 | 0.09 |
| | 833.10 | 894.75 | 112.50 | 39.12 | 91.99 | | 1735.75 | |
| | 330.63 | 522.15 | 57.22 | 39.12 | 91.00 | | 1422.42 | |
| | 502.47 | 372.60 | 55.28 | | 0.99 | | 313.33 | |
| | 66.90 | 3.01 | 11.39 | 2.67 | | | 1756.39 | 1.20 |
| **-1079.16** | **22.55** | **-11.38** | **632.41** | **-2.18** | **-0.29** | **1.32** | **414.74** | **265.09** |
| **17246.18** | **7115.95** | **1104.09** | **15298.47** | **293.89** | **669.95** | **304.00** | **27125.77** | **24922.00** |

续表

| 项　　目 | Item | 汽油(万吨) Gasoline ($10^4$ tn) | 煤油(万吨) Kerosene ($10^4$ tn) |
|---|---|---|---|
| **一.可供本地区消费的能源量** | **Total Primary Energy Supply** | **-718.57** | **59.21** |
| 1.一次能源生产量 | Indigenous Production | | |
| 水电 | Hydro Power | | |
| 核电 | Nuclear Power | | |
| 2.回收能 | Recovery of Energy | | |
| 3.进 口 量 | Import | | 210.27 |
| 4.我轮、机在外国加油量 | China Airplanes&Ships Refueling in Abroad | | 107.10 |
| 5.出 口 量(-) | Export (-) | -754.24 | -201.69 |
| 6.外轮、机在我国加油量(-) | Foreign Airplanes&ships Refueling in China | | -74.20 |
| 7.库存增(-)、减(+)量 | Stock Change | 35.67 | 17.73 |
| **二.加工转换投入(-)产出(+)量** | **Input(-) & Output(+) of Transformation** | **4790.38** | **855.30** |
| 1.火力发电 | Thermal Power | -0.40 | |
| 2.供　　热 | Heating Supply | -0.08 | |
| 3.洗 选 煤 | Coal Washing | | |
| 4.炼　　焦 | Coking | | |
| 5.炼　　油 | Petroleum Refineries | 4790.86 | 855.30 |
| 6.制　　气 | Gas Works | | |
| #焦炭再投入量(-) | Coke Input (-) | | |
| 7.煤制品加工 | Briquettes | | |
| **三.损 失 量** | **Loss** | | |
| **四.终端消费量** | **Total Final Consumption** | **4071.54** | **921.61** |
| 1.农、林、牧、渔、水利业 | Farming, Forestry, Animal Husbandry, Fishery & Water Conservancy | 116.50 | 1.35 |
| 2.工　　业 | Industry | 632.40 | 87.77 |
| #用作原料、材料 | Non-Energy Use | 20.30 | 10.23 |
| 3.建 筑 业 | Construction | 113.66 | |
| 4.交通运输、仓储及邮电通迅业 | Transport, Storage, Postal & Telecommunications Services | 1915.14 | 741.68 |
| 5.批发和零售贸易业、餐饮业 | Wholesale, Retail Trade and Catering Service | 78.09 | 11.24 |
| 6.生活消费 | Residential Consumption | 338.75 | 36.38 |
| 城 镇 | Urban | 263.88 | 6.00 |
| 乡 村 | Rural | 74.87 | 30.38 |
| 7.其他 | Other | 877.00 | 43.19 |
| **五.平衡差额** | **Statistical Difference** | **0.27** | **-7.10** |
| **六.消费量合计** | **Total Final Consumption** | **4072.02** | **921.61** |

Continued

| 柴油（万吨）<br>Diesel Oil<br>($10^4$ tn) | 燃料油（万吨）<br>Fuel Oil<br>($10^4$ tn) | 液化石油气（万吨）<br>LPG<br>($10^4$ tn) | 炼厂干气（万吨）<br>Refinery Gas<br>($10^4$ tn) | 其他石油制品（万吨）<br>Other Petroleum Products<br>($10^4$ tn) | 天然气（亿立方米）<br>Natural Gas<br>($10^8$ cu.m) | 热力（万百万千焦）<br>Heat<br>($10^{10}$ kJ) | 电力（亿千瓦小时）<br>Electricity<br>($10^8$kW•h) | 其他能源（万吨标煤）<br>Other Energy<br>($10^4$tce) |
|---|---|---|---|---|---|---|---|---|
| **-65.26** | **2286.29** | **624.45** | | **167.30** | **331.42** | | **3228.55** | **661.23** |
| | | | | | 350.15 | | 3302.14 | |
| | | | | | | | 2836.81 | |
| | | | | | | | 433.42 | |
| | | | | | | | | 661.23 |
| 84.85 | 2395.45 | 636.74 | | 432.14 | | | 29.80 | |
| 26.79 | 194.26 | | | | | | | |
| -224.00 | -76.14 | -2.40 | | -261.84 | -18.73 | | -103.39 | |
| -20.40 | -112.60 | | | | | | | |
| 67.50 | -114.68 | -9.89 | | -3.00 | | | | |
| **8261.50** | **666.39** | **1210.17** | **575.15** | **4688.75** | **-27.24** | **177300.00** | **15803.61** | **-352.73** |
| -271.28 | -1056.72 | -1.56 | -16.95 | -50.67 | -13.24 | | 15803.61 | -191.73 |
| | -260.80 | | -120.08 | -26.00 | -14.00 | 177300.00 | | -85.00 |
| | | | | | | | | |
| | | | | | | | | |
| 8532.78 | 2004.84 | 1211.73 | 712.18 | 4765.42 | | | | -76.00 |
| | -20.93 | | | | | | | |
| | | | | | | | | |
| | | | | | | | | |
| | | **1.12** | | | **6.65** | **2026.06** | **1260.68** | |
| **8138.16** | **2882.08** | **1793.90** | **586.00** | **4857.00** | **305.19** | **175278.41** | **17770.92** | **308.37** |
| 939.08 | 0.60 | | | | | 49.58 | 693.15 | |
| 1644.23 | 1898.31 | 540.00 | 586.00 | 4087.00 | 232.00 | 135915.00 | 12909.00 | 308.37 |
| 31.08 | 113.90 | 58.91 | 46.00 | 2200.85 | 66.78 | | | 43.15 |
| 276.23 | 17.80 | 8.87 | | 770.00 | 0.70 | 215.93 | 179.78 | |
| 4135.20 | 940.29 | 35.00 | | | 13.75 | 853.31 | 406.94 | |
| 105.53 | 13.00 | 64.38 | | | 6.85 | 1543.69 | 612.97 | |
| 247.89 | | 1112.73 | | | 51.89 | 33666.00 | 2058.04 | |
| 183.35 | | 969.19 | | | 51.89 | 33666.00 | 1277.37 | |
| 64.54 | | 143.54 | | | | | 780.67 | |
| 790.00 | 12.08 | 32.92 | | | | 3034.90 | 911.04 | |
| **58.08** | **70.60** | **39.60** | **-10.85** | **-0.95** | **-7.66** | **-4.47** | **0.56** | **0.13** |
| **8409.44** | **4220.53** | **1796.58** | **723.03** | **4933.67** | **339.08** | **177304.47** | **19031.60** | **661.10** |

# 5-9 中国能源平衡表(实物量) -2004

| 项 目 | Item | 煤合计(万吨) Coal Total ($10^4$ tn) | 原煤(万吨) Raw Coal ($10^4$ tn) |
|---|---|---|---|
| **一.可供本地区消费的能源量** | **Total Primary Energy Supply** | **205294.16** | **205300.88** |
| 1.一次能源生产量 | Indigenous Production | 212261.08 | 212261.08 |
| 水电 | Hydro Power | | |
| 核电 | Nuclear Power | | |
| 2.回收能 | Recovery of Energy | | |
| 3.进 口 量 | Import | 1861.40 | 1142.29 |
| 4.我轮、机在外国加油量 | China Airplanes&Ships Refueling in Abroad | | |
| 5.出 口 量(-) | Export (-) | -8666.36 | -8083.88 |
| 6.外轮、机在我国加油量(-) | Foreign Airplanes&Ships Refueling in China | | |
| 7.库存增(-)、减(+)量 | Stock Change | -161.96 | -18.61 |
| **二.加工转换投入(-)产出(+)量** | **Input(-) & Output(+) of Transformation** | **-135102.25** | **-143501.19** |
| 1.火力发电 | Thermal Power | -91961.56 | -89868.15 |
| 2.供 热 | Heating Supply | -11546.56 | -11333.54 |
| 3.洗 选 煤 | Coal Washing | -3883.89 | -36091.11 |
| 4.炼 焦 | Coking | -26149.58 | -5222.00 |
| 5.炼 油 | Petroleum Refineries | | |
| 6.制 气 | Gas Works | -1316.43 | -881.51 |
| #焦炭再投入量(-) | Coke Input (-) | | |
| 7.煤制品加工 | Briquettes | -244.23 | -104.88 |
| **三.损 失 量** | **Loss** | | |
| **四.终端消费量** | **Total Final Consumption** | **72459.04** | **63628.52** |
| 1.农、林、牧、渔、水利业 | Farming, Forestry, Animal Husbandry, Fishery & Water Conservancy | 1425.83 | 1408.47 |
| 2.工 业 | Industry | 56762.73 | 49921.24 |
| #用作原料.材料 | Non-Energy Use | 3622.47 | 3314.77 |
| 3.建 筑 业 | Construction | 571.53 | 563.89 |
| 4.交通运输、仓储及邮电通迅业 | Transport, Storage, Postal & Telecommunications Services | 827.99 | 826.89 |
| 5.批发和零售贸易业.餐饮业 | Wholesale, Retail Trade and Catering Service | 1471.79 | 1447.84 |
| 6.生活消费 | Residential Consumption | 9768.20 | 7893.52 |
| 城 镇 | Urban | 3065.63 | 2183.21 |
| 乡 村 | Rural | 6702.57 | 5710.31 |
| 7.其他 | Other | 1630.97 | 1566.66 |
| **五.平衡差额** | **Statistical Difference** | **-2267.13** | **-1828.83** |
| **六.消费量合计** | **Total Final Consumption** | **207561.29** | **207129.71** |

# ENERGY BANLANCE OF CHINA -2004(PHYSICAL QUANTITY)

| 洗精煤 (万吨) Cleaned Coal ($10^4$ tn) | 其他洗煤 (万吨) Other Washed Coal ($10^4$ tn) | 型煤 (万吨) Briquettes ($10^4$ tn) | 焦炭 (万吨) Coke ($10^4$ tn) | 焦炉煤气 (亿立方米) Coke Oven Gas ($10^8$ cu.m) | 其他煤气 (亿立方米) Other Gas ($10^8$ cu.m) | 其他焦化产品 (万吨) Other Coking Products ($10^4$ tn) | 油品合计 (万吨) Petroleum Products Total ($10^4$ tn) | 原油 (万吨) Crude Oil ($10^4$ tn) |
|---|---|---|---|---|---|---|---|---|
| **-40.25** | **38.64** | **-5.10** | **-2074.41** | | **570.40** | **110.29** | **32116.21** | **29012.31** |
| | | | | | | | 17587.32 | 17587.32 |
| | | | | | | | | |
| | | | | | | | | |
| | | | | | 570.40 | | | |
| 682.96 | 36.15 | | 0.54 | | | 139.13 | 16913.35 | 12272.00 |
| | | | | | | | 377.97 | |
| -575.65 | -1.73 | -5.10 | -1501.20 | | | -28.84 | -1904.08 | -549.16 |
| | | | | | | | -336.50 | |
| -147.56 | 4.22 | | -573.75 | | | | -521.85 | -297.85 |
| **1921.06** | **5351.96** | **1125.92** | **20343.28** | **314.33** | **5.61** | **284.67** | **-3488.18** | **-27755.56** |
| -156.58 | -1936.83 | | | -25.08 | -115.80 | | -1864.07 | -18.04 |
| -11.75 | -201.27 | | | -14.22 | -79.83 | | -418.47 | -0.25 |
| 23369.66 | 8837.56 | | | | | | | |
| -20862.67 | -64.91 | | 20229.78 | 349.40 | 20.27 | 272.30 | | |
| | | | | | | | -1195.13 | -27737.27 |
| -417.60 | -17.32 | | 307.80 | 4.23 | 180.97 | 18.97 | -10.51 | |
| | | | -194.30 | | | -6.60 | | |
| | -1265.27 | 1125.92 | | | | | | |
| | | | | | | | **149.71** | **148.81** |
| **2167.10** | **5530.10** | **1133.32** | **17872.71** | **312.52** | **576.05** | **394.47** | **28062.65** | **844.94** |
| | 17.36 | | 68.69 | | | | 1231.43 | |
| 2164.00 | 4535.78 | 141.71 | 17616.83 | 267.32 | 472.49 | 394.47 | 11455.60 | 844.94 |
| 111.23 | 190.50 | 5.97 | 823.00 | 3.05 | | 100.39 | 3158.65 | 112.38 |
| 3.10 | 4.54 | | 16.79 | | | | 1392.31 | |
| | 1.10 | | 1.79 | | 0.21 | | 9424.88 | |
| | 11.03 | 12.91 | 53.36 | 1.83 | 6.44 | | 348.72 | |
| | 898.89 | 975.78 | 105.16 | 41.17 | 96.91 | | 2208.05 | |
| | 343.09 | 539.33 | 54.65 | 41.17 | 95.78 | | 1746.41 | |
| | 555.80 | 436.45 | 50.51 | | 1.13 | | 461.64 | |
| | 61.40 | 2.91 | 10.09 | 2.20 | | | 2001.68 | |
| **-286.29** | **-139.51** | **-12.50** | **396.16** | **1.81** | **-0.04** | **0.49** | **415.66** | **263.00** |
| **23615.70** | **9015.70** | **1133.32** | **18067.01** | **351.82** | **771.68** | **401.07** | **31700.54** | **28749.31** |

## 续表

| 项　目 | Item | 汽油(万吨) Gasoline ($10^4$ tn) | 煤油(万吨) Kerosene ($10^4$ tn) |
|---|---|---|---|
| **一.可供本地区消费的能源量** | **Total Primary Energy Supply** | **-568.08** | **92.21** |
| 1.一次能源生产量 | Indigenous Production | | |
| 水电 | Hydro Power | | |
| 核电 | Nuclear Power | | |
| 2.回收能 | Recovery of Energy | | |
| 3.进 口 量 | Import | | 282.00 |
| 4.我轮、机在外国加油量 | China Airplanes&Ships Refueling in Abroad | | 139.00 |
| 5.出 口 量(-) | Export (-) | -540.71 | -205.00 |
| 6.外轮、机在我国加油量(-) | Foreign Airplanes&ships Refueling in China | | -126.50 |
| 7.库存增(-)、减(+)量 | Stock Change | -27.37 | 2.71 |
| **二.加工转换投入(-)产出(+)量** | **Input(-) & Output(+) of Transformation** | **5264.80** | **962.24** |
| 1.火力发电 | Thermal Power | -0.30 | |
| 2.供　热 | Heating Supply | -0.15 | |
| 3.洗 选 煤 | Coal Washing | | |
| 4.炼　焦 | Coking | | |
| 5.炼　油 | Petroleum Refineries | 5265.25 | 962.24 |
| 6.制　气 | Gas Works | | |
| #焦炭再投入量(-) | Coke Input (-) | | |
| 7.煤制品加工 | Briquettes | | |
| **三.损 失 量** | **Loss** | | |
| **四.终端消费量** | **Total Final Consumption** | **4695.27** | **1060.86** |
| 1.农、林、牧、渔、水利业 | Farming, Forestry, Animal Husbandry, Fishery & Water Conservancy | 134.09 | 1.08 |
| 2.工　业 | Industry | 506.95 | 60.89 |
| #用作原料、材料 | Non-Energy Use | 16.27 | 7.10 |
| 3.建 筑 业 | Construction | 156.49 | |
| 4.交通运输、仓储及邮电通迅业 | Transport, Storage, Postal & Telecommunications Services | 2334.46 | 919.71 |
| 5.批发和零售贸易业、餐饮业 | Wholesale, Retail Trade and Catering Service | 119.80 | 3.63 |
| 6.生活消费 | Residential Consumption | 456.54 | 27.36 |
| 城 镇 | Urban | 343.92 | 2.06 |
| 乡 村 | Rural | 112.62 | 25.30 |
| 7.其他 | Other | 986.94 | 48.19 |
| **五.平衡差额** | **Statistical Difference** | **1.45** | **-6.41** |
| **六.消费量合计** | **Total Final Consumption** | **4695.72** | **1060.86** |

Continued

| 柴油 (万吨) Diesel Oil ($10^4$ tn) | 燃料油 (万吨) Fuel Oil ($10^4$ tn) | 液化石油气 (万吨) LPG ($10^4$ tn) | 炼厂干气 (万吨) Refinery Gas ($10^4$ tn) | 其他石油制品 (万吨) Other Petroleum Products ($10^4$ tn) | 天然气 (亿立方米) Natural Gas ($10^8$ cu.m) | 热力 (万百万千焦) Heat ($10^{10}$ kJ) | 电力 (亿千瓦小时) Electricity ($10^8$kW•h) | 其他能源 (万吨标煤) Other Energy ($10^4$tce) |
|---|---|---|---|---|---|---|---|---|
| **104.83** | **2817.31** | **634.09** | | **23.53** | **390.20** | | **4016.46** | **867.63** |
| | | | | | 414.60 | | 4077.22 | |
| | | | | | | | 3535.44 | |
| | | | | | | | 504.69 | |
| | | | | | | | | 867.63 |
| 274.92 | 3059.22 | 641.00 | | 384.21 | | | 34.00 | |
| 28.96 | 210.01 | | | | | | | |
| -63.65 | -181.69 | -3.19 | | -360.68 | -24.40 | | -94.76 | |
| -23.00 | -187.00 | | | | | | | |
| -112.40 | -83.23 | -3.72 | | | | | | |
| **9508.68** | **376.25** | **1407.58** | **674.64** | **6073.19** | **-39.40** | **192586.50** | **17955.88** | **-414.64** |
| -334.92 | -1429.19 | -2.20 | -30.28 | -49.14 | -19.03 | | 17955.88 | -298.75 |
| | -213.33 | -7.20 | -127.42 | -70.12 | -20.37 | 192586.50 | | -66.35 |
| | | | | | | | | |
| | | | | | | | | |
| 9843.60 | 2029.28 | 1416.98 | 832.34 | 6192.45 | | | | -49.54 |
| | -10.51 | | | | | | | |
| | | | | | | | | |
| | | | | | | | | |
| | | **0.90** | | | **7.76** | **2260.48** | **1420.60** | |
| **9560.94** | **3130.44** | **2005.73** | **668.65** | **6095.81** | **349.56** | **190322.38** | **20550.78** | **452.04** |
| 1092.01 | 0.66 | 3.58 | | | | 51.52 | 768.87 | |
| 1749.90 | 1917.37 | 483.71 | 668.65 | 5223.19 | 237.60 | 141539.66 | 15003.69 | 452.04 |
| 31.56 | 115.04 | 52.61 | 11.00 | 2812.69 | 76.32 | | | 38.33 |
| 333.13 | 21.36 | 8.71 | | 872.62 | 1.39 | 417.58 | 202.14 | |
| 4985.24 | 1150.45 | 35.02 | | | 20.03 | 1221.92 | 449.65 | |
| 108.99 | 24.98 | 91.31 | | | 9.18 | 2206.70 | 705.35 | |
| 373.67 | | 1350.48 | | | 67.22 | 41394.86 | 2384.49 | |
| 273.72 | | 1126.71 | | | 66.92 | 41394.86 | 1463.33 | |
| 99.95 | | 223.77 | | | 0.30 | | 921.15 | |
| 918.00 | 15.63 | 32.92 | | | 14.14 | 3490.14 | 1036.58 | |
| **52.57** | **63.12** | **35.04** | **5.99** | **0.91** | **-6.52** | **3.65** | **0.96** | **0.95** |
| **9895.86** | **4783.47** | **2016.03** | **826.35** | **6215.07** | **396.72** | **192582.85** | **21971.38** | **866.68** |

# 5-10 中国能源平衡表(实物量) -2005

| 项　目 | Item | 煤合计 (万吨) Coal Total ($10^4$ tn) | 原煤 (万吨) Raw Coal ($10^4$ tn) |
|---|---|---|---|
| **一.可供本地区消费的能源量** | **Total Primary Energy Supply** | **226941.02** | **226767.90** |
| 1.一次能源生产量 | Indigenous Production | 234951.79 | 234951.79 |
| 水电 | Hydro Power | | |
| 核电 | Nuclear Power | | |
| 2.回收能 | Recovery of Energy | | |
| 3.进 口 量 | Import | 2617.11 | 1892.23 |
| 4.我轮、机在外国加油量 | China Airplanes&Ships Refueling in Abroad | | |
| 5.出 口 量(-) | Export (-) | -7172.44 | -6639.53 |
| 6.外轮、机在我国加油量(-) | Foreign Airplanes&Ships Refueling in China | | |
| 7.库存增(-)、减(+)量 | Stock Change | -3455.44 | -3436.59 |
| **二.加工转换投入(-)产出(+)量** | **Input(-) & Output(+) of Transformation** | **-156468.38** | **-165126.08** |
| 1.火力发电 | Thermal Power | -103263.49 | -101311.60 |
| 2.供　　热 | Heating Supply | -13542.00 | -13322.92 |
| 3.洗 选 煤 | Coal Washing | -4982.11 | -43880.84 |
| 4.炼　　焦 | Coking | -33167.06 | -5717.18 |
| 5.炼　　油 | Petroleum Refineries | | |
| 6.制　　气 | Gas Works | -1276.96 | -784.64 |
| #焦炭再投入量(-) | Coke Input (-) | | |
| 7.煤制品加工 | Briquettes | -236.77 | -108.90 |
| **三.损 失 量** | **Loss** | | |
| **四.终端消费量** | **Total Final Consumption** | **75382.68** | **66198.23** |
| 1.农、林、牧、渔、水利业 | Farming, Forestry, Animal Husbandry, Fishery & Water Conservancy | 1513.80 | 1488.40 |
| 2.工　　业 | Industry | 59024.91 | 51898.77 |
| #用作原料.材料 | Non-Energy Use | 3765.73 | 3446.08 |
| 3.建 筑 业 | Construction | 603.56 | 594.50 |
| 4.交通运输、仓储及邮电通迅业 | Transport, Storage, Postal & Telecommunications Services | 811.17 | 810.35 |
| 5.批发和零售贸易业.餐饮业 | Wholesale, Retail Trade and Catering Service | 1674.39 | 1652.08 |
| 6.生活消费 | Residential Consumption | 10038.97 | 8102.81 |
| 城 镇 | Urban | 3011.25 | 2139.44 |
| 乡 村 | Rural | 7027.72 | 5963.37 |
| 7.其他 | Other | 1715.88 | 1651.33 |
| **五.平衡差额** | **Statistical Difference** | **-4910.04** | **-4556.41** |
| **六.消费量合计** | **Total Final Consumption** | **231851.06** | **231324.30** |

# ENERGY BANLANCE OF CHINA -2005(PHYSICAL QUANTITY)

| 洗精煤 (万吨) Cleaned Coal ($10^4$ tn) | 其他洗煤 (万吨) Other Washed Coal ($10^4$ tn) | 型煤 (万吨) Briquettes ($10^4$ tn) | 焦炭 (万吨) Coke ($10^4$ tn) | 焦炉煤气 (亿立方米) Coke Oven Gas ($10^8$ cu.m) | 其他煤气 (亿立方米) Other Gas ($10^8$ cu.m) | 其他焦化产品 (万吨) Other Coking Products ($10^4$ tn) | 油品合计 (万吨) Petroleum Products Total ($10^4$ tn) | 原油 (万吨) Crude Oil ($10^4$ tn) |
|---|---|---|---|---|---|---|---|---|
| **171.72** | **4.41** | **-3.00** | **-1427.26** | | **724.04** | **30.79** | **32539.13** | **30089.17** |
| | | | | | | | 18135.29 | 18135.29 |
| | | | | | | | | |
| | | | | | | | | |
| | | | | | 724.04 | | | |
| 719.46 | 5.42 | | 0.54 | | | 100.57 | 16732.31 | 12681.74 |
| | | | | | | | 430.84 | |
| -525.98 | -2.03 | -4.90 | -1276.41 | | | -69.78 | -2488.28 | -806.68 |
| | | | | | | | -399.80 | |
| -21.76 | 1.02 | 1.90 | -151.39 | | | | 128.76 | 78.82 |
| **1712.50** | **5807.80** | **1137.40** | **26383.79** | **455.80** | **7.48** | **359.53** | **-3190.69** | **-29062.12** |
| -83.90 | -1867.99 | | | -35.83 | -130.85 | | -1602.02 | -21.28 |
| -6.70 | -212.38 | | | -16.90 | -78.15 | | -407.61 | -0.33 |
| 29664.84 | 9233.90 | | | | | | | |
| -27385.35 | -64.53 | | 26300.65 | 504.00 | 23.56 | 351.80 | | |
| | | | | | | | -1166.67 | -29040.51 |
| -476.39 | -15.93 | | 311.05 | 4.53 | 192.93 | 12.54 | -14.39 | |
| | | | -227.91 | | | -4.81 | | |
| | -1265.27 | 1137.40 | | | | | | |
| | | | | | | | **155.42** | **153.76** |
| **2167.41** | **5874.29** | **1142.75** | **24877.93** | **454.09** | **731.52** | **389.76** | **29191.62** | **870.36** |
| | 25.40 | | 63.47 | | | | 1451.69 | |
| 2164.00 | 4817.59 | 144.56 | 24633.01 | 403.75 | 624.70 | 389.76 | 11027.53 | 870.36 |
| 111.23 | 202.34 | 6.09 | 985.32 | 3.81 | | 99.19 | 3065.17 | 115.76 |
| 3.41 | 5.65 | | 18.38 | | | | 1502.19 | |
| | 0.82 | | 1.07 | | 0.23 | | 10580.95 | |
| | 11.03 | 11.28 | 64.08 | 2.93 | 6.00 | | 375.64 | |
| | 952.07 | 984.09 | 90.33 | 44.20 | 100.60 | | 2284.43 | |
| | 361.65 | 510.15 | 49.92 | 44.20 | 99.37 | | 1757.96 | |
| | 590.42 | 473.94 | 40.41 | | 1.22 | | 526.48 | |
| | 61.73 | 2.82 | 7.59 | 3.22 | | | 1969.18 | |
| **-283.20** | **-62.08** | **-8.36** | **78.59** | **1.71** | | **0.56** | **1.40** | **2.93** |
| **30119.75** | **9300.39** | **1142.75** | **25105.85** | **506.82** | **940.53** | **394.57** | **32537.73** | **30086.24** |

## 续表

| 项　目 | Item | 汽油 (万吨) Gasoline ($10^4$ tn) | 煤油 (万吨) Kerosene ($10^4$ tn) |
|---|---|---|---|
| **一.可供本地区消费的能源量** | **Total Primary Energy Supply** | **-578.29** | **63.54** |
| 1.一次能源生产量 | Indigenous Production | | |
| 水电 | Hydro Power | | |
| 核电 | Nuclear Power | | |
| 2.回收能 | Recovery of Energy | | |
| 3.进 口 量 | Import | 0.00 | 328.34 |
| 4.我轮、机在外国加油量 | China Airplanes&Ships Refueling in Abroad | | 147.80 |
| 5.出 口 量(-) | Export (-) | -559.66 | -268.66 |
| 6.外轮、机在我国加油量(-) | Foreign Airplanes&ships Refueling in China | | -178.90 |
| 7.库存增(-)、减(+)量 | Stock Change | -18.63 | 34.96 |
| **二.加工转换投入(-)产出(+)量** | **Input(-) & Output(+) of Transformation** | **5432.20** | **1006.48** |
| 1.火力发电 | Thermal Power | -0.70 | |
| 2.供　　热 | Heating Supply | -0.10 | |
| 3.洗 选 煤 | Coal Washing | | |
| 4.炼　　焦 | Coking | | |
| 5.炼　　油 | Petroleum Refineries | 5433.00 | 1006.48 |
| 6.制　　气 | Gas Works | | |
| #焦炭再投入量(-) | Coke Input (-) | | |
| 7.煤制品加工 | Briquettes | | |
| **三.损 失 量** | **Loss** | | |
| **四.终端消费量** | **Total Final Consumption** | **4854.11** | **1076.84** |
| 1.农、林、牧、渔、水利业 | Farming, Forestry, Animal Husbandry, Fishery & Water Conservancy | 159.59 | 1.60 |
| 2.工　　业 | Industry | 440.91 | 57.50 |
| #用作原料、材料 | Non-Energy Use | 14.15 | 6.70 |
| 3.建 筑 业 | Construction | 172.14 | |
| 4.交通运输、仓储及邮电通迅业 | Transport, Storage, Postal & Telecommunications Services | 2430.05 | 952.42 |
| 5.批发和零售贸易业、餐饮业 | Wholesale, Retail Trade and Catering Service | 129.39 | 3.67 |
| 6.生活消费 | Residential Consumption | 523.83 | 25.46 |
| 城 镇 | Urban | 389.59 | 1.86 |
| 乡 村 | Rural | 134.23 | 23.60 |
| 7.其他 | Other | 998.20 | 36.19 |
| **五.平衡差额** | **Statistical Difference** | **-0.19** | **-6.82** |
| **六.消费量合计** | **Total Final Consumption** | **4854.91** | **1076.84** |

Continued

| 柴油<br>(万吨)<br>Diesel Oil<br>($10^4$ tn) | 燃料油<br>(万吨)<br>Fuel Oil<br>($10^4$ tn) | 液化石油气<br>(万吨)<br>LPG<br>($10^4$ tn) | 炼厂干气<br>(万吨)<br>Refinery Gas<br>($10^4$ tn) | 其他石油制品<br>(万吨)<br>Other Petroleum Products<br>($10^4$ tn) | 天然气<br>(亿立方米)<br>Natural Gas<br>($10^8$ cu.m) | 热力<br>(万百万千焦)<br>Heat<br>($10^{10}$ kJ) | 电力<br>(亿千瓦小时)<br>Electricity<br>($10^8$kW•h) | 其他能源<br>(万吨标煤)<br>Other Energy<br>($10^4$tce) |
|---|---|---|---|---|---|---|---|---|
| **-117.61** | **2469.85** | **619.50** | | **-7.04** | **463.51** | | **4467.41** | **856.62** |
| | | | | | 493.20 | | 4529.24 | |
| | | | | | | | 3970.17 | |
| | | | | | | | 530.88 | |
| | | | | | | | | 856.62 |
| 53.24 | 2608.63 | 617.00 | | 443.36 | | | 50.11 | |
| 7.77 | 275.27 | | | | | | | |
| -147.64 | -229.98 | -2.67 | | -472.99 | -29.69 | | -111.94 | |
| -23.30 | -197.60 | | | | | | | |
| -7.68 | 13.53 | 5.17 | | 22.59 | | | | |
| **10723.45** | **475.23** | **1429.42** | **793.57** | **6011.08** | **-58.94** | **228894.66** | **20473.36** | **-333.70** |
| -366.74 | -1106.06 | -0.12 | -36.51 | -70.61 | -31.52 | | 20473.36 | -244.02 |
| | -171.73 | -3.16 | -83.25 | -149.04 | -23.17 | 228894.66 | | -54.16 |
| | | | | | | | | |
| | | | | | | | | |
| 11090.19 | 1767.41 | 1432.70 | 913.33 | 6230.73 | | | | -35.52 |
| | -14.39 | | | | -4.25 | | | |
| | | | | | | | | |
| | | | | | | | | |
| | | **1.66** | | | **10.33** | **2631.20** | **1706.47** | |
| **10605.42** | **2949.88** | **2041.56** | **791.35** | **6002.10** | **398.36** | **226259.34** | **23233.85** | **522.51** |
| 1286.35 | 0.66 | 3.49 | | | | 53.53 | 776.33 | |
| 1624.53 | 1632.59 | 531.10 | 791.35 | 5079.19 | 266.76 | 166290.92 | 16815.22 | 522.51 |
| 30.70 | 97.96 | 57.94 | 6.81 | 2735.14 | 87.68 | | | 50.03 |
| 386.64 | 14.18 | 6.32 | | 922.91 | 1.49 | 465.43 | 233.93 | |
| 5890.41 | 1261.02 | 47.05 | | | 30.77 | 1061.95 | 430.34 | |
| 116.03 | 27.52 | 99.03 | | | 10.79 | 2206.70 | 752.31 | |
| 406.40 | | 1328.74 | | | 79.43 | 52043.58 | 2884.81 | |
| 300.46 | | 1066.04 | | | 79.13 | 52043.58 | 1794.43 | |
| 105.94 | | 262.70 | | | 0.30 | | 1090.38 | |
| 895.06 | 13.91 | 25.82 | | | 9.12 | 4137.21 | 1340.91 | |
| **0.42** | **-4.80** | **5.71** | **2.22** | **1.94** | **-4.12** | **4.13** | **0.45** | **0.41** |
| **10972.16** | **4242.06** | **2046.50** | **911.11** | **6221.75** | **467.63** | **228890.54** | **24940.32** | **856.21** |

# 5-11 中国能源平衡表(实物量) -2006

| 项　目 | Item | 煤合计(万吨) Coal Total ($10^4$ tn) | 原煤(万吨) Raw Coal ($10^4$ tn) |
|---|---|---|---|
| **一.可供本地区消费的能源量** | **Total Primary Energy Supply** | **251336.25** | **251289.52** |
| 1.一次能源生产量 | Indigenous Production | 252855.12 | 252855.12 |
| 水电 | Hydro Power | | |
| 核电 | Nuclear Power | | |
| 2.回收能 | Recovery of Energy | | |
| 3.进 口 量 | Import | 3810.52 | 3331.42 |
| 4.我轮、机在外国加油量 | China Airplanes&Ships Refueling in Abroad | | |
| 5.出 口 量(-) | Export (-) | -6327.26 | -5884.70 |
| 6.外轮、机在我国加油量(-) | Foreign Airplanes&Ships Refueling in China | | |
| 7.库存增(-)、减(+)量 | Stock Change | 997.87 | 987.68 |
| **二.加工转换投入(-)产出(+)量** | **Input(-) & Output(+) of Transformation** | **-177532.84** | **-186057.92** |
| 1.火力发电 | Thermal Power | -118763.91 | -116038.34 |
| 2.供　热 | Heating Supply | -14561.43 | -14255.52 |
| 3.洗 选 煤 | Coal Washing | -5279.30 | -49256.06 |
| 4.炼　焦 | Coking | -37450.09 | -5733.49 |
| 5.炼　油 | Petroleum Refineries | | |
| 6.制　气 | Gas Works | -1257.08 | -665.61 |
| #焦炭再投入量(-) | Coke Input (-) | | |
| 7.煤制品加工 | Briquettes | -221.02 | -108.90 |
| **三.损 失 量** | **Loss** | | |
| **四.终端消费量** | **Total Final Consumption** | **77532.62** | **68616.37** |
| 1.农、林、牧、渔、水利业 | Farming, Forestry, Animal Husbandry, Fishery & Water Conservancy | 1502.60 | 1483.93 |
| 2.工　业 | Industry | 60977.40 | 54035.64 |
| #用作原料.材料 | Non-Energy Use | 3897.21 | 3587.97 |
| 3.建 筑 业 | Construction | 651.99 | 643.47 |
| 4.交通运输、仓储及邮电通迅业 | Transport, Storage, Postal & Telecommunications Services | 769.93 | 720.40 |
| 5.批发和零售贸易业.餐饮业 | Wholesale, Retail Trade and Catering Service | 1791.46 | 1769.12 |
| 6.生活消费 | Residential Consumption | 10036.34 | 8245.22 |
| 城 镇 | Urban | 3043.03 | 2270.41 |
| 乡 村 | Rural | 6993.31 | 5974.81 |
| 7.其他 | Other | 1802.90 | 1718.58 |
| **五.平衡差额** | **Statistical Difference** | **-3729.21** | **-3384.78** |
| **六.消费量合计** | **Total Final Consumption** | **255065.46** | **254674.30** |

# ENERGY BANLANCE OF CHINA -2006(PHYSICAL QUANTITY)

| 洗精煤<br>(万吨)<br>Cleaned Coal<br>($10^4$ tn) | 其他洗煤<br>(万吨)<br>Other Washed Coal<br>($10^4$ tn) | 型煤<br>(万吨)<br>Briquettes<br>($10^4$ tn) | 焦炭<br>(万吨)<br>Coke<br>($10^4$ tn) | 焦炉煤气<br>(亿立方米)<br>Coke Oven Gas<br>($10^8$ cu.m) | 其他煤气<br>(亿立方米)<br>Other Gas<br>($10^8$ cu.m) | 其他焦化产品<br>(万吨)<br>Other Coking Products<br>($10^4$ tn) | 油品合计<br>(万吨)<br>Petroleum Products Total<br>($10^4$ tn) | 原油<br>(万吨)<br>Crude Oil<br>($10^4$ tn) |
|---|---|---|---|---|---|---|---|---|
| **65.34** | **-11.19** | **-7.42** | **-1777.79** | | **1013.65** | **20.64** | **34930.03** | **32249.19** |
| | | | | | | | 18476.57 | 18476.57 |
| | | | | | | | | |
| | | | | | | | | |
| | | | | | 1013.65 | | | |
| 466.25 | 12.85 | | 0.03 | | | 108.23 | 18933.23 | 14517.48 |
| | | | | | | | 519.73 | |
| -434.36 | -1.95 | -6.25 | -1446.75 | | | -87.59 | -2179.09 | -633.72 |
| | | | | | | | -447.10 | |
| 33.45 | -22.09 | -1.18 | -331.07 | | | | -373.31 | -111.14 |
| **1570.74** | **5884.19** | **1070.15** | **29540.40** | **433.55** | **6.72** | **468.65** | **-3062.11** | **-31069.75** |
| -63.74 | -2661.83 | | | -53.93 | -130.85 | | -1343.68 | -22.91 |
| -19.20 | -286.71 | | | -38.39 | -78.15 | | -427.76 | -0.84 |
| 33897.16 | 10079.60 | | | | | | | |
| -31675.90 | -40.70 | | 29462.26 | 520.57 | 24.00 | 457.75 | | |
| | | | | | | | -1277.28 | -31046.00 |
| -567.57 | -23.90 | | 306.05 | 5.30 | 191.72 | 16.30 | -13.39 | |
| | | | -227.91 | | | -5.40 | | |
| | -1182.27 | 1070.15 | | | | | | |
| | | | | | | | **199.95** | **198.35** |
| **1918.80** | **5933.98** | **1063.47** | **27664.86** | **441.06** | **1020.37** | **488.53** | **31614.15** | **977.10** |
| | 18.67 | | 55.73 | | | | 1540.20 | |
| 1880.09 | 4917.10 | 144.56 | 27425.65 | 389.07 | 893.08 | 488.53 | 11707.48 | 977.10 |
| 96.64 | 206.52 | 6.09 | 1097.03 | 3.81 | | 124.33 | 3284.65 | 129.95 |
| 3.41 | 5.11 | | 18.50 | | | | 1648.51 | |
| 35.30 | 14.23 | | 0.85 | | 0.26 | | 11683.91 | |
| | 11.09 | 11.25 | 65.39 | 2.87 | 6.46 | | 392.21 | |
| | 886.48 | 904.64 | 90.45 | 45.80 | 120.57 | | 2564.23 | |
| | 313.48 | 459.14 | 50.84 | 45.80 | 119.31 | | 1960.72 | |
| | 573.00 | 445.50 | 39.60 | | 1.26 | | 603.51 | |
| | 81.30 | 3.02 | 8.30 | 3.32 | | | 2077.61 | |
| **-282.72** | **-60.97** | **-0.74** | **97.74** | **-7.51** | **0.00** | **0.77** | **53.82** | **3.99** |
| **34245.22** | **10129.38** | **1063.47** | **27892.77** | **533.38** | **1229.37** | **493.93** | **34876.21** | **32245.20** |

续表

| 项　目 | Item | 汽油 (万吨) Gasoline ($10^4$ tn) | 煤油 (万吨) Kerosene ($10^4$ tn) |
|---|---|---|---|
| **一.可供本地区消费的能源量** | **Total Primary Energy Supply** | **-351.93** | **142.40** |
| 1.一次能源生产量 | Indigenous Production | | |
| 水电 | Hydro Power | | |
| 核电 | Nuclear Power | | |
| 2.回收能 | Recovery of Energy | | |
| 3.进 口 量 | Import | 6.09 | 560.89 |
| 4.我轮、机在外国加油量 | China Airplanes&Ships Refueling in Abroad | | 170.80 |
| 5.出 口 量(−) | Export (-) | -350.54 | -371.09 |
| 6.外轮、机在我国加油量(−) | Foreign Airplanes&ships Refueling in China | | -213.30 |
| 7.库存增(−)、减(+)量 | Stock Change | -7.48 | -4.90 |
| **二.加工转换投入(−)产出(+)量** | **Input(-) & Output(+) of Transformation** | **5594.86** | **975.48** |
| 1.火力发电 | Thermal Power | -0.09 | |
| 2.供　热 | Heating Supply | -0.01 | |
| 3.洗 选 煤 | Coal Washing | | |
| 4.炼　焦 | Coking | | |
| 5.炼　油 | Petroleum Refineries | 5594.96 | 975.48 |
| 6.制　气 | Gas Works | | |
| #焦炭再投入量(−) | Coke Input (-) | | |
| 7.煤制品加工 | Briquettes | | |
| **三.损 失 量** | **Loss** | | |
| **四.终端消费量** | **Total Final Consumption** | **5242.44** | **1124.74** |
| 1.农、林、牧、渔、水利业 | Farming, Forestry, Animal Husbandry, Fishery & Water Conservancy | 167.75 | 1.54 |
| 2.工　业 | Industry | 498.40 | 48.19 |
| #用作原料、材料 | Non-Energy Use | 16.00 | 5.62 |
| 3.建 筑 业 | Construction | 180.75 | |
| 4.交通运输、仓储及邮电通迅业 | Transport, Storage, Postal & Telecommunications Services | 2592.35 | 1010.54 |
| 5.批发和零售贸易业、餐饮业 | Wholesale, Retail Trade and Catering Service | 123.34 | 3.77 |
| 6.生活消费 | Residential Consumption | 615.74 | 22.73 |
| 城 镇 | Urban | 440.53 | 1.49 |
| 乡 村 | Rural | 175.21 | 21.24 |
| 7.其他 | Other | 1064.11 | 37.97 |
| **五.平衡差额** | **Statistical Difference** | **0.49** | **-6.86** |
| **六.消费量合计** | **Total Final Consumption** | **5242.54** | **1124.74** |

Continued

| 柴油 (万吨) Diesel Oil ($10^4$ tn) | 燃料油 (万吨) Fuel Oil ($10^4$ tn) | 液化石油气 (万吨) LPG ($10^4$ tn) | 炼厂干气 (万吨) Refinery Gas ($10^4$ tn) | 其他石油制品 (万吨) Other Petroleum Products ($10^4$ tn) | 天然气 (亿立方米) Natural Gas ($10^8$ cu.m) | 热力 (万百万千焦) Heat ($10^{10}$ kJ) | 电力 (亿千瓦小时) Electricity ($10^8$kW•h) | 其他能源 (万吨标煤) Other Energy ($10^4$tce) |
|---:|---:|---:|---:|---:|---:|---:|---:|---:|
| **73.68** | **2587.14** | **507.18** | | **-277.63** | **566.05** | | **4892.41** | **810.42** |
| | | | | | 585.53 | | 4961.23 | |
| | | | | | | | 4357.86 | |
| | | | | | | | 548.43 | |
| | | | | | | | | 810.42 |
| 70.52 | 2799.33 | 535.56 | | 443.36 | 9.50 | | 53.89 | |
| 10.15 | 338.78 | | | | | | | |
| -77.58 | -258.07 | -15.10 | | -472.99 | -28.98 | | -122.71 | |
| -25.00 | -208.80 | | | | | | | |
| 95.59 | -84.10 | -13.28 | | -248.00 | | | | |
| **11449.68** | **684.02** | **1740.02** | **819.96** | **6743.62** | **-64.49** | **246811.92** | **23696.03** | **-392.03** |
| -312.72 | -928.05 | -0.01 | -34.50 | -45.40 | -37.56 | | 23696.03 | -320.46 |
| | -159.19 | -5.27 | -129.21 | -133.24 | -21.32 | 246811.92 | | -64.99 |
| | | | | | | | | |
| | | | | | | | | |
| 11762.40 | 1784.65 | 1745.30 | 983.67 | 6922.26 | | | | -6.58 |
| | -13.39 | | | | -5.61 | | | |
| | | | | | | | | |
| | | | | | | | | |
| | | **1.60** | | | **12.90** | **2973.26** | **1858.83** | |
| **11522.71** | **3267.70** | **2200.69** | **818.29** | **6460.48** | **484.03** | **243835.54** | **26729.14** | **418.01** |
| 1365.53 | 0.69 | 4.69 | | | | 61.57 | 827.04 | |
| 1648.86 | 1735.48 | 535.89 | 818.29 | 5445.28 | 315.80 | 176779.27 | 19408.91 | 418.01 |
| 31.16 | 104.13 | 58.47 | 7.04 | 2932.28 | 78.95 | | | 40.02 |
| 428.67 | 16.34 | 7.55 | | 1015.20 | 1.66 | 494.10 | 271.05 | |
| 6547.32 | 1480.61 | 53.09 | | | 38.02 | 1634.34 | 467.37 | |
| 129.77 | 21.44 | 113.88 | | | 13.16 | 2692.17 | 847.25 | |
| 469.59 | | 1456.17 | | | 102.62 | 56948.38 | 3351.58 | |
| 351.06 | | 1167.64 | | | 102.26 | 56948.38 | 2025.59 | |
| 118.53 | | 288.52 | | | 0.36 | | 1325.99 | |
| 932.96 | 13.14 | 29.43 | | | 12.77 | 5225.71 | 1555.94 | |
| **0.66** | **3.46** | **44.90** | **1.67** | **5.52** | **4.64** | **3.12** | **0.47** | **0.38** |
| **11835.43** | **4368.33** | **2207.57** | **982.00** | **6639.12** | **561.41** | **246808.80** | **28587.97** | **810.04** |

# 5-12 中国能源平衡表(实物量)-2007

| 项目 | Item | 煤合计(万吨) Coal Total ($10^4$ tn) | 原煤(万吨) Raw Coal ($10^4$ tn) |
|---|---|---|---|
| **一.可供本地区消费的能源量** | **Total Primary Energy Supply** | **265543.53** | **265614.11** |
| 1.一次能源生产量 | Indigenous Production | 269164.27 | 269164.27 |
| 水电 | Hydro Power | | |
| 核电 | Nuclear Power | | |
| 2.回收能 | Recovery of Energy | | |
| 3.进口量 | Import | 5101.59 | 4418.95 |
| 4.我轮、机在外国加油量 | China Airplanes&Ships Refueling in Abroad | | |
| 5.出口量(-) | Export (-) | -5318.72 | -5054.14 |
| 6.外轮、机在我国加油量(-) | Foreign Airplanes&Ships Refueling in China | | |
| 7.库存增(-)、减(+)量 | Stock Change | -3403.61 | -2914.97 |
| **二.加工转换投入(-)产出(+)量** | **Input(-) & Output(+) of Transformation** | **-193069.27** | **-202608.11** |
| 1.火力发电 | Thermal Power | -130548.80 | -127294.06 |
| 2.供热 | Heating Supply | -15394.21 | -14956.94 |
| 3.洗选煤 | Coal Washing | -5754.62 | -53125.85 |
| 4.炼焦 | Coking | -39658.99 | -6198.02 |
| 5.炼油 | Petroleum Refineries | | |
| 6.制气 | Gas Works | -1491.84 | -882.01 |
| #焦炭再投入量(-) | Coke Input (-) | | |
| 7.煤制品加工 | Briquettes | -220.80 | -151.23 |
| **三.损失量** | **Loss** | | |
| **四.终端消费量** | **Total Final Consumption** | **79676.63** | **70220.58** |
| 1.农、林、牧、渔、水利业 | Farming, Forestry, Animal Husbandry, Fishery & Water Conservancy | 1519.57 | 1498.77 |
| 2.工业 | Industry | 63133.51 | 55695.78 |
| #用作原料.材料 | Non-Energy Use | 4030.73 | 3698.20 |
| 3.建筑业 | Construction | 615.34 | 605.69 |
| 4.交通运输、仓储及邮电通迅业 | Transport, Storage, Postal & Telecommunications Services | 735.90 | 697.84 |
| 5.批发和零售贸易业.餐饮业 | Wholesale, Retail Trade and Catering Service | 1868.27 | 1834.79 |
| 6.生活消费 | Residential Consumption | 9760.61 | 7964.96 |
| 城镇 | Urban | 2905.50 | 2139.39 |
| 乡村 | Rural | 6855.11 | 5825.56 |
| 7.其他 | Other | 2043.43 | 1922.75 |
| **五.平衡差额** | **Statistical Difference** | **-7202.37** | **-7214.58** |
| **六.消费量合计** | **Total Final Consumption** | **272745.90** | **272828.69** |

# ENERGY BANLANCE OF CHINA -2007(PHYSICAL QUANTITY)

| 洗精煤 (万吨) Cleaned Coal ($10^4$ tn) | 其他洗煤 (万吨) Other Washed Coal ($10^4$ tn) | 型煤 (万吨) Briquettes ($10^4$ tn) | 焦炭 (万吨) Coke ($10^4$ tn) | 焦炉煤气 (亿立方米) Coke Oven Gas ($10^8$ cu.m) | 其他煤气 (亿立方米) Other Gas ($10^8$ cu.m) | 其他焦化产品 (万吨) Other Coking Products ($10^4$ tn) | 油品合计 (万吨) Petroleum Products Total ($10^4$ tn) | 原油 (万吨) Crude Oil ($10^4$ tn) |
|---|---|---|---|---|---|---|---|---|
| **201.45** | **-260.80** | **-11.22** | **-2215.22** | | **1824.57** | **69.56** | **36648.88** | **34035.06** |
| | | | | | | | 18631.82 | 18631.82 |
| | | | | | | | | |
| | | | | | | | | |
| | | | | | 1824.57 | | | |
| 621.93 | 60.71 | | | | | 176.60 | 20536.59 | 16316.01 |
| | | | | | | | 602.76 | |
| -254.29 | -2.67 | -7.62 | -1529.93 | | | -107.04 | -2196.43 | -388.37 |
| | | | | | | | -467.84 | |
| -166.19 | -318.84 | -3.60 | -685.29 | | | | -458.02 | -524.40 |
| **1978.47** | **6408.56** | **1151.81** | **31037.26** | **480.01** | **67.39** | **531.59** | **-2601.20** | **-32849.13** |
| -25.77 | -3228.97 | | | -79.53 | -130.85 | | -884.01 | -15.92 |
| -19.20 | -418.07 | | | -12.83 | -38.15 | | -430.10 | -0.59 |
| 36013.50 | 11357.72 | | | | | | | |
| -33396.16 | -64.81 | | 30973.00 | 559.23 | 16.83 | 514.10 | | |
| | | | | | | | -1282.12 | -32832.62 |
| -593.90 | -15.93 | | 332.28 | 13.14 | 219.56 | 25.79 | -4.96 | |
| | | | -268.02 | | | -8.30 | | |
| | -1221.38 | 1151.81 | | | | | | |
| | | | | | | | **199.95** | **198.35** |
| **2166.46** | **6148.16** | **1141.43** | **28900.10** | **481.19** | **1892.00** | **600.89** | **33857.60** | **984.12** |
| | 20.80 | | 57.23 | | | | 1399.92 | |
| 2141.02 | 5102.97 | 193.74 | 28664.21 | 434.18 | 1738.27 | 600.89 | 12269.25 | 984.12 |
| 110.05 | 214.32 | 8.16 | 1146.57 | 4.34 | | 138.21 | 3587.92 | 130.89 |
| 3.00 | 6.64 | | 17.48 | | | | 1823.06 | |
| 22.44 | 15.62 | | 0.55 | | 0.25 | | 12741.39 | |
| | 16.64 | 16.85 | 71.00 | 2.80 | 9.17 | | 426.91 | |
| | 869.93 | 925.72 | 81.40 | 41.22 | 144.31 | | 2981.11 | |
| | 352.88 | 413.22 | 48.86 | 41.22 | 143.01 | | 2244.87 | |
| | 517.05 | 512.50 | 32.54 | | 1.30 | | 736.24 | |
| | 115.56 | 5.12 | 8.23 | 2.99 | | | 2215.95 | |
| **13.46** | **-0.40** | **-0.84** | **-78.06** | **-1.18** | **-0.04** | **0.26** | **-9.86** | **3.46** |
| **36201.49** | **11097.33** | **1141.43** | **29168.12** | **573.55** | **2061.00** | **609.19** | **36658.74** | **34031.60** |

## 续表

| 项　目 | Item | 汽油 (万吨) Gasoline ($10^4$ tn) | 煤油 (万吨) Kerosene ($10^4$ tn) |
|---|---|---|---|
| **一.可供本地区消费的能源量** | **Total Primary Energy Supply** | **-398.65** | **85.94** |
| 1.一次能源生产量 | Indigenous Production | | |
| 水电 | Hydro Power | | |
| 核电 | Nuclear Power | | |
| 2.回收能 | Recovery of Energy | | |
| 3.进 口 量 | Import | 22.70 | 524.34 |
| 4.我轮、机在外国加油量 | China Airplanes&Ships Refueling in Abroad | | 200.70 |
| 5.出 口 量(−) | Export (-) | -464.27 | -448.07 |
| 6.外轮、机在我国加油量(−) | Foreign Airplanes&ships Refueling in China | | -189.00 |
| 7.库存增(−)、减(+)量 | Stock Change | 42.92 | -2.03 |
| **二.加工转换投入(−)产出(+)量** | **Input(-) & Output(+) of Transformation** | **5917.77** | **1153.28** |
| 1.火力发电 | Thermal Power | -0.12 | |
| 2.供　　热 | Heating Supply | -0.01 | |
| 3.洗 选 煤 | Coal Washing | | |
| 4.炼　　焦 | Coking | | |
| 5.炼　　油 | Petroleum Refineries | 5917.90 | 1153.28 |
| 6.制　　气 | Gas Works | | |
| #焦炭再投入量(−) | Coke Input (-) | | |
| 7.煤制品加工 | Briquettes | | |
| **三.损 失 量** | **Loss** | | |
| **四.终端消费量** | **Total Final Consumption** | **5518.96** | **1243.71** |
| 1.农、林、牧、渔、水利业 | Farming, Forestry, Animal Husbandry, Fishery & Water Conservancy | 172.78 | 0.94 |
| 2.工　　业 | Industry | 524.37 | 45.24 |
| #用作原料、材料 | Non-Energy Use | 16.83 | 5.27 |
| 3.建 筑 业 | Construction | 178.83 | |
| 4.交通运输、仓储及邮电通迅业 | Transport, Storage, Postal & Telecommunications Services | 2613.19 | 1129.98 |
| 5.批发和零售贸易业、餐饮业 | Wholesale, Retail Trade and Catering Service | 131.73 | 4.90 |
| 6.生活消费 | Residential Consumption | 778.40 | 19.48 |
| 城 镇 | Urban | 550.63 | 1.64 |
| 乡 村 | Rural | 227.77 | 17.84 |
| 7.其他 | Other | 1119.67 | 43.17 |
| **五.平衡差额** | **Statistical Difference** | **0.16** | **-4.49** |
| **六.消费量合计** | **Total Final Consumption** | **5519.09** | **1243.71** |

Continued

| 柴油 (万吨) Diesel Oil ($10^4$ tn) | 燃料油 (万吨) Fuel Oil ($10^4$ tn) | 液化石油气 (万吨) LPG ($10^4$ tn) | 炼厂干气 (万吨) Refinery Gas ($10^4$ tn) | 其他石油制品 (万吨) Other Petroleum Products ($10^4$ tn) | 天然气 (亿立方米) Natural Gas ($10^8$ cu.m) | 热力 (万百万千焦) Heat ($10^{10}$ kJ) | 电力 (亿千瓦小时) Electricity ($10^8$kW•h) | 其他能源 (万吨标煤) Other Energy ($10^4$tce) |
|---|---|---|---|---|---|---|---|---|
| **135.11** | **2191.15** | **375.46** | | **224.80** | **706.60** | | **5483.05** | **918.42** |
| | | | | | 692.40 | | 5586.20 | |
| | | | | | | | 4852.64 | |
| | | | | | | | 621.30 | |
| | | | | | | | | 918.42 |
| 162.14 | 2417.07 | 405.43 | | 688.90 | 40.20 | | 42.51 | |
| 11.52 | 390.54 | | | | | | | |
| -66.05 | -379.72 | -33.80 | | -416.15 | -26.00 | | -145.66 | |
| -27.20 | -251.64 | | | | | | | |
| 54.70 | 14.90 | 3.83 | | -47.95 | | | | |
| **12127.70** | **1265.21** | **1939.61** | **865.50** | **6978.87** | **-104.74** | **258602.67** | **27229.33** | **-500.09** |
| -231.41 | -565.59 | | -37.60 | -33.37 | -80.68 | | 27229.33 | -416.60 |
| | -131.48 | -5.13 | -125.64 | -167.25 | -19.83 | 258602.67 | | -77.99 |
| | | | | | | | | |
| | | | | | | | | |
| 12359.11 | 1967.24 | 1944.74 | 1028.74 | 7179.49 | | | | -5.50 |
| | -4.96 | | | | -4.23 | | | |
| | | | | | | | | |
| | | | | | | | | |
| | | **1.60** | | | **11.11** | **3168.90** | **2061.71** | |
| **12265.25** | **3455.46** | **2321.12** | **865.30** | **7203.67** | **589.38** | **255426.55** | **30650.10** | **418.01** |
| 1218.97 | 1.00 | 6.23 | | | | 81.65 | 878.96 | |
| 1741.37 | 1627.16 | 450.50 | 865.30 | 6031.19 | 370.28 | 185028.20 | 22229.10 | 418.01 |
| 32.91 | 97.63 | 49.15 | 7.44 | 3247.79 | 92.57 | | | 40.02 |
| 433.81 | 30.74 | 7.20 | | 1172.48 | 2.09 | 592.92 | 309.00 | |
| 7184.36 | 1759.95 | 53.91 | | | 40.43 | 1636.34 | 531.91 | |
| 133.94 | 24.78 | 131.56 | | | 17.11 | 3097.88 | 929.82 | |
| 545.32 | | 1637.92 | | | 143.39 | 57688.71 | 4062.71 | |
| 402.08 | | 1290.52 | | | 142.93 | 57688.71 | 2391.86 | |
| 143.23 | | 347.40 | | | 0.45 | | 1670.85 | |
| 1007.48 | 11.83 | 33.80 | | | 16.09 | 7300.85 | 1708.60 | |
| **-2.45** | **0.90** | **-7.65** | **0.20** | | **1.37** | **7.22** | **0.57** | **0.33** |
| **12496.67** | **4157.49** | **2327.85** | **1028.54** | **7404.29** | **705.23** | **258595.45** | **32711.81** | **918.09** |

# 5-13 中国能源平衡表(实物量) -2008

| 项 目 | Item | 煤合计 (万吨) Coal Total ($10^4$ tn) | 原煤 (万吨) Raw Coal ($10^4$ tn) |
|---|---|---|---|
| **一.可供本地区消费的能源量** | **Total Primary Energy Supply** | **275061.07** | **274954.64** |
| 1.一次能源生产量 | Indigenous Production | 280200.00 | 280200.00 |
| 水电 | Hydro Power | | |
| 核电 | Nuclear Power | | |
| 2.回收能 | Recovery of Energy | | |
| 3.进 口 量 | Import | 4034.06 | 3016.74 |
| 4.我轮、机在外国加油量 | China Airplanes&Ships Refueling in Abroad | | |
| 5.出 口 量(-) | Export (-) | -4543.42 | -4180.85 |
| 6.外轮、机在我国加油量(-) | Foreign Airplanes&Ships Refueling in China | | |
| 7.库存增(-)、减(+)量 | Stock Change | -4629.57 | -4081.24 |
| **二.加工转换投入(-)产出(+)量** | **Input(-) & Output(+) of Transformation** | **-200006.74** | **-210671.35** |
| 1.火力发电 | Thermal Power | -135351.72 | -132516.65 |
| 2.供 热 | Heating Supply | -15029.22 | -14539.66 |
| 3.洗 选 煤 | Coal Washing | -6757.85 | -57236.88 |
| 4.炼 焦 | Coking | -41461.66 | -5616.13 |
| 5.炼 油 | Petroleum Refineries | | |
| 6.制 气 | Gas Works | -1227.21 | -587.29 |
| #焦炭再投入量(-) | Coke Input (-) | | |
| 7.煤制品加工 | Briquettes | -179.08 | -174.75 |
| **三.损 失 量** | **Loss** | | |
| **四.终端消费量** | **Total Final Consumption** | **81089.19** | **70292.61** |
| 1.农、林、牧、渔、水利业 | Farming, Forestry, Animal Husbandry, Fishery & Water Conservancy | 1522.57 | 1493.77 |
| 2.工 业 | Industry | 65567.47 | 56557.94 |
| #用作原料.材料 | Non-Energy Use | 4155.81 | 3755.45 |
| 3.建 筑 业 | Construction | 603.18 | 593.21 |
| 4.交通运输、仓储及邮电通迅业 | Transport, Storage, Postal & Telecommunications Services | 665.41 | 635.88 |
| 5.批发和零售贸易业.餐饮业 | Wholesale, Retail Trade and Catering Service | 1791.39 | 1747.88 |
| 6.生活消费 | Residential Consumption | 9147.61 | 7607.53 |
| 城 镇 | Urban | 2434.68 | 1902.90 |
| 乡 村 | Rural | 6712.93 | 5704.63 |
| 7.其他 | Other | 1791.56 | 1656.40 |
| **五.平衡差额** | **Statistical Difference** | **-6034.86** | **-6009.32** |
| **六.消费量合计** | **Total Final Consumption** | **281095.93** | **280963.97** |

## ENERGY BANLANCE OF CHINA -2008(PHYSICAL QUANTITY)

| 洗精煤 (万吨) Cleaned Coal ($10^4$ tn) | 其他洗煤 (万吨) Other Washed Coal ($10^4$ tn) | 型煤 (万吨) Briquettes ($10^4$ tn) | 焦炭 (万吨) Coke ($10^4$ tn) | 焦炉煤气 (亿立方米) Coke Oven Gas ($10^8$ cu.m) | 其他煤气 (亿立方米) Other Gas ($10^8$ cu.m) | 其他焦化产品 (万吨) Other Coking Products ($10^4$ tn) | 油品合计 (万吨) Petroleum Products Total ($10^4$ tn) | 原油 (万吨) Crude Oil ($10^4$ tn) |
|---|---|---|---|---|---|---|---|---|
| **256.69** | **-135.45** | **-14.81** | **-2319.93** | | **1920.00** | **28.89** | **37318.79** | **35498.61** |
| | | | | | | | 19043.96 | 19043.96 |
| | | | | | | | | |
| | | | | | | | | |
| | | | | | 1920.00 | | | |
| 685.72 | 331.57 | 0.03 | | | | 121.03 | 22470.74 | 17888.52 |
| | | | | | | | 544.71 | |
| -345.65 | -2.28 | -14.64 | -1221.33 | | | -92.14 | -2444.74 | -423.75 |
| | | | | | | | -500.91 | |
| -83.38 | -464.73 | -0.20 | -1098.60 | | | | -1794.96 | -1010.12 |
| **2070.91** | **7615.47** | **978.24** | **32126.32** | **526.71** | **21.56** | **668.95** | **-2397.60** | **-34105.14** |
| -26.14 | -2808.93 | | | -89.23 | -100.85 | | -618.12 | -8.87 |
| -6.51 | -483.05 | | | -12.83 | -38.15 | | -413.78 | -0.95 |
| 38496.23 | 11982.80 | | | | | | | |
| -35752.75 | -92.78 | | 32031.50 | 613.11 | 5.56 | 642.24 | | |
| | | | | | | | -1363.67 | -34095.32 |
| -639.92 | | | 282.44 | 15.66 | 155.00 | 31.39 | -2.03 | |
| | | | -187.62 | | | -4.68 | | |
| | -982.57 | 978.24 | | | | | | |
| | | | | | | | **202.35** | **200.35** |
| **2350.10** | **7480.48** | **966.00** | **29712.61** | **523.20** | **1941.56** | **695.95** | **34702.90** | **1192.75** |
| | 28.80 | | 53.14 | | | | 1265.78 | |
| 2333.50 | 6367.52 | 308.51 | 29569.08 | 478.66 | 1790.10 | 695.95 | 13170.79 | 1192.75 |
| 119.94 | 267.44 | 12.99 | 1182.76 | 4.79 | | 160.07 | 3652.49 | 158.64 |
| 2.00 | 7.97 | | 10.70 | | | | 1517.48 | |
| 14.60 | 14.93 | | 0.29 | | 0.28 | | 13111.78 | |
| | 23.29 | 20.22 | 7.54 | 1.11 | 8.94 | | 366.42 | |
| | 909.63 | 630.45 | 64.93 | 41.63 | 142.24 | | 2916.87 | |
| | 325.17 | 206.61 | 42.35 | 41.63 | 140.81 | | 2157.78 | |
| | 584.46 | 423.84 | 22.58 | | 1.43 | | 759.09 | |
| | 128.34 | 6.82 | 6.93 | 1.79 | | | 2353.78 | |
| **-22.50** | **-0.47** | **-2.57** | **93.78** | **3.52** | **0.00** | **1.89** | **15.94** | **0.36** |
| **38775.42** | **11847.82** | **966.00** | **29900.23** | **625.26** | **2080.56** | **700.63** | **37302.85** | **35498.24** |

## 续表

| 项　目 | Item | 汽油 (万吨) Gasoline ($10^4$ tn) | 煤油 (万吨) Kerosene ($10^4$ tn) |
|---|---|---|---|
| **一.可供本地区消费的能源量** | **Total Primary Energy Supply** | **-199.54** | **131.52** |
| 1.一次能源生产量 | Indigenous Production | | |
| 水电 | Hydro Power | | |
| 核电 | Nuclear Power | | |
| 2.回收能 | Recovery of Energy | | |
| 3.进 口 量 | Import | 198.69 | 647.79 |
| 4.我轮、机在外国加油量 | China Airplanes&Ships Refueling in Abroad | | 189.00 |
| 5.出 口 量(-) | Export (-) | -203.35 | -536.44 |
| 6.外轮、机在我国加油量(-) | Foreign Airplanes&ships Refueling in China | | -170.10 |
| 7.库存增(-)、减(+)量 | Stock Change | -194.88 | 1.28 |
| **二.加工转换投入(-)产出(+)量** | **Input(-) & Output(+) of Transformation** | **6347.05** | **1158.90** |
| 1.火力发电 | Thermal Power | -0.12 | |
| 2.供　热 | Heating Supply | -0.01 | |
| 3.洗 选 煤 | Coal Washing | | |
| 4.炼　焦 | Coking | | |
| 5.炼　油 | Petroleum Refineries | 6347.18 | 1158.90 |
| 6.制　气 | Gas Works | | |
| #焦炭再投入量(-) | Coke Input (-) | | |
| 7.煤制品加工 | Briquettes | | |
| **三.损 失 量** | **Loss** | | |
| **四.终端消费量** | **Total Final Consumption** | **6145.39** | **1294.00** |
| 1.农、林、牧、渔、水利业 | Farming, Forestry, Animal Husbandry, Fishery & Water Conservancy | 160.44 | 1.26 |
| 2.工　业 | Industry | 585.98 | 49.08 |
| #用作原料、材料 | Non-Energy Use | 18.81 | 5.72 |
| 3.建 筑 业 | Construction | 196.19 | 9.67 |
| 4.交通运输、仓储及邮电通迅业 | Transport, Storage, Postal & Telecommunications Services | 3090.43 | 1174.59 |
| 5.批发和零售贸易业、餐饮业 | Wholesale, Retail Trade and Catering Service | 135.28 | 20.82 |
| 6.生活消费 | Residential Consumption | 855.14 | 12.68 |
| 城 镇 | Urban | 608.63 | 1.72 |
| 乡 村 | Rural | 246.51 | 10.96 |
| 7.其他 | Other | 1121.93 | 25.90 |
| **五.平衡差额** | **Statistical Difference** | **2.11** | **-3.58** |
| **六.消费量合计** | **Total Final Consumption** | **6145.52** | **1294.00** |

Continued

| 柴油 (万吨) Diesel Oil ($10^4$ tn) | 燃料油 (万吨) Fuel Oil ($10^4$ tn) | 液化石油气 (万吨) PLG ($10^4$ tn) | 炼厂干气 (万吨) Refinery Gas ($10^4$ tn) | 其他石油制品 (万吨) Other Petroleum Products ($10^4$ tn) | 天然气 (亿立方米) Natural Gas ($10^8$ cu.m) | 热力 (万百万千焦) Heat ($10^{10}$ kJ) | 电力 (亿千瓦小时) Electricity ($10^8$kW•h) | 其他能源 (万吨标煤) Other Energy ($10^4$tce) |
|---|---|---|---|---|---|---|---|---|
| **134.00** | **1505.02** | **199.48** | | **49.71** | **816.59** | | **6640.02** | **989.30** |
| | | | | | 803.00 | | 6768.04 | |
| | | | | | | | 5851.87 | |
| | | | | | | | 683.94 | |
| | | | | | | | | 989.30 |
| 624.45 | 2186.08 | 259.24 | | 665.97 | 46.04 | | 38.42 | |
| 8.61 | 347.10 | | | | | | | |
| -63.05 | -731.66 | -67.85 | | -418.64 | -32.45 | | -166.44 | |
| -26.05 | -304.76 | | | | | | | |
| -409.97 | 8.26 | 8.09 | | -197.62 | | | | |
| **13224.02** | **1258.05** | **1908.59** | **885.68** | **6925.25** | **-109.41** | **257763.00** | **27900.78** | **-519.96** |
| -185.13 | -347.53 | | -35.69 | -40.78 | -81.97 | | 27900.78 | -312.45 |
| | -129.79 | -6.19 | -174.66 | -102.18 | -21.40 | 257763.00 | | -201.12 |
| | | | | | | | | |
| | | | | | | | | |
| 13409.15 | 1737.40 | 1914.78 | 1096.03 | 7068.21 | | | | -6.39 |
| | -2.03 | | | | -6.04 | | | |
| | | | | | | | | |
| | | | | | | | | |
| | | **2.00** | | | **13.83** | **3168.90** | **2137.88** | |
| **13347.46** | **2757.79** | **2110.73** | **884.96** | **6969.81** | **689.69** | **254588.50** | **32403.47** | **467.01** |
| 1098.87 | 1.50 | 3.71 | | | | 81.65 | 887.05 | |
| 2331.89 | 1560.11 | 493.18 | 884.96 | 6072.84 | 416.75 | 179371.51 | 23250.75 | 467.01 |
| 44.07 | 93.61 | 53.81 | 7.61 | 3270.23 | 104.19 | | | 40.02 |
| 370.79 | 37.70 | 6.16 | | 896.97 | 0.99 | 494.10 | 367.34 | |
| 7649.31 | 1142.77 | 54.68 | | | 63.16 | 1816.34 | 571.82 | |
| 152.72 | 6.25 | 51.35 | | | 17.75 | 3407.67 | 1017.44 | |
| 592.08 | | 1456.97 | | | 170.12 | 62765.13 | 4396.10 | |
| 439.33 | | 1108.10 | | | 169.52 | 62765.13 | 2557.28 | |
| 152.75 | | 348.87 | | | 0.60 | | 1838.82 | |
| 1151.80 | 9.46 | 44.68 | | | 20.92 | 6652.11 | 1912.97 | |
| **10.55** | **5.28** | **-4.66** | **0.72** | **5.15** | **3.66** | **5.60** | **-0.55** | **2.33** |
| **13532.59** | **3237.14** | **2118.92** | **1095.31** | **7112.77** | **812.93** | **257757.40** | **34541.35** | **986.97** |

# 5-14 中国能源平衡表(标准量) -1996

单位:万吨标准煤

| 项　　目 | Item | 能源合计 Energy Total (发电煤耗计算法) (coal equivalent calculation) | 能源合计 Energy Total (电热当量计算法) (calorific value calculation) |
|---|---|---|---|
| **一.可供本地区消费的能源量** | **Total Primary Energy Supply** | **133223.42** | **127696.12** |
| 1.一次能源生产量 | Indigenous Production | 133031.54 | 127404.44 |
| 水电 | Hydro Power | | |
| 核电 | Nuclear Power | | |
| 2.回收能 | Recovery of Energy | 1114.73 | 1114.73 |
| 3.进 口 量 | Import | 6362.96 | 6359.51 |
| 4.我轮、机在外国加油量 | China Airplanes&Ships Refueling in Abroad | 474.85 | 474.85 |
| 5.出 口 量(-) | Export (-) | -7384.41 | -7281.16 |
| 6.外轮、机在我国加油量(-) | Foreign Airplanes&Ships Refueling in China | -152.37 | -152.37 |
| 7.库存增(-)、减(+)量 | Stock Change | -223.89 | -223.89 |
| **二.加工转换投入(-)产出(+)量** | **Input(-) & Output(+) of Transformation** | **-3119.78** | **-28609.02** |
| 1.火力发电 | Thermal Power | 0.00 | -24413.66 |
| 2.供　　热 | Heating Supply | 0.00 | -1075.58 |
| 3.洗 选 煤 | Coal Washing | -1596.13 | -1596.13 |
| 4.炼　　焦 | Coking | -919.43 | -919.43 |
| 5.炼　　油 | Petroleum Refineries | -548.96 | -548.96 |
| 6.制　　气 | Gas Works | 13.44 | 13.44 |
| #焦炭再投入量(-) | Coke Input (-) | -46.19 | -46.19 |
| 7.煤制品加工 | Briquettes | -22.51 | -22.51 |
| **三.损 失 量** | **Loss** | **3472.47** | **1316.27** |
| **四.终端消费量** | **Total Final Consumption** | **128599.60** | **99739.26** |
| 1.农、林、牧、渔、水利业 | Farming, Forestry, Animal Husbandry, Fishery & Water Conservancy | 3688.79 | 2413.85 |
| 2.工　　业 | Industry | 90565.69 | 69490.78 |
| #用作原料.材料 | Non-Energy Use | 6349.41 | 6349.39 |
| 3.建 筑 业 | Construction | 1982.30 | 1558.47 |
| 4.交通运输、仓储及邮电通迅业 | Transport, Storage, Postal & Telecommunications Services | 9703.14 | 8980.12 |
| 5.批发和零售贸易业.餐饮业 | Wholesale, Retail Trade and Catering Service | 2726.06 | 1890.04 |
| 6.生活消费 | Residential Consumption | 14672.23 | 11545.34 |
| 城 镇 | Urban | 8635.91 | 6375.27 |
| 乡 村 | Rural | 6036.31 | 5170.07 |
| 7.其他 | Other | 5261.39 | 3860.66 |
| **五.平衡差额** | **Statistical Difference** | **-1968.43** | **-1968.43** |
| **六.消费量合计** | **Total Final Consumption** | **135191.85** | **129664.55** |

# ENERGY BALANCE OF CHINA -1996 (STANDARD QUANTITY)

(10 000 tce)

| 煤合计<br>Coal Total | 原煤<br>Raw Coal | 洗精煤<br>Cleaned Coal | 其他洗煤<br>Other Washed Coal | 型煤<br>Briquettes | 焦炭<br>Coke | 焦炉煤气<br>Coke Oven Gas | 其他煤气<br>Other Gas | 其他焦化产品<br>Other Coking Products | 油品合计<br>Petroleum Products Total |
|---|---|---|---|---|---|---|---|---|---|
| **97018.79** | **97830.20** | **-810.58** | **-0.83** | | **-837.55** | | **865.55** | **-6.60** | **25289.36** |
| 99766.24 | 99766.24 | | | | | | | | 22476.72 |
| | | | | | | | | | |
| | | | | | | | | | |
| | | | | | | | 865.55 | | |
| 229.76 | 229.76 | | | | 0.14 | | | 28.84 | 6099.25 |
| | | | | | | | | | 474.85 |
| -2745.08 | -2071.30 | -673.79 | | | -746.57 | | | -35.44 | -3708.44 |
| | | | | | | | | | -152.37 |
| -232.12 | -94.50 | -136.79 | -0.83 | | -91.12 | | | | 99.35 |
| **-54946.83** | **-59202.13** | **1412.14** | **2218.97** | **624.19** | **13020.83** | **1223.76** | **207.15** | **378.42** | **-2951.22** |
| -33061.82 | -32285.28 | -94.88 | -681.66 | | | -66.01 | -132.25 | | -1776.78 |
| -4272.88 | -4056.49 | -129.79 | -86.61 | | | -43.08 | -50.75 | | -588.93 |
| -1596.13 | -17261.34 | 12661.63 | 3003.57 | | | | | | |
| -15512.77 | -4747.92 | -10762.62 | -2.22 | | 12908.33 | 1283.08 | 31.35 | 370.58 | |
| | | | | | | | | | -504.57 |
| -480.71 | -211.47 | -262.20 | -7.04 | | 158.69 | 49.77 | 358.80 | 7.84 | -80.94 |
| | | | | | -46.19 | | | | |
| -22.51 | -639.63 | | -7.07 | 624.19 | | | | | |
| | | | | | | | | | **236.91** |
| **45152.46** | **41818.67** | **977.49** | **1736.06** | **620.24** | **11349.32** | **1221.25** | **1030.94** | **371.82** | **22070.51** |
| 918.49 | 890.89 | 9.63 | 17.97 | | 70.96 | | | | 857.36 |
| 33169.53 | 30969.43 | 958.40 | 1241.70 | | 11086.28 | 1024.07 | 860.30 | 371.82 | 8838.32 |
| 1204.48 | 1183.54 | 18.48 | 2.47 | | 928.17 | 19.72 | | | 3556.45 |
| 480.36 | 474.29 | 0.72 | 5.35 | | 15.25 | 0.36 | | | 850.39 |
| 1181.05 | 1165.16 | 5.99 | 9.90 | | 6.38 | | 0.03 | | 7438.64 |
| 1153.36 | 1137.90 | 1.87 | 9.33 | 4.26 | 30.06 | 5.50 | 0.27 | | 297.23 |
| 7223.77 | 6179.95 | | 429.06 | 614.76 | 124.07 | 144.52 | 161.34 | | 1734.48 |
| 2789.57 | 2189.34 | | 212.26 | 387.98 | 62.43 | 144.52 | 155.70 | | 1448.65 |
| 4434.20 | 3990.61 | | 216.80 | 226.79 | 61.64 | | 5.64 | | 285.84 |
| 1025.90 | 1001.06 | 0.87 | 22.75 | 1.22 | 16.32 | 46.80 | 9.00 | | 2054.09 |
| **-3080.50** | **-3190.60** | **-375.93** | **482.08** | **3.95** | **833.96** | **2.51** | **41.77** | | **30.72** |

# 续表

单位:万吨标准煤

| 项　目 | Item | 原油 Crude Oil | 汽油 Gasoline |
|---|---|---|---|
| **一.可供本地区消费的能源量** | **Total Primary Energy Supply** | **22755.43** | **-147.60** |
| 1.一次能源生产量 | Indigenous Production | 22476.72 | |
| 水电 | Hydro Power | | |
| 核电 | Nuclear Power | | |
| 2.回收能 | Recovery of Energy | | |
| 3.进 口 量 | Import | 3231.05 | 11.65 |
| 4.我轮、机在外国加油量 | China Airplanes&Ships Refueling in Abroad | | |
| 5.出 口 量(-) | Export (-) | -2914.70 | -193.34 |
| 6.外轮、机在我国加油量(-) | Foreign Airplanes&Ships Refueling in China | | -11.95 |
| 7.库存增(-)、减(+)量 | Stock Change | -37.64 | 46.04 |
| **二.加工转换投入(-)产出(+)量** | **Input(-) & Output(+) of Transformation** | **-21705.84** | **4816.43** |
| 1.火力发电 | Thermal Power | -97.36 | -1.12 |
| 2.供　热 | Heating Supply | -15.39 | |
| 3.洗 选 煤 | Coal Washing | | |
| 4.炼　焦 | Coking | | |
| 5.炼　油 | Petroleum Refineries | -21593.09 | 4817.55 |
| 6.制　气 | Gas Works | | |
| #焦炭再投入量(-) | Coke Input (-) | | |
| 7.煤制品加工 | Briquettes | | |
| **三.损 失 量** | **Loss** | **234.46** | |
| **四.终端消费量** | **Total Final Consumption** | **721.49** | **4657.15** |
| 1.农、林、牧、渔、水利业 | Farming, Forestry, Animal Husbandry, Fishery & Water Conservancy | 16.10 | 97.30 |
| 2.工　业 | Industry | 663.83 | 728.14 |
| #用作原料.材料 | Non-Energy Use | 40.12 | 20.76 |
| 3.建 筑 业 | Construction | 3.75 | 156.21 |
| 4.交通运输、仓储及邮电通迅业 | Transport, Storage, Postal & Telecommunications Services | 35.43 | 2341.14 |
| 5.批发和零售贸易业.餐饮业 | Wholesale, Retail Trade and Catering Service | 0.62 | 89.40 |
| 6.生活消费 | Residential Consumption | | 263.96 |
| 城 镇 | Urban | | 223.84 |
| 乡 村 | Rural | | 40.12 |
| 7.其他 | Other | 1.76 | 980.99 |
| **五.平衡差额** | **Statistical Difference** | **93.64** | **11.68** |
| **六.消费量合计** | **Total Final Consumption** | | |

Continued

(10 000 tce)

| 煤油<br>Kerosene | 柴油<br>Diesel Oil | 燃料油<br>Fuel Oil | 液化石油气<br>LPG | 炼厂干气<br>Refinery Gas | 其他石油制品<br>Other Petroleum Products | 天然气<br>Natural Gas | 热力<br>Heat | 电力<br>Electricity | 其他能源<br>Other Energy |
|---|---|---|---|---|---|---|---|---|---|
| **-0.75** | **549.10** | **1608.22** | **539.15** | | **-14.19** | **2675.16** | | **4928.54** | **249.18** |
| | | | | | | 2675.16 | | 2486.32 | |
| | | | | | | | | 2310.10 | |
| | | | | | | | | 176.21 | |
| | | | | | | | | | 249.18 |
| 96.99 | 674.45 | 1338.48 | 607.10 | | 139.52 | | | 1.52 | |
| 51.70 | 68.15 | 355.00 | | | | | | | |
| -109.41 | -228.29 | -52.00 | -56.99 | | -153.70 | | | -45.62 | |
| -41.20 | -50.69 | -48.54 | | | | | | | |
| 1.16 | 85.48 | 15.28 | -10.96 | | | | | | |
| **785.70** | **6013.20** | **1778.58** | **1020.78** | **561.47** | **3778.47** | **-97.80** | **3915.71** | **10787.09** | **-146.13** |
| | -368.97 | -1265.38 | -6.86 | -37.08 | | -94.28 | | 10787.09 | -69.62 |
| | -43.50 | -424.22 | -5.31 | -100.52 | | -3.52 | 3915.71 | | -32.12 |
| | | | | | | | | | |
| | | | | | | | | | |
| 785.70 | 6425.67 | 3549.13 | 1032.95 | 699.07 | 3778.47 | | | | -44.39 |
| | | -80.94 | | | | | | | |
| | | | | | | | | | |
| | | | | | | | | | |
| | | | **2.46** | | | **75.56** | **58.14** | **945.65** | |
| **810.70** | **6602.20** | **3380.09** | **1574.70** | **559.95** | **3764.23** | **2298.69** | **3857.56** | **12283.66** | **103.05** |
| 2.45 | 741.11 | 0.40 | | | | 3.07 | 0.74 | 563.24 | |
| 62.86 | 1212.46 | 1996.69 | 280.77 | 559.95 | 3333.62 | 1953.40 | 3155.05 | 8928.96 | 103.05 |
| 1.74 | 3.78 | 106.37 | 12.51 | 37.56 | 3333.62 | 640.47 | 0.09 | | |
| 7.31 | 232.02 | 19.76 | 0.73 | | 430.61 | 20.12 | 5.37 | 186.61 | |
| 436.16 | 3286.64 | 1336.62 | 2.66 | | | 16.26 | 20.83 | 316.93 | |
| 12.08 | 131.21 | 6.07 | 57.84 | | | 12.66 | 24.55 | 366.41 | |
| 94.39 | 158.51 | | 1217.62 | | | 276.13 | 568.40 | 1312.62 | |
| 9.47 | 119.70 | | 1095.63 | | | 276.13 | 568.40 | 929.87 | |
| 84.92 | 38.81 | | 121.99 | | | | | 382.75 | |
| 195.44 | 840.24 | 20.56 | 15.09 | | | 17.06 | 82.61 | 608.88 | |
| **-25.75** | **-39.90** | **6.71** | **-17.24** | **1.52** | **0.06** | **203.11** | | **2486.32** | |

# 5-15 中国能源平衡表(标准量) -1997

单位:万吨标准煤

| 项目 | Item | 能源合计 Energy Total (发电煤耗计算法) (coal equivalent calculation) | 能源合计 Energy Total (电热当量计算法) (calorific value calculation) |
|---|---|---|---|
| **一.可供本地区消费的能源量** | **Total Primary Energy Supply** | **135873.78** | **130047.11** |
| 1.一次能源生产量 | Indigenous Production | 133460.37 | 127430.85 |
| 水电 | Hydro Power | | |
| 核电 | Nuclear Power | | |
| 2.回收能 | Recovery of Energy | 1387.06 | 1387.06 |
| 3.进口量 | Import | 9351.50 | 9348.96 |
| 4.我轮、机在外国加油量 | China Airplanes&Ships Refueling in Abroad | 380.77 | 380.77 |
| 5.出口量(-) | Export (-) | -7513.46 | -7308.07 |
| 6.外轮、机在我国加油量(-) | Foreign Airplanes&Ships Refueling in China | -149.50 | -149.50 |
| 7.库存增(-)、减(+)量 | Stock Change | -1042.96 | -1042.96 |
| **二.加工转换投入(-)产出(+)量** | **Input(-) & Output(+) of Transformation** | **-3123.98** | **-30573.77** |
| 1.火力发电 | Thermal Power | 0.00 | -26345.57 |
| 2.供热 | Heating Supply | 0.00 | -1104.22 |
| 3.洗选煤 | Coal Washing | -1347.55 | -1347.55 |
| 4.炼焦 | Coking | -928.72 | -928.72 |
| 5.炼油 | Petroleum Refineries | -626.42 | -626.42 |
| 6.制气 | Gas Works | -124.76 | -124.76 |
| #焦炭再投入量(-) | Coke Input (-) | -75.87 | -75.87 |
| 7.煤制品加工 | Briquettes | -20.66 | -20.66 |
| **三.损失量** | **Loss** | **3672.07** | **1380.23** |
| **四.终端消费量** | **Total Final Consumption** | **129112.94** | **98128.34** |
| 1.农、林、牧、渔、水利业 | Farming, Forestry, Animal Husbandry, Fishery & Water Conservancy | 3692.86 | 2381.54 |
| 2.工业 | Industry | 90921.78 | 68457.25 |
| #用作原料.材料 | Non-Energy Use | 7022.43 | 6941.66 |
| 3.建筑业 | Construction | 2032.71 | 1581.99 |
| 4.交通运输、仓储及邮电通迅业 | Transport, Storage, Postal & Telecommunications Services | 9758.81 | 8994.99 |
| 5.批发和零售贸易业.餐饮业 | Wholesale, Retail Trade and Catering Service | 2746.87 | 1840.27 |
| 6.生活消费 | Residential Consumption | 14677.15 | 11064.09 |
| 城镇 | Urban | 8676.04 | 6199.97 |
| 乡村 | Rural | 6001.11 | 4864.11 |
| 7.其他 | Other | 5282.75 | 3808.22 |
| **五.平衡差额** | **Statistical Difference** | **-35.22** | **-35.22** |
| **六.消费量合计** | **Total Final Consumption** | **135909.00** | **130082.34** |

# ENERGY BALANCE OF CHINA -1997 (STANDARD QUANTITY)

(10 000 tce)

| 煤合计 Coal Total | 原煤 Raw Coal | 洗精煤 Cleaned Coal | 其他洗煤 Other Washed Coal | 型煤 Briquettes | 焦炭 Coke | 焦炉煤气 Coke Oven Gas | 其他煤气 Other Gas | 其他焦化产品 Other Coking Products | 油品合计 Petroleum Products Total |
|---|---|---|---|---|---|---|---|---|---|
| **96554.11** | **97162.14** | **-493.87** | **-117.55** | **3.39** | **-990.97** | | **920.26** | **5.97** | **27826.18** |
| 99111.36 | 99111.36 | | | | | | | | 22963.52 |
| | | | | | | | | | |
| | | | | | | | | | |
| | | | | | | | 920.26 | | |
| 151.17 | 115.35 | 35.82 | | | 0.13 | | | 34.97 | 9161.61 |
| | | | | | | | | | 380.77 |
| -2280.50 | -1866.42 | -414.07 | | | -1027.81 | | | -29.00 | -3878.46 |
| | | | | | | | | | -149.50 |
| -427.92 | -198.15 | -115.61 | -117.55 | 3.39 | 36.71 | | | | -651.74 |
| **-56687.32** | **-61384.79** | **1516.92** | **2572.35** | **608.21** | **12701.03** | **1324.05** | **438.87** | **330.41** | **-3534.78** |
| -34754.08 | -33957.05 | -97.48 | -699.55 | | | -74.73 | -88.72 | | -2398.44 |
| -4450.11 | -4253.39 | -106.59 | -90.14 | | | -60.64 | -37.33 | | -517.44 |
| -1347.55 | -17592.58 | 12842.79 | 3402.23 | | | | | | |
| -15513.27 | -4763.51 | -10731.44 | -18.32 | | 12606.97 | 1428.21 | 244.18 | 305.18 | |
| | | | | | | | | | -548.69 |
| -601.64 | -205.13 | -390.37 | -6.14 | | 169.92 | 31.21 | 320.73 | 25.24 | -70.22 |
| | | | | | -75.87 | | | | |
| -20.66 | -613.13 | | -15.73 | 608.21 | | | | | |
| **2.820324** | | | **2.82** | | | | | | **272.04** |
| **41644.25** | **37917.23** | **943.25** | **2172.46** | **611.30** | **10483.84** | **1330.02** | **1358.05** | **336.38** | **23863.33** |
| 858.18 | 835.74 | 8.16 | 14.27 | | 69.22 | | | | 887.26 |
| 31112.43 | 28472.00 | 933.31 | 1704.60 | 2.51 | 10205.72 | 1054.95 | 1142.98 | 336.38 | 10092.29 |
| 890.35 | 878.26 | 10.19 | 1.90 | | 858.14 | | | | 4472.99 |
| 412.95 | 407.05 | 0.63 | 5.27 | | 16.99 | | | | 951.41 |
| 1017.17 | 1012.03 | 0.75 | 4.39 | | 6.28 | 0.48 | 0.06 | | 7608.54 |
| 1038.44 | 1028.84 | 0.22 | 4.62 | 4.77 | 34.19 | 15.16 | 3.39 | | 320.17 |
| 6322.54 | 5305.77 | | 414.21 | 602.55 | 132.82 | 239.21 | 202.29 | | 1858.25 |
| 2333.46 | 1758.99 | | 199.85 | 374.62 | 65.17 | 239.21 | 199.77 | | 1543.53 |
| 3989.08 | 3546.78 | | 214.37 | 227.93 | 67.65 | | 2.52 | | 314.72 |
| 882.54 | 855.80 | 0.19 | 25.08 | 1.46 | 18.60 | 20.23 | 9.33 | | 2145.41 |
| **-1780.27** | **-2139.88** | **79.80** | **279.52** | **0.30** | **1226.22** | **-5.97** | **1.07** | | **156.04** |

续表

单位:万吨标准煤

| 项　目 | Item | 原油 Crude Oil | 汽油 Gasoline |
|---|---|---|---|
| **一.可供本地区消费的能源量** | **Total Primary Energy Supply** | **24998.41** | **-343.98** |
| 1.一次能源生产量 | Indigenous Production | 22963.52 | |
| 水电 | Hydro Power | | |
| 核电 | Nuclear Power | | |
| 2.回收能 | Recovery of Energy | | |
| 3.进 口 量 | Import | 5067.20 | 12.40 |
| 4.我轮、机在外国加油量 | China Airplanes&Ships Refueling in Abroad | | |
| 5.出 口 量(-) | Export (-) | -2832.76 | -262.26 |
| 6.外轮、机在我国加油量(-) | Foreign Airplanes&Ships Refueling in China | | -11.27 |
| 7.库存增(-)、减(+)量 | Stock Change | -199.55 | -82.85 |
| **二.加工转换投入(-)产出(+)量** | **Input(-) & Output(+) of Transformation** | **-23838.23** | **5174.90** |
| 1.火力发电 | Thermal Power | -91.86 | -1.22 |
| 2.供　热 | Heating Supply | -21.23 | |
| 3.洗 选 煤 | Coal Washing | | |
| 4.炼　焦 | Coking | | |
| 5.炼　油 | Petroleum Refineries | -23725.15 | 5176.12 |
| 6.制　气 | Gas Works | | |
| #焦炭再投入量(-) | Coke Input (-) | | |
| 7.煤制品加工 | Briquettes | | |
| **三.损 失 量** | **Loss** | **269.09** | |
| **四.终端消费量** | **Total Final Consumption** | **703.44** | **4772.08** |
| 1.农、林、牧、渔、水利业 | Farming, Forestry, Animal Husbandry, Fishery & Water Conservancy | | 108.08 |
| 2.工　业 | Industry | 672.87 | 768.39 |
| #用作原料.材料 | Non-Energy Use | 68.83 | 10.31 |
| 3.建 筑 业 | Construction | 4.26 | 158.44 |
| 4.交通运输、仓储及邮电通迅业 | Transport, Storage, Postal & Telecommunications Services | 23.81 | 2329.46 |
| 5.批发和零售贸易业.餐饮业 | Wholesale, Retail Trade and Catering Service | 0.49 | 98.13 |
| 6.生活消费 | Residential Consumption | | 285.78 |
| 城 镇 | Urban | | 238.47 |
| 乡 村 | Rural | | 47.31 |
| 7.其他 | Other | 2.01 | 1023.80 |
| **五.平衡差额** | **Statistical Difference** | **187.65** | **58.84** |
| **六.消费量合计** | **Total Final Consumption** | | |

Continued

(10 000 tce)

| 煤油<br>Kerosene | 柴油<br>Diesel Oil | 燃料油<br>Fuel Oil | 液化石油气<br>LPG | 炼厂干气<br>Refinery Gas | 其他石油制品<br>Other Petroleum Products | 天然气<br>Natural Gas | 热力<br>Heat | 电力<br>Electricity | 其他能源<br>Other Energy |
|---|---|---|---|---|---|---|---|---|---|
| **156.91** | **476.44** | **1960.44** | **551.95** | | **26.01** | **2753.06** | | **5097.54** | **466.80** |
| | | | | | | 2756.83 | | 2599.15 | |
| | | | | | | | | 2408.63 | |
| | | | | | | | | 177.20 | |
| | | | | | | | | | 466.80 |
| 203.16 | 1082.32 | 1958.70 | 614.13 | | 223.70 | | | 1.09 | |
| 117.73 | 69.12 | 193.92 | | | | | | | |
| -106.38 | -338.24 | -73.90 | -67.23 | | -197.69 | -3.76 | | -88.54 | |
| -38.98 | -42.81 | -56.44 | | | | | | | |
| -18.61 | -293.96 | -61.83 | 5.06 | | | | | | |
| **849.01** | **6094.25** | **1630.02** | **1143.04** | **722.47** | **4689.77** | **-266.05** | **4009.12** | **11356.82** | **-245.92** |
| | -1076.88 | -1198.81 | -1.99 | -27.67 | | -258.40 | | 11356.82 | -128.02 |
| | -4.28 | -402.79 | | -89.13 | | -7.65 | 4009.12 | | -40.17 |
| | | | | | | | | | |
| | | | | | | | | | |
| 849.01 | 7175.42 | 3301.84 | 1145.03 | 839.27 | 4689.77 | | | | -77.73 |
| | | -70.22 | | | | | | | |
| | | | | | | | | | |
| | | | | | | | | | |
| | | | **2.95** | | | **67.39** | **56.77** | **981.21** | |
| **1003.07** | **6610.14** | **3603.71** | **1726.03** | **729.46** | **4715.41** | **2051.92** | **3952.35** | **12887.32** | **220.88** |
| 2.03 | 776.61 | 0.54 | | | | | 1.82 | 565.06 | |
| 68.64 | 1367.31 | 1994.10 | 309.47 | 729.46 | 4182.05 | 1760.25 | 3231.18 | 9300.19 | 220.88 |
| 1.54 | 9.68 | 122.25 | 16.51 | 61.82 | 4182.05 | 464.47 | | 34.82 | 220.88 |
| 6.22 | 212.75 | 27.44 | 8.93 | | 533.36 | 0.12 | 7.06 | 193.46 | |
| 618.14 | 3088.37 | 1546.07 | 2.69 | | | 14.69 | 21.00 | 326.77 | |
| 13.21 | 125.92 | 8.91 | 73.51 | | | 12.02 | 29.60 | 387.29 | |
| 92.20 | 173.66 | | 1306.62 | | | 257.67 | 560.34 | 1490.96 | |
| 7.34 | 125.91 | | 1171.81 | | | 257.67 | 560.32 | 1000.84 | |
| 84.86 | 47.75 | | 134.81 | | | | 0.02 | 490.13 | |
| 202.63 | 865.52 | 26.64 | 24.81 | | | 7.16 | 101.35 | 623.59 | |
| **2.85** | **-39.45** | **-13.26** | **-33.98** | **-6.99** | **0.37** | **367.69** | | **2585.83** | |

# 5-16 中国能源平衡表(标准量) -1998

单位:万吨标准煤

| 项　目 | Item | 能源合计 Energy Total | |
|---|---|---|---|
| | | (发电煤耗计算法) (coal equivalent calculation) | (电热当量计算法) (calorific value calculation) |
| **一.可供本地区消费的能源量** | **Total Primary Energy Supply** | **134040.91** | **128117.19** |
| 1.一次能源生产量 | Indigenous Production | 129833.70 | 123713.47 |
| 水电 | Hydro Power | 8267.44 | 2556.32 |
| 核电 | Nuclear Power | 560.44 | 173.29 |
| 2.回收能 | Recovery of Energy | 1918.58 | 1918.58 |
| 3.进 口 量 | Import | 8006.96 | 8006.50 |
| 4.我轮、机在外国加油量 | China Airplanes&Ships Refueling in Abroad | 389.62 | 389.62 |
| 5.出 口 量(-) | Export (-) | -7020.40 | -6823.42 |
| 6.外轮、机在我国加油量(-) | Foreign Airplanes&Ships Refueling in China | -122.26 | -122.26 |
| 7.库存增(-)、减(+)量 | Stock Change | 1034.71 | 1034.71 |
| **二.加工转换投入(-)产出(+)量** | **Input(-) & Output(+) of Transformation** | **-2875.70** | **-29907.09** |
| 1.火力发电 | Thermal Power | 0.00 | -25922.43 |
| 2.供　热 | Heating Supply | 0.00 | -1108.96 |
| 3.洗 选 煤 | Coal Washing | -1117.41 | -1117.41 |
| 4.炼　焦 | Coking | -684.24 | -684.24 |
| 5.炼　油 | Petroleum Refineries | -862.58 | -862.58 |
| 6.制　气 | Gas Works | -136.07 | -136.07 |
| #焦炭再投入量(-) | Coke Input (-) | -67.70 | -67.70 |
| 7.煤制品加工 | Briquettes | -7.70 | -7.70 |
| **三.损 失 量** | **Loss** | **3537.52** | **1356.49** |
| **四.终端消费量** | **Total Final Consumption** | **129770.70** | **98996.77** |
| 1.农、林、牧、渔、水利业 | Farming, Forestry, Animal Husbandry, Fishery & Water Conservancy | 3685.75 | 2385.35 |
| 2.工　业 | Industry | 91252.17 | 69197.91 |
| #用作原料.材料 | Non-Energy Use | 6073.27 | 6073.27 |
| 3.建 筑 业 | Construction | 2106.79 | 1641.79 |
| 4.交通运输、仓储及邮电通迅业 | Transport, Storage, Postal & Telecommunications Services | 9854.46 | 9090.97 |
| 5.批发和零售贸易业.餐饮业 | Wholesale, Retail Trade and Catering Service | 2778.78 | 1856.58 |
| 6.生活消费 | Residential Consumption | 14779.82 | 11062.17 |
| 城 镇 | Urban | 8815.16 | 6272.68 |
| 乡 村 | Rural | 5964.66 | 4789.49 |
| 7.其他 | Other | 5312.94 | 3761.99 |
| **五.平衡差额** | **Statistical Difference** | **-2143.02** | **-2143.16** |
| **六.消费量合计** | **Total Final Consumption** | **136183.93** | **130260.35** |

# ENERGY BALANCE OF CHINA -1998 (STANDARD QUANTITY)

(10 000 tce)

| 煤合计 Coal Total | 原煤 Raw Coal | 洗精煤 Cleaned Coal | 其他洗煤 Other Washed Coal | 型煤 Briquettes | 焦炭 Coke | 焦炉煤气 Coke Oven Gas | 其他煤气 Other Gas | 其他焦化产品 Other Coking Products | 油品合计 Petroleum Products Total |
|---|---|---|---|---|---|---|---|---|---|
| **93569.15** | **94009.43** | **-394.84** | **-45.62** | **0.18** | **-1104.20** | | **1404.86** | **2.13** | **28265.84** |
| 95146.80 | 95146.80 | | | | | | | | 23000.46 |
| | | | | | | | | | |
| | | | | | | | | | |
| | | | | | | | 1404.86 | | 12.57 |
| 115.22 | 105.93 | 9.29 | | | | | | 36.48 | 7854.59 |
| | | | | | | | | | 389.62 |
| -2397.15 | -1960.16 | -436.99 | | | -1113.61 | | | -34.34 | -3190.15 |
| | | | | | | | | | -122.26 |
| 704.28 | 716.86 | 32.86 | -45.62 | 0.18 | 9.41 | | | | 321.02 |
| **-54906.00** | **-58486.50** | **1251.64** | **1768.13** | **560.72** | **11420.07** | **1277.56** | **60.41** | **193.10** | **-3278.01** |
| -35124.63 | -34241.84 | -162.96 | -719.82 | | | -76.30 | -144.88 | | -1868.58 |
| -4480.84 | -4335.79 | -33.11 | -111.94 | | | -43.31 | -122.37 | | -663.34 |
| -1117.41 | -15445.10 | 11702.86 | 2624.83 | | | | | | |
| -13601.47 | -3709.57 | -9886.99 | -4.90 | | 11397.33 | 1321.42 | 31.10 | 167.37 | |
| | | | | | | | | | -695.51 |
| -573.96 | -196.32 | -368.15 | -9.48 | | 90.44 | 75.74 | 296.56 | 25.73 | -50.59 |
| | | | | | -67.70 | | | | |
| -7.70 | -557.87 | | -10.56 | 560.72 | | | | | |
| | | | | | | | | | **282.05** |
| **41325.21** | **38221.31** | **819.98** | **1731.80** | **552.11** | **10038.35** | **1277.56** | **1482.44** | **195.23** | **24814.74** |
| 807.51 | 789.97 | 6.85 | 10.42 | 0.27 | 67.03 | | | | 927.62 |
| 31437.26 | 29338.99 | 809.61 | 1286.18 | 2.47 | 9767.07 | 1027.92 | 1230.36 | 195.23 | 10635.70 |
| 2043.85 | 1948.11 | 41.61 | 54.02 | 0.10 | 601.55 | 11.72 | | 49.69 | 2622.74 |
| 412.91 | 407.29 | 0.06 | 5.55 | | 17.29 | 0.06 | | | 997.09 |
| 808.33 | 796.60 | 3.10 | 8.63 | | 9.09 | | | | 7881.21 |
| 1012.62 | 1001.93 | 0.10 | 6.42 | 4.17 | 34.22 | 10.49 | 5.63 | | 326.24 |
| 5979.33 | 5050.53 | 0.26 | 384.82 | 543.72 | 132.36 | 216.41 | 241.36 | | 1970.82 |
| 2118.46 | 1601.60 | 0.26 | 185.99 | 330.61 | 64.92 | 216.41 | 238.87 | | 1638.15 |
| 3860.86 | 3448.93 | | 198.83 | 213.10 | 67.44 | | 2.50 | | 332.68 |
| 867.26 | 836.00 | 0.01 | 29.77 | 1.48 | 11.29 | 22.68 | 5.08 | | 2076.06 |
| **-2662.06** | **-2698.38** | **36.81** | **-9.29** | **8.80** | **277.52** | | **-17.17** | | **-108.96** |

## 续表

单位:万吨标准煤

| 项　目 | Item | 原油 Crude Oil | 汽油 Gasoline |
|---|---|---|---|
| **一.可供本地区消费的能源量** | **Total Primary Energy Supply** | **24736.05** | **-272.30** |
| 1.一次能源生产量 | Indigenous Production | 23000.46 | |
| 水电 | Hydro Power | | |
| 核电 | Nuclear Power | | |
| 2.回收能 | Recovery of Energy | | |
| 3.进 口 量 | Import | 3902.94 | 2.19 |
| 4.我轮、机在外国加油量 | China Airplanes&Ships Refueling in Abroad | | |
| 5.出 口 量(−) | Export (-) | -2228.62 | -267.74 |
| 6.外轮、机在我国加油量(−) | Foreign Airplanes&Ships Refueling in China | | -18.47 |
| 7.库存增(−)、减(+)量 | Stock Change | 61.27 | 11.71 |
| **二.加工转换投入(−)产出(+)量** | **Input(-) & Output(+) of Transformation** | **-23830.02** | **5150.31** |
| 1.火力发电 | Thermal Power | -106.24 | -1.10 |
| 2.供　热 | Heating Supply | -34.99 | |
| 3.洗 选 煤 | Coal Washing | | |
| 4.炼　焦 | Coking | | |
| 5.炼　油 | Petroleum Refineries | -23688.79 | 5151.42 |
| 6.制　气 | Gas Works | | |
| #焦炭再投入量(−) | Coke Input (-) | | |
| 7.煤制品加工 | Briquettes | | |
| **三.损 失 量** | **Loss** | **279.98** | |
| **四.终端消费量** | **Total Final Consumption** | **686.66** | **4864.57** |
| 1.农、林、牧、渔、水利业 | Farming, Forestry, Animal Husbandry, Fishery & Water Conservancy | | 118.88 |
| 2.工　业 | Industry | 650.58 | 848.64 |
| #用作原料.材料 | Non-Energy Use | 86.53 | 27.24 |
| 3.建 筑 业 | Construction | 3.16 | 165.66 |
| 4.交通运输、仓储及邮电通讯业 | Transport, Storage, Postal & Telecommunications Services | 30.47 | 2283.04 |
| 5.批发和零售贸易业.餐饮业 | Wholesale, Retail Trade and Catering Service | 0.34 | 105.25 |
| 6.生活消费 | Residential Consumption | | 304.68 |
| 城 镇 | Urban | | 253.15 |
| 乡 村 | Rural | | 51.53 |
| 7.其他 | Other | 2.10 | 1038.41 |
| **五.平衡差额** | **Statistical Difference** | **-60.60** | **13.45** |
| **六.消费量合计** | **Total Final Consumption** | | |

Continued

(10 000 tce)

| 煤油<br>Kerosene | 柴油<br>Diesel Oil | 燃料油<br>Fuel Oil | 液化石油气<br>LPG | 炼厂干气<br>Refinery Gas | 其他石油制品<br>Other Petroleum Products | 天然气<br>Natural Gas | 热力<br>Heat | 电力<br>Electricity | 其他能源<br>Other Energy |
|---|---|---|---|---|---|---|---|---|---|
| **124.85** | **534.17** | **2469.09** | **689.17** | | **-15.19** | **2826.77** | | **2651.48** | **501.15** |
| | | | | | | 2826.77 | | 2739.44 | |
| | | | | | | | | 2556.32 | |
| | | | | | | | | 173.29 | |
| | | | 12.5712 | | | | | | 501.15 |
| 189.93 | 444.02 | 2324.56 | 748.91 | | 242.04 | | | 0.21 | |
| 86.75 | 29.84 | 273.02 | | | | | | | |
| -134.84 | -140.69 | -82.12 | -78.93 | | -257.23 | | | -88.17 | |
| -52.85 | -28.97 | -21.97 | | | | | | | |
| 35.86 | 229.96 | -24.40 | 6.62 | | | | | | |
| **906.59** | **6705.53** | **1040.34** | **1169.77** | **672.50** | **4906.98** | **-259.13** | **4333.01** | **11602.99** | **-351.09** |
| | -291.26 | -1419.73 | -4.71 | -45.52 | | -194.90 | | 11602.99 | -116.14 |
| | | -490.02 | | -138.33 | | -64.24 | 4333.01 | | -67.88 |
| | | | | | | | | | |
| | | | | | | | | | |
| 906.59 | 6996.80 | 3000.67 | 1174.48 | 856.35 | 4906.98 | | | | -167.07 |
| | | -50.59 | | | | | | | |
| | | | | | | | | | |
| | | | | | | | | | |
| | | | **2.07** | | | **65.82** | **36.57** | **972.05** | |
| **1039.41** | **7294.16** | **3509.18** | **1856.86** | **672.10** | **4891.79** | **2134.86** | **4295.90** | **13282.42** | **150.06** |
| 2.37 | 805.92 | 0.46 | | | | | 1.27 | 581.92 | |
| 76.79 | 1460.27 | 2235.94 | 371.07 | 672.10 | 4320.29 | 1774.70 | 3510.14 | 9469.47 | 150.06 |
| 8.95 | 27.60 | 103.99 | 40.48 | 1.47 | 2326.47 | 593.67 | | | 150.05 |
| 5.08 | 219.09 | 23.67 | 8.93 | | 571.50 | 1.46 | 5.49 | 207.50 | |
| 626.07 | 3732.83 | 1207.97 | 0.83 | | | 27.44 | 26.15 | 338.75 | |
| 13.23 | 119.02 | 10.61 | 77.78 | | | 30.72 | 26.98 | 409.69 | |
| 107.52 | 208.43 | | 1350.19 | | | 292.89 | 638.05 | 1590.94 | |
| 15.79 | 149.20 | | 1220.00 | | | 292.89 | 638.05 | 1064.93 | |
| 91.73 | 59.23 | | 130.19 | | | | | 526.01 | |
| 208.36 | 748.60 | 30.53 | 48.05 | | | 7.65 | 87.82 | 684.15 | |
| **-7.97** | **-54.46** | **0.24** | | **0.39** | | **366.96** | **0.55** | | |

# 5-17 中国能源平衡表(标准量) -1999

单位:万吨标准煤

| 项目 | Item | 能源合计 Energy Total (发电煤耗计算法) (coal equivalent calculation) | 能源合计 Energy Total (电热当量计算法) (calorific value calculation) |
|---|---|---|---|
| **一.可供本地区消费的能源量** | **Total Primary Energy Supply** | **138065.29** | **132628.02** |
| 1.一次能源生产量 | Indigenous Production | 131934.70 | 126264.36 |
| 水电 | Hydro Power | 7634.59 | 2415.97 |
| 核电 | Nuclear Power | 580.58 | 183.72 |
| 2.回收能 | Recovery of Energy | 1693.52 | 1693.52 |
| 3.进 口 量 | Import | 9092.54 | 9082.82 |
| 4.我轮、机在外国加油量 | China Airplanes&Ships Refueling in Abroad | 421.14 | 421.14 |
| 5.出 口 量(-) | Export (-) | -6943.05 | -6700.25 |
| 6.外轮、机在我国加油量(-) | Foreign Airplanes&Ships Refueling in China | -107.55 | -107.55 |
| 7.库存增(-)、减(+)量 | Stock Change | 1973.98 | 1973.98 |
| **二.加工转换投入(-)产出(+)量** | **Input(-) & Output(+) of Transformation** | **-2328.60** | **-31551.36** |
| 1.火力发电 | Thermal Power | 0.00 | -27229.44 |
| 2.供 热 | Heating Supply | 0.00 | -1993.32 |
| 3.洗 选 煤 | Coal Washing | -850.42 | -850.42 |
| 4.炼 焦 | Coking | -533.00 | -533.00 |
| 5.炼 油 | Petroleum Refineries | -647.68 | -647.68 |
| 6.制 气 | Gas Works | -105.12 | -105.12 |
| #焦炭再投入量(-) | Coke Input (-) | -153.32 | -153.32 |
| 7.煤制品加工 | Briquettes | -39.06 | -39.06 |
| **三.损 失 量** | **Loss** | **3789.44** | **1476.38** |
| **四.终端消费量** | **Total Final Consumption** | **134450.71** | **102104.70** |
| 1.农、林、牧、渔、水利业 | Farming, Forestry, Animal Husbandry, Fishery & Water Conservancy | 3779.82 | 2424.42 |
| 2.工 业 | Industry | 94458.92 | 71129.87 |
| #用作原料.材料 | Non-Energy Use | 6163.89 | 6163.89 |
| 3.建 筑 业 | Construction | 2132.94 | 1713.29 |
| 4.交通运输、仓储及邮电通迅业 | Transport, Storage, Postal & Telecommunications Services | 10402.55 | 9635.52 |
| 5.批发和零售贸易业.餐饮业 | Wholesale, Retail Trade and Catering Service | 2878.53 | 1899.08 |
| 6.生活消费 | Residential Consumption | 15258.10 | 11347.23 |
| 城 镇 | Urban | 9100.51 | 6461.58 |
| 乡 村 | Rural | 6157.59 | 4885.64 |
| 7.其他 | Other | 5539.84 | 3955.30 |
| **五.平衡差额** | **Statistical Difference** | **-2503.47** | **-2504.41** |
| **六.消费量合计** | **Total Final Consumption** | **140568.75** | **135132.43** |

# ENERGY BALANCE OF CHINA -1999 (STANDARD QUANTITY)

(10 000 tce)

| 煤合计 Coal Total | 原煤 Raw Coal | 洗精煤 Cleaned Coal | 其他洗煤 Other Washed Coal | 型煤 Briquettes | 焦炭 Coke | 焦炉煤气 Coke Oven Gas | 其他煤气 Other Gas | 其他焦化产品 Other Coking Products | 油品合计 Petroleum Products Total |
|---|---|---|---|---|---|---|---|---|---|
| **96556.99** | **96894.65** | **-379.31** | **47.50** | **-5.85** | **-1071.55** | | **1080.73** | **-1.07** | **30059.65** |
| 97430.33 | 97430.33 | | | | | | | | 22857.60 |
| | | | | | | | | | |
| | | | | | | | | | |
| | | | | | | | 1080.67 | | 28.95 |
| 124.70 | 100.72 | 23.97 | | | | | | 31.85 | 8921.78 |
| | | | | | | | | | 421.14 |
| -2893.18 | -2414.30 | -478.79 | | -0.09 | -968.89 | | | -32.92 | -2243.71 |
| | | | | | | | | | -107.55 |
| 1895.14 | 1777.90 | 75.50 | 47.50 | -5.76 | -102.66 | | | | 181.44 |
| **-58663.97** | **-62275.91** | **1142.52** | **1930.19** | **539.24** | **11740.25** | **1265.68** | **203.67** | **209.16** | **-2923.08** |
| -37559.30 | -36862.69 | -82.07 | -614.54 | | | -57.01 | -188.74 | | -1765.23 |
| -5658.85 | -5573.56 | -5.24 | -80.05 | | | -47.36 | -96.97 | | -575.15 |
| -851.81 | -14817.51 | 11306.47 | 2659.23 | | | | | | |
| -13810.94 | -4043.69 | -9747.64 | -19.60 | | 11685.19 | 1354.63 | 42.15 | 194.86 | |
| | | | | | | | | | -536.27 |
| -744.01 | -408.56 | -328.99 | -6.46 | | 208.38 | 15.42 | 447.24 | 14.30 | -46.43 |
| | | | | | -153.32 | | | | |
| -39.06 | -569.90 | | -8.40 | 539.24 | | | | | |
| | | | | | | **15.55** | | | **266.20** |
| **40641.09** | **37139.37** | **951.63** | **1976.07** | **574.02** | **10324.96** | **1290.49** | **1283.02** | **215.12** | **26967.70** |
| 681.19 | 671.02 | | 9.89 | 0.27 | 70.01 | | | | 1044.70 |
| 31224.48 | 28730.85 | 944.02 | 1514.68 | 34.92 | 10041.42 | 1046.61 | 1036.73 | 215.12 | 11484.98 |
| 2021.34 | 1907.73 | 48.52 | 63.62 | 1.47 | 635.38 | 11.93 | | 54.75 | 2498.77 |
| 379.70 | 369.67 | 3.95 | 6.09 | | 16.61 | | | | 1110.03 |
| 649.19 | 635.83 | 3.47 | 9.75 | 0.15 | 9.85 | | 0.58 | | 8550.15 |
| 977.50 | 966.07 | 0.09 | 5.38 | 5.96 | 35.48 | 11.04 | 8.40 | | 344.23 |
| 5931.08 | 4999.59 | | 400.94 | 530.55 | 138.99 | 213.82 | 234.18 | | 2128.36 |
| 2080.97 | 1558.10 | | 188.19 | 334.68 | 68.00 | 213.82 | 231.79 | | 1755.05 |
| 3850.11 | 3441.49 | | 212.75 | 195.88 | 70.99 | | 2.39 | | 373.30 |
| 797.94 | 766.35 | 0.10 | 29.33 | 2.16 | 12.61 | 19.02 | 3.13 | | 2305.26 |
| **-2748.07** | **-2520.63** | **-188.42** | **1.63** | **-40.64** | **343.74** | **-40.36** | **1.38** | **-7.03** | **-97.33** |

## 续表

单位:万吨标准煤

| 项　目 | Item | 原油 Crude Oil | 汽油 Gasoline |
|---|---|---|---|
| **一.可供本地区消费的能源量** | **Total Primary Energy Supply** | **27068.03** | **-531.88** |
| 1.一次能源生产量 | Indigenous Production | 22857.60 | |
| 水电 | Hydro Power | | |
| 核电 | Nuclear Power | | |
| 2.回收能 | Recovery of Energy | | |
| 3.进 口 量 | Import | 5230.63 | 0.06 |
| 4.我轮、机在外国加油量 | China Airplanes&Ships Refueling in Abroad | | |
| 5.出 口 量(-) | Export (-) | -1023.92 | -608.91 |
| 6.外轮、机在我国加油量(-) | Foreign Airplanes&Ships Refueling in China | | -17.66 |
| 7.库存增(-)、减(+)量 | Stock Change | 3.71 | 94.63 |
| **二.加工转换投入(-)产出(+)量** | **Input(-) & Output(+) of Transformation** | **-26065.75** | **5503.29** |
| 1.火力发电 | Thermal Power | -114.52 | -1.34 |
| 2.供　热 | Heating Supply | -18.40 | -0.28 |
| 3.洗 选 煤 | Coal Washing | | |
| 4.炼　焦 | Coking | | |
| 5.炼　油 | Petroleum Refineries | -25932.83 | 5504.90 |
| 6.制　气 | Gas Works | | |
| #焦炭再投入量(-) | Coke Input (-) | | |
| 7.煤制品加工 | Briquettes | | |
| **三.损 失 量** | **Loss** | **263.41** | |
| **四.终端消费量** | **Total Final Consumption** | **742.03** | **4985.38** |
| 1.农、林、牧、渔、水利业 | Farming, Forestry, Animal Husbandry, Fishery & Water Conservancy | | 124.62 |
| 2.工　业 | Industry | 707.73 | 920.21 |
| #用作原料.材料 | Non-Energy Use | 94.13 | 29.54 |
| 3.建 筑 业 | Construction | 4.56 | 167.40 |
| 4.交通运输、仓储及邮电通迅业 | Transport, Storage, Postal & Telecommunications Services | 27.54 | 2218.16 |
| 5.批发和零售贸易业.餐饮业 | Wholesale, Retail Trade and Catering Service | 0.24 | 97.58 |
| 6.生活消费 | Residential Consumption | | 325.37 |
| 城 镇 | Urban | | 265.98 |
| 乡 村 | Rural | | 59.39 |
| 7.其他 | Other | 1.96 | 1132.02 |
| **五.平衡差额** | **Statistical Difference** | **-3.16** | **-13.98** |
| **六.消费量合计** | **Total Final Consumption** | | |

Continued

(10 000 tce)

| 煤油<br>Kerosene | 柴油<br>Diesel Oil | 燃料油<br>Fuel Oil | 液化石油气<br>LPG | 炼厂干气<br>Refinery Gas | 其他石油制品<br>Other Petroleum Products | 天然气<br>Natural Gas | 热力<br>Heat | 电力<br>Electricity | 其他能源<br>Other Energy |
|---|---|---|---|---|---|---|---|---|---|
| **154.20** | **46.13** | **2773.88** | **566.15** | | **-16.86** | **2902.19** | | **2517.19** | **583.90** |
| | | | | | | 3351.33 | | 2625.09 | |
| | | | | | | | | 2415.97 | |
| | | | | | | | | 183.72 | |
| | | | 28.954527 | | | | | | 583.90 |
| 310.74 | 44.97 | 2510.04 | 552.54 | | 272.80 | | | 4.50 | |
| 89.81 | 36.66 | 294.66 | | | | | | | |
| -183.88 | -88.11 | -36.37 | -12.86 | | -289.66 | -449.14 | | -112.40 | |
| -55.66 | -15.18 | -19.04 | | | | | | | |
| -6.81 | 67.80 | 24.60 | -2.49 | | | | | | |
| **1094.35** | **8680.12** | **1027.56** | **1396.76** | **807.75** | **4632.84** | **-293.27** | **4584.62** | **12605.90** | **-280.33** |
| | -313.98 | -1294.80 | -3.19 | -37.42 | | -168.64 | | 12605.90 | -96.42 |
| | | -430.39 | | -126.07 | | -124.62 | 4584.62 | | -74.99 |
| | | | | | | | | | 1.39 |
| | | | | | | | | | 1.1 |
| 1094.35 | 8994.10 | 2799.18 | 1399.95 | 971.24 | 4632.84 | | | | -111.41 |
| | | -46.43 | | | | | | | |
| | | | | | | | | | |
| | | | | | | | | | |
| | | | **2.79** | | | **78.07** | **57.25** | **1059.31** | |
| **1242.17** | **8725.99** | **3848.65** | **2014.27** | **793.21** | **4616.01** | **2487.37** | **4528.19** | **14063.18** | **303.59** |
| 2.10 | 916.94 | 0.50 | 0.53 | | | | 1.31 | 627.22 | |
| 115.28 | 1939.94 | 2582.29 | 431.95 | 793.21 | 3994.36 | 2038.36 | 3678.86 | 10059.72 | 303.59 |
| 13.44 | 36.66 | 125.16 | 47.13 | 1.75 | 2150.96 | 638.13 | | | 303.59 |
| 5.69 | 274.02 | 23.11 | 13.59 | | 621.65 | 9.04 | 4.52 | 193.37 | |
| 773.40 | 4329.98 | 1200.02 | 1.05 | | | 50.41 | 25.35 | 349.99 | |
| 16.85 | 132.46 | 15.06 | 82.03 | | | 39.10 | 37.43 | 445.91 | |
| 104.19 | 244.30 | | 1454.50 | | | 342.08 | 686.33 | 1672.40 | |
| 9.24 | 175.25 | | 1304.58 | | | 342.08 | 686.33 | 1083.55 | |
| 94.95 | 69.05 | | 149.92 | | | | | 588.85 | |
| 224.65 | 888.35 | 27.66 | 30.62 | | | 8.38 | 94.39 | 714.57 | |
| **6.39** | **0.27** | **-47.20** | **-54.15** | **14.54** | **-0.03** | **43.49** | **-0.82** | **0.60** | **-0.02** |

# 5-18 中国能源平衡表(标准量)-2000

单位:万吨标准煤

| 项　目 | Item | 能源合计 Energy Total (发电煤耗计算法) (coal equivalent calculation) | (电热当量计算法) (calorific value calculation) |
|---|---|---|---|
| **一.可供本地区消费的能源量** | **Total Primary Energy Supply** | **142604.83** | **136517.86** |
| 1.一次能源生产量 | Indigenous Production | 135047.61 | 128743.06 |
| 水电 | Hydro Power | 8541.84 | 2733.47 |
| 核电 | Nuclear Power | 642.79 | 205.70 |
| 2.回收能 | Recovery of Energy | 1759.74 | 1759.74 |
| 3.进口量 | Import | 13876.91 | 13836.53 |
| 4.我轮、机在外国加油量 | China Airplanes&ships Refueling in Abroad | 456.78 | 456.78 |
| 5.出口量(-) | Export (-) | -9462.79 | -9204.83 |
| 6.外轮、机在我国加油量(-) | Foreign Airplanes&ships Refueling in China | -170.10 | -170.10 |
| 7.库存增(-)、减(+)量 | Stock Change | 1096.68 | 1096.68 |
| **二.加工转换投入(-)产出(+)量** | **Input(-) & Output(+) of Transformation** | **-2460.81** | **-33771.49** |
| 1.火力发电 | Thermal Power | 0.00 | -29097.10 |
| 2.供热 | Heating Supply | 0.00 | -2213.59 |
| 3.洗选煤 | Coal Washing | -861.49 | -861.49 |
| 4.炼焦 | Coking | -524.67 | -524.67 |
| 5.炼油 | Petroleum Refineries | -780.54 | -780.54 |
| 6.制气 | Gas Works | -119.51 | -119.51 |
| #焦炭再投入量(-) | Coke Input (-) | -138.78 | -138.78 |
| 7.煤制品加工 | Briquettes | -35.82 | -35.82 |
| **三.损失量** | **Loss** | **4062.15** | **1589.25** |
| **四.终端消费量** | **Total Final Consumption** | **139007.90** | **104083.95** |
| 1.农、林、牧、渔、水利业 | Farming, Forestry, Animal Husbandry, Fishery & Water Conservancy | 3913.77 | 2521.35 |
| 2.工业 | Industry | 97596.73 | 72149.78 |
| #用作原料、材料 | Non-Energy Use | 6193.03 | 6193.03 |
| 3.建筑业 | Construction | 2178.53 | 1759.24 |
| 4.交通运输.仓储及邮电通迅业 | Transport, Storage, Postal & Telecommunications Services | 10895.75 | 10150.13 |
| 5.批发和零售贸易业.餐饮业 | Wholesale, Retail Trade and Catering Service | 3047.63 | 1937.82 |
| 6.生活消费 | Residential Consumption | 15613.91 | 11470.19 |
| 城镇 | Urban | 9394.51 | 6621.78 |
| 乡村 | Rural | 6219.40 | 4848.41 |
| 7.其他 | Other | 5761.58 | 4095.45 |
| **五.平衡差额** | **Statistical Difference** | **-2926.03** | **-2926.83** |
| **六.能源消费总量** | **Total Energy Consumption** | **145530.86** | **139444.70** |

# ENERGY BALANCE OF CHINA -2000 (STANDARD QUANTITY)

(10 000 tce)

| 煤合计<br>Coal Total | 原煤<br>Raw Coal | 洗精煤<br>Cleaned Coal | 其他洗煤<br>Other Washed Coal | 型煤<br>Briquettes | 焦炭<br>Coke | 焦炉煤气<br>Coke Oven Gas | 其他煤气<br>Other Gas | 其他焦化产品<br>Other Coking Products | 油品合计<br>Petroleum Products Total |
|---|---|---|---|---|---|---|---|---|---|
| **97468.64** | **97856.09** | **-364.06** | **-25.58** | **2.19** | **-1254.76** | | **1175.57** | **31.17** | **32448.38** |
| 98872.30 | 98872.30 | | | | | | | | 23286.18 |
| | | | | | | | | | |
| | | | | | | | | | |
| | | | | | | | 1175.57 | | |
| 161.19 | 126.96 | 30.97 | 3.26 | | | | | 52.53 | 13603.81 |
| | | | | | | | | | 456.78 |
| -4234.70 | -3643.22 | -590.45 | -0.55 | -0.49 | -1476.24 | | | -21.36 | -2933.64 |
| | | | | | | | | | -170.10 |
| 2669.85 | 2500.05 | 195.42 | -28.28 | 2.67 | 221.48 | | | | -1794.65 |
| **-62152.36** | **-65629.08** | **980.22** | **2000.19** | **496.31** | **11696.77** | **1350.09** | **172.04** | **220.22** | **-3056.09** |
| -40514.61 | -39785.07 | -96.46 | -633.08 | | | -65.67 | -201.36 | | -1691.00 |
| -6128.05 | -6034.82 | -5.70 | -87.52 | | | -59.10 | -100.45 | | -622.23 |
| -861.49 | -14702.94 | 11088.09 | 2753.36 | | | | | | |
| -13851.32 | -4167.99 | -9664.42 | -18.91 | | 11618.47 | 1458.14 | 43.93 | 205.41 | |
| | | | | | | | | | -705.90 |
| -761.07 | -414.01 | -341.28 | -5.79 | | 217.09 | 16.71 | 429.93 | 14.81 | -36.97 |
| | | | | | -138.78 | | | | |
| -35.82 | -524.25 | | -7.88 | 496.31 | | | | | |
| | | | | | | **13.29** | | | **276.13** |
| **38407.38** | **34873.49** | **1057.76** | **1979.32** | **496.81** | **10391.93** | **1363.87** | **1346.95** | **249.49** | **28919.13** |
| 645.82 | 636.53 | | 9.30 | | 68.90 | | | | 1150.31 |
| 29394.52 | 26810.79 | 1050.02 | 1489.59 | 44.13 | 10113.91 | 1107.81 | 1078.32 | 249.49 | 12558.14 |
| 1898.63 | 1780.24 | 53.97 | 62.56 | 1.86 | 606.87 | 12.63 | | 63.50 | 2660.37 |
| 371.82 | 360.74 | 3.99 | 7.10 | | 18.44 | | | | 1157.09 |
| 611.17 | 598.16 | 3.65 | 9.15 | 0.21 | 10.92 | | 0.60 | | 9103.29 |
| 911.60 | 902.34 | 0.09 | 5.38 | 3.79 | 34.69 | 11.58 | 7.59 | | 375.08 |
| 5675.36 | 4799.89 | | 428.87 | 446.61 | 133.28 | 225.33 | 257.24 | | 2172.39 |
| 1927.00 | 1437.37 | | 200.16 | 289.46 | 65.63 | 225.33 | 254.97 | | 1787.47 |
| 3748.37 | 3362.51 | | 228.70 | 157.15 | 67.65 | | 2.27 | | 384.92 |
| 797.08 | 765.05 | 0.01 | 29.94 | 2.08 | 11.80 | 19.14 | 3.19 | | 2402.83 |
| **-3091.10** | **-2646.48** | **-441.60** | **-4.71** | **1.69** | **50.09** | **-27.07** | **0.66** | **1.89** | **197.04** |

## 续表

单位:万吨标准煤

| 项　目 | Item | 原油 Crude Oil | 汽油 Gasoline |
|---|---|---|---|
| **一.可供本地区消费的能源量** | **Total Primary Energy Supply** | **30547.74** | **-927.25** |
| 1.一次能源生产量 | Indigenous Production | 23286.18 | |
| 水电 | Hydro Power | | |
| 核电 | Nuclear Power | | |
| 2.回收能 | Recovery of Energy | | |
| 3.进 口 量 | Import | 10038.10 | 0.04 |
| 4.我轮、机在外国加油量 | China Airplanes&Ships Refueling in Abroad | | |
| 5.出 口 量(−) | Export (-) | -1472.32 | -669.78 |
| 6.外轮、机在我国加油量(−) | Foreign Airplanes&ships Refueling in China | | -18.39 |
| 7.库存增(−)、减(+)量 | Stock Change | -1304.23 | -239.12 |
| **二.加工转换投入(−)产出(+)量** | **Input(-) & Output(+) of Transformation** | **-29149.58** | **6081.99** |
| 1.火力发电 | Thermal Power | -121.43 | -1.47 |
| 2.供　热 | Heating Supply | -20.00 | -0.29 |
| 3.洗 选 煤 | Coal Washing | | |
| 4.炼　焦 | Coking | | |
| 5.炼　油 | Petroleum Refineries | -29008.15 | 6083.75 |
| 6.制　气 | Gas Works | | |
| #焦炭再投入量(−) | Coke Input (-) | | |
| 7.煤制品加工 | Briquettes | | |
| **三.损 失 量** | **Loss** | **272.73** | |
| **四.终端消费量** | **Total Final Consumption** | **909.73** | **5154.84** |
| 1.农、林、牧、渔、水利业 | Farming, Forestry, Animal Husbandry, Fishery & Water Conservancy | | 131.19 |
| 2.工　业 | Industry | 874.79 | 1001.70 |
| #用作原料、材料 | Non-Energy Use | 116.35 | 32.15 |
| 3.建 筑 业 | Construction | 4.71 | 170.02 |
| 4.交通运输、仓储及邮电通迅业 | Transport, Storage, Postal & Telecommunications Services | 27.97 | 2247.98 |
| 5.批发和零售贸易业、餐饮业 | Wholesale, Retail Trade and Catering Service | 0.26 | 102.76 |
| 6.生活消费 | Residential Consumption | | 334.86 |
| 城 镇 | Urban | | 272.46 |
| 乡 村 | Rural | | 62.40 |
| 7.其他 | Other | 2.00 | 1166.33 |
| **五.平衡差额** | **Statistical Difference** | **215.69** | **-0.10** |
| **六.消费量合计** | **Total Final Consumption** | | |

Continued

(10 000 tce)

| 煤油<br>Kerosene | 柴油<br>Diesel Oil | 燃料油<br>Fuel Oil | 液化石油气<br>LPG | 炼厂干气<br>Refinery Gas | 其他石油制品<br>Other Petroleum Products | 天然气<br>Natural Gas | 热力<br>Heat | 电力<br>Electricity | 其他能源<br>Other Energy |
|---|---|---|---|---|---|---|---|---|---|
| **12.65** | **-397.99** | **2547.17** | **822.08** | | **-156.01** | **3200.11** | | **2864.58** | **584.17** |
| | | | | | | 3617.60 | | 2966.98 | |
| | | | | | | | | 2733.47 | |
| | | | | | | | | 205.70 | |
| | | | | | | | | | 584.17 |
| 375.90 | 37.78 | 2114.50 | 825.85 | | 211.64 | | | 19.00 | |
| 98.61 | 37.88 | 320.28 | | | | | | | |
| -292.63 | -80.84 | -47.67 | -2.74 | | -367.65 | -417.49 | | -121.40 | |
| -84.55 | -32.11 | -35.04 | | | | | | | |
| -84.68 | -360.71 | 195.10 | -1.03 | | | | | | |
| **1283.49** | **9983.99** | **1317.65** | **1568.10** | **890.23** | **4968.04** | **-391.82** | **4983.24** | **13693.35** | **-286.94** |
| | -331.72 | -1163.19 | -3.26 | -39.29 | -30.63 | -202.29 | | 13693.35 | -115.51 |
| | | -416.05 | | -160.19 | -25.69 | -189.53 | 4983.24 | | -97.49 |
| | | | | | | | | | |
| | | | | | | | | | 0.7 |
| 1283.49 | 10315.71 | 2933.87 | 1571.36 | 1089.70 | 5024.36 | | | | -74.64 |
| | | -36.97 | | | | | | | |
| | | | | | | | | | |
| | | | | | | | | | |
| | | | **3.39** | | | **88.58** | **60.04** | **1151.22** | |
| **1282.49** | **9585.63** | **3916.39** | **2375.66** | **882.36** | **4812.03** | **2778.50** | **4923.16** | **15406.34** | **297.21** |
| 2.21 | 1015.74 | 0.57 | 0.60 | | | | 1.31 | 655.01 | |
| 123.52 | 2140.19 | 2633.94 | 726.98 | 882.36 | 4174.66 | 2230.28 | 3975.64 | 11144.46 | 297.21 |
| 14.40 | 40.45 | 127.66 | 79.31 | 1.99 | 2248.06 | 653.83 | | | 297.21 |
| 5.89 | 299.96 | 23.87 | 15.27 | | 637.36 | 10.91 | 4.63 | 196.36 | |
| 788.52 | 4799.41 | 1214.31 | 25.10 | | | 53.20 | 25.36 | 345.59 | |
| 20.60 | 139.79 | 16.56 | 95.11 | | | 45.75 | 36.97 | 514.56 | |
| 106.19 | 259.89 | | 1471.45 | | | 429.86 | 792.28 | 1784.45 | |
| 9.56 | 187.72 | | 1317.73 | | | 429.86 | 792.28 | 1139.25 | |
| 96.63 | 72.17 | | 153.72 | | | | | 645.20 | |
| 235.56 | 930.65 | 27.14 | 41.14 | | | 8.51 | 86.97 | 765.91 | |
| **13.65** | **0.37** | **-51.57** | **11.13** | **7.87** | | **-58.79** | **0.05** | **0.37** | **0.02** |

# 5-19 中国能源平衡表(标准量) -2001

单位:万吨标准煤

| 项　目 | Item | 能源合计 Energy Total (发电煤耗计算法) (coal equivalent calculation) | 能源合计 Energy Total (电热当量计算法) (calorific value calculation) |
|---|---|---|---|
| **一.可供本地区消费的能源量** | **Total Primary Energy Supply** | **147410.46** | **139974.61** |
| 1.一次能源生产量 | Indigenous Production | 143874.60 | 136222.80 |
| 水电 | Hydro Power | 10548.24 | 3409.64 |
| 核电 | Nuclear Power | 664.30 | 214.73 |
| 2.回收能 | Recovery of Energy | 1858.54 | 1858.54 |
| 3.进 口 量 | Import | 12968.58 | 12922.31 |
| 4.我轮、机在外国加油量 | China Airplanes&Ships Refueling in Abroad | 503.50 | 503.50 |
| 5.出 口 量(-) | Export (-) | -11816.00 | -11553.78 |
| 6.外轮、机在我国加油量(-) | Foreign Airplanes&ships Refueling in China | -203.53 | -203.53 |
| 7.库存增(-)、减(+)量 | Stock Change | 224.79 | 224.79 |
| **二.加工转换投入(-)产出(+)量** | **Input(-) & Output(+) of Transformation** | **-2402.47** | **-35166.78** |
| 1.火力发电 | Thermal Power | 0.00 | -30450.70 |
| 2.供　热 | Heating Supply | 0.00 | -2313.61 |
| 3.洗 选 煤 | Coal Washing | -926.55 | -926.55 |
| 4.炼　焦 | Coking | -543.38 | -543.38 |
| 5.炼　油 | Petroleum Refineries | -607.12 | -607.12 |
| 6.制　气 | Gas Works | -125.41 | -125.41 |
| #焦炭再投入量(-) | Coke Input (-) | -149.26 | -149.26 |
| 7.煤制品加工 | Briquettes | -50.75 | -50.75 |
| **三.损 失 量** | **Loss** | **4387.85** | **1701.52** |
| **四.终端消费量** | **Total Final Consumption** | **143615.48** | **106103.29** |
| 1.农、林、牧、渔、水利业 | Farming, Forestry, Animal Husbandry, Fishery & Water Conservancy | 4115.20 | 2616.07 |
| 2.工　业 | Industry | 100690.36 | 73324.56 |
| #用作原料、材料 | Non-Energy Use | 6334.60 | 6334.60 |
| 3.建 筑 业 | Construction | 2255.02 | 1854.05 |
| 4.交通运输、仓储及邮电通迅业 | Transport, Storage, Postal & Telecommunications Services | 11270.03 | 10461.48 |
| 5.批发和零售贸易业、餐饮业 | Wholesale, Retail Trade and Catering Service | 3170.23 | 1970.07 |
| 6.生活消费 | Residential Consumption | 16183.07 | 11689.45 |
| 城 镇 | Urban | 9740.68 | 6824.55 |
| 乡 村 | Rural | 6442.39 | 4864.90 |
| 7.其他 | Other | 5931.57 | 4187.61 |
| **五.平衡差额** | **Statistical Difference** | **-2995.34** | **-2996.98** |
| **六.消费量合计** | **Total Final Consumption** | **150405.80** | **142971.59** |

# ENERGY BALANCE OF CHINA -2001 (STANDARD QUANTITY)

(10 000 tce)

| 煤合计<br>Coal Total | 原煤<br>Raw Coal | 洗精煤<br>Cleaned Coal | 其他洗煤<br>Other Washed Coal | 型煤<br>Briquettes | 焦炭<br>Coke | 焦炉煤气<br>Coke Oven Gas | 其他煤气<br>Other Gas | 其他焦化产品<br>Other Coking Products | 油品合计<br>Petroleum Products Total |
|---|---|---|---|---|---|---|---|---|---|
| **99238.83** | **100237.34** | **-907.01** | **-91.06** | **-0.43** | **-1620.13** | | **1242.35** | **40.52** | **33275.68** |
| 105111.14 | 105111.14 | | | | | | | | 23423.14 |
| | | | | | | | | | |
| | | | | | | | | | |
| | | | | | | | 1242.35 | | |
| 192.41 | 158.57 | 25.25 | 8.59 | | | | | 54.82 | 12652.99 |
| | | | | | | | | | 503.50 |
| -6945.48 | -5900.25 | -1044.50 | -0.55 | -0.18 | -1345.00 | | | -14.30 | -2719.57 |
| | | | | | | | | | -203.53 |
| 880.75 | 867.87 | 112.23 | -99.11 | -0.25 | -275.13 | | | | -380.83 |
| **-66272.49** | **-70161.76** | **1220.60** | **2148.29** | **520.37** | **13188.81** | **1435.01** | **135.03** | **235.35** | **-2955.42** |
| -42635.06 | -41893.76 | -103.45 | -637.86 | | | -65.24 | -241.62 | -0.76 | -1740.80 |
| -6412.99 | -6317.28 | -5.87 | -89.84 | | | -43.19 | -115.38 | -1.03 | -637.82 |
| -926.55 | -15936.61 | 12101.50 | 2908.56 | | | | | | |
| -15427.18 | -5002.69 | -10404.04 | -20.45 | | 13105.41 | 1525.00 | 32.78 | 220.41 | |
| | | | | | | | | | -544.29 |
| -819.96 | -445.56 | -367.53 | -6.87 | | 232.66 | 18.43 | 459.25 | 16.72 | -32.51 |
| | | | | | -149.26 | | | | |
| -50.75 | -565.87 | | -5.25 | 520.37 | | | | | |
| | | | | | | **16.52** | | | **270.90** |
| **36518.83** | **32752.38** | **1084.22** | **2160.58** | **521.64** | **11440.97** | **1442.32** | **1376.88** | **266.37** | **29590.23** |
| 610.13 | 600.70 | | 9.43 | | 65.53 | | | | 1223.36 |
| 27811.04 | 25017.23 | 1076.93 | 1657.98 | 58.90 | 11160.17 | 1195.75 | 1123.61 | 266.37 | 12627.50 |
| 1788.61 | 1661.14 | 55.35 | 69.64 | 2.48 | 752.90 | 13.63 | | 67.79 | 2628.44 |
| 343.36 | 334.48 | 3.63 | 5.25 | | 23.23 | | | | 1282.15 |
| 571.79 | 560.65 | 3.56 | 7.32 | 0.27 | 11.35 | | 0.72 | | 9386.46 |
| 856.83 | 846.76 | 0.09 | 5.18 | 4.80 | 38.59 | 12.19 | 8.63 | | 384.13 |
| 5540.32 | 4635.72 | | 449.06 | 455.53 | 130.36 | 215.66 | 240.42 | | 2227.98 |
| 1897.12 | 1397.19 | | 210.10 | 289.83 | 66.30 | 215.66 | 238.09 | | 1826.13 |
| 3643.20 | 3238.53 | | 238.97 | 165.70 | 64.06 | | 2.33 | | 401.85 |
| 785.35 | 756.84 | 0.01 | 26.37 | 2.14 | 11.73 | 18.72 | 3.51 | | 2458.65 |
| **-3552.49** | **-2676.80** | **-770.64** | **-103.35** | **-1.70** | **127.72** | **-23.84** | **0.49** | **9.50** | **459.14** |

## 续表

单位:万吨标准煤

| 项　　目 | Item | 原油 Crude Oil | 汽油 Gasoline |
|---|---|---|---|
| **一.可供本地区消费的能源量** | **Total Primary Energy Supply** | **30767.99** | **-806.03** |
| 1.一次能源生产量 | Indigenous Production | 23423.14 | |
| 水电 | Hydro Power | | |
| 核电 | Nuclear Power | | |
| 2.回收能 | Recovery of Energy | | |
| 3.进 口 量 | Import | 8608.74 | 0.03 |
| 4.我轮、机在外国加油量 | China Airplanes&Ships Refueling in Abroad | | |
| 5.出 口 量(−) | Export (-) | -1078.59 | -842.32 |
| 6.外轮、机在我国加油量(−) | Foreign Airplanes&ships Refueling in China | | -19.86 |
| 7.库存增(−)、减(+)量 | Stock Change | -185.30 | 56.12 |
| **二.加工转换投入(−)产出(+)量** | **Input(-) & Output(+) of Transformation** | **-29287.33** | **6112.11** |
| 1.火力发电 | Thermal Power | -116.57 | -0.88 |
| 2.供　热 | Heating Supply | -17.60 | -0.18 |
| 3.洗 选 煤 | Coal Washing | | |
| 4.炼　焦 | Coking | | |
| 5.炼　油 | Petroleum Refineries | -29153.15 | 6113.17 |
| 6.制　气 | Gas Works | | |
| #焦炭再投入量(−) | Coke Input (-) | | |
| 7.煤制品加工 | Briquettes | | |
| **三.损 失 量** | **Loss** | **268.43** | |
| **四.终端消费量** | **Total Final Consumption** | **934.48** | **5292.41** |
| 1.农、林、牧、渔、水利业 | Farming, Forestry, Animal Husbandry, Fishery & Water Conservancy | | 137.46 |
| 2.工　业 | Industry | 901.19 | 1036.48 |
| #用作原料、材料 | Non-Energy Use | 119.86 | 33.27 |
| 3.建 筑 业 | Construction | 4.81 | 171.71 |
| 4.交通运输、仓储及邮电通讯业 | Transport, Storage, Postal & Telecommunications Services | 26.54 | 2301.81 |
| 5.批发和零售贸易业、餐饮业 | Wholesale, Retail Trade and Catering Service | 0.21 | 101.59 |
| 6.生活消费 | Residential Consumption | | 359.90 |
| 城 镇 | Urban | | 294.16 |
| 乡 村 | Rural | | 65.74 |
| 7.其他 | Other | 1.71 | 1183.45 |
| **五.平衡差额** | **Statistical Difference** | **277.75** | **13.67** |
| **六.消费量合计** | **Total Final Consumption** | | |

Continued

(10 000 tce)

| 煤油 Kerosene | 柴油 Diesel Oil | 燃料油 Fuel Oil | 液化石油气 LPG | 炼厂干气 Refinery Gas | 其他石油制品 Other Petroleum Products | 天然气 Natural Gas | 热力 Heat | 电力 Electricity | 其他能源 Other Energy |
|---|---|---|---|---|---|---|---|---|---|
| **154.32** | **-311.19** | **2817.87** | **815.49** | | **-162.76** | **3629.57** | | **3551.61** | **616.19** |
| | | | | | | 4033.76 | | 3654.76 | |
| | | | | | | | | 3409.64 | |
| | | | | | | | | 214.73 | |
| | | | | | | | | | 616.19 |
| 297.06 | 40.03 | 2605.19 | 838.05 | | 263.88 | | | 22.10 | |
| 142.28 | 39.66 | 321.55 | | | | | | | |
| -268.12 | -37.33 | -62.99 | -3.58 | | -426.64 | -404.19 | | -125.25 | |
| -94.46 | -30.95 | -58.26 | | | | | | | |
| 77.56 | -322.60 | 12.37 | -18.98 | | | | | | |
| **1161.45** | **10557.00** | **1004.98** | **1630.78** | **864.27** | **5001.33** | **-391.15** | **5224.24** | **14544.29** | **-310.44** |
| | -350.27 | -1197.94 | -1.80 | -36.14 | -37.19 | -172.90 | | 14544.29 | -138.61 |
| | | -428.04 | | -157.14 | -34.87 | -218.25 | 5224.24 | | -109.20 |
| | | | | | | | | | |
| | | | | | | | | | 0.2 |
| 1161.45 | 10907.27 | 2663.47 | 1632.58 | 1057.55 | 5073.39 | | | | -62.83 |
| | | -32.51 | | | | | | | |
| | | | | | | | | | |
| | | | | | | | | | |
| | | | **2.47** | | | **82.73** | **61.23** | **1270.13** | |
| **1309.94** | **10079.60** | **3841.93** | **2414.88** | **878.41** | **4838.57** | **3174.31** | **5162.97** | **16825.00** | **305.43** |
| 2.24 | 1082.55 | 0.60 | 0.51 | | | | 1.30 | 715.76 | |
| 126.54 | 2272.23 | 2554.91 | 755.17 | 878.41 | 4102.57 | 2446.40 | 4207.45 | 12180.85 | 305.43 |
| 14.75 | 42.95 | 123.83 | 82.39 | 2.16 | 2209.23 | 777.78 | | | 305.43 |
| 5.15 | 325.05 | 23.11 | 16.30 | | 736.00 | 9.58 | 5.35 | 190.38 | |
| 825.00 | 4984.74 | 1221.45 | 26.91 | | | 82.46 | 28.54 | 380.15 | |
| 18.35 | 142.90 | 17.54 | 103.54 | | | 66.50 | 37.98 | 565.20 | |
| 110.36 | 290.21 | | 1467.51 | | | 560.06 | 796.90 | 1977.74 | |
| 10.33 | 205.63 | | 1316.02 | | | 560.06 | 796.90 | 1224.28 | |
| 100.03 | 84.58 | | 151.49 | | | | | 753.46 | |
| 222.31 | 981.93 | 24.31 | 44.93 | | | 9.31 | 85.45 | 814.90 | |
| **5.83** | **166.20** | **-19.09** | **28.92** | **-14.14** | | **-18.62** | **0.04** | **0.77** | **0.32** |

# 5-20 中国能源平衡表(标准量)-2002

单位:万吨标准煤

| 项　目 | Item | 能源合计 Energy Total (发电煤耗计算法) (coal equivalent calculation) | 能源合计 Energy Total (电热当量计算法) (calorific value calculation) |
|---|---|---|---|
| **一.可供本地区消费的能源量** | **Total Primary Energy Supply** | **155927.45** | **148283.80** |
| 1.一次能源生产量 | Indigenous Production | 150655.71 | 142828.59 |
| 水电 | Hydro Power | 10675.20 | 3539.20 |
| 核电 | Nuclear Power | 931.46 | 308.81 |
| 2.回收能 | Recovery of Energy | 1907.98 | 1907.98 |
| 3.进 口 量 | Import | 15197.59 | 15140.60 |
| 4.我轮、机在外国加油量 | China Airplanes&Ships Refueling in Abroad | 571.75 | 571.75 |
| 5.出 口 量(-) | Export (-) | -11474.36 | -11233.90 |
| 6.外轮、机在我国加油量(-) | Foreign Airplanes&ships Refueling in China | -220.88 | -220.88 |
| 7.库存增(-)、减(+)量 | Stock Change | -710.34 | -710.34 |
| **二.加工转换投入(-)产出(+)量** | **Input(-) & Output(+) of Transformation** | **-2787.97** | **-37667.84** |
| 1.火力发电 | Thermal Power | 0.00 | -33159.02 |
| 2.供　热 | Heating Supply | 0.00 | -1720.85 |
| 3.洗 选 煤 | Coal Washing | -922.72 | -922.72 |
| 4.炼　焦 | Coking | -540.52 | -540.52 |
| 5.炼　油 | Petroleum Refineries | -1015.44 | -1015.44 |
| 6.制　气 | Gas Works | -123.88 | -123.88 |
| #焦炭再投入量(-) | Coke Input (-) | -133.42 | -133.42 |
| 7.煤制品加工 | Briquettes | -51.98 | -51.98 |
| **三.损 失 量** | **Loss** | **4778.11** | **1861.15** |
| **四.终端消费量** | **Total Final Consumption** | **151864.91** | **112259.68** |
| 1.农、林、牧、渔、水利业 | Farming, Forestry, Animal Husbandry, Fishery & Water Conservancy | 4331.18 | 2828.46 |
| 2.工　业 | Industry | 106376.57 | 77174.27 |
| #用作原料、材料 | Non-Energy Use | 6556.99 | 6556.99 |
| 3.建 筑 业 | Construction | 2409.57 | 2025.71 |
| 4.交通运输、仓储及邮电通迅业 | Transport, Storage, Postal & Telecommunications Services | 11971.02 | 11211.69 |
| 5.批发和零售贸易业、餐饮业 | Wholesale, Retail Trade and Catering Service | 3373.17 | 2118.80 |
| 6.生活消费 | Residential Consumption | 17162.46 | 12493.96 |
| 城 镇 | Urban | 10317.22 | 7315.12 |
| 乡 村 | Rural | 6845.24 | 5178.84 |
| 7.其他 | Other | 6240.93 | 4406.79 |
| **五.平衡差额** | **Statistical Difference** | **-3503.55** | **-3504.87** |
| **六.消费量合计** | **Total Final Consumption** | **159430.99** | **151788.67** |

# ENERGY BALANCE OF CHINA -2002 (STANDARD QUANTITY)

(10 000 tce)

| 煤合计 Coal Total | 原煤 Raw Coal | 洗精煤 Cleaned Coal | 其他洗煤 Other Washed Coal | 型煤 Briquettes | 焦炭 Coke | 焦炉煤气 Coke Oven Gas | 其他煤气 Other Gas | 其他焦化产品 Other Coking Products | 油品合计 Petroleum Products Total |
|---|---|---|---|---|---|---|---|---|---|
| **104255.29** | **105383.46** | **-1121.39** | **-6.69** | **-0.09** | **-1382.12** | | **1263.63** | **43.16** | **35750.61** |
| 110745.09 | 110745.09 | | | | | | | | 23857.62 |
| | | | | | | | | | |
| | | | | | | | | | |
| | | | | | | | 1263.63 | | |
| 806.23 | 774.66 | 23.34 | 8.22 | 0.01 | | | | 57.33 | 14248.77 |
| | | | | | | | | | 571.75 |
| -6507.06 | -5290.49 | -1213.33 | -2.74 | -0.50 | -1318.21 | | | -14.17 | -2849.20 |
| | | | | | | | | | -220.88 |
| -788.97 | -845.80 | 68.59 | -12.16 | 0.41 | -63.91 | | | | 142.53 |
| **-71169.09** | **-74954.59** | **1060.40** | **2172.54** | **552.55** | **13712.27** | **1486.69** | **126.31** | **246.63** | **-3408.47** |
| -47121.71 | -46361.98 | -107.05 | -652.68 | | | -84.04 | -257.01 | | -1827.83 |
| -6259.89 | -6157.51 | -6.30 | -96.07 | | | -29.67 | -99.36 | | -613.88 |
| -922.72 | -16247.27 | 12366.72 | 2957.82 | | | | | | |
| -16027.94 | -5138.06 | -10866.24 | -23.64 | | 13631.47 | 1583.50 | 43.13 | 229.32 | |
| | | | | | | | | | -939.75 |
| -784.85 | -450.49 | -326.74 | -7.63 | | 214.22 | 16.89 | 439.56 | 17.31 | -27.01 |
| | | | | | -133.42 | | | | |
| -51.98 | -599.28 | | -5.25 | 552.55 | | | | | |
| | | | | | | | | | **272.28** |
| **37299.08** | **33704.37** | **850.86** | **2187.83** | **556.01** | **11857.17** | **1496.14** | **1389.54** | **288.50** | **31864.42** |
| 664.80 | 656.38 | | 8.42 | | 71.58 | | | | 1345.46 |
| 28104.50 | 25474.69 | 844.15 | 1721.08 | 64.58 | 11586.57 | 1248.65 | 1120.22 | 288.50 | 13699.65 |
| 1809.91 | 1691.52 | 43.39 | 72.29 | 2.72 | 778.50 | 14.23 | | 73.42 | 3039.72 |
| 365.11 | 356.73 | 2.97 | 5.41 | | 22.71 | | | | 1433.22 |
| 606.23 | 595.70 | 3.65 | 6.57 | 0.30 | 11.11 | | 0.60 | | 10039.96 |
| 895.48 | 884.69 | 0.09 | 5.26 | 5.45 | 41.38 | 10.37 | 11.13 | | 414.81 |
| 5769.49 | 4873.25 | | 412.90 | 483.34 | 111.83 | 220.84 | 257.59 | | 2435.70 |
| 1876.64 | 1405.56 | | 171.11 | 299.97 | 57.56 | 220.84 | 254.51 | | 2033.53 |
| 3892.84 | 3467.68 | | 241.79 | 183.37 | 54.27 | | 3.08 | | 402.17 |
| 893.48 | 862.93 | | 28.20 | 2.34 | 11.99 | 16.28 | | | 2495.62 |
| **-4212.88** | **-3275.51** | **-911.85** | **-21.98** | **-3.55** | **472.99** | **-9.45** | **0.40** | **1.29** | **205.44** |

## 续表

单位:万吨标准煤

| 项　目 | Item | 原油 Crude Oil | 汽油 Gasoline |
|---|---|---|---|
| **一.可供本地区消费的能源量** | **Total Primary Energy Supply** | **32527.78** | **-840.29** |
| 1.一次能源生产量 | Indigenous Production | 23857.62 | |
| 水电 | Hydro Power | | |
| 核电 | Nuclear Power | | |
| 2.回收能 | Recovery of Energy | | |
| 3.进 口 量 | Import | 9915.40 | |
| 4.我轮、机在外国加油量 | China Airplanes&Ships Refueling in Abroad | | |
| 5.出 口 量(-) | Export (-) | -1094.96 | -900.79 |
| 6.外轮、机在我国加油量(-) | Foreign Airplanes&ships Refueling in China | | -26.79 |
| 7.库存增(-)、减(+)量 | Stock Change | -150.27 | 87.30 |
| **二.加工转换投入(-)产出(+)量** | **Input(-) & Output(+) of Transformation** | **-30959.63** | **6356.48** |
| 1.火力发电 | Thermal Power | -111.90 | -0.91 |
| 2.供 热 | Heating Supply | -18.23 | -0.18 |
| 3.洗 选 煤 | Coal Washing | | |
| 4.炼 焦 | Coking | | |
| 5.炼 油 | Petroleum Refineries | -30829.50 | 6357.57 |
| 6.制 气 | Gas Works | | |
| #焦炭再投入量(-) | Coke Input (-) | | |
| 7.煤制品加工 | Briquettes | | |
| **三.损 失 量** | **Loss** | **269.26** | |
| **四.终端消费量** | **Total Final Consumption** | **977.53** | **5515.66** |
| 1.农、林、牧、渔、水利业 | Farming, Forestry, Animal Husbandry, Fishery & Water Conservancy | | 149.42 |
| 2.工 业 | Industry | 947.16 | 1054.85 |
| #用作原料、材料 | Non-Energy Use | 125.97 | 33.86 |
| 3.建 筑 业 | Construction | 6.00 | 165.27 |
| 4.交通运输、仓储及邮电通迅业 | Transport, Storage, Postal & Telecommunications Services | 22.36 | 2359.39 |
| 5.批发和零售贸易业、餐饮业 | Wholesale, Retail Trade and Catering Service | 0.17 | 109.21 |
| 6.生活消费 | Residential Consumption | | 402.87 |
| 城 镇 | Urban | | 323.56 |
| 乡 村 | Rural | | 79.31 |
| 7.其他 | Other | 1.84 | 1274.66 |
| **五.平衡差额** | **Statistical Difference** | **321.35** | **0.53** |
| **六.消费量合计** | **Total Final Consumption** | | |

Continued

(10 000 tce)

| 煤油<br>Kerosene | 柴油<br>Diesel Oil | 燃料油<br>Fuel Oil | 液化石油气<br>LPG | 炼厂干气<br>Refinery Gas | 其他石油制品<br>Other Petroleum Products | 天然气<br>Natural Gas | 热力<br>Heat | 电力<br>Electricity | 其他能源<br>Other Energy |
|---|---|---|---|---|---|---|---|---|---|
| **130.47** | **23.65** | **2653.34** | **1074.56** | | **181.10** | **3917.91** | | **3790.97** | **644.35** |
| | | | | | | 4343.91 | | 3881.97 | |
| | | | | | | | | 3539.20 | |
| | | | | | | | | 308.81 | |
| | | | | | | | | | 644.35 |
| 315.66 | 69.53 | 2370.99 | 1073.43 | | 503.77 | | | 28.27 | |
| 161.56 | 45.17 | 365.02 | | | | | | | |
| -249.61 | -180.23 | -91.30 | -9.63 | | -322.67 | -426.00 | | -119.26 | |
| -104.91 | -30.60 | -58.57 | | | | | | | |
| 7.77 | 119.77 | 67.20 | 10.77 | | | | | | |
| **1215.54** | **10899.27** | **924.69** | **1774.73** | **883.80** | **5496.66** | **-373.33** | **5598.91** | **16445.69** | **-333.45** |
| | -329.29 | -1303.83 | -2.64 | -31.90 | -47.36 | -146.97 | | 16445.69 | -167.16 |
| | | -380.95 | | -177.82 | -36.70 | -226.37 | 5598.91 | | -90.60 |
| | | | | | | | | | |
| | | | | | | | | | |
| 1215.54 | 11228.56 | 2636.48 | 1777.37 | 1093.52 | 5580.72 | | | | -75.69 |
| | | -27.01 | | | | | | | |
| | | | | | | | | | |
| | | | | | | | | | |
| | | | **3.02** | | | **84.19** | **68.40** | **1436.28** | |
| **1352.51** | **10842.09** | **3822.42** | **2780.75** | **895.70** | **5677.76** | **3423.95** | **5530.33** | **18799.75** | **310.80** |
| 2.06 | 1193.39 | 0.59 | | | | | 1.57 | 745.06 | |
| 157.95 | 2404.71 | 2532.38 | 889.33 | 895.70 | 4817.57 | 2566.10 | 4443.31 | 13805.97 | 310.80 |
| 18.42 | 45.45 | 122.74 | 97.03 | 1.99 | 2594.26 | 798.00 | | | 43.20 |
| | 352.60 | 27.29 | 21.87 | | 860.19 | 9.04 | 6.19 | 189.44 | |
| 1054.63 | 5339.99 | 1217.31 | 46.29 | | | 153.75 | 27.65 | 372.39 | |
| 19.13 | 161.43 | 17.57 | 107.30 | | | 81.13 | 50.00 | 614.50 | |
| 59.89 | 311.70 | | 1661.24 | | | 613.93 | 907.51 | 2177.08 | |
| 9.30 | 232.39 | | 1468.28 | | | 613.93 | 907.51 | 1350.60 | |
| 50.59 | 79.31 | | 192.96 | | | | | 826.48 | |
| 58.86 | 1078.25 | 27.29 | 54.72 | | | | 94.10 | 895.33 | |
| **-6.50** | **80.83** | **-244.39** | **65.52** | **-11.90** | | **36.44** | **0.17** | **0.63** | **0.10** |

# 5-21 中国能源平衡表(标准量)-2003

单位:万吨标准煤

| 项目 | Item | 能源合计 Energy Total (发电煤耗计算法) (coal equivalent calculation) | 能源合计 Energy Total (电热当量计算法) (calorific value calculation) |
|---|---|---|---|
| **一.可供本地区消费的能源量** | **Total Primary Energy Supply** | **180193.09** | **172474.31** |
| 1.一次能源生产量 | Indigenous Production | 171905.88 | 164011.17 |
| 水电 | Hydro Power | 10268.65 | 3486.44 |
| 核电 | Nuclear Power | 1568.89 | 532.67 |
| 2.回收能 | Recovery of Energy | 2042.76 | 2042.76 |
| 3.进口量 | Import | 19573.99 | 19502.75 |
| 4.我轮、机在外国加油量 | China Airplanes&Ships Refueling in Abroad | 474.14 | 474.14 |
| 5.出口量(-) | Export (-) | -12689.70 | -12442.52 |
| 6.外轮、机在我国加油量(-) | Foreign Airplanes&ships Refueling in China | -299.76 | -299.76 |
| 7.库存增(-)、减(+)量 | Stock Change | -814.22 | -814.22 |
| **二.加工转换投入(-)产出(+)量** | **Input(-) & Output(+) of Transformation** | **-3377.59** | **-43505.36** |
| 1.火力发电 | Thermal Power | 0.00 | -37783.07 |
| 2.供热 | Heating Supply | 0.00 | -2344.71 |
| 3.洗选煤 | Coal Washing | -1191.50 | -1191.50 |
| 4.炼焦 | Coking | -768.61 | -768.61 |
| 5.炼油 | Petroleum Refineries | -1091.65 | -1091.65 |
| 6.制气 | Gas Works | -93.62 | -93.62 |
| #焦炭再投入量(-) | Coke Input (-) | -172.76 | -172.76 |
| 7.煤制品加工 | Briquettes | -59.44 | -59.44 |
| **三.损失量** | **Loss** | **4979.33** | **1938.52** |
| **四.终端消费量** | **Total Final Consumption** | **175434.90** | **130630.44** |
| 1.农、林、牧、渔、水利业 | Farming, Forestry, Animal Husbandry, Fishery & Water Conservancy | 4954.60 | 3296.77 |
| 2.工业 | Industry | 123122.24 | 90462.15 |
| #用作原料、材料 | Non-Energy Use | 7529.86 | 7529.86 |
| 3.建筑业 | Construction | 2720.66 | 2287.99 |
| 4.交通运输、仓储及邮电通迅业 | Transport, Storage, Postal & Telecommunications Services | 13804.96 | 12820.77 |
| 5.批发和零售贸易业、餐饮业 | Wholesale, Retail Trade and Catering Service | 3914.93 | 2429.04 |
| 6.生活消费 | Residential Consumption | 19764.66 | 14399.11 |
| 城镇 | Urban | 11888.11 | 8388.97 |
| 乡村 | Rural | 7876.55 | 6010.14 |
| 7.其他 | Other | 7152.84 | 4934.61 |
| **五.平衡差额** | **Statistical Difference** | **-3598.73** | **-3600.01** |
| **六.消费量合计** | **Total Final Consumption** | **183791.82** | **176074.32** |

# ENERGY BALANCE OF CHINA -2003 (STANDARD QUANTITY)

(10 000 tce)

| 煤合计<br>Coal Total | 原煤<br>Raw Coal | 洗精煤<br>Cleaned Coal | 其他洗煤<br>Other Washed Coal | 型煤<br>Briquettes | 焦炭<br>Coke | 焦炉煤气<br>Coke Oven Gas | 其他煤气<br>Other Gas | 其他焦化产品<br>Other Coking Products | 油品合计<br>Petroleum Products Total |
|---|---|---|---|---|---|---|---|---|---|
| **124286.10** | **125395.94** | **-1051.30** | **-55.93** | **-2.60** | **-1792.07** | **0.00** | **1381.53** | **88.75** | **39472.99** |
| 131066.81 | 131066.81 | | | | | | | | 24229.03 |
| | | | | | | | | | |
| | | | | | | | | | |
| | | | | | | | 1381.53 | | |
| 839.35 | 587.75 | 237.69 | 13.91 | | 0.17 | 0.00 | | 110.30 | 18516.31 |
| | | | | | | | | | 474.14 |
| -7263.81 | -6059.40 | -1198.73 | -3.09 | -2.59 | -1430.01 | | | -21.55 | -3350.98 |
| | | | | | | | | | -299.76 |
| -356.25 | -199.23 | -90.26 | -66.75 | -0.01 | -362.23 | | | | -95.75 |
| **-83655.99** | **-88237.26** | **1092.44** | **2822.73** | **666.10** | **17094.56** | **1680.73** | **150.45** | **263.59** | **-3792.25** |
| -54344.30 | -53416.97 | -112.98 | -814.35 | | | -69.72 | -288.36 | | -2135.50 |
| -7373.87 | -7241.40 | -7.30 | -125.17 | | | -29.06 | -105.31 | | -611.20 |
| -1191.50 | -20801.90 | 15805.32 | 3805.07 | | | | | | |
| -19861.34 | -5567.10 | -14264.98 | -29.26 | | 17039.14 | 1759.85 | 48.62 | 245.12 | |
| | | | | | | | | | -1015.65 |
| -825.53 | -489.60 | -327.62 | -8.30 | | 228.18 | 19.66 | 495.51 | 18.46 | -29.90 |
| | | | | | -172.76 | | | | |
| -59.44 | -720.29 | | -5.25 | 666.10 | | | | | |
| | | | | | | | | | **231.61** |
| **45334.34** | **40887.96** | **1025.98** | **2754.96** | **665.44** | **14688.17** | **1694.05** | **1532.82** | **350.82** | **34845.39** |
| 829.03 | 820.45 | | 8.58 | | 71.58 | | | | 1542.60 |
| 34612.30 | 31215.70 | 1019.60 | 2258.81 | 118.19 | 14419.46 | 1427.02 | 1254.65 | 350.82 | 14504.07 |
| 2224.98 | 2072.72 | 52.41 | 94.87 | 4.98 | 837.53 | 16.27 | | 89.28 | 3430.47 |
| 404.77 | 395.86 | 2.76 | 6.16 | | 20.20 | | | | 1625.40 |
| 739.45 | 732.75 | 3.50 | 2.89 | 0.31 | 10.48 | | 0.89 | | 11357.84 |
| 1046.61 | 1034.79 | 0.12 | 5.84 | 5.86 | 46.10 | 12.20 | 12.77 | | 414.27 |
| 6598.56 | 5621.75 | | 437.54 | 539.27 | 109.28 | 238.55 | 264.52 | | 2820.72 |
| 2099.39 | 1611.04 | | 173.65 | 314.70 | 55.58 | 238.55 | 261.67 | | 2325.74 |
| 4499.17 | 4010.71 | | 263.90 | 224.57 | 53.70 | | 2.85 | | 494.98 |
| 1103.62 | 1066.67 | | 35.14 | 1.81 | 11.06 | 16.28 | | | 2580.48 |
| **-4704.22** | **-3729.28** | **-984.84** | **11.84** | **-1.94** | **614.33** | **-13.32** | **-0.83** | **1.52** | **603.74** |

## 续表

单位：万吨标准煤

| 项　目 | Item | 原油 Crude Oil | 汽油 Gasoline |
|---|---|---|---|
| **一.可供本地区消费的能源量** | **Total Primary Energy Supply** | **35982.28** | **-1057.30** |
| 1.一次能源生产量 | Indigenous Production | 24229.03 | |
| 水电 | Hydro Power | | |
| 核电 | Nuclear Power | | |
| 2.回收能 | Recovery of Energy | | |
| 3.进 口 量 | Import | 13003.13 | |
| 4.我轮、机在外国加油量 | China Airplanes&Ships Refueling in Abroad | | |
| 5.出 口 量(–) | Export (-) | -1161.92 | -1109.79 |
| 6.外轮、机在我国加油量(–) | Foreign Airplanes&ships Refueling in China | | |
| 7.库存增(–)、减(+)量 | Stock Change | -87.96 | 52.48 |
| **二.加工转换投入(–)产出(+)量** | **Input(-) & Output(+) of Transformation** | **-34213.54** | **7048.57** |
| 1.火力发电 | Thermal Power | -134.27 | -0.59 |
| 2.供　热 | Heating Supply | -15.73 | -0.12 |
| 3.洗 选 煤 | Coal Washing | | |
| 4.炼　焦 | Coking | | |
| 5.炼　油 | Petroleum Refineries | -34063.54 | 7049.27 |
| 6.制　气 | Gas Works | | |
| #焦炭再投入量(–) | Coke Input (-) | | |
| 7.煤制品加工 | Briquettes | | |
| **三.损 失 量** | **Loss** | **229.69** | |
| **四.终端消费量** | **Total Final Consumption** | **1160.34** | **5990.86** |
| 1.农、林、牧、渔、水利业 | Farming, Forestry, Animal Husbandry, Fishery & Water Conservancy | | 171.42 |
| 2.工　业 | Industry | 1132.88 | 930.51 |
| #用作原料、材料 | Non-Energy Use | 150.67 | 29.87 |
| 3.建 筑 业 | Construction | 5.71 | 167.24 |
| 4.交通运输、仓储及邮电通迅业 | Transport, Storage, Postal & Telecommunications Services | 19.90 | 2817.94 |
| 5.批发和零售贸易业、餐饮业 | Wholesale, Retail Trade and Catering Service | 0.13 | 114.90 |
| 6.生活消费 | Residential Consumption | | 498.44 |
| 城 镇 | Urban | | 388.27 |
| 乡 村 | Rural | | 110.16 |
| 7.其他 | Other | 1.71 | 1290.42 |
| **五.平衡差额** | **Statistical Difference** | **378.71** | **0.40** |
| **六.消费量合计** | **Total Final Consumption** | | |

Continued

(10 000 tce)

| 煤油<br>Kerosene | 柴油<br>Diesel Oil | 燃料油<br>Fuel Oil | 液化石油气<br>LPG | 炼厂干气<br>Refinery Gas | 其他石油制品<br>Other Petroleum Products | 天然气<br>Natural Gas | 热力<br>Heat | 电力<br>Electricity | 其他能源<br>Other Energy |
|---|---|---|---|---|---|---|---|---|---|
| **87.12** | **-95.09** | **3266.19** | **1070.49** | | **219.30** | **4407.89** | | **3967.89** | **661.23** |
| | | | | | | 4657.00 | | 4058.33 | |
| | | | | | | | | 3486.44 | |
| | | | | | | | | 532.67 | |
| | | | | | | | | | 661.23 |
| 309.39 | 123.63 | 3422.14 | 1091.56 | | 566.45 | | | 36.62 | |
| 157.59 | 39.04 | 277.52 | | | | | | | |
| -296.77 | -326.39 | -108.77 | -4.11 | | -343.22 | -249.11 | | -127.07 | |
| -109.18 | -29.72 | -160.86 | | | | | | | |
| 26.09 | 98.35 | -163.83 | -16.95 | | -3.93 | | | | |
| **1258.49** | **12037.83** | **952.00** | **2074.59** | **903.79** | **6146.01** | **-362.29** | **6045.93** | **19422.64** | **-352.73** |
| | -395.28 | -1509.63 | -2.67 | -26.64 | -66.42 | -176.09 | | 19422.64 | -191.73 |
| | | -372.58 | | -188.69 | -34.08 | -186.20 | 6045.93 | | -85.00 |
| | | | | | | | | | |
| | | | | | | | | | |
| 1258.49 | 12433.11 | 2864.11 | 2077.27 | 1119.12 | 6246.51 | | | | -76.00 |
| | | -29.90 | | | | | | | |
| | | | | | | | | | |
| | | | | | | | | | |
| | | | **1.92** | | | **88.45** | **69.09** | **1549.38** | |
| **1356.06** | **11858.11** | **4117.34** | **3075.28** | **920.84** | **6366.56** | **4059.03** | **5976.99** | **21840.46** | **308.37** |
| 1.99 | 1368.33 | 0.86 | | | | | 1.69 | 851.88 | |
| 129.14 | 2395.81 | 2711.93 | 925.72 | 920.84 | 5357.24 | 3085.60 | 4634.70 | 15865.16 | 308.37 |
| 15.06 | 45.28 | 131.44 | 101.00 | 72.28 | 2884.87 | 888.17 | | | 43.15 |
| | 402.49 | 25.43 | 15.21 | | 1009.32 | 9.31 | 7.36 | 220.95 | |
| 1091.31 | 6025.40 | 1343.30 | 60.00 | | | 182.88 | 29.10 | 500.13 | |
| 16.54 | 153.77 | 18.57 | 110.37 | | | 91.11 | 52.64 | 753.34 | |
| 53.53 | 361.20 | | 1907.55 | | | 690.14 | 1148.01 | 2529.33 | |
| 8.83 | 267.16 | | 1661.48 | | | 690.14 | 1148.01 | 1569.89 | |
| 44.70 | 94.04 | | 246.07 | | | | | 959.44 | |
| 63.55 | 1151.11 | 17.26 | 56.43 | | | | 103.49 | 1119.67 | |
| **-10.45** | **84.63** | **100.86** | **67.89** | **-17.05** | **-1.25** | **-101.88** | **-0.15** | **0.69** | **0.13** |

# 5-22 中国能源平衡表(标准量) -2004

单位:万吨标准煤

| 项 目 | Item | 能源合计 Energy Total (发电煤耗计算法) (coal equivalent calculation) | 能源合计 Energy Total (电热当量计算法) (calorific value calculation) |
|---|---|---|---|
| **一.可供本地区消费的能源量** | **Total Primary Energy Supply** | **212650.11** | **203410.76** |
| 1.一次能源生产量 | Indigenous Production | 196647.54 | 187268.42 |
| 水电 | Hydro Power | 12477.88 | 4345.06 |
| 核电 | Nuclear Power | 1781.24 | 620.26 |
| 2.回收能 | Recovery of Energy | 2507.99 | 2507.99 |
| 3.进 口 量 | Import | 26045.95 | 25967.73 |
| 4.我轮、机在外国加油量 | China Airplanes&Ships Refueling in Abroad | 546.74 | 546.74 |
| 5.出 口 量(−) | Export (-) | -11159.24 | -10941.26 |
| 6.外轮、机在我国加油量(−) | Foreign Airplanes&ships Refueling in China | -486.79 | -486.79 |
| 7.库存增(−)、减(+)量 | Stock Change | -1452.07 | -1452.07 |
| **二.加工转换投入(−)产出(+)量** | **Input(-) & Output(+) of Transformation** | **-3781.11** | **-47719.56** |
| 1.火力发电 | Thermal Power | | -41305.20 |
| 2.供 热 | Heating Supply | | -2633.25 |
| 3.洗 选 煤 | Coal Washing | -1394.15 | -1394.15 |
| 4.炼 焦 | Coking | -556.90 | -556.90 |
| 5.炼 油 | Petroleum Refineries | -1415.60 | -1415.60 |
| 6.制 气 | Gas Works | -162.31 | -162.31 |
| #焦炭再投入量(−) | Coke Input (-) | -196.36 | -196.36 |
| 7.煤制品加工 | Briquettes | -55.78 | -55.78 |
| **三.损 失 量** | **Loss** | **5439.16** | **2140.34** |
| **四.终端消费量** | **Total Final Consumption** | **204235.72** | **154359.00** |
| 1.农、林、牧、渔、水利业 | Farming, Forestry, Animal Husbandry, Fishery & Water Conservancy | 5697.35 | 3927.96 |
| 2.工 业 | Industry | 143607.37 | 107158.02 |
| #用作原料、材料 | Non-Energy Use | 8943.66 | 8943.66 |
| 3.建 筑 业 | Construction | 3114.60 | 2643.89 |
| 4.交通运输、仓储及邮电通迅业 | Transport, Storage, Postal & Telecommunications Services | 16321.08 | 15270.00 |
| 5.批发和零售贸易业、餐饮业 | Wholesale, Retail Trade and Catering Service | 4484.09 | 2831.34 |
| 6.生活消费 | Residential Consumption | 22768.41 | 16717.20 |
| 城 镇 | Urban | 13678.68 | 9746.48 |
| 乡 村 | Rural | 9089.73 | 6970.73 |
| 7.其他 | Other | 8242.82 | 5810.58 |
| **五.平衡差额** | **Statistical Difference** | **-805.87** | **-808.14** |
| **六.消费量合计** | **Total Final Consumption** | **213455.98** | **204218.90** |

# ENERGY BALANCE OF CHINA -2004 (STANDARD QUANTITY)

(10 000 tce)

| 煤合计<br>Coal Total | 原煤<br>Raw Coal | 洗精煤<br>Cleaned Coal | 其他洗煤<br>Other Washed Coal | 型煤<br>Briquettes | 焦炭<br>Coke | 焦炉煤气<br>Coke Oven Gas | 其他煤气<br>Other Gas | 其他焦化产品<br>Other Coking Products | 油品合计<br>Petroleum Products Total |
|---|---|---|---|---|---|---|---|---|---|
| **146622.47** | **146641.51** | **-36.23** | **20.29** | **-3.10** | **-2015.08** | | **1640.36** | **127.27** | **46042.22** |
| 151618.09 | 151618.09 | | | | | | | | 25125.25 |
| | | | | | | | | | |
| | | | | | | | | | |
| | | | | | | | 1640.36 | | |
| 1444.68 | 811.03 | 614.66 | 18.99 | | 0.52 | | | 160.56 | 24320.19 |
| | | | | | | | | | 546.74 |
| -6296.41 | -5774.32 | -518.09 | -0.91 | -3.10 | -1458.27 | | | -33.28 | -2712.32 |
| | | | | | | | | | -486.79 |
| -143.89 | -13.29 | -132.81 | 2.21 | | -557.34 | | | | -750.84 |
| **-92790.26** | **-98013.72** | **1728.95** | **2810.85** | **683.66** | **19761.46** | **1930.93** | **16.13** | **328.50** | **-4662.64** |
| -59662.31 | -58504.17 | -140.92 | -1017.22 | | | -154.07 | -333.01 | | -2671.73 |
| -7936.42 | -7820.14 | -10.58 | -105.71 | | | -87.35 | -229.58 | | -609.83 |
| -1394.15 | -27068.33 | 21032.69 | 4641.49 | | | | | | |
| -22726.99 | -3916.50 | -18776.40 | -34.09 | | 19651.21 | 2146.36 | 58.29 | 314.23 | |
| | | | | | | | | | -1366.06 |
| -1014.60 | -629.66 | -375.84 | -9.10 | | 299.00 | 25.98 | 520.43 | 21.89 | -15.01 |
| | | | | | -188.74 | | | -7.6164 | |
| -55.78 | -74.92 | | -664.52 | 683.66 | | | | | |
| | | | | | | | | | **214.13** |
| **55609.78** | **50066.83** | **1950.39** | **2904.41** | **688.15** | **17361.55** | **1919.83** | **1656.61** | **455.22** | **40507.94** |
| 1117.39 | 1108.27 | | 9.12 | | 66.72 | | | | 1797.15 |
| 43696.93 | 39281.09 | 1947.60 | 2382.19 | 86.05 | 17112.99 | 1642.15 | 1358.80 | 455.22 | 16013.78 |
| 2812.05 | 2608.26 | 100.11 | 100.05 | 3.62 | 799.46 | 18.72 | | 115.85 | 4144.19 |
| 448.88 | 443.71 | 2.79 | 2.38 | | 16.31 | | | | 1897.55 |
| 651.23 | 650.65 | | 0.58 | | 1.74 | | 0.60 | | 13755.74 |
| 1152.89 | 1139.25 | | 5.79 | 7.84 | 51.83 | 11.24 | 18.52 | | 532.65 |
| 7275.70 | 6211.10 | | 472.10 | 592.50 | 102.15 | 252.93 | 278.68 | | 3571.61 |
| 2225.56 | 1717.88 | | 180.19 | 327.48 | 53.08 | 252.93 | 275.44 | | 2839.43 |
| 5050.14 | 4493.22 | | 291.91 | 265.01 | 49.07 | | 3.25 | | 732.18 |
| 1266.76 | 1232.74 | | 32.25 | 1.77 | 9.80 | 13.51 | | | 2939.47 |
| **-1777.56** | **-1439.04** | **-257.66** | **-73.27** | **-7.59** | **384.83** | **11.10** | **-0.12** | **0.56** | **657.51** |

## 续表

单位：万吨标准煤

| 项　目 | Item | 原油 Crude Oil | 汽油 Gasoline |
|---|---|---|---|
| **一.可供本地区消费的能源量** | **Total Primary Energy Supply** | **41446.99** | **-835.87** |
| 1.一次能源生产量 | Indigenous Production | 25125.25 | |
| 水电 | Hydro Power | | |
| 核电 | Nuclear Power | | |
| 2.回收能 | Recovery of Energy | | |
| 3.进 口 量 | Import | 17531.78 | |
| 4.我轮、机在外国加油量 | China Airplanes&Ships Refueling in Abroad | | |
| 5.出 口 量(−) | Export (-) | -784.53 | -795.60 |
| 6.外轮、机在我国加油量(−) | Foreign Airplanes&ships Refueling in China | | |
| 7.库存增(−)、减(+)量 | Stock Change | -425.51 | -40.27 |
| **二.加工转换投入(−)产出(+)量** | **Input(-) & Output(+) of Transformation** | **-39651.59** | **7746.63** |
| 1.火力发电 | Thermal Power | -25.77 | -0.44 |
| 2.供　热 | Heating Supply | -0.36 | -0.22 |
| 3.洗 选 煤 | Coal Washing | | |
| 4.炼　焦 | Coking | | |
| 5.炼　油 | Petroleum Refineries | -39625.46 | 7747.29 |
| 6.制　气 | Gas Works | | |
| #焦炭再投入量(−) | Coke Input (-) | | |
| 7.煤制品加工 | Briquettes | | |
| **三.损 失 量** | **Loss** | **212.59** | |
| **四.终端消费量** | **Total Final Consumption** | **1207.08** | **6908.62** |
| 1.农、林、牧、渔、水利业 | Farming, Forestry, Animal Husbandry, Fishery & Water Conservancy | | 197.30 |
| 2.工　业 | Industry | 1207.08 | 745.93 |
| #用作原料、材料 | Non-Energy Use | 160.54 | 23.94 |
| 3.建 筑 业 | Construction | | 230.26 |
| 4.交通运输、仓储及邮电通迅业 | Transport, Storage, Postal & Telecommunications Services | | 3434.92 |
| 5.批发和零售贸易业、餐饮业 | Wholesale, Retail Trade and Catering Service | | 176.28 |
| 6.生活消费 | Residential Consumption | | 671.75 |
| 城 镇 | Urban | | 506.05 |
| 乡 村 | Rural | | 165.71 |
| 7.其他 | Other | | 1452.18 |
| **五.平衡差额** | **Statistical Difference** | **375.72** | **2.13** |
| **六.消费量合计** | **Total Final Consumption** | | |

Continued

(10 000 tce)

| 煤油 Kerosene | 柴油 Diesel Oil | 燃料油 Fuel Oil | 液化石油气 LPG | 炼厂干气 Refinery Gas | 其他石油制品 Other Petroleum Products | 天然气 Natural Gas | 热力 Heat | 电力 Electricity | 其他能源 Other Energy |
|---|---|---|---|---|---|---|---|---|---|
| **135.68** | **152.75** | **4024.81** | **1087.03** | | **30.84** | **5189.66** | | **4936.23** | **867.63** |
| | | | | | | 5514.18 | | 5010.90 | |
| | | | | | | | | 4345.06 | |
| | | | | | | | | 620.26 | |
| | | | | | | | | | 867.63 |
| 414.93 | 400.59 | 4370.40 | 1098.87 | | 503.62 | | | 41.79 | |
| 204.52 | 42.20 | 300.02 | | | | | | | |
| -301.64 | -92.74 | -259.56 | -5.47 | | -472.78 | -324.52 | | -116.46 | |
| -186.13 | -33.51 | -267.15 | | | | | | | |
| 3.99 | -163.78 | -118.90 | -6.37 | | | | | | |
| **1415.84** | **13855.10** | **537.51** | **2413.01** | **1060.13** | **7960.74** | **-524.02** | **6567.20** | **22067.78** | **-414.64** |
| | -488.01 | -2041.74 | -3.77 | -47.58 | -64.41 | -253.10 | | 22067.78 | -298.75 |
| | | -304.76 | -12.34 | -200.23 | -91.91 | -270.92 | 6567.20 | | -66.35 |
| | | | | | | | | | |
| | | | | | | | | | |
| 1415.84 | 14343.11 | 2899.03 | 2429.13 | 1307.94 | 8117.06 | | | | -49.54 |
| | | -15.01 | | | | | | | |
| | | | | | | | | | |
| | | | | | | | | | |
| | | | **1.54** | | | **103.21** | **77.08** | **1745.92** | |
| **1560.95** | **13931.25** | **4472.15** | **3438.43** | **1050.72** | **7938.74** | **4649.13** | **6489.99** | **25256.91** | **452.04** |
| 1.59 | 1591.17 | 0.94 | 6.14 | | | | 1.76 | 944.94 | |
| 89.59 | 2549.78 | 2739.15 | 829.22 | 1050.72 | 6802.31 | 3160.08 | 4826.50 | 18439.54 | 452.04 |
| 10.45 | 45.99 | 132.76 | 90.19 | 17.29 | 3663.04 | 1015.06 | | | 38.33 |
| | 485.40 | 30.51 | 14.93 | | 1136.44 | 18.49 | 14.24 | 248.43 | |
| 1353.26 | 7263.99 | 1643.53 | 60.03 | | | 266.40 | 41.67 | 552.62 | |
| 5.34 | 158.81 | 35.69 | 156.53 | | | 122.08 | 75.25 | 866.88 | |
| 40.26 | 544.47 | | 2315.13 | | | 894.03 | 1411.56 | 2930.54 | |
| 3.03 | 398.83 | | 1931.52 | | | 890.04 | 1411.56 | 1798.44 | |
| 37.22 | 145.64 | | 383.61 | | | 3.99 | | 1132.10 | |
| 70.91 | 1337.62 | 22.33 | 56.43 | | | 188.06 | 119.01 | 1273.96 | |
| **-9.43** | **76.60** | **90.17** | **60.07** | **9.41** | **52.84** | **-86.70** | **0.12** | **1.18** | **0.95** |

# 5-23 中国能源平衡表(标准量) -2005

单位:万吨标准煤

| 项目 | Item | 能源合计 Energy Total (发电煤耗计算法) (coal equivalent calculation) | 能源合计 Energy Total (电热当量计算法) (calorific value calculation) |
|---|---|---|---|
| **一.可供本地区消费的能源量** | **Total Primary Energy Supply** | **232225.08** | **222008.08** |
| 1.一次能源生产量 | Indigenous Production | 216218.54 | 205860.13 |
| 水电 | Hydro Power | 13959.15 | 4879.34 |
| 核电 | Nuclear Power | 1866.58 | 652.45 |
| 2.回收能 | Recovery of Energy | 2938.81 | 2938.81 |
| 3.进 口 量 | Import | 26330.02 | 26215.42 |
| 4.我轮、机在外国加油量 | China Airplanes&Ships Refueling in Abroad | 622.05 | 622.05 |
| 5.出 口 量(-) | Export (-) | -10868.39 | -10612.38 |
| 6.外轮、机在我国加油量(-) | Foreign Airplanes&ships Refueling in China | -579.48 | -579.48 |
| 7.库存增(-)、减(+)量 | Stock Change | -2436.47 | -2436.47 |
| **二.加工转换投入(-)产出(+)量** | **Input(-) & Output(+) of Transformation** | **-3823.31** | **-53552.79** |
| 1.火力发电 | Thermal Power | 0.00 | -46822.74 |
| 2.供 热 | Heating Supply | 0.00 | -2906.74 |
| 3.洗 选 煤 | Coal Washing | -1362.64 | -1362.64 |
| 4.炼 焦 | Coking | -701.91 | -701.91 |
| 5.炼 油 | Petroleum Refineries | -1304.78 | -1304.78 |
| 6.制 气 | Gas Works | -175.36 | -175.36 |
| #焦炭再投入量(-) | Coke Input (-) | -226.95 | -226.95 |
| 7.煤制品加工 | Briquettes | -51.68 | -51.68 |
| **三.损 失 量** | **Loss** | **6483.00** | **2546.87** |
| **四.终端消费量** | **Total Final Consumption** | **225690.35** | **169681.07** |
| 1.农、林、牧、渔、水利业 | Farming, Forestry, Animal Husbandry, Fishery & Water Conservancy | 6071.06 | 4294.91 |
| 2.工 业 | Industry | 158767.10 | 118198.82 |
| #用作原料、材料 | Non-Energy Use | 9190.44 | 9190.44 |
| 3.建 筑 业 | Construction | 3403.31 | 2862.40 |
| 4.交通运输、仓储及邮电通迅业 | Transport, Storage, Postal & Telecommunications Services | 18041.14 | 17043.46 |
| 5.批发和零售贸易业、餐饮业 | Wholesale, Retail Trade and Catering Service | 4847.75 | 3099.19 |
| 6.生活消费 | Residential Consumption | 25305.43 | 18046.94 |
| 城 镇 | Urban | 15392.21 | 10627.43 |
| 乡 村 | Rural | 9913.22 | 7419.51 |
| 7.其他 | Other | 9254.56 | 6135.35 |
| **五.平衡差额** | **Statistical Difference** | **-3771.57** | **-3772.66** |
| **六.消费量合计** | **Total Final Consumption** | **235996.65** | **225780.73** |

# ENERGY BALANCE OF CHINA -2005 (STANDARD QUANTITY)

(10 000 tce)

| 煤合计<br>Coal Total | 原煤<br>Raw Coal | 洗精煤<br>Cleaned Coal | 其他洗煤<br>Other Washed Coal | 型煤<br>Briquettes | 焦炭<br>Coke | 焦炉煤气<br>Coke Oven Gas | 其他煤气<br>Other Gas | 其他焦化产品<br>Other Coking Products | 油品合计<br>Petroleum Products Total |
|---|---|---|---|---|---|---|---|---|---|
| **162127.21** | **161972.17** | **154.55** | **2.32** | **-1.82** | **-1386.44** | | **2082.19** | **35.53** | **46637.83** |
| 167826.06 | 167826.06 | | | | | | | | 25908.08 |
| | | | | | | | | | |
| | | | | | | | | | |
| | | | | | | | 2082.19 | | |
| 1993.84 | 1343.48 | 647.51 | 2.85 | | 0.52 | | | 116.06 | 24043.40 |
| | | | | | | | | | 622.05 |
| -5220.04 | -4742.62 | -473.38 | -1.07 | -2.98 | -1239.90 | | | -80.53 | -3539.46 |
| | | | | | | | | | -579.48 |
| -2472.66 | -2454.76 | -19.59 | 0.54 | 1.15 | -147.06 | | | | 183.24 |
| **-109147.13** | **-114429.26** | **1541.25** | **3050.26** | **690.63** | **24671.87** | **2800.01** | **21.52** | **414.90** | **-4163.43** |
| -68428.79 | -67372.22 | -75.51 | -981.07 | | | -220.10 | -376.31 | | -2296.06 |
| -9443.61 | -9326.04 | -6.03 | -111.54 | | | -103.82 | -224.74 | | -577.55 |
| -1362.64 | -32910.63 | 26698.35 | 4849.64 | | | | | | |
| -28862.82 | -4182.11 | -24646.82 | -33.89 | | 24591.11 | 3096.07 | 67.75 | 405.98 | |
| | | | | | | | | | -1269.26 |
| -997.59 | -560.47 | -428.75 | -8.37 | | 302.15 | 27.86 | 554.82 | 14.47 | -20.56 |
| | | | | | -221.40 | | | -5.55074 | |
| -51.68 | -77.79 | | -664.52 | 690.63 | | | | | |
| | | | | | | | | | **222.51** |
| **56786.89** | **51057.17** | **1950.67** | **3085.18** | **693.88** | **23212.10** | **2789.50** | **2103.72** | **449.78** | **42248.48** |
| 1161.31 | 1147.97 | | 13.34 | | 59.22 | | | | 2118.45 |
| 44593.90 | 40028.32 | 1947.60 | 2530.20 | 87.78 | 22983.57 | 2480.24 | 1796.52 | 449.78 | 15487.97 |
| 2867.95 | 2657.88 | 100.11 | 106.27 | 3.70 | 919.34 | 23.40 | | 114.47 | 4049.09 |
| 464.56 | 458.52 | 3.07 | 2.97 | | 17.15 | | | | 2057.50 |
| 625.44 | 625.01 | | 0.43 | | 1.00 | | 0.65 | | 15442.03 |
| 1286.85 | 1274.21 | | 5.79 | 6.85 | 59.79 | 17.99 | 17.25 | | 573.93 |
| 7347.08 | 6249.51 | | 500.03 | 597.54 | 84.28 | 271.50 | 289.30 | | 3678.25 |
| 2149.81 | 1650.10 | | 189.94 | 309.76 | 46.58 | 271.50 | 285.77 | | 2841.30 |
| 5197.27 | 4599.41 | | 310.09 | 287.78 | 37.70 | | 3.52 | | 836.95 |
| 1307.77 | 1273.63 | | 32.42 | 1.71 | 7.08 | 19.78 | | | 2890.33 |
| **-3806.81** | **-3514.25** | **-254.88** | **-32.60** | **-5.07** | **73.33** | **10.51** | | **0.65** | **3.42** |

## 续表

单位：万吨标准煤

| 项　目 | Item | 原油 Crude Oil | 汽油 Gasoline |
|---|---|---|---|
| **一.可供本地区消费的能源量** | **Total Primary Energy Supply** | **42985.39** | **-850.89** |
| 1.一次能源生产量 | Indigenous Production | 25908.08 | |
| 水电 | Hydro Power | | |
| 核电 | Nuclear Power | | |
| 2.回收能 | Recovery of Energy | | |
| 3.进 口 量 | Import | 18117.13 | 0.01 |
| 4.我轮、机在外国加油量 | China Airplanes&Ships Refueling in Abroad | | |
| 5.出 口 量(-) | Export (-) | -1152.42 | -823.48 |
| 6.外轮、机在我国加油量(-) | Foreign Airplanes&ships Refueling in China | | |
| 7.库存增(-)、减(+)量 | Stock Change | 112.60 | -27.41 |
| **二.加工转换投入(-)产出(+)量** | **Input(-) & Output(+) of Transformation** | **-41518.14** | **7992.94** |
| 1.火力发电 | Thermal Power | -30.40 | -1.03 |
| 2.供 热 | Heating Supply | -0.47 | -0.15 |
| 3.洗 选 煤 | Coal Washing | | |
| 4.炼 焦 | Coking | | |
| 5.炼 油 | Petroleum Refineries | -41487.27 | 7994.12 |
| 6.制 气 | Gas Works | | |
| #焦炭再投入量(-) | Coke Input (-) | | |
| 7.煤制品加工 | Briquettes | | |
| **三.损 失 量** | **Loss** | **219.66** | |
| **四.终端消费量** | **Total Final Consumption** | **1243.40** | **7142.34** |
| 1.农、林、牧、渔、水利业 | Farming, Forestry, Animal Husbandry, Fishery & Water Conservancy | | 234.82 |
| 2.工 业 | Industry | 1243.40 | 648.75 |
| #用作原料、材料 | Non-Energy Use | 165.37 | 20.83 |
| 3.建 筑 业 | Construction | | 253.29 |
| 4.交通运输、仓储及邮电通迅业 | Transport, Storage, Postal & Telecommunications Services | | 3575.58 |
| 5.批发和零售贸易业、餐饮业 | Wholesale, Retail Trade and Catering Service | | 190.38 |
| 6.生活消费 | Residential Consumption | | 770.76 |
| 城 镇 | Urban | | 573.25 |
| 乡 村 | Rural | | 197.51 |
| 7.其他 | Other | | 1468.75 |
| **五.平衡差额** | **Statistical Difference** | **4.19** | **-0.29** |
| **六.消费量合计** | **Total Final Consumption** | | |

Continued

(10 000 tce)

| 煤油<br>Kerosene | 柴油<br>Diesel Oil | 燃料油<br>Fuel Oil | 液化石油气<br>LPG | 炼厂干气<br>Refinery Gas | 其他石油制品<br>Other Petroleum Products | 天然气<br>Natural Gas | 热力<br>Heat | 电力<br>Electricity | 其他能源<br>Other Energy |
|---|---|---|---|---|---|---|---|---|---|
| **93.49** | **-171.37** | **3528.42** | **1062.01** | | **-9.23** | **6164.68** | | **5490.45** | **856.62** |
| | | | | | | 6559.56 | | 5566.44 | |
| | | | | | | | | 4879.34 | |
| | | | | | | | | 652.45 | |
| | | | | | | | | | 856.62 |
| 483.12 | 77.58 | 3726.69 | 1057.72 | | 581.16 | | | 61.59 | |
| 217.47 | 11.32 | 393.25 | | | | | | | |
| -395.31 | -215.13 | -328.55 | -4.58 | | -620.00 | -394.88 | | -137.57 | |
| -263.23 | -33.95 | -282.29 | | | | | | | |
| 51.44 | -11.19 | 19.33 | 8.87 | | 29.61 | | | | |
| **1480.93** | **15625.14** | **678.91** | **2450.45** | **1247.02** | **7879.32** | **-783.90** | **7805.31** | **25161.76** | **-333.70** |
| | -534.37 | -1580.12 | -0.21 | -57.37 | -92.56 | -419.22 | | 25161.76 | -244.02 |
| | | -245.33 | -5.42 | -130.82 | -195.36 | -308.16 | 7805.31 | | -54.16 |
| | | | | | | | | | |
| | | | | | | | | | |
| 1480.93 | 16159.52 | 2524.92 | 2456.08 | 1435.21 | 8167.24 | | | | -35.52 |
| | | -20.56 | | | | -56.53 | | | |
| | | | | | | | | | |
| | | | | | | | | | |
| | | | **2.85** | | | **137.39** | **89.72** | **2097.25** | |
| **1584.46** | **15453.16** | **4214.20** | **3499.84** | **1243.53** | **7867.55** | **5298.25** | **7715.44** | **28554.40** | **522.51** |
| 2.35 | 1874.34 | 0.94 | 5.99 | | | | 1.83 | 954.11 | |
| 84.61 | 2367.10 | 2332.32 | 910.46 | 1243.53 | 6657.80 | 3547.91 | 5670.52 | 20665.91 | 522.51 |
| 9.87 | 44.74 | 113.04 | 99.33 | 10.69 | 3585.23 | 1166.14 | | | 50.03 |
| | 563.37 | 20.26 | 10.83 | | 1209.75 | 19.82 | 15.87 | 287.50 | |
| 1401.39 | 8582.91 | 1801.49 | 80.66 | | | 409.24 | 36.21 | 528.89 | |
| 5.40 | 169.06 | 39.32 | 169.78 | | | 143.53 | 75.25 | 924.59 | |
| 37.46 | 592.17 | | 2277.86 | | | 1056.42 | 1774.69 | 3545.43 | |
| 2.74 | 437.81 | | 1827.51 | | | 1052.43 | 1774.69 | 2205.35 | |
| 34.73 | 154.37 | | 450.35 | | | 3.99 | | 1340.08 | |
| 53.25 | 1304.20 | 19.87 | 44.26 | | | 121.33 | 141.08 | 1647.98 | |
| **-10.04** | **0.61** | **-6.86** | **9.78** | **3.49** | **2.54** | **-54.86** | **0.14** | **0.55** | **0.41** |

# 5-24 中国能源平衡表(标准量)-2006

单位:万吨标准煤

| 项目 | Item | 能源合计 Energy Total (发电煤耗计算法) (coal equivalent calculation) | 能源合计 Energy Total (电热当量计算法) (calorific value calculation) |
|---|---|---|---|
| **一.可供本地区消费的能源量** | **Total Primary Energy Supply** | **256034.47** | **244919.20** |
| 1.一次能源生产量 | Indigenous Production | 232166.57 | 220894.94 |
| 水电 | Hydro Power | 15256.62 | 5355.81 |
| 核电 | Nuclear Power | 1920.02 | 674.02 |
| 2.回收能 | Recovery of Energy | 3725.47 | 3725.47 |
| 3.进 口 量 | Import | 30421.02 | 30298.59 |
| 4.我轮、机在外国加油量 | China Airplanes&Ships Refueling in Abroad | 750.09 | 750.09 |
| 5.出 口 量(-) | Export (-) | -10276.10 | -9997.31 |
| 6.外轮、机在我国加油量(-) | Foreign Airplanes&ships Refueling in China | -648.57 | -648.57 |
| 7.库存增(-)、减(+)量 | Stock Change | -104.01 | -104.01 |
| **二.加工转换投入(-)产出(+)量** | **Input(-) & Output(+) of Transformation** | **-4055.60** | **-60690.10** |
| 1.火力发电 | Thermal Power | 0.00 | -53836.01 |
| 2.供 热 | Heating Supply | 0.00 | -2798.49 |
| 3.洗 选 煤 | Coal Washing | -1460.96 | -1460.96 |
| 4.炼 焦 | Coking | -734.36 | -734.36 |
| 5.炼 油 | Petroleum Refineries | -1391.20 | -1391.20 |
| 6.制 气 | Gas Works | -192.53 | -192.53 |
| #焦炭再投入量(-) | Coke Input (-) | -227.63 | -227.63 |
| 7.煤制品加工 | Briquettes | -48.92 | -48.92 |
| **三.损 失 量** | **Loss** | **7100.43** | **2843.57** |
| **四.终端消费量** | **Total Final Consumption** | **247520.27** | **184028.46** |
| 1.农、林、牧、渔、水利业 | Farming, Forestry, Animal Husbandry, Fishery & Water Conservancy | 6330.71 | 4451.02 |
| 2.工 业 | Industry | 174224.82 | 128124.48 |
| #用作原料、材料 | Non-Energy Use | 9564.32 | 9564.32 |
| 3.建 筑 业 | Construction | 3760.76 | 3139.35 |
| 4.交通运输、仓储及邮电通迅业 | Transport, Storage, Postal & Telecommunications Services | 19848.79 | 18768.42 |
| 5.批发和零售贸易业、餐饮业 | Wholesale, Retail Trade and Catering Service | 5314.05 | 3358.62 |
| 6.生活消费 | Residential Consumption | 27765.16 | 19504.85 |
| 城 镇 | Urban | 17034.87 | 11787.13 |
| 乡 村 | Rural | 10730.29 | 7717.72 |
| 7.其他 | Other | 10275.98 | 6681.72 |
| **五.平衡差额** | **Statistical Difference** | **-2641.83** | **-2642.93** |
| **六.消费量合计** | **Total Final Consumption** | **258676.30** | **247562.13** |

# ENERGY BALANCE OF CHINA -2006 (STANDARD QUANTITY)

(10 000 tce)

| 煤合计<br>Coal Total | 原煤<br>Raw Coal | 洗精煤<br>Cleaned Coal | 其他洗煤<br>Other Washed Coal | 型煤<br>Briquettes | 焦炭<br>Coke | 焦炉煤气<br>Coke Oven Gas | 其他煤气<br>Other Gas | 其他焦化产品<br>Other Coking Products | 油品合计<br>Petroleum Products Total |
|---|---|---|---|---|---|---|---|---|---|
| **179283.84** | **179235.41** | **58.81** | **-5.87** | **-4.51** | **-1726.95** | | **2915.05** | **23.82** | **50071.78** |
| 180614.41 | 180614.41 | | | | | | | | 26395.63 |
| | | | | | | | | | |
| | | | | | | | | | |
| | | | | | | | 2915.05 | | |
| 2806.01 | 2379.63 | 419.63 | 6.75 | | 0.03 | | | 124.90 | 27175.07 |
| | | | | | | | | | 750.09 |
| -4859.88 | -4464.13 | -390.92 | -1.02 | -3.79 | -1405.37 | | | -101.08 | -3094.74 |
| | | | | | | | | | -648.57 |
| 723.29 | 705.50 | 30.11 | -11.60 | -0.71 | -321.60 | | | | -505.70 |
| **-124803.59** | **-129957.43** | **1413.67** | **3090.38** | **649.79** | **28548.23** | **2663.30** | **19.31** | **540.82** | **-3947.18** |
| -79502.75 | -78047.39 | -57.37 | -1397.99 | | | -331.29 | -376.31 | | -1928.07 |
| -9790.34 | -9622.48 | -17.28 | -150.58 | | | -235.83 | -224.74 | | -615.36 |
| -1460.96 | -37262.21 | 30507.44 | 5293.81 | | | | | | |
| -33001.81 | -4472.12 | -28508.31 | -21.38 | | 28472.33 | 3197.86 | 69.02 | 528.24 | |
| | | | | | | | | | -1384.62 |
| -998.81 | -475.45 | -510.81 | -12.55 | | 297.30 | 32.56 | 551.35 | 18.81 | -19.13 |
| | | | | | -221.40 | | | -6.2316 | |
| -48.92 | -77.79 | | -620.93 | 649.79 | | | | | |
| | | | | | | | | | **286.11** |
| **57324.13** | **51834.95** | **1726.92** | **3116.52** | **645.74** | **26726.85** | **2709.43** | **2934.37** | **563.76** | **45749.43** |
| 1130.81 | 1121.01 | | 9.80 | | 53.84 | | | | 2247.84 |
| 45182.53 | 40820.21 | 1692.08 | 2582.46 | 87.78 | 26495.75 | 2390.06 | 2568.32 | 563.76 | 16424.19 |
| 2909.59 | 2710.46 | 86.97 | 108.46 | 3.70 | 1059.83 | 23.40 | | 143.48 | 4337.95 |
| 491.85 | 486.10 | 3.07 | 2.68 | | 17.87 | | | | 2257.57 |
| 583.46 | 544.21 | 31.77 | 7.47 | | 0.82 | | 0.75 | | 17047.60 |
| 1349.10 | 1336.45 | | 5.82 | 6.83 | 63.17 | 17.64 | 18.56 | | 601.99 |
| 7243.57 | 6228.70 | | 465.58 | 549.30 | 87.38 | 281.34 | 346.74 | | 4120.00 |
| 2158.57 | 1715.14 | | 164.64 | 278.79 | 49.12 | 281.34 | 343.10 | | 3163.60 |
| 5085.00 | 4513.55 | | 300.94 | 270.51 | 38.26 | | 3.63 | | 956.39 |
| 1342.80 | 1298.27 | | 42.70 | 1.83 | 8.02 | 20.39 | | | 3050.25 |
| **-2843.89** | **-2556.97** | **-254.45** | **-32.02** | **-0.45** | **94.43** | **-46.13** | | **0.88** | **89.06** |

## 续表

单位:万吨标准煤

| 项　目 | Item | 原油 Crude Oil | 汽油 Gasoline |
|---|---|---|---|
| **一.可供本地区消费的能源量** | **Total Primary Energy Supply** | **46071.19** | **-517.83** |
| 1.一次能源生产量 | Indigenous Production | 26395.63 | |
| 水电 | Hydro Power | | |
| 核电 | Nuclear Power | | |
| 2.回收能 | Recovery of Energy | | |
| 3.进 口 量 | Import | 20739.67 | 8.96 |
| 4.我轮、机在外国加油量 | China Airplanes&Ships Refueling in Abroad | | |
| 5.出 口 量(−) | Export (-) | -905.33 | -515.78 |
| 6.外轮、机在我国加油量(−) | Foreign Airplanes&ships Refueling in China | | |
| 7.库存增(−)、减(+)量 | Stock Change | -158.77 | -11.01 |
| **二.加工转换投入(−)产出(+)量** | **Input(-) & Output(+) of Transformation** | **-44386.24** | **8232.28** |
| 1.火力发电 | Thermal Power | -32.73 | -0.13 |
| 2.供　　热 | Heating Supply | -1.20 | -0.01 |
| 3.洗 选 煤 | Coal Washing | | |
| 4.炼　　焦 | Coking | | |
| 5.炼　　油 | Petroleum Refineries | -44352.32 | 8232.42 |
| 6.制　　气 | Gas Works | | |
| #焦炭再投入量(−) | Coke Input (-) | | |
| 7.煤制品加工 | Briquettes | | |
| **三.损 失 量** | **Loss** | **283.36** | |
| **四.终端消费量** | **Total Final Consumption** | **1395.89** | **7713.73** |
| 1.农、林、牧、渔、水利业 | Farming, Forestry, Animal Husbandry, Fishery & Water Conservancy | | 246.82 |
| 2.工　　业 | Industry | 1395.89 | 733.35 |
| #用作原料、材料 | Non-Energy Use | 185.65 | 23.54 |
| 3.建 筑 业 | Construction | | 265.95 |
| 4.交通运输、仓储及邮电通迅业 | Transport, Storage, Postal & Telecommunications Services | | 3814.39 |
| 5.批发和零售贸易业、餐饮业 | Wholesale, Retail Trade and Catering Service | | 181.48 |
| 6.生活消费 | Residential Consumption | | 906.00 |
| 城 镇 | Urban | | 648.19 |
| 乡 村 | Rural | | 257.81 |
| 7.其他 | Other | | 1565.73 |
| **五.平衡差额** | **Statistical Difference** | **5.70** | **0.72** |
| **六.消费量合计** | **Total Final Consumption** | | |

Continued

(10 000 tce)

| 煤油<br>Kerosene | 柴油<br>Diesel Oil | 燃料油<br>Fuel Oil | 液化石油气<br>LPG | 炼厂干气<br>Refinery Gas | 其他石油制品<br>Other Petroleum Products | 天然气<br>Natural Gas | 热力<br>Heat | 电力<br>Electricity | 其他能源<br>Other Energy |
|---|---|---|---|---|---|---|---|---|---|
| **209.53** | **107.36** | **3695.99** | **869.45** | | **-363.92** | **7528.47** | | **6012.77** | **810.42** |
| | | | | | | 7787.55 | | 6097.35 | |
| | | | | | | | | 5355.81 | |
| | | | | | | | | 674.02 | |
| | | | | | | | | | 810.42 |
| 825.29 | 102.75 | 3999.12 | 918.11 | | 581.16 | 126.35 | | 66.23 | |
| 251.32 | 14.79 | 483.98 | | | | | | | |
| -546.02 | -113.04 | -368.68 | -25.89 | | -620.00 | -385.43 | | -150.81 | |
| -313.85 | -36.43 | -298.29 | | | | | | | |
| -7.21 | 139.28 | -120.15 | -22.77 | | -325.08 | | | | |
| **1435.32** | **16683.33** | **977.19** | **2982.92** | **1288.49** | **8839.54** | **-857.67** | **8416.29** | **29122.42** | **-392.03** |
| | -455.66 | -1325.81 | -0.02 | -54.21 | -59.51 | -499.55 | | 29122.42 | -320.46 |
| | | -227.42 | -9.03 | -203.04 | -174.65 | -283.51 | 8416.29 | | -64.99 |
| | | | | | | | | | |
| | | | | | | | | | |
| 1435.32 | 17138.99 | 2549.55 | 2991.97 | 1545.74 | 9073.70 | | | | -6.58 |
| | | -19.13 | | | | -74.61 | | | |
| | | | | | | | | | |
| | | | | | | | | | |
| | | | **2.74** | | | **171.57** | **101.39** | **2284.50** | |
| **1654.94** | **16789.74** | **4668.24** | **3772.65** | **1285.86** | **8468.39** | **6437.57** | **8314.79** | **32850.12** | **418.01** |
| 2.27 | 1989.71 | 0.99 | 8.04 | | | | 2.10 | 1016.43 | |
| 70.91 | 2402.55 | 2479.30 | 918.67 | 1285.86 | 7137.67 | 4200.14 | 6028.17 | 23853.55 | 418.01 |
| 8.27 | 45.41 | 120.16 | 100.23 | 11.06 | 3843.63 | 1050.04 | | | 40.02 |
| | 624.61 | 23.34 | 12.94 | | 1330.73 | 22.08 | 16.85 | 333.12 | |
| 1486.91 | 9540.10 | 2115.19 | 91.01 | | | 505.67 | 55.73 | 574.40 | |
| 5.55 | 189.09 | 30.63 | 195.23 | | | 175.08 | 91.80 | 1041.27 | |
| 33.44 | 684.25 | | 2496.31 | | | 1364.79 | 1941.94 | 4119.09 | |
| 2.19 | 511.53 | | 2001.69 | | | 1360.00 | 1941.94 | 2489.45 | |
| 31.25 | 172.72 | | 494.62 | | | 4.79 | | 1629.64 | |
| 55.87 | 1359.42 | 18.78 | 50.45 | | | 169.81 | 178.20 | 1912.25 | |
| **-10.09** | **0.96** | **4.94** | **76.98** | **2.62** | **7.23** | **61.66** | **0.11** | **0.58** | **0.38** |

# 5-25 中国能源平衡表(标准量) -2007

单位:万吨标准煤

| 项　目 | Item | 能源合计 Energy Total (发电煤耗计算法) (coal equivalent calculation) | 能源合计 Energy Total (电热当量计算法) (calorific value calculation) |
|---|---|---|---|
| **一.可供本地区消费的能源量** | **Total Primary Energy Supply** | **274800.29** | **262704.47** |
| 1.一次能源生产量 | Indigenous Production | 247279.19 | 234955.82 |
| 水电 | Hydro Power | 16669.01 | 5963.89 |
| 核电 | Nuclear Power | 2134.19 | 763.58 |
| 2.回收能 | Recovery of Energy | 6165.52 | 6165.52 |
| 3.进 口 量 | Import | 34191.60 | 34097.82 |
| 4.我轮、机在外国加油量 | China Airplanes&Ships Refueling in Abroad | 870.02 | 870.02 |
| 5.出 口 量(-) | Export (-) | -9317.48 | -8996.15 |
| 6.外轮、机在我国加油量(-) | Foreign Airplanes&ships Refueling in China | -677.22 | -677.22 |
| 7.库存增(-)、减(+)量 | Stock Change | -3711.35 | -3711.35 |
| **二.加工转换投入(-)产出(+)量** | **Input(-) & Output(+) of Transformation** | **-4240.67** | **-67043.26** |
| 1.火力发电 | Thermal Power | 0.00 | -60068.97 |
| 2.供　热 | Heating Supply | 0.00 | -2733.62 |
| 3.洗 选 煤 | Coal Washing | -1573.41 | -1573.41 |
| 4.炼　焦 | Coking | -853.82 | -853.82 |
| 5.炼　油 | Petroleum Refineries | -1325.48 | -1325.48 |
| 6.制　气 | Gas Works | -171.58 | -171.58 |
| #焦炭再投入量(-) | Coke Input (-) | -269.93 | -269.93 |
| 7.煤制品加工 | Briquettes | -46.44 | -46.44 |
| **三.损 失 量** | **Loss** | **7657.47** | **3075.76** |
| **四.终端消费量** | **Total Final Consumption** | **268609.80** | **198294.45** |
| 1.农、林、牧、渔、水利业 | Farming, Forestry, Animal Husbandry, Fishery & Water Conservancy | 6228.40 | 4288.52 |
| 2.工　业 | Industry | 189032.27 | 138038.12 |
| #用作原料、材料 | Non-Energy Use | 10383.04 | 10383.04 |
| 3.建 筑 业 | Construction | 4127.52 | 3439.59 |
| 4.交通运输、仓储及邮电通迅业 | Transport, Storage, Postal & Telecommunications Services | 21560.14 | 20369.43 |
| 5.批发和零售贸易业、餐饮业 | Wholesale, Retail Trade and Catering Service | 5689.38 | 3605.41 |
| 6.生活消费 | Residential Consumption | 30813.90 | 21241.59 |
| 城 镇 | Urban | 19021.61 | 13135.26 |
| 乡 村 | Rural | 11792.29 | 8106.33 |
| 7.其他 | Other | 11158.19 | 7311.78 |
| **五.平衡差额** | **Statistical Difference** | **-5707.65** | **-5709.00** |
| **六.消费量合计** | **Total Final Consumption** | **280507.94** | **268413.46** |

# ENERGY BALANCE OF CHINA -2007 (STANDARD QUANTITY)

(10 000 tce)

| 煤合计<br>Coal Total | 原煤<br>Raw Coal | 洗精煤<br>Cleaned Coal | 其他洗煤<br>Other Washed Coal | 型煤<br>Briquettes | 焦炭<br>Coke | 焦炉煤气<br>Coke Oven Gas | 其他煤气<br>Other Gas | 其他焦化产品<br>Other Coking Products | 油品合计<br>Petroleum Products Total |
|---|---|---|---|---|---|---|---|---|---|
| **190046.25** | **190008.73** | **181.30** | **-136.97** | **-6.81** | **-2151.86** | **0.00** | **5247.10** | **80.27** | **52427.85** |
| 192264.04 | 192264.04 | | | | | | | | 26617.42 |
| | | | | | | | | | |
| | | | | | | | | | |
| | | | | | | | 5247.10 | | |
| 3905.83 | 3314.21 | 559.74 | 31.88 | | | | | 203.80 | 29401.29 |
| | | | | | | | | | 870.02 |
| -3722.25 | -3487.36 | -228.86 | -1.40 | -4.63 | -1486.17 | | | -123.52 | -3139.38 |
| | | | | | | | | | -677.22 |
| -2401.38 | -2082.16 | -149.57 | -167.46 | -2.19 | -665.69 | | | | -644.27 |
| **-138126.70** | **-143972.48** | **1780.62** | **3365.78** | **699.38** | **30149.59** | **2948.70** | **193.79** | **613.45** | **-3212.16** |
| -89908.37 | -88189.32 | -23.19 | -1695.86 | | | -488.55 | -376.31 | | -1270.94 |
| -10407.57 | -10170.72 | -17.28 | -219.57 | | | -78.82 | -109.71 | | -614.15 |
| -1573.41 | -39950.64 | 32412.15 | 5965.08 | | | | | | |
| -35018.01 | -4927.43 | -30056.55 | -34.04 | | 30087.17 | 3435.35 | 48.40 | 593.27 | |
| | | | | | | | | | -1319.98 |
| -1172.90 | -630.02 | -534.51 | -8.37 | | 322.78 | 80.72 | 631.41 | 29.76 | -7.09 |
| | | | | | -260.36 | | | -9.5782 | |
| -46.44 | -104.35 | | -641.47 | 699.38 | | | | | |
| | | | | | | | | | **286.11** |
| **57194.21** | **51307.69** | **1949.81** | **3229.01** | **707.69** | **28073.56** | **2955.94** | **5441.01** | **693.43** | **49300.50** |
| 1106.02 | 1095.10 | | 10.93 | | 55.60 | | | | 2043.88 |
| 45422.05 | 40694.93 | 1926.92 | 2680.08 | 120.12 | 27844.41 | 2667.17 | 4998.92 | 693.43 | 17440.39 |
| 2918.81 | 2702.14 | 99.04 | 112.56 | 5.06 | 1113.78 | 26.67 | | 159.49 | 4893.09 |
| 448.75 | 442.56 | 2.70 | 3.49 | | 16.98 | | | | 2546.06 |
| 538.29 | 509.89 | 20.20 | 8.20 | | 0.53 | | 0.72 | | 18582.71 |
| 1359.80 | 1340.62 | | 8.74 | 10.45 | 68.97 | 17.20 | 26.38 | | 657.14 |
| 6850.55 | 5819.71 | | 456.89 | 573.95 | 79.07 | 253.21 | 415.00 | | 4776.46 |
| 2004.71 | 1563.18 | | 185.33 | 256.20 | 47.46 | 253.21 | 411.26 | | 3610.82 |
| 4845.84 | 4256.53 | | 271.55 | 317.75 | 31.61 | | 3.74 | | 1165.64 |
| 1468.75 | 1404.89 | | 60.69 | 3.17 | 7.99 | 18.36 | | | 3253.85 |
| **-5274.66** | **-5271.44** | **12.11** | **-0.21** | **-15.12** | **-75.83** | **-7.24** | **-0.13** | **0.30** | **-370.92** |

## 续表

单位:万吨标准煤

| 项　　目 | Item | 原油 Crude Oil | 汽油 Gasoline |
|---|---|---|---|
| **一.可供本地区消费的能源量** | **Total Primary Energy Supply** | **48622.49** | **-586.57** |
| 1.一次能源生产量 | Indigenous Production | 26617.42 | |
| 水电 | Hydro Power | | |
| 核电 | Nuclear Power | | |
| 2.回收能 | Recovery of Energy | | |
| 3.进 口 量 | Import | 23309.05 | 33.40 |
| 4.我轮、机在外国加油量 | China Airplanes&Ships Refueling in Abroad | | |
| 5.出 口 量(−) | Export (-) | -554.83 | -683.13 |
| 6.外轮、机在我国加油量(−) | Foreign Airplanes&ships Refueling in China | | |
| 7.库存增(−)、减(+)量 | Stock Change | -749.16 | 63.15 |
| **二.加工转换投入(−)产出(+)量** | **Input(-) & Output(+) of Transformation** | **-46928.26** | **8707.41** |
| 1.火力发电 | Thermal Power | -22.74 | -0.18 |
| 2.供　热 | Heating Supply | -0.84 | -0.01 |
| 3.洗 选 煤 | Coal Washing | | |
| 4.炼　焦 | Coking | | |
| 5.炼　油 | Petroleum Refineries | -46904.68 | 8707.60 |
| 6.制　气 | Gas Works | | |
| #焦炭再投入量(−) | Coke Input (-) | | |
| 7.煤制品加工 | Briquettes | | |
| **三.损 失 量** | **Loss** | **283.36** | |
| **四.终端消费量** | **Total Final Consumption** | **1405.91** | **8120.60** |
| 1.农、林、牧、渔、水利业 | Farming, Forestry, Animal Husbandry, Fishery & Water Conservancy | | 254.23 |
| 2.工　业 | Industry | 1405.91 | 771.56 |
| #用作原料、材料 | Non-Energy Use | 186.99 | 24.77 |
| 3.建 筑 业 | Construction | | 263.12 |
| 4.交通运输、仓储及邮电通迅业 | Transport, Storage, Postal & Telecommunications Services | | 3845.04 |
| 5.批发和零售贸易业、餐饮业 | Wholesale, Retail Trade and Catering Service | | 193.83 |
| 6.生活消费 | Residential Consumption | | 1145.34 |
| 城 镇 | Urban | | 810.20 |
| 乡 村 | Rural | | 335.13 |
| 7.其他 | Other | | 1647.48 |
| **五.平衡差额** | **Statistical Difference** | **4.95** | **0.24** |
| **六.消费量合计** | **Total Final Consumption** | | |

Continued

(10 000 tce)

| 煤油<br>Kerosene | 柴油<br>Diesel Oil | 燃料油<br>Fuel Oil | 液化石油气<br>LPG | 炼厂干气<br>Refinery Gas | 其他石油制品<br>Other Petroleum Products | 天然气<br>Natural Gas | 热力<br>Heat | 电力<br>Electricity | 其他能源<br>Other Energy |
|---|---|---|---|---|---|---|---|---|---|
| **126.46** | **196.87** | **3130.28** | **643.66** | | **294.67** | **9397.78** | | **6738.67** | **918.42** |
| | | | | | | 9208.92 | | 6865.44 | |
| | | | | | | | | 5963.89 | |
| | | | | | | | | 763.58 | |
| | | | | | | | | | 918.42 |
| 771.51 | 236.25 | 3453.03 | 695.03 | | 903.01 | 534.66 | | 52.24 | |
| 295.31 | 16.79 | 557.93 | | | | | | | |
| -659.29 | -96.24 | -542.47 | -57.94 | | -545.49 | -345.80 | | -179.02 | |
| -278.09 | -39.63 | -359.49 | | | | | | | |
| -2.98 | 79.70 | 21.29 | 6.57 | | -62.85 | | | | |
| **1696.94** | **17671.27** | **1807.48** | **3325.07** | **1360.05** | **9147.90** | **-1393.04** | **8818.35** | **33464.85** | **-500.09** |
| | -337.19 | -808.00 | | -59.08 | -43.74 | -1073.04 | | 33464.85 | -416.60 |
| | | -187.83 | -8.79 | -197.43 | -219.23 | -263.74 | 8818.35 | | -77.99 |
| | | | | | | | | | |
| | | | | | | | | | |
| 1696.94 | 18008.46 | 2810.40 | 3333.87 | 1616.56 | 9410.87 | | | | -5.50 |
| | | -7.09 | | | | -56.26 | | | |
| | | | | | | | | | |
| | | | | | | | | | |
| | | | **2.74** | | | **147.76** | **108.06** | **2533.84** | |
| **1830.00** | **17871.70** | **4936.46** | **3979.10** | **1359.73** | **9796.99** | **7838.78** | **8710.05** | **37668.97** | **418.01** |
| 1.38 | 1776.16 | 1.43 | 10.68 | | | | 2.78 | 1080.24 | |
| 66.57 | 2537.35 | 2324.56 | 772.29 | 1359.73 | 8202.42 | 4924.72 | 6309.46 | 27319.56 | 418.01 |
| 7.76 | 47.96 | 112.66 | 84.26 | 11.69 | 4417.00 | 1231.18 | | | 40.02 |
| | 632.11 | 43.92 | 12.34 | | 1594.57 | 27.82 | 20.22 | 379.76 | |
| 1662.65 | 10468.34 | 2514.26 | 92.42 | | | 537.67 | 55.80 | 653.72 | |
| 7.21 | 195.16 | 35.40 | 225.54 | | | 227.54 | 105.64 | 1142.75 | |
| 28.66 | 794.58 | | 2807.88 | | | 1907.04 | 1967.19 | 4993.07 | |
| 2.41 | 585.87 | | 2212.33 | | | 1901.00 | 1967.19 | 2939.60 | |
| 26.25 | 208.71 | | 595.55 | | | 6.03 | | 2053.47 | |
| 63.52 | 1468.00 | 16.89 | 57.94 | | | 214.00 | 248.96 | 2099.87 | |
| **-6.61** | **-3.57** | **1.29** | **-13.11** | **0.31** | **-354.42** | **18.20** | **0.25** | **0.71** | **0.33** |

# 5-26 中国能源平衡表(标准量) -2008

单位:万吨标准煤

| 项 目 | Item | 能源合计 Energy Total (发电煤耗计算法) (coal equivalent calculation) | 能源合计 Energy Total (电热当量计算法) (calorific value calculation) |
|---|---|---|---|
| **一.可供本地区消费的能源量** | **Total Primary Energy Supply** | **287011.28** | **273079.23** |
| 1.一次能源生产量 | Indigenous Production | 260551.54 | 246350.88 |
| 水电 | Hydro Power | 19470.31 | 7191.95 |
| 核电 | Nuclear Power | 2275.60 | 840.56 |
| 2.回收能 | Recovery of Energy | 6510.84 | 6510.84 |
| 3.进 口 量 | Import | 35977.34 | 35896.72 |
| 4.我轮、机在外国加油量 | China Airplanes&Ships Refueling in Abroad | 786.51 | 786.51 |
| 5.出 口 量(-) | Export (-) | -9230.99 | -8881.76 |
| 6.外轮、机在我国加油量(-) | Foreign Airplanes&ships Refueling in China | -723.62 | -723.62 |
| 7.库存增(-)、减(+)量 | Stock Change | -6860.33 | -6860.33 |
| **二.加工转换投入(-)产出(+)量** | **Input(-) & Output(+) of Transformation** | **-5166.01** | **-67071.12** |
| 1.火力发电 | Thermal Power | 0.00 | -58541.24 |
| 2.供 热 | Heating Supply | 0.00 | -3363.86 |
| 3.洗 选 煤 | Coal Washing | -2502.81 | -2502.81 |
| 4.炼 焦 | Coking | -819.06 | -819.06 |
| 5.炼 油 | Petroleum Refineries | -1380.18 | -1380.18 |
| 6.制 气 | Gas Works | -235.41 | -235.41 |
| #焦炭再投入量(-) | Coke Input (-) | -187.65 | -187.65 |
| 7.煤制品加工 | Briquettes | -40.89 | -40.89 |
| **三.损 失 量** | **Loss** | **7736.14** | **3209.10** |
| **四.终端消费量** | **Total Final Consumption** | **278546.14** | **207234.95** |
| 1.农、林、牧、渔、水利业 | Farming, Forestry, Animal Husbandry, Fishery & Water Conservancy | 6013.13 | 4150.86 |
| 2.工 业 | Industry | 196832.49 | 145707.08 |
| #用作原料、材料 | Non-Energy Use | 10745.81 | 10745.81 |
| 3.建 筑 业 | Construction | 3812.53 | 3035.33 |
| 4.交通运输、仓储及邮电通迅业 | Transport, Storage, Postal & Telecommunications Services | 22484.75 | 21261.26 |
| 5.批发和零售贸易业、餐饮业 | Wholesale, Retail Trade and Catering Service | 5733.58 | 3554.32 |
| 6.生活消费 | Residential Consumption | 31898.32 | 21855.35 |
| 城 镇 | Urban | 19615.20 | 13430.43 |
| 乡 村 | Rural | 12283.12 | 8424.92 |
| 7.其他 | Other | 11771.34 | 7670.74 |
| **五.平衡差额** | **Statistical Difference** | **-4437.01** | **-4435.93** |
| **六.消费量合计** | **Total Final Consumption** | **291448.30** | **277515.17** |

# ENERGY BALANCE OF CHINA -2008 (STANDARD QUANTITY)

(10 000 tce)

| 煤合计<br>Coal Total | 原煤<br>Raw Coal | 洗精煤<br>Cleaned Coal | 其他洗煤<br>Other Washed Coal | 型煤<br>Briquettes | 焦炭<br>Coke | 焦炉煤气<br>Coke Oven Gas | 其他煤气<br>Other Gas | 其他焦化产品<br>Other Coking Products | 油品合计<br>Petroleum Products Total |
|---|---|---|---|---|---|---|---|---|---|
| **196401.74** | **196250.85** | **231.02** | **-71.14** | **-8.99** | **-2253.58** | | **5521.54** | **33.34** | **53365.67** |
| 200146.86 | 200146.86 | | | | | | | | 27206.20 |
| | | | | | | | | | |
| | | | | | | | | | |
| | | | | | | | 5521.54 | | |
| 2946.16 | 2154.86 | 617.15 | 174.14 | 0.02 | | | | 139.67 | 32151.34 |
| | | | | | | | | | 786.51 |
| -3456.81 | -3135.64 | -311.09 | -1.20 | -8.89 | -1186.40 | | | -106.33 | -3496.08 |
| | | | | | | | | | -723.62 |
| -3234.48 | -2915.24 | -75.04 | -244.08 | -0.13 | -1067.18 | | | | -2558.67 |
| **-140581.68** | **-147039.13** | **1863.82** | **3999.64** | **593.99** | **31207.51** | **3235.61** | **61.99** | **771.96** | **-2871.11** |
| -89701.86 | -88203.08 | -23.53 | -1475.25 | | | -548.14 | -290.04 | | -888.62 |
| -10873.51 | -10613.96 | -5.86 | -253.70 | | | -78.82 | -109.71 | | -605.80 |
| -2502.81 | -43442.79 | 34646.61 | 6293.37 | | | | | | |
| -36457.95 | -4231.75 | -32177.47 | -48.73 | | 31115.40 | 3766.36 | 15.99 | 741.14 | |
| | | | | | | | | | -1373.79 |
| -1004.65 | -428.72 | -575.93 | | | 274.36 | 96.20 | 445.75 | 36.22 | -2.90 |
| | | | | | -182.25 | | | -5.40 | |
| -40.89 | -118.83 | | -516.05 | 593.99 | | | | | |
| | | | | | | | | | **289.65** |
| **60442.51** | **53812.12** | **2115.09** | **3928.75** | **586.55** | **28862.83** | **3213.99** | **5583.54** | **803.13** | **50183.74** |
| 1158.67 | 1143.55 | | 15.13 | | 51.62 | | | | 1847.59 |
| 48929.32 | 43297.62 | 2100.15 | 3344.22 | 187.33 | 28723.40 | 2940.41 | 5147.97 | 803.13 | 18461.33 |
| 3131.25 | 2874.96 | 107.95 | 140.46 | 7.89 | 1148.94 | 29.40 | | 184.72 | 4825.78 |
| 460.12 | 454.13 | 1.80 | 4.19 | | 10.39 | | | | 2083.35 |
| 507.78 | 486.79 | 13.14 | 7.84 | | 0.28 | | 0.81 | | 19147.66 |
| 1362.59 | 1338.08 | | 12.23 | 12.28 | 7.32 | 6.82 | 25.71 | | 549.17 |
| 6684.45 | 5823.90 | | 477.74 | 382.81 | 63.07 | 255.75 | 409.05 | | 4637.31 |
| 1752.99 | 1456.75 | | 170.78 | 125.45 | 41.14 | 255.75 | 404.93 | | 3437.83 |
| 4931.46 | 4367.15 | | 306.96 | 257.35 | 21.94 | | 4.11 | | 1199.48 |
| 1339.60 | 1268.05 | | 67.40 | 4.14 | 6.73 | 11.01 | | | 3457.33 |
| **-4622.46** | **-4600.41** | **-20.25** | **-0.25** | **-1.56** | **91.10** | **21.62** | **-0.01** | **2.18** | **21.17** |

## 续表

单位:万吨标准煤

| 项　　目 | Item | 原油 Crude Oil | 汽油 Gasoline |
|---|---|---|---|
| **一.可供本地区消费的能源量** | **Total Primary Energy Supply** | **50713.31** | **-293.61** |
| 1.一次能源生产量 | Indigenous Production | 27206.20 | |
| 水电 | Hydro Power | | |
| 核电 | Nuclear Power | | |
| 2.回收能 | Recovery of Energy | | |
| 3.进 口 量 | Import | 25555.54 | 292.35 |
| 4.我轮、机在外国加油量 | China Airplanes&Ships Refueling in Abroad | | |
| 5.出 口 量(-) | Export (-) | -605.37 | -299.21 |
| 6.外轮、机在我国加油量(-) | Foreign Airplanes&ships Refueling in China | | |
| 7.库存增(-)、减(+)量 | Stock Change | -1443.06 | -286.76 |
| **二.加工转换投入(-)产出(+)量** | **Input(-) & Output(+) of Transformation** | **-48722.61** | **9339.05** |
| 1.火力发电 | Thermal Power | -12.67 | -0.18 |
| 2.供　　热 | Heating Supply | -1.36 | -0.01 |
| 3.洗 选 煤 | Coal Washing | | |
| 4.炼　　焦 | Coking | | |
| 5.炼　　油 | Petroleum Refineries | -48708.58 | 9339.24 |
| 6.制　　气 | Gas Works | | |
| #焦炭再投入量(-) | Coke Input (-) | | |
| 7.煤制品加工 | Briquettes | | |
| **三.损 失 量** | **Loss** | **286.22** | |
| **四.终端消费量** | **Total Final Consumption** | **1703.96** | **9042.33** |
| 1.农、林、牧、渔、水利业 | Farming, Forestry, Animal Husbandry, Fishery & Water Conservancy | | 236.07 |
| 2.工　　业 | Industry | 1703.96 | 862.21 |
| #用作原料、材料 | Non-Energy Use | 226.63 | 27.68 |
| 3.建 筑 业 | Construction | | 288.67 |
| 4.交通运输、仓储及邮电通迅业 | Transport, Storage, Postal & Telecommunications Services | | 4547.26 |
| 5.批发和零售贸易业、餐饮业 | Wholesale, Retail Trade and Catering Service | | 199.05 |
| 6.生活消费 | Residential Consumption | | 1258.26 |
| 城 镇 | Urban | | 895.54 |
| 乡 村 | Rural | | 362.72 |
| 7.其他 | Other | | 1650.81 |
| **五.平衡差额** | **Statistical Difference** | **0.52** | **3.11** |
| **六.消费量合计** | **Total Final Consumption** | | |

Continued

(10 000 tce)

| 煤油<br>Kerosene | 柴油<br>Diesel Oil | 燃料油<br>Fuel Oil | 液化石油气<br>LPG | 炼厂干气<br>Refinery Gas | 其他石油制品<br>Other Petroleum Products | 天然气<br>Natural Gas | 热力<br>Heat | 电力<br>Electricity | 其他能源<br>Other Energy |
|---|---|---|---|---|---|---|---|---|---|
| **193.52** | **195.25** | **2150.07** | **341.97** | | **65.16** | **10860.65** | | **8160.58** | **989.30** |
| | | | | | | 10679.90 | | 8317.92 | |
| | | | | | | | | 7191.95 | |
| | | | | | | | | 840.56 | |
| | | | | | | | | | 989.30 |
| 953.16 | 909.89 | 3123.03 | 444.42 | | 872.95 | 612.33 | | 47.22 | |
| 278.09 | 12.55 | 495.87 | | | | | | | |
| -789.32 | -91.87 | -1045.25 | -116.32 | | -548.75 | -431.59 | | -204.55 | |
| -250.29 | -37.96 | -435.38 | | | | | | | |
| 1.87 | -597.35 | 11.80 | 13.88 | | -259.04 | | | | |
| **1705.21** | **19268.72** | **1797.25** | **3271.90** | **1391.76** | **9077.62** | **-1455.22** | **8789.72** | **34290.06** | **-519.96** |
| | -269.75 | -496.48 | | -56.08 | -53.45 | -1090.20 | | 34290.06 | -312.45 |
| | | -185.42 | -10.61 | -274.46 | -133.94 | -284.62 | 8789.72 | | -201.12 |
| | | | | | | | | | |
| | | | | | | | | | |
| 1705.21 | 19538.47 | 2482.05 | 3282.51 | 1722.30 | 9265.01 | | | | -6.39 |
| | | -2.90 | | | | -80.39 | | | |
| | | | | | | | | | |
| | | | | | | | | | |
| | | | **3.43** | | | **183.94** | **108.06** | **2627.45** | |
| **1904.00** | **19448.59** | **3939.78** | **3618.42** | **1390.63** | **9136.03** | **9172.87** | **8681.47** | **39823.86** | **467.01** |
| 1.85 | 1601.17 | 2.14 | 6.35 | | | | 2.78 | 1090.18 | |
| 72.22 | 3397.80 | 2228.77 | 845.46 | 1390.63 | 7960.28 | 5542.78 | 6116.57 | 28575.17 | 467.01 |
| 8.42 | 64.22 | 108.02 | 92.24 | 11.96 | 4286.61 | 1385.69 | | | 40.02 |
| 14.23 | 540.28 | 53.86 | 10.56 | | 1175.75 | 13.17 | 16.85 | 451.46 | |
| 1728.29 | 11145.81 | 1632.56 | 93.74 | | | 840.03 | 61.94 | 702.77 | |
| 30.63 | 222.53 | 8.93 | 88.03 | | | 236.08 | 116.20 | 1250.43 | |
| 18.66 | 862.71 | | 2497.68 | | | 2262.63 | 2140.29 | 5402.81 | |
| 2.53 | 640.15 | | 1899.61 | | | 2254.60 | 2140.29 | 3142.90 | |
| 16.13 | 222.57 | | 598.07 | | | 8.02 | | 2259.91 | |
| 38.11 | 1678.29 | 13.52 | 76.59 | | | 278.20 | 226.84 | 2351.04 | |
| **-5.27** | **15.37** | **7.54** | **-7.98** | **1.13** | **6.74** | **48.62** | **0.19** | **-0.68** | **2.33** |

# 5-27 综合能源平衡表

单位：万吨标准煤

| 项 目 | Item | 1980 | 1985 |
|---|---|---|---|
| **可供消费的能源总量** | **Total Energy Available for Consumption** | **61557** | **77603** |
| 一次能源生产量 | Primary Energy Output | 63735 | 85546 |
| 回收能 | Recovery of Energy | | |
| 进口量 | Imports | 261 | 340 |
| 出口量(-) | Exports (-) | 3058 | 5774 |
| 年初年末库存差额 | Stock Changes in the Year | 619 | -2509 |
| **能源消费总量** | **Total Energy Consumption** | **60275** | **76682** |
| 在总量中： | Consumption by Sector | | |
| 1.农、林、牧、渔业 | Farming,Forestry,Animal Husbandry, Fishery Conservancy | 4692 | 4045 |
| 2.工 业 | Industry | 38986 | 51068 |
| 3.建筑业 | Construction | 957 | 1302 |
| 4.交通运输、仓储和邮政业 | Transport, Storage and Post | 2902 | 3713 |
| 5.批发、零售业和住宿 、餐饮业 | Wholesale, Retail Trade and Hotel ,Restaurants | 518 | 766 |
| 6.其他 | Others | 1205 | 2470 |
| 7.生活消费 | Residential Consumption | 11015 | 13318 |
| 在总量中： | Consumption by Usage | | |
| (一) 终端消费 | (I)Final Consumption | 57508 | 73586 |
| #工业 | Industry | 38293 | 48021 |
| (二) 加工转换损失量 | (II)Losses in Processing and | 1358 | 1491 |
| #炼焦 | Coking | 644 | 572 |
| 炼油 | Petroleum Refining | 113 | 110 |
| (三) 损失量 | (III)Other Losses | 1409 | 1605 |
| **平衡差额** | **Balance** | **1282** | **921** |

注：1.村办工业包括在工业中(下同)。
2.电力、热力按等价热值折算，因此加工转换损失量中不包括发电、供热损失量。
3.进口量包括我国飞机、轮船在国外加油量；出口量包括外国飞机、轮船在我国加油量。

# OVERALL ENERGY BALANCE SHEET

(10 000 tce)

| 1990 | 1995 | 1996 | 1997 | 1998 | 1999 | 2000 |
|---|---|---|---|---|---|---|
| **96138** | **129535** | **133223** | **135874** | **134041** | **138065** | **142605** |
| 103922 | 129034 | 133032 | 133460 | 129834 | 131935 | 135048 |
|  | 2312 | 1115 | 1387 | 1919 | 1694 | 1760 |
| 1310 | 5456 | 6838 | 9732 | 8397 | 9514 | 14334 |
| 5875 | 6776 | 7537 | 7663 | 7143 | 7051 | 9633 |
| -3219 | -491 | -224 | -1043 | 1035 | 1974 | 1097 |
| **98703** | **131176** | **135192** | **135909** | **136184** | **140569** | **145531** |
|  |  |  |  |  |  |  |
| 4852 | 5505 | 3689 | 3693 | 3686 | 3780 | 3914 |
| 67578 | 96191 | 96850 | 97391 | 97382 | 100248 | 103774 |
| 1213 | 1335 | 1982 | 2033 | 2107 | 2133 | 2179 |
| 4541 | 5863 | 10011 | 10086 | 10138 | 10731 | 11242 |
| 1247 | 2018 | 2726 | 2747 | 2779 | 2879 | 3048 |
| 3473 | 4519 | 5261 | 5283 | 5313 | 5540 | 5762 |
| 15799 | 15745 | 14672 | 14677 | 14780 | 15258 | 15614 |
|  |  |  |  |  |  |  |
| 94289 | 124252 | 128600 | 129113 | 129771 | 134451 | 139008 |
| 63239 | 89473 | 90566 | 90922 | 91252 | 94459 | 97597 |
| 2264 | 3634 | 3120 | 3124 | 2876 | 2329 | 2461 |
| 905 |  | 919 | 929 | 684 | 533 | 525 |
| 326 |  | 549 | 626 | 863 | 648 | 781 |
| 2150 | 3289 | 3472 | 3672 | 3538 | 3789 | 4062 |
| **-2565** | **-1641** | **-1968** | **-35** | **-2143** | **-2503** | **-2926** |

a) Data on industry include the data of village-run industry.(The sane as in the following tables).

b) Electric power and heat are converted on the basic of equal caloric value. Therefore, losses in processing and transformation exclude losses in power generation and heating.

c) Data on imports include the petroleum consumed by the Chinese airplanes and ships in refueling abroad.Data on exports include the petroleum consumed by the foreign airplanes and ships in refueling in China.

# 续表

单位：万吨标准煤

| 项　目 | Item | 2001 | 2002 |
|---|---|---|---|
| **可供消费的能源总量** | **Total Energy Available for Consumption** | **147410** | **155927** |
| 一次能源生产量 | Primary Energy Output | 143875 | 150656 |
| 回收能 | Recovery of Energy | 1859 | 1908 |
| 进口量 | Imports | 13472 | 15769 |
| 出口量(–) | Exports (-) | 12020 | 11695 |
| 年初年末库存差额 | Stock Changes in the Year | 225 | -710 |
| **能源消费总量** | **Total Energy Consumption** | **150406** | **159431** |
| 在总量中： | Consumption by Sector | | |
| 1.农、林、牧、渔业 | Farming,Forestry,Animal Husbandry, Fishery Conservancy | 4115 | 4331 |
| 2.工　业 | Industry | 107138 | 113600 |
| 3.建筑业 | Construction | 2255 | 2410 |
| 4.交通运输、仓储和邮政业 | Transport, Storage and Post | 11613 | 12313 |
| 5.批发、零售业和住宿 、餐饮业 | Wholesale, Retail Trade and Hotel ,Restaurants | 3170 | 3373 |
| 6.其他 | Others | 5932 | 6241 |
| 7.生活消费 | Residential Consumption | 16183 | 17162 |
| 在总量中： | Consumption by Usage | | |
| (一) 终端消费 | (I)Final Consumption | 143615 | 151865 |
| #工业 | Industry | 100690 | 106377 |
| (二) 加工转换损失量 | (II)Losses in Processing and | 2402 | 2788 |
| #炼焦 | Coking | 543 | 541 |
| 炼油 | Petroleum Refining | 607 | 1015 |
| (三) 损失量 | (III)Other Losses | 4388 | 4778 |
| **平衡差额** | **Balance** | **-2995** | **-3504** |

注：1.村办工业包括在工业中(下同)。

2.电力、热力按等价热值折算，因此加工转换损失量中不包括发电、供热损失量。

3.进口量包括我国飞机、轮船在国外加油量；出口量包括外国飞机、轮船在我国加油量。

Continued

(10 000 tce)

| 2003 | 2004 | 2005 | 2006 | 2007 | 2008 |
|---|---|---|---|---|---|
| **180193** | **212650** | **232225** | **256034** | **274800** | **287011** |
| 171906 | 196648 | 216219 | 232167 | 247279 | 260552 |
| 2043 | 2508 | 2939 | 3725 | 6166 | 6511 |
| 20048 | 26593 | 26952 | 31171 | 35062 | 36764 |
| 12989 | 11646 | 11448 | 10925 | 9995 | 9955 |
| -814 | -1452 | -2436 | -104 | -3711 | -6860 |
| **183792** | **213456** | **235997** | **258676** | **280508** | **291448** |
| | | | | | |
| 4955 | 5697 | 6071 | 6331 | 6228 | 6013 |
| 131168 | 152507 | 168724 | 184945 | 200531 | 209302 |
| 2721 | 3115 | 3403 | 3761 | 4128 | 3813 |
| 14116 | 16642 | 18391 | 20284 | 21959 | 22917 |
| 3915 | 4484 | 4848 | 5314 | 5689 | 5734 |
| 7153 | 8243 | 9255 | 10276 | 11158 | 11771 |
| 19765 | 22768 | 25305 | 27765 | 30814 | 31898 |
| | | | | | |
| 175435 | 204236 | 225690 | 247520 | 268610 | 278546 |
| 123122 | 143607 | 158767 | 174225 | 189032 | 196832 |
| 3378 | 3781 | 3823 | 4056 | 4241 | 5166 |
| 769 | 557 | 702 | 734 | 854 | 819 |
| 1092 | 1416 | 1305 | 1391 | 1325 | 1380 |
| 4979 | 5439 | 6483 | 7100 | 7657 | 7736 |
| **-3599** | **-806** | **-3772** | **-2642** | **-5708** | **-4437** |

a) Data on industry include the data of village-run industry.(The sane as in the following tables).

b) Electric power and heat are converted on the basic of equal caloric value. Therefore, losses in processing and transformation exclude losses in power generation and heating.

c) Data on imports include the petroleum consumed by the Chinese airplanes and ships in refueling abroad.Data on exports include the petroleum consumed by the foreign airplanes and ships in refueling in China.

# 5-28 煤炭平衡表

单位：万吨

| 项　目 | Item | 1980 | 1985 |
|---|---|---|---|
| **可供量** | **Total Energy Available for Consumption** | **62601.0** | **82776.6** |
| 生产量 | Output | 62015.0 | 87228.4 |
| 进口量 | Imports | 199.0 | 230.7 |
| 出口量(-) | Exports (-) | 632.0 | 777.0 |
| 年初年末库存差额 | Stock Changes in the Year | 1019.0 | -3905.5 |
| **消费量** | **Total Energy Consumption** | **61009.5** | **81603.0** |
| 在消费量中： | Consumption by Sector | | |
| 1.农、林、牧、渔 业 | Farming,Forestry,Animal Husbandry, Fishery Conservancy | 1550.3 | 2208.6 |
| 2.工　业 | Industry | 43848.4 | 58613.3 |
| 3.建筑业 | Construction | 556.0 | 531.9 |
| 4.交通运输、仓储和邮政业 | Transport, Storage and Post | 1934.4 | 2307.1 |
| 5.批发、零售业和住宿 、餐饮业 | Wholesale, Retail Trade and Hotel ,Restaurants | 455.2 | 738.2 |
| 6.其他 | Other | 1091.2 | 1579.5 |
| 7.生活消费 | Residential Consumption | 11574.0 | 15624.4 |
| 在消费量中： | Consumption by Usage | | |
| (一) 终端消费 | (I)Final Consumption | 38804.2 | 52704.4 |
| #工　业 | Industry | 21643.1 | 29715.0 |
| (二) 中间消费 | (2)Intermediate Consumption | | |
| (用于加工转换) | (Consumed in Transformation) | 19461.6 | 25397.4 |
| 发　电 | Power Generation | 12648.4 | 16440.7 |
| 供　热 | Heating | | 1462.3 |
| 炼　焦 | Coking | 6682.2 | 7303.8 |
| 制　气 | Gas Production | 131.0 | 190.6 |
| (三) 洗选损耗 | (3) Losses in Coal Washing and Dressing | 2743.7 | 3501.2 |
| **平衡差额** | **Balance** | **1591.5** | **1173.6** |

注：生产量为原煤产量。

# COAL BALANCE SHEET

(10 000 ton)

| 1990 | 1995 | 1996 | 1997 | 1998 | 1999 | 2000 |
|---|---|---|---|---|---|---|
| **102221.0** | **133461.7** | **136057.3** | **135257.3** | **131085.3** | **135475.9** | **136794.5** |
| 107988.3 | 136073.1 | 139669.9 | 138753.1 | 133202.9 | 136399.7 | 138418.5 |
| 200.3 | 163.5 | 321.7 | 201.3 | 158.6 | 167.3 | 217.9 |
| 1729.0 | 2861.7 | 3648.4 | 3073.0 | 3229.7 | 3743.9 | 5506.5 |
| -4238.5 | 86.8 | -285.9 | -624.1 | 953.5 | 2652.7 | 3664.7 |
| **105523.0** | **137676.5** | **140065.3** | **137748.4** | **135013.3** | **139336.5** | **141091.7** |
| | | | | | | |
| 2095.2 | 1856.7 | 1237.1 | 1251.8 | 1196.5 | 975.1 | 933.4 |
| 81090.9 | 117570.7 | 123555.9 | 122105.8 | 120137.4 | 125585.0 | 127806.7 |
| 437.6 | 439.8 | 646.4 | 602.8 | 611.6 | 542.5 | 536.8 |
| 2160.9 | 1315.1 | 1585.9 | 1481.2 | 1196.6 | 928.3 | 882.2 |
| 1058.3 | 977.4 | 1551.3 | 1513.3 | 1497.6 | 1396.2 | 1314.6 |
| 1980.4 | 1986.7 | 1387.3 | 1295.2 | 1292.7 | 1151.1 | 1161.0 |
| 16699.7 | 13530.1 | 10101.3 | 9498.3 | 9081.0 | 8758.4 | 8457.0 |
| | | | | | | |
| 60205.9 | 66156.1 | 61284.3 | 61342.1 | 61868.3 | 58650.7 | 55913.1 |
| 35773.8 | 46050.3 | 44775.0 | 45699.5 | 46992.3 | 44899.2 | 42628.0 |
| | | | | | | |
| 41257.8 | 69487.6 | 78780.9 | 76401.0 | 73145.1 | 80685.8 | 85178.6 |
| 27204.3 | 44440.2 | 51708.6 | 48979.2 | 49489.3 | 52458.2 | 55811.2 |
| 2995.5 | 5887.3 | 6365.7 | 6244.7 | 6319.9 | 7961.0 | 8794.1 |
| 10697.6 | 18396.4 | 18455.8 | 18196.9 | 15628.1 | 16131.7 | 16496.4 |
| 360.4 | 763.7 | 582.0 | 732.6 | 685.1 | 917.6 | 960.0 |
| 4059.3 | 2032.8 | 1797.6 | 2360.9 | 1159.3 | 3291.5 | 3191.2 |
| **-3302.0** | **-4214.8** | **-4007.9** | **-2491.1** | **-3928.0** | **-3860.6** | **-4297.2** |

a) Data on output refer to the output of raw coal.

# 续表

单位：万吨

| 项　　目 | Item | 2001 | 2002 |
|---|---|---|---|
| **可供量** | **Total Energy Available for Consumption** | **139554.7** | **146644.8** |
| 生产量 | Output | 147152.7 | 155040.0 |
| 进口量 | Imports | 266.0 | 1125.7 |
| 出口量(–) | Exports (-) | 9012.9 | 8389.6 |
| 年初年末库存差额 | Stock Changes in the Year | 1148.9 | -1131.4 |
| **消费量** | **Total Energy Consumption** | **144528.1** | **152282.7** |
| 在消费量中： | Consumption by Sector | | |
| 1.农、林、牧、渔 业 | Farming,Forestry,Animal Husbandry, Fishery Conservancy | 899.7 | 936.0 |
| 2.工　业 | Industry | 131446.3 | 139042.4 |
| 3.建筑业 | Construction | 505.0 | 513.6 |
| 4.交通运输、仓储和邮政业 | Transport, Storage and Post | 841.3 | 852.0 |
| 5.批发、零售业和住宿 、餐饮业 | Wholesale, Retail Trade and Hotel ,Restaurants | 1260.9 | 1259.1 |
| 6.其他 | Other | 1164.7 | 1267.1 |
| 7.生活消费 | Residential Consumption | 8410.3 | 8412.6 |
| 在消费量中： | Consumption by Usage | | |
| (一) 终端消费 | (I)Final Consumption | 54239.8 | 53254.5 |
| #工　业 | Industry | 41157.9 | 40014.2 |
| (二) 中间消费 | (2)Intermediate Consumption | | |
| (用于加工转换) | (Consumed in Transformation) | 90288.3 | 99028.1 |
| 发　电 | Power Generation | 59797.9 | 68600.0 |
| 供　热 | Heating | 8951.5 | 8973.7 |
| 炼　焦 | Coking | 17936.4 | 18624.7 |
| 制　气 | Gas Production | 1002.1 | 973.2 |
| (三) 洗选损耗 | (3) Losses in Coal Washing and Dressing | 2650.5 | 1917.5 |
| **平衡差额** | **Balance** | **-4973.4** | **-5637.9** |

注：生产量为原煤产量。

Continued

(10 000 ton)

| 2003 | 2004 | 2005 | 2006 | 2007 | 2008 |
|---|---|---|---|---|---|
| **174691.8** | **205294.2** | **226941.0** | **251336.3** | **265543.5** | **275061.1** |
| 183489.9 | 212261.1 | 234951.8 | 252855.1 | 269164.3 | 280200.0 |
| 1109.8 | 1861.4 | 2617.1 | 3810.5 | 5101.6 | 4034.1 |
| 9402.9 | 8666.4 | 7172.4 | 6327.3 | -5318.7 | 4543.4 |
| -504.9 | -162.0 | -3455.4 | 997.9 | -3403.6 | -4629.6 |
| **180587.0** | **207561.3** | **231851.1** | **255065.5** | **272745.9** | **281095.9** |
| | | | | | |
| 1078.3 | 1425.8 | 1513.8 | 1502.6 | 1519.6 | 1522.6 |
| 166207.5 | 191865.0 | 215493.3 | 238510.2 | 256202.8 | 265574.2 |
| 527.2 | 571.5 | 603.6 | 652.0 | 615.3 | 603.2 |
| 958.3 | 828.0 | 811.2 | 769.9 | 735.9 | 665.4 |
| 1360.4 | 1471.8 | 1674.4 | 1791.5 | 1868.3 | 1791.4 |
| 1450.6 | 1631.0 | 1715.9 | 1802.9 | 2043.4 | 1791.6 |
| 9004.7 | 9768.2 | 10039.0 | 10036.3 | 9760.6 | 9147.6 |
| | | | | | |
| 60399.8 | 72459.0 | 75382.7 | 77532.6 | 79676.6 | 81089.2 |
| 46020.2 | 56762.7 | 59024.9 | 60977.4 | 63133.5 | 65567.5 |
| | | | | | |
| 120187.3 | 135102.3 | 156468.4 | 177532.8 | 193069.3 | 200006.7 |
| 81976.5 | 91961.6 | 103263.5 | 118763.9 | 130548.8 | 135351.7 |
| 10895.5 | 11546.6 | 13542.0 | 14561.4 | 15394.2 | 15029.2 |
| 23639.9 | 26149.6 | 33167.1 | 37450.1 | 39659.0 | 41461.7 |
| 1054.8 | 1316.4 | 1277.0 | 1257.1 | 1491.8 | 1227.2 |
| 2699.3 | 3883.9 | 4982.1 | 5279.3 | 5754.6 | 6757.8 |
| **-5895.2** | **-2267.1** | **-4910.0** | **-3729.2** | **-7202.4** | **-6034.9** |

a) Data on output refer to the output of raw coal.

# 5-29 焦炭平衡表

单位：万吨

| 项　　目 | Item | 1980 | 1985 |
|---|---|---|---|
| **可供量** | **Total Energy Available for Consumption** | **4315.3** | **4689.7** |
| 生产量 | Output | 4343.0 | 4802.1 |
| 进口量 | Imports | | 2.1 |
| 出口量(–) | Exports (-) | 27.1 | 36.9 |
| 年初年末库存差额 | Stock Changes in the Year | -0.6 | -77.6 |
| **消费量** | **Total Energy Consumption** | **4303.0** | **4689.7** |
| 在消费量中： | Consumption by Sector | | |
| 1. 农、林、牧、渔 业 | Farming,Forestry,Animal Husbandry, Fishery Conservancy | 10.6 | 20.8 |
| 2. 工　业 | Industry | 4266.7 | 4627.7 |
| 3. 建筑业 | Construction | 11.9 | 7.8 |
| 4.交通运输、仓储和邮政业 | Transport, Storage and Post | 8.2 | 5.7 |
| 5.批发、零售业和住宿 、餐饮业 | Wholesale, Retail Trade and Hotel ,Restaurants | 0.9 | 2.7 |
| 6. 其他 | Other | 4.7 | 2.0 |
| 7. 生活消费 | Residential Consumption | | 23.0 |
| 在消费量中： | Consumption by Usage | | |
| (一) 终端消费 | (1)Final Consumption | 4294.7 | 4677.9 |
| #工　业 | Industry | 4258.4 | 4615.9 |
| (二) 中间消费 | (2)Intermediate Consumption | | |
| (用于加工转换) | (Consumed in Transformation) | 8.3 | 11.8 |
| 制　气 | Gas Production | 8.3 | 11.8 |
| (三) 损失量 | (3) Losses in Coal Washing and Dressing | | |
| **平衡差额** | **Balance** | **12.3** | |

## 续表

单位：万吨

| 项　　目 | Item | 2001 | 2002 |
|---|---|---|---|
| **可供量** | **Total Energy Available for Consumption** | **12062.9** | **12830.5** |
| 生产量 | Output | 13730.8 | 14253.3 |
| 进口量 | Imports | | |
| 出口量(–) | Exports (-) | 1384.6 | 1357.0 |
| 年初年末库存差额 | Stock Changes in the Year | -283.2 | -65.8 |
| **消费量** | **Total Energy Consumption** | **11931.5** | **12343.6** |
| 在消费量中： | Consumption by Sector | | |
| 1. 农、林、牧、渔 业 | Farming,Forestry,Animal Husbandry, Fishery Conservancy | 67.5 | 73.7 |
| 2. 工　业 | Industry | 11642.4 | 12065.1 |
| 3. 建筑业 | Construction | 23.9 | 23.4 |
| 4.交通运输、仓储和邮政业 | Transport, Storage and Post | 11.7 | 11.4 |
| 5.批发、零售业和住宿 、餐饮业 | Wholesale, Retail Trade and Hotel ,Restaurants | 39.7 | 42.6 |
| 6. 其他 | Other | 12.1 | 12.3 |
| 7. 生活消费 | Residential Consumption | 134.2 | 115.1 |
| 在消费量中： | Consumption by Usage | | |
| (一) 终端消费 | (1)Final Consumption | 11777.8 | 12206.3 |
| #工　业 | Industry | 11488.8 | 11927.7 |
| (二) 中间消费 | (2)Intermediate Consumption | | |
| (用于加工转换) | (Consumed in Transformation) | 153.7 | 137.4 |
| 制　气 | Gas Production | 153.7 | 137.4 |
| (三) 损失量 | (3) Losses in Coal Washing and Dressing | | |
| **平衡差额** | **Balance** | **131.5** | **486.9** |

# COKE BALANCE SHEET

(10 000 ton)

| 1990 | 1995 | 1996 | 1997 | 1998 | 1999 | 2000 |
|---|---|---|---|---|---|---|
| **7085.8** | **12207.1** | **12733.3** | **12132.9** | **11762.4** | **11140.6** | **10892.3** |
| 7328.3 | 13424.5 | 13595.6 | 13153.1 | 12899.1 | 12243.7 | 12184.0 |
| | 0.1 | 0.1 | 0.1 | | | |
| 129.0 | 886.1 | 768.6 | 1058.1 | 1146.4 | 997.4 | 1519.7 |
| -113.5 | -331.4 | -93.8 | 37.8 | 9.7 | -105.7 | 228.0 |
| **6914.7** | **10725.3** | **11865.0** | **10870.6** | **11447.8** | **10786.8** | **10840.8** |
| 60.1 | 128.6 | 73.9 | 71.3 | 76.0 | 72.1 | 70.9 |
| 6808.8 | 10412.0 | 11591.1 | 10584.3 | 11140.3 | 10494.9 | 10554.6 |
| 5.2 | 10.8 | 15.9 | 17.5 | 19.6 | 17.1 | 19.0 |
| 4.1 | 10.1 | 6.6 | 6.5 | 10.3 | 10.1 | 11.2 |
| 7.7 | 25.7 | 31.3 | 35.2 | 38.8 | 36.5 | 35.7 |
| 1.9 | 6.4 | 17.0 | 19.2 | 12.8 | 13.0 | 12.2 |
| 26.9 | 131.6 | 129.2 | 136.7 | 150.0 | 143.1 | 137.2 |
| 6846.3 | 10648.0 | 11817.4 | 10792.5 | 11378.1 | 10628.9 | 10697.9 |
| 6740.4 | 10334.7 | 11543.5 | 10506.2 | 11070.6 | 10337.1 | 10411.7 |
| 68.4 | 77.3 | 47.6 | 78.1 | 69.7 | 157.8 | 142.9 |
| 68.4 | 77.3 | 47.6 | 78.1 | 69.7 | 157.8 | 142.9 |
| **171.1** | **1481.8** | **868.4** | **1262.3** | **314.6** | **353.9** | **51.6** |

Continued

(10 000 ton)

| 2003 | 2004 | 2005 | 2006 | 2007 | 2008 |
|---|---|---|---|---|---|
| **15930.9** | **18463.2** | **25184.4** | **27990.5** | **29090.1** | **29994.0** |
| 17775.7 | 20537.6 | 26611.7 | 29768.3 | 31305.3 | 32313.9 |
| 0.2 | 0.5 | 0.5 | 0.0 | | |
| 1472.1 | 1501.2 | 1276.4 | 1446.8 | 1529.9 | 1221.3 |
| -372.9 | -573.8 | -151.4 | -331.1 | -685.3 | -1098.6 |
| **15298.5** | **18067.0** | **25105.8** | **27892.8** | **29168.1** | **29900.2** |
| 73.7 | 68.7 | 63.5 | 55.7 | 57.2 | 53.1 |
| 15021.9 | 17811.1 | 24860.9 | 27653.6 | 28932.2 | 29756.7 |
| 20.8 | 16.8 | 18.4 | 18.5 | 17.5 | 10.7 |
| 10.8 | 1.8 | 1.1 | 0.9 | 0.6 | 0.3 |
| 47.5 | 53.4 | 64.1 | 65.4 | 71.0 | 7.5 |
| 11.4 | 10.1 | 7.6 | 8.3 | 8.2 | 6.9 |
| 112.5 | 105.2 | 90.3 | 90.4 | 81.4 | 64.9 |
| 15120.6 | 17872.7 | 24877.9 | 27664.9 | 28900.1 | 29712.6 |
| 14844.0 | 17616.8 | 24633.0 | 27425.6 | 28664.2 | 29569.1 |
| 177.9 | 194.3 | 227.9 | 227.9 | 268.0 | 187.6 |
| 177.9 | 194.3 | 227.9 | 227.9 | 268.0 | 187.6 |
| **632.4** | **396.2** | **78.6** | **97.7** | **-78.1** | **93.8** |

# 5-30 石油平衡表

单位：万吨

| 项　目 | Item | 1980 | 1985 |
|---|---|---|---|
| **可供量** | **Total Energy Available for Consumption** | **8794.5** | **9193.7** |
| 生产量 | Output | 10594.6 | 12489.5 |
| 进口量 | Imports | 82.7 | 90.0 |
| 出口量(−) | Exports (-) | 1806.2 | 3630.4 |
| 年初年末库存差额 | Stock Changes in the Year | -76.6 | 244.6 |
| **消费量** | **Total Energy Consumption** | **8757.4** | **9168.8** |
| 在消费量中： | Consumption by Sector | | |
| 1．农、林、牧、渔 业 | Farming,Forestry,Animal Husbandry, Fishery Conservancy | 814..9 | 758.7 |
| 2．工　业 | Industry | 6203.2 | 6171.4 |
| 3．建筑业 | Construction | 175.2 | 292.2 |
| 4.交通运输、仓储和邮政业 | Transport, Storage and Post | 911.5 | 1176.4 |
| 5.批发、零售业和住宿 、餐饮业 | Wholesale, Retail Trade and Hotel ,Restaurants | 29.0 | 38.1 |
| 6．其他 | Other | 481.7 | 506.1 |
| 7．生活消费 | Residential Consumption | 141.9 | 225.9 |
| 在消费量中： | Consumption by Usage | 8838.9 | |
| (一) 终端消费 | (I)Final Consumption | 6311.0 | 7063.3 |
| #工　业 | Industry | 3780.3 | 4462.0 |
| (二) 中间消费 | (II)Intermediate Consumption | | |
| (用于加工转换) | (Consumed in Transformation) | 2183.6 | 1858.5 |
| 发　电 | Power Generation | 2065.4 | 1425.5 |
| 供　热 | Heating | | 285.6 |
| 制　气 | Gas Production | 36.7 | 34.5 |
| 炼油损失量 | Losses in Petroleum Refining | 81.5 | 112.9 |
| (三)损失量 | (III) Other Losses | 262.8 | 247.0 |
| **平衡差额** | **Balance** | **37.1** | **24.9** |

注：1.生产量为原油产量。
2.进口量包括我国飞机、轮船在国外加油量；出口量包括外国飞机、轮船在我国加油量。

## 续表

单位：万吨

| 项　目 | Item | 2001 | 2002 |
|---|---|---|---|
| **可供量** | **Total Energy Available for Consumption** | **23204.7** | **24925.1** |
| 生产量 | Output | 16395.9 | 16700.0 |
| 进口量 | Imports | 9118.2 | 10269.3 |
| 出口量(−) | Exports (-) | 2046.7 | 2139.2 |
| 年初年末库存差额 | Stock Changes in the Year | -262.7 | 94.9 |
| **消费量** | **Total Energy Consumption** | **22888.4** | **24789.2** |
| 在消费量中： | Consumption by Sector | | |
| 1．农、林、牧、渔 业 | Farming,Forestry,Animal Husbandry, Fishery Conservancy | 838.6 | 922.4 |
| 2．工　业 | Industry | 11227.2 | 12309.4 |
| 3．建筑业 | Construction | 933.8 | 1046.6 |
| 4.交通运输、仓储和邮政业 | Transport, Storage and Post | 6587.9 | 7041.7 |
| 5.批发、零售业和住宿 、餐饮业 | Wholesale, Retail Trade and Hotel ,Restaurants | 252.4 | 273.0 |
| 6．其他 | Other | 1673.7 | 1698.6 |
| 7．生活消费 | Residential Consumption | 1374.8 | 1497.5 |
| 在消费量中： | Consumption by Usage | | |
| (一) 终端消费 | (I)Final Consumption | 20407.1 | 21992.2 |
| #工　业 | Industry | 8898.4 | 9674.3 |
| (二) 中间消费 | (II)Intermediate Consumption | | |
| (用于加工转换) | (Consumed in Transformation) | 2292.0 | 2606.8 |
| 发　电 | Power Generation | 1213.6 | 1275.6 |
| 供　热 | Heating | 438.7 | 420.7 |
| 制　气 | Gas Production | 22.8 | 18.9 |
| 炼油损失量 | Losses in Petroleum Refining | 617.0 | 891.6 |
| (三)损失量 | (III) Other Losses | 189.3 | 190.2 |
| **平衡差额** | **Balance** | **316.2** | **135.9** |

注：1.生产量为原油产量。
2.进口量包括我国飞机、轮船在国外加油量；出口量包括外国飞机、轮船在我国加油量。

# PETROLEUM BALANCE

(10 000 ton)

| 1990 | 1995 | 1996 | 1997 | 1998 | 1999 | 2000 |
|---|---|---|---|---|---|---|
| **11435.0** | **16072.7** | **17643.4** | **19413.1** | **19743.5** | **20981.3** | **22631.8** |
| 13830.6 | 15005.0 | 15733.4 | 16074.1 | 16100.0 | 16000.0 | 16300.0 |
| 755.6 | 3673.2 | 4536.9 | 6604.9 | 5738.7 | 6483.3 | 9748.5 |
| 3110.4 | 2454.5 | 2696.0 | 2815.2 | 2326.5 | 1643.5 | 2172.1 |
| -40.8 | -151.0 | 69.0 | -450.7 | 223.3 | 124.6 | -1244.6 |
| **11485.6** | **16064.9** | **17621.4** | **19300.5** | **19819.9** | **21043.9** | **22495.9** |
| | | | | | | |
| 1033.6 | 1203.2 | 588.9 | 608.2 | 646.9 | 716.1 | 788.5 |
| 7321.6 | 9349.3 | 8469.2 | 9802.1 | 9889.9 | 10398.7 | 11248.5 |
| 327.3 | 242.8 | 637.8 | 705.3 | 743.9 | 807.3 | 840.6 |
| 1683.2 | 2863.6 | 5257.7 | 5373.0 | 5608.3 | 6016.3 | 6399.0 |
| 77.6 | 333.9 | 197.9 | 211.6 | 221.0 | 227.2 | 247.0 |
| 757.8 | 1390.3 | 1403.3 | 1462.0 | 1424.8 | 1570.3 | 1635.9 |
| 284.5 | 682.0 | 1066.6 | 1138.3 | 1285.3 | 1308.1 | 1336.5 |
| | | | | | | |
| 9304.7 | 13676.3 | 15487.5 | 16660.6 | 17516.5 | 18635.7 | 19950.1 |
| 5180.4 | 7095.5 | 6471.5 | 7312.0 | 7737.3 | 8142.1 | 8860.0 |
| | | | | | | |
| 1630.4 | 2230.0 | 1972.5 | 2449.7 | 2106.1 | 2222.2 | 2352.9 |
| 1234.4 | 1358.5 | 1238.6 | 1662.1 | 1304.8 | 1228.6 | 1178.2 |
| 356.3 | 399.9 | 404.8 | 356.5 | 455.5 | 394.6 | 427.0 |
| 39.7 | 51.6 | 58.1 | 49.2 | 35.4 | 32.5 | 25.9 |
| 295.8 | 420.1 | 271.1 | 382.0 | 310.4 | 566.5 | 721.9 |
| 254.7 | 158.6 | 161.4 | 190.1 | 197.3 | 186.0 | 192.9 |
| **-50.6** | **7.8** | **21.9** | **112.7** | **-76.4** | **-62.6** | **135.8** |

a) Data on output refer to the output of crude oil.
b) Data on imports include the petroleum consumed by the Chinese airplanes and ships in refueling abroad. Data on exports include the petroleum consumed by the foreign airplanes and ships in refueling in China.

## Continued

(10 000 ton)

| 2003 | 2004 | 2005 | 2006 | 2007 | 2008 |
|---|---|---|---|---|---|
| **27540.5** | **32116.2** | **32539.1** | **34930.0** | **36648.9** | **37318.8** |
| 16960.0 | 17587.3 | 18135.3 | 18476.6 | 18631.8 | 19044.0 |
| 13189.6 | 17291.3 | 17163.2 | 19453.0 | 21139.4 | 23015.5 |
| 2540.8 | 2240.6 | 2888.1 | 2626.2 | 2664.3 | 2945.7 |
| -68.2 | -521.9 | 128.8 | -373.3 | -458.0 | -1795.0 |
| **27125.8** | **31700.5** | **32537.7** | **34876.2** | **36658.7** | **37302.9** |
| | | | | | |
| 1057.5 | 1231.4 | 1451.7 | 1540.2 | 1399.9 | 1265.8 |
| 13196.5 | 14968.8 | 14245.1 | 14804.3 | 14905.1 | 15603.1 |
| 1190.6 | 1392.3 | 1502.2 | 1648.5 | 1823.1 | 1517.5 |
| 7916.7 | 9549.6 | 10709.5 | 11849.2 | 12906.7 | 13279.4 |
| 272.3 | 348.7 | 375.6 | 392.2 | 426.9 | 366.4 |
| 1756.4 | 2001.7 | 1969.2 | 2077.6 | 2215.9 | 2353.8 |
| 1735.8 | 2208.0 | 2284.4 | 2564.2 | 2981.1 | 2916.9 |
| | | | | | |
| 24062.5 | 28062.7 | 29191.6 | 31614.1 | 33857.6 | 34702.9 |
| 10268.7 | 11455.6 | 11027.5 | 11707.5 | 12269.2 | 13170.8 |
| | | | | | |
| 2901.4 | 3488.2 | 3190.7 | 3062.1 | 2601.2 | 2397.6 |
| 1491.6 | 1864.1 | 1602.0 | 1343.7 | 884.0 | 618.1 |
| 418.0 | 418.5 | 407.6 | 427.8 | 430.1 | 413.8 |
| 20.9 | 10.5 | 14.4 | 13.4 | 5.0 | 2.0 |
| 970.9 | 1195.1 | 1166.7 | 1277.3 | 1282.1 | 1363.7 |
| 161.9 | 149.7 | 155.4 | 200.0 | 200.0 | 202.4 |
| **414.7** | **415.7** | **1.4** | **53.8** | **-9.9** | **15.9** |

a) Data on output refer to the output of crude oil.
b) Data on imports include the petroleum consumed by the Chinese airplanes and ships in refueling abroad. Data on exports include the petroleum consumed by the foreign airplanes and ships in refueling in China.

# 5-31 原油平衡表

单位：万吨

| 项目 | Item | 1980 | 1985 |
|---|---|---|---|
| **可供量** | **Total Energy Available for Consumption** | **9222.9** | **9516.5** |
| 生产量 | Output | 10594.6 | 12489.5 |
| 进口量 | Imports | 36.6 | |
| 出口量(–) | Exports (-) | 1330.9 | 3003.0 |
| 年初年末库存差额 | Stock Changes in the Year | -77.4 | 30.0 |
| **消费量** | **Total Energy Consumption** | **9205.0** | **9509.5** |
| 在消费量中： | Consumption by Sector | | |
| 1．农、林、牧、渔 业 | Farming,Forestry,Animal Husbandry, Fishery Conservancy | 8.0 | 0.8 |
| 2．工 业 | Industry | 9112.0 | 9389.9 |
| 3．建筑业 | Construction | 28.8 | 74.0 |
| 4.交通运输、仓储和邮政业 | Transport, Storage and Post | 50.1 | 44.3 |
| 5.批发、零售业和住宿 、餐饮业 | Wholesale, Retail Trade and Hotel ,Restaurants | | 0.1 |
| 6．其他 | Other | 6.1 | 0.4 |
| 7．生活消费 | Residential Consumption | | |
| 在消费量中： | Consumption by Usage | | |
| (一) 终端消费 | (I)Final Consumption | 499.6 | 350.4 |
| #工 业 | Industry | 429.7 | 254.9 |
| (二) 中间消费 | (II)Intermediate Consumption | | |
| (用于加工转换) | (Consumed in Transformation) | 8443.0 | 8929.7 |
| 发 电 | Power Generation | 574.0 | 279.5 |
| 供 热 | Heating | | 61.3 |
| 炼 油 | Petroleum Refineries | 7869.0 | 8588.9 |
| (三) 油田原油损失量 | (III)Losses in Oil Field for Crude Oil | 262.4 | 229.4 |
| **平衡差额** | **Balance** | **17.9** | **7.0** |

## 续表

单位：万吨

| 项目 | Item | 2001 | 2002 |
|---|---|---|---|
| **可供量** | **Total Energy Available for Consumption** | **21537.2** | **22769.0** |
| 生产量 | Output | 16395.9 | 16700.0 |
| 进口量 | Imports | 6026.0 | 6940.6 |
| 出口量(–) | Exports (-) | 755.0 | 766.5 |
| 年初年末库存差额 | Stock Changes in the Year | -129.7 | -105.2 |
| **消费量** | **Total Energy Consumption** | **21342.7** | **22544.1** |
| 在消费量中： | Consumption by Sector | | |
| 1．农、林、牧、渔 业 | Farming,Forestry,Animal Husbandry, Fishery Conservancy | | |
| 2．工 业 | Industry | 21168.2 | 22362.5 |
| 3．建筑业 | Construction | 3.4 | 4.2 |
| 4.交通运输、仓储和邮政业 | Transport, Storage and Post | 169.8 | 175.9 |
| 5.批发、零售业和住宿 、餐饮业 | Wholesale, Retail Trade and Hotel ,Restaurants | 0.2 | 0.1 |
| 6．其他 | Other | 1.2 | 1.3 |
| 7．生活消费 | Residential Consumption | | |
| 在消费量中： | Consumption by Usage | | |
| (一) 终端消费 | (I)Final Consumption | 654.1 | 684.3 |
| #工 业 | Industry | 630.8 | 663.0 |
| (二) 中间消费 | (II)Intermediate Consumption | | |
| (用于加工转换) | (Consumed in Transformation) | 20500.7 | 21671.3 |
| 发 电 | Power Generation | 81.6 | 78.3 |
| 供 热 | Heating | 12.3 | 12.8 |
| 炼 油 | Petroleum Refineries | 20406.8 | 21580.2 |
| (三) 油田原油损失量 | (III)Losses in Oil Field for Crude Oil | 187.9 | 188.5 |
| **平衡差额** | **Balance** | **194.4** | **224.9** |

# CRUDE OIL BALANC SHEET

(10 000 ton)

| 1990 | 1995 | 1996 | 1997 | 1998 | 1999 | 2000 |
|---|---|---|---|---|---|---|
| **11770.6** | **14794.9** | **15928.5** | **17498.5** | **17314.9** | **18947.2** | **21383.0** |
| 13830.6 | 15004.4 | 15733.4 | 16074.1 | 16100.0 | 16000.0 | 16300.0 |
| 292.3 | 1709.0 | 2261.7 | 3547.0 | 2732.0 | 3661.4 | 7026.5 |
| 2399.0 | 1822.7 | 2040.3 | 1982.9 | 1560.0 | 716.7 | 1030.6 |
| 46.7 | -95.8 | -26.4 | -139.7 | 42.9 | 2.6 | -912.9 |
| **11762.2** | **14886.4** | **15865.0** | **17367.2** | **17357.3** | **18949.5** | **21232.0** |
| 0.2 | 10.1 | 11.0 | | | | |
| 11653.8 | 14716.3 | 15690.9 | 17197.8 | 17182.5 | 18775.2 | 21052.1 |
| 55.2 | 2.7 | 2.6 | 3.0 | 2.2 | 3.2 | 3.3 |
| 52.1 | 156.8 | 159.0 | 164.7 | 170.9 | 169.5 | 175.1 |
| 0.3 | 0.5 | 0.4 | 0.3 | 0.2 | 0.2 | 0.2 |
| 0.6 | 1390.3 | 1.2 | 1.4 | 1.5 | 1.4 | 1.4 |
| 402.1 | 309.9 | 492.2 | 492.4 | 480.7 | 519.4 | 636.8 |
| 333.4 | 274.7 | 452.9 | 471.0 | 455.4 | 495.4 | 612.3 |
| 11106.9 | 14419.4 | 15212.9 | 16686.4 | 16680.7 | 18245.7 | 20404.3 |
| 124.6 | 61.6 | 68.2 | 64.3 | 74.4 | 80.2 | 85.0 |
| 21.1 | 4.4 | 10.8 | 14.9 | 24.5 | 12.9 | 14.0 |
| 10961.2 | 14353.4 | 15133.9 | 16607.3 | 16581.8 | 18152.6 | 20305.3 |
| 253.2 | 157.1 | 159.9 | 188.4 | 196.0 | 184.4 | 190.9 |
| **8.4** | **-91.5** | **63.5** | **131.4** | **-42.4** | **-2.2** | **151.0** |

Continued

(10 000 ton)

| 2003 | 2004 | 2005 | 2006 | 2007 | 2008 |
|---|---|---|---|---|---|
| **25187.1** | **29012.3** | **30089.2** | **32249.2** | **34035.1** | **35498.6** |
| 16960.0 | 17587.3 | 18135.3 | 18476.6 | 18631.8 | 19044.0 |
| 9102.0 | 12272.0 | 12681.7 | 14517.5 | 16316.0 | 17888.5 |
| 813.3 | 549.2 | 806.7 | 633.7 | 388.4 | 423.8 |
| -61.6 | -297.9 | 78.8 | -111.1 | -524.4 | -1010.1 |
| **24922.0** | **28749.3** | **30086.2** | **32245.2** | **34031.6** | **35498.2** |
| | | | | | |
| 24768.4 | 28625.5 | 29959.4 | 32081.5 | 33867.9 | 35332.6 |
| 4.0 | | | | | |
| 148.3 | 123.8 | 126.9 | 163.7 | 163.7 | 165.7 |
| 0.1 | | | | | |
| 1.2 | | | | | |
| 812.2 | 844.9 | 870.4 | 977.1 | 984.1 | 1192.8 |
| 793.0 | 844.9 | 870.4 | 977.1 | 984.1 | 1192.8 |
| 23949.0 | 27755.6 | 29062.1 | 31069.8 | 32849.1 | 34105.1 |
| 94.0 | 18.0 | 21.3 | 22.9 | 15.9 | 8.9 |
| 11.0 | 0.3 | 0.3 | 0.8 | 0.6 | 1.0 |
| 23844.0 | 27737.3 | 29040.5 | 31046.0 | 32832.6 | 34095.3 |
| 160.8 | 148.8 | 153.8 | 198.4 | 198.4 | 200.4 |
| **265.1** | **263.0** | **2.9** | **4.0** | **3.5** | **0.4** |

# 5-32 燃料油平衡表

单位：万吨

| 项　目 | Item | 1980 | 1985 |
|---|---|---|---|
| **可供量** | **Total Energy Available for Consumption** | **3096.1** | **2848.0** |
| 生产量 | Output | 3142.0 | 2835.8 |
| 进口量 | Imports | 39.0 | 70.0 |
| 出口量(-) | Exports (-) | 45.4 | 64.9 |
| 年初年末库存差额 | Stock Changes in the Year | -39.5 | 7.1 |
| **消费量** | **Total Energy Consumption** | **3073.7** | **2837.4** |
| 在消费量中： | Consumption by Sector | | |
| 1. 农、林、牧、渔 业 | Farming,Forestry,Animal Husbandry, Fishery Conservancy | 2.3 | 3.1 |
| 2. 工 业 | Industry | 2937.4 | 2662.2 |
| 3. 建筑业 | Construction | 15.0 | 18.9 |
| 4.交通运输、仓储和邮政业 | Transport, Storage and Post | 109.0 | 144.1 |
| 5.批发、零售业和住宿 、餐饮业 | Wholesale, Retail Trade and Hotel ,Restaurants | 2.9 | 3.1 |
| 6. 其他 | Other | 7.1 | 6.0 |
| 7. 生活消费 | Residential Consumption | | |
| 在消费量中： | Consumption by Usage | | |
| (一) 终端消费 | (I)Final Consumption | 1617.9 | 1538.8 |
| #工 业 | Industry | 1481.6 | 1363.5 |
| (二) 中间消费 | (II)Intermediate Consumption | | |
| (用于加工转换) | (Consumed in Transformation) | 1455.8 | 1296.1 |
| 发 电 | Power Generation | 1419.1 | 1042.3 |
| 供 热 | Heating | | 219.3 |
| 制 气 | Gas Production | 36.7 | 34.5 |
| (三)损失量 | (III)Other Losses | | 2.5 |
| **平衡差额** | **Balance** | **22.4** | **10.6** |

续表

单位：万吨

| 项　目 | Item | 2001 | 2002 |
|---|---|---|---|
| **可供量** | **Total Energy Available for Consumption** | **3836.9** | **3702.8** |
| 生产量 | Output | 1864.4 | 1845.5 |
| 进口量 | Imports | 2048.7 | 1915.2 |
| 出口量(-) | Exports (-) | 84.9 | 104.9 |
| 年初年末库存差额 | Stock Changes in the Year | 8.7 | 47.0 |
| **消费量** | **Total Energy Consumption** | **3850.2** | **3873.9** |
| 在消费量中： | Consumption by Sector | | |
| 1. 农、林、牧、渔 业 | Farming,Forestry,Animal Husbandry, Fishery Conservancy | 0.4 | 0.4 |
| 2. 工 业 | Industry | 2949.3 | 2970.9 |
| 3. 建筑业 | Construction | 16.2 | 19.1 |
| 4.交通运输、仓储和邮政业 | Transport, Storage and Post | 855.0 | 852.1 |
| 5.批发、零售业和住宿 、餐饮业 | Wholesale, Retail Trade and Hotel ,Restaurants | 12.3 | 12.3 |
| 6. 其他 | Other | 17.0 | 19.1 |
| 7. 生活消费 | Residential Consumption | | |
| 在消费量中： | Consumption by Usage | | |
| (一) 终端消费 | (I)Final Consumption | 2689.3 | 2675.6 |
| #工 业 | Industry | 1788.4 | 1772.6 |
| (二) 中间消费 | (II)Intermediate Consumption | | |
| (用于加工转换) | (Consumed in Transformation) | 1160.9 | 1198.2 |
| 发 电 | Power Generation | 838.5 | 912.7 |
| 供 热 | Heating | 299.6 | 266.7 |
| 制 气 | Gas Production | 22.8 | 18.9 |
| (三)损失量 | (III)Other Losses | | |
| **平衡差额** | **Balance** | **-13.4** | **-171.1** |

# FUEL OIL BALANCE SHEET

(10 000 ton)

| 1990 | 1995 | 1996 | 1997 | 1998 | 1999 | 2000 |
|---|---|---|---|---|---|---|
| **3320.7** | **3717.3** | **3637.1** | **3683.5** | **3828.8** | **3901.1** | **3836.7** |
| 3267.9 | 2960.8 | 2504.5 | 2311.2 | 2100.4 | 1959.4 | 2053.7 |
| 167.3 | 859.1 | 1192.6 | 1506.8 | 1818.3 | 1963.3 | 1704.3 |
| 97.2 | 68.6 | 70.8 | 91.2 | 72.9 | 38.8 | 57.9 |
| -17.3 | -34.0 | 10.8 | -43.3 | -17.1 | 17.2 | 136.6 |
| **3367.8** | **3693.7** | **3632.3** | **3692.8** | **3828.6** | **3934.1** | **3872.8** |
| 2.9 | 8.4 | 0.3 | 0.4 | 0.3 | 0.4 | 0.4 |
| 3091.7 | 3406.2 | 2654.8 | 2566.1 | 2937.3 | 3047.7 | 2975.1 |
| 47.3 | 14.2 | 14.0 | 19.2 | 16.6 | 16.2 | 16.7 |
| 208.2 | 227.5 | 944.5 | 1082.2 | 845.6 | 840.0 | 850.0 |
| 1.6 | 6.6 | 4.3 | 6.2 | 7.4 | 10.5 | 11.6 |
| 16.1 | 30.8 | 14.5 | 18.7 | 21.4 | 19.4 | 19.0 |
| 2042.6 | 2262.8 | 2388.4 | 2522.6 | 2456.4 | 2694.0 | 2741.4 |
| 1766.5 | 1975.3 | 1410.9 | 1395.8 | 1565.1 | 1807.6 | 1843.7 |
| 1325.2 | 1430.9 | 1243.9 | 1170.3 | 1372.2 | 1240.1 | 1131.3 |
| 977.3 | 1071.5 | 888.8 | 839.2 | 993.8 | 906.3 | 814.2 |
| 308.3 | 307.8 | 297.1 | 282.0 | 343.0 | 301.3 | 291.2 |
| 39.6 | 51.6 | 58.1 | 49.2 | 35.4 | 32.5 | 25.9 |
| **-47.1** | **23.6** | **4.7** | **-9.3** | **0.2** | **-33.0** | **-36.1** |

Continued

(10 000 ton)

| 2003 | 2004 | 2005 | 2006 | 2007 | 2008 |
|---|---|---|---|---|---|
| **4291.1** | **4846.6** | **4237.3** | **4371.8** | **4158.4** | **3242.4** |
| 2004.8 | 2029.3 | 1767.4 | 1784.7 | 1967.2 | 1737.4 |
| 2589.7 | 3269.2 | 2883.9 | 3138.1 | 2807.6 | 2533.2 |
| 188.7 | 368.7 | 427.6 | 466.9 | 631.4 | 1036.4 |
| -114.7 | -83.2 | 13.5 | -84.1 | 14.9 | 8.3 |
| **4220.5** | **4783.5** | **4242.1** | **4368.3** | **4157.5** | **3237.1** |
| 0.6 | 0.7 | 0.7 | 0.7 | 1.0 | 1.5 |
| 3236.8 | 3570.4 | 2924.8 | 2836.1 | 2329.2 | 2039.5 |
| 17.8 | 21.4 | 14.2 | 16.3 | 30.7 | 37.7 |
| 940.3 | 1150.4 | 1261.0 | 1480.6 | 1760.0 | 1142.8 |
| 13.0 | 25.0 | 27.5 | 21.4 | 24.8 | 6.3 |
| 12.1 | 15.6 | 13.9 | 13.1 | 11.8 | 9.5 |
| 2882.1 | 3130.4 | 2949.9 | 3267.7 | 3455.5 | 2757.8 |
| 1898.3 | 1917.4 | 1632.6 | 1735.5 | 1627.2 | 1560.1 |
| 1338.5 | 1653.0 | 1292.2 | 1100.6 | 702.0 | 479.3 |
| 1056.7 | 1429.2 | 1106.1 | 928.0 | 565.6 | 347.5 |
| 260.8 | 213.3 | 171.7 | 159.2 | 131.5 | 129.8 |
| 20.9 | 10.5 | 14.4 | 13.4 | 5.0 | 2.0 |
| **70.6** | **63.1** | **-4.8** | **3.5** | **0.9** | **5.3** |

# 5-33 汽 油 平 衡 表

单位：万吨

| 项　　目 | Item | 1980 | 1985 |
| --- | --- | --- | --- |
| **可供量** | **Total Energy Available for Consumption** | **999.4** | **1399.6** |
| 生产量 | Output | 1079.0 | 1471.9 |
| 进口量 | Imports | | 0.3 |
| 出口量(–) | Exports (-) | 117.8 | 129.9 |
| 年初年末库存差额 | Stock Changes in the Year | 38.2 | 57.3 |
| **消费量** | **Total Energy Consumption** | **998.6** | **1396.3** |
| 在消费量中： | Consumption by Sector | | |
| 1. 农、林、牧、渔 业 | Farming,Forestry,Animal Husbandry, Fishery Conservancy | 53.3 | 122.3 |
| 2. 工　业 | Industry | 273.2 | 451.3 |
| 3. 建筑业 | Construction | 54.1 | 73.0 |
| 4.交通运输、仓储和邮政业 | Transport, Storage and Post | 404.9 | 477.4 |
| 5.批发、零售业和住宿 、餐饮业 | Wholesale, Retail Trade and Hotel ,Restaurants | 19.4 | 23.4 |
| 6. 其他 | Other | 193.7 | 238.3 |
| 7. 生活消费 | Residential Consumption | | 10.6 |
| **平衡差额** | **Balance** | **0.8** | **3.3** |

## 续表

单位：万吨

| 项　　目 | Item | 2001 | 2002 |
| --- | --- | --- | --- |
| **可供量** | **Total Energy Available for Consumption** | **3606.9** | **3749.7** |
| 生产量 | Output | 4154.7 | 4320.8 |
| 进口量 | Imports | 0.0 | |
| 出口量(–) | Exports (-) | 586.0 | 630.4 |
| 年初年末库存差额 | Stock Changes in the Year | 38.1 | 59.3 |
| **消费量** | **Total Energy Consumption** | **3597.6** | **3749.3** |
| 在消费量中： | Consumption by Sector | | |
| 1. 农、林、牧、渔 业 | Farming,Forestry,Animal Husbandry, Fishery Conservancy | 93.4 | 101.6 |
| 2. 工　业 | Industry | 705.1 | 717.6 |
| 3. 建筑业 | Construction | 116.7 | 112.3 |
| 4.交通运输、仓储和邮政业 | Transport, Storage and Post | 1564.4 | 1603.5 |
| 5.批发、零售业和住宿 、餐饮业 | Wholesale, Retail Trade and Hotel ,Restaurants | 69.0 | 74.2 |
| 6. 其他 | Other | 804.3 | 866.3 |
| 7. 生活消费 | Residential Consumption | 244.6 | 273.8 |
| **平衡差额** | **Balance** | **9.3** | **0.4** |

# GASOLINE BALANCE SHEET

(10 000 ton)

| 1990 | 1995 | 1996 | 1997 | 1998 | 1999 | 2000 |
|---|---|---|---|---|---|---|
| **1884.1** | **2902.0** | **3174.3** | **3284.0** | **3316.0** | **3379.8** | **3504.5** |
| 2173.4 | 3051.6 | 3274.6 | 3517.8 | 3501.0 | 3741.3 | 4134.7 |
| 16.9 | 15.9 | 7.9 | 8.4 | 1.5 | 0.0 | 0.0 |
| 233.8 | 193.1 | 139.5 | 185.9 | 194.5 | 425.8 | 467.7 |
| -72.4 | 27.6 | 31.3 | -56.3 | 8.0 | 64.3 | -162.5 |
| **1899.5** | **2909.6** | **3166.3** | **3244.1** | **3306.8** | **3389.3** | **3504.6** |
| | | | | | | |
| 145.9 | 179.7 | 66.1 | 73.5 | 80.8 | 84.7 | 89.2 |
| 589.3 | 812.4 | 495.7 | 523.1 | 577.5 | 626.5 | 682.0 |
| 89.5 | 103.6 | 106.2 | 107.7 | 112.6 | 113.8 | 115.6 |
| 620.1 | 982.3 | 1591.3 | 1583.2 | 1551.6 | 1507.5 | 1527.8 |
| 46.0 | 197.2 | 60.8 | 66.7 | 71.5 | 66.3 | 69.8 |
| 390.7 | 570.7 | 666.8 | 695.8 | 705.7 | 769.4 | 792.7 |
| 18.0 | 63.7 | 179.4 | 194.2 | 207.1 | 221.1 | 227.6 |
| **-15.4** | **-7.6** | **7.9** | **40.0** | **9.1** | **-9.5** | **-0.1** |

Continued

(10 000 ton)

| 2003 | 2004 | 2005 | 2006 | 2007 | 2008 |
|---|---|---|---|---|---|
| **4072.3** | **4697.2** | **4854.7** | **5243.0** | **5519.3** | **6147.6** |
| 4790.9 | 5265.3 | 5433.0 | 5595.0 | 5917.9 | 6347.2 |
| | | 0.0 | 6.1 | 22.7 | 198.7 |
| 754.2 | 540.7 | 559.7 | 350.5 | 464.3 | 203.4 |
| 35.7 | -27.4 | -18.6 | -7.5 | 42.9 | -194.9 |
| **4072.0** | **4695.7** | **4854.9** | **5242.5** | **5519.1** | **6145.5** |
| | | | | | |
| 116.5 | 134.1 | 159.6 | 167.7 | 172.8 | 160.4 |
| 632.9 | 507.4 | 441.7 | 498.5 | 524.5 | 586.1 |
| 113.7 | 156.5 | 172.1 | 180.7 | 178.8 | 196.2 |
| 1915.1 | 2334.5 | 2430.1 | 2592.4 | 2613.2 | 3090.4 |
| 78.1 | 119.8 | 129.4 | 123.3 | 131.7 | 135.3 |
| 877.0 | 986.9 | 998.2 | 1064.1 | 1119.7 | 1121.9 |
| 338.8 | 456.5 | 523.8 | 615.7 | 778.4 | 855.1 |
| **0.3** | **1.4** | **-0.2** | **0.5** | **0.2** | **2.1** |

# 5-34 煤 油 平 衡 表

单位：万吨

| 项　　目 | Item | 1980 | 1985 |
|---|---|---|---|
| **可供量** | **Total Energy Available for Consumption** | **359.0** | **383.2** |
| 生产量 | Output | 398.5 | 405.3 |
| 进口量 | Imports | | 15.2 |
| 出口量(−) | Exports (-) | 46.8 | 46.0 |
| 年初年末库存差额 | Stock Changes in the Year | 2.3 | 8.7 |
| **消费量** | **Total Energy Consumption** | **365.9** | **385.5** |
| 在消费量中： | Consumption by Sector | | |
| 1．农、林、牧、渔 业 | Farming,Forestry,Animal Husbandry, Fishery Conservancy | 2.3 | 3.3 |
| 2．工　业 | Industry | 15.7 | 20.1 |
| 3．建筑业 | Construction | 0.8 | 1.3 |
| 4.交通运输、仓储和邮政业 | Transport, Storage and Post | 31.4 | 56.2 |
| 5.批发、零售业和住宿 、餐饮业 | Wholesale, Retail Trade and Hotel ,Restaurants | 0.2 | 0.1 |
| 6．其他 | Other | 216.7 | 182.9 |
| 7．生活消费 | Residential Consumption | 98.8 | 121.6 |
| **平衡差额** | **Balance** | **-6.9** | **-2.3** |

续表

单位：万吨

| 项　　目 | Item | 2001 | 2002 |
|---|---|---|---|
| **可供量** | **Total Energy Available for Consumption** | **894.2** | **914.8** |
| 生产量 | Output | 789.4 | 826.1 |
| 进口量 | Imports | 298.6 | 324.3 |
| 出口量(−) | Exports (-) | 246.4 | 240.9 |
| 年初年末库存差额 | Stock Changes in the Year | 52.7 | 5.3 |
| **消费量** | **Total Energy Consumption** | **890.3** | **919.2** |
| 在消费量中： | Consumption by Sector | | |
| 1．农、林、牧、渔 业 | Farming,Forestry,Animal Husbandry, Fishery Conservancy | 1.5 | 1.4 |
| 2．工　业 | Industry | 86.0 | 107.4 |
| 3．建筑业 | Construction | 3.5 | |
| 4.交通运输、仓储和邮政业 | Transport, Storage and Post | 560.7 | 716.8 |
| 5.批发、零售业和住宿 、餐饮业 | Wholesale, Retail Trade and Hotel ,Restaurants | 12.5 | 13.0 |
| 6．其他 | Other | 151.1 | 40.0 |
| 7．生活消费 | Residential Consumption | 75.0 | 40.7 |
| **平衡差额** | **Balance** | **4.0** | **-4.4** |

# KEROSENE BALANCE SHEET

(10 000 ton)

| 1990 | 1995 | 1996 | 1997 | 1998 | 1999 | 2000 |
|---|---|---|---|---|---|---|
| **350.9** | **486.4** | **537.9** | **683.7** | **701.0** | **848.6** | **880.9** |
| 392.5 | 445.8 | 538.4 | 577.0 | 616.1 | 743.8 | 872.3 |
| 26.1 | 115.7 | 101.1 | 218.1 | 188.0 | 272.2 | 322.5 |
| 55.5 | 62.4 | 102.4 | 98.8 | 127.6 | 162.8 | 256.3 |
| -12.2 | -12.7 | 0.8 | -12.7 | 24.4 | -4.6 | -57.6 |
| **350.9** | **512.1** | **555.5** | **681.7** | **706.4** | **844.2** | **871.6** |
| | | | | | | |
| 3.1 | 3.6 | 1.7 | 1.4 | 1.6 | 1.4 | 1.5 |
| 20.6 | 44.9 | 43.1 | 46.7 | 52.2 | 78.4 | 84.0 |
| 1.3 | 3.5 | 5.0 | 4.2 | 3.5 | 3.9 | 4.0 |
| 93.4 | 250.0 | 298.9 | 420.1 | 425.5 | 525.6 | 535.9 |
| 0.6 | 8.5 | 8.3 | 9.0 | 9.0 | 11.5 | 14.0 |
| 127.3 | 137.3 | 133.9 | 137.7 | 141.6 | 152.7 | 160.1 |
| 104.6 | 64.3 | 64.7 | 62.7 | 73.1 | 70.8 | 72.2 |
| | **-25.7** | **-17.6** | **1.9** | **-5.4** | **4.3** | **9.3** |

Continued

(10 000 ton)

| 2003 | 2004 | 2005 | 2006 | 2007 | 2008 |
|---|---|---|---|---|---|
| **914.5** | **1054.5** | **1070.0** | **1117.9** | **1239.2** | **1290.4** |
| 855.3 | 962.2 | 1006.5 | 975.5 | 1153.3 | 1158.9 |
| 317.4 | 421.0 | 476.1 | 731.7 | 725.0 | 836.8 |
| 275.9 | 331.5 | 447.6 | 584.4 | 637.1 | 706.5 |
| 17.7 | 2.7 | 35.0 | -4.9 | -2.0 | 1.3 |
| **921.6** | **1060.9** | **1076.8** | **1124.7** | **1243.7** | **1294.0** |
| | | | | | |
| 1.4 | 1.1 | 1.6 | 1.5 | 0.9 | 1.3 |
| 87.8 | 60.9 | 57.5 | 48.2 | 45.2 | 49.1 |
| | | | | | 9.7 |
| 741.7 | 919.7 | 952.4 | 1010.5 | 1130.0 | 1174.6 |
| 11.2 | 3.6 | 3.7 | 3.8 | 4.9 | 20.8 |
| 43.2 | 48.2 | 36.2 | 38.0 | 43.2 | 25.9 |
| 36.4 | 27.4 | 25.5 | 22.7 | 19.5 | 12.7 |
| **-7.1** | **-6.4** | **-6.8** | **-6.9** | **-4.5** | **-3.6** |

# 5-35 柴油平衡表

单位：万吨

| 项　目 | Item | 1980 | 1985 |
|---|---|---|---|
| **可供量** | **Total Energy Available for Consumption** | **1663.2** | **1944.1** |
| 生产量 | Output | 1827.8 | 2023.2 |
| 进口量 | Imports | 2.1 | 4.5 |
| 出口量(-) | Exports (-) | 166.5 | 225.6 |
| 年初年末库存差额 | Stock Changes in the Year | -0.2 | 142.0 |
| **消费量** | **Total Energy Consumption** | **1663.2** | **1939.4** |
| 在消费量中： | Consumption by Sector | | |
| 1．农、林、牧、渔 业 | Farming,Forestry,Animal Husbandry, Fishery Conservancy | 749.0 | 629.2 |
| 2．工 业 | Industry | 457.4 | 644.1 |
| 3．建筑业 | Construction | 76.5 | 125.0 |
| 4.交通运输、仓储和邮政业 | Transport, Storage and Post | 316.1 | 454.4 |
| 5.批发、零售业和住宿 、餐饮业 | Wholesale, Retail Trade and Hotel ,Restaurants | 6.5 | 10.9 |
| 6．其他 | Other | 57.7 | 74.0 |
| 7．生活消费 | Residential Consumption | | |
| 在消费量中： | Consumption by Usage | | |
| (一) 终端消费 | (I)Final Consumption | 1590.9 | 1827.4 |
| #工 业 | Industry | 385.1 | 532.1 |
| (二) 中间消费 | (II)Intermediate Consumption | | |
| (用于加工转换) | (Consumed in Transformation) | 72.3 | 108.6 |
| 发 电 | Power Generation | 72.3 | 103.6 |
| 供 热 | Heating | | 5.0 |
| (三) 损失量 | (III)Other Losses | | 3.4 |
| **平衡差额** | **Balance** | | **4.7** |

## 续表

单位：万吨

| 项　目 | Item | 2001 | 2002 |
|---|---|---|---|
| **可供量** | **Total Energy Available for Consumption** | **7272.0** | **7722.3** |
| 生产量 | Output | 7485.6 | 7706.1 |
| 进口量 | Imports | 54.7 | 78.7 |
| 出口量(-) | Exports (-) | 46.9 | 144.7 |
| 年初年末库存差额 | Stock Changes in the Year | -221.4 | 82.2 |
| **消费量** | **Total Energy Consumption** | **7158.0** | **7666.9** |
| 在消费量中： | Consumption by Sector | | |
| 1．农、林、牧、渔 业 | Farming,Forestry,Animal Husbandry, Fishery Conservancy | 742.9 | 819.0 |
| 2．工 业 | Industry | 1799.8 | 1876.3 |
| 3．建筑业 | Construction | 223.1 | 242.0 |
| 4.交通运输、仓储和邮政业 | Transport, Storage and Post | 3421.0 | 3664.8 |
| 5.批发、零售业和住宿 、餐饮业 | Wholesale, Retail Trade and Hotel ,Restaurants | 98.1 | 110.8 |
| 6．其他 | Other | 673.9 | 740.0 |
| 7．生活消费 | Residential Consumption | 199.2 | 213.9 |
| 在消费量中： | Consumption by Usage | | |
| (一) 终端消费 | (I)Final Consumption | 6917.6 | 7440.9 |
| #工 业 | Industry | 1559.4 | 1650.3 |
| (二) 中间消费 | (II)Intermediate Consumption | | |
| (用于加工转换) | (Consumed in Transformation) | 240.4 | 226.0 |
| 发 电 | Power Generation | 240.4 | 226.0 |
| 供 热 | Heating | | |
| (三) 损失量 | (III)Other Losses | | |
| **平衡差额** | **Balance** | **114.1** | **55.5** |

# DIESEL OIL BALANCE SHEET

(10 000 ton)

| 1990 | 1995 | 1996 | 1997 | 1998 | 1999 | 2000 |
|---|---|---|---|---|---|---|
| **2689.4** | **4404.2** | **4797.7** | **5251.4** | **5271.6** | **6204.3** | **6806.5** |
| 2609.0 | 3972.6 | 4419.0 | 4924.5 | 4897.7 | 6172.6 | 7079.6 |
| 233.8 | 645.3 | 512.1 | 790.2 | 331.7 | 56.0 | 51.9 |
| 169.8 | 169.5 | 192.4 | 261.5 | 118.8 | 70.9 | 77.5 |
| 16.4 | -44.2 | 59.0 | -201.7 | 161.0 | 46.5 | -247.6 |
| **2691.7** | **4321.4** | **4825.1** | **5278.5** | **5309.7** | **6204.1** | **6806.2** |
| 881.5 | 1001.4 | 509.9 | 533.0 | 564.1 | 629.3 | 697.1 |
| 728.1 | 1189.9 | 1117.2 | 1680.4 | 1226.1 | 1546.9 | 1696.5 |
| 133.0 | 118.2 | 159.6 | 146.0 | 153.4 | 188.1 | 205.9 |
| 709.4 | 1246.6 | 2261.1 | 2119.5 | 2612.9 | 2971.6 | 3293.8 |
| 22.5 | 103.6 | 90.3 | 86.4 | 83.3 | 90.9 | 95.9 |
| 217.0 | 645.7 | 578.1 | 594.0 | 524.0 | 609.7 | 638.7 |
|  | 16.1 | 109.1 | 119.2 | 145.9 | 167.7 | 178.4 |
| 2564.8 | 4070.0 | 4542.0 | 4536.5 | 5105.8 | 5988.6 | 6578.6 |
| 601.2 | 938.5 | 834.1 | 938.4 | 1022.2 | 1331.4 | 1468.8 |
| 126.9 | 251.4 | 283.1 | 742.0 | 203.9 | 215.5 | 227.7 |
| 124.5 | 204.9 | 253.3 | 739.1 | 203.9 | 215.5 | 227.7 |
| 2.4 | 46.6 | 29.9 | 2.9 |  |  |  |
| **-2.3** | **82.7** | **-27.5** | **-27.1** | **-38.1** | **0.2** | **0.3** |

Continued

(10 000 ton)

| 2003 | 2004 | 2005 | 2006 | 2007 | 2008 |
|---|---|---|---|---|---|
| **8467.5** | **9948.4** | **10972.6** | **11836.1** | **12494.2** | **13543.1** |
| 8532.8 | 9843.6 | 11090.2 | 11762.4 | 12359.1 | 13409.2 |
| 111.6 | 303.9 | 61.0 | 80.7 | 173.7 | 633.1 |
| 244.4 | 86.7 | 170.9 | 102.6 | 93.3 | 89.1 |
| 67.5 | -112.4 | -7.7 | 95.6 | 54.7 | -410.0 |
| **8409.4** | **9895.9** | **10972.2** | **11835.4** | **12496.7** | **13532.6** |
| 939.1 | 1092.0 | 1286.3 | 1365.5 | 1219.0 | 1098.9 |
| 1915.5 | 2084.8 | 1991.3 | 1961.6 | 1972.8 | 2517.0 |
| 276.2 | 333.1 | 386.6 | 428.7 | 433.8 | 370.8 |
| 4135.2 | 4985.2 | 5890.4 | 6547.3 | 7184.4 | 7649.3 |
| 105.5 | 109.0 | 116.0 | 129.8 | 133.9 | 152.7 |
| 790.0 | 918.0 | 895.1 | 933.0 | 1007.5 | 1151.8 |
| 247.9 | 373.7 | 406.4 | 469.6 | 545.3 | 592.1 |
| 8138.2 | 9560.9 | 10605.4 | 11522.7 | 12265.3 | 13347.5 |
| 1644.2 | 1749.9 | 1624.5 | 1648.9 | 1741.4 | 2331.9 |
| 271.3 | 334.9 | 366.7 | 312.7 | 231.4 | 185.1 |
| 271.3 | 334.9 | 366.7 | 312.7 | 231.4 | 185.1 |
|  |  |  |  |  |  |
| **58.1** | **52.6** | **0.4** | **0.7** | **-2.4** | **10.6** |

# 5-36 液化石油气平衡表

单位：万吨

| 项　目 | Item | 1980 | 1985 |
|---|---|---|---|
| **可供量** | **Total Energy Available for Consumption** | **122.5** | **157.3** |
| 生产量 | Output | 122.5 | 159.7 |
| 进口量 | Imports | | |
| 出口量(−) | Exports (-) | | 1.9 |
| 年初年末库存差额 | Stock Changes in the Year | | -0.5 |
| **消费量** | **Total Energy Consumption** | **119.6** | **155.7** |
| 在消费量中： | Consumption by Sector | | |
| 1. 农、林、牧、渔 业 | Farming,Forestry,Animal Husbandry, Fishery Conservancy | | |
| 2. 工　业 | Industry | 76.1 | 59.9 |
| 3. 建筑业 | Construction | | |
| 4. 交通运输、仓储和邮政业 | Transport, Storage and Post | | |
| 5. 批发、零售业和住宿 、餐饮业 | Wholesale, Retail Trade and Hotel ,Restaurants | | 0.5 |
| 6. 其他 | Other | 0.4 | 4.5 |
| 7. 生活消费 | Residential Consumption | 43.1 | 90.8 |
| **平衡差额** | **Balance** | **2.9** | **1.6** |

续表

单位：万吨

| 项　目 | Item | 2001 | 2002 |
|---|---|---|---|
| **可供量** | **Total Energy Available for Consumption** | **1428.0** | **1663.6** |
| 生产量 | Output | 952.3 | 1036.8 |
| 进口量 | Imports | 488.9 | 626.2 |
| 出口量(−) | Exports (-) | 2.1 | 5.6 |
| 年初年末库存差额 | Stock Changes in the Year | -11.1 | 6.3 |
| **消费量** | **Total Energy Consumption** | **1411.2** | **1625.4** |
| 在消费量中： | Consumption by Sector | | |
| 1. 农、林、牧、渔 业 | Farming,Forestry,Animal Husbandry, Fishery Conservancy | 0.3 | |
| 2. 工　业 | Industry | 441.7 | 520.5 |
| 3. 建筑业 | Construction | 9.51 | 12.76 |
| 4. 交通运输、仓储和邮政业 | Transport, Storage and Post | 17.03 | 28.58 |
| 5. 批发、零售业和住宿 、餐饮业 | Wholesale, Retail Trade and Hotel ,Restaurants | 60.4 | 62.59 |
| 6. 其他 | Other | 26.2 | 31.9 |
| 7. 生活消费 | Residential Consumption | 856.0 | 969.1 |
| **平衡差额** | **Balance** | **16.9** | **38.2** |

# LPG BALANCE SHEET

(10 000 ton)

| 1990 | 1995 | 1996 | 1997 | 1998 | 1999 | 2000 |
|---|---|---|---|---|---|---|
| **258.5** | **774.3** | **921.2** | **989.9** | **1178.0** | **1146.6** | **1396.2** |
| 261.6 | 540.8 | 605.9 | 667.9 | 747.4 | 816.6 | 916.6 |
| | 232.6 | 355.0 | 358.2 | 476.6 | 322.3 | 481.7 |
| 1.1 | 7.1 | 33.3 | 39.2 | 50.2 | 7.5 | 1.6 |
| -2.0 | 8.0 | -6.4 | 3.0 | 4.2 | -1.5 | -0.6 |
| **254.2** | **750.6** | **931.3** | **1009.7** | **1186.0** | **1178.5** | **1389.7** |
| | | | | | | |
| | 0.1 | | | | 0.3 | 0.4 |
| 82.0 | 192.5 | 171.6 | 181.7 | 239.2 | 254.0 | 426.1 |
| 1.0 | 0.5 | 0.4 | 5.2 | 5.7 | 7.9 | 8.9 |
| | 0.5 | 3.0 | 3.3 | 1.8 | 2.0 | 16.5 |
| 6.6 | 17.4 | 33.9 | 42.9 | 49.5 | 47.9 | 55.5 |
| 6.1 | 5.7 | 8.8 | 14.5 | 30.6 | 17.9 | 24.0 |
| 158.5 | 534.0 | 713.5 | 762.2 | 859.2 | 848.5 | 858.3 |
| **4.3** | **23.7** | **-10.1** | **-19.8** | | **-31.6** | **6.5** |

Continued

(10 000 ton)

| 2003 | 2004 | 2005 | 2006 | 2007 | 2008 |
|---|---|---|---|---|---|
| **1836.2** | **2051.1** | **2052.2** | **2252.5** | **2320.2** | **2114.3** |
| 1211.7 | 1417.0 | 1432.7 | 1745.3 | 1944.7 | 1914.8 |
| 636.7 | 641.0 | 617.0 | 535.6 | 405.4 | 259.2 |
| 2.4 | 3.2 | 2.7 | 15.1 | 33.8 | 67.9 |
| -9.9 | -3.7 | 5.2 | -13.3 | 3.8 | 8.1 |
| **1796.6** | **2016.0** | **2046.5** | **2207.6** | **2327.9** | **2118.9** |
| | | | | | |
| | 3.6 | 3.5 | 4.7 | 6.2 | 3.7 |
| 541.6 | 493.1 | 534.4 | 541.2 | 455.6 | 499.4 |
| 8.9 | 8.7 | 6.3 | 7.5 | 7.2 | 6.2 |
| 36.1 | 35.9 | 48.7 | 54.7 | 55.5 | 56.7 |
| 64.4 | 91.3 | 99.0 | 113.9 | 131.6 | 51.4 |
| 32.9 | 32.9 | 25.8 | 29.4 | 33.8 | 44.7 |
| 1112.7 | 1350.5 | 1328.7 | 1456.2 | 1637.9 | 1457.0 |
| **39.6** | **35.0** | **5.7** | **44.9** | **-7.6** | **-4.7** |

# 5-37 天然气平衡表

单位：亿立方米

| 项　　目 | Item | 1980 | 1985 |
| --- | --- | --- | --- |
| **可供量** | **Total Energy Available for Consumption** | **142.7** | **129.3** |
| 生产量 | Output | 142.7 | 129.3 |
| 进口量 | Imports | | |
| 出口量(−) | Exports (-) | | |
| 年初年末库存差额 | Stock Changes in the Year | | |
| **消费量** | **Total Energy Consumption** | **140.6** | **129.3** |
| 在消费量中： | Consumption by Sector | | |
| 1．农、林、牧、渔 业 | Farming,Forestry,Animal Husbandry, Fishery Conservancy | | |
| 2．工　业 | Industry | 131.4 | 109.6 |
| 3．建筑业 | Construction | 6.0 | 14.1 |
| 4.交通运输、仓储和邮政业 | Transport, Storage and Post | 0.7 | 0.8 |
| 5.批发、零售业和住宿 、餐饮业 | Wholesale, Retail Trade and Hotel ,Restaurants | | |
| 6．其他 | Other | 0.5 | 0.5 |
| 7．生活消费 | Residential Consumption | 2.0 | 4.3 |
| **平衡差额** | **Balance** | **2.1** | |

## 续表

单位：亿立方米

| 项　　目 | Item | 2001 | 2002 |
| --- | --- | --- | --- |
| **可供量** | **Total Energy Available for Consumption** | **272.9** | **294.6** |
| 生产量 | Output | 303.3 | 326.6 |
| 进口量 | Imports | | |
| 出口量(−) | Exports (-) | 30.4 | 32.0 |
| 年初年末库存差额 | Stock Changes in the Year | | |
| **消费量** | **Total Energy Consumption** | **274.3** | **291.8** |
| 在消费量中： | Consumption by Sector | | |
| 1．农、林、牧、渔 业 | Farming,Forestry,Animal Husbandry, Fishery Conservancy | | |
| 2．工　业 | Industry | 214.8 | 222.5 |
| 3．建筑业 | Construction | 0.7 | 0.7 |
| 4.交通运输、仓储和邮政业 | Transport, Storage and Post | 11.0 | 16.4 |
| 5.批发、零售业和住宿 、餐饮业 | Wholesale, Retail Trade and Hotel ,Restaurants | 5.0 | 6.1 |
| 6．其他 | Other | 0.7 | |
| 7．生活消费 | Residential Consumption | 42.1 | 46.2 |
| **平衡差额** | **Balance** | **-1.4** | **2.7** |

# NATURAL GAS BALANCE SHEET

(100 million cu.m)

| 1990 | 1995 | 1996 | 1997 | 1998 | 1999 | 2000 |
|---|---|---|---|---|---|---|
| **153.0** | **179.5** | **201.1** | **226.7** | **232.8** | **218.2** | **240.6** |
| 153.0 | 179.5 | 201.1 | 227.0 | 232.8 | 252.0 | 272.0 |
| | | | | | | |
| | | | 0.3 | | 33.8 | 31.4 |
| | | | | | | |
| **152.5** | **177.4** | **185.9** | **196.4** | **202.6** | **214.9** | **245.0** |
| | | | | | | |
| | | 0.2 | | | | |
| 120.2 | 154.4 | 157.2 | 168.9 | 169.5 | 177.2 | 199.0 |
| 10.6 | 0.3 | 1.5 | 0.0 | 0.1 | 0.7 | 0.8 |
| 1.9 | 1.6 | 4.0 | 4.7 | 5.7 | 7.8 | 8.8 |
| | 0.6 | 1.0 | 1.0 | 2.5 | 2.9 | 3.4 |
| 1.2 | 1.2 | 1.3 | 0.6 | 0.6 | 0.6 | 0.6 |
| 18.6 | 19.4 | 20.7 | 21.2 | 24.1 | 25.7 | 32.3 |
| **0.5** | **2.1** | **15.2** | **30.3** | **30.2** | **3.3** | **-4.4** |

Continued

(100 million cu.m)

| 2003 | 2004 | 2005 | 2006 | 2007 | 2008 |
|---|---|---|---|---|---|
| **331.4** | **390.2** | **463.5** | **566.1** | **706.6** | **816.6** |
| 350.2 | 414.6 | 493.2 | 585.5 | 692.4 | 803.0 |
| | | | 9.5 | 40.2 | 46.0 |
| 18.7 | 24.4 | 29.7 | 29.0 | 26.0 | 32.5 |
| | | | | | |
| **339.1** | **396.7** | **467.6** | **561.4** | **705.2** | **812.9** |
| | | | | | |
| | | | | | |
| 260.8 | 278.6 | 328.8 | 384.0 | 479.7 | 531.6 |
| 0.7 | 1.4 | 1.5 | 1.7 | 2.1 | 1.0 |
| 18.8 | 26.2 | 38.0 | 47.2 | 46.9 | 71.6 |
| 6.9 | 9.2 | 10.8 | 13.2 | 17.1 | 17.8 |
| | 14.1 | 9.1 | 12.8 | 16.1 | 20.9 |
| 51.9 | 67.2 | 79.4 | 102.6 | 143.4 | 170.1 |
| **-7.7** | **-6.5** | **-4.1** | **4.6** | **1.4** | **3.7** |

# 5-38 电力平衡表

单位：亿千瓦小时

| 项　　目 | Item | 1980 | 1985 |
|---|---|---|---|
| **可供量** | **Total Energy Available for Consumption** | **3006.3** | **4117.6** |
| 生产量 | Output | 3006.3 | 4106.9 |
| 水　电 | Hydropower | 582.1 | 923.7 |
| 火　电 | Thermal Power | 2424.2 | 3183.2 |
| 核　电 | Nuclear Power | | |
| 进口量 | Imports | | 11.1 |
| 出口量(-) | Exports (-) | | 0.4 |
| **消费量** | **Total Energy Consumption** | **3006.3** | **4117.6** |
| 在消费量中： | Consumption by Sector | | |
| 1. 农、林、牧、渔 业 | Farming,Forestry,Animal Husbandry, Fishery Conservancy | 270 | 317.4 |
| 2. 工　业 | Industry | 2471.9 | 3283.4 |
| 3. 建筑业 | Construction | 47.1 | 71.2 |
| 4.交通运输、仓储和邮政业 | Transport, Storage and Post | 26.5 | 63.4 |
| 5.批发、零售业和住宿 、餐饮业 | Wholesale, Retail Trade and Hotel ,Restaurants | 16.8 | 38.0 |
| 6. 其他 | Others | 68.8 | 121.7 |
| 7. 生活消费 | Residential Consumption | 105.2 | 222.5 |
| 在消费量中： | Consumption by Usage | | |
| (一) 终端消费 | (I)Final Consumption | 2763.4 | 3813.3 |
| #工　业 | Industry | 2229.0 | 2979.1 |
| (二) 输配电损失量 | (II)Losses in Transmission | 242.9 | 304.3 |

续表

单位：亿千瓦小时

| 项　　目 | Item | 2001 | 2002 |
|---|---|---|---|
| **可供量** | **Total Energy Available for Consumption** | **14724.09** | **16466.0** |
| 生产量 | Output | 14808.02 | 16540.0 |
| 水　电 | Hydropower | 2774.32 | 2879.7 |
| 火　电 | Thermal Power | 11834.25 | 13381.4 |
| 核　电 | Nuclear Power | 174.72 | 251.3 |
| 进口量 | Imports | 17.98 | 23.0 |
| 出口量(-) | Exports (-) | 101.91 | 97.0 |
| **消费量** | **Total Energy Consumption** | **14723.46** | **16465.5** |
| 在消费量中： | Consumption by Sector | | |
| 1. 农、林、牧、渔 业 | Farming,Forestry,Animal Husbandry, Fishery Conservancy | 582.39 | 606.2 |
| 2. 工　业 | Industry | 10944.66 | 12402.2 |
| 3. 建筑业 | Construction | 154.91 | 154.1 |
| 4.交通运输、仓储和邮政业 | Transport, Storage and Post | 309.32 | 303.0 |
| 5.批发、零售业和住宿 、餐饮业 | Wholesale, Retail Trade and Hotel ,Restaurants | 459.89 | 500.0 |
| 6. 其他 | Others | 663.06 | 728.5 |
| 7. 生活消费 | Residential Consumption | 1609.23 | 1771.4 |
| 在消费量中： | Consumption by Usage | | |
| (一) 终端消费 | (I)Final Consumption | 13690.0 | 15296.8 |
| #工　业 | Industry | 9911.2 | 11233.5 |
| (二) 输配电损失量 | (II)Losses in Transmission | 1033.47 | 1168.7 |

# ELECTRICITY BALANCE

(100 million kW•h)

| 1990 | 1995 | 1996 | 1997 | 1998 | 1999 | 2000 |
|---|---|---|---|---|---|---|
| **6230.4** | **10023.4** | **10764.3** | **11284.4** | **11590.4** | **12305.2** | **13472.7** |
| 6212.0 | 10077.3 | 10800.2 | 11355.6 | 11662.0 | 12393.0 | 13556.0 |
| 1267.2 | 1905.8 | 1879.7 | 1959.8 | 2080.0 | 1965.8 | 2224.1 |
| 4944.8 | 8043.2 | 8777.1 | 9240.7 | 9441.0 | 10257.0 | 11141.9 |
|  | 128.3 | 143.4 | 144.2 | 141.0 | 149.5 | 167.4 |
| 19.3 | 6.4 | 1.2 | 0.9 | 0.2 | 3.7 | 15.5 |
| 0.9 | 60.3 | 37.1 | 72.0 | 71.7 | 91.5 | 98.8 |
| **6230.4** | **10023.4** | **10764.3** | **11284.4** | **11598.4** | **12304.7** | **13472.4** |
|  |  |  |  |  |  |  |
| 426.8 | 582.4 | 458.3 | 459.8 | 473.5 | 510.4 | 533.0 |
| 4873.3 | 7659.8 | 8034.7 | 8365.7 | 8496.0 | 9047.2 | 10004.6 |
| 65.0 | 159.6 | 151.8 | 157.4 | 168.8 | 157.3 | 159.8 |
| 105.9 | 182.3 | 257.9 | 265.9 | 275.6 | 284.8 | 281.2 |
| 76.2 | 199.5 | 298.1 | 315.1 | 333.4 | 362.8 | 418.7 |
| 202.4 | 234.2 | 495.4 | 507.4 | 556.7 | 581.4 | 623.2 |
| 480.8 | 1005.6 | 1068.0 | 1213.2 | 1294.5 | 1360.8 | 1452.0 |
|  |  |  |  |  |  |  |
| 5795.8 | 9278.9 | 9994.8 | 10486.0 | 10807.5 | 11442.8 | 12535.7 |
| 4438.7 | 6915.3 | 7265.2 | 7567.3 | 7705.0 | 8185.3 | 9067.9 |
| 434.6 | 744.5 | 769.5 | 798.4 | 790.9 | 861.9 | 936.7 |

## Continued

(100 million kW•h)

| 2003 | 2004 | 2005 | 2006 | 2007 | 2008 |
|---|---|---|---|---|---|
| **19032.2** | **21972.3** | **24940.8** | **28588.4** | **32712.4** | **34540.8** |
| 19105.8 | 22033.1 | 25002.6 | 28657.3 | 32815.5 | 34668.8 |
| 2836.8 | 3535.4 | 3970.2 | 4357.9 | 4852.6 | 5851.9 |
| 15803.6 | 17955.9 | 20473.4 | 23696.0 | 27229.3 | 27900.8 |
| 433.4 | 504.7 | 530.9 | 548.4 | 621.3 | 683.9 |
| 29.8 | 34.0 | 50.1 | 53.9 | 42.5 | 38.4 |
| 103.4 | 94.8 | 111.9 | 122.7 | 145.7 | 166.4 |
| **19031.6** | **21971.4** | **24940.3** | **28588.0** | **32711.8** | **34541.4** |
|  |  |  |  |  |  |
| 693.2 | 768.9 | 776.3 | 827.0 | 879.0 | 887.1 |
| 14169.7 | 16424.3 | 18521.7 | 21267.7 | 24290.8 | 25388.6 |
| 179.8 | 202.1 | 233.9 | 271.0 | 309.0 | 367.3 |
| 406.9 | 449.6 | 430.3 | 467.4 | 531.9 | 571.8 |
| 613.0 | 705.4 | 752.3 | 847.3 | 929.8 | 1017.4 |
| 911.0 | 1036.6 | 1340.9 | 1555.9 | 1708.6 | 1913.0 |
| 2058.0 | 2384.5 | 2884.8 | 3351.6 | 4062.7 | 4396.1 |
|  |  |  |  |  |  |
| 17770.9 | 20550.8 | 23233.8 | 26729.1 | 30650.1 | 32403.5 |
| 12909.0 | 15003.7 | 16815.2 | 19408.9 | 22229.1 | 23250.8 |
| 1260.7 | 1420.6 | 1706.5 | 1858.8 | 2061.7 | 2137.9 |

# 六、地区能源平衡表

# Chapter 6 Energy Balance Table by Region

# 6-1　北京能源平衡表(实物量)-2008

| 项　　目 | Item | 煤合计(万吨) Coal Total ($10^4$ tn) | 原煤(万吨) Raw Coal ($10^4$ tn) |
|---|---|---|---|
| **一.可供本地区消费的能源量** | **Total Primary Energy Supply** | **2599.98** | **2361.76** |
| 1.一次能源生产量 | Indigenous Production | 578.46 | 578.46 |
| 2.回收能 | Recovery of Energy | | |
| 3.外省(区、市)调入量 | Moving In from Other Provinces | 2587.81 | 2352.47 |
| 4.进口量 | Import | | |
| 5.我轮、机在外国加油量 | Chinese Airplanes & Ships in Refueling Abroad | | |
| 6.本省(区、市)调出量(−) | Sending Out to Other Provinces(-) | -354.93 | -354.93 |
| 7.出口量(−) | Export(-) | -185.21 | -185.21 |
| 8.外轮、机在我国加油量(−) | Foreign Airplanes & Ships in Refueling in China | | |
| 9.库存增(−)、减(+)量 | Stock Change | -26.15 | -29.03 |
| **二.加工转换投入(−)产出(+)量** | **Input(-) & Output(+) of Transformation** | **-1565.72** | **-1347.01** |
| 1.火力发电 | Thermal Power | -766.46 | -755.75 |
| 2.供热 | Heating Supply | -580.48 | -564.28 |
| 3.洗选煤 | Coal Washing | -2.62 | -11.56 |
| 4.炼焦 | Coking | -220.22 | -0.97 |
| 5.炼油 | Petroleum Refineries | | |
| 6.制气 | Gas Works | | |
| #焦炭再投入量(−) | Coke Input(-) | | |
| 7.煤制品加工 | Briquettes | 4.06 | -14.45 |
| **三.损失量** | **Loss** | | |
| **四.终端消费量** | **Total Final Consumption** | **1182.01** | **1175.01** |
| 1.农、林、牧、渔、水利业 | Farming, Forestry, Animal Husbandry, Fishery & Water Conservancy | 49.89 | 49.89 |
| 2.工业 | Industry | 550.32 | 543.32 |
| #用作原料、材料 | Non-Energy Use | | 9.76 |
| 3.建筑业 | Construction | 17.68 | 17.68 |
| 4.交通运输、仓储和邮政业 | Transport, Storage and Post | 26.89 | 26.89 |
| 5.批发、零售业和住宿、餐饮业 | Wholesale,Retail Trade and Hotel,Restaurants | 46.94 | 46.94 |
| 6.生活消费 | Residential Consumption | 255.83 | 255.83 |
| 城镇 | Urban | 81.21 | 81.21 |
| 乡村 | Rural | 174.62 | 174.62 |
| 7.其他 | Other | 234.46 | 234.46 |
| **五.平衡差额** | **Statistical Difference** | **-147.75** | **-160.26** |
| **六.消费量合计** | **Sum of Consumption** | **2747.73** | **2522.02** |

# ENERGY BALANCE OF BEIJING-2008 (PHYSICAL QUANTITY)

| 洗精煤 (万吨) Cleaned Coal ($10^4$ tn) | 其他洗煤 (万吨) Other Washed Coal ($10^4$ tn) | 型煤 (万吨) Briquettes ($10^4$ tn) | 焦炭 (万吨) Coke ($10^4$ tn) | 焦炉煤气 (亿立方米) Coke Oven Gas ($10^8$ cu.m) | 其他煤气 (亿立方米) Other Gas ($10^8$ cu.m) | 油品合计 (万吨) Petroleum Products Total ($10^4$ tn) | 原油 (万吨) Crude Oil ($10^4$ tn) | 汽油 (万吨) Gasoline ($10^4$ tn) |
|---|---|---|---|---|---|---|---|---|
| **224.81** | **6.31** | **7.10** | **52.62** | **0.70** | | **1370.66** | **1116.99** | **124.20** |
| | | | | | | | | |
| | | | | | | | | |
| 224.81 | 6.30 | 4.23 | 81.80 | 0.70 | | 1159.50 | 507.66 | 164.14 |
| | | | | | | 820.44 | 648.55 | |
| | | | | | | 69.12 | | |
| | | | -29.40 | | | -547.60 | | -40.32 |
| | | | | | | | | |
| | | | | | | -83.90 | | |
| | 0.01 | 2.87 | 0.22 | | | -46.90 | -39.22 | 0.38 |
| **-214.81** | **-6.26** | **2.36** | **98.05** | **6.96** | **40.69** | **-53.13** | **-1114.60** | **215.53** |
| | -5.05 | -5.66 | | -0.11 | -10.40 | -4.60 | | |
| | -1.21 | -14.99 | | -0.34 | -10.53 | -23.79 | | |
| 8.94 | | | | | | | | |
| -219.25 | | | 170.33 | 7.41 | | | | |
| | | | | | | -24.74 | -1114.60 | 215.53 |
| | | | | | 61.62 | | | |
| | | | -72.28 | | | | | |
| -4.50 | | 23.01 | | | | | | |
| | | | | | | **2.16** | **2.16** | |
| **0.19** | **2.59** | **4.22** | **160.59** | **7.65** | **41.37** | **1316.25** | | **340.92** |
| | | | | | | 13.61 | | 5.16 |
| 0.19 | 2.59 | 4.22 | 160.59 | 7.65 | 41.37 | 433.69 | | 20.14 |
| | | | 0.53 | | | 265.66 | | 0.52 |
| | | | | | | 30.29 | | 7.92 |
| | | | | | | 493.59 | | 46.42 |
| | | | | | | 53.80 | | 19.36 |
| | | | | | | 215.86 | | 193.52 |
| | | | | | | 207.90 | | 190.00 |
| | | | | | | 7.96 | | 3.52 |
| | | | | | | 75.41 | | 48.40 |
| **9.81** | **-2.54** | **5.24** | **-9.92** | **0.01** | **-0.68** | **-0.88** | **0.23** | **-1.19** |
| **223.94** | **8.85** | **24.87** | **232.87** | **8.10** | **62.30** | **1371.54** | **1116.76** | **340.92** |

续表

| 项目 | Item | 煤油 (万吨) Kerosene ($10^4$ tn) | 柴油 (万吨) Diesel Oil ($10^4$ tn) |
|---|---|---|---|
| **一.可供本地区消费的能源量** | **Total Primary Energy Supply** | **214.73** | **-141.98** |
| 1.一次能源生产量 | Indigenous Production | | |
| 2.回收能 | Recovery of Energy | | |
| 3.外省(区、市)调入量 | Moving In from Other Provinces | 219.08 | 164.21 |
| 4.进口量 | Import | 171.89 | |
| 5.我轮、机在外国加油量 | Chinese Airplanes & Ships in Refueling Abroad | 69.12 | |
| 6.本省(区、市)调出量(-) | Sending Out to Other Provinces(-) | -164.28 | -296.82 |
| 7.出口量(-) | Export(-) | | |
| 8.外轮、机在我国加油量(-) | Foreign Airplanes & Ships in Refueling in China | -83.90 | |
| 9.库存增(-)、减(+)量 | Stock Change | 2.82 | -9.37 |
| **二.加工转换投入(-)产出(+)量** | **Input(-) & Output(+) of Transformation** | **85.23** | **373.01** |
| 1.火力发电 | Thermal Power | | -0.15 |
| 2.供热 | Heating Supply | | -0.12 |
| 3.洗选煤 | Coal Washing | | |
| 4.炼焦 | Coking | | |
| 5.炼油 | Petroleum Refineries | 85.23 | 373.28 |
| 6.制气 | Gas Works | | |
| #焦炭再投入量(-) | Coke Input(-) | | |
| 7.煤制品加工 | Briquettes | | |
| **三.损失量** | **Loss** | | |
| **四.终端消费量** | **Total Final Consumption** | **318.39** | **226.95** |
| 1.农、林、牧、渔、水利业 | Farming, Forestry, Animal Husbandry, Fishery & Water Conservancy | | 8.43 |
| 2.工业 | Industry | 0.21 | 34.01 |
| #用作原料、材料 | Non-Energy Use | | 1.04 |
| 3.建筑业 | Construction | | 21.25 |
| 4.交通运输、仓储和邮政业 | Transport, Storage and Post | 317.83 | 128.61 |
| 5.批发、零售业和住宿、餐饮业 | Wholesale,Retail Trade and Hotel,Restaurants | | 11.56 |
| 6.生活消费 | Residential Consumption | | 0.32 |
| 城镇 | Urban | | |
| 乡村 | Rural | | 0.32 |
| 7.其他 | Other | 0.35 | 22.77 |
| **五.平衡差额** | **Statistical Difference** | **-18.43** | **4.08** |
| **六.消费量合计** | **Sum of Consumption** | **318.39** | **227.22** |

Continued

| 燃料油（万吨）<br>Fuel Oil<br>($10^4$ tn) | 液化石油气（万吨）<br>LPG<br>($10^4$ tn) | 炼厂干气（万吨）<br>Refinery Gas<br>($10^4$ tn) | 天然气（亿立方米）<br>Natural Gas<br>($10^4$ tn) | 其他石油制品（万吨）<br>Other Petroleum Products<br>($10^8$ cu.m) | 其他焦化产品（万吨）<br>Other Coking Products<br>($10^8$ cu.m) | 热力（百亿千焦）<br>Heat<br>($10^{10}$ kJ) | 电力（亿千瓦时）<br>Electricity<br>($10^8$ kW·h) | 其他能源（万吨标煤）<br>Other Energy<br>($10^4$ tce) |
|---|---|---|---|---|---|---|---|---|
| **0.15** | **15.28** | | **60.64** | **41.29** | **21.08** | **277.98** | **462.09** | **5.87** |
| | | | | | | | 0.33 | |
| | | | | | | 277.98 | | 4.90 |
| 31.54 | 22.87 | | 60.64 | 50.00 | 26.00 | | 461.76 | 0.97 |
| | | | | | | | | |
| | | | | | | | | |
| -30.12 | -7.17 | | | -8.89 | -4.81 | | | |
| | | | | | | | | |
| | | | | | | | | |
| -1.27 | -0.42 | | | 0.18 | -0.11 | | | |
| **18.14** | **49.71** | **76.93** | **-17.85** | **242.92** | **-21.35** | **13568.17** | **244.86** | **-4.90** |
| -2.56 | | -0.44 | -11.09 | -1.45 | -7.97 | -277.98 | 244.86 | -4.90 |
| -9.44 | -0.33 | -4.79 | -6.76 | -9.11 | -22.28 | 13846.15 | | |
| | | | | | | | | |
| | | | | | 8.90 | | | |
| 30.14 | 50.04 | 82.16 | | 253.48 | | | | |
| | | | | | | | | |
| | | | | | | | | |
| | | | | | | | | |
| | | | **3.20** | | | | **47.36** | |
| **13.62** | **65.11** | **76.49** | **39.60** | **274.77** | **0.32** | **14489.90** | **660.79** | **1.03** |
| | 0.02 | | | | | | 13.61 | |
| 12.87 | 15.20 | 76.49 | 6.76 | 274.77 | 0.32 | 5010.61 | 230.18 | 1.03 |
| 3.17 | 13.04 | | | 247.89 | | | | 0.71 |
| 0.46 | 0.66 | | 0.57 | | | 115.22 | 16.91 | |
| 0.14 | 0.59 | | 2.70 | | | 963.53 | 44.84 | |
| 0.05 | 22.82 | | 4.71 | | | 1182.48 | 62.56 | |
| | 22.02 | | 9.16 | | | 2399.64 | 116.30 | |
| | 17.90 | | 9.06 | | | 2399.64 | 95.01 | |
| | 4.12 | | 0.10 | | | | 21.29 | |
| 0.10 | 3.80 | | 15.70 | | | 4818.42 | 176.39 | |
| **4.67** | **-0.12** | **0.44** | **-0.01** | **9.44** | **-0.59** | **-643.75** | **-1.20** | **-0.06** |
| **25.62** | **65.44** | **81.72** | **60.65** | **285.33** | **30.57** | **14767.88** | **708.15** | **5.93** |

# 6-2 天津能源平衡表(实物量)-2008

| 项　　目 | Item | 煤合计(万吨) Coal Total ($10^4$ tn) | 原煤(万吨) Raw Coal ($10^4$ tn) |
|---|---|---|---|
| **一.可供本地区消费的能源量** | **Total Primary Energy Supply** | **3972.98** | **3485.17** |
| 1.一次能源生产量 | Indigenous Production | | |
| 2.回收能 | Recovery of Energy | | |
| 3.外省(区、市)调入量 | Moving In from Other Provinces | 4084.00 | 3608.00 |
| 4.进口量 | Import | | |
| 5.我轮、机在外国加油量 | Chinese Airplanes & Ships in Refueling Abroad | | |
| 6.本省(区、市)调出量(−) | Sending Out to Other Provinces(-) | -5.08 | -5.08 |
| 7.出口量(−) | Export(-) | | |
| 8.外轮、机在我国加油量(−) | Foreign Airplanes & Ships in Refueling in China | | |
| 9.库存增(−)、减(+)量 | Stock Change | -105.94 | -117.75 |
| **二.加工转换投入(−)产出(+)量** | **Input(-) & Output(+) of Transformation** | **-2919.11** | **-2522.88** |
| 1.火力发电 | Thermal Power | -1800.12 | -1800.12 |
| 2.供热 | Heating Supply | -724.78 | -722.76 |
| 3.洗选煤 | Coal Washing | | |
| 4.炼焦 | Coking | -394.21 | |
| 5.炼油 | Petroleum Refineries | | |
| 6.制气 | Gas Works | | |
| #焦炭再投入量(−) | Coke Input(-) | | |
| 7.煤制品加工 | Briquettes | | |
| **三.损失量** | **Loss** | **6.66** | **6.66** |
| **四.终端消费量** | **Total Final Consumption** | **1047.00** | **955.70** |
| 1.农、林、牧、渔、水利业 | Farming, Forestry, Animal Husbandry, Fishery & Water Conservancy | 18.36 | 18.36 |
| 2.工业 | Industry | 843.27 | 751.97 |
| #用作原料、材料 | Non-Energy Use | 13.66 | |
| 3.建筑业 | Construction | 12.63 | 12.63 |
| 4.交通运输、仓储和邮政业 | Transport, Storage and Post | 18.91 | 18.91 |
| 5.批发、零售业和住宿、餐饮业 | Wholesale,Retail Trade and Hotel,Restaurants | 34.63 | 34.63 |
| 6.生活消费 | Residential Consumption | 57.43 | 57.43 |
| 城镇 | Urban | 19.12 | 19.12 |
| 乡村 | Rural | 38.31 | 38.31 |
| 7.其他 | Other | 61.77 | 61.77 |
| **五.平衡差额** | **Statistical Difference** | **0.21** | **-0.07** |
| **六.消费量合计** | **Sum of Consumption** | **3972.77** | **3485.24** |

# ENERGY BALANCE OF TIANJIN-2008 (PHYSICAL QUANTITY)

| 洗精煤 (万吨) Cleaned Coal ($10^4$ tn) | 其他洗煤 (万吨) Other Washed Coal ($10^4$ tn) | 型煤 (万吨) Briquettes ($10^4$ tn) | 焦炭 (万吨) Coke ($10^4$ tn) | 焦炉煤气 (亿立方米) Coke Oven Gas ($10^8$ cu.m) | 其他煤气 (亿立方米) Other Gas ($10^8$ cu.m) | 油品合计 (万吨) Petroleum Products Total ($10^4$ tn) | 原油 (万吨) Crude Oil ($10^4$ tn) | 汽油 (万吨) Gasoline ($10^4$ tn) |
|---|---|---|---|---|---|---|---|---|
| **487.81** | | | **425.69** | **-0.41** | **74.75** | **866.55** | **790.07** | **30.33** |
| | | | | | | 1993.86 | 1993.86 | |
| | | | | | 74.76 | | | |
| 476.00 | | | 474.74 | 1.21 | 0.47 | 3227.49 | 34.23 | 936.88 |
| | | | | | | 516.31 | 375.09 | |
| | | | | | | 32.69 | | |
| | | | -48.54 | -1.62 | -0.48 | -4561.90 | -1378.70 | -909.80 |
| | | | | | | -186.02 | -186.02 | |
| | | | | | | -78.01 | | |
| 11.81 | | | -0.51 | | | -77.87 | -48.39 | 3.25 |
| **-396.23** | | | **293.29** | **5.65** | **-18.03** | **-31.74** | **-762.57** | **118.24** |
| | | | | -0.86 | -9.08 | | | |
| -2.02 | | | | | | -1.18 | | |
| | | | | | | | | |
| -394.21 | | | 293.29 | 6.51 | -8.95 | | | |
| | | | | | | -30.56 | -762.57 | 118.24 |
| | | | | | | | | |
| | | | | | | | | |
| | | | | | | | | |
| | | | | **0.18** | **0.15** | **10.75** | **8.80** | |
| **91.30** | | | **719.23** | **5.05** | **55.29** | **822.40** | **18.96** | **148.76** |
| | | | | | | 19.99 | | 4.25 |
| 91.30 | | | 719.23 | 5.05 | 55.29 | 343.94 | 18.96 | 13.10 |
| 13.66 | | | | | | 6.98 | | |
| | | | | | | 72.99 | | 9.21 |
| | | | | | | 234.94 | | 55.18 |
| | | | | | | 31.75 | | 7.62 |
| | | | | | | 67.40 | | 44.73 |
| | | | | | | 56.90 | | 41.46 |
| | | | | | | 10.50 | | 3.27 |
| | | | | | | 51.39 | | 14.67 |
| **0.28** | | | **-0.25** | **0.01** | **1.28** | **1.66** | **-0.26** | **-0.19** |
| **487.53** | | | **719.23** | **6.09** | **73.47** | **864.89** | **790.33** | **148.76** |

## 续表

| 项　　目 | Item | 煤油 (万吨) Kerosene (10⁴ tn) | 柴油 (万吨) Diesel Oil (10⁴ tn) |
|---|---|---|---|
| **一.可供本地区消费的能源量** | **Total Primary Energy Supply** | **-3.51** | **-48.85** |
| 1.一次能源生产量 | Indigenous Production | | |
| 2.回收能 | Recovery of Energy | | |
| 3.外省(区、市)调入量 | Moving In from Other Provinces | 185.56 | 1934.66 |
| 4.进口量 | Import | 8.24 | 41.05 |
| 5.我轮、机在外国加油量 | Chinese Airplanes & Ships in Refueling Abroad | | |
| 6.本省(区、市)调出量(−) | Sending Out to Other Provinces(-) | -190.46 | -2001.90 |
| 7.出口量(−) | Export(-) | | |
| 8.外轮、机在我国加油量(−) | Foreign Airplanes & Ships in Refueling in China | -6.87 | -2.67 |
| 9.库存增(−)、减(+)量 | Stock Change | 0.02 | -19.99 |
| **二.加工转换投入(−)产出(+)量** | **Input(-) & Output(+) of Transformation** | **21.80** | **340.35** |
| 1.火力发电 | Thermal Power | | |
| 2.供热 | Heating Supply | | |
| 3.洗选煤 | Coal Washing | | |
| 4.炼焦 | Coking | | |
| 5.炼油 | Petroleum Refineries | 21.80 | 340.35 |
| 6.制气 | Gas Works | | |
| #焦炭再投入量(−) | Coke Input(-) | | |
| 7.煤制品加工 | Briquettes | | |
| **三.损失量** | **Loss** | | |
| **四.终端消费量** | **Total Final Consumption** | **18.13** | **289.76** |
| 1.农、林、牧、渔、水利业 | Farming, Forestry, Animal Husbandry, Fishery & Water Conservancy | 0.05 | 15.56 |
| 2.工业 | Industry | 1.00 | 41.29 |
| #用作原料、材料 | Non-Energy Use | | |
| 3.建筑业 | Construction | 0.02 | 61.95 |
| 4.交通运输、仓储和邮政业 | Transport, Storage and Post | 14.89 | 101.96 |
| 5.批发、零售业和住宿、餐饮业 | Wholesale,Retail Trade and Hotel,Restaurants | 2.01 | 18.00 |
| 6.生活消费 | Residential Consumption | 0.02 | 16.00 |
| 城镇 | Urban | 0.02 | 14.50 |
| 乡村 | Rural | | 1.50 |
| 7.其他 | Other | 0.14 | 35.00 |
| **五.平衡差额** | **Statistical Difference** | **0.16** | **1.74** |
| **六.消费量合计** | **Sum of Consumption** | **18.13** | **289.76** |

Continued

| 燃料油（万吨） Fuel Oil ($10^4$ tn) | 液化石油气（万吨） LPG ($10^4$ tn) | 炼厂干气（万吨） Refinery Gas ($10^4$ tn) | 天然气（亿立方米） Natural Gas ($10^4$ tn) | 其他石油制品（万吨） Other Petroleum Products ($10^4$ tn) | 其他焦化产品（万吨） Other Coking Products ($10^8$ cu.m) | 热力（百亿千焦） Heat ($10^{10}$ kJ) | 电力（亿千瓦时） Electricity ($10^8$kW•h) | 其他能源（万吨标煤） Other Energy ($10^4$tce) |
|---|---|---|---|---|---|---|---|---|
| **100.91** | **-20.36** | | **16.75** | **17.96** | **0.10** | | **132.56** | **34.33** |
| | | | 14.01 | | | | | |
| | | | | | | | | |
| 118.34 | 1.52 | | 12.09 | 16.30 | 14.77 | | 133.19 | 33.94 |
| 87.31 | | | | 4.62 | | | | |
| 32.69 | | | | | | | | |
| -59.13 | -21.91 | | -9.35 | | -14.24 | | -0.63 | |
| | | | | | | | | |
| -68.47 | | | | | | | | |
| -9.83 | 0.03 | | | -2.96 | -0.43 | | | 0.39 |
| **-9.53** | **37.71** | **23.67** | **-0.71** | **198.59** | **17.63** | **12475.00** | **402.70** | **-2.34** |
| | | | -0.70 | | | | 402.70 | -2.34 |
| -1.18 | | | -0.01 | | | 12475.00 | | |
| | | | | | | | | |
| | | | | | 17.63 | | | |
| -8.35 | 37.71 | 23.67 | | 198.59 | | | | |
| | | | | | | | | |
| | | | | | | | | |
| | | | | | | | | |
| **1.95** | | | **0.58** | | | **33.08** | **28.41** | |
| **89.36** | **17.20** | **23.68** | **15.55** | **216.55** | **17.74** | **12442.40** | **506.85** | **31.99** |
| | | | | 0.13 | | | 10.82 | |
| 25.54 | 5.20 | 23.68 | 8.78 | 215.17 | 17.74 | 5424.21 | 363.73 | 31.99 |
| 6.98 | | | | | | | | |
| 0.26 | 0.30 | | 0.02 | 1.25 | | 28.22 | 7.12 | |
| 62.89 | 0.02 | | | | | 45.18 | 11.07 | |
| 0.67 | 3.45 | | 2.83 | | | 491.94 | 25.16 | |
| | 6.65 | | 3.77 | | | 5681.27 | 53.51 | |
| | 0.92 | | 3.77 | | | 5681.27 | 38.89 | |
| | 5.73 | | | | | | 14.62 | |
| | 1.58 | | 0.15 | | | 771.58 | 35.44 | |
| **0.07** | **0.15** | **-0.01** | **-0.09** | | **-0.01** | **-0.48** | | |
| **92.49** | **17.20** | **23.68** | **16.84** | **216.55** | **17.74** | **12475.48** | **535.26** | **34.33** |

# 6-3 河北能源平衡表(实物量)-2008

| 项　　目 | Item | 煤合计 (万吨) Coal Total ($10^4$ tn) | 原煤 (万吨) Raw Coal ($10^4$ tn) |
|---|---|---|---|
| **一.可供本地区消费的能源量** | **Total Primary Energy Supply** | **24418.63** | **22898.37** |
| 1.一次能源生产量 | Indigenous Production | 8145.44 | 8145.44 |
| 2.回收能 | Recovery of Energy | | |
| 3.外省(区、市)调入量 | Moving In from Other Provinces | 20330.17 | 17628.33 |
| 4.进口量 | Import | 31.80 | 1.30 |
| 5.我轮、机在外国加油量 | Chinese Airplanes & Ships in Refueling Abroad | | |
| 6.本省(区、市)调出量(-) | Sending Out to Other Provinces(-) | -4161.00 | -3089.29 |
| 7.出口量(-) | Export(-) | -144.87 | -27.06 |
| 8.外轮、机在我国加油量(-) | Foreign Airplanes & Ships in Refueling in China | | |
| 9.库存增(-)、减(+)量 | Stock Change | 217.09 | 239.65 |
| **二.加工转换投入(-)产出(+)量** | **Input(-) & Output(+) of Transformation** | **-15215.25** | **-14957.81** |
| 1.火力发电 | Thermal Power | -7487.85 | -7353.33 |
| 2.供热 | Heating Supply | -1115.89 | -1017.35 |
| 3.洗选煤 | Coal Washing | -1426.25 | -6303.85 |
| 4.炼焦 | Coking | -5159.10 | -116.59 |
| 5.炼油 | Petroleum Refineries | | |
| 6.制气 | Gas Works | -49.43 | -4.41 |
| #焦炭再投入量(-) | Coke Input(-) | | |
| 7.煤制品加工 | Briquettes | 23.27 | -162.28 |
| **三.损失量** | **Loss** | | |
| **四.终端消费量** | **Total Final Consumption** | **9203.37** | **7940.56** |
| 1.农、林、牧、渔、水利业 | Farming, Forestry, Animal Husbandry, Fishery & Water Conservancy | 23.02 | 22.66 |
| 2.工业 | Industry | 7302.26 | 6595.41 |
| #用作原料、材料 | Non-Energy Use | 506.11 | 436.30 |
| 3.建筑业 | Construction | 32.17 | 31.42 |
| 4.交通运输、仓储和邮政业 | Transport, Storage and Post | 35.96 | 35.60 |
| 5.批发、零售业和住宿、餐饮业 | Wholesale,Retail Trade and Hotel,Restaurants | 148.76 | 146.82 |
| 6.生活消费 | Residential Consumption | 1283.69 | 733.37 |
| 城镇 | Urban | 480.31 | 273.45 |
| 乡村 | Rural | 803.39 | 459.92 |
| 7.其他 | Other | 377.50 | 375.28 |
| **五.平衡差额** | **Statistical Difference** | **0.01** | |
| **六.消费量合计** | **Sum of Consumption** | **24418.62** | **22898.37** |

# ENERGY BALANCE OF HEBEI-2008 (PHYSICAL QUANTITY)

| 洗精煤 (万吨) Cleaned Coal ($10^4$ tn) | 其他洗煤 (万吨) Other Washed Coal ($10^4$ tn) | 型煤 (万吨) Briquettes ($10^4$ tn) | 焦炭 (万吨) Coke ($10^4$ tn) | 焦炉煤气 (亿立方米) Coke Oven Gas ($10^8$ cu.m) | 其他煤气 (亿立方米) Other Gas ($10^8$ cu.m) | 油品合计 (万吨) Petroleum Products Total ($10^4$ tn) | 原油 (万吨) Crude Oil ($10^4$ tn) | 汽油 (万吨) Gasoline ($10^4$ tn) |
|---|---|---|---|---|---|---|---|---|
| **2066.40** | **-534.63** | **-11.51** | **2175.72** | **9.32** | **334.13** | **1135.97** | **1357.63** | **-70.74** |
| | | | | | | 643.10 | 643.10 | |
| | | | | | 334.13 | | | |
| 2675.38 | 26.46 | | 2298.40 | 11.14 | | 576.33 | 439.18 | 44.33 |
| 30.50 | | | 0.01 | | | 334.68 | 325.67 | |
| | | | | | | | | |
| -515.18 | -547.81 | -8.72 | -92.66 | -1.82 | | -440.57 | -40.09 | -133.29 |
| -117.80 | | -0.01 | -12.50 | | | -7.20 | | |
| | | | | | | | | |
| -6.50 | -13.28 | -2.78 | -17.53 | | | 29.63 | -10.23 | 18.22 |
| **-1628.03** | **1184.86** | **185.73** | **3831.95** | **68.89** | **-251.76** | **-64.13** | **-1311.30** | **281.85** |
| | -134.52 | | -0.02 | -8.37 | -187.54 | -6.26 | | |
| | -98.54 | | | -2.50 | -70.86 | -2.10 | | |
| 3426.79 | 1450.81 | | | | | | | |
| -5009.80 | -32.71 | | 3832.07 | 76.41 | 3.78 | | | |
| | | | | | | -55.77 | -1311.30 | 281.85 |
| -45.02 | | | -0.10 | 3.35 | 2.86 | | | |
| | | | | | | | | |
| | -0.18 | 185.73 | | | | | | |
| | | | | | | **14.70** | **14.60** | |
| **438.37** | **650.23** | **174.22** | **6007.67** | **78.21** | **82.37** | **1057.14** | **31.73** | **211.11** |
| | | 0.36 | 0.07 | | | 60.16 | | 8.51 |
| 438.37 | 160.48 | 108.00 | 6006.46 | 61.06 | 82.37 | 260.15 | 31.73 | 34.90 |
| 65.85 | 2.26 | 1.70 | 241.84 | | 0.01 | 8.91 | | 0.19 |
| | | 0.75 | 0.04 | 0.04 | | 131.85 | | 5.02 |
| | | 0.36 | | 0.01 | | 430.59 | | 96.79 |
| | | 1.94 | 0.30 | 0.48 | | 19.85 | | 6.21 |
| | 489.75 | 60.58 | | 15.79 | | 79.75 | | 20.78 |
| | 184.65 | 22.21 | | 15.79 | | 57.73 | | 15.14 |
| | 305.09 | 38.37 | | | | 22.02 | | 5.64 |
| | | 2.22 | 0.80 | 0.83 | | 74.79 | | 38.90 |
| | | | | | | | | |
| **5493.19** | **916.18** | **174.22** | **6007.69** | **89.08** | **340.77** | **1135.97** | **1357.63** | **211.11** |

续表

| 项　　目 | Item | 煤油 (万吨) Kerosene (10^4 tn) | 柴油 (万吨) Diesel Oil (10^4 tn) |
|---|---|---|---|
| **一.可供本地区消费的能源量** | **Total Primary Energy Supply** | **-4.73** | **8.21** |
| 1.一次能源生产量 | Indigenous Production | | |
| 2.回收能 | Recovery of Energy | | |
| 3.外省(区、市)调入量 | Moving In from Other Provinces | 0.66 | 83.69 |
| 4.进口量 | Import | | 0.60 |
| 5.我轮、机在外国加油量 | Chinese Airplanes & Ships in Refueling Abroad | | |
| 6.本省(区、市)调出量(-) | Sending Out to Other Provinces(-) | -5.77 | -94.29 |
| 7.出口量(-) | Export(-) | | -1.40 |
| 8.外轮、机在我国加油量(-) | Foreign Airplanes & Ships in Refueling in China | | |
| 9.库存增(-)、减(+)量 | Stock Change | 0.38 | 19.61 |
| **二.加工转换投入(-)产出(+)量** | **Input(-) & Output(+) of Transformation** | **12.10** | **520.18** |
| 1.火力发电 | Thermal Power | | -3.08 |
| 2.供热 | Heating Supply | | -0.26 |
| 3.洗选煤 | Coal Washing | | |
| 4.炼焦 | Coking | | |
| 5.炼油 | Petroleum Refineries | 12.10 | 523.52 |
| 6.制气 | Gas Works | | |
| #焦炭再投入量(-) | Coke Input(-) | | |
| 7.煤制品加工 | Briquettes | | |
| **三.损失量** | **Loss** | | |
| **四.终端消费量** | **Total Final Consumption** | **7.37** | **528.39** |
| 1.农、林、牧、渔、水利业 | Farming, Forestry, Animal Husbandry, Fishery & Water Conservancy | 0.10 | 50.96 |
| 2.工业 | Industry | 1.52 | 68.95 |
| #用作原料、材料 | Non-Energy Use | 0.05 | 0.64 |
| 3.建筑业 | Construction | 0.71 | 15.57 |
| 4.交通运输、仓储和邮政业 | Transport, Storage and Post | 2.86 | 326.24 |
| 5.批发、零售业和住宿、餐饮业 | Wholesale,Retail Trade and Hotel,Restaurants | 0.28 | 12.15 |
| 6.生活消费 | Residential Consumption | 1.41 | 20.19 |
| 城镇 | Urban | 0.01 | 7.17 |
| 乡村 | Rural | 1.40 | 13.02 |
| 7.其他 | Other | 0.49 | 34.34 |
| **五.平衡差额** | **Statistical Difference** | | |
| **六.消费量合计** | **Sum of Consumption** | **7.37** | **531.73** |

Continued

| 燃料油 (万吨) Fuel Oil ($10^4$ tn) | 液化石油气 (万吨) LPG ($10^4$ tn) | 炼厂干气 (万吨) Refinery Gas ($10^4$ tn) | 天然气 (亿立方米) Natural Gas ($10^4$ tn) | 其他石油制品 (万吨) Other Petroleum Products ($10^4$ tn) | 其他焦化产品 (万吨) Other Coking Products ($10^8$ cu.m) | 热力 (百亿千焦) Heat ($10^{10}$ kJ) | 电力 (亿千瓦时) Electricity ($10^8$kW•h) | 其他能源 (万吨标煤) Other Energy ($10^4$tce) |
|---|---|---|---|---|---|---|---|---|
| **-28.09** | **-40.66** | | **17.17** | **-85.65** | **3.97** | **-2564.30** | **506.89** | **87.03** |
| | | | 8.74 | | | | 5.34 | |
| | | | | | | 193.65 | | 87.30 |
| 6.62 | | | 12.67 | 1.85 | 20.00 | | 501.55 | |
| 7.50 | 0.01 | | | 0.90 | 0.01 | | | |
| | | | | | | | | |
| -39.22 | -40.64 | | -4.24 | -87.27 | -4.84 | -2757.95 | | |
| -5.50 | | | | -0.30 | -11.20 | | | |
| | | | | | | | | |
| 2.51 | -0.03 | | | -0.83 | | | | -0.27 |
| **93.51** | **84.68** | **28.07** | **-0.19** | **226.78** | **193.58** | **17568.72** | **1588.13** | **-74.38** |
| -0.25 | | -2.93 | | | -7.61 | -379.80 | 1588.13 | -61.02 |
| -0.15 | | -1.69 | -0.19 | | | 17948.52 | | -13.36 |
| | | | | | | | | |
| | | | | | 201.19 | | | |
| 93.91 | 84.68 | 32.69 | | 226.78 | | | | |
| | | | | | | | | |
| | | | | | | | | |
| | | | | | | | | |
| | **0.10** | | | | | | **131.01** | |
| **65.42** | **43.92** | **28.07** | **16.98** | **141.13** | **197.55** | **15004.42** | **1964.01** | **12.65** |
| 0.43 | 0.16 | | | | | | 143.61 | |
| 58.24 | 4.45 | 28.07 | 14.89 | 32.29 | 197.55 | 9732.99 | 1449.17 | 12.65 |
| 0.32 | 0.21 | | | 7.50 | | | | 0.55 |
| 1.58 | 0.13 | | 0.01 | 108.84 | | 44.52 | 13.24 | |
| 4.54 | 0.16 | | 0.69 | | | 67.42 | 45.02 | |
| 0.26 | 0.95 | | 0.28 | | | 191.98 | 31.19 | |
| | 37.37 | | 0.65 | | | 4252.42 | 218.82 | |
| | 35.41 | | 0.65 | | | 4252.42 | 93.11 | |
| | 1.96 | | | | | | 125.71 | |
| 0.37 | 0.69 | | 0.46 | | | 715.09 | 62.96 | |
| | | | | | | | | |
| **65.82** | **44.02** | **32.69** | **17.17** | **141.13** | **205.16** | **15384.22** | **2095.02** | **87.03** |

# 6-4 山西能源平衡表(实物量)-2008

| 项　　目 | Item | 煤合计(万吨) Coal Total ($10^4$ tn) | 原煤(万吨) Raw Coal ($10^4$ tn) |
|---|---|---|---|
| **一.可供本地区消费的能源量** | **Total Primary Energy Supply** | **28347.81** | **32190.02** |
| 1.一次能源生产量 | Indigenous Production | 65577.00 | 65577.00 |
| 2.回收能 | Recovery of Energy | | |
| 3.外省(区、市)调入量 | Moving In from Other Provinces | 7294.81 | 6414.35 |
| 4.进口量 | Import | 8800.00 | 8800.00 |
| 5.我轮、机在外国加油量 | Chinese Airplanes & Ships in Refueling Abroad | | |
| 6.本省(区、市)调出量(−) | Sending Out to Other Provinces(-) | -51259.00 | -46536.33 |
| 7.出口量(−) | Export(-) | -2065.00 | -2065.00 |
| 8.外轮、机在我国加油量(−) | Foreign Airplanes & Ships in Refueling in China | | |
| 9.库存增(−)、减(+)量 | Stock Change | 24.90 | 413.70 |
| **二.加工转换投入(−)产出(+)量** | **Input(-) & Output(+) of Transformation** | **-22443.76** | **-27562.77** |
| 1.火力发电 | Thermal Power | -8469.27 | -7854.39 |
| 2.供热 | Heating Supply | -582.33 | -538.84 |
| 3.洗选煤 | Coal Washing | -1387.92 | -18479.56 |
| 4.炼焦 | Coking | -11661.99 | -599.30 |
| 5.炼油 | Petroleum Refineries | | |
| 6.制气 | Gas Works | -43.72 | -38.76 |
| #焦炭再投入量(−) | Coke Input(-) | | |
| 7.煤制品加工 | Briquettes | -298.53 | -51.92 |
| **三.损失量** | **Loss** | | |
| **四.终端消费量** | **Total Final Consumption** | **5928.95** | **5040.95** |
| 1.农、林、牧、渔、水利业 | Farming, Forestry, Animal Husbandry, Fishery & Water Conservancy | 189.02 | 189.02 |
| 2.工业 | Industry | 4134.76 | 3810.92 |
| #用作原料、材料 | Non-Energy Use | | 718.54 |
| 3.建筑业 | Construction | 60.00 | 60.00 |
| 4.交通运输、仓储和邮政业 | Transport, Storage and Post | 64.85 | 64.85 |
| 5.批发、零售业和住宿、餐饮业 | Wholesale,Retail Trade and Hotel,Restaurants | 225.26 | 225.26 |
| 6.生活消费 | Residential Consumption | 1003.88 | 439.72 |
| 城镇 | Urban | 403.58 | 171.38 |
| 乡村 | Rural | 600.30 | 268.34 |
| 7.其他 | Other | 251.18 | 251.18 |
| **五.平衡差额** | **Statistical Difference** | **-24.90** | **-413.70** |
| **六.消费量合计** | **Sum of Consumption** | **28372.71** | **32603.72** |

# ENERGY BALANCE OF SHANXI-2008 (PHYSICAL QUANTITY)

| 洗精煤<br>(万吨)<br>Cleaned Coal<br>($10^4$ tn) | 其他洗煤<br>(万吨)<br>Other Washed Coal<br>($10^4$ tn) | 型煤<br>(万吨)<br>Briquettes<br>($10^4$ tn) | 焦炭<br>(万吨)<br>Coke<br>($10^4$ tn) | 焦炉煤气<br>(亿立方米)<br>Coke Oven Gas<br>($10^8$ cu.m) | 其他煤气<br>(亿立方米)<br>Other Gas<br>($10^8$ cu.m) | 油品合计<br>(万吨)<br>Petroleum Products Total<br>($10^4$ tn) | 原油<br>(万吨)<br>Crude Oil<br>($10^4$ tn) | 汽油<br>(万吨)<br>Gasoline<br>($10^4$ tn) |
|---|---|---|---|---|---|---|---|---|
| **-2620.61** | **-1221.60** | | **-5937.77** | | **120.00** | **756.49** | | **234.31** |
| | | | | | | | | |
| | | | | | 120.00 | | | |
| 880.46 | | | 484.42 | | | 772.87 | | 234.31 |
| | | | | | | | | |
| | | | | | | | | |
| -3501.07 | -1221.60 | | -5743.92 | | | -16.38 | | |
| | | | -678.27 | | | | | |
| | | | | | | | | |
| -365.69 | -22.21 | -0.90 | -79.97 | | | 7.45 | | 2.32 |
| **3020.40** | **1955.66** | **142.95** | **8376.50** | **145.61** | **-54.90** | | | |
| | -582.39 | -32.49 | | -24.55 | -36.00 | | | |
| | -38.46 | -5.03 | | -2.65 | -16.93 | | | |
| 14069.18 | 3022.46 | | | | | | | |
| -11048.78 | -13.91 | | 8376.50 | 172.81 | -11.38 | | | |
| | | | | | | | | |
| | | -4.96 | | | 9.41 | | | |
| | | | | | | | | |
| | -432.04 | 185.43 | | | | | | |
| | | | | | | **0.84** | | **0.52** |
| **34.10** | **711.85** | **142.05** | **2358.76** | **145.61** | **65.10** | **763.10** | | **236.11** |
| | | | | | | 61.22 | | 22.58 |
| 34.10 | 198.69 | 91.05 | 2357.76 | 132.02 | 62.80 | 109.36 | | 19.58 |
| | | | | | | | | |
| | | | | | | 23.58 | | 5.73 |
| | | | | | | 460.56 | | 127.20 |
| | | | | 2.54 | | 18.19 | | 8.47 |
| | 513.16 | 51.00 | 1.00 | 11.05 | 2.30 | 56.43 | | 31.69 |
| | 212.19 | 20.01 | 0.97 | 10.00 | 1.88 | 30.27 | | 14.81 |
| | 300.97 | 30.99 | 0.03 | 1.05 | 0.42 | 26.16 | | 16.88 |
| | | | | | | 33.76 | | 20.86 |
| **365.69** | **22.21** | **0.90** | **79.97** | | | **-7.45** | | **-2.32** |
| **11082.88** | **1778.65** | **184.53** | **2358.76** | **172.81** | **129.41** | **763.94** | | **236.63** |

续表

| 项　　目 | Item | 煤油 (万吨) Kerosene ($10^4$ tn) | 柴油 (万吨) Diesel Oil ($10^4$ tn) |
|---|---|---|---|
| **一.可供本地区消费的能源量** | **Total Primary Energy Supply** | **14.13** | **470.15** |
| 1.一次能源生产量 | Indigenous Production | | |
| 2.回收能 | Recovery of Energy | | |
| 3.外省(区、市)调入量 | Moving In from Other Provinces | 14.13 | 470.15 |
| 4.进口量 | Import | | |
| 5.我轮、机在外国加油量 | Chinese Airplanes & Ships in Refueling Abroad | | |
| 6.本省(区、市)调出量(-) | Sending Out to Other Provinces(-) | | |
| 7.出口量(-) | Export(-) | | |
| 8.外轮、机在我国加油量(-) | Foreign Airplanes & Ships in Refueling in China | | |
| 9.库存增(-)、减(+)量 | Stock Change | 0.54 | 2.60 |
| **二.加工转换投入(-)产出(+)量** | **Input(-) & Output(+) of Transformation** | | |
| 1.火力发电 | Thermal Power | | |
| 2.供热 | Heating Supply | | |
| 3.洗选煤 | Coal Washing | | |
| 4.炼焦 | Coking | | |
| 5.炼油 | Petroleum Refineries | | |
| 6.制气 | Gas Works | | |
| #焦炭再投入量(-) | Coke Input(-) | | |
| 7.煤制品加工 | Briquettes | | |
| **三.损失量** | **Loss** | | **0.32** |
| **四.终端消费量** | **Total Final Consumption** | **14.67** | **472.43** |
| 1.农、林、牧、渔、水利业 | Farming, Forestry, Animal Husbandry, Fishery & Water Conservancy | | 38.64 |
| 2.工业 | Industry | 3.71 | 65.60 |
| #用作原料、材料 | Non-Energy Use | | |
| 3.建筑业 | Construction | 0.52 | 17.27 |
| 4.交通运输、仓储和邮政业 | Transport, Storage and Post | 10.21 | 322.79 |
| 5.批发、零售业和住宿、餐饮业 | Wholesale,Retail Trade and Hotel,Restaurants | 0.09 | 9.31 |
| 6.生活消费 | Residential Consumption | | 6.16 |
| 城镇 | Urban | | 1.35 |
| 乡村 | Rural | | 4.81 |
| 7.其他 | Other | 0.14 | 12.66 |
| **五.平衡差额** | **Statistical Difference** | **-0.54** | **-2.60** |
| **六.消费量合计** | **Sum of Consumption** | **14.67** | **472.75** |

Continued

| 燃料油 (万吨) Fuel Oil ($10^4$ tn) | 液化石油气 (万吨) LPG ($10^4$ tn) | 炼厂干气 (万吨) Refinery Gas ($10^4$ tn) | 天然气 (亿立方米) Natural Gas ($10^8$ cu.m) | 其他石油制品 (万吨) Other Petroleum Products ($10^4$ tn) | 其他焦化产品 (万吨) Other Coking Products ($10^4$ tn) | 热力 (百亿千焦) Heat ($10^{10}$ kJ) | 电力 (亿千瓦时) Electricity ($10^8$ kW•h) | 其他能源 (万吨标煤) Other Energy ($10^4$ tce) |
|---|---|---|---|---|---|---|---|---|
| **10.05** | **20.89** | | **6.60** | **6.96** | **-155.22** | | **-459.27** | **513.33** |
| | | | 12.86 | | | | 23.17 | |
| | | | | | | | 3.20 | 513.33 |
| 26.43 | 20.89 | | | 6.96 | | | | |
| | | | | | | | | |
| | | | | | | | | |
| -16.38 | | | -6.26 | | -155.22 | | -485.64 | |
| | | | | | | | | |
| | | | | | | | | |
| 2.04 | | | | -0.05 | 2.39 | | | |
| | | | **-0.97** | | **265.74** | **10067.00** | **1772.76** | **-484.74** |
| | | | -0.97 | | | | 1772.76 | -466.00 |
| | | | | | | 10067.00 | | -18.74 |
| | | | | | | | | |
| | | | | | 265.74 | | | |
| | | | | | | | | |
| | | | | | | | | |
| | | | | | | | | |
| | | | | | | | | |
| | | | | | | | **75.24** | |
| **12.09** | **20.89** | | **5.63** | **6.91** | **112.91** | **10067.00** | **1238.25** | **28.59** |
| | | | | | | | 27.32 | |
| 11.89 | 1.67 | | 4.62 | 6.91 | 112.91 | 6475.47 | 1026.68 | 28.59 |
| | | | | | | | | |
| | 0.06 | | | | | | 9.45 | |
| | 0.36 | | 0.30 | | | | 40.66 | |
| 0.10 | 0.22 | | 0.26 | | | | 14.68 | |
| | 18.58 | | 0.30 | | | 3591.53 | 79.73 | |
| | 14.11 | | 0.30 | | | 3591.53 | 44.35 | |
| | 4.47 | | | | | | 35.38 | |
| 0.10 | | | 0.15 | | | | 39.73 | |
| **-2.04** | | | | **0.05** | **-2.39** | | | |
| **12.09** | **20.89** | | **6.60** | **6.91** | **112.91** | **10067.00** | **1313.49** | **513.33** |

# 6-5 内蒙古能源平衡表(实物量)-2008

| 项　　目 | Item | 煤合计 (万吨) Coal Total ($10^4$ tn) | 原煤 (万吨) Raw Coal ($10^4$ tn) |
|---|---|---|---|
| **一.可供本地区消费的能源量** | **Total Primary Energy Supply** | **22147.92** | **22890.14** |
| 1.一次能源生产量 | Indigenous Production | 49042.26 | 49042.26 |
| 2.回收能 | Recovery of Energy | | |
| 3.外省(区、市)调入量 | Moving In from Other Provinces | 1429.89 | 1207.32 |
| 4.进口量 | Import | 403.78 | 201.70 |
| 5.我轮、机在外国加油量 | Chinese Airplanes & Ships in Refueling Abroad | | |
| 6.本省(区、市)调出量(-) | Sending Out to Other Provinces(-) | -26785.36 | -25679.00 |
| 7.出口量(-) | Export(-) | -780.08 | -780.08 |
| 8.外轮、机在我国加油量(-) | Foreign Airplanes & Ships in Refueling in China | | |
| 9.库存增(-)、减(+)量 | Stock Change | -1162.57 | -1102.06 |
| **二.加工转换投入(-)产出(+)量** | **Input(-) & Output(+) of Transformation** | **-17467.79** | **-19302.09** |
| 1.火力发电 | Thermal Power | -12674.02 | -12607.82 |
| 2.供热 | Heating Supply | -1371.33 | -1344.71 |
| 3.洗选煤 | Coal Washing | -1350.01 | -5001.67 |
| 4.炼焦 | Coking | -2071.86 | -344.31 |
| 5.炼油 | Petroleum Refineries | | |
| 6.制气 | Gas Works | | |
| #焦炭再投入量(-) | Coke Input(-) | | |
| 7.煤制品加工 | Briquettes | -0.57 | -3.58 |
| **三.损失量** | **Loss** | | |
| **四.终端消费量** | **Total Final Consumption** | **4774.05** | **3660.03** |
| 1.农、林、牧、渔、水利业 | Farming, Forestry, Animal Husbandry, Fishery & Water Conservancy | 166.23 | 120.46 |
| 2.工业 | Industry | 2732.75 | 2572.29 |
| #用作原料、材料 | Non-Energy Use | 76.29 | 68.00 |
| 3.建筑业 | Construction | 130.46 | 102.26 |
| 4.交通运输、仓储和邮政业 | Transport, Storage and Post | 147.40 | 121.60 |
| 5.批发、零售业和住宿、餐饮业 | Wholesale,Retail Trade and Hotel,Restaurants | 673.29 | 254.13 |
| 6.生活消费 | Residential Consumption | 812.85 | 429.64 |
| 城镇 | Urban | 414.48 | 185.94 |
| 乡村 | Rural | 398.37 | 243.70 |
| 7.其他 | Other | 111.07 | 59.65 |
| **五.平衡差额** | **Statistical Difference** | **-93.92** | **-71.98** |
| **六.消费量合计** | **Sum of Consumption** | **22241.84** | **22962.12** |

# ENERGY BALANCE OF INNER MONGOLIA-2008 (PHYSICAL QUANTITY)

| 洗精煤（万吨） Cleaned Coal ($10^4$ tn) | 其他洗煤（万吨） Other Washed Coal ($10^4$ tn) | 型煤（万吨） Briquettes ($10^4$ tn) | 焦炭（万吨） Coke ($10^4$ tn) | 焦炉煤气（亿立方米） Coke Oven Gas ($10^8$ cu.m) | 其他煤气（亿立方米） Other Gas ($10^8$ cu.m) | 油品合计（万吨） Petroleum Products Total ($10^4$ tn) | 原油（万吨） Crude Oil ($10^4$ tn) | 汽油（万吨） Gasoline ($10^4$ tn) |
|---|---|---|---|---|---|---|---|---|
| **-254.40** | **-708.86** | **221.04** | **-29.98** | | **251.53** | **1012.34** | **189.25** | **218.91** |
| | | | | | | 174.94 | 174.94 | |
| | | | | | 251.53 | | | |
| | | 222.57 | | | | 850.25 | | 210.03 |
| 202.08 | | | | | | 80.99 | 68.99 | |
| | | | | | | | | |
| -461.94 | -644.42 | | -49.40 | | | -109.77 | -51.82 | |
| | | | | | | | | |
| | | | | | | | | |
| 5.46 | -64.44 | -1.53 | 19.42 | | | 15.93 | -2.86 | 8.88 |
| **270.85** | **1568.94** | **-5.49** | **1410.62** | **18.83** | **-58.05** | **-19.81** | **-177.24** | **41.97** |
| | -66.20 | | | -3.55 | -34.32 | -0.37 | -0.02 | |
| | -18.12 | -8.50 | | -1.22 | -23.73 | -0.03 | | |
| 1966.52 | 1685.14 | | | | | | | |
| -1695.67 | -31.88 | | 1410.62 | 23.60 | | | | |
| | | | | | | -19.41 | -177.22 | 41.97 |
| | | | | | | | | |
| | | | | | | | | |
| | | 3.01 | | | | | | |
| | | | | | | | | |
| **16.44** | **876.24** | **221.34** | **1380.64** | **18.83** | **193.48** | **992.53** | **12.01** | **260.88** |
| | 45.77 | | 5.86 | | | 95.93 | | 30.01 |
| 16.34 | 132.67 | 11.45 | 1372.94 | 18.83 | 189.78 | 134.28 | 12.01 | 13.62 |
| 7.67 | 0.62 | | 396.51 | | | 2.19 | 1.67 | 0.07 |
| | 28.20 | | | | | 32.18 | | 12.60 |
| | 25.80 | | | | | 564.16 | | 122.11 |
| 0.10 | 210.84 | 208.22 | | | | 98.87 | | 46.30 |
| | 381.54 | 1.67 | 1.84 | | 3.70 | 28.94 | | 11.68 |
| | 226.87 | 1.67 | 1.84 | | 3.70 | 17.59 | | 8.98 |
| | 154.67 | | | | | 11.35 | | 2.70 |
| | 51.42 | | | | | 38.17 | | 24.56 |
| **0.01** | **-16.16** | **-5.79** | | | | | | |
| **1712.11** | **992.44** | **229.84** | **1380.64** | **23.60** | **251.53** | **1012.34** | **189.25** | **260.88** |

续表

| 项　　目 | Item | 煤油（万吨） Kerosene ($10^4$ tn) | 柴油（万吨） Diesel Oil ($10^4$ tn) |
|---|---|---|---|
| **一.可供本地区消费的能源量** | **Total Primary Energy Supply** | **7.24** | **643.50** |
| 1.一次能源生产量 | Indigenous Production | | |
| 2.回收能 | Recovery of Energy | | |
| 3.外省(区、市)调入量 | Moving In from Other Provinces | 10.67 | 629.55 |
| 4.进口量 | Import | | |
| 5.我轮、机在外国加油量 | Chinese Airplanes & Ships in Refueling Abroad | | |
| 6.本省(区、市)调出量(-) | Sending Out to Other Provinces(-) | | |
| 7.出口量(-) | Export(-) | | |
| 8.外轮、机在我国加油量(-) | Foreign Airplanes & Ships in Refueling in China | | |
| 9.库存增(-)、减(+)量 | Stock Change | -3.43 | 13.95 |
| **二.加工转换投入(-)产出(+)量** | **Input(-) & Output(+) of Transformation** | | **42.28** |
| 1.火力发电 | Thermal Power | | -0.35 |
| 2.供热 | Heating Supply | | -0.03 |
| 3.洗选煤 | Coal Washing | | |
| 4.炼焦 | Coking | | |
| 5.炼油 | Petroleum Refineries | | 42.66 |
| 6.制气 | Gas Works | | |
| #焦炭再投入量(-) | Coke Input(-) | | |
| 7.煤制品加工 | Briquettes | | |
| **三.损失量** | **Loss** | | |
| **四.终端消费量** | **Total Final Consumption** | **7.24** | **685.78** |
| 1.农、林、牧、渔、水利业 | Farming, Forestry, Animal Husbandry, Fishery & Water Conservancy | | 65.92 |
| 2.工业 | Industry | 0.37 | 87.62 |
| #用作原料、材料 | Non-Energy Use | 0.08 | 0.37 |
| 3.建筑业 | Construction | | 19.58 |
| 4.交通运输、仓储和邮政业 | Transport, Storage and Post | 6.87 | 435.18 |
| 5.批发、零售业和住宿、餐饮业 | Wholesale,Retail Trade and Hotel,Restaurants | | 51.33 |
| 6.生活消费 | Residential Consumption | | 12.54 |
| 城镇 | Urban | | 3.89 |
| 乡村 | Rural | | 8.65 |
| 7.其他 | Other | | 13.61 |
| **五.平衡差额** | **Statistical Difference** | | |
| **六.消费量合计** | **Sum of Consumption** | **7.24** | **686.16** |

Continued

| 燃料油（万吨） Fuel Oil ($10^4$ tn) | 液化石油气（万吨） LPG ($10^4$ tn) | 炼厂干气（万吨） Refinery Gas ($10^4$ tn) | 天然气（亿立方米） Natural Gas ($10^4$ tn) | 其他石油制品（万吨） Other Petroleum Products ($10^4$ tn) | 其他焦化产品（万吨） Other Coking Products ($10^8$ cu.m) | 热力（百亿千焦） Heat ($10^{10}$ kJ) | 电力（亿千瓦时） Electricity ($10^8$kW•h) | 其他能源（万吨标煤） Other Energy ($10^4$tce) |
|---|---|---|---|---|---|---|---|---|
| **-40.25** | **-0.08** | | **30.53** | **-6.23** | **273.89** | | **-778.20** | **129.53** |
| | | | 100.49 | | | | 58.82 | |
| | | | | | 280.57 | | | 133.10 |
| | | | | | | | 9.40 | |
| | | | | 12.00 | | | | |
| | | | | | | | | |
| -39.21 | | | -69.96 | -18.74 | | | -846.42 | |
| | | | | | | | | |
| | | | | | | | | |
| -1.04 | -0.08 | | | 0.51 | -6.68 | | | -3.57 |
| **54.00** | **6.39** | **3.89** | **-2.14** | **8.90** | **-5.41** | **16357.10** | **1998.77** | **-63.72** |
| | | | -2.12 | | | -159.22 | 1998.77 | -63.72 |
| | | | -0.02 | | | 16516.32 | | |
| | | | | | | | | |
| | | | | | 43.11 | | | |
| 54.00 | 6.39 | 3.89 | | 8.90 | -48.52 | | | |
| | | | | | | | | |
| | | | | | | | | |
| | | | | | | | | |
| | | | | | | | | |
| **13.75** | **6.31** | **3.89** | **28.39** | **2.67** | **268.48** | **16357.10** | **1220.57** | **65.81** |
| | | | | | | 144.46 | 29.92 | |
| 13.75 | 0.35 | 3.89 | 21.78 | 2.67 | 268.48 | 4574.90 | 1081.63 | 65.81 |
| | | | 10.53 | | 15.52 | | | 0.33 |
| | | | 0.44 | | | 185.90 | 3.49 | |
| | | | 0.59 | | | 989.10 | 8.64 | |
| | 1.24 | | 0.41 | | | 1330.64 | 16.77 | |
| | 4.72 | | 4.82 | | | 8145.78 | 59.46 | |
| | 4.72 | | 4.82 | | | 8145.78 | 39.08 | |
| | | | | | | | 20.38 | |
| | | | 0.35 | | | 986.32 | 20.66 | |
| | | | | | | | | |
| **13.75** | **6.31** | **3.89** | **30.53** | **2.67** | **268.48** | **16516.32** | **1220.57** | **129.53** |

# 6-6 辽宁能源平衡表(实物量)-2008

| 项　　目 | Item | 煤合计<br>(万吨)<br>Coal Total<br>($10^4$ tn) | 原煤<br>(万吨)<br>Raw Coal<br>($10^4$ tn) |
|---|---|---|---|
| **一.可供本地区消费的能源量** | **Total Primary Energy Supply** | **15346.66** | **13381.52** |
| 1.一次能源生产量 | Indigenous Production | 6495.12 | 6495.12 |
| 2.回收能 | Recovery of Energy | | |
| 3.外省(区、市)调入量 | Moving In from Other Provinces | 9836.50 | 7528.41 |
| 4.进口量 | Import | 229.95 | 229.95 |
| 5.我轮、机在外国加油量 | Chinese Airplanes & Ships in Refueling Abroad | | |
| 6.本省(区、市)调出量(-) | Sending Out to Other Provinces(-) | -1183.58 | -874.39 |
| 7.出口量(-) | Export(-) | -6.47 | -6.47 |
| 8.外轮、机在我国加油量(-) | Foreign Airplanes & Ships in Refueling in China | | |
| 9.库存增(-)、减(+)量 | Stock Change | -24.86 | 8.90 |
| **二.加工转换投入(-)产出(+)量** | **Input(-) & Output(+) of Transformation** | **-11445.36** | **-10106.43** |
| 1.火力发电 | Thermal Power | -5765.01 | -4973.05 |
| 2.供热 | Heating Supply | -2151.95 | -2097.16 |
| 3.洗选煤 | Coal Washing | -1137.68 | -3025.11 |
| 4.炼焦 | Coking | -2385.56 | |
| 5.炼油 | Petroleum Refineries | | |
| 6.制气 | Gas Works | -5.10 | |
| #焦炭再投入量(-) | Coke Input(-) | | |
| 7.煤制品加工 | Briquettes | -0.06 | -11.11 |
| **三.损失量** | **Loss** | | |
| **四.终端消费量** | **Total Final Consumption** | **3901.30** | **3275.09** |
| 1.农、林、牧、渔、水利业 | Farming, Forestry, Animal Husbandry, Fishery & Water Conservancy | 109.18 | 109.18 |
| 2.工业 | Industry | 2963.24 | 2468.00 |
| #用作原料、材料 | Non-Energy Use | 35.92 | 33.84 |
| 3.建筑业 | Construction | 20.17 | 20.17 |
| 4.交通运输、仓储和邮政业 | Transport, Storage and Post | 85.65 | 71.18 |
| 5.批发、零售业和住宿、餐饮业 | Wholesale,Retail Trade and Hotel,Restaurants | 71.92 | 71.92 |
| 6.生活消费 | Residential Consumption | 420.48 | 303.98 |
| 城镇 | Urban | 227.00 | 130.50 |
| 乡村 | Rural | 193.48 | 173.48 |
| 7.其他 | Other | 230.66 | 230.66 |
| **五.平衡差额** | **Statistical Difference** | | |
| **六.消费量合计** | **Sum of Consumption** | **15346.66** | **13381.52** |

# ENERGY BALANCE OF LIAONING-2008 (PHYSICAL QUANTITY)

| 洗精煤 (万吨) Cleaned Coal ($10^4$ tn) | 其他洗煤 (万吨) Other Washed Coal ($10^4$ tn) | 型煤 (万吨) Briquettes ($10^4$ tn) | 焦炭 (万吨) Coke ($10^4$ tn) | 焦炉煤气 (亿立方米) Coke Oven Gas ($10^8$ cu.m) | 其他煤气 (亿立方米) Other Gas ($10^8$ cu.m) | 油品合计 (万吨) Petroleum Products Total ($10^4$ tn) | 原油 (万吨) Crude Oil ($10^4$ tn) | 汽油 (万吨) Gasoline ($10^4$ tn) |
|---|---|---|---|---|---|---|---|---|
| **2192.12** | **-227.73** | **0.75** | **700.85** | | **374.75** | **2616.57** | **5945.19** | **-606.58** |
| | | | | | | 1199.33 | 1199.33 | |
| | | | | | 374.75 | | | |
| 2239.57 | 67.48 | 1.04 | 792.37 | | | 3720.86 | 3648.18 | 0.40 |
| | | | | | | 1455.95 | 1130.08 | |
| | | | | | | 36.13 | | |
| -20.68 | -288.51 | | -30.02 | | | -3510.47 | | -413.43 |
| | | | -0.18 | | | -257.29 | -26.00 | -197.86 |
| | | | | | | -65.70 | | |
| -26.77 | -6.70 | -0.29 | -61.32 | | | 37.76 | -6.40 | 4.31 |
| **-1869.64** | **519.66** | **11.05** | **1184.37** | **51.30** | **104.52** | **-368.20** | **-5710.33** | **1017.05** |
| | -791.96 | | -5.77 | -4.12 | -61.11 | -19.41 | -0.37 | -0.02 |
| | -54.79 | | | -7.75 | -51.38 | -90.72 | -0.89 | |
| 521.02 | 1366.41 | | | | | | | |
| -2385.56 | | | 1739.97 | 63.17 | | | | |
| | | | | | | -249.25 | -5709.07 | 1017.07 |
| -5.10 | | | | | 217.01 | -8.82 | | |
| | | | -549.83 | | | | | |
| | | 11.05 | | | | | | |
| | | | | | | **29.11** | **28.18** | **0.93** |
| **322.48** | **291.93** | **11.80** | **1885.22** | **51.30** | **479.27** | **2219.26** | **206.68** | **409.54** |
| | | | | | | 100.35 | | 40.21 |
| 308.01 | 175.43 | 11.80 | 1885.20 | 51.30 | 456.28 | 1073.37 | 206.68 | 75.66 |
| | 1.47 | 0.61 | 12.72 | | | 273.03 | 115.23 | 0.04 |
| | | | | | 0.02 | 53.16 | | 9.64 |
| 14.47 | | | 0.02 | | 0.23 | 870.69 | | 239.87 |
| | | | | | 0.40 | 16.78 | | 8.59 |
| | 116.50 | | | | 16.10 | 51.63 | | |
| | 96.50 | | | | 16.10 | 39.63 | | |
| | 20.00 | | | | | 12.00 | | |
| | | | | | 6.24 | 53.28 | | 35.57 |
| | | | | | | | | |
| **2713.14** | **1138.68** | **11.80** | **2440.82** | **63.17** | **591.76** | **2616.57** | **5945.19** | **410.49** |

续表

| 项　　目 | Item | 煤油（万吨） Kerosene ($10^4$ tn) | 柴油（万吨） Diesel Oil ($10^4$ tn) |
|---|---|---|---|
| **一.可供本地区消费的能源量** | **Total Primary Energy Supply** | **-205.07** | **-1267.50** |
| 1.一次能源生产量 | Indigenous Production | | |
| 2.回收能 | Recovery of Energy | | |
| 3.外省(区、市)调入量 | Moving In from Other Provinces | 0.42 | 2.19 |
| 4.进口量 | Import | | 2.97 |
| 5.我轮、机在外国加油量 | Chinese Airplanes & Ships in Refueling Abroad | 4.32 | |
| 6.本省(区、市)调出量(-) | Sending Out to Other Provinces(-) | -179.43 | -1292.00 |
| 7.出口量(-) | Export(-) | -5.79 | -4.20 |
| 8.外轮、机在我国加油量(-) | Foreign Airplanes & Ships in Refueling in China | -28.50 | -3.90 |
| 9.库存增(-)、减(+)量 | Stock Change | 3.91 | 27.44 |
| **二.加工转换投入(-)产出(+)量** | **Input(-) & Output(+) of Transformation** | **230.06** | **2044.90** |
| 1.火力发电 | Thermal Power | | -0.84 |
| 2.供热 | Heating Supply | | -0.18 |
| 3.洗选煤 | Coal Washing | | |
| 4.炼焦 | Coking | | |
| 5.炼油 | Petroleum Refineries | 230.06 | 2045.92 |
| 6.制气 | Gas Works | | |
| #焦炭再投入量(-) | Coke Input(-) | | |
| 7.煤制品加工 | Briquettes | | |
| **三.损失量** | **Loss** | | |
| **四.终端消费量** | **Total Final Consumption** | **24.99** | **777.40** |
| 1.农、林、牧、渔、水利业 | Farming, Forestry, Animal Husbandry, Fishery & Water Conservancy | | 60.14 |
| 2.工业 | Industry | 10.02 | 175.68 |
| #用作原料、材料 | Non-Energy Use | | 0.15 |
| 3.建筑业 | Construction | 0.42 | 42.33 |
| 4.交通运输、仓储和邮政业 | Transport, Storage and Post | 14.16 | 481.25 |
| 5.批发、零售业和住宿、餐饮业 | Wholesale,Retail Trade and Hotel,Restaurants | 0.04 | 4.88 |
| 6.生活消费 | Residential Consumption | | |
| 城镇 | Urban | | |
| 乡村 | Rural | | |
| 7.其他 | Other | 0.35 | 13.12 |
| **五.平衡差额** | **Statistical Difference** | | |
| **六.消费量合计** | **Sum of Consumption** | **24.99** | **778.42** |

Continued

| 燃料油（万吨）Fuel Oil ($10^4$ tn) | 液化石油气（万吨）LPG ($10^4$ tn) | 炼厂干气（万吨）Refinery Gas ($10^4$ tn) | 天然气（亿立方米）Natural Gas ($10^4$ tn) | 其他石油制品（万吨）Other Petroleum Products ($10^4$ tn) | 其他焦化产品（万吨）Other Coking Products ($10^8$ cu.m) | 热力（百亿千焦）Heat ($10^{10}$ kJ) | 电力（亿千瓦时）Electricity ($10^8$kW•h) | 其他能源（万吨标煤）Other Energy ($10^4$tce) |
|---|---|---|---|---|---|---|---|---|
| **-16.71** | **-95.15** | | **16.21** | **-1137.61** | **-16.04** | | **328.52** | **94.00** |
| | | | 8.71 | | | | 55.93 | |
| | | | | | | | | 94.06 |
| 2.98 | 0.04 | | 7.50 | 66.65 | 8.88 | | 325.71 | |
| 22.66 | 0.24 | | | 300.00 | | | | |
| 31.81 | | | | | | | | |
| -23.16 | -94.23 | | | -1508.22 | -26.18 | | -53.12 | |
| -22.38 | -1.06 | | | | | | | |
| -33.30 | | | | | | | | |
| 4.68 | -0.14 | | | 3.96 | 1.26 | | | -0.06 |
| **334.13** | **193.05** | **139.68** | **-0.09** | **1383.26** | **52.06** | **37179.19** | **1083.47** | **-27.18** |
| -10.64 | | -7.54 | | | | -115.91 | 1083.47 | -16.90 |
| -51.60 | -4.50 | -33.55 | -0.09 | | | 37295.10 | | -10.28 |
| | | | | | | | | |
| | | | | | 52.06 | | | |
| 396.37 | 202.68 | 184.46 | | 1383.26 | | | | |
| | -5.13 | -3.69 | | | | | | |
| | | | | | | | | |
| | | | | | | | | |
| | | | | | | **163.12** | **32.60** | |
| **317.42** | **97.90** | **139.68** | **16.12** | **245.65** | **36.02** | **37016.07** | **1379.39** | **66.82** |
| | | | | | | | 22.94 | |
| 185.74 | 34.26 | 139.68 | 15.30 | 245.65 | 36.02 | 14248.77 | 1042.05 | 66.82 |
| | | | 6.77 | 157.61 | 9.03 | | | 1.79 |
| 0.55 | 0.22 | | | | | 35.97 | 14.88 | |
| 130.23 | 5.18 | | 0.02 | | | 391.54 | 26.42 | |
| 0.27 | 3.00 | | 0.70 | | | 95.93 | 41.25 | |
| | 51.63 | | | | | 18570.80 | 164.40 | |
| | 39.63 | | | | | 18570.80 | 101.68 | |
| | 12.00 | | | | | | 62.72 | |
| 0.63 | 3.61 | | 0.10 | | | 3673.06 | 67.45 | |
| | | | | | | | | |
| **379.66** | **107.53** | **184.46** | **16.21** | **245.65** | **36.02** | **37295.10** | **1411.99** | **94.00** |

# 6-7 吉林能源平衡表(实物量)-2008

| 项　　目 | Item | 煤合计(万吨) Coal Total ($10^4$ tn) | 原煤(万吨) Raw Coal ($10^4$ tn) |
|---|---|---|---|
| **一.可供本地区消费的能源量** | **Total Primary Energy Supply** | **8367.36** | **8371.28** |
| 1.一次能源生产量 | Indigenous Production | 3939.53 | 3939.53 |
| 2.回收能 | Recovery of Energy | | |
| 3.外省(区、市)调入量 | Moving In from Other Provinces | 5260.79 | 4996.51 |
| 4.进口量 | Import | 4.88 | 4.88 |
| 5.我轮、机在外国加油量 | Chinese Airplanes & Ships in Refueling Abroad | | |
| 6.本省(区、市)调出量(−) | Sending Out to Other Provinces(-) | -865.95 | -601.04 |
| 7.出口量(−) | Export(-) | -22.00 | -22.00 |
| 8.外轮、机在我国加油量(−) | Foreign Airplanes & Ships in Refueling in China | | |
| 9.库存增(−)、减(+)量 | Stock Change | 50.11 | 53.40 |
| **二.加工转换投入(−)产出(+)量** | **Input(-) & Output(+) of Transformation** | **-5158.54** | **-5246.74** |
| 1.火力发电 | Thermal Power | -3304.74 | -3289.16 |
| 2.供热 | Heating Supply | -1220.54 | -1183.66 |
| 3.洗选煤 | Coal Washing | -110.98 | -760.78 |
| 4.炼焦 | Coking | -426.39 | |
| 5.炼油 | Petroleum Refineries | | |
| 6.制气 | Gas Works | -95.70 | -5.63 |
| #焦炭再投入量(−) | Coke Input(-) | | |
| 7.煤制品加工 | Briquettes | -0.19 | -7.51 |
| **三.损失量** | **Loss** | **1.24** | **1.24** |
| **四.终端消费量** | **Total Final Consumption** | **3207.64** | **3123.36** |
| 1.农、林、牧、渔、水利业 | Farming, Forestry, Animal Husbandry, Fishery & Water Conservancy | 29.68 | 29.68 |
| 2.工业 | Industry | 2516.05 | 2438.74 |
| #用作原料、材料 | Non-Energy Use | 77.95 | 66.71 |
| 3.建筑业 | Construction | 8.35 | 8.35 |
| 4.交通运输、仓储和邮政业 | Transport, Storage and Post | 104.55 | 104.55 |
| 5.批发、零售业和住宿、餐饮业 | Wholesale,Retail Trade and Hotel,Restaurants | 118.72 | 118.72 |
| 6.生活消费 | Residential Consumption | 150.99 | 144.02 |
| 城镇 | Urban | 109.52 | 105.54 |
| 乡村 | Rural | 41.47 | 38.48 |
| 7.其他 | Other | 279.30 | 279.30 |
| **五.平衡差额** | **Statistical Difference** | **-0.06** | **-0.06** |
| **六.消费量合计** | **Sum of Consumption** | **8367.42** | **8371.34** |

# ENERGY BALANCE OF JILIN-2008 (PHYSICAL QUANTITY)

| 洗精煤 (万吨) Cleaned Coal ($10^4$ tn) | 其他洗煤 (万吨) Other Washed Coal ($10^4$ tn) | 型煤 (万吨) Briquettes ($10^4$ tn) | 焦炭 (万吨) Coke ($10^4$ tn) | 焦炉煤气 (亿立方米) Coke Oven Gas ($10^8$ cu.m) | 其他煤气 (亿立方米) Other Gas ($10^8$ cu.m) | 油品合计 (万吨) Petroleum Products Total ($10^4$ tn) | 原油 (万吨) Crude Oil ($10^4$ tn) | 汽油 (万吨) Gasoline ($10^4$ tn) |
|---|---|---|---|---|---|---|---|---|
| **256.01** | **-268.50** | **8.57** | **162.03** | **2.95** | **67.50** | **832.29** | **915.22** | **-36.65** |
| | | | | | | 675.61 | 675.61 | |
| | | | | | 67.50 | | | |
| 255.93 | | 8.35 | 167.45 | 2.95 | | 241.31 | 240.60 | |
| | | | | | | 0.49 | | |
| | | | | | | | | |
| | -264.91 | | | | | -72.02 | | -35.19 |
| | | | -0.47 | | | -0.21 | | -0.17 |
| | | | | | | | | |
| 0.08 | -3.59 | 0.22 | -4.95 | | | -12.89 | -0.99 | -1.29 |
| **-195.86** | **277.02** | **7.04** | **379.79** | **10.25** | **-7.63** | **31.56** | **-842.29** | **166.95** |
| | -15.58 | | | -1.06 | -7.63 | -2.13 | | |
| -0.25 | -36.35 | -0.28 | | | | -8.63 | | |
| 320.85 | 328.95 | | | | | | | |
| -426.39 | | | 317.71 | 8.74 | | | | |
| | | | | | | 42.32 | -842.29 | 166.95 |
| -90.07 | | | 62.08 | 2.57 | | | | |
| | | | | | | | | |
| | | 7.32 | | | | | | |
| | | | | | **0.67** | **0.41** | **0.41** | |
| **60.15** | **8.52** | **15.61** | **541.82** | **13.20** | **59.20** | **863.46** | **72.54** | **130.30** |
| | | | | | | 51.22 | | 10.16 |
| 60.15 | 8.52 | 8.64 | 541.82 | 8.97 | 59.20 | 463.38 | 72.54 | 18.72 |
| 11.24 | | | 5.91 | 0.14 | | 280.35 | 0.26 | 0.01 |
| | | | | | | 27.62 | | 2.78 |
| | | | | | | 225.66 | | 38.02 |
| | | | | 0.11 | | 15.13 | | 6.37 |
| | | 6.97 | | 4.03 | | 61.37 | | 37.94 |
| | | 3.98 | | 4.02 | | 49.61 | | 29.52 |
| | | 2.99 | | 0.01 | | 11.76 | | 8.42 |
| | | | | 0.09 | | 19.08 | | 16.31 |
| | | | | | | **-0.02** | **-0.02** | |
| **576.86** | **60.45** | **15.89** | **541.82** | **14.26** | **67.50** | **832.31** | **915.24** | **130.30** |

续表

| 项目 | Item | 煤油（万吨） Kerosene ($10^4$ tn) | 柴油（万吨） Diesel Oil ($10^4$ tn) |
|---|---|---|---|
| **一.可供本地区消费的能源量** | **Total Primary Energy Supply** | **1.18** | **-9.08** |
| 1.一次能源生产量 | Indigenous Production | | |
| 2.回收能 | Recovery of Energy | | |
| 3.外省(区、市)调入量 | Moving In from Other Provinces | 0.71 | |
| 4.进口量 | Import | 0.49 | |
| 5.我轮、机在外国加油量 | Chinese Airplanes & Ships in Refueling Abroad | | |
| 6.本省(区、市)调出量(-) | Sending Out to Other Provinces(-) | | |
| 7.出口量(-) | Export(-) | | -0.04 |
| 8.外轮、机在我国加油量(-) | Foreign Airplanes & Ships in Refueling in China | | |
| 9.库存增(-)、减(+)量 | Stock Change | -0.02 | -9.04 |
| **二.加工转换投入(-)产出(+)量** | **Input(-) & Output(+) of Transformation** | | **320.49** |
| 1.火力发电 | Thermal Power | | -1.07 |
| 2.供热 | Heating Supply | | -0.09 |
| 3.洗选煤 | Coal Washing | | |
| 4.炼焦 | Coking | | |
| 5.炼油 | Petroleum Refineries | | 321.65 |
| 6.制气 | Gas Works | | |
| #焦炭再投入量(-) | Coke Input(-) | | |
| 7.煤制品加工 | Briquettes | | |
| **三.损失量** | **Loss** | | |
| **四.终端消费量** | **Total Final Consumption** | **1.18** | **311.41** |
| 1.农、林、牧、渔、水利业 | Farming, Forestry, Animal Husbandry, Fishery & Water Conservancy | | 41.05 |
| 2.工业 | Industry | 0.30 | 45.00 |
| #用作原料、材料 | Non-Energy Use | 0.02 | 0.01 |
| 3.建筑业 | Construction | 0.32 | 23.62 |
| 4.交通运输、仓储和邮政业 | Transport, Storage and Post | 0.24 | 184.13 |
| 5.批发、零售业和住宿、餐饮业 | Wholesale,Retail Trade and Hotel,Restaurants | 0.14 | 7.82 |
| 6.生活消费 | Residential Consumption | | 7.62 |
| 城镇 | Urban | | 5.81 |
| 乡村 | Rural | | 1.81 |
| 7.其他 | Other | 0.18 | 2.17 |
| **五.平衡差额** | **Statistical Difference** | | |
| **六.消费量合计** | **Sum of Consumption** | **1.18** | **312.57** |

Continued

| 燃料油 (万吨) Fuel Oil ($10^4$ tn) | 液化石油气 (万吨) LPG ($10^4$ tn) | 炼厂干气 (万吨) Refinery Gas ($10^4$ tn) | 天然气 (亿立方米) Natural Gas ($10^4$ tn) | 其他石油制品 (万吨) Other Petroleum Products ($10^4$ tn) | 其他焦化产品 (万吨) Other Coking Products ($10^8$ cu.m) | 热力 (百亿千焦) Heat ($10^{10}$ kJ) | 电力 (亿千瓦时) Electricity ($10^8$kW•h) | 其他能源 (万吨标煤) Other Energy ($10^4$tce) |
|---|---|---|---|---|---|---|---|---|
| **-1.67** | **-3.13** | | **13.83** | **-33.58** | **-9.82** | **3668.89** | **36.36** | **40.13** |
| | | | 7.20 | | | | 65.62 | 32.09 |
| | | | | | | 3668.89 | | 8.13 |
| | | | 6.63 | | | | | |
| | | | | | | | | |
| | | | | | | | | |
| | -3.18 | | | -33.65 | -9.87 | | -29.26 | |
| | | | | | | | | |
| | | | | | | | | |
| -1.67 | 0.05 | | | 0.07 | 0.05 | | | -0.09 |
| **32.36** | **31.00** | **24.75** | **-1.26** | **298.30** | **10.43** | **17363.42** | **460.13** | **-7.93** |
| -1.06 | | | -0.39 | | | | 460.13 | -3.04 |
| -8.09 | | | -0.87 | -0.45 | | 17363.42 | | -4.89 |
| | | | | | | | | |
| | | | | | 10.43 | | | |
| 41.51 | 31.00 | 24.75 | | 298.75 | | | | |
| | | | | | | | | |
| | | | | | | | | |
| | | | | | | | | |
| | | | **0.01** | | | **256.30** | | |
| **30.69** | **27.87** | **24.75** | **12.56** | **264.72** | **0.61** | **20776.07** | **496.49** | **32.20** |
| | 0.01 | | | | | | 8.67 | |
| 25.42 | 11.93 | 24.75 | 5.81 | 264.72 | 0.61 | 12105.29 | 348.09 | 32.20 |
| 18.90 | | | | 261.15 | | | | 1.20 |
| 0.83 | 0.07 | | | | | 60.65 | 4.41 | |
| 2.99 | 0.28 | | 3.72 | | | 577.66 | 11.57 | |
| 0.12 | 0.68 | | 0.07 | | | 106.13 | 16.23 | |
| 1.20 | 14.61 | | 2.88 | | | 7391.82 | 78.99 | |
| 1.20 | 13.08 | | 2.82 | | | 7391.82 | 46.11 | |
| | 1.53 | | 0.06 | | | | 32.88 | |
| 0.13 | 0.29 | | 0.08 | | | 534.52 | 28.53 | |
| | | | | | | **-0.06** | | |
| **39.84** | **27.87** | **24.75** | **13.83** | **265.17** | **0.61** | **21032.37** | **496.49** | **40.13** |

# 6-8 黑龙江能源平衡表(实物量)-2008

| 项　　目 | Item | 煤合计(万吨) Coal Total ($10^4$ tn) | 原煤(万吨) Raw Coal ($10^4$ tn) |
|---|---|---|---|
| **一.可供本地区消费的能源量** | **Total Primary Energy Supply** | **8009.38** | **9728.25** |
| 1.一次能源生产量 | Indigenous Production | 9676.00 | 9676.00 |
| 2.回收能 | Recovery of Energy | | |
| 3.外省(区、市)调入量 | Moving In from Other Provinces | 1210.11 | 1210.11 |
| 4.进口量 | Import | 2.54 | 2.54 |
| 5.我轮、机在外国加油量 | Chinese Airplanes & Ships in Refueling Abroad | | |
| 6.本省(区、市)调出量(-) | Sending Out to Other Provinces(-) | -2714.17 | -984.66 |
| 7.出口量(-) | Export(-) | -13.22 | -13.22 |
| 8.外轮、机在我国加油量(-) | Foreign Airplanes & Ships in Refueling in China | | |
| 9.库存增(-)、减(+)量 | Stock Change | -151.88 | -162.52 |
| **二.加工转换投入(-)产出(+)量** | **Input(-) & Output(+) of Transformation** | **-8442.53** | **-11616.78** |
| 1.火力发电 | Thermal Power | -3986.42 | -3873.45 |
| 2.供热 | Heating Supply | -1624.56 | -1606.96 |
| 3.洗选煤 | Coal Washing | -1467.00 | -5903.79 |
| 4.炼焦 | Coking | -1169.70 | -95.90 |
| 5.炼油 | Petroleum Refineries | | |
| 6.制气 | Gas Works | -194.85 | -136.68 |
| #焦炭再投入量(-) | Coke Input(-) | | |
| 7.煤制品加工 | Briquettes | | |
| **三.损失量** | **Loss** | | |
| **四.终端消费量** | **Total Final Consumption** | **2761.34** | **1274.67** |
| 1.农、林、牧、渔、水利业 | Farming, Forestry, Animal Husbandry, Fishery & Water Conservancy | 40.86 | 40.86 |
| 2.工业 | Industry | 2453.67 | 967.00 |
| #用作原料、材料 | Non-Energy Use | 25.00 | 24.95 |
| 3.建筑业 | Construction | 5.00 | 5.00 |
| 4.交通运输、仓储和邮政业 | Transport, Storage and Post | 121.25 | 121.25 |
| 5.批发、零售业和住宿、餐饮业 | Wholesale,Retail Trade and Hotel,Restaurants | 35.00 | 35.00 |
| 6.生活消费 | Residential Consumption | 105.56 | 105.56 |
| 城镇 | Urban | 48.62 | 48.62 |
| 乡村 | Rural | 56.94 | 56.94 |
| 7.其他 | Other | | |
| **五.平衡差额** | **Statistical Difference** | **-3194.49** | **-3163.20** |
| **六.消费量合计** | **Sum of Consumption** | **11203.87** | **12891.45** |

# ENERGY BALANCE OF HEILONGJIANG-2008 (PHYSICAL QUANTITY)

| 洗精煤 (万吨) Cleaned Coal ($10^4$ tn) | 其他洗煤 (万吨) Other Washed Coal ($10^4$ tn) | 型煤 (万吨) Briquettes ($10^4$ tn) | 焦炭 (万吨) Coke ($10^4$ tn) | 焦炉煤气 (亿立方米) Coke Oven Gas ($10^8$ cu.m) | 其他煤气 (亿立方米) Other Gas ($10^8$ cu.m) | 油品合计 (万吨) Petroleum Products Total ($10^4$ tn) | 原油 (万吨) Crude Oil ($10^4$ tn) | 汽油 (万吨) Gasoline ($10^4$ tn) |
|---|---|---|---|---|---|---|---|---|
| **-837.25** | **-881.58** | **-0.04** | **-496.72** | | | **1389.95** | **1735.97** | **-108.89** |
| | | | | | | 4020.01 | 4020.01 | |
| | | | | | | | | |
| | | | | | | | | |
| | | | | | | 201.47 | 151.43 | 0.66 |
| | | | | | | | | |
| -842.18 | -887.33 | | -491.12 | | | -2771.90 | -2377.20 | -108.40 |
| | | | -6.04 | | | -54.08 | -53.32 | -0.02 |
| | | | | | | | | |
| 4.93 | 5.75 | -0.04 | 0.44 | | | -5.55 | -4.95 | -1.13 |
| **1527.40** | **1651.34** | **-4.49** | **724.02** | **4.20** | **28.04** | **-137.23** | **-1516.18** | **387.86** |
| | -112.97 | | | -5.54 | | -5.43 | | |
| | -13.11 | -4.49 | | | | -74.51 | | |
| 2659.37 | 1777.42 | | | | | | | |
| -1073.80 | | | 772.07 | | | | | |
| | | | | | | -57.29 | -1516.18 | 387.86 |
| -58.17 | | | -48.05 | 9.74 | 28.04 | | | |
| | | | | | | | | |
| | | | | | | | | |
| | | | | | | **48.24** | **48.24** | |
| **690.15** | **769.76** | **26.76** | **227.30** | **4.20** | **28.04** | **1208.87** | **171.55** | **278.97** |
| | | | | | | 130.66 | | |
| 690.15 | 769.76 | 26.76 | 227.30 | 4.20 | 28.04 | 464.81 | 171.55 | 14.58 |
| 0.05 | | | 8.80 | 1.78 | 4.92 | 47.21 | | 0.01 |
| | | | | | | 1.17 | | |
| | | | | | | 230.64 | | 110.43 |
| | | | | | | 168.32 | | 86.96 |
| | | | | | | 171.27 | | 25.00 |
| | | | | | | 162.18 | | 25.00 |
| | | | | | | 9.09 | | |
| | | | | | | 42.00 | | 42.00 |
| | | **-31.29** | | | | **-4.39** | | |
| **1822.12** | **895.84** | **31.25** | **227.30** | **9.74** | **28.04** | **1394.34** | **1735.97** | **278.97** |

续表

| 项　　目 | Item | 煤油(万吨) Kerosene ($10^4$ tn) | 柴油(万吨) Diesel Oil ($10^4$ tn) |
| --- | --- | --- | --- |
| **一.可供本地区消费的能源量** | **Total Primary Energy Supply** | **-24.04** | **-110.13** |
| 1.一次能源生产量 | Indigenous Production | | |
| 2.回收能 | Recovery of Energy | | |
| 3.外省(区、市)调入量 | Moving In from Other Provinces | | |
| 4.进口量 | Import | | |
| 5.我轮、机在外国加油量 | Chinese Airplanes & Ships in Refueling Abroad | | |
| 6.本省(区、市)调出量(-) | Sending Out to Other Provinces(-) | -24.07 | -108.48 |
| 7.出口量(-) | Export(-) | | -0.74 |
| 8.外轮、机在我国加油量(-) | Foreign Airplanes & Ships in Refueling in China | | |
| 9.库存增(-)、减(+)量 | Stock Change | 0.03 | -0.91 |
| **二.加工转换投入(-)产出(+)量** | **Input(-) & Output(+) of Transformation** | **24.96** | **545.43** |
| 1.火力发电 | Thermal Power | | -0.37 |
| 2.供热 | Heating Supply | | -0.08 |
| 3.洗选煤 | Coal Washing | | |
| 4.炼焦 | Coking | | |
| 5.炼油 | Petroleum Refineries | 24.96 | 545.88 |
| 6.制气 | Gas Works | | |
| #焦炭再投入量(-) | Coke Input(-) | | |
| 7.煤制品加工 | Briquettes | | |
| **三.损失量** | **Loss** | | |
| **四.终端消费量** | **Total Final Consumption** | **0.51** | **440.09** |
| 1.农、林、牧、渔、水利业 | Farming, Forestry, Animal Husbandry, Fishery & Water Conservancy | | 130.66 |
| 2.工业 | Industry | 0.51 | 47.65 |
| #用作原料、材料 | Non-Energy Use | | 0.26 |
| 3.建筑业 | Construction | | 1.12 |
| 4.交通运输、仓储和邮政业 | Transport, Storage and Post | | 120.21 |
| 5.批发、零售业和住宿、餐饮业 | Wholesale,Retail Trade and Hotel,Restaurants | | 81.36 |
| 6.生活消费 | Residential Consumption | | 59.09 |
| 城镇 | Urban | | 50.00 |
| 乡村 | Rural | | 9.09 |
| 7.其他 | Other | | |
| **五.平衡差额** | **Statistical Difference** | **0.41** | **-4.79** |
| **六.消费量合计** | **Sum of Consumption** | **0.51** | **440.54** |

Continued

| 燃料油 (万吨) Fuel Oil ($10^4$ tn) | 液化石油气 (万吨) LPG ($10^4$ tn) | 炼厂干气 (万吨) Refinery Gas ($10^4$ tn) | 天然气 (亿立方米) Natural Gas ($10^4$ tn) | 其他石油制品 (万吨) Other Petroleum Products ($10^4$ tn) | 其他焦化产品 (万吨) Other Coking Products ($10^8$ cu.m) | 热力 (百亿千焦) Heat ($10^{10}$ kJ) | 电力 (亿千瓦时) Electricity ($10^8$kW•h) | 其他能源 (万吨标煤) Other Energy ($10^4$tce) |
|---|---|---|---|---|---|---|---|---|
| **28.50** | **0.03** | | **27.10** | **-131.49** | | | **-42.38** | **0.04** |
| | | | 27.10 | | | | 27.21 | |
| | | | | | | | | |
| | | | | | | | 0.27 | |
| 49.38 | | | | | | | 98.95 | |
| | | | | | | | | |
| -22.36 | | | | -131.39 | | | -168.76 | |
| | | | | | | | -0.05 | |
| | | | | | | | | |
| 1.48 | 0.03 | | | -0.10 | | | | 0.04 |
| **20.27** | **128.47** | **23.25** | **-5.18** | **248.71** | **16.05** | **18652.51** | **739.48** | **-91.98** |
| -1.29 | | -3.77 | -1.85 | | | | 739.48 | -68.19 |
| -19.80 | | -54.63 | -3.33 | | | 18652.51 | | -28.14 |
| | | | | | | | | 4.35 |
| | | | | | 16.05 | | | |
| 41.36 | 128.47 | 81.65 | | 248.71 | | | | |
| | | | | | | | | |
| | | | | | | | | |
| | | | | | | | | |
| | | | **1.45** | | | | **13.70** | |
| **48.77** | **128.50** | **23.25** | **24.84** | **117.22** | **16.05** | **18652.51** | **683.40** | **106.18** |
| | | | | | | | 24.10 | |
| 48.72 | 41.32 | 23.25 | 23.97 | 117.22 | 16.05 | 4555.69 | 451.72 | 106.18 |
| 2.53 | | | 5.97 | 44.41 | | | | 0.18 |
| 0.05 | | | | | | | 3.47 | |
| | | | | | | 2.64 | 21.11 | |
| | | | | | | | 16.30 | |
| | 87.18 | | 0.87 | | | 14094.18 | 125.66 | |
| | 87.18 | | 0.87 | | | 14094.18 | 92.61 | |
| | | | | | | | 33.05 | |
| | | | | | | | 41.04 | |
| | | | **-4.37** | | | | | **-198.12** |
| **69.86** | **128.50** | **81.65** | **31.47** | **117.22** | **16.05** | **18652.51** | **697.10** | **202.51** |

# 6-9 上海能源平衡表(实物量)-2008

| 项　　目 | Item | 煤合计<br>(万吨)<br>Coal Total<br>($10^4$ tn) | 原煤<br>(万吨)<br>Raw Coal<br>($10^4$ tn) |
|---|---|---|---|
| **一.可供本地区消费的能源量** | **Total Primary Energy Supply** | **5490.46** | **4297.71** |
| 1.一次能源生产量 | Indigenous Production | | |
| 2.回收能 | Recovery of Energy | | |
| 3.外省(区、市)调入量 | Moving In from Other Provinces | 6881.87 | 5689.12 |
| 4.进口量 | Import | | |
| 5.我轮、机在外国加油量 | Chinese Airplanes & Ships in Refueling Abroad | | |
| 6.本省(区、市)调出量(−) | Sending Out to Other Provinces(-) | -1391.41 | -1391.41 |
| 7.出口量(−) | Export(-) | | |
| 8.外轮、机在我国加油量(−) | Foreign Airplanes & Ships in Refueling in China | | |
| 9.库存增(−)、减(+)量 | Stock Change | -26.51 | -28.21 |
| **二.加工转换投入(−)产出(+)量** | **Input(-) & Output(+) of Transformation** | **-4394.17** | **-3305.35** |
| 1.火力发电 | Thermal Power | -2964.04 | -2964.04 |
| 2.供热 | Heating Supply | -325.14 | -325.14 |
| 3.洗选煤 | Coal Washing | | |
| 4.炼焦 | Coking | -1074.50 | |
| 5.炼油 | Petroleum Refineries | | |
| 6.制气 | Gas Works | -30.49 | -16.17 |
| #焦炭再投入量(−) | Coke Input(-) | | |
| 7.煤制品加工 | Briquettes | | |
| **三.损失量** | **Loss** | **11.85** | **10.71** |
| **四.终端消费量** | **Total Final Consumption** | **1057.89** | **953.61** |
| 1.农、林、牧、渔、水利业 | Farming, Forestry, Animal Husbandry, Fishery & Water Conservancy | 1.73 | 1.73 |
| 2.工业 | Industry | 891.29 | 787.01 |
| #用作原料、材料 | Non-Energy Use | 102.48 | 101.89 |
| 3.建筑业 | Construction | 11.08 | 11.08 |
| 4.交通运输、仓储和邮政业 | Transport, Storage and Post | 5.91 | 5.91 |
| 5.批发、零售业和住宿、餐饮业 | Wholesale,Retail Trade and Hotel,Restaurants | 44.67 | 44.67 |
| 6.生活消费 | Residential Consumption | 54.32 | 54.32 |
| 城镇 | Urban | 44.17 | 44.17 |
| 乡村 | Rural | 10.15 | 10.15 |
| 7.其他 | Other | 48.89 | 48.89 |
| **五.平衡差额** | **Statistical Difference** | **26.55** | **28.04** |
| **六.消费量合计** | **Sum of Consumption** | **5463.91** | **4269.67** |

# ENERGY BALANCE OF SHANGHAI-2008 (PHYSICAL QUANTITY)

| 洗精煤 (万吨) Cleaned Coal ($10^4$ tn) | 其他洗煤 (万吨) Other Washed Coal ($10^4$ tn) | 型煤 (万吨) Briquettes ($10^4$ tn) | 焦炭 (万吨) Coke ($10^4$ tn) | 焦炉煤气 (亿立方米) Coke Oven Gas ($10^8$ cu.m) | 其他煤气 (亿立方米) Other Gas ($10^8$ cu.m) | 油品合计 (万吨) Petroleum Products Total ($10^4$ tn) | 原油 (万吨) Crude Oil ($10^4$ tn) | 汽油 (万吨) Gasoline ($10^4$ tn) |
|---|---|---|---|---|---|---|---|---|
| **1181.69** | | **11.06** | **3.65** | | **98.42** | **2920.55** | **1961.66** | **106.17** |
| | | | | | | 19.99 | 14.60 | |
| | | | | | 98.42 | | | |
| 1181.69 | | 11.06 | 217.57 | | | 3618.73 | 192.38 | 805.08 |
| | | | | | | 2248.25 | 1762.81 | 56.51 |
| | | | | | | 614.39 | | |
| | | | -211.90 | | | -3349.56 | -8.14 | -731.40 |
| | | | -2.02 | | | -87.12 | | -24.02 |
| | | | | | | -144.14 | | |
| 1.72 | | -0.02 | -5.02 | | | -38.80 | -10.11 | -11.27 |
| **-1088.82** | | | **686.26** | **23.05** | **-74.14** | **-11.58** | **-1946.56** | **244.88** |
| | | | | -0.50 | -98.42 | -51.66 | | |
| | | | | | | -19.62 | | |
| | | | | | | | | |
| -1074.50 | | | 715.78 | 27.33 | | | | |
| | | | | | | 67.02 | -1946.56 | 244.88 |
| -14.32 | | | -29.52 | -3.79 | 24.28 | -7.32 | | |
| | | | | | | | | |
| | | | | | | | | |
| **1.14** | | | | | **2.25** | | | |
| **93.24** | | **11.04** | **684.92** | **22.74** | **22.02** | **2870.95** | **4.99** | **340.50** |
| | | | | | | 31.47 | | 16.64 |
| 93.24 | | 11.04 | 684.92 | 22.74 | 5.31 | 1031.46 | 4.99 | 27.22 |
| 0.44 | | 0.15 | | | | | | |
| | | | | | 0.02 | 79.08 | | 22.90 |
| | | | | | 0.20 | 1262.86 | | 89.90 |
| | | | | | 2.93 | 118.02 | | 39.31 |
| | | | | | 9.64 | 177.84 | | 84.99 |
| | | | | | 9.36 | 118.13 | | 71.39 |
| | | | | | 0.28 | 59.72 | | 13.60 |
| | | | | | 3.92 | 170.21 | | 59.54 |
| **-1.51** | | **0.02** | **4.99** | **0.31** | | **38.02** | **10.11** | **10.55** |
| **1183.20** | | **11.04** | **714.44** | **27.03** | **122.69** | **2882.53** | **1951.55** | **340.50** |

续表

| 项　　目 | Item | 煤油 (万吨) Kerosene ($10^4$ tn) | 柴油 (万吨) Diesel Oil ($10^4$ tn) |
|---|---|---|---|
| **一.可供本地区消费的能源量** | **Total Primary Energy Supply** | **189.65** | **-305.37** |
| 1.一次能源生产量 | Indigenous Production | | |
| 2.回收能 | Recovery of Energy | | |
| 3.外省(区、市)调入量 | Moving In from Other Provinces | 384.73 | 1758.27 |
| 4.进口量 | Import | 309.47 | 87.86 |
| 5.我轮、机在外国加油量 | Chinese Airplanes & Ships in Refueling Abroad | 26.02 | 8.31 |
| 6.本省(区、市)调出量(-) | Sending Out to Other Provinces(-) | -352.44 | -2156.56 |
| 7.出口量(-) | Export(-) | -33.98 | -3.24 |
| 8.外轮、机在我国加油量(-) | Foreign Airplanes & Ships in Refueling in China | -144.14 | |
| 9.库存增(-)、减(+)量 | Stock Change | -5.16 | -16.37 |
| **二.加工转换投入(-)产出(+)量** | **Input(-) & Output(+) of Transformation** | **136.98** | **742.13** |
| 1.火力发电 | Thermal Power | | -5.85 |
| 2.供热 | Heating Supply | | |
| 3.洗选煤 | Coal Washing | | |
| 4.炼焦 | Coking | | |
| 5.炼油 | Petroleum Refineries | 136.98 | 747.98 |
| 6.制气 | Gas Works | | |
| #焦炭再投入量(-) | Coke Input(-) | | |
| 7.煤制品加工 | Briquettes | | |
| **三.损失量** | **Loss** | | |
| **四.终端消费量** | **Total Final Consumption** | **321.47** | **421.20** |
| 1.农、林、牧、渔、水利业 | Farming, Forestry, Animal Husbandry, Fishery & Water Conservancy | 0.01 | 12.89 |
| 2.工业 | Industry | 1.52 | 61.27 |
| #用作原料、材料 | Non-Energy Use | | |
| 3.建筑业 | Construction | 0.29 | 30.80 |
| 4.交通运输、仓储和邮政业 | Transport, Storage and Post | 319.35 | 145.27 |
| 5.批发、零售业和住宿、餐饮业 | Wholesale,Retail Trade and Hotel,Restaurants | 0.15 | 56.37 |
| 6.生活消费 | Residential Consumption | 0.12 | 41.15 |
| 城镇 | Urban | 0.12 | 24.19 |
| 乡村 | Rural | | 16.96 |
| 7.其他 | Other | 0.03 | 73.46 |
| **五.平衡差额** | **Statistical Difference** | **5.17** | **15.56** |
| **六.消费量合计** | **Sum of Consumption** | **321.47** | **427.05** |

Continued

| 燃料油<br>(万吨)<br>Fuel Oil<br>($10^4$ tn) | 液化石油气<br>(万吨)<br>LPG<br>($10^4$ tn) | 炼厂干气<br>(万吨)<br>Refinery Gas<br>($10^4$ tn) | 天然气<br>(亿立方米)<br>Natural Gas<br>($10^8$ cu.m) | 其他石油制品<br>(万吨)<br>Other Petroleum Products<br>($10^4$ tn) | 其他焦化产品<br>(万吨)<br>Other Coking Products<br>($10^4$ tn) | 热力<br>(百亿千焦)<br>Heat<br>($10^{10}$ kJ) | 电力<br>(亿千瓦时)<br>Electricity<br>($10^8$ kW•h) | 其他能源<br>(万吨标煤)<br>Other Energy<br>($10^4$ tce) |
|---|---|---|---|---|---|---|---|---|
| **750.57** | **37.96** | | **30.00** | **179.90** | **7.73** | **257.00** | **353.00** | **17.58** |
| | 5.39 | | 4.29 | | | | 0.53 | |
| | | | | | | 257.00 | 9.26 | 17.58 |
| 224.00 | 31.99 | | 25.71 | 222.29 | 72.14 | | 383.43 | |
| 24.00 | 5.40 | | | 2.21 | | | | |
| 580.06 | | | | | | | | |
| -77.49 | -4.81 | | | -18.73 | -62.57 | | -40.22 | |
| | | | | -25.87 | -1.84 | | | |
| | | | | | | | | |
| -6.32 | 0.29 | | | 10.13 | 2.94 | | | |
| **19.59** | **63.88** | **125.43** | **-8.25** | **602.09** | **50.46** | **6507.62** | **785.22** | **-17.58** |
| -24.43 | | -0.05 | -3.65 | -21.33 | | -13.94 | 785.22 | -15.88 |
| | -0.13 | -0.07 | -1.30 | -19.42 | | 6556.10 | | -1.70 |
| | | | | | | | | |
| | | | | | 50.46 | | | |
| 44.88 | 64.32 | 127.00 | | 647.54 | | | | |
| -0.86 | -0.31 | -1.45 | -3.30 | -4.70 | | -34.54 | | |
| | | | | | | | | |
| | | | | | | | | |
| | | | **1.46** | | | | **59.54** | |
| **763.44** | **101.94** | **125.21** | **20.29** | **792.21** | **60.85** | **6764.62** | **1078.68** | |
| | | | | 1.94 | | | 5.08 | |
| 74.98 | 52.90 | 125.21 | 10.81 | 683.37 | 60.32 | 6557.64 | 667.59 | |
| | | | | | | | | |
| 9.08 | 0.41 | | 0.01 | 15.60 | 0.53 | 20.05 | 21.00 | |
| 670.78 | 6.61 | | 0.25 | 30.95 | | 22.33 | 23.72 | |
| 6.74 | 5.58 | | 1.01 | 9.87 | | 55.33 | 64.36 | |
| | 32.39 | | 5.72 | 19.20 | | 16.53 | 146.55 | |
| | 8.74 | | 5.07 | 13.69 | | 16.53 | 135.83 | |
| | 23.65 | | 0.65 | 5.51 | | | 10.72 | |
| 1.85 | 4.05 | | 2.49 | 31.28 | | 92.74 | 150.38 | |
| **6.72** | **-0.09** | **0.22** | | **-10.22** | **-2.66** | | | |
| **788.73** | **102.38** | **126.78** | **30.00** | **837.66** | **60.85** | **6813.10** | **1138.22** | **17.58** |

# 6-10 江苏能源平衡表(实物量)-2008

| 项　　目 | Item | 煤合计 (万吨) Coal Total ($10^4$ tn) | 原煤 (万吨) Raw Coal ($10^4$ tn) |
|---|---|---|---|
| **一.可供本地区消费的能源量** | **Total Primary Energy Supply** | **21004.83** | **19231.77** |
| 1.一次能源生产量 | Indigenous Production | 2428.09 | 2428.09 |
| 2.回收能 | Recovery of Energy | | |
| 3.外省(区、市)调入量 | Moving In from Other Provinces | 19466.96 | 17483.14 |
| 4.进口量 | Import | 127.00 | 127.00 |
| 5.我轮、机在外国加油量 | Chinese Airplanes & Ships in Refueling Abroad | | |
| 6.本省(区、市)调出量(-) | Sending Out to Other Provinces(-) | -961.50 | -752.46 |
| 7.出口量(-) | Export(-) | -55.72 | -54.00 |
| 8.外轮、机在我国加油量(-) | Foreign Airplanes & Ships in Refueling in China | | |
| 9.库存增(-)、减(+)量 | Stock Change | -268.12 | -257.47 |
| **二.加工转换投入(-)产出(+)量** | **Input(-) & Output(+) of Transformation** | **-14673.13** | **-13423.03** |
| 1.火力发电 | Thermal Power | -11403.54 | -10890.20 |
| 2.供热 | Heating Supply | -1643.62 | -1555.33 |
| 3.洗选煤 | Coal Washing | -151.28 | -875.10 |
| 4.炼焦 | Coking | -1471.97 | -102.28 |
| 5.炼油 | Petroleum Refineries | | |
| 6.制气 | Gas Works | -2.62 | -0.12 |
| #焦炭再投入量(-) | Coke Input(-) | | |
| 7.煤制品加工 | Briquettes | -0.10 | |
| **三.损失量** | **Loss** | **1.19** | **1.19** |
| **四.终端消费量** | **Total Final Consumption** | **6062.39** | **5550.08** |
| 1.农、林、牧、渔、水利业 | Farming, Forestry, Animal Husbandry, Fishery & Water Conservancy | 63.14 | 63.14 |
| 2.工业 | Industry | 5826.06 | 5328.91 |
| #用作原料、材料 | Non-Energy Use | 345.51 | 345.51 |
| 3.建筑业 | Construction | 5.10 | 5.10 |
| 4.交通运输、仓储和邮政业 | Transport, Storage and Post | 41.31 | 41.31 |
| 5.批发、零售业和住宿、餐饮业 | Wholesale,Retail Trade and Hotel,Restaurants | 46.00 | 46.00 |
| 6.生活消费 | Residential Consumption | 80.78 | 65.62 |
| 城镇 | Urban | 43.55 | 37.37 |
| 乡村 | Rural | 37.23 | 28.25 |
| 7.其他 | Other | | |
| **五.平衡差额** | **Statistical Difference** | **268.12** | **257.47** |
| **六.消费量合计** | **Sum of Consumption** | **20736.71** | **18974.30** |

# ENERGY BALANCE OF JIANGSU-2008 (PHYSICAL QUANTITY)

| 洗精煤 (万吨) Cleaned Coal ($10^4$ tn) | 其他洗煤 (万吨) Other Washed Coal ($10^4$ tn) | 型煤 (万吨) Briquettes ($10^4$ tn) | 焦炭 (万吨) Coke ($10^4$ tn) | 焦炉煤气 (亿立方米) Coke Oven Gas ($10^8$ cu.m) | 其他煤气 (亿立方米) Other Gas ($10^8$ cu.m) | 油品合计 (万吨) Petroleum Products Total ($10^4$ tn) | 原油 (万吨) Crude Oil ($10^4$ tn) | 汽油 (万吨) Gasoline ($10^4$ tn) |
|---|---|---|---|---|---|---|---|---|
| **1368.68** | **400.12** | **4.26** | **811.51** | | **284.77** | **2408.05** | **2313.07** | **331.81** |
| | | | | | | 184.01 | 184.01 | |
| | | | | | 283.78 | | | |
| 1579.44 | 400.12 | 4.26 | 811.51 | | 0.99 | 1683.10 | 728.25 | 440.01 |
| | | | | | | 1481.36 | 1410.89 | |
| | | | | | | 9.57 | | |
| -209.04 | | | | | | -910.28 | -10.08 | -108.20 |
| -1.72 | | | | | | -27.09 | | |
| | | | | | | -12.62 | | |
| -9.15 | -1.24 | -0.26 | 3.48 | | | -6.39 | 0.06 | -5.27 |
| **-900.85** | **-383.57** | **34.32** | **1072.76** | **15.08** | **-107.27** | **-95.07** | **-2294.76** | **235.26** |
| | -513.34 | | | -11.65 | -77.84 | -7.80 | | |
| | -88.29 | | | -1.10 | -31.09 | -7.97 | | |
| 471.34 | 252.48 | | | | | | | |
| -1369.69 | | | 1073.96 | 27.94 | 0.03 | | | |
| | | | | | | -77.65 | -2294.76 | 235.26 |
| -2.50 | | | -1.20 | -0.11 | 1.63 | -1.65 | | |
| | | | | | | | | |
| | -34.42 | 34.32 | | | | | | |
| | | | | | | **22.27** | **7.85** | **7.59** |
| **458.68** | **15.31** | **38.32** | **1887.75** | **15.08** | **177.50** | **2284.32** | **10.52** | **554.21** |
| | | | | | | 144.69 | | 16.48 |
| 458.68 | 15.31 | 23.16 | 1887.75 | 14.50 | 176.25 | 1050.67 | 10.52 | 52.58 |
| | | | 35.89 | | | 439.47 | | 1.12 |
| | | | | | | 105.99 | | 0.82 |
| | | | | | | 740.34 | | 346.85 |
| | | | | 0.34 | | 16.27 | | 0.19 |
| | | 15.16 | | | 1.25 | 215.37 | | 126.39 |
| | | 6.18 | | | 1.25 | 187.08 | | 126.39 |
| | | 8.98 | | | | 28.29 | | |
| | | | | 0.24 | | 10.99 | | 10.90 |
| **9.15** | **1.24** | **0.26** | **-3.48** | | | **6.39** | **-0.06** | **5.27** |
| **1830.87** | **651.36** | **38.32** | **1888.95** | **27.94** | **286.43** | **2401.66** | **2313.13** | **561.80** |

续表

| 项　目 | Item | 煤油 (万吨) Kerosene ($10^4$ tn) | 柴油 (万吨) Diesel Oil ($10^4$ tn) |
|---|---|---|---|
| **一.可供本地区消费的能源量** | **Total Primary Energy Supply** | **-119.59** | **-76.55** |
| 1.一次能源生产量 | Indigenous Production | | |
| 2.回收能 | Recovery of Energy | | |
| 3.外省(区、市)调入量 | Moving In from Other Provinces | | 398.06 |
| 4.进口量 | Import | | 6.00 |
| 5.我轮、机在外国加油量 | Chinese Airplanes & Ships in Refueling Abroad | 0.75 | 0.61 |
| 6.本省(区、市)调出量(-) | Sending Out to Other Provinces(-) | -114.84 | -479.22 |
| 7.出口量(-) | Export(-) | -5.50 | -2.00 |
| 8.外轮、机在我国加油量(-) | Foreign Airplanes & Ships in Refueling in China | | |
| 9.库存增(-)、减(+)量 | Stock Change | -0.43 | -11.64 |
| **二.加工转换投入(-)产出(+)量** | **Input(-) & Output(+) of Transformation** | **141.47** | **729.99** |
| 1.火力发电 | Thermal Power | | -4.04 |
| 2.供热 | Heating Supply | | -0.37 |
| 3.洗选煤 | Coal Washing | | |
| 4.炼焦 | Coking | | |
| 5.炼油 | Petroleum Refineries | 141.47 | 734.40 |
| 6.制气 | Gas Works | | |
| #焦炭再投入量(-) | Coke Input(-) | | |
| 7.煤制品加工 | Briquettes | | |
| **三.损失量** | **Loss** | | **6.06** |
| **四.终端消费量** | **Total Final Consumption** | **21.45** | **635.74** |
| 1.农、林、牧、渔、水利业 | Farming, Forestry, Animal Husbandry, Fishery & Water Conservancy | | 124.15 |
| 2.工业 | Industry | 3.70 | 132.76 |
| #用作原料、材料 | Non-Energy Use | | 1.36 |
| 3.建筑业 | Construction | | 27.47 |
| 4.交通运输、仓储和邮政业 | Transport, Storage and Post | 17.65 | 344.02 |
| 5.批发、零售业和住宿、餐饮业 | Wholesale,Retail Trade and Hotel,Restaurants | 0.01 | 7.34 |
| 6.生活消费 | Residential Consumption | | |
| 城镇 | Urban | | |
| 乡村 | Rural | | |
| 7.其他 | Other | 0.09 | |
| **五.平衡差额** | **Statistical Difference** | **0.43** | **11.64** |
| **六.消费量合计** | **Sum of Consumption** | **21.45** | **646.21** |

Continued

| 燃料油（万吨） Fuel Oil ($10^4$ tn) | 液化石油气（万吨） LPG ($10^4$ tn) | 炼厂干气（万吨） Refinery Gas ($10^4$ tn) | 天然气（亿立方米） Natural Gas ($10^8$ cu.m) | 其他石油制品（万吨） Other Petroleum Products ($10^4$ tn) | 其他焦化产品（万吨） Other Coking Products ($10^4$ tn) | 热力（百亿千焦） Heat ($10^{10}$ kJ) | 电力（亿千瓦时） Electricity ($10^8$ kW•h) | 其他能源（万吨标煤） Other Energy ($10^4$ tce) |
|---|---|---|---|---|---|---|---|---|
| **-36.60** | **36.93** | | **63.13** | **-41.02** | | **1000.00** | **382.87** | **71.91** |
| | | | 0.58 | | | | 151.80 | |
| | | | | | | 1000.00 | | 71.91 |
| 14.72 | 17.57 | | 62.55 | 84.49 | | | 435.54 | |
| 21.00 | 26.00 | | | 17.47 | | | | |
| 7.21 | 1.00 | | | | | | | |
| -55.91 | -4.64 | | | -137.39 | | | -204.47 | |
| -11.00 | -3.00 | | | -5.59 | | | | |
| -12.62 | | | | | | | | |
| 8.74 | 0.05 | | | 2.10 | -0.85 | | | |
| **244.78** | **107.67** | **53.96** | **-28.41** | **686.56** | **55.11** | **30555.38** | **2735.46** | **-71.91** |
| -0.39 | | -0.28 | -25.14 | -3.09 | | -263.18 | 2735.46 | -62.57 |
| -0.69 | -0.96 | -2.41 | -3.26 | -3.54 | | 30818.56 | | -9.34 |
| | | | | | | | | |
| | | | | | 54.53 | | | |
| 245.86 | 110.28 | 56.65 | | 693.19 | | | | |
| | -1.65 | | -0.01 | | 0.58 | | | |
| | | | | | | | | |
| | | | | | | | | |
| **0.16** | **0.58** | | **0.74** | **0.03** | | **1158.29** | **223.02** | |
| **216.76** | **144.07** | **53.96** | **33.98** | **647.61** | **54.26** | **30397.09** | **2895.31** | |
| 4.06 | | | | | | | 23.34 | |
| 180.37 | 46.17 | 53.96 | 25.89 | 570.61 | 54.26 | 29809.87 | 2279.68 | |
| 0.64 | | | | 436.35 | 19.17 | | | |
| 0.70 | | | | 77.00 | | | 26.98 | |
| 30.74 | 1.08 | | 1.00 | | | 28.90 | 22.89 | |
| 0.89 | 7.84 | | 0.98 | | | | 83.42 | |
| | 88.98 | | 6.11 | | | 558.32 | 295.74 | |
| | 60.69 | | 6.06 | | | 495.72 | 146.17 | |
| | 28.29 | | 0.05 | | | 62.60 | 149.57 | |
| | | | | | | | 163.26 | |
| **-8.74** | **-0.05** | | | **-2.10** | **0.85** | | | |
| **218.00** | **147.26** | **56.65** | **63.13** | **654.27** | **54.26** | **31818.56** | **3118.33** | **71.91** |

# 6-11 浙江能源平衡表(实物量)-2008

| 项　　目 | Item | 煤合计(万吨) Coal Total ($10^4$ tn) | 原煤(万吨) Raw Coal ($10^4$ tn) |
|---|---|---|---|
| **一.可供本地区消费的能源量** | **Total Primary Energy Supply** | **13040.94** | **12840.17** |
| 1.一次能源生产量 | Indigenous Production | 13.10 | 13.10 |
| 2.回收能 | Recovery of Energy | | |
| 3.外省(区、市)调入量 | Moving In from Other Provinces | 12983.77 | 12774.85 |
| 4.进口量 | Import | 142.75 | 142.75 |
| 5.我轮、机在外国加油量 | Chinese Airplanes & Ships in Refueling Abroad | | |
| 6.本省(区、市)调出量(-) | Sending Out to Other Provinces(-) | | |
| 7.出口量(-) | Export(-) | | |
| 8.外轮、机在我国加油量(-) | Foreign Airplanes & Ships in Refueling in China | | |
| 9.库存增(-)、减(+)量 | Stock Change | -98.68 | -90.53 |
| **二.加工转换投入(-)产出(+)量** | **Input(-) & Output(+) of Transformation** | **-9608.45** | **-9559.74** |
| 1.火力发电 | Thermal Power | -7316.17 | -7316.17 |
| 2.供热 | Heating Supply | -2075.29 | -2075.29 |
| 3.洗选煤 | Coal Washing | -4.88 | -22.85 |
| 4.炼焦 | Coking | -237.55 | -64.44 |
| 5.炼油 | Petroleum Refineries | | |
| 6.制气 | Gas Works | | |
| #焦炭再投入量(-) | Coke Input(-) | | |
| 7.煤制品加工 | Briquettes | 25.44 | -81.00 |
| **三.损失量** | **Loss** | | |
| **四.终端消费量** | **Total Final Consumption** | **3432.49** | **3280.43** |
| 1.农、林、牧、渔、水利业 | Farming, Forestry, Animal Husbandry, Fishery & Water Conservancy | 13.25 | 13.25 |
| 2.工业 | Industry | 3312.90 | 3242.69 |
| #用作原料、材料 | Non-Energy Use | | |
| 3.建筑业 | Construction | 3.00 | 3.00 |
| 4.交通运输、仓储和邮政业 | Transport, Storage and Post | 2.00 | 2.00 |
| 5.批发、零售业和住宿、餐饮业 | Wholesale,Retail Trade and Hotel,Restaurants | 24.49 | 19.49 |
| 6.生活消费 | Residential Consumption | 76.86 | |
| 城镇 | Urban | 27.00 | |
| 乡村 | Rural | 49.86 | |
| 7.其他 | Other | | |
| **五.平衡差额** | **Statistical Difference** | | |
| **六.消费量合计** | **Sum of Consumption** | **13040.94** | **12840.17** |

# ENERGY BALANCE OF ZHEJIANG-2008 (PHYSICAL QUANTITY)

| 洗精煤 (万吨) Cleaned Coal ($10^4$ tn) | 其他洗煤 (万吨) Other Washed Coal ($10^4$ tn) | 型煤 (万吨) Briquettes ($10^4$ tn) | 焦炭 (万吨) Coke ($10^4$ tn) | 焦炉煤气 (亿立方米) Coke Oven Gas ($10^8$ cu.m) | 其他煤气 (亿立方米) Other Gas ($10^8$ cu.m) | 油品合计 (万吨) Petroleum Products Total ($10^4$ tn) | 原油 (万吨) Crude Oil ($10^4$ tn) | 汽油 (万吨) Gasoline ($10^4$ tn) |
|---|---|---|---|---|---|---|---|---|
| **197.87** | **3.32** | **-0.42** | **201.03** | | **19.58** | **2067.13** | **2287.35** | **189.59** |
| | | | | | | | | |
| | | | | | 19.58 | | | |
| 205.77 | 3.15 | | 195.76 | | | 2303.50 | 446.75 | 534.69 |
| | | | | | | 1976.01 | 1849.95 | |
| | | | | | | | | |
| | | | | | | -2124.93 | | -342.08 |
| | | | | | | -40.00 | | |
| | | | | | | | | |
| -7.90 | 0.17 | -0.42 | 5.27 | | | -47.44 | -9.35 | -3.02 |
| **-155.14** | | **106.44** | **251.81** | **4.61** | **-4.27** | **10.04** | **-2287.33** | **285.77** |
| | | | -31.12 | -0.13 | -3.57 | -23.84 | -8.31 | |
| | | | -2.01 | | -0.70 | -0.26 | | |
| 17.97 | | | | | | | | |
| -173.11 | | | 164.15 | 4.74 | | | | |
| | | | 120.79 | | | 34.14 | -2279.01 | 285.77 |
| | | | | | | | | |
| | | | | | | | | |
| | | 106.44 | | | | | | |
| | | | | | | | | |
| **42.72** | **3.32** | **106.02** | **452.85** | **4.60** | **15.30** | **2077.16** | **0.02** | **475.36** |
| | | | | | | 196.33 | | 10.00 |
| 42.72 | 3.32 | 24.16 | 452.85 | 4.60 | 15.30 | 685.56 | 0.02 | 73.75 |
| | | | | | | | | |
| | | | | | | 114.66 | | 18.26 |
| | | | | | | 669.09 | | 228.80 |
| | | 5.00 | | | | 51.07 | | 12.00 |
| | | 76.86 | | | | 299.76 | | 100.46 |
| | | 27.00 | | | | 170.16 | | 60.36 |
| | | 49.86 | | | | 129.60 | | 40.10 |
| | | | | | | 60.70 | | 32.10 |
| | | | | | | | | |
| **215.83** | **3.32** | **106.02** | **485.98** | **4.73** | **19.58** | **2067.13** | **2287.35** | **475.36** |

## 续表

| 项目 | Item | 煤油 (万吨) Kerosene (10⁴ tn) | 柴油 (万吨) Diesel Oil (10⁴ tn) |
|---|---|---|---|
| **一.可供本地区消费的能源量** | **Total Primary Energy Supply** | **-74.50** | **40.59** |
| 1.一次能源生产量 | Indigenous Production | | |
| 2.回收能 | Recovery of Energy | | |
| 3.外省(区、市)调入量 | Moving In from Other Provinces | 51.24 | 897.08 |
| 4.进口量 | Import | | 2.94 |
| 5.我轮、机在外国加油量 | Chinese Airplanes & Ships in Refueling Abroad | | |
| 6.本省(区、市)调出量(−) | Sending Out to Other Provinces(-) | -98.20 | -846.61 |
| 7.出口量(−) | Export(-) | -27.97 | -3.00 |
| 8.外轮、机在我国加油量(−) | Foreign Airplanes & Ships in Refueling in China | | |
| 9.库存增(−)、减(+)量 | Stock Change | 0.43 | -9.83 |
| **二.加工转换投入(−)产出(+)量** | **Input(-) & Output(+) of Transformation** | **129.41** | **855.91** |
| 1.火力发电 | Thermal Power | | -2.05 |
| 2.供热 | Heating Supply | | -0.09 |
| 3.洗选煤 | Coal Washing | | |
| 4.炼焦 | Coking | | |
| 5.炼油 | Petroleum Refineries | 129.41 | 858.04 |
| 6.制气 | Gas Works | | |
| #焦炭再投入量(−) | Coke Input(-) | | |
| 7.煤制品加工 | Briquettes | | |
| **三.损失量** | **Loss** | | |
| **四.终端消费量** | **Total Final Consumption** | **54.91** | **896.49** |
| 1.农、林、牧、渔、水利业 | Farming, Forestry, Animal Husbandry, Fishery & Water Conservancy | | 186.33 |
| 2.工业 | Industry | 4.22 | 246.49 |
| #用作原料、材料 | Non-Energy Use | | |
| 3.建筑业 | Construction | 1.40 | 95.00 |
| 4.交通运输、仓储和邮政业 | Transport, Storage and Post | 49.29 | 325.50 |
| 5.批发、零售业和住宿、餐饮业 | Wholesale,Retail Trade and Hotel,Restaurants | | 15.07 |
| 6.生活消费 | Residential Consumption | | 12.50 |
| 城镇 | Urban | | 6.00 |
| 乡村 | Rural | | 6.50 |
| 7.其他 | Other | | 15.60 |
| **五.平衡差额** | **Statistical Difference** | | |
| **六.消费量合计** | **Sum of Consumption** | **54.91** | **898.63** |

Continued

| 燃料油<br>(万吨)<br>Fuel Oil<br>(10⁴ tn) | 液化石油气<br>(万吨)<br>LPG<br>(10⁴ tn) | 炼厂干气<br>(万吨)<br>Refinery Gas<br>(10⁴ tn) | 天然气<br>(亿立方米)<br>Natural Gas<br>(10⁴ tn) | 其他石油制品<br>(万吨)<br>Other Petroleum Products<br>(10⁴ tn) | 其他焦化产品<br>(万吨)<br>Other Coking Products<br>(10⁸ cu.m) | 热力<br>(百亿千焦)<br>Heat<br>($10^{10}$ kJ) | 电力<br>(亿千瓦时)<br>Electricity<br>($10^8$kW•h) | 其他能源<br>(万吨标煤)<br>Other Energy<br>($10^4$tce) |
|---|---|---|---|---|---|---|---|---|
| **118.63** | **128.63** | | **17.70** | **-623.14** | **-4.91** | **1653.70** | **575.26** | **109.01** |
| | | | | | | | 386.25 | |
| | | | | | | 1653.70 | | 109.01 |
| 264.56 | 98.30 | | 17.70 | 10.88 | | | 231.30 | |
| 76.11 | 29.63 | | | 17.38 | | | | |
| | | | | | | | | |
| -204.49 | | | | -633.56 | -4.91 | | -42.29 | |
| | -0.20 | | | -8.83 | | | | |
| | | | | | | | | |
| -17.56 | 0.89 | | | -9.01 | 0.00 | | | |
| **87.67** | **115.41** | **62.95** | **-9.09** | **760.24** | **5.41** | **37221.26** | **1747.62** | **-44.21** |
| -13.48 | | | -8.99 | | | -1648.89 | 1747.62 | -34.54 |
| -0.08 | | -0.09 | -0.10 | | | 38870.15 | | -9.67 |
| | | | | | | | | |
| | | | | | 5.41 | | | |
| 101.23 | 115.41 | 63.04 | | 760.24 | | | | |
| | | | | | | | | |
| | | | | | | | | |
| | | | | | | | | |
| | | | | | | **1371.20** | **113.53** | |
| **206.30** | **244.04** | **62.95** | **8.61** | **137.10** | **0.51** | **37503.75** | **2209.35** | **64.80** |
| | | | | | | | 15.46 | |
| 138.80 | 22.24 | 62.95 | 4.16 | 137.10 | 0.51 | 31008.47 | 1694.95 | 64.80 |
| | | | | | | | | |
| | | | | | | | 26.42 | |
| 65.50 | | | | | | 4.32 | 18.72 | |
| 1.00 | 23.00 | | 0.80 | | | 5101.00 | 73.65 | |
| | 186.80 | | 3.65 | | | | 256.91 | |
| | 103.80 | | 3.65 | | | | 135.90 | |
| | 83.00 | | | | | | 121.01 | |
| 1.00 | 12.00 | | | | | 1389.96 | 123.24 | |
| | | | | | | | | |
| **219.86** | **244.04** | **63.04** | **17.70** | **137.10** | **0.51** | **40523.85** | **2322.87** | **109.01** |

# 6-12 安徽能源平衡表(实物量)-2008

| 项　　目 | Item | 煤合计 (万吨) Coal Total ($10^4$ tn) | 原煤 (万吨) Raw Coal ($10^4$ tn) |
|---|---|---|---|
| **一.可供本地区消费的能源量** | **Total Primary Energy Supply** | **11425.23** | **11410.13** |
| 1.一次能源生产量 | Indigenous Production | 11649.50 | 11649.50 |
| 2.回收能 | Recovery of Energy | | |
| 3.外省(区、市)调入量 | Moving In from Other Provinces | 3137.00 | 3127.00 |
| 4.进口量 | Import | | |
| 5.我轮、机在外国加油量 | Chinese Airplanes & Ships in Refueling Abroad | | |
| 6.本省(区、市)调出量(-) | Sending Out to Other Provinces(-) | -3032.00 | -3032.00 |
| 7.出口量(-) | Export(-) | | |
| 8.外轮、机在我国加油量(-) | Foreign Airplanes & Ships in Refueling in China | | |
| 9.库存增(-)、减(+)量 | Stock Change | -329.27 | -334.37 |
| **二.加工转换投入(-)产出(+)量** | **Input(-) & Output(+) of Transformation** | **-6782.21** | **-7958.17** |
| 1.火力发电 | Thermal Power | -4920.67 | -4887.18 |
| 2.供热 | Heating Supply | -328.31 | -328.31 |
| 3.洗选煤 | Coal Washing | -403.90 | -2734.40 |
| 4.炼焦 | Coking | -1094.47 | -8.28 |
| 5.炼油 | Petroleum Refineries | | |
| 6.制气 | Gas Works | -34.86 | |
| #焦炭再投入量(-) | Coke Input(-) | | |
| 7.煤制品加工 | Briquettes | | |
| **三.损失量** | **Loss** | | |
| **四.终端消费量** | **Total Final Consumption** | **4594.89** | **3410.03** |
| 1.农、林、牧、渔、水利业 | Farming, Forestry, Animal Husbandry, Fishery & Water Conservancy | 44.31 | 44.31 |
| 2.工业 | Industry | 4108.16 | 2924.38 |
| #用作原料、材料 | Non-Energy Use | | |
| 3.建筑业 | Construction | 15.57 | 14.50 |
| 4.交通运输、仓储和邮政业 | Transport, Storage and Post | 34.37 | 34.37 |
| 5.批发、零售业和住宿、餐饮业 | Wholesale,Retail Trade and Hotel,Restaurants | 25.10 | 25.10 |
| 6.生活消费 | Residential Consumption | 329.55 | 329.55 |
| 城镇 | Urban | 213.83 | 213.83 |
| 乡村 | Rural | 115.72 | 115.72 |
| 7.其他 | Other | 37.83 | 37.83 |
| **五.平衡差额** | **Statistical Difference** | **48.13** | **41.93** |
| **六.消费量合计** | **Sum of Consumption** | **11377.10** | **11368.20** |

# ENERGY BALANCE OF ANHUI-2008 (PHYSICAL QUANTITY)

| 洗精煤 (万吨) Cleaned Coal ($10^4$ tn) | 其他洗煤 (万吨) Other Washed Coal ($10^4$ tn) | 型煤 (万吨) Briquettes ($10^4$ tn) | 焦炭 (万吨) Coke ($10^4$ tn) | 焦炉煤气 (亿立方米) Coke Oven Gas ($10^8$ cu.m) | 其他煤气 (亿立方米) Other Gas ($10^8$ cu.m) | 油品合计 (万吨) Petroleum Products Total ($10^4$ tn) | 原油 (万吨) Crude Oil ($10^4$ tn) | 汽油 (万吨) Gasoline ($10^4$ tn) |
|---|---|---|---|---|---|---|---|---|
| **15.79** | **-0.69** | | **-4.27** | | | **576.77** | **425.18** | **39.63** |
| | | | | | | | | |
| | | | | | | | | |
| 10.00 | | | | | | 589.88 | 259.38 | 61.60 |
| | | | | | | 168.50 | 168.50 | |
| | | | | | | | | |
| | | | -38.00 | | | -174.04 | | -20.69 |
| | | | | | | | | |
| | | | | | | | | |
| 5.79 | -0.69 | | 33.73 | | | -7.57 | -2.70 | -1.28 |
| **62.65** | **1113.31** | | **855.57** | **16.88** | **2.16** | **-23.08** | **-423.62** | **87.69** |
| | -33.49 | | | -5.62 | | -1.50 | | |
| | | | | -2.28 | | -2.41 | | |
| 1183.70 | 1146.80 | | | | | | | |
| -1086.19 | | | 794.23 | 23.94 | | | | |
| | | | 37.97 | | | -19.17 | -423.62 | 87.69 |
| -34.86 | | | 23.37 | 0.84 | 2.16 | | | |
| | | | | | | | | |
| | | | | | | | | |
| | | | | | | | | |
| **79.22** | **1105.63** | | **851.22** | **16.96** | **1.00** | **554.90** | **2.72** | **127.37** |
| | | | | | | 77.11 | | 13.02 |
| 78.15 | 1105.63 | | 851.22 | 16.96 | 1.00 | 114.01 | 2.72 | 8.49 |
| | | | | | | | | |
| 1.07 | | | | | | 31.60 | | 6.10 |
| | | | | | | 252.09 | | 61.85 |
| | | | | | | 6.45 | | 2.80 |
| | | | | | | 46.28 | | 13.61 |
| | | | | | | 40.01 | | 13.61 |
| | | | | | | 6.28 | | |
| | | | | | | 27.36 | | 21.50 |
| **-0.78** | **6.99** | | **0.08** | **-0.08** | **1.16** | **-1.21** | **-1.16** | **-0.05** |
| **1200.27** | **1139.12** | | **851.22** | **24.86** | **1.00** | **577.98** | **426.34** | **127.37** |

续表

| 项　　目 | Item | 煤油（万吨） Kerosene （$10^4$ tn） | 柴油（万吨） Diesel Oil （$10^4$ tn） |
|---|---|---|---|
| **一.可供本地区消费的能源量** | **Total Primary Energy Supply** | **10.97** | **131.19** |
| 1.一次能源生产量 | Indigenous Production | | |
| 2.回收能 | Recovery of Energy | | |
| 3.外省(区、市)调入量 | Moving In from Other Provinces | 11.00 | 243.00 |
| 4.进口量 | Import | | |
| 5.我轮、机在外国加油量 | Chinese Airplanes & Ships in Refueling Abroad | | |
| 6.本省(区、市)调出量(−) | Sending Out to Other Provinces(-) | | -109.17 |
| 7.出口量(−) | Export(-) | | |
| 8.外轮、机在我国加油量(−) | Foreign Airplanes & Ships in Refueling in China | | |
| 9.库存增(−)、减(+)量 | Stock Change | -0.03 | -2.64 |
| **二.加工转换投入(−)产出(+)量** | **Input(-) & Output(+) of Transformation** | | **177.93** |
| 1.火力发电 | Thermal Power | | |
| 2.供热 | Heating Supply | | |
| 3.洗选煤 | Coal Washing | | |
| 4.炼焦 | Coking | | |
| 5.炼油 | Petroleum Refineries | | 177.93 |
| 6.制气 | Gas Works | | |
| #焦炭再投入量(−) | Coke Input(-) | | |
| 7.煤制品加工 | Briquettes | | |
| **三.损失量** | **Loss** | | |
| **四.终端消费量** | **Total Final Consumption** | **11.02** | **309.63** |
| 1.农、林、牧、渔、水利业 | Farming, Forestry, Animal Husbandry, Fishery & Water Conservancy | | 64.09 |
| 2.工业 | Industry | 0.39 | 35.87 |
| #用作原料、材料 | Non-Energy Use | | |
| 3.建筑业 | Construction | | 24.70 |
| 4.交通运输、仓储和邮政业 | Transport, Storage and Post | 10.63 | 176.41 |
| 5.批发、零售业和住宿、餐饮业 | Wholesale,Retail Trade and Hotel,Restaurants | | 3.20 |
| 6.生活消费 | Residential Consumption | | |
| 城镇 | Urban | | |
| 乡村 | Rural | | |
| 7.其他 | Other | | 5.36 |
| **五.平衡差额** | **Statistical Difference** | **-0.05** | **-0.51** |
| **六.消费量合计** | **Sum of Consumption** | **11.02** | **309.63** |

Continued

| 燃料油<br>(万吨)<br>Fuel Oil<br>($10^4$ tn) | 液化石油气<br>(万吨)<br>LPG<br>($10^4$ tn) | 炼厂干气<br>(万吨)<br>Refinery Gas<br>($10^4$ tn) | 天然气<br>(亿立方米)<br>Natural Gas<br>($10^4$ tn) | 其他石油制品<br>(万吨)<br>Other Petroleum Products<br>($10^4$ tn) | 其他焦化产品<br>(万吨)<br>Other Coking Products<br>($10^8$ cu.m) | 热力<br>(百亿千焦)<br>Heat<br>($10^{10}$ kJ) | 电力<br>(亿千瓦时)<br>Electricity<br>($10^8$kW•h) | 其他能源<br>(万吨标煤)<br>Other Energy<br>($10^4$tce) |
|---|---|---|---|---|---|---|---|---|
| **2.44** | **4.40** | | **7.02** | **-37.04** | **-34.89** | | **-215.53** | |
| | | | | | | | 28.13 | |
| | | | | | | | | |
| 10.50 | 4.40 | | 7.02 | | | | 4.28 | |
| | | | | | | | | |
| | | | | | | | | |
| -7.98 | | | | -36.20 | -26.00 | | -247.94 | |
| | | | | | | | | |
| | | | | | | | | |
| -0.08 | | | | -0.84 | -8.89 | | | |
| **13.13** | **30.80** | **11.36** | **-0.15** | **79.63** | **46.16** | **6168.00** | **1073.81** | |
| | | -1.50 | | | | | 1073.81 | |
| | | -2.41 | -0.15 | | | 6168.00 | | |
| | | | | | | | | |
| | | | | | 45.96 | | | |
| 13.13 | 30.80 | 15.27 | | 79.63 | | | | |
| | | | | | 0.20 | | | |
| | | | | | | | | |
| | | | | | | | | |
| | | | **0.35** | | | | | |
| **15.60** | **35.16** | **10.91** | **6.67** | **42.50** | **11.23** | **6141.59** | **858.87** | |
| | | | | | | | 11.07 | |
| 11.60 | 1.53 | 10.91 | 2.72 | 42.50 | 11.23 | 4906.24 | 632.65 | |
| | | | | | | | | |
| 0.80 | | | | | | | 9.56 | |
| 3.20 | | | 0.92 | | | | 10.53 | |
| | 0.45 | | 0.31 | | | | 22.20 | |
| | 32.68 | | 1.85 | | | 1235.35 | 134.62 | |
| | 26.40 | | 1.85 | | | 1235.35 | 64.00 | |
| | 6.28 | | | | | | 70.62 | |
| | 0.50 | | 0.87 | | | | 38.24 | |
| **-0.03** | **0.04** | **0.45** | **-0.15** | **0.09** | **0.04** | **26.41** | **-0.59** | |
| **15.60** | **35.16** | **14.82** | **7.17** | **42.50** | **11.23** | **6141.59** | **858.87** | |

# 6-13 福建能源平衡表(实物量)-2008

| 项　　目 | Item | 煤合计 (万吨) Coal Total ($10^4$ tn) | 原煤 (万吨) Raw Coal ($10^4$ tn) |
|---|---|---|---|
| **一.可供本地区消费的能源量** | **Total Primary Energy Supply** | **6595.88** | **6431.00** |
| 1.一次能源生产量 | Indigenous Production | 2243.75 | 2243.75 |
| 2.回收能 | Recovery of Energy | | |
| 3.外省(区、市)调入量 | Moving In from Other Provinces | 4410.89 | 4199.54 |
| 4.进口量 | Import | 249.14 | 249.14 |
| 5.我轮、机在外国加油量 | Chinese Airplanes & Ships in Refueling Abroad | | |
| 6.本省(区、市)调出量(-) | Sending Out to Other Provinces(-) | -193.65 | -150.21 |
| 7.出口量(-) | Export(-) | | |
| 8.外轮、机在我国加油量(-) | Foreign Airplanes & Ships in Refueling in China | | |
| 9.库存增(-)、减(+)量 | Stock Change | -114.25 | -111.22 |
| **二.加工转换投入(-)产出(+)量** | **Input(-) & Output(+) of Transformation** | **-3573.28** | **-3498.99** |
| 1.火力发电 | Thermal Power | -3264.88 | -3264.88 |
| 2.供热 | Heating Supply | -183.02 | -183.02 |
| 3.洗选煤 | Coal Washing | -1.21 | -46.01 |
| 4.炼焦 | Coking | -123.00 | -3.91 |
| 5.炼油 | Petroleum Refineries | | |
| 6.制气 | Gas Works | -1.17 | -1.17 |
| #焦炭再投入量(-) | Coke Input(-) | | |
| 7.煤制品加工 | Briquettes | | |
| **三.损失量** | **Loss** | | |
| **四.终端消费量** | **Total Final Consumption** | **3022.60** | **2932.01** |
| 1.农、林、牧、渔、水利业 | Farming, Forestry, Animal Husbandry, Fishery & Water Conservancy | 66.74 | 66.74 |
| 2.工业 | Industry | 2737.35 | 2646.76 |
| #用作原料、材料 | Non-Energy Use | | 205.26 |
| 3.建筑业 | Construction | 8.47 | 8.47 |
| 4.交通运输、仓储和邮政业 | Transport, Storage and Post | 6.00 | 6.00 |
| 5.批发、零售业和住宿、餐饮业 | Wholesale,Retail Trade and Hotel,Restaurants | 33.26 | 33.26 |
| 6.生活消费 | Residential Consumption | 130.78 | 130.78 |
| 城镇 | Urban | 28.79 | 28.79 |
| 乡村 | Rural | 101.99 | 101.99 |
| 7.其他 | Other | 40.00 | 40.00 |
| **五.平衡差额** | **Statistical Difference** | | |
| **六.消费量合计** | **Sum of Consumption** | **6595.88** | **6431.00** |

# ENERGY BALANCE OF FUJIAN-2008 (PHYSICAL QUANTITY)

| 洗精煤<br>(万吨)<br>Cleaned Coal<br>($10^4$ tn) | 其他洗煤<br>(万吨)<br>Other Washed Coal<br>($10^4$ tn) | 型煤<br>(万吨)<br>Briquettes<br>($10^4$ tn) | 焦炭<br>(万吨)<br>Coke<br>($10^4$ tn) | 焦炉煤气<br>(亿立方米)<br>Coke Oven Gas<br>($10^8$ cu.m) | 其他煤气<br>(亿立方米)<br>Other Gas<br>($10^8$ cu.m) | 油品合计<br>(万吨)<br>Petroleum Products Total<br>($10^4$ tn) | 原油<br>(万吨)<br>Crude Oil<br>($10^4$ tn) | 汽油<br>(万吨)<br>Gasoline<br>($10^4$ tn) |
|---|---|---|---|---|---|---|---|---|
| **84.68** | **-0.01** | **80.21** | **268.30** | | **65.80** | **1059.39** | **312.19** | **164.84** |
| | | | | | | | | |
| | | | | | 65.80 | | | |
| 129.64 | | 81.71 | 271.31 | | | 1059.15 | 312.82 | 164.86 |
| | | | | | | | | |
| | | | | | | | | |
| -43.44 | | | -4.09 | | | | | |
| | | | | | | | | |
| | | | | | | -0.13 | | |
| -1.52 | -0.01 | -1.50 | 1.08 | | | 0.37 | -0.63 | -0.02 |
| **-75.65** | **1.36** | | **99.74** | **3.56** | **-24.77** | **1.14** | **-310.96** | **85.64** |
| | | | | -0.31 | -6.36 | -3.42 | | |
| | | | | -0.59 | -12.40 | -5.99 | | |
| 43.44 | 1.36 | | | | | | | |
| -119.09 | | | 99.74 | 4.54 | -6.25 | | | |
| | | | | | | 10.55 | -310.96 | 85.64 |
| | | | | -0.08 | 0.24 | | | |
| | | | | | | | | |
| | | | | | | | | |
| | | | | | | | | |
| **9.03** | **1.35** | **80.21** | **368.04** | **3.56** | **41.03** | **1059.30** | | **250.48** |
| | | | | | | 91.40 | | 13.50 |
| 9.03 | 1.35 | 80.21 | 368.04 | 3.56 | 41.03 | 295.83 | | 62.18 |
| 1.07 | | | 6.33 | | | | | |
| | | | | | | 56.25 | | 8.54 |
| | | | | | | 408.58 | | 59.62 |
| | | | | | | 35.35 | | 21.39 |
| | | | | | | 104.02 | | 29.13 |
| | | | | | | 67.34 | | 23.50 |
| | | | | | | 36.68 | | 5.63 |
| | | | | | | 67.87 | | 56.12 |
| | | | | | | **1.23** | **1.23** | |
| **128.12** | **1.35** | **80.21** | **368.04** | **4.46** | **66.04** | **1058.16** | **310.96** | **250.48** |

续表

| 项　　目 | Item | 煤油 (万吨) Kerosene ($10^4$ tn) | 柴油 (万吨) Diesel Oil ($10^4$ tn) |
|---|---|---|---|
| **一.可供本地区消费的能源量** | **Total Primary Energy Supply** | **46.49** | **323.24** |
| 1.一次能源生产量 | Indigenous Production | | |
| 2.回收能 | Recovery of Energy | | |
| 3.外省(区、市)调入量 | Moving In from Other Provinces | 46.50 | 323.00 |
| 4.进口量 | Import | | |
| 5.我轮、机在外国加油量 | Chinese Airplanes & Ships in Refueling Abroad | | |
| 6.本省(区、市)调出量(–) | Sending Out to Other Provinces(-) | | |
| 7.出口量(–) | Export(-) | | |
| 8.外轮、机在我国加油量(–) | Foreign Airplanes & Ships in Refueling in China | | |
| 9.库存增(–)、减(+)量 | Stock Change | -0.01 | 0.24 |
| **二.加工转换投入(–)产出(+)量** | **Input(-) & Output(+) of Transformation** | **5.46** | **108.65** |
| 1.火力发电 | Thermal Power | | -1.04 |
| 2.供热 | Heating Supply | | -0.15 |
| 3.洗选煤 | Coal Washing | | |
| 4.炼焦 | Coking | | |
| 5.炼油 | Petroleum Refineries | 5.46 | 109.84 |
| 6.制气 | Gas Works | | |
| #焦炭再投入量(–) | Coke Input(-) | | |
| 7.煤制品加工 | Briquettes | | |
| **三.损失量** | **Loss** | | |
| **四.终端消费量** | **Total Final Consumption** | **51.95** | **431.89** |
| 1.农、林、牧、渔、水利业 | Farming, Forestry, Animal Husbandry, Fishery & Water Conservancy | | 53.50 |
| 2.工业 | Industry | 9.24 | 59.84 |
| #用作原料、材料 | Non-Energy Use | | |
| 3.建筑业 | Construction | 0.62 | 35.00 |
| 4.交通运输、仓储和邮政业 | Transport, Storage and Post | 41.97 | 255.88 |
| 5.批发、零售业和住宿、餐饮业 | Wholesale,Retail Trade and Hotel,Restaurants | 0.03 | 10.99 |
| 6.生活消费 | Residential Consumption | | 6.12 |
| 城镇 | Urban | | 2.24 |
| 乡村 | Rural | | 3.88 |
| 7.其他 | Other | 0.09 | 10.56 |
| **五.平衡差额** | **Statistical Difference** | | |
| **六.消费量合计** | **Sum of Consumption** | **51.95** | **433.08** |

Continued

| 燃料油 (万吨) Fuel Oil ($10^4$ tn) | 液化石油气 (万吨) LPG ($10^4$ tn) | 炼厂干气 (万吨) Refinery Gas ($10^4$ tn) | 天然气 (亿立方米) Natural Gas ($10^4$ tn) | 其他石油制品 (万吨) Other Petroleum Products ($10^4$ tn) | 其他焦化产品 (万吨) Other Coking Products ($10^8$ cu.m) | 热力 (百亿千焦) Heat ($10^{10}$ kJ) | 电力 (亿千瓦时) Electricity ($10^8$kW•h) | 其他能源 (万吨标煤) Other Energy ($10^4$tce) |
|---|---|---|---|---|---|---|---|---|
| **133.54** | **79.09** | | **1.53** | | | **531.58** | **404.01** | **131.16** |
| | | | | | | | 414.30 | |
| | | | | | | 531.58 | 2.00 | 131.16 |
| 132.91 | 79.06 | | 1.53 | | | | 9.19 | 0.00 |
| | | | | | | | | |
| | | | | | | | | |
| | | | | | | | -21.48 | |
| | | | | | | | | |
| | -0.13 | | | | | | | |
| 0.63 | 0.16 | | | | | | | |
| **6.01** | **21.55** | **6.18** | **-0.19** | **78.61** | **4.47** | **3416.97** | **745.76** | **-10.68** |
| -1.81 | | -0.57 | -0.19 | | | -247.92 | 745.76 | -8.99 |
| -0.96 | | -4.88 | | | | 3664.89 | | -1.69 |
| | | | | | | | | |
| | | | | | 4.47 | | | |
| 8.78 | 21.55 | 11.63 | | 78.61 | | | | |
| | | | | | | | | |
| | | | | | | | | |
| | | | | | | | | |
| | | | | | | | **76.23** | |
| **139.55** | **100.64** | **6.18** | **1.34** | **78.61** | **4.47** | **3948.55** | **1073.54** | **120.48** |
| 11.30 | 1.90 | | | 11.20 | | | 11.23 | 18.43 |
| 83.83 | 23.60 | 6.18 | 0.73 | 50.96 | 4.47 | 3948.55 | 741.24 | 102.05 |
| | | | | | | | | |
| | 0.27 | | | 11.82 | | | 15.36 | |
| 44.42 | 6.69 | | | | | | 13.57 | |
| | 2.94 | | | | | | 36.73 | |
| | 64.14 | | 0.56 | 4.63 | | | 188.78 | |
| | 40.99 | | 0.56 | 0.61 | | | 105.10 | |
| | 23.15 | | | 4.02 | | | 83.68 | |
| | 1.10 | | 0.05 | | | | 66.63 | |
| | | | | | | | | |
| **142.32** | **100.64** | **11.63** | **1.53** | **78.61** | **4.47** | **4196.47** | **1149.77** | **131.16** |

# 6-14 江西能源平衡表(实物量)-2008

| 项 目 | Item | 煤合计 (万吨) Coal Total ($10^4$ tn) | 原煤 (万吨) Raw Coal ($10^4$ tn) |
|---|---|---|---|
| **一.可供本地区消费的能源量** | **Total Primary Energy Supply** | **5267.45** | **4924.65** |
| 1.一次能源生产量 | Indigenous Production | 3152.36 | 3152.36 |
| 2.回收能 | Recovery of Energy | | |
| 3.外省(区、市)调入量 | Moving In from Other Provinces | 2597.60 | 2083.35 |
| 4.进口量 | Import | | |
| 5.我轮、机在外国加油量 | Chinese Airplanes & Ships in Refueling Abroad | | |
| 6.本省(区、市)调出量(−) | Sending Out to Other Provinces(-) | -309.70 | -138.40 |
| 7.出口量(−) | Export(-) | | |
| 8.外轮、机在我国加油量(−) | Foreign Airplanes & Ships in Refueling in China | | |
| 9.库存增(−)、减(+)量 | Stock Change | -172.81 | -172.66 |
| **二.加工转换投入(−)产出(+)量** | **Input(-) & Output(+) of Transformation** | **-3245.87** | **-3181.31** |
| 1.火力发电 | Thermal Power | -2137.12 | -2137.08 |
| 2.供热 | Heating Supply | -141.51 | -141.51 |
| 3.洗选煤 | Coal Washing | -253.49 | -785.71 |
| 4.炼焦 | Coking | -431.88 | -13.01 |
| 5.炼油 | Petroleum Refineries | | |
| 6.制气 | Gas Works | -265.67 | |
| #焦炭再投入量(−) | Coke Input(-) | | |
| 7.煤制品加工 | Briquettes | -16.20 | -104.00 |
| **三.损失量** | **Loss** | | |
| **四.终端消费量** | **Total Final Consumption** | **2021.58** | **1743.34** |
| 1.农、林、牧、渔、水利业 | Farming, Forestry, Animal Husbandry, Fishery & Water Conservancy | 25.00 | 25.00 |
| 2.工业 | Industry | 1782.42 | 1700.34 |
| #用作原料、材料 | Non-Energy Use | 190.54 | 167.40 |
| 3.建筑业 | Construction | 1.00 | |
| 4.交通运输、仓储和邮政业 | Transport, Storage and Post | 5.16 | 2.00 |
| 5.批发、零售业和住宿、餐饮业 | Wholesale,Retail Trade and Hotel,Restaurants | 13.00 | |
| 6.生活消费 | Residential Consumption | 191.00 | 16.00 |
| 城镇 | Urban | 39.00 | 1.00 |
| 乡村 | Rural | 152.00 | 15.00 |
| 7.其他 | Other | 4.00 | |
| **五.平衡差额** | **Statistical Difference** | | |
| **六.消费量合计** | **Sum of Consumption** | **5267.45** | **4924.65** |

# ENERGY BALANCE OF JIANGXI-2008 (PHYSICAL QUANTITY)

| 洗精煤<br>(万吨)<br>Cleaned Coal<br>($10^4$ tn) | 其他洗煤<br>(万吨)<br>Other Washed Coal<br>($10^4$ tn) | 型煤<br>(万吨)<br>Briquettes<br>($10^4$ tn) | 焦炭<br>(万吨)<br>Coke<br>($10^4$ tn) | 焦炉煤气<br>(亿立方米)<br>Coke Oven Gas<br>($10^8$ cu.m) | 其他煤气<br>(亿立方米)<br>Other Gas<br>($10^8$ cu.m) | 油品合计<br>(万吨)<br>Petroleum Products Total<br>($10^4$ tn) | 原油<br>(万吨)<br>Crude Oil<br>($10^4$ tn) | 汽油<br>(万吨)<br>Gasoline<br>($10^4$ tn) |
|---|---|---|---|---|---|---|---|---|
| **334.90** | **7.39** | **0.51** | **55.91** | **4.59** | **172.24** | **554.62** | **411.00** | **-10.74** |
| | | | | | | | | |
| | | | | 4.59 | 172.24 | | | |
| 482.17 | 31.16 | 0.92 | 105.19 | | | 670.10 | 243.32 | 76.96 |
| | | | | | | 168.41 | 168.41 | |
| | | | | | | | | |
| -144.59 | -26.00 | -0.71 | -47.57 | | | -287.87 | | -86.49 |
| | | | | | | | | |
| | | | | | | | | |
| -2.68 | 2.23 | 0.30 | -1.71 | | | 3.98 | -0.73 | -1.21 |
| **-314.67** | **23.83** | **226.28** | **525.48** | **16.55** | **-23.58** | **-28.74** | **-409.16** | **86.42** |
| | -0.04 | | | -0.10 | -23.67 | -1.16 | | |
| | | | -0.01 | | | -9.96 | | |
| 369.87 | 162.35 | | | | | | | |
| -418.87 | | | 304.81 | 12.43 | 0.09 | | | |
| | | | | | | -17.62 | -409.16 | 86.42 |
| -265.67 | | | 220.68 | 4.22 | | | | |
| | | | | | | | | |
| | -138.48 | 226.28 | | | | | | |
| | | | | | | **1.84** | **1.84** | |
| **20.23** | **31.22** | **226.79** | **581.39** | **21.14** | **148.66** | **524.04** | | **75.68** |
| | | | | | | 52.00 | | 4.00 |
| 20.23 | 31.22 | 30.63 | 581.39 | 16.55 | 148.66 | 136.76 | | 3.73 |
| 2.15 | | 20.99 | 0.14 | | | 25.76 | | 0.20 |
| | | 1.00 | | | | 16.14 | | 1.67 |
| | | 3.16 | | | | 228.48 | | 36.18 |
| | | 13.00 | | 2.80 | | 15.91 | | 2.60 |
| | | 175.00 | | 1.73 | | 55.13 | | 14.90 |
| | | 38.00 | | 1.70 | | 43.58 | | 10.90 |
| | | 137.00 | | 0.03 | | 11.55 | | 4.00 |
| | | 4.00 | | 0.06 | | 19.62 | | 12.60 |
| | | | | | | | | |
| **704.77** | **169.74** | **226.79** | **581.40** | **21.24** | **172.33** | **554.62** | **411.00** | **75.68** |

续表

| 项　　目 | Item | 煤油（万吨）Kerosene ($10^4$ tn) | 柴油（万吨）Diesel Oil ($10^4$ tn) |
|---|---|---|---|
| **一.可供本地区消费的能源量** | **Total Primary Energy Supply** | **7.94** | **105.62** |
| 1.一次能源生产量 | Indigenous Production | | |
| 2.回收能 | Recovery of Energy | | |
| 3.外省(区、市)调入量 | Moving In from Other Provinces | 7.20 | 289.72 |
| 4.进口量 | Import | | |
| 5.我轮、机在外国加油量 | Chinese Airplanes & Ships in Refueling Abroad | | |
| 6.本省(区、市)调出量(-) | Sending Out to Other Provinces(-) | -0.10 | -183.16 |
| 7.出口量(-) | Export(-) | | |
| 8.外轮、机在我国加油量(-) | Foreign Airplanes & Ships in Refueling in China | | |
| 9.库存增(-)、减(+)量 | Stock Change | 0.84 | -0.94 |
| **二.加工转换投入(-)产出(+)量** | **Input(-) & Output(+) of Transformation** | **0.07** | **181.86** |
| 1.火力发电 | Thermal Power | | -0.88 |
| 2.供热 | Heating Supply | | -0.11 |
| 3.洗选煤 | Coal Washing | | |
| 4.炼焦 | Coking | | |
| 5.炼油 | Petroleum Refineries | 0.07 | 182.85 |
| 6.制气 | Gas Works | | |
| #焦炭再投入量(-) | Coke Input(-) | | |
| 7.煤制品加工 | Briquettes | | |
| **三.损失量** | **Loss** | | |
| **四.终端消费量** | **Total Final Consumption** | **8.01** | **287.48** |
| 1.农、林、牧、渔、水利业 | Farming, Forestry, Animal Husbandry, Fishery & Water Conservancy | | 48.00 |
| 2.工业 | Industry | 0.65 | 29.24 |
| #用作原料、材料 | Non-Energy Use | 0.04 | 0.23 |
| 3.建筑业 | Construction | 0.06 | 6.41 |
| 4.交通运输、仓储和邮政业 | Transport, Storage and Post | 7.25 | 184.33 |
| 5.批发、零售业和住宿、餐饮业 | Wholesale,Retail Trade and Hotel,Restaurants | 0.01 | 5.60 |
| 6.生活消费 | Residential Consumption | 0.04 | 7.40 |
| 城镇 | Urban | | 3.80 |
| 乡村 | Rural | 0.04 | 3.60 |
| 7.其他 | Other | | 6.50 |
| **五.平衡差额** | **Statistical Difference** | | |
| **六.消费量合计** | **Sum of Consumption** | **8.01** | **288.47** |

Continued

| 燃料油 (万吨) Fuel Oil ($10^4$ tn) | 液化石油气 (万吨) LPG ($10^4$ tn) | 炼厂干气 (万吨) Refinery Gas ($10^4$ tn) | 天然气 (亿立方米) Natural Gas ($10^4$ tn) | 其他石油制品 (万吨) Other Petroleum Products ($10^4$ tn) | 其他焦化产品 (万吨) Othcr Coking Products ($10^8$ cu.m) | 热力 (百亿千焦) Heat ($10^{10}$ kJ) | 电力 (亿千瓦时) Electricity ($10^8$kW•h) | 其他能源 (万吨标煤) Other Energy ($10^4$tce) |
|---|---|---|---|---|---|---|---|---|
| **8.49** | **21.05** | | **2.50** | **11.26** | **0.01** | | **138.05** | **87.58** |
| | | | 0.28 | | | | 84.49 | |
| | | | | | | | | 87.58 |
| 14.04 | 21.01 | | 2.22 | 17.85 | | | 54.31 | |
| | | | | | | | | |
| | | | | | | | | |
| -4.89 | | | | -13.23 | | | -0.75 | |
| | | | | | | | | |
| | | | | | | | | |
| -0.66 | 0.04 | | | 6.64 | 0.01 | | | |
| **13.81** | **25.12** | **10.14** | | **63.00** | **9.31** | **2055.79** | **408.72** | **-24.90** |
| -0.07 | | -0.21 | | | | | 408.72 | -18.16 |
| -4.61 | | -5.24 | | | | 2055.79 | | -6.74 |
| | | | | | | | | |
| | | | | | 9.31 | | | |
| 18.49 | 25.12 | 15.59 | | 63.00 | | | | |
| | | | | | | | | |
| | | | | | | | | |
| | | | | | | | | |
| | | | | | | | **45.33** | |
| **22.30** | **46.17** | **10.14** | **2.50** | **74.26** | **9.32** | **2055.79** | **501.44** | **62.68** |
| | | | | | | | 20.44 | |
| 22.10 | 5.83 | 10.14 | 1.52 | 65.07 | 9.32 | 2055.79 | 333.00 | 62.68 |
| | 0.26 | | | 25.03 | | | | 5.00 |
| | | | | 8.00 | | | 4.81 | |
| 0.20 | 0.02 | | | 0.50 | | | 8.92 | |
| | 7.50 | | 0.45 | 0.20 | | | 16.25 | |
| | 32.70 | | 0.50 | 0.09 | | | 89.82 | |
| | 28.80 | | 0.47 | 0.08 | | | 51.91 | |
| | 3.90 | | 0.03 | 0.01 | | | 37.91 | |
| | 0.12 | | 0.03 | 0.40 | | | 28.20 | |
| | | | | | | | | |
| **26.98** | **46.17** | **15.59** | **2.50** | **74.26** | **9.32** | **2055.79** | **546.77** | **87.58** |

# 6-15 山东能源平衡表(实物量)-2008

| 项　　目 | Item | 煤合计（万吨）Coal Total ($10^4$ tn) | 原煤（万吨）Raw Coal ($10^4$ tn) |
|---|---|---|---|
| **一.可供本地区消费的能源量** | **Total Primary Energy Supply** | **33757.78** | **34499.23** |
| 1.一次能源生产量 | Indigenous Production | 14700.58 | 14700.58 |
| 2.回收能 | Recovery of Energy | | |
| 3.外省(区、市)调入量 | Moving In from Other Provinces | 19974.65 | 19798.65 |
| 4.进口量 | Import | | |
| 5.我轮、机在外国加油量 | Chinese Airplanes & Ships in Refueling Abroad | | |
| 6.本省(区、市)调出量(-) | Sending Out to Other Provinces(-) | -851.01 | |
| 7.出口量(-) | Export(-) | -66.44 | |
| 8.外轮、机在我国加油量(-) | Foreign Airplanes & Ships in Refueling in China | | |
| 9.库存增(-)、减(+)量 | Stock Change | 631.82 | 562.42 |
| **二.加工转换投入(-)产出(+)量** | **Input(-) & Output(+) of Transformation** | **-21952.49** | **-24105.70** |
| 1.火力发电 | Thermal Power | -13121.22 | -12360.75 |
| 2.供热 | Heating Supply | -3506.68 | -3403.35 |
| 3.洗选煤 | Coal Washing | -1028.97 | -8108.75 |
| 4.炼焦 | Coking | -4234.26 | -27.63 |
| 5.炼油 | Petroleum Refineries | | |
| 6.制气 | Gas Works | -94.06 | -10.32 |
| #焦炭再投入量(-) | Coke Input(-) | | |
| 7.煤制品加工 | Briquettes | 32.70 | -194.89 |
| **三.损失量** | **Loss** | | |
| **四.终端消费量** | **Total Final Consumption** | **12437.13** | **10955.96** |
| 1.农、林、牧、渔、水利业 | Farming, Forestry, Animal Husbandry, Fishery & Water Conservancy | 84.50 | 84.50 |
| 2.工业 | Industry | 10651.90 | 9362.13 |
| #用作原料、材料 | Non-Energy Use | | |
| 3.建筑业 | Construction | 84.22 | 84.22 |
| 4.交通运输、仓储和邮政业 | Transport, Storage and Post | 25.51 | 25.51 |
| 5.批发、零售业和住宿、餐饮业 | Wholesale,Retail Trade and Hotel,Restaurants | 701.60 | 701.10 |
| 6.生活消费 | Residential Consumption | 394.90 | 204.00 |
| 城镇 | Urban | 231.80 | 104.00 |
| 乡村 | Rural | 163.10 | 100.00 |
| 7.其他 | Other | 494.50 | 494.50 |
| **五.平衡差额** | **Statistical Difference** | **-631.83** | **-562.43** |
| **六.消费量合计** | **Sum of Consumption** | **34389.61** | **35061.66** |

# ENERGY BALANCE OF SHANDONG-2008 (PHYSICAL QUANTITY)

| 洗精煤 (万吨) Cleaned Coal ($10^4$ tn) | 其他洗煤 (万吨) Other Washed Coal ($10^4$ tn) | 型煤 (万吨) Briquettes ($10^4$ tn) | 焦炭 (万吨) Coke ($10^4$ tn) | 焦炉煤气 (亿立方米) Coke Oven Gas ($10^8$ cu.m) | 其他煤气 (亿立方米) Other Gas ($10^8$ cu.m) | 油品合计 (万吨) Petroleum Products Total ($10^4$ tn) | 原油 (万吨) Crude Oil ($10^4$ tn) | 汽油 (万吨) Gasoline ($10^4$ tn) |
|---|---|---|---|---|---|---|---|---|
| **-820.44** | **-57.01** | **136.00** | **-340.00** | **-0.04** | **30.05** | **3608.17** | **4580.48** | **-199.62** |
| | | | | | | 2799.18 | 2799.18 | |
| | | | | | 30.05 | | | |
| | | 176.00 | | | | 1422.28 | 831.30 | 100.38 |
| | | | | | | 2400.00 | 2400.00 | |
| | | | | | | | | |
| -754.00 | -57.01 | -40.00 | -340.00 | -0.04 | | -3013.29 | -1450.00 | -300.00 |
| -66.44 | | | | | | | | |
| | | | | | | | | |
| 64.95 | 5.00 | -0.55 | 30.46 | | | 40.48 | 46.48 | 5.00 |
| **1148.71** | **859.47** | **145.02** | **2904.54** | **16.52** | **-30.05** | **-264.73** | **-4477.03** | **783.21** |
| -23.88 | -691.21 | -45.38 | -6.07 | -16.20 | -29.76 | | | |
| -0.20 | -62.64 | -40.49 | -10.83 | -2.88 | -0.30 | | | |
| 5462.93 | 1616.85 | | | | | | | |
| -4206.39 | -0.23 | | 2921.24 | 35.60 | | | | |
| | | | | | | -264.73 | -4477.03 | 783.21 |
| -83.74 | | | 0.20 | | | | | |
| | | | | | | | | |
| | -3.30 | 230.89 | | | | | | |
| | | | | | | | | |
| **393.23** | **807.47** | **280.47** | **2594.99** | **16.48** | | **3383.93** | **149.93** | **588.59** |
| | | | | | | 149.80 | | 10.10 |
| 393.23 | 807.47 | 89.07 | 2594.99 | 11.87 | | 1020.31 | 149.93 | 81.49 |
| | | | | | | | | |
| | | | | | | 327.51 | | 13.40 |
| | | | | | | 1389.78 | | 380.00 |
| | | 0.50 | | 0.99 | | 77.90 | | 16.00 |
| | | 190.90 | | 3.30 | | 319.20 | | 58.20 |
| | | 127.80 | | 3.30 | | 201.00 | | 44.00 |
| | | 63.10 | | | | 118.20 | | 14.20 |
| | | | | 0.32 | | 99.43 | | 29.40 |
| **-64.95** | **-5.00** | **0.55** | **-30.45** | | | **-40.48** | **-46.49** | **-5.00** |
| **4707.44** | **1564.85** | **366.34** | **2611.90** | **35.56** | **30.05** | **3648.65** | **4626.97** | **588.59** |

续表

| 项　　目 | Item | 煤油（万吨） Kerosene ($10^4$ tn) | 柴油（万吨） Diesel Oil ($10^4$ tn) |
|---|---|---|---|
| **一.可供本地区消费的能源量** | **Total Primary Energy Supply** | **-6.02** | **-356.72** |
| 1.一次能源生产量 | Indigenous Production | | |
| 2.回收能 | Recovery of Energy | | |
| 3.外省(区、市)调入量 | Moving In from Other Provinces | | 223.28 |
| 4.进口量 | Import | | |
| 5.我轮、机在外国加油量 | Chinese Airplanes & Ships in Refueling Abroad | | |
| 6.本省(区、市)调出量(−) | Sending Out to Other Provinces(-) | -6.02 | -580.00 |
| 7.出口量(−) | Export(-) | | |
| 8.外轮、机在我国加油量(−) | Foreign Airplanes & Ships in Refueling in China | | |
| 9.库存增(−)、减(+)量 | Stock Change | -1.09 | 5.33 |
| **二.加工转换投入(−)产出(+)量** | **Input(-) & Output(+) of Transformation** | **37.84** | **1609.13** |
| 1.火力发电 | Thermal Power | | |
| 2.供热 | Heating Supply | | |
| 3.洗选煤 | Coal Washing | | |
| 4.炼焦 | Coking | | |
| 5.炼油 | Petroleum Refineries | 37.84 | 1609.13 |
| 6.制气 | Gas Works | | |
| #焦炭再投入量(−) | Coke Input(-) | | |
| 7.煤制品加工 | Briquettes | | |
| **三.损失量** | **Loss** | | |
| **四.终端消费量** | **Total Final Consumption** | **30.73** | **1257.74** |
| 1.农、林、牧、渔、水利业 | Farming, Forestry, Animal Husbandry, Fishery & Water Conservancy | | 139.70 |
| 2.工业 | Industry | 3.31 | 125.34 |
| #用作原料、材料 | Non-Energy Use | | |
| 3.建筑业 | Construction | 0.08 | 30.80 |
| 4.交通运输、仓储和邮政业 | Transport, Storage and Post | 27.34 | 730.70 |
| 5.批发、零售业和住宿、餐饮业 | Wholesale,Retail Trade and Hotel,Restaurants | | 33.50 |
| 6.生活消费 | Residential Consumption | | 137.00 |
| 城镇 | Urban | | 56.00 |
| 乡村 | Rural | | 81.00 |
| 7.其他 | Other | | 60.70 |
| **五.平衡差额** | **Statistical Difference** | **1.09** | **-5.33** |
| **六.消费量合计** | **Sum of Consumption** | **30.73** | **1257.74** |

Continued

| 燃料油 (万吨) Fuel Oil ($10^4$ tn) | 液化石油气 (万吨) LPG ($10^4$ tn) | 炼厂干气 (万吨) Refinery Gas ($10^4$ tn) | 天然气 (亿立方米) Natural Gas ($10^8$ cu.m) | 其他石油制品 (万吨) Other Petroleum Products ($10^4$ tn) | 其他焦化产品 (万吨) Other Coking Products ($10^4$ tn) | 热力 (百亿千焦) Heat ($10^{10}$ kJ) | 电力 (亿千瓦时) Electricity ($10^8$ kW•h) | 其他能源 (万吨标煤) Other Energy ($10^4$ tce) |
|---|---|---|---|---|---|---|---|---|
| **267.32** | **-18.15** | **-21.63** | **34.50** | **-637.49** | **-119.33** | **1822.44** | **29.98** | **415.35** |
| | | | 8.50 | | | | 2.23 | |
| | | | | | | 1822.44 | | 415.35 |
| 267.32 | | | 26.00 | | | | 30.00 | |
| | | | | | | | | |
| | | | | | | | | |
| | -18.15 | -21.63 | | -637.49 | -119.33 | | -2.25 | |
| | | | | | | | | |
| | | | | | | | | |
| -2.47 | -1.14 | | | -11.63 | -0.93 | | | 0.92 |
| **90.58** | **216.27** | **79.80** | **-1.09** | **1395.48** | **175.23** | **57451.56** | **2697.00** | **-196.00** |
| | | | | | | | 2697.00 | -141.71 |
| | | | -1.09 | | | 57451.56 | | -54.29 |
| | | | | | | | | |
| | | | | | 175.23 | | | |
| 90.58 | 216.27 | 79.80 | | 1395.48 | | | | |
| | | | | | | | | |
| | | | | | | | | |
| | | | | | | | | |
| | | | | | | | | |
| **355.43** | **196.97** | **58.17** | **33.41** | **746.36** | **54.97** | **59274.01** | **2726.98** | **220.27** |
| | | | | | | | 66.00 | |
| 107.90 | 39.10 | 58.17 | 25.00 | 455.06 | 54.97 | 47193.01 | 2151.64 | 39.57 |
| | | | | | | | | |
| 2.56 | 0.67 | | 0.03 | 280.00 | | 630.00 | 19.23 | |
| 243.90 | 0.04 | | 1.06 | 7.80 | | 351.00 | 31.23 | |
| 0.60 | 24.40 | | 0.93 | 3.40 | | 2370.00 | 52.58 | |
| | 124.00 | | 6.22 | | | 6064.00 | 294.41 | 180.70 |
| | 101.00 | | 6.22 | | | 5700.00 | 141.11 | |
| | 23.00 | | | | | 364.00 | 153.30 | 180.70 |
| 0.47 | 8.76 | | 0.17 | 0.10 | | 2666.00 | 111.90 | |
| **2.47** | **1.15** | | | **11.63** | **0.93** | | | **-0.92** |
| **355.43** | **196.97** | **58.17** | **34.50** | **746.36** | **54.97** | **59274.01** | **2726.98** | **416.27** |

# 6-16 河南能源平衡表(实物量)-2008

| 项　　目 | Item | 煤合计 (万吨) Coal Total ($10^4$ tn) | 原煤 (万吨) Raw Coal ($10^4$ tn) |
|---|---|---|---|
| **一.可供本地区消费的能源量** | **Total Primary Energy Supply** | **17191.15** | **20421.62** |
| 1.一次能源生产量 | Indigenous Production | 20937.28 | 20937.28 |
| 2.回收能 | Recovery of Energy | 4600.10 | 4600.10 |
| 3.外省(区、市)调入量 | Moving In from Other Provinces | | |
| 4.进口量 | Import | | |
| 5.我轮、机在外国加油量 | Chinese Airplanes & Ships in Refueling Abroad | | |
| 6.本省(区、市)调出量(-) | Sending Out to Other Provinces(-) | -7126.70 | -5047.28 |
| 7.出口量(-) | Export(-) | -1235.13 | -48.13 |
| 8.外轮、机在我国加油量(-) | Foreign Airplanes & Ships in Refueling in China | | |
| 9.库存增(-)、减(+)量 | Stock Change | 15.60 | -20.35 |
| **二.加工转换投入(-)产出(+)量** | **Input(-) & Output(+) of Transformation** | **-15203.62** | **-18746.85** |
| 1.火力发电 | Thermal Power | -9562.96 | -9480.74 |
| 2.供热 | Heating Supply | -865.64 | -863.84 |
| 3.洗选煤 | Coal Washing | -1501.86 | -6994.49 |
| 4.炼焦 | Coking | -3005.60 | -1156.45 |
| 5.炼油 | Petroleum Refineries | | |
| 6.制气 | Gas Works | -267.75 | -239.68 |
| #焦炭再投入量(-) | Coke Input(-) | | |
| 7.煤制品加工 | Briquettes | 0.19 | -11.65 |
| **三.损失量** | **Loss** | | |
| **四.终端消费量** | **Total Final Consumption** | **8663.90** | **8313.27** |
| 1.农、林、牧、渔、水利业 | Farming, Forestry, Animal Husbandry, Fishery & Water Conservancy | 91.00 | 91.00 |
| 2.工业 | Industry | 7455.78 | 7221.97 |
| #用作原料、材料 | Non-Energy Use | 896.01 | 840.64 |
| 3.建筑业 | Construction | | |
| 4.交通运输、仓储和邮政业 | Transport, Storage and Post | 15.63 | 15.63 |
| 5.批发、零售业和住宿、餐饮业 | Wholesale,Retail Trade and Hotel,Restaurants | 30.00 | 30.00 |
| 6.生活消费 | Residential Consumption | 1066.82 | 950.00 |
| 城镇 | Urban | 300.00 | 300.00 |
| 乡村 | Rural | 766.82 | 650.00 |
| 7.其他 | Other | 4.67 | 4.67 |
| **五.平衡差额** | **Statistical Difference** | **-6676.37** | **-6638.50** |
| **六.消费量合计** | **Sum of Consumption** | **23867.52** | **27060.12** |

# ENERGY BALANCE OF HENAN-2008 (PHYSICAL QUANTITY)

| 洗精煤 (万吨) Cleaned Coal ($10^4$ tn) | 其他洗煤 (万吨) Other Washed Coal ($10^4$ tn) | 型煤 (万吨) Briquettes ($10^4$ tn) | 焦炭 (万吨) Coke ($10^4$ tn) | 焦炉煤气 (亿立方米) Coke Oven Gas ($10^8$ cu.m) | 其他煤气 (亿立方米) Other Gas ($10^8$ cu.m) | 油品合计 (万吨) Petroleum Products Total ($10^4$ tn) | 原油 (万吨) Crude Oil ($10^4$ tn) | 汽油 (万吨) Gasoline ($10^4$ tn) |
|---|---|---|---|---|---|---|---|---|
| **-1648.92** | **-1585.38** | **3.83** | **-552.84** | | **162.73** | **973.62** | **663.48** | **25.69** |
| | | | | | | 475.81 | 475.81 | |
| | | | | | 162.73 | | | |
| | | | 126.00 | | | 560.36 | 126.00 | 55.81 |
| | | | | | | 193.00 | 193.00 | |
| | | | | | | | | |
| -1665.04 | -414.38 | | -695.95 | | | -230.46 | -120.91 | -23.48 |
| | -1187.00 | | | | | | | |
| | | | | | | | | |
| 16.12 | 16.00 | 3.83 | 17.11 | | | -25.09 | -10.42 | -6.64 |
| **1813.93** | **1717.46** | **11.84** | **2040.89** | **28.26** | **3.03** | **-57.93** | **-679.37** | **159.43** |
| -1.68 | -80.54 | | -0.78 | -4.19 | -41.36 | -12.55 | -0.17 | |
| | -1.80 | | | | | -6.29 | -0.05 | |
| 3688.18 | 1804.45 | | | | | | | |
| -1844.50 | -4.65 | | 2041.67 | 32.45 | | | | |
| | | | | | | -39.09 | -679.15 | 159.43 |
| -28.07 | | | | | 44.39 | | | |
| | | | | | | | | |
| | | 11.84 | | | | | | |
| | | | | **0.47** | | **3.91** | **3.41** | **0.24** |
| **157.86** | **131.96** | **60.81** | **1488.20** | **24.17** | **167.01** | **974.38** | **21.44** | **191.51** |
| | | | | | | 116.00 | | 6.00 |
| 147.74 | 25.26 | 60.81 | 1488.20 | 19.56 | 165.65 | 324.46 | 21.44 | 46.30 |
| 6.67 | 7.22 | 41.48 | 4.82 | | | 17.61 | | 0.63 |
| | | | | | | 28.68 | | 0.63 |
| | | | | | | 451.40 | | 125.00 |
| | | | | | | 17.58 | | 3.58 |
| 10.12 | 106.70 | | | 4.61 | 1.36 | 21.26 | | |
| | | | | 4.61 | 1.36 | 20.00 | | |
| 10.12 | 106.70 | | | | | 1.26 | | |
| | | | | | | 15.00 | | 10.00 |
| **7.15** | **0.12** | **-45.14** | **-0.15** | **3.62** | **-1.25** | **-62.60** | **-40.74** | **-6.63** |
| **2032.11** | **218.95** | **60.81** | **1488.98** | **28.83** | **208.37** | **1036.22** | **704.22** | **191.75** |

## 续表

| 项　　目 | Item | 煤油 (万吨) Kerosene (10⁴ tn) | 柴油 (万吨) Diesel Oil (10⁴ tn) |
|---|---|---|---|
| **一.可供本地区消费的能源量** | **Total Primary Energy Supply** | **-14.49** | **299.37** |
| 1.一次能源生产量 | Indigenous Production | | |
| 2.回收能 | Recovery of Energy | | |
| 3.外省(区、市)调入量 | Moving In from Other Provinces | 0.33 | 370.76 |
| 4.进口量 | Import | | |
| 5.我轮、机在外国加油量 | Chinese Airplanes & Ships in Refueling Abroad | | |
| 6.本省(区、市)调出量(-) | Sending Out to Other Provinces(-) | -14.50 | -57.83 |
| 7.出口量(-) | Export(-) | | |
| 8.外轮、机在我国加油量(-) | Foreign Airplanes & Ships in Refueling in China | | |
| 9.库存增(-)、减(+)量 | Stock Change | -0.32 | -13.56 |
| **二.加工转换投入(-)产出(+)量** | **Input(-) & Output(+) of Transformation** | **31.15** | **240.14** |
| 1.火力发电 | Thermal Power | | -7.02 |
| 2.供热 | Heating Supply | | -0.34 |
| 3.洗选煤 | Coal Washing | | |
| 4.炼焦 | Coking | | |
| 5.炼油 | Petroleum Refineries | 31.15 | 247.50 |
| 6.制气 | Gas Works | | |
| #焦炭再投入量(-) | Coke Input(-) | | |
| 7.煤制品加工 | Briquettes | | |
| **三.损失量** | **Loss** | **0.05** | **0.12** |
| **四.终端消费量** | **Total Final Consumption** | **16.45** | **535.97** |
| 1.农、林、牧、渔、水利业 | Farming, Forestry, Animal Husbandry, Fishery & Water Conservancy | | 110.00 |
| 2.工业 | Industry | 2.05 | 90.92 |
| #用作原料、材料 | Non-Energy Use | 0.85 | 0.75 |
| 3.建筑业 | Construction | | 10.05 |
| 4.交通运输、仓储和邮政业 | Transport, Storage and Post | 14.40 | 312.00 |
| 5.批发、零售业和住宿、餐饮业 | Wholesale,Retail Trade and Hotel,Restaurants | | 8.00 |
| 6.生活消费 | Residential Consumption | | |
| 城镇 | Urban | | |
| 乡村 | Rural | | |
| 7.其他 | Other | | 5.00 |
| **五.平衡差额** | **Statistical Difference** | **0.16** | **3.42** |
| **六.消费量合计** | **Sum of Consumption** | **16.50** | **543.45** |

Continued

| 燃料油 (万吨) Fuel Oil ($10^4$ tn) | 液化石油气 (万吨) LPG ($10^4$ tn) | 炼厂干气 (万吨) Refinery Gas ($10^4$ tn) | 天然气 (亿立方米) Natural Gas ($10^4$ tn) | 其他石油制品 (万吨) Other Petroleum Products ($10^4$ tn) | 其他焦化产品 (万吨) Other Coking Products ($10^8$ cu.m) | 热力 (百亿千焦) Heat ($10^{10}$ kJ) | 电力 (亿千瓦时) Electricity ($10^8$kW•h) | 其他能源 (万吨标煤) Other Energy ($10^4$tce) |
|---|---|---|---|---|---|---|---|---|
| **5.65** | **-6.66** | | **34.27** | **0.58** | **-69.47** | **526.60** | **78.68** | **88.56** |
| | | | 14.40 | | | | 79.95 | |
| | | | | | | 526.60 | | 88.56 |
| 7.46 | | | 21.00 | | | | 62.91 | |
| | | | | | | | | |
| | | | | | | | | |
| -6.74 | -7.00 | | -1.13 | | -70.00 | | -64.18 | |
| | | | | | | | | |
| | | | | | | | | |
| 4.93 | 0.34 | | | 0.58 | 0.53 | | | |
| **22.79** | **39.07** | **14.38** | **-4.06** | **114.48** | **89.67** | **13931.60** | **1880.47** | **-76.43** |
| -1.45 | | -3.91 | -4.02 | | | | 1880.47 | -68.11 |
| -1.35 | | -4.55 | -0.04 | | | 13931.60 | | -8.32 |
| | | | | | | | | |
| | | | | | 89.67 | | | |
| 25.59 | 39.07 | 22.84 | | 114.48 | | | | |
| | | | | | | | | |
| | | | | | | | | |
| | | | | | | | | |
| **0.07** | **0.02** | | **0.32** | | | **350.00** | **121.86** | |
| **43.21** | **34.42** | **15.94** | **33.85** | **115.44** | **20.19** | **14106.05** | **1970.77** | **12.60** |
| | | | | | | 480.88 | 66.88 | |
| 43.21 | 7.16 | 15.94 | 30.85 | 97.44 | 20.19 | 10382.38 | 1552.57 | 12.60 |
| | 5.67 | 1.80 | 2.20 | 7.91 | 7.24 | | | 2.59 |
| | | | | 18.00 | | 10.00 | 8.86 | |
| | | | | | | 16.00 | 37.90 | |
| | 6.00 | | | | | 256.18 | 35.64 | |
| | 21.26 | | 3.00 | | | 2710.61 | 198.76 | |
| | 20.00 | | 3.00 | | | 2710.61 | 93.86 | |
| | 1.26 | | | | | | 104.90 | |
| | | | | | | 250.00 | 70.16 | |
| **-14.84** | **-2.03** | **-1.56** | **-3.96** | **-0.38** | **0.01** | **2.15** | **-133.48** | **-0.47** |
| **46.08** | **34.44** | **24.40** | **38.23** | **115.44** | **20.19** | **14456.05** | **2092.63** | **89.03** |

# 6-17 湖北能源平衡表(实物量)-2008

| 项　　目 | Item | 煤合计(万吨) Coal Total ($10^4$ tn) | 原煤(万吨) Raw Coal ($10^4$ tn) |
|---|---|---|---|
| **一.可供本地区消费的能源量** | **Total Primary Energy Supply** | **10394.45** | **9168.51** |
| 1.一次能源生产量 | Indigenous Production | 1205.15 | 1205.15 |
| 2.回收能 | Recovery of Energy | | |
| 3.外省(区、市)调入量 | Moving In from Other Provinces | 9189.30 | 7963.36 |
| 4.进口量 | Import | | |
| 5.我轮、机在外国加油量 | Chinese Airplanes & Ships in Refueling Abroad | | |
| 6.本省(区、市)调出量(-) | Sending Out to Other Provinces(-) | | |
| 7.出口量(-) | Export(-) | | |
| 8.外轮、机在我国加油量(-) | Foreign Airplanes & Ships in Refueling in China | | |
| 9.库存增(-)、减(+)量 | Stock Change | -198.37 | -219.27 |
| **二.加工转换投入(-)产出(+)量** | **Input(-) & Output(+) of Transformation** | **-4398.81** | **-3278.08** |
| 1.火力发电 | Thermal Power | -2852.29 | -2852.29 |
| 2.供热 | Heating Supply | -396.02 | -394.13 |
| 3.洗选煤 | Coal Washing | -1.42 | -6.66 |
| 4.炼焦 | Coking | -1110.61 | -1.91 |
| 5.炼油 | Petroleum Refineries | | |
| 6.制气 | Gas Works | -38.47 | -23.09 |
| #焦炭再投入量(-) | Coke Input(-) | | |
| 7.煤制品加工 | Briquettes | | |
| **三.损失量** | **Loss** | | |
| **四.终端消费量** | **Total Final Consumption** | **5797.27** | **5671.16** |
| 1.农、林、牧、渔、水利业 | Farming, Forestry, Animal Husbandry, Fishery & Water Conservancy | 88.56 | 88.56 |
| 2.工业 | Industry | 4584.03 | 4488.92 |
| #用作原料、材料 | Non-Energy Use | | |
| 3.建筑业 | Construction | 97.62 | 97.62 |
| 4.交通运输、仓储和邮政业 | Transport, Storage and Post | 175.20 | 175.20 |
| 5.批发、零售业和住宿、餐饮业 | Wholesale,Retail Trade and Hotel,Restaurants | 200.67 | 174.67 |
| 6.生活消费 | Residential Consumption | 583.29 | 583.29 |
| 城镇 | Urban | 283.12 | 283.12 |
| 乡村 | Rural | 300.17 | 300.17 |
| 7.其他 | Other | 67.90 | 62.90 |
| **五.平衡差额** | **Statistical Difference** | **198.37** | **219.27** |
| **六.消费量合计** | **Sum of Consumption** | **10196.08** | **8949.24** |

# ENERGY BALANCE OF HUBEI-2008 (PHYSICAL QUANTITY)

| 洗精煤 (万吨) Cleaned Coal ($10^4$ tn) | 其他洗煤 (万吨) Other Washed Coal ($10^4$ tn) | 型煤 (万吨) Briquettes ($10^4$ tn) | 焦炭 (万吨) Coke ($10^4$ tn) | 焦炉煤气 (亿立方米) Coke Oven Gas ($10^8$ cu.m) | 其他煤气 (亿立方米) Other Gas ($10^8$ cu.m) | 油品合计 (万吨) Petroleum Products Total ($10^4$ tn) | 原油 (万吨) Crude Oil ($10^4$ tn) | 汽油 (万吨) Gasoline ($10^4$ tn) |
|---|---|---|---|---|---|---|---|---|
| **1141.23** | **5.59** | **79.12** | **174.34** | | **23.77** | **1753.98** | **876.84** | **449.79** |
| | | | | | | 83.92 | 83.92 | |
| | | | | | 23.77 | | | |
| 1141.23 | 5.59 | 79.12 | 174.34 | | | 1670.06 | 792.92 | 449.79 |
| | | | | | | | | |
| | | | | | | | | |
| | | | | | | | | |
| | | | | | | | | |
| | | | | | | | | |
| 19.28 | 0.18 | 1.44 | -5.05 | | | 53.55 | 7.42 | 1.23 |
| **-1118.84** | **-1.89** | | **782.98** | **7.80** | **-3.48** | **-18.67** | **-867.82** | **173.21** |
| | | | | -0.37 | | -6.19 | | |
| | -1.89 | | | -22.49 | -12.30 | -9.58 | | |
| 5.24 | | | | | | | | |
| -1108.70 | | | 782.98 | 30.66 | 8.82 | | | |
| | | | | | | -2.90 | -867.82 | 173.21 |
| -15.38 | | | | | | | | |
| | | | | | | | | |
| | | | | | | | | |
| | | | | | | **5.60** | **5.60** | |
| **41.67** | **3.88** | **80.56** | **952.27** | **7.80** | **20.29** | **1783.26** | **10.84** | **624.23** |
| | | | | | | 168.03 | | 71.51 |
| 41.67 | 3.88 | 49.56 | 952.27 | 7.80 | 10.19 | 519.66 | 10.84 | 20.92 |
| | | | | | | | | |
| | | | | | | 59.06 | | 10.36 |
| | | | | | | 752.62 | | 367.53 |
| | | 26.00 | | | | 69.76 | | 25.96 |
| | | | | | 10.10 | 154.48 | | 68.30 |
| | | | | | 10.10 | 87.20 | | 45.85 |
| | | | | | | 67.28 | | 22.45 |
| | | 5.00 | | | | 59.65 | | 59.65 |
| **-19.28** | **-0.18** | **-1.44** | **5.05** | | | **-53.55** | **-7.42** | **-1.23** |
| **1165.75** | **5.77** | **80.56** | **952.27** | **30.66** | **32.59** | **1807.53** | **884.26** | **624.23** |

续表

| 项　　目 | Item | 煤油(万吨) Kerosene (10^4 tn) | 柴油(万吨) Diesel Oil (10^4 tn) |
|---|---|---|---|
| **一.可供本地区消费的能源量** | **Total Primary Energy Supply** | **33.33** | **229.57** |
| 1.一次能源生产量 | Indigenous Production | | |
| 2.回收能 | Recovery of Energy | | |
| 3.外省(区、市)调入量 | Moving In from Other Provinces | 33.33 | 229.57 |
| 4.进口量 | Import | | |
| 5.我轮、机在外国加油量 | Chinese Airplanes & Ships in Refueling Abroad | | |
| 6.本省(区、市)调出量(-) | Sending Out to Other Provinces(-) | | |
| 7.出口量(-) | Export(-) | | |
| 8.外轮、机在我国加油量(-) | Foreign Airplanes & Ships in Refueling in China | | |
| 9.库存增(-)、减(+)量 | Stock Change | 0.64 | 42.84 |
| **二.加工转换投入(-)产出(+)量** | **Input(-) & Output(+) of Transformation** | **15.73** | **338.10** |
| 1.火力发电 | Thermal Power | | -2.82 |
| 2.供热 | Heating Supply | | -0.16 |
| 3.洗选煤 | Coal Washing | | |
| 4.炼焦 | Coking | | |
| 5.炼油 | Petroleum Refineries | 15.73 | 341.08 |
| 6.制气 | Gas Works | | |
| #焦炭再投入量(-) | Coke Input(-) | | |
| 7.煤制品加工 | Briquettes | | |
| **三.损失量** | **Loss** | | |
| **四.终端消费量** | **Total Final Consumption** | **49.70** | **610.51** |
| 1.农、林、牧、渔、水利业 | Farming, Forestry, Animal Husbandry, Fishery & Water Conservancy | | 96.52 |
| 2.工业 | Industry | 8.50 | 142.76 |
| #用作原料、材料 | Non-Energy Use | | |
| 3.建筑业 | Construction | 0.35 | 46.28 |
| 4.交通运输、仓储和邮政业 | Transport, Storage and Post | 35.85 | 283.27 |
| 5.批发、零售业和住宿、餐饮业 | Wholesale,Retail Trade and Hotel,Restaurants | | 27.30 |
| 6.生活消费 | Residential Consumption | 5.00 | 14.38 |
| 城镇 | Urban | | 11.23 |
| 乡村 | Rural | 5.00 | 3.15 |
| 7.其他 | Other | | |
| **五.平衡差额** | **Statistical Difference** | **-0.64** | **-42.84** |
| **六.消费量合计** | **Sum of Consumption** | **49.70** | **613.49** |

Continued

| 燃料油 (万吨) Fuel Oil ($10^4$ tn) | 液化石油气 (万吨) LPG ($10^4$ tn) | 炼厂干气 (万吨) Refinery Gas ($10^4$ tn) | 天然气 (亿立方米) Natural Gas ($10^8$ cu.m) | 其他石油制品 (万吨) Other Petroleum Products ($10^4$ tn) | 其他焦化产品 (万吨) Other Coking Products ($10^4$ tn) | 热力 (百亿千焦) Heat ($10^{10}$ kJ) | 电力 (亿千瓦时) Electricity ($10^8$ kW•h) | 其他能源 (万吨标煤) Other Energy ($10^4$ tce) |
|---|---|---|---|---|---|---|---|---|
| **91.93** | **31.52** | | **15.68** | **41.00** | | | **532.28** | **408.05** |
| | | | 2.84 | | | | 1225.94 | |
| | | | | | | | | 355.36 |
| 91.93 | 31.52 | | 12.84 | 41.00 | | | 76.25 | 52.69 |
| | | | | | | | | |
| | | | | | | | | |
| | | | | | | | -769.91 | |
| | | | | | | | | |
| | | | | | | | | |
| 1.81 | 0.01 | | | -0.40 | -1.02 | | | |
| **12.58** | **54.79** | **22.81** | **-0.24** | **231.93** | **37.61** | **8299.61** | **543.96** | **-62.35** |
| | | -2.78 | -0.16 | -0.59 | | -46.44 | 543.96 | -62.35 |
| -0.65 | | -7.34 | | -1.43 | | 8346.05 | | |
| | | | | | | | | |
| | | | | | 37.61 | | | |
| 13.23 | 54.79 | 32.93 | -0.08 | 233.95 | | | | |
| | | | | | | | | |
| | | | | | | | | |
| | | | | | | | | |
| | | | | | | | | |
| **106.32** | **86.32** | **22.81** | **15.44** | **272.53** | **36.59** | **8299.61** | **1076.24** | **345.70** |
| | | | | | | | 35.84 | |
| 75.48 | 6.82 | 22.81 | 5.33 | 231.53 | 36.59 | 8158.61 | 772.83 | 345.70 |
| | | | | | | | | |
| 1.87 | 0.20 | | 0.03 | | | | 8.29 | |
| 28.97 | | | 2.05 | 37.00 | | | 10.86 | |
| | 16.50 | | 3.76 | | | | 44.30 | |
| | 62.80 | | 4.27 | 4.00 | | 141.00 | 160.57 | |
| | 27.12 | | 3.38 | 3.00 | | 141.00 | 110.81 | |
| | 35.68 | | 0.89 | 1.00 | | | 49.76 | |
| | | | | | | | 43.55 | |
| **-1.81** | **-0.01** | | | **0.40** | **1.02** | | | |
| **106.97** | **86.32** | **32.93** | **15.60** | **274.55** | **36.59** | **8299.61** | **1076.24** | **408.05** |

# 6-18 湖南能源平衡表(实物量)-2008

| 项　　目 | Item | 煤合计(万吨) Coal Total ($10^4$ tn) | 原煤(万吨) Raw Coal ($10^4$ tn) |
|---|---|---|---|
| **一.可供本地区消费的能源量** | **Total Primary Energy Supply** | **10403.58** | **9254.35** |
| 1.一次能源生产量 | Indigenous Production | 6135.35 | 6135.35 |
| 2.回收能 | Recovery of Energy | 339.42 | |
| 3.外省(区、市)调入量 | Moving In from Other Provinces | 4764.09 | 3871.62 |
| 4.进口量 | Import | | |
| 5.我轮、机在外国加油量 | Chinese Airplanes & Ships in Refueling Abroad | | |
| 6.本省(区、市)调出量(−) | Sending Out to Other Provinces(-) | -835.28 | -752.62 |
| 7.出口量(−) | Export(-) | | |
| 8.外轮、机在我国加油量(−) | Foreign Airplanes & Ships in Refueling in China | | |
| 9.库存增(−)、减(+)量 | Stock Change | -234.57 | -241.61 |
| **二.加工转换投入(−)产出(+)量** | **Input(-) & Output(+) of Transformation** | **-3912.56** | **-3904.89** |
| 1.火力发电 | Thermal Power | -2628.62 | -2620.44 |
| 2.供热 | Heating Supply | -325.98 | -240.55 |
| 3.洗选煤 | Coal Washing | -330.05 | -1014.55 |
| 4.炼焦 | Coking | -602.80 | -5.62 |
| 5.炼油 | Petroleum Refineries | | |
| 6.制气 | Gas Works | -25.11 | -22.10 |
| #焦炭再投入量(−) | Coke Input(-) | | |
| 7.煤制品加工 | Briquettes | | -1.63 |
| **三.损失量** | **Loss** | **11.12** | **11.12** |
| **四.终端消费量** | **Total Final Consumption** | **6245.33** | **5096.73** |
| 1.农、林、牧、渔、水利业 | Farming, Forestry, Animal Husbandry, Fishery & Water Conservancy | 351.99 | 351.99 |
| 2.工业 | Industry | 4757.78 | 3982.40 |
| #用作原料、材料 | Non-Energy Use | 280.21 | 251.09 |
| 3.建筑业 | Construction | 29.77 | 27.37 |
| 4.交通运输、仓储和邮政业 | Transport, Storage and Post | 26.74 | 22.74 |
| 5.批发、零售业和住宿、餐饮业 | Wholesale,Retail Trade and Hotel,Restaurants | 409.36 | 358.76 |
| 6.生活消费 | Residential Consumption | 544.82 | 238.60 |
| 城镇 | Urban | 95.63 | 48.83 |
| 乡村 | Rural | 449.19 | 189.77 |
| 7.其他 | Other | 124.87 | 114.87 |
| **五.平衡差额** | **Statistical Difference** | **234.57** | **241.61** |
| **六.消费量合计** | **Sum of Consumption** | **10169.01** | **9012.74** |

# ENERGY BALANCE OF HUNAN-2008 (PHYSICAL QUANTITY)

| 洗精煤 (万吨) Cleaned Coal ($10^4$ tn) | 其他洗煤 (万吨) Other Washed Coal ($10^4$ tn) | 型煤 (万吨) Briquettes ($10^4$ tn) | 焦炭 (万吨) Coke ($10^4$ tn) | 焦炉煤气 (亿立方米) Coke Oven Gas ($10^8$ cu.m) | 其他煤气 (亿立方米) Other Gas ($10^8$ cu.m) | 油品合计 (万吨) Petroleum Products Total ($10^4$ tn) | 原油 (万吨) Crude Oil ($10^4$ tn) | 汽油 (万吨) Gasoline ($10^4$ tn) |
|---|---|---|---|---|---|---|---|---|
| **283.80** | **100.51** | **764.92** | **545.24** | | **123.62** | **931.74** | **616.57** | **103.49** |
| | | | | | | | | |
| | | 339.42 | | | 123.62 | | | |
| 366.46 | 100.51 | 425.50 | 582.47 | | | 861.16 | 406.97 | 145.42 |
| | | | | | | 211.10 | 211.10 | |
| | | | | | | | | |
| -82.66 | | | -28.23 | | | -140.52 | -1.50 | -41.93 |
| | | | -9.00 | | | | | |
| | | | | | | | | |
| 13.87 | -3.72 | -3.11 | 8.95 | | | 4.17 | -2.46 | 2.06 |
| **62.91** | **-44.50** | **-26.08** | **290.71** | **13.07** | **23.54** | **-73.85** | **-606.92** | **126.25** |
| | -2.06 | -6.12 | -0.92 | -0.24 | -3.31 | -5.41 | | |
| | -63.84 | -21.59 | | | | -8.77 | | |
| 662.57 | 21.93 | | | | | | | |
| -596.65 | -0.53 | | 444.71 | | | | | |
| | | | | | | -59.67 | -606.92 | 126.25 |
| -3.01 | | | | 13.31 | 26.85 | | | |
| | | | -153.08 | | | | | |
| | | 1.63 | | | | | | |
| | | | | **0.98** | **1.37** | **4.21** | **1.22** | |
| **360.58** | **52.29** | **735.73** | **844.90** | **12.09** | **145.79** | **857.85** | **5.97** | **231.80** |
| | | | 1.36 | | | 14.71 | | 8.93 |
| 358.08 | 50.59 | 366.71 | 843.54 | 12.09 | 138.18 | 271.30 | 5.97 | 27.62 |
| 0.10 | | 29.02 | 11.17 | 0.02 | | 48.44 | | 1.28 |
| 0.10 | 0.50 | 1.80 | | | 0.04 | 42.22 | | 13.17 |
| | | 4.00 | | | | 371.51 | | 97.04 |
| 2.40 | 1.20 | 47.00 | | | 1.91 | 58.61 | | 30.71 |
| | | 306.22 | | | 5.61 | 63.46 | | 29.10 |
| | | 46.80 | | | 5.61 | 30.14 | | 11.03 |
| | | 259.42 | | | | 33.32 | | 18.07 |
| | | 10.00 | | | 0.05 | 36.04 | | 25.23 |
| **-13.87** | **3.72** | **3.11** | **-8.95** | | | **-4.17** | **2.46** | **-2.06** |
| **960.24** | **118.72** | **763.44** | **998.90** | **13.31** | **150.47** | **935.91** | **614.11** | **231.80** |

续表

| 项目 | Item | 煤油(万吨) Kerosene ($10^4$ tn) | 柴油(万吨) Diesel Oil ($10^4$ tn) |
|---|---|---|---|
| **一.可供本地区消费的能源量** | **Total Primary Energy Supply** | **21.35** | **142.10** |
| 1.一次能源生产量 | Indigenous Production | | |
| 2.回收能 | Recovery of Energy | | |
| 3.外省(区、市)调入量 | Moving In from Other Provinces | 24.14 | 209.03 |
| 4.进口量 | Import | | |
| 5.我轮、机在外国加油量 | Chinese Airplanes & Ships in Refueling Abroad | | |
| 6.本省(区、市)调出量(−) | Sending Out to Other Provinces(-) | -2.79 | -66.93 |
| 7.出口量(−) | Export(-) | | |
| 8.外轮、机在我国加油量(−) | Foreign Airplanes & Ships in Refueling in China | | |
| 9.库存增(−)、减(+)量 | Stock Change | 0.01 | 2.25 |
| **二.加工转换投入(−)产出(+)量** | **Input(-) & Output(+) of Transformation** | **4.05** | **227.73** |
| 1.火力发电 | Thermal Power | | -3.41 |
| 2.供热 | Heating Supply | | -0.02 |
| 3.洗选煤 | Coal Washing | | |
| 4.炼焦 | Coking | | |
| 5.炼油 | Petroleum Refineries | 4.05 | 231.16 |
| 6.制气 | Gas Works | | |
| #焦炭再投入量(−) | Coke Input(-) | | |
| 7.煤制品加工 | Briquettes | | |
| **三.损失量** | **Loss** | | |
| **四.终端消费量** | **Total Final Consumption** | **25.41** | **372.08** |
| 1.农、林、牧、渔、水利业 | Farming, Forestry, Animal Husbandry, Fishery & Water Conservancy | | 5.78 |
| 2.工业 | Industry | 1.94 | 61.36 |
| #用作原料、材料 | Non-Energy Use | 0.04 | 2.89 |
| 3.建筑业 | Construction | 0.20 | 28.57 |
| 4.交通运输、仓储和邮政业 | Transport, Storage and Post | 20.41 | 243.47 |
| 5.批发、零售业和住宿、餐饮业 | Wholesale,Retail Trade and Hotel,Restaurants | 1.88 | 22.12 |
| 6.生活消费 | Residential Consumption | | 2.56 |
| 城镇 | Urban | | 2.56 |
| 乡村 | Rural | | |
| 7.其他 | Other | 0.98 | 8.22 |
| **五.平衡差额** | **Statistical Difference** | **-0.01** | **-2.25** |
| **六.消费量合计** | **Sum of Consumption** | **25.41** | **375.51** |

Continued

| 燃料油 (万吨) Fuel Oil ($10^4$ tn) | 液化石油气 (万吨) LPG ($10^4$ tn) | 炼厂干气 (万吨) Refinery Gas ($10^4$ tn) | 天然气 (亿立方米) Natural Gas ($10^8$ cu.m) | 其他石油制品 (万吨) Other Petroleum Products ($10^4$ tn) | 其他焦化产品 (万吨) Other Coking Products ($10^4$ tn) | 热力 (百亿千焦) Heat ($10^{10}$ kJ) | 电力 (亿千瓦时) Electricity ($10^8$ kW•h) | 其他能源 (万吨标煤) Other Energy ($10^4$ tce) |
|---|---|---|---|---|---|---|---|---|
| **21.79** | **13.04** | | **8.23** | **13.40** | **15.00** | **556.03** | **603.66** | **545.02** |
| | | | | | | | 357.34 | |
| | | | | | | 556.03 | | 545.02 |
| 26.56 | 13.04 | | 8.23 | 36.00 | 15.00 | | 336.08 | |
| | | | | | | | | |
| | | | | | | | | |
| -4.77 | | | | -22.60 | | | -89.76 | |
| | | | | | | | | |
| | | | | | | | | |
| 0.57 | 0.01 | | | 1.73 | -0.14 | | | -1.00 |
| **12.96** | **61.77** | **18.63** | | **81.68** | **9.41** | **5450.34** | **524.88** | **-11.42** |
| -1.29 | | -0.71 | | | | -133.12 | 524.88 | -11.42 |
| -4.80 | | -3.95 | | | | 5583.46 | | |
| | | | | | | | | |
| | | | | | 9.41 | | | |
| 19.05 | 61.77 | 23.29 | | 81.68 | | | | |
| | | | | | | | | |
| | | | | | | | | |
| | | | | | | | | |
| | **0.21** | **2.78** | **0.15** | | | | **72.13** | |
| **35.32** | **74.61** | **15.85** | **8.08** | **96.81** | **24.27** | **6006.37** | **1056.41** | **532.60** |
| | | | | | | | 77.61 | 68.30 |
| 23.18 | 38.57 | 15.85 | 4.16 | 96.81 | 24.27 | 6006.37 | 715.29 | 47.64 |
| 0.18 | 0.11 | 2.43 | 0.25 | 41.51 | | | | 4.25 |
| 0.08 | 0.20 | | 0.45 | | | | 7.16 | 54.03 |
| 10.45 | 0.14 | | 0.26 | | | | 24.16 | 100.01 |
| 1.08 | 2.82 | | 1.00 | | | | 20.43 | 20.00 |
| | 31.80 | | 1.44 | | | | 167.45 | 212.62 |
| | 16.55 | | 1.09 | | | | 101.66 | |
| | 15.25 | | 0.35 | | | | 65.79 | 212.62 |
| 0.53 | 1.08 | | 0.77 | | | | 44.31 | 30.00 |
| **-0.57** | **-0.01** | | | **-1.73** | **0.14** | | | **1.00** |
| **41.41** | **74.82** | **23.29** | **8.23** | **96.81** | **24.27** | **6139.49** | **1128.54** | **544.02** |

# 6-19 广东能源平衡表(实物量)-2008

| 项　　目 | Item | 煤合计(万吨) Coal Total ($10^4$ tn) | 原煤(万吨) Raw Coal ($10^4$ tn) |
|---|---|---|---|
| **一.可供本地区消费的能源量** | **Total Primary Energy Supply** | **13298.16** | **12661.63** |
| 1.一次能源生产量 | Indigenous Production | | |
| 2.回收能 | Recovery of Energy | | |
| 3.外省(区、市)调入量 | Moving In from Other Provinces | 12131.85 | 11495.09 |
| 4.进口量 | Import | 1295.78 | 1295.78 |
| 5.我轮、机在外国加油量 | Chinese Airplanes & Ships in Refueling Abroad | | |
| 6.本省(区、市)调出量(-) | Sending Out to Other Provinces(-) | | |
| 7.出口量(-) | Export(-) | -23.85 | -23.85 |
| 8.外轮、机在我国加油量(-) | Foreign Airplanes & Ships in Refueling in China | | |
| 9.库存增(-)、减(+)量 | Stock Change | -105.62 | -105.39 |
| **二.加工转换投入(-)产出(+)量** | **Input(-) & Output(+) of Transformation** | **-8743.08** | **-8281.94** |
| 1.火力发电 | Thermal Power | -8301.28 | -8001.54 |
| 2.供热 | Heating Supply | -278.58 | -265.22 |
| 3.洗选煤 | Coal Washing | | |
| 4.炼焦 | Coking | -184.92 | |
| 5.炼油 | Petroleum Refineries | | |
| 6.制气 | Gas Works | -15.03 | -15.03 |
| #焦炭再投入量(-) | Coke Input(-) | | |
| 7.煤制品加工 | Briquettes | 36.73 | -0.15 |
| **三.损失量** | **Loss** | **7.56** | **7.56** |
| **四.终端消费量** | **Total Final Consumption** | **4547.52** | **4372.13** |
| 1.农、林、牧、渔、水利业 | Farming, Forestry, Animal Husbandry, Fishery & Water Conservancy | 58.36 | 58.36 |
| 2.工业 | Industry | 4382.69 | 4232.31 |
| #用作原料、材料 | Non-Energy Use | 400.23 | 400.15 |
| 3.建筑业 | Construction | 2.29 | 2.29 |
| 4.交通运输、仓储和邮政业 | Transport, Storage and Post | 1.78 | 1.78 |
| 5.批发、零售业和住宿、餐饮业 | Wholesale,Retail Trade and Hotel,Restaurants | 27.94 | 27.94 |
| 6.生活消费 | Residential Consumption | 74.46 | 49.45 |
| 城镇 | Urban | 40.38 | 23.17 |
| 乡村 | Rural | 34.08 | 26.28 |
| 7.其他 | Other | | |
| **五.平衡差额** | **Statistical Difference** | | |
| **六.消费量合计** | **Sum of Consumption** | **13298.16** | **12661.63** |

# ENERGY BALANCE OF GUANGDONG-2008 (PHYSICAL QUANTITY)

| 洗精煤 (万吨) Cleaned Coal ($10^4$ tn) | 其他洗煤 (万吨) Other Washed Coal ($10^4$ tn) | 型煤 (万吨) Briquettes ($10^4$ tn) | 焦炭 (万吨) Coke ($10^4$ tn) | 焦炉煤气 (亿立方米) Coke Oven Gas ($10^8$ cu.m) | 其他煤气 (亿立方米) Other Gas ($10^8$ cu.m) | 油品合计 (万吨) Petroleum Products Total ($10^4$ tn) | 原油 (万吨) Crude Oil ($10^4$ tn) | 汽油 (万吨) Gasoline ($10^4$ tn) |
|---|---|---|---|---|---|---|---|---|
| **308.73** | **16.43** | **311.37** | **313.46** | **-0.03** | **101.40** | **5351.00** | **3046.21** | **427.39** |
| | | | | | | 1374.52 | 1374.52 | |
| | | | | | 86.68 | 4.97 | | |
| 306.10 | 16.45 | 314.21 | 303.60 | 0.08 | 14.72 | 3187.68 | 441.73 | 450.13 |
| | | | | | | 2395.81 | 1256.59 | 1.60 |
| | | | | | | 4.89 | | |
| | | | | | | -955.75 | | -1.36 |
| | | | -2.98 | -0.11 | | -560.30 | -8.15 | -3.38 |
| | | | | | | -9.57 | | |
| 2.63 | -0.02 | -2.84 | 12.84 | | | -91.25 | -18.48 | -19.60 |
| **-290.99** | | **-170.15** | **120.62** | **3.85** | **7.59** | **-417.94** | **-3021.56** | **459.50** |
| -2.31 | | -297.43 | -3.24 | | -1.09 | -363.12 | | -0.01 |
| | | -13.36 | | | -3.92 | -15.97 | | |
| | | | | | | | | |
| -184.92 | | | 136.14 | 3.85 | | | | |
| | | | | | | -38.06 | -3021.56 | 459.51 |
| | | | | | 12.60 | -0.79 | | |
| | | | -12.28 | | | | | |
| -103.76 | | 140.64 | | | | | | |
| | | | | | | **4.82** | **4.82** | |
| **17.74** | **16.43** | **141.22** | **434.08** | **3.82** | **108.99** | **4928.24** | **19.83** | **886.89** |
| | | | | | | 102.65 | | 13.84 |
| 17.74 | 16.43 | 116.21 | 434.08 | 3.82 | 92.09 | 2401.07 | 19.83 | 72.88 |
| 0.01 | | 0.07 | 0.84 | | | 648.79 | | 0.82 |
| | | | | | | 50.12 | | 25.86 |
| | | | | | | 1510.92 | | 476.11 |
| | | | | | 3.70 | 181.31 | | 52.69 |
| | | 25.01 | | | 13.20 | 631.07 | | 202.37 |
| | | 17.21 | | | 13.20 | 444.54 | | 139.70 |
| | | 7.80 | | | | 186.53 | | 62.67 |
| | | | | | | 51.10 | | 43.14 |
| | | | | | | | | |
| **308.73** | **16.43** | **452.01** | **449.60** | **3.82** | **114.00** | **5351.00** | **3046.21** | **886.90** |

续表

| 项　　目 | Item | 煤油 (万吨) Kerosene ($10^4$ tn) | 柴油 (万吨) Diesel Oil ($10^4$ tn) |
|---|---|---|---|
| **一.可供本地区消费的能源量** | **Total Primary Energy Supply** | **-5.52** | **331.78** |
| 1.一次能源生产量 | Indigenous Production | | |
| 2.回收能 | Recovery of Energy | | |
| 3.外省(区、市)调入量 | Moving In from Other Provinces | 110.05 | 1019.13 |
| 4.进口量 | Import | 130.20 | 45.82 |
| 5.我轮、机在外国加油量 | Chinese Airplanes & Ships in Refueling Abroad | | 4.89 |
| 6.本省(区、市)调出量(-) | Sending Out to Other Provinces(-) | -97.70 | -734.49 |
| 7.出口量(-) | Export(-) | -147.94 | -29.43 |
| 8.外轮、机在我国加油量(-) | Foreign Airplanes & Ships in Refueling in China | | |
| 9.库存增(-)、减(+)量 | Stock Change | -0.13 | 25.86 |
| **二.加工转换投入(-)产出(+)量** | **Input(-) & Output(+) of Transformation** | **188.59** | **1176.60** |
| 1.火力发电 | Thermal Power | | -10.46 |
| 2.供热 | Heating Supply | | -0.07 |
| 3.洗选煤 | Coal Washing | | |
| 4.炼焦 | Coking | | |
| 5.炼油 | Petroleum Refineries | 188.59 | 1187.14 |
| 6.制气 | Gas Works | | -0.01 |
| #焦炭再投入量(-) | Coke Input(-) | | |
| 7.煤制品加工 | Briquettes | | |
| **三.损失量** | **Loss** | | |
| **四.终端消费量** | **Total Final Consumption** | **183.07** | **1508.38** |
| 1.农、林、牧、渔、水利业 | Farming, Forestry, Animal Husbandry, Fishery & Water Conservancy | | 82.14 |
| 2.工业 | Industry | 9.66 | 556.16 |
| #用作原料、材料 | Non-Energy Use | 3.12 | 8.02 |
| 3.建筑业 | Construction | | 23.65 |
| 4.交通运输、仓储和邮政业 | Transport, Storage and Post | 169.92 | 731.23 |
| 5.批发、零售业和住宿、餐饮业 | Wholesale,Retail Trade and Hotel,Restaurants | | 97.03 |
| 6.生活消费 | Residential Consumption | 3.49 | 11.81 |
| 城镇 | Urban | 0.36 | 2.62 |
| 乡村 | Rural | 3.13 | 9.19 |
| 7.其他 | Other | | 6.36 |
| **五.平衡差额** | **Statistical Difference** | | |
| **六.消费量合计** | **Sum of Consumption** | **183.07** | **1518.92** |

Continued

| 燃料油 (万吨) Fuel Oil ($10^4$ tn) | 液化石油气 (万吨) LPG ($10^4$ tn) | 炼厂干气 (万吨) Refinery Gas ($10^4$ tn) | 天然气 (亿立方米) Natural Gas ($10^4$ tn) | 其他石油制品 (万吨) Other Petroleum Products ($10^4$ tn) | 其他焦化产品 (万吨) Other Coking Products ($10^8$ cu.m) | 热力 (百亿千焦) Heat ($10^{10}$ kJ) | 电力 (亿千瓦时) Electricity ($10^8$kW•h) | 其他能源 (万吨标煤) Other Energy ($10^4$tce) |
|---|---|---|---|---|---|---|---|---|
| **835.94** | **464.11** | **15.88** | **53.58** | **235.21** | **-0.27** | **79.21** | **1399.90** | **208.94** |
| | | | 59.97 | | | | 575.08 | |
| | | 4.97 | | | | 79.21 | | 0.81 |
| 502.19 | 458.90 | 10.91 | 0.78 | 194.64 | 0.17 | | 927.57 | 207.47 |
| 770.06 | 154.45 | | 45.40 | 37.09 | | | 35.53 | |
| | | | | | | | | |
| -14.40 | -107.80 | | -43.46 | | | | -2.41 | |
| -320.89 | -40.88 | | -8.52 | -9.63 | -0.48 | | -135.87 | |
| -9.57 | | | | | | | | |
| -91.45 | -0.56 | | -0.59 | 13.11 | 0.04 | | | 0.66 |
| **-112.31** | **173.12** | **59.03** | **-36.66** | **659.09** | **6.89** | **5116.50** | **2106.88** | **-120.31** |
| -344.59 | | -0.76 | -35.60 | -7.30 | | -152.06 | 2106.88 | -120.17 |
| -8.76 | | -5.44 | | -1.70 | | 5268.56 | | -0.14 |
| | | | | | | | | |
| | | | | | 6.89 | | | |
| 241.82 | 173.12 | 65.23 | | 668.09 | | | | |
| -0.78 | | | -1.06 | | | | | |
| | | | | | | | | |
| | | | | | | | | |
| | | | **1.38** | | | **609.58** | **208.37** | |
| **723.63** | **637.23** | **74.91** | **15.54** | **894.30** | **6.62** | **4586.13** | **3298.41** | **88.63** |
| | | | | 6.67 | | | 74.45 | |
| 619.17 | 160.83 | 74.91 | 7.39 | 887.63 | 6.62 | 4586.13 | 2190.62 | 88.63 |
| 11.41 | 0.98 | | | 624.44 | | | | 15.86 |
| | 0.61 | | | | | | 46.89 | |
| 94.70 | 38.96 | | | | | | 39.50 | |
| 9.76 | 21.83 | | | | | | 191.09 | |
| | 413.40 | | 8.15 | | | | 459.99 | |
| | 301.86 | | 8.15 | | | | 268.58 | |
| | 111.54 | | | | | | 191.41 | |
| | 1.60 | | | | | | 295.87 | |
| | | | | | | | | |
| **1077.76** | **637.23** | **81.11** | **53.58** | **903.30** | **6.62** | **5347.77** | **3506.78** | **208.94** |

# 6-20 广西能源平衡表(实物量)-2008

| 项　　目 | Item | 煤合计 (万吨) Coal Total ($10^4$ tn) | 原煤 (万吨) Raw Coal ($10^4$ tn) |
|---|---|---|---|
| **一.可供本地区消费的能源量** | **Total Primary Energy Supply** | **4869.87** | **4388.25** |
| 1.一次能源生产量 | Indigenous Production | 451.17 | 451.17 |
| 2.回收能 | Recovery of Energy | | |
| 3.外省(区、市)调入量 | Moving In from Other Provinces | 3999.62 | 3518.00 |
| 4.进口量 | Import | 899.08 | 899.08 |
| 5.我轮、机在外国加油量 | Chinese Airplanes & Ships in Refueling Abroad | | |
| 6.本省(区、市)调出量(–) | Sending Out to Other Provinces(-) | -480.00 | -480.00 |
| 7.出口量(–) | Export(-) | | |
| 8.外轮、机在我国加油量(–) | Foreign Airplanes & Ships in Refueling in China | | |
| 9.库存增(–)、减(+)量 | Stock Change | -192.79 | -192.58 |
| **二.加工转换投入(–)产出(+)量** | **Input(-) & Output(+) of Transformation** | **-2221.07** | **-1795.78** |
| 1.火力发电 | Thermal Power | -1513.18 | -1513.10 |
| 2.供热 | Heating Supply | -250.23 | -250.23 |
| 3.洗选煤 | Coal Washing | | |
| 4.炼焦 | Coking | -426.19 | |
| 5.炼油 | Petroleum Refineries | | |
| 6.制气 | Gas Works | -31.46 | -30.65 |
| #焦炭再投入量(–) | Coke Input(-) | | |
| 7.煤制品加工 | Briquettes | -0.01 | -1.80 |
| **三.损失量** | **Loss** | | |
| **四.终端消费量** | **Total Final Consumption** | **2455.26** | **2399.14** |
| 1.农、林、牧、渔、水利业 | Farming, Forestry, Animal Husbandry, Fishery & Water Conservancy | 7.32 | 7.32 |
| 2.工业 | Industry | 2302.75 | 2246.63 |
| #用作原料、材料 | Non-Energy Use | 45.13 | 27.35 |
| 3.建筑业 | Construction | | |
| 4.交通运输、仓储和邮政业 | Transport, Storage and Post | 31.66 | 31.66 |
| 5.批发、零售业和住宿、餐饮业 | Wholesale,Retail Trade and Hotel,Restaurants | 45.18 | 45.18 |
| 6.生活消费 | Residential Consumption | 22.35 | 22.35 |
| 城镇 | Urban | 16.35 | 16.35 |
| 乡村 | Rural | 6.00 | 6.00 |
| 7.其他 | Other | 46.00 | 46.00 |
| **五.平衡差额** | **Statistical Difference** | **193.54** | **193.33** |
| **六.消费量合计** | **Sum of Consumption** | **4676.33** | **4194.92** |

# ENERGY BALANCE OF GUANGXI-2008 (PHYSICAL QUANTITY)

| 洗精煤 (万吨) Cleaned Coal ($10^4$ tn) | 其他洗煤 (万吨) Other Washed Coal ($10^4$ tn) | 型煤 (万吨) Briquettes ($10^4$ tn) | 焦炭 (万吨) Coke ($10^4$ tn) | 焦炉煤气 (亿立方米) Coke Oven Gas ($10^8$ cu.m) | 其他煤气 (亿立方米) Other Gas ($10^8$ cu.m) | 油品合计 (万吨) Petroleum Products Total ($10^4$ tn) | 原油 (万吨) Crude Oil ($10^4$ tn) | 汽油 (万吨) Gasoline ($10^4$ tn) |
|---|---|---|---|---|---|---|---|---|
| **463.25** | **6.43** | **11.94** | **266.08** | | **114.60** | **720.40** | **131.29** | **175.29** |
| | | | | | | 2.86 | 2.86 | |
| | | | | | 114.60 | | | |
| 463.25 | 6.43 | 11.94 | 266.08 | | | 747.47 | 128.43 | 175.29 |
| | | | | | | 29.66 | | |
| | | | | | | | | |
| | | | | | | -53.36 | | |
| | | | | | | | | |
| | | | | | | -6.23 | | |
| 0.45 | -0.10 | -0.56 | 4.11 | | | -16.37 | 2.01 | -4.77 |
| **-427.00** | **-0.08** | **1.79** | **308.11** | **11.23** | **-19.32** | **-11.38** | **-133.30** | **31.48** |
| | -0.08 | | -1.73 | -1.55 | -29.60 | -1.21 | | |
| | | | | | | -0.79 | | |
| | | | | | | | | |
| -426.19 | | | 309.84 | 12.78 | | | | |
| | | | | | | -9.38 | -133.30 | 31.48 |
| -0.81 | | | | | 10.28 | | | |
| | | | | | | | | |
| | | 1.79 | | | | | | |
| | | | | | | | | |
| **36.70** | **6.25** | **13.17** | **578.30** | **11.23** | **95.28** | **692.66** | | **202.00** |
| | | | | | | 25.33 | | 7.89 |
| 36.70 | 6.25 | 13.17 | 578.30 | 11.23 | 95.28 | 65.06 | | 6.82 |
| 9.86 | 1.73 | 6.19 | 49.95 | | | 4.99 | | 4.76 |
| | | | | | | 11.45 | | 2.63 |
| | | | | | | 384.95 | | 96.00 |
| | | | | | | 36.99 | | 7.56 |
| | | | | | | 139.47 | | 64.90 |
| | | | | | | 111.45 | | 46.00 |
| | | | | | | 28.02 | | 18.90 |
| | | | | | | 29.41 | | 16.20 |
| **-0.45** | **0.10** | **0.56** | **-4.11** | | | **16.36** | **-2.01** | **4.77** |
| **463.70** | **6.33** | **13.17** | **580.03** | **12.78** | **124.88** | **704.04** | **133.30** | **202.00** |

续表

| 项　　目 | Item | 煤油 (万吨) Kerosene ($10^4$ tn) | 柴油 (万吨) Diesel Oil ($10^4$ tn) |
|---|---|---|---|
| **一.可供本地区消费的能源量** | **Total Primary Energy Supply** | **15.73** | **328.31** |
| 1.一次能源生产量 | Indigenous Production | | |
| 2.回收能 | Recovery of Energy | | |
| 3.外省(区、市)调入量 | Moving In from Other Provinces | 15.73 | 360.94 |
| 4.进口量 | Import | | |
| 5.我轮、机在外国加油量 | Chinese Airplanes & Ships in Refueling Abroad | | |
| 6.本省(区、市)调出量(-) | Sending Out to Other Provinces(-) | | -26.40 |
| 7.出口量(-) | Export(-) | | |
| 8.外轮、机在我国加油量(-) | Foreign Airplanes & Ships in Refueling in China | | -6.23 |
| 9.库存增(-)、减(+)量 | Stock Change | 0.32 | -11.67 |
| **二.加工转换投入(-)产出(+)量** | **Input(-) & Output(+) of Transformation** | | **37.93** |
| 1.火力发电 | Thermal Power | | -0.97 |
| 2.供热 | Heating Supply | | |
| 3.洗选煤 | Coal Washing | | |
| 4.炼焦 | Coking | | |
| 5.炼油 | Petroleum Refineries | | 38.90 |
| 6.制气 | Gas Works | | |
| #焦炭再投入量(-) | Coke Input(-) | | |
| 7.煤制品加工 | Briquettes | | |
| **三.损失量** | **Loss** | | |
| **四.终端消费量** | **Total Final Consumption** | **16.05** | **354.57** |
| 1.农、林、牧、渔、水利业 | Farming, Forestry, Animal Husbandry, Fishery & Water Conservancy | | 14.23 |
| 2.工业 | Industry | 0.10 | 31.12 |
| #用作原料、材料 | Non-Energy Use | | 0.23 |
| 3.建筑业 | Construction | | 8.82 |
| 4.交通运输、仓储和邮政业 | Transport, Storage and Post | 15.95 | 273.00 |
| 5.批发、零售业和住宿、餐饮业 | Wholesale,Retail Trade and Hotel,Restaurants | | 15.31 |
| 6.生活消费 | Residential Consumption | | |
| 城镇 | Urban | | |
| 乡村 | Rural | | |
| 7.其他 | Other | | 12.09 |
| **五.平衡差额** | **Statistical Difference** | **-0.32** | **11.67** |
| **六.消费量合计** | **Sum of Consumption** | **16.05** | **355.54** |

Continued

| 燃料油 (万吨) Fuel Oil ($10^4$ tn) | 液化石油气 (万吨) LPG ($10^4$ tn) | 炼厂干气 (万吨) Refinery Gas ($10^4$ tn) | 天然气 (亿立方米) Natural Gas ($10^8$ cu.m) | 其他石油制品 (万吨) Other Petroleum Products ($10^4$ tn) | 其他焦化产品 (万吨) Other Coking Products ($10^4$ tn) | 热力 (百亿千焦) Heat ($10^{10}$ kJ) | 电力 (亿千瓦时) Electricity ($10^8$ kW•h) | 其他能源 (万吨标煤) Other Energy ($10^4$ tce) |
|---|---|---|---|---|---|---|---|---|
| **-17.89** | **89.33** | | **1.01** | **-1.66** | **-10.88** | **29.34** | **418.94** | **375.69** |
| | | | 0.01 | | | | 513.38 | |
| | | | | | | 29.34 | | 375.69 |
| 0.42 | 66.66 | | 1.00 | | | | 73.26 | |
| | 22.67 | | | 6.99 | | | | |
| | | | | | | | | |
| -18.31 | | | | -8.65 | -10.88 | | -167.70 | |
| | | | | | | | | |
| | | | | | | | | |
| -2.06 | -0.27 | | | 0.08 | -0.51 | | | 0.02 |
| **29.63** | **8.03** | **0.98** | | **13.87** | **15.52** | **3539.19** | **341.85** | **-103.26** |
| -0.24 | | | | | | -66.26 | 341.85 | -103.26 |
| | | -0.79 | | | | 3605.45 | | |
| | | | | | | | | |
| | | | | | 15.52 | | | |
| 29.87 | 8.03 | 1.77 | | 13.87 | | | | |
| | | | | | | | | |
| | | | | | | | | |
| | | | | | | | | |
| | | | | | | | **46.87** | |
| **9.68** | **97.09** | **0.98** | **1.01** | **12.29** | **4.13** | **3568.53** | **713.92** | **272.45** |
| | 3.21 | | | | | | 17.21 | |
| 9.68 | 4.07 | 0.98 | 0.07 | 12.29 | 4.13 | 3568.53 | 523.94 | 272.45 |
| | | | | | | | | |
| | | | | | | | 4.37 | |
| | | | | | | | 7.63 | |
| | 14.12 | | | | | | 17.89 | |
| | 74.57 | | 0.94 | | | | 109.09 | |
| | 65.45 | | 0.94 | | | | 61.77 | |
| | 9.12 | | | | | | 47.32 | |
| | 1.12 | | | | | | 33.79 | |
| **2.06** | **0.27** | | | **-0.08** | **0.51** | | | **-0.02** |
| **9.92** | **97.09** | **1.77** | **1.01** | **12.29** | **4.13** | **3568.53** | **760.79** | **375.71** |

# 6-21 海南能源平衡表(实物量)-2008

| 项　　目 | Item | 煤合计(万吨) Coal Total ($10^4$ tn) | 原煤(万吨) Raw Coal ($10^4$ tn) |
|---|---|---|---|
| **一.可供本地区消费的能源量** | **Total Primary Energy Supply** | **471.95** | **456.36** |
| 1.一次能源生产量 | Indigenous Production | | |
| 2.回收能 | Recovery of Energy | | |
| 3.外省(区、市)调入量 | Moving In from Other Provinces | 479.63 | 464.10 |
| 4.进口量 | Import | 0.08 | 0.08 |
| 5.我轮、机在外国加油量 | Chinese Airplanes & Ships in Refueling Abroad | | |
| 6.本省(区、市)调出量(-) | Sending Out to Other Provinces(-) | | |
| 7.出口量(-) | Export(-) | | |
| 8.外轮、机在我国加油量(-) | Foreign Airplanes & Ships in Refueling in China | | |
| 9.库存增(-)、减(+)量 | Stock Change | -7.76 | -7.82 |
| **二.加工转换投入(-)产出(+)量** | **Input(-) & Output(+) of Transformation** | **-354.58** | **-354.58** |
| 1.火力发电 | Thermal Power | -354.58 | -354.58 |
| 2.供热 | Heating Supply | | |
| 3.洗选煤 | Coal Washing | | |
| 4.炼焦 | Coking | | |
| 5.炼油 | Petroleum Refineries | | |
| 6.制气 | Gas Works | | |
| #焦炭再投入量(-) | Coke Input(-) | | |
| 7.煤制品加工 | Briquettes | | |
| **三.损失量** | **Loss** | | |
| **四.终端消费量** | **Total Final Consumption** | **117.37** | **101.78** |
| 1.农、林、牧、渔、水利业 | Farming, Forestry, Animal Husbandry, Fishery & Water Conservancy | | |
| 2.工业 | Industry | 112.68 | 101.78 |
| #用作原料、材料 | Non-Energy Use | | |
| 3.建筑业 | Construction | | |
| 4.交通运输、仓储和邮政业 | Transport, Storage and Post | | |
| 5.批发、零售业和住宿、餐饮业 | Wholesale,Retail Trade and Hotel,Restaurants | 4.69 | |
| 6.生活消费 | Residential Consumption | | |
| 城镇 | Urban | | |
| 乡村 | Rural | | |
| 7.其他 | Other | | |
| **五.平衡差额** | **Statistical Difference** | | |
| **六.消费量合计** | **Sum of Consumption** | **471.95** | **456.36** |

# ENERGY BALANCE OF HAINAN -2008 (PHYSICAL QUANTITY)

| 洗精煤<br>(万吨)<br>Cleaned Coal<br>($10^4$ tn) | 其他洗煤<br>(万吨)<br>Other Washed Coal<br>($10^4$ tn) | 型煤<br>(万吨)<br>Briquettes<br>($10^4$ tn) | 焦炭<br>(万吨)<br>Coke<br>($10^4$ tn) | 焦炉煤气<br>(万吨)<br>Coke Oven Gas<br>($10^8$ cu.m) | 其他煤气<br>(万吨)<br>Other Gas<br>($10^8$ cu.m) | 油品合计<br>(万吨)<br>Petroleum Products Total<br>($10^4$ tn) | 原油<br>(万吨)<br>Crude Oil<br>($10^4$ tn) | 汽油<br>(万吨)<br>Gasoline<br>($10^4$ tn) |
|---|---|---|---|---|---|---|---|---|
| | **10.90** | **4.69** | **15.43** | | | **308.20** | **811.80** | **-213.16** |
| | | | | | | 12.05 | 12.05 | |
| | | | | | | | | |
| | 10.84 | 4.69 | 12.87 | | | 5.12 | | |
| | | | | | | 818.86 | 818.78 | |
| | | | | | | 28.38 | | |
| | | | | | | -548.35 | | -216.00 |
| | | | | | | | | |
| | | | | | | | | |
| | 0.06 | | 2.56 | | | -7.86 | -19.03 | 2.84 |
| | | | | | | **-15.88** | **-793.81** | **244.05** |
| | | | | | | -0.12 | | |
| | | | | | | -5.12 | | |
| | | | | | | | | |
| | | | | | | | | |
| | | | | | | -10.64 | -793.81 | 244.05 |
| | | | | | | | | |
| | | | | | | | | |
| | | | | | | | | |
| | | | | | | **0.15** | **0.06** | |
| | **10.90** | **4.69** | **14.88** | | | **315.11** | **2.96** | **38.85** |
| | | | | | | 39.59 | | 3.35 |
| | 10.90 | | 14.88 | | | 70.56 | 2.96 | 0.94 |
| | | | | | | | | |
| | | | | | | 5.17 | | 1.77 |
| | | | | | | 158.52 | | 8.71 |
| | | 4.69 | | | | 9.18 | | 1.03 |
| | | | | | | 20.45 | | 13.23 |
| | | | | | | 17.00 | | 10.50 |
| | | | | | | 3.45 | | 2.73 |
| | | | | | | 11.65 | | 9.82 |
| | | | **0.55** | | | **-22.94** | **14.97** | **-7.96** |
| | **10.90** | **4.69** | **14.88** | | | **331.14** | **796.83** | **38.85** |

续表

| 项　　目 | Item | 煤油(万吨) Kerosene ($10^4$ tn) | 柴油(万吨) Diesel Oil ($10^4$ tn) |
|---|---|---|---|
| **一.可供本地区消费的能源量** | **Total Primary Energy Supply** | **29.10** | **-254.40** |
| 1.一次能源生产量 | Indigenous Production | | |
| 2.回收能 | Recovery of Energy | | |
| 3.外省(区、市)调入量 | Moving In from Other Provinces | | |
| 4.进口量 | Import | | |
| 5.我轮、机在外国加油量 | Chinese Airplanes & Ships in Refueling Abroad | 28.38 | |
| 6.本省(区、市)调出量(−) | Sending Out to Other Provinces(-) | | -260.00 |
| 7.出口量(−) | Export(-) | | |
| 8.外轮、机在我国加油量(−) | Foreign Airplanes & Ships in Refueling in China | | |
| 9.库存增(−)、减(+)量 | Stock Change | 0.72 | 5.60 |
| **二.加工转换投入(−)产出(+)量** | **Input(-) & Output(+) of Transformation** | **31.06** | **344.75** |
| 1.火力发电 | Thermal Power | | -0.12 |
| 2.供热 | Heating Supply | | |
| 3.洗选煤 | Coal Washing | | |
| 4.炼焦 | Coking | | |
| 5.炼油 | Petroleum Refineries | 31.06 | 344.87 |
| 6.制气 | Gas Works | | |
| #焦炭再投入量(−) | Coke Input(-) | | |
| 7.煤制品加工 | Briquettes | | |
| **三.损失量** | **Loss** | **0.07** | |
| **四.终端消费量** | **Total Final Consumption** | **80.09** | **93.68** |
| 1.农、林、牧、渔、水利业 | Farming, Forestry, Animal Husbandry, Fishery & Water Conservancy | | 36.24 |
| 2.工业 | Industry | | 4.63 |
| #用作原料、材料 | Non-Energy Use | | |
| 3.建筑业 | Construction | 0.19 | 3.21 |
| 4.交通运输、仓储和邮政业 | Transport, Storage and Post | 79.85 | 47.22 |
| 5.批发、零售业和住宿、餐饮业 | Wholesale,Retail Trade and Hotel,Restaurants | 0.03 | 0.86 |
| 6.生活消费 | Residential Consumption | | |
| 城镇 | Urban | | |
| 乡村 | Rural | | |
| 7.其他 | Other | 0.02 | 1.53 |
| **五.平衡差额** | **Statistical Difference** | **-20.00** | **-3.33** |
| **六.消费量合计** | **Sum of Consumption** | **80.16** | **93.80** |

Continued

| 燃料油 (万吨) Fuel Oil ($10^4$ tn) | 液化石油气 (万吨) LPG ($10^4$ tn) | 炼厂干气 (万吨) Refinery Gas ($10^4$ tn) | 天然气 Natural Gas ($10^4$ tn) | 其他石油制品 (万吨) Other Petroleum Products ($10^4$ tn) | 其他焦化产品 (万吨) Other Coking Products ($10^8$ cu.m) | 热力 (百亿千焦) Heat ($10^{10}$ kJ) | 电力 (亿千瓦时) Electricity ($10^8$kW•h) | 其他能源 (万吨标煤) Other Energy ($10^4$tce) |
|---|---|---|---|---|---|---|---|---|
| **5.43** | **-41.58** | | **2.30** | **-28.99** | | | **20.89** | **25.78** |
| | | | 2.32 | | | | 20.89 | |
| | | | | | | | | 25.78 |
| 5.12 | | | | | | | | |
| 0.08 | | | | | | | | |
| | | | | | | | | |
| | -42.50 | | | -29.85 | | | | |
| | | | -0.02 | | | | | |
| | | | | | | | | |
| 0.23 | 0.92 | | | 0.86 | | | | |
| **24.13** | **49.14** | **19.40** | **-6.23** | **65.40** | | **154.64** | **105.71** | **-23.78** |
| | | | -6.18 | | | | 105.71 | -23.78 |
| -0.61 | | -4.51 | -0.05 | | | 154.64 | | |
| | | | | | | | | |
| | | | | | | | | |
| 24.74 | 49.14 | 23.91 | | 65.40 | | | | |
| | | | | | | | | |
| | | | | | | | | |
| | | | | | | | | |
| **0.02** | | | **0.02** | | | | **8.00** | |
| **28.92** | **14.80** | **19.40** | **20.53** | **36.41** | | **184.11** | **114.97** | **1.40** |
| | | | | | | | 5.79 | |
| 6.15 | 0.07 | 19.40 | 19.57 | 36.41 | | 184.11 | 60.40 | 1.40 |
| | | | | | | | | |
| | | | | | | | 1.94 | |
| 22.74 | | | 0.51 | | | | 1.65 | |
| 0.01 | 7.25 | | 0.27 | | | | 9.33 | |
| | 7.22 | | 0.15 | | | | 16.63 | |
| | 6.50 | | 0.15 | | | | 9.25 | |
| | 0.72 | | | | | | 7.38 | |
| 0.02 | 0.26 | | 0.03 | | | | 19.23 | |
| **0.62** | **-7.24** | | **-24.48** | | | **-29.47** | **3.63** | **0.60** |
| **29.55** | **14.80** | **23.91** | **26.78** | **36.41** | | **184.11** | **122.97** | **25.18** |

# 6-22 重庆能源平衡表(实物量)-2008

| 项目 | Item | 煤合计(万吨) Coal Total ($10^4$ tn) | 原煤(万吨) Raw Coal ($10^4$ tn) |
|---|---|---|---|
| **一.可供本地区消费的能源量** | **Total Primary Energy Supply** | **5272.73** | **5483.17** |
| 1.一次能源生产量 | Indigenous Production | 4207.00 | 4207.00 |
| 2.回收能 | Recovery of Energy | | |
| 3.外省(区、市)调入量 | Moving In from Other Provinces | 2394.55 | 2386.34 |
| 4.进口量 | Import | | |
| 5.我轮、机在外国加油量 | Chinese Airplanes & Ships in Refueling Abroad | | |
| 6.本省(区、市)调出量(-) | Sending Out to Other Provinces(-) | -1248.58 | -1042.90 |
| 7.出口量(-) | Export(-) | | |
| 8.外轮、机在我国加油量(-) | Foreign Airplanes & Ships in Refueling in China | | |
| 9.库存增(-)、减(+)量 | Stock Change | -80.24 | -67.27 |
| **二.加工转换投入(-)产出(+)量** | **Input(-) & Output(+) of Transformation** | **-2186.91** | **-2690.79** |
| 1.火力发电 | Thermal Power | -1526.44 | -1421.42 |
| 2.供热 | Heating Supply | -135.25 | -135.25 |
| 3.洗选煤 | Coal Washing | -154.20 | -1121.41 |
| 4.炼焦 | Coking | -369.96 | -10.51 |
| 5.炼油 | Petroleum Refineries | | |
| 6.制气 | Gas Works | | |
| #焦炭再投入量(-) | Coke Input(-) | | |
| 7.煤制品加工 | Briquettes | -1.06 | -2.20 |
| **三.损失量** | **Loss** | | |
| **四.终端消费量** | **Total Final Consumption** | **3085.82** | **2792.38** |
| 1.农、林、牧、渔、水利业 | Farming, Forestry, Animal Husbandry, Fishery & Water Conservancy | 256.89 | 241.39 |
| 2.工业 | Industry | 2578.50 | 2300.56 |
| #用作原料、材料 | Non-Energy Use | | |
| 3.建筑业 | Construction | 37.94 | 37.94 |
| 4.交通运输、仓储和邮政业 | Transport, Storage and Post | 24.95 | 24.95 |
| 5.批发、零售业和住宿、餐饮业 | Wholesale,Retail Trade and Hotel,Restaurants | 1.20 | 1.20 |
| 6.生活消费 | Residential Consumption | 172.34 | 172.34 |
| 城镇 | Urban | 1.71 | 1.71 |
| 乡村 | Rural | 170.63 | 170.63 |
| 7.其他 | Other | 14.00 | 14.00 |
| **五.平衡差额** | **Statistical Difference** | | |
| **六.消费量合计** | **Sum of Consumption** | **5272.73** | **5483.17** |

# ENERGY BALANCE OF CHONGQING-2008 (PHYSICAL QUANTITY)

| 洗精煤<br>(万吨)<br>Cleaned Coal<br>($10^4$ tn) | 其他洗煤<br>(万吨)<br>Other Washed Coal<br>($10^4$ tn) | 型煤<br>(万吨)<br>Briquettes<br>($10^4$ tn) | 焦炭<br>(万吨)<br>Coke<br>($10^4$ tn) | 焦炉煤气<br>(亿立方米)<br>Coke Oven Gas<br>($10^8$ cu.m) | 其他煤气<br>(亿立方米)<br>Other Gas<br>($10^8$ cu.m) | 油品合计<br>(万吨)<br>Petroleum Products Total<br>($10^4$ tn) | 原油<br>(万吨)<br>Crude Oil<br>($10^4$ tn) | 汽油<br>(万吨)<br>Gasoline<br>($10^4$ tn) |
|---|---|---|---|---|---|---|---|---|
| **-141.49** | **-77.15** | **8.20** | **69.54** | **2.81** | **63.09** | **409.69** | **0.02** | **96.59** |
| | | | | | | | | |
| | | | | 2.81 | 63.09 | | | |
| | | 8.21 | 100.00 | | | 410.20 | | 96.60 |
| | | | | | | | | |
| | | | | | | | | |
| -130.55 | -75.13 | | -27.59 | | | | | |
| | | | | | | | | |
| | | | | | | | | |
| -10.94 | -2.02 | -0.01 | -2.87 | | | -0.51 | 0.02 | -0.01 |
| **279.83** | **221.88** | **2.17** | **272.90** | **-1.86** | **-0.37** | **-1.59** | | |
| -3.27 | -101.75 | | | -6.66 | -0.37 | -1.59 | | |
| | | | | | | | | |
| 643.58 | 323.63 | | | | | | | |
| -359.45 | | | 272.90 | 4.80 | | | | |
| | | | | | | | | |
| | | | | | | | | |
| | | | | | | | | |
| -1.03 | | 2.17 | | | | | | |
| | | | | | | | | |
| **138.34** | **144.73** | **10.37** | **342.44** | **0.95** | **62.72** | **408.09** | **0.02** | **96.59** |
| | 15.50 | | 28.00 | | | 11.00 | | 5.00 |
| 138.34 | 129.23 | 10.37 | 300.50 | 0.95 | 62.72 | 42.28 | 0.02 | 9.70 |
| | | | | | | | | |
| | | | 10.98 | | | 10.35 | | 4.57 |
| | | | 2.28 | | | 308.99 | | 58.75 |
| | | | | | | 16.43 | | 9.72 |
| | | | 0.68 | | | 11.26 | | 1.50 |
| | | | 0.55 | | | 5.56 | | 0.79 |
| | | | 0.13 | | | 5.70 | | 0.71 |
| | | | | | | 7.78 | | 7.35 |
| | | | | | | **0.01** | | **0.00** |
| **502.09** | **246.48** | **10.37** | **342.44** | **7.61** | **63.09** | **409.68** | **0.02** | **96.59** |

续表

| 项　　目 | Item | 煤油（万吨） Kerosene (10⁴ tn) | 柴油（万吨） Diesel Oil (10⁴ tn) |
|---|---|---|---|
| **一.可供本地区消费的能源量** | **Total Primary Energy Supply** | **30.44** | **257.65** |
| 1.一次能源生产量 | Indigenous Production | | |
| 2.回收能 | Recovery of Energy | | |
| 3.外省(区、市)调入量 | Moving In from Other Provinces | 30.44 | 258.22 |
| 4.进口量 | Import | | |
| 5.我轮、机在外国加油量 | Chinese Airplanes & Ships in Refueling Abroad | | |
| 6.本省(区、市)调出量(–) | Sending Out to Other Provinces(-) | | |
| 7.出口量(–) | Export(-) | | |
| 8.外轮、机在我国加油量(–) | Foreign Airplanes & Ships in Refueling in China | | |
| 9.库存增(–)、减(+)量 | Stock Change | | -0.57 |
| **二.加工转换投入(–)产出(+)量** | **Input(-) & Output(+) of Transformation** | | **-1.59** |
| 1.火力发电 | Thermal Power | | -1.59 |
| 2.供热 | Heating Supply | | |
| 3.洗选煤 | Coal Washing | | |
| 4.炼焦 | Coking | | |
| 5.炼油 | Petroleum Refineries | | |
| 6.制气 | Gas Works | | |
| #焦炭再投入量(–) | Coke Input(-) | | |
| 7.煤制品加工 | Briquettes | | |
| **三.损失量** | **Loss** | | |
| **四.终端消费量** | **Total Final Consumption** | **30.44** | **256.06** |
| 1.农、林、牧、渔、水利业 | Farming, Forestry, Animal Husbandry, Fishery & Water Conservancy | | 6.00 |
| 2.工业 | Industry | 0.85 | 21.77 |
| #用作原料、材料 | Non-Energy Use | | |
| 3.建筑业 | Construction | | 5.20 |
| 4.交通运输、仓储和邮政业 | Transport, Storage and Post | 27.35 | 216.14 |
| 5.批发、零售业和住宿、餐饮业 | Wholesale,Retail Trade and Hotel,Restaurants | 0.10 | 3.29 |
| 6.生活消费 | Residential Consumption | 2.14 | 3.23 |
| 城镇 | Urban | 2.14 | 0.02 |
| 乡村 | Rural | | 3.21 |
| 7.其他 | Other | | 0.43 |
| **五.平衡差额** | **Statistical Difference** | | |
| **六.消费量合计** | **Sum of Consumption** | **30.44** | **257.65** |

Continued

| 燃料油（万吨）<br>Fuel Oil<br>($10^4$ tn) | 液化石油气（万吨）<br>LPG<br>($10^4$ tn) | 炼厂干气（万吨）<br>Refinery Gas<br>($10^4$ tn) | 天然气（亿立方米）<br>Natural Gas<br>($10^4$ tn) | 其他石油制品（万吨）<br>Other Petroleum Products<br>($10^4$ tn) | 其他焦化产品（万吨）<br>Other Coking Products<br>($10^8$ cu.m) | 热力（百亿千焦）<br>Heat<br>($10^{10}$ kJ) | 电力（亿千瓦时）<br>Electricity<br>($10^8$kW•h) | 其他能源（万吨标煤）<br>Other Energy<br>($10^4$tce) |
|---|---|---|---|---|---|---|---|---|
| **8.14** | **9.51** | | **48.75** | **7.34** | **-1.24** | **167.84** | **201.10** | **501.96** |
| | | | 70.85 | | | | 104.88 | |
| | | | | | | 167.84 | | 502.39 |
| 8.09 | 9.51 | | 29.37 | 7.34 | | | 123.17 | |
| | | | | | | | | |
| | | | | | | | | |
| | | | -51.47 | | -0.64 | | -26.95 | |
| | | | | | | | | |
| | | | | | | | | |
| 0.05 | | | | | -0.60 | | | -0.43 |
| | | | **-0.15** | | **12.21** | **1865.83** | **284.82** | **-64.87** |
| | | | -0.05 | | | -77.41 | 284.82 | -64.87 |
| | | | -0.10 | | | 1943.24 | | |
| | | | | | | | | |
| | | | | | 12.21 | | | |
| | | | | | | | | |
| | | | | | | | | |
| | | | | | | | | |
| | | | | | | | | |
| | | | **0.85** | | | | **36.23** | |
| **8.14** | **9.51** | | **47.75** | **7.34** | **10.97** | **2033.67** | **449.69** | **437.09** |
| | | | 0.60 | | | | 2.02 | |
| 2.19 | 0.41 | | 36.27 | 7.34 | 10.97 | 2033.67 | 286.55 | 427.09 |
| | | | | | | | | |
| | 0.58 | | 0.05 | | | | 12.49 | |
| 5.95 | 0.80 | | 0.11 | | | | 9.34 | |
| | 3.32 | | 2.61 | | | | 23.54 | |
| | 4.40 | | 8.05 | | | | 84.99 | 10.00 |
| | 2.62 | | 8.05 | | | | 57.63 | |
| | 1.78 | | | | | | 27.36 | 10.00 |
| | | | 0.06 | | | | 30.76 | |
| | | | | | | | | |
| **8.14** | **9.51** | | **48.75** | **7.34** | **10.97** | **2033.67** | **485.92** | **501.96** |

# 6-23 四川能源平衡表(实物量)-2008

| 项目 | Item | 煤合计 (万吨) Coal Total ($10^4$ tn) | 原煤 (万吨) Raw Coal ($10^4$ tn) |
|---|---|---|---|
| **一.可供本地区消费的能源量** | **Total Primary Energy Supply** | **10726.99** | **10904.19** |
| 1.一次能源生产量 | Indigenous Production | 9637.36 | 9637.36 |
| 2.回收能 | Recovery of Energy | | |
| 3.外省(区、市)调入量 | Moving In from Other Provinces | 2061.35 | 2061.35 |
| 4.进口量 | Import | | |
| 5.我轮、机在外国加油量 | Chinese Airplanes & Ships in Refueling Abroad | | |
| 6.本省(区、市)调出量(-) | Sending Out to Other Provinces(-) | -809.21 | -643.00 |
| 7.出口量(-) | Export(-) | | |
| 8.外轮、机在我国加油量(-) | Foreign Airplanes & Ships in Refueling in China | | |
| 9.库存增(-)、减(+)量 | Stock Change | -162.51 | -151.52 |
| **二.加工转换投入(-)产出(+)量** | **Input(-) & Output(+) of Transformation** | **-5168.28** | **-5891.67** |
| 1.火力发电 | Thermal Power | -2727.60 | -2727.61 |
| 2.供热 | Heating Supply | -163.93 | -163.93 |
| 3.洗选煤 | Coal Washing | -1001.75 | -3000.13 |
| 4.炼焦 | Coking | -1275.00 | |
| 5.炼油 | Petroleum Refineries | | |
| 6.制气 | Gas Works | | |
| #焦炭再投入量(-) | Coke Input(-) | | |
| 7.煤制品加工 | Briquettes | | |
| **三.损失量** | **Loss** | **82.47** | **80.76** |
| **四.终端消费量** | **Total Final Consumption** | **5476.66** | **4932.19** |
| 1.农、林、牧、渔、水利业 | Farming, Forestry, Animal Husbandry, Fishery & Water Conservancy | 38.12 | 38.12 |
| 2.工业 | Industry | 4570.50 | 4026.03 |
| #用作原料、材料 | Non-Energy Use | | 261.49 |
| 3.建筑业 | Construction | 20.36 | 20.36 |
| 4.交通运输、仓储和邮政业 | Transport, Storage and Post | 15.75 | 15.75 |
| 5.批发、零售业和住宿、餐饮业 | Wholesale,Retail Trade and Hotel,Restaurants | 60.29 | 60.29 |
| 6.生活消费 | Residential Consumption | 754.38 | 754.38 |
| 城镇 | Urban | 141.82 | 141.82 |
| 乡村 | Rural | 612.56 | 612.56 |
| 7.其他 | Other | 17.26 | 17.26 |
| **五.平衡差额** | **Statistical Difference** | **-0.42** | |
| **六.消费量合计** | **Sum of Consumption** | **10727.41** | **10904.62** |

# ENERGY BALANCE OF SICHUAN -2008 (PHYSICAL QUANTITY)

| 洗精煤<br>(万吨)<br>Cleaned Coal<br>($10^4$ tn) | 其他洗煤<br>(万吨)<br>Other Washed Coal<br>($10^4$ tn) | 型煤<br>(万吨)<br>Briquettes<br>($10^4$ tn) | 焦炭<br>(万吨)<br>Coke<br>($10^4$ tn) | 焦炉煤气<br>(万吨)<br>Coke Oven Gas<br>($10^8$ cu.m) | 其他煤气<br>(万吨)<br>Other Gas<br>($10^8$ cu.m) | 油品合计<br>(万吨)<br>Petroleum Products Total<br>($10^4$ tn) | 原油<br>(万吨)<br>Crude Oil<br>($10^4$ tn) | 汽油<br>(万吨)<br>Gasoline<br>($10^4$ tn) |
|---|---|---|---|---|---|---|---|---|
| **-177.10** | **-0.10** | | **103.10** | | | **1134.58** | **285.49** | **324.33** |
| | | | | | | 19.43 | 19.43 | |
| | | | | | | | | |
| | | | 103.11 | | | 1136.64 | 271.74 | 326.34 |
| | | | | | | | | |
| | | | | | | 6.11 | | |
| -166.21 | | | | | | -16.17 | | |
| | | | | | | | | |
| | | | | | | -1.58 | | |
| -10.89 | -0.10 | | -0.01 | | | -9.85 | -5.68 | -2.01 |
| **218.38** | **505.00** | **0.01** | **1016.00** | **0.01** | **0.01** | **-11.67** | **-282.73** | **51.59** |
| | | 0.01 | | 0.01 | 0.01 | -3.13 | | |
| | | | | | | -2.08 | | |
| 1493.38 | 505.00 | | | | | | | |
| -1275.00 | | | 1016.00 | | | | | |
| | | | | | | -6.46 | -282.73 | 51.59 |
| | | | | | | | | |
| | | | | | | | | |
| | | | | | | | | |
| **1.28** | **0.43** | | **1.32** | | | **2.57** | **0.88** | **0.83** |
| **40.00** | **504.47** | | **1117.78** | | | **1120.33** | **1.88** | **375.09** |
| | | | | | | 135.44 | | 5.26 |
| 40.00 | 504.47 | | 1106.60 | | | 230.28 | 1.88 | 21.36 |
| 11.95 | 2.98 | | | | | | | |
| | | | 3.78 | | | 32.38 | | 27.68 |
| | | | 3.76 | | | 587.55 | | 244.97 |
| | | | 3.64 | | | 56.53 | | 12.76 |
| | | | | | | 7.04 | | 6.04 |
| | | | | | | 4.07 | | 3.93 |
| | | | | | | 2.97 | | 2.11 |
| | | | | | | 71.11 | | 57.02 |
| | | **0.01** | | **0.01** | **0.01** | **0.01** | | |
| **1316.28** | **504.90** | **-0.01** | **1119.10** | **-0.01** | **-0.01** | **1134.57** | **285.49** | **375.92** |

## 续表

| 项　　目 | Item | 煤油（万吨） Kerosene (10⁴ tn) | 柴油（万吨） Diesel Oil (10⁴ tn) |
|---|---|---|---|
| **一.可供本地区消费的能源量** | **Total Primary Energy Supply** | **125.50** | **390.60** |
| 1.一次能源生产量 | Indigenous Production | | |
| 2.回收能 | Recovery of Energy | | |
| 3.外省(区、市)调入量 | Moving In from Other Provinces | 136.08 | 394.00 |
| 4.进口量 | Import | | |
| 5.我轮、机在外国加油量 | Chinese Airplanes & Ships in Refueling Abroad | 6.11 | |
| 6.本省(区、市)调出量(−) | Sending Out to Other Provinces(-) | -16.17 | |
| 7.出口量(−) | Export(-) | | |
| 8.外轮、机在我国加油量(−) | Foreign Airplanes & Ships in Refueling in China | -1.58 | |
| 9.库存增(−)、减(+)量 | Stock Change | 1.06 | -3.40 |
| **二.加工转换投入(−)产出(+)量** | **Input(-) & Output(+) of Transformation** | **1.11** | **83.34** |
| 1.火力发电 | Thermal Power | | |
| 2.供热 | Heating Supply | | |
| 3.洗选煤 | Coal Washing | | |
| 4.炼焦 | Coking | | |
| 5.炼油 | Petroleum Refineries | 1.11 | 83.34 |
| 6.制气 | Gas Works | | |
| #焦炭再投入量(−) | Coke Input(-) | | |
| 7.煤制品加工 | Briquettes | | |
| **三.损失量** | **Loss** | **0.04** | **0.80** |
| **四.终端消费量** | **Total Final Consumption** | **126.57** | **473.14** |
| 1.农、林、牧、渔、水利业 | Farming, Forestry, Animal Husbandry, Fishery & Water Conservancy | 0.12 | 129.41 |
| 2.工业 | Industry | 3.60 | 64.45 |
| #用作原料、材料 | Non-Energy Use | | |
| 3.建筑业 | Construction | 0.10 | 2.00 |
| 4.交通运输、仓储和邮政业 | Transport, Storage and Post | 120.26 | 222.32 |
| 5.批发、零售业和住宿、餐饮业 | Wholesale,Retail Trade and Hotel,Restaurants | 1.36 | 41.00 |
| 6.生活消费 | Residential Consumption | 0.71 | 0.29 |
| 城镇 | Urban | 0.14 | |
| 乡村 | Rural | 0.57 | 0.29 |
| 7.其他 | Other | 0.42 | 13.67 |
| **五.平衡差额** | **Statistical Difference** | | |
| **六.消费量合计** | **Sum of Consumption** | **126.61** | **473.94** |

Continued

| 燃料油<br>(万吨)<br>Fuel Oil<br>($10^4$ tn) | 液化石油气<br>(万吨)<br>LPG<br>($10^4$ tn) | 炼厂干气<br>(万吨)<br>Refinery Gas<br>($10^4$ tn) | 天然气<br>Natural Gas<br>($10^4$ tn) | 其他石油制品<br>(万吨)<br>Other Petroleum Products<br>($10^4$ tn) | 其他焦化产品<br>(万吨)<br>Other Coking Products<br>($10^8$ cu.m) | 热力<br>(百亿千焦)<br>Heat<br>($10^{10}$ kJ) | 电力<br>(亿千瓦时)<br>Electricity<br>($10^8$kW•h) | 其他能源<br>(万吨标煤)<br>Other Energy<br>($10^4$tce) |
|---|---|---|---|---|---|---|---|---|
| **8.66** | | | **108.94** | | | | **813.02** | |
| | | | 172.69 | | | | 835.51 | |
| | | | | | | | | |
| 8.48 | | | | | | | 28.18 | |
| | | | | | | | | |
| | | | | | | | | |
| | | | -63.75 | | | | -50.67 | |
| | | | | | | | | |
| | | | | | | | | |
| 0.18 | | | | | | | | |
| **-1.28** | **12.75** | **0.01** | **-13.00** | **123.54** | **0.01** | **3000.00** | **400.27** | |
| -3.14 | | 0.01 | -12.92 | | 0.01 | | 400.27 | |
| -2.08 | | | -0.08 | | | 3000.00 | | |
| | | | | | | | | |
| | | | | | | | | |
| 3.94 | 12.75 | | | 123.54 | | | | |
| | | | | | | | | |
| | | | | | | | | |
| | | | | | | | | |
| **0.02** | | | **2.58** | | | **5.60** | **112.21** | |
| **7.36** | **12.75** | | **93.36** | **123.54** | | **2994.40** | **1101.08** | |
| 0.65 | | | 0.03 | | | | 14.31 | |
| 2.70 | 12.75 | | 62.08 | 123.54 | | 2994.40 | 765.45 | |
| | | | 38.94 | | | | | |
| 2.60 | | | 2.59 | | | | 18.74 | |
| | | | 0.49 | | | | 20.29 | |
| 1.41 | | | 3.00 | | | | 34.11 | |
| | | | 25.17 | | | | 190.49 | |
| | | | 25.17 | | | | 113.05 | |
| | | | | | | | 77.44 | |
| | | | | | | | 57.69 | |
| | | **0.01** | | | **0.01** | | | |
| **12.60** | **12.75** | **-0.01** | **108.94** | **123.54** | **-0.01** | **3000.00** | **1213.29** | |

# 6-24 贵州能源平衡表(实物量)-2008

| 项目 | Item | 煤合计(万吨) Coal Total ($10^4$ tn) | 原煤(万吨) Raw Coal ($10^4$ tn) |
|---|---|---|---|
| **一.可供本地区消费的能源量** | **Total Primary Energy Supply** | **9388.77** | **10451.32** |
| 1.一次能源生产量 | Indigenous Production | 11239.72 | 11239.72 |
| 2.回收能 | Recovery of Energy | | |
| 3.外省(区、市)调入量 | Moving In from Other Provinces | | |
| 4.进口量 | Import | | |
| 5.我轮、机在外国加油量 | Chinese Airplanes & Ships in Refueling Abroad | | |
| 6.本省(区、市)调出量(-) | Sending Out to Other Provinces(-) | -1844.95 | -782.40 |
| 7.出口量(-) | Export(-) | -6.00 | -6.00 |
| 8.外轮、机在我国加油量(-) | Foreign Airplanes & Ships in Refueling in China | | |
| 9.库存增(-)、减(+)量 | Stock Change | 125.13 | 141.08 |
| **二.加工转换投入(-)产出(+)量** | **Input(-) & Output(+) of Transformation** | **-5999.52** | **-7223.35** |
| 1.火力发电 | Thermal Power | -4130.83 | -4117.45 |
| 2.供热 | Heating Supply | -178.84 | -178.84 |
| 3.洗选煤 | Coal Washing | -560.78 | -2546.43 |
| 4.炼焦 | Coking | -1129.76 | -306.82 |
| 5.炼油 | Petroleum Refineries | | |
| 6.制气 | Gas Works | -6.28 | -6.28 |
| #焦炭再投入量(-) | Coke Input(-) | | |
| 7.煤制品加工 | Briquettes | 6.97 | -67.53 |
| **三.损失量** | **Loss** | **25.00** | **25.00** |
| **四.终端消费量** | **Total Final Consumption** | **3707.66** | **3562.33** |
| 1.农、林、牧、渔、水利业 | Farming, Forestry, Animal Husbandry, Fishery & Water Conservancy | 159.12 | 159.12 |
| 2.工业 | Industry | 1951.88 | 1845.06 |
| #用作原料、材料 | Non-Energy Use | 281.13 | 270.77 |
| 3.建筑业 | Construction | 20.08 | 20.08 |
| 4.交通运输、仓储和邮政业 | Transport, Storage and Post | 7.23 | 7.23 |
| 5.批发、零售业和住宿、餐饮业 | Wholesale,Retail Trade and Hotel,Restaurants | 425.81 | 421.95 |
| 6.生活消费 | Residential Consumption | 652.32 | 618.27 |
| 城镇 | Urban | 172.92 | 157.87 |
| 乡村 | Rural | 479.40 | 460.40 |
| 7.其他 | Other | 491.22 | 490.62 |
| **五.平衡差额** | **Statistical Difference** | **-343.41** | **-359.36** |
| **六.消费量合计** | **Sum of Consumption** | **9732.18** | **10810.68** |

# ENERGY BALANCE OF GUIZHOU-2008 (PHYSICAL QUANTITY)

| 洗精煤 (万吨) Cleaned Coal ($10^4$ tn) | 其他洗煤 (万吨) Other Washed Coal ($10^4$ tn) | 型煤 (万吨) Briquettes ($10^4$ tn) | 焦炭 (万吨) Coke ($10^4$ tn) | 焦炉煤气 (亿立方米) Coke Oven Gas ($10^8$ cu.m) | 其他煤气 (亿立方米) Other Gas ($10^8$ cu.m) | 油品合计 (万吨) Petroleum Products Total ($10^4$ tn) | 原油 (万吨) Crude Oil ($10^4$ tn) | 汽油 (万吨) Gasoline ($10^4$ tn) |
|---|---|---|---|---|---|---|---|---|
| **-330.38** | **-732.17** | | **-356.70** | | | **427.96** | | **120.09** |
| | | | | | | | | |
| | | | | | | | | |
| | | | | | | 427.96 | | 120.09 |
| | | | | | | | | |
| | | | | | | | | |
| -330.38 | -732.17 | | -356.70 | | | | | |
| | | | | | | | | |
| | | | | | | | | |
| -3.91 | -9.95 | -2.09 | -7.90 | | | 3.19 | | 3.33 |
| **378.71** | **770.62** | **74.50** | **812.09** | **5.70** | **1.78** | | | |
| | -13.38 | | | -3.92 | | | | |
| | | | | | | | | |
| 1200.97 | 784.68 | | | | | | | |
| -822.26 | -0.68 | | 815.57 | 9.42 | | | | |
| | | | | | | | | |
| | | | | 0.20 | 1.78 | | | |
| | | | -3.48 | | | | | |
| | | 74.50 | | | | | | |
| | | | | **0.03** | | | | |
| **44.42** | **28.50** | **72.41** | **447.49** | **5.67** | **1.78** | **431.15** | | **123.42** |
| | | | | 0.12 | | 0.17 | | 0.09 |
| 44.42 | 28.50 | 33.90 | 445.81 | 3.24 | 1.78 | 75.57 | | 4.92 |
| 4.42 | 0.27 | 5.67 | 34.30 | | | 0.06 | | |
| | | | 1.68 | 0.04 | | 12.73 | | 3.74 |
| | | | | 0.01 | | 265.63 | | 92.77 |
| | | 3.86 | | 0.88 | | 17.31 | | 3.84 |
| | | 34.05 | | 0.94 | | 15.87 | | 5.70 |
| | | 15.05 | | 0.94 | | 15.51 | | 5.60 |
| | | 19.00 | | | | 0.36 | | 0.10 |
| | | 0.60 | | 0.44 | | 43.87 | | 12.36 |
| **3.91** | **9.95** | **2.09** | **7.90** | | | **-3.19** | | **-3.33** |
| **866.68** | **42.56** | **72.41** | **450.97** | **9.62** | **1.78** | **431.15** | | **123.42** |

## 续表

| 项　　目 | Item | 煤油（万吨） Kerosene ($10^4$ tn) | 柴油（万吨） Diesel Oil ($10^4$ tn) |
|---|---|---|---|
| **一.可供本地区消费的能源量** | **Total Primary Energy Supply** | **3.09** | **227.95** |
| 1.一次能源生产量 | Indigenous Production | | |
| 2.回收能 | Recovery of Energy | | |
| 3.外省(区、市)调入量 | Moving In from Other Provinces | 3.09 | 227.95 |
| 4.进口量 | Import | | |
| 5.我轮、机在外国加油量 | Chinese Airplanes & Ships in Refueling Abroad | | |
| 6.本省(区、市)调出量(-) | Sending Out to Other Provinces(-) | | |
| 7.出口量(-) | Export(-) | | |
| 8.外轮、机在我国加油量(-) | Foreign Airplanes & Ships in Refueling in China | | |
| 9.库存增(-)、减(+)量 | Stock Change | -0.14 | -1.49 |
| **二.加工转换投入(-)产出(+)量** | **Input(-) & Output(+) of Transformation** | | |
| 1.火力发电 | Thermal Power | | |
| 2.供热 | Heating Supply | | |
| 3.洗选煤 | Coal Washing | | |
| 4.炼焦 | Coking | | |
| 5.炼油 | Petroleum Refineries | | |
| 6.制气 | Gas Works | | |
| #焦炭再投入量(-) | Coke Input(-) | | |
| 7.煤制品加工 | Briquettes | | |
| **三.损失量** | **Loss** | | |
| **四.终端消费量** | **Total Final Consumption** | **2.95** | **226.46** |
| 1.农、林、牧、渔、水利业 | Farming, Forestry, Animal Husbandry, Fishery & Water Conservancy | 0.02 | 0.06 |
| 2.工业 | Industry | 1.15 | 18.04 |
| #用作原料、材料 | Non-Energy Use | | 0.06 |
| 3.建筑业 | Construction | | 8.86 |
| 4.交通运输、仓储和邮政业 | Transport, Storage and Post | 1.65 | 160.17 |
| 5.批发、零售业和住宿、餐饮业 | Wholesale,Retail Trade and Hotel,Restaurants | 0.08 | 7.89 |
| 6.生活消费 | Residential Consumption | 0.05 | |
| 城镇 | Urban | | |
| 乡村 | Rural | 0.05 | |
| 7.其他 | Other | | 31.44 |
| **五.平衡差额** | **Statistical Difference** | **0.14** | **1.49** |
| **六.消费量合计** | **Sum of Consumption** | **2.95** | **226.46** |

Continued

| 燃料油 (万吨) Fuel Oil ($10^4$ tn) | 液化石油气 (万吨) LPG ($10^4$ tn) | 炼厂干气 (万吨) Refinery Gas ($10^4$ tn) | 天然气 (亿立方米) Natural Gas ($10^8$ cu.m) | 其他石油制品 (万吨) Other Petroleum Products ($10^4$ tn) | 其他焦化产品 (万吨) Other Coking Products ($10^4$ tn) | 热力 (百亿千焦) Heat ($10^{10}$ kJ) | 电力 (亿千瓦时) Electricity ($10^8$ kW•h) | 其他能源 (万吨标煤) Other Energy ($10^4$ tce) |
|---|---|---|---|---|---|---|---|---|
| **22.80** | **16.12** | | **4.74** | **37.91** | **-8.90** | **1436.82** | **-136.91** | **89.44** |
| | | | | | | | 375.60 | |
| | | | | | | 1436.82 | | 89.44 |
| 22.80 | 16.12 | | 4.74 | 37.91 | | | 3.33 | |
| | | | | | | | | |
| | | | | | | | | |
| | | | | | -8.90 | | -515.84 | |
| | | | | | | | | |
| | | | | | | | | |
| 0.36 | -0.01 | | | 1.14 | -0.03 | | | |
| | | | | | **14.04** | **2800.38** | **816.09** | **-89.44** |
| | | | | | | | 816.09 | -89.44 |
| | | | | | | 2800.38 | | |
| | | | | | | | | |
| | | | | | 14.04 | | | |
| | | | | | | | | |
| | | | | | | | | |
| | | | | | | | | |
| | | | | | | | | |
| | | | | | | | **47.10** | |
| **23.16** | **16.11** | | **4.74** | **39.05** | **5.11** | **4237.20** | **632.08** | |
| | | | | | | | 4.22 | |
| 12.12 | 0.29 | | 4.64 | 39.05 | 5.11 | 4237.20 | 484.54 | |
| | | | | | | | | |
| | 0.13 | | | | | | 8.04 | |
| 11.04 | | | | | | | 18.02 | |
| | 5.50 | | | | | | 9.67 | |
| | 10.12 | | 0.10 | | | | 88.79 | |
| | 9.91 | | 0.10 | | | | 58.23 | |
| | 0.21 | | | | | | 30.56 | |
| | 0.07 | | | | | | 18.80 | |
| **-0.36** | **0.01** | | | **-1.14** | **0.03** | | | |
| **23.16** | **16.11** | | **4.74** | **39.05** | **5.11** | **4237.20** | **679.18** | **89.44** |

# 6-25 云南能源平衡表(实物量)-2008

| 项　　目 | Item | 煤合计 (万吨) Coal Total ($10^4$ tn) | 原煤 (万吨) Raw Coal ($10^4$ tn) |
|---|---|---|---|
| **一.可供本地区消费的能源量** | **Total Primary Energy Supply** | **7915.94** | **7852.96** |
| 1.一次能源生产量 | Indigenous Production | 8657.43 | 8657.43 |
| 2.回收能 | Recovery of Energy | | |
| 3.外省(区、市)调入量 | Moving In from Other Provinces | 595.47 | 83.68 |
| 4.进口量 | Import | | |
| 5.我轮、机在外国加油量 | Chinese Airplanes & Ships in Refueling Abroad | | |
| 6.本省(区、市)调出量(-) | Sending Out to Other Provinces(-) | -1007.01 | -590.50 |
| 7.出口量(-) | Export(-) | | |
| 8.外轮、机在我国加油量(-) | Foreign Airplanes & Ships in Refueling in China | | |
| 9.库存增(-)、减(+)量 | Stock Change | -329.95 | -297.65 |
| **二.加工转换投入(-)产出(+)量** | **Input(-) & Output(+) of Transformation** | **-5242.47** | **-5292.65** |
| 1.火力发电 | Thermal Power | -2823.96 | -2766.85 |
| 2.供热 | Heating Supply | -46.44 | -46.44 |
| 3.洗选煤 | Coal Washing | -390.97 | -1654.65 |
| 4.炼焦 | Coking | -1842.20 | -795.97 |
| 5.炼油 | Petroleum Refineries | | |
| 6.制气 | Gas Works | -141.49 | -10.49 |
| #焦炭再投入量(-) | Coke Input(-) | | |
| 7.煤制品加工 | Briquettes | 2.59 | -18.25 |
| **三.损失量** | **Loss** | | |
| **四.终端消费量** | **Total Final Consumption** | **2673.22** | **2560.00** |
| 1.农、林、牧、渔、水利业 | Farming, Forestry, Animal Husbandry, Fishery & Water Conservancy | 205.28 | 205.28 |
| 2.工业 | Industry | 2053.12 | 1980.64 |
| #用作原料、材料 | Non-Energy Use | | 245.60 |
| 3.建筑业 | Construction | 29.21 | 28.47 |
| 4.交通运输、仓储和邮政业 | Transport, Storage and Post | 18.75 | 18.75 |
| 5.批发、零售业和住宿、餐饮业 | Wholesale,Retail Trade and Hotel,Restaurants | 43.89 | 43.89 |
| 6.生活消费 | Residential Consumption | 292.45 | 252.45 |
| 城镇 | Urban | 49.59 | 32.78 |
| 乡村 | Rural | 242.86 | 219.67 |
| 7.其他 | Other | 30.52 | 30.52 |
| **五.平衡差额** | **Statistical Difference** | **0.25** | **0.30** |
| **六.消费量合计** | **Sum of Consumption** | **7915.69** | **7852.66** |

# ENERGY BALANCE OF YUNNAN-2008 (PHYSICAL QUANTITY)

| 洗精煤 (万吨) Cleaned Coal ($10^4$ tn) | 其他洗煤 (万吨) Other Washed Coal ($10^4$ tn) | 型煤 (万吨) Briquettes ($10^4$ tn) | 焦炭 (万吨) Coke ($10^4$ tn) | 焦炉煤气 (亿立方米) Coke Oven Gas ($10^8$ cu.m) | 其他煤气 (亿立方米) Other Gas ($10^8$ cu.m) | 油品合计 (万吨) Petroleum Products Total ($10^4$ tn) | 原油 (万吨) Crude Oil ($10^4$ tn) | 汽油 (万吨) Gasoline ($10^4$ tn) |
|---|---|---|---|---|---|---|---|---|
| **339.43** | **-276.98** | **0.53** | **-60.19** | | **105.27** | **656.64** | **0.11** | **178.86** |
| | | | | | | 0.07 | 0.07 | |
| | | | | | 105.27 | | | |
| 499.54 | 12.25 | | 25.45 | | | 672.17 | | 183.58 |
| | | | | | | | | |
| | | | | | | 0.35 | | |
| -135.42 | -281.09 | | -65.90 | | | -13.79 | | -3.99 |
| | | | | | | -1.03 | | |
| | | | | | | -0.35 | | |
| -24.69 | -8.14 | 0.53 | -19.74 | | | -0.78 | 0.04 | -0.73 |
| **-305.76** | **335.11** | **20.84** | **1387.66** | **14.36** | **-35.55** | **-2.41** | | |
| | -57.11 | | -2.74 | -2.17 | -35.71 | -2.28 | | |
| | | | | | | | | |
| 871.47 | 392.22 | | | | | | | |
| -1046.23 | | | 1297.91 | 14.25 | | | | |
| | | | | | | | | |
| -131.00 | | | 93.70 | 2.28 | 0.16 | -0.13 | | |
| | | | -1.21 | | | | | |
| | | 20.84 | | | | | | |
| | | | | | | | | |
| **33.70** | **58.13** | **21.38** | **1327.48** | **14.36** | **70.61** | **654.16** | **0.06** | **178.86** |
| | | | 0.38 | | | 23.01 | | 8.29 |
| 33.70 | 22.76 | 16.01 | 1324.04 | 10.54 | 69.43 | 58.39 | 0.06 | 7.72 |
| 3.03 | 0.82 | 5.92 | 146.34 | | | 1.10 | | 0.04 |
| | 0.74 | | 1.62 | | | 35.20 | | 12.13 |
| | | | 0.45 | | 0.00 | 430.42 | | 80.78 |
| | | | 0.13 | | 0.47 | 17.15 | | 9.31 |
| | 34.63 | 5.37 | 0.43 | 3.82 | 0.27 | 66.00 | | 45.01 |
| | 15.28 | 1.53 | 0.21 | 3.82 | 0.27 | 32.09 | | 22.80 |
| | 19.35 | 3.84 | 0.22 | | | 33.91 | | 22.21 |
| | | | 0.43 | | 0.44 | 23.99 | | 15.62 |
| **-0.04** | **-0.01** | **-0.01** | | | **-0.89** | **0.07** | **0.05** | |
| **1210.93** | **115.24** | **21.38** | **1331.43** | **16.53** | **106.32** | **656.57** | **0.06** | **178.86** |

## 续表

| 项　　目 | Item | 煤油(万吨) Kerosene ($10^4$ tn) | 柴油(万吨) Diesel Oil ($10^4$ tn) |
|---|---|---|---|
| **一.可供本地区消费的能源量** | **Total Primary Energy Supply** | **38.19** | **411.95** |
| 1.一次能源生产量 | Indigenous Production | | |
| 2.回收能 | Recovery of Energy | | |
| 3.外省(区、市)调入量 | Moving In from Other Provinces | 38.12 | 423.09 |
| 4.进口量 | Import | | |
| 5.我轮、机在外国加油量 | Chinese Airplanes & Ships in Refueling Abroad | 0.35 | |
| 6.本省(区、市)调出量(-) | Sending Out to Other Provinces(-) | -0.02 | -9.78 |
| 7.出口量(-) | Export(-) | | -1.03 |
| 8.外轮、机在我国加油量(-) | Foreign Airplanes & Ships in Refueling in China | -0.35 | |
| 9.库存增(-)、减(+)量 | Stock Change | 0.09 | -0.33 |
| **二.加工转换投入(-)产出(+)量** | **Input(-) & Output(+) of Transformation** | | **-2.28** |
| 1.火力发电 | Thermal Power | | -2.28 |
| 2.供热 | Heating Supply | | |
| 3.洗选煤 | Coal Washing | | |
| 4.炼焦 | Coking | | |
| 5.炼油 | Petroleum Refineries | | |
| 6.制气 | Gas Works | | |
| #焦炭再投入量(-) | Coke Input(-) | | |
| 7.煤制品加工 | Briquettes | | |
| **三.损失量** | **Loss** | | |
| **四.终端消费量** | **Total Final Consumption** | **38.19** | **409.67** |
| 1.农、林、牧、渔、水利业 | Farming, Forestry, Animal Husbandry, Fishery & Water Conservancy | 0.07 | 14.65 |
| 2.工业 | Industry | 0.20 | 39.00 |
| #用作原料、材料 | Non-Energy Use | 0.05 | 0.15 |
| 3.建筑业 | Construction | 1.21 | 21.85 |
| 4.交通运输、仓储和邮政业 | Transport, Storage and Post | 35.19 | 312.75 |
| 5.批发、零售业和住宿、餐饮业 | Wholesale,Retail Trade and Hotel,Restaurants | 0.85 | 4.36 |
| 6.生活消费 | Residential Consumption | 0.02 | 10.84 |
| 城镇 | Urban | 0.01 | 4.11 |
| 乡村 | Rural | 0.01 | 6.73 |
| 7.其他 | Other | 0.64 | 6.23 |
| **五.平衡差额** | **Statistical Difference** | | |
| **六.消费量合计** | **Sum of Consumption** | **38.19** | **411.95** |

Continued

| 燃料油 (万吨) Fuel Oil ($10^4$ tn) | 液化石油气 (万吨) LPG ($10^4$ tn) | 炼厂干气 (万吨) Refinery Gas ($10^4$ tn) | 天然气 (亿立方米) Natural Gas ($10^4$ tn) | 其他石油制品 (万吨) Other Petroleum Products ($10^4$ tn) | 其他焦化产品 (万吨) Other Coking Products ($10^8$ cu.m) | 热力 (百亿千焦) Heat ($10^{10}$ kJ) | 电力 (亿千瓦时) Electricity ($10^8$kW•h) | 其他能源 (万吨标煤) Other Energy ($10^4$tce) |
|---|---|---|---|---|---|---|---|---|
| **5.21** | **14.60** | | **5.27** | **7.71** | **-19.04** | | **411.84** | **123.58** |
| | | | 0.12 | | | | 621.96 | 123.67 |
| 5.14 | 14.50 | | 5.15 | 7.73 | | | 2.44 | |
| | | | | | -19.17 | | -181.00 | |
| | | | | | | | -31.56 | |
| 0.07 | 0.10 | | | -0.02 | 0.13 | | | -0.09 |
| | **-0.13** | | | | **46.12** | **416.63** | **417.60** | **-42.63** |
| | | | | | | | 417.60 | -42.63 |
| | | | | | | 416.63 | | |
| | | | | | 42.48 | | | |
| | -0.13 | | | | 8.96 | | | |
| | | | | | -5.32 | | | |
| | | | | | | | **66.69** | |
| **5.20** | **14.47** | | **5.28** | **7.71** | **27.08** | **416.64** | **762.75** | **80.95** |
| | | | | | | | 13.16 | 11.66 |
| 5.20 | 0.27 | | 5.08 | 5.93 | 25.87 | 416.63 | 583.83 | 57.43 |
| 0.06 | 0.02 | | 4.97 | 0.79 | | | | 3.21 |
| | | | | | 0.67 | | 12.92 | |
| | 0.02 | | | 1.68 | | | 14.24 | |
| | 2.60 | | 0.01 | 0.03 | 0.52 | | 11.99 | |
| | 10.13 | | 0.18 | | | | 106.59 | 11.86 |
| | 5.17 | | 0.18 | | | | 71.09 | 2.17 |
| | 4.96 | | | | | | 35.51 | 9.69 |
| | 1.44 | | 0.01 | 0.07 | 0.02 | 0.01 | 20.02 | |
| **0.01** | | | | | | **-0.01** | | |
| **5.20** | **14.60** | | **5.28** | **7.71** | **32.40** | **416.64** | **829.44** | **123.58** |

# 6-26 陕西能源平衡表(实物量)-2008

| 项　目 | Item | 煤合计 (万吨) Coal Total ($10^4$ tn) | 原煤 (万吨) Raw Coal ($10^4$ tn) |
|---|---|---|---|
| **一.可供本地区消费的能源量** | **Total Primary Energy Supply** | **10987.33** | **11203.58** |
| 1.一次能源生产量 | Indigenous Production | 24264.22 | 24264.22 |
| 2.回收能 | Recovery of Energy | | |
| 3.外省(区、市)调入量 | Moving In from Other Provinces | | |
| 4.进口量 | Import | | |
| 5.我轮、机在外国加油量 | Chinese Airplanes & Ships in Refueling Abroad | | |
| 6.本省(区、市)调出量(-) | Sending Out to Other Provinces(-) | -13110.00 | -12880.00 |
| 7.出口量(-) | Export(-) | | |
| 8.外轮、机在我国加油量(-) | Foreign Airplanes & Ships in Refueling in China | | |
| 9.库存增(-)、减(+)量 | Stock Change | -166.89 | -180.64 |
| **二.加工转换投入(-)产出(+)量** | **Input(-) & Output(+) of Transformation** | **-6212.27** | **-6286.56** |
| 1.火力发电 | Thermal Power | -3629.22 | -3620.00 |
| 2.供热 | Heating Supply | -222.24 | -222.24 |
| 3.洗选煤 | Coal Washing | -159.84 | -795.54 |
| 4.炼焦 | Coking | -2201.57 | -1644.36 |
| 5.炼油 | Petroleum Refineries | | |
| 6.制气 | Gas Works | | |
| #焦炭再投入量(-) | Coke Input(-) | | |
| 7.煤制品加工 | Briquettes | 0.60 | -4.42 |
| **三.损失量** | **Loss** | | |
| **四.终端消费量** | **Total Final Consumption** | **2729.04** | **2642.43** |
| 1.农、林、牧、渔、水利业 | Farming, Forestry, Animal Husbandry, Fishery & Water Conservancy | 21.28 | 21.28 |
| 2.工业 | Industry | 2188.71 | 2155.90 |
| #用作原料、材料 | Non-Energy Use | | 397.68 |
| 3.建筑业 | Construction | 22.95 | 22.95 |
| 4.交通运输、仓储和邮政业 | Transport, Storage and Post | 78.64 | 78.64 |
| 5.批发、零售业和住宿、餐饮业 | Wholesale,Retail Trade and Hotel,Restaurants | 161.66 | 161.66 |
| 6.生活消费 | Residential Consumption | 106.80 | 53.00 |
| 城镇 | Urban | 53.80 | 28.00 |
| 乡村 | Rural | 53.00 | 25.00 |
| 7.其他 | Other | 149.00 | 149.00 |
| **五.平衡差额** | **Statistical Difference** | **2046.02** | **2274.59** |
| **六.消费量合计** | **Sum of Consumption** | **8941.31** | **8928.99** |

# ENERGY BALANCE OF SHAANXI-2008 (PHYSICAL QUANTITY)

| 洗精煤 (万吨) Cleaned Coal ($10^4$ tn) | 其他洗煤 (万吨) Other Washed Coal ($10^4$ tn) | 型煤 (万吨) Briquettes ($10^4$ tn) | 焦炭 (万吨) Coke ($10^4$ tn) | 焦炉煤气 (亿立方米) Coke Oven Gas ($10^8$ cu.m) | 其他煤气 (亿立方米) Other Gas ($10^8$ cu.m) | 油品合计 (万吨) Petroleum Products Total ($10^4$ tn) | 原油 (万吨) Crude Oil ($10^4$ tn) | 汽油 (万吨) Gasoline ($10^4$ tn) |
|---|---|---|---|---|---|---|---|---|
| **14.05** | **-230.23** | **-0.07** | **-948.47** | | | **1378.90** | **1909.11** | **-231.81** |
| | | | | | | 2463.60 | 2463.60 | |
| | | | | | | | | |
| | | | | | | | | |
| | | | | | | | | |
| | | | | | | | | |
| | -230.00 | | -390.00 | | | -1078.00 | -550.00 | -230.00 |
| | | | -570.00 | | | -3.00 | | -3.00 |
| | | | | | | | | |
| 14.05 | -0.23 | -0.07 | 11.53 | | | -3.70 | -4.49 | 1.19 |
| **-175.42** | **239.67** | **10.04** | **1298.92** | **8.19** | **-12.69** | **-144.80** | **-1706.58** | **464.93** |
| | -9.22 | | | -0.35 | -18.38 | -1.08 | | -0.05 |
| | | | | -0.18 | -1.07 | -0.99 | | |
| 381.79 | 248.89 | 5.02 | | | | | | |
| -557.21 | | | 1298.92 | 9.72 | | | | |
| | | | | | | -142.73 | -1706.58 | 464.98 |
| | | | | -1.00 | 6.76 | | | |
| | | | | | | | | |
| | | 5.02 | | | | | | |
| | | | | | | | | |
| **25.49** | **2.18** | **58.94** | **387.95** | **3.56** | **15.11** | **821.03** | **58.15** | **219.08** |
| | | | | | | 41.30 | | 6.30 |
| 25.49 | 2.18 | 5.14 | 387.95 | 3.56 | 9.16 | 109.76 | 58.15 | 7.94 |
| 13.48 | | | 77.09 | | | 0.61 | | 0.43 |
| | | | | | | 66.55 | | 5.69 |
| | | | | | | 367.48 | | 62.78 |
| | | | | | 0.03 | 18.68 | | 7.71 |
| | | 53.80 | | | 4.03 | 178.70 | | 103.00 |
| | | 25.80 | | | 4.00 | 137.50 | | 85.00 |
| | | 28.00 | | | 0.03 | 41.20 | | 18.00 |
| | | | | | 1.89 | 38.56 | | 25.66 |
| **-186.86** | **7.26** | **-48.97** | **-37.50** | **4.63** | **-27.80** | **413.07** | **144.38** | **14.04** |
| **582.70** | **11.40** | **58.94** | **387.95** | **4.09** | **34.56** | **965.83** | **1764.73** | **219.13** |

## 续表

| 项　　目 | Item | 煤油（万吨）Kerosene ($10^4$ tn) | 柴油（万吨）Diesel Oil ($10^4$ tn) |
|---|---|---|---|
| **一.可供本地区消费的能源量** | **Total Primary Energy Supply** | **0.13** | **-298.92** |
| 1.一次能源生产量 | Indigenous Production | | |
| 2.回收能 | Recovery of Energy | | |
| 3.外省(区、市)调入量 | Moving In from Other Provinces | | |
| 4.进口量 | Import | | |
| 5.我轮、机在外国加油量 | Chinese Airplanes & Ships in Refueling Abroad | | |
| 6.本省(区、市)调出量(−) | Sending Out to Other Provinces(-) | | -298.00 |
| 7.出口量(−) | Export(-) | | |
| 8.外轮、机在我国加油量(−) | Foreign Airplanes & Ships in Refueling in China | | |
| 9.库存增(−)、减(+)量 | Stock Change | 0.13 | -0.92 |
| **二.加工转换投入(−)产出(+)量** | **Input(-) & Output(+) of Transformation** | **15.73** | **768.07** |
| 1.火力发电 | Thermal Power | | -1.03 |
| 2.供热 | Heating Supply | | -0.03 |
| 3.洗选煤 | Coal Washing | | |
| 4.炼焦 | Coking | | |
| 5.炼油 | Petroleum Refineries | 15.73 | 769.13 |
| 6.制气 | Gas Works | | |
| #焦炭再投入量(−) | Coke Input(-) | | |
| 7.煤制品加工 | Briquettes | | |
| **三.损失量** | **Loss** | | |
| **四.终端消费量** | **Total Final Consumption** | **15.65** | **442.49** |
| 1.农、林、牧、渔、水利业 | Farming, Forestry, Animal Husbandry, Fishery & Water Conservancy | | 35.00 |
| 2.工业 | Industry | 1.81 | 33.39 |
| #用作原料、材料 | Non-Energy Use | 0.01 | 0.17 |
| 3.建筑业 | Construction | 0.21 | 56.45 |
| 4.交通运输、仓储和邮政业 | Transport, Storage and Post | 13.50 | 291.00 |
| 5.批发、零售业和住宿、餐饮业 | Wholesale,Retail Trade and Hotel,Restaurants | 0.03 | 10.25 |
| 6.生活消费 | Residential Consumption | | 5.70 |
| 城镇 | Urban | | 2.50 |
| 乡村 | Rural | | 3.20 |
| 7.其他 | Other | 0.10 | 10.70 |
| **五.平衡差额** | **Statistical Difference** | **0.21** | **26.66** |
| **六.消费量合计** | **Sum of Consumption** | **15.65** | **443.55** |

Continued

| 燃料油 (万吨) Fuel Oil ($10^4$ tn) | 液化石油气 (万吨) LPG ($10^4$ tn) | 炼厂干气 (万吨) Refinery Gas ($10^4$ tn) | 天然气 (亿立方米) Natural Gas ($10^4$ tn) | 其他石油制品 (万吨) Other Petroleum Products ($10^4$ tn) | 其他焦化产品 (万吨) Other Coking Products ($10^8$ cu.m) | 热力 (百亿千焦) Heat ($10^{10}$ kJ) | 电力 (亿千瓦时) Electricity ($10^8$kW•h) | 其他能源 (万吨标煤) Other Energy ($10^4$tce) |
|---|---|---|---|---|---|---|---|---|
| **0.39** | | | **43.77** | | **0.23** | **419.01** | **-63.60** | **1.37** |
| | | | 143.79 | | | | 51.28 | |
| | | | | | | | | |
| | | | | | | | 52.07 | |
| | | | | | | | | |
| | | | | | | | | |
| | | | -100.00 | | | 419.01 | -166.95 | |
| | | | | | | | | |
| | | | | | | | | |
| 0.39 | | | -0.02 | | 0.23 | | | 1.37 |
| **58.81** | **84.90** | **3.35** | **-1.51** | **165.99** | **71.06** | **3689.35** | **809.10** | **-89.75** |
| | | | -0.94 | | | | 809.10 | -93.67 |
| | | -0.96 | -0.57 | | | 3689.35 | | |
| | | | | | | | | |
| | | | | | 71.06 | | | |
| 58.81 | 84.90 | 4.31 | | 165.99 | | | | 3.92 |
| | | | | | | | | |
| | | | | | | | | |
| | | | | | | | | |
| | | | | | | | **59.63** | |
| **5.93** | **72.95** | **2.02** | **50.09** | **4.76** | **2.20** | **3124.13** | **648.39** | **15.28** |
| | | | | | | | 37.64 | |
| 1.29 | 0.40 | 2.02 | 31.29 | 4.76 | 2.20 | 1524.13 | 428.65 | 15.28 |
| | | | 7.23 | | 1.23 | | | 0.02 |
| 4.19 | 0.01 | | 0.01 | | | | 9.37 | |
| 0.20 | | | | | | | 34.67 | |
| 0.06 | 0.63 | | 1.50 | | | | 18.74 | |
| | 70.00 | | 14.43 | | | 1600.00 | 75.41 | |
| | 50.00 | | 14.43 | | | 1600.00 | 48.74 | |
| | 20.00 | | | | | | 26.67 | |
| 0.20 | 1.91 | | 2.87 | | | | 43.91 | |
| **53.27** | **11.95** | **1.33** | **-7.83** | **161.23** | **69.09** | **984.23** | **37.48** | **-103.66** |
| **5.93** | **72.95** | **2.98** | **51.60** | **4.76** | **2.20** | **3124.13** | **708.02** | **105.03** |

# 6-27 甘肃能源平衡表(实物量)-2008

| 项目 | Item | 煤合计(万吨) Coal Total (10⁴ tn) | 原煤(万吨) Raw Coal (10⁴ tn) |
|---|---|---|---|
| **一.可供本地区消费的能源量** | **Total Primary Energy Supply** | **4682.87** | **4321.34** |
| 1.一次能源生产量 | Indigenous Production | 3952.37 | 3952.37 |
| 2.回收能 | Recovery of Energy | | |
| 3.外省(区、市)调入量 | Moving In from Other Provinces | 1921.99 | 1551.00 |
| 4.进口量 | Import | | |
| 5.我轮、机在外国加油量 | Chinese Airplanes & Ships in Refueling Abroad | | |
| 6.本省(区、市)调出量(−) | Sending Out to Other Provinces(-) | -950.00 | -950.00 |
| 7.出口量(−) | Export(-) | | |
| 8.外轮、机在我国加油量(−) | Foreign Airplanes & Ships in Refueling in China | | |
| 9.库存增(−)、减(+)量 | Stock Change | -241.49 | -232.03 |
| **二.加工转换投入(−)产出(+)量** | **Input(-) & Output(+) of Transformation** | **-3042.51** | **-2786.34** |
| 1.火力发电 | Thermal Power | -2216.90 | -2216.90 |
| 2.供热 | Heating Supply | -385.88 | -385.88 |
| 3.洗选煤 | Coal Washing | -19.94 | -102.51 |
| 4.炼焦 | Coking | -428.85 | -27.92 |
| 5.炼油 | Petroleum Refineries | | |
| 6.制气 | Gas Works | -4.94 | -1.13 |
| #焦炭再投入量(−) | Coke Input(-) | | |
| 7.煤制品加工 | Briquettes | 14.00 | -52.00 |
| **三.损失量** | **Loss** | | |
| **四.终端消费量** | **Total Final Consumption** | **1640.36** | **1535.00** |
| 1.农、林、牧、渔、水利业 | Farming, Forestry, Animal Husbandry, Fishery & Water Conservancy | 40.00 | 40.00 |
| 2.工业 | Industry | 1047.40 | 1002.04 |
| #用作原料、材料 | Non-Energy Use | | 86.02 |
| 3.建筑业 | Construction | 24.50 | 24.50 |
| 4.交通运输、仓储和邮政业 | Transport, Storage and Post | 53.00 | 53.00 |
| 5.批发、零售业和住宿、餐饮业 | Wholesale,Retail Trade and Hotel,Restaurants | 25.00 | 25.00 |
| 6.生活消费 | Residential Consumption | 433.00 | 373.00 |
| 城镇 | Urban | 84.00 | 60.00 |
| 乡村 | Rural | 349.00 | 313.00 |
| 7.其他 | Other | 17.46 | 17.46 |
| **五.平衡差额** | **Statistical Difference** | | |
| **六.消费量合计** | **Sum of Consumption** | **4682.87** | **4321.34** |

# ENERGY BALANCE OF GANSU-2008 (PHYSICAL QUANTITY)

| 洗精煤<br>(万吨)<br>Cleaned Coal<br>($10^4$ tn) | 其他洗煤<br>(万吨)<br>Other Washed Coal<br>($10^4$ tn) | 型煤<br>(万吨)<br>Briquettes<br>($10^4$ tn) | 焦炭<br>(万吨)<br>Coke<br>($10^4$ tn) | 焦炉煤气<br>(亿立方米)<br>Coke Oven Gas<br>($10^8$ cu.m) | 其他煤气<br>(亿立方米)<br>Other Gas<br>($10^8$ cu.m) | 油品合计<br>(万吨)<br>Petroleum Products Total<br>($10^4$ tn) | 原油<br>(万吨)<br>Crude Oil<br>($10^4$ tn) | 汽油<br>(万吨)<br>Gasoline<br>($10^4$ tn) |
|---|---|---|---|---|---|---|---|---|
| **361.53** | | | **232.47** | | **0.28** | **533.77** | **1394.36** | **-239.27** |
| | | | | | | 365.15 | 365.15 | |
| | | | | | 0.28 | | | |
| 370.99 | | | 230.47 | | | 1033.92 | 1033.92 | |
| | | | | | | | | |
| | | | | | | | | |
| | | | | | | -815.79 | | -230.53 |
| | | | | | | | | |
| | | | | | | | | |
| -9.46 | | | 2.00 | | | -49.51 | -4.71 | -8.74 |
| **-322.17** | | **66.00** | **307.53** | **10.35** | **1.43** | **-96.87** | **-1387.86** | **289.45** |
| | | | | -0.74 | -0.20 | -1.30 | | |
| | | | | -1.01 | -0.05 | -15.94 | | |
| 82.57 | | | | | | | | |
| -400.93 | | | 311.70 | 12.10 | | | | |
| | | | | | | -79.63 | -1387.86 | 289.45 |
| -3.81 | | | | | 1.68 | | | |
| | | | -4.17 | | | | | |
| | | 66.00 | | | | | | |
| | | | | | | **0.36** | | **0.06** |
| **39.36** | | **66.00** | **540.00** | **10.35** | **1.71** | **436.54** | **6.50** | **50.12** |
| | | | | | | 29.28 | | 3.27 |
| 39.36 | | 6.00 | 540.00 | 9.80 | 1.68 | 229.01 | 6.50 | 6.02 |
| 4.93 | | 0.82 | 35.61 | | | 90.06 | | |
| | | | | | | 18.47 | | 8.40 |
| | | | | | | 137.77 | | 19.33 |
| | | | | | | 5.39 | | 3.80 |
| | | 60.00 | | 0.55 | 0.03 | 7.90 | | 2.30 |
| | | 24.00 | | 0.55 | 0.03 | 6.24 | | 2.00 |
| | | 36.00 | | | | 1.66 | | 0.30 |
| | | | | | | 8.72 | | 7.00 |
| | | | | | | | | |
| **444.10** | | **66.00** | **544.17** | **12.10** | **1.96** | **533.77** | **1394.36** | **50.18** |

续表

| 项　　目 | Item | 煤油 (万吨) Kerosene (10⁴ tn) | 柴油 (万吨) Diesel Oil (10⁴ tn) |
|---|---|---|---|
| **一.可供本地区消费的能源量** | **Total Primary Energy Supply** | **-44.07** | **-426.10** |
| 1.一次能源生产量 | Indigenous Production | | |
| 2.回收能 | Recovery of Energy | | |
| 3.外省(区、市)调入量 | Moving In from Other Provinces | | |
| 4.进口量 | Import | | |
| 5.我轮、机在外国加油量 | Chinese Airplanes & Ships in Refueling Abroad | | |
| 6.本省(区、市)调出量(-) | Sending Out to Other Provinces(-) | -44.41 | -390.47 |
| 7.出口量(-) | Export(-) | | |
| 8.外轮、机在我国加油量(-) | Foreign Airplanes & Ships in Refueling in China | | |
| 9.库存增(-)、减(+)量 | Stock Change | 0.34 | -35.63 |
| **二.加工转换投入(-)产出(+)量** | **Input(-) & Output(+) of Transformation** | **49.58** | **594.04** |
| 1.火力发电 | Thermal Power | | -0.44 |
| 2.供热 | Heating Supply | | -0.23 |
| 3.洗选煤 | Coal Washing | | |
| 4.炼焦 | Coking | | |
| 5.炼油 | Petroleum Refineries | 49.58 | 594.71 |
| 6.制气 | Gas Works | | |
| #焦炭再投入量(-) | Coke Input(-) | | |
| 7.煤制品加工 | Briquettes | | |
| **三.损失量** | **Loss** | | **0.30** |
| **四.终端消费量** | **Total Final Consumption** | **5.51** | **167.64** |
| 1.农、林、牧、渔、水利业 | Farming, Forestry, Animal Husbandry, Fishery & Water Conservancy | 0.01 | 26.00 |
| 2.工业 | Industry | 0.20 | 16.30 |
| #用作原料、材料 | Non-Energy Use | | |
| 3.建筑业 | Construction | 0.02 | 9.50 |
| 4.交通运输、仓储和邮政业 | Transport, Storage and Post | 5.24 | 112.50 |
| 5.批发、零售业和住宿、餐饮业 | Wholesale,Retail Trade and Hotel,Restaurants | 0.01 | 1.50 |
| 6.生活消费 | Residential Consumption | 0.01 | 0.14 |
| 城镇 | Urban | | 0.04 |
| 乡村 | Rural | 0.01 | 0.10 |
| 7.其他 | Other | 0.02 | 1.70 |
| **五.平衡差额** | **Statistical Difference** | | |
| **六.消费量合计** | **Sum of Consumption** | **5.51** | **168.61** |

Continued

| 燃料油 (万吨) Fuel Oil (10^4 tn) | 液化石油气 (万吨) LPG (10^4 tn) | 炼厂干气 (万吨) Refinery Gas (10^4 tn) | 天然气 (亿立方米) Natural Gas (10^4 tn) | 其他石油制品 (万吨) Other Petroleum Products (10^4 tn) | 其他焦化产品 (万吨) Other Coking Products (10^8 cu.m) | 热力 (百亿千焦) Heat (10^10 kJ) | 电力 (亿千瓦时) Electricity (10^8kW•h) | 其他能源 (万吨标煤) Other Energy (10^4tce) |
|---|---|---|---|---|---|---|---|---|
| **-8.36** | **-22.70** | | **12.01** | **-120.09** | **-5.95** | | **209.72** | **128.08** |
| | | | 1.30 | | | | 222.35 | |
| | | | | | | | | 128.08 |
| | | | 10.71 | | | | 58.86 | |
| | | | | | | | | |
| | | | | | | | | |
| -7.59 | -22.70 | | | -120.09 | -5.95 | | -71.49 | |
| | | | | | | | | |
| | | | | | | | | |
| -0.77 | | | | | | | | |
| **16.91** | **29.02** | **58.59** | **-0.36** | **253.40** | **16.80** | **7279.48** | **468.04** | **-11.45** |
| -0.86 | | | -0.24 | | | -127.41 | 468.04 | -10.58 |
| -3.32 | | -12.39 | -0.12 | | | 7406.89 | | -0.87 |
| | | | | | | | | |
| | | | | | 16.80 | | | |
| 21.09 | 29.02 | 70.98 | | 253.40 | | | | |
| | | | | | | | | |
| | | | | | | | | |
| | | | | | | | | |
| | | | | | | | **36.30** | |
| **8.55** | **6.32** | **58.59** | **11.65** | **133.31** | **10.85** | **7279.48** | **641.46** | **116.63** |
| | | | | | | | 55.26 | 3.20 |
| 8.55 | 0.09 | 58.59 | 9.38 | 132.76 | 10.85 | 5404.72 | 484.13 | 109.18 |
| | | | 4.65 | 90.06 | 0.57 | | | 0.38 |
| | | | 0.03 | 0.55 | | | 5.82 | 4.25 |
| | 0.70 | | 0.78 | | | | 27.71 | |
| | 0.08 | | 0.48 | | | | 8.44 | |
| | 5.45 | | 0.76 | | | 1874.76 | 40.63 | |
| | 4.20 | | 0.76 | | | 1874.76 | 24.37 | |
| | 1.25 | | | | | | 16.26 | |
| | | | 0.22 | | | | 19.47 | |
| | | | | | | | | |
| **12.73** | **6.32** | **70.98** | **12.01** | **133.31** | **10.85** | **7406.89** | **677.76** | **128.08** |

# 6-28 青海能源平衡表(实物量)-2008

| 项　　目 | Item | 煤合计 (万吨) Coal Total ($10^4$ tn) | 原煤 (万吨) Raw Coal ($10^4$ tn) |
|---|---|---|---|
| **一.可供本地区消费的能源量** | **Total Primary Energy Supply** | **1316.64** | **1306.11** |
| 1.一次能源生产量 | Indigenous Production | 1293.64 | 1293.64 |
| 2.回收能 | Recovery of Energy | | |
| 3.外省(区、市)调入量 | Moving In from Other Provinces | 482.04 | 471.43 |
| 4.进口量 | Import | | |
| 5.我轮、机在外国加油量 | Chinese Airplanes & Ships in Refueling Abroad | | |
| 6.本省(区、市)调出量(-) | Sending Out to Other Provinces(-) | -424.56 | -424.56 |
| 7.出口量(-) | Export(-) | | |
| 8.外轮、机在我国加油量(-) | Foreign Airplanes & Ships in Refueling in China | | |
| 9.库存增(-)、减(+)量 | Stock Change | -34.48 | -34.40 |
| **二.加工转换投入(-)产出(+)量** | **Input(-) & Output(+) of Transformation** | **-774.39** | **-776.95** |
| 1.火力发电 | Thermal Power | -507.44 | -507.44 |
| 2.供热 | Heating Supply | -11.11 | -11.11 |
| 3.洗选煤 | Coal Washing | -55.29 | -152.51 |
| 4.炼焦 | Coking | -200.54 | -105.88 |
| 5.炼油 | Petroleum Refineries | | |
| 6.制气 | Gas Works | | |
| #焦炭再投入量(-) | Coke Input(-) | | |
| 7.煤制品加工 | Briquettes | | |
| **三.损失量** | **Loss** | **2.66** | **2.50** |
| **四.终端消费量** | **Total Final Consumption** | **539.40** | **526.47** |
| 1.农、林、牧、渔、水利业 | Farming, Forestry, Animal Husbandry, Fishery & Water Conservancy | 3.61 | 3.61 |
| 2.工业 | Industry | 349.38 | 336.44 |
| #用作原料、材料 | Non-Energy Use | 44.69 | 40.38 |
| 3.建筑业 | Construction | 4.70 | 4.70 |
| 4.交通运输、仓储和邮政业 | Transport, Storage and Post | 14.55 | 14.55 |
| 5.批发、零售业和住宿、餐饮业 | Wholesale,Retail Trade and Hotel,Restaurants | 10.58 | 10.58 |
| 6.生活消费 | Residential Consumption | 107.45 | 107.45 |
| 城镇 | Urban | 27.09 | 27.09 |
| 乡村 | Rural | 80.36 | 80.36 |
| 7.其他 | Other | 49.15 | 49.15 |
| **五.平衡差额** | **Statistical Difference** | **0.18** | **0.20** |
| **六.消费量合计** | **Sum of Consumption** | **1316.45** | **1305.91** |

# ENERGY BALANCE OF QINGHAI-2008 (PHYSICAL QUANTITY)

| 洗精煤<br>(万吨)<br>Cleaned Coal<br>($10^4$ tn) | 其他洗煤<br>(万吨)<br>Other Washed Coal<br>($10^4$ tn) | 型煤<br>(万吨)<br>Briquettes<br>($10^4$ tn) | 焦炭<br>(万吨)<br>Coke<br>($10^4$ tn) | 焦炉煤气<br>(亿立方米)<br>Coke Oven Gas<br>($10^8$ cu.m) | 其他煤气<br>(亿立方米)<br>Other Gas<br>($10^8$ cu.m) | 油品合计<br>(万吨)<br>Petroleum Products Total<br>($10^4$ tn) | 原油<br>(万吨)<br>Crude Oil<br>($10^4$ tn) | 汽油<br>(万吨)<br>Gasoline<br>($10^4$ tn) |
|---|---|---|---|---|---|---|---|---|
| **5.68** | **3.74** | **1.11** | **5.97** | | **13.86** | **165.51** | **109.21** | **-9.60** |
| | | | | | | 220.35 | 220.35 | |
| | | | | | 13.86 | | | |
| 5.61 | 3.74 | 1.26 | 11.29 | | | 98.41 | | 5.50 |
| | | | | | | | | |
| | | | | | | | | |
| | | | | | | -148.22 | -110.65 | -16.21 |
| | | | | | | | | |
| | | | | | | | | |
| 0.07 | | -0.15 | -5.32 | | | -5.03 | -0.49 | 1.11 |
| **2.56** | | | **144.18** | **2.29** | **-4.03** | **-8.42** | **-100.08** | **30.89** |
| | | | | | | -0.30 | | |
| | | | | -0.01 | -4.03 | -1.70 | | |
| 97.22 | | | | | | | | |
| -94.66 | | | 144.18 | 2.30 | | | | |
| | | | | | | -6.42 | -100.08 | 30.89 |
| | | | | | | | | |
| | | | | | | | | |
| | | | | | | | | |
| **0.15** | | **0.01** | **0.03** | | | **0.49** | | **0.03** |
| **8.08** | **3.75** | **1.11** | **150.13** | **2.28** | **9.85** | **156.74** | **9.12** | **21.35** |
| | | | | | | 6.92 | | 1.36 |
| 8.08 | 3.75 | 1.11 | 150.13 | 2.28 | 9.85 | 76.31 | 9.12 | 2.46 |
| 4.31 | | | 62.67 | | | 17.35 | | 0.01 |
| | | | | | | 5.57 | | 1.18 |
| | | | | | | 46.13 | | 6.99 |
| | | | | | | 10.88 | | 2.01 |
| | | | | | | 4.61 | | 2.24 |
| | | | | | | 2.02 | | 0.82 |
| | | | | | | 2.60 | | 1.43 |
| | | | | | | 6.32 | | 5.10 |
| **0.01** | **-0.01** | **-0.01** | **-0.01** | **0.01** | **-0.02** | **-0.15** | **0.01** | **-0.09** |
| **102.89** | **3.74** | **1.12** | **150.16** | **2.29** | **13.88** | **165.66** | **109.20** | **21.38** |

## 续表

| 项目 | Item | 煤油(万吨) Kerosene ($10^4$ tn) | 柴油(万吨) Diesel Oil ($10^4$ tn) |
|---|---|---|---|
| **一.可供本地区消费的能源量** | **Total Primary Energy Supply** | **0.39** | **31.74** |
| 1.一次能源生产量 | Indigenous Production | | |
| 2.回收能 | Recovery of Energy | | |
| 3.外省(区、市)调入量 | Moving In from Other Provinces | 0.39 | 52.90 |
| 4.进口量 | Import | | |
| 5.我轮、机在外国加油量 | Chinese Airplanes & Ships in Refueling Abroad | | |
| 6.本省(区、市)调出量(−) | Sending Out to Other Provinces(-) | | -16.90 |
| 7.出口量(−) | Export(-) | | |
| 8.外轮、机在我国加油量(−) | Foreign Airplanes & Ships in Refueling in China | | |
| 9.库存增(−)、减(+)量 | Stock Change | | -4.26 |
| **二.加工转换投入(−)产出(+)量** | **Input(-) & Output(+) of Transformation** | | **44.63** |
| 1.火力发电 | Thermal Power | | -0.26 |
| 2.供热 | Heating Supply | | -1.70 |
| 3.洗选煤 | Coal Washing | | |
| 4.炼焦 | Coking | | |
| 5.炼油 | Petroleum Refineries | | 46.59 |
| 6.制气 | Gas Works | | |
| #焦炭再投入量(−) | Coke Input(-) | | |
| 7.煤制品加工 | Briquettes | | |
| **三.损失量** | **Loss** | | **0.46** |
| **四.终端消费量** | **Total Final Consumption** | **0.40** | **75.96** |
| 1.农、林、牧、渔、水利业 | Farming, Forestry, Animal Husbandry, Fishery & Water Conservancy | | 5.56 |
| 2.工业 | Industry | 0.21 | 22.48 |
| #用作原料、材料 | Non-Energy Use | | 0.06 |
| 3.建筑业 | Construction | 0.19 | 4.20 |
| 4.交通运输、仓储和邮政业 | Transport, Storage and Post | | 39.14 |
| 5.批发、零售业和住宿、餐饮业 | Wholesale,Retail Trade and Hotel,Restaurants | | 3.21 |
| 6.生活消费 | Residential Consumption | | 0.17 |
| 城镇 | Urban | | |
| 乡村 | Rural | | 0.17 |
| 7.其他 | Other | | 1.20 |
| **五.平衡差额** | **Statistical Difference** | **-0.01** | **-0.05** |
| **六.消费量合计** | **Sum of Consumption** | **0.40** | **78.38** |

Continued

| 燃料油 (万吨) Fuel Oil ($10^4$ tn) | 液化石油气 (万吨) LPG ($10^4$ tn) | 炼厂干气 (万吨) Refinery Gas ($10^4$ tn) | 天然气 (亿立方米) Natural Gas ($10^4$ tn) | 其他石油制品 (万吨) Other Petroleum Products ($10^4$ tn) | 其他焦化产品 (万吨) Other Coking Products ($10^8$ cu.m) | 热力 (百亿千焦) Heat ($10^{10}$ kJ) | 电力 (亿千瓦时) Electricity ($10^8$kW•h) | 其他能源 (万吨标煤) Other Energy ($10^4$tce) |
|---|---|---|---|---|---|---|---|---|
| **-3.28** | **3.20** | | **22.84** | **33.85** | **-1.22** | | **206.80** | **1.09** |
| | | | 43.65 | | | | 215.80 | |
| | | | | | | | | |
| | 4.20 | | | 35.42 | | | 22.24 | 1.09 |
| | | | | | | | | |
| | | | | | | | | |
| -3.46 | -1.00 | | -20.81 | | -1.96 | | -31.24 | |
| | | | | | | | | |
| | | | | | | | | |
| 0.18 | | | | -1.57 | 0.75 | | | |
| **3.39** | **4.67** | **5.90** | **-3.61** | **2.19** | **2.00** | **482.40** | **106.42** | |
| -0.04 | | | -2.99 | | | | 106.42 | |
| | | | -0.62 | | | 482.40 | | |
| | | | | | | | | |
| | | | | | 2.00 | | | |
| 3.43 | 4.67 | 5.90 | | 2.19 | | | | |
| | | | | | | | | |
| | | | | | | | | |
| | | | | | | | | |
| | | | **1.00** | | | | **10.35** | |
| **0.09** | **7.89** | **5.90** | **18.29** | **36.04** | **0.78** | **482.40** | **302.88** | **1.10** |
| | | | | | | | 0.72 | |
| 0.09 | | 5.90 | 11.51 | 36.04 | 0.78 | 247.08 | 276.83 | 1.10 |
| | | | 1.87 | 17.28 | 0.28 | | | |
| | 0.01 | | 0.10 | | | 0.24 | 3.10 | |
| | | | 0.68 | | | 4.50 | 1.16 | |
| | 5.66 | | 0.46 | | | 20.58 | 2.76 | |
| | 2.20 | | 3.26 | | | 132.59 | 12.00 | |
| | 1.20 | | 3.25 | | | 132.59 | 9.15 | |
| | 1.00 | | 0.01 | | | | 2.85 | |
| | 0.02 | | 2.28 | | | 77.41 | 6.29 | |
| **0.02** | **-0.02** | | **-0.06** | **-0.01** | **0.01** | | | **-0.01** |
| **0.13** | **7.89** | **5.90** | **22.90** | **36.04** | **0.78** | **482.40** | **313.23** | **1.10** |

# 6-29 宁夏能源平衡表(实物量)-2008

| 项　　目 | Item | 煤合计 (万吨) Coal Total ($10^4$ tn) | 原煤 (万吨) Raw Coal ($10^4$ tn) |
|---|---|---|---|
| **一.可供本地区消费的能源量** | **Total Primary Energy Supply** | **4287.48** | **5534.75** |
| 1.一次能源生产量 | Indigenous Production | 4395.25 | 4395.25 |
| 2.回收能 | Recovery of Energy | | |
| 3.外省(区、市)调入量 | Moving In from Other Provinces | 1662.08 | 1658.43 |
| 4.进口量 | Import | | |
| 5.我轮、机在外国加油量 | Chinese Airplanes & Ships in Refueling Abroad | | |
| 6.本省(区、市)调出量(-) | Sending Out to Other Provinces(-) | -1555.55 | -313.22 |
| 7.出口量(-) | Export(-) | -9.21 | |
| 8.外轮、机在我国加油量(-) | Foreign Airplanes & Ships in Refueling in China | | |
| 9.库存增(-)、减(+)量 | Stock Change | -205.09 | -205.71 |
| **二.加工转换投入(-)产出(+)量** | **Input(-) & Output(+) of Transformation** | **-3242.74** | **-4631.33** |
| 1.火力发电 | Thermal Power | -2384.57 | -2330.72 |
| 2.供热 | Heating Supply | -190.07 | -185.48 |
| 3.洗选煤 | Coal Washing | -314.88 | -1899.36 |
| 4.炼焦 | Coking | -318.69 | -181.24 |
| 5.炼油 | Petroleum Refineries | | |
| 6.制气 | Gas Works | | |
| #焦炭再投入量(-) | Coke Input(-) | | |
| 7.煤制品加工 | Briquettes | -34.53 | -34.53 |
| **三.损失量** | **Loss** | | |
| **四.终端消费量** | **Total Final Consumption** | **1044.23** | **902.91** |
| 1.农、林、牧、渔、水利业 | Farming, Forestry, Animal Husbandry, Fishery & Water Conservancy | 3.01 | 3.01 |
| 2.工业 | Industry | 915.32 | 774.00 |
| #用作原料、材料 | Non-Energy Use | 129.63 | 44.09 |
| 3.建筑业 | Construction | 4.66 | 4.66 |
| 4.交通运输、仓储和邮政业 | Transport, Storage and Post | 4.10 | 4.10 |
| 5.批发、零售业和住宿、餐饮业 | Wholesale,Retail Trade and Hotel,Restaurants | 16.60 | 16.60 |
| 6.生活消费 | Residential Consumption | 59.22 | 59.22 |
| 城镇 | Urban | 12.52 | 12.52 |
| 乡村 | Rural | 46.70 | 46.70 |
| 7.其他 | Other | 41.32 | 41.32 |
| **五.平衡差额** | **Statistical Difference** | **0.51** | **0.51** |
| **六.消费量合计** | **Sum of Consumption** | **4286.97** | **5534.24** |

# ENERGY BALANCE OF NINGXIA-2008 (PHYSICAL QUANTITY)

| 洗精煤 (万吨) Cleaned Coal ($10^4$ tn) | 其他洗煤 (万吨) Other Washed Coal ($10^4$ tn) | 型煤 (万吨) Briquettes ($10^4$ tn) | 焦炭 (万吨) Coke ($10^4$ tn) | 焦炉煤气 (亿立方米) Coke Oven Gas ($10^8$ cu.m) | 其他煤气 (亿立方米) Other Gas ($10^8$ cu.m) | 油品合计 (万吨) Petroleum Products Total ($10^4$ tn) | 原油 (万吨) Crude Oil ($10^4$ tn) | 汽油 (万吨) Gasoline ($10^4$ tn) |
|---|---|---|---|---|---|---|---|---|
| **-1017.02** | **-233.45** | **3.20** | **40.37** | | | **187.75** | **183.75** | **-44.40** |
| | | | | | | 9.91 | 9.91 | |
| | | | | | | | | |
| | | 3.65 | 184.68 | | | 231.60 | 174.52 | 0.97 |
| | | | | | | | | |
| | | | | | | | | |
| -1012.91 | -229.42 | | -136.86 | | | -48.84 | | -45.97 |
| -9.21 | | | | | | | | |
| | | | | | | | | |
| 5.10 | -4.03 | -0.45 | -7.45 | | | -4.92 | -0.68 | 0.60 |
| **1136.27** | **252.32** | | **197.62** | **5.12** | **0.50** | **-14.45** | **-183.75** | **65.06** |
| | -53.85 | | | | | -0.05 | | |
| -1.28 | -3.31 | | | | | | | |
| 1269.03 | 315.45 | | | | | | | |
| -131.48 | -5.97 | | 197.62 | 5.12 | 0.50 | | | |
| | | | | | | -14.40 | -183.75 | 65.06 |
| | | | | | | | | |
| | | | | | | | | |
| | | | | | | | | |
| | | | | | | | | |
| **119.25** | **18.87** | **3.20** | **237.98** | **5.12** | **0.50** | **173.30** | | **20.66** |
| | | | | | | 8.85 | | 0.16 |
| 119.25 | 18.87 | 3.20 | 237.98 | 4.99 | 0.50 | 57.80 | | 1.64 |
| 81.71 | 0.92 | 2.91 | 123.80 | | | 0.16 | | |
| | | | | | | 10.56 | | 1.86 |
| | | | | | | 82.30 | | 8.23 |
| | | | | 0.13 | | 2.24 | | 0.76 |
| | | | | | | 5.55 | | 3.18 |
| | | | | | | 3.72 | | 1.52 |
| | | | | | | 1.83 | | 1.66 |
| | | | | | | 6.00 | | 4.83 |
| | | | | | | | | |
| **252.01** | **82.00** | **3.20** | **237.98** | **5.12** | **0.50** | **187.75** | **183.75** | **20.66** |

## 续表

| 项　　目 | Item | 煤油（万吨）Kerosene ($10^4$ tn) | 柴油（万吨）Diesel Oil ($10^4$ tn) |
|---|---|---|---|
| **一.可供本地区消费的能源量** | **Total Primary Energy Supply** | **3.72** | **10.95** |
| 1.一次能源生产量 | Indigenous Production | | |
| 2.回收能 | Recovery of Energy | | |
| 3.外省(区、市)调入量 | Moving In from Other Provinces | 3.76 | 16.17 |
| 4.进口量 | Import | | |
| 5.我轮、机在外国加油量 | Chinese Airplanes & Ships in Refueling Abroad | | |
| 6.本省(区、市)调出量(-) | Sending Out to Other Provinces(-) | | -2.92 |
| 7.出口量(-) | Export(-) | | |
| 8.外轮、机在我国加油量(-) | Foreign Airplanes & Ships in Refueling in China | | |
| 9.库存增(-)、减(+)量 | Stock Change | -0.04 | -2.30 |
| **二.加工转换投入(-)产出(+)量** | **Input(-) & Output(+) of Transformation** | | **85.51** |
| 1.火力发电 | Thermal Power | | -0.05 |
| 2.供热 | Heating Supply | | |
| 3.洗选煤 | Coal Washing | | |
| 4.炼焦 | Coking | | |
| 5.炼油 | Petroleum Refineries | | 85.56 |
| 6.制气 | Gas Works | | |
| #焦炭再投入量(-) | Coke Input(-) | | |
| 7.煤制品加工 | Briquettes | | |
| **三.损失量** | **Loss** | | |
| **四.终端消费量** | **Total Final Consumption** | **3.72** | **96.46** |
| 1.农、林、牧、渔、水利业 | Farming, Forestry, Animal Husbandry, Fishery & Water Conservancy | 0.39 | 8.30 |
| 2.工业 | Industry | 0.05 | 7.83 |
| #用作原料、材料 | Non-Energy Use | | |
| 3.建筑业 | Construction | 0.03 | 8.41 |
| 4.交通运输、仓储和邮政业 | Transport, Storage and Post | 3.11 | 69.96 |
| 5.批发、零售业和住宿、餐饮业 | Wholesale,Retail Trade and Hotel,Restaurants | 0.05 | 1.19 |
| 6.生活消费 | Residential Consumption | | 0.04 |
| 城镇 | Urban | | 0.01 |
| 乡村 | Rural | | 0.03 |
| 7.其他 | Other | 0.09 | 0.73 |
| **五.平衡差额** | **Statistical Difference** | | |
| **六.消费量合计** | **Sum of Consumption** | **3.72** | **96.51** |

Continued

| 燃料油 (万吨) Fuel Oil ($10^4$ tn) | 液化石油气 (万吨) LPG ($10^4$ tn) | 炼厂干气 (万吨) Refinery Gas ($10^4$ tn) | 天然气 (亿立方米) Natural Gas ($10^4$ tn) | 其他石油制品 (万吨) Other Petroleum Products ($10^4$ tn) | 其他焦化产品 (万吨) Other Coking Products ($10^8$ cu.m) | 热力 (百亿千焦) Heat ($10^{10}$ kJ) | 电力 (亿千瓦时) Electricity ($10^8$kW•h) | 其他能源 (万吨标煤) Other Energy ($10^4$tce) |
|---|---|---|---|---|---|---|---|---|
| **5.41** | **1.24** | | **11.00** | **27.08** | **0.77** | | **-0.22** | **13.41** |
| | | | | | | | 22.81 | |
| | | | | | | | | |
| 6.08 | 1.06 | | 11.00 | 29.04 | 1.01 | | 11.33 | 3.67 |
| | | | | | | | | |
| | | | | | | | | |
| | 0.05 | | | | | | -34.36 | |
| | | | | | | | | |
| | | | | | | | | |
| -0.67 | 0.13 | | | -1.96 | -0.24 | | | 9.74 |
| **-3.43** | **11.34** | **5.25** | **-0.47** | **5.57** | **6.46** | **3074.65** | **439.84** | **-9.56** |
| | | | | | | -19.04 | 439.84 | -21.24 |
| | | | -0.47 | | | 3093.69 | | -1.10 |
| | | | | | | | | 6.40 |
| | | | | | 6.46 | | | |
| -3.43 | 11.34 | 5.25 | | 5.57 | | | | |
| | | | | | | | | |
| | | | | | | | | |
| | | | | | | | | 6.38 |
| | | | | | | | **17.80** | |
| **1.98** | **12.58** | **5.25** | **10.53** | **32.65** | **7.23** | **3074.65** | **421.82** | **3.85** |
| | | | | | | | 11.10 | |
| 0.46 | 9.92 | 5.25 | 8.25 | 32.65 | 7.23 | 1664.65 | 380.24 | 3.85 |
| | | | 7.33 | 0.16 | 6.19 | | | |
| 0.26 | | | | | | 180.00 | 2.82 | |
| 0.94 | 0.06 | | 0.21 | | | 150.00 | 5.34 | |
| | 0.24 | | 0.32 | | | 230.00 | 3.29 | |
| | 2.33 | | 1.42 | | | 350.00 | 14.60 | |
| | 2.19 | | 1.42 | | | 350.00 | 10.50 | |
| | 0.14 | | | | | | 4.10 | |
| 0.32 | 0.03 | | 0.33 | | | 500.00 | 4.43 | |
| | | | | | | | | |
| **1.98** | **12.58** | **5.25** | **11.00** | **32.65** | **7.23** | **3093.69** | **439.62** | **26.19** |

# 6-30 新疆能源平衡表(实物量)-2008

| 项　目 | Item | 煤合计 (万吨) Coal Total ($10^4$ tn) | 原煤 (万吨) Raw Coal ($10^4$ tn) |
|---|---|---|---|
| **一.可供本地区消费的能源量** | **Total Primary Energy Supply** | **5708.56** | **5605.88** |
| 1.一次能源生产量 | Indigenous Production | 6763.41 | 6763.41 |
| 2.回收能 | Recovery of Energy | | |
| 3.外省(区、市)调入量 | Moving In from Other Provinces | 94.87 | |
| 4.进口量 | Import | 2.14 | 2.14 |
| 5.我轮、机在外国加油量 | Chinese Airplanes & Ships in Refueling Abroad | | |
| 6.本省(区、市)调出量(-) | Sending Out to Other Provinces(-) | -900.75 | -900.75 |
| 7.出口量(-) | Export(-) | -37.12 | -37.12 |
| 8.外轮、机在我国加油量(-) | Foreign Airplanes & Ships in Refueling in China | | |
| 9.库存增(-)、减(+)量 | Stock Change | -213.99 | -221.80 |
| **二.加工转换投入(-)产出(+)量** | **Input(-) & Output(+) of Transformation** | **-3766.71** | **-3667.11** |
| 1.火力发电 | Thermal Power | -1933.10 | -1924.90 |
| 2.供热 | Heating Supply | -834.84 | -815.41 |
| 3.洗选煤 | Coal Washing | -60.26 | -369.40 |
| 4.炼焦 | Coking | -931.76 | -550.65 |
| 5.炼油 | Petroleum Refineries | | |
| 6.制气 | Gas Works | -6.75 | -6.75 |
| #焦炭再投入量(-) | Coke Input(-) | | |
| 7.煤制品加工 | Briquettes | | |
| **三.损失量** | **Loss** | | |
| **四.终端消费量** | **Total Final Consumption** | **1941.85** | **1938.77** |
| 1.农、林、牧、渔、水利业 | Farming, Forestry, Animal Husbandry, Fishery & Water Conservancy | 105.80 | 105.80 |
| 2.工业 | Industry | 1452.96 | 1449.88 |
| #用作原料、材料 | Non-Energy Use | | |
| 3.建筑业 | Construction | 17.50 | 17.50 |
| 4.交通运输、仓储和邮政业 | Transport, Storage and Post | 53.00 | 53.00 |
| 5.批发、零售业和住宿、餐饮业 | Wholesale,Retail Trade and Hotel,Restaurants | 36.25 | 36.25 |
| 6.生活消费 | Residential Consumption | 232.20 | 232.20 |
| 城镇 | Urban | 60.00 | 60.00 |
| 乡村 | Rural | 172.20 | 172.20 |
| 7.其他 | Other | 44.14 | 44.14 |
| **五.平衡差额** | **Statistical Difference** | | |
| **六.消费量合计** | **Sum of Consumption** | **5708.56** | **5605.88** |

# ENERGY BALANCE OF XINJIANG-2008 (PHYSICAL QUANTITY)

| 洗精煤 (万吨) Cleaned Coal ($10^4$ tn) | 其他洗煤 (万吨) Other Washed Coal ($10^4$ tn) | 型煤 (万吨) Briquettes ($10^4$ tn) | 焦炭 (万吨) Coke ($10^4$ tn) | 焦炉煤气 (亿立方米) Coke Oven Gas ($10^8$ cu.m) | 其他煤气 (亿立方米) Other Gas ($10^8$ cu.m) | 油品合计 (万吨) Petroleum Products Total ($10^4$ tn) | 原油 (万吨) Crude Oil ($10^4$ tn) | 汽油 (万吨) Gasoline ($10^4$ tn) |
|---|---|---|---|---|---|---|---|---|
| **102.68** | | | **-160.23** | | **70.89** | **979.54** | **1940.53** | **-156.52** |
| | | | | | | 2715.13 | 2715.13 | |
| | | | | | 70.89 | | | |
| 94.87 | | | | | | 16.34 | | |
| | | | | | | 667.41 | 649.10 | |
| | | | | | | 1.03 | | |
| | | | -97.30 | | | -2426.56 | -1442.50 | -157.08 |
| | | | -41.58 | | | -24.89 | | -0.74 |
| | | | | | | -0.88 | | |
| 7.81 | | | -21.35 | | | 31.96 | 18.80 | 1.30 |
| **-101.54** | **1.94** | | **616.35** | **4.53** | **0.88** | **-57.63** | **-1746.18** | **280.17** |
| | -8.20 | | | -0.13 | | -8.93 | | -0.01 |
| | -19.43 | | | -2.70 | | -9.66 | | |
| 279.57 | 29.57 | | | | | | | |
| -381.11 | | | 616.35 | 7.36 | | | | |
| | | | | | | -39.04 | -1746.18 | 280.18 |
| | | | | | 0.88 | | | |
| | | | | | | | | |
| | | | | | | | | |
| | | | | | | **90.57** | **90.57** | |
| **1.14** | **1.94** | | **456.12** | **4.53** | **20.53** | **831.34** | **103.78** | **123.65** |
| | | | | | | 72.30 | | 11.40 |
| 1.14 | 1.94 | | 456.02 | 4.36 | 20.53 | 354.60 | 103.78 | 9.70 |
| | | | | | | | | |
| | | | | | | 20.43 | | 3.20 |
| | | | 0.10 | | | 270.52 | | 60.30 |
| | | | | | | 40.17 | | 11.00 |
| | | | | 0.17 | | 28.44 | | 9.70 |
| | | | | 0.17 | | 25.24 | | 9.20 |
| | | | | | | 3.20 | | 0.50 |
| | | | | | | 44.88 | | 18.35 |
| | | | | | **51.24** | | | |
| **382.25** | **29.57** | | **456.12** | **7.36** | **20.53** | **979.54** | **1940.53** | **123.66** |

续表

| 项　　目 | Item | 煤油 (万吨) Kerosene ($10^4$ tn) | 柴油 (万吨) Diesel Oil ($10^4$ tn) |
|---|---|---|---|
| **一.可供本地区消费的能源量** | **Total Primary Energy Supply** | **-0.50** | **-491.31** |
| 1.一次能源生产量 | Indigenous Production | | |
| 2.回收能 | Recovery of Energy | | |
| 3.外省(区、市)调入量 | Moving In from Other Provinces | 16.34 | |
| 4.进口量 | Import | | |
| 5.我轮、机在外国加油量 | Chinese Airplanes & Ships in Refueling Abroad | 1.03 | |
| 6.本省(区、市)调出量(−) | Sending Out to Other Provinces(-) | -17.00 | -507.32 |
| 7.出口量(−) | Export(-) | | -0.07 |
| 8.外轮、机在我国加油量(−) | Foreign Airplanes & Ships in Refueling in China | -0.88 | |
| 9.库存增(−)、减(+)量 | Stock Change | 0.01 | 16.08 |
| **二.加工转换投入(−)产出(+)量** | **Input(-) & Output(+) of Transformation** | **38.65** | **825.10** |
| 1.火力发电 | Thermal Power | | -1.64 |
| 2.供热 | Heating Supply | | -0.01 |
| 3.洗选煤 | Coal Washing | | |
| 4.炼焦 | Coking | | |
| 5.炼油 | Petroleum Refineries | 38.65 | 826.75 |
| 6.制气 | Gas Works | | |
| #焦炭再投入量(−) | Coke Input(-) | | |
| 7.煤制品加工 | Briquettes | | |
| **三.损失量** | **Loss** | | |
| **四.终端消费量** | **Total Final Consumption** | **38.15** | **333.79** |
| 1.农、林、牧、渔、水利业 | Farming, Forestry, Animal Husbandry, Fishery & Water Conservancy | 0.40 | 60.50 |
| 2.工业 | Industry | 0.09 | 40.51 |
| #用作原料、材料 | Non-Energy Use | | |
| 3.建筑业 | Construction | 0.17 | 13.01 |
| 4.交通运输、仓储和邮政业 | Transport, Storage and Post | 36.75 | 163.57 |
| 5.批发、零售业和住宿、餐饮业 | Wholesale,Retail Trade and Hotel,Restaurants | 0.06 | 25.00 |
| 6.生活消费 | Residential Consumption | 0.35 | 6.70 |
| 城镇 | Urban | 0.05 | 5.20 |
| 乡村 | Rural | 0.30 | 1.50 |
| 7.其他 | Other | 0.33 | 24.50 |
| **五.平衡差额** | **Statistical Difference** | | |
| **六.消费量合计** | **Sum of Consumption** | **38.15** | **335.44** |

Continued

| 燃料油<br>(万吨)<br>Fuel Oil<br>($10^4$ tn) | 液化石油气<br>(万吨)<br>LPG<br>($10^4$ tn) | 炼厂干气<br>(万吨)<br>Refinery Gas<br>($10^4$ tn) | 天然气<br>(亿立方米)<br>Natural Gas<br>($10^4$ tn) | 其他石油制品<br>(万吨)<br>Other Petroleum Products<br>($10^4$ tn) | 其他焦化产品<br>(万吨)<br>Other Coking Products<br>($10^8$ cu.m) | 热力<br>(百亿千焦)<br>Heat<br>($10^{10}$ kJ) | 电力<br>(亿千瓦时)<br>Electricity<br>($10^8$kW•h) | 其他能源<br>(万吨标煤)<br>Other Energy<br>($10^4$tce) |
|---|---|---|---|---|---|---|---|---|
| **1.04** | **-26.36** | | **69.84** | **-287.34** | **0.22** | | **83.77** | |
| | | | 235.89 | | | | 83.77 | |
| | | | | | | | | |
| | | | | | | | | |
| 18.31 | | | | | | | | |
| | | | | | | | | |
| -13.59 | -26.36 | | -166.05 | -262.71 | | | | |
| -0.24 | | | | -23.84 | | | | |
| | | | | | | | | |
| -3.44 | | | | -0.79 | 0.22 | | | |
| **26.27** | **51.71** | **49.04** | **-8.60** | **417.61** | **14.71** | **15562.00** | **395.60** | |
| -0.02 | | -7.25 | -7.20 | -0.01 | | | 395.60 | |
| -0.01 | | -9.64 | -1.40 | | | 15562.00 | | |
| | | | | | | | | |
| | | | | | 14.71 | | | |
| 26.30 | 51.71 | 65.93 | | 417.62 | | | | |
| | | | | | | | | |
| | | | | | | | | |
| | | | | | | | | |
| | | | **0.64** | | | | **38.10** | |
| **27.31** | **25.35** | **49.04** | **60.60** | **130.27** | **14.93** | **15562.00** | **441.27** | |
| | | | | | | | 50.99 | |
| 27.31 | 6.40 | 49.04 | 52.84 | 117.77 | 14.93 | 8050.00 | 305.89 | |
| | | | | | | | | |
| | 0.05 | | | 4.00 | | 19.00 | 3.62 | |
| | 1.90 | | 3.20 | 8.00 | | 24.00 | 6.11 | |
| | 3.90 | | 1.17 | 0.21 | | 65.00 | 13.98 | |
| | 11.60 | | 2.89 | 0.09 | | 7371.00 | 38.55 | |
| | 10.70 | | 2.89 | 0.09 | | 7371.00 | 25.87 | |
| | 0.90 | | | | | | 12.68 | |
| | 1.50 | | 0.50 | 0.20 | | 33.00 | 22.13 | |
| | | | | | | | | |
| **27.34** | **25.35** | **65.93** | **69.84** | **130.28** | **14.93** | **15562.00** | **479.37** | |

# 七、香港、澳门特别行政区能源数据

# Chapter 7　Energy Data for Hong Kong and Macao Special Administrative Region

# 7-1 香港主要能源及相关指标

# MAJOR ENERGY AND RELATED INDICATORS OF HONG KONG

| 项 目 Item | 1990 | 1995 | 2000 | 2001 | 2002 | 2003 | 2004 | 2005 | 2006 | 2007 |
|---|---|---|---|---|---|---|---|---|---|---|
| 一次能源供应总量（百万吨标准油）<br>Total Primary Energy Supply (Mtoe) | 10.66 | 13.77 | 15.45 | 16.28 | 16.38 | 16.79 | 17.53 | 18.07 | 13.36 | 13.75 |
| 净进口量（百万吨标准油）<br>Net Imports (Mtoe) | 11.93 | 15.69 | 18.91 | 19.99 | 21.22 | 21.98 | 25.31 | 23.53 | 25.20 | 26.76 |
| 油净进口量（百万吨标准油）<br>Net Oil Imports (Mtoe) | 6.58 | 9.55 | 12.4 | 12.26 | 13.24 | 13.26 | 15.95 | 14.11 | 15.22 | 16.37 |
| 油可供量（百万吨标准油）<br>Oil Supply (Mtoe) | 5.27 | 7.57 | 8.89 | 8.51 | 8.35 | 8.02 | 8.13 | 8.60 | 3.32 | 3.30 |
| 电消费量（十亿千瓦小时）<br>Electricity Consumption (Twh) | 23.83 | 29.86 | 36.3 | 37.26 | 38.09 | 38.46 | 39.23 | 40.05 | 40.34 | 40.86 |
| 能源最终消费量（百万吨标准油）<br>Total Final Consumption of Energy (Mtoe) | 7.12 | 9.9 | 11.92 | 11.6 | 11.5 | 11.2 | 11.4 | 11.98 | 7.77 | 8.00 |
| 年中人口数（万人）<br>Mid-year Population ($10^4$ persons) | 570.0 | 615.6 | 666.5 | 672.5 | 678.7 | 680.3 | 685.0 | 680.0 | 685.0 | 690.0 |
| 国内生产总值（10亿美元,2000年价）<br>GDP ($10^9$ US$,2000 price) | 106.2 | 139.4 | 165.4 | 166.1 | 169.3 | 178.5 | 193.8 | 208.4 | 221.6 | 235.7 |
| 人均国内生产总值（美元,2000年价）<br>Per Capita GDP (US$,2000 price) | 18639 | 22636 | 24810 | 24703 | 24939 | 26238 | 28292 | 30130 | 32116 | 34159 |
| 人均能源供应量（吨标准油/人）<br>TPES/Population (toe per capita) | 1.54 | 1.73 | 1.97 | 2.42 | 2.41 | 2.47 | 2.58 | 1.92 | 1.95 | 1.98 |
| 人均电力消费量（千瓦小时/人）<br>Per Capita Electricity Consumption (kW·h/capita) | 4178 | 4850 | 5446 | 5541 | 5612 | 5653 | 5779 | 5879 | 5883 | 5899 |

资料来源：IEA《非OECD国家能源平衡》
Source: IEA,Energy Balances of NON-OECD Countries

# 7-2 香港电力和煤气消费量

## CONSUMPTION OF ELECTRICITY AND GAS OF HONG KONG

| 年 份<br>Year | 电力（太焦耳）<br>Electricity (terajoule) | | | | 煤气（太焦耳）<br>Gas (terajoule) | | | |
|---|---|---|---|---|---|---|---|---|
| | 住 宅<br>Residential | 商 业<br>Commercial | 工业<br>Industrial | 总 计<br>Total | 住 宅<br>Residential | 商 业<br>Commercial | 工业<br>Industrial | 总 计<br>Total |
| 1990 | 19037 | 41830 | 24934 | 85801 | 7596 | 6877 | 583 | 15056 |
| 1995 | 27063 | 60191 | 20222 | 107477 | 11408 | 9586 | 978 | 21972 |
| 2000 | 32234 | 80672 | 17769 | 130675 | 13866 | 11209 | 982 | 26057 |
| 2001 | 32799 | 84580 | 16759 | 134139 | 14493 | 11060 | 1011 | 26564 |
| 2002 | 33394 | 87606 | 16112 | 137112 | 14794 | 10860 | 987 | 26641 |
| 2003 | 34365 | 89218 | 14851 | 138435 | 15446 | 10542 | 1015 | 27002 |
| 2004 | 34134 | 91638 | 15430 | 141201 | 15237 | 10945 | 955 | 27137 |
| 2005 | 35811 | 93724 | 14636 | 144171 | 15444 | 10919 | 898 | 27261 |
| 2006 | 35428 | 95761 | 14015 | 145204 | 15082 | 11050 | 903 | 27034 |
| 2007 | 36422 | 97546 | 13104 | 147072 | 14842 | 11305 | 895 | 27041 |
| 2008 | 37100 | 98063 | 12182 | 147345 | 15583 | 11095 | 905 | 27583 |

# 7-3 香港油产品进口留用量

## HONG KONG RETAINED IMPORTS OF OIL PRODUCTS

| 年 份<br>Year | 航空汽油与煤油<br>(千公升)<br>Aviation Gasoline and Kerosene (kilolitre) | 车用汽油<br>(千公升)<br>Motor Gasoline<br>(kilolitre) | | 轻质柴油、重质柴油与石脑油(千公升)<br>Gas Oil, Diesel Oil and Naphtha (kilolitre) | 燃料油<br>(千公升)<br>Fuel Oil<br>(kilolitre) | 液化石油气和天然气(公吨)<br>LPG, Natural Gas<br>(tonne) |
|---|---|---|---|---|---|---|
| 1990 | 2303262 | 390577 | | 2690712 | 1347198 | 169224 |
| | | 含铅<br>Leaded Petrol | 不含铅<br>Unleaded Petrol | | | |
| 1995 | 3318386 | 171456 | 323351 | 4691324 | 1561524 | 147544 |
| 2000 | 4011029 | | 486087 | 7802247 | 2140655 | 2363434 |
| 2001 | 4198740 | | 524588 | 6920460 | 2394450 | 2459050 |
| 2002 | 4315798 | | 473441 | 6810838 | 2973785 | 2420756 |
| 2003 | 3986920 | | 458985 | 7094270 | 3216278 | 1689413 |
| 2004 | 4937314 | | 458802 | 6989635 | 4626483 | 2299778 |
| 2005 | 5424882 | | 454254 | 4992498 | 4975866 | 2310535 |
| 2006 | 5543549 | | 425146 | 5075975 | 5915645 | 2592142 |
| 2007 | 6261518 | | 471418 | 4762939 | 7089613 | 2404774 |
| 2008 | 6003457 | | 447546 | 3582774 | 6625377 | 2728962 |

资料来源：《香港能源统计》
Source: Hong Kong Energy Statistics

# 7-4 香港煤产品进口留用量

## HONG KONG RETAINED IMPORTS OF COAL PRODUCTS

单位：公吨 ( tonne)

| 年 份 Year | 蒸馏煤与其他煤产品 Steam Coal and Other Coal | 木炭 Wood Charcoal | 无烟煤 Anthracite | 焦煤与半焦煤 Coke and Semi-coke |
|---|---|---|---|---|
| 1990 | 8928614 | 16252 | 2053 | 1404 |
| 1995 | 9108994 | 13920 | | 1063 |
| 2000 | 6057802 | 6050 | 1310 | |
| 2001 | 8033097 | -4764 | 540 | |
| 2002 | 8717699 | 8142 | 201 | |
| 2003 | 10675881 | 8313 | 677 | |
| 2004 | 10691194 | 8052 | 396 | -59 |
| 2005 | 10823664 | 7307 | 1423 | |
| 2006 | 11403420 | 6491 | 139 | |
| 2007 | 12261438 | 3945 | | |
| 2008 | 11344961 | 7374 | 162 | |

# 7-5 香港电力生产、消费及进出口

## HONG KONG ELECTRICITY PRODUCTION, CONSUMPTION,IMPORTS AND EXPORTS

单位：太焦耳 (Terajoule)

| 年 份 Year | 本地发电厂产电 Electricity Generated at Local Plant | 由大陆进口 Imports to Mainland of China | 系统损耗 System Loss | 出口往大陆 Exports of Mainland of China | 由电表量度的本地电力耗用 Local Electricity Consumption as Measured at Meter Point |
|---|---|---|---|---|---|
| 1990 | 104256 | | 11985 | 6470 | 85801 |
| 1995 | 100496 | 27164 | 14843 | 5340 | 107477 |
| 2000 | 112783 | 36732 | 14587 | 4253 | 130675 |
| 2001 | 116745 | 37278 | 14192 | 5692 | 134139 |
| 2002 | 123522 | 36655 | 15235 | 7830 | 137112 |
| 2003 | 127822 | 37428 | 15988 | 10827 | 138435 |
| 2004 | 133663 | 35413 | 16763 | 11112 | 141201 |
| 2005 | 138414 | 39604 | 17654 | 16192 | 144172 |
| 2006 | 139005 | 39230 | 16731 | 16300 | 145204 |
| 2007 | 140212 | 39453 | 18066 | 14527 | 147072 |
| 2008 | 136765 | 40668 | 17299 | 12789 | 147345 |

资料来源：《香港能源统计》

Source: Hong Kong Energy Statistics

# 7-6 澳门主要能源及相关指标

# MAJOR ENERGY RELATED INDICATORS OF MACAO

| 项 目 Item | 1990 | 1995 | 2000 | 2002 | 2003 | 2004 | 2005 | 2006 | 2007 | 2008 |
|---|---|---|---|---|---|---|---|---|---|---|
| 净进口量（太焦耳）<br>Net Imports ($10^{12}$ joules) | 13955 | 17487 | 22742 | 25322 | 26340 | 32087 | 33605 | 34833 | 37524 | 26367 |
| 可供电量（百万千瓦小时）<br>Electricity Supply (Gwh) | | 1335.1 | 1657.4 | 1795.7 | 1879.5 | 2028.4 | 2287.3 | 2557.5 | 3136.9 | 3463.1 |
| 电力消费量（百万千瓦小时）<br>Electricity Consumption (Gwh) | | 1265.4 | 1570.1 | 1688.0 | 1771.5 | 1889.7 | 2112.2 | 2374.0 | 2936.5 | 3312 |
| 能源消费量（太焦耳）<br>Energy Consumption ($10^{12}$ joules) | 8953 | 12120 | 12823 | 13435 | 13544 | 14709 | 16748 | 18442 | 21054 | 22211 |
| 年中人口数（万人）<br>Mid-year Population ($10^4$ persons) | 33.50 | 40.93 | 43.1 | 43.9 | 44.5 | 45.7 | 47.3 | 49.9 | 52.6 | 54.4 |
| 国内生产总值（万澳门元,现价）<br>GDP ($10^4$ MOP, Current Market Prices) | 2617500 | 5227400 | 4897200 | 5481900 | 6356600 | 8034900 | 8588600 | 11370900 | 14945700 | 17186700 |
| 人均国内生产总值（澳门元,现价）<br>Per Capita GDP (MOP,Current Market Prices) | 78134 | 127716 | 113624 | 124872 | 142845 | 175818 | 181577 | 227721 | 284268 | 313091 |
| 人均能源消费量（百万焦耳）<br>Per Capita Energy Consumption ($10^6$ joules) | 26725 | 29612 | 29752 | 30604 | 30436 | 32186 | 35408 | 36958 | 40045 | 40829 |
| 人均电力消费量（千瓦小时/人）<br>Per Capita Electricity Consumption (kW•h/capita) | | 3092 | 3643 | 3845 | 3981 | 4135 | 4466 | 4758 | 5585 | 6088 |

# 7-7 澳门能源平衡表

# MACAO ENERGY BALANCE TABLE

单位: 太焦耳 (terajoules)

| 项 目 | Item | 1990 | 1995 | 2000 | 2002 | 2003 | 2004 | 2005 | 2006 | 2007 | 2008 |
|---|---|---|---|---|---|---|---|---|---|---|---|
| 进口 | Import | | | | | | | | | | |
| 总计 | Total Energy | 13975 | 17499 | 22742 | 25322 | 26340 | 32087 | 33605 | 34833 | 37524 | 26367 |
| #轻柴油 | #Gas Oil and Diesel | 3564 | 3257 | 3467 | 4243 | 5518 | 8529 | 7114 | 6191 | 7062 | 5504 |
| #重油 | #Fuel Oil | 8274 | 10325 | 11949 | 12962 | 12277 | 12618 | 14108 | 12745 | 10711 | 5853 |
| #电力 | #Electricity | 327 | 650 | 701 | 697 | 647 | 545 | 1227 | 3472 | 6060 | 8319 |
| #汽油 | #Gasoline | 752 | 1128 | 1340 | 1402 | 1450 | 1564 | 1758 | 1802 | 2003 | 2038 |
| 出口 | Export | | | | | | | | | | |
| 总计 | Total Energy | 20 | 12 | | | | | | | | |
| #电力 | #Electricity | 9 | 11 | | | | | | | | |
| #液化石油气 | #LPG | | 1 | | | | | | | | |
| 库存变化 | Change in Stocks | 252 | -43 | -487 | -348 | -187 | 728 | -68 | 372 | 341 | -917 |
| 内部总消费 | Gross Internal Consumption | 13704 | 17670 | 19795 | 21601 | 21966 | 24529 | 26050 | 25700 | 27488 | 27284 |
| 能源转化 | Energy Transformation | -4461 | -5124 | -6458 | -7533 | -7728 | -9075 | -8558 | -6517 | -5662 | -4298 |
| 电厂自耗和输电损失 | Distribution and Transmission Loss | 149 | 240 | 304 | 388 | 389 | 451 | 462 | 482 | 550 | 545 |
| 总消费量 | Final Consumption | 8953 | 12120 | 12823 | 13435 | 13544 | 14709 | 16748 | 18442 | 21054 | 22211 |

资料来源:《澳门统计年鉴》

Source: Macao Statistical Yearbook

# 附录 1、台湾省能源数据

# Appendix Ⅰ　Energy Data for Taiwan Province

# 附录 1-1　台湾省主要能源及相关指标

## MAJOR ENERGY RELATED INDICATORS OF TAIWAN PROVINCE

| 项 目　　Item | 1990 | 1995 | 2000 | 2001 | 2002 | 2003 | 2004 | 2005 | 2006 | 2007 |
|---|---|---|---|---|---|---|---|---|---|---|
| 能源生产量（百万吨标准油）<br>Energy Production (Mtoe) | 10.81 | 10.94 | 11.49 | 10.77 | 11.62 | 12.53 | 12.40 | 12.27 | 12.18 | 12.71 |
| 净进口量（百万吨标准油）<br>Net Imports (Mtoe) | 41.78 | 59.27 | 80.83 | 82.25 | 84.20 | 87.83 | 96.11 | 95.13 | 98.35 | 101.58 |
| 一次能源需求总量（百万吨标准油）<br>Total Primary Energy Supply (Mtoe) | 48.26 | 65.29 | 83.01 | 88.95 | 93.58 | 98.55 | 103.94 | 102.59 | 104.84 | 109.86 |
| 油净进口量（百万吨标准油）<br>Net Oil Imports (Mtoe) | 28.92 | 37.49 | 45.85 | 44.71 | 43.79 | 45.35 | 48.36 | 47.23 | 49.34 | 50.01 |
| 油可供量（百万吨标准油）<br>Oil Supply (Mtoe) | 26.00 | 34.47 | 37.32 | 41.46 | 42.45 | 43.47 | 45.93 | 43.89 | 43.31 | 45.84 |
| 电消费量（十亿千瓦小时）<br>Electricity Consumption (tW•h) | 85.12 | 128.20 | 184.74 | 188.95 | 198.52 | 201.11 | 210.23 | 218.32 | 225.92 | 233.53 |
| 一次能源消费总量（百万吨标准油）<br>Total Primary Energy Consumption (Mtoe) | 48.35 | 65.18 | 90.64 | 94.83 | 100.31 | 98.55 | 104.16 | 105.78 | 105.96 | 110.73 |
| 年中人口数（百万人）<br>Mid-year Population (106 persons) | 20.40 | 21.30 | 22.10 | 22.30 | 22.40 | 22.60 | 22.80 | 22.65 | 22.80 | 22.90 |
| 国内生产总值（10亿美元,2000年价）<br>GDP (109 US$,2000 price) | 157.12 | 221.60 | 292.90 | 286.46 | 296.77 | 323.40 | 361.30 | 376.00 | 393.60 | 416.00 |
| 人均国内生产总值（美元，2000年价）<br>Per Capita GDP (US$, 2000 price) | 7702 | 10404 | 13253 | 12846 | 13249 | 14310 | 15846 | 16600 | 17263 | 18166 |
| 人均能源消费量（吨标准油／人）<br>Per Capita Energy Consumption (toe/capita) | 2.37 | 3.06 | 4.10 | 4.25 | 4.48 | 4.36 | 4.59 | 4.52 | 4.60 | 4.81 |
| 人均电力消费量（千瓦小时／人）<br>Per Capita Electricity Consumption (kW•h/capita) | 4173 | 6019 | 8359 | 8473 | 8863 | 8899 | 9293 | 9618 | 9917 | 10216 |

资料来源：IEA《非OECD国家能源统计和平衡》
Source: IEA, Energy Statistics and Balances of NON-OECD Countries.

# 附录 1-2　台湾省分行业电力消费量

## TAIWAN PROVINCE ELECTRICITY CONSUMPTION BY SECTOR

单位：百万千瓦小时　　(million kW•h)

| 年份 Year | 总计 Total | 农、林、牧、渔业 Farming,Forestry, Animal Husbandry, Fishery | 采掘业 Mining and Quarrying | 制造业 Manufacturing | 建筑业 Construction | 水电煤气卫生服务业 Electricity, Gas and Water Services | 商业 Commerce | 运输仓储及通信业 Transportation, Storage, Post. &Tele.Services | 服务业 Services | 其他不能归类行业 Others |
|---|---|---|---|---|---|---|---|---|---|---|
| 1990 | 51841 | 1611 | 171 | 40698 | 265 | 804 | 1987 | 1081 | 4252 | 973 |
| 1995 | 68931 | 2042 | 209 | 50792 | 564 | 1037 | 3650 | 1571 | 6763 | 2299 |
| 2000 | 94768 | 2262 | 319 | 67378 | 490 | 1832 | 5809 | 2893 | 10578 | 3208 |
| 2001 | 94807 | 2229 | 293 | 66127 | 543 | 2065 | 6045 | 3014 | 11167 | 3324 |
| 2002 | 100435 | 2326 | 367 | 69696 | 530 | 2253 | 6407 | 3240 | 12009 | 3601 |
| 2003 | 106043 | 2416 | 431 | 73691 | 544 | 2415 | 6701 | 3326 | 12712 | 3801 |
| 2004 | 113293 | 2511 | 444 | 79267 | 556 | 2461 | 7034 | 3440 | 13494 | 4086 |
| 2005 | 117648 | 2490 | 443 | 82030 | 553 | 2140 | 7359 | 3572 | 14231 | 4342 |
| 2006 | 181593 | 2602 | 453 | 86381 | 539 | 2561 | 7449 | 4170 | 18239 | 7159 |
| 2007 | 187075 | | 462 | 90557 | | | | | | |
| 2008 | 128644 | | 380 | 90739 | | | | | | |

资料来源：中国台湾省编辑的《统计年鉴》
Source: Statistical Yearbook, Taiwan Province of China.

## 附录 1-3 台湾省能源供给总量及构成

## TAIWAN PROVINCE ENERGY SUPPLY AND COMPOSITION

| 年份 Year | 供给量总计 (千公升油当量) Total Supply ($10^3$ kl oil equivalent) | 占供给总量的比重(%) As Percentage of Total Supply (%) | | | | |
|---|---|---|---|---|---|---|
| | | 煤炭 Coal | 石油 Petroleum | 天然气 Natural Gas | 水力发电 Hydropower | 核能发电 Nuclear Power |
| 1990 | 58698 | 23.90 | 55.00 | 1.90 | 1.00 | 16.20 |
| 1995 | 80164 | 26.70 | 54.20 | 4.60 | 0.60 | 12.80 |
| 2000 | 104359 | 31.60 | 50.30 | 6.20 | 0.40 | 10.70 |
| 2001 | 109044 | 32.70 | 50.40 | 6.30 | 0.40 | 9.40 |
| 2002 | 114291 | 33.00 | 49.20 | 6.80 | 0.20 | 10.00 |
| 2003 | 122248 | 32.50 | 50.70 | 6.60 | 0.20 | 9.20 |
| 2004 | 135696 | 32.30 | 51.20 | 7.30 | 0.20 | 8.40 |
| 2005 | 136951 | 31.80 | 51.50 | 7.60 | 0.30 | 8.50 |
| 2006 | 138857 | 32.30 | 50.80 | 8.00 | 0.30 | 8.30 |
| 2007 | 147125 | 32.20 | 51.10 | 8.10 | 0.30 | 8.00 |
| 2008 | 142388 | 32.40 | 49.40 | 9.20 | 0.30 | 8.30 |

## 附录 1-4 台湾省能源消费总量及分部门消费构成

## AIWAN PROVINCE ENERGY CONSUMPTION AND COMPOSITION BY SECTO

| 年份 Year | 消费总计 (千公升油当量) Total Energy Consumption ($10^3$ kl oil equivalent) | 占消费总量比重(%) As Percentage of Total Energy Consumption(%) | | | | | | |
|---|---|---|---|---|---|---|---|---|
| | | 工业 Industry | 运输 Transpo-rtation | 农业 Agricu-lture | 住宅 Residence | 商业 Commerce | 其他 Other | 非能源消费 Non-energy Use |
| 1990 | 49586 | 49.0 | 16.2 | 2.9 | 11.4 | 3.8 | 6.4 | 5.2 |
| 1995 | 66345 | 45.8 | 18.5 | 2.2 | 12.0 | 5.0 | 6.0 | 5.1 |
| 2000 | 89394 | 47.1 | 16.3 | 1.7 | 13.0 | 6.1 | 6.4 | 4.4 |
| 2001 | 96019 | 49.2 | 15.2 | 1.6 | 12.6 | 6.0 | 6.5 | 3.4 |
| 2002 | 98928 | 49.9 | 15.3 | 1.5 | 12.1 | 5.8 | 6.3 | 4.0 |
| 2003 | 102308 | 49.6 | 14.8 | 1.6 | 12.2 | 6.0 | 6.9 | 4.5 |
| 2004 | 107214 | 50.8 | 14.9 | 1.6 | 11.7 | 5.9 | 6.2 | 4.1 |
| 2005 | 109486 | 49.8 | 15.0 | 1.5 | 12.2 | 6.2 | 6.3 | 4.1 |
| 2006 | 112134 | 50.5 | 14.6 | 1.2 | 12.0 | 6.2 | 6.3 | 3.9 |
| 2007 | 117297 | 53.3 | 13.6 | 0.9 | | | | 4.4 |
| 2008 | 114709 | 53.6 | 13.3 | 1.0 | | | | 4.0 |

## 附录 1-5 台湾省电力生产量和消费量

## TAIWAN PROVINCE ElECTRICITY PRODUCTION AND CONSUMPTION

单位: 百万千瓦小时 (million kW•h)

| 年份 Year | 发电量 Electricity Generation | | | | 耗电量 Electricity Consumption | | | 损失 Loss |
|---|---|---|---|---|---|---|---|---|
| | 总计 Total | 水力发电 Hydropower | 火力发电 Thermal Power | 核能发电 Nuclear Power | 总计 Total | 电力用电 Own Consumption | 住户及商业用电 Residence and Commerce | |
| 1990 | 82350 | | 42629 | 31554 | 74345 | 51841 | 22504 | 5355 |
| 1995 | 117859 | | 75071 | 33931 | 105368 | 68931 | 36437 | 6848 |
| 2000 | 156511 | 4303 | 110672 | 36996 | 142413 | 94768 | 47645 | 8735 |
| 2001 | 158058 | 4070 | 114822 | 34094 | 143599 | 94794 | 48805 | 8610 |
| 2002 | 165901 | 3604 | 121526 | 38009 | 151193 | 100435 | 50758 | 9417 |
| 2003 | 173810 | 3852 | 129566 | 37371 | 159380 | 106043 | 53336 | 8751 |
| 2004 | 181245 | 3338 | 136770 | 37939 | 167478 | 113293 | 54185 | 8937 |
| 2005 | 189663 | 7885 | 143295 | 38404 | 175293 | 117648 | 57645 | 9036 |
| 2006 | 196567 | 7970 | 150014 | 38317 | 181593 | 123598 | 57996 | 9539 |
| 2007 | 201856 | 8322 | 154142 | 38960 | 187075 | 128226 | 58848 | 9590 |
| 2008 | 200241 | 7742 | 152636 | 39260 | 186931 | 128644 | 58288 | 8584 |

资料来源：中国台湾省编辑的《统计年鉴》

Source: Statistical Yearbook, Taiwan Province of China.

# 附录 2、有关国家和地区能源数据

# Appendix Ⅱ　Energy Data for Related Countries or Areas

# 附录2-2　国内生产总值汇率算法(2000年价格)

## GROSS DOMESTIC PRODUCTS USING EXCHANGE RATES(US$2000)

单位:10亿美元　　(billion US$)

| 国家和地区 | Contury or Area | 2002 | 2003 | 2004 | 2005 | 2006 | 2007 | GDP比重% Percent of World |
|---|---|---|---|---|---|---|---|---|
| **世界总计** | **World** | **32768.6** | **33707.0** | **35146.2** | **36352.4** | **37759.4** | **39493.3** | **100.00** |
| **OECD合计** | **OECD Total** | **26299.6** | **26829.7** | **27670.6** | **28352.6** | **29168.7** | **29907.9** | **75.73** |
| 美国 | United States | 9997.6 | 10249.8 | 10651.7 | 10950.6 | 11265.2 | 11511.4 | 29.15 |
| 日本 | Japan | 4741.3 | 4756.8 | 4866.3 | 4978.3 | 5087.1 | 5194.2 | 13.15 |
| 德国 | Germany | 1924.9 | 1920.2 | 1944.1 | 1955.1 | 2011.2 | 2061.2 | 5.22 |
| 英国 | United Kingdom | 1504.4 | 1546.7 | 1597.2 | 1638.1 | 1684.7 | 1735.7 | 4.39 |
| 法国 | France | 1371.8 | 1381.3 | 1413.4 | 1439.7 | 1468.3 | 1496.8 | 3.79 |
| 意大利 | Italy | 1097.9 | 1121.3 | 1133.2 | 1135.8 | 1157.0 | 1173.9 | 2.97 |
| 加拿大 | Canada | 749.4 | 773.4 | 798.9 | 821.9 | 844.6 | 867.0 | 2.20 |
| 西班牙 | Spain | 617.4 | 637.0 | 657.6 | 681.9 | 708.2 | 735.3 | 1.86 |
| 墨西哥 | Mexico | 585.1 | 593.2 | 617.9 | 635.2 | 665.5 | 687.4 | 1.74 |
| 韩国 | Korea | 568.3 | 585.9 | 613.6 | 639.4 | 671.3 | 704.7 | 1.78 |
| 澳大利亚 | Australia | 428.2 | 445.1 | 457.0 | 469.8 | 481.4 | 501.2 | 1.27 |
| 荷兰 | Netherlands | 392.3 | 394.1 | 401.8 | 409.0 | 421.3 | 436.0 | 1.10 |
| 瑞典 | Sweden | 249.5 | 253.7 | 264.2 | 278.6 | 290.0 | 297.5 | 0.75 |
| 瑞士 | Switzerland | 249.4 | 249.0 | 254.7 | 266.1 | 274.7 | 283.2 | 0.72 |
| 比利时 | Belgium | 237.9 | 240.1 | 246.3 | 250.9 | 258.1 | 265.3 | 0.67 |
| **非OECD合计** | **NON-OECD Total** | **6469.0** | **6877.3** | **7479.9** | **7999.8** | **8590.7** | **9383.7** | **23.76** |
| 中国(大陆) | People's Rep. Of China | 1416.1 | 1557.7 | 1908.8 | 2098.3 | 2113.0 | 2387.7 | 6.05 |
| 巴西 | Brazil | 621.4 | 624.8 | 716.7 | 737.8 | 767.4 | 808.9 | 2.05 |
| 印度 | India | 500.6 | 544.3 | 589.7 | 644.1 | 707.0 | 771.1 | 1.95 |
| 俄罗斯 | Russia | 285.9 | 306.9 | 328.7 | 349.8 | 375.7 | 406.2 | 1.03 |
| 中国，台北 | Chinese Taipei | 296.8 | 323.4 | 361.3 | 376.0 | 393.6 | 416.0 | 1.05 |
| 阿根廷 | Argentina | 242.1 | 263.5 | 287.3 | 313.6 | 340.2 | 369.6 | 0.94 |
| 沙特阿拉伯 | Saudi Arabia | 189.7 | 204.2 | 215.0 | 229.1 | 234.1 | 242.0 | 0.61 |
| 印度尼西亚 | Indonesia | 178.8 | 187.3 | 196.7 | 207.9 | 219.3 | 233.2 | 0.59 |
| 中国，香港 | Hong Kong, China | 169.3 | 178.5 | 193.8 | 208.4 | 221.6 | 235.7 | 0.60 |
| 南非 | South Africa | 141.4 | 145.8 | 153.0 | 160.8 | 169.3 | 178.0 | 0.45 |
| 泰国 | Thailand | 132.1 | 141.3 | 150.4 | 157.1 | 165.0 | 173.2 | 0.44 |
| 伊朗 | Islamic Republic of Iran | 113.9 | 120.9 | 127.1 | 132.6 | 140.3 | 151.8 | 0.38 |
| 以色列 | Israel | 113.8 | 115.8 | 120.9 | 127.2 | 144.7 | 152.5 | 0.39 |
| 委内瑞拉 | Venezuela | 110.4 | 101.9 | 120.5 | 132.9 | 146.6 | 159.0 | 0.40 |
| 埃及 | Egypt | 109.2 | 110.0 | 114.6 | 119.7 | 126.9 | 135.9 | 0.34 |

资料来源:国际能源机构统计年鉴—OECD成员国能源平衡表，非OECD成员国能源平衡表。

Source: IEA STATISTICS - ENERGY BALANCES OF OECD COUNTRIES(2008)
ENERGY BALANCES OF NON-OECD COUNTRIES(2008)

# 附录2-3　国内生产总值购买力平价算法(2000年价格)
# GROSS DOMESTIC PRODUCTS USING PURCHASING POWER PARITIES(US$2000)

单位:10亿美元　　(billion US$)

| 国家和地区 | Contury or Area | 2002 | 2003 | 2004 | 2005 | 2006 | 2007 | GDP比重% Percent of World |
|---|---|---|---|---|---|---|---|---|
| **世界总计** | **World** | **47938.7** | **49618.7** | **52222.8** | **54690.8** | **58179.4** | **61428.0** | **100.00** |
| **OECD合计** | **OECD Total** | **27962.2** | **28609.5** | **29536.7** | **30239.5** | **31157.5** | **31995.3** | **52.09** |
| 美国 | United States | 9997.6 | 10249.8 | 10651.7 | 10950.6 | 11265.2 | 11511.4 | 18.74 |
| 日本 | Japan | 3298.7 | 3308.7 | 3384.9 | 3462.5 | 3538.1 | 3612.6 | 5.88 |
| 德国 | Germany | 2129.3 | 2123.4 | 2149.9 | 2191.9 | 2254.7 | 2310.8 | 3.76 |
| 法国 | France | 1627.3 | 1638.1 | 1676.1 | 1661.9 | 1695.0 | 1727.8 | 2.81 |
| 英国 | United Kingdom | 1570.8 | 1615.9 | 1668.6 | 1700.2 | 1748.6 | 1801.5 | 2.93 |
| 意大利 | Italy | 1473.9 | 1506.1 | 1522.2 | 1506.8 | 1535.0 | 1557.4 | 2.54 |
| 西班牙 | Spain | 902.2 | 931.3 | 961.5 | 1007.0 | 1045.8 | 1085.8 | 1.77 |
| 墨西哥 | Mexico | 903.8 | 916.4 | 954.5 | 983.6 | 1030.5 | 1064.3 | 1.73 |
| 加拿大 | Canada | 902.0 | 931.5 | 962.2 | 989.7 | 1017.0 | 1044.0 | 1.70 |
| 韩国 | Korea | 853.4 | 879.8 | 921.4 | 965.7 | 1013.9 | 1064.2 | 1.73 |
| 澳大利亚 | Australia | 562.3 | 584.3 | 599.9 | 616.8 | 631.9 | 658.0 | 1.07 |
| 荷兰 | Netherlands | 460.2 | 462.5 | 471.6 | 496.7 | 511.7 | 529.5 | 0.86 |
| 比利时 | Belgium | 280.3 | 282.7 | 290.1 | 305.3 | 314.0 | 322.8 | 0.53 |
| 瑞典 | Sweden | 248.5 | 252.8 | 263.3 | 279.1 | 290.5 | 298.0 | 0.49 |
| 瑞士 | Switzerland | 221.8 | 221.6 | 226.6 | 242.5 | 250.3 | 258.0 | 0.42 |
| **非OECD合计** | **NON-OECD Total** | **19976.5** | **21009.2** | **22742.7** | **24451.3** | **26653.6** | **29067.1** | **47.32** |
| 中国(大陆) | People's Rep. Of China | 5849.0 | 6463.5 | 7320.0 | 8061.2 | 8771.5 | 9911.8 | 16.14 |
| 印度 | India | 2677.6 | 2841.4 | 3077.9 | 3362.1 | 3690.5 | 4024.9 | 6.55 |
| 巴西 | Brazil | 1322.7 | 1298.5 | 1383.2 | 1424.0 | 1481.0 | 1561.3 | 2.54 |
| 俄罗斯 | Russia | 1134.7 | 1211.2 | 1297.9 | 1381.0 | 1483.6 | 1603.7 | 2.61 |
| 印度尼西亚 | Indonesia | 651.1 | 679.8 | 714.3 | 754.9 | 796.3 | 846.9 | 1.38 |
| 中国，台北 | Chinese Taipei | 443.9 | 520.1 | 552.6 | 575.1 | 602.0 | 636.3 | 1.04 |
| 泰国 | Thailand | 415.4 | 447.1 | 475.8 | 497.2 | 523.1 | 548.0 | 0.89 |
| 阿根廷 | Argentina | 401.9 | 413.5 | 451.0 | 492.4 | 534.1 | 580.4 | 0.94 |
| 南非 | South Africa | 445.8 | 423.0 | 444.0 | 466.7 | 491.5 | 516.6 | 0.84 |
| 伊朗 | Islamic Republic of Iran | 417.5 | 441.1 | 463.8 | 484.0 | 513.8 | 554.0 | 0.90 |
| 沙特阿拉伯 | Saudi Arabia | 268.2 | 289.5 | 320.4 | 341.4 | 348.9 | 360.7 | 0.59 |
| 埃及 | Egypt | 260.7 | 261.3 | 272.3 | 284.6 | 301.6 | 323.0 | 0.53 |
| 中国，香港 | Hong Kong, China | 176.8 | 184.7 | 200.6 | 215.7 | 229.4 | 244.1 | 0.40 |
| 以色列 | Israel | 144.3 | 1450.0 | 151.5 | 159.4 | 181.3 | 191.1 | 0.31 |
| 委内瑞拉 | Venezuela | 132.6 | 101.9 | 144.0 | 158.8 | 175.2 | 190.0 | 0.31 |

资料来源:国际能源机构统计年鉴—OECD成员国能源平衡表，非OECD成员国能源平衡表。

Source: IEA STATISTICS - ENERGY BALANCES OF OECD COUNTRIES(2008)

ENERGY BALANCES OF NON-OECD COUNTRIES(2008)

# 附录2-4　能源生产总量

## TOTAL PRODUCTION OF ENERGY

单位：百万吨标准油　　　　(million toe)

| 国家和地区 | Contury or Area | 2002 | 2003 | 2004 | 2005 | 2006 | 2007 | 产量比重% Percent of World |
|---|---|---|---|---|---|---|---|---|
| **世界总计** | **World** | **10294.74** | **10611.98** | **11145.52** | **11507.20** | **11742.01** | **11939.53** | **100.00** |
| **OECD合计** | **OECD Total** | **3847.23** | **3806.93** | **3858.86** | **3833.94** | **3842.31** | **3832.42** | **32.10** |
| 美国 | United States | 1666.04 | 1634.52 | 1647.02 | 1629.89 | 1654.23 | 1674.06 | 14.02 |
| 加拿大 | Canada | 383.87 | 285.93 | 397.44 | 402.09 | 411.74 | 415.45 | 3.48 |
| 澳大利亚 | Australia | 254.49 | 253.89 | 259.02 | 268.19 | 267.79 | 287.73 | 2.41 |
| 墨西哥 | Mexico | 230.02 | 242.31 | 253.60 | 259.21 | 255.97 | 250.85 | 2.10 |
| 英国 | United Kingdom | 257.95 | 246.60 | 225.43 | 205.16 | 186.62 | 176.54 | 1.48 |
| 法国 | France | 134.65 | 136.48 | 137.31 | 137.12 | 137.02 | 134.94 | 1.13 |
| 德国 | Germany | 134.51 | 134.64 | 136.19 | 135.28 | 136.76 | 132.78 | 1.11 |
| 日本 | Japan | 98.67 | 84.00 | 95.01 | 99.89 | 101.07 | 89.29 | 0.75 |
| 荷兰 | Netherlands | 60.52 | 58.44 | 67.66 | 61.90 | 60.77 | 61.26 | 0.51 |
| 韩国 | Korea | 34.92 | 37.94 | 38.27 | 42.93 | 43.73 | 42.52 | 0.36 |
| 瑞典 | Sweden | 32.36 | 31.04 | 34.46 | 34.67 | 32.79 | 32.87 | 0.28 |
| 西班牙 | Spain | 31.79 | 32.99 | 32.67 | 30.13 | 31.36 | 30.72 | 0.26 |
| 意大利 | Italy | 27.45 | 27.59 | 28.15 | 27.85 | 27.43 | 26.49 | 0.22 |
| 比利时 | Belgium | 13.25 | 13.70 | 13.75 | 15.64 | 15.48 | 15.91 | 0.13 |
| 瑞士 | Switzerland | 11.58 | 11.79 | 11.82 | 10.88 | 12.15 | 12.69 | 0.11 |
| **非OECD合计** | **NON-OECD Total** | **6447.51** | **6805.05** | **7287.85** | **7673.26** | **7906.03** | **8106.66** | **67.90** |
| 中国(大陆) | People's Rep. Of China | 1202.31 | 1331.34 | 1511.72 | 1643.92 | 1718.43 | 1813.98 | 15.19 |
| 俄罗斯 | Russia | 1034.48 | 1106.87 | 1158.44 | 1197.10 | 1219.98 | 1230.63 | 10.31 |
| 沙特阿拉伯 | Saudi Arabia | 474.78 | 530.53 | 548.71 | 576.70 | 570.71 | 551.30 | 4.62 |
| 印度 | India | 436.45 | 394.22 | 407.41 | 420.29 | 435.64 | 450.92 | 3.78 |
| 伊朗 | Islamic Republic of Iran | 236.39 | 263.69 | 278.72 | 302.61 | 309.33 | 323.07 | 2.71 |
| 印度尼西亚 | Indonesia | 244.64 | 254.79 | 263.23 | 276.66 | 309.68 | 331.10 | 2.77 |
| 委内瑞拉 | Venezuela | 203.55 | 178.83 | 195.32 | 204.54 | 195.73 | 183.83 | 1.54 |
| 巴西 | Brazil | 162.01 | 171.67 | 182.84 | 195.03 | 206.83 | 215.58 | 1.81 |
| 南非 | South Africa | 143.07 | 153.47 | 157.46 | 158.78 | 157.97 | 159.59 | 1.34 |
| 阿根廷 | Argentina | 81.38 | 84.32 | 83.08 | 80.97 | 82.94 | 81.91 | 0.69 |
| 埃及 | Egypt | 60.88 | 64.43 | 64.66 | 76.59 | 79.73 | 82.27 | 0.69 |
| 泰国 | Thailand | 45.30 | 48.26 | 50.44 | 54.32 | 56.31 | 59.37 | 0.50 |
| 中国，台北 | Chinese Taipei | 11.62 | 12.53 | 12.40 | 12.27 | 12.41 | 12.71 | 0.11 |
| 以色列 | Israel | 0.72 | 0.75 | 1.76 | 2.12 | 2.67 | 2.66 | 0.02 |
| 中国，香港 | Hong Kong, China | 0.05 | 0.05 | 0.05 | 0.05 | 0.05 | 0.05 | |

资料来源:国际能源机构统计年鉴—OECD成员国能源平衡表，非OECD成员国能源平衡表。

Source: IEA STATISTICS - ENERGY BALANCES OF OECD COUNTRIES(2008)
ENERGY BALANCES OF NON-OECD COUNTRIES(2008)

# 附录2-5 能源生产量/一次能源供应量(能源自给率)

## ENERGY PRODUCTION/TPES (SELF SUFFICIENCY)

| 国家和地区 | Contury or Area | 2002 | 2003 | 2004 | 2005 | 2006 | 2007 |
|---|---|---|---|---|---|---|---|
| **世界** | **World** | **1.01** | **1.00** | **1.00** | **1.00** | **1.00** | **0.99** |
| **OECD合计** | **OECD Total** | **0.72** | **0.70** | **0.70** | **0.69** | **0.69** | **0.69** |
| 澳大利亚 | Australia | 2.27 | 2.25 | 2.28 | 2.22 | 2.19 | 2.24 |
| 墨西哥 | Mexico | 1.48 | 1.52 | 1.53 | 1.47 | 1.44 | 1.36 |
| 加拿大 | Canada | 1.54 | 1.47 | 1.48 | 1.47 | 1.53 | 1.53 |
| 英国 | United Kingdom | 1.13 | 1.06 | 0.97 | 0.87 | 0.81 | 0.78 |
| 荷兰 | Netherlands | 0.77 | 0.72 | 0.82 | 0.75 | 0.76 | 0.74 |
| 美国 | United States | 0.73 | 0.72 | 0.71 | 0.70 | 0.71 | 0.71 |
| 瑞典 | Sweden | 0.61 | 0.61 | 0.65 | 0.66 | 0.64 | 0.66 |
| 法国 | France | 0.51 | 0.50 | 0.50 | 0.50 | 0.50 | 0.50 |
| 瑞士 | Switzerland | 0.43 | 0.44 | 0.44 | 0.40 | 0.43 | 0.47 |
| 德国 | Germany | 0.39 | 0.39 | 0.39 | 0.39 | 0.39 | 0.40 |
| 比利时 | Belgium | 0.23 | 0.23 | 0.24 | 0.25 | 0.25 | 0.27 |
| 西班牙 | Spain | 0.24 | 0.24 | 0.23 | 0.21 | 0.22 | 0.21 |
| 日本 | Japan | 0.19 | 0.16 | 0.18 | 0.19 | 0.19 | 0.17 |
| 韩国 | Korea | 0.17 | 0.18 | 0.18 | 0.20 | 0.20 | 0.19 |
| 意大利 | Italy | 0.16 | 0.15 | 0.15 | 0.15 | 0.15 | 0.14 |
| **非OECD合计** | **NON-OECD Total** | **1.32** | **1.34** | **1.33** | **1.35** | **1.33** | **1.31** |
| 沙特阿拉伯 | Saudi Arabia | 3.78 | 4.31 | 4.16 | 4.16 | 3.93 | 3.67 |
| 委内瑞拉 | Venezuela | 3.52 | 3.36 | 3.43 | 3.44 | 3.21 | 2.88 |
| 伊朗 | Islamic Republic of Iran | 1.81 | 1.89 | 1.85 | 1.90 | 1.79 | 1.75 |
| 俄罗斯 | Russia | 1.67 | 1.73 | 1.80 | 1.82 | 1.80 | 1.83 |
| 印度尼西亚 | Indonesia | 1.52 | 1.53 | 1.53 | 1.58 | 1.71 | 1.74 |
| 阿根廷 | Argentina | 1.45 | 1.41 | 1.32 | 1.28 | 1.21 | 1.12 |
| 南非 | South Africa | 1.26 | 1.30 | 1.22 | 1.25 | 1.22 | 1.19 |
| 埃及 | Egypt | 1.16 | 1.17 | 1.14 | 1.26 | 1.25 | 1.22 |
| 中国(大陆) | People's Rep. Of China | 0.99 | 0.98 | 0.95 | 0.96 | 0.93 | 0.93 |
| 巴西 | Brazil | 0.85 | 0.89 | 0.87 | 0.91 | 0.93 | 0.92 |
| 印度 | India | 0.82 | 0.80 | 0.78 | 0.79 | 0.78 | 0.76 |
| 泰国 | Thailand | 0.54 | 0.54 | 0.52 | 0.56 | 0.56 | 0.57 |
| 中国，台北 | Chinese Taipei | 0.12 | 0.13 | 0.12 | 0.12 | 0.12 | 0.12 |
| 以色列 | Israel | 0.04 | 0.04 | 0.09 | 0.10 | 0.13 | 0.12 |
| 中国，香港 | Hong Kong, China | | | | | | |

资料来源:国际能源机构统计年鉴—OECD成员国能源平衡表，非OECD成员国能源平衡表。
Source: IEA STATISTICS - ENERGY BALANCES OF OECD COUNTRIES(2008)
ENERGY BALANCES OF NON-OECD COUNTRIES(2008)

# 附录2–6　能源供应量/GDP(吨标准油/千美元 2000年价格)

## TPES/GDP(toe per thousand 2000 US$)

| 国家和地区 | Contury or Area | 2002 | 2003 | 2004 | 2005 | 2006 | 2007 |
|---|---|---|---|---|---|---|---|
| **世界** | **World** | **0.31** | **0.32** | **0.32** | **0.32** | **0.31** | **0.30** |
| **OECD合计** | **OECD Total** | **0.20** | **0.20** | **0.20** | **0.20** | **0.19** | **0.19** |
| 瑞士 | Switzerland | 0.11 | 0.11 | 0.11 | 0.10 | 0.10 | 0.10 |
| 日本 | Japan | 0.11 | 0.11 | 0.11 | 0.11 | 0.10 | 0.10 |
| 英国 | United Kingdom | 0.15 | 0.15 | 0.15 | 0.14 | 0.14 | 0.13 |
| 意大利 | Italy | 0.16 | 0.16 | 0.16 | 0.16 | 0.16 | 0.16 |
| 德国 | Germany | 0.18 | 0.18 | 0.18 | 0.18 | 0.17 | 0.16 |
| 瑞典 | Sweden | 0.21 | 0.20 | 0.20 | 0.19 | 0.18 | 0.17 |
| 法国 | France | 0.19 | 0.20 | 0.19 | 0.19 | 0.19 | 0.18 |
| 荷兰 | Netherlands | 0.20 | 0.21 | 0.20 | 0.20 | 0.19 | 0.19 |
| 美国 | United States | 0.23 | 0.22 | 0.22 | 0.21 | 0.21 | 0.21 |
| 西班牙 | Spain | 0.21 | 0.21 | 0.22 | 0.21 | 0.20 | 0.20 |
| 比利时 | Belgium | 0.24 | 0.25 | 0.24 | 0.25 | 0.24 | 0.22 |
| 澳大利亚 | Australia | 0.26 | 0.25 | 0.25 | 0.26 | 0.25 | 0.26 |
| 墨西哥 | Mexico | 0.27 | 0.27 | 0.27 | 0.28 | 0.27 | 0.27 |
| 加拿大 | Canada | 0.33 | 0.34 | 0.34 | 0.33 | 0.32 | 0.31 |
| 韩国 | Korea | 0.36 | 0.35 | 0.35 | 0.33 | 0.32 | 0.32 |
| **非OECD合计** | **NON-OECD Total** | **0.75** | **0.74** | **0.73** | **0.70** | **0.69** | **0.66** |
| 中国，香港 | Hong Kong, China | 0.10 | 0.09 | 0.09 | 0.06 | 0.06 | 0.06 |
| 以色列 | Israel | 0.18 | 0.18 | 0.17 | 0.15 | 0.15 | 0.14 |
| 阿根廷 | Argentina | 0.23 | 0.23 | 0.22 | 0.20 | 0.20 | 0.20 |
| 巴西 | Brazil | 0.31 | 0.31 | 0.29 | 0.29 | 0.29 | 0.29 |
| 中国，台北 | Chinese Taipei | 0.32 | 0.30 | 0.29 | 0.28 | 0.27 | 0.26 |
| 委内瑞拉 | Venezuela | 0.52 | 0.52 | 0.47 | 0.45 | 0.42 | 0.40 |
| 埃及 | Egypt | 0.48 | 0.50 | 0.49 | 0.51 | 0.50 | 0.49 |
| 泰国 | Thailand | 0.63 | 0.63 | 0.65 | 0.62 | 0.60 | 0.60 |
| 沙特阿拉伯 | Saudi Arabia | 0.66 | 0.60 | 0.61 | 0.61 | 0.62 | 0.62 |
| 南非 | South Africa | 0.81 | 0.81 | 0.85 | 0.79 | 0.77 | 0.75 |
| 印度尼西亚 | Indonesia | 0.90 | 0.89 | 0.87 | 0.84 | 0.82 | 0.82 |
| 中国(大陆) | People's Rep. Of China | 0.86 | 0.87 | 0.92 | 0.89 | 0.87 | 0.82 |
| 印度 | India | 1.07 | 0.90 | 0.88 | 0.83 | 0.79 | 0.77 |
| 伊朗 | Islamic Republic of Iran | 1.14 | 1.98 | 1.52 | 1.19 | 1.22 | 1.22 |
| 俄罗斯 | Russia | 2.16 | 2.08 | 1.95 | 1.86 | 1.79 | 1.65 |

资料来源:国际能源机构统计年鉴—OECD成员国能源平衡表，非OECD成员国能源平衡表。

Source: IEA STATISTICS - ENERGY BALANCES OF OECD COUNTRIES(2008)
ENERGY BALANCES OF NON-OECD COUNTRIES(2008)

# 附录2-7 人均能源供应量(吨标准油/人)

## TPES/POPULATION (toe per capita)

| 国家和地区 | Contury or Area | 2002 | 2003 | 2004 | 2005 | 2006 | 2007 |
|---|---|---|---|---|---|---|---|
| **世界** | **World** | **1.65** | **1.69** | **1.75** | **1.77** | **1.79** | **1.82** |
| **OECD合计** | **OECD Total** | **4.66** | **4.67** | **4.73** | **4.75** | **4.70** | **4.72** |
| 加拿大 | Canada | 7.97 | 8.28 | 8.40 | 8.47 | 8.27 | 8.29 |
| 美国 | United States | 7.94 | 7.84 | 7.92 | 7.89 | 7.74 | 7.82 |
| 瑞典 | Sweden | 5.91 | 5.70 | 5.91 | 5.78 | 5.65 | 5.47 |
| 比利时 | Belgium | 5.48 | 5.73 | 5.58 | 5.89 | 5.79 | 5.60 |
| 澳大利亚 | Australia | 5.66 | 5.66 | 5.62 | 5.90 | 5.90 | 6.15 |
| 荷兰 | Netherlands | 4.87 | 4.99 | 5.41 | 5.05 | 4.90 | 5.06 |
| 法国 | France | 4.33 | 4.38 | 4.41 | 4.40 | 4.31 | 4.26 |
| 韩国 | Korea | 4.24 | 4.34 | 4.44 | 4.42 | 4.48 | 4.68 |
| 德国 | Germany | 4.19 | 4.21 | 4.22 | 4.19 | 4.23 | 4.06 |
| 日本 | Japan | 4.09 | 4.04 | 4.17 | 4.14 | 4.13 | 4.09 |
| 英国 | United Kingdom | 3.85 | 3.90 | 3.90 | 3.89 | 3.82 | 3.73 |
| 瑞士 | Switzerland | 3.65 | 3.63 | 3.64 | 3.60 | 3.73 | 3.59 |
| 西班牙 | Spain | 3.19 | 3.24 | 3.33 | 3.34 | 3.28 | 3.32 |
| 意大利 | Italy | 2.99 | 3.14 | 3.14 | 3.17 | 3.13 | 3.18 |
| 墨西哥 | Mexico | 1.53 | 1.56 | 1.59 | 1.70 | 1.69 | 1.74 |
| **非OECD合计** | **NON-OECD Total** | **0.97** | **0.99** | **1.05** | **1.07** | **1.11** | **1.14** |
| 沙特阿拉伯 | Saudi Arabia | 5.54 | 5.59 | 5.86 | 6.00 | 6.13 | 6.21 |
| 中国，台北 | Chinese Taipei | 4.16 | 4.36 | 4.59 | 4.52 | 4.60 | 4.81 |
| 俄罗斯 | Russia | 4.25 | 4.42 | 4.47 | 4.55 | 4.71 | 4.75 |
| 以色列 | Israel | 3.05 | 3.09 | 3.02 | 2.96 | 3.00 | 3.06 |
| 南非 | South Africa | 2.51 | 2.58 | 2.79 | 2.70 | 2.73 | 2.82 |
| 中国，香港 | Hong Kong, China | 2.41 | 2.47 | 2.58 | 1.92 | 1.95 | 1.98 |
| 伊朗 | Islamic Republic of Iran | 1.99 | 2.10 | 2.22 | 2.30 | 2.46 | 2.60 |
| 委内瑞拉 | Venezuela | 2.29 | 2.07 | 2.18 | 2.24 | 2.26 | 2.32 |
| 阿根廷 | Argentina | 1.49 | 1.57 | 1.65 | 1.63 | 1.75 | 1.85 |
| 泰国 | Thailand | 1.33 | 1.41 | 1.56 | 1.54 | 1.57 | 1.63 |
| 中国(大陆) | People's Rep. Of China | 0.95 | 1.06 | 1.22 | 1.30 | 1.41 | 1.48 |
| 巴西 | Brazil | 1.07 | 1.07 | 1.14 | 1.15 | 1.18 | 1.23 |
| 印度尼西亚 | Indonesia | 0.76 | 0.78 | 0.79 | 0.79 | 0.81 | 0.85 |
| 埃及 | Egypt | 0.75 | 0.78 | 0.79 | 0.84 | 0.86 | 0.89 |
| 印度 | India | 0.51 | 0.46 | 0.48 | 0.49 | 0.51 | 0.53 |

资料来源:国际能源机构统计年鉴—OECD成员国能源平衡表，非OECD成员国能源平衡表。

Source: IEA STATISTICS - ENERGY BALANCES OF OECD COUNTRIES(2008)
ENERGY BALANCES OF NON-OECD COUNTRIES(2008)

# 附录2-8 煤生产量
# COAL PRODUCTION

单位：百万吨标准油 (Mtoe)

| 国家和地区 | Contury or Area | 2002 | 2003 | 2004 | 2005 | 2006 | 2007 | 产量比重% Percent of World |
|---|---|---|---|---|---|---|---|---|
| **世界总计** | **World** | **2375.3** | **2517.7** | **2743.5** | **2922.3** | **3081.7** | **3208.5** | **100.00** |
| 中国 | PR of China | 752.6 | 876.9 | 1033.0 | 1145.4 | 1234.5 | 1312.2 | 40.90 |
| 美国 | United States | 555.1 | 526.1 | 553.2 | 564.2 | 576.8 | 565.9 | 17.64 |
| 澳大利亚 | Australia | 184.4 | 185.2 | 192.6 | 202.0 | 201.4 | 216.8 | 6.76 |
| 印度 | India | 156.8 | 166.3 | 176.4 | 187.3 | 197.9 | 210.2 | 6.55 |
| 南非 | South Atrica | 124.3 | 134.8 | 137.1 | 138.4 | 138.3 | 139.9 | 4.36 |
| 俄罗斯 | Russia | 117.8 | 127.3 | 130.1 | 142.5 | 143.3 | 146.2 | 4.56 |
| 印度尼西亚 | Indonesia | 63.6 | 70.9 | 86.0 | 103.7 | 137.5 | 160.7 | 5.01 |
| 波兰 | Poland | 71.2 | 70.8 | 69.8 | 68.9 | 67.6 | 64.0 | 1.99 |
| 德国 | Germany | 58.4 | 57.7 | 58.3 | 56.5 | 53.4 | 54.6 | 1.70 |
| 哈萨克斯坦 | Kazakhstan | 35.6 | 37.3 | 38.2 | 38.1 | 42.3 | 43.0 | 1.34 |
| 哥伦比亚 | Colombia | 26.1 | 32.8 | 35.2 | 38.4 | 42.6 | 45.4 | 1.42 |
| 加拿大 | Canada | 32.6 | 30.3 | 32.2 | 33.1 | 32.5 | 34.3 | 1.07 |
| 乌克兰 | Ukraine | 32.0 | 37.1 | 34.8 | 34.7 | 35.3 | 33.6 | 1.05 |
| 英国 | United Kingdom | 17.8 | 16.8 | 14.9 | 11.9 | 10.7 | 10.7 | 0.33 |

资料来源:国际能源机构统计年鉴—OECD成员国能源平衡表，非OECD成员国能源平衡表。
Source: IEA STATISTICS - ENERGY BALANCES OF OECD COUNTRIES(2008)
ENERGY BALANCES OF NON-OECD COUNTRIES (2008)

# 附录2-9 原油和天然气凝析液(NGL)生产量
# CRUDE OIL AND NGL PRODUCTION

单位：千吨 (1000 tons)

| 国家和地区 | Contury or Area | 2002 | 2003 | 2004 | 2005 | 2006 | 2007 | 产量比重% Percent of World |
|---|---|---|---|---|---|---|---|---|
| **世界总计** | **World** | **3591457** | **3707983** | **3951180** | **4000950** | **4011420** | **4000950** | **100.00** |
| **石油输出国家组织** | **OPEC** | **1391835** | **1511598** | **1698790** | **1718340** | **1727900** | **1700350** | **42.50** |
| 阿根廷 | Argentina | 41576 | 40369 | 39430 | 37760 | 37670 | 36680 | 0.92 |
| 印度尼西亚 | Indonesia | 62766 | 59356 | 55950 | 52420 | 49140 | 46130 | 1.15 |
| 哈萨克斯坦 | Kazakhstan | 47269 | 51452 | 59760 | 61750 | 65840 | 67410 | 1.68 |
| 安哥拉 | Angola | 44045 | 43083 | 50480 | 63750 | 72600 | 87370 | 2.18 |
| 英国 | United Kingdom | 107430 | 106193 | 95491 | 88470 | 80010 | 80150 | 2.00 |
| 利比亚 | Libya | 62629 | 70781 | 79520 | 85260 | 89970 | 87990 | 2.20 |
| 阿尔及利亚 | Algeria | 71035 | 79180 | 87390 | 90940 | 90490 | 90610 | 2.26 |
| 伊拉克 | Iraq | 100469 | 65949 | 101230 | 95720 | 99550 | 103570 | 2.59 |
| 尼日利亚 | Nigeria | 102189 | 117666 | 131000 | 132210 | 127180 | 116710 | 2.92 |
| 挪威 | Norway | 151681 | 147011 | 144627 | 142030 | 131280 | 117460 | 2.94 |
| 阿联酋 | United Arab Emirates | 106477 | 119291 | 126750 | 128020 | 137600 | 135440 | 3.39 |
| 科威特 | Kuwait | 97381 | 111125 | 122730 | 136880 | 140910 | 137130 | 3.43 |
| 加拿大 | Canada | 91110 | 140426 | 145419 | 147450 | 155300 | 161260 | 4.03 |
| 委内瑞拉 | Venezuela | 160363 | 137829 | 161520 | 169360 | 159420 | 147840 | 3.70 |
| 中国 | PR of China | 167219 | 169655 | 175940 | 181430 | 184850 | 186420 | 4.66 |
| 墨西哥 | Mexico | 165964 | 189289 | 191367 | 197280 | 190480 | 179730 | 4.49 |
| 伊朗 | Iran | 172411 | 191417 | 202540 | 218960 | 217090 | 221260 | 5.53 |
| 美国 | United States | 283395 | 338430 | 325916 | 322550 | 317810 | 321950 | 8.05 |
| 俄罗斯 | Russia | 377173 | 418582 | 458470 | 468710 | 478130 | 490040 | 12.25 |
| 沙特阿拉伯 | Saudi Arabia | 418885 | 477792 | 502230 | 525620 | 517090 | 496200 | 12.40 |

资料来源：国际能源机构统计年鉴—油信息(2008)。
Source: IEA STATISTICS-OIL INFORMATION(2008)

# 附录2-10 天然气生产量

## PRODUCTION OF NATURAL GAS

单位：百万标准油 (Mtoe)

| 国家和地区 | Contury or Area | 2002 | 2003 | 2004 | 2005 | 2006 | 2007 | 产量比重% Percent of World |
|---|---|---|---|---|---|---|---|---|
| **世界总计** | **World** | **2170.12** | **2246.07** | **2305.32** | **2366.24** | **2437.44** | **2498.03** | **100.00** |
| 俄罗斯 | Russia | 479.41 | 499.69 | 509.17 | 515.70 | 525.72 | 521.85 | 20.89 |
| 美国 | United States | 442.34 | 447.87 | 435.83 | 421.44 | 430.93 | 449.62 | 18.00 |
| 加拿大 | Canada | 153.3 | 151.12 | 150.79 | 154.03 | 154.86 | 150.59 | 6.03 |
| 英国 | United Kingdom | 93.38 | 92.61 | 86.38 | 79.53 | 71.99 | 64.83 | 2.60 |
| 阿尔及利亚 | Algeria | 75.13 | 79.37 | 78.25 | 75.60 | 74.36 | 73.60 | 2.95 |
| 伊朗 | Iran | 58.48 | 66.17 | 73.58 | 79.73 | 87.41 | 98.25 | 3.93 |
| 印度尼西亚 | Indonesia | 65.87 | 66.01 | 63.49 | 62.72 | 64.06 | 64.81 | 2.59 |
| 荷兰 | Netherland | 54.26 | 52.20 | 61.57 | 56.25 | 55.38 | 54.69 | 2.19 |
| 沙特阿拉伯 | Saudi Arabia | 46.80 | 42.78 | 46.48 | 51.08 | 53.62 | 55.10 | 2.21 |
| 土库曼斯坦 | Turkmenistan | 43.56 | 48.17 | 48.04 | 51.30 | 51.50 | 56.08 | 2.24 |
| 乌兹别克斯坦 | Uzbekistan | 47.09 | 47.15 | 48.06 | 48.97 | 50.95 | 52.94 | 2.12 |
| 马来西亚 | Malaysia | 38.41 | 44.7 | 46.47 | 55.35 | 54.57 | 54.29 | 2.17 |
| 中国 | PR of China | 33.78 | 29.29 | 35.29 | 42.62 | 48.99 | 57.93 | 2.32 |
| 阿根廷 | Argentina | 32.16 | 35.76 | 36.82 | 36.22 | 37.15 | 38.12 | 1.53 |
| 阿联酋 | United Arab Emirates | 34.74 | 35.86 | 38.8 | 39.01 | 40.86 | 42.91 | 1.72 |
| 墨西哥 | Mexico | 32.39 | 33.94 | 35.49 | 36.89 | 40.52 | 46.02 | 1.84 |
| 卡塔尔 | Qatar | 25.95 | 27.61 | 33.54 | 38.64 | 44.44 | 53.53 | 2.14 |
| 澳大利亚 | Australia | 30.33 | 31.30 | 31.99 | 35.42 | 36.83 | 37.73 | 1.51 |
| 埃及 | Egypt | 23.14 | 26.09 | 28.18 | 41.54 | 44.58 | 45.91 | 1.84 |
| 巴基斯坦 | Pakistan | 17.84 | 22.15 | 24.05 | 25.19 | 25.09 | 26.53 | 1.06 |
| 印度 | India | 22.57 | 23.57 | 23.43 | 23.84 | 23.41 | 23.73 | 0.95 |
| 委内瑞拉 | Venezuela | 24.34 | 22.64 | 22.32 | 22.73 | 23.39 | 22.72 | 0.91 |
| 特立尼达和多巴哥 | Trinidad and Tobago | 13.72 | 20.88 | 22.01 | 22.93 | 26.14 | 28.79 | 1.15 |
| 泰国 | Thailand | 16.08 | 16.94 | 17.52 | 18.50 | 19.04 | 20.31 | 0.81 |
| 德国 | Germany | 15.98 | 15.92 | 14.73 | 14.22 | 14.05 | 12.87 | 0.52 |

资料来源:国际能源机构统计年鉴—OECD成员国能源平衡表，非OECD成员国能源平衡表。
Source: IEA STATISTICS - ENERGY BALANCES OF OECD COUNTRIES(2008)
ENERGY BALANCES OF NON-OECD COUNTRIES(2008)

# 附录2-11 总发电量(2007年)

# TOTAL ELECTRICITY GENERATION(2007)

单位：百万千瓦小时 (million kW•h)

| 国家和地区 | Contury or Area | 总发电量（百万千瓦小时） Total Production of Electricity (million kW·h) | 发电量占世界比重(%) Percent of World (%) | 煤电比重(%) Electricity Generation from Coal (% of total) | 油电比重(%) Electricity Generation from Oil (% of total) | 气电比重(%) Electricity Generation from Gas (% of total) | 水电比重(%) Electricity Generation from Hydro (% of total) | 核电比重(%) Electricity Generation from Nuclear (% of total) |
|---|---|---|---|---|---|---|---|---|
| **世界总计** | **World** | **19771128** | **100.00** | **41.60** | **5.60** | **20.90** | **15.60** | **13.80** |
| 美国 | United States | 4372219 | 22.11 | 49.37 | 1.86 | 21.08 | 5.73 | 19.14 |
| 中国(大陆) | PR of China | 3279233 | 16.59 | 80.90 | 1.00 | 0.90 | 14.80 | 1.90 |
| 日本 | Japan | 1144228 | 5.79 | 28.22 | 15.32 | 24.58 | 6.59 | 23.06 |
| 俄罗斯 | Russia | 1013399 | 5.13 | 16.80 | 1.70 | 48.00 | 17.50 | 15.80 |
| 印度 | India | 803409 | 4.06 | 68.40 | 4.10 | 8.30 | 15.40 | 2.10 |
| 德国 | Germany | 629257 | 3.18 | 49.42 | 1.52 | 11.84 | 3.22 | 22.33 |
| 加拿大 | Canada | 630941 | 3.19 | 17.37 | 1.60 | 5.69 | 58.48 | 14.89 |
| 法国 | France | 564367 | 2.85 | 4.91 | 1.09 | 4.02 | 10.31 | 77.92 |
| 英国 | United Kingdom | 393561 | 1.99 | 35.01 | 1.27 | 41.88 | 1.30 | 15.85 |
| 巴西 | Brazil | 445142 | 2.25 | 2.30 | 3.10 | 3.50 | 84.00 | 2.80 |
| 韩国 | Korea | 437362 | 2.21 | 44.56 | 5.19 | 16.58 | 0.83 | 32.68 |
| 西班牙 | Spain | 303342 | 1.53 | 24.59 | 5.92 | 31.43 | 9.04 | 18.16 |
| 南非 | South Africa | 260500 | 1.32 | 94.70 | 0.40 | | | |
| 墨西哥 | Mexico | 257152 | 1.30 | 12.28 | 20.04 | 49.15 | 10.55 | 4.05 |
| 中国，台北 | Chinese Taipei | 239182 | 1.21 | 55.10 | 6.50 | 17.80 | 1.80 | 16.90 |
| 乌克兰 | Ukraine | 196135 | 0.99 | 34.20 | 0.40 | 13.00 | 5.20 | 47.20 |
| 瑞典 | Sweden | 148657 | 0.75 | 1.97 | 0.86 | 0.68 | 44.43 | 44.97 |
| 荷兰 | Netherlands | 103395 | 0.52 | 26.98 | 2.06 | 58.16 | 0.11 | 4.06 |
| 阿根廷 | Argentina | 115081 | 0.58 | 2.20 | 9.40 | 54.30 | 26.50 | 6.30 |
| 比利时 | Belgium | 87912 | 0.44 | 10.99 | 1.64 | 27.44 | 0.42 | 54.92 |
| 芬兰 | Finland | 81214 | 0.41 | 26.22 | 0.48 | 13.11 | 17.46 | 28.84 |
| 捷克 | Czech Republic | 87766 | 0.44 | 62.35 | 0.29 | 3.58 | 2.38 | 29.82 |
| 巴基斯坦 | Pakistan | 95691 | 0.48 | 0.10 | 32.20 | 34.40 | 30.00 | 3.20 |
| 瑞士 | Switzerland | 66540 | 0.34 | | 0.28 | 1.19 | 52.97 | 41.97 |
| 罗马尼亚 | Romania | 61673 | 0.31 | 41.00 | 1.80 | 18.70 | 25.90 | 12.50 |
| 保加利亚 | Bulgaria | 42937 | 0.22 | 52.30 | 1.30 | 5.40 | 6.70 | 34.10 |

资料来源：国际能源机构统计年鉴－OECD 成员国能源平衡表，非OECD 成员国能源平衡表。

Source: IEA STATISTICS - ENERGY BALANCES OF OECD COUNTRIES(2008)
ENERGY BALANCES OF NON-OECD COUNTRIES(2008)

# 附录2-12 能源最终消费量

## TOTAL FINAL CONSUMPTION OF ENERGY

单位：百万吨标准油 (million toe)

| 国家和地区 | Contury or Area | 2002 | 2003 | 2004 | 2005 | 2006 | 2007 | 消费比重% Percent of World |
|---|---|---|---|---|---|---|---|---|
| **世界** | **World** | **6110.96** | **6426.07** | **7731.12** | **7909.50** | **8068.43** | **8286.07** | **100.00** |
| **OECD合计** | **OECD Total** | **3569.52** | **3636.13** | **3702.41** | **3835.09** | **3824.38** | - | - |
| 美国 | United States | 1549.47 | 1570.93 | 1599.74 | 1591.86 | 1572.16 | - | - |
| 日本 | Japan | 352.48 | 346.68 | 350.65 | 353.75 | 351.79 | - | - |
| 德国 | Germany | 239.48 | 250.59 | 252.56 | 249.26 | 253.57 | - | - |
| 加拿大 | Canada | 190.01 | 197.47 | 202.46 | 204.16 | 201.51 | - | - |
| 法国 | France | 168.99 | 175.03 | 176.81 | 175.23 | 173.95 | - | - |
| 英国 | United Kingdom | 158.66 | 160.75 | 162.53 | 161.30 | 158.73 | - | - |
| 韩国 | Korea | 138.99 | 143.13 | 145.34 | 143.64 | 145.08 | - | - |
| 意大利 | Italy | 133.83 | 139.36 | 146.31 | 145.22 | 144.57 | - | - |
| 西班牙 | Spain | 94.44 | 99.74 | 103.50 | 105.19 | 103.93 | - | - |
| 墨西哥 | Mexico | 99.81 | 100.47 | 105.33 | 108.64 | 113.43 | - | - |
| 澳大利亚 | Australia | 70.96 | 72.30 | 73.95 | 77.90 | 77.73 | - | - |
| 荷兰 | Netherlands | 60.15 | 62.28 | 63.25 | 63.92 | 61.25 | - | - |
| 比利时 | Belgium | 40.93 | 42.79 | 41.37 | 44.55 | 43.55 | - | - |
| 瑞典 | Sweden | 35.72 | 35.66 | 35.59 | 35.17 | 34.99 | - | - |
| 瑞士 | Switzerland | 21.07 | 21.69 | 22.04 | 22.27 | 22.24 | - | - |
| **非OECD合计** | **NON-OECD Total** | **2541.44** | **2643.09** | **3745.29** | **3818.09** | **3997.14** | **4184.05** | **50.49** |
| 中国(大陆) | People's Rep. Of China | 619.13 | 683.55 | 1025.16 | 1085.38 | 1167.49 | 1248.23 | 15.06 |
| 俄罗斯 | Russia | 409.62 | 419.47 | 427.36 | 415.90 | 426.29 | 429.83 | 5.19 |
| 印度 | India | 177.06 | 182.54 | 349.78 | 355.11 | 374.69 | 392.91 | 4.74 |
| 巴西 | Brazil | 120.02 | 118.81 | 170.54 | 173.69 | 179.64 | 189.79 | 2.29 |
| 伊朗 | Islamic Republic of Iran | 102.07 | 108.42 | 119.07 | 124.34 | 135.00 | 144.70 | 1.75 |
| 沙特阿拉伯 | Saudi Arabia | 76.95 | 73.41 | 80.70 | 81.66 | 88.48 | 92.71 | 1.12 |
| 印度尼西亚 | Indonesia | 75.57 | 72.73 | 128.54 | 132.76 | 135.15 | 145.11 | 1.75 |
| 中国，台北 | Chinese Taipei | 58.67 | 60.89 | 63.38 | 59.55 | 60.36 | 64.74 | 0.78 |
| 南非 | South Africa | 49.47 | 52.83 | 63.96 | 63.05 | 63.25 | 65.01 | 0.78 |
| 泰国 | Thailand | 47.25 | 49.85 | 68.75 | 65.53 | 67.34 | 69.64 | 0.84 |
| 阿根廷 | Argentina | 38.90 | 42.07 | 46.12 | 50.99 | 54.66 | 54.70 | 0.66 |
| 埃及 | Egypt | 34.87 | 36.71 | 39.34 | 41.93 | 44.52 | 47.54 | 0.57 |
| 委内瑞拉 | Venezuela | 36.27 | 34.78 | 37.96 | 39.45 | 42.40 | 43.20 | 0.52 |
| 以色列 | Israel | 12.22 | 12.69 | 13.00 | 11.97 | 12.29 | 12.92 | 0.16 |
| 中国，香港 | Hong Kong, China | 11.49 | 11.20 | 11.41 | 7.55 | 7.77 | 8.00 | 0.10 |

资料来源:国际能源机构统计年鉴—OECD成员国能源平衡表，非OECD成员国能源平衡表。
Source: IEA STATISTICS - ENERGY BALANCES OF OECD COUNTRIES(2008)
ENERGY BALANCES OF NON-OECD COUNTRIES(2008)

# 附录2-13 煤的一次供应量

# PRIMARY SUPPLY OF COAL

单位：百万吨标准油 (Mtoe)

| 国家和地区 | Contury or Area | 2002 | 2003 | 2004 | 2005 | 2006 | 2007 | 占世界比重% Percent of Word |
|---|---|---|---|---|---|---|---|---|
| **世界** | **World** | **2380.83** | **2536.38** | **2764.51** | **2892.27** | **3053.54** | **3186.32** | **100.00** |
| **OECD合计** | **OECD Total** | **1099.49** | **1105.14** | **1131.74** | **1133.47** | **1138.65** | **1162.27** | **36.48** |
| 美国 | United States | 542.16 | 531.17 | 548.77 | 558.46 | 550.96 | 554.86 | 17.41 |
| 日本 | Japan | 103.16 | 106.44 | 116.48 | 111.04 | 112.41 | 114.32 | 3.59 |
| 德国 | Germany | 84.10 | 85.02 | 85.83 | 81.69 | 82.27 | 86.88 | 2.73 |
| 韩国 | Korea | 45.67 | 48.18 | 50.09 | 49.47 | 52.61 | 57.55 | 1.81 |
| 澳大利亚 | Australia | 49.04 | 48.29 | 49.47 | 53.18 | 53.75 | 55.85 | 1.75 |
| 英国 | United Kingdom | 35.67 | 38.64 | 37.35 | 37.94 | 41.29 | 42.69 | 1.34 |
| 加拿大 | Canada | 30.54 | 30.00 | 28.44 | 30.03 | 27.53 | 29.08 | 0.91 |
| 西班牙 | Spain | 21.58 | 20.11 | 21.02 | 20.49 | 17.87 | 20.21 | 0.63 |
| 意大利 | Italy | 13.73 | 14.88 | 16.60 | 16.47 | 16.67 | 16.63 | 0.52 |
| 法国 | France | 13.57 | 14.36 | 13.90 | 14.30 | 13.20 | 13.34 | 0.42 |
| 荷兰 | Netherlands | 8.47 | 8.84 | 8.70 | 8.19 | 7.78 | 7.58 | 0.24 |
| 墨西哥 | Mexico | 7.43 | 8.23 | 7.13 | 8.85 | 8.74 | 8.71 | 0.27 |
| 比利时 | Belgium | 6.34 | 5.95 | 5.79 | 5.02 | 4.78 | 4.21 | 0.13 |
| 瑞典 | Sweden | 2.84 | 2.67 | 2.94 | 2.62 | 2.69 | 2.71 | 0.09 |
| 瑞士 | Switzerland | 0.14 | 0.14 | 0.13 | 0.15 | 0.16 | 0.16 | 0.01 |
| **非OECD合计** | **NON-OECD Total** | **1281.34** | **1431.25** | **1630.44** | **1755.24** | **1915.05** | **2028.64** | **63.67** |
| 中国(大陆) | People's Rep. Of China | 688.70 | 807.99 | 973.63 | 1087.62 | 1206.98 | 1285.07 | 40.33 |
| 印度 | India | 173.58 | 177.53 | 197.25 | 207.53 | 222.77 | 242.49 | 7.61 |
| 俄罗斯 | Russia | 106.74 | 107.42 | 104.19 | 103.39 | 106.74 | 102.20 | 3.21 |
| 南非 | South Africa | 78.55 | 86.64 | 94.40 | 91.94 | 93.60 | 97.10 | 3.05 |
| 中国，台北 | Chinese Taipei | 33.31 | 36.05 | 37.46 | 38.15 | 39.96 | 41.79 | 1.31 |
| 印度尼西亚 | Indonesia | 17.95 | 18.84 | 20.22 | 23.02 | 29.22 | 36.78 | 1.15 |
| 巴西 | Brazil | 12.96 | 13.10 | 13.43 | 12.96 | 12.79 | 13.55 | 0.43 |
| 泰国 | Thailand | 8.99 | 9.40 | 10.71 | 11.50 | 12.50 | 14.23 | 0.45 |
| 以色列 | Israel | 7.85 | 7.98 | 8.11 | 7.64 | 8.18 | 8.37 | 0.26 |
| 中国，香港 | Hong Kong, China | 5.36 | 6.57 | 6.59 | 6.67 | 7.03 | 7.56 | 0.24 |
| 伊朗 | Islamic Republic of Iran | 1.14 | 1.11 | 1.03 | 1.20 | 1.28 | 1.30 | 0.04 |
| 埃及 | Egypt | 0.83 | 0.86 | 0.94 | 0.90 | 0.87 | 0.87 | 0.03 |
| 阿根廷 | Argentina | 0.45 | 0.51 | 0.57 | 0.89 | 1.02 | 1.08 | 0.03 |
| 委内瑞拉 | Venezuela | 0.02 | 0.04 | - | 0.04 | 0.04 | 0.05 | |
| 沙特阿拉伯 | Saudi Arabia | | | | | | | |

资料来源:国际能源机构统计年鉴—OECD成员国能源平衡表，非OECD成员国能源平衡表。
Source: IEA STATISTICS - ENERGY BALANCES OF OECD COUNTRIES(2008)
ENERGY BALANCES OF NON-OECD COUNTRIES (2008)

# 附录2-14 石油的一次供应量

## PRIMARY SUPPLY OF OIL

单位：百万吨标准油 (Mtoe)

| 国家和地区 | Contury or Area | 2002 | 2003 | 2004 | 2005 | 2006 | 2007 | 占世界比重% Percent of Word |
|---|---|---|---|---|---|---|---|---|
| **世界** | **World** | **3587.33** | **3793.60** | **3944.34** | **4008.73** | **4038.85** | **4089.89** | **100.00** |
| **OECD合计** | **OECD Total** | **2172.52** | **2202.07** | **2237.22** | **2249.18** | **2209.42** | **2195.43** | **53.68** |
| 美国 | United States | 900.20 | 921.41 | 947.47 | 952.20 | 937.12 | 930.40 | 22.75 |
| 日本 | Japan | 258.15 | 256.87 | 253.60 | 250.53 | 240.57 | 240.22 | 5.87 |
| 德国 | Germany | 128.83 | 126.51 | 125.21 | 123.15 | 123.55 | 111.88 | 2.74 |
| 韩国 | Korea | 102.00 | 101.20 | 101.43 | 94.94 | 93.61 | 97.91 | 2.39 |
| 加拿大 | Canada | 86.37 | 92.84 | 97.95 | 97.50 | 95.34 | 97.70 | 2.39 |
| 墨西哥 | Mexico | 92.34 | 91.71 | 96.12 | 103.82 | 100.74 | 102.73 | 2.51 |
| 法国 | France | 91.27 | 91.13 | 92.13 | 91.56 | 90.71 | 88.36 | 2.16 |
| 英国 | United Kingdom | 80.51 | 81.08 | 83.20 | 84.60 | 83.80 | 80.45 | 1.97 |
| 意大利 | Italy | 87.45 | 86.87 | 83.77 | 82.11 | 81.19 | 83.31 | 2.04 |
| 西班牙 | Spain | 67.27 | 69.04 | 70.77 | 71.17 | 70.84 | 71.33 | 1.74 |
| 澳大利亚 | Australia | 34.57 | 35.93 | 34.56 | 37.88 | 38.76 | 40.00 | 0.98 |
| 荷兰 | Netherlands | 29.85 | 31.53 | 31.96 | 33.41 | 32.40 | 36.77 | 0.90 |
| 比利时 | Belgium | 22.90 | 24.76 | 23.02 | 25.55 | 24.45 | 22.97 | 0.56 |
| 瑞典 | Sweden | 16.52 | 15.75 | 15.45 | 14.90 | 14.62 | 13.53 | 0.33 |
| 瑞士 | Switzerland | 12.96 | 12.58 | 12.53 | 12.63 | 12.97 | 11.77 | 0.29 |
| **非OECD合计** | **NON-OECD Total** | **1414.81** | **1444.69** | **1543.70** | **1537.27** | **1587.46** | **1649.00** | **40.32** |
| 中国(大陆) | People's Rep. Of China | 244.16 | 269.81 | 311.12 | 316.29 | 341.53 | 354.99 | 8.68 |
| 俄罗斯 | Russia | 128.35 | 131.51 | 131.62 | 129.20 | 133.80 | 132.39 | 3.24 |
| 印度 | India | 118.58 | 123.69 | 127.21 | 124.72 | 131.10 | 140.75 | 3.44 |
| 沙特阿拉伯 | Saudi Arabia | 78.94 | 80.45 | 85.45 | 87.66 | 91.57 | 95.22 | 2.33 |
| 巴西 | Brazil | 88.02 | 84.33 | 86.58 | 87.53 | 88.83 | 92.62 | 2.26 |
| 伊朗 | Islamic Republic of Iran | 65.80 | 68.24 | 72.61 | 75.07 | 80.57 | 82.50 | 2.02 |
| 印度尼西亚 | Indonesia | 58.71 | 58.28 | 63.80 | 63.84 | 59.10 | 60.08 | 1.47 |
| 中国，台北 | Chinese Taipei | 42.46 | 43.47 | 45.93 | 43.89 | 43.31 | 45.84 | 1.12 |
| 泰国 | Thailand | 37.90 | 40.61 | 45.68 | 42.15 | 42.32 | 41.92 | 1.02 |
| 埃及 | Egypt | 26.23 | 26.53 | 28.04 | 28.53 | 29.36 | 31.19 | 0.76 |
| 委内瑞拉 | Venezuela | 27.75 | 24.72 | 28.12 | 29.57 | 29.90 | 33.12 | 0.81 |
| 阿根廷 | Argentina | 20.19 | 20.52 | 24.14 | 22.95 | 27.07 | 26.99 | 0.66 |
| 南非 | South Africa | 16.82 | 13.87 | 15.55 | 14.85 | 15.62 | 17.00 | 0.42 |
| 以色列 | Israel | 11.59 | 12.08 | 10.84 | 10.89 | 10.51 | 11.16 | 0.27 |
| 中国，香港 | Hong Kong, China | 8.35 | 8.02 | 8.13 | 3.64 | 3.33 | 3.30 | 0.08 |

资料来源:国际能源机构统计年鉴—OECD成员国能源平衡表，非OECD成员国能源平衡表。

Source: IEA STATISTICS - ENERGY BALANCES OF OECD COUNTRIES(2008)
ENERGY BALANCES OF NON-OECD COUNTRIES(2008)

# 附录2-15 天然气供应量

## PRIMARY SUPPLY OF GAS

单位：百万吨标准油 (Mtoe)

| 国家和地区 | Contury or Area | 2002 | 2003 | 2004 | 2005 | 2006 | 2007 | 占世界比重% Percent of Word |
|---|---|---|---|---|---|---|---|---|
| **世界** | **World** | **2170.85** | **2240.82** | **2289.45** | **2363.08** | **2415.77** | **2519.87** | **100.00** |
| **OECD合计** | **OECD Total** | **1167.30** | **1189.26** | **1195.39** | **1210.45** | **1210.25** | **1265.09** | **50.20** |
| 美国 | United States | 535.66 | 519.80 | 512.12 | 507.07 | 501.27 | 542.35 | 21.52 |
| 英国 | United Kingdom | 85.83 | 85.86 | 87.36 | 85.60 | 81.04 | 81.88 | 3.25 |
| 德国 | Germany | 75.55 | 79.11 | 78.71 | 80.83 | 79.47 | 76.62 | 3.04 |
| 加拿大 | Canada | 73.33 | 79.71 | 78.00 | 80.60 | 79.47 | 78.89 | 3.13 |
| 日本 | Japan | 66.47 | 71.30 | 70.56 | 70.57 | 77.44 | 82.94 | 3.29 |
| 意大利 | Italy | 57.69 | 63.60 | 66.00 | 70.63 | 69.17 | 69.51 | 2.76 |
| 墨西哥 | Mexico | 38.33 | 41.97 | 43.70 | 44.19 | 48.56 | 52.99 | 2.10 |
| 法国 | France | 37.47 | 39.31 | 40.14 | 41.07 | 39.61 | 38.39 | 1.52 |
| 荷兰 | Netherlands | 35.83 | 35.99 | 36.73 | 35.31 | 34.25 | 33.26 | 1.32 |
| 韩国 | Korea | 21.20 | 22.00 | 25.28 | 27.37 | 28.70 | 31.15 | 1.24 |
| 西班牙 | Spain | 18.75 | 21.35 | 25.16 | 29.84 | 31.01 | 32.13 | 1.28 |
| 澳大利亚 | Australia | 21.45 | 22.15 | 22.74 | 23.04 | 23.43 | 24.63 | 0.98 |
| 比利时 | Belgium | 13.37 | 14.40 | 14.76 | 14.74 | 14.99 | 14.86 | 0.59 |
| 瑞士 | Switzerland | 2.49 | 2.63 | 2.71 | 2.78 | 2.71 | 2.65 | 0.11 |
| 瑞典 | Sweden | 0.89 | 0.89 | 0.88 | 0.84 | 0.88 | 0.91 | 0.04 |
| **非OECD合计** | **NON-OECD Total** | **1003.55** | **1051.56** | **1096.25** | **1152.19** | **1202.98** | **1260.96** | **50.04** |
| 俄罗斯 | Russia | 325.56 | 342.50 | 346.56 | 349.57 | 358.61 | 365.96 | 14.52 |
| 伊朗 | Islamic Republic of Iran | 61.86 | 68.13 | 75.56 | 80.10 | 87.86 | 98.71 | 3.92 |
| 沙特阿拉伯 | Saudi Arabia | 46.80 | 42.78 | 46.48 | 51.08 | 53.62 | 55.10 | 2.19 |
| 中国(大陆) | People's Rep. Of China | 31.85 | 27.73 | 33.25 | 40.14 | 47.36 | 59.12 | 2.35 |
| 印度尼西亚 | Indonesia | 32.98 | 32.54 | 30.31 | 30.62 | 33.40 | 34.39 | 1.36 |
| 阿根廷 | Argentina | 27.36 | 30.17 | 31.31 | 31.96 | 32.20 | 37.29 | 1.48 |
| 埃及 | Egypt | 23.14 | 25.43 | 25.17 | 28.90 | 31.00 | 32.35 | 1.28 |
| 泰国 | Thailand | 21.90 | 23.26 | 24.37 | 25.92 | 26.68 | 28.30 | 1.12 |
| 印度 | India | 22.57 | 23.57 | 26.34 | 29.66 | 31.39 | 33.37 | 1.32 |
| 委内瑞拉 | Venezuela | 24.34 | 22.64 | 22.32 | 22.73 | 23.39 | 22.80 | 0.90 |
| 巴西 | Brazil | 12.38 | 12.76 | 15.77 | 16.72 | 17.50 | 17.77 | 0.71 |
| 中国，台北 | Chinese Taipei | 6.95 | 7.21 | 8.82 | 8.57 | 9.55 | 9.88 | 0.39 |
| 中国，香港 | Hong Kong, China | 1.92 | 1.51 | 2.18 | 2.19 | 2.40 | 2.24 | 0.09 |
| 南非 | South Africa | 1.80 | 1.08 | 2.78 | 3.63 | 3.75 | 3.77 | 0.15 |
| 以色列 | Israel | 0.01 | 0.01 | 0.98 | 1.35 | 1.88 | 1.86 | 0.07 |

资料来源:国际能源机构统计年鉴—OECD成员国能源平衡表，非OECD成员国能源平衡表。

Source: IEA STATISTICS - ENERGY BALANCES OF OECD COUNTRIES(2008)
ENERGY BALANCES OF NON-OECD COUNTRIES(2008)

## 附录2-16　国内生产总值电耗(千瓦小时/美元 2000年价)

## ELECTRICITY CONSUMPTION/GDP (kW•h per 2000 US$)

| 国家和地区 | Contury or Area | 2002 | 2003 | 2004 | 2005 | 2006 | 2007 |
|---|---|---|---|---|---|---|---|
| **世界** | **World** | **0.45** | **0.45** | **0.46** | **0.46** | **0.46** | **0.46** |
| **OECD合计** | **OECD Total** | **0.35** | **0.35** | **0.35** | **0.34** | **0.34** | **0.33** |
| OECD北美区 | OECD North America | 0.40 | 0.40 | 0.39 | 0.39 | 0.38 | 0.37 |
| OECD太平洋区 | OECD Pacific | 0.27 | 0.27 | 0.28 | 0.28 | 0.27 | 0.27 |
| OECD欧洲区 | OECD Europe | 0.34 | 0.34 | 0.34 | 0.33 | 0.33 | 0.32 |
| **非OECD合计** | **NON-OECD Total** | **0.85** | **0.87** | **0.86** | **0.86** | **0.87** | **0.87** |
| 中国，香港 | Hong Kong, China | 0.22 | 0.22 | 0.20 | 0.19 | 0.18 | 0.17 |
| 阿根廷 | Argentina | 0.31 | 0.32 | 0.31 | 0.30 | 0.29 | 0.28 |
| 以色列 | Israel | 0.37 | 0.38 | 0.38 | 0.33 | 0.33 | 0.33 |
| 巴西 | Brazil | 0.52 | 0.55 | 0.50 | 0.51 | 0.51 | 0.51 |
| 印度尼西亚 | Indonesia | 0.51 | 0.50 | 0.54 | 0.54 | 0.54 | 0.55 |
| 委内瑞拉 | Venezuela | 0.61 | 0.67 | 0.60 | 0.58 | 0.57 | 0.53 |
| 中国，台北 | Chinese Taipei | 0.64 | 0.62 | 0.58 | 0.58 | 0.57 | 0.56 |
| 沙特阿拉伯 | Saudi Arabia | 0.70 | 0.71 | 0.69 | 0.69 | 0.72 | 0.72 |
| 埃及 | Egypt | 0.71 | 0.76 | 0.77 | 0.80 | 0.81 | 0.82 |
| 泰国 | Thailand | 0.78 | 0.78 | 0.79 | 0.80 | 0.80 | 0.80 |
| 印度 | India | 0.87 | 0.85 | 0.84 | 0.81 | 0.80 | 0.79 |
| 伊朗 | Islamic Republic of Iran | 1.03 | 1.05 | 1.07 | 1.10 | 1.11 | 1.09 |
| 中国(大陆) | People's Rep. Of China | 1.07 | 1.14 | 1.20 | 1.23 | 1.27 | 1.29 |
| 南非 | South Africa | 1.46 | 1.50 | 1.48 | 1.38 | 1.35 | 1.34 |
| 俄罗斯 | Russia | 2.70 | 2.58 | 2.47 | 2.37 | 2.32 | 2.21 |

## 附录2-17　人均电力消费量(千瓦小时/人)

## ELECTRICITY CONSUMPTION/POPULATION (kW•h per capita)

| 国家和地区 | Contury or Area | 2002 | 2003 | 2004 | 2005 | 2006 | 2007 |
|---|---|---|---|---|---|---|---|
| **世界** | **World** | **2365** | **2435** | **2507** | **2586** | **2661** | **2752** |
| **OECD合计** | **OECD Total** | **7991** | **8081** | **8205** | **8380** | **8393** | **8477** |
| OECD北美区 | OECD North America | 10689 | 10784 | 10838 | 11125 | 11010 | 11090 |
| OECD太平洋区 | OECD Pacific | 7946 | 7945 | 8254 | 8444 | 8541 | 8795 |
| OECD欧洲区 | OECD Europe | 5858 | 5964 | 6067 | 6144 | 6221 | 6239 |
| **非OECD合计** | **NON-OECD Total** | **1087** | **1162** | **1236** | **1306** | **1401** | **1501** |
| 中国，台北 | Chinese Taipei | 8441 | 8898 | 9293 | 9618 | 9917 | 10216 |
| 以色列 | Israel | 6486 | 6597 | 6707 | 6574 | 6715 | 7010 |
| 沙特阿拉伯 | Saudi Arabia | 5810 | 6620 | 6587 | 6813 | 7080 | 7236 |
| 中国，香港 | Hong Kong, China | 5612 | 5653 | 5779 | 5879 | 5883 | 5899 |
| 俄罗斯 | Russia | 5305 | 5480 | 5642 | 5785 | 6122 | 6338 |
| 南非 | South Africa | 4546 | 4756 | 4886 | 4735 | 4831 | 5013 |
| 委内瑞拉 | Venezuela | 2653 | 2664 | 2760 | 2924 | 3100 | 3078 |
| 阿根廷 | Argentina | 2017 | 2186 | 2301 | 2418 | 2560 | 2658 |
| 巴西 | Brazil | 1813 | 1885 | 1951 | 2009 | 2060 | 2154 |
| 伊朗 | Islamic Republic of Iran | 1782 | 1916 | 2006 | 2117 | 2236 | 2325 |
| 泰国 | Thailand | 1656 | 1752 | 1898 | 1988 | 2080 | 2157 |
| 中国(大陆) | People's Rep. Of China | 1184 | 1379 | 1586 | 1782 | 2040 | 2328 |
| 埃及 | Egypt | 1103 | 1173 | 1234 | 1308 | 1382 | 1468 |
| 印度尼西亚 | Indonesia | 428 | 440 | 487 | 509 | 530 | 564 |
| 印度 | India | 417 | 435 | 457 | 476 | 511 | 543 |

资料来源:国际能源机构统计年鉴—OECD成员国能源平衡表，非OECD成员国能源平衡表。

Source: IEA STATISTICS - ENERGY BALANCES OF OECD COUNTRIES(2008)
ENERGY BALANCES OF NON-OECD COUNTRIES (2008)

# 附录2-18 煤净进口量

# NET IMPORT OF COAL

单位：百万吨标准油 (Mtoe)

| 国家和地区 | Contury or Area | 2002 | 2003 | 2004 | 2005 | 2006 | 2007 |
|---|---|---|---|---|---|---|---|
| 日本 | Japan | 102.58 | 106.48 | 116.48 | 111.42 | 112.03 | 114.24 |
| 韩国 | Korea | 43.95 | 46.51 | 50.25 | 46.90 | 50.38 | 55.99 |
| 中国台北 | Chinese Taipei | 34.15 | 35.98 | 39.73 | 38.60 | 39.96 | 41.90 |
| 德国 | Germany | 24.45 | 25.14 | 27.70 | 25.72 | 29.08 | 32.33 |
| 英国 | United Kingdom | 17.45 | 20.01 | 22.59 | 27.23 | 31.21 | 31.19 |
| 印度 | India | 15.48 | 14.11 | 19.30 | 25.07 | 29.49 | 33.43 |
| 西班牙 | Spain | 14.36 | 12.72 | 14.14 | 14.40 | 13.51 | 13.31 |
| 法国 | France | 12.60 | 11.76 | 13.11 | 13.51 | 13.83 | 12.34 |
| 巴西 | Brazil | 11.01 | 11.36 | 11.02 | 10.56 | 10.18 | 11.26 |
| 意大利 | Italy | 13.12 | 14.53 | 16.78 | 16.37 | 16.62 | 16.64 |
| 土耳其 | Turkey | 8.34 | 10.9 | 11.2 | 11.72 | 13.58 | 14.92 |
| 荷兰 | Netherlands | 8.24 | 9.23 | 8.58 | 8.32 | 7.97 | 7.72 |
| 以色列 | Israel | 7.98 | 7.70 | 8.02 | 7.94 | 7.99 | 8.45 |
| 比利时 | Belgium | 5.46 | 5.80 | 5.87 | 5.09 | 4.58 | 4.32 |
| 加拿大 | Canada | -1.46 | -2.00 | -4.52 | -5.09 | -5.22 | -7.84 |
| 美国 | United States | -11.49 | -8.96 | -10.06 | -8.78 | -5.05 | -11.42 |
| 波兰 | Poland | -15.60 | -14.72 | -14.97 | -12.99 | -12.28 | -8.52 |
| 哥伦比亚 | Colombia | -23.20 | -29.73 | -33.21 | -34.85 | -40.29 | -41.99 |
| 南非 | South Africa | -45.17 | -46.69 | -44.25 | -46.43 | -44.64 | -42.77 |
| 中国(大陆) | PR of China | -57.4 | -63.86 | -54.72 | -40.39 | -30.46 | -17.39 |
| 印度尼西亚 | Indonesia | -45.62 | -52.06 | -65.50 | -79.49 | -107.81 | -124.24 |
| 澳大利亚 | Australia | -132.58 | -135.50 | -141.70 | -150.34 | -150.00 | -158.36 |

注：负数表示净出口。

Negative number show net export.

资料来源:国际能源机构统计年鉴—OECD成员国能源平衡表，非OECD成员国能源平衡表。

Source: IEA STATISTICS - ENERGY BALANCES OF OECD COUNTRIES(2008)
ENERGY BALANCES OF NON-OECD COUNTRIES(2008)

# 附录2-19 石油净进口量

# NET IMPORT OF OIL

单位：百万吨标准油 (Mtoe)

| 国家和地区 | Contury or Area | 2002 | 2003 | 2004 | 2005 | 2006 | 2007 |
|---|---|---|---|---|---|---|---|
| 美国 | United States | 557.94 | 594.72 | 641.07 | 659.40 | 652.14 | 630.15 |
| 日本 | Japan | 259.08 | 260.62 | 256.84 | 257.88 | 244.89 | 243.87 |
| 中国(大陆) | PR of China | 79.80 | 106.16 | 148.29 | 143.52 | 168.56 | 183.83 |
| 德国 | Germany | 124.45 | 126.30 | 122.41 | 123.13 | 121.58 | 109.23 |
| 韩国 | Korea | 106.47 | 108.69 | 107.84 | 102.49 | 105.97 | 105.87 |
| 法国 | France | 93.39 | 93.78 | 93.87 | 93.93 | 92.36 | 89.60 |
| 印度 | India | 80.35 | 85.19 | 88.09 | 91.12 | 96.36 | 106.55 |
| 意大利 | Italy | 85.49 | 83.97 | 81.29 | 78.55 | 78.70 | 80.14 |
| 西班牙 | Spain | 74.98 | 75.71 | 77.47 | 79.97 | 79.69 | 79.43 |
| 中国，台北 | Chinese Taipei | 43.79 | 45.35 | 48.36 | 48.72 | 49.34 | 50.01 |
| 荷兰 | Netherlands | 40.49 | 41.29 | 44.53 | 48.75 | 47.61 | 49.10 |
| 新加坡 | Singapore | 41.03 | 34.81 | 41.79 | 45.17 | 46.78 | 47.27 |
| 泰国 | Thailand | 28.36 | 30.98 | 35.91 | 33.65 | 31.80 | 30.69 |
| 比利时 | Belgium | 29.43 | 31.93 | 30.72 | 33.43 | 32.96 | 31.49 |
| 土耳其 | Turkey | 28.39 | 28.32 | 28.94 | 28.07 | 30.41 | 30.43 |
| 希腊 | Greece | 20.37 | 19.68 | 21.53 | 20.11 | 21.18 | 20.07 |
| 英国 | United Kingdom | -39.85 | -28.52 | -14.15 | -2.54 | 7.34 | 0.77 |
| 厄瓜多尔 | Ecuador | -12.64 | -13.41 | -18.41 | -17.96 | -18.41 | -16.20 |
| 卡塔尔 | Qatar | -32.12 | -34.16 | -48.36 | -41.65 | -43.31 | -43.05 |
| 阿曼 | Oman | -45.17 | -41.27 | -38.79 | -38.57 | -34.00 | -31.00 |
| 安哥拉 | Angola | -42.82 | -41.24 | -47.20 | -61.17 | -69.36 | -84.15 |
| 哈萨克斯坦 | Kazakstan | -38.05 | -44.38 | -50.10 | -51.16 | -54.38 | -56.05 |
| 加拿大 | Canada | -49.08 | -49.32 | -51.81 | -47.03 | -58.96 | -59.74 |
| 利比亚 | Libya | -51.25 | -59.34 | -66.74 | -72.40 | -77.49 | -75.33 |
| 伊拉克 | Iraq | -73.73 | -42.85 | -74.10 | -63.24 | -65.84 | -71.00 |
| 阿尔及利亚 | Algeria | -64.54 | -72.39 | -75.61 | -79.36 | -77.51 | -76.94 |
| 墨西哥 | Mexico | -81.73 | -94.40 | -97.77 | -92.24 | -88.58 | -75.71 |
| 阿联酋 | United Arab Emirates | -89.27 | -99.54 | -104.38 | -103.69 | -111.74 | -107.83 |
| 科威特 | Kuwait | -86.17 | -97.27 | -105.23 | -117.73 | -124.98 | -120.24 |
| 尼日利亚 | Nigeria | -90.67 | -107.68 | -118.68 | -116.92 | -114.82 | -105.95 |
| 伊朗 | Iran | -109.43 | -126.37 | -129.32 | -142.44 | -135.01 | -138.43 |
| 委内瑞拉 | Venezuela | -139.82 | -120.07 | -133.02 | -138.14 | -131.42 | -113.53 |
| 挪威 | Norway | -152.59 | -145.41 | -144.89 | -125.68 | -121.34 | -110.24 |
| 俄罗斯 | Russia | -250.44 | -290.38 | -325.42 | -334.92 | -334.63 | -351.44 |
| 沙特阿拉伯 | Saudi Arabia | -346.91 | -405.12 | -414.65 | -433.96 | -421.25 | -396.06 |

注：负数表示净出口。
Negative number show net export.
资料来源:国际能源机构统计年鉴—OECD成员国能源平衡表，非OECD成员国能源平衡表。
Source: IEA STATISTICS - ENERGY BALANCES OF OECD COUNTRIES(2008)
ENERGY BALANCES OF NON-OECD COUNTRIES(2008)

# 附录2-20 天然气净进口量

## NET IMPORT OF GAS

单位：百万吨标准油 (Mtoe)

| 国家和地区 | Contury or Area | 2002 | 2003 | 2004 | 2005 | 2006 | 2007 |
|---|---|---|---|---|---|---|---|
| 美国 | United States | 81.23 | 76.08 | 79.52 | 84.16 | 80.48 | 88.27 |
| 日本 | Japan | 64.46 | 68.65 | 68.04 | 67.78 | 74.19 | 80.04 |
| 德国 | Germany | 60.05 | 62.42 | 65.88 | 65.72 | 66.41 | 61.74 |
| 意大利 | Italy | 48.50 | 51.10 | 55.28 | 59.82 | 63.07 | 60.49 |
| 乌克兰 | Ukraine | 45.82 | 49.00 | 48.68 | 48.25 | 42.11 | 42.00 |
| 法国 | France | 36.73 | 37.52 | 38.66 | 40.71 | 39.46 | 37.11 |
| 韩国 | Korea | 20.85 | 22.73 | 25.91 | 26.10 | 29.54 | 29.90 |
| 西班牙 | Spain | 18.92 | 21.16 | 24.61 | 30.24 | 31.24 | 31.63 |
| 土耳其 | Turkey | 14.34 | 17.28 | 18.12 | 22.13 | 25.17 | 29.76 |
| 白俄罗斯 | Belarus | 14.59 | 15.03 | 16.30 | 16.70 | 17.25 | 17.12 |
| 比利时 | Belgium | 13.65 | 14.24 | 14.55 | 14.81 | 15.03 | 14.79 |
| 匈牙利 | Hungary | 8.70 | 9.94 | 9.28 | 9.80 | 9.41 | 8.43 |
| 波兰 | Poland | 6.68 | 7.50 | 8.12 | 8.53 | 8.90 | 8.25 |
| 中国，台北 | Chinese Taipei | 6.24 | 6.50 | 8.01 | 8.35 | 9.05 | 9.66 |
| 捷克 | Czech Republic | 7.92 | 7.70 | 7.09 | 7.53 | 7.90 | 6.71 |
| 泰国 | Thailand | 5.82 | 6.31 | 6.85 | 7.42 | 7.64 | 7.99 |
| 英国 | United Kingdom | -6.98 | -7.02 | 1.46 | 5.97 | 9.55 | 16.62 |
| 乌兹别克斯坦 | Uzbekistan | -3.77 | -4.89 | -7.03 | -9.18 | -9.38 | -11.04 |
| 阿联酋 | United Arab Emirates | -5.73 | -5.73 | -6.27 | -4.84 | -4.79 | -1.12 |
| 阿根廷 | Argentina | -4.81 | -5.59 | -5.51 | -4.26 | -4.95 | -0.83 |
| 文莱 | Brunei Darssalam | -7.99 | -8.39 | -8.31 | -8.16 | -8.54 | -8.25 |
| 阿曼 | Oman | -6.85 | -7.62 | -8.45 | -9.31 | -10.48 | -10.64 |
| 澳大利亚 | Australia | -8.88 | -9.15 | -9.25 | -12.38 | -13.40 | -13.09 |
| 尼日利亚 | Nigeria | -6.64 | -9.99 | -10.67 | -10.68 | -14.89 | -18.30 |
| 卡塔尔 | Qatar | -15.03 | -15.91 | -20.36 | -26.08 | -30.10 | -36.94 |
| 马来西亚 | Malaysia | -16.99 | -20.36 | -25.98 | -23.49 | -20.81 | -19.63 |
| 印度尼西亚 | Indonesia | -32.88 | -33.47 | -33.18 | -32.09 | -30.66 | -30.42 |
| 土库曼斯坦 | Turkmenistan | -32.00 | -35.34 | -36.56 | -39.04 | -39.19 | -42.68 |
| 阿尔及利亚 | Algeria | -55.31 | -57.60 | -57.08 | -55.08 | -52.82 | -51.28 |
| 挪威 | Norway | -55.04 | -60.93 | -65.32 | -71.10 | -73.65 | -73.09 |
| 加拿大 | Canada | -82.78 | -75.35 | -77.52 | -79.55 | -76.01 | -78.41 |
| 俄罗斯 | Russia | -144.00 | -145.87 | -156.26 | -161.18 | -158.03 | -148.98 |

注：负数表示净出口。

Negative number show net export.

资料来源:国际能源机构统计年鉴—OECD成员国能源平衡表，非OECD成员国能源平衡表。

Source: IEA STATISTICS - ENERGY BALANCES OF OECD COUNTRIES(2008)
ENERGY BALANCES OF NON-OECD COUNTRIES(2008)

# 附录2-21 主要高耗能产品单位能耗中外比较

# ENERGY CONSUMPTION FOR MAIN ENERGY INTENSIVE PRODUCTS BY COMPARING CHINA WITH SELECTED COUNTRIES

## 1. 火电厂发电煤耗 Gross Coal Consumption Rate for Fossil-fired Power Plant

(gce/kW·h)

| 国家 | Country | 1990 | 1995 | 2000 | 2005 | 2006 | 2007 | 2008 |
|---|---|---|---|---|---|---|---|---|
| 中国[①] | China | 392 | 379 | 363 | 343 | 342 | 332 | 322 |
| 日本[②] | Japan | 317 | 315 | 303 | 301 | 299 | 300 | 292 |
| 德国 | Germeny | 309 | 322 | 309 | 301 | 306 | | |
| 韩国 | Korea | 332 | 322 | 311 | 302 | 300 | | |

注(Note)：①6MW以上机组(>6MW Unit).
②九大电力公司平均(Average level of 9 electricity companies).
③2006年发电能源结构(2006 Power Generation by Source).

(%)

| 国家 | Country | 电源结构 (Power Generation by Source) | | | | |
|---|---|---|---|---|---|---|
| | | 煤(Coal) | 油(Oil) | 气(Gas) | 核(Nuclear) | 水力(Hydro) |
| 中国 | China | 81.33 | 1.46 | 4.51 | 1.92 | 14.55 |
| 日本 | Japan | 26.03 | 10.58 | 24.1 | 27.76 | 8.01 |
| 德国 | Germeny | 48.03 | 1.52 | 12.09 | 26.98 | 3.17 |
| 韩国 | Korea | 38.01 | 5.91 | 18.06 | 36.98 | 0.86 |

资料来源(Source):1.国家统计局(National Bureau of Statistics).
2.中国电力企业联合会(China Electricity Council).
3.The insititute of Energy Economics,Japan, Handbook of Energy and Economic Statistics in Japan,2010,Edition.
4.International Energy Agency,Energy Statistics of OECD Countries.

## 2.火电厂供电煤耗 Net Coal Consumption Rate for Fossil-fired Power Plant)

单位：克/千瓦小时 (gce/kW·h)

| 国家 | Country | 1990 | 1995 | 2000 | 2005 | 2006 | 2007 | 2008 |
|---|---|---|---|---|---|---|---|---|
| 中国 | China | 427 | 412 | 392 | 370 | 367 | 356 | 345 |
| 日本 | Japan | 332 | 330.6 | 316 | 313.7 | 312.2 | 311.8 | 309.9 |

注(Note)：同表1(Same Table 1).
资料来源(Source):同表1(Same Table 1).

## 3. 发电厂自用率　Power Consumption Rate For Plant Use

单位：%　　(%)

| 国家 | Country | 1990 | 1995 | 2000 | 2005 | 2006 | 2007 |
|---|---|---|---|---|---|---|---|
| 中国 | China | 6.90 | 6.78 | 6.28 | 5.87 | 5.93 | 5.83 |
| 日本 | Japan | 5.82 | 5.77 | 3.71 | 3.81 | 3.86 | 3.80 |
| 加拿大 | Canada | 2.99 | 3.08 | 3.14 | 3.19 | 3.10 | 3.31 |
| 韩国 | Korea | 4.84 | 4.08 | 4.56 | 4.26 | 3.91 | 3.96 |

注(Note)：同表1(Same Table 1).
资料来源(Source): 同表1(Same Table 1).

## 4. 钢可比能耗 Comparable Energy Consumption for Steel

单位：千克标煤/吨　　(kgce/tn)

| 国家 | Country | 1990 | 1995 | 2000 | 2005 | 2006 | 2007 | 2008 |
|---|---|---|---|---|---|---|---|---|
| 中国① | China | 997 | 976 | 784 | 732 | 729 | 718 | 709 |
| 日本 | Japan | 629 | 656 | 646 | 640② | 627② | 610② | 626② |

注(Note): ①大中型钢铁企业平均值(Average level of key enterprises.)
②根据钢产量和能源消费量估算(Estimate according to steel production and energy consumption).
资料来源(Source):1.中国钢铁工业协会(China Iron and Steel Association).
2.日本能源学会志(Journal of Energy Society of Japan).

## 5. 水泥综合能耗　Fully Energy Consumption for Cement

单位：千克标准煤/吨　　(kgce/tn)

| 国家 | Country | 1990 | 1995 | 2000 | 2005 | 2006 | 2007 | 2008 |
|---|---|---|---|---|---|---|---|---|
| 中国 | China | 201 | 199 | 181 | 167 | 161 | 158 | 151 |
| 日本 | Japan | 123 | 124 | 126 | 127 |  | 118 |  |

注(Note)：综合能耗中的电耗，均按发电煤耗折算标准煤，日本为320gce/kW·h(In the full energy consumption, all of conversion from electric to coal equivalant according to gross coal consumption for fossil-fired power plant, Japan is 320gce/kW·h).
资料来源(Source): 1.国家统计局（National Bureau of Statistics）.
2.工业和信息化部（Ministry of Industry and Information Technology）.
3.日本能源学会志（Journal of Energy Sociaty of Japan）.
4.日本水泥协会（Japan Cement Association）.

## 6. 乙烯综合能耗 Fully Energy Consumption for Ethylene

单位：千克标准煤/吨 (kgce/tn)

| 国家 | Country | 1990 | 2000 | 2005 | 2006 | 2007 | 2008 |
|---|---|---|---|---|---|---|---|
| 中国 | China① | 1580 | 1125 | 1073 | 1013 | 1026 | 1003 |
| 国外 | Overseas | 897① | 714① | 629② | 629② | 629② | 629② |

注(Note)：①主要用石油脑油作原料(Feedstocks of ethylene production is used naphtha mainly).
②中东地区平均值，主要用乙烷作原料(Average Level of Middle-East region,feedstocks of ethylene production is uesd ethane mainly).
③综合能耗中，电耗按发电煤耗折算标准煤(In the full energy consumption, all of conversion from electric to coal equivalant according to gross coal consumption for fossil-fired power plant).

资料来源(Source): 1.国家统计局(National Bureau of Statistics).
2.中国化工节能技术协会(China Chemical Energy Conservation Association).

## 7. 合成氨综合能耗(大型装置) Fully Energy Consumption for Sythetic Ammonia(Large Sized Plant)

单位：千克标准煤/吨 (kgce/tn)

| 国家 | Country | 1990 | 1995 | 2000 | 2005 |
|---|---|---|---|---|---|
| 中国 | China | 1343 | 1347 | 1327 | 1340 |
| 美国 | United States | 1000 | 1000 | 970 | 970 |

资料来源 (Source): 同表6(Same Table 6).

## 8. 纸和纸板综合能耗 Full Energy Consumption for Paper and Paperboard

单位：千克标煤/吨 (kgce/tn)

| 国家 | Country | 1990 | 2000 | 2005 | 2006 | 2007 | 2008 |
|---|---|---|---|---|---|---|---|
| 中国① | China | 1550 | 1540 | 1380 | 1290 | 1255 | 1153 |
| 日本 | Japan | 744 | 678 | 640 | 627② | 610② | 626② |

注(Note): ①自制浆企业平均(Average level of enterprises which made pulp by oneself).
②根据纸和纸板产量与能源消费量估算(Estimate according to paper and paperboard production and energy consumption).

资料来源(Source): 1.国家统计局(National Bureau of Statistics).
2.中国造纸协会(China Paper Association).
3.日本能源学会志(Journal of Energy Society of Japan).
4.The Institute of Energy Economics,Japan,Handbook of Energy and Economic Statistics in Japan,2010 Edition.

## 9. 铁路货运综合能耗 Fully Energy Consumption for Railway Freight Traffic

单位：千克标准煤/万吨公里 (kgce/$10^4$tn-km)

| 国家 | Country | 1990 | 1995 | 2000 | 2005 | 2006 | 2007 |
|---|---|---|---|---|---|---|---|
| 中国 | China | 175.4 | 134.4 | 114.5 | 97.3 | 67.5 | 64.6 |
| 日本 | Japan | 84.3 | 87.1 | 85.7 | 85.7 | 82.9 | 80.0 |

资料来源(Source): 1.国家发展和改革委员会综合运输研究所(Institute of Comprehensive Transportation of State Development and Reform Commission).
2.The Institute of Energy Economics,Japan,Handbook of Energy and Economic Statistics in Japan,2010 Edition.

# 附录3 主要统计指标解释

# Appendix Ⅲ Explanatory Notes of Main Statistical Indicators

# 主要统计指标解释

**国内生产总值** 是按市场价格计算的国内生产总值的简称。国内生产总值及其产业构成的资料，是由国家统计局国民经济核算司根据不同产业部门的特点和资料来源情况而采用不同的方法计算的，有的部门以生产法计算增加值为准，有的部门以收入法计算的增加值为准，最后将各产业部门增加值求和得到国内生产总值的标准数据。按支出法计算的国内生产总值等于总消费、总投资、货物和服务净出口之和，它与按上述方法计算的国内生产总值不相等，两者的差率一般在 ±3% 以内。

**三次产业** 根据社会生产活动历史发展的顺序对产业结构的划分，产品直接取自自然界的部门称为第一产业。对初级产品进行再加工的部门称为第二产业。为生产和消费提供各种服务的部门称为第三产业。它是世界上通用的产业结构分类，但各国的划分不尽一致。我国的三次产业划分是：

**第一产业** 是指农业、林业、畜牧业、渔业和农林牧渔服务业。

**第二产业** 是指采矿业，制造业，电力、煤气及水的生产和供应业，建筑业。

**第三产业** 是指除第一、二产业以外的其他行业。

**能源生产总量** 指一定时期内全国（地区）一次能源生产量的总和，是观察全国（地区）能源生产水平、规模、过程构成和发展速度的总量指标。一次能源生产量包括原煤、原油、天然气、水电、核电及其他动力能（如风能、地热能等）发电量。不包括低热值燃料生产量、生物质能、太阳能等的利用和由一次能源加工转换而成的二次能源产量。

**能源消费总量** 指一定时期内全国（地区）各行业和居民生活消费的各种能源的核算能源消费总量指标。能源消费总量分为三部分，即终端能源消费量、能源加工转换损失量和损失量。

（1）终端能源消费量 指一定时期内全国（地区）各行业和居民生活消费的各种能源在扣除了用于加工转换二次能源消费量和损失量以后的数量。

（2）能源加工转换损失量 指一定时期内全国（地区）投入加工转换的各种能源数量之和与产出各种能源产品之和的差额。它是观察能源在加工转换过程中损失量变化的指标。

（3）能源损失量 指一定时期内能源在输送、分配、储存过程中发生的损失和由客观原因造成的各种损失量。不包括各种气体能源放空、放散量。

**能源生产弹性系数** 是能源生产量的增长与国民经济增长之间的比值。计算公式：

$$\text{能源生产弹性系数} = \frac{\text{能源生产总量年平均增长速度}}{\text{国民经济年平均增长速度}}$$

本资料采用国内生产总值指标计算国民经济年平均增长速度。

**电力生产弹性系数** 是电力生产量的增长与国民经济增长之间的比值。计算公式：

$$\text{电力生产弹性系数} = \frac{\text{电力生产量年平均增长速度}}{\text{国民经济年平均增长速度}}$$

**能源消费弹性系数**　是能源消费增长速度与国民经济增长速度之间的比值。计算公式：

$$能源消费弹性系数=\frac{能源消费总量年平均增长速度}{国民经济年平均增长速度}$$

**电力消费弹性系数**　是电力消费增长速度与国民经济增长速度之间的比值。计算公式：

$$电力消费弹性系数=\frac{电力消费量年平均增长速度}{国民经济年平均增长速度}$$

**能源加工转换效率**　指一定时期内能源经过加工转换后,产出的各种能源产品的数量与投入加工转换的各种能源数量的比率。它是观察能源加工转换装置和生产工艺先进与落后、管理水平高低等的重要指标。计算公式：

$$能源加工转换效率=\frac{加工转换产出量}{加工转换投入量}\times 100\ \%$$

# Explanatory Notes on Main Statistical Indicators

**Gross Domestic Product( GDP )** : refers to gross domestic products calculated at market price. The data on GDP and its industrial composition are calculated by the Department of National Economic Accounting, State Statistical Bureau (SSB) with various approaches in the light of the features of various sectors and the data sources. The value added in some sectors is calculated with the production approach. The value added in other sectors is calculated with the income approach. Finally, the GDP is the result of the sum of the value added of various sectors. This is the standard data of GDP. The GDP calculated with the expenditure approach equals to the sum of total consumption, total investment and the net export of goods and services. However, it is not equal to the GDP calculated with the method mentioned above. The difference between the two figures is generally within ±3%.

**Three Industries**: Industry structure has been classified according to the sequence of historical development of social production activities. Primary industry refers to extraction of natural resources; secondary industry involves processing of primary products; and tertiary industry provides services of various kinds for production and consumption. The above classification is universal although it to some extent from country to country. Industry classification in China comprises:

**Primary industry**: refers to agriculture, forestry, animal husbandry and fishery and services in support of these industries.

**Secondary industry**: refers to mining and quarrying, manufacturing, production and supply of electricity, water and gas, and construction.

**Tertiary industry**: refers to all other economic activities not included in the primary or secondary industries.

**Total Energy Production** refers to the total production of primary energy by all energy producing enterprises in the country (region) in a given period of time. It is a comprehensive indicator to show the capacity, scale, composition and development of energy production of the country (region). The production of primary energy includes that of coal, crude oil, natural gas, hydro power and electricity generated by other means such as wind power and geothermal power. However, it excludes the production of fuels of low calorific value, bioenergy, solar energy and the secondary energy converted from the primary energy.

**Total Energy Consumption**: refer to the total consumption of energy of various kinds by industry and residential in the country (region) in a given period of time. Total energy consumption can be divided into three parts:

(1) **Final Energy Consumption**: refers to the total energy consumption by industry and residential in the country (region) in a given period of time, but excludes the consumption in conversion of the primary energy into the secondary energy and the loss in the process of energy transformation.

(2) **Loss During Energy Transformation**: refers to the total input of various kinds of energy for transformation,

minus the total output of various kinds of energy in the country in a given period of time. It is an indicator to show the loss that occurs during the process of energy transformation.

(3) **Loss**: refers to the total of the loss of energy during the course of energy transport, distribution and storage and the loss caused by any objective reason in a given period of time. The loss of various kinds of gas due to gas discharges and stocktaking is excluded. Elasticity of Energy Production: is an indicator to show the relationship between the growth rate of energy production and the growth rate of the national economy. The formula is:

$$\text{Elasticity of Energy Production} = \frac{\text{average annual growth rate of energy production}}{\text{average annual growth rate of national economy}}$$

The gross domestic products (GDP) is used to calculate the growth rate of national economy in this book.

**Elasticity of Electricity Production**: is an indicator to show the relationship between the growth rate of electricity production and the growth rate of the national economy. The formula is:

$$\text{Elasticity of Electricity Production} = \frac{\text{average annual growth rate of electricity production}}{\text{average annual growth rate of national economy}}$$

**Elasticity of Energy Consumption**: is an indicator to show the relationship between the growth rate of energy consumption and the growth rate of the national economy. The formula is:

$$\text{Elasticity of Energy Consumption} = \frac{\text{average annual growth rate of energy consumption}}{\text{average annual growth rate of national economy}}$$

**Elasticity of Electricity Consumption**: is an indicator to show the relationship between the growth rate of electricity consumption and the growth rate of the national economy. The formula is:

$$\text{Elasticity of Electricity Consumption} = \frac{\text{average annual growth rate of electricity consumption}}{\text{average annual growth rate of national economy}}$$

**Efficiency of Energy Transformation**: refers to the ratio of the total output of energy products after transformation and the total input of energy for transformation in the same reference period. It is an indicator to show the current conditions of energy processing and conversion equipment, production technique and management. The formula is:

$$\text{Efficiency of Energy Transformation} = \frac{\text{output of energy from transformation}}{\text{input of energy for transformation}}$$

# 附录4 各种能源折标准煤参考系数

# Appendix Ⅳ Conversion Factors from Physical Units to Coal Equivalent

# 各种能源折标准煤参考系数

| 能源名称 | 平均低位发热量 | 折标准煤系数 |
| --- | --- | --- |
| 原煤 | 20 908 千焦 / (5 000 千卡) / 千克 | 0.7143 千克标准煤 / 千克 |
| 洗精煤 | 26 344 千焦 / (6 300 千卡) / 千克 | 0.9000 千克标准煤 / 千克 |
| 其它洗煤 | | |
| 洗中煤 | 8 363 千焦 / (2 000 千卡) / 千克 | 0.2857 千克标准煤 / 千克 |
| 煤泥 | 8 363 ~ 12 545 千焦 / (2 000 ~ 3 000 千卡) / 千克 | 0.2857 ~ 0.4286 千克标准煤 / 千克 |
| 焦炭 | 28 435 千焦 / (6 800 千卡) / 千克 | 0.9714 千克标准煤 / 千克 |
| 原油 | 41 816 千焦 / (10 000 千卡) / 千克 | 1.4286 千克标准煤 / 千克 |
| 燃料油 | 41 816 千焦 / (10 000 千卡) / 千克 | 1.4286 千克标准煤 / 千克 |
| 汽油 | 43 070 千焦 / (10 300 千卡) / 千克 | 1.4714 千克标准煤 / 千克 |
| 煤油 | 43 070 千焦 / (10 300 千卡) / 千克 | 1.4714 千克标准煤 / 千克 |
| 柴油 | 42 652 千焦 / (10 200 千卡) / 千克 | 1.4571 千克标准煤 / 千克 |
| 液化石油气 | 50 179 千焦 / (12 000 千卡) / 千克 | 1.7143 千克标准煤 / 千克 |
| 炼厂干气 | 46055 千焦 / (11 000 千卡) / 千克 | 1.5714 千克标准煤 / 千克 |
| 天然气 | 38 931 千焦 / (9 310 千卡) / 立方米 | 1.3300 千克标准煤 / 立方米 |
| 焦炉煤气 | 16 726 ~ 17 981 千焦 / (4 000 ~ 4 300 千卡) / 立方米 | 0.5714 ~ 0.6143 千克标准煤 / 立方米 |
| 其它煤气 | | |
| 发生炉煤气 | 5 227 千焦 / (1 250 千卡) / 立方米 | 0.1786 千克标准煤 / 立方米 |
| 重油催化裂解煤气 | 19 235 千焦 / (4 600 千卡) / 立方米 | 0.6571 千克标准煤 / 立方米 |
| 重油热裂解煤气 | 35 544 千焦 / (8 500 千卡) / 立方米 | 1.2143 千克标准煤 / 立方米 |
| 焦炭制气 | 16 308 千焦 / (3 900 千卡) / 立方米 | 0.5571 千克标准煤 / 立方米 |
| 压力气化煤气 | 15 054 千焦 / (3 600 千卡) / 立方米 | 0.5143 千克标准煤 / 立方米 |
| 水煤气 | 10 454 千焦 / (2 500 千卡) / 立方米 | 0.3571 千克标准煤 / 立方米 |
| 煤焦油 | 33 453 千焦 / (8 000 千卡) / 千克 | 1.1429 千克标准煤 / 千克 |
| 粗苯 | 41 816 千焦 / (10 000 千卡) / 千克 | 1.4286 千克标准煤 / 千克 |
| 热力（当量） | | 0.03412 千克标准煤 / 百万焦耳<br>(0.14286 千克标准煤 / 1000 千卡) |
| 电力（当量） | 3 596 千焦 / (860 千卡) / 千瓦小时 | 0.1229 千克标准煤 / 千瓦小时 |
| （等价） | 按当年火电发电标准煤耗计算 | |
| 生物质能 | | |
| 人粪 | 18 817 千焦 / (4 500 千卡) / 千克 | 0.643 千克标准煤 / 千克 |
| 牛粪 | 13 799 千焦 / (3 300 千卡) / 千克 | 0.471 千克标准煤 / 千克 |
| 猪粪 | 12 545 千焦 / (3 000 千卡) / 千克 | 0.429 千克标准煤 / 千克 |
| 羊、驴、马、骡粪 | 15 472 千焦 / (3 700 千卡) / 千克 | 0.529 千克标准煤 / 千克 |
| 鸡粪 | 18 817 千焦 / (4 500 千卡) / 千克 | 0.643 千克标准煤 / 千克 |
| 大豆秆、棉花秆 | 15 890 千焦 / (3 800 千卡) / 千克 | 0.543 千克标准煤 / 千克 |
| 稻秆 | 12 545 千焦 / (3 000 千卡) / 千克 | 0.429 千克标准煤 / 千克 |
| 麦秆 | 14 635 千焦 / (3 500 千卡) / 千克 | 0.500 千克标准煤 / 千克 |
| 玉米秆 | 15 472 千焦 / (3 700 千卡) / 千克 | 0.529 千克标准煤 / 千克 |
| 杂草 | 13 799 千焦 / (3 300 千卡) / 千克 | 0.471 千克标准煤 / 千克 |
| 树叶 | 14 635 千焦 / (3 500 千卡) / 千克 | 0.500 千克标准煤 / 千克 |
| 薪柴 | 16 726 千焦 / (4 000 千卡) / 千克 | 0.571 千克标准煤 / 千克 |
| 沼气 | 20 908 千焦 / (5 000 千卡) / 立方米 | 0.714 千克标准煤 / 立方米 |

# Conversion Factors from Physical Unit to Coal Equivalent

| Energy | Average Low Calorific Value | Conversion Factor |
|---|---|---|
| Raw Coal | 20 908 kjoule / (5 000 kcal) / kg | 0.7143 kgce / kg |
| Cleaned Coal | 26 344 kjoule / (6 300 kcal) / kg | 0.9000 kgce / kg |
| Other Washed Coal | | |
| Middlings | 8 363 kjoule / (2 000 kcal) / kg | 0.2857 kgce / kg |
| Slimes | 8 363 ~ 12 545 kjoule / (2 000 ~ 3 000kcal)/ kg | 0.2857 ~ 0.4286 kgce / kg |
| Coke | 28 435 kjoule / (6 800 kcal) / kg | 0.9714 kgce / kg |
| Crude Oil | 41 816 kjoule / (10 000 kcal) / kg | 1.4286 kgce / kg |
| Fuel Oil | 41 816 kjoule / (10 000 kcal) / kg | 1.4286 kgce / kg |
| Gasoline | 43 070 kjoule / (10 300 kcal) / kg | 1.4714 kgce / kg |
| Kerosene | 43 070 kjoule / (10 300 kcal) / kg | 1.4714 kgce / kg |
| Diesel | 42 652 kjoule / (10 200 kcal) / kg | 1.4571 kgce / kg |
| Liquefied Petroleum Gas | 50 179 kjoule / (12 000 kcal) / kg | 1.7143 kgce / kg |
| Refinery Gas | 46055 kjoule / (11 000 kcal) / kg | 1.5714 kgce / kg |
| Natural Gas | 38 931kjoule / (9 310 kcal) / cu. m | 1.3300 kgce / cu. m |
| Coke Oven Gas | 16 726 ~ 17 981kKjoule/ (4 000 ~ 4 300kcal)/ cu. m | 0.5714 ~ 0.6143 kgce / cu. m |
| Other Coal Gas | | |
| By Gas Furnace | 5 227 kjoule / (1 250 kcal) / cu. m | 0.1786 kgce / cu. m |
| By Heavy Oil Catalytic Cracking | 19 235 kjoule / (4 600 kcal) / cu. m | 0.6571 kgce / cu. m |
| By Heavy Oil Thermal Cracking | 35 544 kjoule / (8 500 kcal) / cu. m | 1.2143 kgce / cu. m |
| Coke Gas | 16 308 kjoule / (3 900 kcal) / cu. m | 0.5571 kgce / cu. m |
| By Pressure Gasification | 15 054 kjoule / (3 600 kcal) / cu. m | 0.5143 kgce / cu. m |
| Water Coal Gas | 10 454 kjoule / (2 500 kcal) / cu. m | 0.3571 kgce / cu. m |
| Coal Tar | 33 453 kjoule / (8 000 kcal) / kg | 1.1429 kgce / kg |
| Benzene | 41 816 kjoule / (10 000 kcal) / kg | 1.4286 kgce / kg |
| Heat (in calorific value) | | 0.03412 kgce / Mjoule (0.14286 kgce / 1000 kcal) |
| Electricity (in calorific value) | 3 596 kjoule / (860 kcal) / kW · h | 0.1229 kgce / kW · h |
| (in coal equivalent) | calculated by average coal input for thermal power generation in the year | |
| Biomass Energy | | |
| Night Soil | 18 817 kjoule / (4 500 kcal) / kg | 0.643 kgce / kg |
| Cow Dung | 13 799 kjoule / (3 300 kcal) / kg | 0.471 kgce / kg |
| Pig Dung | 12 545 kjoule / (3 000 kcal) / kg | 0.429 kgce / kg |
| Sheep/Donkey/Horse/Mule Dung | 15 472 kjoule / (3 700 kcal) / kg | 0.529 kgce / kg |
| Poultry Manure | 18 817 kjoule / (4 500 kcal) / kg | 0.643 kgce / kg |
| Soybean Stalk, Cotton Stalk | 15 890 kjoule / (3 800 kcal) / kg | 0.543 kgce / kg |
| Paddy Stalk | 12 545 kjoule / (3 000 kcal) / kg | 0.429 kgce / kg |
| Wheat stalk | 14 635 kjoule / (3 500 kcal) / kg | 0.500 kgce / kg |
| Maize Stalk | 15 472 kjoule / (3 700 kcal) / kg | 0.529 kgce / kg |
| Fireweed | 13 799 kjoule / (3 300 kcal) / kg | 0.471 kgce / kg |
| Leaves | 14 635 kjoule / (3 500 kcal) / kg | 0.500 kgce / kg |
| Firewood | 16 726 kjoule / (4 000 kcal) / kg | 0.571 kgce / kg |
| Biogas | 20 908 kjoule / (5 000 kcal) / cu. m | 0.714 kgce / cu. m |